원가계산실무사전

원가계산연구회 편
배홍기·허세봉 감수

안진회계법인·㈜조세신보사

머 리 말

원가분야는 넓고도 깊다. 원가를 전문적으로 다루고 연구하는 사람도 그렇게 생각하고 있는데, 하물며 일반인이나 원가분야의 초보자로서는 그 분야가 매우 넓고 광범위하여 이해하기가 어렵다.

최근에 원가계산에 대한 연구가 활발하게 진행되고 있으며, 실천면에서도 상당한 진전을 보이고 있다. 더욱이 원가계산이 제도로서 처리되는 소극적인 태도에서 탈퇴하여 기업에 있어서 다면적으로 목적을 달성하기 위한 원가계산으로서 그 원가개념이나 계산방법이 현저하게 변모하면서 발전하고 있다.

이에 본 사에서는 기업의 실무자나 원가공부를 하는 개인이나 영문서적이나 원가계산관계 자료를 접하는데 많은 애로사항과 원가실무에 관한 처리문제에 고충이 있음을 통감하고 「원가계산실무사전」을 출간하게 되었다.

원가계산의 용어를 하나 둘 익힌 것만으로는 어떤 문제에 부닥쳐 이를 이해하려는 실무자가 적지 않은 것이 현실이고 보면 원가계산용어라는 어느 것이나 필요한 대목에 유익하고, 편리하게 소용될 것이므로 관심있는 분들에 대해서는 필수불가결한 활력소가 될 것이다.

본 사전의 최대특색은 하나의 용어만을 개별적으로 이해시키기 위한 것 뿐만 아니라 원가계산제도 전반을 이해하고 또한 실무에 유익한 원가계산의 백과사전으로서의 성격을 겸비하는 「원가계산실무사전」이라는데 있다.

그리고 본 사전에 있어서 특히 다음의 점을 유의하였다.

① 원가계산백과사전으로서나 또는 용어사전으로서도 활용할

수 있도록 하였다.

② 일반실무자가 알기 쉽도록 의의·산식·설명 등으로 해설하였다.

③ 관련용어를 명확히 하고, 각 용어간의 연결과 상위점·유사점을 일견해서 알 수 있도록 하였다.

대체적으로 원가계산 분야를 집약시키는 데 주력한 나머지 내용면에 다소나마 미흡한 점이 있으리라 생각되어 독자제현의 질책이 있으리라 생각된다.

앞으로 본서가 일상 원가계산에 관련하는 자나 연구하는 자의 반려가 될 지침서가 될 것이며, 널리 일반인에게도 올바른 원가계산의 지식습득을 위해서도 좋은 서적이 되리라고 믿어 의심치 않는다.

끝으로 본서를 발간하는데 협력하여 주신 제현과 각계의 선후배님께 심심한 사의를 표한다.

2004. 11.

편저자   식

[목 차]

가

가격 (價格, Price) 51
가격결정 (價格決定, Decision of Price) 53
가격계산 (價格計算, Pricing Price Policy) 57
가격설정계획 (價格設定計劃, Pricing Establishment Decision) ... 58
가격유형 (價格類型, Price) 62
가격차이 (價格差異, Price Variance) 64
가공 (加工, Processing) 64
가공비 (加工費, Conversion Cost Procissing Cost) 65
가공비공정별원가계산 (加工費工程別原價計算, Contionuous Proess Conversion Cost System) 67
가공비공정별종합원가계산 (加工費工程別綜合原價計算, Contionuous Proess Conersion Cost System) 69
가공비배부율 (加工費配賦率, Burden Rate of Conversion Cost) 70
가공비배부차이 (加工費配賦差異, Burden Difference of Processing Cost) ... 70
가공비법 (加工費法, Processing Expenses Method) 71
가급금 (加給金, Premium) 71
가동률 (稼動率, Rate of Operation) 72
가동률지수 (稼動率指數, Index of Operating Ratio) 73
가변비용 (可變費用, Variable Cost) 73
가설자재 (假設資材) 73
가속원가회수제도 (加速原價回收制度) 74
가스대 (가스代, Gas Rate) 74
가치분석 (價値分析, Value Analysis : VA) 74
간접경비 (間接經費, Indirect Expense) 77
간접노무비 (間接勞務費, Indirect Labor Cost) 78
간접부문 (間接部門, Indirect Department) 78
간접비 (間接費, Overhead Cost) 78
간접비배부율 (間接費配賦率, Overhead Rate) 78
간접비배부표 (間接費配賦表, Overhead Distribution Sheet) 79
간접비표준 (間接費標準, Overhead Cost Standard) 79

간접비풀 (間接費풀, Overhead Pool)	80
간접원재료비 (間接原材料費, Indirect Material Cost)	80
간접임금 (間接賃金, Indirect Wages)	80
감가 (減價, Depreciation Amortization Depletion)	81
감가상각 (減價償却, Depreciation)	82
감가상각기금 (減價償却基金, Depreciation Fund)	82
감가상각누계액 (減價償却累計額, Aggregate Depreciation)	83
감가상각률 (減價償却率, Depreciation Rate)	83
감가상각비명세서 (減價償却費明細書, Schedule of Depreciation)	84
감가상각비 (減價償却費, Depreciation)	84
감가상각자산 (減價償却資産, Depreciable Assets)	85
감가상각후원가 (減價償却後原價, Depreciated Cost)	85
감모 (減耗, Depletion)	85
감모상각 (減耗償却, Deplete Repayment)	85
감모상각후원가 (減耗償却後原價, Depreciated Cost)	86
감모자산 (減耗資産, Wasting Assets)	86
감분원가 (減分原價, Decremental Cost)	89
감손 (減損, Shrinkage Shrinkage Loss)	90
감손차이 (減損差異, Defective Varlance)	92
감손처리 (減損處理, Shrinkage)	95
개량비 (改良費, Improvement Expenses)	95
개발비 (開發費, Development Expenses)	95
개별배부율법 (個別配賦律法, Differential Rate Method)	96
개별법 (個別法, Lot Method)	96
개별비용법 (個別費用法, Indentified Cost Method)	96
개별원가 (個別原價, Indentified Cost)	97
개별원가계산 (個別原價計算, Job Order Cost Accounting)	97
개별원가계산표 (個別原價計算表, Job Cost Sheet)	100
개별임률 (個別賃率, Individual Wage Rate)	100
건설비 (建設費, Cost of Construction)	100
건설조성금 (建設造成金, Creative Fund for Construction)	101
검사부비 (檢査部費, Expenses for Inspection Division)	101
검사비 (檢査費, Inspection)	101
검수 (檢收, Inspection Expenses)	101
검수보고서 (檢收報告書, Pre-liminary Check Statement)	102

견적원가 (見積原價, Estimated Costs) ·· 102
견적원가계산 (見積原價計算, Estimated Cost Account) ················· 102
결합원가 (結合原價, Joint Costs) ·· 103
경비 (經費, Expenses) ··· 104
경비계산 (經費計算, Expense Calculation) ·································· 111
경비계정 (經費計定, Expense Account) ······································· 112
경비발생표 (經費發生表, Expense Occurrence Chart) ··················· 114
경비분개장 (經費分介帳, Expense Budget) ··································· 114
경비소비액 (經費消費額, Expense Conseumption) ························ 117
경비예산 (經費豫算, Expense Budget) ··· 117
경비원장 (經費原帳, Expense Ledger) ··· 117
경비월할표 (經費月割表, Expense Monthly Installment Chart) ······· 118
경비지급표 (經費支給表, Expense Provide Chart) ························· 118
경비측정표 (經費測定表, Expense Measurment Chart) ·················· 118
경비할당 (經費割當, Expense Quoto) ··· 119
경영가치 (經營價值, Management Value) ····································· 119
경영자본이익률 (經營資本利益率, Operating Earning Ratio) ········· 120
경제성분석 (經濟性分析, Economical Efficiency Analysis) ············ 120
계산가격 (計算價格, Calculated Price) ·· 121
계속기록법 (繼續記錄法, Perpetual Inventory Method) ················· 121
계속지령서 (繼續指令書, Standing Production) ··························· 122
계제식배부법 (階梯式配賦法, Step Ladder Method) ····················· 122
계획설정원가 (計劃設定原價, Planning Budget) ··························· 124
계획원가 (計劃原價, Planned Cost) ··· 124
계획원가계산 (計劃原價計算, Planned Cost Calcuation) ··············· 125
계획이익률 (計劃利益率, Planned Profit Ratio) ··························· 125
고정비 (固定費, Fixed Costs or Stand by Cost) ························· 126
고정비율 (固定費率, Fixed Assets to Net-Worth Ratio) ················ 126
고정예산 (固定豫算, Fixed Budget) ··· 127
고정자산회전율 (固定資産回轉率, Fixed Asset Turnover Ratio) ···· 128
공구계획 (工具計劃, Tool Plan) ·· 128
공구관리 (工具管理, Tool Management) ······································ 129
공구지령서 (工具指令書, Construction Orders) ···························· 129
공사수익 (工事收益, Income-on Construction Jobs) ···················· 129
공사원가 (工事原價, Construction Cost) ······································ 130

공사지령서 (工事指令書, Construction Order)·· 131
공손비 (工損費, Cost of Spoiled Work) ·· 131
공손품 (工損品, Spoiled Work) ·· 133
공수법 (工綏法, Man Hour Method) ·· 135
공식법변동예산 (公式法變動豫算, Variable Budget Formula Form)············ 136
공업부기 (工業簿記, Inustrial Bookkeeping) ·· 138
공장계정 (工場計定, Factory Account)··· 140
공장관리부문 (工場管理部門, Factory Administration Department)·············· 140
공장관리부문비 (工場管理部門費, Factory Administrative Department)······· 141
공장사무부비 (工場事務部費, Expenses of Factory Administration Division) ····· 141
공장소모품계정 (工場消耗品計定, Indirect Factory Materials Account)·········· 142
공장소모품비 (工場消耗品費, Factory Supplies Expenses)··························· 142
공장원가 (工場原價, Factory Cost)··· 143
공장원장 (工場元帳, Factory Ledger) ·· 144
공장원장계정 (工場元帳計定, Factory Ledger Account) ······························ 145
공장회계 (工場會計, Factory Accounting) ··· 146
공정 (工程, Progress of Work)·· 146
공정감손 (工程減損, Shrinkage) ·· 146
공정관리 (工程管理, Process Control) ··· 147
공정별종합원가계산 (工程別綜合原價計算, Continuous Process Cost System)······ 147
공정연구 (工程硏究, Process Research) ··· 157
공통비 (共通費, Common Cost) ·· 158
공헌이익 (貢獻利益, Contribution Margin) ·· 158
공헌이익률 (貢獻利益率, Contribution Ratios)··· 159
공헌차익 (貢獻差益, Contribution Margin) ·· 159
과업관리 (課業管理, Task Management) ··· 160
과학적관리법 (科學的管理法, Scientific Management) ································ 161
관련원가와무관련원가 (關聯原價와無關聯原價, Relevant Cost and Irrelevant Costs) ··· 161
관리가능비 (管理可能費, Controllable Cost) ·· 162
관리가능이익 (管理可能利益, Controllable Profit) ······································· 162
관리가능차이 (管理可能差異, Controllable Variance) ·································· 163
관리불능비 (管理不能費, Uncontrollable Cost) ·· 163
관리불능이익 (管理不能利益, Uncontrollable Profit) ··································· 164
관리불능차이 (管理不能差異, Uncontrollable Viriance) ······························· 164

광고선전비 (廣告宣傳費, Advertising Expenses) ················· 165
구매부문분석 (購買部門分析) ····························· 165
구별원가계산 (區別原價計算, Batch Costing) ················· 166
구속시간 (拘束時間, Portal-to-portal Hour) ················· 166
구입가격차이 (購入價格差異, Purchase Price Variance) ········· 166
구입원가 (購入原價, Purchase Cost) ······················ 167
구입지령서 (購入指令書, Purchase Orders) ················· 167
금액관리제도 (金額管理制度, Dollar Control System) ·········· 168
급료 (給料, Salaies) ································· 169
급료계정 (給料計定, Salaies Account) ····················· 169
급부 (給付, Production) ······························ 169
기간계획 (期間計劃, Period Planning) ····················· 170
기간비교 (期間比較, Periedic Comparison) ················· 171
기간원가 (期間原價, Period Cost) ······················· 171
기계운전시간법의배부법 (機械運轉時間法의配賦法) ··········· 172
기계율 (機械率, Machine Rate) ························· 173
기말재공품평가 (期末在工品評價, Computing the Work in Process Inventory) ··· 174
기본임금 (基本賃金, Base Rate) ························ 177
기술연구비 (技術硏究費, Research and Development Costs) ····· 177
기준재고법 (基準在庫法, Base-stock Method) ··············· 178
기준표준원가 (基準標準原價, Basic Standard Cost) ··········· 179
기초원가 (基礎原價) ································· 182
기회원가 (機會原價, Opportunity Cost) ··················· 182
기획부비 (企劃部費, Planning Programming Section Cost) ····· 184
기획설계부비 (企劃設計部費) ·························· 185

나

납입보고서 (納入報告書, Receiving Report) ················ 186
납품서 (納品書, Delivery Bill) ························· 186
납품전표 (納品傳票, Invoice) ·························· 186
내부거래 (內部去來, Internal Transaction) ················· 186
내부대체가격 (內部代替價格, Intera-Company Transfer Price) ··· 187
내부대체이익 (內部代替利益, Interdepartmental Profit) ········ 189
내부분석 (內部分析, Internal Analysis) ···················· 189

내부원가계산 (內部原價計算, Internal Costing) ·· 190
내부이익 (內部利益, Internal Profit) ··· 190
노동능률차이 (勞動能率差異, Labor Efficiency Variance) ······································ 191
노동률 (勞動率, Man Rate) ··· 191
노동분배율 (勞動分配率, Labor's Relativ Share) ·· 191
노동생산성 (勞動生産性, Productivity of Labor) ·· 191
노동소득 (勞動所得, Earned Income) ··· 192
노동수익 (勞動收益, Labor Earninge) ·· 193
노동자본율 (勞動資本率, Labor Capital Ratio) ·· 193
노동장비율 (勞動裝備率, Labor Equipment Ratio) ·· 194
노무부문분석 (勞務部門分析, Labor Department Analysis) ····································· 194
노무부비 (勞務部費, Labor Related Cost) ·· 194
노무비 (勞務費, Labor Cost) ·· 196
노무비계정 (勞務費計定, Labor Cost Account) ·· 204
노무비분개장 (勞務費分介帳, Labor Cost Journal) ·· 205
노무비예산 (勞務費豫算, Labor Budget) ··· 205
노무비예정계산 (勞務費豫定計算, Calculation of Estimated Labor Cost) ··············· 205
노무비예정계정 (勞務費豫定計定, Calculation of Estimated Labor Cost) ··············· 206
노무비집계 (勞務費集計, Summary of Labor Cost) ··· 206
노무비차이 (勞務費差異, Labor Cost Variances) ·· 207
노무비표준 (勞務費標準, Labor Cost Standard) ··· 208
노무예산 (勞務豫算, Labor Budget) ··· 209
노무장비율 (勞務裝備率, Labor Budget) ··· 209
노무주비 (勞務主費, Labor's Main Cost) ·· 210
누가법 (累加法, Cumulative Method) ··· 211
누계평균원가법 (累計平均原價法) ·· 212
능력원가 (能力原價, Capacity Cost) ··· 212
능률 (能率, Efficiency) ··· 212
능률급 (能率給, Efficiency Wages) ·· 213
능률차이 (能率差異, Efficiency Varriance) ··· 213
능률측정 (能率測定, Measurement of Efficiency) ·· 213

다

단가 (單價, Unit Price) ··· 217

단기이익계획 (短期利益計劃, Short-Range Profit Planning) ····· 217
단기자금 (短期資金, Short-term Foreign Funds) ····· 217
단기자금계획 (短期資金計劃, Short-term Fonds Programming) ····· 218
단순개별원가계산 (單純個別原價計算, Simple Individual Cost Counting) ····· 221
단순개별원가법 (單純個別原價法, Simple Individual Cost Counting) ····· 221
단순경비 (單純經費, Simple Expense) ····· 222
단순조별원가계산 (單純組別原價計算, Simple Individual Job Costing) ····· 222
단순종합원가계산 (單純綜合原價計算, Simple Process Cost System) ····· 222
단순평균법 (單純平均法, Simple Average Method) ····· 228
단순평균원가법 (單純平均原價法, Simple Average Cost Method) ····· 229
단위당원가 (單位當原價, Unit Cost) ····· 230
단위제품제조원가 (單位製品製造原價, Unit Product Output Cost) ····· 231
단일기준배부법 (單一基準配賦法, Single Base Distribution Method) ····· 231
단일품목생산 (單一品目生産, Single Item Product) ····· 232
당좌표준가격 (當座標準價格, Current Standard Price) ····· 233
당좌표준원가 (當座標準原價, Current Standard Cost) ····· 233
대량생산 (大量生産, Mass Production) ····· 235
대체가격 (對替價格, Transier Price) ····· 235
대체원가 (對替原價, Replacement Cost) ····· 236
대체차이 (對替差異, Transier Varince) ····· 237
동력부문비 (動力部門費, Expenses of Power Department) ····· 237
동력비 (動力費, Power Expense) ····· 237
등가계수 (等價係數, Equivalent Comefficient) ····· 237
등가비율 (等價比率, Equivalent Ratio) ····· 238
등급계수산정 (等級係數算定, Equivalent Comefficient) ····· 239
등급별원가계산 (等級別原價計算, Class Cost System) ····· 240
등급별종합원가계산 (等級別綜合原價計算, Class Process Costing) ····· 243
등급제품의제조원가 (等級製品의製造原價, Output Cost of Class Finished Goods) 244

라

라이프사이클 · 코스트 (Life-cycle Cost) ····· 249
라인부문 (라인部門, Line Department) ····· 249
로열티 (Royalty) ····· 249
롯트별원가계산 (롯트別原價計算, Royalty) ····· 249

리베이트 (Rebate) ··· 250

마

마진 (Margin) ·· 251
매가실사법 (賣價實査法, Selling Price Inventory Method) ············ 251
매가환원법 (賣價還元法, Gross Profit Method) ···························· 251
매몰원가 (埋沒原價, Sunk Cost) ··· 252
매입 (買入, Purchase) ··· 254
매입가치 (買入價値, Purchase Price) ·· 254
매입부분품 (買入部分品, Purchased Parts) ···································· 255
매입운임계정 (買入運賃計定, Fieight and Cartage on Purchase Account) ········ 255
매입원가 (買入原價, Purchased Price) ·· 256
매입장 (買入帳, Purchase Journal) ··· 257
매입채무 (買入債務, Trade Debts) ·· 257
매입채무재고자산비율 (買入債務在庫資産比率, Trade Payable Inventory Ratio) ··· 257
매입채무회전기간 (買入債務回轉期間, Trade Payable Turnover Period) ············ 259
매입채무회전율 (買入債務回轉率, Turnover Ratio of Payables) ···················· 260
매입할인 (買入割引, Purchase Discount) ······································· 260
매출가격환원법 (賣出價格還元法, Gross Profit Method) ··················· 261
매출원가 (賣出原價, Cost of Goods Sold) ····································· 261
매출원가감사 (賣出原價監査, Cost of Sales Auditing) ····················· 262
매출원가계정 (賣出原價計定, Cost of Goods Sold Account) ············ 264
매출원가예산 (賣出原價豫算, Budget of Sales Account) ·················· 265
매출원가율 (賣出原價率, Rate of Cost to Selling Price) ·················· 265
매출원가증감분석 (賣出原價增減分析, Analysis of Increase or Decrease to Sales Cost) ··· 265
매출이익률 (賣出利益率, Sales Profit Ratio) ································· 265
매출이익차이분석 (賣出利益差異分析) ·· 266
매출총원가 (賣出總原價, Gross Profit) ··· 266
매출총이익 (賣出總利益, Gross Profit on Sales) ···························· 267
매출총이익증감분석 (賣出總利益增減分析, Analysis of Increase and Decrease for Sales Gross Profit) ·· 267
매출총이익증감표 (賣出總利益增減表, Card of Increase and Decrease for Sales Gross Profit) ··· 268

모티베이션회계 (모티베이션會計, Motivation Accounting) ·················· 268
목적비용 (目的費用, Object Expense) ································· 269
목표이익률 (目標利益率, Target Rate) ································ 269
무작업시간 (無作業時間, Idle Time) ·································· 272
무평가법 (無評價法, Non Valuation Method) ·························· 272
물량표준 (物量標準, Physical Standard) ······························ 273
미가동자산 (未稼動資産, Inperative Assets) ·························· 274
미래원가 (未來原價, Future Cost) ··································· 274
미분비 (微分費, Marginal Cost) ····································· 276
미성공사지출금 (未成工事支出金, Cost Accrued on Construction Contract) ······ 277
미완성품 (未完成品, Work in Process) ······························ 277
미완성품원장 (未完成品元帳, Work in Process Ledger) ················ 277
미완성품원가 (未完成品原價, Valation of Work in Process) ············ 278

바

바베지의원가계산 (바베지의原價計算, Babbage of Cost Accounting) ········ 279
반고재료 (返庫材料, Materials Returned on Stockroom) ··············· 279
반고표 (返庫表, Return Note) ······································ 280
반입품 (搬入品, Sales Returns) ···································· 280
반제품 (半製品, Half-Finished Product) ····························· 281
반제품원장 (半製品元帳, Half-Finished Product Ledger) ··············· 281
반출품 (搬出品, Purchases Returns) ································ 281
반품률 (返品率, Return Rate) ······································ 282
반품재료 (返品材料, Material Returned to Stockroom) ················ 282
반품조정충당금 (返品調定充當金, Reservefor Returned Goods Unsold) ········· 283
반품표 (返品表, Return Note) ······································ 283
발생경비 (發生經費, Accrued Expenses) ······························ 284
발송운임 (發送運賃, Freight and Cartage Outward) ··················· 285
방법연구 (方法硏究, Method Study) ·································· 285
배급비 (配給費, Distribution) ······································ 286
배급원가계산 (配給原價計算, Distribution Cost Accounting) ············ 287
배부 (配賦, Distribution) ··· 290
배부과부족액 (配賦過不足額, Over and Under Absorbed Overhead) ········· 290
배부기준 (配賦基準, Distribution) ·································· 290

배부원가 (配賦原價, Adsorbed Cost)	291
뱃치원가계산 (뱃치原價計算, Batch Costing)	291
변동비 (變動費, Variable Costs)	291
변동예산 (變動豫算, Variable Budget)	293
변동원가계산 (變動原價計算, Variable Costing)	294
보관료계정 (保管料計定, Storage Cost Account)	295
보관비관리 (保管費管理, Storage Cost Management)	295
보조경영부문 (補助經營部門, Auxiliary Management Department)	297
보조부문 (補助部門, Service Department)	298
부조부문비 (補助部門費, Service Department Expenses)	298
보조부문비계정 (補助部門費計定, Service Department Cost Account)	298
보조부문비배부 (補助部門費配賦, Service Department Allocated Cost)	299
보조부문비배부차이 (補助部門費配賦差異, Service Department Allocated Cost Variance)	300
보조원장 (補助元帳, Subsidiary Ledger)	301
보조재료비 (補助材料費, Indirect Supplementary)	301
보충률 (補充率, Supplementary Rate)	302
보험료계정 (保險料計定, Insurance Expenses Account)	303
복리비 (福利費, Welfare Expenses)	304
복리시설부담금 (福利施設負擔金, Contribution to Welfare Facilities)	305
복리시설부담액계정 (福利施設負擔額計定, Contribution to Welfare Facilities Account)	305
복수기준배부법 (複數基準配賦法, Double Standard Distribution)	306
복합경비 (複合經費, Compound Expenses)	307
본부비·공통비배부(本部費·共通費配賦)	308
부가가치 (附加價値, Added Value)	310
부가가치구성요소 (附加價値構成要素, Value Added Price Composition Factor)	312
부가가치노동생산성 (附加價値勞動生産性, Value Added Price Labor Productivity)	312
부가가치분배율 (附加價値分配率, Value Added Price Sharing Ratio)	313
부가가치분석 (附加價値分析, Added Value Analysis)	315
부가가치율 (附加價値率, Added Value Ratio)	315
부가가치조정액 (附加價値調整額, Value Added Price Adjustment)	315
부가생산성 (附加生産性, Value Added Prodectivity)	316
부가원가 (附加原價, Imputed Cost)	316
부동비 (不動費, Idle Cost)	320

부동산임차료 (不動產賃借料, Rental Expense for Real Property) ……… 320
부동시간 (不動時間, Idle Time) ……………………………………… 320
부문가공비 (部門加工費, Department Conversion) ………………… 320
부문개별비 (部門個別費, Direct Departmental Cost) ……………… 321
부문공통비 (部門共通費, Indirect Department Cost) ……………… 322
부문공통비배부 (部門共通費配賦, Distribution of Indirect Departmental Cost) … 323
부문배부비 (部門配賦費, Departmental Allocation Cost) ………… 324
부문별개별원가계산 (部門別個別原價計算, Departmental Job Order Cost Accounting) 324
부문별계산의원가요소 (部門別計算의原價要素, Cost Element of Departmental Accounting) ……………………………………… 325
부문별예정배부율 (部門別豫定配賦率, Departmental Predetermined Eistribution Rate of Burden) ……………………………… 325
부문별원가계산 (部門別原價計算, Departmental Cost Accounting) ……… 326
부문별원가계산목적 (部門別原價計算目的, Departmental Cost Accounting) ……… 329
부문별원가분석 (部門別原價分析, Departmental Cost Analysis) ……… 330
부문비 (部門費, Departmental Cost) ………………………………… 332
부문비계산표 (部門費計算票, Departmental Expense Distribution Sheet) ……… 340
부문비배부표 (部分費配賦表, Overhead Distribution Sheet) ……… 341
부문비원장 (部門費元帳, Ledger of Department Expenses) ……… 342
부문시간율법 (部門時間率法, Departmental Hour Method) ……… 343
부문예산 (部門豫算, Departmental Budget) ………………………… 343
부분원가 (部分原價, Partial Cost) …………………………………… 344
부분원가계산 (部分原價計算, Partial Costing) ……………………… 345
부산물 (副産物, By Products) ………………………………………… 346
부수비용 (附隨費用, Additional Expenses) …………………………… 348
부품 (部品, Parts) ……………………………………………………… 348
부품비 (部品費, Part Expenses) ……………………………………… 349
부품제조지령서 (部品製造指令書, Parts Production Order) ……… 349
부하가격결정 (負荷價格決定, Load- Factor Pricing) ……………… 349
분권화조직 (分權化組織, Decentralised Oranization) ……………… 349
분배율 (分配率, Distribution Ratio) …………………………………… 350
불량률 (不良率, Fraction Defective) …………………………………… 351
비누가법 (非累加法, Non-Cumulative Method) ……………………… 352
비례계산 (比例計算, Proportional Accounting) ……………………… 353
비례비 (比例費 Proportional Cost) …………………………………… 353

비례성지대 (比例性地帶, Comparion Regeon)······354
비례원가계산 (比例原價計算, Proportional Kulation)······355
비례율 (比例率, Proportional Rate)······355
비목별원가계산 (費目別原價計算, De-classified Calculation)······356
비용 (費用, Expense, Cost)······357
비용법칙 (費用法則, Expense)······358
비용분석 (費用分析, Analysis of Expenses)······360
비용분해 (費用分解, Kostenauflosung)······360
비용수익대응 (費用收益對應, Matching Costs With Revenues)······360
비용측정 (費用測定, Expense Measurement)······361
비용평가 (費用評價, Expenses Valuation)······362
비원가부기 (非原價簿記, Non-Cost Book-Keeping)······363
비원가항목 (非原價項目, Non-Cost Item)······364
비축생산 (備蓄生産, Production of Emergency Stocks)······366

사

사내금리제도 (社內金利制度, Internal Money Rate of Interest System)······367
사멸원가 (死滅原價, Expired cost)······367
사업부이익 (事業部利益, Division Profit)······368
사전원가계산 (事前原價計算, Predetermined Cost System)······368
사회원가 (社會原價, Social Costs)······369
사후계산 (事後計算, After Account)······369
사후비용 (事後費用, After Cost)······369
사후비용계산 (事後費用計算, After Cost Accounting)······370
상비재료 (常備材料, Material Purchased for Stock)······370
상품·제품회전율 (商品·製品回轉率, Finished Goods and Merchandise Turn over Rate)······370
상호배부법 (相互配賦法, Reciprocal Distribution Method)······371
생산 (生産, Production)······374
생산가치 (生産價値, Value Produced)······374
생산계획 (生産計劃, Planning of Operation)······374
생산관리 (生産管理, Production Control)······374
생산기준 (生産基準, Production Basis)······375
생산능력 (生産能力, Productive Capacity)······376

생산방식 (生産方式, Production Procedure)	376
생산부문분석 (生産部門分析, Production Division Analysis)	377
생산설비능력 (生産設備能力, Capacity)	378
생산성 (生産性, Productivity)	379
생산성분석 (生産性分析, Productivity Analysis)	379
생산성측정 (生産性測定, Measurement of Productivity)	380
생산성회계 (生産性會計, Productivity Accounting)	380
생산자본 (生産資本, Production Capital)	381
생산중심점 (生産中心點, Production Center)	381
생산진행기준 (生産進行基準, Percentage of Production)	382
생산함수 (生産函數, Production Function)	382
생산활동 (生産活動, Production Activity)	382
생존원가 (生存原價, Unexpired Cost)	383
선입선출법 (先入先出法, First-in, First-out Method Fifo=FIFO)	383
설비자본생산성 (設備資本生産性, Productivity for Equipment Capital)	384
설비지령서 (設備指令書, Plant Order)	385
설비투자 (設備投資, Investment for Facilities and Equiments)	385
성과 (成果, Fruit)	386
성과급 (成果給, Piece Rate or Work Wages)	386
성과급제도 (成果給制度, Piece Rate System)	387
성과배분 (成果配分, Share-the Production Plan)	387
성충비 (成層費)	387
시그멘트·마진 (Segment Margin)	388
세일즈·믹스 (Sales Mix)	389
소가 (素價, Prime Cost)	391
소모공구기구비품비 (消耗工具器具備品費, Consummable Tools and Instruments Expenses)	391 392
소모품비계정 (消耗品費計定, Supplies Expense Account)	394
소비임금계산 (消費賃金計算, Consumption Wage Account)	396
소비재료기장법 (消費材料記帳法, Consumption Material Method)	397
소비재 (消費財, Raw Material Cost)	398
소비재계정 (消費財計定, Raw Material Cost Account)	399
손익분기분석 (損益分岐分析, Break-even Analysis)	401
손익분기점 (損益分岐點, Break-even Point analysis)	402
손익분기점분석 (損益分岐點分析, Break-even Point Analysis)	402

손익예산 (損益豫算, Income Budget)	403
수량차이 (數量差異, Quantity Variance)	403
수선료계정 (修繕料計定, Repair Charges Accounting)	403
수선비비율 (修繕費比率, Ratio of Repairs to Fixed Assets)	404
수선지령서 (修繕指令書, Repairing Order)	404
수선충당금 (修繕充當金, Allowance for Repairs)	404
수정원가주의 (修正原價主義, Adusted Cost Basis)	405
수주생산 (受注生産, Order Made)	405
순수종합원가계산 (純粹綜合原價計算, Net Process Costing)	406
순환재료 (循環材料, Circulation Material)	406
습숙곡선 (習熟曲線, Learaing Curve)	407
시가법 (時價法, Market Price Method)	408
시간급제도 (時間給制度, Time Rate Plan)	409
시간기록 (時間記錄, Time Record)	409
시간연구 (時間研究, Time Study)	410
씨·부이·피 관계 (씨·부이·피 關係, C.V.P Pelationship)	412
씨·부이·피 분석 (씨·부이·피 分析, C.V.P Analysis)	412
시작비 (試作費, Experimental Manufacturing Cost)	415
시험연구비 (試驗研究費, Experimental and Research Costs)	415
실동시간 (實動時間, Actual Labor Hour)	416
실사감모비 (實查減耗費, Shortage and Shrinkage)	417
실사계산법 (實查計算法, Physical Inventory Method)	417
실제원가 (實際原價, Actual Cost)	417
실제원가계산 (實際原價計算, Actual Costing)	418
실제원가계산제도 (實際原價計算制度, Actual Cost System)	420
실제원가분석 (實際原價分析, Actual Cost Analysis)	422
실제임률 (實際賃率, Actual Labor Rate)	423
실제정상원가계산 (實際正常原價計算, Actual Normal Cost Accounting)	423
실지재고조사 (實地在庫調査, Physical Inventory)	423
실질노동생산성 (實質勞動生産性, Actual Labor Productability)	424
실질부가가치생산성 (實質附加價值生産性, Productivity for Real Value Added)	424
실질부가가치설비생산성 (實質附加價値設備生産性, Productivity for Real Value Added)	425
실현가능액 (實現可能額, Realizable Value)	425
싱글·프랜 (single Plan)	426

아

아웃풋법 (Output Method) ……………………………………………… 427
아이들·코스트 (Idle Cost) ……………………………………………… 428
여비교통비계정 (旅費交通費計定, Travelling Expense and Car Fare Account) … 428
연구원가계산항목 (研究原價計算項目, Account of Research and Development
　　　　Cost) …………………………………………………………… 429
연구원가보고서 (研究原價報告書, Research and Development Cost Report) …… 429
연기가능원가 (延期可能原價, Postponable Cost) …………………………… 430
연기불능원가 (延期不能原價, Umpostponable Cost) ……………………… 430
연료비 (練料費, Fuel Expense) ……………………………………………… 430
연료비계정 (練料費計定, Fuel Expense Account) ………………………… 431
연산품 (連産品, Joint Product) ……………………………………………… 431
연산품원가계산 (連産品原價計算, Joint Product Costing) ………………… 431
연산품종합원가계산 (連産品綜合原價計算, Joint Product Process Costing) ……… 437
영업비 (營業費, Office Expenses) …………………………………………… 437
영업비계산 (營業費計算, Operating Accounting) ………………………… 437
영업비계정 (營業費計定, General Expenses Account) …………………… 439
예산원가계산 (豫算原價計算, Budgeted Cost Accounting) ……………… 441
예산차이분석 (豫算差異分析, Analysis of Budget Variance) …………… 441
예정가격 (豫定價格, Estimated Price) ……………………………………… 442
예정가격법 (豫定價格法, Predetermined Cost Method) ………………… 443
예정배부율 (豫定配賦率, Predetermimed Distribution Rate of Burden) …… 443
예정원가 (豫定原價, Predetermined Cost) ………………………………… 444
예정원가계산 (豫定原價計算, Predetermined Costing) …………………… 445
예정임률 (豫定賃率, Predetermined Wage Rate) ………………………… 447
예정조업도 (豫定操業度, Predetermined Operating Rate) ……………… 448
오리지널·코스트 (Original Cost) …………………………………………… 450
완성가공액대인건비비율 (完成加工額對人件費比率, Finished Goods VS, Labor
　　　　Cost Ratio) …………………………………………………… 451
완성공사원가 (完成工事原價, Cost Applicable to Construction Revenue) ……… 451
완성공사액대영업이익률 (完成工事額對營業利益率, Completed Construction VS,
　　　　Operating Profit Rate) ……………………………………… 451
완성품 (完成品, Finished Product) ………………………………………… 451

완성품원가계산 (完成品原價計算, Cost Accounting of Finished Product) ········· 452
완성품환산수량 (完成品換算數量, Equivalent Performance) ················ 453
외부구입가치 (外部購入價値, External Purchase Value) ················· 453
외부원가계산 (外部原價計算, External Cost Counting) ················· 453
외주 (外主, Outside Order) ··· 454
외주가공비 (外主加工費, Amount Paid to Subcontractors) ············· 454
외주가공비계정 (外主加工費計定, Amount Paid to Subcontractors Account) ······ 455
외주가공비원장 (外主加工費元帳, Amount paid to Subcontractors Ledger)········ 456
외주가공임 (外主加工賃, Amount Paid to Wage) ······················· 456
외주관리 (外主管理, Management of Outside Order) ···················· 456
외주의존도 (外主依存度, Outside Order Dependence)··················· 457
요소별원가계산 (要素別原價計算, Object Cost Accounting) ············· 457
용수비 (用水費, Water Expenses)·· 458
용역 (用役, Service) ··· 458
운반관리 (運搬管理, Transportation Controller) ························ 459
운반부비 (運搬部費, Expenses of Transportation Department) ········· 459
운반비 (運搬費, Transportation Charges) ································ 460
운임 (運賃, Freight and Cartage) ··· 460
운임계정 (運賃計定, Freight and Cartage Account) ···················· 461
원가 (原價, Cost) ·· 461
원가가산계약 (原價加算契約, Cost Plus Contract) ······················· 463
원가감사 (原價監査, Cost Audit) ··· 463
원가개념 (原價概念, Cost Concepts) ·· 464
원가계산 (原價計算, Cost Accounting) ······································ 465
원가계산과 (原價計算課, Cost Accounting Department) ··················· 470
원가계산과공업부기 (原價計算과工業簿記, Cost Accounting and Industrial Bookkeeping) ··· 470
원가계산과재무회계 (原價計算과財務會計, Cost Accounting and Financial Accounting) ··· 472
원가계산기간 (原價計算期間, cost Accounting Period) ··················· 473
원가계산기장법 (原價計算記帳法, Cost Accounting Record-Keeping)········ 475
원가계산단위 (原價計算單位, Costing Unit) ································ 475
원가계산의발전 (原價計算의發展, Evolve of Cost Accounting) ·········· 475
원가계산의분류 (原價計算의分類, Classification of Cost Accounting)·········· 477
원가계산절차 (原價計算節次, Procedures of cost Accounting) ·············· 478

원가계산제도 (原價計算制度, Cost Accounting System) ·············· 479
원가계산준칙 (原價計算準則, Standards of Cost Accounting) ·············· 481
원가계산표 (原價計算表, Cost Sheet) ·············· 483
원가계산형태 (原價計算形態, Class of Cost Accounting) ·············· 486
원가계정 (原價計定, Cost Account) ·············· 486
원가공제감가 (原價控除減價, Full Cost Loss Depreciation) ·············· 495
원가관리 (原價管理, Cost Control) ·············· 495
원가관리조직 (原價管理組織, Cost Management Organization) ·············· 496
원가구성 (原價構成, Cost Composition) ·············· 498
원가구성비율 (原價構成比率, Cost Composition Ratio) ·············· 499
원가기사 (原價技士, Cost Engineer) ·············· 499
원가기준 (原價基準, Cost Basis) ·············· 500
원가능률 (原價能率, Cost Effielency) ·············· 500
원가배부 (原價配賦, Cost Allocation) ·············· 501
원가배분 (原價配分, Cost Allocation) ·············· 502
원가배분의원칙 (原價配分의原則, Principle of Cost Allocation) ·············· 503
원가법 (原價法, Cost Method) ·············· 503
원가보고 (原價報告, Cost Report) ·············· 504
원가보고서 (原價報告書, Cost Report) ·············· 504
원가보상방식 (原價補償方式, Cost Plus Contract) ·············· 508
원가부기 (原價簿記, Cost Bookkeeping) ·············· 509
원가부문 (原價部門, Cost Department) ·············· 510
원가분류 (原價分類, Sorting of Cost) ·············· 512
원가분석 (原價分析, Cost Analysis) ·············· 515
원가비교 (原價比較, Cost Comparison) ·············· 518
원가비교법 (原價比較法, Cost Comparion Method) ·············· 518
원가상각 (原價償却, Cost Depreciation) ·············· 520
원가와비용 (原價와費用, Cost and Expenses) ·············· 520
원가와지출 (原價와支出, Cost and Expenditure) ·············· 521
원가외항목 (原價外項目, Non-Cost) ·············· 522
원가요소 (原價要素, Cost Element) ·············· 523
원가요소분석법 (原價要素分析法, Cost Elment Analysis Method) ·············· 524
원가원장 (原價元帳, Cost Ledger) ·············· 525
원가의식 (原價意識, Cost Consciousness) ·············· 525
원가절감 (原價節減, Cost Reduction) ·············· 526

원가종류별원가계산 (原價種類別原價計算, Cost Individual Cost Accounting) ······ 526
원가주의 (原價主義, Cos Basis) ·· 526
원가중심점 (原價中心點, Cost Center) ··· 527
원가차액 (原價差額, Cost Difference) ·· 528
원가차이 (原價差異, Cost Variance) ·· 528
원가차이배부 (原價差異配賦, Circulation of Costs Variance) ················· 534
원가차이분석 (原價差異分析, Analysis of Cost Variance) ····················· 534
원가차이분석방법 (原價差異分析方法, Analysis of Cost Variance) ··········· 534
원가차이회계처리 (原價差異會計處理, Accounting Procedures of Cost Variance) 535
원가총액 (原價總額, Complete Cycle Costs, Life Cycle Costs) ················ 536
원가통제 (原價統制, Cost Control) ·· 537
원가회계 (原價會計, Cost Accounting) ··· 537
원가회수법 (原價回收法, Cost Recovery Method) ······························ 538
원단위 (原單位, Basic Unit) ··· 538
원료 (原料, Raw Materials) ·· 538
원시원가 (原始原價, Original Cost) ··· 538
원재료 (原材料, Raw Materials) ··· 539
원재료저장품회전기간 (原材料貯藏品回轉期間, Turnover Period of Material Stocks) 540
원재료회전율 (原材料回轉率, Turnover Rate for Materials) ··················· 540
월할경비 (月割經費, Expense Quote by Month) ································ 540
위탁가공비 (委託加工費, Expenses for Processing of Broght in Materials) ······ 541
위탁매입 (委託買入, Consignment Purchase) ···································· 542
유휴능력 (遊休能力, Idle Capacity) ··· 542
유휴시간·부동시간 (遊休時間·不動時間, Idle time) ··························· 542
유휴자산 (遊休資産, Idle Property) ··· 543
이동작업 (移動作業, Movement Work) ··· 543
이동평균법 (移動平均法, Moving Average Method) ····························· 544
이상원가 (異常原價, Abnormal Costs) ·· 544
이상표준원가 (異常標準原價, Ideal Standard Cost) ····························· 544
이익계획 (利益計劃, Profit Planning) ··· 545
이익구조분석 (利益構造分析, Analysis of Profit Structure) ····················· 546
이익도표 (利益圖表, Profit Graph, Profit Chart) ································· 546
인건비대매출액비율 (人件費對賣出額比率, Labor Cost VS. Sales Ratio) ······ 547
인건비대부가가치비율 (人件費對附加價値比率, Labor Cost VS. Value Added Ratio)··· 547
인건비대세공제부가가치율 (人件費對稅控除附加價値率, Labor Cost VS. Tazde

duction Value Added Ratio) ·················· 547
인건비부담률 (人件費負擔率, Labor Cost Burden Rate) ················ 547
일정 (日程, Schedul) ·················· 548
일정계획 (日程計劃, Scheduling) ·················· 548
임금 (賃金 Wage) ·················· 549
임금계산 (賃金計算, Wage Accounting) ·················· 550
임금대장 (賃金臺帳, Payroll Book) ·················· 551
임금분개장 (賃金分介帳, Payroll Distribution Journal) ·················· 551
임금원장 (賃金元帳, Wages Ledger) ·················· 552
임금지급장 (賃金支給帳, Payroll Register) ·················· 553
임률 (賃率, Labor Cost Rate) ·················· 553
임률차이 (賃率差異, Labor Rate Variance) ·················· 555
임률의계산 (賃率의計算, Accounting of Wage Rate) ·················· 555
임차료계정 (賃借料計定, Refunding Expense Account) ·················· 556

자

자가제조·구입선택계획 (自家製造·購入選擇計劃, Self-Manufacturing) ·················· 558
자가제조재료 (自家製造材料, Self-Supply Material) ·················· 561
자산성분석 (資産性分析, Productivity Analysis) ·················· 561
작업구분 (作業區分, Operation Segmentation) ·················· 561
작업구분원가계산 (作業區分原價計算, Operation Cost Accounting) ·················· 562
작업단위별원가계산 (作業單位別原價計算, Operation Cost System) ·················· 563
작업량 (作業量, Performance) ·················· 563
작업시간 (作業時間, Operation Report) ·················· 564
작업시간보고서 (作業時間報告書, Time Ticket or Card) ·················· 565
작업시간비례법 (作業時間比例法, Depreciation by Service Unit of Working Hours) ··· 565
작업시간연구 (作業時間硏究, Time Study) ·················· 565
작업시간차이 (作業時間差異, Labour Time Variance, Time Variances) ·················· 566
작업일보 (作業日報, Daily JObtime Report, BA) ·················· 567
작업지도표 (作業指導票, Instruction Card) ·················· 567
작업진척도표 (作業進陟圖表, Progress Chart) ·················· 568
작업진행률 (作業進行率, Operation Progress Ratio) ·················· 568
작업폐물 (作業廢物, Scrap) ·················· 568
작업폐물계정 (作業廢物計定, Scrap Account) ·················· 570

잡급 (雜給, Miscellaneous Salaty)	571
잡비계정 (雜費計定, Miscellaneous Expenses Account)	572
잡수입 (雜收入, Miscellaneous Receipt)	572
장기계획 (長期計劃, Long-range Ranning)	573
장기비용·단기비용 (長期費用·短期費用, Long-run·Short-run Costs)	574
장려급 (奬勵給, Incentive Wage)	575
장부재고조사 (帳簿在庫調査, Book Inventory)	576
장비비 (裝備費, Tooling Costs)	576
장치공업 (裝置工業, Apparatus Industry)	577
재고감모비계정 (在庫減耗費計定, Inventory Shortage Account)	578
재고감모손 (在庫減耗損, Loss From Inventory Shrinkages)	578
재고계산법 (在庫計算法, Inventor Method)	579
재고비용 (在庫費用, Inventory Expense)	579
재고자산 (在庫資産, Inventory Asset)	580
재고자산관리 (在庫資産管理, Inventory Asset Management)	580
재고자산대장 (在庫資産臺帳, Inventory Ledger)	581
재고자산비율 (在庫資産比率, Inventory Asset Ratio)	581
재고자산손익 (在庫資産損益, Inventory Profit or Loss)	581
재고자산원가 (在庫資産原價, Inventory Cost)	582
재고자산회계 (在庫資産會計, Inventory Accounting)	583
재고조사 (在庫調査, Inventory)	585
재고조사표 (在庫調査表, Inventory Sheet)	586
재고증감 (在庫增減, Inventory Appreciation and Depreciation)	587
재고평가손 (在庫評價損, Loss of Inventory Valuation)	588
재공품 (在工品, Good-in Process)	588
재공품의평가 (在工品의平價, Valuation of Work in Process)	589
재공품직접노무비평가법 (在工品直接勞務費評價法, Valuation Method of Direct Labor)	592
재공품회전율 (在工品回轉率, Goods-in Process Turnover)	593
재료 (材料, Material)	593
재료가격차이 (材料價格差異, Material Price Variance)	594
재료감모손 (材料減耗損, Loss From Materials)	594
재료관리 (材料管理, Material Management)	594
재료구매예산 (材料購買豫算, Material Purchase Budget)	595
재료구입예정표 (材料購入豫定表, Predetermined for Material Purchased)	596

재료구입원가계산 (材料購入原價計算, Cost Accounting for Material Purchased) 596
재료구입절차 (材料購入節次, Purchase Procedures) ·················· 598
재료구입청구서 (材料購入請求書, Requisition of Material Purchase)············· 600
재료대장 (材料臺帳, Material Ledger) ·················· 601
재료매입장 (材料買入帳, Material Purchases Book)·················· 601
재료명세서 (材料明細書, List of Materials)·················· 602
재료보관기장 (材料保管記帳, Material Custody Record-Keeping) ·················· 603
재료부비 (材料副費, Material Related Cost) ·················· 604
재료분개장 (材料分介帳, Material Journal) ·················· 605
재료비 (材料費, Material Cost) ·················· 606
재료비계정 (材料費計定, Material Cost Account) ·················· 608
재료비단가계산 (材料費單價計算, Material Unit Price Calculation)·················· 611
재료비예산 (材料費豫算, Material Cost Budget) ·················· 611
재료비차이 (材料費差異, Materials Variances) ·················· 612
재료비차이분석 (材料費差異分析, Material Variance Analysis)·················· 614
재료비표준 (材料費標準, Material Standard Cost)·················· 614
재료소비가격계산법 (材料消費價格計算法, Material Consumption Accounting Method) 615
재료소비량계산법 (材料消費量計算法, Material Usage Accounting Method)·········· 620
재료소비량차이 (材料消費量差異, Material Usage Variance)·················· 622
재료수불월계표 (材料受拂月計表, Materials Received and Payable Monthly Trial Balance) ·················· 622
재료수율 (材料收率, Yield Percentage of Material)·················· 622
재료수입가격차이 (材料收入價格差異, Material Received Price Variance) ·········· 622
재료수입보고서 (材料收入報告書, Material Received Report) ·················· 623
재료수취보고서 (材料受取報告書, Report of Material Received) ·················· 624
재료원장 (材料元帳, Stores Ledger)·················· 624
재료재고예산 (材料在庫豫算, Material Inventory Budget) ·················· 624
재료주문서 (材料注文書, Material Purchase Order) ·················· 625
재료주비 · 재료부비 (材料主費 · 材料副費, Material Main Cost · Material Additional Cost) ·················· 625
재료출고 (材料出庫, Material) ·················· 627
재료출고기장 (材料出庫記帳, Materials Delivery Record-Keeping) ·················· 628
재료출고표 (材料出庫票, Material Requisition) ·················· 630
재료회전율 (材料回轉率, Material Turnover Rate) ·················· 631
재조업비 (再繰業費)·················· 631

용어	페이지
저장품 (貯藏品, Stores)	632
저장품계정 (貯藏品計定, Stores Account)	633
적정재고 (適正在庫, Proper Stock, Appropriate Stock)	634
전력료계정 (電力料計定, Electric Power Charges Account)	635
전력비 (電力費, Electric Power Charges)	636
전부원가 (全部原價, Full Absorption)	636
전부원가계산 (全部原價計算, Full Costing)	636
전원가요소공정별계산 (全原價要素工程別計算)	641
정상배부율 (正常配賦率, Normal Burden Rate)	641
정상원가 (正常原價, Normal Cost, Normal Standard Cost)	642
정상원가계산 (正常原價計算, Normal Costing)	643
정상조업도 (正常操業渡, Normal Caperation Capacity)	643
정상표준원가 (正常標準原價, Normal Standard Cost)	643
제조간접비 (製造間接費, Manufacturing Expense)	644
제조간접비배부계정 (製造間接費配賦計定, Applied Manufacturing Expense Account)	648
제조간접비배부기준 (製造間接費配賦基準, Loading Indicators)	649
제조간접비배부법 (製造間接費配賦法, Methods of Factory Overhead Applied)	656
제조간접비배부율 (製造間接費配賦率, Burden Rate, Overhead Rate)	657
제조간접비배부차이 (製造間接費配賦差異, Variance of Factory Overhead Applied)	658
제조간접비예산표 (製造間接費豫算表, Manufacturing Overhead Budget Sheet)	659
제조간접비예정배부 (製造間接費豫定配賦, Predetermined Burden)	659
제조간접비예정배부율 (製造間接費豫定配賦率, Predetermined Burden Rate)	662
제조간접비예산표 (製造間接費豫算表, Manufacturing Overhead Budget Sheet)	663
제조간접비원장 (製造間接費元帳, Manufacturing Expense Ledger)	663
제조간접비표준 (製造間接費標準, Standard of Factory Overhead)	663
제조간접비표준차이분석 (製造間接費標準差異分析, Standard of Factory Overhead)	670
제조경비예산 (製造經費豫算, Manufacturing Expense Budget)	671
제조계정 (製造計定, Manufacturing Account)	672
제조노무비 (製造勞務費, Production Labor Cost)	673
제조부감사 (製造部監査, Audit of Manufacturing Department)	673
제조부문 (製造部門, Production Department)	673
제조부문비 (製造部門費, Producing Department Cost)	674
제조부문비계정 (製造部門費計定, Manufacturing Department Cost Account)	674
제조예산 (製造豫算, Production Budget)	675
제조원가 (製造原價, Manufacturing Cost)	676

제조원가감사 (製造原價監査, Audit of Production Cost) ············· 677
제조원가계산 (製造原價計算, Cost Accounting) ················· 678
제조원가계산과총원가계산 (製造原價計算과總原價計算 Cost Accounting and Total Cost Accounting) ················· 680
제조원가명세서 (製造原價明細書, Factory Cost Report) ············· 681
제조원가요소 (製造原價要素, Element of Manufacturing Cost)············ 683
제조자시장 (製造者市場, Manufacturer's Market) ················· 686
제조지령서 (製造指令書, Production Order, Job Order, Manufacture Order) ······ 686
제조지령서의종류 (製造指令書의種類, Ciasaification Production Order)············ 689
제품 (製品, Finished Goods) ················· 692
제품계정 (製品計定, Finished Goods Account) ················· 692
제품계열가격결정 (製品系列價格決定, Production Pricing) ················· 693
제품계획 (製品計劃, Product Planning)················· 693
제품다양화·단순화 (製品多樣化·單純化, Product Diversification and Simplification) 700
제품별원가계산 (製品別原價計算, Cost Account by Products) ················· 701
제품별원가계산절차 (製品別原價計算節次, Set-up of Cost Account by Products) 702
제품보증원가 (製品保證原價, Products Guarantee and Warranty Cost)············· 703
제품보증충당금계정 (製品保證充當金計定, Liability for Quality and Service Guaranties) ················· 704
제품원가 (製品原價, Cost of Finished Goods) ················· 704
제품원장 (製品元帳, Finished Goods Ledger)················· 705
제품의 시작연구 (製品의 試作研究, Product Development) ················· 705
제품재고감사 (製品在庫監査, Audit of Inventory Asects) ················· 706
제품회전율 (製品回轉率, Finished Goods Turaover Rate) ················· 706
조간접비 (組間接費, Joint Indirect Cost) ················· 707
조립생산 (組立生産, Assembly Production)················· 707
조립지령서 (組立指令書, Assembly Production Order) ················· 707
조립형생산 (組立形生産, Assembly Type of Production) ················· 707
조별단일공정종합원가계산 (組別單一工程綜合原價計算, Group Single Process Cost System) ················· 708
조별원가계산 (組別原價計算, Lost Cost System) ················· 709
조별종합원가계산 (組別綜合原價計算, Class Cost System)················· 714
조세공과계정 (租稅公課計定, Tax and Public Dues Account) ················· 719
조업도 (操業度, Operating Rate)················· 719
조업도계획 (操業度計劃, Operating Capacity Planning) ················· 721

조업도정책 (操業度政策, Operating Rate Policy) ································ 723
조업도차이 (操業度差異, Capacity Variance) ···································· 723
조업정책 (操業政策, Work Policy) ·· 723
조직접비 (組直接費, Joint Direct Cost)··· 724
종업원1인당매출원가 (從業員1人當賣出原價, Sales Cost Per Employee) ······ 724
종업원1인당매출총이익 (從業員1人當賣出總利益, Sales Gross Profit Per Employee) 725
종업원1인당부가가치 (從業員1人當附加價値, Added Value Per Employee) ········ 725
종업원1인당순매출액 (從業員1人當純賣出額, Net Sales Per Employee)············ 726
종업원1인당순이익 (從業員1人當純利益, Net Income to Sales Ratio) ··· 726
종업원1인당연간가공액 (從業員1人當年間加工額, Annual Processed Revenue Per Employee) ··· 726
종업원1인당연간매출액 (從業員1人當年間賣出額, Annual Sales Per Employee) ··· 727
종업원1인당연간생산액 (從業員1人當年間生産額, Annual Production Value Per Emloyee) ·· 727
종업원1인당연간순수입액 (從業員1人當年間純收入額, Annual Net Profit Per Employee) ·· 727
종업원1인당연간완성가공액 (從業員1人當年間完成加工額, Annual Finished Products Value Per Employee) ··· 728
종업원1인당인건비 (從業員1人當人件費, Employment Cost Per Person)(Labor Cost PerEmployee) ··· 728
종업원1인당판매비·관리비 (從業員1人當販賣費·管理費, Sales and Management Expenses Per Employee) ··· 728
종업원1인당평균인건비 (從業員1人當平均人件費, Average Labor (Employment) Cost Per Employee)··· 729
종합원가계산 (綜合原價計算, Process Cost System) ························· 729
주요재료비계정 (主要材料費計定, Main Material cost Account) ·············· 731
주문생산 (注文生産, Make to Order)·· 732
주문서 (注文書, Order Form) ·· 733
주문처리비 (注文處理費, Costs of Filling Orders)······························ 733
주문획득비 (注文獲得費, costs of Getting Order) ····························· 734
주요재료비 (主要材料費, Main Material Cost)·································· 734
주지령서 (主指令書, Main Production Orders) ································· 735
준고정비 (準固定費, Semi-Fixed Cost, Fixed Cost) ·························· 735
준변동비 (準變動費, Semiveriable Cost) ·· 735
증분원가 (增分原價, Incremental Costs) ·· 736

지급경비 (支給經費, Payable Expenses, Payable Expenditure) ……………… 737
지급임금 (支給賃金, Payroll) ……………………………………………………… 739
지급임금계산 (支給賃金計算, Payroll Account) ………………………………… 743
지급임금기장 (支給賃金記帳, Payroll Entry) …………………………………… 745
직장별원가계산 (職場別原價計算, Cost Account by Arbeitsplats) …………… 745
직접경비 (直接經費, Direct Expense, Direct Burden, Direct Overhead) ……… 746
직접경비분류표 (直接經費分類表, Classified Statement of Direct Expense) …… 747
직접노동시간법 (直接勞動時間法, Direct Labour Hour Method) ……………… 747
직접노무비 (直接勞務費, Direct Labour Cost Indirect Labour Cost) ………… 747
직접노무비법 (直接勞務費法, Direct Labor Cost Method) …………………… 748
직접노무비분류표 (直接勞務費分類表, Classified Statement of Direct Labor cost) 748
직접노무비예산 (直接勞務費豫算, Budget of Direct Labor Cost) …………… 749
직접노무비차이 (直接勞務費差異, Direct Labour Variance) ………………… 750
직접노무비표준 (直接勞務費標準, Standard of Direct Labor Cost) ………… 750
직접배부법 (直接配賦法, Distribution Method) ………………………………… 751
직접비 (直接費, Direct Cost) …………………………………………………… 752
직접원가 (直接原價, Direct Cost) ……………………………………………… 754
직접원가계산 (直接原價計算, Direct Costing) ………………………………… 754
직접원가배부기준 (直接原價配賦基準, Prime Cost Method) ………………… 763
직접원가평가법 (直接原價評價法, Direct Cost Method) ……………………… 763
직접임금 (直接賃金, Direct Wages) …………………………………………… 764
직접임금법 (直接賃金法, Direct Labour Cost Method) ……………………… 765
직접작업시간법 (直接作業時間法, Direct Operating Hours Method) ………… 765
직접재료비 (直接材料費, Direct Material Cost) ……………………………… 766
직접재료비예산 (直接材料費豫算, Direct Material Cost Budget) …………… 767
직접재료비차이 (直接材料費差異, Direct Material Cost Variance) ………… 769
직접재료비표준 (直接材料費標準, Standard of Direct Material Cost) ……… 771
직접표준원가계산 (直接標準原價計算, Direct Standard Costing) …………… 772
진실원가 (眞實原價 True Cost) ………………………………………………… 772

차

차액원가 (差額原價, Differential Costs) ……………………………………… 774
체감비 (遞減費, Degressive) …………………………………………………… 779
체증비 (遞增費, Progressive Cost) …………………………………………… 779

초과배부 (超過配賦, Overabsorption) ··· 780
초과배부간접비 (超過配賦間接費, Overabsorbed Overhead) ················ 780
총괄배부율법 (總括配賦率法, Blanket Rate Method) ··························· 781
총원가 (總原價, Total Costs) ··· 781
총원가계산 (總原價計算, Total Costing) ··· 782
총인건비대직접인건비비율 (總人件費對直接人件費比率, Direct Personnel Expenses Ratio to Total Personal Expenses) ··· 782
총평균법 (總平均法, Total Avarage Method) ······································ 782
최고·최저재고량 (最高·最低在庫量, Minimum or Maximum Inventories) ··· 783
최고통제가격 (最高統制價格, Ceilling Price) ······································ 783
최유리조업도 (最有利操業度, Output) ··· 783
최저시재 (最低時在, Minimum Stock Quantity) ·································· 784
최저재고량 (最低在庫量, Minimum Stock) ·· 785
최적규모 (最適規模, Optimum Size of Business) ······························· 785
최적발주량 (最適發注量, Optimal Purchasing Lot Size) ····················· 785
최적제조비 (最適製造費, Optimum Production Cost) ························· 786
최적조업도 (最適操業度, Optimum Output, Optimum Operation Capacity) ······ 786
최종가격법 (最終價格法, Last Price Method) ···································· 786
최종매입원가법 (最終買入原價法, Last Purchased Price Method) ········ 786
최종취득원가법 (最終取得原價法, Last Purchase Price Method) ········· 787
추정재고조사법 (推定在庫調査法, Estimated Stock Inventory Method) ····· 787
출고전표 (出庫傳票, Material Requisitio, Out of Stock Slip) ············· 788
출고지령서 (出庫指令書, Delivery Order) ·· 788
취득원가 (取得原價, Original Cost) ··· 788
측정경비 (測定經費, Measurement Expenses) ····································· 789

카

커밋티드·코스트 (Committed Cost) ·· 790
코스트·리덕션 (Cost Reduction) ·· 790
콘텐라멘 (Kontenrahmen) ··· 790

타

탄력성예산 (彈力性豫算, Flezible Budget) ··· 793
통신비 (通信費, Communication Charges) ··· 793
통신비계정 (通信費計定, Communication Charges Account) ···················· 796
통일원가계산제도 (統一原價計算制度, Uniform Cost Accounting System)······ 794
통제가능원가 (統制可能原價, Controllable Cost) ····································· 797
특수원가개념 (特殊原價概念, Special Cost Concepts) ······························ 797
특수원가의종류 (特殊原價의種類, Kind of Special Cost)························· 800
특수원가조사 (特殊原價調査, Special Cost Examination) ························ 800
특정제조지시서 (特定製造指示書, Special Production) ···························· 805
특정지시서 (特定指示書, Specific job Orders, Specific Production Orders) ······ 805
특허권사용료 (特許權使用料, Royalty) ··· 805

파

파손품 (破損品, Damaged Goods, Broken Goods) ····································· 807
판매 (販賣, Sale, Seeling Marketing) ··· 811
판매가격 (販賣價格, Sale Price) ··· 812
판매간접비 (販賣間接費, Indirect Selling Costs) ····································· 813
판매비 (販賣費, Selling Expenses, Distribution Cost(Expense))················ 813
판매예산 (販賣豫算, Sale Budgets) ··· 813
판매직접비 (販賣直接費, Direct Selling Cost, Direct Selling Expense)·············· 814
평균비 (平均費, Average Unit Cost)·· 815
평균원가법 (平均原價法, Average Cost Method) ····································· 815
평균임률 (平均賃率, Average Wage Rate) ·· 815
평균조업도 (平均操業度, Average Operating Rate) ································· 816
포장비 (包裝費, Package Cost) ··· 816
표준가격법 (標準價格法, Standard Cost Method) ···································· 817
표준가공비 (標準加工費, Standard Conversion Cost) ······························ 818
표준노무비 (標準勞務費, Standard Labor Cost)······································· 818
표준배부율 (標準配賦率, Standard Distribution Rate) ···························· 819
표준소비가격산정 (標準消費價格算定, Decision of Standard Consumption

Volume)	819
표준소비수량산정 (標準消費數量算定, Decision of Standard Consumption Volume)	820
표준시간 (標準時間, Time Standard)	821
표준실제비교 (標準實際比較, Standard Actual Comparison)	822
표준원가 (標準原價, Standard Costs)	823
표준원가계산 (標準原價計算, Standard Cost Accounting)	824
표준원가계산능률측정 (標準原價計算能率測定, Measurement of Efficiency of Standard Cost Accounting)	834
표준원가계산목적 (標準原價計算目的, Object of Standard Cost Accounting)	835
표준원가계산제도 (標準原價計算制度, Standard-cost System)	839
표준원가불출법 (標準原價拂出法, Standard Cost Delivery Method)	841
표준원가산정 (標準原價算定, Standard Cost Decision)	841
표준원가계산제도의원가차이 (標準原價計算制度의原價差異, Cost Variance of Standard Cost System)	843
표준원가종류 (標準原價種類, Kind of Standard Cost)	843
표준원가지시 (標準原價指示, Standard Cost Order)	844
표준원가차이분석 (標準原價差異分析, Analysis of Standard Cost Variance)	845
표준원료비 (標準原料費, Standard Materials)	846
표준임률 (標準賃率, Standard Labor Rate)	848
표준작업시간 (標準作業時間, Standard Labor Time)	849
표준작업표 (標準作業表, Standard Working)	851
표준재료비 (標準材料費, Standard Material Cost)	852
표준제조간접비 (標準製造間接費, Standard Manufacturing Expense)	852
표준제조간접비배부율 (標準製造間接費配賦率, Standard Burden Rates of Manufacturing Expenses)	854
표준제품원가 (標準製品原價, Standard Cost)	855
표준제품원가표 (標準製品原價表, Standard Cost Sheet)	858
표준조업도 (標準操業度, Standard Activity)	858
표준직접노무비 (標準直接勞務費, Standard Direct Labor Cost)	858
표준직접원가계산 (標準直接原價計算, Standard Direct Costing)	859
표준직접재료비 (標準直接材料費, Standard Direct Material Cost)	862
표준차이분석 (標準差異分析, Standard Variance Analysis)	865
표준화 (標準化)	863
프로덕트·코스트 (Product Cost)	864

하

하청공장 (下請工場, Subcontract Factory) ………………………… 865
한계비용 (限界費用, Marginal Cost) ……………………………… 865
한계원가 (限界原價, Marginal Unit Cost) ………………………… 866
한계원가계산 (限界原價計算, Marginal Costing) ………………… 866
한계이익 (限界利益, Marginal Income) …………………………… 867
한계이익도표 (限界利益圖表, Marginal Income Chart) ………… 867
할증임금 (割增賃金, Extra Wage) ………………………………… 868
현금지출원가 (現金支出原價, Out of Pocket Cost, Out of Pocket Expense) …… 868
현실표준원가 (現實標準原價, Actual Standard Cost) …………… 869
회수불능원가 (回收不能原價, Inrecoverable Cost) ……………… 870
회피가능원가 (回避可能原價, Avoidable Costs Escapable Cost) ………… 870
후생비 (厚生費, Welfare Expenses) ………………………………… 872
후입선출법 (後入先出法, Last-in, First-Out) …………………… 872
휴업비 (休業費) ……………………………………………………… 874
휴업임금 (休業賃金) ………………………………………………… 874
히스트리칼 · 코스트 (Historical Cost) …………………………… 874

가

가　격
(價　格)
(Price)

[의의] 가격이란 돈으로 나타낸 상품·제품의 값을 말한다.
[설명] 1. 가격은 1재화와 타재화와의 교환비율을 의미한다.
　물물교환의 경제에서 재(財)의 교환비율은 교환되는 2재의 량으로 표시된다. A재 1개와 B재 2개가 교환될 때, A재의 가격은 B재 2개로 표시된다. 이 경우, A재의 가격은 B재와의 교환관계만을 표시하는 것이며, 모든 재와의 교환관계를 표시하는 것은 아니다. 이것은 이른바 상대가격이라 하고 넓은 뜻의 가격이다.
　근대 경제 조직하에서 재와 재가 직접적으로 교환되는 것은 오히려 예외적이며, 교환은 화폐를 매개로 하여 이루어지므로 모든 교환에 있어서 일반은 재, 상대방은 화폐로 되어 재의 가격은 어떠한 재이든 간에 그것과 교환되는 화폐량으로 표시된다. 즉, 어떤 재의 화폐와의 교환비율이 화폐가격 또는 절대가격이며, 보통 말하는 가격은 이 절대가격을 의미하고 있다. 이 절대가격은 이미 특정의 2재간의 교환관계를 표시하는 것이 아니라, 소위 일반적 교환수단이며, 또 일반적 가치표시 수단인 화폐의 작용에 의하여 모든 재(財)와의 가치관계를 표시하는 것이 된다.
　오늘날 일반적으로 말하는 가격은 화폐의 일정량으로 표현된 일정재의 교환가치이며, 일반적인 교환가치 관계를 표현한다. 자본주의 경제에서 일반적으로 가격은 크게 3가지로 나눌 수 있다. 즉, 일반상품의 가격인 상품가격·노동의 가격인 임금·그리고 자본의 가격인 이자율이다.
　2. 가격의 결정 및 변동의 요인은 다음과 같이 3가지로 요약할 수 있다.
　① 가격의 기초에는 가치가 있어 가격은 가치에 의하여 규제된다. 그러므로 가치가 변동되면 가격은 똑같은 방향으로 변동한다.
　② 가치는 화폐를 매개로 하여 가격이 되는 것이며, 가격은 가치의 화폐적 표현이다. 그러므로 화폐가치가 변동하면 가격은 역방향으로 변동한다.
　③ 가격은 수요·공급의 변동에 따라서 변동한다. 수요변동에 대해서는 동일 방향으로, 공급변동에 대해서는 역방향으로 변동함으로써 가격은 가치의 현상상태가 된다.
　가령 위의 ①과 ②의 요인이 다 함께 소여의 것이라 하면, ③의 요인에 의하여 가격은 가치로 부터 배리되는 현상을 나타낸다. 즉, 수요가 공급을 초과하면 가격은 가치 이상이 되고, 수요가 공급에 미달될 때는 가격은 가치 이하로 떨어진다. 그러나 그럼에도 불구하고 장기적으로 본다면 가치와 가격은 결국 일치된다. 왜냐하면 수요가 공급을 초과하여 가격이 가치 이상으로 상승하면 공급자측이 유리하게 되므로 새 기업가가 유입되거나 또는 생산량을 증가시키게 되어 가격은 자연히 가치와 일치되는 점까지 떨어질 것이다. 이와 반대로 수요가 공급에 미달하여 가격이 가치 이하로 떨어지면 공급자는 불리하게 되므로 기업가의 유출현상이 일어나거나 생산을 줄이게 되어 가격은 자연히 상승하여 가치와 일치하게 될 것이기 때문이다. 이것을 소위 가격의 파라미터 기능(Parametric Function of Prices)이라고 한다. 이와 같이 하여 가치와 가격은 일치하게 되는 것이다. 결국 가치는 가격의 장기평균치라고도 말할 수 있다. 그러나 이와 같은 결과가 성립되기 위해서는 자유경쟁(완전경쟁 Perfect competition 또는 순수경쟁 Pure competition)이라는 조건이 필요하며, 수급의 불균형, 다시 말하면 가격의 고저에 따라서 야기되는 기업가의 가동성이라는 전술한 바와 같은 운동이야말로 자유경쟁의 조건이 된다. 다시 말하면, 가치=가격의 장기평균치는 자유경쟁의 하나의 귀결이라고 말할 수 있다.

3. 동종 동질의 생산물이라 해도 개별기업의 생산조건이 서로 다르면 다른 정도만큼 생산비도 상이할 것이므로, 따라서 가격도 서로 다르다. 그러나 자유경쟁의 단계에서는 동종 동질의 생산물에 사회적으로 하나의 가격만이 생존할 수 밖에 없다고 생각되는 것이다. 이것을 소위 1물 1가의 법칙 또는 무차별의 법칙(Lawof Indifference)이라고 한다. 왜냐하면, 등질(等質)의 상품이라면 매입자는 조금이라도 싼 곳에서 매입하려 할 것이므로 가격이 비싼 곳에는 모여들지 않고 저가격인 곳으로 모여들게 되는 결과, 자연히 고가격은 떨어지고 저가격은 올라가게 되어, 바로 수급의 균형점 즉, 1물 1가의 점에서 그 운동이 정지될 것이기 때문이다. 단, 이것이 성립되기 위해서는 다음의 몇가지 조건이 전제 되어야 한다.

① 상품의 동질성
② 따라서 매입자가 매도자에 대하여 특별한 선호의식을 가지고 있지 않고, 다만 싼 곳이라면 어디서나 매입하여도 동일한 것이라고 생각하고 있을 것
③ 이 같은 매입자는 시장 구석구석까지도 완전히 잘 알고 있다는 것
④ 어느 한 사람도 가격을 임의로 움직일 수가 없을 만큼의 다수의 매입자와 매도자가 존재하고 있다는 것

이상의 모든 계기가 여기에서 자유경쟁의 조건이 되는 것이다. 다시 총괄하여 말하면 자유경쟁의 제조건이란 자본의 가동성, 신참여, 상품의 동질성, 소비선호의 무시, 완전시장지식, 다수의 수요자와 공급자

의 존재 등이라고 하겠다.

4. 경쟁이 완전한 경우에는 위의 설명이 그대로 작용하고, 경쟁이 불완전한 경우에는 여러 가지 특수 조건이 게재된다.

이리하여 가격은 경쟁가격(Competive Price)과 불완전경쟁가격(Imperfect Competive Price)으로 대별하여 각기의 가격론이 추구된다. 경쟁가격은 당해 상품에 관하여 다수의 수요자와 공급자가 존재하고 수요자 상호간 및 공급자 상호간에 경쟁이 행하여질 때 성립하는 가격이며, 불완전경쟁가격은 각 수요자 또는 공급자가 특정되어 그 경쟁이 제한되어 있을 때 성립하는 가격이다.

다음에 소비자재가격(消費資財價格)과 생산자재가격의 구별이 있다. 소비자재(消費資財)는 그 수요자가 소비자(가계)이며, 그 공급자는 기업이지만, 생산자재에 있어서는 그 수요자와 공급자가 모두 기업이다. 양 가격의 분석에서는 그 차이에 유의할 필요가 있다.

5. 가격에 관하여서는 개별가격 외에 가격체계와 일반물가수준을 고려해야 한다.

개개의 가격은 각각 독립된 것이 아니고, 상호 관련되어 있는 것이다. 예를 들면 소비자재에 있어서 쌀가격은 쌀의 수급에 의하여 결정된다고 하나, 그 수급은 보리쌀 가격도 고려된다. 소비지출의 대상이라는 점에서는 모든 소비자재가격 간에 관련이 있다. 생산자재에 있어서도 같다. 이리하여, 가격은 그 절대가격뿐만 아니라 그 상대가격도 문제가 된다. 모든 가격을 그 상대성에 착안하여 파악할 때, 이것을 물가체계라고 한다. 그리고 다수의 개별가격의 평균적 표현을 일반물가수준이라고 한다. 개별가격의 변화가 물가수준에 영향을 주는 것은 물론이나 화폐가치의 변동에 의한 물가수준의 변동도 있다. 물가상승은 상품으로 표현한 화폐의 가격하락을 의미하고, 물가하락은 상품으로 표현한 화폐의 가격상승을 의미한다. 물가지수의 작성에는 기술적으로 어려운 점이 많으나, 일반적으로 작성된 물가지수는 상술한 의미에서 볼 때 화폐의 가격을 표현한다고 볼 수 있다.

이와 같이 한나라의 화폐는 상품과 상품간의 교환비율을 가지고 있으나, 그것은 동시에 다른 나라 화폐와의 사이에도 교환비율을 가지고 있다. 자국 화폐와 타국 화폐와의 교환비율도 하나의 가격인데, 이를 환시세라고 한다. 물가와 환시세 간에 일률적인 관계가 있는 것은 아니다. 그러나 일반적으로 국내물가의 변동을 환시세 변동의 원인으로 보고 있으나, 때로는 환시세의 변동은 오히려 국내 물가변동의 원인이 되는 경우도 있다.

가 격 결 정 (價 格 決 定) (Decision of Price,	설명 1. 일반적인 방법 획일적으로 말할 수는 없으나 기업체의 실무진이나 원가조사 연구기관에서 실시하는 방법으로 개괄적으로 설명하면 다음과 같다.

Pricing,
Price Dcision)

(1) 변동비에 속하는 원가산출
① 원단위 산출이 가능한 비목
　　변동비 원가에 속하는 원가과목은 보통재료비·직접노무비, 그리고 경비 중 전력비·수도료·연료비·가스대 등이다. 이에 대해서는 과거 실적원단위나 표준원단위를 산출, 이에 재료단가·임률·공공요금 요율을 곱하여 산출한다. 재료단가는 보편적으로 대체원가 개념을 적용, 현재의 시가 또는 견적매입가격을 적용하며, 임률은 과거 실적임률에 앞으로 예정인건비인상률을 감안한 임률을, 그리고 공공 요금단가는 정부에서 확정한 그 시점의 현재요율을 적용한다.
② 원단위 산출이 곤란한 비목
　　변동비 원가에 속하는 원가과목은 원단위 산출이 가능한 것도 있으나 그렇지 않은 것도 있다. 수선비·운반비·판매원수당 등과 같이 변동비이거나 준변동비에 속한 것으로서 물량원단위 계산이 곤란한 과목은 생산, 또는 판매단위당 변동비 원가를 금액으로 산출한다. 여기에 도매물가상승률·운임인상률·예정인건비인상률 등을 각각 감안하여 추정원가를 산출한다.
(2) 고정비에 속하는 원가산출
　　생산량이나 판매량에 비례하지 않고 연간발생금액이 거의 규모가 일정하거나 약간 증감하는 성격의 고정비를 말한다. 그러나 실제에 있어서는 고정비의 성격을 갖는다 하더라도 규모가 크게 증감되는 경우가 많다.
　　일반적으로 최근 1년간 실적에 의한 규모를 기준으로 규모가 증감할 요인이 있는 것, 즉 일반관리직·공장관리직·판매직에 종사한 인원의 예정인건비인상률·공공요율의 변동·보험료율변동·물가상승률·금리변동률 등을 감안 그 규모를 재추정한다.
　　그리고 향후 예정조업도, 즉 예정생산량으로 나누어 단위당 고정비 원가를 산출한다.
(3) 이윤의 산출
판매가격은 넓게 보면 제품단위당으로 요약할 수 있다.

| 변동비원가+ 고정비원가+ 이윤=판매가격 |
| 제조원가+ 판매비·관리비+ 영업외비용+ 이윤=판매가격 |

　　가격결정에 있어 이윤이란 회사가 정상적으로 유지할 수 있는 적정한 이익이라고 할 수 있다. 그래서 '적정이익'이라는 용어를 많이 쓰고 있다. 그러나 엄밀히 적정한 이익이 무엇이냐고 질문하면 답이 궁해질 수 있다. 기업이 유지발전 하려면 결과적으로 볼 때 투자가인 주주에게 배당을 해야 하고, 상법상 규정한 이익준비금을 회사에 적립해야 하며, 회사 재무구조나 시설 근대화를 위한 최소한의 착실한 적립이 필요할 것이다. 또한 기업을 경영하는 사람이 세금을 납부하

지 않으면 이 역시 기업으로서의 명분이 없다. 따라서 이와 같은 사항을 최소한 실천에 옮기기 위한 이익규모가 정상이익 또는 목표이익이라고 생각했다. 기업가는 이보다 훨씬 많은 이익을 창출하려 할 것이나, 그것은 원가를 줄여서 만족해야 할 것으로 본다.

이윤산출을 위한 산식도 여러 가지 있으나 다음과 같은 3가지로 요약하겠다.

① 적정이익 산식(A)

㉮ (자기자본구성비율×자기자본이자율)+위험부담률=총자본이익률

㉯ 총투하자본×총자본이익률=세공제후이익

㉰ $\dfrac{\text{세공제후이익}}{1-\text{이익과세율(법인세·주민세)}}$ = 세공제전이익

② 적정이익 산식(B)

㉮ 자기자본×자기자본이자율=세공제후이익

㉯ $\dfrac{\text{세공제후이익}}{1-\text{이익과세율}}$ = 세공제전이익

③ 적정이익 산식(C)

㉮ (자본금×배당예정률)+(현금배당예정액×10%이상)+최소한의 임의적립금=세공제후이익

㉯ $\dfrac{\text{세공제후이익}}{1-\text{이익과세율}}$ = 세공제전이익

위 3가지 공식에 나타난 바와 같이 자기자본이자율·위험부담률이 특히 문제가 된다.

자기자본이자율은 금리를 고려하여 정하여지는 것이 일반적이며, 정부에서는 현재 10%를 기준으로 검토하고 있다.

위험부담률은 기업의 내외적 환경에서 오는 위험에 대처하기 위한 것으로서 정치·사회·경제, 그리고 국제정세를 고려해야 하겠으나 급격히 불안정할 때에는 일본의 경우 3%까지 활용하고 있다. 그러나 위험부담률은 가급적 소비자 부담으로 전가시키지 말아야 될 것이다.

배당률이나 이익에 과세되는 법인세·주민세율은 회사 정책이나 법령에 따르면 되고, 상법상의 이익준비금은 금전배당의 1/10 이상이면 되므로 앞에서 유도된 배당예정액의 10% 이상을 계산하면 된다.

이외에도 총원가에 대해서 10%의 이윤을 개괄적으로 적용하는 방법이 있으나 이것은 이익규모의 적정성을 고려하지 않고 단순히 비율로 산출하기 때문에 원가가 부당히 높게 산출될 때는 부당이익이 가산된다는 점에 유의하여야 한다.

(4) 가격결정을 위한 일반적인 방법 채택시의 유의사항

원가담당 실무자는 다음 사항에 유의한다.

① 조업도를 철저히 검토하라.

② 표준이 설정되어 있지 않은 경우는 도면이나 사양을 보고 정밀 계산하고, 그렇지 않은 경우는 과거실적원단위의 최하한선을 택하라.

③ 수입재료의 경우 오퍼 등의 적용시는 최소한 2가지 이상을 비교 검토하여 낮은 단가를 적용하라.

④ 원가상승 요인이 있는 변동비 절감대책을 늘 강구하여 계산에 반영하라.

⑤ 고정비는 인상요인만 적용치 말고 절약할 수 있는 규모만큼은 감액하라. 그리고 가급적 동업계 규모와 비교하라.

⑥ 이자비용은 채권회수를 감안하고 적정재고수준 유지 등에 따른 것, 즉 최소한의 운영자금을 고려하여 사정하라.

⑦ 고정비나 간접비 배부기준에 있어서는 기업의 특성에 가장 알맞은 최적의 방법을 적용하고 인위적인 배부방법을 지양하라.

⑧ 과거실적을 기준한 원가계산으로 가격 결정시는 기초·기말재공품을 잘 검토하여 가감조정계수를 적용하고, 특히 이자비용의 원가 반영시는 이자수익의 폭만큼 삭감 조정하며, 특별손익 등 원가성이 없는 것은 계산에서 제외하라.

2. 정부의 관리가격심사 기준에 의한 방법

정부는 시장을 지배하거나 주요기초원자재 제품의 가격변동시 그 내용과 수급상황을 정기적으로 보고하도록 하고 매년 가격감시대상 품목을 지정 고시한 경우가 있다.

이때 제시된 해당 품목의 가격을 변경할 때는 관련 부처에 보고하는 한편 생산·출하·재고 등 수급동향·원자재수급 및 가격동향도 보고하도록 의무화하고 있다.

이러한 감시대상 품목, 즉 정부의 관리 대상이 되는 품목은 공정거래법에서 지정한 시장지배적 품목 등을 말하며, 이들 품목의 가격인상이 부당하다고 할 때는 가격환원 조치를 취할 수 있다.

따라서 이러한 주요품목을 정부가 사전 또는 사후에 관리하기 위해서는 공정하게 심사할 수 있는 기준이 필요하고, 또 사업자가 스스로 원가와 가격을 분석할 수 있도록 하기 위해서 가격심사 기준을 마련한 것이다.

3. 정부의 예정가격작성준칙에 의한 방법

재정경제부가 회계예규로 제정하여 정부에 납품하는 원가계산을 할 경우에는 예정가격작성준칙에 따르도록 하고 있다. 원래 정부 각 부처나 정부투자기관의 물품계약 담당자는 물자구매시 적정한 거래가 형성된 경우는 거래실례가격을 적용하면 되지만 신규 개발품, 거래실례가격이 없는 경우, 정부가 다량 구매하는 경우, 공사나 용역 등은 원가계산을 하여 예정가격을 산출하고 구매계약업무를 하도록 하고 있다. 또 거래실례가격·원가계산에 의해 예정가격을 작성하기 어려울 때는 감정가격·견적가격·유사실례가격에 의하도록 하고 있다. 이 방법에 의한 원가계산 역시 계약담당 공무원이 직접 해야 하나 전문성이 있는 업무이므로 재정경제부장관이 지정한 전문용역기관에 의뢰하여 계산하는 경우가 많다.

(1) 계산의 특징

이 방법도 일반적인 회사방법이나, 정부가격심사기준과 유사한 방법이지만 계산구조가 좀 다르다.

(2) 수입물자의 예정가격작성

수입물자에 대해서는 다음과 같이 계산한다.

① 수입물자대 = CIF (수입대전·해상보험료·해상운임) × 환율로 계산

※ 이때 환율은 외환 대고객매도율을 적용한다.

② 수입제세=관세와 특관세를 말한다.
"CIF×관세율"로 계산

③ 경비 : 신용장수수료·통관료·보세창고료·하역료·국내운반비·수입대행수수료(6개 항목에 한함)

④ 관리비 : '(수입물자대+ 수입제세+ 경비)×8%'로 계산

⑤ 이윤 : (수입물자대+ 수입제세+ 경비+ 관리비)×허용이윤율

4. 기타 원가계산

이외에도 기술용역육성법에 의한 기술용역대가기준이 있고, 재정경제부 회계 예규로 제정한 학술연구용역 원가계산이 있다.

| **가 격 계 산**
(價格計算)
(Pricing
Price Policy) | 의의 시장가격은 개별기업의 원가자료에 의하여 결정되는 것은 아니다. 그러나 일반적으로 가격 계산이라고 하는 경우에는 원가자료를 가격계산의 기초로서 이용하는 것을 의미한다.
설명 1. 공정가격
　공공사업의 요금·통제가격·조달가격 등에 대하여는 특정업체의 제품원가 또는 동종업체의 원가 중에서 최고원가·최저원가·평균원가 등을 산출하고, 그것에다 제품에 대한 적정이익 또는 적정자본이익률을 감안하여 그 가격이 계산되기도 한다. 그러나 서비스업, 자유직업에서 공정요금을 산정하는 경우에는 그 원가를 계산하기 어려우므로, 원가자료에 의하지 않고, 오히려 생활보장의 각도에서 산정되기도 한다.
2. 신제품의 가격계산
　신제품의 경우에는 기존의 유사제품의 시장가격이나 목표자본이익률 등을 참고로 하고, 때로는 신제품의 원가가 가격계산의 기초자료가 되지 못하기도 한다. 그러나 원가자료에 의하여 가격계산을 하는 경우에는, 제조량을 예정해야 원가가 산출되므로, 이 때에는 정상조업도에서의 원가를 가격계산의 기초로 해야 한다.
3. 일정한 시장가격하에서의 가격계산 |

자기기업의 제조량·판매량을 얼마로 하면, 소요원가가 보상될 것인가(손익분기점·원가보상의 하위점)를 산정하고, 원가보상을 넘어서 최대의 이익을 얻을 수 있는가(최유리조업도)를 산정하며, 자체의 생산설비를 유효하게 이용하여 그 제품원가를 가장 낮게 할 수 있는가(최적조업도)를 산정하기도 한다. 이와 같은 것은 주어진 시장가격을 여건으로 하고, 원가보상을 전보한다는 전제하에서 생각하는 것이지만, 불황 그 밖의 사정으로 조업단축 또는 폐·전업을 해야 할 경우에는 어떠한 원가를 회수하고 어떠한 원가를 단념할 것인가(최저가격 또는 투매가격)을 산정하기도 한다. 이러한 경우에는, 부분원가보상을 전제로 하고 있는 것이다. 또 경쟁관계로 인하여 국내에서 차별화 가격을 계산하게 되면, 1지역 1상품에는 부분원가보상을 전제로 하여도 전체적으로는 전부원가보상을 전제로 한 원가자료에 의하게 된다.

4. 단기이익계획의 경우

2종 이상의 제품을 배합하여 그 기간중의 판매액으로부터 최대의 이익을 얻을 수 있도록 하려면, 제품의 가격계산보다도 판매액의 계산이 1차적인 것으로 되고, 원가는 당해 기간 중 비용산정에 포함되어 진다. 이러한 계산에는 직접원가계산 또는 직접표준원가계산이 더 유효하다.

5. 관리목적의 가격계산

가격계산은 대외적인 시장가격과의 관련에서 문제가 될 뿐만 아니라, 사업부, 부문, 공정 등의 상호 급부수도관계를 계산하고, 대체가격·계산가격 또는 관리가격 등을 계산하기 위하여 원가자료가 필요하다. 이러한 경우에는 실제원가·표준원가·한계원가·기회원가 등이 그 기초자료로서 이용된다.

| 가격설정계획
(價格設定計劃)
(Pricing Establishment Decision) | 의의 가격설정이란 판매량과 가격과의 관계와 판매량(또는 생산량)과 원가와의 관계를 알고, 최대의 이익을 얻을 수 있는 대체적인 가격을 비교하여 선택·결정하는 것이다.
설명 가격설정계획은 단기개별계획 또는 집행계획 및 업무계획에 영향을 주는 것이다. 판매제품의 일반적인 수요와 시장의 경쟁상태에 따라 가격결정은 제약을 받는다. 그러나 아무리 완전자유경쟁상품이라도 판매량과 원가와의 관계에서 일정한 가격이 주어지고, 또 얻어질 이익의 크기를 계수적으로 알 수 있으며, 가격설정을 어떻게 할 것인가를 문제로 하여야 한다.
가격설정에서는 다음의 2가지 관점에서 생각할 필요가 있다.
(1) 표준제품의 가격설정과 수주제품의 가격결정
① 표준제품의 가격설정 …… 구제품(기존제품)의 가격, 신제품의 가격 |

② 수주제품의 가격설정 …… 일반수주품의 가격, 특별수주품의 가격

(2) 총액법에 의하여 계산하는 경우와 차액법에 의하여 계산하는 경우
　① 총액법계산에 의한 가격설정
　② 차액법계산에 의한 가격설정

　가격설정에서는 원가의 추정을 하는 것이 중요하다. 그것은 미래원가로서 추정되며, 이 추정의 정확도는 현재가격이 유지되리라고 보는 기간이나 현재의 원가에 중대한 변동이 있을것으로 보이는 예상에 의존된다. 그리고 역사적원가가 예측의 단서가 된다. 미국회계사협회의 리서치·시리즈 No.24(NAA, Product cost for Pricing Purposes Research Series. 24, 1958)에 따르면, 가격설정은 장래에 생길 판매거래를 다루는 것이다. 그러므로 가격설정책임을 지는 경영자는 가격을 설정해야 할 제품의 제작 및 판매를 하는 데 필요한 원가, 그리고 보유재고품의 대치원가를 정확히 알 수 있어야 한다. 역사적 원가는 미래원가의 단서를 제공하는 경우에만 가격설정의 적절한 지침이 될 수 있다. 가격설정에 필요한 원가를 산정하는 과정은, 일부는 원가추정의 문제이기도 하다. 원가추정을 어느 정도로 정확히 할 수 있는가는, 현재가격이 유지되리라고 보이는 기간의 길이와 현재원가에 영향을 줄 중요한 변동예측에 의존되는 것이다.

　제조주기가 짧고, 가격이 원가변동에 따라 직접 개정되는 경우에는, 현재 경험되고 있는 원가가 적당하다. 그러나 연간 또는 계절적인 가격설정이 통례인 경우에는 정가표의 발표기간 중에 예상되는 원가를 예측할 것이 중요하다. 이것은 판매가격을 결정한 후에 제조하는데 장기간이 소요되는 경우에도 타당하다. 그 대책으로서 제조기간이 길면, 원가의 증대로부터 매출자를 보호하기 위하여 판매계약에다 에스카레이터 조항(Escaletor Clauses)을 삽입하는 경우도 있다. 원가추정은 가격설정시에 있는 여러 가지 조건에 의하여 가격설정에 영향을 준다. 이와 같은 것들의 전형적인 것을 열거하면 다음과 같다.

　① 가격은 원가에다 올린 것(Mark-up)을 가산하여 결정한다. 이 방법이 적용되는 것은, 그 제품에 대한 일정한 시가가 없는 경우(예를 들면, 신제품·상호 기타의 명확한 특징이 있어서 경쟁업체의 제품과 구별되는 제품·직접적인 경쟁자가 없는 제품 등)이다. 이러한 가격을 결정하는 경우에는 원가가 중요한 역할을 하지만 최유리조업도(Most Profitable Volume)를 확보하려면, 단위이익 및 판매가격을 조정할 필요가 있다. 이와 같은 이유에서, 원가와 판매가격과는 반드시 일정불변한 관계가 있는 것이 아니다.

　② 원가는 가격의 하한(下限)을 결정한다. 판매가격이 원가를 회수

할 수 없는 경우에는, 매입자의 신청을 거절하거나, 그 제품의 제조를 중지해야 한다.

③ 시장가격이 경쟁 또는 매입자군에 의하여 결정되는 경우에는, 주로 원가는 어느 종류의 제품 및 용역을 소정의 가격으로 제공할 수 있게 하는데 도움이 된다. 예를 들면, 과자의 성분원가가 변화되는 경우에, 그 중량만큼을 변경하여 가격을 종전대로 하기도 한다. 이 경우는 원가가 가격결정요소라기 보다도 공급하는 제품의 종류를 한정하는 것이 된다.

④ 가격이 시장 또는 매입자군에 의하여 결정되는 경우에 제품의 유리성을 측정하려면 원가검토가 필요하다. 이 원가정보에 의하여 경영자는 판매노력(Saleseffort)을 가장 유리한 판로(Channel)에 주력할 수 있다. 또 경영자는 획득가능한 이익을 과대한 원가로 인하여 상실하지 않으려면, 원가를 통제해야 한다. 이와 같이 표준제품가격설정 즉, 예측생산에 의한 표준화된 제품가격설정과 수주제품가격설정 즉, 고객의 주문에 따라 제조된 제품가격설정과는 원가를 추정하는 방법이 전혀 다르게 된다.

가격설정의 합리적인 기초가 되는 것은 한계이론이다. 헤인즈(W.Warren Haynes, Pricing Decisions in Small Business, 1962)에 의하여, 기업의 의사결정에서 한계이론은 그 결정에 따라 생기는 증분수익과 증분원가의 비교를 내포하고 있다. 만일 가격인하가 증분원가 보다 많은 증분수익을 얻게 하면, 그 인하는 유리하다. 가격인상은 수요의 탄력성에 따라 정(正) 또는 부(負)의 증분수익이 될 수 있다. 만일, 이러한 가격인상에 기인하는 증분수익이 정(正)이면 그 결정은 반드시 이익이 생긴다. 왜냐하면, 원가는 판매량이 적으면 감소되기 때문이다. 만일 증분수익이 부(負)(고객의 대폭적인 감소로 인하여 손실발생)이면, 문제는 회피된 원가가 이 수익의 손실분을 상회하느냐에 있다. 이와 같이 가격설정은 차액원가인 증분원가개념을 적용하여 계산된다. 그 계산방법에는 총액법과 차액법이 있다. 특수원가조사에서는, 가격설정계획의 내용에 따라 총액법 또는 차액법의 계산방법이 채용되고, 손익계산방식에 의하여 비교계산된다. 특히 단기의 가격설정계획에서는 전부원가를 기초로 하는 총액법보다도 변동비 한계이익을 이용하는 차액법에 의하는 것이 더 유효하다.

(1) 차별가격설정계획

차별가격의 설정례 : A제품만을 생산 판매하고 있는 기업이 다음 방안을 검토하기로 하였다.

① 판매량을 20,000개 증가시키려면 어떠한 가격정책을 설정할 것인가.

② 추가판매량에 대하여 최저한의 판매가격을 얼마로 해야 하는가.

<자료>
① 현재 1개월당 생산판매개수 80,000개(생산능력 100,000개)
② 현재의 판매단가 60원
③ 단위당 변동이 42원
④ 1개월당 고정비 1,600,000원
⑤ 판매가격을 57원까지 인하한 때의 예상판매개수 100,000개
⑥ 월 100,000개를 생산하는 경우의 1개당 변동비는 동등하다. 고정비는 월액 100,000원 증가될 것으로 예상된다.

판매량의 증대를 위하여 어떠한 차별가격정책에 의하여 가격을 설정할 것인가의 계획에서는 다음과 같은 고려가 필요하다.

차액수익(매출의 증분수익)-차액원가(매출액증가분에 대응하는 증분원가)=차액이익(증분이익)

그러므로 단위당의 차액원가를 상회하는 판매가격을 설정하면 차액이익이 생길 것이며, 단위당의 차액원가를 최저판매가격으로 하여 가격설정을 하면 된다. 자료에 의하여 생산개수 80,000개와 100,000개의 경우에 원가 및 매출액이 어떻게 되는가를 본다.

생산량	단위원가	총원가	차액원가	판매단가	매출액	손실
80,000	62	4,960,000	--	60	4,000,000	160,000
100,000	59	5,900,000	940,000	57	5,700,000	200,000
생산추가에 의한 손실의 증가 분						40,000

현재대로 100,000개의 제품을 생산 판매하면 위의 표처럼 200,000원의 손실이 생긴다. 또 80,000개의 경우에는 160,000원의 손실이 생긴다. 그러므로 20,000개를 추가생산 판매하면 40,000원의 손실이 증대된다. 만일, 차별가격정책을 채용하고, 80,000개의 제품을 종전대로 판매하고, 추가생산한 20,000개는 다소 디자인을 변경하여 보급품으로서 판매하여 본다.

추가판매에 의한 차액수익
57원×20,000=1,140,000원
차액원가   940,000원
차액이익   200,000원

이렇게 되면, 다음의 계산에서와 같이 40,000원의 순이익이 생긴다.

차별가격정책을 적용한 경우의 차액이익 …… 200,000원
80,000개를 생산한 경우의 순손실 ………… 160,000원
차별가격정책을 적용한 경우의 순이익 ……… 40,000원

추가 생산량 20,000개에 대하여 최저판매가격을 산정하는 경우, 차액원가계산은 변동비만이 아니고, 계획의 변경에 따른 고정비의 변화도 고려해야 한다. 차별가격정책을 적용한 경우의 최저판매가격은,

적어도 추가생산을 위한 차액원가를 상회하고, 80,000개를 생산한 경우의 손실 160,000원을 전보하는 것이라야 한다.
  (차액원가+전보손실)÷추가생산개수=최저판매가격
  (940,000원+160,000원)÷20,000개=55원

이와 같이 추가생산분은 1개당 55원 이상의 차별가격으로 해야한다. 그러나 이러한 판단을 하는데는 가격과 판매량의 복잡한 관계를 충분히 배려해야 한다. 왜냐하면 경쟁회사의 제품, 일반산업계의 상황, 고객의 반응등에 의하여 영향을 받기 때문이다.

(2) 수주가격설정계획

〈자료〉

① 정상조업도에서의 원가는 다음과 같다.

생 산 량	50,000개	55,000개	60,000개
총제조원가	54,00,000원	55,000,000원	57,000,000원
단 위 원 가	1,080원	1,000원	980원
차 액 원 가	-	1,000,000원	2,000,000원
단위당차액원가	-	200원	400원

② 판매비의 증가는 없는 것으로 한다.

현재, A품을 50,000개 생산하고 있다. 고객으로부터 단가 800원으로 50,000개의 추가주문이 있다. 이 주문을 수락한 것인가를 검토하기로 한다. 추가수주에서는 그 수주가격설정에 관한 계획을 한다. 추가수주에 의하여 현재의 생산량 보다도 5,000개 더 많은 55,000개를 생산한 경우의 단위원가는 자료1에 의하면 1,000원이 된다. 이 단위원가는 추가수주가격인 800원을 상회하고 있다. 그러므로 추가주문을 수락하면 불리할 것 같으나, 이 경우 중요한 것은 최저의 수주허용가격이다. 그것은 1개당의 차액원가(증분원가)가 얼마인가를 보면 알 수 있다. 55,000개를 생산한 경우 1개당의 차액원가는 다음과 같다.

  차액원가(증분원가)   추가생산량   개당의 차액원가(증분원가)
  1,000,000원   ÷   5,000개   =   200원

그러므로 1개당 차액원가보다 높다. 따라서 추가주문을 수락하여도 된다.

가격유형
(價格類型)
(Price)

설명 우리나라에서 실시되는 가격의 유형을 들면 다음과 같다.

(1) 독과점가격

물가안정및공정거래에관한법률 및 시행령에 의거 독과점 사업자로 지정 고시된자의 사업상 수단이 되는 물품 및 용역에 대한 가격 또는 대가로서 주무부장관이 결정하거나 변경, 지정한 가격을 말한다.

(2) 최고가격

국민생활과 국민경제의 안정을 위하여 긴요한 물품의 가격, 부동산

등의 임대료 또는 용역의 대가에 대하여 정부에서 지정한 최고가액 즉, 거래상환가격을 말한다.

(3) 행정지도가격

법령에 의하여 통제된 가격은 아니며 다만, 물가안정을 위하여 정부가 가격관리 및 지도가 필요하다고 인정되는 품목에 대하여 행정력으로 가격관리 및 지도하고 있는 품목의 가격을 말한다.

(4) 업체공표가격

업체공표가격이란 첫째, 생산자 단체(조합·협회)가 해당 물품의 조합원이나 협회원간의 가격경쟁으로 인한 상호간의 손해와 시장의 교란을 방지하기 위하여 협정한 판매기준 가격으로서, 대외적으로 공포된 가격표상 가격과 둘째, 경제4단체(즉, 전국경제인엽합회·상공회의소·중소기업협동조합중앙회·무역협회)가 정부의 물가안정시책에 호응하고 소비자보호 및 공정거래를 위하여 품목을 선정하고, 제조업체 및 해당조합과 협의하여 유통단체(공장도→도매→소매)별 자율표시가격으로 확정 공포한 가격을 말한다. 즉, 생산자단체나 경제단체가 대외적으로 공표한 판매기준 가격이다.

(5) 거래실례가격

상거래상 실제로 거래가 성립되어 대금(현금이나 현금등가물)으로 결제되는 모든 거래행위의 결과로서의 가격을 말하나, 여기서는 정부기관을 기준하여 정부기관(투자기관을 포함)이 수요자 및 공급자로서 관계되지 않는 거래가격만을 지칭하며, 세금계산서상의 가격을 말한다. 즉, 사업자 및 개인 상호간의 거래결과 발행되는 세금계산서상의 가격이다.

(6) 한은조사가격

정부의 경제정책수립 및 그 성과분석의 기초자료로서 활용하기 위하여 한국은행에서 도매물가지수에 채택되어 있는 품목에 대한 한국은행 조사가격을 말한다.

(7) 구매실례가격

정부기관(투자기관을 포함)이 수요자가 되어 물품을 판매 및 공급하고 있는 사업자 및 개인으로부터 구매한 물품의 구매가격을 말한다.

(8) 조달청 조사가격

가격정보지 게재가격인 정기조사 통보가격과 수시조사 통보가격을 말한다.

(9) 감정가격

감정가격은 감정원에서 또는 공인감정사가 감정한 가격을 말한다.

(10) 견적가격과 유사실례가격

거래실례가격이 없거나 원가계산으로 예정가격을 결정하기 어려울 때 견적서에 의한 가격이거나 유사 제품의 실거래가격이다.

가 격 차 이 (價格差異) (Price Variance)	⑾ 원가계산에 의한 예정가격 　정부에서 작성한 준칙에 따라 원가를 계산, 예정가격을 산출할 때의 가격이다. [의의] 가격차이란 원가의 일부 또는 전부를 예정가격 또는 표준가격에 의거하여 계산한 원가와 실제가격과의 차액을 말한다. [산식] 가격차이=(예정가격 및 표준가격×실제소비량)-(실제가격×실제소비량) [설명] 가격차이에는 실제원가계산제도에 있어서 원가의 일부를 예정가격으로 계산한 예정원가와 실제원가와의 가격차이가 있고 또 표준원가계산제도에 있어서 원가의 일부 또는 전부를 표준가격으로 계산한 표준원가와 실제원가와의 가격차이가 있는데, 가격차이 분석의 대상으로서 중요한 것은 후자의 가격차이이다. 가격차이의 원인은 시중가격의 변동, 부적당한 구매, 표준가격의 설정이 부정확하였던 경우 등이다. 그리고 가격차이는 직접재료비차이분석항목의 하나로서, 그 밖에 수량차이가 있다. 　　표준재료비=표준가격×표준소비량 　　실제재료비=실제가격×실제소비량 　　표준재료비-실제재료비=가격차이+수량차이로 된다. 　가격차이는 1기간에 걸쳐서 재료종류별로 계산하며, 1기간에 걸쳐서 재료종류별로 계산하며, 이것은 단순히 가격차이를 계산하여 기간손익의 정확한 산정을 하는데, 그 목적이 있을뿐만 아니라 그 차액을 책임자별로 파악하고, 차이의 발생원인을 분석하여 원가관리에 필요한 자료제공을 하는데 그 사명이 있다. 　그러므로 표준원가계산제도하에서 가격차이의 분석은 매우 중요하다. 가격차이의 발생원인으로서는 재료의 시장가격변동, 구매방법, 구매수량 운송방법 등의 부적당한 것을 들 수 있으며, 구매부분에 그 책임이 있으나 전부가 구매부분의 책임이라고 할 수는 없다. 　그러므로 가격차이의 발생원인을 구매부문의 관리가능항목과 관리불능항목으로 구별하고, 관리가능항목에만 원가책임을 물어야 되며, 동시에 차이발생원인을 제거하는 개선책이 강구되어야 한다. 　☞ **원가차이** (Cost Variance) 　　**수량차이** (Physical Variance)
가　공 (加　工) (Processing)	[의의] 타인의 소유인 자연물이나 미완성품에 인공으로 화학적 또는 물리적으로 변화를 가하여 새로운 물건을 만드는 것을 말한다. 예컨데, 타인의 물건(원료·재료)으로 미술품이나 공예품을 만드는 경우와 같다. 그 만들어진 물건이 새로운 것인지의 여부는 사회의 통념에 의한다.

일반적으로, 수선은 가공에 해당하지 아니하나 포목으로 의복을 만들거나 나무로 책상을 만드는 것은 가공에 해당한다.

[설명] 타인의 동산에 가공한 때에는 그 물건의 소유권은 원재료의 소유자에 속한다. 그러나 가공으로 인한 가액의 증가가 원재료의 가액보다 현저히 다액(예컨대, 10만원의 재료에 20만원의 가공을 한 경우)인 때에는 가공자의 소유로 한다.(민법 259①) 또한 가공자가 재료의 일부를 제공하였을 때에는, 그 가액은 위의 증가액에 가산한다.(민법 259②)

이때의 소유권을 취득한 자는 부당이득의 요건인 "타인의 재산 또는 노무로 인하여 이익을 얻고, 이로 인하여 타인에게 손해를 가한 때"에 해당하여 실질적인 부당이득을 한 것이 되기 때문에 당사자간의 형평을 기하기 위하여 손실을 받은 자는 상대방에게 부당이득에 관한 규정에 의하여 구상을 청구할 수 있다.(민법 261)

수선업자·세탁업자·염색업자 등과 같이 재료·원료는 주문서(도급자·가공의뢰자)로부터 받고 주문자를 위하여 그 물건에 가공하는 행위, 가공자가 타인과 이러한 관계가 있기 때문에 타인의 물건에 가공을 한 때에는 가공물의 소유권은 항상 주문자에게 귀속하고, 가공자는 어떠한 경우에도 그 소유권을 취득하지 못한다. 상법은 가공에 관한 행위를 기본적 상행위로 규정하고 있다.(상법 46)

부가가치세법의 규정에 의하면, 사업자가 주요자재를 부담(일부 또는 전부)하고 상대방으로부터 인도받은 재화에 공작을 가하여 새로운 재화를 만드는 사업은 제조업에 해당되어 재화의 공급으로 과세하는 것이나, 인도받은 재화에 주요자재를 부담하지 아니하고 단순히 가공만 하는 경우에는 용역업(서비스업)으로 과세한다.(부가법 14.2호) 그러나 실제가공·서비스만을 제공하였는지의 여부가 불명확한 경우가 많다.

| 가 공 비
(加 工 費)
(Conversion Cost
Procissing Cost,
Cost of Working,
Cost of Processing) | [의의] 제조원가 중 직접노무비와 제조간접비를 합계한 것 또는 직접재료비 이외의 원가요소를 총괄한 것을 가공비라 한다.
[설명] 원가의 발생이 제품의 제작과 직접적으로 관련이 있느냐 또는 없느냐에 따라 직접비와 간접비로 구분되며, 직접비는 다시 원가의 발생형태에 따라 직접재료비·직접노무비·직접경비로 구분된다.
그리고 간접비도 간접재료비·간접노무비·간접경비로 분류된다.
이 경우에 직접재료비 이외의 원가요소를 총괄한 것이 가공비이다.
원재료가 모두 최초의 공정의 시점에서 투입되고, 다음의 공정에서는 단순히 그것을 가공만 하며, 각 공정의 수율(Yield Percentage)이 현저하게 다르지 않는 특수한 생산양식을 채용하고 있는 기업에서는 가공비를 따로 계산하게 된다.
즉, 주요원재료비를 제외한 1기간의 가공비만을 각공정별로 집계하 |

고, 이것에다 원재료비를 가산하여 완성품의 종합원가를 계산하며, 이 방법을 가공비공정별종합원가계산이라 한다.

이 방법에 의하면 주요원재료비는 공정별계산을 하지 않으므로 그만큼 계산이 간이하게 된다.

그리고 개별원가계산에서도 노동이 기계작업과 밀접하게 결합되어 종합적인 작업이 되어 있기 때문에 제품에 부과할 직접노무비와 제조간접비와를 분리시켜서 계산하기 어려운 경우에는 가공비의 부문별계산을 하고, 부문가공비를 각 지령서에 배부할 수 있다. 이 경우의 배부는 원칙적으로 예정배부율에 의한다.

가공비계산의 목적이 생산수단이나 작업방법 등의 변경에 따른 원가절감에 있거나, 작업자 1인당의 경제적 취급기계대수를 결정하는 데에 있거나 또는 외주가공 및 수주가공의 가격산정 등에 있는 경우에는 가공비의 범위와 계산방법도 다르게 된다.

가공비는 재료비와 더불어 의사결정의 원가자료로서 계산되는 경우에는 원가계산의 경우와는 달리 과학적으로 정밀하게 측정되어야 한다.

이상의 가공비는 원칙적으로 설비와 사람과의 구분에 따라 분류된다.

설비에 관한 비용을 설비비라고 하며, 특히 기계에 관한 것은 기계비(Machine Cost)라고 한다.

설비비는 설비 1대마다 또 동종설비군별로 하고, 다시 필요하면 작업종류별로 표준시간당의 것을 산출한다.

이것이 기계비인 경우라면 기계비율이라고 한다.

기계비의 내용은 기계 및 건물의 감가상각비, 기계의 세금, 보험료, 전력비, 분수비, 동력비, 소모공구비, 간접재료비, 유지비 등이다.

개별공구비는 기계비 중에 포함되지 않으며, 별도로 제품단위당의 것을 산출한다.

기계비율은 연간 동일조건하에서 조업하는 경우는 연간조업도계획에 따라 기계별연간조업시간을 추정하고, 이것에 대한 기계비를 고정비·변동비별로 연간의 고정비율과 변동비율을 산출한다.

특정의 주문생산을 하는 경우에는 각 품종별로 소요 기계시간을 추정한 다음에 기계비의 고정비율과 변동비를 산정하기도 한다.

인간에 관한 원가의 분류는 직접작업자의 인건비이며, 이것은 작업자 개인별로 실제임률에 의하여 계산하는 것이 원칙이고, 특히 작업의 종류나 난이도 등에 따라 임률이 다르면 평균임률을 사용할 수 없다.

이상의 설비비 및 직접노무비 이외의 간접비는 공통비이고, 고정적 성격이 강하므로 제조부문별로 집계한 다음 직접작업시간당으로 고정비율을 산정한다.

가공비공정별 원가계산 (加工費工程別 原價計算) (Contionuous Proess Conversion Cost System)	그리고 모든 원가항목의 고정임률과 변동비율을 필요에 따라, 예를 들면 제품 1단위당의 표준기계시간과 직접 작업시간에 곱하여 제품 원가를 산정한다. 　그리고 고정비율과 변동비율로 구분하여 두면, 이동률의 변화에 따른 가공비율의 수정을 쉽게 할 수 있다. 　[의의] 원재료가 일련공정의 최초에 투입되고 그 이후는 가공만 하는 생산형태에서는 원재료비의 공정계산을 하지 않고 가공비에 대해서만 공정별원가계산을 하는 방법이 있다. 이것을 가공비공정별원가계산이라고 한다. 　[설명] 가공비공정별원가계산은 가공비에 대하여 공정별계산을 하고, 원재료비는 공정별계산을 하지 않으므로 원재료비에 대해서는 일련의 공정을 단일공정으로 보고 계산하는 것이다. 　즉, 각 공정에 있는 기초재공품·기말재공품·감손·공손 등은 각각 합계하여 일괄하는 것으로 하고, 단일공정원가계산의 방법으로 각기 원재료비를 평가한다. 또 일련의 공정도중에 공정이 완료된 입고품이 있으면 이것은 기말재공품으로 간주된다. 　이와 같은 계산에 의한 가공비공정별원가계산에서는 원재료비계산을 간소화 하게 된다. 　그러나 원재료비의 공정별계산을 한 결과와는 상이한 기말재공품원재료비 즉, 제품원재료비의 평가가 되어져야 한다. 　이것은 원재료의 계산을 간소화한데서 생기는 필연적인 결과이다. 다시 말하면 각 공정에 감손, 공손 등이 발생할 때에는 각 공정의 기말재공품의 원재료비는 원재료비의 공정별계산을 하는 때와 하지 않을 때와의 차이가 생긴다. 　그렇다고 가공비공정별원가계산에 있어서 기말재공품의 원재료비를 평가하기 위하여 각 공정의 수율을 고려하는 것은 원재료비에 대하여 공정별계산을 하는 것이고, 가공비고정별계산이 아니다. 　이것은 전원가요소의 공정별원가계산과 동일한 것이 된다. 따라서 가공비공정별계산에 있어서는 원재료비의 계산이 간소화 되기는 하지만 가공비와 원재료비와의 계산방법의 상이에서 생기는 원가부담의 불통일이 생기기 쉽다. 　계정기입방법을 설명하면 다음과 같다. ① 재료비계정에서 주재료비만을 제품계정에 대체한다. ② 보조재료비·노무비 및 경비를 각 공정과 보조부문(공정공통비)에 배부한다. ③ 적당한 배부기준에 의하여 각 공정에 배부한다. ④ 공정완료품을 차공정에 대체한다.(누가법) ⑤ 가공비의 완성품원가를 제품계정에 대체한다.

※ 기말에는 재공품원가를 제조계정의 차변에 대체한다.

《사례》 다음 자료에 의하여 가공비 공정별원가계산표를 작성해 본다.

(1) 당기의 작업보고

구 분	제 1 공 정	제 2 공 정
완 성 량	2,730개	2,400개
기말재공품	600개	600개
진 척 도	40%	25%
감 손	60개	30개
당기가공비	120,000원	90,000원
당기주요재료비	180,000원	

(2) 기초재공품

구 분	제 1 공 정	제 2 공 정
수 량	450개	300개
진 척 도	40%	60%
가 공 비	9,000원	1,800원
주요재료비	3,900원	

(3) 기말재공품평가는 선입선출법에 의한다.
(4) 감손은 완제품에만 부담시킨다.
(5) 누가법에 의한다.

<해답>　　　　　　가공비공정별원가계산표

구 분	제1공정	제2공정	주요재료비	합 계
기초재공품원가	9,000	1,800	39,000	49,800
당기제조비용	120,000	90,000	180,000	390,000
소 계	129,000	98,000	219,000	439,800
전공정비대체액	-	118,895	-	-
기말재공품원가	(-) 10,105	(-) 31,755	(-) 73,469	(-) 115,329
공정완성품원가	118,895	178,940	145,531	324,471
완 성 량	2,730개	2,400개	2,400개	2,400개
단 위 원 가	@43.55원	@74.56원	@60.64원	@135.20원

가공비공정별 종합원가계산
(加工費工程別 綜合原價計算)
(Contionuous Proess)

[의의] 요소별원가 중에서 주요원(재)료비를 제외한 나머지 부분 즉, 가공비만을 공정별로 종합계산하는 원가계산방식이다. 이러한 계산은 주요원(재)료의 전량이 작업과정의 당초에 투하되고, 이후의 공정에서는 다만, 그것에 가공하는데 불과한 경우에 이용된다.

이 방법에 의하면 주원(재)료비를 공정별계산에서 제외하므로 그만큼 계산이 간소화된다.

Conversion Cost System)	[설명] 가공비공정별종합원가계산이란 주요재료비(원료비)이외의 원가요소 즉, 가공비에 의하여 공정별로 계산을 하는 종합원가계산의 한가지 형태이며, 약하여 가공비법(加工費法)이라고도 한다. 이 경우에는 제품의 원가를 최종공정의 가공비원가에 원료비를 가산하여 구하게 된다. 　이 방법은 원료가 제1공정에 투입된 후 각 공정에서는 이를 가공만 하는 생산양식 예를 들면 방적업, 전선제조업, 제분업 등에서 활용되고 있다. 　예를 들면 제1, 제2, 제3의 3개의 공정으로 되어 있는 공장에서 원료가 제1공정의 시점에 투입되고, 그 이후는 오직 그 원료를 가공하여 제2, 제3공정으로 넘기고 새로 다른 원료가 투입되지 않는 경우에는 가공비공정원가계산을 하게 된다. 　이 방법에 의하면 제1공정에 투입된 원재료는 별도로 계산하고 각 공정의 가공비를 구분하여 공정별계산을 하여 제3공정에서 산출된 가공비총액에 원료비를 가산함으로써 제품의 제조원가가 산출된다. 　이 방법의 계산절차를 도해하면 다음과 같다. 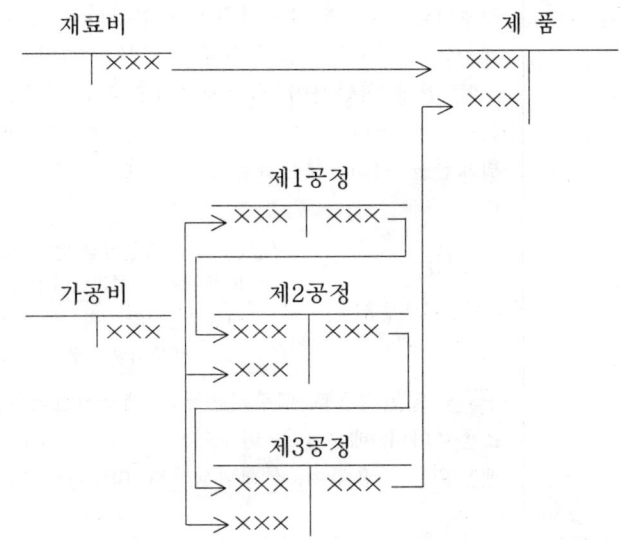 《사례》A공장은 가공비공정별종합원가계산을 이용한다. 다음 자료로 가공비공정별종합원가계산표를 작성한다. | 구 분	제1공정	제2공정	제3공정	원 료 비
---	---	---	---	---
월초재공품(원)	4,815	7,120	8,320	15,300
당 월 제 조 비	35,000	32,700	33,600	120,000
월 말 재 공 품	1,029	6,807	9,556	41,250
공정완성량(kg)	3,500	3,300	3,200	

<해답>
원료비는 가공별계산으로 하지 않고 별도로 한다.

가공비공정별종합원가계산표

구 분	제1공정	제2공정	제3공정	원료비	합 계
월초재공품	4,815	7,120	8,320	15,300	35,555
당월제조비	35,000	32,700	33,600	120,000	221,300
전공정대체비	-	38,786	71,799	-	-
계	39,815	78,606	113,719	135,300	256,855
월말재공품	1,029	6,807	9,556	41,250	58,642
합 계	38,786	71,799	104,163	94,050	198,213
완성량(kg)	3,500	3,300	3,200	3,200	3,200
단위원가	11,942	21,757	32,551	29,391	61,942

가공비배부율
(加工費配賦率)
(Burden Rate of Conversion Cost)

[의의] 공장에서 생산공정이 점차로 기계화되고, 오토메이숀화 됨에 따라 직접공의 작업은 기계조작노동으로 전환되어 가며, 임금도 성과급에서 시간급으로 되고 있다.

그러므로 직접노무비를 억지로 제품단위당 임률에 의하여 산정하는 것보다는, 오히려 제조간접비와 합산하여 가공비로 하고, 조업도에 비례하는 배부방식으로 원가에 산입하는 것이 적합한 경우가 많다.

이 점에 착안하여 원가계산기준에서도 직접노무비와 제조간접비를 분리하기 어려운 경우나 그밖의 필요한 경우에는 가공비에 대한 부문별계산을 하고, 부문가공비를 각제조지령서에 배부하여도 된다고 한다.

[산식]

$$\text{가공비배부율} = \frac{\text{부문(또는 원가중심점)별의 노무비 및 기타 간접비의 예정액(1회계연도분)}}{\text{당해부문(또는 원가중심점)의 배부기준예정수치}}$$

[설명] 일반적으로 배부기준에는 제조시간단위가 사용된다. 때로는 제조종류마다 배부율을 바꾸기도 한다. 그리고 일반적으로 예정가공비배부율을 사용하여, 실제발생액과 대비하여 차이분석을 한다.

가공비배부차이
(加工費配賦差異)
(Burden Difference of Procesing Cost)

[의의] 개별원가계산에서 직접비는 개별적으로 각 지령서에 부과되고, 간접비는 적당한 배부기준에 의하여 배부된다.

그러나 기계작업이 주축을 이루고, 이것이 노동작업과 일체가 되고 있어서 제조간접비액에 비하여 직접노무비액이 적은 경우 또는 직접노무비가 다액이라도 그것을 개별적으로 계산하는 번잡함을 덜기 위하여 제조간접비와 직접노무비를 일괄하여 가공비로 하고, 이것을 각 지령서에 배부하는 방법을 채용하기도 한다.

즉, 직접비 중의 직접노무비를 부과계산에서 제외하여 제조간접비와

	더불어 배부계산으로 한다. 　이러한 가공비의 배부도 제조간접비의 배부처럼 보통 예정배부를 하게 된다. 　설명 가공비의 예정배부액은 부문별의 예정가중비배부율에다 일정기간의 실제배부기준수치(예를들면 실제기계운전시간 또는 실제직접작업시간 등)를 곱하여 계산되지만, 예정가중비배부율은 일정기간 중 각 부문의 가공비 예정액을 그 부문의 예정배부기준수치로 나눈 것이다. 　이와 같이 하여 계산되는 가공비의 예정배부액은, 예정가공비 배부율산정의 기초가 된 예정조업도와 실제조업도가 일치되지 않은 경우 또는 양자가 일치되어도 가공비의 추정차이가 있으면 예정액과 실제액은 차이가 생긴다. 　이 차이가 가공배부차이이며, 변동예산을 사용하는 경우에는 다음과 같이 조업도차이와 예산차이로 분석될 수 있다. 　　조업도차이 = 가공비배부액 - 실제조업도에서의 가공비변동예산액 　　예산차이 = 실제조업도에서의 가공비변동예산액 - 가공비실제액 　가공비배부차이는, 엄밀하게 말하면 당연도의 산출원가와 기말의 재고자산에 추가배부(가공비를 배부기준으로 하여) 되어야 하지만, 전액이 근소하면 중요성의 원칙에 따라 당연도의 매출원가에 배부하여도 될 것이다.
가 공 비 법 (加 工 費 法) (Processing Expenses Method)	의의 가공비법이란 재료 또는 주요한 원료가 각 공정을 통과하는 것만으로 각 공정에서는 그에 가공을 한 것에 불과한 생산양식의 경우에 채용되는 방법을 말한다. 즉, 가공비를 공정별로 원가계산하는 것을 말한다.
가　급　금 (加　給　金) (Premium)	의의 가급금이란 기본임금에 가하여진 임금을 말한다. 그 내용은 작업시간에 비례하여 지급되는 시간외임금, 작업량에 비례하여 지급되는 할증임금, 작업의 성질에 의하여 지급되는 위험작업수당, 현장작업수당 등으로 노무비에 직접 가하여야 할 성질을 가지고 있는 것이다. 　설명 원가계산상 임금은 기초임금(Base Rate)과 가급금으로 구분된다. 가급금은 할증임금이라고도 하며, 그 내용은 다음과 같이 구분된다. 　① 근로기준법에 규정한 시간외 노동에 대한 할증임금 　② 작업의 특수성(위험·유해·불쾌 등)에 따라 지급되는 특수작업가산금 　③ 능률가급금 　어느것이나 노동용역의 소비에 직접 관련이 있으며, 이 점에서 노동부비와는 구별된다. 법정의 시간외 할증임금에는 시간외가급(Overtime Premium), 휴일특근가급(Holiday Premium), 야근가급(Night S-

hift Premium)등이 포함된다.

　시간외 및 휴일특근가급은 규정일 또는 적당시간수를 초과하여 작업하거나 또는 규정휴일의 작업에 대하여 지급되는 것이다. 또 특수작업가급은 위험·유해·불쾌한 작업에 대하여 지급되는 가급금이고, 작업조건의 상위를 가급에 의하여 보상하려는 것이다.

　능률가급금(Premium Wage)은 능률임금제의 경우에 일정한 표준이상의 능률적작업에 대한 가급금이다. 능률가급금은 각기 능률임금제에 의하여 산정된 금액이고, 직접임금에 산입한다.

　법정의 시간외가급금·및 특수작업가급금에 대하여는, 이것을 제품원가(Product Cost)로 할 것이냐 또는 기간원가(Period Cost)로 할 것이냐에 관한 상이한 주장이 있다.

　일반적으로 임시·이상(異常)의 항목의 것은 이것을 재고자산원가로부터 제외하고, 경상적으로 발생하는 것은 이것을 원가에 산입한다.

　이러한 가급금은 실제로 불가피하게 발생되며, 통상적인 원가로서 처리되는 경향이 있다. 그리고 가급금을 제품에 부과 또는 배부하는 경우에 다음과 같은 방법이 있다.

　① 기본임금의 일부로 보고, 기본임금과 더불어 동일한 제품에 부과한다.

　② 간접비 배부율에 산입한 후 배부한다.

　어느 방법을 적용하느냐는 생산형태의 상위에 따라 결정될 문제이다. 그리고 간접공에 대한 가급금은 간접비로서 처리한다.

가 동 률
(稼 動 率)
(Rate of Operation)

|의의| 기업의 생산활동에 있어서의 생산의 능률을 나타내는 지표의 하나로, 작업시간의 면에서 측정한 계수를 가리킨다. 생산성측정으로 사용하는 조업도와 다른 것은, 개개의 작업자·기계(또는 동종의 작업자 그룹, 기계집합군)에 대하여 측정되는 점이다.

|산식|　　가동률 = $\dfrac{\text{유효작업시간}}{\text{총실근시간}}$

　　(유효작업시간=실동시간-간접작업시간)

|설명| 가동률은 구체적으로는 작업인원·기계운전의 면에서 계산되고, 그 산출방법은 다음과 같다.

　① 작업자의 가동률=출근율×1-잡작업률

　　(잡작업률이란 직접작업 이외의 간접작업 및 대기시간이 발생하는 비율)

　②　기계의 가동률 = $\dfrac{\text{기계유효 운전시간}}{\text{요실동시간}}$

　　(요실동시간이란 것은 기계실운전시간 절차시간+ 대기시간+ 고장등에 의한 휴지시간)

③ 장치공업에 있어서의 가동률
종합가동률=실동률(외관상의 가동률)×부하율(실제처리량을 그 장치의 최대처리 능력으로 나눈 비율)
☞ **조업도** (Operating Rate)
장치공업 (Apparatus Industry)

가동률지수 (稼動率指數) (Index of Operating Ratio)	의의 가동률지수란 어떤 기준시의 생산설비의 가동상황을 100으로 하여 그 시점과 비교하는 것을 말한다.
가 변 비 용 (可 變 費 用) (Variable Cost)	의의 가변비용이란 생산량의 증감에 따라 변동하는 비용을 말한다. 생산비와 생산량 또는 조업도와의 관계에서 분류된 비용으로 불변비용(Costant Cost)과 대응되는 말이며, 이 분류에 속하는 비용요소가 생산량의 영향을 받아 변동하는 정도에는 감량이 있다. 가변비용은 생산량의 증감에 대한 변동상태에 따라 비례비와 불비례비로 구분된다. 설명 비례비는 생산량의 변화에 따라 정비례하여 변화하는 비용으로서 생산량이 배가하면 그 비용도 배가하고, 생산량이 반감하면 그 비용도 반감한다. 직접연료비·직접노무비 등 주로 직접비가 이 부류에 속한다. 비례비는 항상 생산량과 정비례하므로 각 생산물 단위에 비례비부담액은 어떤 조업도에 있어서도 일정불변이다. 불비례비는 생산량의 변동에 따라 변화는 하지만 반드시 비례적이 아닌 것으로, 생산량의 변화비율 보다 적거나 또는 많은 비율로 증가하는 비용이다. 동력비·광고비 등은 생산량의 증가비율 이하로 증가하고, 기계의 과도한 사용으로 인한 감가상각이나 수선비, 야간노동에 대해 할증금을 지급하는 데 따른 노무비 증가 등은 그 반대이다. 이러한 가변비용의 산정은 생산비 분석에 이용되며, 기업의 극대이윤을 보강하여 주는 최적 생산량을 결정하는 데에 주요한 자료가 된다.
가 설 자 재 (假 設 資 材)	의의 가설자재란 건설업자 등이 건설공사 등에 사용하는 발판용 통나무·철재 파이프·시드 파일·철재판넬·위험방지용 철망 등을 말한다. 설명 가설자재는 과거에 주로 목재로 사용하였으므로 그 취득가액이 적고 내용연수도 짧았으나, 가설자재 자체가 철재화하고 조립식화 됨에 따라 취득가액도 높아지고, 장기적으로 또한 수회에 걸쳐 사용할 수 있게 됨으로써 개별공사 원가계산이나, 당기손익계산에 있어서 세무처리에 대한 논의가 야기 되었다. 우리나라의 세법규정이나 통칙에서는 가설자재의 공사원가계산상에

대한 특별한 규정은 없고, 다만, 건설용 가설재는 재고자산으로 감가상각 대상 자산이 아니다라고 질의에 대한 회답을 시달한 바 있다.(법인 1264.21-4249, 1982.12.4)

가속원가회수제도
(加速原價回收制度)
(Accelerated Cost Recovery System)

의의 가속원가회수제도란 투자를 자극하기 위하여 1981년부터 내국세입법에 채용된 법정내용연수에 의거하여 조기에 유형자산의 원가를 회수할 수 있는 제도를 말한다.

가 스 대
(가 스 代)
(Gas Rate)

의의 가스대란 외부로부터 구입한 가스의 대가이고, 지급가스대라고도 한다.

설명 원가계산에서 계산되는 가스대는 지급이 따르는 것이며, 원가가 되는 가스의 소비액을 결정하려면 지급을 위한 검침일과 원가계산의 마감일이 다른 경우가 많으므로 기업자체가 원가계산 기말에 가스소비량을 계기에 의하여 측정하고, 이것에 소정의 요율(Rate)을 곱하여 가스소비액을 계산하여야 한다. 이와 같이 원가를 구성하는 가스대는 스스로 측정하여 결정하므로 측정경비에 속한다. 그러나 검침일과 원가계산의 마감일이 일치되는 경우에는 측정경비가 아니고 지급경비의 항목이 된다.

기업내부에서 가스를 생산하고 있는 경우에는 가스부문을 설정하여 부문별 계산을 하거나 또는 석탄·원유 등의 원재료·가스관계계원의 급료·임금·감가상각비·구입가스대 기타 가스발생 및 공급에 관한 제경비를 경비의 1항목으로서 일괄처리하기 위하여 복합경비인 가스대라는 항목을 설정하고, 이 항목으로 처리할 수도 있다. 판매 및 관리에 관련하여 발생한 가스대는 판매비 및 관리비의 1항목으로서 처리된다.

가 치 분 석
(價 値 分 析)
(Value Analysis; VA)

의의 원가저감(코스트 다운)을 목적으로 한 수법으로, 최저의 원가로 제조에 필요로 하는 조건(기능)을 만족하게 하기 위하여 조직으로 분석, 검토를 진행하는 작업으로, VA(Value Analysis=가치분석)라고 한다. 즉, 가치를 주문제로 하여 제품의 가치를 높이기 위해서는, 같은 기능(품질) 및 가격(원가)을 싸게 또는 같은 가격이면 기능을 충분히 할 수 있도록 힘쓰게 되는 활동이다. 그리고 기능을 충분히 하고, 더구나 가격을 떨어뜨려 가자고 하는 것이다.

이러한 생각은 1947년 미국의 GE회사 마이레스(L.D.Miles)에 의하여 발표되었고, 그 후 포드자동차나 미국해운선박국 등에서도 채용되고, 각국이 채용하여 효과를 나타내고 있는 수법이다. 일본에서도 1960년대에 도입되어, 일입제작소나 일산자동차에서 채용되었다.

가치분석의 특징은 기능분석에 의하여 불필요한 원가를 확인하는 것과 가치분석을 위한 조직을 정비하여 확인된 불필요원가를 제거하는 의사결정을 하는 것 등 2가지로 요약 될 수 있다.

[설명] 마이레스에 의하면, 제품에 대한 기능분석은 다음과 같이 단계적으로 적용될 것이라고 한다.
① 설계이전의 단계
② 설계개념의 단계
③ 설계의 단계
④ 조달의 단계
⑤ 제조의 단계
⑥ 그 후의 원가개선의 단계

그리고 가치분석에서 쓰이는 가치와 분석의 뜻은 특수한 의미내용의 것이다.

가치란 품질과 가격과의 상관적인 관계를 말하는 것이다.

즉, 다음의 가치로 표시된다.

$$제품의 \ 가치 = \frac{기능(품질)}{가격(코스트)}$$

품질을 일정(필요최소한도)하게 하고, 가격을 최소로 하여 최대가치로 하기 위한 기능분석을 한다.

가치 연구에서 유용한 것은 이용가치(Use Value)와 평가가치(Esteem Value)이며, 따라서 가치란 적절한 이용과 평가의 요인(품질)을 창출하기 위하여 재화를 구매나 제조하는 데에 소비되는 최소의 가격이라고 한다.

한편, 가치분석에서 말하는 분석은 기능분석을 뜻한다.

모든 재화는 효용(기능)이 있으며, 그 기능은 주요기능과 제2차적인 기능이 있다. 주요기능은 물질의 본래적인 기능이며, 그것이 결여되면 그 물질의 존재이유가 없어지는 기능이다. 예를들면 시계가 시각을 표시하는 따위다.

제2차적 기능은 주요기능을 보충하는 기능(예로서 시각의 정확성, 시계의 내구성·내수성·외관 등)이다. 실제로 물질에는 불필요한 기능들이 많이 포함되고 있다.

그리고 과잉품질의 것도 적지 않다. 그러므로 원가 중에는 불필요한 원가부분이 많이 포함되고 있다. 그럼에도 불구하고 이 사실에 무관심한 경우가 많다.

이것은 인간의 독창성이 매몰되고 있기 때문이라고 한다.

기능분석은 이러한 점에 착안하여 품질의 최적화를 도모하고 불필요한 기능을 제거하여 원가를 최소로 하는 기법이라 할 것이다. 이 분석에는 추정평가·비교, 삭감, 경합등이 포함된다.

가치분석에서는 원가저감의 목표로서 구체적인 가치표준(Value Standard)을 설정하게 된다. 그리고 이것을 간략화한 가치비율(Value

Ratio)을 사용하기로 한다.

　가치표준은 최소한도로 필요한 주요기능과 제2차적기능. 즉, 필요최소한도의 품질을 발견하고, 이것에 소요되는 최소원가를 이론적으로 추정한다. 그리고 여러 가지 제2차적 기능의 전부에 대한 최소단가를 추정하는 것은 곤란하므로 편의상 주요기능만을 추정하고, 이것에 대한 실제원가의 비율(가치비율)을 계산하면, 원가저감의 폭에 대한 기준이 마련된다.

　이것을 목표로 하는 것도 유용하기 때문에 일부에서는 이용되고 있다. 미국에서는 보통 30분의 1에서 100분의 1정도라고 한다.

　가치분석을 효과적으로 하려면, 다음과 같은 전제조건이 갖추어져야 한다.

① 고위층의 이해와 추진
② 조직과 인사
③ 원가추정능력의 강화
④ 공급자로부터의 협력
⑤ 기업내외에서의 광고선전
⑥ 업종규모에 따른 특수한 고려

　그 중에서 조직은 보통 VA위원회, VA전문부문을 설치한다. 위원회의 구성은 설계, 생산, 기술, 제조, 구매, 원가 등의 제부문으로 한다. 조직과 더불어 VA전문기술자의 육성과 관련부문에의 배치도 중요하다.

　가치분석 실시계획은 일반적으로 다음과 같이 구분된다.

① 분석대상의 설정
② 원가저감목표의 설정
③ 실시방법의 계획

　분석대상은 제품단계 · 조립부문단계 · 개별부문단계 · 원재료단계에 대하여 각기 계열적이고 중점적으로 선정하여야 한다.

　원가저감목표에 관하여 초기에는 원가의 몇% 저감을 정하고, 다시 이것을 원가요소별로 세분하여 설정하는 것이 실천적이다. 이것을 개별부문에 관하여 보면, 원가의 20%~70% 저감으로 되어 있다.

　VA기법이 더욱 고속화하면, 저감목표는 정식으로 가치비율이나 가치표준에 의하여 설정될 것이다.

　실시방법의 계획은 기업에 따라 다소 다르겠지만, 마이레스의 구분에 따르면 다음의 7단계로 된다.

① 오리엔테이슨(Orentation)
② 정보의 수집
③ 사색
④ 프로그램의 설정
⑤ 프로그램의 실시

⑥ 종합과 종합으로 되어 있다.
　가치분석의 실시와 통제는 효과의 측정과 가치분석 보고를 문제로 한다. 전자는 기간을 1년으로 하고, 원가저감도를 연간절약금액으로 표시한다. 후자는 분석전과 분석후와의 설계중점을 둘 곳이나 원가요소별의 비교대조표에 의하여 보고한다.

간 접 경 비
(間 接 經 費)
(Indirect Expense)

|의의| 경비 가운데 직접경비 이외의 것을 간접경비라 한다.
　간접경비는 특정제품의 제조에 관하여 직접적으로 발생액이 인정되지 않는 것이다. 제조원가를 구성하는 경비의 대부분은 간접경비이다.(외주가공비와 같은 특정제품의 제조에 직접 소요하는 것이 식별되는 경비는 직접경비이다.) 간접경비는 다음과 같이 분류된다.

명 칭	소 비 액	과 목 예 시
측정경비	측정한 실제소비량에 의한다	전기료·가스대·수도료
월할경비	월할로 계산한 발생액	감가상각비·화재보험료
지급경비	지급액＋미지급액－선급액	운임·보관료·여비·교통비
발생경비	실제 발생액을 직접파악	재고감모비·반품차손비

　경비항목으로 복합비가 인정되는 경우가 있다. 복합경비란 본래 요소구분을 달리하는 몇 가지의 원가요소를 일괄하여 설정한 것으로 시험연구비, 수선비 등이 그 예이다.
|설명| 간접경비는 보통 다음과 같이 산정한다.
　① 여러 원가계산기간에 걸쳐서 계상되거나 지급되는 간접경비는, 그 계상액 또는 지급액을 각 원가계산기간에 분할하여 그 소비액을 산정한다. 이러한 방법이 적용되는 간접경비에는 감가상각비, 보험료 등이 있고, 이와 같은 간접경비를 월할경비 또는 예정경비라고 한다.
　② 전력료나 수도료처럼 그 소비량을 측정계기에 의하여 측정할 수 있는 경비는 원가계산기말에 소비량을 측정하고, 이것에다 단가를 곱하여 당해원가계산기간의 소비액으로 계상한다. 그러므로 이러한 간접경비를 측정경비라고 한다. 그리고 전력료·수도료 등이 근소하여 중요하지 않은 공장에서는 지급액을 소비액으로 하는 예외적인 경우도 있다.
　③ 수선료·보관료 등은 지급전표에 의하여, 현금지급 또는 지급의무의 발생에 따라 그 소비액을 산정한다. 지급액 중 전월분과 차월 이후의 부담금은 이것을 공제하여야 한다. 이러한 방법으로 산정하는 간접경비를 지급경비라고 한다.
　④ 실사감모비처럼 그 발생액을 재고조사에 의하여 확인하고, 이것을 소비액으로 하는 간접경비가 있다. 그러나 원가계산기말에 실제로 조사할 수 없는 경우에는, 결산시에 실제조사를 하여 발생액을 산정하고, 이것을 월할계산을 하여 원가계산기간의 소비액으로 하여야 한다. 이러한 간접경비를 발생경비 또는 실제경비라고 한다.

간접노무비
(間接勞務費)
(Indirect Labor Cost)
	의의 제품의 제조에 관하여 다수의 제품에 공통하여 발생하는 노무비로, 특정제품에 대해서의 소비액을 직접 파악하는 것이 곤란한 것을 말한다. 간접노무비는 원가계산기준에 의하면 다음과 같이 나누어진다. 즉, 간접작업임금·간접공임금·대기임금·휴업임금·급료·종업원상여 등이다. 간접노무비는 간접재료비·간접경비와 함께 제조간접비라고 칭하고 있다.
	<참고도>
	<table><tr><td>간접재료비
	간접노무비
	간접경비</td><td>제조간접비</td><td rowspan="2">제조원가</td></tr><tr><td colspan="2">제조직접비</td></tr></table>
	설명 간접노무비는 직접노무비와는 대조적으로 제품에 대하여 공통적으로 발생하고 직접적인 관련이 없기 때문에 특정 제품에 부과할 수 없거나 계산상 불편하여 적당한 기준에 따라 배부되는 것이다.
	   그 발생의 생성과 직접적인 관련이 없는 간접노무비는 원단위에 대한 관리를 할 수 있는 직접노무비와는 그 성격이 다르므로, 그 관리 방법도 다르며, 기간적·총액적으로 설정한 예산과 실적을 대비하여 관리를 하게 된다.
	   간접노무비에는 직접공간접작업임금, 간접공임금, 대기임금, 휴업임금, 급료, 잡급, 종업원상여수당, 법정복리비 등의 제비목이 포함된다.
	   그 중에서 직접공간접작업임금, 대기임금, 시간기록이 필요한 간접공의 임금은 측정된 작업시간에다 소비임률을 곱하여 그 소비임금이 계산된다.
	   그 밖에 작업시간 기록의 대상이 되지 않는 것은 당해 원가계산기간의 부담에 속하는 요지급액을 그대로 소비액으로 한다.
	   ☞ **노무비** (Labor Cost)

간 접 부 문 (間 接 部 門) (Indirect Dpartment)	의의 간접부문이란 직접적인 생산활동은 하지 않지만, 제조부문에 대하여 보조 또는 사무관리의 서비스를 제공하는 부문을 말한다.
간 접 비 (間 接 費) (Overhead Cost, Supplementary Cost, Burden, Indirect Cost, Overhead Expense)	의의 간접비란 직접비에 대응하는 개념으로서 원가의 발생이 일정단위의 제품생산에 관하여 간접적으로 인식되는 원가요소이다. 따라서 간접비는 제품에 직접 배부하기가 불가능하므로 인위적인 방법에 의하여 간접적으로 각 제품에 부담시키게 된다. 간접비는 간접재료비와 간접노무비 및 간접경비의 3으로 구분된다. 설명 직접비 이외의 원가요소로서, 특정제품의 제조를 위해 직접소비된 것이 아니고, 각 제품에 공통하여 발생한 것을 말한다. 직접비가 특정제품이나 특정부문에 대하여 정확하게 부담하게 할 것이 가능한

	것에 대하여, 간접비는 어떠한 제품이나 부문에 대하여 어느 만큼을 부담하게 할 것인지가 정확히는 알지 못한다. 그래서 일정기간 중의 간접비를 합계하고, 이것을 일정의 배부기준에 따라서 각제품에 할당계산(배부)을 한다. 내부기준의 선정은 중요하지만 어려운 문제이다. 원가계산기준으로는 (제조)간접비는 간접재료비·간접노무비·간접경비로 분류되고 그것들을 다시 적당한 과목으로 세분된다. 판매비에 대해서도 판매간접비의 구분이 행하여지는 경우가 있다. ☞ **간접재료비** (Indirect Material Cost) 　**간접노무비** (Indirect Labor Cost) 　**간접경비** (Indirect Expenses)
간접비배부율 (間接費配賦率) (Overhead Rate, Burden Rate)	의의 간접비배부율이란 간접비를 각 제품에 배부하는 경우에 사용되는 비율이며, 이것에는 실제율과 예정률(표준율)이 있다. 설명 실제율은 간접비의 배부를 원가계산기간의 경과후에 있어서 당해 기간의 실제발생액에 따라서 행하는 경우에 사용된다. 그러나 현실에는 실제율을 사용하지 않고 예정율이 사용된다. 장부가액에서 감액하는 것이므로, 당기에 있어서의 상각이 어느 자산에 어느 정도 되었는지가 명백하지만, 간접상각방법에 의할 경우에는, 그 상각액을 간접적으로 표시하는데 불과하므로 제자산에 대한 상각의 구체적 내용을 명확하게 하여 두지 아니하면, 현실적으로 감가상각을 하였는지 또는 단순히 감가상각의 충당을 하였는지 명확하지 못하므로 세법은 자산별로 상각액을 계산하지 아니할 때에는 간접상각방법에 의한 상각을 용인하지 아니하고 있다. 자산별상각이라 함은 반드시 개별상각만을 의미하는 것이 아니라 고정자산내용연수표로 분류한 세목별 자산의 상각까지 포함한다. 그리하여 간접상각의 내용이 원장·보조부 등에서 자산별로 확인될 수 있도록 정리되어 있지 않은 경우에는 감가상각한 것으로 인정하지 않고, 단순히 충당한 것으로 인정하여 손금에 산입함을 부인하고, 이익의 유보가 된다.
간접비배부표 (間接費配賦表) (Overhead Distribution Sheet)	의의 간접비배부표란 제조간접비를 제조지시서별로 배부한 계산표를 말한다.
간접비표준 (間接費標準) (Overhead Cost Standard)	의의 간접비표준은 간접비에 대해 설정되는 표준을 말한다. 간접비의 성격상 제품단위당이 아니고, 1기간의 예산액으로서 설정된다. 설명 일반적으로 각 제조원가부문에서 모든 간접비항목을 예정으로 결정하게 된다. 그러기 위하여 먼저 표준조업도가 결정되어야 한다. 　표준조업도를 결정하려면 여러 가지 기준이 고려된다. 예를 들면,

	각 부문의 생산능력을 기준으로 하면, 이 경우에는 다액의 미흡수간접비가 발생되는 것을 처리해야 한다. 그러므로 보통은 그 계획기간에 달성될 것이 기대되는 조업도를 기준으로서 산정한다. 이것이 바로 실제기대조업도라는 것이다. 　이와 같은 표준조업도를 중심으로 하여 조업단계별의 간접비가 설정된다. 이러한 예산을 탄력성예산(Flexible Budget) 또는 변동예산(Variable Budget)이라고 한다. 이 방법은 각 간접비 항목의 변화를 조업도의 변동에 따라 표시하고, 희망하는 조업도에 부합한 표준간접비를 발견하는 방법이다. 간접비는 각 원가부문에서 관리가능비와 관리불능비로 구분된다. 　관리가능비에는 각 부문의 간접노무비, 작업용소모품비, 동력비, 수선비 등이 있고, 관리불능비에는 관리자급료, 감가상각비, 화재보험료 등이 있다. 그리고 동력비, 수선비, 운반비 등의 항목은 소기업에서 복합비로서 산정되지만 대규모기업의 경우에는 각기 보조부문비로서 산정된다. 각 보조부문에서 용역의 생산가격이 정확하게 파악되어야 한다. 그리고 부문비로 고정비와 변동비로 구분되고, 변동비에 관한 기술적 자료에 의하여 표준생산량에 대한 원가액을 결정한다. 한편 각 제조부문에 대하여는 적정한 용역측정기준에 따라 배부하도록 하여야 한다.
간 접 비 풀 **(間接費 풀)** (Overhead Pool)	의의 간접비 풀이란 그 총액이 생산의 중간 내지 최종단계까지 어떤 방법을 사용하든지 배부되어야 할 간접비의 그룹을 말한다.
간접원재료비 **(間接原材料費)** (Indirect Material Cost)	의의 비목별 계산을 하는 경우에 재료비는 직접재료비와 간접재료비로 분류되는데, 간접재료비는 제품의 제작과정에서 간접적으로 소비되며, 제품의 실체를 구성하지 않는 것이고, 2개 이상의 제품에 대하여 공통적으로 발생하는 재료비이다. 설명 간접재료비는 필요에 따라 다음과 같이 분류할 수 있다. 　① 보조재료비는 제품을 가공할 때 보조적으로 소비되는 물품의 가치이다. 　② 소모·공구·기구·비품비는 내용연수 1년 미만의 공구·기구·비품의 소비가치를 말한다. 　③ 공장소모품비는 그다지 중요하지 않은 물품의 소비가치로서 구입시에 그 원가를 소비가치로 계상하기도 한다. 　④ 사무용소모품비는 공장사무용의 소모품비를 말한다. ☞ 제조간접비 (Manufacfuring Indirect Cost)
간 접 임 금	의의 간접임금이란 직접공 및 간접공의 간접작업시간 및 대기시간에

(間接賃金) (Indirect Wages)	대한 소비임금을 말한다. 즉, 직접공이 본래의 임금인 직접 작업을 떠나 일시적으로 수선이나 운반 등의 간접작업에 종사한 경우에 그 직접공에 대한 소비임금·감독공·기록공·검사공·수선공·운반공·잡역공 등의 보조적 작업에 종사하는 간접공에 의하여 발생한 소비임금인 간접공임금을 말한다. [설명] 직접공·간접공임금은 직접공간접작업시간 및 대기시간에다 소비임률을 공급하여 산정되며, 작업시간의 측정을 하지 않는 경우에는 직접공 간접작업임금 및 대기임금은 직접공임금 중에 포함되는 결과가 된다. 간접공임금에 대하여는 원칙적으로 당해 원가계산기간의 부담이 되는 간접공임금을 그대로 소비임금액으로서 직종별로 계산하며, 간접공에 대하여는 관리상 필요하면 작업시간을 기록하고, 간접공임금을 작업시간마다 소비임률을 곱하여 계산한다. 그리고 대기시간에 대한 임금을 별도로 산정하는 경우도 있다. 특히 간접공이 직접작업에 종사한 경우에는 당해 작업시간에 대한 소비임금은 간접공임금에서 분리시켜서 직접공임금으로 하여야 한다.
감　　가 (減　　價) (Depreciation, Amortization Depletion)	[의의] 가치의 감소라는 말이지만 보통 고정자산의 가치감소에 대한 뜻으로 사용된다. 원료와 같은 유동자산을 사용하는 경우에 교환가치(취득원가)는 사용가치와 더불어 일시에 생산물가치에 이전되므로 소비에서 직접 파악할 수 있으나, 고정자산은 유동자산과는 달라서 사용가능기간중 거의 동일한 사용가치를 유지하면서 전체로서 기능을 다하게 되고, 그 교환가치는 서서히 그리고 부분적으로 생산물가에 전화되는 것으로 볼 수 있으므로 여기에 고정자산의 감가문제가 생기게 된다. [설명] 고정자산의 감가는 기본적으로 가치이전적 감가로 나타난다. 다시 말하면 고정자산은 생산 또는 사업목적에 사용되어 생산물이나 용역산출에 이바지하고, 다시 그가 지닌 전가치를 상실하게 되는 것이지만, 이러한 고정자산의 생산적 이용에 의한 감가가 곧 자본가치의 상실을 의미하는 것은 아니고 감가와 동시에 다른 재산 즉, 제품가치 등에 이전·재현되는 것이다. 그리고 가치이전적 감가와는 본질적으로 다르지만 재산적 감가가 있다. 이것은 외부적 요인으로 말미암아 고정자산에 감가를 일으키는 경우인데, 예를 들면 천재·지변·구식화·부적당 등에 의한 고정자산의 가치감소로 자본가치의 상실이 발생되는 경우이다. 슈밋트(Schmidt,J.aF.)은 전자를 거래적 조건의 감가, 후자를 재산적 조건의 감가라 부르고 있다. 감가의 2가지 기본형태 즉, 가치이전적 감가와 재산적 감가가 회계기술에서는 경상적 감각와 우발적 감가로 구분되고 있다. 왜냐하면 기업가의 입장에서 볼 때, 투하자본의 소모인 이상 가치이전적 감가

나 재산적 감가가 다같이 자본회수를 필요로 한다는 점에서 다를 바 없으며 그러한 형식적 분류가 중요한 의의를 갖지 못하기 때문이다. 그러므로 감가의 성질에 관계없이 감가발생을 사전에 예측할 수 있는 것은 경상적 감가로서 각 회계 기간에 분담시키고, 어느 시기에 어느 정도의 감가가 발생할지 전혀 예측할 수 없는 것은 우발적 감가로서 비경상적 처리의 대상이 된다.

감가의 원인으로서는 대략 다음과 같은 것을 들 수 있다.
(1) 물리적 원인(physical depreciation)
　① 사용에 의한 소모(use)
　② 자연적 요인에 의한 소모(wear and tear)
(2) 기능적 원인(funcitional depreciation)
　① 부적당(inadequacy)
　② 구식화(obsolescence)
　③ 시일의 경과(elapse of time)
(3) 우발적 원인(contingent depreciation)

감가상각 (減價償却) (Depreciation)

[의의] 고정자산의 대부분은 그 사용 또는 시일이 경과함에 따라 그 가치는 감가되는 것이다. 다시 말하면 토지를 제외한 고정자산에 있어서는 경제적으로나 기술적으로나 일정한 기일 즉, 일정한 한도의 수명이 있으며, 사용으로 인한 마손(磨損)은 물론이려니와 시일이 경과함에 따라 발생하는 자연적인 노후와 감손으로 점차 그 가치가 소멸되는 것이다. 이와 같이 고정자산의 가치가 감손 또는 소멸되는 것을 회계학상으로 감가라하며, 이와 같은 감가는 일반적으로 토지를 제외한 고정자산이 예측할 수 있는 필연적인 원인으로 하여 그 용역성을 규칙적이며 계속적으로 점차 소실함으로 인하여 응당 발생하는 가치 또는 가액의 감손을 말하는 것이다.

[설명] 이와 같이 발생하는 고정자산의 감가는 기업의 경상적인 비용이므로 기업에 있어서는 이 감가를 이익의 유무나 다소에 관계없이 일정한 추산내용연수 또는 추산유효기간 내에 일정한 비율로 비용으로 배분하던가 또는 제품의 제조원가에 산입하여 그 금액만큼 당해 고정자산의 취득원가를 매기 계속적으로 감가함과 동시에, 이것을 제품의 판매 또는 수익에서 보상하여 그 고정자산에 투하된 자본을 회수할 필요가 있는 것이다.

기업회계상 이와 같이 기말의 결산시에 고정자산의 감가액을 계산하여 비용으로 산입함과 아울러 그 잔존가액을 자산으로 차기에 이월하는 절차를 일반적으로 감가상각이라 하며, 고정자산의 사용과 소모에 의하여 발생하는 비용항목 또는 원가항목을 감가상각비라 한다.

감가상각기금

[의의] 감가상각기금이란 상각성 자산의 재취득을 위하여 구속되어 있

(減價償却基金) (Depreciation Fund)	는 특정자산을 말한다.
감가상각누계액 (減價償却累計額) (Aggregate Depreciation, Accumulated Depreciation, Total Amoant of Depreciation)	[의의] 무형자산의 상각은 보통 비용화 되는 부분 즉, 상각액을 그때마다 장부가액에서 공제하는 직접법을 사용하고, 유형자산을 상각할 때는 그 취득가액을 그대로 두고 상각액은 따로 계정을 만들어 누적해 간다. 이 계정이 감가상각누계액계정이며, 여기에 계상되는 금액을 감가상각누계액이라 한다. [설명] 감가상각누계액은 일반적인 충당금처럼 할 때 그만큼 지출을 하지 않은 비용으로서 자산으로 유보되어 있는 상태이기는 하나, 지출은 이미 되어 있기 때문에 불원간 지출 하여야 할 금액은 표시하지 않는다. 즉, 감가상각누계액은 그 유형자산의 재취득을 위한 자금계정이 아니라 단순히 이미 상각된 금액의 누계에 지나지 않는 것이다. 감가상각액은 유형자산에서 직접 차감하지 아니하고 감가상각누계액을 별도로 설정하여 회계연도의 상각액을 기입하며, 감가상각누계액계정에는 취득일 이후 현재까지의 상각액이 누적되어 표시된다. 　감가상각누계액의 기재방법에는 직접법과 간접법의 2가지가 있다. 　(1) 직접법 : 직접법은 유형자산에 대한 감가상각액을 비용으로서 감가상각비계정의 차변에 기입하는 동시에 동 금액을 자산의 감가상각액으로서 유형자산계정의 대변에 직접 기입하여 유형자산의 장부가액을 감소시키는 방법을 말한다. 　(2) 간접법 : 간접법은 유형자산에 대한 감가상각액을 비용으로서 감가상각비계정의 차변에 기입하는 점은 직접법과 같으나 자산의 감가상각액에 대하여 유형자산계정의 대변에 직접 기입하지 않고 별도로 감가상각누계액이라는 상계적인 평가계정을 세워놓고 그 대변에 기입하는 방법을 말한다.
감가상각률 (減價償却率) (Depreciation Rate)	[의의] 고정자산에의 투하자본액을 감가상각에 의해 해마다 어느 만큼의 비율로 회수하는가를 가리키는 것이다. 소유 감가상각자산에 대하여 각 사업연도의 상각범위액을 계산하는 경우, 상각률은 그 자산의 취득가액·및 내용연수와 함께 대단히 중요한 요소가 된다. 즉, 이들의 요소를 관련짓고 각 사업연도의 상각범위액을 취득가액 등에 대한 비율로서 표시하는 것이 상각률이다. 그런데 정액법 또는 정률법의 상각률은 다음의 산식에 의하여 계산하고 있다. 　① 정액법의 상각률 　　　1÷내용연수=상각률 　② 정률법의 상각률 　　　1-n 잔존가액÷취득가액=상각률 　※ n는 내용연수를 표시한다.

설명 일반감가상각자산의 상각률

감가상각자산의 내용연수에 따른 상각률은 정액법 및 정률법의 구분에 따라 법인세법시행규칙 별표4 "감가상각자산의 상각률표"에 규정하고 있다. 이 상각률의 방법은 사업연도의 기간이 1년인 경우와 1년 미만인 경우로 다음과 같이 다르다.

① 사업연도의 기간이 1년인 경우 …… 사업연도의 기간이 1년인 경우에는 각각의 감가상각자산에 대하여 채택하고 있는 상각방법의 구분에 따라 각각의 감가상각자산의 내용연수에 따라서 정하여지고 있는 상각률을 적용한다.

② 사업연도의 기간이 1년미만인 경우 …… 사업연도의 기간이 1년 미만인 경우에는 다음 산식에 의하여 계산한 내용연수와 그에 따른 상각률에 의한다. 이 경우 월수는 역에 따라 계산하되 1월미만의 일수는 1월로 한다.

$$내용연수 \times \frac{12}{사업연도의\ 월수}$$

감가상각비명세서 (減價償却費明細書) (Schedule of Depreciation)

설명 감가상각비명세서

기업회계기준에서 정하여진 부속명세서의 하나로 다음과 같은 양식으로 표시된다.

감가상각비명세서

구 분	자산과목	취득원가	당 기 상각액	상각액 누 계	기 말 잔 액	상 각 방 법	상각범위액에 대한 과부족액	
							단기분	누 계
1. 유형 자산								
2. 무형 자산								
계								

기재상의 주의

1. 유형자산 및 무형자산의 감가상각비 등에 대하여 대차대조표에 기재된 과목별로 구분하여 기재한다.
2. 상각방법에는 회사가 채택한 정액법·정률법·생산량비례법 등의 상각방법을 기재한다.
3. 상각범위액에 대한 과부족액은 법인세법의 당기상각액 및 상각누계액과 회사가 계상한 상각액과의 과부족액을 기재한다.
4. 취득원가란에는 상각상당금액을 기재한다.

감가상각비 (減價償却費) (Depreciation

의의 감가상각에 의해 계상된 비용을 말한다.

설명 공장건물·기계·공구 등의 생산설비의 감가상각비는 제품원가로 되고, 판매 및 관리용의 고정자산의 감가상각비는 기간비용으로

Expense)	서 판매비 및 관리비로 된다. 그리고 유휴설비나 미가동설비 등의 감가상각비는 영업외비용으로서 처리되고, 세법상의 특례에 의한 것이나 임시적으로 행하는 감가상각비는 특별손금으로서 처리된다. ☞ **감가상각** (Depreciation)
감가상각자산 (減價償却資産) (Depreciable Assets)	[의의] 회계학상 감가상각의 대상이 되는 자산을 감가자산이라하며, 감가자산의 공통적인 성질은 시간의 경과에 따라 그 사용가치가 감소되며 또한 그 가치의 감소기간이 확정적으로 한정된다는 점이다. 따라서 토지·서화·골동품과 같은 영구자산은 감가자산이 될 수 없다. [설명] 이 외에 감가상각자산으로서 구비할 요건은 다음과 같다. (1) 감가자산은 당해 기업이 소유하는 자산이어야 한다. 여기서 말하는 소유란 원칙적으로 법적인 의미의 소유권을 갖는 소유이다. 다만, 할부 또는 연불조건으로 매입한 고정자산은 매입대금을 완납할 때까지 그 자산에 대한 법률상의 소유권이 이전되지 않지만, 그 자산을 사업에 사용하고 있으며, 매매당사자간에 실질적으로 소유권이 이전되었다고 인정될 때에는 감가자산에 포함된다. (2) 감가자산은 기업의 영업목적을 달성하기 위하여 사용하고 있는 것이어야 한다. 따라서 저장중에 있는 자산, 건설중인자산은 감가자산에서 제외된다. ☞ **유형자산** (Tangible Fixed Asset) 　**무형자산** (Intangible Fixed Asset)
감가상각후원가 (減價償却后原價) (Depreciated Cost)	[의의] 감가상각후원가란 감가기초액에서 감가상각누계액을 공제한 후 금액을 말한다.
감　　모 (減　　耗) (Depletion)	[의의] 감모라함은 감모성자산, 예를 들면 광산·산림·유정(油井) 등에서 생기는 감가를 말한다. 일반적인 고정자산에 대한 감가와 구별할 경우에 사용된다.
감 모 상 각 (減 耗 償 却) (Deplete Repayment)	[의의] 감모상각이란 유전·광산·산림 등의 소모(성)자산에서 행하여지는 특수한 감가상각을 말한다. [산식] $$감모상각비 = \frac{당기채출량 \times (취득가액 - 잔존가액)}{예정채굴총량}$$ [설명] 감가상각과 구별하여 말하는 감모상각은 광산의 매몰광물처럼 천연자원의 채굴이나 채취에 의하여 마침내 고갈하는 감모성자산의 상각을 말한다. 이것에는 원가감모상각·정률감모상각·발견가치 감

모상각의 3가지가 있다.

원가감모상각은 본질적으로 감가상각처럼 상각자산의 취득원가를 기초로 하고, 광산업의 경우에는 확정매장 광물량에 대한 채굴량 즉, 생산액에 비례하여 비용 배분을 하는 처리법이다. 발견가치 감모상각은 새로운 광상을 발견한 때의 광물의 시장가격을 기초로 하는 일종의 시가상각을 뜻한다. 정률감모상각은 광물의 판매수익액에 대하여 일정률을 곱한 금액을 새로운 광상탐광비 또는 보상비로 보고, 이 방법은 미국에서 1926년의 세입법으로부터 본격적으로 인정을 받은 것으로서, 이 제도는 각국의 광산업에 도입되었다.

감가상각과의 차이점	

1. 감가상각과의 차이점

① 감모상각은 자연자원이 가지고 있는 수량적 소진을 인식하는 것인데 반해서, 감가상각은 설비자산이 가지고 있는 용역잠재력의 소진을 인식하는 것이다.

② 감모상각은 회사의 제품에 직접적으로 관계되어 제품의 원가로 인식되고, 감가상각은 자산의 원가가 생산에 배분되나, 자산 그 자체가 제품의 일부를 구성하지 않는다.

③ 감모상각의 대상자산은 사용 후에 동일한 자산으로 대체가 불가능하지만 감가상각의 대상자산은 이를 완전히 사용 후에 일반적으로 대체가 가능하다.

2. 감모상각방법

감모성자산으로서 자연자원의 상각방법은 보통 생산량비례법에 의하고 있다. 이 방법이 타당한 것은 감모상각이 생산단위 또는 활동단위의 함수라고 할 수 있기 때문이다. 생산량비례법은 다음의 공식에 의한다.

$$연간감모상각비 = (자연자원의\ 총원가 - 잔존가액) \times \frac{당기의\ 실제생산량}{추정총생산량}$$

또한 위의 공식은 다음과 같이 표시할 수도 있다.

$$단위당\ 감모상각비 = \frac{총원가 - 잔존가액}{추정총생산단위}$$

연간감모상각 = 당기의 실제 생산단위 × 단위당 감모상각비

위의 공식에서는 보통 잔존가액이 없는 것으로 처리되고 있다.

여기서 중요한 것은 감모상각의 기초가 되는 감모상각 기초자산가액은 유형자산의 감가상각과 마찬가지로 취득원가로부터 잔존가액을 차감한 것이 된다. 그러나 보통 감모성자산은 개발 후 완전히 소모되므로 잔존가액은 영(0)으로 하나, 취득원가는 이론적으로 자산을 원상으로 복구하는데 소요되는 원가나 자연자원을 자산으로 분리하는데 소요되는 원가로 할 수 있다.

이와 같이, 자연자원은 개발이 완료되면 완전히 소모되는 자산이고

회계처리	자연자원의 원가로는 구입원가·탐사비·개발비의 3가지가 있으며 탐사비의 회계방법으로는 성공적노력접근법과 전부원가접근법이 있다. 3. 회계처리 　감모상각비의 회계처리에 있어서 차변에 감모상각비, 대변에는 감모상각누적액 대신에 자연자원자산계정(예 : ××광산)을 사용할 수 있다. 감모상각비는 물론 제품생산을 위한 제조원가에 속한다. 기업회계기준에서는 감모상각에 대해 특별히 규정하지 않고 있다. 그러나 감모성자산의 상각방법으로 적용하고 있는 생산량비례법을 무형자산인 광업권의 상각방법으로서 생산량비례법에 의하여 상각할 수 있도록 하였다. 또한 현행 법인세법 및 소득세법에서는 광업권에 대해 생산량비례법 또는 정액법으로 상각하도록 하였다.(법인령 26 ① 2호) 세법상 생산량비례법의 정의를 보면 당해 감가상각자산의 취득가액을 그 자산이 속하는 광구의 총채굴예정량으로 나누어 계산한 금액에 당해 사업연도의 기간 중 그 광구에서 채굴한 양을 곱하여 계산한 금액을 각 사업연도의 상각범위액으로 하는 상각범위액으로 하도록 되어 있다.
감모상각후원가 (減耗償却後原價) (Deplete Cost)	의의 감모상각후원가란 감모발생량을 공제한 후의 원가를 말한다.
감 모 자 산 (減耗資産) (Wasting Assets)	의의 감모자산이란 자연자산(Natural Resources) 또는 소모성자산 또는 고갈성자산 등으로 불리우고 있다. 주로 광산·임산자원으로서의 유전·광산·산림 등의 채굴로 고갈되는 자산을 처리하는 계정의 총칭이다. 　이들의 자산은 일정량의 자원을 순차 소비하여 가는 것이기 때문에 재고자산인 원료를 불출에 의하여 원가로 하는 것과 같이 상당액에 비례하여 원가계상하는 것이 타당하기 때문에 생산량비례법에 의하여 상각을 행하게 된다. 산림은 별도로 하여서 광상등의 매장자원은 채굴을 끝마친 때에는 다시 조건이 좋은 장소를 구하지 않으면 아니된다는 점에서 통상의 상각자산과는 성격이 다르다고 생각하기도 하는데, 채굴 기술의 진보 등을 생각하면 반드시 보다 높은 대가를 요한다고는 할 수 없다.
특징	설명 1. 특징 　자연자원인 감모성자산의 특징으로는 다음과 같은 점을 들어 설명할 수 있다. 　① 자연자원은 개발이 완료되면 완전히 소모 즉, 고갈되어 없어진다.

유형자산과의 비교	② 자연자원의 대체는 자연에 의해서만 가능하다. 2. 유형자산과의 비교 　자연자원은 유형자산과 비슷하게 형체가 있는 자산이며 감가상각의 과정도 비슷하다는 유사점이 있으나, 자연자원은 개발이 완료되면 완전히 소모하는 자산이고, 자연자원의 원가로는 구입원가·탐사비·개발비의 3가지가 있으며, 탐사비의 회계방편으로는 성공적노력접근법과 전부원가접근법이 있고, 상각방법으로 생산량비례법이 사용된다는 점에서 차이가 있다.
자연자원의 회계처리	3. 자연자원의 회계처리 　자연자원에 대한 회계문제를 자연자원의 원가와 원가배분문제로 크게 둘로 나눌 수 있다. (1) 자연자원의 원가 　자연자원에 대한 회계문제는 자연자원의 원가와 원가배분문제로 크게 둘로 나눌 수 있다. 　① 구입원가(취득원가) 　자연자원을 획득하는데 소요된 비용으로 이미 발견된 자원이면 자원에 대해 지급한 대금이 된다. 어떤 경우에는 탐사를 위하여 자산을 임차할 수 있고, 자연자원이 발견되어 상업적으로 이윤이 기대될 경우를 예상하여 임대인에게 로얄티를 지급할 수도 있는데, 이들도 모두 원가에 포함된다. 보통 구입원가는 미개발 재산으로 계상하였다가 탐사가 성공적일 경우, 자연자원의 계정으로 대체할 수 있으나 성공적이 아닐 경우에는 손실로 바로 상각되어야 할 것이다. 　② 탐사비 　자연자원을 발견하는데 소요된 비용 즉, 부존자원이 존재하는지를 탐사하는데 소요되는 비용이다. 이 비용에 대한 처리방법은 모든 탐사비를 당기비용화하는 방법, 성공적인 프로젝트에 직접 관련된 비용만을 자본화하는 방법 즉, 성공적 노력접근법과 성공적이든 아니든 프로젝트에 관련된 모든 비용을 자본화하는 방법 즉, 전부원가접근법이 있다. 　③ 개발비 　자연자원을 개발하는 데 소요된 비용으로 자연자원을 실제로 추출하기 위하여 준비하는 과정에서 발생하는 비용으로서 유형장비원가와 무형개발비로 구성된다. 여기서 유형장비의 원가는 원가의 생산·운송을 위하여 필요한 기계·중장비 등이 포함되며, 이 원가는 일반적인 감모상각의 기초원가에 포함하지 않고 있다. 그러나 자산이 특정의 프로젝트에만 사용되고 다른 곳으로 옮길 것이 예상되지 않는다면 자연자원의 사용연한 즉, 내용연수에 따라 상각되어야 하는 것이다. 또한 무형개발비는 굴착비용·터널·기둥·우물 등의 시설비용·토지정리비용 등 형체가 없으나, 자연자원의 생산을 위하여 필요한

비용이다. 이 비용은 감모상각의 기초가액에 보통 포함되고 무형개발비는 재료비·노무비·제조경비의 3가지로 분류될 수도 있다.

(2) 자연자원의 원가배분

자연자원의 원가배분은 감모상각으로서 감모상각의 기초가 되는 감모상각기초가액은 유형자산의 감가상각과 동일하게 취득원가로부터 잔존가액을 차감한 것이 되며, 일반적으로 감모성자산은 개발 후 완전히 소모되므로, 잔존가액은 영(0)으로 한다. 이러한 감모자산으로서 자연자원의 상각방법은 일반적으로 생산량비례법에 의하고 있다. 생산량비례법은 다음의 공식에 의한다.

$$년감모상각비 = 자연자원의\ 총원가 \times \frac{당기의\ 실제생산량}{추정총생산량}$$

한편, 이렇게 계산된 감모상각비는 분개에서 차변에 계상하고 대변에는 감모상각누적액 대신에 자연자원자산계정을 사용할 수 있으며, 이 때 감가상각비는 물론 제품생산을 위한 제조원가에 속한다. 현행 우리나라 기업회계기준에서는 감모상각에 대해 특별히 규정하고는 있지는 않으나, 광업권의 상각은 생산량비례법에 의해 상각할 수 있도록 하였다. 또한 현행 법인세법이나 소득세법에서 광업권에 대하여는 생산량비례법이나 정액법을 적용할 수 있도록 하고 있다.

감 분 원 가 (減 分 原 價)
(Decremental Cost)

|의의| 감분원가란 차액 원가 중에서 원가의 감소분을 말한다. 즉, 하나의 대안을 채택한 결과 다른 대안과 비교한 경우에 원가가 감소된 부분을 감분원가라 한다. 예를들면 생산량을 현재보다도 감소시킨 경우에 생기는 총원가의 감소분은 감분원가의 예이며, 이 경우에 원가잔류가 생기게 된다. 즉, 일정한 생산량으로부터 시작하여 생산량을 증가시킬 경우에 생기는 증분원가와 생산량 증가 후 다시 원래의 생산수준으로 생산량을 감소시킬 경우에 생기는 감분원가와는 반드시 그 금액이 일치되지 않는다. 그 이유는 원가잔류의 작용이 있기 때문이다.

|설명| 감분원가의 구체적인 예로서 공통의 설비를 사용하여 생산하고 있는 현재의 제품계획 중에서 1종류의 제품을 제거할 것인가에 관한 문제를 검토하여 본다.

특수제품이 변동비를 보상하지 못하는 동시에 다른 제품의 판매촉진에 도움이 되는 것도 아닌 경우에는 제품계획에서 제거되어야 한다.

반대로 말하면 특정제품의 손실은 생겨도 이것이 다른 제품의 판매를 자극하여 전체적으로 이익이 증가되면, 그것을 제품계획 중에 잔류시켜 두는 것이 더 유리하다. 이러한 경우에 그 제품자체의 생산이 불리하고, 다른 제품의 판매촉진효과도 없어서 그 제품생산을 중지함으로써 감소되는 원가부분을 감분원가라 하며, 어느 제품의 생산중지

감 손 (減 損) (Shrinkage, Shrinkage Loss)	또는 계속을 결정하는 데에 의사결정의 자료로서 이용된다. ☞ **차액원가** 의의 감손이란 공정에 투입된 원재료가 완성품이 되기 전에 가공중 감소된 수량을 말한다. 이러한 감손은 원료의 투입량과 제품의 산출량과의 차이요인인 공손품·작업폐물·부산물을 공제한 뒤의 수량차이로서 표시된다. 보통 구체적인 형태가 없거나, 있어도 경제적인 가치가 없는 것이 감손이며 경제적 차이가 있으면 작업폐물이 된다. 설명 감손의 처리방법은 특히 종합원가계산에서 문제가 되며, 보통 감손은 작업의 성질에 따라 발생되고 관리불능의 것이다. 그러므로 그 처리방법은 보통 그것을 무시하는 방법이 채용된다. 이 방법에 의하면 공정의 전원가를 그 공정에서 생산된 좋은 물품(제품 및 재공품을 포함하여)에 할당하게 된다. 그러므로 좋은 물품은 감손비를 부담하게 되어 그만큼 좋은 물품의 단위원가는 높아진다. 이 방법에 의한 좋은 물품의 원가는 다음과 같이 계산되며, 기초재공품은 없고, 원료는 모두 공정의 시점에서 투입되는 것으로 한다. 〈원료비의 계산〉 $$당기원료비 \times \frac{기말재공품}{당기투입량 - 감손량} = 기말재공품원료비$$ 당기원료비-기말재공품원료비=제품원료비 〈가공비의 계산〉 $$당기가공비 \times \frac{기말재공품환산량}{완성품량 + 기말재공품환산량} = 기말재공품가공비$$ 당기가공비-기말재공품가공비=제품가공비 감손이 공정의 시점에서만 발생하는 경우에는 위의 계산으로도 되지만, 그것이 공정의 도중 또는 종점에서 발생하는 경우에, 감손비를 위와 같이 기말재공품과 제품에 대등하게 부담시키는 것은 불합리하다. 공정의 도중에서 감손이 발생하면, 가공 중에 평균적으로 발생하는 경우와 공정의 일정한 점에서 발생하는 경우가 있을 것이고 전자의 경우는 기말재공품의 가공진척도에 따라 감손비를 부담시켜야 하며, 제품과 대등하게 부담시킬 것은 아니다. 그러기 위하여는 감손비를 등가생산량을 기준으로 하여 기말재공품과 제품에 배분하면 되지만, 가공비는 위의 계산에서 이미 가공비 자체가 그와 같이 계산되고 있으므로 문제는 없으며, 다음과 같이 원료의 감손비를 계산하고, 이것을 당기가공비에 가산한 다음, 기말재공품과 제품에 배분하거나 또는 그것에 가공하지 않은 경우에는 가공비의

계산과 동일한 방법으로 기말재공품과 제품에 배분하면 된다.

<원료의 감손비계산>

당기원료비+당기투입비=단위당원료비

단위당원료비×감손량=원료의감손비

이 방법에 의하면, 기말재공품은 원료에 대하여도 가공진척도에 따라 감손비를 부담시키게 되지만, 여기에서는 감손율이 고려되지 않으므로 바른 계산방법이라고 할 수 없다.

기말재공품과 제품의 감손율은 다를 것이므로 감손비의 배분계산을 바르게 하려면, 기말재공품과 제품을 모두 공정시점량으로 환산하고, 이것을 기준으로 하여 감손비를 기말재공품과 제품에 배분하여야 한다.

그러나 양자의 공정시점량을 구하는 것이 번잡하므로, 그와 같은 엄밀한 계산은 하지 않는다. 감손이 공정의 일정시점에서 발생하는 경우에는, 기말재공품이 감손발생의 이전이냐 또는 이후이냐에 따라 계산이 다르게 된다.

전자의 경우는 감손비를 기말재공품과 제품에 대등하게 부담시켜야 한다.

이 경우에는 감손에 관한 가공비를 계산하고, 이것을 원료비에 가산한 합계액을 다음과 같이 기말재공품과 제품에 배분하면 된다.

$$(당기원료비 + 제품에 \ 관한 \ 가공비) \times \frac{기말재공품}{완성량 + 기말재공품}$$

= 기말재공품이 부담할 원재료 및 감손비

당기원료비+감손에 관한 가공비-기말재공품이 부담할 원재료 및 가공비=제품에 부담할 원료비 및 감손량

이 경우의 가공비계산을 다음과 같이 한다.

$$당기가공비 \times \frac{감손환산량}{완성비 + 기말재공품환산량 + 감손환산량}$$

= 감손에 관한 가공비

당기가공비-감손에 관한 가공비-기말재공품 가공비

= 제품가공비

기말재공품이 감손발생 이전인 경우에는 감손비는 기말재공품에 관계가 없고, 제품만 부담하면 된다.

이 경우의 계산은 다음과 같다.

<원료비의 계산>

$$당기원료비 \times \frac{기말재공품}{당기투입량} = 기말재공품원료비$$

당기원료비-기말재공품원료비=제품원료비

<가공비의 계산>

$$당기가공비 \times \frac{기말재공품환산량}{완성량 + 기말재공품환산량 + 감손환산량}$$

= 기말재공품가공비

당기가공비-기말재공품가공비=제품가공비

 감손이 공정의 종점에서 발생하는 경우에도 감손은 기말재공품과 관계가 없으므로 그 비용은 제품에만 부담시키면 된다.
 계산은 위의 방법에 따르면 되지만, 가공비의 계산에서 감손환산량은 감손량으로 하여도 된다. 왜냐하면, 이 경우의 감손은 공정의 종점에서 발생되고, 제품과 동등한 가공비가 소요되기 때문이다.
 이상에서 감손비를 따로 계산하지 않고, 기말재공품과 제품에 산입하는 것은 정상적인 감손을 처리하는 방법이었기 때문이다. 그러나 이상한 원인에 의하여 이상한 감손이 생길 경우에는 그 감손비를 개별로 파악하고, 이것을 기말재공품이나 제품에 부담시켜서는 안된다. 그리고 이상한 감손비는 다음과 같이 계산된다.

<원료비의 계산>

$$기말원료비 \times \frac{이상감손량}{당기투입량} = 원료의 이상감손비$$

<가공비의 계산>

$$당기가공비 \times \frac{이상감손환산량}{완성량+ 기말재공품환산량+ 이상감손환산량}$$

= 이상감손에 관한 가공비

 이 방법에 의하여 산정한 이상감손비는 당기의 제품원가에서 제외되고, 원가외항목으로서 처리된다.
 이상은 기말재공품이 없는 경우의 감손을 회계처리하는 방법이다. 그러나 실제로는 보통 기말재공품이 있고, 이 경우에는 기말재공품을 평가하는 방법으로서 평균법·선입선출법·후입선출법도 있고 감손비는 제방법에 따라 계산처리된다.

감손차이
(減損差異)
(Defective Varlance)

 의의 감손차이란 재료소비량차이를 그 요소별로 분석한 경우의 부분차이이다. 감손을 광의로 해석하면 가공 중에 생기는 기본적원재료의 감소사실을 말하고, 투입된 재료사용량과 완성품으로서 노출되는 재료량과의 차이다.
 감손을 투하수량으로 나누면 감손율(Waste Percentage)이 산출된다.
 표준재료량을 산정하기 위해서는 과학적 측정에 의하여 수율(Yield Percentage)을 적정하게 산정하여야 한다.
 협의의 감손은 가공 중에 증발·분산·가스화·연화 등으로 인하여 잔류물이 없거나 잔류물이 있어도 가치가 없는 것을 말한다.

[설명] 보통 수율은 「1 - 광의의 감손율」로 표시되므로 수율의 표준을 결정하면, 정상적인 감손은 제조원가에 흡수시키게 된다. 잔류물 중에서 매각가치 또는 이용가치가 있는 것을 작업폐물(Scraps)이라고 한다. 가치있는 작업폐물은 감손회복량(Waste Recovery)이 되는 셈이다.

그러므로 광의의 감손은 완성품 이외의 재료손모도 포함시킨다면, 재공품·부산물·작업폐물·협의의 재료감손으로 구성되는 것이다. 따라서 이것들의 각 항목에 대한 표준수량을 설정하면, 재료소비량차이의 전체와 그 명세항목의 기준이 계산될 수 있다.

그러므로 협의의 감손차이는 단위제품량을 생산하는 과정에서 보이지 않는 재료소실(Invisible Waste)의 표준치(원단위×재료표준가격)와 실제로 발생한 감손량과의 차액이 된다.

예를들면 A제품 100개에 대한 B재료의 표준소비량을 500kg, 동표준가격을 12원이라고 가정한다.

이 경우에 원가치 기타의 필요한 자료가 다음과 같을 때, 감손차이를 산정하여 본다.

    제품으로 산출되는 재료표준수량 :   84% 420kg
    부산물 표준 발생률 : 10개
    1개당 재료잔류량 :   5kg 10% 50kg
    작업폐물발생표준량 :   4% 20kg
    감손발생표준량 :   2% 10kg
    공손품의 표준발생률 완성품개수에 대한 10%

본월의 생산보고가 다음과 같다.
    재료총소비량 : 612kg   공손품실제발생량 : 15개
    부산물실제발생량 : 7개   작업폐물실제발생량 : 26kg

① 공손품발생차이에 의한 재료소비량차액
    완성품생산량 + 공손품표준발생량 = 표준작업량
          110개 + (110개 × 10%) = 121개
    완성품생산량 + 공손품실제발생량 = 실제작업량
          110개 + 15개 = 125개
    재료표준소비량 × 실제작업량

$$500\text{kg} \times \frac{125}{100} = 625\text{kg}$$

    재료표준소비량 × 표준작업량

$$500\text{kg} \times \frac{121}{100} = 605\text{kg}$$

    공손품의 발생차이에 의한 B재료소비량차이
        625kg - 605kg = 20kg

　　　　　공손품의 발생차이에 의한 B재료소비량차액
　　　　　　　12원 × 20kg = 240원
　　　② 부산물발생차이에 의한 재료소비량차액
　　　　　재료표준소비량 × 부산물표준발생량
　　　　　　　5kg × (10 × $\dfrac{125}{100}$) = 62.5kg
　　　　　재료표준소비량 × 부산물실제발생량
　　　　　　　5kg × 7개 = 35kg
　　　　　부산물발생량감소에 의한 재료소비량차이
　　　　　　　62.5kg - 35kg = 27.5kg
　　　　　부산물발생차이에 의한 재료소비량차액
　　　　　　　12원 × 27.5kg = 330원
　　　③ 작업폐물발생차이에 의한 재료소비량차이
　　　　작업폐물실제발생량 : 26kg
　　　　작업폐물표준발생량 : 500kg × $\dfrac{125}{100}$ × 4% = 20kg
　　　　작업폐물발생차이에 의한 재료소비량차액 : 12원 × 1kg = 12원
　　　④ 감손량발생차이에 의한 재료소비량차이
　　　　재료총소비량 : 612kg
　　　　차감 :
　　　　　완성품 및 공손품을 위한 실제소비량 : 120kg × $\dfrac{125}{100}$ = 525kg
　　　　　부산물을 위한 실제소비량 ; 5kg × 7 = 35kg
　　　　　작업폐물을 위한 실제소비량 : <u>26kg</u>
　　　　　　　계　　　　　　　　　　 <u>586kg</u>
　　　　　감손의 실제발생액(협의)　　 26kg
　　　　　감손의 표준발생량 : 500kg × $\dfrac{125}{100}$ × 2% = <u>12.5kg</u>
　　　　　감손의 발생차이에 의한 재료소비량차이 :　　　13.5kg
　　　　　감손의 발생차이에 의한 재료소비액차이 : 12원×12.5kg=162원
　　B재료소비량차이는 다음과 같이 분석된다.
　　　　공손품발생차이　 : 12원 × 20kg =　240원
　　　　작업폐물발생차이 : 12원 × 1kg =　　12원
　　　　감손발생차이　　 : 12원 × 13.5kg = <u>162원</u>
　　　　　　　계　　　　　　　　　　　　　414원
　　차감 :
　　　　부산물발생차이 :　　　　　　　　　<u>330원</u>
　　　　B재료소비량차이 :　　　　　　　　 <u>84원</u>

감손처리　　[의의] 감손이라 함은 가공 중에 증발, 분산, 가스화 등의 원인에 의

(減損處理) (Shrinkage)	하여 공정에 투입된 기본재료의 수량이 감손되는 것이고, 그 감소 부분의 잔존가치가 없을 때에 발생하는 손실을 말한다. 　감손은 작업성질에 따라 여러 가지가 있으며, 대개는 추상적 수량차액으로서 발견되고 구상성이 있다 하더라도 잔존가치가 없으면 종합원가계산상의 감손으로 간주된다. 　만일 잔존가치가 있으면, 작업폐물 또는 부산물로서 취급되는 것이다. 감손처리는 공손품의 처리에 준하여 처리하면 된다. 즉, 이상적감손은 이상적공손에 준하여 그 원가를 제조비용에서 공제한다. 이상적공손은 양품의 원가에 포함시킨다. 단지 감손은 그 발생점을 명료하게 인식할 수 없을 때가 많으므로 가공 중에 평균적으로 발생하는 것으로 보고 계산하는 것이 일반적 방법이다. 　가공비의 감손환산량은「공손품 × 50%」이다. 감손의 발생점이 명료할 때에는 공손품진척도의 방식과 동일하게 감손진척도를 결정하고 감손환산량을 산출하게 된다.
개 량 비 **(改 良 費)** (Improvement Expenses, Betterments, Improvement Cost)	의의 고정자산의 개량을 위한 지출을 말하는 것인데, 이 가운데 고정자산의 가치를 증가하게 되든가 또는 고정자산의 내용연수를 연장시키도록 하는 지출부분은 자본적지출로서 고정자산의 취득가액에 추가계상된다. 이 이외의 부분은 수선비등으로서 비용으로 된다. 실무적으로는 자본적지출과 수선비를 구분하는 것은 곤란한 케이스가 많으므로 일정의 룰을 만들어서, 거기에 따라서 처리하는 것이 바람직하다. 세법의 규정도 무엇이 수선비로, 무엇이 자본적지출인가를 예시에 의하여 판단의 기준을 표시하고 있다. 　☞ **자본적지출** (Capital Expenditure) 　　**수익적지출** (Revenue Expenditure)
개 발 비 **(開 發 費)** (Development Expense, Development Cost)	의의 신기술 또는 신경영조직의 채택·자원의 개발·시장의 개척 등을 위해 지출한 비용, 생산능력의 향상 또는 생산계획의 변경 등에 의해 설비의 대규모인 배치대체를 행하는 경우 등의 비용으로서, 지출한 사업연도의 경비로 하지 않는 무형자산에 속한다. 설명 이 비용은 비교적 장기적인 비용으로서 미래의 수익을 기대하는 비용인 것이다. 따라서 그 지출액 전부를 그 지출연도의 비용으로 계상한다는 것은 비용액을 편중계상하게 되므로, 이를 균등배분시켜서 그 지출연도의 손익을 너무 적게 또는 너무 많이 계상하지 않도록 지출액을 무형자산으로 상각처리하여야 한다. 물론 지출된 비용이 소액일때에는 당기비용으로 하여도 무방하나, 상당한 다액이고 또한 개발비지출에 의하여 매출증가, 신용획득의 효과가 수년간에 걸쳐 미친다고 한다면, 이것을 대차대조표의 무형자산으로 기재하여 점차 상각하여야 한다.

개별배부율법 (個別配賦率法) (Differential Rate Method)	의의 개별배부율법은 제조간접비를 제조지령서 또는 제품에 배부하는 경우, 당해 간접비가 발생하는 제조건을 감안하여 부문별·간접중심점(Burden Center)인 생산중심점이나 원가중심점별로 원가요소가 분류되고, 이것에 기능별의 분류를 가미한 원가비목군별로 분류하며, 다시 그들에 적합한 배부기준을 선정하여 각기 배부율을 구한 다음에, 이것을 사용하여 배부계산을 하는 방법이다. 설명 개별배부율법은 제조간접비를 총괄하여 획일적인 배부율을 구한 것을 사용하는 총괄배부율법(Blanket Rate Method)의 결점을 보충하려는 것이다. 제조간접비는 부문별 또는 생산중심점이나 원가중심점별로, 그리고 원가비목별로 그 발생조건이 다르다. 그러므로 이 점을 무시한 총괄배부율법에는 결점이 있다. 이 결점을 극복하고 합리적·과학적인 배부방법으로 하려는 것이 개별배부율법이다.
개 별 법 (個 別 法) (Lot Method, Specific Cost, Specific Identification)	의의 개별법이란 종류·품질·형상이 동등한 재고자산이라도 그 취득원가가 다르면 구별하여 기록·보관하고, 각기 그 실제원가(Actual cost)에 따라 재고자산 원가배분을 하는 방법을 말한다. 설명 개별법은 불출을 할 때는 그것이 어느 구분의 것으로부터 불출되는가를 식별하여 그 구분의 단가로 불출원가를 결정한다. 기말평가방법으로서의 개별법도 동일하게 기말재고품이 어느 구분의 것으로 되어 있는지를 식별하고, 그 구분의 단가로 기말재고품원가를 결정한다. 　이 방법은 구분별법(Indentified Lot Method)이라고도 한다. 이 방법에 의하면 재고자산별의 실제원가(취득원가)에 의한 원가배합을 할 수 있게 된다. 그리고 선입선출법·가중평균법·후입선출법 등 개별적인 실제원가에 의하지 않고, 일정한 원가의 흐름에 관한 가정에 의하여 원가배분하는 경우의 원가를 유도원가(Derived cost)·할당원가(Assigued cost)라고도 한다. 　개별법은 배출총손익산정에 관하여 개별적인 재고자산과 그것으로부터 얻어지는 수익과의 개별적 대응을 할 수 있다. 　그러나 일반적인 상공업에서는 개별법을 채택하기 어렵고, 또 반드시 개별법을 채택하여야 하는 것도 아니다. 어느 의미에서 개별법은 정확한 원가배분방법이지만, 기간손익이 불출품에 관한 고의 또는 과실에 의하여 좌우될 위험성이 있다. 그렇게 되면 개별법에 의한 원가배분은 선입선출법·가중평균법의 경우처럼 재고손익을 산입하게 된다. ☞ 재고자산평가 (Inventory Valuation)
개별비용법 (個別費用法)	의의 비용을 변동비와 고정비로 구별하여 파악하는 것을 비용분해라고 하는데, 개별비용법은 비용분해의 1방법이다. 비용이 개개의 비목

(Indentified Cost Method)	(費目)에 대하여 그 성질에 따라서 변동화와 고정비로 분류하고, 그 집계에 의거한 총비용을 변동비와 고정비로 구분 파악하는 방법을 말한다. 계정과목법이라고도 부른다. [설명] 비용의 분해는 손익분기점분석이나 기업내부에서의 원가관리, 다이렉트·코스팅, 이익계획 등의 경영관리 활동을 행하기 위해서는 불가격의 작업이다. 비용분해의 방법으로서는 총비용법·그래프법·최소자승법·개별비용법 등이 있는데, 실무상 가장 널리 사용되고 있는 것이, 이 개별비용법이다. 실제로 개개의 비용을 분류하여 가면 준변동비 또는 준고정비적 성질의 것이 나오지만 이러한 것의 분해에 즈음하여서는 다음과 같은 것이 있다. ① 변동비에 가까운 준변동비는 변동비로 고정비에 가까운 준고정비는 고정비로 각각 간주하여 처리한다. ② 준변동비·준고정비는 과거의 실적면에서 추산하고 일정비율로 변동비·고정비로 배분한다.
개 별 원 가 (個別原價) (Indentified Cost, Specific Order Costs)	[의의] 개별적인 재료의 취득이나 개별적인 제품의 제조원가를 개별원가라 한다. [설명] 재료나 제품의 개별원가는 재료비나 매출원가를 산정하는 경우에 그 기초가 된다. 개별적인 원가에 의하여 불출원가를 산정하는 방법을 개별원가법이라고 한다. 개별원가법 이외에도 선입선출법·평균법·후입선출법 등의 방법처럼 일정한 원가의 흐름을 가정한 불출원가인 유도원가의 계산에서도 개별원가는 계산의 기초가 된다. 불출원가의 기초가 되는 제품의 개별원가는 어떠한 원가계산방법에 의하여 계산되었거나 각 제품에 붙여진 제품원가이며, 특정제조지령서에 집계된 원가를 뜻한다. 종합원가계산을 채용하는 경우에는 기간적 총괄적으로 집계된 종합원가에 대립된 뜻으로 개별원가라는 말이 사용된다. 제조직접비는 처음부터 제조지령서에 부과되는 개별원가이며, 제조간접비는 먼저 원가계산기간별로 발생액을 총괄적으로 집계한 다음에 배부기준에 의하여 제조지령서에 배부되어서 개별원가가 된다. ☞ 개별원가계산
개별원가계산 (個別原價計算) (Job Order Cost Accounting)	[의의] 개별원가계산이란 개별생산 방법으로 제조되는 제품의 수량과 형태에 관하여 제조지령서에 세밀히 기입된 비용을 기본으로 제조할 이 지령서별 제품에 따른 개별적 원가를 집계하는 것을 말한다. 유형·규격 등이 다른 많은 종류의 제품을 개별적으로 생산하는 경우(기계제조·가구제조·토목건축업 등)의 개별생산형태에 적용되는 원가계산방식이다. 개별생산형태에서는 특정제품의 제조지령서가 발행된다.

특정제품의 제조지령서번호별로 제조원가를 구분 집계하는 계산방법이므로 미국에서는 지령서별 원가계산이라 하고, 제조지령서에 지정된 일정량의 제품제조가 완료되기까지는 발생한 원가를 부가하여 가는 계산방법이므로 독일에서는 부가원가계산이라고 한다.

원가의 부과(附課) 또는 배부(配賦)절차는 제조원가요소를 직접비와 간접비로 구분한다. 직접비는 각 제조지령서에 직접 부과하고, 간접비는 그 원가계산 기간에 있어서의 금액을 집계하여 이것 역시 각 제조지령서에 배부하는 것이다.

이 경우 간접비의 배부는 원칙적으로 제조간접비의 요소를 각 부문에 배부하는데 모든 보조부문비(또는 일부의 보조부문비)를 각 제조부문에 배부하고, 마지막에 각 제조부문비(또는 각 제조부문비 및 제조부문에 배부되지 않는 보조부문비)를 각 지령서에 배부하는 것이다. 그리고 부문비계산을 생략하는 경우에는 간접비를 직접 각 지령서에 배부한다.

이 제조지령서의 배부계산을 위하여 부문별계산을 하는 계산형태를 부문별 개별원가계산이라 하고, 부문별계산을 하지 않는 계산형태를 단순개별원가계산이라고 한다.

원가관리목적을 위하여 제조간접비를 부문별로 집계하기도 한다. 또 제조간접비의 배부계산을 더욱 정확히 하기위하여 동종기계·동종작업별로 부문을 세분하면 직장별원가계산이 된다.

재료비집계   [설명] (1) 재료비의 집계

제품제조에 소요하는 재료가 재료표에 기입되어넘어오면 원가계산 담당부서는 제조완료전에 계산하여야 하지만 실제로는 재질(材質)의 불량, 종업원에 의한 파손 등의 원인으로 표준수량 이상의 재료를 필요로 하는 것이 통례이다.

이러한 재료는 일반의 출고전표에 의하여 현장에 제공되고 그 전표는 매일 원가계산담당부서에 회부되며, 원가계산담당부서는 제조지령서별로 추가재료집계표를 작성하고 각 제조명령에 요하는 추가재료를 집계하여 앞에서 설명한 재료표상의 금액에 이를 가산하여 재료비로 계산한다.

이와 같이 재료비는 통상 실제의 출고를 근거로 계산한다.

노무비집계   (2) 노무비의 집계

개별원가계산의 경우에는 여러 개의 작업장과 많은 기계의 가공을 경유하여 제품이 되며, 이중 노무비는 각 제조지령서에서 표시된 작업시간에 의하여 계산할 수밖에 없다.

따라서 작업장별로 작업시간을 계산하는 경우에는 각 작업장, 예를 들면 제1작업장·제2작업장·제3작업장에 따라 제조지령서별로 작업시간을 집계한다. 그리고 각 작업장별 종업원에 대한 급여지급시에 성별(性別)이나 숙련도에 의하여 차이를 두는 경우에는 따로 그 차이에 따라서 시간을 집계하여 각 제조지령서별 노무비를 계산한다.

한편 노무비의 원가를 종합계산할 때에는 당월(當月)의 실제지급액을 노무비로 하면 되지만, 개별원가계산의 경우에는 임금(賃金)을 지급하기전에 제조가 완료되어 납품하는 경우가 대부분이므로, 많은 경우 예정계산(豫定計算)을 하지 않으면 안된다.

즉, 과거 6월 또는 1년간 실제로 지급한 임금에 적어도 금후 6월간(회계기 전에 예정계산을 하고 당 회계연도간 적용하는 경우)에 상승이 예상되는 금액을 가미(加味)한 임금을 동 기간의 작업시간 수로 나누어 1시간 당의 임금률(賃金率)을 구한다.

이를 예정임금률(豫定賃金率) 또는 임률(賃率)이라고 한다.

작업이 주로 기계에 의하는 경우에는 기계의 작업시간에 의하여 계산하는 것이 가장 정확한 노무비 계산이므로, 이러한 경우에는 예컨대, 기계군(機械群)별로 종사하는 종업원의 과거 6개월간의 지급임금을 동 기간의 운전시간으로 나누어 A기계, B기계, C기계별 평균임률을 구하고, 제조가 개시되는 경우에는 A기계・B기계・C기계별로 매월의 작업시간을 제조명령서 별로 집계하여, 여기서 산정된 작업시간수와 임률을 곱하여 각 제조명령서의 노무비를 계산하는 방법을 채택한다.

제조경비의집계　(3) 제조경비의 집계

개별원가계산이 경우 제조경비는 제품별 직접경비는 당해 제조지령서에 직접부과하고 간접비는 예정에 의하여 배부하는 것이 일반적이다. 배부의 중심이 되는 것은 노무비의 경우와 같이 작업장 또는 기계군(機械群)이다.

공장에서 발생하는 제조경비를 부문별 원가계산에서 설명한 방법에 의하여 제조부문에 집계하고 그 제조부문에서 작업을 받은 시간수에 응하여 각제품에 배부한다.

전등료의 경우를 예로 들면 동일공장에서 1시간 작업을 한 경우와 2시간 작업을 한 경우를 비교하면 2시간의 작업을 한 전기의 소비는 큰 변동이 없는 한 1시간의 경우의 2배에 해당한다고 생각하여도 틀리지 않는다.

또한 감가상각비에 있어서도 기계를 사용하는 경우 동일 조건이라면 2시간의 작업에 대한 기계의 소모량은 1시간의 작업에 대한 기계의 소모량의 2배에 해당한다고 생각하여도 틀림이 없다. 이와 같이 감가상각비도 작업시간의 량에 정비례 한다고 볼 수 있다.

이상에서 살펴본바와 같이 각 제조부문(작업장)의 과거 반년간이나 1년간의 제조경비를 누계하고, 당해기간의 작업시간 수의 총계로 나누면 결국 각 제조부문의 1시간 당 제조경비가 산출된다. 이를 제조경비율이라 부른다.

개별제조원가집계　(3) 개별제조원가의 집계

위에서 설명한 바와 같이 개별원가계산에 있어서 재료비는 각 제조지령서의 재료의 금액과 이에 추가한 실제의 출고액으로 계산하고, 노무비는 각 공장의 제조지령서별 작업시간수를 기준으로 각 공장의 임률을 곱하여 산출하고, 제조경비도 마찬가지로 각 제조지령서별로 각 공장에 요한 작업시간수를 각 공장별로 예정된 제조경비율을 곱하여 산출하며, 이를 집계하면 제조원가가 결정된다.

그리고 부기계산면(簿記計算面)에서 보면 제조지령서별로 제조계정이 설정되어야 하며, 제조계정이 1개의 통괄계정으로서 많은 제조지령서를 포괄하는 것은 마치 이상매출금계정이 많은 인명계정(人名計定)인 거래처계정을 파악하는 경우 등과 같다. 따라서 제조지령서는 보조원장의 역할을 하게 된다.

개별원가계산표
(個別原價計算表)
(Job Cost Sheet)

[의의] 개별원가계산표란 제품의 종류별로 제조비용을 집계하기 위한 계산표를 말한다.

☞ 원가계산

개 별 임 률
(個 別 賃 率)
(Individual Wage Rate)

[의의] 소비임금인 직접노무비계산을 하는 경우에 각 직접공의 개인별 소비임률을 사용한 것을 개별임률이라 한다.

[산식]

$$실제개별임률 = \frac{일정기간의\ 각직접공별\ 실제개별소비임금}{동\ 기간의\ 각직접공별\ 실제개별총작업시간}$$

[설명] 종합원가계산에서 직접노무비는 각부문별 또는 각공정별로 일괄하여 산정되므로 문제는 적지만, 개별원가계산에서는 소비임률로서 개별임률을 사용하면 다음과 같은 불합리한 결과가 생긴다.

① 개별임률은 공원의 근속연수·연령·성별 등에 따라 상이하므로 동일한 작업이라도 담당공원에 따라 소비임금도 다르게 된다. 그러므로 각 개별주문품마다 동일 작업이라도 소비임금이 다르다.

② 동일한 담당자에 의한 작업이라도 정시작업과 정시외작업과는 임률이 다르므로 소비임금이 다르게 된다.

③ 개별임률은 계산이 번잡하다.

이상과 같은 결핍이 있기 때문에 개별원가계산에서는 개별임률을 사용하지 않고 각 부문마다 평균임률을 산정하여 소비임금을 계산하게 된다. 평균임률은 비용수익대응의 원칙에 현저하게 위배되는 것이 아니므로 인정되고 있다.

건 설 비
(建 設 費)
(Cost of Construction)

[의의] 건설비라 함은 고정자산의 건설을 도급 준 경우에는 그 취득가액은 도급액과 부대비용의 합계액이다. 이 건설을 위한 비용을 말한다.

고정자산을 자기건설 하는 경우에는 모든 재료비·노무비·경비를

	취득가액에 포함하지만, 관리비를 어느 정도 산입하느냐에 문제가 있다.
건설조성금 **(建設造成金)** (Creative Fund for Construction)	[의의] 건설조성금이란 공공적인 주요산업이 고정설비를 건설하는 경우에 정부 기타가 건설비의 보조비로서 지급하는 자금을 말한다.
검 사 부 비 **(檢 査 部 費)** (Expenses for Inspection Division)	[의의] 검사부는 제조공정 중의 검사 또는 재료·반제품·제품의 성능이나 품질 등의 검사를 하기 위하여 설치되므로, 검사기능은 제조부문에 대한 보조용역 제공이라고 해석하여, 원가계산상 이것을 보조경영부문으로 한다. 만일 그것이 관리기능이라면 공장관리부문이 될 것이다. 검사용역을 제공하기 위하여 직접·간접으로 발생하는 원가를 검사부(檢査部)에 대하여 분류집계한 것을 검사부비라고 한다. [설명] 이들의 원가요소 중 그 발생을 직접적으로 인식할 수 있는 검사직접비는 이것을 검사지령서별로 집계하고, 이 검사용역을 받은 각 부문 또는 각제품에 부과한다. 그러나 검사간접비는 형익(亨益)각부문의 검사직접비 부과액을 기준으로 하여 배부한다. 검사부비를 위와 같이 구분하여 처리할 필요가 없는 경우에는 형익(亨益)각부문의 검사공(檢査工)의 작업시간수에 의하여 일괄배부할 수도 있다.
검 사 비 **(檢 査 費)** (Inspection)	[의의] 검사비란 원재료·재공비·제품·외주품 등에 대한 재질·중량·크기·길이 등에 관하여 주문서에 지시된 대로 구입되어 제조되고 있는가를 검사할 목적으로 소비되는 일체의 제경비를 통괄한 비용을 말하며, 일종의 복합경비이다. [설명] 검사비를 구성하는 단순경비는 소모품비·검사관계원의 급료나 임금 및 기타의 검사에 관련하여 발생하는 제경비로 되어 있다. 검사비는 복합경비이므로 원가계산을 할 경우에 부문별계산을 하지 않고, 이 비용의 집계를 함으로써 계산을 간편하고 경제적으로 할 수 있다. 그러므로, 부문별계산을 하여 검사부문비계산을 하는 경우에는 검사비라는 복합경비의 비목은 설정되지 않는다.
검 수 **(檢 收)** (Inspection Expenses)	[의의] 검수는 기업에 있어서의 자재관리의 일환으로 외부기업에 발주한 자재(하청가공부품을 포함)가 창고 또는 생산현장에 도착한 때에 주문서·납품서와 그 현품내용을 조회하고, 검사(취급검사 또는 전수검사)한 다음 합격여부를 판정하고, 합격품은 창고납입 또는 생산현장 수취를 하고, 불량품·불합격품은 반환한다는 일련의 작업 및 사무절차를 말한다.

검수보고서 (檢收報告書) (Pre-liminary Check Statement)	[설명] 검수는 자재관리의 제1보이고, 업무숙달자가 객관적 판단기준에 의거하여 행하지 않으면 아니되기 때문에, 독립으로 검사부문을 마련하고, 아울러 내부견제도 겸하고 있는 기업도 있다. 자재수입검사는 수량검사외에 재질검사도 행하고, 후자는 기술부문·연구부문으로 별도의뢰되는 유형도 있고, 불량품 혼입의 발견검출이 중요한 임무이다. 또 자재납입업자·하청업자로서는 검수완료일이 매출채권 확정일이고, 외상매출금 회수의 목표가 세워지는 등 중요한 의미를 가지고 있다. [의의] 주문품이 창고에 반입되면 창고검수담당은 주문서사본과 주문품과를 대조하여 검사를 한 다음에 수납한다. 이 검수수납을 할 때 작성되는 서류를 검수보고서라 한다. [설명] 자재담당부서에서는 검수보고서와 납품서를 대조하고 당해 주문품의 구매절차는 종료된다. 외상매입금의 발생은 검수에 의하여 확인되는 것이 원칙이므로 검수종료 후에 지체없이 대체전표를 작성하여 경리부서에 회부한다. 대부분의 회사에서는 검수보고서와 외상매입금전표를 복사하여 공동항목을 동시에 작성하고 있다. 임시구입품은 검수와 동시에 요구현장에 불출하게 된다.
견 적 원 가 (見積原價) (Estimated Costs)	[의의] 예정원가(실제원가를 사전에 견적한 원가)의 일종이다. 예정원가는 그 주목적에 의해서 견적원가와 표준원가로 구분된다. 견적원가는 예상되는 실제원가를 과거의 실적치에 장래의 변화사정을 가미하여 사전에 견적하는 것인데, 그것은 반드시 표준원가와 같이 과학적 통계적 조사에 의거하여 견적한 것은 아니다. [설명] 견적원가는 건설업·조선업·기계제조업 등의 수주사업계에서 매매가격을 결정함에 있어서 빠질 수 없는 것이다. 또 매매가격결정 뿐만 아니고 손익예산의 책정이나 원가관리에도 이용된다. 견적원가계산에서는 이들의 어느 것에 중점을 둘 것인가를 명확히 하고, 목적에 따른 계산체계를 생각할 필요가 있다. 견적원가계산은 다만, 원가를 견적하는 것만으로는 유효하다고 할 수 없다. 견적원가와 실제원가와를 비교하고 차액이 있으면, 그것을 분석하는 것이 중요하다. 이 차액분석은 원가요소별 부문별 제품별로 나누어서 행하는 경우도 많다. 그리고 실무상 견적원가와 표준원가와의 분리사용은 엄격하지는 않다.
견적원가계산 (見積原價計算) (Estimated Cost Account)	[의의] 일반적으로 견적원가는 가격의 견적에 관련하여 임시적으로 산출되지만, 부기기구에 결부시키는 일도 있으며, 이 경우의 구조를 견적원가계산이라 하며, 일종의 예정원가계산이다. [설명] 견적원가계산은 원가의 신속한 파악을 목적으로 하는 외에, 원

결합원가 **(結合原價)** (Joint Costs)	가관리로서의 역할을 기대하는 일도 있으며 또 예산제도와 결부하는 경우도 많으나, 관리상이나 예산면에서는 과학성을 가지고 있지 않으므로 표준원가계산에 미치지 못한다. ☞ **예정원가계산** (Predetermined Costing) [의의] 결합원가(연결원가)는 협의로는 2종류 이상의 제품이 동일한 종류의 원재료로부터 동일생산과정을 경유하여 필연적으로 산출되는 경우에, 그 결합생산의 분리점(Split-off Point) 즉, 결합생산물이 분리되는 생산단계까지의 재료비·가공비의 뜻으로 사용된다. 그러나 광의로는 1군의 제품 1단위에 대하여 발생하고 개별적으로 파악할 수 없는 원가를 결합원가라 한다. [설명] 제조간접비의 대부분이 이와 같은 뜻으로 사용되는 결합원가에 해당되며, 또 판매간접비나 관리비도 제품과 시장의 양구분영역에 대한 결합원가이다. 이들의 원가는 분리가능원가(Separable Costs)에 대비되는 분리불능원가인 점에서는 협의의 결합원가와 다를 것이 없다. 광의의결합원가(Common Costs)와 협의의결합원가는 원가관리상 구분되어야 한다. 전자는 간접비·고정비의 성격이 강하며, 주로 경제적관련(Economic Relationship)에서 생기는 데 반하여, 후자는 직접비·변동비의 성격이 강하며, 물적관련(Physical Relationship)에서 생기기 때문이다. 양자는 다같이 관련영역(제품·시장 등)의 전부원가계산을 하기 위하여 각기 구분하여 할당을 해야 한다. 그러나 관리비나 결합생산물에 대한 총합원가 등은 자의적으로 밖에 할당할 수가 없다. 협의의 결합원가는 분리점까지의 종합원가를 결합생산물에다 객관적으로 할당하는 것은, 그것에 대한 사용원재료나 생산과정이 동일한 동시에 최종제품이 질적 형태적 또는 용도의 면에서 서로 현저히 다르므로 매우 곤란하다. 그러므로 연산품에서는 제품종류별로 일정한 매출이익률을 얻는데 따라 부담시킬 결합원가액을 산정할 수 있을 뿐이다. 즉, 원가부담능력기준 또는 자본회수기준에 의하게 된다. 이와 같은 관점에서 결합원가를 주산물·부산물에 할당하려면, 시가 또는 순실현가치(시가-분리후추가가공비+판매비)를 안분하거나, 부산물원가를 산정한 다음 공제한다. 결합원가를 각 생산물에 배분하는 방법으로서는 다음과 같다. ① 각 제품의 거래상 계산단위수는 이와 별도의 수량단위에 의하여 분할하는 방법. 그 선택하는 수량·단위는 원가에 가장 잘 비례하여 변화하는 중량이라든가 용적등이다. ② 제품의 견적매가(見積賣價)에 의하여 분할하는 방법. 매가(賣價)는 일정기간의 평균수는 이에 장래의 예상을 가미한 것 등이 있다.

경 비 **(經 費)** (Expenses)	<u>의의</u> 경비란 재료비·노무비 이외에 제품을 생산하기 위하여 소비된 경제가치를 말하며 원가계산요소의 하나이다. 경비도 원가계산상 재료비·노무비와 같이 직접경비와 간접경비로 분류하여 계산하고 있다. 직접 경비의 경우는 비교적 적고 간접경비는 재료비·노무비의 범위를 어느 정도로 결정하느냐에 따라 그의 범위가 결정된다. 그리고 소모품도 이는 물재소모에 수반하는 비용이지만 품목이 많고 소액인 경우에는 이를 구입할 때 경비로 처리하고 있는 것이 일반적이다. 이와 같이 경비는 재료비·노무비의 범위에 따라 경비의 범위도 달라지게 되는 것이다. 그리고 경비는 감가상각비나 재고감모비와 같은 물적요소를 가지는 것과 복리후생비와 같은 인적요소를 가지는 것을 모두 포함하고 있으므로 그 구분이 명확하지 않지만 경비의 대부분은 외부용역의 소비에 의하여 발생하는 것이다. 　경비는 직접경비와 간접경비로 구분되고, 다시 다음과 같이 세분된다. 　직접경비 : 외주가공비 　간접경비 : 복리시설부담액·후생비·감가상각비·임차료·보험료·특허권사용료·지급수선료·전력료·수도료 등 　이상에서 구분한 경비분류는 단순경비로서 형태별로 분류한 것이다. 그러나 필요하면 수선료·운반비 등과 같이 복합경비를 설정할 수도 있다.
경비의종류	<u>설명</u> 1. 경비의 종류 (1) 기업회계기준상의 구분 　경비는 그 종류가 상당히 많으나 그 중 제조원가를 구성하는 것을 열거하면 다음과 같은 것이 있다.
복리후생비	① 복리후생비(Walfare Expenses) 　종업원의 복리후생을 위하여 소요되는 비용을 말한다. 광의로는 지급경비의 일종으로서 복합비의 성격을 지니고 있으며, 법정복리비, 복리시설부담액, 후생비의 제항목으로 되어 있다. 　법정복리비란 근로기준법, 산업재해보상보험법 등에 의한 사업주부담액이다. 종업원부담액은 임금 또는 급료지급시에 이를 공제하여 일시적으로 예치하였다가 사업주부담액과 함께 정기적으로 납부되는 것이므로 납부될 때 까지는 회사의 일시적 예수금이고 원가나 비용은 되지 않는다. 따라서 원가요소가 될 수 있는 것은 사업주부담액뿐이다. 　이 부담액을 일괄하여 정리할 때에는 법정복리비로 하지만 법의 종류에 따라 구분하여 정리하기도 한다. 근로기준법은 사업주가 지급할 요양, 장해, 유족 등의 보상 및 장제비의 금액, 산업재해보상보험법에 의하여 사업주가 정부에 지급하는 보험료액으로 처리한다. 그리고 복리시설을 독립회계로 하지 않는 때에는 이에 소요되는 비용은 다른

원가요소로 나누어서 계상한다.

　후생비는 종업원의 의무, 위생, 보건, 위안, 수양 등에 소요된 비용으로서 회사의 부담액을 말한다. 복리비는 공장종업원에 대하여 발생한 경우에는 노무부비 또는 제조경비로 취급되고 적정한 기준으로 제조계정 또는 부문비계정에 배부되어서 제조원가가 된다. 그리고 판매 및 관리업무에 종사하는 종업원에 대하여 발생한 것은 판매비 또는 관리비로 처리된다.

지대·집세	② 지대·집세

　지대·집세는 회사가 차용한 토지·건물 등에 대하여 지급하는 사용료 등의 비용을 말한다.

임차료	③ 임차료(Rental Expense)

　임차료란 토지·건물·기계 등을 일정기간 사용하는데 대하여 지급하는 요금을 말한다.

　지급경비에 속하나 이를 원가에 계상할 때에는 월할로 계산한다. 임차료의 회계처리방법에는 자산처리법과 비용처리법이 있다. 임차료를 반년분 또는 1년분을 한번에 지급하는 경우에는 자산처리법에 의하고 매월지급하는 경우에는 비용처리법에 의하는 것이 원칙이다.

특허권사용료	④ 특허권사용료(Royalty of Patent Rights)

　특허권사용료란 타인이 소유하는 특허권을 임차하여 제품제조를 하는 경우의 사용료와 임차료를 말한다.

　보통 월할경비로 원가에 산입되는 경우와 직접경비로 원가에 가산되는 경우로 나누어진다.

보험료	⑤ 보험료(Insurance Expenses)

　기업이 불시의 손해에 대비하여 사업자산에 거는 손해보험에 대해 보험회사에 지급하는 보수를 말한다. 이에는 건물·기계 등에 거는 손해보험이나 상품 등의 운송보험·자동차의 보험·유가증권의 송부보험 등도 포함된다.

　종업원의 복리를 위하여 법에 의해 강제적으로 부담하지 않으면 안 되는 건강보험·후생연금보험·고용보험·산재보험 등의 사회보험료는 보험료계정으로 처리하지 않고 법정복리계정으로 처리한다.

　그리고 손해보험에는 1년계약이 많은데 1년분을 일괄하여 지급한 경우 계약기간의 도중에서 결산이 도래하면 회계처리상 미경과분을 다음사업연도에 이월처리하는 것이 원칙이다.

수선비	⑥ 수선비(Repair Charges)

　수선비는 공기업(工企業)이 생산을 계속하게 되면 고정자산이, 사용 기타의 이유로 파손되고 기능이 감퇴된다. 따라서 고정자산의 현상유지와 원 능력을 회복·유지하기 위하여 지출되는 공사비를 수선비라고 한다.

　이 경우 공장건물·구축물·기계 및 장치·선박 등의 수선비는

전력비	제조간접비로, 판매 및 관리부문의 고정자산에 속하는 수선비는 관리비와 판매비인 영업비로 계상한다. 또한 이 경우 유의해야 할 것은 자본적지출분과 수익적지출분에 대한 수선비의 구분계상이다. ⑦ 전력비(Electric Change) 전력비는 외부에서 구입한 전력의 대가이며 지급전력비라고도 한다. 원가계산에 있어서 계산되는 전력비 또는 지급전력비는 지급을 수반하지만 원가로 될 전력의 소비액을 결정하기 위해서는 지급을 위한 검침일과 원가계산의 마감일이 다른 것이 보통이므로 이경우는 기업 스스로 원가계산 기간중의 전력소비량을 계기에 의해 측정하고 이에 소정의 단가를 곱하여 전력의 소비액을 측정하는 방법을 취한다.
가스·수도료	⑧ 가스·수도료(Gas Rate and Water Rate) 가스·수도료는 외부로부터 구입한 가스 및 용수의 대가이며 지급가스·수도료라고도 한다. 원가계산에서 계산되는 가스·수도료는 지급이 따르지만 원가가 되는 가스 및 용수의 사용액은 계기에 의하여 가스 및 용수의 소비량을 측정하고 이에 소정의 단위를 곱하여 가스 및 용수의 사용액을 측정하게 된다.
운반비	⑨ 운반비(Transportation Expenses) 운반비 또는 운임은 회사가 직접 발송하는 경우와 운송회사에 의뢰하여 발송하는 경우가 있으나 모두 이에 포함된다. 그런데 운반비 중에서 재료나 상품 등을 구입하고 지출하는 운반비는 이를 운반비계정에서 처리하여서는 안되고 재료나 상품의 매입부대비용으로 취득원가에 가산하여야 한다.
보관료	⑩ 보관료(Sorage Cost) 재료·상품 등의 보관을 외부의 창고업자에게 의뢰한 경우에 지급하는 보관비용이다.
세금과공과	⑪ 세금과공과(Taxes and Dues) 세금과공과란 국세·지방세 등 세금과 공공단체·조합 등의 공과금과 벌금·과료·과태료 등의 과징금을 말한다. 공과금과 과징금은 그 발생원인에 따라 제조원가·판매비와 관리비로 구분계상되며, 세금은 취득세·등록세는 고정자산의 취득원가에 포함시키며 제조원가와 관련된 세금과 공과는 매출원가에 포함시킨다. 세법에서는 손금산입하는 공과금을 한정적으로 규정하고 있으며 이에 규정되지 아니한 공과금은 손금불산입하도록 하고 있다.
여비·교통비	⑫ 여비·교통비(Travelling Expenses and Car Fare) 기업의 업무를 수행하기 위하여 여행 또는 출장을 하는 경우에 지출된 비용을 여비라 하고, 업무수행상 소요된 택시료·버스·전철료 등을 교통비라 한다.

	이러한 여비·교통비는 그 업무상 필요로 하는 경비이어야 하고 아울러 실비변상적이어야 한다.
	이 여비·교통비로 지출된 비용은 관리비 및 판매비로서의 여비 교통비와 제조원가로서의 여비 교통비로 구분되고 있다.
제조감모비	⑬ 제조감모비(Inventory Shortage)
	재고감모비는 재료·반제품·제품 등의 입고중 또는 운반도중에서 분실·파손·변질이 있다든가 계산상 오류로 인한 것을 원가요소로 간주한 가액을 말한다.
	통상 발생하는 정도의 재고감모비에 대하여는 제조원가 또는 매출원가에 산입하고 천재·지변 등 이상사태를 원인으로 발생하는 것에 대하여는 영업외비용 또는 특별손실로 회계처리하는 것이 일반적이다.
외주가공비	⑭ 외주가공비(Amount Paid to Subcontractors)
	외주가공비란 하도급공장 등 외부의 생산자에게 재료나 반제품을 공급하여 가공을 의뢰하는 것을 말하고 이러한 가공을 위해 지급하는 공임(工賃)을 외주가공비 또는 외주가공임이라고도 한다.
	외주가공비의 형태에는 ㉮ 재료의 무상지급의 경우와 ㉯ 유상지급의 경우 등 2가지가 있다.
	㉮의 경우는 일반적으로 가공을 끝낸 반제품이나 부품을 인수할 때에 가공임이 지급되고 그 금액이 외주가공비계정으로 처리된다. 외주가공비는 통상 가공대상이 측정되어 있어 직접경비로 취급된다.
	㉯의 경우는 일반적으로 가공을 의뢰한 때 재료를 매각하고 가공을 끝낸 반제품이나 부품을 인수할 때에 부품 또는 재료를 매입하는 형태를 취한다.
감가상각비	⑮ 감가상각비(Depreciation Expense)
	공장건물·기계·공구 등의 생산설비의 감가상각비는 제품원가로 되고 판매 및 관리용의 고정자산의 감가상각비는 기간비용으로서 판매비 및 관리비로 된다.
통신비	⑯ 통신비(Communication Charges)
	통신비는 판매부서와 관리업무와 관련하여 발생한 전화료·우편요금·전보료·텔렉스 또는 팩스 사용료 등의 지급비용을 말한다. 생산제품과 관련된 공장부문에서 발생한 것은 제조경비로 처리하고 기타의 것은 판매비와 관리비로 처리한다.
	⑰ 제조경비 또는 판매비 및 관리비에 속하는 비용항목 가운데서 금액이 소액이고, 발생 빈도도 적기 때문에 독립과목으로 하기에는 부족한 비용항목을 처리하는 계정이다.
	(2) 단순경비와 복합경비
단순경비	① 단순경비(Simple Expense)
	단순경비란 재료비·노무비 등과 같이 그 내용이 단순하여 단 1

복합경비	종의 원가요소로서 이루어지는 원가요소를 말하며 앞에서 설명한 제경비는 모두 단순경비이다. ② 복합경비(Compound Expense) 　두 종류 이상의 성질이 다른 원가요소가 합쳐져서 하나의 경비를 이루는 것을 복합경비라 한다. 　예를 들면 공장용의 건물이나 기계의 수리를 경영내부에서 직접 담당하는 경우 그 수리에는 수리용의 각종재료 수리작업담당부서원의 임금 그리고 전력·수도 등의 용역경비의 소비 등이 필연적으로 따르게 된다. 　따라서 수선비라고 하는 하나의 비목은 그 내용에 있어서 여러 종류의 원가요소로 형성되어 있는 이른바 복합경비이다. 　복합경비에는 이러한 수선비 외에 동력비·운반비·재료보관비·검사비·종업원훈련비 등이 이에 해당한다. 　이들 복합경비는 일단 복합된 뒤에는 다른 단순경비의 경우와 똑같은 처리법에 의하여 제품의 원가요소에 산입된다. (3) 직접경비와 간접경비 　경비의 발생액을 제품에 직접 배부하느냐의 여부에 따라 직접경비와 간접경비로 분류된다.
직접경비	① 직접경비(Direct Burden 또는 Direct Expense) 　직접경비는 제조경비 중 그 발생이 일정단위의 제품을 생산하는데 대하여 직접 인식되는 것으로서 특별비라고도 한다. 즉, 제품의 생산에 관련되어 소비되는 가치로서 재료비와 노무비를 제외한 것이다. 　다시 말하면 재료비와 노무비 이외의 원가요소이고, 이것은 제조원가요소 중의 재료비와 노무비가 아닌 것을 직접경비라고 한다. 또한 제조경비의 대부분은 간접경비라고 할 수 있지만 개중에는 외주가공비와 같은 당해 제품또는 제품종류의 생산에 직접 소비되는 경비도 있다. 　이와 같은 직접경비는 다른 간접비와 구별되며, 직접재료비나 직접노무비와 같이 이를 직접비로 처리한다. 그러나 이와 같은 직접경비는 원칙적으로 개별원가계산과 조별원가계산에서만 나타난다. 그리고 예정계산을 할 때에는 종합원가계산에서도 나타난다. 　이 직접경비에 속하는 비목은 다음과 같다. 　㉮ 특정제조지령서에 관계되는 특수기계 또는 시설의 임차료 　㉯ 위 특정제조지령서에 관계된 출장여비 　㉰ 위 특정제조지령서에 관계된 건축사·측량사의 보수 　㉱ 위 특정제조지령서에 관계된 특수한 설계비 　㉲ 위 특정제조지령서에 관계된 제도비 　㉳ 위 특정제조지령서에 관계된 시작비 　㉴ 위 특정제조지령서에 관계된 공손비

　　　　　　　　　㉮ 위 특정제조지령서를 위하여 구입한 특수재료에 부수되는 거래비용이고, 이 밖에도 상기 특수제조지령서에 관한 외주가공비 또는 특허권사용료가 이 직접비에 포함된다.

간접경비
　　② 간접경비(Indirect Expense)
　　간접경비는 제품전반 또는 다수의 제품에 대하여 공통적으로 발생하는 경비로서, 예를 들면 후생비 · 감가상각비 · 임차료 · 보험료 · 수선비 · 전력비 · 수도료 · 제세공과 · 여비교통비 · 접대비 · 통신비 · 보관료 · 공손(工損)비 · 실사감모비 및 잡비 등이 이에 해당된다. 그리고 간접경비는 보통 다음과 같이 분류되고 있다.

월할경비
　　㉮ 월할경비
　　여러 원가계산기간에 걸쳐서 계상되거나 지급되는 간접경비는 그 계상액 또는 지급액을 각 원가계산기간에 분할하여 그 소비액을 산정한다. 이러한 방법이 적용되는 간접경비에는 감가상각비 · 보험료 등이 있고, 이와 같은 간접경비를 월할경비 또는 예정경비라 한다.
　　이러한 경비는 거의 전부가 생산량의 다과에 불구하고 발생하는 것이며 그 금액도 생산량에 비례하여 변화하지 않고 절대적 또는 상대적으로 고정성을 가지고 있다.
　　또한 이러한 경비는 그 지급 또는 계산이 1개년 1사업연도를 단위로 계산하고 있으므로 이를 원가에 계산하기 위해서는 경비분할표를 작성하고 비목별로 지급확정액 또는 당기예산액을 기입하여 이를 월할액으로 계산 기록하여 둔다.
　　그리고 경비는 재료비 · 노무비와는 달라서 공장관계의 것만을 처음부터 구별하여 계산할 수 없고 영업부의 것도 일괄하여 계산하는 경우도 많으므로 경비분개장에는 관리부문 · 판매부분의 란을 설정하여 그 할당액도 명백하게 하지 않으면 안된다.
　　이들의 경비는 원가계산상 먼저 일정기간의 계상예정액이나 지불예정액을 일괄 계산하고 경비할당표에의하여 월할액을 산출한다. 이 월할액이 매월의 소비액이다.
　　그리고 월할경비의 계산은 원가계산 뿐만 아니고, 일반의 월차손익계산을 행하는 경우에도 사용한다.

측정경비
　　㉯ 측정경비
　　전력비, 가스 · 수도료 등과 같이 계량기에 의하여 소모량을 측정할 수 있는 경비를 말한다. 이러한 종류의 계산은 비교적 정확하게 할 수 있으며 당해원가계산기말에 검침결과의 소비량에 단위가격을 곱하여 소비액을 산정한다.
　　그러나 현실적으로 검침일자와 원가계산일이 다르므로 원가계산상의 검침은 지급요금의검침일과는 달리 실시할 필요가 있다. 즉 전자는 월말에 검침하고 후자는 대개 월중에 검침하고 있는 것이 보통이다.

지급경비	측정경비는 경비측정표를 작성하여 각 비목마다 당기사용량을 기입하고 여기에 소정단위를 곱하여 경비계산액을 산정기록한 후 원가계산계에 회송한다. ㉓ 지급경비 　지급경비란 일정한 기간내에 있어서 실제지급액에 의하여 소비액을 계산하는 경비를 말한다. 　복리후생비 · 수선비 · 운임 · 보관료 · 여비교통비 · 접대비 · 외주가공비 등과 같이 그 지급액으로 당해원가계산기간의 부담액으로 하는 경비를 말한다. 그러나 미경과분은 지급액에서 차감하고 미지급분은 가산하여야 한다. 이러한 방법으로 산정하는 간접경비를 지급경비라 한다. 　지급경비는 지급전표에 의하여도 파악할 수 있으나 측정경비와 같이 경비지급표를 발행하여 이에 지급액수정액을 기입하여 원가계산담당부서에 회부하여 원가를 기입하도록 해야 한다.
발생경비	㉔ 발생경비 　재고조사감모비 및 반품차손비와 같이 그 발생액으로 당해 원가계산기간의 부담액으로 하는 경비를 말한다. 즉 저장물품이 창고에서 보관되어 있는 동안 변질 · 훼손 · 분실 등으로 감소된 가치이다. 　재고조사는 매월말에 조사하여 계산해야 하지만 현실적으로는 불가능하므로 보통 일정기간에 발생한 금액을 예정하여 월별로 할당하고 연도말에 실제로 재고조사를 하여 수정하는 방법을 이용하고 있다. 이러한 간접경비를 발생경비 또는 실사경비라고 한다. 　이와 같이 재료의 재고감모비를 발생경비로 처리하는 경우에는 재고감모비계정은 감가상각비 계정에 준하면 된다. 　2. 경비의 기록절차
경비의기록절차	① 원가계산계는 지급관계의 경비에 대하여 회계계로부터 전표를 입수하고, 기타경비에 대하여는 경비측정표 · 경비월할표 등으로부터 자료를 얻게 된다. ② 이 자료에 의하여 원가계산계는 경비분개장에 제조관계의 경비를 기입하는 동시에 제조간접비명세장에 기입한다. ③ 월말에 경비분개장을 마감하여 제조간접비의 합계액을 회계계에 통지한다. ④ 회계계는 이것을 분개하여 총계정원장의 제조간접비계정에 전기한다. 이상을 도시하면 다음과 같다.

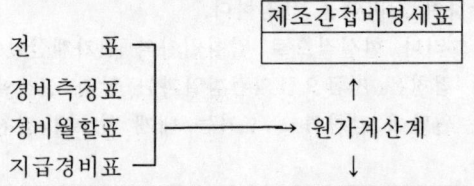

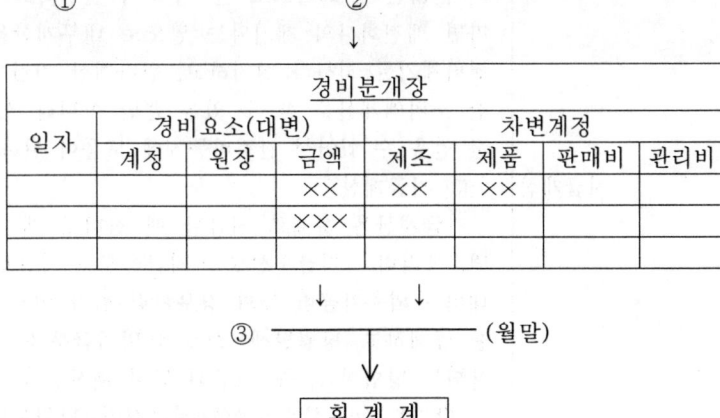

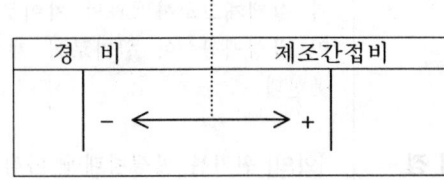

※ ① 제조관계 이외의 경비는 각각 경비분개장의 판매비·관리비란에 기입하고 월말에 회계계가 그 합계액을 총계정원장의 당해계정에 기입한다.

② 직접경비는 경비분개장의 제조란에 기입하는 동시에 원가원장의 직접경비란에 기입한다. 제조경비의 대부분은 제조간접비에 해당된다.

경 비 계 산
(經 費 計 算)
(Expense Calculation)
월할계산

[설명] 경비의 계산은 그 원가항목에 따라 다르며, 간접경비의 계산은 대체로 다음과 같다.

(1) 월할계산

월할계산은 회계기간에 총괄적으로 지급 또는 계상되는 경비항목으로서, 예를 들면 감가상각비·지급보험료·임차료 등의 비목(費目)은 회계기간에 걸쳐서 지급 또는 계상되며, 원가계산에서는 매월 분할하여 부담한다. 그러므로 이러한 경비를 산정하기 위하여 경비월할표가 작성된다.

측정계산

(2) 측정계산

측정계산은 경비를 매월말에 계측기에 의하여 그 소비량을 정확하게 측정하고, 그것에다 요율을 곱하여 경비를 계산하는 방법이다. 예를 들면 지급전력료·지급수도료 등은 그 전형적인 것이다. 그러나 이러한 비목은 실제지급액이 전월의 소비액이며, 당월의 소비와 일치

지급계산	되지 않는다. 그러므로 원가부문이 설정되고 있는 경우에, 지급전력료라면 배전회사의 계기와는 별도로 내부계산을 위하여 부문별로 전산전력계기를 회사가 설치하고, 원가계산 기간에 맞추어 측정하면 정확한 소비액계산을 할 수 있을 뿐만 아니라 소비전력에 관한 관리자료를 얻을 수 있어서 간접비통제에 도움이 된다. (3) 지급계산 　지급계산은 실제로 지급할 때 경비를 계상하는 방법이다. 예를 들면, 복리비·지급수선료·지급운임·지급보관료·여비교통비·접대비·외주가공비 등의 경우처럼 월차 이후의 경비가 포함된 선급분을 공제하고, 당월발생분으로서 미지급분을 계상하는 비목(費目)에 적용되는 방법이다. 즉, 다음과 같이 계산된다. 　　당월분경비=실제지급액-선급경비+당월분말지급액
발생액계산	(4) 발생액계산 　발생액계산방법은 실사감모비 등의 산정에 적용된다. 즉, 장부잔액과 실제재고조사액과의 차이로서 발생하는 경비이다. 이것은 정상적인 발생액만, 이 원가로서 계상되고, 이상부분은 원가성이 인정되지 못한다.
경 비 계 정 **(經 費 計 定)** (Expense Account)	의의 원가를 발생형태에 따라 분류한 경우에 재료비 및 노무비 이외의 원가요소를 경비라고 한다. 예를 들면 복리시설부담액·감가상각비·임차료·전력료·여비 등이 이에 속한다. 이러한 경비를 처리하기 위하여 경비계정이 총계정원장에 통괄계정으로서 설정되며, 그 항목별 명세는 보조원장인 경비원장에 의하여 표시된다. 설명 경비계정 차변에는 지급·실사 또는 충당 등에 의하여 확정된 경비의 실제액을 기입하며, 이 경우의 상대계정은 현금 및 현금등가물계정 또는 충당금계정 등이다. 한편, 원가계산기간의 경비소비액은 지급액·월할계산액·소비액·발생액의 4가지 기준에 의하여 측정되며, 그 합계액이 직접적인 경우에는 제조계정, 간접비인 경우에는 제조간접비계정의 차변과 경비계정의 대변에 기입된다. 이 경우에 경비분개장은 특수분개장으로서 이용되며, 원가계산의 필요상, 소비액의 계산이 실제액을 확정하기 앞서 계상하기도 한다. 그리고 경비계정이라면 이상과 같이 총계정원장에 통괄계정으로서 설정된 경비계정만을 뜻하는 것이 아니고, 경비원장에 설정된 경비항목별의 제계정을 포함하게 된다. (1) 성질과 범위 　제조원가요소를 재무회계에 있어서 비용의 발생을 기초로 하는 분류 즉, 원가발생의 형태에 의한 분류의 기준에 따라 분류하면, 재료비·노무비 및 경비의 각 비목으로 나누어 진다. 　그리고 그 경우, 경비란 재료비·노무비 이외의 원가요소를 말하

며, 감가상각비, 재고감모비 및 복리시설부담액·임차료·수선료·전력료·여비교통비 등의 제지급경비로 세분된다.

형태별 분류에 의한 경비계정은 재무회계상의 분류과목인 동시에 원가계산을 위한 기초적 분류과목이며, 원가계산과 재무회계의 관련상 중요하다.

(2) 원가의 비목별계산에 있어서 경비의 분류

원가의 비목별계산이란 일정기간에 있어서 원가요소를 비목별로 분류측정하는 절차를 말하며, 재무회계에 있어서 비목계산인 동시에, 원가계산에 있어서 제1차의 계산단계이다.

이 비목별계산에 있어서는 형태별분류과목인 경비를 직접경비와 간접경비로 대별하고, 다시 필요에 따라 기능별분류를 가미하며, 예를 들어 다음과 같이 분류한다.

직접경비 …… 외주가공비, 특허권 등 사용료

간접경비 …… 복리시설부담금, 후생비, 감가상각비, 임차료, 보험료, 수선비, 전력료, 가스대, 수도료, 조세공과, 여비교통비, 통신비, 보관료, 재고감모비, 잡비

간접경비는 원칙적으로 형태별로 분류하지만, 필요에 따라 수선비, 운반비 등의 복합비를 설정할 수 있다.

(3) 원가의 비목별계산에 있어서 경비의 계산

① 실제원가의 계산

실제원가의 계산에 있어서 경비계산은 다음의 절차·요령에 의한다.

㉮ 경비는 원칙적으로 당해 원가계산기간의 실제의 발생액으로서 계산한다. 다만 필요한 경우에는 예정가격 또는 예정액으로서 계산할 수 있다.

㉯ 감가상각비, 부동산임차료 등이며, 수개월분을 일시에 총괄적으로 계산하고 또 지급하는 경비에 대해서는, 이를 월할계산한다.

㉰ 전력료·가스대·수도료 등이며, 소비량을 계량할 수 있는 경비에 대해서는 그 실제소비량에 의하여 계산한다.

② 예정가격 등의 적용

비목별계산에 있어서 일정기간의 원가요소의 발생을 측정함에 있어서, 예정가격 등을 적용하는 경우에는, 이것을 그 적용되는 기간에 있어서 실제가격에 될 수 있는한 근사시켜, 가격차이를 될 수록 근소하게 하도록 정한다.

③ 표준원가의 계산

외주가공비 및 특허권 등 사용료로 직접경비가 되는 것을 제외한 경비는 간접재료비, 간접노무비와 같이 제조간접비가 되고, 그 표준이 부문별로 설정된다.

☞ **간접경비계정**

경비발생표 **(經費發生表)** (Expense Occurrence Chart)	의의 발생경비를 표로 한 것이 경비발생표이다. 발생경비는 발생액을 소비액으로서 처리하는 경비이다. 예를 들면 실사감모비가 이것에 해당된다. 실사감모비는 저장중의 재료나 제품 등의 감량·루설·루손·증발 등으로 인하여 생기는 것이다. 정상적인 제조활동을 하려면 부득이하게 발생되는 것만 원가로서 취급한다. 이것에 대해서는 창고부문등의 담당부서에서 경비발생표가 작성되며, 원가계산 담당자에 회부된다.
경비분개장 **(經費分介帳)** (Expense Journal)	의의 경비분개장이란 경비를 분개하는 장부를 말한다. 이 분개장에 의하여 제조에 배부하여야 할 제조간접비액이 결정되어 진다. 이의 기입에 기초가 되는 것은 각종의 증빙·보조부(예를 들면 재료분개장·임금분개장·경비월활표 등)이다. 설명 경비지급표·경비측정표·경비월할표·재고검사표 등에 의하여 각 경비의 비목별로 산정된 월할부담액이 결정되면, 다음에는 각 경비를 제조(재공품)계정 또는 제조간접비(부문비)계정 등에 대체하기 위하여 특수분개장인 경비분개장에 기입한다. 기입절차는 먼저 각 경비를 대변과목란에 기입하는 동시에 외주가공비 등의 직접경비는 차변과목인 제조(재공품)계정란에, 그리고 간접경비는 제조간접비 또는 각 부문비 계정란에 기입한다. 　이 경우에 경비분개장은 특수분개장으로서 이용되므로 원가계산기말에는 이 장부의 각란을 합계하여 총계정원장의 당해 계정에 합계전기를 한다. 경비분개장의 형식은 다음과 같다.

비용	장부기타	차 변	대 변		비 고
		금액	제조간접비	판매비와관리비	

　경비분개장의 말미의 합계액을 총계정원장의 경비계정대변에 합계전기하는 동시에 경비분개장의 대변에 개별전기한다. 또 직접경비는 총계정원장의 제조계정 차변에 합계전기하는 동시에 제조지령서별로 집계 된 것을 원가원장의 당해 지령서 번호의 원가계산표에 기입한다.

　간접경비는 총계정원장의 각부문비계정 등에 합계전기하는 동시에 부문개별비는 각 부문에 직접부과하고, 부문공통비는 부문공통비부과표에 의하여 각 부문에 배부한다. 그리고 각 부문비는 부문비원장의 당해 부문비계정 차변에 기입한다. 그리고 필요하면, 경비분개장을 다시 직접경비분개장과 간접비분개장 또는 제조간접비부문별 배부표의 2가지 특수분개장으로 분할하기도 한다.

[가설예1] 경비분개장의 마감
다음 경비에 관한 자료에 의하여 경비분개장에 기입하고 마감한다.
(1) 감가상각비 월할액 80,000원……제조부 60%……영업부 40%
(2) 화재보험료   〃   10,000………제조부 70%……영업부 30%
(3) 특허권사용료 〃   6,000
(4) 전 기 료 측정액 98,000………제조부 80%……영업부 20%
(5) 수 도 료   〃   14,000………제조부 70%……영업부 30%
(6) 수 선 비 지급액 20,000………제조부 50%……영업부 50%
(7) 복리후생비 〃   62,000………제조부 60%……영업부 40%
(8) 통 신 비   〃   40,000………제조부 30%……영업부 70%
(9) 외주가공비 〃   15,000………단, 전월미지급 3,000원과 차월
                              선급 2,000원이 있다.
(10) 재고감모비발생액   4,000

<해답>

경 비 분 개 장

경비분류	비 목	원면	차 변			대 변
			제조	제조간접비	관리판매비	합계
월할경비	감가상각비			48,000	32,000	80,000
〃	화재보험료			7,000	3,000	10,000
〃	특허권사용료		6,000	-	-	6,000
측정경비	전 기 료			78,400	19,600	98,000
〃	수 도 료			9,800	4,200	14,000
지급경비	수 선 비			10,000	10,000	20,000
〃	복리후생비			37,200	24,800	62,000
〃	통 신 비			12,200	28,000	40,000
〃	외주가공비		10,000	-	-	10,000
발생경비	재고감모비			4,000	-	4,000
	합 계		16,000	206,400	121,600	344,000

[가설예2] 경비분개장의 분개
다음 자료에 의하여 경비분개장에 기입하고 합계분개를 표시한다.
<자료>
(1) 특허권사용료 12,000원(전액 공장부담)
(2) 전 력 료 17,500원(공장 3 : 본사 2의 부담)
(3) 감가상각비 30,000원(공장 2 : 본사 1의 부담)
(4) 수 선 비 56,000원(공장 5 : 본사 2의 부담)
(5) 재고감모손 8,000원(전액 공장부담)

<해답>

경비분개장

경비분류	비목	차변			대변
		제조	제조간접비	판매관리비	
월할경비	특허권사용료	12,000			12,000
	감가상각비		20,000	10,000	30,000
지급경비	수 선 비		40,000	16,000	56,000
측정경비	전 력 비		10,500	7,000	17,500
발생경비	재고감모손		8,000		8,000
		12,000	78,500	33,000	123,500

<합계분개>

차변과목	금 액	대변과목	금 액
제 조	12,000	특허권사용료	12,000
제조간접비	78,500	감가상각비	30,000
판매관리비	33,000	수 선 비	56,000
		전 력 비	17,500
		재고감모손	8,000

[가설예3] 경비분개장의 기입마감
다음 자료에 의하여 경비분개장에 기입하고 마감하다.
(1) 특허권사용료 : 지급액 60,000원(당 회계분 10,000원)
(2) 전 력 비 : 지급액 50,000원(당월 측정액 20,000원)
(3) 외주가공비 : 지급액 40,000원(전월 미지급액 16,000원)
(4) 수 선 비 : 지급액 50,000원(전월 선급액 6,000원)
(5) 재고감모손실 : 발생액 5,000원(정상적 발생액이다)
(6) 감가상각비 : 당회계분 계상액 20,000원
(7) 지급임차료 : 지급액 24,000원(당 회계분 4,000원)

<해답>

경비분개장

경비분류	비목	차변		대변
		제조	제조간접비	합계
월할경비	특허권사용료	10,000		10,000
	감가상각비		20,000	20,000
	지급임차료		4,000	4,000
측정경비	전 력 비		20,000	20,000
지급경비	외주가공비	24,000		24,000
	수 선 비		56,000	56,000
발생경비	재고감모손		5,000	5,000
		34,000	105,000	139,000

경비소비액

설명 경비월할표 · 경비측정표 · 경비지급표 · 발생경비표에 의하여

(經費消費額) (Expense Conseumption)	각종 경비의 월부담액이 결정되면 원가계산담당부서에서 외주가공비 · 특허권사용료 등과 같은 직접경비는 제조원장의 당해제품계좌에 그대로 기입하고, 간접경비에 대해서는 각종 제품에 대한 배부액을 계산한 뒤 제조원장 각종 특정제품계좌에 기입한다. 경비의 소비액은 총계정원장에도 기입되지만 그 소비액의 집계 및 전기매개를 위한 특수분개장으로서의 경비분개장(경비배부표)을 따로 만들어서 기장한다. 매월말에 경비분개장을 마감하고 대변과목란의 금액은 각 비목마다 총계정원장에 전기한다. 이 경우 필요한 분개는 다음과 같이 한다. 　(차) 제　　조　×××　　　　(대) 비목계정　××× 　　　　제조간접비　××× 　　　　관리판매비　××× 　(1) 경비월할표 : 경비월할표란 감가상각비 · 보험료 등의 월할경비를 계산하기 위하여 작성하는 표를 말한다. 비목별의 지급확정액 · 당기예상액 · 계약상의 금액을 기입하여 월할액을 결정표시한다. 　(2) 경비측정표 : 각 비목마다 당기 사용량을 기입하여 경비를 측정한다. 　(3) 경비지급표 : 여비 · 교통비 · 접대비 등의 지급경비에 관하여, 지급전표나 영수서를 기초로 전월분 및 금월분의 미지급 또는 선지급액을 가감하여 당월의 부담액을 결정하기 위하여 작성되는 계산표이다. 　(4) 발생경비표 : 발생경비를 표로 한 것이 발생경비표이다. 발생경비는 발생액을 소비액으로 처리하는 경비이다. 　정상적인 제조활동을 하려면 부득이 발생되는 것만 원가로 취급한다. 　이에 대하여 창고부문 등의 담당부서에서 발생경비표가 작성되며, 원가계산 담당자에게 회부된다.
경비예산 **(經費豫算)** (Expense Budget)	의의 각종의 경비 · 창고료 · 전력료 · 광열비 · 수도료 · 운임 등에 관하여 기능별부문(과)에 만들어져 있는 경우에는 그 부문책임자에 의하여 작성되는 것이 경비예산이다. 경비예산을 될 수 있는 한 최소한도로 억제하여, 이것이 확정되었다면 실제의 지출이 예정액을 초과하지 않도록 엄수하지 않으면 안된다.
경비원장 **(經費元帳)** (Expense Ledger)	의의 경비원장은 경비내역장이라고도 하며, 경비의 명세를 기록하는 장부인데, 발생순에 따라 그 경비가 어떠한 원인으로 발생하였는지를 기록한다. 　총계정원장의 경비계정은 이에 대응하는 총괄계정이 된다.

××년	증빙 또는 전표	적 요	차 변	대 변

설명 경비원장은 일반적으로 제조경비에 속하는 비목이 많은 때, 총계정원장에는 제조경비계정만 설정하고 제조경비의 개별적인 명세의 기록은 보조원장인 경비원장(경비명세부)에 기입할 경우에 사용되는 것이다. 그러므로 제조경비계정은 통제계정으로 하여 총계정원장에 설정되고, 경비원장에서 제조경비는 비목별로 개별계정이 설정되어 구체적인 경비의 발생액과 배부액이 기입된다. 경비원장의 차변기입은 각분개장에서 개별전기된다. 예를 들면 지급경비분류표가 특수분개장으로서 설정되면, 이것으로부터 각 지급경비계정에 차변에 전기된다. 또 간접재료비는 재료분개장을 경유하고, 노무비·월할경비나 기타의 경비는 일반분개장을 경유하여 경비원장의 당해 비목의 계정좌에 개별적으로 전기된다. 경비원장의 정확성을 검증하기 위하여 원가계산 기말에는 총계정원장의 제조경비계정잔액과 경비원장의 각 비목계정잔액 합계의 일치여부를 확인하여야 하며, 그러기 위하여 경비원장검산표가 작성되기도 한다. 그리고 필요하면 경비원장은 다시 지급경비명세장·측정경비명세장·월할경비명세장·발생경비명세장으로 분할하기도 한다.

경비월할표
(經費月割表)
(Expense Monthly Installment Chart)

의의 소비액이 1회계연도 또는 1년을 기준으로 하여 결정되는 경비는 경비월할표에 의하여 부담액을 산정한다. 감가상각비·임차료·보험료·조세공과 등의 경비는 그 발생액을 소비액으로 하여 각 원가계산기간에 할당하게 된다. 그러므로 고정비인 경우가 많다. 따라서 회계담당부서가 경비월할표를 작성하여 각 원가계산기간의 부담액을 결정하게 된다.

경비지급표
(經費支給表)
(Expense Provide Chart)

의의 소비량을 측정할 수 없고 지급이 따르는 경비에 대하여는 실제지급액을 소비액으로 한다. 복리시설비·후생비·여비교통비·통신비·보관료·지급수수료·외주가공비·잡비 등이 이에 해당된다. 이러한 지급경비에 대하여는 회계담당자가 경비지급표를 작성하여 원가계산담당자에게 회부하게 된다. 이러한 경비중에서 고정비인 것이 있으면 월할경비로서 취급할 수도 있다.

경비측정표
(經費測定表)
(Expense Measurement Chart)

의의 원가계산기간의 실제소비량을 계량기 등에 의하여 측정함으로써 소비량을 결정하여야 하는 측정경비에 대하여는 경비측정표가 이용된다. 전력료·수도료 등의 측정소비액은 지급액과 반드시 일치된다고는 할 수 없다. 왜냐하면 보통 지급액은 전월의 소비량에 대한 것이기 때문이다. 그러므로 동력부나 그 밖의 담당부문에서 이 경비

	측정표를 작성하여 소비량·금액 등을 기입하고, 이것을 원가계산담당자에게 회부하게 된다.
경 비 할 당 (經費割當) (Expense Quoto)	의의 경비할당이란 지대·건물임대료·세금과공과·감가상각비 등은 보통 조업연도에 관계가 없기 때문에, 평균하여 각월에 할당한다. 그 때문에 경비월할(당)표를 작성하여 원가계산일에 할당액을 기입한다. 이 종류의 경비에는 제조원가가 되는 것과 판매비와 관리비로 되는 것이 포함되어 있으므로 일정한 기준으로 배분하여 기입하지 않으면 안된다. ☞ **월할경비** (Expense Quoto by Month)
경 영 가 치 (經營價値) (Management Value)	의의 경영가치란 계산가격의 바람직한 수준을 표시하는 기본적 가치이고, 그 수준은 한계원가와 한계효용과의 일치점에서 표시된다. 계산가격을 이 수준에 정함으로써 재화 및 용역의 이용 소비상태를 최적으로 할 수 있다. 그러나 경영가치는 단순히 규범적인 것이 아니고, 실천적 의의도 있으며, 경영가치를 경영가치계산이라는 계산방법과 결부시켜서 검토하여 보면 더욱 이러한 관계를 이해할 수 있다. 설명 경영의 원가계산방법에는, 슈말렌바하(E·Schmalenbach, Kostenrechnung und Preispolitik, 1956)가 밝힌 바와 같이 2가지 대립되는 생각이 있다. 하나는 지출계산(Ausgaberchnug)이라고 한다. 전자의 사고방식은 지출된 원가를 모두 급부단위에 부담시켜서 단위당의 원가로 할 것을 주장하는 것이다. 이것에 대하여 후자의 사고방식은, 어느 한정된 경우 즉, 원가체감의 단계에서는, 원가의 일부분, 특히 고정비부분을 급부단위에 부담시키지 않고, 이것을 원가=가격하한이라고 볼 것을 주장하는 것이다. 물론 이 경우에 원가체감단계에서 회수되지 못한 원가부분을 원가체증단계에서 얻어지는 높은 수익의 일부로 보전될 것이 기대되고 있으며, 이것은 원가체감단계에서 경영가치를 기본으로 한 통일가격을 정하고, 그 산업부문 전체를 이 통일가격으로 규제하면 가능하게 된다. 한편, 원가=가격하한이 원가체감단계의 경우에 전부원가에 비하여 상당히 낮은 수준으로 되어야 하는 이유는, 이 단계의 경영가치 수준이 전부원가에 비하여 낮은 수준에 있다고 판단되기 때문이다. 따라서 경영가치는 이 경우에는 원가=가격하한을 규정하는 기준으로서의 역할을 하고 있는 데에 불과하다. 그러나 경영가치계산을 하는 경우의 경영가치는 회계자료를 이용함으로써, 예를 들면 한계원가라는 형태로 계산상 측정가능한 구체적 수치가 된다. 이와 같이 경영가치 자체는, 규범적 성격의 것이면서, 동시에 측정가능한 구체적 수치로서 원가계산상 실천적인 역할을 할 수 있는 점에 경영가치의 특성이 있다.

경영자본이익률 **(經營資本利益率)** (Operating Earning Ratio)	☞ 한계원가 (Marginal Cost) [의의] 경영자본이익률은 영업이익과 경영자본과의 비율로서 영업자본이익률이라고도 한다. 그리고 영업자본의 수익성을 표시하는 것이므로 경영자의 업적평가를 할 수 있는 중요한 비율이다. [산식] 경영자본이익률 = $\dfrac{영업이익(연액환산)}{경영자본(연평균)}$ [설명] 이 산식의 분자인 영업이익은 손익계산서상의 영업이익을 말하며, 반기결산의 경우는 2배하여 연액으로 환산한다. 그리고 분모인 경영자본(영업자본이라고도 한다)은 본래의 영업활동에 투하되어 운용되는 자본으로서 총자본(자산합계)에서 투자(고정자산에 속하는 투자)·건설중인자산등을 공제한 것이고, 일반적으로는 당기의 기초경영자본과 기말경영자본과의 평균액으로 한다. 이 경영자본이익률은 다음의 산식에서 보는 바와 같이 매출액경영이익률과 경영자본회전율의 요소로 구성되므로 매출액영업이익률이 높고, 그리고 경영자본회전율이 높으면 경영자본이익률은 높아진다. 다음 산식에서 매출액(연액환산)은 반기결산의 경우는 당기의 매출액을 2배하여 연액으로 환산한 것이다. $\dfrac{영업이익(연액환산)}{경영자본(당기평균)} = \dfrac{영업이익(연액환산)}{매출액(연액환산)} \times \dfrac{매출액(연액환산)}{경영자본(당기평균)}$ ∴ 경영자본이익률 = 매출액경영이익률 × 경영자본회전율
경제성분석 **(經濟性分析)** (Economical Efficiency Analysis)	[의의] 경제성은 협의로는 비용의 관계를 표시하는 지표이지만, 광의로는 실현된 효과와 그것을 위한 희생을 표시하는 것이며, 수치화 된 지표이므로 생산성과 수익성을 포괄하게 된다. 그러나 경제성은 생산성이나 수익성과는 다르다는 것이 일반적인 견해이다. 이러한 의미의 경제성은 수익과 비용의 관련에서 다음과 같이 표시될 수 있다. [산식] ① 수익-비용=이익(손실) ② 수익÷비용 또는 비용÷수익 [설명] 경제성을 계획하는 것은 이익이 아니고, 경제성의 지표의 대비이므로 경제성지표의 실제수치를 표준수치와 관련시킨 비율을 경제성계수라고 한다. 이것은 미국의 능률(Efficiency)이고, 독일의 경제성에 해당된다고 한다. 이러한 경제성계수는 규모가 다른 상호비교나 동일 기업의 경영에 관한 수치의 시계열을 해석하는 자기 비교에서도 이익의 수치만을 보는 것보다 유효하다. 판매액=영업비용×경제성계수, 즉 E=AWo으로 표시된다. 기업의 이익에 관하여 수익성=(판매액-영업비용)÷자본,

계산가격 (計算價格) (Calculated Price, Counted Price, Calculation Price)	즉, R=(E-A)÷K=$\frac{A}{K}$(Wo-1)이다. $\frac{A}{K}$는 자본의 회전속도를 표시하므로, 이러한 비율을 포함한 수익성의 분석은 경제성계수의 대비만을 하는 경제성분석보다 유효한 것이 된다. [의의] 계산가격은 공업회계에서 경영업적의 측정, 계산사무의 신속화 등의 내부계산목적을 위하여 경제내부에서 「재화수량×재화가격」으로 원가를 계산하는 경우에 계산상 설정된 재화의 가격이다. 그러므로 이것은 외부거래에 의하여 성립된 실제가격과는 본질적으로 다르다. [설명] 계산가격이 적용되는 범위는 대단히 넓다. 계산가격은 원가재·부문급부·제품에 적용된다. ① 원가재(原價財)의 소비계산가격은 원재료의 가격·임률·제조간접비 배부율 등에 이용된다. ② 부문급부의 계산가격은 보조부문비배부율·공정제품의 차공정대체가격 등에 이용된다. ③ 제품의 계산가격은 완성품의 가격이나 독립된 회계단위인 본사·공장·영업소간의 제품대체가격에 이용된다. 가격계산은 이것이 고정성을 유지하게 되면, 그 기능이 효과적으로 발휘된다. 계산가격이 장기적으로 일정하면 원가의 증감은 수량차이로서 파악되므로 제조능률의 기간비교가 용이하고, 제조활동을 효과적으로 관리할 수 있다. 또 계산가격이 고정되어 있으면, 그 소비량을 확인하는 것만으로도 소비금액을 결정할 수 있다. 그러므로 계산가격은 가격자체의 타당성 보다도 될 수 있는대로 장기간 고정화 할 것이 전제가 된다. 계산가격으로서는 추정가격·표준가격·비례원가가격·시장가격 등이 이용된다. 업종·적용품목·설비목적 등을 감안하여 가장 합리적인 기준이 선정되어야 한다. 계산가격을 적용한 경우에 실제가격과의 사이에 차이가 생기며, 이 차이는 일반적으로 계산가격조정계정으로 처리된다.
계속기록법 (繼續記錄法) (Perpetual Inventory Method, Continuous Record Method, Perpetual Inventory System)	[의의] 상품 등 재고자산의 수입·불출·잔액을 물품마다로 일부순으로 장부에 기록하는 방법을 말한다. 여기에 대해 재고계산방법은 기말에 실지재고조사를 행하여 재고를 확정하고, 여기에서 기중소비량을 추정하는 방법이다. [설명] 이 방법에 의하면 전기이월·당기수입·당기불출·당기미잔액이 수량·금액 모두 함께 움직임이 있을 적마다 기록이 되므로 장부상의 잔액을 언제든지 알 수가 있다. 이 때문에 장부재고법, 출입계산법, 항구재고법이라고도 한다. 재료 제품 등의 보조원장으로서는 루스 리이프식이나 카드식 장부

가 이용되고 품목별로 계좌가 마련되어 수입·불출·잔액의 란에 각각 수량·단가·금액이 기록된다.

이 계속기록법에 의하면 재고자산의 잔액이 언제라도 장부상 파악되므로 여기에 의한 재고를 실지재고조사에 대하여 「장부재고」라고 한다. 장부재고에 의해 언제라도 불출원가와 현품재고를 알게 되므로 실지재고조사를 하지 않아도 월차손익계산이 된다.

그러나 장부재고에 의한 잔액은 어디까지나 추정잔액이므로 이것만으로는 완전한 재고조사는 될 수 없다.

실지재고조사를 행하여서 비로소 실제의 재고가 파악되고 이것과 장부재고에 의한 수량잔액을 비교하여 불일치의 현품에 대하여는 그 원인을 구명하여 재고의 관리에 유용하게 쓰는 것이 긴요하다.

장부상의 잔액과 실제의 재고가 일치하지 않는 원인으로서는
① 기장상의 실수
② 보관상의 분실이나 도난
③ 계산착오

등을 생각할 수 있다.

원인을 밝히면 장부를 수정하고 실제의 재고수량과 일치시키지 않으면 아니된다.

이 계속기록법은 제조공장에는 널리 사용되고 있지만, 1회의 매출수량이 적고, 1일의 매출회수가 번번히 행하여지는 소매업에는 채용하기 어려운 경우가 있다.

그리고 계속기록법과 실지재고조사는 병용하는 것이 바람직하다.

계속지령서
(繼續指令書)
(Standing Production)

[의의] 계속지령서는 특정지령서와 대비되는 것이며, 동종제품을 반복적으로 계속하여 대량생산하는 경우에 사용되는 것이다. 이러한 재고상품을 생산하기 위한 계속지령서는 일정기간의 제조량을 지시하는 것이고, 일반적으로 1개월간 계속하여 사용한다.

[설명] 그러므로 이 지령서는 종합원가계산의 기초로서 이용된다. 단순종합원가계산의 경우에는, 이 지령서의 지시된 제조량이 원가를 계산하는데는 특별한 의미가 없으므로 계속지령서를 생략할 수 있지만, 수종의 제품을 조별로 생산하고 있는 경우에는 이 지령서는 대단히 중요한 역할을 한다. 계속지령서에는 일련번호가 붙여지고, 일정기간에 제조하여야 할 제품의 종류와 수량, 소요재료의 종류와 수량, 노동작업의 순서 등이 기재된다. 그리고 조별제품을 대량생산하는 경우에는 계속지령서는 각조별·제품별로 발행되기도 한다.

계제식배부법
(階梯式配賦法)
(Step Ladder Method)

[의의] 부문비배부를 하는 절차로서, 먼저 제조원가요소를 각제조부문에 집계한다. 다음에는 집계된 보조부문비를 배부하여 제조원가를 제조부문에 집계한다. 그리고 이 제조원가는 그 제조부문을 통과하는 각

제조계정에 배부 또는 부과한다. 이러한 일련의 절차중에서 집계된 보조부문비를 제조부문에 배부하는 방법중의 하나가 계제식배부법이다.

[설명] 계제식배부법에 의하면, 보조부문비를 배열하되, 가장 다수의 부문에 용역제공을 하고, 타보조부문으로부터는 최소로 용역을 받은 것의 순위에 따라 우측으로부터 좌측으로 배열한다. 이 단위에 따라 먼저 제1순위에 있는 보조부문비를 그 용역의 혜택을 받은 타보조부문 및 제조부문에다 향수한 용역의 정도에 따라 배부한다. 다음에는 제2순위에 있는 보조부문의 부문비를 이 부문에서 용역을 받은 타부문(제3순위 이하의 보조부문과 제조부문)에 용역을 향수한 정도에 따라 배부한다. 이와 같은 방법으로 모든 보조부문비를 최종부문인 제조부문에 배부한다. 이 방법은 보조부문 상호간의 용역수수를 전혀 무시하는 직접배부법과 그것을 계산하는 상호배부법과의 중간에 있는 배부법이다. 계제식배부법에 의하여 부문비배부표를 작성하면 계제의 형상이 되므로 계제식배부법이라는 이름이 붙은 것이다.

[사례] A공장의 당월 제조간접비는 다음과 같다. 계제식배부법에 따라 보조부문비를 제조부문에 배부하라. (단 보조부문비의 배부기준은 수선부에 대해서는 수선시간, 공장사무부비에 대해서는 사원수로 한다.)

제조간접비 부문배부표

비 목	합 계	제조부문		보조부문	
		제 1	제 2	수선부	공장사무부
-----	×××	×××	×××	×××	×××
	×××	×××	×××	×××	×××
부문비	9,200	4,400	3,500	400	900
사 원 부		60	30	5	5
수선시간		500	300	-	100

<해답>

제조간접비 부문배부표

비 목	합 계	제조부문		보조부문	
		제 1	제 2	수선부	공장사무부
-----	××	××	××	××	××
-----	××	××	××	××	××
부문비	9,200	4,400	3,500	400	900
공장사무부비		568	284	48	
수선부비		280	168	448	
제조부문비	9,200	5,248	3,950		

배부액의 계산은 다음과 같다.

공장사무부비 900원	제1제조부문에 $900원 \times \dfrac{60인}{60+30+5인} = 568원$	
	제2제조부문에 $900원 \times \dfrac{30인}{60+30+5인} = 284원$	
	수선부에 $900원 \times \dfrac{5인}{60+30+5인} = 48원$	
수선부비 448원	제1제조부문에 $448원 \times \dfrac{500시간}{500+300시간} = 280원$	
	제2제조부문에 $448원 \times \dfrac{300시간}{500+300시간} = 168원$	

계획설정원가 (計劃設定原價) (Planning Budget)

[의의] 장래의 일정기일, 예를 들면 다음의 1개년, 6개월 또는 1개월에 대하여 설정되는 종합적인 예산이다. 현대 기업의 계획설정예산은 장기적인 안정적 성장에 필요한 목표이익실현을 위한 이익계획을 구체화하고, 자금계획의 용구가 되며, 경영관리에서 계획기능을 고도화시키고 있다.

그것은 이익목표 실현을 위한 종합계획의 설정을 임무로 하고 있으므로, 특정의 단일업무량을 전제로 하고, 일반적으로 매출액예산을 출발점으로 하여 예산편성이 진행된다.

계획설정예산은 장기계획이나 이익계획수치가 예산편성시에 어느 정도의 정확성을 가지고 판매량·생산량·생산비·기업이익이 예측된 것이라는 전제하에 결정된 것이나, 실제의 조업에 의한 경영실적이 흔히 그 예산수치와는 많은 차이가 발생하기 때문에 그 결점을 시정하려는데 있다.

계 획 원 가 (計 劃 原 價) (Planned Cost)

[의의] 계획원가에 대해서는 다음의 3가지 해석이 있다.

① 미국의 표준원가와 동일한 것이라는 견해이고, 멜레르빗츠 (K.Mellerowicz)의 주장이 이를 대표한다.

② 예측원가라고 보는 견해이다.

③ 표준원가를 예측원가계산에 포함 하는 것으로 보는 코지올 (E.Kosiol)의 견해이다.

[설명] 독일에서는 실무적으로 1920년대부터 표준원가로서의 계획원가가 일반적으로 이용되어 왔다. 그러나 그 뒤에 계속적으로 독일경제는 격동을 하였고 시장의 영향이 경영내부에 지대한 영향을 초래하였으므로 기업의 종합적계획인 예산속에 이 표준원가를 포함할 것이 필요하다는 것을 인식하게 하였다. 그것은 표준원가에서의 각종 물량적 기준을 활용하면서, 그 변동폭을 넓혀서 예산의 기초로 하려는 것이고, 이것에 의하여 물량적 원가관리와 경영의 종합적계획인 예산의 적

계획원가계산 **(計劃原價計算)** (Planned Cost Calcuation)	합을 동시에 도모하려고 하였다. 의의 계획원가계산이란 통독이전 서독의 부흥을 위하여 1949년 이후 계획원가회의가 제창하고 있는 원가계산방법을 말한다. 그 내용은 표준원가계산과 예산원가계산의 결합을 의미하며, 변동예산을 쓴 표준원가계산방식이다. 설명 계획원가계산은 내부적 경영활동인 생산활동에서 원가에 의한 능률통제를 뜻한다. 그러므로 계획원가계산이란 원가통제의 수단으로서 이용되는 것이다. 그 기초로서 일정한 생산조건을 여건으로 하고, 그 생산조건에 의하여 준비된 능력의 표준적 이용도와 거기에서 발휘되는 기초적생산능률을 토대로 하여 설정되는 계획원가(표준원가)를 이용한다. 그리고 계획원가는 월차의 원가통제수단이 될 것을 주목적으로 한다. 그러기 위하여 월차의 생산계획량이 주어져야 하며, 그것은 이전의 각 부문의 능력과 다를 것이 없다. 그러므로 기준적 계획원가는 적어도 그 계획적 생산량에 대하여 탄력성이 있어야 한다. 이러한 배려를 하는 것이 탄력적원가예산이고, 그 수법에는 일반적인 단계식예산(Stufenplan), 총괄적예산(Universal) 및 바리아톨(Variator) 방식이 있다. 바리아톨이란 각 원가항목마다 결정된 조업도의 변화에 대한 원가의 변동률이고, 10%의 조업도의 변화에 대한 것으로 표시되며, 완전비례비는 10, 완전고정비는 0이다. 이 탄력적 원가예산을 발전시켜서 계획원가계산을 예산원가계산에 종속시킬 것을 주장하는 론자도 있다. 이 견해에 따르면, 각 부문의 원가능률을 통제하는 기준인 표준원가를 예산원가(Budgetkosten)로 대체하여 그 엄밀도가 완화된다. 그것은 종합적인 계획달성을 위한 것이라고는 하지만, 능률기준인 표준원가는 이 예산에서도 그 기초가 될 것이다. 예산이 단순한 실적의 평균적이고 추정적인 것이라면 원가능률의 통제기능을 기대할 수 없다. 계획원가계산의 실무적인 특징으로서는 충분히 생산기술적인 자료를 활용하고, 그 차이분석에서도 차이원인의 기술적 분석이 강조되는 점이다. 독일에서는 작업연구단체(REFA)의 연구결과 활용이 그 기초가 되고 있다. 이 점은 미국에서 IE(Industrial Engineering)의 활용이 그 기초로 되고 있는 것과 비슷하다.
계획이익률 **(計劃利益率)** (Planned Profit Ratio)	의의 이익계획상의 이익목표의 결정에 있어서는 계획이익률의 산정이 중요하다. 이익계획에 있어서는 자본이익률이 사용되나 광의의 이익계획에 있어서는 자본이익률 중 경영자본이익률 내지 영업자본이익률이 이익목표로서 선정된다.

|산식| 경영자본이익률은 다음과 같이 표시된다.

경영자본이익률 = 경영자본회전율 × 매출액이익률

$$경영자본회전율 = \frac{매출액 \times 2}{\frac{기초경영자본 + 기말경영자본}{2}}$$

$$매출액이익률 = \frac{영업이익}{매출액}$$

|설명| 경영자본이란 기업에 투하된 총자본에서 유휴자본부분을 제외하여 산출한 것이며, 당기의 경영활동에 사용된 영업자본이다. 계획이익률은 이러한 경영자본과 이익을 중심으로 하여 산정되나 총자본이익률, 자기자본이익률도 고려하여야 한다.

경영자본이익률은 광의의 이익계획에서 계획이익률이 되지만 그것은 매출액이익률과 자본회전율을 통합한 것이다. 이들 양자를 밀접히 관련시켜서 산정하여야 한다.

협의의 이익계획에 있어서 계획이익률은 수익·비용·이익의 상호관계를 표시하는 매출액이익률이 중요하다. 여기에서는 손익분기점을 계산하고, 그것을 기초로 한 이익도표가 이용된다. 보통 이익계획 및 계획이익률로서는 매출액이익률이 중심이 된다.

고 정 비
(固 定 費)
(Fixed Costs or Stand by Cost)

|의의| 고정비란 변동비에 대응되는 용어로서 일정기간의 경영활동정도 즉, 조업도의 증감과는 관계없이 정액적으로 발생하는 원가요소를 말한다.

|설명| 이 고정비는 기간적인 면에서가 아니라 제조되는 제품단위에서 볼 때, 조업도가 향상되면, 제품단위당 고정비는 감소하고 조업도가 저하하면 단위당의 원가는 증가하여 변화한다. 조업도와의 관계에서 보면 비용 또는 원가는 고정비와 변동비로 분해되는 것이나, 이와 같은 분해에 의한 고정비·변동비는 절대적인 것은 아니고 상대적인 것이다.

일반적으로 고정비는 지대, 이자, 감가상각비, 보험료, 조세공과, 경영자의 급료, 전화·가스·수도·전력 등의 요금, 냉난방비 등이 열거된다. 이것을 절대적고정비와 상대적고정비라든가 경영설립의 고정비, 경영준비의 고정비, 경영활동의 고정비 등으로 분류하는 경우도 있다.

고정비는 절대적으로 고정적인 것은 아니고, 경영자의 정책, 기업의 상황, 조업도의 종류, 어떠한 관리적 단계에서 생각하는가 등에 따라 달라지는 것이다. 생산의 대규모화와 기계화가 진전됨에 따라 고정비가 증대하기 때문에 기업경영에 있어서 고정비는 중요한 요인이 된다.

고 정 비 율

|의의| 이 비율은 고정자산의 자기자본에 대한 비율을 가리키는 비율

(固定比率) (Fixed Assets to Net-worth Ratio)	로, 고정자산에의 투자의 적부를 판단하기 위해 즉, 소유하는 고정자산이 어느 정도 자기자본으로 조달되고 있는가를 검토하는 비율이다. 산식 고정비율 = $\dfrac{\text{고정자산}}{\text{자기자본}} \times 100$ 설명 고정자산은 장기에 걸쳐서 경영에 이용되는 자산이므로, 여기에 투자된 자본도 고정화한다. 　따라서 고정자산은 원칙으로써, 반제를 요하지 않는 자기자본에 의해서 조달하는 것이 안전하다는 것이다. 　과대투자가 행하여지면 고정자산의 일부가 유동부채로 조달하게 되는 것으로 되고, 재무유동성·안전성이 현저하게 저해된다. 　따라서 이 비율은 원칙으로서 100% 이하가 이상으로 된다. 이 비율도 기종의 상위와 정세에 따라서 차이가 있다.
고 정 예 산 **(固定豫算)** (Fixed Budget, Static Budget)	의의 고정예산은 정태적예산(Static Budget) 또는 예측예산(Forecast Budget)이라고도 하는 것이다. 고정예산은 예산기간 중 가장 실현가능한 단일조업도를 전제로 하여 편성되는 예산이며, 변동예산(Variable Budget) 또는 탄력예산(Flexible Budget)에 대비되는 것이다. 설명 고정예산의 특징은, 그것이 실적과 비교되는 경우에 실제조업도로 조정될 수 없는 점에 있다. 고정이란 이와 같은 뜻으로 해석되는 것이다. 　실제조업도가 계획조업도로부터 괴리되어도 계획조업도에 대응하는 당초예산액이 그대로 실제비용발생액과 비교된다. 고정비 관계의 예산은 이러한 비교에도 유리하다. 왜냐하면 고정비는 단기적으로 조업도의 변동에 관계없고, 그 발생액이 일정하여야 하는 데도 불구하고 실적이 예산과 상이한 것은 고정비(특히 Managed Cost)의 관리의 문제가 있고, 시정조치가 필요하기 때문이다. 그러나 변동비 관계의 예산은 그 실제발생액을 당초의 계획예산액과 비교하여도 원가능률의 측정 평가에는 유효한 자료가 될 수 없다. 그러므로 원가관리를 위한 유효한 수단이 될 수 없다. 예를 들면 공장소모품비의 예산편성에서, A품의 제조예정량 1,000단위에 대하여 460만원(고정비 60만원+ 변동비율 4,000원×제조예정량 1,000단위=공장소모품비예산액 460만원)으로 계획하였다고 가정하여 본다. 예산기간말에 공장소모품비의 실제발생액이 450만원이었다고 하면, 10만원만큼 능률적인 제조활동을 한 것처럼 보인다. 만일 A품의 실제제조량이 1,000단위였다면, 그렇다고 할 수 있다. 그러나 A품의 실제제조량이 900단위이고, 실제조업도로 조정된 예산허용액이 420만원(60만원+ 4,000원×900단위)이라면, 도리어 30만원의 예산초과(불리한차이)가 되어 있고, 공장소모품비의 소비능률은 그만큼 불량하다는 것을 표시한다.

	이와 같이 고정예산은 실제조업도가 계획조업도와 다르면 원가능률의 측정에 유효한 것이 될 수 없다. 시장이 안정되어 있고, 미래활동을 정확히 예측할 수 있으며, 실제조업도와 예정조업도와의 사이에 큰 차이가 없는 경우에는 고정예산방식을 채택하여도 된다. 그러나 조업도의 변동이 격심한 기업에서는 고정예산만으로는 불충분하며, 변동예산방식을 도입하여야 한다. 변동예산은 실제조업도가 계획조업도와 다른 경우에도 실제조업도에 대응하는 예산허용액을 산정할 수 있도록 되어 있다. 고정예산은 주로 종합적인 이익계획을 구체화하여 각 부문활동의 종합조정을 하기 위하여 유효한 수단이 되고, 일반적인 예산제도에서 널리 채택되고 있다.
고정자산회전율 **(固定資産回轉率)** (Fixed Asset Turnove Ratio)	의의 설비(미가동의 건설중인자산계정을 제외)의 이용도를 가리키는 것으로, 이것이 높을수록 좋다. 투자규모나 투자효과, 측정 등에 사용되는 동태비율이다. 산식 $\text{고정자산회전율} = \frac{\text{연간매출액}}{\text{고정자산의 평균잔액}-\text{건설중인자산계정}} \times 100$ 설명 고정자산에의 투자는, 자본이 장기에 걸쳐서 고정화하는 것으로, 투자한 고정자산은 유효하게 이용하지 않으면 아니된다. 그 이용도를 가리키는 것으로서 사용하는 것이 이 회전율이다. 고정투자에의 투자가 과잉하든지, 조업도가 낮든지, 일부가 유휴화하든지 하면 이 회전율은 낮게 된다. 그러나 업종·업태에 따라 큰 차이가 있고 절대적 수준은 결정하기 어려우므로(일반적으로 상업에서는 높고, 제조업 특히 장치산업에서는 낮다) 동업타사와의 비교, 수년간에 걸친 시계열(時系列)에서의 비교 등을 행할 필요가 있다.
공 구 계 획 **(工 具 計 劃)** (Tool Plan)	의의 설계된 공구는 그 소모예상과 공장의 생산량과 적정재고량의 3가지를 기초로 하여 정비계획이 세워진다. 소모예상은 유사공구의 과거의 실적에서 예상되는 것이 보통이며, 따라서 공구의 과거의 실적통계는 극히 중요한 자료가 된다. 역사가 오래고, 공구관리의 전통이 서 있는 회계는 이 자료가 확실하므로 계획은 극히 확실성이 있으나 기초가 빈약한 회사는 자료를 얻기가 곤란하다. 공장관리는 몇 년이 계속되어야만 비로소 좋은 관리를 할 수 있고, 실적에 입각하지 않으면 확실성이 없다. 설명 공구의 적정재고량을 책정하는데 있어서 고려하여야 할 요인에는 다음과 같은 것이 있다. ① 제작 또는 구입단위량과 단가의 관계 ② 제작 또는 구입에 소요되는 일수

공 구 관 리 (工具管理) (Tool Management)	의의 공구관리는 작업 중 공구의 고장 또는 부족에 의한 작업의 애로를 미연에 방지하기 위하여 완전한 공구를 노무자의 요구에 따라 즉시 대출 할 수 있게 하여 우량한 제품을 만들고 능률을 높이며 원가를 저감시키기 위한 조치이다. 　공구관리의 내용은 공구의 계획, 보수, 검사, 보관, 대여, 회수 및 공구원장의 정비 등이며, 공구를 항상 대량으로 사용하는 대규모의 기계공장 등에서는 전문적인 공구관리부문(Tool Control Department)이 설치되는 경우도 있다.
공구지령서 (工具指令書) (Tool Order)	의의 자기공장에서 사용하는 공구의 제작 또는 준비에 관련된 지령서이다. 설명 기계제작공장, 항공기공장 등에서는 작업상 많은 공구류를 사용하므로 언제나 공구계획(Tool Plan)을 수립하여 그 부족에서 오는 작업의 체를 사전에 방지하고 있다. 요는 일정한 작업수행에는 일정공구의 준비를 필요로 하므로 공구지령서에 따라 공구계는 그 준비를 하며, 우선 공구창고에서 소요공구를 조사하고 부족되는 공구는 자가생산을 하든지 또는 외주로 할 것을 결정한다. 이 결정에는 모두 공구지령서를 필요로 한다.
공 사 수 익 (工事收益) (Income on Construction Jobs)	의의 공사수익이라 함은, 기업이 도급공사를 한다던가 또는 특별한 주문생산을 할 경우에 일정기간동안에 기업이 산출한 재화나 용역으로서 고객에게 인도한 가격의 총계라고 말할 수 있다. 그러나 회계상 문제가 되는 것은 1회계기간을 넘는 장기간에 걸친 도급공사 등의 수익이다. 설명 이러한 수익은 기간손익계산을 하는 경우에 어떤 기준에 의하여 수익을 인식할 것인지가 중요한 문제이다. 기업회계기준에서는 장기도급공사수익의 계상에 대하여 공사진행기준 또는 공사완성기준 중 어느 것이나 선택·적용할 수 있게 되어 있다. 공사진행기준은 일종의 생산기준의 적용이고, 공사완성기준은 실현기준의 적용인 것이다. 공사완성기준은 실현주의의 원칙에 따르는 것이므로 수익실현의 시기를 공사의 완성과 인도완료의 시점에 두고 있다. 따라서 공사 중의 입금은 분할인도가 아니라면 모두 선수금이고, 설계감독의 공무비나 기타 경비는 공사기간 중 원가의 축적으로서 이월되고, 수익은 완성인도된 기간에 비로소 계상된다. 그러므로 비용·수익을 인식하는 시점은 동일 시점이 되어 계산의 확실성과 객관적 증거에 따라 수익이 실현된 것으로 볼 수 있다. 그러나 기간손익에 불균형이 생길 뿐만 아니라, 이해관계자에게 불공평한 결과가 되기 쉽다. 만일, 기업이 여러 장기도급공사를 계속적으로 맡고 있는 경우라면 기간손익의 시간적인 불일치는 있을지라도 기간적으로 균등화가 되어져서 이해관계자에게

불공평한 결과는 생기지 않을 것이다. 그러고 확실성을 보증할 수도 있으므로 많은 대기업에서 이 방법이 이용되고 있다. 그러나 하나의 장기도급공사를 하는 경우에는 공사완성기준을 적용하면 공사 중의 기간에는 수익이 없고, 완성인도기간에는 비용에 비하여 과다한 수익이 계상되어 비용수익대응의 원칙에 위배하게 된다. 그러므로, 공사의 진행 정도를 추정하여 공사중의 각 기간에다 공사 총수익을 안분하는 방법을 적용하게 된다. 이것이 공사진행기준이다. 안분기준은 공사진행도이고, 당해 기간 중 그 공사에 소요된 원가와 공사를 완성하여 인도하기까지의 총추정 원가와의 비율이 합리적인 것으로 된다. 공사진행 기준은 도급대가·착수공사원가·추정총공사원가가 확정적인 정도에 따라 공사진행기준에 따라 그 수익금액을 계산하도록 되어 있다.

공 사 원 가
(工 事 原 價)
(Construction Cost)

[의의] 공사원가라함은 완성 또는 진행중인 공사에 직접 또는 간접으로 관련하여 발생한 재료비·노무비·외주비 및 경비의 총액을 말하며, 손익계산시 공사수익을 얻기 위하여 소비된 원가로서 제조기업에 있어서의 제조원가, 상기업에 있어서의 매출원가와 같은 개념이다. 따라서 공사원가의 계산도 제조원가에 준하여 처리한다.

[설명] 건설업회계처리기준에 의한 공사원가의 회계처리기준은 다음과 같다.

(1) 당기공사원가는 진행기준을 적용하는 경우, 당기총공사비용에 공사손실충당금전입액(또는 환입액)을 가산(차감)하고, 타계정 대체액을 차감하여 계산하며, 완성기준을 적용하는 경우 당기총공사비용에 공사손실충당금전입액(또는 환입액)과 기초미성공사를 가산(차감)하고 기말미성공사와 타계정대체액을 차감하여 계산한다.

(2) 총공사비용은 공사와 직접 또는 간접으로 관련하여 발생한 재료비, 노무비, 외주비 및 경비의 총액으로 한다. 다만, 공사가 종료되는 회계연도의 당기총공사비용에는 하자보수비를 포함한다.

(3) 간접비용의 배부는 공사직접원가·직접노무비 또는 직접작업시간을 기준으로 하거나 그 밖에 당해 비용의 성격에 적합한 기준을 선택 적용하여 계산한다.

(4) 하도급계약에 의하여 공사의 일부를 타건설업자에 재도급하는 경우, 당해 하도급공사에 대한 공사비율은 발생시 외주비의 과목으로 하여 공사원가에 산입한다. 다만, 당해 하도급계약과 관련하여 건설업자가 직접조달, 지급하는 공사비용은 재료비·노무비·경비 등 요소별로 구분처리 한다.

(5) 입찰·견적서 작성 및 중개수수료 등 수주 및 기타 판매활동에 수반하여 발생한 경비(수주비)는 공사원가에 포함시켜서는 안되며, 발생시에 판매비용으로 처리하여야 한다. 다만, 수주비가 다음 각호에 해당하는 경우에는 투자자산중 이연수주비의 과목으로 계상할 수 있

	으며, 이 경우에는 동 금액을 공사수익금액에 비례하여 상각하여야 한다. 　① 공사계약이 체결되었을 것 　② 계약된 공사의 수주와 직접적인 관련이 있을 것 　③ 도급금액의 100분의 3을 초과하는 거액일 것 　(6) 판매비와 관리비는 공사원가에 산입하여서는 안되며, 발생시에 비용으로 처리하여야 한다. 　(7) 건설잉여자재(잔여원자재)는 시가와 취득원가(또는 장부가액)중 낮은 가격으로 평가하며, 동 평가손실은 재고자산 평가손실의 과목으로 하여 영업외비용으로 처리한다. 　(8) 계약전 비용 중 계약이 확실히 체결될 것으로 인정되는 공사원가와 관련하여 발생한 원가는 경과적으로 선급공사원가로 계상한 후 당해 공사를 착수한 때 공사원가로 대체처리할 수 있다. 　☞ 제조원가 (Manufacturing Cost)
공사지령서 **(工事指令書)** (Construction Orders)	의의 공사지령서는 건설지령서라고도 하며, 기계·건물 등의 설비자산의 건설·증축 등의 공사의뢰를 하는 것이다. 설명 공사지령서는 개량공사지령서(Improvement Orders) 또는 개선지령서(Betterment Orders)라고도 하며, 광의의 설비지령서 중의 전형적인 것이다. 공사지령서는 기계·건물·구축물 등의 고정자산의 종류별로 발행되며, 이것에 의하여 설비공사가 시행되고, 그 설비공사의 원가는 그 공사지령서 번호별로 집계되어서 해당 고정자산계정에 대체된다. 또 공사지령서에는 설계도·명세서 등이 첨부되며, 공사예산도 명시된다. 공사지령서는 원래 고정자산의 건설공사에 관한 것이지만 조선공업에서는 제조지령서를 공사지령서라 하고 교량·탱크 등의 도급공사를 명령하기 위하여 사용되기도 한다.
공 손 비 **(工 損 費)** (Cost of Spoiled Work, Loss Due to Saoiled Work)	의의 보수에 의하여 공손품은 완전한 제품으로 하기 위한 수선비, 대품제조원가로부터 공손품평가액을 공제한 것, 또는 공손품원가로부터 공손품평가액을 공제한 것이 공손비이다. 설명 이러한 공손비의 산정과 처리방법은 종합원가계산의 경우와 개별원가계산의 경우와는 다르다. 종합원가계산을 하는 생산형태에서 공손품이 발생하여도 특히 그것을 위하여 대품을 생산하지 않을 것이며, 이상한 공손 외에는 개별적으로 공손비를 산정하지 않을 것이다. 그러므로 보수작업을 한 공정 또는 부문의 재료비나 가공비가 보수비부분만큼 증가되고, 그만큼 공정제품 또는 부문급부단위당원가가 높아진다. 또 공손원가로부터 공손품평가액을 차감한 경우에 생기는 공손비도 자동적으로 완성품이나 또는 완성품과 기말재공품의 쌍방에 산입되며, 그 결과는 양품의 단위당원가가 높아진다.

종합원가계산에서는 이 공손비를 완성품에만 부담시키거나 완성품과 기말재공품에 부담시키거나를 문제로 하며, 이 문제는 공손품의 발생상태를 보아 해결할 성질의 것이다. 만일, 공손품이 공정의 결점이나 시점에 근접하여 발생되고 기말재공품에도 영향을 주고 있으면, 공손품평가액을 제조원가로부터 공제한 다음 기말재공품원가를 계산함으로써 공손비를 완성품과 기말재공품의 쌍방에 부담시켜야 한다. 즉, 다음과 같은 절차에 의하여 처리한다. 그리고 기초재공품은 없는 것으로 가정하고, 공손품평가액은 가공비로부터 공제하는 방법도 있지만, 재료비에서만 공제하는 것으로 한다.

<재료비의 계산>

$$(당기재료비-재공품평가액) \times \frac{기말재공품량}{당기투입량-공손비} = 기말재공품재료비$$

당기재료비-공손품평가액-기말재공품재료비=완성품재료비

<가공비의 계산>

$$당기가공비 \times \frac{기말재공품환산량}{완성량+기말재공품환산량} = 기말재공품가공비$$

당기가공비-기말재공품가공비=완성품가공비

다음으로, 공손품이 공정의 종점 또는 그것에 근접하여 발생되는 경우에는 공손비의 영향은 기말재공품에 미치지 않는다. 그러므로 기말재공품을 공제함으로써 공손비를 완성품에만 부담시키면 된다.

<재료비의 계산>

$$당기재료비 \times \frac{기말재공품량}{당기투입량} = 기말재공품재료비$$

당기재료비-기말재공품재료비-공손품평가액=완성품재료비

<가공품의 계산>

$$당기가공비 \times \frac{기말재공품환산량}{완성량+기말재공품환산량+공손품환산량} = 기말재공품가공비$$

당기가공비-기말재공품가공비=완성품가공비

이 밖에도 공손품이 공정의 도중에 평균적으로 발생하는 경우 또는 공정의 일정점에서 발생하는 경우도 있으며, 이런 것은 공손품평가액을 적당히 공제하는 절차를 거쳐서 공손비에 준하여 처리하면 될 것이다.

이상의 방법에 의하면 별도로 공손비를 산정할 필요가 없지만, 원가관리를 위해서는 이상공손비는 물론이고 정상공손비도 산정하여야 할 것이 필요하다. 이러한 경우에는 보수비는 보수지령서(Spoiage and Defective Work Repairing Order)를 발행하여 실제보수비를 파악하

	거나 또는 견적을 한다. 또 공손품원가로부터 공손품평가액을 공제하여 공손비를 산정하는 경우에 먼저 감손비와 같은 방법으로 공손품원가를 산정하고, 공손품원가로부터 공손품평가액을 공제하여 파악한다. 파악된 공손비중 이상한 것은 원가외 항목으로서 처리되지만 정상적인 것은 공손품이 발생한 공정·보수작업을 한 공정이나 부문의 공손비로서 계상된다. 또 기초재공품이 있으면 원가배분법으로서 평균법·선입선출법·후입선출법이 선택적용된다. 예를들면 평균법은 기초재공품원가가 기말재공품원가에 영향을 주어, 공손비를 기말재공품과 완성품의 쌍방에 부담시킬 것이라면, 기초재공품원가와 당기제조비용의 합계액에서 먼저 공손품평가액을 공제하고 다음에 기말재공품원가를 계산하도록 한다. 또 공손비를 완성품에만 부담시키려면, 기초재공품원가와 당기제조비용의 합계액에서 기말재공품원가를 공제하고(전자의 합계에서 후자를 공제한 후에) 공손품평가액을 공제함으로써 완성품원가를 계산하여야 한다. 개별원가계산을 하는 때에는 다음과 같이 한다. ① 공손이 보수에 의하여 제품이 되면, 보수를 위하여 소요한 재료비·노무비·경비의 합계액을 공손비로 한다. (보수지시서가 발행되는 경우) ② 공손이 보수에 의하여 제품이 되지 못하고 대품(代品)을 만들 경우에는 일반적으로 새로이 제조지시서가 발행된다. ③ 공손이 보수 또는 제작을 위한 신지시서가 되지 않을 때에는 공손의 보수등에 소요한 원가를 견적하여 공손비로 한다. ④ 경미한 공손은 공손비에 견적하지 않고서, 공손품의 수정매가(修正賣價) 또는 이용가치를 견적하여 공손이 발생한 제조지시서에서 공제한다.
공 손 품 **(工 損 品)** (Spoiled Work, Defective Work)	[의의] 공손품이란 정상의 제품으로서 판매할 수 없는 불합격, 불량품을 말한다. 즉, 제조작업을 잘못한 결과 생긴 것으로서 표준품질·표준규격에 일치되지 않은 생산물을 일반적으로 공손품이라고 한다. 직접작업에 종사하는 공원(工員)의 부주의나 과실 또는 제조설비 내지는 제조방법의 결핍 기타의 원인에 의하여, 소정의 규격·품질·성능에 미치지 않는 공손품이 발생하는 경우가 있다. 이러한 공손품에는 보수를 하면 완전한 제품이 되는 Defective Work와 보수를 해도 완전한 제품이 될 수 없는 Spoiled Work 또는 Spoilage가 있으며, 다같이 원가계산상의 공손품으로 취급된다.
정상적원인에 의한공손품	[설명] 1. 정상적원인에 의한 공손품 정상적인 공손품은 정상적 상태하에서 일반적으로 발생하는 공손품이다. 이 공손비는 양품의 원가에 산입된다. ① 보수하면 제품으로 회수할 가망이 있는 것에 대해서는 보수를

하고, 그 보수에 소요되는 비용을 그 제품의 제조원가로 가산하거나, 그 공손품이 발생한 부문에 간접비에 가산한다.

② 보수하더라도 회복할 가망이 없어서 대체품을 제조할 경우에는 새로이 제조지령서를 발행하고 그 제조원가를 집계한다.

이 경우 공손품의 제조지령서에 집계된 원가를 공손비(파손비)로 하여 새로운 지령서의 원가에 가산한다. 다만, 파손품에 매각가치 또는 이용가치가 있는 경우에는 그 가액을 예상하여 파손비에서 차감하여야 한다.

③ 보수하더라도 제품으로 회복할 가망이 없어 대체품을 제조할 필요가 없는 경우에는 그 공손품의 제조지령서에 집계된 원가를 그 공손품이 발생한 부문에 부문간접비로 가산한다.

따라서 이 경우의 공손비는 다른 제품의 제조원가에 산입되는 결과가 된다. 물론 그 공손품에 매각가치 또는 이용가치가 있는 경우에는 그 가액을 예상하여 공손비에서 차감하여야 한다.

이상적인원인에 의한공손품

2. 이상적인 원인에 의한 공손품

생산관리, 노무관리상의 이유에서 이상한 상태하의 공손품이며, 이 공손비는 양품의 원가에 산입될 수 없는 것이다. 이 경우의 공손비는 제조원가에 산입하지 않고, 원가외손실로 처리한다.

공손품의처리

3. 공손품의 처리

공손품에는 보수에 의하여 완전한 제품이 되는 것(Defective Work)과 보수를 하여도 등급이 떨어지는 제품밖에 안되거나 또는 폐기처분되는 것(Spoiled Work)의 2종이 있다.

이와 같은 공손품은 다음과 같이 처리를 한다.

(1) 보수에 의하여 회복되는 때

① 보수지령서를 발행하고, 여기에 집계된 보수비는 공손비로 하고 원가원장의 당해 제조지령계정좌의 특별비란에 기입한다.

② 보수지령서를 발행하지 않으며, 여기에 소요되는 보수비를 공손비로 생각하지 않고 당해 지령서의 각 원가요소에 배분하여 기입하기도 한다.

(2) 대품(代品)을 제작할 때

① 구제조지령서가 전부 공손이 되었을 때에 새로 지령서를 발행하고 구제조지령서에 집계된 제조원가를 공손비로 하여 원가원장의 신제조지령서계정좌의 특별비란에 기입한다. 그러나 공손품을 매각(이용가치)할 때에는 이 가액을 공제한 것을 공손비로 한다.

② 일부가 공손이 되었을 때에는 신제조지령서를 발행하고, 신지령서에 집계된 원가를 공손비로 하며, 원가원장의 구지령서계정좌의 특별비란에 기입한다. 공손품이 매각(이용)가치가 있을 때에는 위①과 같이 그 가치를 공제한 것이 공손비가 된다.

③ 위②의 경우에는 대품제조(代品製造)에 신지령서를 발행하지 않

공손품의계상	고 구지령서에 의하여 처리하며, 대품제작비는 원가요소별로 구지령서 계정좌에 기입한다. (3) 제품의 일부가 공손이라도 대품을 제조하지 않을 때에는 공손비는 완성품에 부담시킨다. 특히 주의할 것은 천재・지변, 그밖의 우발적 사고에 의하여 발생한 거액의 공손비는 원가로 하지 않고 중성존비(Neutraler Aufwand)로 하여 영업외비용으로서 처리되고 정상적인 공손비만이 원가로서 처리된다. 4. 공손품의 계상(평가방법) 공손품은 감손과는 달리 경제적 가치가 있다. 그러므로 공손비를 계산하려면 매각가치액 또는 이용가치액을 공손품원가 또는 전체의 제조원가로부터 공제해야 한다. 이 경우 공손품의 매각가치액 또는 이용가치액은 부산물의 평가에 준하여 다음과 같이 평가한다. ① 그대로 외부에 매각되는 공손품은 그 견적매각가액에서 판매비 및 관리비 부담액 또는 그것에 가산하여 통상이익의 견적액을 공제한다. ② 가공하여 2급품 또는 등외품으로서 매각되는 공손품은, 그 견적매각가액으로부터 가공비・판매비 및 관리비부담액 및 통상이익의 견적액을 공제한다. ③ 그대로 재생재료나 부분품으로서 이용되는 공손품은 그것에 의하여 절약될 재료나 부분품의 견적구입가액을 평가액으로 한다. ④ 가공을 한 연후에 재생재료나 부분품으로서 이용되는 공손품은 그것에 의하여 절약될 재료나 부분품의 견적구입가액으로부터 가공비의 견적액을 공제한 액을 평가액으로 한다. 원가계산인 공손품의 평가방법은 이상과 같지만, 당해 공손품의 매각비용이 근소하거나 매각이 불확실한 경우에는 명목적 가액으로 평가하기도 한다. 어떠한 방법에 의하거나 확정된 평가액은 공손품원가 또는 전체의 제조원가로부터 공제되며, 계정상에서는 그 평가액이 제조공정에서 자산계정인 공손품계정에 대체된다. 그리고 이 공손품이 매각 또는 이용을 위하여 출고된 때 공손품계정의 대변에 기입된다. 매각한 경우에 손익이 발생하면 그것은 영업외손익으로서 처리된다. 공손품의 매각가치액 또는 이용가치액이 근소한 경우에는 위에서와 같은 평가를 하지 않으며, 무가치한 것으로 보고 공손품이 실제로 매각 또는 이용되는 때에 그 매출수익 또는 이용가치 견적액을 영업외수익으로서 처리하기도 한다.
공 수 법 (工 數 法) (Man Hour Method)	의의 공수(工數)란 작업시간을 말하는 것이다. 공수법이란 직접작업공수를 기준으로 하여 간접비를 배부하는 방법이며, 직접노동시간법(Direct Labor Hour Method) 또는 생산시간배부법(Productive Hour Method)이라고도 한다.

	[산식] 이 방법에 의한 배부액은 다음의 산식에 의하여 산출된다.
$$\frac{1원가계산기간의\ 간접비총액}{동\ 기간의\ 직접공수} \times 지령서의\ 직접공수$$
[설명] 생산형태가 다수의 인간노동에 의하여 생산되는 경우에는 합리적인 간접비의 배부방법이 될 수 있는 것이다. 이 경우의 공수의 뜻은 사람을 기준으로 하는 가득액을 표시하는 것이고, 1인1일의 소정 가득시간을 1인공으로서 계산하는 것이다.
예를 들면, 어느 부문에서 40인의 작업자가 1개월 가동한 경우의 총가동 공수는
40인×25일=1,000 (1개월을 25일 가동으로 한다.)
이 경우에는 1,000인공이 된다. 그러므로 당해 부문의 간접비총액이 1,000,000원 이라면, 1인공당의 간접비는 다음과 같이 된다.
1,000,000원÷1,000=1,000원
이 1,000원에다 각 지령서의 소요인공(所要人工)을 곱하면, 이 지령서의 배부액이 산출된다.
이와 같이 공수(工數)를 시간으로 변경하여 표시한 데 지나지 않는다.
$$\frac{1원가계산기간의\ 간접비총액}{동\ 기간의\ 직접노동시간} \times 지령서의\ 직접노동시간$$
공식법변동예산 **(公式法變動豫算)** (Variable Budget Formula Form)	[의의] 변동예산을 편성할 때 예산허용액을 조업도별로 산정하는 경우와 예산허용액을 고정비 및 변동비율로 표시하는 경우가 있다. 전자를 실사법변동예산 또는 다우식변동예산(Variable Budget-columar form, Variable Budget-table Method)이라고 하고, 후자는 공식법변동예산이라고 한다. 변동예산은 조업상태에 따른 각 비목의 예산허용액을 쉽게 추정할 수 있도록 마련된 예산이며, 구체적으로는 부문에서의 각 비목에 대하여, 그 허용액을 고정비에 대하여는 고정적으로 준고정비·변동비·준변동비에 대하여는 탄력적으로 표시하고, 이것들을 부문별로 집계한 것이라고 할 수 있다.
[설명] 공식법변동예산은 부문의 각 비목에 대하여 그 허용액을, 고정비는 그 고정액을, 변동비는 변동비율을, 준변동비는 고정비부분과 부분변동비율로 표시하는 것이다. 그리고 준고정비는 유효조업권인 통상 조업범위에서의 고정비액을 표시하면 되지만, 경우에 따라서는 부가적으로 비약상황을 주기하는 방법도 있다.
공식법변동예산에서는 이러한 방법으로 그 허용액이 탄력적으로 표시되지만, 이것을 예시하여 보면 다음과 같다. 이와 같은 공식법변동예산을 편성하는 경우에 구체적으로 그 허용액의 산정방법으로서는 계정과목정사법·산포도표법·최소자승법·고저점법 등이 이용된다.

<표 1> 변 동 예 산
(A제조부문)

비 목	고정비(월액)	변동비율 (100직접작업시간당)
감독자급여	70,000원	-원
간접노무비	60,000원	270원
유지부품비	15,000원	15원
소 모 품 비	-	180원
동 력 비	9,000원	30원
잡 비	12,000원	36원
감가상각비	10,000원	-
계	176,000원	531원

 일반적으로 계정과목정사법에서 확실히 고정비 또는 변동비에 해당되는 것으로 보이는 비목을 확정하고, 나머지 준변동비목에 대하여는 다른 제방법을 적용하여 고정비부분과 변동비부분으로 분해를 하게 된다.

 공식법변동예산은 비목별허용액을 고정비액과 변동비율로 표시하는 것이므로 조업도별로 그것을 표시하는 실사법변동예산보다도 간편하다. 따라서 실사법(다우식) 변동예산 보다도 공식법변동예산을 많이 이용한다. 그러나 단계원가(Step Cost), 곡선원가의 표시라는 점에서 실사법(다우식) 변동예산만 못하다.

 공식법변동예산은 표1의 예에 의하여 그 활용방법을 설명하면 다음과 같다. 어느달의 예정조업도가 20,000직접작업시간이라면 표2와 같은 계획예산이 편성된다.

<표 2> 계 획 예 산
(A제조부문)
×월(예정조업도 : 20,000직접작업시간)

비 목	예산허용액
감독자급료	70,000원
간접노무비	114,000원
유지부품비	18,000원
소 모 품 비	36,000원
동 력 비	15,000원
잡 비	19,200원
감가상각비	10,000원
계	282,200원

 이 경우의 계산과정은 간접노무비의 예에 의하면 다음과 같다.
 60,000원+270원×200=114,000원
 이것과 실제발생액과를 비교하여 유리한 차이 또는 불리한 차이가 산정된다.

공업부기 (工業簿記) (Inustrial Bookkeeping)	[의의] 공업부기는 공기업(工企業)의 회계처리에 적용되는 부기법이다. 공업부기는 공기업에 투하된 자본의 순환과정에서 부단히 발생하는 제거래를 조직적으로 기록・계산・정리하여 그 결과를 명백히 하는 절차이며 복식부기원리는 상업부기의 경우와 다를바 없다. 　그러나 공기업에 투하된 자본의 회수과정은 제품의 제조・가공이라는 내부거래를 거쳐야 하므로 상기업(商企業)에 비하여 그 자본의 순환과정이 복잡하다. 공업부기에서는 원재료의 매입, 제품의 판매 등의 외부활동이외에 제조・가공이라는 내부활동에 관한 회계처리도 포함되므로 상업부기에 비하여 그 처리법이 훨씬 복잡하고 설정되는 계정과목도 많다. 　이러한 내부활동에 관한 회계처리는 원가계산이라는 독특한 제도와 관련을 가지며 공업부기와 결합되는 것이다. 　제조활동은 제품을 제조하는데 필요한 원자재를 소비변형 시켜서 재공품을 제품으로 가공하는 활동이며, 소비된 원자재(재료비・노무비・경비)가 결합하여 재공품의 원가가 되고, 제품의 원가가 되어가는 과정인 것이다. 이 과정을 계정형식을 이용하여 기록・계산하는 것이 공업부기의 특징인 것이다. 그러나 원가계산은 계정기록과 관계없이 계산될수 있으므로 원가계산이 공업부기 자체라고 할 수 없다. 　원가계산과 부기와의 관계는 원가계산의 계산결과에 의하여 계정기록을 하느냐의 여부의 관계인 것이다. 　원가계산을 하지 않는 공업부기를 불완전공업부기 또는 상적공업부기라 하고, 원가계산의 결과에 의하여 계정기록을 하는 공업부기를 완전공업부기 또는 공업회계라고 한다. 　완전공업부기에서는 재료・재공품・제품의 원가가 계산된다. 불완전공업부기처럼 하나의 제조계정을 원가의 집계계정으로 이용하여도, 원가계산의 결과에 의하여 계정기록을 하면 완전공업부기이다. 그러나 원가계산절차과정이 표현될 수 있는 계정조직이 양자를 유기적으로 결합시켜서 계정기록의 신뢰성도 높이게 된다.
공업부기의특징	[설명] 1. 공업부기의 특징 　이러한 공업부기는 상업부기에 비하여 여러 가지 특징이 있는데, 주요한 것을 들면 다음과 같이 5가지로 요약할 수 있다. 　① 다수의 계정과목이 설정된다. 　　전술한 바와 같이 공기업의 자본회수는 제조・가공이라는 내부활동을 거쳐야만 하므로 이러한 복잡한 내부거래(제조활동)를 정확히 기록하기 위해서는 특수한 다수의 계정의 설정은 불가피하다. 　② 계정간의 대체가 빈번하다. 　　공업부기는 제조활동에 따른 내부거래를 처리하기 위해서 원가계산이라는 독특한 제도와 유기적으로 결합한다. 　　원재료의 투하에서 제품완성까지의 비용은 제조관계계정에 기록되

고 제품이 완성될 때마다 그 제품의 제조에 소비된 비용은 하나의 계정에 집계되며 이 비용의 집계를 위하여 제조관계의 계정간에 빈번한 대체가 이루어진다.

③ 집계계정을 항상 설정한다.

상업부기에 있어서는 손익계정・잔액계정 등과 같은 집합계정이 결산때만 설정되지만, 공업부기에 있어서는 제품이 완성될 때마다 그 원가를 집계하기 위하여 항상 집계계정을 설정하고 제조활동 진행에 따라서 그때 그때 비용을 집계한다.

④ 소비된 경제가치는 제품의 제조비용으로 처리된다.

재료비・노무비・제경비 등은 제품제조를 위하여 소비된 것으로서 제품원가의 일부를 형성한다. 이것은 발생한 비용을 수익에 대응시키는 상업부기와 다른 점이다.

⑤ 기록계산을 정기적으로 한다.

상업부기는 거래가 발생할 때마다 이를 기록하지만, 공기업의 제조활동은 연속해서 부단히 행해지는 것이므로 생산활동에 따른 가치도 부단히 변화한다. 이 가치의 변화현상은 제조과정이 기술적으로 중단되든가 또는 작업이 완료되기 이전에는 이 가치의 변화를 정확하게 측정하기 곤란하다. 따라서 공업부기에 있어서는 제조활동에 의하여 일어난 가치의 변화를 그때 그때 연속적으로 기장하지 않고 정기적으로 기록하는 것이 보통이다.

| 공업부기의본질 | 2. 공업부기의 본질 |

공기업(工企業)은 원재료를 구입하여 이를 가공하여 제품을 생산한 뒤 그 제품을 판매하는 것을 목적으로 하는 영리조직이다.

그러므로 상기업에 비해 생산활동 즉 제조과정이 추가되어 구매과정, 제조과정, 판매과정 등 3단계의 순환과정을 거치게 된다.

공업부기는 공기업의 회계처리에 응용된 복식부기법이다.

즉, 공업이라는 특수기업에 속하는 각종의 재산 및 자본이 그 경영의 과정에서 부단히 발생하는 제거래에 의하여 받는 변동을 조직적으로 기록・계산・정리하여 그 결과를 명백히 하는 절차이다.

공업부기는 상업부기에 비하여 여러 가지 특징을 가지고 있는데 그 주요한 것을 들면 다음과 같다.

① 공업부기는 내부제조활동을 정확히 기록하기 위하여 사용되는 계정과목의 수가 많다.

② 계정간에 대체절차가 빈번히 되풀이된다.

③ 집계계산계정을 설정한다.

④ 가치의 소비는 모두 제품의 제조비용으로 처리된다.

⑤ 기록계산을 정기적으로 하게 된다.

| 공업부기의 계정체계 | 3. 공업부기의 계정체계 |

공업부기는 공기업의 제활동을 기록, 계산, 정리하는 기장방법이며

그 기록, 계산의 기초원리는 상업부기와 동일하다.

그러나 앞에서 설명한 바와 같이 공업부기는 복잡한 내부의 제조활동을 기록 계산한다는 점에 그 특징이 있으므로 필요한 계정과목을 신중히 채택하고 그 계정을 적절히 정리하여 전체로서의 통일된 계정조직을 마련해야 한다.

① 계정단위의 성질에 의한 분류

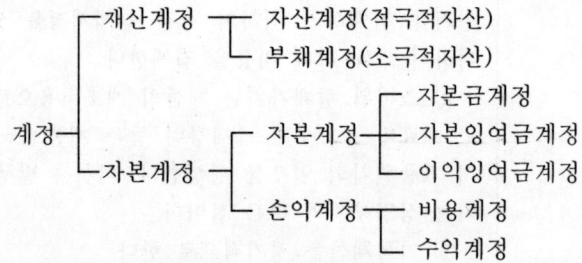

② 계정잔액의 소속관계에 의한 분류

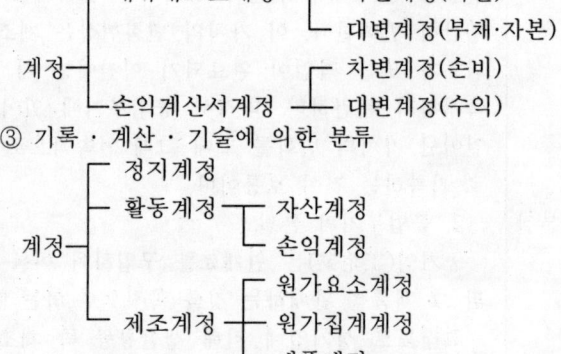

③ 기록·계산·기술에 의한 분류

계정 ─┬─ 정지계정
　　　├─ 활동계정 ─┬─ 자산계정
　　　│　　　　　　└─ 손익계정
　　　└─ 제조계정 ─┬─ 원가요소계정
　　　　　　　　　　├─ 원가집계계정
　　　　　　　　　　└─ 제품계정

공 장 계 정 **(工 場 計 定)** (Factory Account)	[의의] 공장계정이란 공장(Plant) 독립회사에서 사용하는 대조계정을 말한다.
공장관리부문 **(工場管理部門)** (Factory Administration Department)	[의의] 원가계산을 먼저 비목별·요소별로 파악하고, 다음에는 원가부문별로 집계함으로써 제품원가의 계산을 정확하게 하는 동시에 원가관리의 효과를 높이도록 한다. 이 원가부문은 계산조직상의 구분단위이며, 실제의 직제구분에 준하여 설정되는 경우가 많다. 부문은 제조부문과 보조부문으로 구분된다. 제조부문은 직접 제조가공을 담당하는 부문이며, 보조부문은 제조부문에 대하여 보조적 관계에 있고, 특정의 용역을 제공하는 부문을 말한다. 보조부문을 양분하여 보조경영부문과 공장관리부문으로 구분할 수

	있다. 그러므로 공장관리부문이란 보조부문 중 노무·후생·기획·설계·공장경리·급식·의료 등처럼 공장관리업무 일반을 수행하는 부문을 말한다. 　[설명] 재료부(재료구매부·창고부)·노무부·기획부·공장사무부·시험연구부·복리후생부 등이 공장관리부문에 해당된다. 그러나 공장관리부문비에 대한 관리목적이 중요시 되는 경우에는 필요하면 더욱 세분된다. 　공장관리부문도 보조경영부문비의 경우처럼 복합경비로서 파악되기도 한다. 또 각 공장관리부문에 원가를 집계하기 위하여 우선 부문개별비와 부문공통비로 분류하고 부문개별비는 당해 부문에 부과하고, 부문공통비는 적정한 기준에 의하여 관계 각 부문에 부과하게 된다. 이 점은 보조경영부문에 대한 경우와 다를 것이 없다. 다만, 보조부문비를 제조부문에 배부하는 방법 중 직접배부법의 제2법에 의하는 경우에 보조경영부문비는 원칙적으로 제조부문에 배부하지만, 공장관리부문비는 이러한 절차를 생략하고 직접 제품에 배부하게 된다. 　기업규모의 확대와 생산공정에서의 기술혁신의 심화로 인하여 제조부문에 비하여 연구개발부문·복리후생부문 등의 비중이 보조적으로 증대되는 경향에 있다. 따라서 공장관리부문비의 증대는 불가피하게 되었고, 보조경영부문과 더불어 공장관리 부문의 효과적인 관리가 중요하게 되어 가고 있다.
공장관리부문비 (工場管理部門費) (Factory Administrative Department)	[의의] 공장관리부문 부담에 속하는 비용을 말한다. 공장관리부문이란 보조부문 중 재료 또는 노동, 관리, 기획, 설계 기타 공장의 관리사무를 관장하는 부문을 말하고, 재료부(재료구매부, 창고부), 공구관리부, 노무부, 복리부, 계획설계부, 시험연구부, 공장사무부 등이 이것이다. 　공장관리부문비는 복합경비로서 파악되기도 한다. 보조부문비의 제조부문에의 배부방법 중 직접배부법의 제2법에서는 보조부문비 중 보조관리부문비만을 제조부문에 배부하고 공장관리부문비는 즉시 제품에 배부한다.
공장사무부비 (工場事務部費) (Expenses of Factory Administration Division)	[의의] 공장사무부비는 공장사무부라는 원가부문에 집계된 원가를 말한다. 　[설명] 원가부문을 제조부문과 보조부문으로 구분하고, 다시 보조부문을 보조경영부문과 공장관리부문으로 구분하는 경우에 공장사무부는 공장관리부문에 속하는 원가부문이다. 　여기에 집계되는 원가의 내용은, 그 기업이 어떠한 원가부문을 설정하고, 공장사무부에서 어떠한 일을 담당하고 있는지에 따라 그 업무내용과 더불어 다르다. 일반적으로 공장관리부문에 속하는 원가부문으로서 재료부·노무부·기획부와 더불어 공장사무부를 설정하는 경우에

는 등을 관장하지만, 소규모공장에서는 노무나 기획을 관장하는 부문으로 하는 경우도 있다.

　공장사무부의 원가를 집계하려면, 부문개별비를 부과하고, 부문공통비를 배부하는 부문별원가계산의 절차에 따른다. 공장사무부비는 제조부문에 배부하거나 직접 제품에 배부하며, 이 배부계산에서 예정배부율을 사용하면 공장사무부비배부차이가 발생하게 된다.

공장소모품계정
(工場消耗品計定)
(Indirect Factory Materials Account)

[의의] 재료비를 형태별 분류에 따라 세분한 경우의 1과목이며, 제품의 기본적 실체를 이루는 것이 아니지만, 약품·유지류·못·나사·마대·연마재·장갑·장화 등과 같이 제품의 제조에 있어서 또는 설비, 재고자산 등의 보전관리 등을 하기 위하여 소모된 물품의 소비에 의하여 발생하는 원가를 처리하는 계정이다. 다만, 도급가공업에 있어서는 약품은 원재료비가 되고, 못이나 나사제품의 조성의 일부가 되는 경우에는 매입부품비가 된다.

[설명] 공장소모품이란 광의의 2가지 뜻으로 사용된다. 이것을 제조재료라고 보면, 공장의 연료·도료·연마재료·광택재료·유지·약품 기타의 물품으로서 제품을 생산하는데 보조적·간접적으로 사용되는 모든 것을 말한다. 한편, 공장의 설비를 가동시키기 쉽도록 하기 위하여 사용되는 것만을 말하며, 공장소모품과 보조재료 또는 간접재료와는 상이하다고 협의로 사용하기도 한다.

　공장소모품 중 제품을 구성하는 부분이 되는 것과 주요공정과 보조공정에서 사용되는 것을 식별하기도 하지만, 공장소모품과 보조재료는 식별할 수 있는 경우에도 광의의 보조재료 중에 이 소분류를 포함시키는 경우도 있다.

　최근에는 대차대조표상에서 저장품계정이라는 1년기준의 단기자산 항목에 총괄하고 있다. 공장소모품이란 본래 개별적인 금액이 상대적으로 적고, 종류도 많으므로 품목별의 입고와 출고·잔량의 명세는 공장소모품명세표를 작성하거나 카드 또는 루스·리프·시스템의 공장소모품으로 통제하도록 하여야 한다.

　공장소모품이 소비될 때마다 자산계정인 저장품 - 공장소모품계정(대차대조표과목, 저장품)에서 간접재료비와 공장소모품비계정에 대체된다.

공장소모품비
(工場消耗品費)
(Factory Supplies Expenses)

[의의] 기름·유지·약품·잡품 등과 같이 상시보관되는 잡재료류로, 상시 소모적으로 소비되는 소비액이 공장소모품비이다.

[설명] 공장소모품비는, 보조재료비나 소모공구기구비품비와 함께 간접재료비의 하나로 된다. 공장소모품비의 계산은 직접재료비와 동양의 계산방법(계속기록법)은 그다지 적용되지 않고, 다음과 같은 간편법이 실무에서는 널리 사용되고 있다.

① 1회의 구입이 원가계산기간의 소비량에 대강 같은가 또는 그 이하의 경우에는 구입액을 소비액으로 한다.
② 구입시에 비용으로서 계상하지만, 원가계산기말에 실지재고조사를 하고 상기의 비용에서 공제한 금액을 소비액으로 한다.
 (1) 성질과 범위
　재료비는 형태별분류에 따라 세분한 경우의 1과목이며, 제품의 기본적 실체를 이루는 것이 아니지만, 약품·유지류·못·나사·마대·연마재·장갑·장화 등과 같이 제품의 제조에 있어서 또는 설비, 재고자산 등의 보전관리를 하기 위하여 소모된 물품의 소비에 의하여 생기는 원가를 처리하는 계정이다. 다만, 도금가공업에 있어서는 약품은 원료비가 되고, 못이나 나사제품의 조성의 일부가 되는 경우에는 매입부품비가 된다.
 (2) 인접관련계정과의 관계
　공장소모품이 소비될 때마다 자산계정인 저장품 - 공장소모품계정에서 간접재료비인 공장소모품비계정에 대체된다.
　☞ 재료비

공장원가 (工場原價) (Factory Cost, Manufacturing Cost)

[의의] 공장에 있어서 발생한 원가를 말한다. 통상 제조원가와 같은 의미로 해석하고 있다.

[설명] 공장원가는 공장이라는 장소에서 발생하는 원가이고, 원가에 대한 장소적인 인식에 의거한 원가개념이다. 그것은 엄밀하게는 반드시 제조원가와 일치하는 것은 아니다. 즉, 공장원가라는 개념은 공장이라는 장소적인 개념에 결부되어 형성된 것인데 반하여, 제조원가는 제조활동이라는 기업활동의 분류로부터 출발된 점에 양자의 기본적인 차이가 있다. 실제로 제조활동은 거의 전부가 공장에서 이루어지므로, 보통 양자는 비용의 범위가 동일한 경우가 많다. 또 제조원가란 매우 추상적이고 비교적 장소별로 명확히 파악할 수 있는 공장원가를 실질 제조원가로 하는 경우가 많다. 예컨대 시험연구나 공장사무 등이 공장 외에서 행하여지고 있는 경우에는, 그것들에 관하여 발생한 제조간접비는 공장원가에 포함하지 않고, 따라서 제조원가와는 범위가 일치하지 않는다. 공장원가와 제조원가는 별개의 개념이지만, 일반적으로는 같은 의미로 해석되고 있다. 공장원가는 제조원가와 동양으로 재료비·노무비·경비로 구분되고, 기능별로는 주요재료비·보조재료비 등으로 분할되지만 보통 공장원가란 장소별로 원가를 인식하는 사고방식에 의한 것이다. 그러므로 공장원가라는 명칭하에서 구체적으로 원가계산은 하지 않는다. 엄밀한 의미에서는 공장원가와 제조원가가 반드시 일치되는 것은 아니다. 공장원가는 장소적으로 공장에서 발생하는 원가이며, 예를 들면 공장관리부문에 속하는 노무부·기획부·시험연구부·공장사무부 등의 사이에는 그 업무의 일부가 공장외에서

	수행하기도 한다. 반대로 공장관리부 이외의 관리사무가 공장에서 수행되기도 한다. 특히 공장과 본사가 각기 독립되고 있는 경우에는 공장원가의 범위를 명확히 하기 어려운 경우가 많다. 그리고 공장원가는 판매비와의 사이에도 한계가 애매한 것이 포함된다. 예를 들면, 포장재료비처럼 판매비라고 보이는 것도 공장내에서 주로 소비되는 것이 있기 때문이다. 이와 같이 일반적으로 판매비라고 보이는 것도 공장원가에 포함시켜야 할 것이 있다. 따라서 공장원가라고 하는 것과 제조원가에 대한 별개의 개념이 생기는 이유도 이러한 점에 있는 것이다.

☞ **제조원가 (Manufacturing Cost)**

공 장 원 장 (工場元帳) (Factory Ledger, Ledger of Plant)	의의 공장원장이란 공장독립회계에서 재료비·경비·제조공정·제품·재공품 등 제조과정의 계산기록에 관한 독자평균원장을 말한다. 설명 공장원장은 개별적인 사정에 따라 보조원장으로서 설정되기도 하고, 주요부로 사용되기도 한다. 보조원장으로 이용되는 경우는 총계정원장에 개설된 총괄계정인 제조계정 또는 원가계산계정에 의하여 통제되는 장부이며, 총계정원장과 공장원장은 주종(主從)의 관계에 놓여진다. 영업부와 공장이 동일한 장소에 있는 경우에는 그러한 장부조직으로 운용되어도 그다지 불편한 것이 없다. 그러나 영업부와 공장의 소재지가 다른 경우에는 다음과 같은 3가지 이유로 인하여 공장원장을 총계정원장과 분리시켜서 독자평균원장(Self Balancing Ledget)으로 하게 된다. ① 기장의 정부(正否)를 확인하고 오류의 발견이 용이하며, 신속히 하기 위하여 ② 기장사무의 분장을 가능하게 하고 책임을 한정하기 위하여 ③ 제표(諸表)의 작성이나 제보고서류의 작성을 신속·용이하게 하기 위하여 독자평균원장으로 한다. 왜냐하면 독립공장원장제를 채택하는 경우에는 공장원장만으로 시산표를 작성하여 계산결과를 검증할 수 있다. 공장원장을 독자평균원장으로 하려면, 대조계정이라는 일종의 보충(補足)계정을 설정한다. 대조계정은 정리계정(Adjustment a/c) 또는 평균계정(Balancing a/c)이라고도 한다. 이것은 공장원장에다 영업부계정(본사계정 또는 총계정원장계정이라고도 한다)을 개설하는 것이다. 총계정원장에는 종래에 통괄계정으로서 사용되고 있던 제조계정 또는 공장계정을 그대로 이용한다. 그러나 명칭은 공장원장으로 하는 것이 바람직하다. 그리고 독자평균원장으로 하기 위하여 공장원장에 설정된 총계정원장계정에는 다음과 같은 원칙에 따라 기입한다. 즉, 공장이 영업부에 대하여 부담하는 일체의 금액을 이 계정의 대변과 공장원장계정의 차

변에 기입하고, 반대로 공장이 영업부에 부담시키는 금액은 총계정원장의 차변과 공장원장계정은 동일금액으로 대차반대기입되며, 대차잔액도 반대로 일치된다.

공장원장을 분리독립시키면 내부제조과정을 처리하는 제계정이, 이것에 기입되지만, 다른 제계정은 여러 가지 특수사정을 고려하여 취급을 달리한다. 예를 들면, 공장의 위치가 본사와 동일한 건물 안에 있는지, 공장에 대하여 어느 정도의 독립적 활동을 할 수 있는 권한이 있는지에 따라 다르다. 만일 공장이 독립하여 여러 종류의 지급을 하고 있으면, 공장원장에 현금계정이 개설될 것이다. 또 공장관계의 부지·건물·기계·기구·모형 기타의 생산설비 등의 관리를 공장에 위촉한 경우에는 이러한 제계정을 공장원장에 이양하게 된다. 이러한 자산관리에 책임을 공장이 지게되면 공장에서 회계처리도 하여야 계산적인 책임(Accountability)을 질 수 있기 때문이다. 또 공장에서 직접 그 제품을 판매하게 되면, 공장원장에는 판매활동 기타의 재무활동을 처리할 수 있는 제계정이 설정된다.

예를 들면, 공장이 원격지에 있고, 그 지방에서 본사와 관계없이 일정금액까지 독립적으로 제품을 판매하며, 재료구입을 하는 경우를 생각할 수 있다. 이 경우에는 매출계정·판매비계정·외상매출금계정·외상매입금계정·영업비계정 등이 공장원장에서 처리된다.

그러므로 내부거래·외부거래는 모두 공장분개장을 설정하여 기록하고 이것으로부터 공장원장에 전기된다. 이렇게 되면 공장원장은 완전한 독립원장이 되고, 공장에 관한 일체의 경영활동을 독자적으로 기록계산하게 되므로, 공장자체가 회계주체가 되며, 본사 또는 영업부와는 관계없이 독자의 손익계산을 할 수 있다. 또 공장자체의 제조활동에 의한 수익성을 명확히 할 수도 있다.

그러나 공장의 진정한 수익성을 판정하려면, 본사와 공장과의 사이에 다음과 같은 특별한 대체계산을 하여야 한다.

① 영업부 또는 본사로부터 공장에 재료발송을 한 경우에는 매매의 형식에 의하여 이익포함가격으로 인도를 한다. 즉, 영업부 또는 본사에서 구입한 재료는, 그것에다 이익을 가산한 금액으로 공장에 대체한다.

② 공장에서 제조작업이 완료된 제품은 본사 또는 영업부를 대체할 때 역시 그 제품원가에다 적정한 공장이익을 가산한 금액으로 대체한다.

물론 이러한 이익은 하나의 성과판정목적에서 행하는 계산가격에 지나지 않으며, 결산시 재고제품이나 재료에 포함되어 있는 미실현의 내부이익은 제거되어야 하는 것이다.

공장원장계정 (工場元帳計定)	의의 공장원장계정은 공장을 독립회계제도로 할 때, 공장원장을 독립평균원장으로 하나, 동시에 본사의 원장계좌에 공장원장계정을 마련

(Factory Ledger Account)	하는 것이 행하여진다. 이것은 공장원장에 마련되는 본사원장계정의 대조계정이며, 공장과의 대차관계를 기록하는 것이 목적이다. 본사에서 공장에의 설비투하액·원재료·현금 등의 송부는 이 계정의 차변에, 공장에서 제품의 완성송부 등은 대변에 기록하고, 잔액은 공장에 대한 본사의 자금투하액을 나타내고 있다.
공장회계 (工場會計) (Factory Accounting)	의의 공장회계란 본사의 회계로부터 독립하여 공장독자로 재무제표를 작성하는 회계를 말한다. 대규모의 제조기업에 있어서는 기장사무의 분장과 그 신속화, 책임의 한정, 기록의 정부(正否), 검증 등을 용이하게 하기 위하여 공장의 회계를 일반회계에서 독립시켜서 공장분개장·공장원장을 마련하여 재산의 변동을 기록·계산·분류하여 공장의 재무제표를 작성한다. 이것을 공장독립회계라고도 한다.
공　　정 (工　　程) (Process Progress of Work, Amount of Work)	의의 제품의 제조 개시로부터 완성되기까지에 경유하여야 할 전과정을 원가의 산정 또는 원가관리를 위한 계산상 몇 개로 구분한 그 하나 하나를 공정이라고 한다. 설명 일반적으로 제품이 1공정만으로 완성되는 경우는 드물고 복수의 공정을 경유하여야 한다. 복수의 공정에서 1종류 이상의 제품이 생산되면, 원가를 적정히 배분하고 통제하기 위하여 생산활동을 부문·원가중심점(Cost Center) 또는 공정으로 세분할 필요가 있다. 그러므로, 생산활동의 분류단위로서의 공정은 ① 제품원가의 정확한 계산 ② 공정단위에 집계된 원가를 관리하기 위한 수단이며, 일종의 원가부문이라고 할 수 있다. 공정 또는 부문의 설정은 작업 및 작업자와 기계의 물리적 장소(Physical Location)의 동일성에 의하여 결정된다. 　공정은 원재료가 투입되어서부터 제품이 되기까지의 진행 형태로 보아 ① 연속적 공정 ② 평형적 공정 ③ 선택적 공정으로 구분할 수 있다. 연속적 공정이란 모든 제품이 일련의 공정을 순차 연속적으로 흐르는 공정을 말하고, 시멘트·피혁·제당·금속정련·화학공법 등이 일반적인 예이다. 평형적 공정은 보통 농림수산물가공업에서 볼 수 있듯이 2종류 이상의 제품이 2공정 이상으로 되어 별개의 공정조를 흐르는 것이며, 다시 동시에 이루어지는 것과 1조만의 공정이 진행된 뒤에 다른 조의 공정이 진행되는 경우로 나누어진다. 과실·채소 등의 관제품은 후자의 예가 된다. 선택적 공정이란 제품마다 흐르는 공정이 다른 것을 말한다. 예를 들면 식육가공업의 절단공정에서 베이콘·햄은 훈제(燻制)보장공정으로, 일부는 콘·비프처럼 염수저장공정에, 또 냉장·관제품 공정으로 가는 경우가 그 예라고 할 것이다. 이 공정구분은 공정별총합원가계산의 방법과 관련이 있고, 원가관리목적에서는 부차적인 뜻밖에 없다.
공정감손	의의 공정감손은 단순히 감모 또는 감손이라고도 한다. 이것은 작업

(工程減損) (Shrinkage)	중에 소비되는 기본원재료의 수량과 완성품수량과의 차액에 의하여 표시되는 감모를 말한다. 작업폐물·재공품·부산물 등이 있는 경우에는 그들의 수량을 차감한 순차액이 감손이다. 감손은 반드시 유형의 감모뿐만 아니라 증발·분산·가스화·연화 등에 의한 무형의 감모도 있다. [설명] 종합원가계산상 감모는 재공품의 평가와 완성품의 원가결정에 중요한 관계가 있으며, 그 처리법에는 완성품에만 부담시키는 방법과 완성품과 기말재공품의 양자에 부담시키는 방법이 있다. 이 양방법에 의하여 기말재공품의 평가를 산식으로 표시하면 다음과 같다. <제1법> 기말재공품원가=제조비× $\dfrac{\text{기말재공품환산량}}{\text{완성품수량+ 감모량+ 기말재공품환산량}}$ <제2법> 기말재공품원가=제조비× $\dfrac{\text{기말재공품환산량}}{\text{완성품수량+ 기말재공품환산량}}$ 누가법에 의하여 공정별원가계산을 하는 경우에 제2공정 이하의 공정에서의 전공정대체비에 포함되는 재공품부담분계산에서는 다음과 같이 처리한다. <제1법> 기말재공품부담분=전공정대체비× $\dfrac{\text{기말재공품환산량}}{\text{전공정대체량}}$ <제2법> 기말재공품부담분=전공정대체비× $\dfrac{\text{기말재공품환산량}}{\text{전공정대체량-감모량}}$ 공정별원가계산을 비누가법에 의하여 하는 경우, 감손은 다음과 같이 공정수율로서 재공품평가에 관련시킨다. <제1법> 수율에 의한 환산은 필요없다. <제2법> 기말재공품부담분=완성품단위원가× $\dfrac{\text{각공정의 재공품수량}}{\text{각공정의 수율}}$ 표준원가의 설정을 할 때에는 표준수율(Standard Yield Percentage)을 결정하기 위하여 표준감모율을 예측해야 한다.
공정관리 **(工程管理)** (Process Control)	[의의] 경영의 실체인 생산활동을 조직적 전체적으로 관리하기 위한 기준을 시간에 구하는 관리 즉, 시간을 기준으로 하는 생산관리가 공정관리인 것이다. 공정관리에 있어서는 사전에 작업의 계획이 일정계획(Scheduling)과 절차계획(Routing)하에 이루어지며 계획에 따른 통제가 진척관리(Progress Control)하에 수행된다.
공정별종합원가계산 **(工程別綜合原價計算)** (Continuous Process Cost System,	[의의] 종합원가계산에서 제조공정이 2개 이상이 연속하는 공정으로 구분되고, 공정마다 그 공정제품의 종합원가를 계산하거나 또는 공정제품의 가공비를 계산하는 경우를 공정별 종합원가계산이라고 한다. 공정별계산은 다시 조별로 하는 경우도 있다. 또 각 공정에서는 단

Sequential Cost System, Process Cost Accounting)	일품종의 반제품이나 제품이 제조되는 경우와 복수품종의 반제품이나 제품이 제조되는 경우가 있다. 그러므로 여러 가지 형태의 것이 있으나, 단순히 공정별종합원가계산이라고 하는 경우는 전원가요소를 공정별로 계산하고, 조별계산을 하지 않으며, 각 공정에서는 단일품종의 반제품 또는 제품이 제조되고 등급계수계산이 필요없는 가장 간단하고 기본적인 경우를 뜻한다. 　공정별계산에서는, 비목별계산으로 산정된 원가요소를 기능별·책임구분별로 하여 원가관리와 정확한 제품원가계산을 할 수 있도록 공정별로 집계한다. 　직접제조작업을 하는 제조부문은 제품생성의 단계나 제조활동의 종류에 따라 각종의 공정으로 구분된다. 　제조부문에 대하여 보조적인 관계에 있는 보조부문은 동력부·수선부 등처럼 그 사업의 목적인 제품생산에 직접 관여하지 않고, 당해 부문의 제품 또는 용역을 제조부문에 제공하는 보조경영부문과 재료부·노무부·기획부 등처럼 관리적 기능을 수행하는 공장관리부문으로 구분된다. 　공장요소는 그것을 제조공정과 보조부문에 분류·집계하는 경우에 그 공정이나 부문에서 발생된 것이 직접적으로 인식되는가의 여부에 따라 개별비와 공통비로 구분된다. 　개별비는 그 공정이나 부분에서의 발생액을 직접 그 공정이나 부문에 부과하고, 공통비는 원가요소별·성질에 따른 원가요소군별(복수기준법)로 또는 일괄하여(단일기준법) 각 공정이나 부문에서 향수한 용역에 비례하여 각 공정이나 부문의 면적·용적·종업원수·작업시간 등의 수량적 기준이나 임금액·고정자산의 가액 등의 가치적기준처럼 적정한 배부기준에 의하여 관계 각 공정 및 각 부문에 배부한다. 　공통비로서 공장전체에 걸쳐 발생되고, 적정한 배부기준을 선정하기 어려운 것은 일반비로 하여 보조부문비처리를 해도 된다. 　원가요소의 전부(전 원가요소) 또는 일부(가공비)는 우선 이를 각 공정 및 보조부문에 부과 또는 배부한다. 공정에 집계되는 원가요소의 범위는 제품원가의 정확한 계산 및 원가관리의 필요에 따라 정한다. 각 공정에 집계되는 원가요소는 필요하면 변동비와 고정비 또는 관리가능비와 관리불가능비로 구분된다. 　보조부문비는 직접배부법·계제식배부법·상호배부법 등에 의하고, 적정한 배부기준을 선정하여 각 공정에 배부하며, 이렇게 함으로써 각 공정비를 계산한다. 일부의 보조부문비는 필요하면 공정에 배부하지 않고 직접제품에 배부할 수도 있다. 　위에서 직접배부법이란, 각 보조부문간의 용역수수관계는 무시하고, 모든 보조부문비 또는 일부의 보조부문비를 그 용역을 받은 제조공정

에 혜택의 정도에 따라 직접 배부하는 방법이다.
　원칙적으로 모든 보조부문비를 제조공정에 직접적으로 배부하는 방법을 제1법이라 하고, 보조경영부문비를 직접 제조공정에 배부하고, 공장관리부문비를 직접 제품에 배부하는 방법을 제2법이라고 한다.
　상호배부법이란 보조부문상호간에 수수된 용역을 측정하고, 먼저 각 보조부문비를 그 용역을 받은 타보조부문 및 보조공정에 배부한 다음 각 보조부문에서 배부된 액을 제조공정에 직접 배부하는 방법이다.
　계제식배부법이란 가장 다수의 보조부문에 용역을 제공하고, 가장 소수의 보조부문에서 용역을 받은 보조부문으로부터 순차배열하고 계제식으로 제1순위의 부문비부터 배부하는 방법이다.
　보조부문비를 제조공정에 배부하는 기준으로는 예를 들면 동력부비는 계량기 등으로 측정한 각공정의 동력소비량, 각 공정설치기계의 마력수 또는 마력시간 등으로 하고, 용수부비는 용수사용량, 수선부비는 수선작업의 단가를 기초로 하여 계산한 각공정의 수선액, 운반부비는 각공정에서의 운반물품중량·운반거리·운반회수, 검사부비는 각공정에서의 검사공의 작업시간, 재료부비는 각공정에서의 출고재료가격·중량, 노무부비나 복리부비는 각공정의 임금·종업원수, 시험연구부비나 기획설계부비 및 공장사무부비는 각 공정의 직접노동시간 등이 된다. 각공정에 집계된 원가요소는 필요하면 다시 그 공정의 소공정(小工程) 또는 작업단위별로 집계한다.
　전원가요소공정별원가계산에서 조별계산을 하지 않고, 각공정에서는 단일품종의 반제품과 제품이 생산되며, 그 반제품·제품을 등급구분을 할 필요가 없으면, 원가요소중 개별비는 직접부과하고, 공통비는 적정한 배부기준에 의하여 배부하되, ① 보조부문비를 각공정에 배부하고, ② 제1공정의 기초재공품과 재료비·경비·노무비의 합계액으로부터 기말재공품을 차감하여 반제품원가를 계산한다. ③ 이 경우에 반제품이 입고되지 않고 제2공정에 인계되면 반제품계정은 설정할 필요가 없다. 반제품을 제2공정에서 전공정비 또는 원료비로 수입한다. ④ 누가법에 의하면 제2공정에서 기초재공품과 당기비용을 가산하고 기말재공품을 차감하여 완성품원가를 계산한다. ⑤ 공정간에 대체되는 공정제품의 계산은 예정원가 또는 정상원가에 의할 수 있다.
　이 경우의 공정제품의 대체가액과 실제액과의 차액인 대체차액은 원칙적으로 당해연도의 매출원가에 부과한다.
　누가법은 제1공정완성액을 제2공정에, 제2공정완성액을 제3공정으로 대체하고, 최종공정에서의 완성품수량으로 최종공정의 총제조원가를 나누어 단위당제품의 원가를 산정한다.
　이 방법에 대하여 비누가법이란, 각공정완료품의 원가를 다음 공정에 대체하지 않고 공정마다 원가를 완성품수량으로 나누어 각공정완료품 1단위당의 원가를 계산하는 방법이다. 즉 각공정마다 1단위당의 원가를 계산하고 이것들을 합계하여 완성품 1단위당의 원가로 하게 된다.

가공비공정별종합원가계산은 가공비법이라고도 한다. 이는 원재료가 모두 최초의 공정의 시점에서 투입되고 다음 공정 이후에서는 단순히 그것을 가공만 하는 경우에 각공정마다 1원가계산기간의 가공비를 집계하고 이에 원재료비를 가산하여 완성품종합원가를 계산하는 방법이다.

가공비란 직접노무비와 제조간접비를 합계한 것 또는 직접원재료비 이외의 원가요소를 총괄한 것을 말한다. 가공비법에서 조별계산을 하지 않고, 그 제품에 대하여 등급별계산이 필요없는 경우에는 주요원재료는 공정별계산을 생략하고 직접 재공품원재료비계정에 기입한다.

① 기초재공품원재료비와 당기투입원재료비를 가산하고 기말재공품원가재료비를 차감하여 완성품원재료비를 산정한다. ② 가공비중 개별비는 직접부과하고, 공통비는 적정한 배부기준에 의하여 배부한다. ③ 보조부문가공비를 적정한 배부기준 및 배부법에 의하여 각공정에 배부한다. ④ 제1공정의 당기총가공비용에 기초재공품중에 포함된 가공비를 가산하고, 기말재공품비중에 포함된 가공비를 차감하여 제2공정에 대체한다(누가법에 의하는 경우). ⑤ 제2공정의 당기 총가공비와 기초재공품가공비의 합계액으로부터 기말재공품가공비를 차감하여 완성품의 가공비를 산정한다.

조별 공정비로 계산하는 경우에도 조중에는 위에서 설명한 바와 같은 계산을 한다.

각 공정에서 단일품종의 제품이 생산되고, 그것을 제품의 형태·크기·품위 등에 따라 등급구분을 하는 경우에는 등급별계산을 한다. 각 공정에서 복수품종의 생산물이 결합되어 생산되는 경우에는 각생산물의 가치적 중요도에 따라 주·부제품(主·副製品) 또는 연산품의 원가계산을 한다.

(1) 공정별종합원가의 계산

공정별종합원가계산에 있어서 공정은 이미 설명한 바와 같이 반제품(半製品)이 산출(産出)되는 단계와, 작업의 동일성을 기준으로 하여 설정한다.

또 최종공정에서 가공된 완성품은 그 공장의 제품이 되지만 최종공정 이외의 공정에서 가공된 각 공정의 완성품은 반제품이라 부른다. 그러한 반제품은 순차(順次)로 다음 공정에 보내어 진다.

예를 들면 A공장에서는 제1, 제2, 제3의 3개의 연속된 공정에서 제품의 제조를 하게 되면 원재료(50개) 100원을 투입하여 제1공정, 제2공정, 제3공정의 가공비가 각각 70원, 90원, 60원이 될 때 각 공정의 원가는 다음과 같이 된다.(단, 월초 월말에 있어서 재공품은 없다.)

공정별 종합원가계산	

	제1공정	제2공정	제3공정
재 료 비	100원	170원	260원
가 공 비	70	90	60
	170원	260원	320원

이 계산에 의하면 제1공정의 반제품 170원을 제2공정에 보내면 제2공정에서는 재료로 되어 가공되고, 제2공정의 반제품 260원은 제3공정에서 가공되고 제품으로 된다.

제품의 원가는 제2공정의 반제품 260원에 제3공정의 가공비 60원을 가산하여 산출한다.

원가계산표의 작성

(2) 원가계산표의 작성

그리고 앞의 공정으로부터 보내어진 반제품은 그 공정에서는 재료가 되므로 이러한 것을 재료비로 표시하여야 되겠지만 원가계산에서는 이를 공정대체비(工程代替費)라 불러 다음과 같이 기입하여 원가계산표를 작성한다.

<u>원 가 계 산 표</u>

구 분	제1공정	제2공정	제3공정
재 료 비	100원	-	-
가 공 비	70원	90원	60원
공정대체비	-	170원	260원
계	170원	260원	320원
완 성 량	50개	50개	50개
단 위 원 가	3.40원	5.20원	6.40원

이 관계를 계정기입의 형식으로 도해하면 다음과 같다.

```
     제1공정              제2공정              제3공정
  100 | 170           170 | 260           260 | 320
   70 |                90 |                60 |
  170 | 170           260 | 260           320 | 320
```

그리고 공정별종합원가계산기입을 간단하게 나타내면 다음과 같다.

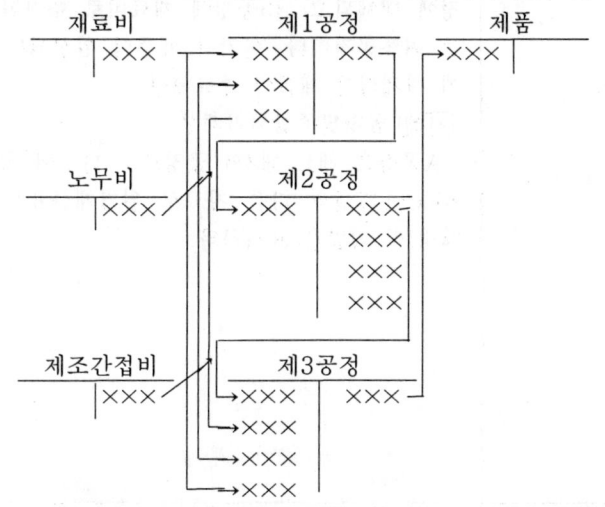

이 도해(圖解)를 구체적으로 표시하면 다음과 같다.

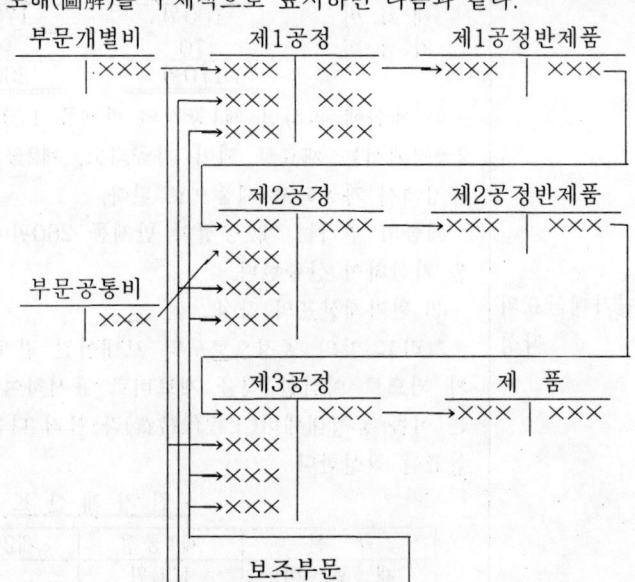

위 도표를 설명하면 제조부문을 제1, 제2, 제3의 3개의 공정으로 하는 경우에 각 원가요소중 부문별로 직접 파악될 수 있는 부문개별비는 각 공정 및 보조부문비계정에 대체하고, 각 부문에 공통으로 발생한 부문공통비는 일정의 배부기준에 의하여 각 부문에 배부한다.

다음에 보조부문비를 공정에 배부하는데 그 결과 각 공정에는 각각 원가요소가 대체된다. 또 제1공정을 통과하여 형성된 반제품의 원가는 제1공정 반제품계정에 대체되고, 이는 제2공정 재료비로 추가된다.

마찬가지로 제2공정을 통과하여 형성된 반제품은 제2공정반제품계정에 대체되고 제3공정에 재료비로 추가된다. 제3공정은 이 예시에서는 최종공정이다. 여기서 제품이 완성되면 제품이 결정되며 제품계정에 대체되어 계산이 종료된다.

사례 공정별종합원가계산

A공장은 제1, 제2의 공정으로 나누어 공정별원가계산을 하고 있다. 2000년 7월의 다음 자료로 원가계산표를 작성하고 제공품계정(제조계정)의 기입을 표시하라.

《자료》

	제1공정	제2공정
월초재공품량	300개	300개
진 척 도	60%	50%
원 가	900원	3,000원
당월제조비용	15,000원	20,000원
완 성 품 량	1,500개	1,400개
당월재공품량	200개	400개
진 척 도	40%	50%

《해답》

(1) 우선 제1공정 원가의 계산을 하고, 이를 제2공정에 대체하여 제품원가를 산출한다.

<제1공정원가>

월말재공품량 = $(900+15,000) \times \dfrac{200 \times 0.4}{1,500+200 \times 0.4}$ = 805원

제1공정완성품원가 : 900+15,000-805 = <u>15,095</u>

<제2공정원가(제품원가)>

월말재공품원가 = $(3,000+20,000+15,095) \times \dfrac{400 \times 0.5}{1,400+400 \times 0.5}$ = <u>4,762</u>원

제2공정완성품원가 : 3,000+20,000+15,095-4,762 = <u>33,333</u>

이상의 계산으로 다음과 같은 원가계산표를 작성한다.

원 가 계 산 표

구 분	제1공정	제2공정	합 계
월초재공품	900원	3,000원	3,900
당월제조비	15,000	20,000원	35,000
전공정대체비	-	15,095	-
소계	15,900	38,095	38,900
월말재공품	805	4,762	5,567
합계	15,095	33,333	33,333
완성수량	1,500개	1,400개	
단가	10,060원	23,809원	

(2) 재공품계정(제조계정)의 기입은 다음과 같다.

제 1 공 정

월초재공품	900	제 2 공 정	15,095
당월제조비	15,000	월말재공품	805
	15,900		15,900

제 2 공 정

월초재공품	3,000	제 품	33,333
당월제조비	20,000	월말재공품	4,762
	15,092		
	38,095		38,095

|사례| 공정별종합원가계산표의 작성

다음 자료에 의하여 부문비계산표 및 누가법에 의한 공정별종합원가계산표를 작성하라.(반드시 계산과정을 표시할 것)

《자료》

(1) 당기제조비용

① 부문개별비

제1공정	제2공정	제3공정	동력부	수선부	공장사무부
994,000원	828,000원	776,000원	100,000원	60,000원	40,000원

② 부문공통비의 합계는 400,000원이고, 배부비율은 다음과 같다.

제1공정	제2공정	제3공정	동력부	수선부	공장사무부
5	5	6	2	1	1

③ 보조부문비의 배부는 다음비율에 의하여 직접배부법으로 한다.

구 분	동 력 부	수 선 부	공장사무부
제1공정	4	4	3
제2공정	3	4	3
제3공정	3	2	4

(2) 당월작업보고

구 분	제1공정	제2공정	제3공정
완성품수량	1,000	980	950
기말재공품수량	100	130	140
진 척 도	40%	60%	50%
감 손	-	10	20
파 손 품	20(진척도50%)	-	-

(3) 기초재공품

구 분	제1공정	제2공정	제3공정
수 량	150	120	130
진 척 도	40%	40%	40%
원 가	165,000원	231,000원	180,000원

(4) 제2공정의 감손은 제품(제2공정완료품)에만 부담시키고, 제3공정의 감손은 제품과 기말재공품 양쪽에 부담시킨다. 단, 감손량의 환산은 필요없다.

(5) 파손품(공손품)의 제조비용은 원가외의 손실로 처리한다.

(6) 기말재공품평가에 있어서, 제1공정은 평균법, 제2공정은 선입선출법, 제3공정은 후입선출법에 의하여 계산한다.

(7) 제2공정 기초재공품원가 231,000원중에는 전공정비 160,000원이 제3공정 기초재공품원가 180,000원중에는 전공정비 120,000원이 포함되어 있다.

《해답》

(1) 부문비계산표의 작성

① 부문공통비의 각부문배부
  제 1 공 정 40,000×5/20=100,000원
  제 2 공 정 40,000×5/20=100,000원
  제 3 공 정 40,000×6/20=120,000원
  동 력 부   40,000×2/20=40,000원
  수 선 부   40,000×1/20=20,000원
② 보조부문비의 배부
  ㉮ 동력부
    제 1 공 정 (100,000+40,000)원×4/10=56,000원
    제 2 공 정 (100,000+40,000)원×3/10=42,000원
    제 3 공 정 (100,000+40,000)원×3/10=42,000원
  ㉯ 수선부
    제 1 공 정 (100,000+20,000)원×4/10=32,000원
    제 2 공 정 (100,000+20,000)원×4/10=32,000원
    제 3 공 정 (100,000+20,000)원×2/10=16,000원
  ㉰ 공장사무부
    제 1 공 정 (100,000+20,000)원×3/10=18,000원
    제 2 공 정 (100,000+20,000)원×3/10=18,000원
    제 3 공 정 (100,000+20,000)원×4/10=24,000원

부 문 비 계 산 표

비목	합계	제 조 부 문			보 조 부 문		
		제1공정	제2공정	제3공정	동력부	수선부	공장사무부
부문개별비	2,788,000	994,000	828,000	766,000	100,000	60,000	40,000
부문공통비	400,000	100,000	100,000	120,000	40,000	20,000	20,000
	3,188,000	1,094,000	928,000	886,000	140,000	80,000	60,000
동 력 부 비		56,000	42,000	42,000			
수 선 비		32,000	32,000	16,000			
공장사무부비		18,000	18,000	24,000			
	3,188,000	1,200,000	1,020,000	968,000			

(2) 공정별종합원가계산표 작성

$(165,000+1,200,000)원 \times \dfrac{100 \times 0.4}{1,000+20 \times 0.5+100 \times 0.4} = 52,000원$

$(165,000+1,200,000)원 \times \dfrac{20 \times 0.5}{1,000+20 \times 0.5+100 \times 0.4} = 13,000원$

...... 파손품원가

제2공정기말재고품 원가

자공정비 $1,020,000원 \times \dfrac{130 \times 0.6}{980-120 \times 0.4+10+130 \times 0.6} = 78,000원$

전공정비 $1,300,000원 \times \dfrac{130}{980-120+10+130} = 169,000원$

기말재공품원가 78,000원+169,000원=247,000원

제3공정기말재고품원가

자공정비 $(60,000+968,000)원 \times \dfrac{140 \times 0.5-130 \times 0.4}{950-130 \times 0.4+140 \times 0.5} = 78,000원$

전공정비 $(120,000+2,304,000) \times \dfrac{140-130}{950-130+140} = 144,000$원

기말재공품 원가 78,000원 + 144,000원 = 222,000원

공정별원가계산표

원가항목	제1공정	제2공정	제3공정	합계
기초재공품원가	165,000원	231,000원	180,000원	576,000원
당기제조비용	1,200,000	1,020,000	968,000	3,188,000
소 계	1,365,000	1,251,000	1,148,000	3,764,000
전공정대체액	-	1,300,000	2,304,000	-
기말재공품원가	(-)52,000	(-)247,000	(-)222,000	(-)521,000
파손품원가	(-)13,000	-	-	(-)13,000
완성품원가	1,300,000	2,304,000	3,230,000	3,230,000
완성수량	1,000	980	950	-
단위원가	@1,300원	@2,251원	@3,400원	-

[사례] 공정별원가계산의 분개

A공장에서는 제1, 제2의 2개의 공정으로부터 공정별원가계산을 하고 있다. 2004년 4월 중의 제조원가에 대하여 다음 자료에 의하여
① 공정별원가계산을 하는 분개를 하라.
② 계정기입을 하라.
③ 공정별원가계산표를 작성하라.

《자료》
① 4월 중의 재료 사용액
   제 1 공정 ··· 22,500원
   제 2 공정 ··· 22,475원
② 4월 중의 노무비 발생액
   제 1 공정 ··· 11,250원
   제 2 공정 ··· 15,225원
③ 4월 중의 제조간접비 발생액
   제 1 공정 ··· 6,750원
   제 2 공정 ··· 14,500원
④ 4월 중의 재공품(월초재공품은 없음)
   제 1 공정 ··· 6,500원
   제 2 공정 ··· 6,050원
⑤ 4월 중의 산출량
   제 1 공정 ···   500개
   제 2 공정 ···   420개

《해답》
〈분개〉

(차)	제1공정	40,500	(대)	재 료	22,500
				노 무 비	11,250
				제조간접비	6,750
(차)	제2공정	86,200	(대)	제 1 공 정	34,000
				재 료	22,475
				노 무 비	15,225
				제조간접비	14,500
(차)	제 품	80,150	(대)	제 2 공 정	80,150

제 1 공 정

재 료	22,500	제 2 공 정	34,000
노 무 비	11,250	월말재공품	6,500
제조간접비	6,750		
	40,500		40,500

제 2 공 정

제 1 공 정	34,000	제 품	80,150
재 료	22,475	월말재공품	6,050
노 무 비	15,225		
제조간접비	14,500		
	86,200		86,200

공정별종합원가계산표

구 분	제1공정	제2공정	합 계
재 료 비	22,500원	22,475원	44,975원
노 무 비	11,250원	15,225원	26,475원
제조간접비	6,750원	14,500원	21,250원
전공정대체비	-	34,000원	-
소 계	40,500원	86,200원	92,700원
월말재공품	6,500원	6,050원	12,550원
합 계	34,000원	80,150원	80,150원
완 성 수 량	500개	420개	-
단 가	68원	19,083원	-

공 정 연 구
(工 程 硏 究)
(Process Research)

[의의] 공정연구는 작업계열을 대상으로 하는 연구이다. 작업계열로서 고려되는 것은 하나는 제품에 관하여 고려하는 것으로 소재에서 완성품이 되기 까지의 사이에 이루어지는 모든 작업을 그 발생순서에 따라 살핀 것이다. 이러한 연구를 제품공정연구라고 한다. 또 하나는 작업자에 관하여 고려하는 계열이며, 동일한 작업 또는 작업자군이 1일

공 통 비 (共 通 費) (Common Cost)	또는 수일 사이에 여러 가지 작업을 하는 경우에, 이것을 발생순서에 따라 살핀것이다. 이러한 연구를 작업자공정연구라고 한다. [설명] 연구방법을 대별하면 다음의 4가지가 있다. [의의] 공통비란 원가계산상 개별비와 대비한 개념이다. 원가부문·기계설비·제품 등으로 보아서, 발생한 원가로 간접적으로만 계산할 수 없는 것을 말한다. 종류를 달리하는 재고자산을 일괄하여 매입, 그 인수운임을 일괄지급하면 이 인수운임은 개개의 재고자산에 계산할 수 없는 공통비이다. 이 경우의 공통비는 인위적인 기준을 마련하여 각 자산에 배부하지 않으면 안된다.

공헌이익
(貢獻利益)
(Contribution Margin)
	[의의] 공헌이익이란 매출액에서 변동원가를 차감한 잔액으로서 고정원가를 회수하고 이익을 창출하는 데에 공헌하는 몫이다.
	[설명] 공헌이익법 또는 공헌차익법(Contribution Approach)은 최초에 판매부문에서의 지역별·제품별의 이익관리방법으로서 발전되어 왔다. 그러므로 이 방법은 실제로 달성한 이익업적의 측정에 이용되었을 뿐만 아니라 예산 또는 특수조정이 필요한 의사결정에도 적용되었던 것이다.
	  이 공헌이익법이 직접원가계산에 의한 한계이익과 결부되어, 직접원가계산은 공헌이익법에 의한 계산이라 하며, 한계이익과 공헌이익은 동의어라고 생각하였다. 그러나 제품별·지역별·경영부문별 등의 공헌이익은 한계이익만으로는 충분히 판단할 수 없으며, 그 지역·경영부문 등의 업무구분을 하여야만 발생할 기간원가도 포함시켜서 작업구분별의 손익업적목표설정과 업객평가를 하여야 하므로 공헌이익과 한계이익은 다른 것으로 보게 되었다. 즉, 개별적인 제품1단위의 공헌이익은 한계이익 또는 단위당의 한계이익으로 표시되지만, 제품종류별의 공헌이익은, 이 제품종류에 대한 한계이익으로부터 그 제품종류에 직접 부담시킬 기간원가부분을 차감한 것이며, 제품군별·경영부문별·판매지역별의 공헌이익도 동일하게 산정할 수 있다.
	  그러므로 한계이익과 공헌이익과를 동일시 하는 경우에도 퍼포먼스·마진(Performance Margin)이라고 하던 것을 오늘날 공헌이익이라고 하는 경우가 많다. 따라서 공헌이익이란 기업의 일정구분에 귀속시킬 수 있는 매출수익과 그 매출수익에 직접부과할 수 있는 모든 원가와의 순차익이라고 정의할 수 있다. 그것은 이 구분외의 다른 것과 공통적으로 발생하는 종합단가의 보상과 이익의 발생에 이 구분이 얼마나 공헌하는가를 표시하는 것이며, 개별제품 또는 제품단위당의 공헌이익은 그 한계이익과 동등하지만, 기타의 구분에서는 공헌이익이 한계이익보다도 직접부과된 기간원가만큼 적다.
	☞ 손익분기점 (Break-even Point)

| 공헌이익률
(貢獻利益率)
(Contribution Ratios) | [의의] 공헌이익 또는 공헌차익에는, 그것을 직접원가계산상의 한계이익(Marginal Income)과 동의어라는 견해와 양자를 구분할 것이라고 보는 견해가 있다. 공헌이익률이 문제가 되는 것은, 공헌이익과 한계이익을 동일시 하는 경우이고, 따라서 현실적으로 한계이익률을 문제로 하게 된다.
　한계이익률과 구분되는 공헌이익률은 공헌이익과 매출액과의 비율로서 문제가 되는 일은 거의 없다. 중요한 것은 투자에 대한 공헌이익이다. 제품종류별·제품군별·경영부문별의 이익업적을 그 업무구분별의 투자액과의 관계에서 평가하고, 업적목표를 계획설정하는 경우에 업무구분별의 투자액에 대한 공헌이익의 비율을 검토하게 된다. 이것에 대하여 손익분기점의 산정이나 희망이익을 확보할 수 있는 판매량의 산정, 가격결정, 제품조합의 결정 등에 이용되는 공헌이익률이란 한계이익률인 것이다.
[산식] 공헌이익=한계이익÷매출액
[설명] 공헌이익률은 1기간의 전체나 또는 제품단위당으로도 산정하여 이용할 수 있다. 그러나 다종제품으로 구성되는 경우는, 제품종류별의 공헌이익률이 중요하게 되고, 업무구분별의 공헌이익률이 중요하게 된다.
　공헌이익의 정보를 제공하는 이점(利點)은 다음과 같다.
　① 어떠한 제품의 생산·판매를 증가하면 이익이 얼마나 증가하고, 반대로 감소에 따른 이익감소는 얼마인지를 알수 있어서 제품조합의 결정에 유효하다.
　② 어느 제품종류의 생산·판매를 중지할 것인지의 결정에 유효하다. 공헌이익률이 프라스(+)인 경우에는 공통적인 기간원가와 이익의 감소에도 공헌하고 있으므로 단기적인 결정을 하는데는 특히 유효한 것이다.
　③ 가격인하·할인·특수한 판매노력 등의 결정에 도움이 된다. 일반적으로 공헌이익이 높을수록 판매촉진을 하는 것이 좋다.
　④ 희망이익의 확보에 필요한 판매량은, 기간원가와 이익의 합계를 공헌이익률의 역수(1-공헌이익률)로 나누면 쉽게 구할 수 있다. |
| 공헌차익
(貢獻差益)
(Contribution Margin) | [의의] 공헌차익법 또는 공헌이익은 직접원가계산에 의한 손익계산, 특히 제품, 판매지역, 고객별의 업적계산에서 각기 그 수익에서 그 직접비(개별비)를 차감하여 산정된다. 이 경우에는 고정비(공통비)를 배부한 뒤의 경영구분 순이익을 구하고 당해 경영구분의 증분수익과 증분원가를 비교하여, 그것이 전체에 얼마나 공헌하는지를 증분이익에 의하여 판정하는 방식을 채택한다. 이러한 방식이 당해 경영구분에 대한 관리책임자의 책임수행상황을 평가하는 데에 적합하다고 보기 때문이다. 또 이러한 방법은 이익계획에서의 공헌을 강조하는 데도 도움 |

이 된다. 즉, 기업활동에 따라 발생하는 고정비는 기업활동의 준비과정에서 발생하는 것이고, 그것은 준비한 시설의 이용에 의하여 그 총액을 변화시킬 수도 없는 것이다.

[설명] 기업은 그 고정비와 이익과를 합계한 총액인 공헌이익 또는 한계이익을 최대로 하여 이익을 최대로 하는 것을 목표로 하고 있기 때문이다. 어느 기업이 사업부제를 채택하고, 재무제표의 분석결과 기간이익이 저하되고 있음을 알고, 각 사업부의 업적을 평가하려고 한다면, 손익계산서에 기재된 매출액은 외부보고용으로 계산되었기 때문에 매출총액만을 표시하는데 불과하며, 이 매출총액으로부터 사업부별의 순이익은 계산할 수 있지만, 이것은 각사업부의 업적평가의 척도가 될 수 없다. 왜냐하면, 그와 같이 계산한 순이익은 사업부책임자에게는 관리불능한 본사비나 서비스·센타·코스트의 부담액이 산입되고 있기 때문이다. 이것들을 제거하면 당해 사업부가 기업체에 대하여 공헌한 정도를 알 수 있어서 경영관리에 유효한 것이 된다.

매출액에서 한계원가(Direct Cost)를 차감한 것이 한계이익이고, 이 한계이익에서 관리가능한 고정비를 차감한 것이 관리가능이익이며, 이 관리가능이익에서 관리불능비를 차감한 것이 공헌이익이다. 이 공헌이익에서 당해사업부 이외의 곳에서 발생한 고정비를 차감하면 순이익(당기업적이익)이 된다.

이상의 이익개념은 고정비개념과 표이의 관계에 있으며, 이것은 다음의 손익계산서에 의하여 해석할 수 있을 것이다.

<u>사업부손익계산서</u>

매출액	380,000원
직접원가	150,000원
한계이익	230,000원
관리가능사업부고정비	100,000원
관리가능이익	130,000원
관리불능사업부고정비	75,000원
공헌이익	55,000원
사업부외고정비배부액	25,000원
과세전순이익	20,000원

공헌이익은 기업전체에 대한 사업부의 공헌도를 표시하며, 경영자가 사업부에 투자하는 경우에 의사결정의 기초자료가 된다.

과업관리
(課業管理)
(Task Management)

[의의] 노동자의 과업을 합리적으로 결정하고, 이것에 의하여 임률의 결정(Rate-Making)을 합리화하고 생산의 계획적실시를 하는 제도가 과업관리이다.

[설명] "테일러"가 관리의 초보적 형태인 추세관리(Drifting Managment)에 대하여 자기의 관리방식을 과업관리라고 하였고 Taylor

System이라고도 한다.

과업관리의 중심이 되고 있는 과업은 관리자의 경험에 따른 주관적인추측(Guess Work)에 의한 전습적방법(Rule of Thumb Method)으로 결정되는 것이 아니고 시간연구에 따른 소위 과학적방법으로 결정되기 때문에 "테일러'에 의한 관리를 과학적 관리라고도 한다.

☞ **과학적관리법**

과학적관리법 **(科學的管理法)** (Scientific Management)	[의의] 작업과정에 있어서 노동자의 해태를 방지하고 최고능률을 발휘하게 하기 위하여 시간연구와 동작연구를 하여 노동의 표준량을 지시함과 동시에 임금은 일의 량의 다소에 따라 결정하여 노동자의 노동의욕을 높이고 능률을 증진케 하는 합리적인 작업관리의 방법이다. [설명] 과학적관리법은 종래와 같이 작업을 노동자의 의사・기능에 맡기는 일이 없이 기획 및 지도는 각각 특수한 능력이 있는 전문가가 담당하고 노동자는 이 기획과 지도에 의해서 지시된 대로 작업하면 자연히 능률이 향상되고 원가저하・이윤증가가 되도록 조직되어 있다. 그러나 이것은 노동자에 대하여서는 노동의 강화가 된다. 과학적관리법은 미국의 "테일러"에 의하여 비로소 제창되고, 그후 여러 사람들에 의하여 발전되어 오늘날에 이르렀는데, 창시자의 이름을 따서 "테일러・시스템"이라고도 한다. 그리고 이 방법이 광범하게 사용된 것은 산업합리화운동의 초기의 과정에 있어서이다.
관련원가와 **무관련원가** **(關聯原價와** **無關聯原價)** (Relevant Cost and Irrelevant Costs)	[의의] 개별계획설정시의 의사결정에는 2개이상의 대체안이 작성된다. 그중에서 주어진 조건하의 최적대체안이 선택된다. 이 경우에 개별계획의 성격이 투자액을 제외하거나 무시하여도 되는 경우에는, 주로 각 대체안에서 예상되는 이익과 비용을 기준으로 하여 비교계산하게 된다. 이러한 비교계산은 2개 이상의 것과 서로 관련시켜서 계산하는 과정인 것이다. 이 경우에 각 대체안 상호간에 비교되는 수익을 관련수익(relevant revenue)이라 하고, 비교되는 원가를 관련원가라고 한다. 각 대체안 상호간에 공통되는 동액의 원가를 무관련원가라고 한다. 즉, 관련원가는 여러 가지 대체안중 어느 것을 채택하는가의 의사결정에 의하여 영향을 받는 원가이다. 그리고 무관련원가는 어느 대체안을 선정해도 변화가 없는 원가이다. [설명] 대체안의 선택을 위한 원가비교에는 다음과 같이 4가지 방법을 생각할 수 있다. (1) 대체안에 관계가 없는 원가총액을 각 대체안별로 비교한다. (2) 대체안에 직접 관계가 있는 원가총액을 각 대체안별로 비교한다. (3) 대체안간의 상이한 원가항목만을 추출・계산・비교한다. (4) 각 대체안의 원가총액의 대수차(代數差)을 구한다.

	어느 방법에 의하여도 관련원가가 고려되어야 한다. 　이 경우에 관련원가는 비교계산상의 차액이 아니고 차액을 생기게 한 비목의 원가를 뜻한다. 즉, 증분원가나 매몰원가처럼 특수원가개념이 지니는 본래의 성질에 의한 것은 아니다. 예를 들면, 외주를 중단하고 제조능력에 여유가 있는 기계를 사용하여 자가제조할 것인가를 생각하여 본다. 　이러한 개별계획의 선정시의 특수원가조사에는, 여러 가지 특수원가개념을 사용하여 비교계산하며, 관련원가와 무관련원가와를 식별하는 것이 필요하다.
관리가능비 **(管理可能費)** (Controllable Cost, Controllable Expenses)	[의의] 관리가능비란 특정관리자가 통제하여야 할 비용을 말한다. 통상적으로 변동직접비 및 변동간접비를 말한다. [설명] 관리가능비는 어떤 계층의 경영관리자의 직접 관리에 복종하는 원가요소이다. 모든 원가는 어떤 경영관리자에 의하여 어떤 기간중에는 어느정도까지 관리할 수 있다고 본다. 예컨대 어떤 계층의 관리자로서는 관리가 불가능한 원가라 할지라도 상위의 관리자로서 관리는 가능할 수도 있다. 기간을 한정하지 않는다면 재산세와 감가상각비 등도 경영자의 의사결정을 거쳐서 관리할 수 있게 된다. 따라서 기간을 한정하지 않고 또 관리자를 특정하지 아니한다면 관리불능비는 없게 된다.
관리가능이익 **(管理可能利益)** (Controllable Profit)	[의의] 관리가능이익은 일반적으로 사업부제를 채택하고, 직접원가계산에 의한 사업부의 손익계산을 하는 경우에 산출되는 이익을 말한다. [설명] 사업부의 매출액으로부터 변동비(제조비용 뿐만 아니라 판매비 및 관리비중의 변동비를 포함한다)를 공제하여 공헌이익(Controllable Profit, 한계이익이라고도 한다)을 산정하고, 이것에서 당해 사업부의 관리가능고정비를 공제하면, 관리가능이익이 산출된다. 그러므로 관리가능이익을 계산하려면 모든 비용을 변동비와 고정비로 분해하고, 사업부에서 관리가능한 고정비와 관리불능한 고정비를 구별하여야 한다. 　　매출액　　　　　　××× 　→ 매출제품변동비　　××× 　→ 변동판매비및관리비　××× 　　공헌이익 　→ 관리가능고정비　　××× 　　관리가능이익　　　××× 　→ 관리불능고정비　　××× 　→ 사업부외비용　　　××× 　　순이익　　　　　　××× 관리가능이익은 당해 사업부에 관리책임이 있는 이익액이며, 이익계

관리가능차이 (管理可能差異) (Controllable Variance)	획·예산통제·업적평가를 위하여 중요한 이익개념이며, 책임회계제도 에서도 활용할 수 있는 것이다. 의의 미국에서 널리 이용되는 제조간접비의 차이분석은 2분법이며, 그것은 원가의 관리가능성이라는 관점에서 본 한 측면의 차이이다. 3분법에 의하면 예산차이와 능률차이를 합계한 것이 2분법에 의한 관리가능차이이고, 이것과 조업도차이를 대비시키게 된다. 설명 관리가능차이는 다음과 같은 계산식에 의하여 산정된다. 관리가능차이=표준작업시간에 대한 예산액-실제제조간접비 <실례> 어느 제조부문의 1개월간의 원가자료가 다음과 같다고 가정하여 본다. 실제제조간접비 1,300,000원, 실제생산량에 대한 허용표준작업시간 3,800시간, 고정비예산액 750,000원, 변동비율 100원 관리가능차이 : 실제생산량에 대한 허용표준작업시간의 예산액 변동비 3,800시간×100원= 380,000원 고정비 ·················· 750,000원 1,130,000원 실제제조간접비 ······················· 1,300,000원 - 170,000원 이 차이액은 3분법에 의한 예산차이와 능률차이의 합계액과 동등하다. 관리가능차이의 계산에서는 변동예산으로 실제생산량의 허용표준작업시간에 대하여 허용된 변동비액과 실제로 발생한 변동비액과의 차액을 계산하고, 그 차이는 책임별작업단위에 대하여 각비목별로 측정된다. ☞ 관리불능차이 (Uncontrollable Variance)
관리불능비 (管理不能費) (Uncontrollable Cost)	설명 관리의 가능성은 관리층의 상하에 따라 다르다. 예를 들면 임차료는 계약 체결권이 있는 수뇌부가 관리할 수 있지만 부문이하의 책임자는 관리할 수 없다. 대부분의 고정비는 단기적으로는 불변의 것이므로 관리불능비 (Uncontrollable Cost)이다. 고정비에는 E.E(Engineering Economy)로 발생액을 정할 수 있는 엔지니어드·코스트(Engineered Costs), 경영자의 의사결정에 의하여 프로젝트(Project)를 실시한 결과 발생하는 원가(Committed Costs), 경영자의 의사결정에 따라 당기의 발생액을 다소간 자유로이 변경할 수 있는 원가(Managed Costs)등이 있다. 그 중에서 매니지드·코스트는 시험비, 연구비, 선전비, 복리비, 후생비, 증여, 기부등이다. 이들은 다소는 관리가능한 비용이다. 그러나 커미티드·코스트는 기왕에 취득 사용되는 설비의 상각비·재산세·보험료 등이며, 이런 것은 상각방법의 변경, 세제의 개정, 부보액의 재심 등에 의하여서만 변화될 수 있고, 단기적으로 관리불능비이다.

	엔지니어드·코스트는 소비량을 E.E로 측정할 수 있으며 대부분이 변동비이지만, 간접노무비 등의 고정비도 있다. 　이러한 것들은 제조예산에 따라 E.E로 변화시킬 수 있으면 관리가능비가 된다. 고정비를 준비비(Care-taker Costs), 수반비(Enabling Costs), 임의비(Discretionary Costs)로 분류할 수 있다. 준비비는 조업을 중지해도 발생하는 시설비이고 수뇌부가 장기적으로 변화시킬 수 있는 것이다. 수반비는 조업을 중지하면 발생하지 않게 되며, 조업이 어느 단계를 넘으면 격증하는 불변비(예를 들면, 연료비나 임금 등)이다. 이것은 어느 정도 관리가 가능한 것이다. 임의비는 매니지드·코스트에 해당되는 것이고, 수뇌부에서는 관리가능한 것이다.
관리불능이익 **(管理不能利益)** (Uncontrollable Profit)	[의의] 기업이 사업부제를 채택하고, 직접원가계산방식에 의한 손익계산을 하는 경우에 필요한 이익개념의 하나이다. 　매출액과 변동비와의 차액을 공헌이익 또는 한계이익이라고 한다. 이 공헌이익을 두가지로 구분하여 관리가능이익과 관리불능이익으로 분석한다. 관리가능이익은 공헌이익에서 사업부로서는 관리불능한 고정비만을 공제하여 산정한다. 관리불능이익은 공헌이익에서 관리가능이익을 공제하여 산정한다. 구체적으로는 사업부고정비중의 관리불능부분과 사업부외비용과의 합계로서 계산된다. 그러므로 관리불능이익은 사업부에서 관리불능한 비용부분을 뜻하고 엄밀한 의미에서 이익이라고 볼 수 있는지가 의심스럽다. 그러나 이러한 이익개념이 필요한 이유로는, 사업부 또는 책임회계단위에서 발생하는 공헌이익중 그 사업부의 권한과 책임의 소재를 분명히 하는데 필요하기 때문이다.
관리불능차이 **(管理不能差異)** (Uncontrollable Viriance)	[의의] 제조간접비의 차이분석중 2분법에 의하면 관리가능비와 관리불능비로 구분된다. 관리불능차이는 2분법의 능률차이와 조업도차이를 합계한것과 예산차이(관리가능차이)와 대비하여 산정한다. 그리고 관리불능차이는, 보통 다음 산식에 의하여 측정된다. 　[산식]　관리불능차이=(표준작업시간×표준간접비율)-실제작업시간에 대한 허용예산액 　[설명] 어느 제조부문의 1개월간 원가자료가 다음과 같다고 가정한다. 　실제작업시간 4,000시간, 실제생산량에 대한 허용표준작업시간 3,800시간, 표준간접비율 25원(기준조업도 5,000시간, 예산액 12.5만원) 고정비예산액 75,000원, 변동비율 10원 　관리불능차이 : 　① 표준작업시간×표준간접비율(25원×3,800시간)=95,000원 　② 실제작업시간에 대한 허용예산액 　　변동비 10원×4,000시간=40,000원 　　고정비 ……………………………… 75,000원　115,000원

	−20,000원

이 차이는 내용적으로 3분법에서의 능률차이와 조업도차이의 합계액과 동등하다. 관리불능차이는 고정비의 표준예산액의 배부초과 또는 부족액으로 되어 있다. 그러므로 이 차이는 관리능력과는 관계없고 부문관리자에게는 책임이 없다.

광고선전비 (廣告宣傳費) (Advertising Expenses)

[의의] 광고선전비란 영업비를 기능별로 분류하여 판매비와 관리비로 한 경우에 판매비를 구성하는 원가요소의 항목이다. 그러나 구체적인 내용은 명확하지 않다. 다만, 그것이 기능별 분류에 따라 설정되고 있으므로, 그 내용은 기업의 광고선전활동에 의하여 발생되는 모든 비용을 포함한 것은 말할 나위도 없다. 그러므로 그것은 복합경비의 일종이고, 부문비계산의 시스템을 채택하는 경우에는 광고선전부문비로서 종합적으로 산정되는 것이다.

[설명] 따라서 광고선전비 중에는 광고계획비·광고작성비·광고모체비·광고조사비 등은 물론이고, 광고선전부문의 종업원의 급료·제수당·소모품비·여비교통비·지급수수료·광고콘테스트·팻숀쇼·DM광고를 위한 명부가입비등의 모든 광고선전활동을 위한 제비용이 포함된다. 그러나 일정기에 발생한 모든 광고선전비가 모두 그 기간의 비용으로서 할당되는 것은 아니다. 대부분의 것은 그 기간의 매출수익에서 회수될 것이지만 일부분은 차기 이후의 매출수익에서 회수될 것이다. 그러므로 그 효과가 추후의 기간에 미치게 되는 부분은 고정자산계정으로 처리하고 적절히 상각을 하여야 한다.

구매부문분석 (購買部門分析)

[의의] 구매부문분석이란 생산활동과 판매활동에 필요한 시기·장소에 적절한 품질·수량 등의 구매부문의 활동성과를 분석하는 것을 말한다.

[설명] 구매활동은 생산활동과 판매활동에 밀접한 관계가 있으며, 필요한 시기와 장소에 적절한 품질·수량의 것을 저렴한 가격으로 구입·조달할 것이 요망된다. 그러므로 구매부문의 활동성과를 판단하기 위해서는 다음과 같은 사항들이 검토되어야 한다.

· 재고량의 적부(경제적재고량과 실제재고량의 대비)
· 구매량의 적부(경제적구매량과 실제구매량의 대비)
· 구매기간의 적부(최저표준재고량과 실제재고량의 대비)
· 구매의 효율 …… 과부족율, 감모율, 파손율
· 하청의 적부 …… 자가생산과 하청발주와의 원가비교
　　　　　　　　　자가생산과 하청발주와의 불량률 비교
· 구매경비의 효율(생산액 대 구매비 비율)

구별원가계산

[의의] 배취생산방식은 연속생산(Contionous Process Production)의

(區別原價計算) (Batch Costing)	방식과 대비되는 것으로서, 특정수량의 원재료 또는 반제품을 일정기간에 가공처리하여, 이것이 다른 산출롯트와 명확히 구분되는 것이다.
구 속 시 간 **(拘 束 時 間)** (Portal-to-Portal Hour)	의의 구속시간이란 근무장소에서 신체가 구속되는 시간을 말한다. 구속시간의 내용은 취업시간(실동시간+부동시간)과 피로회복시간으로 되어 있다.
취업시간	설명 (1) 취업시간 : 취업시간이란 노동협약에 따라 작업자가 공장에 제공하는 시간을 말하며, 이 시간은 명령에 따라 주어진 작업을 수행하기 위한 시간이고, 임금지급의 대상이 되는 시간이다. 이러한 시간을 작업자시간이라고도 하며, 이것에 대하여 정기휴계시간 및 노동조합에서의 출석시간·사용외출시간·자기책임하의 직장이탈시간은 임금지급의 대상이 되지 못한다.
실동시간	(2) 실동시간 : 실동시간이란 가공작업에 대한 시간이고 가공시간과 준비시간으로 구분할 수 있다. 전자는 기계운전중의 조업시간이고, 후자는 재료·가공품 등의 가공준비나 검칙 등에 필요한 시간이다.
부동시간	(3) 부동시간 : 부동시간은 이것을 대기시간·회복시간 및 기타의 부동시간으로 구분된다. 대기시간은 관리상의 불비로 인하여 생기는 부동시간이며, 예를 들면 작업지시의 지연, 재료수배의 불비, 설비·공구 등의 정비부족, 선행공정의 장애, 불의의 기계고장, 외부로부터 동력공급의 중단 등에 의한다.
회복시간	(4) 회복시간 : 회복시간이란 작업자의 피로회복에 필요한 오전·오후의 중간휴계시간을 말한다. 이러한 시간은 그 성질상 임금지급의 대상이 될 것이며, 대상 외로 있으면 이것을 정시휴계시간에 포함시킨다.
기타부동시간	(5) 기타의 부동시간 : 기타의 부동사건은 이유없이 작업자가 지연시키거나, 조퇴하거나, 작업기계에서의 일시적 이탈시간 등 작업자가 책임을 져야 할 시간을 말한다.
구입가격차이 **(購入價格差異)** (Purchase Price Variance)	의의 실제원가계산 제도하에서 구입가격차이는 재고자산의 구입가격을 예정가격으로 계산함으로써 생기는 원가차이를 말하며, 예정구입금액과 실제구입금액과의 차이다. 그리고 표준원가계산제도하에서는 재고자산의 구입가격을 표준가격으로 계산하므로 실제구입가격과의 차액이 생기고, 이 원가차이는 표준구입가격과 실제구입가격과의 차이에 다 실제구입수량을 곱하여 산정한다. 이 경우에 표준구입수량을 곱하여 산정하는 편이 정확하지만, 실제구입수량과 표준구입수량과의 차이인 부수차이는 가격차이와 소비량차이와의 공동결과이고, 이론상 이 양자는 적정비율에 의하여 재배분될 성격의 것이다. 그러나 배분에 따르는 번잡성 때문에 보통 부수차이는 가격차이에 포함시킨다. 설명 원가차이가 생기는 경우에는 그 차이를 분석해야 한다. 왜냐하

구입가격회계	면 적정한 제품원가와 손익을 확정하기 위해서와 원가관리를 하기 위하여 필요하기 때문이다. 이 차이를 계산하는 시점은, 재고자산의 구입시나 소비시 또는 제품완성시의 3가지 방법이 있다. 원가관리를 위하여는 가격차이를 조기에 발견할 것이 필요하므로 구입시에 분석되는 것이 바람직하다. 다만, 이 방법에 의하면 미소비분의 재고자산도 예정가격 또는 표준가격으로 산정되므로 기말의 재고자산을 평가할 때 미소비분에 대한 가격차이를 조정해야 한다. 　구입가격차이의 회계처리는 다음과 같은 여러 방법에 의한다. 　① 매출원가에 가감한다. 　② 영업외손익으로 계상한다. 　③ 매출원가와 기말재공품에 배분한다. 　위 ①과 ②는 표준원가만이 진정한 원가라는 사고방식에 상통되는 방법이고, ③의 방법은 실제원가가 진정한 원가라는 사고방식에 통하는 것이다. 미국에서는 ①의 방법이 많이 채택되고 있으며, 우리나라와 일본에서는 ②와 ③의 방법이 이용되고 있다.
구 입 원 가 (購 入 原 價) (Purchase Cost)	의의 구입원가란 구입에 있어서 지급한 대가에 매입제비용(부수비용)을 포함한 가액을 말한다. 　설명 고정자산이란 재고자산의 매입에 있어서 회계상은 이 가격이 원칙으로 기록된다. 매출손익의 산정, 감가상각비계상의 기초로서 가장 중요시되어 신뢰할 수 있는 원가이다. 구입원가의 산정에 있어서 가장 문제가 되는 것은 부수비용의 취급이다. 보통 부수비용은 다음의 3가지로 나누어진다. 　① 인수운임·하역비·운임보험료·구입수수료·관세 등 그 구입에 소요한 인수비용 　② 매입사무·검수·정리·선별·손질 등에 소요한 비용 　③ 기타의 이관비 등에서의 부수비용 　위 ①의 비용은 구입원가에 포함하는 것이 세법상 강제되어 있으며, 회계이론상에서도 원칙으로 승인된다. 그리고 위 ②③은 그 금액이 자산의 구입대가가 대개는 3% 이상이 되었을 때에는 취득가액으로 하고, 그렇지 아니할 때에는 원가에 포함할 수 없게 된다. 그리고 회계이론상 위 ②의 비용은 간접적인 것이므로 원칙으로서 취득가액으로 하지 않는 입장을 취한다.
구입지령서 (購入指令書) (Purchase Orders)	의의 구입지령서란 원재료·반제품·기계설비·소모품 등을 외부로부터 조달구입하기 위하여 구매부가 발행하는 주문서를 말한다. 재료·설비 등을 구입하려면, 우선 담당부서(공정관리과·설비과 등)가 구입청구서를 발행하여 구입부서로 하여금 구입을 하도록 의뢰한다. 구입부서는 구입청구서에 의하여 요구재료를 구입하기 위하여 구입가

	격·구입조건 등을 조사하고, 구입처를 선정하는 동시에 구입지령서 (주문서)를 발행한다. [설명] 주문서에는 구입처·구입청구번호·재료규격·품명·도면번호·품질·단가·수량·납입기일·인도장소·인도조건·수송방법·대금결제방법 등을 명기해야 한다. 주문서는 회사를 대표하는 구입자가 구입처에 대하여 일정한 규격·품질·수량의 재료·설비의 매입을 신청하는 문서이며, 대외적으로 매입자·매출자간의 정식 구입신청이고, 사내적으로는 중요한 관리자료가 되는 것이다. 구입지령서는 적어도 2통의 부본이 필요하다. 하나는 공급자에게 또 하나는 참고로 보관하는 것이 필요하다. 　마이취(J.H.March, Cost Accounting, 1949)에 의하면 전형적인 경우에 7부의 부본이 필요하다고 한다. 　① 원표(Orignal Copy) … 공급자에게 보낼 것 　② 증표(Acknowledgement Copy) … 공급자에게 보내여 확인한 다음에 반환될 것 　③ 보존표(Binder Copy) … 구매담당 보존용 　④ 요구원증표(Copy to Depqrtment) … 구매요구한 부서의 보존용 　⑤ 회계표(Copy to Accounting Department) … 회계과용 　⑥ 수령표(Copy to Receiving Department) … 현품영수분문용 　⑦ 진도표(Follow-up Copy) … 구매진도관리용
금액관리제도 **(金額管理制度)** (Dollar Control System)	[의의] 금액관리제도는 금액을 기준으로 하여 소지상품을 관리통제하려고 하는 것이다. 판매계획에 있어서는 예산통제와 밀접한 관련하에 판매예산이 수립된다. 이 판매예산은 상품종별마다 또는 각 매장마다 할당된다. 즉, 각종 상품별 또는 각 매장별의 판매예산이 결정된다. 이어서 각종 상품별 또는 각 매장별의 표준소지액을 결정한다. [설명] 표준소지액의 산출은 일정기간에 있어서의 판매예산을 예정상품회전율로 나누면 된다. 이 표준소지액에서 그 기간내에 판매되어 감소한 금액이 매입예산이 되며, 이것에 입각하여 매입을 한다. 이러한 방법을 취하면 매입액은 소지상품의 감소에 따라 자동적으로 결정된다. 　이상의 금융관리제도는 매입예산을 결정하고 또 매입액을 결정하는 바, 어떠한 종류의 상품을 어느 정도 매입하는가는 표시되지 못한다. 이것을 보충하는 것으로서 수량관리제도가 있다. 　오늘날 백화점·연쇄점 등 대규모소매상경영에 있어서는 금액관리와 수량관리의 양제도를 병용하고 있는 곳이 많다. 금액으로 표시된 상품예산을 가장 효과적으로 운영하는 것이 수량관리제도이다. 이 양자는 전연 별개의 것이 아니라 상호보완의 관계에 있다.

급 료 (給 料) (Salaies)	<u>의의</u> 급료란 노동용역에 대한 대가로서 지급되는 급여 중, 특히 제조관계의 직원에 대하여 지급되는 급여를 말하며, 같은 노동의 대가로서 지급되는 임금 또는 잡급과는 수급자의 자격에 따라 구분된 것이다. 즉, 급료는 공장관계의 공장장·부장·과장 등의 관리감독층의 직원, 그리고 기술직원·사무직원 등에 지급되는 것이고, 주로 두뇌적·정신적 노동의 대가로서 지급되는 급여를 뜻한다. <u>설명</u> 급료는 기본급과 가급금(할증급료)으로 되어 있고, 기본급은 직무·학력·연령·근속·성적 등의 제요소로 구성된 급료의 기본적 부분이며, 이것에다 다시 조기출근수당·잔업수당·휴일출근수당 등의 할증급료 부분이 부가된다. 급료는 일반적으로 노동용역의 제공에 직접 비례하여 지급되지 않고 고정적 성격의 것이며, 월급제처럼 기간적 지급형태에 의한다. 급료를 대가로 하여 제공받는 노동용역은 그 성격상 그것의 소비와 제조작업과의 관계를 직접 파악할 수 없으므로 간접노무비로서 분류되고, 또 지급되는 급료액을 그대로 당해원가계산기간의 부담소비액으로 하는 것이 일반적이다.
급료계정 (給料計定) (Salaies Account)	<u>의의</u> 노무비를 형태별 분류에 따라 세분한 경우의 1과목이며, 공장장·부장·과장·계장·공장사무원 등 공장직원의 노동력에 대하여 지급되는 급여를 처리하는 계정이다. 급료는 통상월급이며, 지급급료액이 당해 원가계산기간의 발생노무비의 액과 일치한다. <u>설명</u> 기본급 - 급여의 기본이 되는 것으로서 승급, 상여, 퇴직금 등의 산정의 기초가 되는 것이다. 기본급을 정하는 방법은 년령·근속·학력 등을 기준으로 하는 속인적인 기준을 채택하는 방법과 직무급적인 방법이 있다. 따라서 기본급 중에는 년령급·학력급·근속 또는 경험급·능력급·직무급·특수작업급 등의 제수당 - 기본급 이외에 지급되는 급여로, 일반적으로 가족수당·지역수당·초과근무수당·주택수당·통근수당 등과 같은 것이다. 형태별분류과목인 급료계정에 차변기입된 급료는 간접노무비인 급료계정에 대체된다.
급 부 (給 付) (Output, Production, Service)	<u>의의</u> 급부란 일반적으로 일정시간단위 내에 이루어진 작업량을 뜻한다. 그러나 경영상의 급부는 경제활동 자체를 뜻하기도 하고, 경영활동의 결과(Output)를 뜻하기도 한다. 기업은 기업목적을 위한 경제구성체이므로, 각기 그 목적달성을 위한 경영활동 자체와 목적달성에 의하여 얻어진 성과를 뜻한다. <u>설명</u> 경제활동 자체를 뜻하는 급부는 작업시간 등의 작업량이나 에네르기소비량 등으로 표현되는데 대하여, 경영활동의 결과를 뜻하는

급부의 예로서는, 노동급부 · 기계급부 · 전력급부 등이라고 하는 경우이고, 원가계산에서는 원가를 급부에 관련시켜서 파악한 재화의 소비라고 정의한다. 이 원가계산상의 원칙에 대응하는 급부는 경영활동의 결과의 뜻으로 쓰이는 급부이다. 즉, 주로 활동결과인 급부이다.

구매 · 제조 · 판매 · 관리 등의 경영기능별원가에 대응하는 기능별급부도 활동결과인 급부라고 보아야 한다. 이러한 급부는, 제조기능에서 제품 · 반제품 · 재공품 또는 용역이 있고, 또 부문급부에서 각 부문의 생산물 및 용역을 생각할 수 있다. 보조부문급부라고 하는 경우에도 그러하다. 그리고 급부는 수익의 개념과 일치되는 것은 아니다.

기 간 계 획
(期 間 計 劃)
(Period Planning)

[의의] 기간계획은 일정한 기간에 설정된 목표를 실현하기 위한 계획이고, 이것을 개별계획(Project Planning)과 대비하여 보면 종합계획의 성격을 지니고 있다. 즉, 기간계획의 구체적 내용이 되는 계획은 생산계획 · 구매계획 · 설비계획 등의 개별계획에 의하여 형성되고 있다. 기간계획의 내용이 다수의 개별계획으로 되어 있다는 것은 기간계획이 계획으로서 독자성이 없다는 뜻은 아니다. 기간계획은 제개별계획을 내용으로 하면서, 각개별계획을 집합 · 조정 · 통합하여 기간계획으로 종합하는 주체성이 있는 것이다. 즉, 기간계획은 기간의 목표를 실현할 수 있도록 개별계획의 취사선택을 함으로써 개별계획을 규제하는 동시에 최종적으로 채택된 개별계획에 의하여 기간계획의 운명이 결정되는 상호관계에 있는 것이다.

[설명] 기간계획은 그 기간의 장단에 따라 장기기간계획과 단기기간계획으로 구분된다. 장기기간계획의 전형적인 것은 장기이익계획이고, 단기기간계획의 전형적인 것은 예산제도이며, 완전한 의미의 기간계획은 언제나 전반적인 예산에 의하여 표시된다. 장기이익계획의 경우에는, 그 내용을 형성하는 개별계획이 기본계획의 성격을 띠게 되며, 단기이익계획이나 예산속에 편성되는 개별계획은 주로 업무계획이 된다. 개별계획에서 활용되는 원가가 차액원가(Differential Costs)인데 대하여 기간계획에서 고려되는 원가는 전체원가의 집계액이고, 이 원가를 수익과 대응시킨 이익을 문제로 한다. 그리고 기간계획은 대개 예산제도로서 구체화되는 것이므로, 기간계획에서 원가나 차액원가가 아니고 전부원가에 의한다. 기간계획의 설정시에 변동비개념이 유효할 경우도 있다. 그러나 변동비는 조업도 이상의 요소인 가격이나 능률의 변동이나 관리방법에 따라 영향을 받으므로 특별한 주의를 해야 한다. 그러므로 최초에 변동비 개념을 이용하여 대체적인 추정을 하고, 다음에는 다른 변동요인을 참작하여 재검토할 것이 필요하다.

장기예산은 장래연도의 수익 · 비용 · 이익 · 자본 · 설비 · 요원 등의 달성목표로서 책정되고, 다시 이들의 목표는 단기예산에 의하여 수행된다. 장기종합계획은 장기개별계획을 종합적관점에서 조정 · 통

기 간 비 교 (期 間 比 較) (Periedic Comparison)	합하는 적정인 동시에 장기개별계획을 기업전체의 입장에서 재검토하는 과정이기도 한 것이다. ☞ **개별계획** (Project Planning) |의의| 기간비교는 경영분석에 이용되는 하나의 수법이며, 특정기업의 2기 또는 그 이상의 기간적 경영수치나 비율을 비교 검토함으로써 당해 기업의 안정성·수익성·유동성 등을 판단하는 것이다. |설명| 발전적으로 기간비교는 자기비교(Selbstvergleich)라는 내부분석의 수법으로서 이용되었지만, 최근에는 외부분석의 수법으로서 널리 이용되고 있다. 특히 분석자료로서 유가증권보고서와 같은 것이 채택되는 경우에는 내부분석과 동등한 정도의 분석결과를 얻을 수 있는 경우가 많다. 다만, 내부분석에 비하여 자료의 수집 및 처리에 있어서 불충분함을 면치 못하지만, 기간비교의 목적은 경영의 동향을 동태적으로 파악하려는 점에 있다. 비교대차대조표나 비교손익계산서 등을 작성하여 검토하여 보면, 그 동향을 알 수 있으며, 기간수는 많을 수록 더 유효하다. 그러나 너무 기간수가 많으면, 도중에 증자·경영구조의 변화·경제사정의 변화 등으로 인하여 비교장애가 생기기 쉽다. 만일 비교자료 중에 이와 같은 장애요인이 있는 경우에는 그것을 수정하여 비교가능한 것으로 하여야 한다.
기 간 원 가 (期 間 原 價) (Period Cost, Time Cost)	|의의| 원가는, 재무회계상 수익과 대응관계에 의하여, 제품원가와 기간원가로 구분된다. 기간원가는 일정기간에 있어서의 발생액을, 당기 수익에 직접 대응케 하여 파악한 원가이다. |설명| 일반적으로 제조원가는 제품원가라고 하고, 판매비와 관리비는 기간원가라고 한다. 그리고 시험연구비는 원칙적으로서 기간원가(판매비와 관리비)로서 취급한다. 기간원가는 기말재고액의 증감에 관계없이 전액이 당기의 비용으로 된다. 제품원가에 대해서는 그러하지 않다.(제품원가 참조) 전부 원가계산과 직접원가계산(제품원가는 변동비의 한정)은 제품원가와 기간원가의 내용이 다른 것에 주의하지 않으면 아니된다. 제품원가는 일정단위의 급부에 집계된 원가를 말하는 것으로서 대체로 그 개념이 일정하지만 기간원가에 대하여는 광의·협의의 해석이 있다. 즉, 광의에 있어서는 기간원가는 일정기간의 수익에 대응시켜 집계되는 제조원가도 포함한 모든 원가를 말한다. 제품원가와 대응시킨 경우의 협의에 있어서의 기간원가는 일정기간의 수익에 대하여 부과되는 제품원가 이외의 원가를 의미한다. 그러므로 제품원가와 기간원가와의 범위의 구별은 상대적이며 보통 매출품과 재고자산의 가격을 구성하는 모든 제조원가를 제품원가로 하고, 일정기간의 판매비와 관리비는 이것을 기간원가로 하나 경우에

따라서는 제조원가를 구성하는 일부원가요소는 판매비와 관리비와 더불어 이것을 기간원가라고 한다.

기계운전시간법의 배부법
(機械運轉時間法의 配賦法)

[의의] 기계운전시간법에 의한 배부법은 제조부문비는 기계운전시간에 비례해서 생긴다는 배부법이다. 기계작업이 생산활동의 대부분을 차지하고 있는 경우에 가장 합리적인 방법이다.

[설명] 기계운전시간법에 의한 배부법에는 다음의 2가지 계산법이 있다.

(1) 1제조부문에서 같은 종류의 기계를 운전하는 경우

$$제조부문비배부율 = \frac{제조부문비 \ 합계}{기계운전시간 \ 합계}$$

제조부문비배부액=특정제품의 기계운전시간×배부율

제조부문비 합계를 기계운전시간 합계로 나누어 배부율을 구하고 제품마다의 기계운전시간에 이 배부율을 적용시킨다. 예를 들어 제조부문비 합계 300,000원, 기계운전시간 500시간, A제품의 기계운전시간 100시간일 때

$$제조부문비배부율 = \frac{300,000원}{500시간} = 600원$$

A제품제조부문비배부액=100시간×600원=60,000원 이다.

(2) 1제조부문에서 다른 수종의 기계를 운전하는 경우

다음의 순서로 부문비배부액을 구한다.

① 제조부문비를 기계개별비・기계공통비로 나눈다.
② 기계공통비를 적당한 배부기준에 따라 기계마다 배부한다.
③ 기계마다 기계개별비와 기계공통비 배부액을 합계한다. 이것을 기계비라고 한다.
④ 기계비를 기계운전시간으로 나누고 기계율을 낸다.
⑤ 제품마다의 기계운전시간에 기계율을 곱한다. 이것이 제조부문 배부액이 된다.

[사례] 갑제품을 제조하기 위해 A기계에서 40시간, B기계에서 20시간 가공하였다. 이때 다음의 자료로서 갑제품의 간접비배부액을 구한다.

① 기계개별법 : A기계 85,100원, B기계 43,200원
② 기계공통비 : 건물감가상각비 36,000원, 동력비 27,000원
③

	면 적	마력수
A기계	20평	3마력
B기계	10평	2마력

※ 배부기준 건물감가상각비는 면적비, 전력비는 마력수비
④ 기계운전시간 : A기계 400시간, B기계 400시간

계산순서에 따라 기계공통비인 건물감가상각비와 전력비는 각각의

배부기준에 의해 A·B기계로 배부한다. 따라서 기계마다 기계비를 구하고, 이것을 기계운전시간으로 나누면 기계율을 얻을 수 있다. 그리고 갑제품에 대한 배부액이 나온다.

《해답》

건물감가상각비(면적)
- $36,000원 \times \dfrac{20}{30} = 24,000원$ … A기계
- $36,000원 \times \dfrac{10}{30} = 12,000원$ … B기계

전력비(마력수)
- $27,000원 \times \dfrac{3}{5} = 16,200원$ … A기계
- $27,000원 \times \dfrac{2}{5} = 10,800원$ … A기계

A기계비=85,400원+24,000원+16,200원=125,600원
A기계율=125,600원÷400시간=314원
B기계비=43,000원+12,000원+10,800원=66,000원
B기계율=66,000원÷400시간=165원
갑제품에 대한 간접비배부액은
40시간×314원+20시간×165원=15,860원 이다.

기 계 율
(機 械 率)
(Machine Rate)

[의의] 기계율이란 생산중심점(Production Center)별의 기계운전시간을 기준으로 하여, 그 생산중심점에서 발생하는 간접비의 1시간당의 금액을 말한다. 즉, 기계 1시간당의 원가를 기계율이라고 한다.

[설명] 기계율은 제조간접비를 지령서에 배부하는 기준으로 이용되는 경우에 다음의 산식에 의하여 산정된다.

$$\dfrac{1원가계산기간의\ 제조간접비총액}{동기간의\ 기계운전시간\ 합계} = 기계율$$

이것은 기계운전시간법(Vachine Hour Method)이라고도 하지만, 기계의 운전시간을 계산하는데, 기계의 종류 등을 구분하지 않고 일괄하여 총운전시간을 산출하는 방법과 기계를 종류별·성능별 등의 여러군으로 구분하고, 군별의 총운전시간을 산출하는 방법이 있다. 전자를 단순기계시간법이라 하고, 후자를 과학적기계시간법이라고 한다.

이상의 어느 방법에 의하여도 제조간접비를 당해 기계의 총체적 또는 군별로 집계하여야 하며, 이 집계된 제조간접비를 기계의 운전시간으로 나누어 기계시간당의 간접비액을 계산하게 된다. 이것이 기계율이다.

이와 같이 산출된 기계율에다, 이 기계군을 통과하는 각 지령서별의 작업시간을 곱하여 배부액을 산출한다. 이렇게 기계율은 간접비를 합리적으로 배부하는데 이용되지만, 오늘날 추정원가계산·IE 등의 생

| 기말재공품평가 (期末在工品評價) (Computing the Work in Process Inventory) | 산관리면의 발달에 따라 그 분야에서의 이용도가 높아지고 있다. 이 경우에는 개별적으로 특정기계를 대상으로 하여 기계율을 산출하기도 한다.

[의의] 기말재공품평가란 종합원가계산을 하는 기말재공품의 원가를 안분하는 것을 말한다. 즉, 종합원가계산을 하는 경우에 기말재공품이 있으면, 기초재공품의 원가와 당기제조비용을 당기완성품과 기말재공품에 안분하는 문제가 생긴다. 이 경우에 기말재공품에 원가안분하는 것을 종합원가계산상의 기말재공품평가라고 한다.

[설명] 일반적으로 기말재공품의 평가는 실제원가에 의하며, 전부의 원가요소(보통 직접재료비와 가공비로 분류한다)를 포함하고, 평균법·선입선출법·후입선출법의 선택적 적용이 인정되고 있다. 기초재공품원가와 당기제조비용은 원칙적으로 직접재료비(소재비)와 가공비로 구분되고, 기말재공품의 완성품환산량을 직접재료비와 가공비별로 산정한다. 기말재공품의 완성품환산량은, 직접재료비에 대하여 기말재공품 1단위에 포함되는 직접재료비량에 대비되는 비율을 산정한 다음, 이것을 기말재공품 현재량에 곱하여 계산한다. 가공비는 기말재공품의 완성정도(진척도)의 완성품에 대한 비율을 산정한 다음, 이것을 기말재공품 현재량에 곱하여 계산한다. 완성품에 대한 직접재료소비량의 비율이나 진척도가 상이한 기말재공품이 있는 경우에는, 평균적인 재료투입비율과 가공비율을 정하여 각기 기말재공품 현재량에 곱하거나 또는 롯트(Lot)별로 완성품환산량을 구하여 합계하면 될 것이다.

위에서 설명한 제관계를 기호화하여 다음과 같이 표현할 수 있다.

기초재공품원가 (W_o) ─┬─ 직접재료비 (W_o, m)
　　　　　　　　　　　　└─ 가공비 (W_o, c)

당기제조비용 (k) ─┬─ 직접재료비 (K_m)
　　　　　　　　　　└─ 가공비 (K_c)

완성품수량 (q)

기초재공품현재량 (W_o, j)

기초재공품 1단위에 포함된 직접재료소비량이 완성품의 그것에 대한 비율 (U_o, j)

(j는 재료투입비율 또는 완성정도가 다른 기초재공품의 롯트 번호로서, $j=1,2,\cdots\cdots,n$)

기초재공품의 직접재료비에 관한 완성품환산량

$$W'_o, m = \sum_{j=1}^{n} W_o, j \cdot U_o, j$$

기초재공품의 완성품에 대한 완성정도 (U_o, j)

기초재공품의 가공비에 관한 완성품환산량 |

$$(W'o, c= \sum_{j=1}^{n} Wo, j \cdot Uo, j)$$

기말재공품현재량(WI, j)

기말재공품의 직접재료비에 관한 완성품환산량

$$(W'I, m= \sum_{j=1}^{n} WI, j \cdot UI, j)$$

기말재공품의 가공비에 관한 완성품환산량

$$(W'I, c= \sum_{j=1}^{n} WI, j \cdot UI, j)$$

당기제조비용과 기초재공품원가는 평균법·선입선출법·후입선출법의 선택적용에 의하여 완성품과 기말재공품과에 안분되어 기말재공품원가가 산정된다.

(1) 평균법

당기의 직접재료비총액(기초재공품 및 당기제조비용 중에 포함된 직접재료비의 합계액)을 완성품수량과 기말재공품의 직접재료비에 관한 완성품환산량과의 비율에 의하여 기말재공품에 포함된 직접재료비를 계산하고 또 당기의 가공비총액(기초재공품 및 당기제조비용 중에 포함된 가공비의 합계액)을 완성품수량과 기말재공품의 가공비에 관한 완성품환산량과의 비율에 의하여 기말재공품에 안분하여 기말재공품이 부담할 가공비를 계산한다. 그리고 이와 같이 하여 계산된 기말재공품직접재료비와 기말재공품가공비와의 합계를 하면 기말재공품원가가 된다.

위에서 사용한 부호로 표현하면 다음과 같이 된다.

기말재공품원가(WI) ┬ 직접재료비(WI, m)
　　　　　　　　　　└ 가공비(WI, c)

평균법에 의한 기말재공품원가는 다음과 같이 표시된다.

$$WI, m = \frac{Wo, m + km}{q + WI, m} \cdot W'I, m$$

$$WI, c = \frac{Wo, c + Kc}{q + Wi, c} \cdot W'I, c$$

WI = WI, m + WI, c

(2) 선입선출법

당기제조비용 중에 포함된 직접재료비를, 완성품수량에서 기초재공품의 직접재료비에 관한 완성품환산량을 차감한 수량과 기말재공품의 직접재료비에 관한 완성품환산량의 비율에 의하여 기말재공품에 안분함으로써 기말재공품의 비율에 의하여 기말재공품에 안분함으로써 기말재공품의 직접재료비를 계산한다. 또 당기제조비용 중에 포함된 가공비를, 완성품수량에서 기초재공품의 가공비에 관한 완성품환산량과의 비율에 의하여 기말재공품에 안분함으로써 말재공품의 가공비를 계산한다. 다음에는 이와 같이 계산한 기말재공품직접재료비와 기말재공품가공비를 합계하면 기말재공품원가가 된다. 부호에 의하여 선입선출법의 적용과정을 표시하면 다음과 같다.

$$WI, m = \frac{Km}{q - Wo,m + WI,m} \cdot W'I, m$$

$$WI, c = \frac{Kc}{q - Wo,c + WI,c} \cdot W'I, c$$

$$WI = WI, m + WI, c$$

(3) 후입선출법

직접재료비 및 가공비별로, 기말재공품의 완성품환산량 중, 기초재공품의 완성품환산량을 초과하지 않은 부분은, 기초재공품 직접재료비와 기초재공품가공비에 각기 해당되는 기초재공품 완성품환산량에 대한 기말재공품 완성품환산량의 비율을 곱함으로써 이부분의 기말재공품원가를 계산한다. 기말재공품 완성품환산량이 기초재공품 완성품환산량을 초과하는 부분에 대하여는, 당기제조비용중의 직접재료비와 가공비와를 각기 초과하는 부분의 완성품환산량과 완성품수량과의 비율에 의하여 기말재공품에 안분한다. 기말재공품 완성품환산량이 기초재공품의 그것을 초과하는 경우에는 이 안분된 액과 기초재공품원가와의 합계액을 기말재공품원가로 한다.

부호를 사용하여 후입선출법에 의한 기말재공품원가의 계산과정을 표시하면 다음과 같다.

$W'I, m \leq W'o, m$의 경우

$$WI, m = Wo, m \cdot \frac{WI,m}{Wo,m}$$

$W'I, m \geq W'o, m$의 경우

$$WI, m = \frac{Kc}{Q + WI,m - Wo,m} \cdot (W'I, m - W'o, m) + Wo, m$$

$W'I, c \leq W'o, c$의 경우

$$WI, c = Wo, c \cdot \frac{Wi,c}{Wo,c}$$

$W'I, c \geq W'o, c$의 경우

$$WI, c = \frac{Kc}{q + (WI,c - Wo,c)} \cdot (W'I, c - W'oc) + Woc,$$

평균법에 의하면 완성품원가는 기초재공품원가의 영향을 받지만, 선입선출법에 의하면 당기제조비용이 당기제작량(기초재공품의 미완성부분과 당기착수하여 완성한 부분 및 기말재공품에 투입된 부분의 합계)에 배분되므로 기초재공품원가의 영향을 받지 않는다. 후입선출법에 의하는 경우에는, 기말재공품완성품환산량이 기초재공품의 완성품환산량보다 적은 때에 그 영향을 받게 된다.

이상의 계산에서 기말재공품에 포함된 직접재료소비량의 완성품직접재료소비량에 대한 비율이 기말재공품의 진척도와 반드시 비례되는 경우에는 직접재료비와 가공비와를 분할하지 않고 일괄계산할 수 있다. 또 제조원가가 주로 직접재료비·직접노무비 또는 가공비의 어느 것에 의하는 경우에는, 그 원가요소만으로 기말재공품원가를 계산하고, 다른 원가요소는 모두 완성품에 부담시키기도 한다. 이러한 방법은 기말재공품에 포함되지 않은 원가요소가 제조원가에서 차지하는 비중이 경미하거나 또는 계산이 곤란한 경우에 인정되는 것이다. 기말재공품의 수량이 매기 거의 일정한 경우에는 원가계산상 기말재공품의 평가를 생략하기도 하고, 일정한 가격으로 평가하기도 한다. 기말재공품의 진척도를 평가하기 곤란한 경우에는 가공정도를 50%로 간주한 평가를 하기도 한다. 그리고 예정원가 또는 정상원가를 기말재공품의 실제원가로 간주하는 경우에는 완성품원가도 예정원가나 정상원가로 평가하지 않으면 원가차이의 문제는 생기지 않는다.

기 본 임 금 (基 本 賃 金) (Base Rate)	의의 기본임금은 노동에 대한 주된 대가이며, 할증임금 또는 가급금(Premium)과는 달리 임금의 주체적부분을 형성하는 것이다. 설명 시간급임금제도하에서 기본임금은 노동자가 소정의 작업을 소정시간(시간·일·월 등)만큼 실시한데 대하여 지급되는 정액급(이것은 능력·작업의 성질·작업장 등을 고려하여 산정된다)을 말한다. 　한편 근대적인 능률급임금제도하에서 임금은 생활을 보장하는 보증급과 소정의 표준능률을 초과한 경우에 지급되는 능률가급금으로 구성되어 있다. 　이 경우의 기본임금이란 전자인 보증급을 뜻하게 된다. 　이러한 기본임금을 결정하려면 직무평가의 방법에 의한다. 　원가계산상 원가의 비목별계산에서 임금은 일반적으로 직접공에 대하여 지급되는 직접공임금과 간접공에 대하여 지급되는 간접공임금으로 구분되며, 직접비와 제조간접비로서 처리된다. 기본임금의 내용은 각 기업에 따라 다른 경우가 많고 특수한 경우에는 기본임금의 비중을 적게하는 동시에 기본임금보다 월등히 많은 수당을 지급하기도 한다. 그러므로 기본임금만을 비교하여 임금수준을 판정하는 경우에 주의하여야 한다.
기술연구비 (技術硏究費) (Research and Development Costs)	의의 기술연구비는 종래에 시험연구비(Experimental and Research Expenditures)라고 하던 것이다. 기술연구비란 신제품·신기술의 개발, 신제품·현공정 및 설비의 개량, 일반적·기초적연구 등을 하기 위한 설계·실험·연구 등의 제활동에 따라 생기는 원가를 말한다. 설명 이러한 연구개발에 대한 지출의 처리를 하려면 다음과 같은 방법 등이 있다.

① 무형자산으로서 처리하는 방법
② 복합비 또는 공장관리 부문에 속하는 시험연구부비로서 처리하는 방법
③ 지출시의 기간원가인 관리비로서 처리하는 방법 등

이러한 기업전반에 관한 연구가 독립된 중앙연구소에서 실시되는 경우에 생기는 원가라면, 관리비로서 지출시의 기간원가로 처리되어도 이상할 것은 없다. 그러나 공장의 기술부에서 발생한 원가라면 제조원가로서 처리한다. 실제로는 연구와 제조의 양특질을 겸한 중간적인 곳에서 연구활동이 실시되는 경우가 많으므로, 그 원가를 어떻게 처리할 것인가는 구체적인 사정에 따라야 할 것이다.

기준재고법 (基準在庫法) (Base-stock Method)

의의 기준재고법을 기초재고법이라고도 하며, 일정한 생산규모를 전제로 하는 경우에 정상적인 사업활동을 하는 경우에 필요한 최저량의 재고자산 보유량에 대하여 고정된 기초가액을 곱하여 매기 그 평가액을 변경하지 않는 방법으로, 이 기초수량의 평가액은 기초와 기말의 가격변동에 따른 차액만 생기게 된다. 이 방법은 기간손익계산에 대한 영향을 방지하려는 재고자산 평가법이다.

설명 기말의 실제수량이 이 기초수량보다 적은 때에는 기말재고품은 그 부족량의 기말대치원가평가액을 기초가액에서 공제한 액으로 평가하고, 이렇게 함으로써 그 부족량의 불출원가는 기말현재 보충하는데 필요한 원가로서 평가된다.(별법으로서 기말재고품은 기초가액으로 평가하고, 한편 그 부족량을 시가로 계산한 액의 준비금을 설정하는 방법도 있다) 그리고 차기 이후에 그 부족량의 보충을 한 때의 보충품 취득원가가 당기말 시가와 상이한 경우에는 그 차액은 기간외손익으로 처리하는 것이 바람직하다. 반대로 기말재고품 수량이 기초수량을 초과하는 경우에는, 그 초과량(선입선출법·평균법·후입선출법 등의 어느 것에 의하여 계산된 것)은 원가 또는 저가법에 의하여 평가된다.

이와 같은 기준재고법은 기초재고량을 고정자산시하는 관점에서 구상된 것이다. 그러나 기초재고도 그 구성분자의 변동이 있지만, 그러나 개별적·물재적인 사실을 무시하고, 일체적·기능적인 측면만을 보는 점에서 논거가 보강되어야 한다. 토지가 매기 동일가액으로 이월되는 것은, 그 일체적기능에 착안하였기 때문이 아니고, 단순히 물재적인 동일성이 유지되기 때문이다. 그러므로 기초재고는 수익과 비용과의 동일가격 수준적 대응이라는 점에 논거를 바꾸게 되었다. 즉, 기준재고법은 기초재고(고정자산으로도 보는)에 의한 수익비용의 동일가격 수준적 대응의 근사적 달성을 통하여, 기초재고량의 물적유지를 확보한 후의 분배가능이익 또는 경영이익을 산정하려는 방법이라고 한다.

	[사례] 기준재고량이 1,000개, 단가 100원, 시가 150원인 경우에 기말재고량이 800개로 되었다. 기준재고법에 의하여 기말평가를 하여본다. 　기준재고부분　　100원×1,000개=100,000원 　부족부분　　　　150원×　200개=_30,000원_ 　　　　　　　　　　　　800개 : 70,000원
기준표준원가 (基準標準原價) (Basic Standard Cost, Current Standard Cost)	[의의] 기준표준원가는 장기적으로 능률을 측정할 수 있는 기준으로 사용되는 표준원가로서, 생산방법·생산제품의 종류·기타 중요한 생산의 기본적 조건이 변화하지 않는 이상 변화되지 않고 고정적인 능률측정 척도로서 사용된다. 기초표준원가계산방법 하에서는 주요장부 및 재무제표상에 항상 실제원가가 계상되며, 원가비교에 있어서는 표준원가와 실제원가와의 대비(표준을 100으로 한 지수)로 표시된다. [설명] 표준원가계산의 특징의 하나인 원가계산의 간소화에 의한 신속성을 발휘시키려는 의도에서 결산보고에 필요한 재무제표에서 분리된 기업내부만의 계산을 하는 표준원가의 제안이 공인회계사(C.P.A)인 캠먼(E.A.Camman, Basic Standard Costs, N.Y.1932)에 의하여 주장되었다. 이것이 기준표준원가에 관한 제안이다. 이하에서 캠먼의 주장을 요약하여 기준표준원가를 설명하기로 한다. 　표준이란 용어는 다음 3종의 의미로 사용된다. 　① 통일적으로 사용되는 정형 또는 범례 　② 이상이나 우수의 규범 또는 최후의 달성목표 　③ 척도 즉, 정도·수량·가치의 확정된 척도 　표준을 제1의 의미로 해석하면 통일원가계산제도(Uniform Costing System)의 통일과 같이 된다. 통일원가계산은 동일업종 및 동일경영 규모의 기업에 일반적으로 적용될 수 있도록(예를 들면 원가요소의 분류 및 명칭, 원가요소의 계산, 원가부문의 구분 및 명칭, 원가요소 및 부문비의 부과와 배부 등) 통일된 원가계산제도이다. 　이것은 1893년에 영국의 침대제조업자간에 생겨났고, 그 후로는 영미의 인쇄업 기타의 동업조합운동의 무기로서 발전되었으며, 전시경제와 통제경제 운영의 기초로서 강조되어 온 것이다. 　표준원가계산에서는 기업에서 표준과 실제와를 비교하는 것이므로, 그 표준은 동일산업부문에 포함되는 제기업간의 통일과는 별개의 관념이다. 물론 미국의 전기공업의 통일원가계산에서와 같이 통일원가계산제도가 표준원가계산을 내용으로 할 수도 있다.(The Mational Electrical Manufacturers Association, Uniform Accounting Manual for the Electrical Manufacturing Industry, 1931) 　표준원가라는 용어를 제2의 의미로 해석하면, 희망원가(Desired Costs)로서 달성목표를 표시하게 된다. 그리고 이 희망원가는 달성불

가능한 이상이 아니고 목전의 지배적인 정세로는 기대될 수 있는 기대원가(Expected Costs)이다. 따라서 이것은 시장가격으로 평가된 기사적 성격의 표준원가가 된다. 이것과 실제원가와의 비교차이는 목표달성의 정도를 표시하는 것이다. 이것이 당좌표준원가이고, 캠먼은 "Current Ideal Standard Cost"라고 한다.

표준을 제3의 의미로 해석하면 표준원가는 단순히 실제원가에 대한 비교기준으로서 설정된 일종의 산정용구에 불과하다. 따라서 제2의 의미와 다르고 시장가격에 의하여 변동되지 않는 고정적 가격수준에 의하여야 된다. 그리고 이것에 의한 표준과 실제와의 차이를 명확히 하는 것이 아니고, 물가지수를 산정하는 경우의 기준수자 같이 고정적 척도를 설정하고, 매기간의 실제원가를 이 척도와 비교하여 변화의 추세를 파악하려는 것이다.

이와 같은 고정적·불변적 척도인 표준원가는 기준표준원가이고 캠먼은 "Basic Measure Standard Cost"(기준척도 표준원가)라고 한다.

표준원가계산은 시장가격에 영향되지 않고 불변적으로 유지되는 고정적 척도이므로 예산과 결부되지 못하고 예산통제에는 유효한 것이 아니다. 그러나 예산과 표준원가는 과학적 관리운동의 소산이고, 에산은 표준원가의 당연한 논리상의 수반자이며, 기준표준원가에 대하여 일정한 공작을 가하면 예산통제에 기여함은 물론이고 유효한 것이 된다. 기준표준원가에 의한 원가의 분석은 비례법이 된다.

당좌표준원가계산은 표준원가와 실제원가와의 차이를 금액으로 표시하지만 기준표준원가계산에서는 실제원가와 표준원가와의 비교는 지수(%)의 형식으로 표시된다.

[사례]

기준표준가격	실 제 원 가					
	1월	2월	3월	4월	5월	6월
노무비율 100	120	115	115	105	112	120
임률비율 100	100	105	110	110	110	120
시간비율 100	120	110	105	105	102	100

A품 제조에 소요되는 직접노동의 기준표준원가가 30원이고, 그 내역은 표준임률이 10원, 표준작업시간이 3시간이다. 1월부터 6월까지의 생산액이 각각 900, 920, 950, 970, 1,000, 1,010dlfkaus 매월의 기준표준 노무비는 다음과 같이 된다.

  1월   2월   3월   4월   5월   6월
27,000 27,600 28,500 29,100 30,000 30,300

이것에 대하여 매월의 실제노무비가 다음과 같이 되었다고 하자.

  1월   2월   3월   4월   5월   6월
32,400 31,740 32,775 33,415 33,600 36,360

실제노무비를 표준노무비로 나누면 노무비율이 산출된다. 임률비율

(표준임률에 대한 실제임률의 비)이 판명된 것이라면 노무비비율로 나누어 위에 표시한 표의 각 시간비율을 산출할 수 있다. 능률비율은 시간비율의 역수이다. 따라서 매월의 능률비율은 83, 91, 91, 95, 98, 100이 된다.

기준표준원가계산을 실시하는 경우에 주요장부(분개장과 원장)에는 실제원가로 기장되고 재무제표에서 실사자산(원재료·소모품·반제품·제품·재공품 등)이나 매출품 제조원가와 그 구성요소는 모두 실제원가로 계상된다. 다만, 기준표준원가계산에서 원장계정은 주요한 실제원가란 외에 그것과 병행하여 표준원가란과 비율란을 설정하게 한다.

[사례] A제품(재공품)계정을 예시하기로 한다. A제품의 기준표준원가가 다음과 같다고 하자.

×원료   단가 12원   수량 5   60원
직접노동 임률 10원   시간 3   30원
간접노동 예정률 1원 시간 3   3원
                                93원

금월 중 A제품 제조에 소요된 ×원료 4,500원, 직접노동 27,000시간, 간접노동 2,700시간으로 하면, 실제원가는 각각 다음과 같고, 완성품이 되어 입고된 제품을 600라고 가정한다.

<차변>　　　　　　　제 품(재공품)

일 자	적 요	실제원가	표준원가	비율
12/31	이 월	25,575	23,250	110
1……	×원료	56,700	54,000	105
1……	직접노동	32,400	27,000	120
1/31	간접노동	2,970	2,700	110
		117,645	106,950	110
2/1	이 월	56,265	51,150	110

<대변>

일 자	적 요	실제원가	표준원가	비율
1/31	제 품	61,380	55,800	110
〃	이 월	56,265	51,150	110
		117,645	106,950	110

월말의 실제원가란의 차변합계 117,645원을 표준원가란의 차변합계 106,950원으로 나누어 합계비율 110을 산출한다. 대변의 실제원가란에 있는 제품의 61,380원은 실제원가계산을 하여 산정한 금액이 아

	니다. 　이것은 인접표준원가란에 있는 기준표준원가 (93×600=55,800)에 다 합계비율을 상승하여 산출한 것이다. 이것은 실제원가계산의 간소화에 불과한 것이다. 　당좌표준원가와 기준표준원가의 상이한 점은 다음과 같이 요약될 수 있을 것이다. 당좌표준원가 계산에서 표준원가는 제품의 당위원가를 표시하는 것으로서 재공품과 제품의 실사액은 장부상 표준원가로서 이월되고 표준원가와 실제원가의 차액은 각 차이계정에 기입되며, 각 차이계정은 직접 손익계정에 이기된다.
기 초 원 가 (期初原價)	의의 기초원가는 기본원가라고도 한다. 원가계산상의 원가는 대상계산인데 대하여 손익계산상의 비용은 기간계산이다. 따라서 전자는 비교성이 중시되고 그 결과 원가의 비용은 일치되지 않는다. 그러므로 원가와 비용이 일치되는 부분을 원가측에서 기초원가라 하고, 비용측에서 목적비용이라고 한다. 또 원가라도 비용이 아닌 부분을 부가원가, 비용이라도 원가가 아닌 부분을 중성비용이라고 한다. 　이것은 "슈말렌바하"(Schmalenbach)에 의하여 명백히 된 다음, 원가계산상의 기초적개념이 되고 있다. 기초원가를 직접원가라고도 한다.
기 회 원 가 (機會原價) (Opportunity Cost)	의의 기회원가는 재료·노동·설비 등의 자원을 그 대체적인 제용도 중의 한가지를 선택하고, 다른 것을 버린 결과 상실되는 이익을 화폐가치로 측정한 것이다. 이 원가는 몇가지 대안 중에서 하나를 선정하는 계획결정계산에서 이용되는 원가개념이다. 　설명 예를 들면, 보유현금 1,000만원을 은행에 정기예금하면 년 0.055%의 이자를 받을 수 있는데 이 현금을 설비투자로 인출 사용하는 경우에 상실되는 년 55만원의 이자는 설비투자를 위한 소극적인 가치희생이 되고, 이것이 곧 기회원가가 된다. 설비투자의 경제성계산에서는 이러한 기회원가를 이자비용에 산입하게 된다. 또, 예를 들면 공인회계사사무소의 일원이 년 2000만원의 급료를 받고 있는 경우에 그가 독립된 사무소를 설치, 개업하려고 계획하고 있는데, 독립하면, 년 3000만원의 이익을 얻을 것이 예상된다. 이 경우 그가 독립된 사무소를 개업함으로서 생기는 기회원가는 종업원으로서의 급료 년 2000만원이다. 현금지출은 없지만, 이 기회원가는 계획결정에 필요한 원가이다. 또 다른 예를 들면, 경영관리목적에서 공정별 종합원가계산을 하는 경우 도중의 공정에서 그 공정에 소요되는 반제품을 외부에서 구입하거나 또는 동공정에서 생산된 반제품을 매각할수 있다고 가정할 때 당해공정에서 다음 공정으로 이 반제품을 현재의 시장가격 (이는 매각을 단념하고 가공하기 위하여 상실되는 기회원가가 된다)

으로 대체한다. 이렇게 하여 당해공정별로 계산되는 손익은 당해공정의 업적을 판단할 수 있는 자료가 된다.

이렇게 함으로써 다음의 계산례에서 알 수 있는 바와 같이 경영자는 가공을 어느 공정부터 시작하고, 또 어느 공정까지 할 것인지를 결정할 수 있다. 이 경우 재무회계를 위한 재고평가에서는 재고액중의 미실현이익을 공제해야 한다.

조 립 공 정

부분품(시　　가)	6,000,000	조립공정손익	8,000,000
가공품(실제원가)	2,000,000		
	8,000,000		8,000,000

조 립 공 정 손 익

조립공정에서	8,000,000	정리공정에 조립품대체(시가)	9,000,000

정 리 공 정

조립품(시　　가)	9,000,000	정리공정손익에	12,000,000
재료비(실제원가)	1,000,000		
가공비(실제원가)	2,000,000		
	12,000,000		12,000,000

정 리 공 정 손 익

정리공정에서	12,000,000	제품계정에 대체(시가)	11,000,000

실링로우(Gordon Shillinglaw)에 의하면 그의 "원가회계의 분석과 관리"에서 기회원가란 하나의 투입요소를 어느 용도로부터 다른 용도로 전환함으로써 상실되는 이익이라고 설명하고 있다.

그것은 단념한 기회(Opportunity Foregone)의 가치이다. 이를 간략하게 설명하면 다음과 같이 정리할 수 있다.

(특정의 생산수단)X ┬ (용도)A…(수익)R_a-(지출원가)C_a=(이익)P_a
　　　　　　　　　└ (용도)B…(수익)R_b-(지출원가)C_b=(이익)P_b

(1) X는 A, B 두가지 용도가 있다.
(2) A를 위하여 이용하면, R_a C_a가 발생하고 P_a가 얻어진다.
(3) B를 위하여 이용하면, R_b C_b가 발생하고 P_b가 얻어진다.

만일 A를 선택하면 B에서 얻어지는 P_b가 상실된다. 이와 같이 A를 선택한 경우에 B에서 얻어질 P_b는 기회원가이다. B를 선택하면 A로부터 얻어질 P_a가 상실된다. 이 P_a도 기회원가이다.

반대로 용도 B를 선택하면 A로부터 얻을 수 있는 P_a를 잃는다. 이 P_a도 기회원가이다. 또한 A, B와 같은 용도에 의해 X를 이용하는 것으로서 지출원가가 발생하지 않는다면 A를 선택하는 것으로서 잃게 되는 수익 R_b는 기회원가이다. 반대로 용도 B를 선택했을 때의 수익 R_a도 기회원가이다.

기회원가는 화폐적인 지출에 의해 추정되는 것이 아니며, 현실적으로 지출된 원가에 대조되는 것이므로 일반적인 지출원가인 기초원가와는 구별된다.

사례 H공업(주)은 자회사인 부품 제조회사 설립을 계획하였다. 투하자금은 80,000,000원이 필요했고, 그 자료는 다음과 같을 때 설립 여부를 판단해 본다.

① 부품 제조공업 설립시 연간 손익추정액
  매출액   100,000,000원
  매출원가   80,000,000원
  판매비·관리비   15,000,000원
  이 익   5,000,000원

② 부품 제조회사의 투하자본이익률은 5%이다.

$$\frac{(이익) 5,000,000원}{(투하자본) 80,000,000원} \times 100 = 5.25\%$$

③ 투하자금 80,000,000원을 다른 회사의 주식에 투자할 경우, 예상되는 수익배당금 즉, 수익은 8,000,000원 이다.

《해답》
  부품제조회사 설립시 이익   5,000,000원
  - 주식투자시 수입배당금   8,000,000원
  제조회사 설립시 손실   -3,000,000원

따라서 부품 제조회사 설립을 하지 않고 주식투자를 한다면 설립시 예상이익 5,000,000원이 기회원가이다. 그러나 다소 손실이 예상되더라도 부품제조회사를 설립하겠다면 주식투자로 예상되는 수입배당금을 잃게 되므로 이때의 8,000,000원은 기회원가가 된다. 그러나 부품 제조회사 설립시는 원가절감 및 매출증가에 상당한 노력을 기울여야 한다.

기 획 부 비
(企 劃 部 費)
(Planning Programming Section Cost)

의의 기획부라는 원가부문에 집계되는 원가를 말한다. 기획부의 업무는 계획입안 및 조정이고, 전기업의 경영계획을 종합조정하는 기획사무도 있고, 판매자금·인사 등에 대한 기획업무도 있다.

그러나 공장내의 기획부는 주로 제품기획 제조기술기획 등이고, 이것은 공장관리부에 속하는 원가부문의 하나이다.

설명 기획부에다 원가를 집계하려면, 그 부문에서 발생된 것을 직접적으로 인식할 수 있는 개별비를 부과하고 그 부문에서 발생된 것을

	직접 인식할 수 없는 부문공통비는 적당한 배부기준에 의하여 배부한 다음 양자를 합계한다. 　공장에서의 기획부비는 이것을 다른 공장관리부문비처럼 제조부문에 배부하거나 또는 직접 제조지령서 또는 제품에 배부하기도 한다. 　기획부비 중 판매기획이나 자금기획 등에 소요된 원가는 제조원가에 포함시킬 것이 아니므로 기획업무별로 원가중심점을 설정하여 기획부비를 구분 집계하여야 한다.
기획설계부비 （企劃設計部費）	[의의] 공장관리부문 중 기획설계부에 부과 또는 배부된 원가가 기획설계부비이다. [설명] 제품의 제도·청사진·모형·작업계획 등 제품의 제조에 관한 기획설계를 취급하는 부분이 기획설계부이다. 부문의 설치에 관하여는 업종, 경영규모 및 생산양식의 실정에 부합되도록 적정하게 정해져야 하며, 기획설계에 소모된 원가를 부문을 설정하여 집합하거나 또는 복합비계정을 마련하여 그 복합비에서 기획설계부에 배부하거나 또는 기획설계부가 없는 경우에는 복합비에서 각 부문에 배부된다. 또 기획설계부비의 타부문에의 배부는 각 부문의 임금 또는 종업원수 기타 적당한 배부기준에 의한다.

나

납입보고서
(納入報告書)
(Receiving Report)

|의의| 납입보고서란 도착한 상품이나 원료를 검수하고, 이것의 입수를 증명하는 보고서를 말하는 것이다.

납 품 서
(納 品 書)
(Delivery Bill)

|의의| 납품서란 상품·제품·원재료의 매매때에 작성되는 서류로서 주문자명·납입자명·주문연월일·주문번호·품명·수량·단가·금액 등의 기입란을 가지고 있다.
 현품과 같이 주문자측에 납입되는 것이 보통이다. 납품전표라고도 한다.
|설명| 납품서는 통상은 청구서·발송지시서 등과 함께 복사로 작성되고, 정부(正否) 2통을 첨부하여 1통에 매주(買主)의 수령인을 첨부하는 사무가 행하여진다.
 구입계(購入係)는 이 첨부된 납품서와 납입품과를 체크하고, 수량부족 불량품 등을 확인하지 않으면 아니된다.

납 품 전 표
(納 品 傳 票)
(Invoice)

|의의| 주문한 물품을 창고검수부분에 납입할 때 현품과 더불어 납품의 명세를 기입한 전표가 첨부되며, 이것을 납입전표·납품서 또는 송장이라고 한다.
 창고검수부문에서는 납입물품·납입전표 및 구매요청서 등을 대조하여 일치되면, 계약대로 납입된 것으로 보고 수입절차를 취한다.
 그러나 납입전표는 물품의 납입별로 작성되므로 분할납입의 경우는 가납품전표가 작성되기도 하고, 완납되면 수입절차로서 입고전표를 작성한다.

내 부 거 래
(內 部 去 來)
(Internal Trausaction)

|의의| 각종회계상의 거래중의 기업외부와의 사이에서가 아니고 기업체의 내부에서 행하여지는 거래를 말한다.
 내부거래에는 기업내부에 어느 원재료 등을 투입하여서, 어느 제품을 만드는 경우의 제조과정에 있어서의 원가계산상의 거래통상의 과목대체거래나 결산에 있어서의 준비금, 감가상각의 계상 등이 있다.
 또 본점과 지점, 본사와 공장·사업소 등과의 사이에서 행하여지는 거래도 전부 1회계단위의 내부에서 행하여지는 한 내부거래이다.
|설명| 회계상의 거래는 그것이 어떤 작용을 하는지에 따라 구분하면, 교환거래·손익거래로 분류할 수 있다. 그리고 종류는 원래에 구분하

는 기준에 따라 여러 가지로 분류할 수 있으므로, 그 거래에 현금의 수수가 따르는지를 기준으로 하여 현금거래와 대체거래로 구분되고, 거래의 발생시를 기준으로 하여, 개업거래·기중거래·결산거래 등으로 분류할 수 도 있다.

그러나 일반적으로 교환거래·손익거래·혼합거래를 문제로 하는 경우가 많다. 교환거래는 자산·부채 및 자본의 상호간에 증감을 일으키는 거래를 말한다. 손익거래는 거래금액이 비용이나 수익이 되는 거래이다. 그러나 직접 자본을 증감시키는 거래는 교환거래이고 손익거래는 아니다. 혼합거래는 하나의 거래에 교환거래와 손익거래가 혼합되어서 발생하는 것이다.

[사례] 현금 10,000원을 받고 원가 8,000원의 상품을 판매한 거래에서는, 상품 8,000원과 현금 8,000원이 교환되는 거래와 판매이익 2,000원과 현금증가 2,000원이 발생하는 손익거래가 동시에 혼합되어 발생되고 있는 것이다.

거래는 기업이 내부에서 생기는 내부거래와 외부와의 관계에서 생기는 외부거래로 구분할 수 있다.

위에서 말한 것들은 대부분이 외부거래에 관한 것들이다. 그러나 원재료를 가공하여 제품을 만드는 활동을 기업내부의 활동이며, 이러한 내부활동을 하는 과정에서 재화나 화폐의 흐름이 있게 된다. 예를 들면 창고에 있는 원재료를 소비하고, 노동력을 소비하며, 설비 기타의 용역을 소비하여, 제조과정에서 일부는 제품, 장여의 일부는 재공품으로 전환시키게 된다.

제품은 외부에 판매할 수 있는 상태의 것으로 되지만, 재공품은 더욱 가공되기 위하여 제조공정에 잔유한다. 이러한 활동에 의하여 생기는 거래를 내부거래라고 한다.

(내부거래)	(내부거래)	(외부거래)
생산요소의 도입	가공과정	제품의 판매
원재료	제1공정	현금매출
노동력 →	↓ →	외상매출
설비용역	제2공정	할부매출
기술용역	↓	
	제3공정	

내부대체가격
(內部對替價格)
(Intra-Company Trausfer Price)

[의의] 사업부 상호간에 부품·반제품·제품 등의 대체거래가 이루어지는 경우에는 사업부가 이익관리단위로 되어 있으므로 타당한 내부대체가격이 결정·적용되어야 한다. 내부대체가격은 시가기준·원가기준·직접원가기준·협정가격기준 등에 의한 것을 생각할 수 있다.

[설명] 사업부 상호간에 부품·반제품·제품 등의 대체거래가 이루어지는 경우에는, 사업부가 이익관리단위로 되어 있으므로 타당한 내부대체가격이 결정·적용되어야 한다. 내부대체가격은 시가기준·원가

기준・직접원가기준・협정가격기준 등에 의하여 각종의 것을 생각할 수 있다. 내부대책가격으로서 어떠한 것을 채용하느냐는, 사업부책임자의 업적측정과 사업부제의 본질과의 관련에서 가장 합리적인 것이 선정되어야 할 것이다. 시가기준은 사업부가 이익관리단위이고, 독립회사와 같은 입장에서 그 업적을 평가하려는 것이므로 내부대체가격도 외부거래와 동일한 것으로 보는 경우에 적용된다. 시가기준이란 경쟁시장에서의 동종 제품가격에 의한 것이지만, 때로는 시가에서 판매비를 공제한 금액에 의하기도 한다. 시장가격에 의하면 공급사업부에 대하여는 시가에 의한 제재를 주고, 수입사업부는 원가기준의 경우에 생길 수 있는 공급사업부의 원가고저에 직접적인 영향을 받지 않는다.

원가기준에서는 공급사업부의 실제원가에 의하여 대체가격이 결정된다. 이 원가기준은 제품의 제조원가에 의하거나, 관리비까지도 가산한 것으로 하기도 한다. 원가기준 또는 원가가산이익기준은, 이것에 의하여 본부가 공급사업부의 원가나 이익을 보장하고, 또는 그 이익을 제한하려는 의도도 내포되고 있다. 사업부가 원가 또는 수익책임이 있는 경우에는 원가기준에 의하는 것도 이해할 수 있으나, 사업부가 이익관리단위가 된다는 사업제도의 본질에 입각하여 보면 적합한 것은 아니다. 즉, 원가기준으로 내부대체를 하면, 공급사업부는 원가가산이익기준에 의하지 않으면 이익을 얻을 수 없고, 한편 공급사업부에 대하여 원가절감의 제재를 줄 수 없게 된다. 그리고 수입사업부측도 공급사업부의 원가에 영향을 받는 불합리한 결과가 된다.

직접원가기준은 일반적으로 채택되는 내부대체가격의 기준이라고 할 수 없지만, 특수한 경우에, 이 기준이 적용되기도 한다. 즉, 공급사업부의 조업도가 낮고 약간 대체가격을 인하하여도 다소라도 조업도를 높일 수 있다면, 직접원가기준에 의한 대체가격이 채택될 수 있게 된다. 수입사업부에서는 현재 타사업부로부터의 사내대체가격에 의하는 외에 외부에서도 구입하고 있다면, 공급사업부의 여력이 있는 한, 직접원가기준에 의한 내부대체가격을 채택하는 조건으로 사내대체가격 거래의 비중을 높임으로서 전회사적 이익, 공급사업부의 이익, 수입사업부의 이익을 동시에 증가시킬 수도 있는 것이다. 직접원가기준에서는 대체가격이 직접원가만으로 결제되는 것은 아니다. 직접원가 자체로서는 공급사업부의 내부대체거래에 의한 이익을 얻을 수 없다. 그러므로 약간의 한계이익이 보장되어야 한다.

협정가격기준에서는, 대체가격의 기준이 사업부간의 협정에 의하여 결정된다. 이 경우의 협정은 원칙적으로 사업부간의 협정에 의하여야 될 것이며, 구체적인 가격협정의 문제에 본부가 개입하는 것은 관계 사업부 상호간의 협의가 잘 되지 않는 경우에 국한되어야 한다.

내부대체가격의 결정은, 공급사업부 및 수입사업부의 양자의 이익관리단위로서의 입장에 지장이 없고, 동시에 기업전체로서도 유리한 것이라야 한다. 내부대체거래에 관하여는 수입사업부의 거부선언권 문제가 있다. 사업부제의 본질에서 볼 때, 수입사업부는 반드시 사내의 타사업부로부터 대체구입이 강제될 성질의 것은 아니다. 그러므로 품질·가격이 부적당하면 이것을 거부할 권리가 부여되어야 한다. 그러나 이것은 전회사적으로 불리한 것이므로 실제로는 본부에서 적절한 조치를 하게 될 것이다.

내부대체이익
(内部對替利益)
(Interdepartmental Profit)

[의의] 내부대체이익이란 기업내부에 독립된 회계단위 상호간의 거래에서 생기는 이익을 말한다. 내부이익이라고도 한다.

예를 들면 지점이 독립회계인 경우, 본지점간에서 상품 등을 이전하는 때에는 원가에 일정의 이익을 가산한 금액으로 대체하는 경우가 있다.

[설명] 이 대체가액과 원가와의 차액이 내부대체이익이다. 본지점의 합병재무제표를 작성할 때에는 기말재고자산에 포함되어 있는 내부대체이익은 미실현이기 때문에 실현주의의 원칙에 의하여 제거해야 하는 것으로 되어 있다. 기업회계기준은 이 방법으로서 본지점등의 합병손익계산서로 매출액에서 내부매출을 제거하고, 매입액 또는 매출원가에서 내부매입을 공제하며, 기말재고액에서 내부이익을 공제하는 것을 원칙으로 하고 있으나, 이 방법은 사용하기 어려울 때에는 그 공제를 하는데 있어서 합리적인 견적 재산액에 의하는 것도 지장이 없다고 하고 있다.

☞ 회사상호간이익 (Intercompany Profit)

내 부 분 석
(内 部 分 析)
(Internal Analysis)

[의의] 기업의 경영자처럼 내부관계자의 입장에서 하는 경영분석을 말한다.

[설명] 내부분석의 목적은 보통 경영관리의 지표를 얻기 위한 것이지만, 이 밖에도 경영계획의 수립에 유효한 자료를 얻기 위한 경우, 신용상태를 양호하게 유지하기 위한 경우 등 여러 가지가 있다. 기업의 내부관계자는 분석자료를 어느정도 충분히 이용할 수 있으므로 외부에 공표되는 재무제표와 더불어 외부에 공표되지 않는 각종의 원가자료나 통계자료 등도 이용할 수 있다. 그러므로 내부분석에서는 각종의 원가분석, 이익구조분석, 자본구조분석, 차이분석 등을 할 수 있어서 외부분석보다 정밀한 분석이 가능하여 그 적용범위도 넓다. 최근에 경영규모의 확대와 경영관리의 복잡화에 따라 경영계획과 통제를 위하여 그 중요성이 높아가는 경향이 있다.

경영분석은 최초에 외부분석으로부터 시작되었지만, 최근에는 내부분석이 발달되었고, 그 적용범위도 현저하게 확대 되었다. 예를 들면 원가분석의 분야에서는 실제원가의 분석으로부터 표준과 실제의 원가차이의 분석에로 발전되었다. 물론 실제원가의 분석에서도, 급부단위원가의 분석, 공정원가의 분석, 각종 원가능률의 분석이 내부분석으로서 행하여지고 있다. 그러나 표준원가와 실제원가와의 차이분석을 통하여 분석 평가의 기준이 과학화되기에 이르렀다. 그리고 구매원가차이의 분석, 능률차이의 분석, 가격차이의 분석, 조업도 차이의 분석, 예산차이의 분석 등 모든 경영활동분야의 판단기초가 마련될 수 있게 되었다. 구조분석의 분야에 있어서도 이익구조의 분석, 자본구조의 분석, 부가가치의구조의 분석 등을 하여 이익계획이나 자금계획에 이용되고 있다.

☞ 외부분석 (External Analysis)
　경영분석 (Management Analysis)

내부원가계산 (內部原價計算) (Internal Costing)

[의의] 내부원가계산은 공기업(公企業)의 내부활동인 제조활동에 관한 계산으로서 제조원가계산이라고도 한다.

[설명] 재료를 제조공업에 투입하여 제품이 되기까지에 소비된 직접·간접의 경제적 가치를 계산하는 것이며, 보통원가계산이라 하면 이 제조원가를 의미할만큼 중요한 것이다.

이상과 같이 이론상 내부원가계산과 외부원가계산으로 판별될 수 있으나, 실지로는 명확히 구별하기 어렵다.

예를 들면 제품의 포장에 관한 계산이 내부와 외부의 어느 계산에 속하는가는 공기업의 종류·제품의 성질 또는 경영조직의 내용에 따라 다르다.

어느 경우에는 내부계산에 포함되기도 하고 또는 외부계산에 소속되기도 하므로 실지상황에 따라서 합리적으로 판단되어야 한다.

내 부 이 익 (內 部 利 益) (Internal Profit)

[의의] 기업내부에 있어서의 본점·지점·사업부 등과 같은 독립한 경영부문간에 상품의 이전 등의 거래를 행하는 경우, 이 거래를 대외적 거래와 동양으로 처리하는 것에 의해서 생기는 판매가와 원가와의 차액을 말한다.

[설명] 내부이익은 기업내의 각 경영부문의 능률성적을 평가·사정하기 위해 상품 등의 이전에 있어서, 원가로서 하지 않고 일정의 이익을 할부한 가액으로서 하는 경우에 발생하는 것으로, 그 상품 등이 최종적으로 외부에 판매되지 않는 한은 단순한 계산상의 이익에 불과하다.

따라서 기말에 재무제표를 작성하는 경우에, 그 상품이 재고로서 잔류한 때에는 이 내부이익을 계상하고 이익 중에 포함하면, 그 기업의 이익은 과대하게 표시하는 것이 되므로 매출액·매출원가 등의 관계 항목에서 공제하지 않으면 아니된다. 여기에 관하여, 기업회계에 있어서도 본지점 등의 합계손익계산서를 작성할 때에 내부이익의 제거방

	법을 규정하고 있다.
노동능률차이 (勞動能率差異) (Laor Efficiency Variance)	[의의] 노동률차이란 표준작업시간과 실제작업시간과의 차이에 표준임금률을 곱하여 계산한 금액을 말한다.
노 동 률 (勞 動 率) (Man Rate, Labor Rate)	[의의] 노동률이란 전체공장 또는 원가부문별로 발생하는 원가를 그 공장 또는 원가부문에 종사하는 인간의 가동시간을 기준으로 하여 산출하는 경우에 1시간당의 금액을 말한다. [설명] 구체적으로는 원가적인 채산성의 계산이나 특정제품의 원가추정 등을 하는 경우에는 그 원가자료를 종합하여 단가를 산정할 때 작업자의 가동시간당의 단가를 산출하는 것이다.
노동분배율 (勞動分配率) (Labor's Relativ Share)	[의의] 부가가치중의, 노동에 대해서 배당되는 비율의 것을 말한다. [산식] 노동분배율 = $\dfrac{\text{종업원급여}+\text{복리후생비}}{\text{부가가치}} \times 100$ [설명] 이 지표에 관해서는, 국민경제레벨로 생각하는 경우와 개별 기업레벨로 생각하는 경우가 있는데, 전자의 경우는 분배국민소득에 차지하는 고용자소득의 비율을 의미하고 후자는 기업의 부가가치액에 차지하는 임금총액의 비율을 의미한다. 　상기의 산식에서 구하게 되는 것은 후자의 경우이다. 이 비율을 보는 경우 노동연상성과 합쳐서 검토할 것을 요한다. 　노동장비율이 높은 경우 부가가치가 상승하고 1인당의 인건비가 상회하여도 결과적으로는 노동분배율이 낮게 나타내는 경우도 있다.
노동생산성 (勞動生産性) (Productivity of Lavor)	[의의] 노동생산성이란 것은, 생산을 위해 투입하는 노동량 1단위당 (예컨대 종업원 1인당, 노동시간 1시간·1일당, 지급임금 1천원당 등)의 제품 생산액 또는 부가가치 생산액을 말하고, 일반적으로는 다음의 산식으로 나타낼 수가 있다. [산식] 노동생산성 = $\dfrac{\text{생산량}}{\text{노동투입량}}$ [설명] 생산성은 대별하여 노동생산성과 자본생산성 및 종합생산성으로 나누어서 측정할 수가 있는데, 특히 노동생산성은 자본생상성에 비해 종합적 성격이 강하고 일반적 생산성이 지표로서 많이 사용되어, 생산성이라고 하면 노동생산성을 가리키겠금 되어 있다. 　노동생산성의 측정에는, 노동의 투입량(Output)을 종업원수 또는 상용노동자수 그 연인원, 노동년시등의 물적 수량을 사용하는 방법(이것

을 물적 생산성측정이라고 한다)과 화폐가치 즉, 지급임금을 사용하는 방법(이것을 가치적생산성측정이라고 한다)이 있는데, 전자는 종업원 구성(남녀별·숙련도별)의 차를 포함하기 때문에 비교상의 장해로 된다고 하는 결함을 갖는다.

기업에 있어서의 생산성이란 생산에 요하는 자원의 투입량의 상대적 대소를 말한다.

$$생산량 = \frac{산출량}{투입량}$$

노동생산성을 표시하는 방법을 대별하면 물적노동생산성과 가치적노동생산성으로 구분된다.

물적노동생산성이란 〔생산량÷노동량〕으로 표시되는 것이며, 분모의 노동량은 보통노동시간이나 노동자수로 표시된다. 이에 대하여 가치적노동생산성의 분자 또는 분모의 한편 또는 전부를 금액으로 표시하며, 대개는 부가가치노동생산성으로서 다음과 같이 표시된다.

$$\frac{부가가치}{인원수}, \frac{부가가치}{노동시간}, \frac{부가가치}{임금}$$

일반적으로 노동생산성이라고 하면 종래에는 물적노동생산성을 의미하였지만, 최근에는 가치적 노동생산성, 특히 부가가치노동생산성을 많이 사용하게 되었다.

그러나 여기에서는 주로 물적노동생산성을 설명하기로 한다.

노동생산성이라는 척도는 개별기업에서도 경영관리상 중요한 지표가 되지만, 그것은 부가가치노동생산성이라는 가치적 노동생산성을 말하는 것이고, 물적노동생산성은 단일 제품을 생산하는 기업외에는 거의 사용되지 않는다.

왜냐하면 석탄·철강·조선 등에서처럼 톤(Ton)으로 생산물의 총량을 표시하는 경우도 있기는 하지만, 대부분의 기업은 수종의 제품을 취급하는데, 예를 들면 직조업의 경우 원사·직물·봉제가공 등에서 여러 가지 단위가 사용되고 매월 이들을 합계하여 생산량을 공통된 척도로 표시하기 어렵기 때문이다.

그러므로 물적노동생산성은 주로 국민경제 전체의 통계지수로 사용되는 경우가 많다.

☞ **생산성** (Productivity)
물적생산성 (Material Productivity)
가치적생산성 (Valuable Productivities)

노동소득 (勞動所得) (Earned Income)	의의 종업원 1인당의 노동수익을 가리키는 비율을 의미한다. 산식 $노동소득 = \dfrac{노동수익}{종업원수}$ 설명 이와 같은 형식으로 산출되는 노동소득은 물가의 변동을 섞어

	넣지 않은 각목상의 수치에 따르고 있기 때문에, 각목노동소득을 나타낸다. 여기에 대해서 실질노동소득을 구하고자 할 때는 수하여지는 노동소득을 소비자물가지수로 제하므로써 물가변동분을 제거하지 않으면 안된다. ☞ **노동수익** (Labor Earnings)
노 동 수 익 (勞動收益) (Labor Earnings)	의의 부가가치계산에 관해 노동수익이란 것은 노동에의 분배 즉, 노무비총액을 의미한다. 산식 노동수익당=기제조비용중의 노무비+(경비중의 상여+퇴직급여충당금 산입액+법정복리비+복리시설부담액+후생비 등)+(관리판매비중의 임금·급료·수당+상여+퇴직급여충당금산입액+법정복리비+복리시설부담액+후생비 등)
노동자본율 (勞動資本率) (Labor Capital Ratio)	의의 노동자본율은 자본집약도라고도 한다. 부가가치는 노동만에 의하여 창조되는 것이 아니므로 대비될 기간 중 노동 1단위당의 경영자본(자본집약도)이 변화되면, 이 영향에 의하여 노동생산성비교만으로는, 노동1단위당의 부가가치의 변화를 측정할 수 없다. 설명 다음 산식으로 노동생산성의 자본집약도에 의한 영향을 제거한 뒤에 둔화된 노동생산성을 비교하는 방법을 레만(M.R.Lehmann)이 고안하였다. 자본집약도는 「경영자산의 재고÷[(임금·급료)×2] 로 표시되며, 둔화된 노동생산성은 [노동생산성÷자본집약도=(부가가치÷(임금·급료)×2] ÷(경영자산재고÷(임금·급료)×2] 이다.」 그러나 둔화된 노동생산성이란 「부가가치÷경영자산재고」이며, 이것이 바로 자본생산성인 것이다. 경영자산은 미가동의 설비나 증권 등에의 장기투자를 포함하지 않지만 이로부터 유휴자산을 분리하는 것은 매우 어려운 일이다. 그리고 「(부가가치÷건설중인 자산을 제외한 유형고정자산재고)」를 설비투자효율이라고 한다. $$총자본투자효율 = \frac{부가가치 \times 2}{전 \cdot 당기말(자기자본+부채) \div 2}$$ $$자본집약도 = \frac{전 \cdot 당기말(자기자본+부채) \div 2}{전 \cdot 당기말종업원수 \div 2}$$ (1) 총자본투자효율 총자본투자효율은 부가가치액(연환산)을 당해 기업경영에 투하한 총자본으로 나눈 것으로 자본의 생산성을 나타내고, 자본이 부가가치액의 창출을 위해서, 여하히 유효하게 사용되었는가를 가리키는 것이다. (2) 자본집약도

노동장비율 (勞動裝備率) (Labor Equipment Ratio)	자본집약도는 생산성 분석을 할 때의 보조지표의 하나로 종업원 1인당의 자본액 즉, 자본의 다과를 나타내는 지표이다. 의의 종업원 1인당의 사용하는 실제생산활동에 참가하고 있는 유형자산액을 가리키는 지표이다. 환언하면 종업원 1인당의 설비의 다과를 나타내는 것이라고 할 것이다. 산식 $$노동장비율 = \frac{전·당기말(유형자산-건설중인자산)}{전·당기말 종업원수}$$ 설명 일반적으로 노동장비율이 크다는 것은 상각부족이 없다고 하면, 그만큼 생산의 기계화가 진보하고 있다는 것을 나타내고 있다. 따라서 노동장비율이 높은 기업일수록 노동생산성은 높아지는 것이 일반적이다. 그러나 이것은 조업도와의 관계에서 달라지게 되므로 설비투자효율과 비교검토할 필요가 있다. ☞ 설비투자효율 (Efficiency of Equipment Investment) 　종업원1인당 부가가치액 (Addedvalue Per Employee)
노무부문분석 (勞務部門分析) (Labor Department Analysis)	의의 기업의 경영활동을 담당하는 것은 사람이며, 생산활동을 직접 담당하는 사람들의 노무관리가 합리적으로 수행되어야 한다. 그리고 그 핵심이 되는 것은 질적으로 우수한 노무자가 단기에 많은 가공을 최저의 비용으로 수행하는 것이다. 설명 노무부문의 활동성과를 판단하려면 다음의 사항들을 분석검토하여야 한다. ① 노동량의 적부(필요노동량과 실제노동량과의 비교) ② 노동질의 여부 : 출근율, 노동증감률, 정착률, 불평률, 이직률 ③ 임금의 타당성 : 급여기준, 최저임금액, 최저생활비 ④ 임금제도의 타당성 : 생산액 대 노무비비율, 매출액 대 노무비비율 ⑤ 복리후생관리의 적부 : 시설의 이용회수, 생산액 대 복리후생비, 매출액 대 복리후생비, 노무비 대 복리후생비
노무부비 (勞務副費) (Labor Related Cost)	의의 원가계산상 노무비는 노동용역의 사용과 관련시켜서 특수한 분류기준에 따라 노무주비와 노무부비로 구분된다. 최근에는 노무비구성에서 노무부비부분이 증가되는 경향을 고려하여 원가계산 및 원가관리상 많은 문제를 내포하고 있다. 설명 원가부문은 제조부문과 보조부문으로 구분되고, 다시 보조부문은 보조경영부문과 공장관리부문으로 분류되며, 노무부는 공장관리부문에 속하는 1원가부문이다. 　노무부에 집계된 원가는 노무부의 업무내용에 따라 결정된다. 즉, 노무부의 업무는 종업원의 모집·채용·교육훈련·복리증진 등의

	노동보전에 관한 것이며, 타부문의 업무내용과는 다른 것이다. 그리고 노무부 외에 인사부나 복리부를 설치하면 그만큼 노무부의 업무는 축소된다. 노무부에다 원가를 집계하려면, 부문별원가계산의 절차에 의하여 부문개별비를 부과하고, 부문공통비는 부과한다. 노무부비는 다른 공장관리부문비처럼 제조부문에 부과하거나 또는 직접적으로 제조지령서에 배부한다.
노무부비산정목적	1. 노무부비산정목적
	노무부비란 본질적으로 종업원의 노동보전 즉 그 관리와 복리증진을 위하여 발생하는 비용을 말한다. 그러므로 노동용역의 본래의 대가로서 지급되는 노무주비와는 구별된다.
	노무부비를 산정하는 목적은, ① 노무비구성의 기업상호간의 비교에 도움이 된다. ② 종업원과 노동조합과의 노동교섭에 필요하다. ③종업원과 주주와의 정보교환에 필요하다. ④ 종업원 증가의 원가에 대한 영향을 파악하는데 필요하다. 그 밖에도, ⑤ 제품원가의 산정, ⑥ 노무부비의 증액폭 결정, ⑦ 노무부비관리수단의 선정 등에 필요하기 때문이다.
노무부비항목	2. 노무부비의 항목
	노무부비에는 다음과 같은 항목들이 포함되고 있다. ① 노동의 대가인 성질의 것이 아닌 수당(휴가수당·공휴수당·상해수당 등) 및 현물급여, ② 복리비(법정복리비로서 회사 부담액), ③ 퇴직급여충당금전입액(이것은 노무비에 포함시키지 않은 경우), ④ 복리시설부담액(학교·보육원·병원·요양소·식당·숙박소·운동장·유원지·오락실 등의 시설비 및 유지비), ⑤ 후생비(종업원의 의무·위생·보건·위안·수양등을 위한 비용), ⑥ 종업원의 모집 및 훈련을 위한 비용, ⑦ 노무부·인사부·임금급료계산부·복리부 등의 사무비 등이다.
노무부비처리	3. 노무부비의 처리
	노동부비에 속하는 각항목의 실제발생액 또는 충당액은 일반적으로 간접비로 처리된다. 그러나 노무부비에 속하는 비목중 퇴직급여충당금전입액 및 법정복리비는 종래 경비로 처리되어 왔지만, 이들은 종업원 각자에 대하여 계산되는 것이며, 노무관계의 원가라고 보는 것이 타당하므로 노무비에 포함시키게 되었다. 노동용역의 대가로서의 노무주비가 되지 못하는 현물급여는, 노무과에서 작성하는 현물급여보고 또는 출고표에 의하여 원가계산기말에 이를 제조간접비집계표에 집계한다.
	현물급여보고에서 현물급여액이 부문별로 분류표시되고 있으면, 부문공통비로 이를 적정한 배부기준에 의하여 제조간접비부문별집계표에 기입한다. 복리비는 사업주부담분을 계산하고, 이를 원가계산기말에 회계전표에 의하여 제조간접비집계표에 집계한다.

	퇴직급여충당금전입액, 휴가급여충당금전입액, 공상해수당 등은 급여계산계가 작성한 계산표에 의하여 제조간접비부문별집계표에 기입한다. 그리고 이들은 부문공통비로하고 적당한 배부기준에 의하여 관계부문에 배부하는 것이 타당한 경우에는, 그 배부액을 계산하고, 부분별로 분류집계한다. 　복리시설부담액은, 병원수지, 학교수지, 식당수지 등에 관한 보고서에 의하여 그 원가계산기간에 부담시킬 지급액을 산정하고, 적정한 배부기준을 통하여 각부문에의 배부절차를 마친 다음 제조간접비부문별집계표에 기입한다. 후생비의 처리도 복리비의 회계처리에 준하면 된다. 　종업원모집비 및 훈련비는 모집 및 훈련부서의 임금·급료·제수당 등의 노무비에 속하는 것과 모집 및 훈련용 소무품비·여비·모집광고비 등을 모집비 및 훈련비로 집계하고, 이를 적정한 배부기준을 통하여 제조간접비부문별집계표에 기입한다. 　노무부비·급여계산부비·복리후생부비 등에 대하여는 이를 보조부문비로서 필요하면 적당한 배부기준을 통하여 각제조부문에 배부한다. 　노무부비는 간접비로 처리되는 외에 ① 직접 작업시간 1시간당의 부비예정액(부비예정률)을 산출하고 직접작업시간을 기준으로 하여 제품에 배부하는 방법, ② 직접공의 노무부비에 한하여 이를 임률에 포함시켜서 직접노무비에 산입하는 방법, ③ 노무주비에 대한 노무부비의 예정률을 산정하고 이를 노무주비에 곱하여 노무비로서 처리하는 방법 등이 있다. 　또 장치공업에서는 원가관리상 노동관계원가를 일원적으로 파악하기 위하여 노무주비와 노무부비를 합산하고 종업원 1인당의 원가로 관리하는 것도 필요한 것이다. ☞ **노무주비** (Labor's Main Cost)
노 무 비 (**勞 務 費**) (Labor Cost)	의의 노무비란 공기업(工企業)에서의 노동력의 소비로써 생긴 원가를 말한다. 재료비를 물적원가요소라고 한다면 노무비는 인적원가요소라고 말할 수 있다. 설명 노무비는 임금(Wage) 또는 급료(Salary)라는 형태로 그 원가액이 파악되므로 노무비와 임금과는 곧잘 혼동된다. 그러나 엄밀히 말하면 노무비와 임금은 개념상 다르다. 　임금이라는 것은 제품의 제조를 위하여 매입된 노동력에 대하여 지급되는 대가인데 대하여 노무비는 그 매입한 노동력을 소비함으로써 발생하는 원가요소이다. 　따라서 재료와 재료비를 구별하는 것과 마찬가지로 임금과 노무비도 구별할 수 있는 것이다.

그러나 노동력이라는 것은 그 성질상 구입과 소비가 동시에 발생하며 재료처럼 저장이라는 과정을 갖지 않으므로 일정기간에 발생한 임금은 모두 그 기간의 노무비로 되는 것이기 때문에 공업부기에 있어서 양자는 같은 의미로 사용되고 있는 것이다.

급여의 총액은 각종의 공제액(종업원이 부담하는 의료보험료, 소득세의 원천세징수액 등)을 차감한 순지급액과 다르므로 여러 가지 계산을 하지 않으면 안된다.

이것은 재무회계면에서 취급한다. 원가계산면에서는 원가계산목적의 자료로 하기 위하여 직접노무비·간접노무비의 구분을 하고, 다시 그것을 작업별·부문별 및 제품단위별로 파악하여야 한다.

노무비회계에는 이와 같이 2개면이 있고, 양자가 반드시 일치되는 것은 아니다. 왜냐하면 다음과 같은 이유가 있기 때문이다.

(1) 급여계산기간과 원가계산기간은 대개 일치되지 않는다. 예를 들면 역월을 원가계산기간으로 하고 급여지급일을 매월 25일로 정할 때 양자는 다르게 된다. 이와 같이 되면 당월의 급여지급액을 원가계산상 그대로 당월의 노무비로 할 수 없으므로 이를 조정하여야 한다.

(2) 노무비 계산에 있어서 노무비를 직접노무비와 간접노무비로 구분하고 다시 이를 작업별·부문별 및 제품단위별로 파악할 필요가 있다. 그러나 동일한 종업원에 대한 급여가 때로는 직접노무비가 되기도 하고 간접노무비가 되기도 한다. 또 종업원이 종사하던 부문으로부터 이동되었을 때에는 동일 종업원에 대한 급여를 여러 부문으로 분할하여 각 부문의 노무비를 계산하지 않으면 안될 경우가 있다.

(3) 현재 우리 나라 실정은 급여계산에 있어서 기본임금이 극히 저렴하므로 여러 가지 명목의 수당이 지급되고 있다. 이와 같은 임금체계에 있어서 급여계산을 하는 경우에 기본임금을 직접노무비에 적용한다면 진정한 노무비를 계산하려고 할 때 불합리한 결과가 될 것이다. 그러므로 실질적으로 기본임금으로 해야 할 수당은 이를 기본임금에 포함시켜서 직접노무비·간접노무비로 계산하여야 한다. 그리고 실질적으로 기본임금으로 보아야 될 수당을 포함시켜서 원가계산상의 임률을 계산한다 하드라도 원가계산상의 노무비계산에서는 대개 평균임률(Averge Wages)이 사용된다.

개별원가계산에 시간급제(또는 도급제)가 채택될 때 종업원이 증가되고 임률이 분화되면 될 수록 개별임률에 의한 노무비계산은 번잡하고 계산능률이 저해되어서 원가계산을 지연시키게 되므로 실제로는 적당한 방법이라고 할 수 없다.

특히 급여계산기간과 원가계산기간이 다른 때나 종업원이 종사하고 있는 부문이 이동되었을 때에는 그 폐단이 생기게 된다. 예를 들면 어느 부문에서 어느 달의 지급임금총액을 작업총시간수로 나누어 평균임률은 산출되지만 이것은 일부문이나 1직장별로, 그리고 필요에 따라 성별·직종별로 산출하지 않으면 안된다.

이 평균임률은 사실상 실제평균임률이므로, 이것에 의할 때는 노무비는 월말이 되어야 비로소 결정된다.

따라서 원가계산기말을 기다릴 필요없이 제품이 완성된 뒤 즉시 그 제조원가가 확정되어야 할 때에는 이 실제평균임률로는 불편하다. 그러므로 예정평균임률을 사용할 필요가 생기게 된다. 이 예정평균임률은 편이상 전월말의 실제평균임률을 사용할 때가 많으나 정확을 기하려면 예정한 일정기간의 임금예정액을 동기간의 예정작업시간수로 나누어 산정한 임률이라야 한다. 이 예정률의 산출은 임금뿐만 아니라 작업시간에도 적용되고, 더욱이 과학적 방법에 의하여 실행함으로써 노무비의 표준화를 기할 수 있고, 나아가서는 표준원가계산에로의 길을 열게 될 것이다.

노무비성질·범위

|설명| 1. 노무비의 성질과 범위

제조원가요소를 재무회계에 있어서 비용의 발생을 기초로 하는 분류 즉, 원가발생의 형태에 의한 분류의 기준에 의하여 분류하면, 재료비·노무비 및 경비의 각 비목에 나누어 진다. 그리고 이 경우 노무비란 노동용역의 소비에 의하여 생기는 원가를 말하며 대체로 다음과 같이 세분된다.

노무비종류

(1) 노무비의 발생과정상의 구분

노무비는 그 발생과정에 따라 다음의 4가지 종류로 구분된다.

① 임금(Wages)

임금은 직공에 대하여 지급되는 급여이다. 이 경우 임금은 기본임금이외에 가급임금(加給賃金)(시간외수당·특수작업수당)을 포함한다. 이 임금은 보통 노무비의 대부분을 차지하고 있으며 임금과 급료를 구별하는 것은 급여를 받는 대상이 직공이냐 직원이냐 하는 수급자 직제상의 차이에 불과한 것이다.

② 급료(Salaries)

급료는 일반사무직원에 대한 급여이다. 종래에는 임금과 급료를 구별하여 왔다. 즉 임금은 개수급·시간급을 주로 하여 그 지급형태는 일급제를 취하였고 급료는 월급제로써 그 지급액이 대개 일정하기 때문에 이러한 점에서 구분하여 왔으나 최근에는 이러한 내용적 차이가 거의 없어지게 되어 단순히 명칭상의 구별에 불과하게 되었다. 오히려 양자를 합하여 급여라는 명칭을 사용하는 일도 있다. 그러나 임금은 직접노무비와 간접노무비로 구분되어 원가를 구성하고 있으며 급료는 전부 간접노무비로 간주하여 계산하고 있으므로 임금과 급료는 구분하는 것이 타당할 것이다.

③ 잡급

이것은 임시고용인 또는 일용노무자에 대한 임금이며 전부 간접노무비로 취급하고 있다.

	④ 종업원상여수당 　이것은 종업원에 대한 상여 기타 수당이다. 즉 단체협약 기타에 의하여 정기적으로 지급되는 것을 말한다. 예컨대 가족수당·주택수당·교통수당·물가수당·임시상여·기말상여 등이다. 　급료·임금 및 잡급 등은 그 지불액이 그대로 기장되는 동시에 그 계산기간의 발생비용으로 처리되나 종업원상여는 지불액을 그대로 계산기간의 비용으로 처리하게 되면 원가의 비교성을 저해하게 되므로 상여지급분에 대하여는 동 지급상여의 해당기간의 월수로 나누어 그 분할된 월할액만을 그 계산기간의 비용으로 처리하는 것이다. 　이상 4종에서 공업부기 및 원가계산에 있어서 가장 문제가 되는 것은 임금계산이다. 한편 노무비는 그것이 어느 부문에서 발생한 것인가에 따라서 제품의 제조원가로서의 노무비와 관리판매비로서의 노무비로 나누어 진다. 　전자는 공장의 작업현장에서 노동하는 종업원에게 지급되는 임금을 가리키며 후자는 기업전체의 경영에 종사하는 임원 기타 직원에게 지급되는 임금·급료(관리비)와 제품의 판매활동에 종사하는 자에게 지급되는 임금·급료(판매비)를 가리킨다. 　노무비는 원가계산상 노무주비와 노무부비로 나누어진다. 노무주비는 제품의 제조를 위하여 직접 또는 간접으로 노무량에 비례해서 지급되며 이에는 기본임금을 비롯하여 각종의 수당, 가급금·상여 등이 포함된다. 이들 보수는 원가계산상 일괄해서 임금으로 계산된다. 　노무비는 종업원을 사용하는데 관련하여 발생하는 비용을 말하며 종업원을 사용하는 경우에는 관리 및 복리후생비, 종업원모집비, 종업원교육훈련비 등 여러 가지 비용의 부담을 수반하게 된다. 　이와 같은 비용을 노무비라고 하는데, 이러한 비용에 대하여는 기업이 당연히 부담을 해야 하는 것이고 그 외에 강제되고 있는 비용으로는 근로기준법에 의한 법정복리비와 종업원의 복리후생의 뜻에서의 의무실관리비·오락시설비 등이 있다. 　노무부비는 노무비에 가산하는 방법과 경비로 처리하는 2가지가 있는데 정확성에 있어서는 노무비에 가산하는 방법이 우월하지만 그것은 계산이 복잡하므로 경비로 처리하는 방법이 많이 채택되고 있다. 　경비로 취급하는 경우는 다른 경비의 경우와 마찬가지로 기말에 실제발생액을 계산하고 그것을 제조간접비로 처리한다.
노무비의분류	(2) 원가의 비목별계산에 있어서 노무비의 분류 　원가의 비목별계산이란, 일정기간에 있어서 원가요소를 비목별로 분류측정하는 절차를 말하며, 재무회계에 있어서 비용계산인 동시에 원가계산에 있어서 제1차의 계산단계이다. 　이 비목별계산에 있어서는, 형태별분류과목인 노무비를 직접노무비와 간접노무비로 대별하고, 다시 필요에 따라 기능별분류를 가미하여,

가령 다음과 같이 분류한다.
① 직접노무비(Direct Labor Cost)
　노무비란 제품의 제조를 위하여 매입한 노동력을 소비함으로써 발생하는 원가요소를 말하고 노무비는 원가계산상 노무주비와 노무부비로 구분된다함은 이미 앞에서 설명한바 있다.
　노무주비란 직접 또는 간접으로 제조를 위하여 소비된 노동력에 대한 보수를 말하며, 노무부비란 노동력의 획득·보전·관리에 관련하여 발생하는 제비용을 말한다.
　노무주비는 다시 직접노무비와 간접노무비로 구분할 수 있다. 직접노무비란 직접제조를 위하여 소비된 노동에 대한 보수로서 특정의 제품에 직접부과시킬 수 있는 노무비를 말한다.
　노무비도 재료비의 경우와 같이 직접비인 것이 많고 특히 임금으로 계산되는 노무비는 그 대부분이 직접노무비에 속한다. 그러나 임금 중에서도 간접비로 처리할 것이 있으며, 또 급여라 하더라도 특정제품에 관해서만 발생한 것이라면 이를 직접노무비로 처리하여야 한다.
　기사나 공장사무원의 급료라도 특정제품의 제조에만 관련된 것일 때에는 이를 직접노무비로 처리한다.
② 간접노무비
　노무비의 발생이 일정단위의 제품 생산에 관하여 직접적으로 인식되는가를 기준으로 하여 직접비와 간접비로 구분된다.
　간접노무비는 직접노무비와는 대조적으로 제품에 대하여 공통적으로 발생하고 직접적인 관련이 없기 때문에 특정제품에 부과할 수 없거나 계산상 불편하여 적절한 기준에 따라 배부되는 것이다.
　그 발생이 제품의 생산과 직접적인 관련이 없는 간접노무비는 원단위에 대한 관리를 할 수 있는 직접노무비와는 그 성격이 다르므로 그 관리방법도 다르며, 기간적·총액적으로 인정한 예산과 실적을 대비하여 관리를 하게 된다.
　간접노무비에는 직접공 간접작업임금·간접공임금·대기임금·휴업임금·급료·잡금·종업원상여수당·법정복리비 등의 제비용이 포함된다.
　그 중에서 직접공 간접작업임금·대기임금·시간기록이 필요한 간접공의 임금은 측정된 작업시간에 소비임률을 곱하여 그 소비임금을 계산한다.
　이 밖에 작업시간기록의 계상이 되지 않는 것은 당해 원가계산 기간의 부담에 속하는 지급액을 그대로 소비액으로 한다.

노무비계산　(3) 원가의 비목별계산에 있어서 노무비계산
① 실제원가의 계산
　실제원가의 계산에 있어서 노무비 계산은 다음의 절차·요령으로 한다.

	㉮ 직접임금 등으로서, 작업시간 또는 작업량의 측정을 하는 노무비는, 실제의 작업시간 또는 작업량에 임률을 곱하여 계산한다. 임률은 실제의 개별임률 또는 직장 또는 작업구분별의 평균임률로 한다. 평균임률은 필요한 경우에는 예정평균임률로서 계산할 수 있다. 직접임금 등은 필요한 경우에는, 당해 원가계산기간의 부담에 속하는 요지급액으로서 계산할 수 있다. ㉯ 간접노무비로서, 간접공임금·급료·상여·수당 등을 원칙적으로 당해 원가계산기간의 부담에 속하는 요지급액으로서 계산한다. ② 예정가격 등의 적용 비목별계산에 있어서 일정기간의 노무비의 발생을 측정함에 있어서, 예정가격 등을 적용하는 경우에는, 이것을 그 적용되는 기간에 있어서의 실제가격에 될 수 있는 한 접근시켜 가격차이를 될 수록 근소하게 하도록 정한다. ③ 표준원가의 계산 표준원가계산제도를 채택한 경우, 직접 노무비에 대하여 표준원가를 산정하지만, 원가계산준칙에 의하면, 원칙으로서 물량표준과 가격표준의 양면을 고려하여 다음과 같이 산정하도록 하고 있다. ㉮ 표준직접노무비는, 직접작업의 구분별로 제품단위당의 직접작업의 표준시간과 표준임률을 정하여 양자를 곱하여 산정한다. ㉯ 표준직접작업시간에 대하여는 제품의 생산에 필요한 작업의 종류별, 사용기계공구, 작업의 방식 또는 순서, 각 작업에 종사하는 노동의 등급 등을 정하여, 작업연구·시간연구 기타 경영의 실정에 따라 과학적·통계적조사에 의하여 제품단위당의 각 구분작업의 표준시간을 정한다. 표준시간은 일반적으로 발생한 것으로 인정되는 정도의 피로·신체적 필요·대기 등의 시간적 여유를 포함한다. ㉰ 표준임률은 예정임률 또는 정상임률로 한다. 간접노무비는 기타 간접비와 같이 제조간접비가 되어, 그 표준이 부문단위로 설정된다.
직접노무비· 간접노무비차이	2. 직접노무비와 간접노무비와의 차이 ① 개별원가계산에 있어서 직접노무비와 간접노무비를 구분하는 기준은 직접공·간접공의 구분이 아니고 제조지령서와 노무비가 직접관계가 있느냐 없느냐에 달려 있다. 이 구분에 의하여 제조지령서별로 파악할 수 있는 작업시간(직접작업시간)에 대한 노무비는 직접노무비가 되고 그 밖에 노무비는 간접노무비가 된다. 따라서 직접공이 간접작업에 종사할 때는 그 간접작업시간에 대한 노무비는 간접노무비가 되고, 반대로 간접공이 직접 작업을 하면 그 직접작업시간에 대한 노무비는 이를 직접노무비로 한다. 개별원가계산에 있어서는 우선 직접노무비를 계산하고 이를 당해 기간의 급여총액에서 공제한 잔액을 간접노무비로 하는 방법을 쓰지

않고 특정부문이 소속되는 공원이 직접공, 간접공으로 구분되어 있을 때에 직접공·간접공의 각각에 대하여 평균임률을 계산하고 다음 산식에 의하여 직접노무비·간접노무비를 계산하게 된다.

직접노무비=직접공 평균임률×직접공의 직접작업시간+간접공 평균임률×간접공의 직접작업시간

간접노무비=직접공 평균임률×간접공의 간접작업시간+간접공평균임률×직접공의 간접작업시간+임률에 산입되지 않는 제수당 합계

이 방법에 있어서는 당해 노무비가 직접작업에 대한 것인지 또는 간접작업에 대한 것인지를 기준으로 하여 구분한다.

② 순수종합원가계산에 있어서는 직접노무비와 간접노무비를 구분할 필요는 없다고 할 수도 있지만, 원가관리의 목적을 위하여 양자를 구분하지 않으면 안된다. 이 때에는 보통 2종의 기준을 사용하고 있다. 그 하나는 직접작업에 종사하는 공원이냐 아니냐에 따라 직접공과 간접공으로 구분하여 직접공에 대한 노무비를 직접노무비로 하고, 간접공에 대한 노무비를 간접노무비로 하는 방법이다.

이 방법에 의하는 경우에는 공원급여액 합계에서 직접노무비를 공제한 것을 간접노무비로 할 수 있다. 또 하나는 제품 1단위에 대하여 순전한 비례비의 성격을 가진 것이고 예정할 수 있는 노무비를 직접노무비로 하고, 그렇지 않은 것을 간접노무비로 하는 방법이다. 따라서 이 방법에 의할 때에는 가령 직접공의 임금일지라도 그것이 고정비의 성격을 띠는 한 직접노무비로 할 수 없다. 이 방법에 의한 직접노부비·간접노무비의 구분은 표준원가계산을 할 때에 있어서 특히 필요하다.

③ 조별종합원가계산에 있어서도 2가지의 기준이 사용된다. 하나는 노무비를 조별제조지령서에 대한 직접관계의 유무에 따라 직접노무비와 간접노무비로 구분하는 것이다. 즉, 직접공과 간접공의 조별직접작업시간에 대한 임금을 직접노무비로 하고, 당해 기간의 급여총액으로부터 직접노무비를 공제한 것이 간접노무비가 된다. 또 하나의 기준은 제품 1단위에 대하여 비례비의 성격을 가진 것이며, 예정할 수 있는 노무비를 직접노무비로 하는 방법이다.

3. 노무비의 계산절차

노무비의 소비액 기록절차만을 설명하면 다음과 같다.

① 현장 또는 노무비계산계로부터 작업시간 또는 작업량표가 원가계산계에 회부된다.

② 원가계산계는 회부된 이 표를 조사하고 제조지령서번호가 기입되어 있으면 직접노무비이므로 노무비분개장의 직접노무비란에, 이것을 기입하는 동시에 원가원장의 당해 지령서계정좌의 노무비란에 기입한다.

③ 제조지령서 번호기재가 없이 제조관계에 소비한 것이라면 간접

	노무비이므로 원가계산계는 이것을 노무비분개장의 간접노무비란에 기입하는 동시에 제조간접비명세장에 기입한다.
	④ 월말에 노무비분개장을 마감하고 직접노무비와 간접노무비의 합계액을 회계계에 통지한다.
	⑤ 회계계는 이것을 분개하여 총계정원장의 각 계정에 전기한다.
	4. 노무비의 소비액기록절차
노무비의 소비액기록절차	노무비의 소비액기록절차만을 설명하면 다음과 같다.
	(1) 현장 또는 노무비 계산 담당자로부터 작업시간표 또는 작업량표가 원가계산 담당자에게 회부된다.
	(2) 원가계산 담당자는 회부된 이 표를 조사하고 제조지령서번호가 기입되어 있으면 직접노무비이므로 노무비분개장의 직접노무비란에 이를 기입하는 동시에 원가원장의 당해 지령서계정좌의 노무비란에 기입한다.
	(3) 제조지령서번호 기재가 없이 제조관계에 소비한 것이라면 간접노무비이므로 원가계산담당자는, 이를 노무비분개장의 간접노무비란에 기입하는 동시에 제조간접비 명세장에 기입한다.
	(4) 월말에 노무비분개장을 마감하고 직접노무비와 간접노무비의 합계액을 회계담당자에게 통지하여야 한다.
	(5) 회계담당자는 이를 분개하여 총계정원장의 각 계정에 전기한다.
	노무비계산계로부터 회부된 작업시간표, 작업량과 임률을 원가계산계가 기입하고, 이것을 작업시간 또는 작업량에 곱하여 노무비를 계산한다. 이때에 기입하는 임률은
	㉮ 개인별로 상이한 실제개인임률이거나
	㉯ 부문 또는 작업구분을 평균한 실제임률이거나
	㉰ 예정평균임률이다.
	위의 ㉮는 계산이 번잡하고 또 동일한 작업이라 할지라도 상이한 임률의 공원이 작업하면, 그 원가가 상이하기 때문에 위 ㉯가 적용된다. 그러나 실제평균임률은 월말이 되지 않으면 판명되지 않으므로 예정평균임률이 사용된다.
	사례 노무비의 계산
	다음 자료에 의하여 제조지령서 NO.1, NO.2, NO.3의 노무비를 작업장별로 계산한다.
	\<자료\>
	(1) 작업장별의 기준

작업장	과거6개월간의 지급임금 등	동기간의 작업시간수	평균임률
제1작업장	420,000원	12,000시간	35.00원
제2작업장	720,000	18,000	40.00
제3작업장	780,000	15,000	52.00

(2) 기계군별의 경우

작업장	과거6개월간의 지급임금 등	동기간의 작업시간수	평균임률
제1기계	520,000원	13,000시간	35.00원
제2기계	750,000	17,000	44.12
제3기계	750,000	15,000	50.00

<해설>

제조지령서	제1작업장	제2작업장	제3작업장
NO.1	1,000시간	1,200시간	1,300시간
NO.2	1,200	1,300	1,200
NO.3	1,400	1,000	1,000

위의 자료에 의하여 제조지령서 NO.1, NO.2, NO.3의 노무비를 계산하면 다음과 같다. 단, 작업장별의 경우이다. 여기서 노무비는 작업장 임률(賃率)은 당해 작업장의 제조지령서별 시간수를 곱하여 산출하고, 이를 합계하여 제조지령서별 노무비를 구하게 된다.

제조지령서　제1작업장 노무비　제2작업장 노무비　제3작업장 노무비
NO.1　(35,000원×1.000=)35,000+(40.00원×1,200=)48,000
　　　　　　+(52.00원×1,300=)67,600=150,000
NO.2　(35,000원×1.200=)42,000+(40.00원×1,300=)52,000
　　　　　　+(52.00원×1,200=)62,400=156,400
NO.3　(35,000원×1.400=)49,000+(40.00원×1,000=)40,000
　　　　　　+(52.00원×1,000=)52,000=141,000

기계군(機械群)을 기초로 하여 계산하는 경우에도 똑같이 각 기계를 사용하는 운전시간수를 제조지령서별로 집계하고 기계군별의 임률(賃率)에 운전시간수를 곱하여 제조지령서별로 합께하면 동일 방법으로 용이하게 계산할 수 있다.

노무비계정
(勞務費計定)
(Labor Cost Account)

[의의] 원가를 구성하는 비용종류를 그 형태에 따라 분류하는 경우 재료비 및 경영계정과 더불어 생기는 원가종류계정의 하나이다.

[설명] 노무비계정에는 종업원의 노동의 본질에 따라 임금·급료 및 잡급의 구분이 생기며, 이러한 경우에 일반적으로 노무부비라고 하는 종업원수당은 물론 종업원의 관리 및 후생복리비까지도 노무비 속에 포함시키는 경우도 있다. 또 노무비중 임금은 흔히 직접비이며, 급료는 간접비의 성격을 띤 경우가 많고, 원가계산의 방법에 따라서는 직접임금만을 노무비계정으로 파악하고 간접비는 모두 경비로서 처리하는 경우도 있다.

노무비의 경우 보통 총계정원장에는 통괄계정으로서 하나의 노무비계정을 마련하고, 그 내역계정인 임금·급료·잡급 등은 이것을 보

노무비분개장
(勞務費分介帳)
(Labor Cost Journal)
	조원장인 노무비원장에 표시하게 된다.
	
	[의의] 노무비분개장은 노무비관계의 여러 계정에서 각 제조계정 또는 각 부문비계정에의 대체를 하기 위하여 사용되는 특수분개장이며, 일반적으로 임금급료분개장 또는 임금분개장 또는 임금급료기입장이라고 한다.
	
	[설명] 노무비분개장은 작업시간표 또는 성과표에 입각하여 기입되고, 대변과 차변의 각 합계금액으로 총계정원장의 노동비계정 대변, 제조계정 차변, 제조간접비계정 차변에 전기한다.
	  또 이러한 경우 차변적요란에 제조계정외에 제조부문, 보조부문비합계란을 두어, 각기 총계정원장의 내역계정으로서의 노무비원장, 원가원장, 부문비원장에 전기하면 총계정원장에서의 노무비계정은 원가원장에서의 직접임금급료를 부문비에 관한 계정은 부문비원장의 수치를 통괄하는 관계에 놓이게 된다.
	  이상은 개별원가계산의 경우인데, 공정별 종합원가계산의 경우에는 차변과목 중에 공정별금액란을 두어 처리한다. 그 밖에도 부문마다 또는 전체의 지급임금급료의 집계장인 임금급료지급장을 특수분개장으로 사용하는 경우도 있다.

노무비예산 (勞務費豫算) (Labor Budget)	[의의] 제조예산의 일환으로서 편성되는 예산으로, 일반적으로는 직접노무비에 있어 예정작업시간에 예정임률(豫定賃率)을 곱하여 구한 노무비예산을 주예산(主豫算)으로 하고, 이에 노무조달예산을 부예산(副豫算)으로서 작성한다. 간접노무비에 관해서는 제조간접비예산에 포함하는 것이 일반적이다.

노무비예정계산
(勞務費豫定計算)
(Calculation of Estimated Labor Cost)
	[의의] 노무비의 예정계산은 일부의 작업이나 제품에 대하여 이루어지는 경우와 공장전체에 대하여 일정기간에 발생할 노무비의 총액에 대하여 이루어지는 경우가 있다.
	  전자는 주문의 인수 또는 입찰 등에 있어서 가격계산상의 요구나 특정작업을 할당하여야 할 작업물의 선택에서 필요하게 된다.
	  후자는 제조예산의 편성, 이익계획 등으로 부터의 요청에 입각한다.
	  예정노무비를 계산하기 위해서는 당해 제품 또는 작업에 필요하게 되는 예정소요시간과 시간당예정임률을 산정하지 않으면 안된다.
	  예정시간의 견적에는 작업이 단독으로 이루어지는 경우는 그 작업원의 실현가능한 작업능률이 또 수명의 작업원에 의한 협업 또는 수공정으로 분업되는 경우에는 작업원의 평균적인 능률이 고려되어야 한다. 그리고 예정임률로서는 부문의 예정평균임률 또는 개별임률이 사용된다. 특정계산기간의 실제임금발생액과 예정임금액과의 차액은 당해 기간의 원가외손익으로 되지만 회계연도말까지 이월되어 처리된

노무비예정계정 **(勞務費豫定計定)** (Calculation of Estimated Labor Cost)	다. [의의] 일부의 작업이나 제품에 대하여 이루어지는 경우와 공장 전체에 대하여 일정기간에 발생할 노무비의 총액에 대하여 이루어지는 경우로 분류된다.
노무비집계 **(勞務費集計)** (Summary of Labor Cost)	[의의] 개별원가계산은 여러 곳의 작업장과 많은 기계의 가공을 경유하여 제품으로 되며, 노무비는 오직 각 제조지령서에서 표시된 작업시간을 기초로 계산할 수 밖에 없다. 따라서 작업시간이 작업장을 기초로 하는 경우에는 각 작업장, 예를 들면 제 1~3 작업장에 따라서 제조지령서별로 작업시간을 집계하는 것을 노무비집계라 한다. [설명] 이때 각 작업장의 사원에 대한 급여시에 성별에 따라 차이를 두는 경우에는 별도로 성별에 따라서 시간을 집계하여 각 제조지령서별 노무비를 계산한다. 한편, 노무비의 원가에 있어서 종합계산을 할 때 당월의 실제지급액을 노무비로 하면 되지만, 개별원가계산은 임금지급 전에 제조가 완료되어 납품하여야 되는 경우가 많으므로 예정계산을 한다. 　과거 6개월간이나 1년간이든 실제지급의 임금에 적어도 앞으로 6개월간(회계기 전에 예정계산을 행하고 당회계연도간 적용하는 경우)에 상승이 예상되는 임금을 가미한 임금을 동기간의 작업시간으로 나누어 1시간당의 임률을 구한다. 이것을 예정임금률 또는 줄여서 임률이라고 한다. 　작업이 주로 기계에 의하여 이루어질 때는 기계의 작업시간을 기초로 계산하는 것이 가장 정확한 노무비의 계산이다. 즉 기계군별로 종사하는 사원의(예를 들어 과거 6개월간) 지급임금을 동기간의 운전시간으로 나누어 기계별([예] A· B · C기계) 평균임률을 구하고, 제조가 개시되는 경우에는 A · B · C기계별로 매월의 작업시간을 제조지시서별로 집계하여, 여기서 산정된 작업시간수와 임률을 곱하여 각 제조지령서의 노무비를 계산하는 방법을 채택한다.

작업장별 기준

작업장	과거 6개월간의 지급임금 등(원)	동기간의 작업시간(시간)	평균임률(원)
제1작업장	420,000	12,000	35.00
제2작업장	720,000	18,000	40.00
제3작업장	780,000	15,000	52.00

기계별 기준

기계군	과거 6개월간의 지급임금(원)	동기간의 운전시간(시간)	평균임률(원)
A기계	520,000	13,000	4000
B기계	750,000	17,000	44.12
C기계	750,000	15,000	50.00

이상의 자료에 의하여 제조지령서 No. 1~3의 노무비를 계산하면 다음과 같다(단, 작업장별의 경우이다).

(단위 : 시간)

제조지령서	제1작업장	제2작업장	제3작업장
No. 1	1,000	1,200	1,300
No. 2	1,200	1,300	1,200
No. 3	1,400	1,000	1,000

여기에서 노무비는 작업장별의 임률 당해 작업장의 제조지령서별 시간을 곱하여 산출하고, 이것을 합계하여 제조지령서별 노무비를 구할 수 있다.

제조지령서	제1작업장 노무비	제2작업장 노무비	제3작업장 노무비	합계
No. 1	(35.00원×1,000=) 35,000+	(40.00원×1,200=) 48,000		
	+(52.00원×1,300=) 67,600=			150,000
No. 2	(35.00원×1,200=) 42,000+	(40.00원×1,300=) 52,000		
	+(52.00원×1,200=) 62,400=			156,400
No. 3	(35.00원×1,400=) 49,000+	(40.00원×1,000=) 40,000		
	+(52.00원×1,000=) 52,000=			141,000

기계군을 기초로 계산하는 경우에도 똑같이 각 기계를 사용하는 운전시간을 제조지령서별로 집계하고, 기계군별 임률에 운전시간을 곱하여 제조지령서별로 합계하면 같은 방법으로 쉽게 계산할 수 있다.

노무비차이 (勞務費差異) (Labor Cost Variances)

[의의] 노무비에서의 표준원가와 실제원가와의 차이액을 말한다. 원가관리에 이바지 하게 하기 위하여는 이 차이분석은 부문이나 원가중심점 등의 책임단위에 대하여 작업종류별로 이루어질 필요가 있다.

[설명] 일반적으로 노무비차이는 작업시간차이와 임률차이로 분석된다. 이 분석방법에는 원가차이법 내지 분해법과 원가비율법의 2가지가 있다. 이 공식을 기호로 표시하면 다음과 같다.

<원가차액법 내지 분해법>
실제임률=R_a 실제작업시간=H_a 표준임률=R_s
표준작업시간=H_s
노무비차이=실제노무비-표준노무비=$H_a \cdot R_a - H_s$

$R_s=H_a(R_a-R_s)+R_s(H_a-H_s)$=임률차이+ 작업시간차이

<원가비율법>

$$\text{노무비비율}=\frac{\text{실제노무비}}{\text{표준노무비}}=\frac{H_a \cdot R_a}{H_s \cdot R_s}=\frac{H_a}{H_s} \times \frac{R_a}{R_s}$$

$$=\text{작업시간비율} \times \text{임률비율}$$

이 분석에서 다시 실제작업액에 대한 표준시간을 산정하고, 이것을 공식속에 삽입하면 더욱 분석이 세밀하게 된다. 즉, 작업시간차이는 작업속도차이와 작업우량도차이로 분석된다.

공식으로 표시하면 다음과 같다.

실제작업액에 대한 표준시간=H_s'

작업시간차이=$R_s(H_a-H_s)=R_s H_a-R_s H_s$

$\qquad =R_s H_s-R_s H_s'+R_s H_s'-R_s H_s$

$\qquad =R_s(H_s-H_s')+R_s(H_s'-H_s)$

$\qquad$ =작업속도차이+ 작업우량도차이

또는

$$\frac{H_a}{H_s}=\frac{\text{실제작업액에 대한 } H_a}{\text{실제작업액에 대한}H_s'} \times \frac{\text{실제작업액에 대한}H_s'}{\text{표준작업액에 대한}H_s}$$

=작업속도차이+ 작업우량도차이

임률차이는 동일작업에 대한 임률 그 자체가 변화한 경우 및 하나의 집단작업에서 작업자의 구성이 변화한 경우에 생긴다.

대규모경영에서는 임률 그 자체의 변경은 그리 자주 생기지 않으나 작업자 구성의 변화는 1작업자의 결근을 임률이 다른 작업자로 보충하는 경우에도 생긴다. 이 변화가 돌발적인 사고로 인한 경우에는 그것을 지정하면 되지만, 계속적인 경우에는 이것을 검토하고 표준임률을 변경하지 않으면 안된다.

작업시간차이는 실제의 작업이 표준시간 이내에 달성되었는지 또는 그 이상을 소요한 경우에 발생한다. 표준원가계산제도를 실시하는 경우에는 여러 가지 작업조건이 인정되고 있어야 한다. 따라서 작업시간차이의 대부분은 작업자의 능률을 표시한다. 그러나 그 중에는 관리자의 책임에 속하는 것도 있으므로, 양자를 명확히 구별할 필요가 있다. 예로서 작업조건의 변화, 작업방법의 변경, 작업이 계획된 "로트"의 변경, 기계고장 등이 이것이며 그 원인이 충분히 검토되어야 한다.

☞ **임률차이** (Wage Variances)

　　작업시간차이 (Labor Time Variances)

노무비표준 (勞務費標準) (Labor Cost Standard)	의의 노무비표준은 임률표준과 작업 1단위당의 시간표준으로 분석된다. 임률표준에다 시간표준을 곱한 것이 작업 1단위당의 노무비 표준이 된다.

노동임률표준의설정	[설명] 임률표준(Rate Standard)은 노동임률표준(Labor Rate Standard)라고도 한다. 임률표준은 작업의 등급구분에 따라 주어지는 노동시간당의 가격표준이다. 그러므로 과학적인 임률표준을 설정하려면, 작업별계층임률이 설정되어야 한다. 년공서열식임금제도 하에서는 바른 임률표준을 설정할 수 없다. 성과급임금제에서 그 단가가 표준임률이 된다. 작업별임률은 표준원가계산제도에서 그대로 표준임률로 할 수 있다. 임률표준을 설정하는데는 2가지 목적이 있고, 그 하나는 저율의 작업자가 할 수 있는 일에 고율의 작업자가 취업하는 것을 방지하는 것이다. 둘째의 목적은 표준원가계산에서 금액으로 시간차이를 산정하는 것이다. 즉, 표준시간과 실제시간과에 동질의 표준임률을 곱하려는 것이다. 이렇게 해서 이용되는 경우에 노동능률표준이라고 한다. 이것을 설정하는 방법에는 다음의 것들이 있다. ① 스톱 윗치법, WF법(Work Factor Method)등에 의한 과학적인 방법 ② 과거의 실제시간을 분석, 검토하여 설정하는 방법 ③ 작업자 및 감독자 등이 추정하여 설정하는 방법 ④ 시행 실험에 의하여 시간을 측정하는 방법 어떠한 방법에 의하든지, 시간표준을 설정하려면, 미리 시간의 엄격도(Tightness)를 정해야 한다. 이 엄격도에는 관리표준·양호능률달성가능표준, 기대실제원가수준의 표준 등이 있다. 통설에 따르면 양호능률의 경우에만 달성될 수 있는 표준이 원가관리에 최적의 것이라고 한다. ☞ 임률 (Labor Cost Rate)
노 무 예 산 (勞務豫算) (Labor Budget)	[의의] 제조예산의 실행에 소요되는 노무자의 인원수, 직종 및 작업시간, 노동수요의 시기, 필요한 노무비와 이것을 위한 자금예산 등에 관한 예산을 세워 노동능률의 측정 및 노무비통제에 적정한 기초를 주는 것을 목적으로 하는 것이다. 노무예산의 편성에는 소요노무량의 예정, 노무비의 견적이 이루어지고, 이리하여 편성된 노무예산의 안은 제조부에서 통괄하고 예산관계의 부처를 거쳐서 예산위원회에 제출된다.
노무장비율 (勞務裝比率) (Labor Equipment Ratio)	[의의] 종업원 1인당의 사용하는 실제생산활동에 참가하고 있는 유형고정자산액을 가리키는 지표이다. 즉, 종업원 1인당 설비의 다과를 나타내는 것이라고 할 것이다. [산식] 노동장비율 = $\dfrac{\text{전·당기말(유형고정자산 − 건설중인자산)}}{\text{전·당기말 종업원수}}$ [설명] 일반적으로 노동장비물이 크다는 것은 상각부족이 없다고 하면

	그만큼 생산의 기계화가 진보하고 있다는 것을 나타내고 있다. 따라서 노동장비율이 높은 기업일수록 노동생산성은 높아지는 것이 일반적이다. 그러나 이것은 조업도와의 관계에서 달라지게 되므로 설비투자효율과 비교검토할 필요가 있다. ☞ **설비투자효율** (Efficiency of Equipment Investment) 　**종업원1인당부가가치액** (Added Value Per Employee)
노 무 주 비 (勞務主費) (Labor's Main Cost)	의의 원가계산상 노무비는 노동용역의 사용에 관련된 특수한 분류기준에 따라 노무주비와 노무부비(Labor Related Cost)로 구분된다. 노무주비란 경영활동을 위하여 사용한 노동용역의 대가로서, 노동자개인별로 지급되는 모든 종류의 임금이다. 그러므로 협의의 임금은 물론이고, 광의의 급료·잡급·종업원상여수당·현물급여 등은 모두 노무주비에 해당 된다. 설명 임금·급료·잡급의 구별은 주로 수급자의 자격에 따른 것이고, 임금은 공원, 급료는 제조관계의 직원, 잡급은 제조관계의 임시고용인 및 촉탁자 등에게 지급되는 급여를 말한다. 　원가계산상 임금에는 기본급 외에 할증임금(가급금)이 포함된다. 기본급은 임금의 주체적 부분을 형성하는 것이다. 그것은 임금형태의 차이에 따라 다른 내용의 것이 된다. 시간급의 경우 기본급은 시간·일·주·월 등의 소정시간에 노동용역을 사용한데 대하여 지급되는 것이며, 능력·직무 등을 판정하여 산정한 정액급을 말한다. 　이에 대하여 능률임금제의 경우, 임금은 생활보증급(Guaranteed Minimum Hourly Earning Rate)과 표준능률을 넘는 경우에 지급되는 능률가급금(Premium Wages)으로 구분된다. 그리고 전자가 기본급에 해당된다. 이 기본급을 결정하려면, 직무평가의 방법이 적용된다. 가급금은 그 내용으로 보아, (1) 법정의 시간외노동에 대한 할증임금, (2) 위험·유해·불쾌한 작업에 대한 특수작업가급금, (3) 능률가급금 등으로 구분된다. 　이들은 모두 노동용역의 사용에 직접관계되는 것이고, 이 점에서 노무부비와 다르다. 급료(Salaries)란, 노동용역의 질과 양을 측정하기 곤란한 사무적 노동이나 그 밖에 복잡한 작업에 종사하는 노동자에 대한 임금으로서 일반적으로 월액으로 되어 있다. 사용되는 노동용역의 성질상, 급료는 간접노무비에 속한다. 　잡급(Miscellaneous Wages and Salaries)은 임시고용인 또는 촉탁자에 대한 급여이고, 수급자의 자격에 따라 임금 및 급료와 구분된다. 종업원상여수당(Bonus and Allowances)은 제조관계의 종업원에게 지급되는 상여 및 작업에 직접 관계가 없는 제수당(가족수당·주택수당·통근수당 등)을 말한다.

누 가 법 (累 加 法) (Cumulative Method)	[의의] 누가법이란 공정별 종합원가계산에서 제품원가를 순차누계하여 계산하는 방법의 하나이다. 각 공정에서 계산된 원가가 제품의 완성 진행순서에 따라 대체되고 가산된다. 즉, 제1공정에서 제2공정에 또 제3공정에 대체된 원가를 전공정에서 관찰하면 그 공정의 산출이며, 그것이 또 다음 공정에 대체되기 때문에 다음 공정에서 관찰하면 그 공정에서의 투입이므로 일종의 원재료와 같은 성질이며 전공정대체이다. 이 방법에 의하면 제공품은 각 공정을 이동함에 따라서 순차로 공정간을 전전하며, 대체누적 되어서 최후공정의 완료시점에서 완성품의 제조원가가 자동적으로 누적집계 되어서 파악된다. [설명] 공정별 종합원가계산에서는, 일반적으로 제1공정의 완료품이 제2공정에 대체됨에 따라 완성품의 제1고정비(제1공정의 원재료와 가공비 중 완료품에 배분된 금액)를 제2공정에 대체하고, 이것을 제2공정의 완료품과 월말재공품에 배분한다. 그리고 제2공정 자체의 비용을 제2공정의 완료품과 월말재공품에 배분한다. 그리고 양자를 합계하여 제2공정 완료품의 원가와 제2공정 월말재공품의 원가를 산정한다. 제1공정완료품의 → 제2공정완료품에의 배분액(a) 제1공정비 → 제2공정월말재공품에의 배분액(b) 제3공정비 → 제2공정완료품에의 배분액(a') → 제2공정월말재공품에의 배분액(b') 이 (a)와 (a')를 합계한 것을 제2공정완료품의 원가로 하고, (b)와 (b')를 합계한 것을 제2공정월말재공품의 원가로 한다. 제2공정완료품의 현품이 제3공정으로 대체됨에 따라, 이 완료품원가를 다시 제3공정에 대체하여 배분계산을 하고, 제3공정 자체의 비용과 합산한다. 이와 같이 공정별 종합원가계산에서는 생산품 원가를 산정하기 위하여 제1공정의 원가에다 제2공정에서 발생한 원가를 가산하고, 제2의 공정의 원가에다 제3공정에서 발생한 원가를 가산하는 식으로 점차 가산하여 가는 방식이 채택된다. 그러므로 공정이 진행됨에 따라 생산품원가는 누가되므로, 이 방식을 누가법이라고 한다. 누가식공정별계산의 결점은 완성품원가의 구성(완성품원가에 포함되는 원재료비의 액, 공정별가공비의 액 등)이 원가계산표상에 명시되지 않으며, 선입선출법으로 계산한 월말재공품원가에 월초재공품원가가 영향을 하는 점이다. 상여는 연도말수당, 하기수당이라고 하며, 노동용역의 사용에 대한 주된 대가는 아니고, 임시·부정기·부정액으로 지급되는 점에서 다른 수당과 다르다. 미국의 보너스(Bonus)는 우리 나라의 상여와는 다르다. 보너스는 ① 생산능률과 관련하여 지급되는 능률가급금 ② 생산능률에 직접관계없이 지급되는 성탄상여 및 이윤분배액 등을 포함한다.

누계평균원가법 **(累計平均原價法)**	상여는 월할액 또는 예정액을 간접노무비로 한다. 제수당은 노동용역의 사용에 대한 대가가 아니고, 대개는 생활조공의 차이를 조정하려는 생활보조적인 수당을 말한다. 이것은 간접노무비로서 처리된다. [의의] 누계평균원가법은 재고자산의 불출원가를 결정하는 하나의 방법이다. 이 방법에 의하면, 각월의 누계평균원가를 산출하여 이것을 불출원가로 한다. 이 방법은 월별 총평균법에 비하여 불출원가의 변동을 완화하는 장점은 있지만, 월차와 누계와의 계산차액인 원가차액조정의 문제가 있다. 이 방법에도 단가만을 누계하여 평균하는 단순누계평균법과 수량을 고려한 가중평균법에 의하는 2가지가 있다. 그러나 가중평균법이 단순평균법 보다는 원가차액도 적고, 바람직한 평균치를 구하는 방법이 될 것이다.
능 력 원 가 **(能 力 原 價)** (Capacity Cost, Fixed Cost)	[의의] 능력원가란 계속기업에서 생산이나 판매에 필요한 물적 제설비나 조직(능력)을 장래의 예측을 기초로 하여 보유하고 있으며, 그 능력의 유지를 위하여 계속적으로 발생하는 원가를 말한다. [설명] 고정비나 기간원가(Period Costs)의 개념이 조업도와의 관련을 문제로 하는데 반하여 능력원가의 개념은 원가를 발생하게 하는 원천(Origin)을 표시하는데 이용되는 것이다. 그러나 실제로 능력원가는 생산량이 변화하여도 일반적으로 고정적이므로 고정비라고 할 수 있고, 또 이 원가의 소비가 업무활동에 관련되는 것이 아니며, 시간의 경과에 따르는 것이라는 의미에서 기간원가라고 할 수도 있다. 최근에는 자본집약적인 생산방법의 채택과 고도의 기술이 필요한 노동자의 고착화 경향이 나타나게 되어, 관리가능한 생산 및 판매의 원가가 총원가 중에서 차지하는 비중이 감소되고, 기간적으로 변화가 없는 능력원가의 비중이 증대되는 원가구성면의 변화가 생겨서, 능력원가의 관리를 중요시하게 되었다.
능 률 **(能 率)** (Efficiency)	[의의] 경영의 전체적 활동은 합리화원칙에 따라 이루어진다. 따라서 능률이란 원래 합리화 내지 합리성을 뜻하며, 합리성이 특히 능률이라고 하는 것은 그것이 경영활동의 작업계층에 나타날 때이다. 즉, 현장작업에서의 합리성이 능률이라는 어구로 표현되고, 일반적으로 기술적인 의미가 포함되며 백분비(%)로 표시된다. 그 중요한 것은 기계능률, 제조능률 및 노동능률이다. [설명] (1) 기계능률 : 기계능률은 투입량(Input)에 대한 "에넬기이"의 전환 내지 전달에 의한 산출량의 비율을 표시하고 "엔진"에서 기계에의 "에넬기이" 효율 30%와 같이 표시된다. (2) 제조능률 : 제조능률은 요구되는 자료의 량 또는 그 비용과 실현가능한 표준(Realizable Standards)과의 비율 또는 실제로 사용되는

	자재량 또는 그 실제비용과 실현가능한 표준작업량 내지 성과액에 대한 실제작업량과의 비율이다. 　(3) 노동능률 : 노동능률의 경우에는 실제의 작업시간 199시간에서 277시간의 작업량을 달성한 경우에는 노동능률 139.2%로 표시된다. 　따라서 제조능률이나 노동능률도 어디까지나 표준과의 비율이며 상대적인 것에 불과하다는 것을 주의하여야 한다.
능 률 급 (能 率 給) (Efficiency Wages)	의의 성과급도 이에 포함되는데, 개인능률급을 나타내는데 비롯하여 표준초과 시간할증급제가 있다. ☞ **성과급** (Piece Rate or Work Wages)
능 률 차 이 (能 率 差 異) (Efficiency Varriance)	의의 능률차이란 제조간접비의 차이분석에서 구해지는 하나의 차이이다. 이 차이는 고정예산에 의한 제조간접비를 관리하는 경우와 변동예산에 의하여 제조간접비를 관리하는 경우로 구분하여 생각할 수 있다. 　산식 1. 고정자산에 의한 차이의 선정 　　능률차이=(표준작업시간-실제작업시간)×표준간접비율 　2. 변동예산에 의한 차이의 산정 　　<제1법> 고정예산의 경우와 동일하다. 　　<제2법> 능률차이=표준작업시간에 대한 허용예산액-실제작업시간에 대한 허용예산액 　설명 여기에서 사용한 표준작업시간이라는 용어는 실제생산량에 대한 허용표준작업시간을 뜻한다. 　어느 제조부문에서 1개월간의 원가자료가 다음과 같은 경우에 각 산정 방법에 의하여 능률차이를 계산해 본다. 　실제작업시간 4,000시간, 실제생산량에 대한 허용표준 작업시간 3,400시간, 표준간접비율 50원(기준조업도 5,000시간, 이것에 대한 예산액 25만원) 고정예산액 150,000원, 변동비율 20원 　　<제1법> 능률차이=(3,800-4,000)×50원=-10,000원 　　<제2법> 능률차이=(150,000+20원×3,800) 　　　　　　　　　=(150,000+20원×4,000) 　　　　　　　　　=14,000원 　이상과 같이 능률차이는 양방법이 모두 실제생산량에 대한 허용표준 작업시간과 그것에 실제로 소요된 작업시간과의 차이로서 산정된다. 그러나 제1법은 변동비와 고정비를 포함한 능률차이로서 표시하는데 반하여, 제2법은 변동비만이 능률차이로서 표시된다.
능 률 측 정 (能 率 測 定)	의의 기업의 경영활동은 구매 · 제조 · 판매 · 재무 · 인사 등 제기능활동으로 분화되어 이루어지고 있다. 그러므로 능률측정도 기능별

(Measurement of Efficiency)	로 해야 될 것이다. 그러나 능률측정의 기준이 되는 표준원가계산은 주로 제조활동을 관리하기 위한 수단으로서 이용되고 있으므로, 능률측정의 범위도 제조능률 중심으로 생각하여 보기로 한다.

[설명] 표준원가계산은 표준과 실제와의 비교에 의하여, 표준적 혹은 이상적인 입장에서 경영능률의 관리를 하는데 이용되고 있다. 그러므로 능률의 측정은 원가차이분석을 수단으로 하여 행하여진다. 먼저 제조원가를 구성하는 재료비·노무비·경비는 다음과 같이 그 차이가 산정된다.

(1) 직접재료비
  재료가격차이=(표준가격×실제소비량)-(실제가격×실제소비량)
  재료수량차이=(표준가격×표준소비량)-(표준가격×실제소비량)

(2) 직접노무비
  임률차이=(표준임률×실제노동시간)-(실제임률×실제노동시간)
  작업시간차이=(표준임률×표준노동시간)-(표준임률×실제노동시간)

(3) 제조간접비
  제조간접비는 고정비와 변동비로 되어 있으며, 원가요소로서의 경비는 이 속에 포함된다. 제조간접비의 분석방법에는, 2분법과 3분법이 있다.

① 2분법
  관리가능차이=실제조업도에서 간접비예산-실제간접비
  조업도차이=표준간접비배부액=실제조업도에서의 간접비예산

② 3분법
  예산차이=표준간접비-실제간접비
  조업도차이=(표준배부율×실제작업시간)-(표준배부율×정상조업도에서의 표준작업시간)
  능률차이=(표준배부율×실제조업도에서의 표준작업시간)-표준배부율×실제작업시간

원가요소의 분석은 이상과 같은 수법에 의하지만, 능률측정은 원가요소의 계산, 제품별계산의 단계에서가 아니고, 부문비계산의 단계에서 이루어지는 것이다. 원가책임은 부문비계산의 단계에서 명확히 되기 때문이다. 부문비계산의 목적은 2가지가 있다. 하나는 정확한 제품원가를 계산하기 위해서이고, 또 하나는 어느 곳에서 누구의 책임하에 얼마의 원가가 발생했는가를 명확히 하기 위해서이다. 그러므로 부문설정은 관리적인 관점에서 구분해야 한다. 관리적 구분이란 직제상의 구분인 것이다. 원가책임은 직제상 책임자가 위양받은 권한의 범위와 그 장소에서 발생되는 원가의 내용에 의하여 결정될 것이므로, 능률측정은 원가책임자가 원가활동에 의하여 그 부문의 기능을 충분히 발휘하였는가를 문제로 하게 된다.

생산과정에서 원재료를 구입하고, 그것을 현장에 반입하여 제조를

하게 되는 바, 원가의 발생 과정은 그 동안의 경제가치사용의 과정인 것이다. 제품이 되기 까지의 공정별, 기계장치별 또는 작업장소별로 원가가 발생한다.

　표준원가계산에서는 이러한 사실을 기초로 하여 부문을 다시 원가중심점(Cost Center)으로, 그리고 다시 작업구분(Operations)으로 세분한다. 원가책임은 부문을 세분한 원가중심점·작업구분별로 명확히 해야 한다. 이와 같이 원가책임을 명확히 하는 것이 능률측정을 하는 데 필요하다. 원가부문은 제조부문과 보조부문으로 대별된다. 제조부문은 당해 사업의 목적인 제품이 직접 생산되는 부문의 총칭이고, 보조부문은 제조부문에 용역을 제공하고 있는 봉사부문을 말한다. 제조부문의 능률측정은 원가차이분석의 수법에 의하여 원가부문별로 이루어진다. 그 원가부문은 필요에 따라 다시 원가중심점·작업구분으로 세분될지라도 원가부문이 수행하는 기능을 측정하기 위한 것이다. 한편, 제조활동은 부분적인 것이 아니고, 상호관련이 되는 것이므로, 어느 부문의 기능이 좋아도 그것이 지나쳐서 전체적으로 마이너스가 되기도 한다. 그러므로 능률측정도 부분적인 것으로부터 상호관련되는 것으로 종합되어야 한다.

　제조부문에서 측정되는 능률의 주요한 내용은 다음과 같다.

　⑴ 재료소비능률 : 재료의 소비에 관한 수량능률은, 불량재료의 사용·가공불량, 작업방법의 변경, 시방서의 불완전, 작업능률의 저하 등의 제요인에 의하여 영향을 받는다. 그러므로 표준과 실적과의 차이를 이러한 원인으로 분석하여 능률을 측정한다. 그리고 가격능률은 구매능률에 속한다.

　⑵ 작업능률 : 작업능률은 종업원의 숙련도·배치·작업조건·임금제도·직장사기(Morale)등에 영향을 받으므로, 이들의 제원인으로 분석함으로써 능률을 측정한다.

　⑶ 제조간접비능률 : 제조간접비는 예산차이, 조업차이, 능률차이로 3분하여 생각할 수 있다. 예산차이와 조업도차이는 계절적인 변동, 간접비의 낭비 등에 의하여 변동되므로, 이들의 제원인으로 분석하고, 능률차이는 작업능률의 제원인에 준하여 분석하면 된다.

　보조부문은, 보조경영부문과 공장관리부문으로 구분된다. 보조경영부문은 동력·용수·증기 등의 급부(Leistung)를 제조부문에 공급하고 또 수선·운반 등의 용역을 제공하는 부문이다. 공장관리부문은 재료·노무의 관리·기획·설계 기타의 공장사무를 담당하는 부문이다. 제조부문에 급부를 공급하는 부문의 능률측정은 제조부문에 준하여 이루어진다. 용역제공을 하는 부문은 주로 작업능률의 측정을 하는데 중점을 두어야 한다. 이 경우 원가중심점을 설정하여 기능원가를 파악하고, 제종류의 기능측정을 할 수도 있다. 공장관리부문에 대하여도 건물·기계·종업원·재료에 대한 기능적 분류(예를 들면 난방·보수·운반 등)에 의하여 표준과 실적과의 대비를 함으로써 능률측정을 한다.

다

단 가 (單 價) (Unit Price)	의의 단가라 함은 단위가격을 말한다. 예로는 제품·상품 1개, 1ℓ, 1kg 등의 계산단위당의 가격을 말하며, ⓐ로 표시된다. 단가에 수량을 곱한 것이 가액이다.
단기이익계획 (短期利益計劃) (Short-Range Profit Planning)	의의 단기이익계획이란 1년 이내의 계획기간에서 이익목표를 달성하기 위한 수익과 비용의 계획을 말한다. 설명 단기계획은 경영자가 일정기간내에 달성하여야 할 구체적인 실시목표를 설정하는 것이지만, 장기계획은 제목표의 방향을 정하는 경영자의 의사결정을 뜻하는 것이다. 그러므로 단기이익계획은 일반적으로 기업예산으로서 구체화되며, 그것은 영업기간내의 각 실시활동계획을 그 집행책임자와의 관계에서 편성하는 것이다. 따라서 그것은 1영업기간내의 목표이익을 달성하기 위한 전반적 및 개별적 계획으로 경영방침을 구체화한 것이며, 그 실시책임을 명시함으로써 각 관리자의 업적평가기준이 될 수 있도록 한 것이다.
단 기 자 금 (短 期 資 金) (Short-term Foreign Funds)	의의 단기자금이란 것은, 자금의 흐름을 단기(1년 이내를 단기로 한다) 적으로 붙잡은 경우 그 수지가 단기적으로 결제될 성질의 자금인 것을 말한다. 설명 단기자금의 내념은 주로 자금 조달의 면에서 사용되고, 단기부채로서 들게 된다. 여기서는 먼저 단기자금의 운용형태로서 단기자금의 수요에서 고찰한다. 단기자금의 수요에는 현금에의 수요 수취계정에의 수요 재고자산에의 수요의 3개가 있다. 이들의 수요에 대하여 적절한 금액이 어느 만큼인가가 단기자금의 중요한 문제로 된다. 이 문제는 운전자금의 소요필요액으로서 장기자금과의 관계도 생긴다. 단기자금수요는 단기부채에 의해서 조달된다. 그 조달원천은, 외상매입금, 지급어음의 기업간 신용의 수신, 단기차입금, 어음할인 등이다. 자산의 흐름을 단기와 장기로 구별하는 것은 자본원천에 대한 자본투하의 적부를 판단하기 위해서 필요하다. 장기자금은, 장기간 안전하게 운용될 고정자산과 같은 장기간 기업에 체류할 자산에 투하된다. 단기자금은 상품의 구입 등의 단기자산의 취득에 충당되고 또 되지 않으면 아니된다.
단기자금계획	의의 단기자금계획은 연차자금계획을 구체화한 월차자금계획, 매주

(短期資金計劃)
(Short-term Fuonds Programming)

자금계획 등으로 되어 있다. 연차자금계획은 장기자금계획을 기초로 하여 작성되고, 그 1년분이 원칙적으로 연차자금계획의 골격이 된다. 그러나 연차자금계획은 실행계획이므로 장기자금계획보다 더 상세하여야 한다. 연차자금계획은 장기자금계획처럼 스톡크로서의 추정대차대조표로부터 투자의 증가와 자금의 원천인 자금플로우(Flow)가 계획된다. 연차자금계획을 기초로 하여 월차 또는 매주의 자금조작표가 작성된다. 자금조작표는 자금플로우에다 순환적자금도 가담시켜서 자금의 전플로우를 표시한 것이다.

이 전수지(全數支)는 어느 시점에서도 수지가 적합하고, 지출의 흐름에 부족이 없도록 한 계획이다.

[설명] 1. 자금의 넷트 플로우(Net Flow)와 전수지를 생각하는 것은 장기자금계획과 연차자금계획과는 스톡크의 증가 즉, 자금플로우에 의하여 계획되며, 자금조작표는 자금플로우에 순환적 자금이 증가한 전수지에 의하여 계획되기 때문이다. 그리고 순자금의 플로우로부터 자금의 전수지에도 전개되는 계획의 입안방법이 자금계획의 과정으로서는 더 합리적이다. 그 이유는 자금의 전수지가 다음과 같은 방정식으로 표시될 수 있기 때문이다.

현금수입액=매출수입+기업외조달=수익-스톡크의 증가+기업외조달
현금지출액=생산요소구입액+배당 등=생산요소소비액+스톡크증가액+배당 등

이것이 추정자금조작표에 나타나는 자금량이다. 이 2산식을 동등하게 놓고, 이항(移項)하면 다음과 같이 된다.

수익 -스톡크의 증가+기업외조달=생산요소소비액+스톡크증가액+배당 등+∂

※ ∂ ⋯ 현금, 예금의 잉여

이상의 것을 이항정리한다.

이익-배당 등+기업외조달=스톡크증가액+∂

이것이 추정자금운용표에 나타나는 자금량이다. 그리고 이것이 자금의 순플로우이다. 이것은 자금의 순플로우로서 수지차적합하면, 그것에다 순환적 자금을 가담시킨 전수지도 반드시 적합하다는 것을 뜻하는 것이다. 그러므로 우선 자금플로우 또는 추정자금운용표에 의하여 수지계획을 세우고, 이것으로부터 자금조작표를 작성하는 편이 간단하다.

자금의 순플로우는 자금계획의 기준을 마련하는 데에 도움이 된다. 즉, 투자의 기준, 자본구조의 기준에 의거하여 자금계획을 세운다. 이것이 자금의 순플로우계획에 의하여 가능하게 된다. 그러나 최초부터 자금조작표에 의한 자금계획을 세우면, 순환적 자금이 그 속에 혼입되어 있기 때문에, 그러한 자금계획의 기준에 따라 자금의 계획을 세우기 어렵다. 예를 들면 재료비에의 지급에서 다음과 같이 된다.

구입량=소비량+기말재고-기초재고

외상매입금의 증감이 없다면, 구입량은 바로 지급액이다. 그리고 이 지급액 중 소비액에 해당되는 부분은 순환부분이다. 기말재고와 기초재고와의 차액은 재고투자액의 증가분이고, 신투자(즉, 자금풀로우)를 뜻한다. 이와 같이 자금조작표상의 지급액에는 순환부분과 신투자의 양자가 포함되고 있다. 따라서 추정자금운용표는 이 사실이 충분히 검토된 것이라면 자금조작표의 기준이 될 수 있다. 재고의 증가가 추정자금운용표에 의하여 통제되면, 구입량도 통제된다. 소비량은 이익계획 또는 예산에 의하여 통제되며, 또 수입을 발생시키는 것이므로 자금계획에서는 비교적 중성적인 것이다.

재공품의 재고와 자금조작표와의 관계는 다음과 같다.

재료・자금・간접비소비량=제품완성량+재공품의 증감

따라서 재료소비량・자금・간접비 등의 자금조작표상의 지급액은 제품완성량과 재공품의 재고량 증감에 의존한다. 그리고 재공품의 재고증감은 추정자금운용표에 의하여 통제된다. 제품완성량 또는 제품재고의 증감이 없으면, 그 만큼 수입을 넣는 터이므로 중성적인 것이다. 제품의 재고와 자금조작표의 관계는 다음과 같다.

제품완성액=매출원가+제품재고의 증감

따라서 제품완성액에 유래하는 자금조작표상의 재료・자금・경비 등의 지급액은 매출액의 원가와 제품의 재고증감에 의존한다. 그리고 제품재고의 증감은 추정자금운용표에 의하여 통제된다. 매출원가도 외상매출금이 없다면 수입을 발생케 할 것이므로 자금적으로는 중성적인 것이다. 외상매출금에의 투자와 자금조작표의 관계도 다를 것이 없다.

매출액-외상매출금의 증가=회수

따라서 외상매출금이 증가할수록 자금조작표상의 수입은 감소된다. 그리고 이 외상매출금에의 투자는 추정자금운용표에 의하여 통제된다. 이와 같이 유동자산에로의 투자액을 규정하는 추정자금운용표는 자금조작표의 기초가 된다. 그리고 유동자산뿐만 아니라 설비투자액은 추정자금운용표에서의 지출이 그대로 자금조작표상의 지출이 되므로, 이 점에서도 또한 기초가 된다. 수입도 추정자금운용표대로 수입이 되면, 그 수입은 결국 자금운용표상의 지출을 하는 데에 충분할 것이다. 왜냐하면 수익・비용의 차인 이익이 추정자금운용표대로 얻어질 때, 그 순환부분인 비용지급은 수익에 의한 수입에서 자동적으로 얻어질 것이기 때문이다. 이 양자의 관계를 다음의 도표로 하여 설명할 수 있다. 여기에서 순환적 자금량은 이익계획상의 수익・비용과 결국은 같게 된다. 또 순환적 자금량에다 스톡크의 증감을 +-한 것이 자금의 전풀로우인 자금조작표가 된다. 따라서 이익계획에서 이익이 계획되고, 그것이 자금 풀로우에 흡수되며, 이것에다 다른 자금원을 첨가하여 수지가 적합되면 전풀로우에서 반드시 수지가 적합될 것이다. 이 점에서 추정자금운용표가 자금조작표의 기초가 될 수 있음을 이해할 것이다.

2. 자금원천의 계획

추정자금운용표는 외부자금을 조달할 최저의 총액을 표시하지만, 자금조작표는 그와 같은 대책의 시점을 표시하는 것이라고도 할 것이다. 수입에 비하여 지출이 많은 때에는 일시적으로 추정자금운용표에 예정된 것 이상의 자금을 조달하여야 하며, 자금조작표는 각 시점의 수지적합을 도모하는데 그 목적이 있다. 한편, 투자의 증가액은 기말까지의 투자증가액이므로 기중에는 추정자금운용표상의 자금수요 보다도 각 월의 자금조작표상의 투자자금수요가 더 적다.

<추정자금운용표와 자금조작표와의 관계>

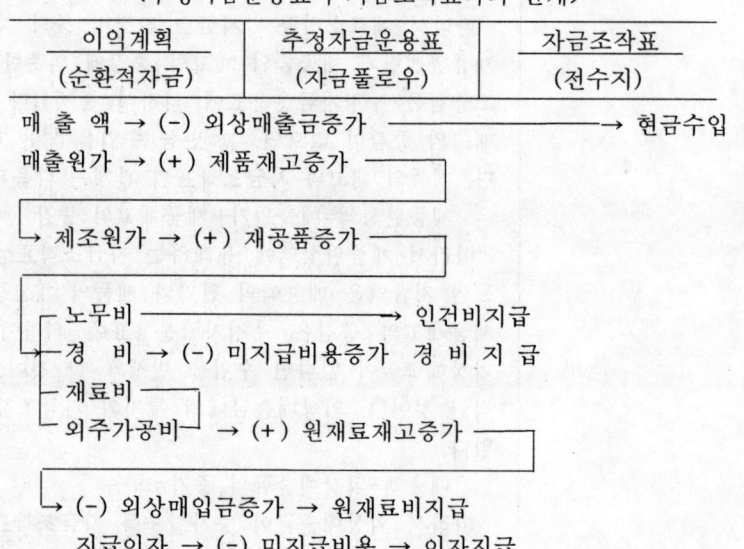

※ 유입에 대하여 차변증가는(-), 대변증가는(+)가 된다. 유출에 대하여는, 차변증가가(+), 대변증가가(-)로 된다.

추정자금운용표는 기업의 투자정책을 반영할 뿐만 아니라, 자금의 원천에 대한 대책을 세우는 데에 도움이 된다. 즉, 추정자금운용표는 영업상의 수지의 순환으로 집약시키고 이익유보, 감가상각 등으로 차액이 나타나서 그것은 내부자금이 된다. 손익예산에서 얻어지는 내부자금과 투자수요와의 차액이 부족자금이다. 이것은 외부로부터 조달된다. 이와 같이 부족자금을 쉽게 알 수 있고, 그 대책을 자금구조와 관련시켜서 생각할 수 있게 된다.

자금조작표만으로는 매입채무의 증가가 분명하지 않고, 단순히 지급액으로서 계상되는 데에 불과한 경우가 생긴다. 또 단기 및 장기의 차입금계획도 자본구조와 관련시켜서 계획하기가 어렵다.

3. 수지의 적시계획

추정자금운용표는 최종시점에서의 수지의 결과를 표시하는 것이고, 기중의 시점에서의 수지의 과부족을 표시하지 못한다. 그러나 자금의 흐름은 일시로 부족이 있을 수 없으므로 적어도 매월의 자금조작표를 작성해야 하고, 수입에 비하여 지출이 많으면, 연차자금운용표에 예정되지 않은 단기자금의 조달이 필요하다.

| 단순개별원가계산
(單純個別原價計算)
(Simple Individual
Cost Connting) | 의의 단순개별원가계산은 비교적 경영규모가 작은 경영에 있어서 채택되고 있는 개별원가계산을 말한다.
설명 단순개별원가계산의 절차는 제조간접비를 구분별로 구분·계산하지 않고 직접제품에 배부하는 계산방법이다. 그 결과 재료비·노무비·경비의 요소별 계산과 제품별계산의 2단계로 원가의 계산이 행하여진다. 이 계산과정을 도시하여 보면 다음과 같다. 맨처음 취급하는 원가비목(재료비·노무비·경비)중 이것이 A와 B의 2가지 주문품의 제조에 사용 소비된 것이 분명한 비목 즉, 직접비를 각 주문품의 제조원가로 기록하고(①) 그렇지 않은 원가비목 즉, A와 B 어디에 사용되었는지 분명하지 않은 비목은 제조간접비로 파악한다.(②) 다음에 이 제조간접비를 기말(또는 월말)에 일정한 배부기준에 의해서 주문품 A와 B에 배분하고 각각 그 부담분을 결정한다.(③) 그 주문품 중 완성된 분에 대해서 제조직접비와 제조간접비의 합계액을 제조원가로 확정한다.
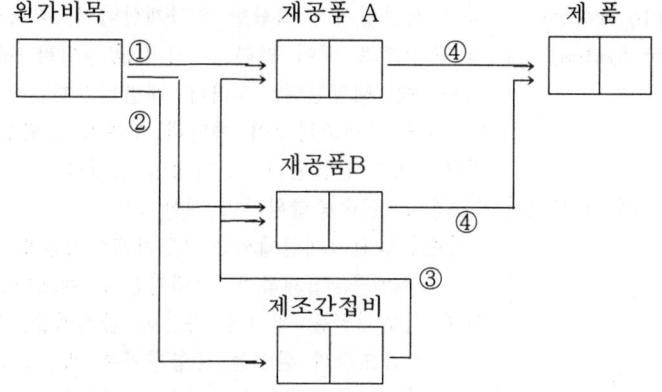 |
| 단순개별원가법
(單純個別原價法)
(Simple Individual
Cost Counting) | 의의 단순개별원가계산은 비교적 경영규모가 작은 경영에 있어서 채택되고 있는 개별원가계산을 말한다.
설명 그 절차는 제조간접비를 부문별로 구분·계산하지 않고 직접제품에 배부하는 계산방법이다. 그 결과 재료비·노무비·경비의 요소별 계산과 제품별 계산의 2단계로 원가의 계산이 행하여진다.
이 경우에는 원가요소별계산, 제품별계산의 단계의 계산만 하게 된 |

다. 그리고 원가요소별계산, 부문별계산, 제품별계산의 3단계를 거쳐서 계산되는 개별원가계산을 부문별개별원가계산이라고 한다. 단순이란 부문별개별원가계산에 비하여 단순하다는 의미이다.

단순경비 (單純經費) (Simple Expense)

의의 단순경비란 재료비·노무비 등과 같이 그 내용이 단순하여 단일종의 원가요소로서 이루어지는 원가요소를 말한다.

설명 단순경비는 복리비, 집대집세, 동산임차료, 특허권 사용료, 보험료, 수선비, 전력비, 가스료, 수도료, 운임, 보관비, 세금과공과, 교통비, 재고감모비, 외주가공비, 감가상각비, 통신비 및 잡비 등이다.

단순조별원가계산 (單純組別原價計算) (Simple Individual Job Costing)

의의 단순조별원가계산이란 단순개별원가계산과 단순종합원가계산을 조합한 원가계산을 말하며, 조별제품의 원가를 조별로 계산하지 않고 단순개별원가계산에 의하여 조별원가를 구분하는 계산을 하며 제품원가에는 단순종합원가계산을 하는 것이다.

조별제품의 원가를 공정별 계산을 하지 않으므로, 이 명칭이 붙었다. 그 계산절차로서는 조별원가를 구분하는 과정에 대하여 단순개별원가계산의 방법을 사용하고 조별로 분리한 제품의 단위원가산정의 과정에 있어서는 단위종합원가계산의 방법에 의한다.

단순종합원가계산 (單純綜合原價計算) (Simple Process Cost System)

의의 단순종합원가계산은 단일공정종합원가계산이라고도 하며, 본래는 단일종류의 제품을 단일공정에서 반복·연속적으로 대량생산하고 있는 생산형태에 적합한 원가계산이며, 공정별계산을 하지 않는 것이 그 특징으로 되어 있다. 여기서 공정이란 개별원가계산의 경우의 제조부문에 해당된다. 그러나 개별원가계산에서 제조부문은 부문간에 연속되는 1제조과정이 아닌데 대하여 종합원가계산에서의 공정은 불가분적으로 연결된 1제조과정인 점에서 차이가 있다.

단순종합원가의계산

설명 1. 단순종합원가의 계산

단순종합원가계산에서는 1원가계산기간에 공장에서 발생되는 모든 원가요소액을 집계하여 당해기간의 제조비용액을 산정하는 동시에, 이에 기초재공품 원가를 가산한 합계액을, 당기완성품과 기말재공품에 분할함으로써 완성품 종합원가를 계산하고, 다시 완성품 종합원가를 단기완성품수량으로 균분하여 완성품 단위당의 제조원가를 산정하게 된다.

월초재공품원가+재료비+노무비+경비-월말재공품원가=제조원가

또는

월초재공품원가+직접재료비+직접노무비+제조간접비-월말재공품원가=제조원가

제조원가÷완성품수량=완성품단위당원가

원가배분방법

2. 원가배분방법

당해기간의 제조비용과 기초재공품원가의 합계액을 당기완성품과 기말재공품에 배분하는 경우 기말재공품에 대한 원가배분방법으로 다음과 같은 것이 있다.

그러나 이러한 원가계산형태는 순수하게 단순직선식으로 제품을 연속생산하는 공장 그리고, 공장전체가 단일한 공정인 경우 등 소규모의 기업에서만 적용될 수 있는 것이다.

① 완성도 평가법

이 방법은 재공품의 수량을 그 완성정도에 따라 완성품의 수량으로 환산하고 완성품과 재공품에 안분하는 방법이다.

② 주요재료비 평가법

이 방법은 주요재료의 금액만을 재공품의 원가로 하고, 그밖의 원가요소액은 모두 완성품에 부담시키는 방법이다.

③ 재공품 무평가법

이 방법은 당해 기간의 제조비용과 기초재공품원가의 합계액 전액을 완성품의 원가로 간주하는 방법이다.

④ 예정원가평가법 또는 정상원가평가법

이 방법은 예정원가 또는 정상원가로 기말재공품을 평가하고, 그것과 실제원가와의 차이는 완성품 원가에 포함시키는 방법이다.

단순종합원가계산표의 계정기입

3. 단순종합원가계산표의 계정기입

단순종합원가계산표의 계정기입관계는 다음과 같다.

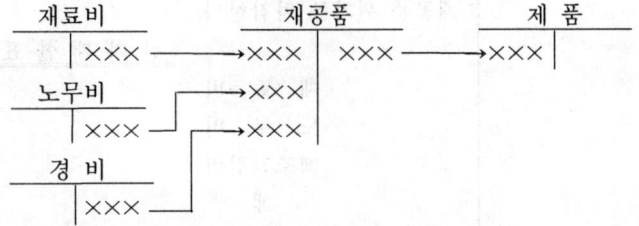

단순종합원가계산에서는 공정(工程)이 하나이므로 제조원가요소를 각각 재공품계정에 대체하게 된다.

그러나 원가계산을 하는 목적 중의 하나가 원가통제(코스트 콘트롤)에 있는 경우에는 제조원가요소로 부문비계산을 하여 부문품의 작업능률을 측정하는 자료로 삼게 된다.

따라서 단순종합원가계산에서는 부문비계산을 해도 좋고, 부문비계산을 하지 않아도 좋은 종합원가계산으로서 석탄, 석유채취업, 제유업 등에 적용이 되고 있다.

여기에서 공정이란 개별원가계산의 경우에 제조부문에 해당된다. 그러나 개별원가계산에서 제조부문은 부문간에 연속되는 1제조공정이 아닌데 반하여 종합원가계산에서 공정은 불가분적으로 연결된 1제조과정인 점에서 차이가 있다. 단순종합원가계산에서는 1원가계산기간에 공장에서 발생되는 모든 원가요소액을 집계하여 당해기간의 제조비용액을 산정하는 동시에, 이것에다 기초재공품원가를 가산한 합계액을, 당기 완성품과 기말재공품에 분산함으로써 완성품종합원가를 계산하고, 다시 완성품종합원가를 당기완성품수량으로 균분하여 완성품단위당의 제조원가를 산정하게 된다. 당해 기간의 제조비용과 기초재공품원가의 합계액을 당기완성품과 기말재공품에 분할하는 경우 기말재공품에 대한 원가배분방법으로서 다음과 같은 것들이 있다.

① 완성도평가법, 즉, 재공품의 수량을 그 완성정도에 따라 완성품의 수량으로 환산하고 완성품과 재공품에 안분하는 방법이다.

② 주요재료비평가법으로서, 주요재료의 금액만을 재공품의 원가로 하고, 그 밖의 원가요소액은 모두 완성품에 부담시키는 방법이다.

[사례] A제조공장은 단순종합원가계산을 하고 있다. 8월 중의 다음 자료로 원가계산표를 작성하라.

<자료>

직 접 재 료 비 ………………………	270,000원
직 접 노 무 비 ………………………	230,000원
제 조 간 접 비 ………………………	150,000원
월말재공품원가 ………………………	50,000원
제 품 생 산 량 ………………………	3,000원

<해답>

※ 이 문제는 월초재공품이 없으므로 당월의 제조원가로부터 월말재공품 원가를 차감한다.

원 가 계 산 표

재 료 비	270,000원
노 무 비	230,000원
제조간접비	150,000원
계	650,000원
월말재공품	50,000원
합 계	600,000원
단위원가(생산량 3,000개)	20원

[사례] B공장의 10월 중의 다음 자료로 원가계산표를 작성하라.

월초재공품원가 ………………………	86,000원
재 료 비 ………………………	175,000원
노 무 비 ………………………	182,000원
경 비 ………………………	35,000원
월말재공품원가 ………………………	59,000원
제 품 생 산 량 ………………………	3,500kg

<해답>

원가계산표

재 료 비	175,000원
노 무 비	182,000원

제조간접비		35,000원
계		392,000원
(+)월초재공품		86,000원
(-)월말재공품		59,000원
합 계		419,000원
단위원가(생산량 3,500kg)		119.71원

[사례] 대구제작소는 A제품을 제조하고 단순종합원가계산제도를 채택하고 있다. 다음 자료에 따라 물음에 답하라.

(1) 1월중의 거래를 분개하라.
(2) 원가계산표를 작성하라.
(3) 제조계정·임금계정의 기입면을 표시하라.

<자료>
① 원재료의 소비액계산은 이동평균법에 의한다.
② 원재료는 제조 착수 때 소비하고, 가공비는 제조진행에 따라 소비된다.
③ 월초재공품 1,950,000원(이중 원재료비 1,200,000원, 가공비 750,000원)
④ 원재료 기초재고액 : 4,000개 @ 600원 2,400,000원
⑤ 임금 전월 미지급액 : 1,440,000원

<해답>
(1) 분개내용   (차)   (대)

일자	차변		대변	
1/8	원재료	3,900,000	지급어음	2,000,000
			외상매입금	1,900,000
1/12	제조	5,040,000	원재료	5,040,000
1/15	전력비	680,000	당좌예금	748,600
	수선비	68,600		
1/25	임금	8,700,000	소득세예수금	575,800

<거래>
1월 8일 인천상점에서 다음과 같이 매입하고 대금 중 2,000,000원은 동점앞 약속어음을 발행하여 지급하고 잔액은 외상으로 하다.
     원재료 6,000개 @ 650원 3,900,000원
  12일 원재료 8,000개를 A제품의 제조를 위하여 소비하다.
  15일 다음의 제조경비를 당좌수표를 발행하여 지급하다.
     전력비 680,000원, 수선비 68,600원
  25일 임금을 당좌수표 발행하여 지급하다.
     임금 8,700,000원(이중 갑근세 575,800원, 의료보험료 248,000원을 공제하다)

31일 당월 가공비에 대하여 다음 자료를 얻다. 따라서 소비액을 계상하다.
① 당월 임금 미지급액 : 1,300,000원
② 의료보험료 기업주 부담분 248,000원
※ 의료보험료의 50%는 기업주 부담이다.
③ 제조 경비
   화재보험료 월할액 : 72,000원
   감가상각비 월할액 : 840,000원
   전력비 소비액 : 686,000원
   수선비 소비액 : 118,600원

31일 당월의 제조수량은 다음과 같다.
완성품 수량 4,000개, 기말재공품 수량 1,000개(완성도 60%)
※ 계산은 원미만 반올림한다.

                            의료보험료예수금   248,000
                            당 좌 예 금   7,876,200
1/ 31 제   조   8,560,000 / 임   금   8,560,000
       제조(경비)   1,716,600 / 화재보험료   72,000
                                   전 력 비   686,000
                                   감가상각비   840,000
                                   수 선 비   118,600

※ 기말재공품평가(평균법)
① 재료비
$$(5,040,000 + 1,200,000) \times \frac{1,000}{4,000 + 1,000} = \underline{1,248,000}$$

② 가공비
$$(10,276,000 + 750,000) \times \frac{600}{4,000 + 600} = \underline{1,437,730}$$

(2) 원가계산표의 작성

원가계산표

과목	소재비	가공비	합계
재 료 비	5,040,000		5,040,000
임 금		8,560,000	8,560,000
경 비		1,716,600	1,716,600
계	5,040,000	10,276,600	15,316,600
월초재공품	1,200,000	750,000	1,950,000
계	6,240,000	11,026,600	17,266,600
월말재공품	1,248,000	1,438,252	2,686,252
완성품원가	4,992,000	9,588,348	14,580,348
완 성 수 량			4,000개
단 가			ⓐ 3,645원

(3) 제조계정·임금계정의 기입

제　　조

1/1 전월이월	1,950,000	1/31 제 품	14,580,348
1/12 원 재 료	5,040,000	1/31 차월이월	2,686,252
1/31 임 금	8,560,000		
1/31 경 비	1,716,600		
	17,266,600		17,266,600

임　　금

1/25 계 좌	8,700,000	1/1 전월이월	1,440,000
1/31 차월이월	1,300,000	1/31 제 조	8,560,000
	10,000,000		10,000,000

|사례| 다음 자료에 의하여 단순종합원가계산표를 작성하고 제조계정에 기입하여 마감하라.

〈자료〉

(1) 당월제조비용 : 재료비 2,130,000원　연료비　50,000원
　　　　　　　　 노무비　950,000원　경 비 180,000원
(2) 월 초 재 공 품 : 재료비　50,000원　가공비　80,000원
(3) 월초재공품 수량 200개 (완성도 60%)
(4) 월말재공품 수량 400개 (완성도 40%)
(5) 당월 완성품 수량 800개
(6) 소재는 제조 착수와 동시에 투입되어 소비되었다.
(7) 월말 재공품의 평가는 선입선출법으로 한다.

<해답>

종합원가계산표

적요	소재비	가공비	합계
재 료 비	2,130,000		2,130,000
노 무 비		950,000	950,000
경 비		230,000	230,000
당월제조비용	2,130,000	1,180,000	3,310,000
월초재공품	50,000	80,000	130,000
계	2,180,000	1,260,000	3,440,000
월말재공품	426,000	224,762	650,762
완성품제조원가	1,754,000	1,035,238	2,789,238
완성품수량	800개	800개	
완성품단가	ⓐ 2,192.50원	ⓐ 1,294.05원	

제 조

전월이월	130,000	제 품	2,789,238
원 재 료	2,130,000	차월이월	650,762
임 금	950,000		
경 비	230,000		
	3,440,000		3,440,000

단순평균법 (單純平均法)
(Simple Average Method, Simple or Saraight Average Method)

[의의] 수입수량을 무시하고, 수입단가만으로 평균치를 내는 것이다. 즉, 일정기간의 수입단가(기초, 이월품이 있으면 그 단가를 포함)를 합계하고, 이 단가합계를 수입회수로 나누어 평균단가를 구하는 방법이 단순평균법이다.

이 계산은 총평균법의 간편법이라고 간주되는데 기업의 의식적인 조작도 가능하고, 단가변동이 두드러진 경우에는 그다지 적절한 방법이라고 하기 어렵다.

그리고 이 방법에 의하면, (단가)×(반출수량)과 (단가)×(기말재고수량)의 합계는 (단가)×(수입수량)에 원칙적으로 합치하지 않는다. 그러므로 실제로는 기말재고금액을 공제한 차액을 불출금액으로 한다.

[설명] 단순평균법은 단순이동평균법과 단순총평균법으로 구분되며, 재고자산의 불출단가를 결정할 때 이용되는 계산방법으로서 평균원가법에 속하는 것이다. 단순이동평균법은 재고자산의 수입시마다 그 수입수량 및 잔존수량에 관계없이 신수입원가와 잔존수량에 대한 원가를 합계하여 2등분한 평균단가를 차후의 불출단가로 하고 또 신수입이 있으면 다시 평균단가를 산정하는 방법이다. 다음에 간단한 계산례를 보기로 한다.

<기초>　　　　　100개　　ⓐ 10원　　1,000원

① 불 출　　　　　50개
② 수 입　　　　　100개　　ⓐ 11원　　　1,100원
③ 불 출　　　　　80개

〈불출가격〉
① 　　　　　　　50개　　ⓐ 10원　　　 500원
② 　　　　　　　80개　　ⓐ 10.50　　　 840원
③ 재고가액　　　70개　　ⓐ 10.50　　　 735원

　이 계산례에서 알 수 있는 바와 같이 불출가액은 1,340원이 되고, 재고가액과의 합계액 2,075원은 기초재고가액과 기중수입가액과의 합계액 2,100원과 합치되지 않는다. 이 점에 결점이 있다.
　단순이동평균법에서는 원가만의 이동평균이 되는데 불과하므로 계산결과가 불합리한 것이 되기 쉽다. 또 자산의 수불이 많으면 계속기록법을 전제로 하여야만 계산할 수 있게 된다. 단순평균법의 계산례를 보면 다음과 같다.

　　　　기 초　　　100개　　ⓐ 10원　　　1,000원
　　　　수 입 1.　　100개　　ⓐ 11원　　　1,100원
　　　　　　　2.　　100개　　ⓐ 12원　　　1,200원
　　　　　　　3.　　 50개　　ⓐ 13원　　　　650원
　　　불 출　　　　250개
　　　잔 액　　　　100개

단순총평균원가
(10원＋11원＋12원＋13원)÷4＝11.50원
불출가액
11.50원×250＝2,875원
잔 액
11.50원×100＝1,150원
기초재고액 1,000원＋수입가액 2,950원＝3,950원

　단순평균원가법은 1기간의 수입단가의 합계액을 수입총회수로 나눈 평균단가를 계산하여, 이것을 불출가액 및 재고가액의 산정에 이용한다. 불출가액의 계산에 이용하면, 이것을 기초재고액과 기중수입가액의 합계로부터 공제한 재고가액을 구하게 되고, 또 재고가액의 계산에 이용하면, 이것을 기초재고액과 기중수입가액의 합계에서 공제하여 기중불출가액을 구할 수 있다.
　단순평균법이 용인되는 것은 재고자산으로서의 중요도가 낮은 자산에 만이고, 만일 이 방법의 적용결과가 불합리한 것이라면 채택할 것이 못된다.

　☞ **총평균법** (Periodic Average Method)

| **단순평균원가법** | 의의 단순평균원가법은 종류·품질·형상이 같은 재고자산에 대하 |

(單純平均原價法) (Simple Average Cost Method)	여 1개월 또는 1회계기간마다 수입단가의 합계를 수입회수로 나누어 평균원가를 산출하고, 이것을 그 기간중의 출고분 및 잔존분의 단가로 하는 방법이다. [설명] 단순평균원가법에서는 단가계산을 할 때 수량에 의한 가중평균을 하지 않으므로 「단가×기말수량」과 「단가×출고수량」의 합계가 전수입 합계와 일치되지 않는다. 이 차액은 일종의 원가차이지만 일반적으로 출고가액에 가감하게 된다. 따라서 「수입합계액(단가×기말수량)」을 기준으로 하여 일정기간의 출고가액을 계산한다.
단위당원가 **(單位當原價)** (Unit Cost)	[의의] 단위당원가란 급부 1단위당의 원가로서 대량생산경영에 있어서는 일정기간의 총비용을 동기간에 생산한 급부수량으로 할산(割算)한다. [설명] 원가계산표에 집계한 1개월간의 완성품원가의 총액을 그 달의 생산량으로 나누어 단위원가를 계산한다. 간단한 예를 들면, 1개월간의 직접재료비·직접노무비·직접경비 및 제조간접비배부액을 집계하여 월초재공품원가에 가산한다. 이 때 만약에 월말재공품이 없다면 전부 완성품만으로 계산되므로 다음 표에 표시한 것 같이 매우 간단하다.

<단순종합원가계산표>

	수 량	직접재료비	직접노무비	제조간접비	합 계
월초재공품	2,000kg	3,600,000원	1,800,000원	1,920,000원	7,320,000원
당초제조비용	8,000	16,000,000	8,200,000	8,480,000	32,680,000
계	10,000	19,600,000	10,000,000	10,400,000	40,000,000
월말재공품		0	0	0	0
당월완성품	10,000	19,600,000	10,000,000	10,400,000	40,000,000
단 가		ⓐ 1,960	ⓐ 1,000	ⓐ 1,040	ⓐ 4,000

이상과 같이 단순종합원가계산에서는 공장전체 내지 당해 공정에서 발생한 제조비용을 제품종류별로 나누어 파악할 필요가 없는 것이 특색이다. 그렇지만 다음 도표와 같은 공장에서는 각 제조라인에서는 1품종제품밖에 생산하고 있지 않으므로 각각 단순원가계산만하면 되지만, 공장전체에 관련된 제비용 가령, 감가상각비나 임차료와 같은 제조간접비가 있기 때문에, 이는 각 라인별 또는 공정별로 계산하여야 한다.

<××자동차공장>
A차종 제조라인
　제1공정 ──────── 제2공정 ──────── 제3공정
B차종 제조라인
　제1공정 ──────── 제2공정 ──────── 제3공정

	단순종합원가계산의 계산방법은 먼저 1기간을 구분하여, 그 기간의 완성품수량을 계산한 다음에, 그 완성품수량을 생산하는데 들어간 제조비용을 구하여 완성품의 제조비용을 완성품수량으로 나누어 제품의 단위원가를 산정한다. $$단위원가 = \frac{완성품의 제조비용}{완성품수량}$$ 단순종합원가계산을 제철공업의 예를 든다면 1개월의 제철의 생산수량이 1,000톤이고, 그 달의 제조원가총액이 1억원이라면, 이 달 철의 원가는 10만원(=1억원÷1,000톤)이 된다. 그러나 일반적으로 제조공업에 있어서 당월에 투입한 원가가 모두 완성될 수 없으므로, 기초나 기말에 소정의 작업이 완료되지 않은 상태의 중간생산물 즉, 재공품이 있게 마련이다. 그러므로 종합원가계산에서는 일반적으로 재공품의 평가가 중요한 문제가 된다. ☞ **종합원가** (Process Costing)
단위제품제조원가 **(單位製品製造原價)** (Unit Product Output Cost)	의의 원가요소를 제품단위로 집계하여 단위제품의 제조원가를 산정하는 절차를 말한다. 설명 원가계산의 최종적인 목적은 기업의 최종생산물인 제품의 단위당 원가를 집계하여 단위제품의 제조원가를 산정하는 절차를 말하는데, 여기에서 단위제품이란 각종제품의 1단위를 말한다. 예를 들어 자동차의 경우 1대당 제조원가를 산정하는 절차를 각종 제품별로 계산한다. 특히 재무회계의 목적이 원가계산에 있는 경우에는 기말제품재고액 및 매출원가의 금액을 실제취득원가로 산정하여야 하므로 제품별계산을 불가결한 것이다. 제품 1단위당원가는 원가의 제품별계산을 원가요소를 제품단위로 집계하여 단위제품의 제조원가를 산정하는 절차를 말한다. 여기에서 제품이란 주로 기업이 생산하여 판매할 목적으로 만들어 낸 재화 또는 중간제품·공정제품·부품 등도 의미한다. 또 종합원가계산에 있어서 기말재공품은 완성품은 아니지만 완성품과 함께 기간의 생산물도 이에 포함된다.
단일기준배부법 **(單一基準配賦法)** (Single Base Distribution Method)	의의 단일기준배부법은 보조부문비를 용역을 제공받는 부문에 어느 한가지 배부기준으로 관계부문에 배부하는 방법 중 하나로 가장 일반적으로 널리 채택되고 있다. 설명 단일기준배부법은 보조부문비를 구분하지 않고 일괄하여 배부하는 것이므로 계산은 간단한 반면에 보조부문비가 고정비와 유동비로 구성되어 있는 경우에는 성질이 다른 비용이 동일한 기준으로 배부되기 때문에 정확한 배부기준을 할 수 없고, 특히 관리면에서는 문제가 있다. 전통적으로는 이 방법이 일반적으로 널리 이용되어 왔으나

근래에 와서는 관리면에서 그 문제점이 지적되고 있다.

[사례] 단일기준배부법

동력부문은 그 동력을 제1제조부문과 제2제조부문 및 수리부문에 공급하고 있다. 각 부문이 100%의 조업을 한 때이다.

① 월간 동력소비량
제1제조부문	10,000kw/h
제2제조부문	8,000kw/h
수 선 부 문	2,000kw/h
합 계	20,000kw/h

② 당월의 각부문 실제동력소비량
제1제조부문	4,000kw/h
제2제조부문	5,000kw/h
수 선 부 문	1,000kw/h
합 계	10,000kw/h

③ 당월의 동력부문비 실제발생액
동력부고정비	100,000kw/h
동력부변동비	120,000kw/h
합 계	220,000kw/h

이와 같은 경우에 동력부문비의 배부는 각 부문의 실제동력소비량을 기준하여 배부하기 위하여 각 부문의 배부기준의 비율을 계산한다.

제1제조부문	4,000kw/h	40%
제2제조부문	5,000kw/h	50%
수 선 부 문	1,000kw/h	10%
합 계	10,000kw/h	100%

따라서 동력부문비의 각 부문배부액을 계산하면 다음이 된다.

제1제조부문 배부액 ············ 220,000×0.4= 88,000원
제2제조부문 ················ 220,000×0.5=110,000원
수 선 부 문 ················ 220,000×0.1= 22,000원

단일품목생산
(單一品目生産)
(Single Item Product)

[의의] 단일품을 대량생산방식으로 생산하는 것에 의해 생산비의 저하를 가져오고자 하는 것이다.

[설명] 이러한 이념은 헨리·포드의 경영지도 원리이다. H·포드의 경영지도원리, 소위 포디즘(Fordism)이란 것은 봉사주의에서의, 경영을 사회대중에의 「봉사기관」이라고 하는 것으로, 「저가격·고임금」원리를 가지고서 노동대중의 구매력을 높이고, 「대중에 의해서 형성된다」라는 경영으로 된다는 것이다. 이러한 「저가격·고임금」 원리도 또 최속생산성에 의해서 가능하게 된다는 것이고, 포드는 제품의 모델을 T형의 1품만에 한정한다고 하는 단일제품의 원칙을 확립

	하고, 부품의 규격화를 도모하여 대량생산 방식을 수립하게 이르렀다. 단순화, 표준화, 전문화는 극도로 추진되고, 공장 전체의 기계체제의 확립을 보게 된 것이다. 단지 이와 같은 체계화는 일관성 경직성과 결부하고 있고, 정체파급, 작업전환의 곤란성, 고정비증대, 작업의 단조화의 문제등을 내재하고 있는 것은 주의하지 않으면 아니된다.
당좌표준가격 **(當座標準價格)** (Current Standard Price)	[의의] 당좌표준원가의 주된 기능은 단기적인 원가업적을 측정하는 기준으로서 작용하는 것이다. 이러한 관점에서는 가격수준도 수량(또는 시간)수준처럼 당좌적인 달성목표가 되는 수준일 것이 바람직하다. 그러나 원재료 등의 구매가격은 제조부문에서의 소비수량(또는 시간)의 관리가능성에 비하여 보통 구매부문에서의 관리가능성은 낮다. [설명] 원재료의 종류에 따라 구입처·구입시간·구입수량·구입조건 등을 구매부문에서 적절히 의사결정하여 구매원가를 절감할 수 있는 경우도 있다. 그러나 구매원가는 단기적으로는 구매부문에 주어진 여건으로 되어 있는 경우가 많고, 이 경우에 가격차이는 가격의 오산이나 시장의 변동을 표시하는 것에 불과하다. 그러므로 당좌표준가격은 엄격한 의미에서 정산수준 또는 실제예상수준에서 설정하는 것이 바람직하다. 표준원가와 당좌적인 달성목표로서의 성격을 겸비하도록 하려면, 원가수준을 실제예상수준으로 하고, 가격이 변동하면, 적시에 적절히 개정할 필요가 있다. 이렇게 함으로써 수량차이에 의한 실제적 손실 또는 실제적이익을 알 수 있으며, 제조부문의 원가관리책임자도 어떤 원재료의 소비수량 관리에 중점을 둘 것인가의 판단기준이 될 수 있다. 그러나 아무리 실제예상수준에 의하는 것을 원칙으로 하여도, 가격 변동이 빈번한 경우에는, 그때마다 표준가격을 개정하면 빈번한 절차에 따른 노고가 과중하게 된다. 그 뿐만 아니라 표준가격을 자주 바꾸면, 외부시장의 가격변동 영향이 제조부문의 재료소비능률을 표시하는 수량차이에 반영되고, 원재료의 사용수량에 대한 관리효과를 바르게 파악할 수 없게 된다. 그러므로 실제예상수준에 의하는 경우에도 당해예산기간의 실제예상수준(예상평균수준)에다 표준가격을 설정하고, 적어도 1예산기간은 현저한 변동이 없는한 표준가격을 고정시키는 것이 바람직하다. 그러나 원가계산을 하는 목적중의 하나가 「코스트 컨트롤」(원가통제)에 있는 경우에는 제조원가요소로 부분비계산을 행하여 부문품의 작업능률을 측정하는 자료로 삼게 된다. 따라서 단순종합원가계산에서는 부문비계산을 행하여도 좋고, 부문비계산을 행하지 않아도 좋은 종합원가계산으로서 석탄, 석유채취업, 제유업등에 적용된다.
당좌표준원가 **(當座標準原價)**	[의의] 표준(Standard)에는 2가지의 의미가 있다. 하나는 가치나 수량에 대하여 정하여진 척도라는 의미이고, 또 하나는 효력의 목표 또는

(Current Standard Cost)	달성되어야 할 예상 또는 규범이라는 의미이다. 전자의 의미로 사용되는 표준원가를 기준표준원가(Basis Standard Cost)라 하고, 후자의 의미의 것을 당좌표준원가 라고 한다. 이것은 실제원가의 달성목표가 되는 원가이고, 실제의 조업을 규제하는 규범적인 원가이다. 그리고 노력하면 달성될 수 있는 성격의 것이라야 되며, 원가저감목표가 되는 것이다. [설명] 당좌표준원가는 일정한 조업상태를 기준으로 하여 발생될 원가를 과학적으로 측정하여 결정한 계획수치이므로, 이 원가의 구체적 성격은 기준이 되는 조업도를 고찰하여야 된다. 조업도는 3단계로 고찰되고 그것에 대응한 당좌표준원가도 3종으로 구분된다.
이상표준원가	1. 이상표준원가(Ideal Standard Cost) 이상조업을 기준으로 하여 설정한 표준원가이다. 이상조업(理想操業) 또는 최적조업(最適操業)이란 현재에 소유한 생산설비로 급부단위 당원가가 최소로 될 이상적 활동상태로서 실제로는 경영이 이와 같은 상태로 운영될 수는 없는 것이다. 그러나 경영의 장기계획 또는 경영방침수립에 귀중한 지침이 되고, 구조적인 변동이 없으면 일단 설정된 후 개정할 필요가 없는 안정적인 것이다.
정상표준원가	2. 정상표준원가(Normal Standard Cost) 정상조업을 기준으로 하여 발생될 표준원가이다. 정상조업이란 현재 소유하고 있는 생산설비 또는 판매부분을 포함한 경영전체가 정상적 활동을 하고 있는 상태이다. 정상적 상태란 과거의 실제조업의 평균에다 장래를 예측하고 결정한 것이다. 그리고 현재 소유하고 있는 생산설비의 정상조업은 생산공정상의 애로에 착안하고, 전체적으로는 시황의 장기적 관측에 의거하여야 할 것이다. 정상표준원가는 계절적 유행이나 자연적 조건으로 인하여 각기의 원가와 변동하기 쉬운 경영에 적합하다. 왜냐하면 그와 같은 경영에서는 표준원가를 채택하지 아니하여도 원가의 기간적 평균화가 요망되기 때문이다. 일반적 경영에서도 가격결정이나 단기성과계산을 하려면 정상적 표준원가에 의하는 것이 가장 효과적이다. 그러나 정상조업도는 특정의 1기간만의 조업을 예정한 것이 아니므로, 특정기간의 실제원가를 관리통제하는 효과는 별로 기대하지 못한다. 그 밖에도 정상조업의 결정에는 자의성이 개입되기 쉽고 따라서 이용가치도 다소 감소된다.
실제기대표준원가	3. 실제기대표준원가(Actual Expected Standard Cost) 예정조업을 기준으로 하여 발생될 표준원가이다. 예정조업이란 실제로 발생이 예상되는 활동상태이므로 기술적인 급부 생산능력면 뿐만 아니라 생산급부의 차기 판매예상도 가미하여 결정된다. 실제로 발생될 원가는 단순한 견적원가에 불과하지만, 실제기대표준원가 없는 실제로 발생이 예상되는 조업도에서 발생된 원가이다. 이와 같은 성질을 가진 실제기대표준원가는 노력하면 실제로 달성할 수 있는 원가이므

당좌표준원가 기준표준원가의 차이점	로, 작업의 목표가 되고, 책임의 소재를 명확히 할 수도 있는 것이다. 경영관리와 단기사업계획에는 최적의 표준원가일 수 있고, 예산통제를 하는데 필요한 견적재무제표의 작성에도 유효한 자료가 된다. 다만, 예정이 변화하면 개정되므로 이상표준원가나 정상표준원가보다는 노무비가 더 가중될 뿐이다. 　4. 당좌표준원가와 기준표준원가와의 차이점 　① 당좌표준원가 　당좌표준원가계산에서 표준원가는 제품의 당위원가(當爲原價)를 표시하는 것으로서 재공품과 제품의 실사액은 장부상 표준원가로서 이월되고 표준원가와 실제원가의 차액은 각 차이계정에 기입되며 각 차이계정은 직접 손익계정에 이기된다. 　기준표준원가계산에서는 재공품 및 제품의 실사액은 장부상 실제원가로 이월되고 이에 관한 표준원가는 실제원가란에 병행되는 비망란에 기재된다. 그리고 차이를 차이계정별로 기입하지 않는다. 　제품은 판매할 때까지 실제제조원가로 두고 판매될 때마다 그 계정에서 실제원가를 공제하는 동시에 비망란에 기재된 표준원가를 말소한다. 따라서 표준원가는 재무제표상 표시되지 않고 재무제표상의 실사액은 모두 실제원가로 기재된다.
대 량 생 산 (大 量 生 産) (Mass Production)	의의 동종제품을(또는 이종제품(異種製品)을 조별로) 대량으로 연속 생산하는 생산형태를 대량생산이라고 한다. 설명 대량생산의 특징은, 동일품목을 계속적·반복적으로 생산하는 점, 특정생산로트의 식별이 곤란한 점 등에 있다. 대량생산형태의 경우에는 종합원가계산이 사용된다. 　대량생산의 구체적인 예(업종)로는 제약, 제당, 제분, 섬유제조업, 제재업, 합판공업, 펄프·제지공업, 화학비료·약품·유지·도료 등의 화학공업 등 다수의 것이 있다.
대 체 가 격 (對 替 價 格) (Transier Price)	의의 본·지점간 내지 공장·영업소에서 재고자산의 수수가 행해지는 경우, 각 부문의 영업성적이나 능률을 알기 위해서, 원가에 약간의 이익을 가산하든가, 시가를 기준으로 하여, 행하여지는 일이 있다. 　이 경우에 거기에 붙어진 가격을 대체가격 또는 내부 대체가격이라고 한다. 설명 대체가격은 보통 다음과 같은 목적으로 설정된다. 　① 독립된 부문의 종합적 업적평가와 척도가 되는 이익의 산출을 가능하게 한다. 그리고 이 척도에 의하여 그 부문의 이익관리를 유효하게 할 수 있다. 　② 독립된 부문의 관리자가 전회사적인 입장에서 유효한 의사결정을 하는 기준을 제공할 수 있다. 대체가격에는 보통 다음의 것들이 적용

된다.
　㉮ 전부원가기준
　㉯ 변동비기준
　㉰ 원가프라스방식
　㉱ 시가기준
　㉲ 협정가격방식
　이들의 대체가격은 각기 그 특징이 있다. 그러므로 업종 및 업태, 적용품목, 설정의 경우, 대체가격과 실제액과의 차액은 내부손익이다. 또 공정간의 대체가격차이는 매출원가에 부과한다. 또 공장·지점·본지점간의 대체가액이 당해재고자산의 기말재고에 포함되고 있으면, 이 내부이익은 미실현의 것이므로, 전기업의 손익계산을 할 때에는 그것을 제거하여야 한다.
　각 부문의 경영성적 산정을 위해 붙여진 대체가격을 사용하는 재고자산이 결산기말까지에 전부 외부에 팔리고 없을 경우는 문제없지만, 기말에 지점 등에 팔리지 않고 남아 있을 경우는 미실현의 이익이 거기에 포함되는 것으로 되고, 내부이익의 공제라는 문제가 나오게 된다. 통상 그 처리는 본점의 결산정리로 행하게 되고, 회계원칙 주해(註解)에서는 원칙적으로서, 본지점합병손익계산서에 의해서 매출액에서 내부매출을 공제하고, 매입액 또는 매출원가에서 내부매입을 공제함과 동시에, 기말재고액에서 내부이익의 분을 공제하도록 요청하고 있다. 물론 대차대조표의 측에서도, 부풀어 있는 재고액에서 내부이익을 제거하기 위해, 「내부이익 준비금계정」에 대기(貸記)하든가, 지점 등의 재고액에서 이 상당분을 제하든가 하지 않으면 아니된다. 예컨대 원가 100원의 상품을 지점에 대체가격 110원으로 10개를 대체하고, 그 중 7개가 130원으로 팔리고 3개가 남았다고 하면, 시산표의 계정은 매출액 910원, 지점매출액 1,100원, 매입액 1,000원, 지점매입액 1,100원으로 되고, 기말의 재고를 110원으로 평가하여, 이대로 총합하면, 매출액 2,010원 매출원가=1,000+1,100-110×3=1,770원 상품 330원, 매출총이익 240원으로 된다. 이 가운데(110-100)×=30원은 아직 외부에 판매되어 실현되고 있지 않은 본·지점간의 내부매출에 의한 이익이다. 이것을 바르게 표시함에는, 매출액 910원, 매출원가=1,000+100×3=700원, 상품 300원, 매출총이익 210원으로 하든가, 내부매출·내부매입은 제거하지 않고, 매출액 2,010원, 매출원가=1,000+1,100-100×3=1,800원, 상품 300원, 매출총이익 210원으로 표시한다.
　☞ **특수원가개념** (Speial Cost Conceprs)

대 체 원 가 (對 替 原 價)	의의 대체원가라 함은 어떤 자산을 재조달할 경우, 이에 소요되는 원가를 말한다. 대체원가는 설비의 개선·확장·경신 등의 경우에

(Replacement Cost)	사용되며, 현재의 시장 또는 장래의 예상되는 시장에 있어서의 자산의 재취득에 필요한 추정액으로 계산된다.
대 체 차 이 (對替差異) (Transier Variance)	의의 공정간에 대체되는 제품의 가액을 예정가액 또는 시장원가로 계산하면, 대체가액과 실제액과의 차이가 생긴다. 공정별종합원가계산에서 실제발생액으로 부문별계산을 하고, 각공정에 원가를 집계하며, 그 후에 누가법으로 공정완성품원가를 순차계산 하는 경우에, 차공정에 예정원가 또는 정상원가 등의 대체계산원가로 대체하면, 실제공정비와 대체계산원가의 사이에 원가차이가 생긴다. 설명 이 원가차이는 각공정의 기말재공품을 실제액으로 계산하면, 완성품의 원가차이로서 표시된다. 그리고 대체계산원가와 동일기준으로 평가하면, 당기 공정비의 원가차이가 된다. 공정별계산은 전부원가계산을 하면, 전부원가의 대체차이가 생기고, 가공비공정별계산을 하면, 가공비의 대체차이가 생긴다. 대체차이는 회계연도 말에 원칙적으로 매출원가에 부과하지만, 예정원가 또는 정상원가가 부적당하기 때문에 상당히 다액으로 차이가 생기면, 매출원가와 재고제품 및 재공품에 배부한다.
동력부문비 (動力部門費) (Expenses of Power Department)	의의 동력부문비란 보조부문인 동력부문에 발생하는 경비를 말하며, 제조간접비에 속한다. 흔히 각 부문에 설비하여진 계량기에 의하여 동력의 소비량을 계산하며, 이것에 의하여 배부한다.
동 력 비 (動 力 費) (Power Expense)	의의 기계장치의 동력원인 전력, 증기압착공기등의 발생·공급에 관련하여 소비한 제비용을 말한다. 설명 동력용연료비, 동력계의 임금급료, 동력용수비, 매입동력비(지급전력료등), 기타 여기에 관련하는 제비용으로부터 되는 일종의 복합경비이다. 동력비를 구성하는 단순경비는 동력연료비·동력관계직원의 급료나 임금·구입전력료 및 이것에 관련된 제경비로 되어 있다. 동력비는 복합경비이므로 원가계산을 할 경우 부문별계산을 생략하고, 계산경제성 또는 편의상 이유에서 설정되는 항목이다. 따라서 부문별계산인 동력부문의 원가를 계산하는 경우에는 동력비라는 복합비는 설정되지 않는다.
등 가 계 수 (等價係數) (Equivalent Comefficient)	의의 등가계수란 등가율(等價率)·등가비율(等價比率)이라고도 한다. 등급별제품계산 또는 연산품원가계산의 경우에 쓰인다. 등가별제품계산이 적용되는 공업에서는 크기·중량·형·순분도·열량·경도 등에 의하여 등급별로 구별되는 동종제품을 생산하고 있으나, 이 경우 각 등급에 속하는 제품 1단위를 기준으로 하여 계산된

원가배분상의 비율을 등가계수라한다. 연산품(連産品)의 등가계수는 등급별원가계산과 상위하여 적절한 수량적 척도 또는 표준조사에 의하여 결정해야 할 원가배분의 기준이 얻어지지 않는 경우가 보통이기 때문에 연산품의 정상적 시장가격을 기준으로 하여 결정된다.

[설명] 등가계수의 산정과 등급제품의 원가계산은 다음과 같은 요령으로 하게 된다.

① 각 등급제품의 중량·길이·면적·순분도·열량·경도 등처럼 원가의 발생과 관련있는 제품의 제성질에 따라 등가계수를 산정하고 이것을 각 등급제품의 1기간내에 생산량을 곱한 적수의 비로서 1기간의 완성품의 종합원가를 계산한 다음에, 이것을 제품단위로 균분하여 단위원가를 계산한다.

② 1기간의 제조비용을 구성하는 각 원가요소의 성질에 따라 분류된 수개의 원가요소군에 대해서 각 등급제품의 표준재료소비량·표준작업시간 등 각 원가요소 또는 원가요소군의 발생과 관련있는 물량적 수치등에 의하여 각 등급계수를 산정하고, 이것을 각 등급제품의 1기간 생산량에 곱한 적수의 비(比)로서 각 원가요소 또는 원가요소군에 안분하여 각 등급제품의 1기간 제조비용을 계산하며, 이 제조비용과 각 등급제품의 기초(期初) 재공품원가를 당기 각 등급제품의 완성품과 기말재고품으로 분할함으로서 당기 각 등급제품의 종합원가를 계산하고, 이것을 제품단위로 안분하여 단위원가를 계산한다.

이 경우에는 원가요소별 또는 원가요소별로 산정한 등가계수를 개별적으로 적용하지 않고, 각 원가요소 또는 원가요소군의 중요성을 가미하여 총괄하고, 이 종합적 등가계수에 의하여 1기간 완성품의 종합원가를 일괄적으로 각 등급제품에 안분하여 그 제품원가를 계산할 수도 있다.

등 가 비 율
(等 價 比 率)
(Equivalent Ratio)

[의의] 동일의 공정 혹은 원료에서 2종 이상의 제품이 생산되는 등급별제품(시멘트·제재 등), 및 연산품(석유정제품 등)의 원가계산을 하는 경우에 동일의 제품단위로 환산하기 위해서의 일정의 기준수치의 것을 말한다.

[설명] 등가비율의 목적은, 제품별의 원가부담의 적정화를 도모하는 것에 있다. 등가비율의 선정기준으로서, 등급별제품의 경우는 중량·길이·원재료표준소비량등의 기술적 수량이 사용되고, 연산품의 경우는, 물리적 기준설정이 곤란하기 때문에, 정상인 시장가격이나 표준제품비용 등의 경제적 가치가 사용되고 있다.

이 비율을 미리 결정된 제품별의 등가계수에다 실제생산량(연산품의 경우에는 정상생산량을 상용한다)을 곱한 적수의 비율로서 산정된다. 등가계수는 각제품 1단위당의 비율이고, 등가비율산정을 위한 기준치이므로 등가비율에 의한 원가안분계산의 타당성은 등가계수의 타당성

등급계수산정 **(等級係數算定)** (Equivalent Coefficient)	여하에 의존되는 것이다. 등급별원가계산에서 등급계수는 각 등급제품의 각급제품에 대한 원자재의 소비사실을 정사하며, 원가의 비율로서 결정할 수 있지만, 연산품 원가계산에서의 등급계수는 연산품이 분할되기까지에 소요된 결합원가를 각 연산품별로 구분할 수 없으므로 각 연산품의 정상매가를 기준으로 하여 등가계수를 결정하게 된다. 그러므로 등급별원가계산의 등가비율은 소비원가의 비율이지만, 연산품원가계산에서의 등가비율은 원가부담능력의 비율인 것이다. 의의 등급별원가계산이나 연산품원가계산에서 일괄하여 집계된 원가발생액을 각 제품에 안분하기 위하여 사용되는 비율을 등가비율이라고 한다. 이 비율을 사전에 결정된 제품별의 등가계수에다 실제생산량(연산품의 경우에는 정상생산량을 사용한다)을 곱한 적수의 비율로서 산정한다. 설명 등가계수는 각 제품 1단위당의 비율이고, 등가비율산정을 위한 기준치이므로, 등가비율에 의한 원가안분계산의 타당성은 등가계수의 타당성 여부에 달려 있는 것이다. 등급별원가계산에서 등가계수는 각 등급제품의 각급제품에 대한 원가재의 소비사실을 정사하여, 원가의 비율로서 결정할 수 있지만, 연산품원가계산에서의 등가계수는 연산품이 분리되기까지에 소요된 결합원가를 각 연산품별로 구분할 수 없으므로 각 연산품의 정상매매를 기준으로 하여 등가계수를 결정하게 된다. 그러므로 등급별원가계산의 등가비율은 "소비원가의 비율"이지만, 연산품원가계산에서의 등가비율은 "원가부담능력의 비율"인 것이다. 등급별종합원가계산은 동일공정에 동종제품을 연속생산할 경우에 적용되는 종합원가계산인데, 이 경우의 동종제품을 "등급제품"이라 한다. 이 등급제품은 중량·길이·면적·순분도·열량·경도에 의하여 구분한다. 예를 들어 합판공장에서 나왕목재를 겹쳐서 만든 두계가 다른 각종 합판, 제강공장에서 생산하는 여러 가지 두께가 다른 강판, 파이프공장에서 생산하는 규격이 다른 각종 파이프, 철물공장에서 제조되는 형상이나 중량이 다른 각종 철조물이 있다. 형상과 크기가 다른 것으로는 신발이나 모자의 제조업과 타일의 제조업이 있으며, 등급이 다른 것으로는 제분업·제지업이 있다. 그리고 순분도가 다른 것으로는 양조업이 있다. 이러한 등급제품은 동종제품이며, 제품 상호간의 차이는 다만, 두께가 다르거나 중량이 다르거나 또는 면적이 다를 뿐이므로 제품상호간 제조원가발생액의 차이는 물량기준 즉, 제품단위당의 중량·길이·면적·용역·순분도·열량·경도 또는 투입하는 원료나 노동력의 소비량에 대한 차이와 관련 시킬 수 있는 것이다.

등급제품의 종합원가를 등급간에 배분하기 위한 "등급계수" 내지 "등급비율"은 다음과 같은 방법에 의하여 결정된다.
① 물량(원단위)기준 : 제품의 중량, 길이, 면적등의 상위를 계수화된다.
② 물리적측정치기준 : 원료 및 제품의 물리적인 품질특성척도로서 순분도·열량·경도 등의 상위에 의하여 계수화한다.
③ 원가재 소비량기준 : 표준자재소비량·표준작업시간·공정별표준원가 등의 상위를 계수화 한다.
④ 원가기준 : 표준재료비·표준노무비·표준간접비를 각 등급제품마다 한번은 정확한 조별원가계산을 적용하여 결정한다. 이에 의하여 각 원가요소마다 등급계수를 정하고, 이후는 계수에 의한 원가안분을 한다.
⑤ 시가기준 : 정상시가의 상위를 계수화한다. 이는 연산품에 있어서 등가계수를 설정할 때 사용되지만 등급품에 대해서는 잘 사용되지 않는다.
이들 설정기준 중 어느 것을 설정할 것인가는 일정하지 않다.
물량기준은 등급제품의 성질에 들어맞는 것으로서 원재료비의 등가계수의 결정에 특히 사용하고 "물리적측정치기준"은 원재료비 뿐만 아니라 가공비의 등가계수의 결정에 사용된다. 그렇지만 가장 바람직한 결정방법은 "원가재소비량기준"내지 "원가기준"이다. 특히 원가기준에 의하여 정확한 등급별 표준원가(1단위당)가 견적한다면 원가요소의 가격이나 사용능력에 변화가 없는 한, 이 비율을 등가비율로 한다.
그러나 원가요소의 가격이 때때로 변동될 때에는 원가재소비량기준의 표준소비량의 비율을 가지고 등가계수로 하면 된다. 마지막의 시가기준은 이들의 방법이 이용될 수 없을 때에만 이용된다.

등급별원가계산
(等級別原價計算)
(Class Cost System)

의의 동일공정에서 몇 종류의 유사품을 다량으로 생산할 때에 그 제품들의 제조에 대하여 원가요소를 개별적으로 파악하지 않고 전종합원가를 일괄하여 산정하고, 이를 각 제품에 안분하는 방법을 등급별원가계산이라고 한다. 이 경우 총원가계산 후에 중량 등을 달리하는 각 제품마다 원가를 배분할 필요가 있다. 이러한 총원가의 배분계산을 등급별 원가계산이라 하며, 유사한 제품이라 하더라도 중량과 형·품질 등이 상위한 것이다. 예를 들면 A, B, C의 3제품이 만들어지고 있을 때, 원가를 단순히 생산량의 비(比)로 안분(按分)할 수는 없다. A, B, C의 3제품은 중량·형·품질 등이 상위하게 생산되는데 이는 각기의 원료소요량·가공의 난이(難易)가 상위하기 때문이다. 그래서 등가계수(等價係數)가 쓰인다. 등가계수를 각 제품의 실제생산량에 곱하여 원가배분목적을 위한 환산수량(換算數量)을 구하여, 이의 비례에

	의하여 총원가를 안분한다. 따라서 기말재공품은 각기 등가계수에 의하여 단일제품으로 환산하여 평가한다. 제품원가는 단일제품으로 환산한 수량에 의하여 각 제품에 안분되고, 그 안분된 원가를 각기 제품수량으로 나누어 단위원가를 구한다. 그러므로 등급별원가계산에서는 등가계수를 어떻게 구하느냐가 문제이고, 이를 해결하면 단일제품으로 환산함으로써 순수 종합원가계산방법에 환치된다. 　[설명] 등급별원가계산에서는 유사제품의 원가요소를 개별적으로 파악하지 않아도 합리적인 원가안분이 되는 등가계수를 발견할 필요가 있다. 이 등가계수에 의하여 개별적으로 각 제품의 원가요소를 파악하는 번잡성을 제거하게 된다. 하여간에 등급별원가계산이란 원래 조별원가계산이 가능한 생산형태에 있어서 합리적인 등가계수를 구할 수 있을 때에 적용되는 원가계산방법이다. 조별원가계산이 가능하다는 것은 각 제품의 직접비를 원가요소별로 부과할 수 있기 때문이다. 이 점이 등급별원가계산과 부산물 또는 연산품원가계산과 다른 점이다. 또 조별원가계산의 간편법이라는 등급별원가계산의 성질상 그 등가계수는 원래 원가계수라 할 것이고 연산품과 같이 매가(賣價)에 의한 안분계수에 의하지 않아도 무관한 것이다. 등급별원가계산에 있어서는 등가계수(Equivalent coeficient)의 계정이 중요하다. 등가계수는 공통의 수량단위에 대한 등급별 제품의 원가의 부담비율로 표시된다. 그러므로 제조비용의 발생에 대하여 유기적 관계가 있는 기준을 선택하여야 한다. 즉 그 기준은 품질의 유사성에 지배된다. 품질이 동일하고 물량적인 상위에 의하여 제품을 분류할 때에는 물량적 척도, 말하자면 장단, 면적, 중량 등의 차이를 그대로 등가계수로 하는 때가 있다. 물량척도와 원가부담비율이 동일하거나 거의 동일할 때가 있다. 그리고 물량적으로 동일하지만 품질의 상위에 의하여 1급품, 2급품으로 분류할 때에는 품질을 반영하는 계량단위인 순분도(純分度)열량, 경도(硬度) 등에 의하여 등가계수를 산정할 경우도 있다. 　이와 같은 제품의 물량적 단위와 품질의 계량단위를 그대로 사용하여 원가부담의 등가계수를 산정하지 못한 때에는 여러 요소를 적용하여 그와 같은 요소를 가중평균하여 적절한 등가계수를 산출하지 않으면 안된다. 　등급별제품은 각 제품에 대하여 원가요소를 개별적으로 파악할 수 있기 때문이다. 각 제품의 정상재료소비량 정상노무비소비량 및 정상간접비의 정상배부량을 임시조사 하고 이에 정상가격을 곱하여 각 제품의 정상원가를 산정함으로써 등가계수를 파악할 수 있다. 　등가계수가 산정되면 이에 의하여 각 제품수량에 대하여 원가를 안분한 수량으로 환산한다. 기말재공품원가를 파악하고 다음에 완성품원가를 산정하면 된다.
등가계수의 산정	(1) 등가계수의 산정

	등가계수란 등가율(等價率)・등가비율(等價比率)이라고도 한다. 등급별제품계산 또는 연산품원가계산의 경우에 쓰인다. 등급별제품계산이 적용되는 공업에서는 크기・중량・형・순분도・열량・경도 등에 의하여 등급별로 구분되는 동종제품을 생산하고 있으나, 이 경우 각 등급에 속하는 제품 1단위를 기준으로 계산된 원가배분상의 비율을 등가계수라 한다. 연산품(連産品)의 등가계수는 등급별원가계산과 상위하여 적절한 수량적 척도 또는 표준조사에 의하여 결정해야 할 원가배분의 기준이 얻어지지 않는 경우가 보통이기 때문에 연산품의 정상적 시장가격을 기준으로 결정된다. 등가계수의 산정과 등급제품의 원가계산은 다음과 같은 요령으로 하게 된다. ① 각 등급제품의 중량・길이・면적・순분도・열량・경도 등처럼 원가의 발생과 관련있는 제품의 제성질에 따라 등가계수를 산정하고 이를 각 등급제품의 1기간내의 생산량을 곱한 적수의 비로서 1기간의 완성품의 종합원가를 계산한 다음에, 이를 제품단위로 균분하여 단위원가를 계산한다. ② 1기간의 제조비용을 구성하는 각 원가요소의 성질에 따라 분류된 수개의 원가요소군에 대해서 각 등급제품의 표준재료소비량・표준작업시간 등 각 원가요소 또는 원가요소군의 발생과 관련있는 물량적 수치 등에 의하여 각 등가계수를 산정하고, 이를 각 등급제품의 1기간 생산량에 곱한 적수의 비(比)로 각 원가요소 또는 원가요소군에 안분하여 각 등급제품의 1기간 제조비용을 계산하며, 이 제조비용과 각 등급제품의 기초 재공품원가를 당기 각 등급제품의 완성품과 기말재고품으로 분할함으로써 당기 각 등급제품의 종합원가를 계산하고, 이를 제품단위로 안분하여 단위원가를 계산한다. 이 경우에는 원가요소별 또는 원가요소군별로 산정한 등가계수를 개별적으로 적용하지 않고, 각 원가요소 또는 원가요소군의 중요성을 가미하여 총괄하고, 이 종합적 등가계수에 의하여 1기간 완성품의 종합원가를 일괄적으로 각 등급제품에 안분하여 그 제품원가를 계산할 수도 있다.
등가비율	(2) 등가비율 동일의 공정 또는 원료에서 2종 이상의 제품이 생산되는 등급별제품(시멘트・제재 등), 및 연산품(석유정제품 등)의 원가계산을 하는 경우에 동일의 제품단위로 환산하기 위한 일정의 기준수치를 말한다. 등가비율의 목적은, 제품별의 원가부담의 적정화를 도모하는 데에 있다. 등가배율의 선정기준으로서, 등급별제품의 경우는 중량・길이・원재료표준소비량 등의 기술적 수량이 사용되고, 연산품의 경우는, 물리적 기준설정이 곤란하기 때문에, 정상인 시장가격이나 표준제품비용 등의 경제적 가치가 사용되고 있다. 즉 등급별원가계산의 등가비율은 소비원가의 비율이지만, 연산품원가계산에서의 등가비율은 원가부담능력의 비율인 것이다.

[사례] 다음 자료에 의하여 등급별 원가계산을 하라.

<자료>

(1) A제품, B제품, C제품은 등급품이다.
(2) A, B, C의 결합원가 ············ 210,000원
(3) 등급계수
  A ············ 1
  B ············ 0.8
  C ············ 0.7
(4) 생산량
  A ············ 300kg
  B ············ 400kg
  C ············ 700kg

<해답>

A, B, C 각 등급제품의 원가를 계산하려면 결합원가를 각 제품에 대한 등가계수(等價係數)에 각각의 생산량을 곱한 숫자를 안분하면 된다.

(1) A 제품원가

$$210,000원 \times \frac{1 \times 300}{1 \times 300 + 0.8 \times 400 + 0.7 \times 700} = 56,756.76원$$

(2) B 제품원가

$$210,000원 \times \frac{0.8 \times 400}{1 \times 300 + 0.8 \times 400 + 0.7 \times 700} = 60,540.54원$$

(3) C 제품원가

$$210,000원 \times \frac{0.7 \times 700}{1 \times 300 + 0.8 \times 400 + 0.7 \times 700} = 92,702.70원$$

등급별종합원가계산 (等級別綜合原價計算) (Class Process Costing)

[의의] 등급별종합원가계산은 동종유사제품을 연속생산할 경우에 적용되는 원가계산방법이다.

이 원가계산방법은 등급별의 연속생산형태에 적용하는 방법이다. 이 생산형태는 개별생산형태와 동일공정에서 동종제품을 연속생산하지만, 그 제품을 형상·크기·품위·제조방법 등에 따라 등급으로 나누어 등급제품으로 생산하는 형태이다. 그 예로서 중량과 길이가 다른 것으로 양말·모자·신발의 제조업과 타일제조업이 있으며, 면적이 다른 것으로는 제재업이 있고, 등급이 다른 것으로는 제분업·제지업이 있으며, 순분도가 다른 것으로 양조업이 있고, 열량이 다른 연탄과 광산업, 경도가 다른 철강의 제철업이 있다.

[설명] 등급별 제품은 일반적으로 반복연속하여 생산되므로, 그 원가는 일정기간 종합적으로 파악하였다가 각 제품단위로 배분하는 종합원가계산의 방법에 의한다. 그러나 조별종합원가계산과 같이 처음부터

각각 제품종류별로 원가요소를 구분하지 않고 제1차적으로 각원가요소의 소비액을 전등급품에 일괄하여 결합원가의 상태로 파악하고, 다음에 미리 정해진 각 등급품의 원가분담비중을 나타내는 등가계수에 각등급품의 생산량을 곱하여 얻은 적수비율(등가비가율)에 의해서 그 결합원가를 등급별로 배분하는 방법을 사용하고 있다. 따라서 등급별생산이라는 기반과 종합원가를 등급계수를 사용하여 배분하는 방법이 결합된 것을 전형적인 등급별종합원가계산이라고 하는데, 결합원가의 상태에서 파악한 원가를 등가계수를 사용하여 제품별로 배분하는 방법은 등급별생산만이 아니고 다른종류의 제품을 연속생산하는 조별생산에도 적용될 수 있다. 또 반대로 등급별생산의 경우에 조별종합원가계산의 방법을 적용할 수도 있다. 여기서 조별생산의 경우에 비추어 본다면 등급별종합원가계산은 오히려 간편한 원가계산방법의 성격을 띠고 있다고 하겠다.

등급제품의 제조원가
(等級製品의 製造原價)
(Out Put Cost of Class Finished Goods)

|의의| 등급제품은 동일공정과 동일급의 제조로부터 생산되는 것이므로 그러한 등급제품 전체에 대하여 원가계산을 해야지, 각각의 등급제품에 대하여 원가계산을 하는 것은 불가능한 경우가 많고, 혹시 가능하더라도 정확하게 한다는 것은 불가능하다. 따라서 이러한 경우에 등급제품 전체의 원가계산을 하고 그 원가(이를 결합원가라 한다)에 대하여 등급제품별로 계수(係數)를 구하고 그 계수를 원가에 곱하여 각 등급제품의 원가를 결정한다. 이 계수를 등가계수(等價係數)라 부른다. 이와 같이 계산하면 각 등급제품의 원가는 용이하게 계산된다.

오늘날에 있어서는 각 등급제품의 규격이 표준화되고 등급계수에 있어서는 변동이 없으므로 조별원가계산이 등급별 계산을 하는 경우가 많아졌다. 조별계산은 계산이 복잡하며, 각 조의 제품을 등급제품과 같이 취급하여 조별로 원가를 집계하지 않고, 각조의 원가를 일괄하여 계산하고, 최후에 이의 원가 즉, 결합원가를 각조에 안분하게 되므로 계산절차가 간단하며 또 산출된 숫자에 있어서도 조별계산을 하는 경우와 다름이 없다. 이와 같은 등급별 계산은 예를 들면 A, B, C, D의 4개의 등급제품을 생산하는 경우에 우선 A, B, C, D 전체의 제조원가(즉 결합원가)를 계산하고, 이에 A, B, C, D의 각각의 등급계수(等級係數)를 곱하여 A, B, C, D의 각 제조원가를 산출한다.

또 등급별 원가계산은 조별원가계산을 하지 않는 경우의 단순원가계산과 공정별원가계산의 경우에 적용되고, 가공비공정별 원가계산에서도 이용된다. 이 경우에는 원재료비(주요재료비)는 각 등급 제품별로 계산하고 가공비에 대하여는 등급별계산을 한다.

등급제품

|설명| 1. 등급제품
등급제품이란 동일재료를 사용하고, 동일한 제조공정을 거쳐 계속적으로 생산되는 같은 종류의 제품으로서 품질·형상·면적·중량 등

등급계수결정	의 면에서 차이가 있는 것을 말한다. 　예를 들면 제분업에서 생산되는 품질이 각각 다른 소맥분, 화학공업에서 생산되는 순도가 다른 화학약품, 제화업에서 제조되는 형상·문수 등이 다른 양화, 양조업에서 생산되는 순도가 다른 주류 등이 등급품의 예이다. 　2. 등급계수의 결정 　등급별원가계산에서는 우선 제1차로 등가계수를 결정하지 않으면 안된다. 　등급계수결정의 조건으로는 등급제품의 물리적인 면 또는 표준적인 원가 또는 등급제품의 시가 등이 고려된다. 　이러한 등가계수를 결정하는 기초를 다음의 3가지로 나누어 설명한다. 　① 물리적 기초 　제품의 수량·중량·크기·면적·순분도·경도 등을 기초로 하여 등가계수를 결정한다. 　② 원가적 기초 　등급제품의 표준원가를 산정하고, 이를 기초로 등가계수를 결정한다. 또 가공비공정계산에 있어서 등급별계산을 하는 경우에는 각 등급별 제품의 원재료비(주원재료비)를 기초로 등급계수를 결정한다. 　③ 가격적 기초 　이는 각 등급제품의 시가를 기초로 등급계수를 결정한다. 　예를 들면 A, B, C, D가 등급제품이고 이의 시가가 　　A 품 ·························· 20원 　　B 품 ·························· 15원 　　C 품 ·························· 18원 　　D 품 ·························· 10원 　인 경우 등급계수는 A를 1로 할 때 다음과 같이 된다. 　　A 품 ·························· 1 　　B 품 ·························· 0.75 　　C 품 ·························· 0.9 　　D 품 ·························· 0.5 　《사례》 다음 자료에 의하여 등급제품의 제조원가를 산출하라. 　〈자료〉 　⑴ A, B, C는 등급제품이고, 또한 총제조원가(결합원가)는 532,000원이다. 　　A 생산품 ············ 1,000개, B 생산품 ············ 2,000개 　　C 생산품 ············ 2,800개 　⑵ A, B, C의 시가는 각각 20원, 18원, 15원이다. 　〈해답〉

A를 1로 할 때 등가계수는 A=1, B=0.9, C=0.75이다.
다음에 총제조원가 532,000원을 <등가계수×생산량>으로 안분한다.
(등가계수×생산량)의 수치는 아래와 같다.

  A ·················· 1×1,000=1,000
  B ·················· 0.9×2,000=1,800
  C ·················· 0.75×2,800=2,100

그리고 총제조비용을 적수(1,000과 1,800과 2,100)로 안분하면 된다.(원 이하는 4사5입)

$$A \text{ 제품원가} = 532,000원 \times \frac{1000}{1000+1800+2100} = 108,571$$

$$B \text{ 제품원가} = 532,000원 \times \frac{1800}{1000+1800+2100} = 195,429$$

$$C \text{ 제품원가} = 532,000원 \times \frac{2100}{1000+1800+2100} = 228,000$$

위의 계산을 다음의 표에 나타낸다.

등급	시가	등가계수	생산량	적수	안분원가	단위원가
A	20원	1	1,000	1,000	108,571원	108.57원
B	18원	0.9	2,000	1,800	195,429원	97.71원
C	15원	0.75	2,800	2,100	228,000원	81.42원
합계	-	-	-	-	532,000원	-

《사례》 다음 자료에 의하여 등급별종합원가계산표를 작성하라.
<자료>
(1) 당월작업보고
  당월주요재료비 260,000원
  당 월 가 공 비 310,000원
  완 성 품 수 량 1,000개
  감   손   량   15개
  월말재공품 수량 200개(진척도 50%)
(2) 월초재공품
  주요재료비 100,000원 가 공 비 130,000원
  수   량 300개(진척도 40%)
(3) 감손은 완성품과 월말재공품에 부담시킨다.
(4) 월말재공품의 평가는 평균법에 의한다.
(5) 주요재료는 전부 재조개시 때 투입된다.
(6) 등급품완성량의 내용과 등가계수는 다음과 같다.

제품명	생산량	등가계수	
		주요재료비	가공비
갑제품	300개	25원	20원
을제품	200	30	25
병제품	500	23	18

<해답>

(1) 기말재공품원가

$(100,000+260,000) \times \dfrac{200 \times 0.5}{1000 + 200 \times 0.5} = 60,000$원 … 주요재료비

$(130,000+310,000) \times \dfrac{200 \times 0.5}{1000 + 200 \times 0.5} = 40,000$원 … 가공비

60,000+40,000=<u>100,000원</u> … 기말재공품원가

(2) 완성품원가

100,000+260,000-60,000=300,000원 … 주요재료비

130,000+310,000-40,000=400,000원 … 가공비

300,000+400,000=<u>700,000</u> … 완성품원가

등급별종합원가계산표

품명	생산량	주요재료비			가공비			제조원가	단가
		등가계수	적수	배분	등가계수	적수	배분		
갑	300	25	7,500	90,000	20	6,000	120,000	210,000원	700원
을	200	30	6,000	72,000	25	5,000	100,000	172,000원	860원
병	500	23	11,500	138,000	18	9,000	180,000	318,000원	636원
합계	1,000	-	25,000	300,000	-	20,000	400,000	700,000원	-

《사례》 다음 자료에 의하여 등급별종합원가계산표를 작성하고, 완성품 원가를 각 제품 a/c에 대체하라. 단, 등가계수는 각 등급품의 시가에 의한다. (계산의 원미만 반올림)

<자료>

(1) 기말재공품 재고액 230,000원

(2) 각 등급품의 완성수량 1급품 800개, 2급품 1,000개, 3급품 1,000개

(3) 각 등급품의 단위시가 1급품 @2,000원, 2급품 @1,600원, 3급품 @800원

등급별종합원가계산표

품명	시가	등가계수	완성품수량	적수	등급별원가	단가
1.급품						
2.급품						
3.급품						

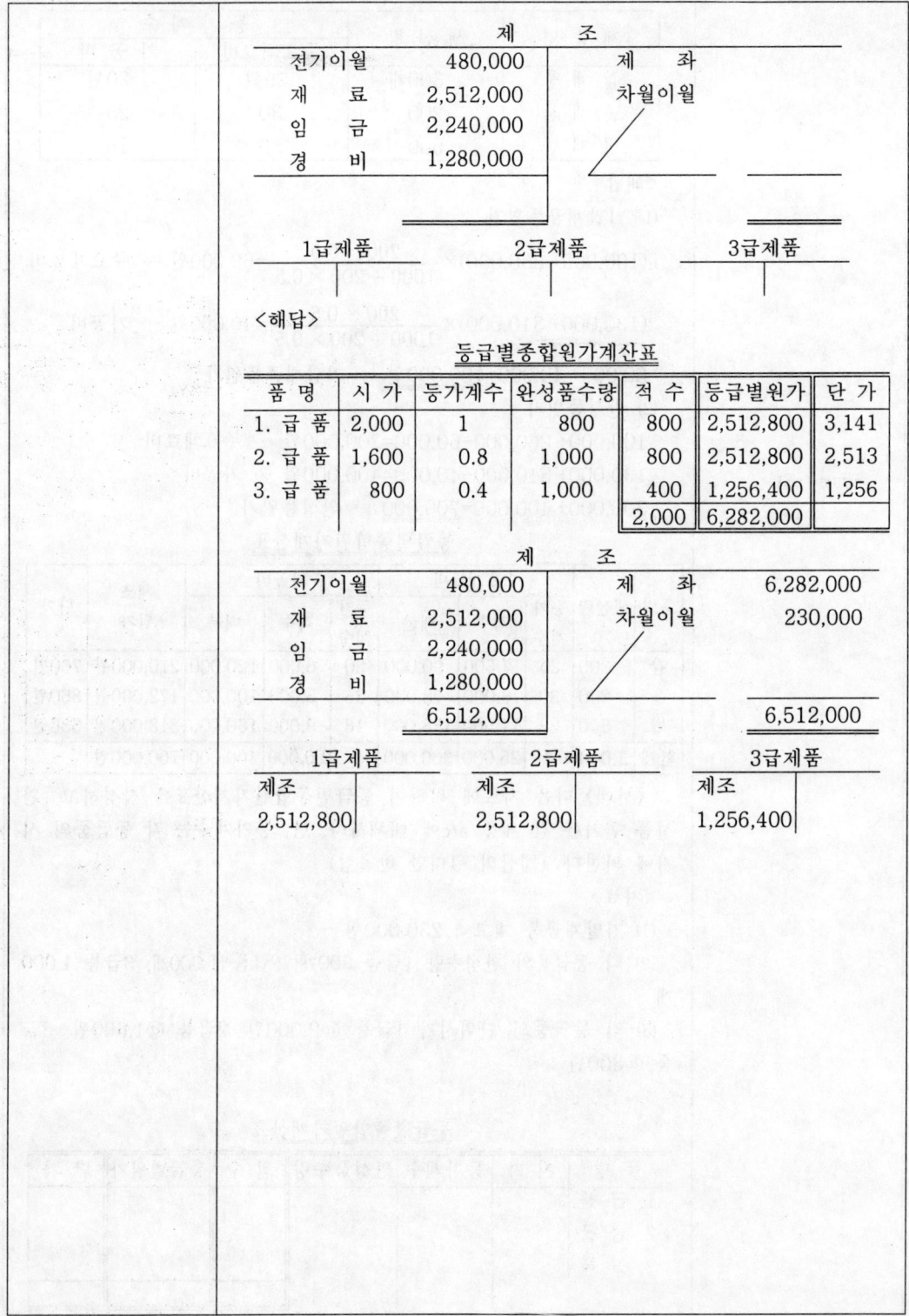

라

라이프사이클·코스트
(Life-cycle Cost)

[의의] 라이프싸이클·코스트란 어느 프로젝트의 전 기간에 걸쳐 발생하는 모든 비용을 말한다.

라 인 부 문
(라 인 部 門)
(Line Department)

[의의] 기업의 업무를 직접 담당하는 부분을 말한다.
[설명] 기능적 특질에서 보면 기간적(基幹的)·집행적(執行的)인 업무를 담당하는 부문이며, 권한적 특질에서 말한다면 포괄적인 결정과 명령의 권한을 가진 부문이다. 이것 등은 스탭부문과 대비된다.

로 열 티
(Royalty)

[의의] 로열티는 자산을 사용하여 생기는 수익의 일정비율을 지급하는 자산의 사용보수를 말한다.
[설명] 예를 들면 채굴된 석유·석탄 기타의 광석에 대하여 토지소유자에게 정기적으로 지급하는 보수라든가, 서책의 판매액 또는 출판부수에 따라 저자에게 지급되는 보수, 타인의 생산활동에서 사용되는 처리설비에 대하여 저작자가 받은 정기적인 보수 등을 로열티라고 한다.

롯트별원가계산
(롯트別原價計算)
(Lot Cost System,
Lot Order Cost System,
Job Lot Costing)

[의의] 단일한 제품에 대하여 원가를 집계산정하는 일반 개별원가계산과는 달리, 동일생산공정에서 동일 또는 동종의 제품이 연속적으로 생산되는 경우에, 그 롯트별로 원가를 집계 산정하는 원가계산방법을 롯트별 원가계산이라고 한다.
[설명] 여기에서는 개별원가계산의 절차뿐만 아니라 종합원가계산의 절차도 도입되고 있다. 특히 개별원가계산의 경우에 재고품의 평가는 미완성제품에 관한 특정의 제조지령서에 집계된 원가를 그대로 이용하면 되는데 대하여 롯트별원가계산에서는, 예를 들면 1,000개로 된 1롯트 중 300개만 완성된 경우에는 롯트별 제조지령서에 집계된 총제조비용을 종합원가계산에서와 전혀 동일한 절차에 의하여 완성품과 재공품에 안분하여야 한다.

이와 같이 개별원가계산의 절차와 종합원가계산의 절차의 양자를 병용하는 점에서, 롯트별원가계산과 조별종합원가계산의 구별은 명확하지 않으며, 미국의 문헌에서 Lot Cost System 이라고 하는 경우에 우리가 생각하는 조별종합원가계산을 뜻하는 것도 있다.

롯트의 크기는 개별생산의 주문구성이나 공장의 경제적조건으로 인하여 일종의 독립된 생산수량을 내용으로 한느 것도 있으며, 조별원가계산에서 조(組)의 개념보다 더 한정되고 있는 경우도 있다.

	이러한 경우의 롯트별원가계산은 준비시간(Set-up Time)이나 가공시간 등의 제조건을 감안할 때 조별종합원가계산과는 약간 다른 문제를 내포하고 있는 것이다. 그러나 이 경우에도 그 원가계산상의 절차는 실제로 조별종합원가계산의 경우와 그다지 다를 것이 없다.
리 베 이 트 (Rebate)	의의 상품·재료 등의 매매거래에 있어서 판매자측 기업으로부터 매입자측에 대해서 그 판매수량 또는 판매합계금액에 따라서 지급되는 영업이윤의 일부의 배부인 것으로 매출리베이트, 일부반려, 할려(割戾)라고도 부른다. 설명 리베이트는 업계 관행의 하나로서 발생하는 것으로 주류 등 일부의 특수상품의 거래에서 취하여졌던 것으로, 이것이 최근에 있어서의 각종 상품·제품이 메이커 및 총판점에 의한 판매경쟁의 격화와 함께 판매확장정책으로서 사용되고 또 일부에는 매출채권의 회수촉진 수단에도 이용되고, 그 채택분야는 광범위의 상품에 걸쳐지고 있다. 리베이트는 이들 목적에서 판매확장을 위한 누진리베이트제(상품매출액에 따라서 리베이트 지급률을 바꾸어서 누진케 하는 제도), 회수촉진 리베이트(약정기일 보다 조기회수분에 대하여 지급하는 리베이트), 가격유지 리베이트(메이커의 지정 또는 희망하는 말단매가를 유지케 하는 리베이트)등으로 구분된다.

마

마 진 (Margin)	의의 마진이라는 용어는 다음과 같은 여러 가지 뜻으로 쓰여지고 있다. ① 매출총이익(Gross Profit)을 뜻한다. ② 담보의 시장가격이 그것을 담보로 한 차입금액을 초과하는 금액을 말한다. ③ 투자가가 유가증권 또는 상품의 구입대금의 일부로서 중개업자에게 제공한 예치금 또는 선급금을 말한다. ④ 구입한 유가증권 또는 상품이 매각된 때 중개업자의 고객에 대한 잔여지분을 뜻한다. ⑤ 경우에 따라서는 한계이익(Marginal Income)을 마진이라고 한다.
매가실사법 (賣價實査法) (Selling Price Inventory Method)	의의 여러 가지 상품을 판매하고 있는 소매상품이나 백화점의 경우에는 상품의 재고관리나 기록을 모두 판매가에 의하는 것이 편리하다. 이 경우에는 매가실사법 또는 소매실사법(Retail Inventory Method)을 채택하기로 한다. 원가가 다른 여러 가지 것을 원가에 의하여 수불의 기록을 하기 어려운 것은 부문별·품목별로 분류통합하여 집계한 매매합계액에서 원가액을 역산한다. 일상의 기록을 실가로 하는 경우는 물론이고 기말의 재고단가의 결정도 매가실사액에다 원가율(1-이익률)을 곱하여 재고원가를 산정한다.
매가환원법 (賣價還元法) (Gross Profit Method)	의의 매가환원법이란 상품·제품 등의 판매를 목적으로 하는 재고자산을 보유하고 있는 경우에 그 재고액을 산정할 때, 그 매가로부터 원가를 산출하는 방법을 말한다. 설명 매가환원법을 적용하려면, 보통 재고자산의 판매예정가액(매가)으로부터 그 속에 포함된 이익률을 곱하는 방법에 의하여 그 원가를 환원시킨다. 　　차익률=(매가-취득원가)÷매가 　　원가율=취득원가÷매가 　　또는　원가율 = $\dfrac{\text{기초재고액(원가)} + \text{당기매입액(원가)}}{\text{당기매출액} + \text{기말매가재고액}}$ 재고자산이 제품인 경우에는 위의 산식에서, 당기매입액은 당기제품

제조원가가 된다.

예를 들면, 1기간중에 원가 1,000,000원의 상품을 매입하여, 이것을 매가 1,250,000원으로 결정하였다고 가정한다. 이 경우의 원가율은 1,000,000원÷1,250,000원=0.8이 된다.

이 상품이 당기중에 1,100,000원에 매출되었다면, 150,000원이 기말매가 재고액이 된다. 그리고 그 원가는 120,000원(150,000원×0.8)이 된다.

매가환원법은 기말재고액을 매가에 의하여 계산하고, 그것으로부터 원가를 역산하기 위하여 고안된 것이다. 그러나 오늘날에는 기말재고액의 계산뿐만 아니라 재고자산을 그 매가에 의하여 출입·이동·시재액 등을 관리하는 수단으로서 널리 이용되고 있다. 이 경우에는 소매가재고조사법(Retail Inventory Method)이라고 한다.

이 방법은 다음과 같은 장점이 있다.

① 실제조사를 하지 않아도 언제든지 장부상에서 그 재고액을 알 수 있어서 매매손익을 산정할 수 있다.

② 매가를 기초를 하여 각종의 판매계획·구매계획을 세우고, 보유액의 통제, 가격의 관리를 쉽게 할 수 있다.

③ 실제조사와 장부조사를 병용하여 상품의 실사 감모손이나 부족액을 알 수 있어서 상품관리에 유용한 수단이 된다.

매 몰 원 가
(埋 沒 原 價)
(Sunk Cost)

[의의] 매몰원가란 과거에 투하된 실제원가분이 어떠한 특수 사정에 직면하여 그 투하된 실제원가분을 회수할 수 없게 되었을 때 그 회수불능인 원가를 말한다.

예를 들면 주문생산에서 어떤 특정제품을 생산하기 위하여 제작한 금형은 그 제품의 주문이 끊어지면 금형원가 중 미상각분은 회수할 수 없게 된다. 이 경우 회수불능이 된 미소비부분이 매몰원가이다.

[설명] 의사결정을 하는 경우에 관계가 없는 원가를 매몰원가(Sunk Cost)라고 한다. 예를 들면 기존설비의 여력을 이용하기 위하여 어느 제품을 제조할 것인가를 결정하는 경우에, 그 설비에 대한 과거의 투자(미래의 상각비)는 전혀 고려대상이 아니다. 과거투자는 잔존분인 설비자산의 미상각액이 처분가능한 가치가 있어도 위의 의사결정에서 그 원가(상각액)는 몰수원가가 된다. 이러한 의사결정에서는 차액원가(어느 품종·품목을 제조할 것인가에 따라 발생액에 차이가 생기는 비목), 개별계획의 실시에 따라 생길 변동비 또는 현금지출원가가 배려되면 충분하다. 대체로 이미 투자된 설비의 원가액은 매몰원가이다. 그러나 매몰원가와 고정비는 동일한 것이 아니다. 어떠한 대체적인 계획안에 따라서는 고정비의 증감이 생기기도 한다. 예를 들면 증설계획에서는 설비의 상각비, 재산세, 고정적인 인건비의 증가를 감안해야 한다. 또 경우에 따라서는 반대로 변동비가 몰수원가로 되기도 한다.

예를 들면 어느 제품을 제조하기 위하여 설비를 임차할 것인가 또는 건설할 것인가의 대안에서는 제품제조에 불가결한 재료비·노무비 등의 직접비로서 변동비는 의사결정에 영향이 없으므로 매몰원가이다. 그리고 과거의 원가가 모두 매몰원가는 아니다. 회수가능한 원가는 신기계의 도입여부를 결정하는 경우에 매몰원가가 아니다.

한편 기지출의 원가가 아니라도 2개 이상의 계획안의 어느 것에도 동일한 지출이 예상되는 미래원가는 매몰원가이다.

매몰원가를 무관계의 원가(Irrelevant Costs), 기지출의 원가(Past Costs), 회수불가능한 원가(Irrecoverable Costs)등의 뜻으로 사용하고 있지만 무관계의 원가라고 생각하는 것이 가장 적절한 뜻이다.

예를 들면 기존설비로 A제품을 제조하느냐 또는 B제품으로 하느냐의 대안에서 그 설비의 상각비는 회수불가능한 원가인 경우에도 그 대안에는 무관계가 되는 것이다.

또 경제적인 회계처리과정에서 설비의 진부화가 생기면 그 장부가액을 환금가능한 가액 또는 재조달원가까지 절하하여야 할 것이다.

이 경우에도 그것은 몰수원가를 인식하는 것이라고 볼 수 있다. 이러한 몰수원가를 다음의 구체적인 예제에 의하여 검토하여 보기로 한다.

<예시> A회사는 신기계를 개발하여 판매하기로 하였다. 그러나 당기의 실적은 저조하였다. 그러므로 생산을 중지하느냐 또는 속행하느냐의 기로에 서 있다.

<자료> ① 신제품의 당기손익계산서

손익계산서

매 출 액		20,000,000원
매출원가	16,000,000	
영 업 비	2,000,000	
개발비상각	4,000,000	22,000,000원
당기순손실		2,000,000원

② 신제품의 익연도 예정매출액　　　　　25,000,000원
③ 신제품의 익연도 예정매출원가　　　　20,000,000원
④ 신제품의 익연도 예정영업비　　　　　 1,500,000원
⑤ 신제품의 익연도 생산준비비 및 개발비상각　4,000,000원

이 경우에 경영자는 다음 사항을 참작하여 판단하여야 한다. 개발비상각분은 이미 의사결정의 결과 발생한 것이다.

따라서 부득이한 원가이다. 익연도에 통제할 수 있는 원가는 매출원가와 영업비이다.

그러므로 이 의사결정에서는 개발비상각을 몰수원가로서 판단상의 자료로 하지 않으며 통제할 수 있는 원가를 문제로 하여 다음과 같이 계산하게 된다.

예정매출액		25,000,000
예정매출원가	20,0000,000	
예정영업비	1,500,000	21,500,000
예정영업이익		3,500,000

이렇게 상각하면 신기계를 생산하는 경우에 익연도의 수익은 3,500,000원이 생기고, 중지할 필요가 없다는 것이 판명된다.

[사례] B전기공업(주)는 사무자동화 기계를 개발, 신시장에 선보였다. 그러나 당기 영업실적은 기대에 어긋났다. 경영자는 이 기계의 생산을 중지할 것인가를 다음의 자료로서 검토하기 시작하였다. 생산중지·속행 중에 어떤 결정을 할까.

과 목	당 기 손 익	차연도손익추정
매 출 액	20,000,000	25,000,000
매 출 원 가	16,000,000	20,000,000
판매비·관리비	2,000,000	1,500,000
개 발 비 상 각	4,000,000	4,000,000
순 손 실	-2,000,000	-500,000

<해답>

손실이 계속 발생되므로 생산을 중단하자고 할 수 있다. 그러나 개발비상각액분은 의사결정에 따라서 매몰원가로 할 수 있으며, 판단상의 자료로서 제외한다면 다음과 같이 계산이 달라진다.

차연도손익추정

예정매출액	25,000,000
매 출 원 가	20,000,000
판매비·관리비	1,500,000
추정영업이익	3,500,000

따라서 매출은 늘어날 전망이며, 차연도 이후의 예상의 재검토한 결과 연간 35,000,000원의 매출액으로 급속히 늘어난다면 생산을 속행하는 것이 유리하다고 판단된다.

매 입
(買 入)
(Purchase)

[의의] 매입은 판매를 위한 상품 또는 제조에 소요하는 원재료·저장품 등을 구입하는 것을 말한다. 매입은 기업의 영업활동으로서 판매제조의 활동과 같이 가장 중요한 대외적 활동이다. 또 매입계정을 사용하는 것은 상품계정을 분할한 때 상품의 매입에 관한 일체의 거래사항을 기록하는 것으로서, 순매입액의 산출이 그 주된 목적이다.

매 입 가 치
(買 入 價 値)
(Purchase Price)

[의의] 부가가치에 대한 용어로 제품의 가격에서 기업이 그 생산활동에 의해 창조하고 부가한 가치를 감산한 액을 말한다. 즉, 제품의 가치 가운데 기업이 기업의 생산활동에 의해 부가한 가치 이외의 부분을 말하는 것이며, 구체적으로는 그 부분은 기업이 원재료·외주가공

	· 소모품 · 운반서비스 등의 형체로 기업 외부에서 매입한 가치로 된다. 설명 매입가치를 독일의 경제학자 슈넷트러 교수는 전급부가가치라고 부르고 있는데, 이 말에서도 분명한 것과 같이 기업이 자사의 생산활동에 들어가기 전의 과정에서 타의 기업이 생산 또는 가공한 제품·원재료를 입수하여 급부를 받는 가치를 매입가치라고 부르고 있다. 　기업이 생산활동 및 판매활동을 위해 외부에서 매입하는 것은 전부 매입가치로 들어가고, 구체적으로는 원재료 · 구입부품 · 보조재료 · 전력 · 수도 · 가스 · 소모품 등의 구입대금 및 운반운송비 · 외주가공임 · 광고선전비 · 기타의 제조 · 영업경비로 된다. ☞ 부가가치 (Value Added)
매입부분품 **(買入部分品)** (Purchased Parts)	의의 매입부분품이란 타기업으로부터 구입한 부품으로서 가공하지 않고, 그대로의 상태로서 제품 또는 반제품에 부착되는 물품을 말한다. 설명 주재료와 매입부분품과의 차이점은 전자가 가공의 대상이 되는데 대하여, 후자는 그 대상이 되지 않는다는 점에 있다. 그리고 자재부분품은 반제품에 포함되게 된다. 매입부분품의 회계상의 성질은 원재료에 준한다. (1) 매입부분품을 구입한 때 　　(차) 원　재　료　×××　　　(대) 매　입　채　무　××× 　　　　(매입부분품) (2) 매입부분품을 출고한 때 　　(차) 매입부분품　×××　　　(대) 원　재　료　××× 　　　　(직접재료비)　　　　　　　　　(구입부분품)
매입부분품비 **(買入部分品費)** (Purchased Parts Cost)	의의 다른 기업에서 구입한 부분품을 매입부분품이라 하고, 그 소비가치를 매입부분품비라고 한다. 매입부분품은 제품이나 부조립품을 제조하기 위하여 소비되고, 그것들의 실체의 일부를 구성하며, 그 재고분은 회계상 재료와 같은 성질의 것이고, 출고분은 직접재료비처럼 취급된다. 설명 부분품의 구입은 다음과 같이 구분하여 생각할 수 있다. ① 재료까지 모두 상대편에서 부담한 부분품을 구입할 경우 ② 재료를 공급하고 부분품의 외주가공을 시킨 경우 위 ①의 경우는 다른 재료나 동일한 방법으로 기입한다. 　　　　매입부분품　　　　　　직접재료비 　　→ 수입 ｜ 불출 ──────→ ××× 매입부분품은 자가제조부분품과 구별하기 위하여, 계정과목도 양자를 명료하게 구별해야 한다. 그리고 ②의 경우에는 소재를 외주공장에

공급하여 가공시킨 것을 인수하는 것이므로, 이러한 부분품은 재료대와 외주가공임 및 자사의 외주가공관련 비용의 일부로 그 원가가 구성되고 있기 때문에 다음과 같이 기입한다.

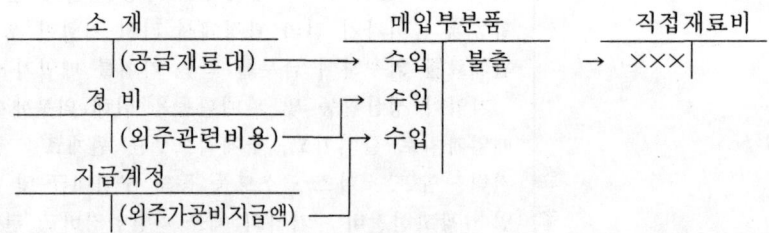

(1) 성질과 범위

재료비를 형태별분류에 따라 세분한 경우의 1과목이며, 가공하지 않고 그대로 제품에 부착하여 제품의 조성부분이 되는 매입부품의 소비에 의하여 생기는 원가를 처리하는 계정이다.

(2) 인접관련계정과의 관계

매입부품이 소비될 때마다 자산계정인 매입부품계정(대차대조표과목, 구입부분품계정 참조)에서 직접재료비인 매입부품비계정에 대체된다.

☞ **재료비** (Material Cost)

매입운임계정
(買入運賃計定)
(Fieight and Cartage on Purchase Account)

[의의] 매입운임이란 매입품을 인수할 때 소요되는 운임으로서 매입부대비의 일종이다.

이것에는 매주(買主)의 부담이 되는 것과 매주(賣主)의 부담이 되는 것이 있다. 매주부담(買主負擔)의 매입운임을 지급한 경우에는 이것을 매입계정의 차변에 기입한다.

매주부담(買主負擔)의 운임을 매주(賣主)가 지급하였기 때문에 운임을 송장가액에 가산한 경우에는 그 송장가액을 그대로 매입계정의 차변에 기입한다.

[설명] 이상은 매입운임을 매입원가에 포함시키는 경우지만, 매주부담(賣主負擔)의 매입운임은 매주(買主)가 지급하였으며 그 금액을 입체금계정의 차변에 기입한다.

매입운임에 대한 바른 기간손익계산을 하려면, 원칙적으로 매입원가를 포함시켜야 되지만, 매입운임이 자주 발생하여, 이것을 각종 매입품에 안분하는 것이 번잡한 경우에는 매입운임계정을 따로 설정한다.

이 경우에는 기말에 매입운임총액을 당기비용과 차기비용으로 배분해야 한다.

그러나 금액이 적을 경우에는 중요성의 원칙에 따라 편의상 매입운임을 영업경비로 처리하여도 된다.

매 입 원 가 (買入原價) (Purchased Price)	의의 자산 기타의 재화의 매입가액은 취득에서 사용가능한 상태에 이르기까지에 필요한 비용의 전부를 말하고, 회계상은 취득원가라고 한다. 설명 일반적인 고정자산의 취득방법인 매입의 경우에는, 매입대가에 부수적인 자본지출의 전부가 취득원가에 포함된다. 예컨대 토지를 매입한 때에는 매입대가에 중개자 수수료(복덕방비), 정지에 소요한 비용이 취득원가를 구성한다. 또 기계·기구에 대하여 보면, 매입대가에 매입수수료·운송비·설치비 등이 취득원가에 포함된다.
매 입 장 (買入帳) (Purchase Journal)	의의 상품 또는 원재료의 매입에 관한 내역명세를 발생순으로 기록하는 보조기입장이다. 설명 매입처로부터 보내온 송품장을 기장자료로 할 때 매입할 때마다 일자·매입처명·품명·수량·단가·금액·지불조건 및 인수제비용 등을 기입한다. 또 일단 매입한 상품과 원재료를 품질불량·파손 등의 이유로 매입처에 반환할 때에는 본장부에 기장하기 이전이면 송품장을 정정하여 순매입액만을 기장할 것이며, 만일 기장이후에 행해진 경우라면 매입액에서 공제하는 의미로 본장부에 주기하고 순매입액을 산출한다.
매 입 채 무 (買入債務) (Trade Debts)	의의 매입처와의 사이의 통상의 거래에 의하여 발생하는 영업상의 미지급채무에 대한 것이다. 외상매입채무라 하여도 좋고, 매입에 수반하여 부담하는 채무이며, 영업상 발생하는 전기·가스·수도료·외주가공임 등의 채무도 포함하여 생각할 수 있다. 계정과목을 가리키는 용어가 아니므로 계정과목으로서는 구체적으로 외상매입금계정이나, 지급어음계정이 그 내용으로 된다. 설명 외상매입금이나 지급어음 등의 매입채무는 하나의 자금원이다. 즉, 원재료·부품 등의 매입자가 그 매출자로부터 그것을 구입할 때, 지급의 연기는 일종의 자금원이 된다. 특히 중소규모의 상업에서는 가장 중요한 자금원이다. 외상매입금이나 지급어음 등의 매입채무는 지급의 연기이므로, 그것은 자금수요를 불필요하게 하는 것이고, 오히려 투자자금을 감소시키는 것이라는 견해도 있다. 이러한 견해에 따르면, 자금의 필요량을 운전자금과 고정자산을 위한 자금으로 구분하고, 그 중에서 운전자금은 다음과 같이 산정한다. 　　　유동자산-(외상매입금+미지급비용)=운전자금 대차대조표의 차변에 게재하는 전자산액을 투하자본이라고 하면, 그것에 대응하는 대차대조표의 대변은 모두 자금원이 된다. 또 매입채무는 리턴(Return)이 불필요한 자금원이라고 보는 견해가 있으나, 반대로 높은 자본코스트를 요구하는 것이다. 또 매입채무는 자동적으로 생기는 것이 아니고, 기업의 경영정책에 따라 제로(0)로 할 수 있고, 또

한 거액의 것으로 할 수도 있는 것이다. 예를 들면, 지급은 모두 현금으로 하고 외상매입금을 자금원으로서 이용하지 않는 기업이 자금부족의 경우에 외상매입금에 의존하기도 하는 것도 있다. 그러나 다액의 외상매입금을 이용하는 것이 보통이고, 자금이 부족되면 그 지급기간을 연장하여 자금원을 증대시킨다.

단기차입금이나 장기차입금도 일종의 지급연기이고, 매입채무가 원재료 등의 대금채무의 지급연기인데 대하여 차입금은 얻어진 자금반제의 지급연기이고 그 양자가 모두 자금원인 점에서는 다를 것이 없다. 매입채무의 이용정도는 기업에 따라 다르다. 대기업 보다는 중소기업이 더 많이 이용하고, 부채·자본에서 차지하는 매입채무의 비율이 높다. 또 제조업 보다 상업이, 친회사 보다 계열화 된 기업이 더 많이 이용한다. 대체로 자본조달 능력이 약한 기업이 강한 기업으로부터 금융의 혜택을 받고, 자본코스트가 낮은 기업으로부터 높은 기업에 자금지원을 하도록 되어 있다. 매입채무의 크기를 결정하는 것은, 원재료·부품·상품 등의 구입량과 그 지급기간이다. 이것을 다음과 같이 표현할 수 있다.

　　매입채무잔액=매입액×지급기간

매입채무중 외상매입금과 지급어음과의 평균잔액합계는 다음과 같다.

　　외상매입금·지급어음의 평균잔액=구입액×(외상매입금 평균지급기간+ 어음기간)
　　외상매입금 평균지급기간 ……… 1.36개월
　　외상매입금지급과 어음지급의 비율 ……… 52%와 48%
　　어음의 기간 ……… 3.70개월
　　외상매입금과 어음을 통산한 평균지급기간 ……… 3.14개월
　　(1.36+3.70×0.48=3.14)

외상매입금이나 지급어음 등의 매입채무가 발생하는 형태는 매매계약의 지급조건에 따라 규정된다. 이들 지급조건의 종류는 매출채권의 발생형태와 같다. 매입채무의 형태에는, 오픈·어카운트(Open Account)인 외상매입금과 지급어음으로 하는 경우가 있다. 어음을 사용하는 경우에는 단순한 외상매입금과는 달리 법률적인 구속력이 강하여 불리하다. 그러나 채권자에게는 안전한 어음을 사용함으로써 긴 지급기간으로 하면, 매입자의 자금량을 증가시키는데에 유리하다. 채권자가 은행에서 어음의 할인을 받으면, 매출자로부터 자금이 전환되어 간접적으로 은행채무가 될 수 있다. 매입채무의 자금원으로서의 특징은, 그것을 얻기 쉽다는 데에 있다. 매출자들의 경쟁이 심한 매입자 시장에서는, 매입자가 강한 입장에 서서 지급을 연기할 수 있다. 자금조달력은 약하지만, 매입자로서는 강한 입장에 있는 중소기업이나 상업에서는, 외상채무가 중요한 자금원이 될 수 있다. 매입채무의 자본

매입채무의 자본코스트	코스트는 실질적으로 높다. 매출자가 명확하게 자본코스트를 부담시키지는 않지만, 높은 자본코스트를 여러 가지 형태로 매입자에게 전가시키고 있다. 일반적으로 현금지급의 매입자보다 높은 가격으로 원자료나 부품을 판매하고 있다. 따라서 현금으로 지급하고, 그 자금을 별도로 차입하는 편이 자본코스트가 낮게 되기도 한다. 그러나 명목적 자본코스트가 제로이기 때문에 다른 자금원에 비하여 자본코스트가 낮은 것이라고 생각하는 사람이 많다. 매입채무의 자본코스트는 명목적으로는 영(0)인 경우가 많다. 형식적으로 이자의 지급은 없지만, 실질적인 자본코스트는 지급기간의 길이에 따라 다른 구입가격으로 나타난다. 지급기간 1개월에 2%씩 높이 청구되는 경우에 년간 24%의 실질적인 자본코스트이다. 또 지급기한이 60일의 것을 현금지급하여, 5%의 할인을 받는다면, 그 실질적 자본코스트는 30%이다. 5%÷60(일)×365(일)=30% 이와 같은 자본코스트를 실제로 측정하려면, 주된 구매계약을 보아 지급기한은 언제이고, 그것을 현금지급하면 얼마의 할인을 받을 수 있는가를 명확히 한다. 그리고 위와 같이 계산하면 된다. 매입채무는 매출자의 약점을 이용하여 쉽게 얻어지므로 자본코스트가 높다고 이용을 않을 수 없다. 그러나 얼마의 자본코스트가 되는가를 알고 있어야 한다. 다른 자금원보다도 자본코스트가 높으면 다른 자금원을 이용하도록 하여야 한다. 매입채무의 자본코스트는 재료비·부품비로서 계상되고, 지급이자·할인료로서 계상되는 것은 아니다. 그러므로 목표이익률의 산정에서 이중계상이 안되도록 하여야 한다. 또 그것을 추출하여 계산하기 곤란하므로 목표이익률의 계산에 매입채무의 자본코스트를 산입하지 않는다. 그러나 자금원의 선택에서 매입채무의 자본코스트를 추정하는 것은 별개의 문제이다.
매입채무 재고자산 비율 (買入債務在庫資産比率) (Trade Payable Inventory Ratio)	의의 매입채무의 액이 적정한가 아닌가를 검토하기 위해 사용되는 비율이다. 산식 매입채무대재고자산비율 = $\dfrac{\text{지급어음} + \text{외상매입금}}{\text{재고자산}} \times 100$ 설명 전부 또는 일부의 매입이, 외상매입금, 지급어음에 의하는 것이라면, 영업이 순조로운 매입채무와 재고자산의 증감은 거의 비례관계에 있다고 생각할 것이다. 따라서 이 비율이 동업타사와 비교하여 너무 높을 경우에는 매입채무의 지급지연 등의 사상이 생기고 있는 것이라고 추측된다.
매입채무회전기간	의의 매입채무를 거기에 대응하는 상품매입액이나 원재료·제품매

(買入債務回轉期間) (Trade Payable Turnover Period)	입액을 나눈 것으로 매입채무가 일회전하는데 요하는 기간을 나타내는 것이다. [설명] 매입채무란 지급어음, 외상매입금 미지급금과 같이 주요 영업활동에 의하여 외부로부터 자금조달을 하여 생긴 채무이다. 　이 자금원은 조달력이 약한 중소기업이나 상업으로서는 가장 중요한 것이다. 하지만 매입채무에 너무 의지하면 일상의 자금변통에 몰리게 되는 것이다. 매입채무에 의한 자금조달은 비교적 안이하지만, 그 반면 안정성이 부족하고, 반대로 채무내용을 악화시키는 원인으로 되는 까닭이다. 이와 같은 매입채무의 과대성을 체크하는 것이 매입채무회전기간이다. 이때 수취채권의 회전기간과 비교하여 긴 경우에는 특히 문제가 된다. 그리고 이 회전이란 것은 현재있는 것이 새로운 물건과 교체된다는 의미이고, 회전기간이란 것은 발생에서 소멸까지 그 1회전에 소요하는 기간을 나타내는 것이다. 상품매입액이나 원재료·제품매입에 대하여 매출액으로 계산하는 간편법도 있다.
매입채무회전율 **(買入債務回轉率)** (Turnove Ratio of Payables)	[의의] 매입채무로 거기에 대응하는 상품매입액이나 원재료·제품매입액을 나눈 비율로, 그 사업연도에 매입채무가 회전한 회수를 나타낸다. [산식] 매입채무회전율 = $\dfrac{\text{상품매입액, 원재료·제품매입액}}{\text{매입채무}}$ [설명] 매입채무란 지급어음이나 외상매입금과 같이 주된 영업활동에 의하여 외부로부터 자금조달한 것으로 인하여 발생한 채무이다. 이 자금원은, 조달력이 약한 중소기업이나 상점으로서 가장 중요한 것이기는 하지만, 너무 이 매입채무에 의지하게 되면 일상의 자금변통에 쫓기어서, 반대로 재무내용을 악화시키게 되는 것이다. 그리하여 이 매입채무회전율에 의하여 그 과대성을 표준비율과 대조, 첵크하고자 하는 것이다. (그때, 수취채권의 회전율과 비교하여, 낮은 경우에는 특히 문제가 된다) 그리고 이 회전이란 것은 현재에 있는 것이 새로운 물건과 교체된다는 의미이다. 예컨대 외상매입금으로서 타사로부터 도입·조달하고 있는 것은 자금이 매출대금의 회수에 의하여 지급하는 것과 동시에 상품매입이 행해지고, 재차 외상매입금이 발생하는 것이다. 회전율이란 것은, 1사업연도에 몇 회전하는가 라는 것을 나타내는 것이고, 이 매입채무의 회전율이 표준비율에 비하여 낮으면, 지급어음이나 외상매입금등이 매출액에 대하여 많은 것을 의미한다. 　그리고 상품이나 원재료·제품매입액에 대하여 매출액으로 계산하는 간편법도 있다.
매 입 할 인 **(買 入 割 引)**	[의의] 상품·원재료 등을 매입하고, 통상의 지급조건에 의해 현금에 의한 지급이 빠른 경우, 지급 앞당김에 의거한 금리부담액을 공제하는

(Purchase Discount)	것(현금할인)을 말한다. [설명] 상품·원재료 등의 매입, 대금의 지급은 통상 일정한 기간을 두고서 행하는 경우가 많지만, 이것을 자금변동의 형편에 의해 지급기일전에 현금으로 지급하는 경우, 지급기간의 앞당김에 상당하는 금리 상당액을 매입대금에서 공제하는 것이다. 예컨대 납입후 1개월이내에 지급할 것, 단 납입후 5일내에 지급하는 경우는 매가의 3%를 할인하는 것과 같은 경우가 그것이다. 그리고 일정수량 이상 매입한 경우, 일정한 비율하에 매입대가에서 공제되고 또는 에누리의 교부를 받는 것은, 이 매입할인에는 포함하지 않고 매입에누리로 된다. 매입할인은 손익계산에 있어서는 매입액의 공제항목으로 하지 않고 재무거래로서 영업외수익항목으로 계상한다. 매입할인은 회계이론상으로는 매입액에서 공제하게 되는 것이 원칙이므로 결국 매입상품의 에누리가 된다.
매출가격환원법 (賣出價格還元法) (Gross Profit Method)	[의의] 재고자산의 평가방법 중 원가법의 일종으로 재고자산을 품종별로 당해 사업연도 종료일에 있어서 판매될 예정가격에서 판매예정차익금을 공제하여 산출한 취득가액을 그 자산의 평가액으로 하는 방법을 말한다. [설명] 이 방법은 당해 사업연도에 있어서 재고자산의 판매예정가격에서 그것을 판매함으로써 생길 판매차익률(판매예정가격에서 취득가격을 공제한 차액의 판매예정가격에 대한 비율)에 의하여 환원시켜 얻은 취득가액을 그 취득가액으로 하는 방법인 것이다. 판매환원법에 의한 판매차익률에 대한 산식은 다음과 같다. $$1 - \frac{기초재고액 + 기중매입액}{매출액 + 기말매가재고액} = 매매차익률$$ 그리고 매가환원가액에 대한 산식은 다음과 같다. 매가재고액 × (1 - 매매차익률) = 매가환원가액 즉, 기말재고액을 매가환원가액으로 하는 것이다. 이러한 매가환원법은 기말재고자산의 평가를 위한 1방법이며, 계속기록법에 있어서는 적용할 수 없으며, 소규모제조공업에 있어서 원가계산을 실시하지 않고 있으므로 제품 등의 원가가 불명한 경우, 과거의 경험에 비추어서 판매가와 원가와의 비율을 추정하여, 이에서 산출된 원가로서 재고자산의 원가평가액으로 하는 경우이거나 백화점과 같은 정찰제가 실시되고 있는 기업에서 채택되고 있다.
매 출 원 가 (賣 出 原 價) (Cost of Goods Sold)	[의의] 매출액에 대응하는 상품 등의 매입원가 또는 제조원가를 말한다. [설명] 상업의 경우에는 기초상품재고액에 당기상품 매입액을 가산하고, 여기에서 기말상품재고액을 공제하여 산출하고, 제조업의 경우에

는 기초제품재고액에 당기제품제조원가를 가산하고 여기에서 기말제품재고액을 공제하여 산출한다.

그리고 당기상품매입액에 대하여는 총매입액에서 매입에누리 환출품액 등을 공제하여 산출 표시한다.

매출원가의 산출에 있어서는 기말상품 또는 재고재고액 여하가 크게 좌우하는 것에 주의해야 할 것이다.

이것은 기업규모가 커감에 따라서 거래량이 증가하고 상품 등의 종류별의 유량(流量)과 금액의 수불기록이 곤란하기 때문에 기초재고액 및 당기의 상품매입액 또는 제품제조원가는 회계기록에서 파악하고, 기말의 재고액을 결정하는 것에 의해 매출원가를 직접적으로 파악, 계산하기 위한 것이다.

따라서 기말재고액의 결정은 매출원가의 계산, 나아가서는 매출손익계산의 결과에 큰 영향을 준다.

기말재고액의 수량은 원칙으로서 실지재고에 의해 파악하고 금액의 평가는 전기와 동일의 방법을 계속하여 적용하는 것이 필요하다.

또 매출원가를 매출액과의 관계로 매출원가율을 구하는 경우가 있다.

이것은 매출액 가운데 원가에 들어가는 비율을 가르키는 것으로 비율이 낮을수록 이폭(利幅)이 크게 된다.

매출원가계산

1. 매출원가의 계산

매출원가의 계산은 재고자산의 기말평가와 밀접한 관계가 있다. 즉, 「기초재고액 = 당기순매입액(또는 당기제품제조원가) = 기말재고액 + 매출원가」의 등식에서 기말재고액이 결정되면 매출원가는 자동적으로 계산된다.

기업회계기준에 의하면 판매업에 있어서 매출원가는 기초상품재고액과 당기상품매입액의 합계액에서 기말상품재고액을 차감하는 형식으로 기재하고, 당기상품매입액은 상품의 총매입액에서 매입에누리와 환출 및 매입할인을 차감하는 형식으로 기재한다.

매출원가표시방법

2. 매출원가의 표시방법

하나의 기업이 여러 개의 업종을 영위하는 경우에 매출액 및 매출원가는 업종별로 구분하여 기재함을 원칙으로 한다.

매출원가감사
(賣出原價監査)
(Cost of Sales Auditing)

의의 매출원가란 감사대상연도에 판매된 상품 또는 제품의 원가로서 매출액에 대응한다. 기업회계기준에 의하면 상품의 경우에 매출원가는 기초상품재고액과 당기상품매입액과의 합계액에서 기말상품재고액을 공제하는 형식으로 기재하고, 제품공업의 경우의 매출원가는 기초제품재고액과 당기제품제조원가와의 합계액에서 기말제품재고액을 공제하는 형식으로 기재한다.

여기에서 매입비용은 총매입비용과 순매입비용으로 나누어지게 되는데, 그 항목으로서는 매입운임·매입제비용·매입에누리·환출품 등이 해당된다.

제조공업의 경우에는 위에서 언급한 제품원가에서 부산물과 작업폐물 등이 감사대상으로 고려되나, 특히 중요한 것은 제조원가 자체이다.

| 감사요령 | 설명 1. 매출원가 감사의 요령 |

매출원가를 감사하는 요령은 매출원가가 정확히 계상되었나와 계상기준 및 그 계속성 준수 여부를 검증하는 것이다. 매출원가의 감사는 매출액·재고액과 함께 감사를 하게 되는데, 이는 비용이므로 특히 예산과 비교·검토하여야 한다.

| 감사절차 | 2. 매출원가의 감사절차 |

매출원가의 감사절차는 다음과 같다.

① 매입액감사의 요점은 계상의 정확성과 매입제비용의 기준과 측정여부로서 계약서·주문서 부본·송품장·물품인수증 부본·검수서·청구서·영수증·입고전표의 증빙서를 일자·금액·수량·단가 등 각 요소별로 대조하고 상대편 계정과목인 매입채무·원재료·상품 등과 계산의 일치여부를 검증한다.

② 매입계정잔액의 정확성을 검증하는 경우에 환출, 매입에누리를 검토하기 위하여 반품명세서 사본, 매입에누리계산서, 영수증사본등의 증빙서를 일자·금액·수량·단가·품명 등의 각 요소별로 대조 분석하고 상대편 계정과목인 외상매입금·현금·현금등가물·단기금융상품 등과 비교·대조한다.

③ 매입액과 매입공제항목이 감사대상연도에 정확히 대응되는지 여부를 검토한다.

제조공업의 경우는 제조원가가 감사대상이 되며, 이는 제조원가보고서 항목과 같이 원재료비·노무비·경비로 구분하여 감사한다.

| 감사요점 | 3. 매출원가감사의 요점 |

매출원가감사의 요점은 원가로 계상된 금액이나 수량이 실제로 소비되었는지 여부와 간접비배부의 적합성·원가부담의 적합성 등을 검증하여야 한다.

① 원재료 소비에 대하여 원재료출고전표·청구전표·제품원단위계산표 등을 대조 검토하고, 상대편 계정과목인 원재료·보조재료와 비교·검증한다. 원가부담의 적합성을 검토하기 위하여 대상회사의 원가계산실시요령 또는 규clr을 이해하고 원재료 배부계산표와 배부기준 및 방법의 적부를 검토한다.

② 노무비에 대해서도 급료·임금지급대장·미지급계산서·제조공수표 등을 비교·검토하여 상대편계정과목인 현금·현금등가물·미지급임금 등과 비교·대조한다. 노무비배부기준과 방법을 대상회사의 원가계산요령과 비교·검토하고 노무비배부계산의 정확성을 검증

한다.

③ 제조경비는 각 과목별로 청구서·영수증 등의 증빙서를 토대로 원가계산서의 제조경비를 상대편계정과목인 현금 및 현금등가물·미지급비용·선급비용 등과 대조·검증한다. 제조경비의 배부기준 및 방법을 대상회사의 원가계산요령과 비교·검토하고 비용의 기간배분의 적정성을 검토한다.

④ 원가차액이 발생할 경우는 발생사유와 차액의 처리기준의 계속성 준수여부를 검토한다.

위의 매출원가감사는 실제로는 대단히 어렵다. 이것은 회계감사의 지식뿐만 아니라 공학적 지식까지 요구되기 때문에 원가절감과 같은 문제는 기술자의 도움을 받아야 한다. 또한 같은 품종을 생산하는 회사라 하더라도 제품원가 자체는 설비능력·기술수준에 따라 다르게 되므로 타회사의 원가자료로부터 감사인은 많은 도움을 받지 못한다.

매출원가계정 (賣出原價計定)
(Cost of Goods Sold Account, Cost of Sales Account)

[의의] 일정기간 중에 판매된 상품·제품 등에 할당된 취득원가 또는 제조원가가 매출원가이다. 매출원가계정은 매출제품의 원가를 처리하는 계정으로 차변에는 각 원가요소의 집계액이 대체기입된다. 따라서 이 계정의 차변 합계액은 당월에 매출한 제품의 총원가를 표시하는 계정이다. 이 매출제품의 총원가를 다시 월차손익계정에 대체하여 매출액과 대응시킨다.

[설명] 매출원가계정은 결산시에 중점적인 집합계정으로 매출원가 산출의 명세를 표시하는 역할을 한다.

일정기간 중에 판매된 상품·제품 등에 할당된 취득원가 또는 제조원가가 매출원가이다. 매출원가는 원칙적으로 계속기록법에 의하여 측정되어야만 하지만, 편의상 실제조사법에 의하여 간접적으로 산정되는 경우가 많다. 상품계정을 매입계정과 매출계정으로 2분할하거나 이월상품계정·매입계정·매출계정으로 3분할하면, 매출원가는 매입계정에서 매출되거나 집합손익계정에서 간접적으로 산정될 수도 있다.

결산시에 중간적 집합계정인 매출원가계정을 설정하는 방법에 의하면, 이 계정은 매출원가산출의 명세를 표시하는 역할을 한다. 즉, 전기이월액과 당기순매입액을 차변에 대체하고, 기말재고액을 대변에 기입하면, 차변잔액을 매출원가를 표시한다. 매입계정 또는 매출원가계정에서 산출한 매출원가는 손익계정 차변에 대체된다.

공업부기에서는 매출원가계정의 차변에 제품계정으로부터 당월매출제품원가를 대체한다. 그리고 매출원가계정의 차변합계를 월차손익계정의 차변에 대체기입한다. 상업에서 상품재고액을 공제하는 형식으로 매출원가를 표시하고, 제조업에서는 기초제품재고액에다 당기제품제조원가를 가산하고, 기말제품재고액을 공제하는 형식으로 매출원가를 표시한다.

매출원가예산 (賣出原價豫算) (Budget of Sales Cost)	[의의] 손익예산을 구성하는 것의 한 부분으로서 매출원가예산이 있다. 매출원가예산은 다음과 같이 작성된다. 즉, 매출액 예산에서 이 매출원가예산을 차감하여 매출총이익예산이 작성된다. [설명] 매출원가예산은 다음과 같이 계산되고, 따라서 제품시재예산과 제조원가예산에 입각하여 작성된다. 　　기초제품재고액+당기제품제조원가-기말제품재고액
매출원가율 (賣出原價率) (Rate of Cost to Selling Price)	[의의] 매출원가율은 매출원가와 매출액과의 비율이며, 매출액에 대하여 매출상품의 매입원가·제조원가가 어느 정도의 비율을 나타내고 있는지를 보기 위한 비율로, 판매총이율이란 것은 표이(表異)의 관계에 있고 매출원가율이 낮을수록 매출총이익은 높아진다. $$매출원가율 = \frac{매출원가}{순매출액} \times 100$$ [설명] 매출원가율은 판매활동·제조활동이 합리적·능률적인가, 어떤가의 지표로 사용한다. ① 상업의 경우 　매출원가=기초상품재고액+당기상품매입액-기말상품재고액 ② 공업의 경우 　매출원가=기초제품재고액+당기제품제조원가(재료비+노무비+경비)-기말제품재고액 으로 되는 것으로, 매출원가율의 분석은 그것을 구성하고 있는 요소별로 행할 필요가 있다. 매출원가율은 상업의 경우에는 주로 외부활동이기 때문에 매입량, 신용정도, 입지조건, 경쟁정도, 판매능력, 물가변동 등으로 좌우되지만, 공업의 경우에는 주로 원가관리의 양부(良否)에 의한 영향도가 크다. 따라서 총원가를 재료비, 노무비, 외주비, 경비와 각 원가부분으로 나누어서, 원가요소별로 분석에 까지 진행하여 나갈 필요가 있다.
매출원가증감분석 (賣出原價增減分析) (Analysis of Increase or Decrease to Sales Cost)	[의의] 매출원가가 전기비 증감할 때, 그 원인을 판매량·단위당 매출원가의 변화까지 거슬러 올라가 분명히 하는 분석이다. 판매원가는 판매량과 단위당 매출원가의 견적으로서, 이 같은 것을 검토하는데 따라서 매출원가가 어느 요인에 의해 증감하였는가가 해명된다. 이 분석은 매출총이익증감 분석에 대하여 사용하는 것이므로 참조하기 바란다. ☞ 매출총이익증감분석 (Analysis of Increase and Decrease 　　　　　　　　　　　　for Sales Gross Profit)
매출이익률 (賣出利益率) (Sales Profit Ratio)	[의의] 매출이익률은 별도로 총이익률이라고도 하며, 이익과 매출액의 비율이며 (매출이익-매출액×100)로 표시된다. 이것은 1단위의 매출에 의하여 얼마의 이익이 얻어지느냐는 것. 즉, 이익폭의 정도를 표시

하는 비율을 말한다.

[설명] 이 비율은 판매상품·제품 등의 구성이 변화하지 않으면 매기 대개 동일하다고 하는 것이 원칙이다. 그렇기 때문에 경제변동·판매정책·판매상품·제품의 구성 등에 변화가 없고, 이 비율이 변동하였을 때에는 각 매출에 있어서 그 원인을 확인하는 것이 필요하다.

매출이익차이분석 (賣出利益差異分析)

[의의] 매출이익차이분석은 이익관리에서는 월차손익의 예산실적차이와 그 분석의 결과를 보고하는 것에 의하여 그 기능이 이룩된다. 이 경우 특히 중요한 것은 제품종류별 매출이익차이분석이다. 한편 이것을 판매지역별·판매부문별·고객별 등으로 구분하여 하는 것으로서 예산의 관리기능은 일층 유효하게 된다. 판매이익차이분석은 판매부문 관리자의 활동을 유효적절하게 하는 것을 주목적으로 하고 있으며, 전체적인 이익계획과 유기적으로 결부되어 있다.

[설명] 매출이익차이는 판매량·판매가격·매출원가의 3원인에서 생기는 것이며, 그 차이분석은 다음과 같이 하여진다.

(1) 실제매출원가를 사용하는 경우

(실제단위판매가격-실제단위매출원가)×실제판매량=실제이익
(예정단위판매가격-예정단위매출원가)×예정판매량=예정이익
실제이익-예정이익=매출이익차이

〈차이분석〉

(예정단위판매가격-예정단위매출원가)×(실제판매량-예정판매량)=판매량차이
(실제단위판매가격-예정단위판매가격)×실제판매량=판매가격차이
(실제단위매출원가-예정단위매출원가)×실제판매량=매출원가차이

(2) 예정매출원가를 사용하는 경우

차이분석계산의 신속화를 기하고자 실제매출원가 대신으로 기초에 정한 예산상의 원가를 쓰는 경우가 많으나, 이 경우에는 매출원가차이 분석은 하여지지 않으며, 판매량과 판매가격의 양요소에 있어서만이 행하여 진다.

매출총원가 (賣出總原價)
(Gross Profit, Gross Margin, Gross Profit Margin, Gross Profit on sales)

[의의] 매출액에서 매출원가를 공제한 금액을 말한다.

[설명] 매출액은 총매출액에서 매출할인 및 매출에누리액을 공제하여 순매출액으로서 산출한다. 또 매출원가는 상업의 경우에는 상품의 기초재고액에 당기상품 매입액을 가산하고, 여기에서 상품의 기말재고액을 공제하여 산출하고, 제조업의 경우에는 제품의 기말재고액에 당기 제품 제조원가를 가산하고, 여기에서 제품의 기말재고액을 공제하여 산출한다.

매출순이익은 상품·제품의 제조판매 또는 노무의 제공이라는 기업의 직접적인 영업활동에서 발생하는 이익이고, 순이익의 근원으로 되

	는 것이므로서 그 크기는 손익계산의 결과에 큰 영향을 주고, 손익분석상 또는 관리회계상 중요한 지표로 된다. 따라서 이 이익의 절대액 및 매출액에 대한 비율을 전년 이전과 비교하고 또는 동업타사와의 비교, 그 위에 그 증감의 차이분석을 하는 것은 기업경영자나 재무제표를 이용하는 자로서 유효하다.
매출총이익 (賣出總利益) (Gross Profit on Sales)	의의 매출액에서 매출원가를 공제한 금액을 말한다. 설명 매출액은 총매출액에서 매출할인 및 매출에누리액을 공제하여 순매출액으로서 산출한다. 또 매출원가는 상업의 경우에는 상품의 기초재고액에 당기 상품 매입액을 가산하고, 여기에서 상품의 기말재고액을 공제하여 산출하고, 제조업의 경우에는 제품의 기말재고액에 당기제품 제조원가를 가산하고 여기에서 제품의 기말재고액을 공제하여 산출한다. 　매출순이익은 상품·제품의 제조판매 또는 노무의 제공이라는 기업의 직접적인 영업활동에서 발생하는 이익이고, 순이익의 근원으로 되는 것이므로서 그 크기는 손익계산의 결과에 큰 영향을 주고, 손익분석상 또는 관리회계상 중요한 지표로 된다. 따라서 이 이익의 절대액 및 매출액에 대한 비율을 전년 이전과 비교하고 또는 동업타사와의 비교, 그 위에 그 증감의 차이분석을 하는 것은 기업경영자나 재무제표를 이용하는 자로서 유효하다.
매출총이익증감분석 (賣出總利益增減分析) (Analysis of Increase and Decrease for Sales Gross Profit)	의의 매출총이익(매출액-매출원가)이 전기비증감(前期比增減)할 때 그 원인을 매출액(판매량×판매가격)·매출원가(판매량×단위당 매출원가)의 증감으로 거슬러 올라가서 분명히 하는 분석이다. 설명 매출총이익, 매출액, 매출원가등을 해명하는데 따라서 매출총이익의 증감이 무엇에 의하여 가져오게 되었는가를 알게 된다. 　매출액의 증감은 　① 판매량의 증감에 의한 매출액 증감(가격변화 없는 경우의 당기매출액-현실의 전기매출액) 　② 판매가격의 등락에 의한 매출액 증감(현실의 당기매출액-가격변화 없는 경우의 당기매출액)으로 분리된다. 　또 매출원가의 증감은 　① 판매량의 증감에 의한 매출가증감(가격변화 없고 단위당 매출원가에 변화없는 경우의 당기매출원가-현실의 전기매출원가) 　② 단위당매출원가의 변화에 의한 매출원가 증가(현실의 당기매출원가-가격변화 없고 단위당 매출원가에 변화가 없는 경우의 당기매출원가)으로 나누어진다. 　따라서 위의 각 증감 요인을 분석하는데 따라서 매출총이익의 증감 요인이 해명되게 되는 것이다.

매출총이익증감표 (賣出總利益增減表) (Card of Increase and Decrese for Sales Profit)	[의의] 매출총이익이 전기에 비하여 증감하는 때, 그 원인을 판매량·판매가격·단위당매출원가 등의 변화로까지 추적하여 분석하는 표이다. [설명] 일반적으로 다음의 표가 사용되는데, 단위당 매출원가로 바꾸어서 매출원가율을 사용한 표도 있다.

(1) 당기매출액 증감			
① 판매량의 증감에 의한 매출액의 증감			
가격변화가 없는 경우의 당기매출액	00.000		
현실의 당기매출액	<u>00.000</u>	000	
② 판매가격의 등락에 의한 매출액증감			
현실의 당기매출액	00.000		
가격변호 없는 경우의 당기매출액	<u>00.000</u>	000	000
(2) 당기매출원가증감			
① 판매량의 증감에 의한 매출원가의 증감			
가격변화없고 단위당 매출원가에 변화 없는 경우의 당기매출원가	00.000		
현실의 전기매출원가	00.000		
② 단위당 매출원가의 변화에 의한 매출원가의 증감			
현실의 당기매출원가	00.000		
가격변화 없고 단위당 매출원가에 변화없는 경우의 당기매출원가	00.000		
(3) 매출총이익증감			

모티베이션회계
(모티베이션會計)
(Motivation Accounting)
	[의의] 관리회계의 인간적인 측면에서 모티베이션의 문제가 있다. 모티베이션은 1955년도의 미국회계학회의 "원가개념 및 기준위원회"에 의하여 커뮤니케이션·어프레이절(Communication Appraisal)과 더불어 콘트롤(Control)을 위한 원가개념으로서 거론되었다. 즉, 계획된 목표를 달성하려는 집행활동의 담당자에게 자극을 주는데 도티베이션이 기능을 한다.
	[설명] 모티베이션은 원가계산에 의한 원가관리 뿐만 아니라 예산제도에서도 기능하며, 경영관리시스템 중에서 기능하여야 하는 것이다.
	  회계에서 구체적으로 모티베이션을 포섭할 수 있게 되려면, 어떠한 것이 필요한가를 열거하여 보면 다음과 같다.
	  ① 원가·수익·이익에 관한 특정인의 책임이 명확히 되어 있어야 한다.
	  ② 특히 동기가 주어질 수 있는 회계상의 측정방법이 고려되어야 하며, 바람직한 모티베이션에 합치된 측정방법이 선택되어야 한다. 이

점에 관하여는, 고정비와 변동비의 구분, 고정비의 발생양태의 구분, 관리가능비와 관리불능비의 구분 등이 중요하다. 그리고 바른 업적측정방법이 강구되어야 한다.

③ 특정인의 책임을 회계상 측정하는 것과, 이것에 관한 보고가 유기적인 관련을 유지하여야 한다.

④ 회계기록이 정확하게 작성되어져야 한다.

⑤ 예산과 표준을 설정할 때에 집행부문의 참여가 필요하다.

목적비용 (目的費用) (Object Expense)

[의의] 기간손익계산상 비용으로서 계산되는 비목 또는 요소금액이 원가계산상에서도 원가로서 계산되는 경우에, 이 같은 것을 기간손익계산의 입장에서 목적비용이라 하고, 원가계산의 입장에서는 기초원가라고 한다.

[설명] 비용도 기업활동을 위한 가치의 소모 또는 희생이고, 이 점에서는 원가와 다를 것이 없다. 그러나 비용은 기간수익에 대응되는 기간비용으로서 인식·측정되는 데에 반하여 원가는 재화의 생산·판매를 위한 가치의 소모희생을 급부(Output)에 관련시켜서 인식·측정되므로 모든 비용이 원가로서 계산되는 것은 아니다. 예를 들면 매출원가는 판매된 제품 또는 상품을 위한 비용이면서 동시에 그 급부를 위한 원가이다. 그러나 영업비는 기간적으로 파악되는 비용이며, 직접 판매되는 제품의 제조원가는 아니다. 원가로서 비용이 아닌 것을 부가원가(Imputed Cost)라 하며, 반대로 비용이면서 원가가 아닌 것을 중성비용이라고 한다. 그리고 목적비용은 재화의 생산·판매라는 경영목적을 위한 비용이라고 할 것이다.

목표이익률 (目標利益率) (Target Rate, Target Profit Rate)

[의의] 이익을 목적의식적으로, 그리고 계획적으로 달성하려면 전체적인 경영활동의 목표로서 이익률이 설정되어야 한다. 이 경우에 목표이익률의 척도로서는 다음의 여러 가지 것들이 있다.

① 총자본이익률 : 총자본이익률은 이자 및 세금공제전의 이익을 총자본으로 나눈 것이다.

② 총자본순이익률 : 총자본순이익률은 경상순이익(이자공제후, 세금공제전 이익)을 총자본으로 나눈 것이다.

③ 자기자본순이익률 : 자기자본순이익률은 순이익(세금공제전의 경상순이익 또는 세금공제후의 당기순이익)을 자기자본으로 나눈 것이다.

④ 매출총이익률 : 매출총이익률은 영업이익을 매출액으로 나눈 것이다.

이상의 여러 가지 이익률 중에서 총자본이익률을 목표이익률로서 가장 많이 이용한다. 왜냐하면 그것이 가장 총괄적인 척도이기 때문이다. 총자본순이익률은 분자와 분모가 대응된 것이 되지 못한다. 자기자본순이익률은 분자와 분모가 대응되고는 있다. 그러나 이것은 자기자본에 대한 보상(Return)만을 표시하는데 불과하며 부분적인 비율인 것이다. 이러한 뜻에서 매출총이익률도 부분적인 비율이다. 왜냐하면 자본의 회전율이 고려되지 못하였기 때문이다.

[산식] 이상과 같이 생각하면 목표이익률의 구조는 다음과 같이 될 것이다.

$$목표이익률 = \frac{부채에\ 대한\ 이자}{부채} \times \frac{부채}{총자본} + \frac{순이익}{자기자본} \times \frac{자기자본}{총자본}$$

$$= \frac{외상채권금리 + 지급이자 - 받을어음 \cdot 할인료}{외상매입금 + 차입금 + 사채}$$

$$\times \frac{외상매입금 + 차입금 + 사채}{총자본}$$

$$+ \frac{배당금 + 유보이익 + 세금}{자기자본} \times \frac{자기자본}{총자본}$$

[설명] 외상매출금에 대한 금리는 원가 속에 포함되고, 구체적으로는 원재료비나 부분품비가 되고 있을 것이다. 이것은 현금매입을 하면 현금할인을 받을 수 있는 금액에 의하여 측정된다. 그러나 그것을 측정하기 어려울 때는 분자와 분모에서 이것을 제거한다. 받을어음 할인료를 지급이자에서 공제한 것은, 할인되어 은행에 있는 받을어음은 자산에 계상되지 않으므로 분자와 분모를 대응시키기 위함이다. 그리고 순이익은 다음과 같이 정리할 수 있다.

$$순이익 = 배당금 + 유보이익 + 세금 = 배당금 + 유보이익 + 순이익 \times 세율$$

$$\therefore 순이익 = (배당금 + 유보이익)\frac{1}{1-세율}$$

배당금은 자본금에 대하여 일정한 비율이라고 생각하는 것이 합리적이다. 그리고 유보이익을 이자·배당금에 대한 여유율이라고 보면, 총자본에 대한 비율로 표시 될 수 있다.

$$목표이익율 K = \frac{지급이자 - 받을어음 \cdot 할인료}{차입금 \cdot 사채} \times \frac{차입금 \cdot 사채}{총자본}$$

$$+ (배당율 \times \frac{자본금}{총자본} + \frac{유보이익}{총자본}) \times \frac{1}{1-세율}$$

다음에는 각 자금원의 욕구수준의 구성을 다음과 같이 결정한다.

각자금 공급자의 기회원가 → 자금원의 욕구수준(시가에 의함) ─┐
세금·발행비용 등의 외적조건 ─────────────── ├ 총자본에 대한 이익의 욕구수준
경영자의 위험에 대한 배려 ──────────────── ┘

각 자금원의 욕구수준은 다른 투자를 하면 얻을 이익인 기회원가(Opportunity Cost)에 의하여 형성된다. 이 기회원가는 시장가격을 기초로 하여 형성된다. 부채는 시장가격과 장부가액의 차이가 없는 것이 보통이지만, 주식은 시장가격과 장부가액과의 차이가 있다. 주주의

욕구수준은 시가에 대한 투자이익률로서 형성된다.

$$\frac{\text{장래의 예상배당}}{\text{현재의 주가}} = \text{주주의 투자이익률}$$

$$\frac{\text{현재의 배당}}{\text{현재의 주가}} + \text{배당증가율} = \text{주주의 투자이익률}$$

여기에서 배당의 증가는 액면할당에 의하는 경우에는 더 복잡한 모델에 의한다.

$$P_0 N_0 = \sum_{i=1}^{r} \frac{D_t N_t}{(1+K)^t} = \sum_{r=1}^{r} \frac{G_1 M_1}{(1-K)^t} + \frac{P_r N_r}{(1-K)^t}$$

P……주가 N……주식수 M……증자주식수(첨자는 연차표시)
K……주주의 투자이익률 T……예측되는 수고

이것에 의하여 주주의 투자이익률이 표현되고, 이 경우에 기업측의 자금코스트는 자본금에 대하여 배당률만이 아니고, 세금 및 발행비용도 부담해야 한다. 발행비용을 무시하면 다음과 같다.

$$\frac{\text{배당금}}{\text{자본금}} \times \frac{1}{1-\text{세율}} = \text{기업의 자금코스트}$$

이와 같이 자금원의 욕구수준과 기업의 목표이익률과의 사이에는 시가에 대한 비율을 장부가액에 대한 비율로 고치고 또 세금을 가산하여 투자이자율을 발행이자율로 고쳐야 한다. 유보이익은 주로 위험에 대한 여유율로서 경영자가 요구하는 것이다. 그것은 이자나 배당금 지급을 확실히 하기 위한 것이다. 이익유보의 크기는 이익변동이 심한 기업일 수록 높고, 반대로 그 변동이 적을 수록 낮다. 이자・배당금에 대한 안정여유의 크기는 총자본이익률의 표준편차에 대한 1배 또는 0.5배라고 본다. 이렇게 되면 지급불능의 확률은 15% 또는 30% 이하가 된다.

자기자본의 자금코스트를 위에서처럼 배당금과 유보이익으로 구분하지 않고, 자기자본순이익률로 하여 본다. 그리고 자사의 과거실적이나 타회사의 실적을 그 기회원가라고 생각한다. 즉, 다른 투자를 하였을 때 얻어질 이익을 그 욕구수준으로 한다. 또 현재의 주가를 유지하는 데에 충분한 자기자본순이익률을 욕구수준으로 한다. 이렇게 생각하면, 배당의 목표는, 그와 같은 자기자본순이익률에다 타당하다고 보이는 일정한 배당성향을 곱하여 산정한다. 따라서 배당의 목표는 자기자본순이익률의 목표에 종속되는 것이다. 또 배당과 유보이익과의 구분은, 단순한 분배의 문제가 된다. 자기자본순이익률의 목표를 현재주가의 유지라고 보고, 이것을 모델로 표시하면 다음과 같다.

$$P_0 = \frac{D_0}{k-g} = \frac{A(1-b)}{k-g}$$

P_0……현금의 주가 A……자기자본액 D_0……현금의 배당 r……자기자

본순이익률 b……내부유보의 비율(세금은 무시한다) k……주주가 기대하는 투자이익률

만일, 배당의 성장률 g가 g=br이라면, 위의 산식은 다음과 같이 된다.

$$P_0 = \frac{Ar(1-b)}{k-br}$$

왜냐하면, 제1년의 이익을 Ar로 하는 경우에, 다음연도의 이익은 내부유보가 얻은 이익이 가산되어 얻는 이익이 가산되어, Ar+Ar·b·r이 된다. 그러므로 이익의 증가율은 br이 된다. 그리고 배당성향 (1-b)이 동일하다면, 배당도 매년 br의 비율로 증가되어 간다. 그러므로 위에서 본 바와같이 주가가 결정된다.

$$r = \frac{P_0 k}{A_r(P_0-A)_b}$$

이 r는 자기자본에 대한 목표이익률이고, 우변의 변수치가 모두 결정되면 r의 값도 결정된다.

무작업시간 (無作業時間) (Idle Time)

[의의] 무작업시간은 부동시간 또는 유휴시간이라고도 한다. 무작업시간의 내용은 관리에 기인되는 무작업시간과 인간에 기인되는 무작업시간으로 구분된다. 관리에 기인되는 무작업시간은 표준작업을 바르게 설정하여 사람·설비·재료를 바르게 사용함으로써 그 대부분을 제거할 수 있다.

[설명] 무작업시간의 원인은 작업으로 인한 대기시간과 장해로 인한 대기시간으로 분석된다.

사람에 의한 무작업시간은 다음과 같은 내용으로 되어 있다.

① 회복시간 : 이것은 작업자의 피로회복에 필요한 시간이며, 작업으로 인한 대기시간을 이것에 전용하는 경우가 많다. 그러나 오전과 오후에 특별히 회복시간을 설정하는 것이 일반적이다.

② 기타의 무작업시간 : 이것은 작업착수가 지연되거나 이유없이 작업장에서 이탈하거나 또는 작업의 종료가 너무 빠르거나 하는 경우에 생기며, 대부분은 작업자가 피할 수 있는 것이다.

작업시간의 임금은 정상적인 이유에 의한 것은 간접노무비로 하고, 이상한 원인에 의한 것은 원가외로 한다.

무 평 가 법 (無評價法) (Non Valuation Method)

[의의] 재공품원가를 계산하는 경우에 기말에 현존하는 재공품의 재고액을 고려하는 경우와 무시하는 경우가 있다. 후자의 경우를 무평가법이라고 한다. 즉, 기말재공품의 수량이 매기 거의 동등한 때 종합원가계산상, 이것을 무시하고 당기제조비용을 가산하여 완성품의 종합원가로 하는 방법이다. 그러므로 제1회의 계산시에 완성품의 단위원가는

	그만큼 높아지지만, 제2회 이상의 계산에서는 전기로부터 이월된 재공품의 재고액과 차기로 이월될 재공품의 재고액은 실제로 거의 동등하므로 계속적으로 이 방법을 채택하면, 완성품원가의 산정에 큰 영향은 없다. [설명] 그러므로 이 방법은 다음과 같은 경우에 이용된다. ① 기말재공품의 수량이 매기 거의 같고, 그 가격에도 큰 변화가 없는 경우 ② 재공품이 있어도 근소한 경우 ③ 재공품의 원가가 그 기간의 완성품원가의 계산에 큰 영향이 없는 경우 ④ 장치공업에서처럼 재공품의 수량을 정확히 사정할 수 없는 경우 등 따라서 이 방법은 원가계산을 간략화 하고, 재공품의 가치를 무가치한 것으로 하여 부외자산(비밀적립금)을 마련하게 되어 기업의 재정기초를 강화한다. 그리고 회계원칙상의 보수주의의 입장에서 적합하며, 자금의 고정화를 방지하고, 그 만큼 자금효율을 높이며, 자금조작의 여유가 있게 된다. 그러나 반면에, 원가계산을 현실적으로 부정확하게 하며, 계절적 또는 경기변동에 의한 각 기말재공품의 재고액이 현저히 변동하는 경우에는 채택될 수 없는 방법이다. ☞ 재공품평가 (Valuation of Work in Process)
물량표준 (物量標準) (Physical Standard)	[의의] 물량표준이란 재료소비량・노동시간・기계시간・경비소비량 등에 관한 표준을 말한다. [설명] 물량표준도 가격표준처럼 단일하게 사용되는 것이 아니며, 원가표준을 결정하는 하나의 요소(원가표준=가격표준×물량표준)가 된다. 그리고 원가에도 실제원가・표준원가 등이 있으므로, 어떠한 원가에도 적용될 수 있는 것이다. 그러나 보통 물량표준이라고 하는 경우에는 표준원가에서의 물량표준을 말한다. 이러한 의미의 물량표준만이 원가의 물량적 측면에서의 규범숫자를 표시하는 것이고, 따라서 능률측정의 척도로서 또는 비교기준으로서 완전한 지표가 될 수 있기 때문이다. 물량표준을 설정하는 방법에는 당좌표준적인 것과 기준표준적인 방법이 있다. 또 이론적, 이상적, 정상적인 표준설정의 방법도 있고, 달성가능한 표준설정의 방법도 있다. 그러나 원가관리의 목적에 가장 유효한 물량표준은 실시표준적인 물량의 지표가 되는 것이라야 한다. 이러한 물량표준에 의하여 실천적으로 허용될 수 없는 재료의 과용, 아이들 타임(Idle Time), 아이들・머신・타임이나 경비의 낭비를 검토하는 기초가 될 수 있기 때문이다.

미가동자산 **(未稼動資産)** (Inperative Assets)	의의 건설중이기 때문에 아직 생산에 사용되고 있지 않는 고정자산(주로 유형자산)을 말한다. 그리고 기술적으로 공사를 완료하여 즉시 가동할 수 있는 자산이라 하여도 조업단축 기타의 생산에 종사하고 있지 않는 자산을 포함한다. 설명 유휴자산은 한번 가동한 후에 생산규모의 축소 기타의 이유로 가동하지 않게된 자산이라고 생각하고, 미가동자산은 아직 생산에 참가하지 않은 자산이라고 생각하게 된다. 미가동자산은 감가상각의 대상으로 되지 않지만 유휴자산 중의 장래 재차사업의 용에 제공할 가능성이 있는 것에 대하여는 감가상각을 행할 수가 있다.
미 래 원 가 **(未 來 原 價)** (Future Cost)	의의 미래원가란 장래에 발생할 것으로 예상되는 원가를 말한다. 미래원가에는 원가계산제도에서 문제가 되는 표준원가와 예상원가가 포함되며, 기업의 경제활동을 기초로 하여 산정되는 원가이다. 이와 같이 예측과 추정치를 사용하여 원가를 계산하는 것도 특수한 원가계산과 원가정보를 만들어내는 데에는 필요한 것이다. 여러 가지의 대체안(代替案)을 선택계산하는 것은 장래에 대한 제안을 목표로 할 것이므로 어떤 대체안을 선택한 경우에 원가가 될 것인가를 알아야 한다. 이러한 원가는 예측과 추정으로 알 수 있는 것이므로 과거원가와는 대조적인 것이다. 따라서 특수원가는 전부가 미래원가라고 말할 수 있다. 그러나 여기서는 개별계획을 설정하는 때에 계산의 대상으로 되는 원가항목을 평가하는 기준으로 되는 중심적인 원가개념이 미래원가라고 협의로 해석하고 있기 때문에 자산을 환치할 때에 원가가 얼마 소요된다는 총칙에 의하여 자산가액을 평가하는 때에 발생하는 환치원가 또는 소요하는 자원을 여러 가지의 대체적(代替的)인 용도중 1개월 목적에 이용하므로서 개념하여야 할 기타 대체적인 용도에서 획득되는 수익과 이용의 추정액으로서의 기회원가 또는 손익계산상으로는 비용은 아니나 원가계산에서는 원가로 취급되는 부가원가(자기자본이자와 자기소유물의 집세 자기소유토지의 지대)등이 미래원가의 중심적인 원가개념으로 된다. 설명 미래원가는 모든 장래원가를 총칭하는 개념이다. ① 경영계획을 설정할 때 문제가 되는 각 대체안에서 실제로 발생될 것으로 보이는 원가가 계산되어야 한다. 이 경우에는 추정원가가 가장 많이 이용될 것이지만, 이것도 반드시 비과학적인 것은 아니다. 때로는 확률분포에서 유도된 통계적 확률치를 사용하기도 한다. 또 계획의 성격에 따라 차액원가・기회원가・부가원가 등의 각종 미래원가가 확정된다. 다만, 예산에 편입되는 예산원가로서의 미래원가는, 일반적으로 총액적인 것이라야 된다. ② 원가관리를 위하여 이용되는 미래원가는 예산원가를 포함하여

각종 규범성의 것이 있다. 예산원가는 그 중에서도 다른 원가에 비하여 엄격한 것이 아니며, 일반적으로 추정원가가 사용된다. 그러나 표준원가는 강한 규범력이 있으며, 특히 이상표준원가·정상표준원가·현실적표준원가 등에서는 현실적표준원가가 추정원가에 가깝다. 각종의 미래원가는 여러 가지 원가계산 목적에 이용된다. 그리고 표준원가와 예산원가 등은 경상적인 원가계산제도 속에 유기적으로 편입되어진다.

미국회계학회의 원가개념 및 기준위원회(AAA, Report of Committee on Cost Concepts and Standards, Accounting Review, April 1952)에 따르면, 미래원가란 장래 발생되리라고 예기되는 원가(Future Costs are Costs Expected to be Incurred at a Later date)라고 한다. 이러한 미래원가를 구체적으로 적용례에 의하여 검토하여 보면 다음과 같다.

《사례》 1. 양공장은 각기 생산량 54,000개이고, 조업도는 85%이다.

2. 제품 1개당 제조원가 비교표는 다음과 같다.

구 분	A공장	B공장
변동비	360	350
재 료 비	150	150
노 무 비	130	120
경 비	80	80
고정비	470	500
노 무 비	150	150
감가상각비		
건 물	110	110
기 계 장 치	0	50
경 비	210	190
합 계	830	850

3. 양공장은 동 형식의 기계장치를 사용하고 있다. A공장에서 사용하고 있는 기계장치는, 이미 상각이 끝난 뒤이므로 감가상각을 하지 않는다.

4. 양공장에서 사용하고 있는 기계장치의 추정가격(시가)과 그것에 따른 감가상각액은 다음과 같다.

　시장가격 ··· 15,000,000원
　감가상각액(내용연수 5년, 정액법) ············ 2,700,000원
　1개당 감가상각액(생산수량 54,000개) ······ 50원

5. A공장의 경비중에는 기계장치의 수선비 10원(1개당)이 포함되고 있다.

양공장의 생산비율이 적정한지를 검토하여 본다. B공장의 제조원가는 A공장의 제조원가 보다 1개당 20원이 높다. 이 제조원가표만으로

는, B공장의 생산능률이 더 낮은 것으로 보인다. 그러나 재무회계상의 기록으로 생산능률을 보는 것은 위험한 일이다. A공장 기계장치는, 이미 상각되어 감가상각비를 계상하지 않는다. 그러므로 고물기계를 사용하면서 신기계를 사용하고 있는 B공장 보다도, B공장 감가상각비용만큼 제조원가가 낮아지게 된다. 따라서 양공장의 생산능률을 비교하려면 양공장의 기계장치를 추정가격(시가)에 의하여 감가상각비를 계산하여 비교해야 한다. 이렇게 하여 양공장의 적정한 제조원가를 산출한다.

이것이 대치원가이며, 미래원가이다. 그리고 A공장은 고물기계를 사용하고 있기 때문에 수선비가 1개당 10원이나 발생하고 있다. 이 비용은 A공장의 제조원가로부터 공제하여 비교해야 한다. 그러므로 다음과 같이 비교된다.

구 분		A공장	B공장
변동비		360	350
	재 료 비	150	150
	노 무 비	130	120
	경 비	80	80
고정비		510	500
	노 무 비	150	150
	감가상각비		
	건 물	110	110
	기 계 장 치	50	50
	경 비	200	190
합 계		870	850

이와 같이 사태는 역전되어 생산능률면에서 B공장이 더 양호한 것으로 판명된다.

미 분 비
(微 分 費)
(Marginal Cost)

의의 미분비는 단위당의 차액비용이라고 한다. 차액비용은 성청비(成聽費)라고도 하며, 그것은 상이한 2개의 조업도간의 총비용의 차액으로서 일정한 종업도폭의 비용증분이고, 이 차액비를 두 조업도폭을 표시하는 생산수량으로 할당하면 미분비가 산정된다. 그러므로 각생산성층에서의 평균비가 된다.

이와 같이 측정된 미분비는 1단위의 추가생산에 따르는 추가비용이며, 생산요소의 한계적 이용에 따른 생산효율을 가치적으로 표시하는 한계비와는 달리, 현실적으로 산정가능하다는 장점이 있다.

성층비로서의 한계비는 독일의 비용이론에서 문제가 된 것이며, 비례비에 의한 비용분해나 일반적인 가격정책, 그리고 차별가격정책이라는 특수한 가격정책의 기초로서 중시되어 왔다.

설명 그러나 이와 같이 미분비는 각 생산성층의 평균비이므로 엄밀한 의미에서 생산성층폭의 대소에 관계없이 조업도 변화에 따른 하나의 연속적인 미분비곡선으로 표시할 수 없다.

　그러므로 비용론상 생산성층을 극한으로 좁혀서 미분비를 급부 1단위의 추가생산을 하는데 필요한 추가적비용이라는 한계비개념으로 대체하면, 하나의 연속된 한계비곡선을 구할 수 있고, 이것을 사용하여 여러 종류의 분석을 하는데 이용하게 된다.

　한계비는 총비용의 조업변동에 대한 변화에서 유도된 제2차적인 비용개념이고, 수학적 총비용관계의 제1차 도함수(導函數)로서 예측할 수 있다. 이것은 또 총변동비곡선의 제1차 도함수이기도 하다.

　왜냐하면, 총비용과 총변동비는 함수로서는 고정비부분만 상이한 것이고, 그 고정비 부분은 불변부분이므로 미분하면 소멸되기 때문이다.

　이 한계비곡선은, 총비용곡선의 증가분이 바로 한계비에 해당되므로 총비용곡선의 변곡점(變曲點)에 도달할 때까지는 우선 하강하게 된다. 이 변곡점 보다 조업도가 높아지면, 한계비는 체증된다. 이러한 한계비개념의 이용범위는 매우 광범하고, 한계비와 한계수익이 등고가 되는 조업도는 기업으로서 가장 유리한 상태이며, 평균비용곡선과의 관계에서는 평균비용 최소의 점에서 교차되고, 이것은 최적조업도를 결정한다. 또 평균변동비곡선과의 교점은 최저조업도를 결정한다.

미성공사지출금 (未成工事支出金) (Cost Accrued on Construction Contract)

[의의] 미성공사지출금은 건설업에 있어서 인도를 완성하지 않은 공사에 대한 공사를 처리하는 계정을 말한다. 제조업의 미완성품계정에 상당하는 것이다. 공사진행기준이 적용되는 경우, 당해 기간에 할당된 공사수익에 대응하는 원가는 미완성공사지출금에서 완성공사원가에 대체한다.

미 완 성 품 (未 完 成 品) (Work in Process)

[의의] 미완성품은 일정시점에 있어서, 보통 제품의 생산 때문에 현재 가공중 또는 제조중에 있는 물품을 말한다. 때로는 물품은 아니고, 가공중의 용역을 말하는 경우도 있다.

[설명] 어느 것이나 생산공정에서 벗어나서 저장·매각되지 않는 것으로서, 이 점이 반제품과 다르다. 기말미완성품원가는 개별원가계산에서 미완성품에 포함되는 주요재료비 및 가공비를 개별로 계산하여 얻어지지만, 종합원가계산에서 진행도를 견적하여 완성품에 환산한 재료비·노무비·경비의 합계액을 가하여, 그 수량으로 나누어서 단가를 계산한다. 미완성품의 수량이 매기에 상등할 때에는 완성품에서 환산을 무시하여 생략할 수도 있다.

미완성품원장 (未完成品元帳) (Work in Process Ledger,

[의의] 미완성품원장이란 미완성품의 작업진행정도를 기록하는 장부를 말한다.

[설명] 미완성품원장에는 다음과 같은 것을 기록한다.
① 전의 부문 또는 전기부터 수입한 생산물의 수량 및 가격

Goods in Process Ledger)	② 그 부문의 작업을 끝내고 다음 부문 또는 차기에 인도한 생산물의 수량 및 가격 ③ 위의 ①과 ②보다 그 부문 또는 당기(원가계산기간)의 작업중에 있는 미완성품의 수량 및 가격 　미완성품원장은 보통 개별원가계산에 있어서 원가계산표 중 제품이 되어 기입이 된 것 이외의 것을 모아서 만들어진다.
미완성품평가 **(未完成品評價)** (Valuation of Work in Process, Valuation of Uncompleted Goods)	설명 종합원가계산에 있어서 미완성품의 평가방법은 다음과 같이 나누어진다. 　(1) 무평가법 … 매기 미완성품의 수량이 동액 또는 대략 같으면 무시할 수 있다. 　(2) 부분원가평가법 … 원재료비·노무비·경비 중의 일부 비용을 나눈 다른 비용으로 평가하는 방법이다. 　　① 원재료비평가법 … 원가계산기간의 원재료비를 완성품과 미완성품의 제품환산량으로 나누어 단위당의 원재료비를 구하며, 제품환산량을 곱하여 평가액을 구한다. 　　② 노무비평가법 … 원재료비 대신에 노무비를 쓴다. 　　③ 직접비평가법 … 원재료비·노무비중에 직접비만을 쓴다. 　　④ 가공비평가법 … 원재료비를 나눈 가공비를 쓴다. 　(3) 완성도평가법 … 미완성품의 제품환산량을 구하여 계산하지만, 모든 원가요소를 고려에 넣는다. 기초미완성품재고량에 당기제조원가를 더하여 원칙적으로 직접재료비와 가공비로 나누어 기말미완성품의 제품환산량을 다음의 산식으로 직접재료비와 가공비로 나눈다. 　　① 직접재료비의 기말미완성품의 제품환산량 　　　$=기말미완성품재고량 \times \dfrac{미완성품의 \ 직접재료비}{완성품의 \ 직접재료비}$ 　　② 가공비의 기말미완성품의 제품환산량 　　　$=기말미완성품재고량 \times \dfrac{미완성품 \ 가공비}{완성품 \ 가공비}$ 　다음에 기말미완성품의 평가방법으로서 평균법·선입선출법·후입선출법이 있다. 　☞ **후입선출법** (Last-in First-out Method) 　　**선입선출법** (First-in First-out Method) 　　**평균법** (Average Cost Method)

바

바베지의 원가계산 (바베지의 原價計算) (Babbage of Cost Accounting)

[설명] 바베지(Charles Babbage)는 수학자·통계학자이고, 계산기의 고안자이기도 하였다. 그의 저서인 「기계 및 공업경제론」(On the Economy of Machinery and Manufactures, 1932)에 부분적으로 원가계산론이 전개되고 있다. 본서를 공간한 때의 영국은 산업혁명이 진행되고 있어서 그 영향을 받아 섬유공업이 공장제공업으로 이행되려는 시기였고, 그 생산방법도 방적면에서는 기계력이 인력에 대체되고, 그것이 직포에도 미치려는 때였다.

프랑스나 독일은 영국보다 낙후되어 있었다. 바베지는 당시의 경제사회에서 기계화가 생산비의 구성내용을 어떻게 변용시키고 상품가격에 어떻게 영향을 미치는가에 관하여 3국의 기계 이용도에 따른 변화를 비교·연구하였다. 기계를 이용하면, 공장경비로서 감가상각비가 높아질 뿐만 아니라, 그것의 운전준비비와 보조비도 과거보다 큰 비중을 차지하는 것을 지적하였다. 그러나 한편에는 생산수량이 증대되고 생산능률이 향상되므로 대량생산의 원리에 따라 생산물의 원가는 저하된다고 하였으며, 이러한 사실을 1800년대에서 1830년대에 걸쳐 모은 자료에 의하여 그 저서에서 실증(實証)하려고 하였다.

원가를 계산하는 목적에 관하여 바베지는 다음과 같이 말하고 있다. 공장주가 수공업적 경영으로부터 탈퇴하여 공장제공업경영으로 전환하였다는 것으로 만족할 것이 아니고, 공장주 상호간의 경쟁, 생산방법의 개선, 원가절감 등이 선결문제가 된다. 더욱이 영업상 신규제품의 가격과 생산방법 등의 여부를 알기 위하여도 원가를 계산할 필요가 있으며, 또 당시에 과세상 성행되는 암거래를 단속하는 위정자의 원가지식의 개몽에도 원가계산이 필요하다고 하였다.

원가를 계산하려면, 작업의 공정에서 발생한 경비를 정확하게(Precise Expeuses of Every Process) 파악해야 된다고 하였고, 공장내의 공정별원가(Separate Cost of Each Process in a Manufacture)의 계산에도 바베지는 원가계산을 제창한 최초의 사람이라는 말을 하는 사람도 있으나 그 근거는 명확하지 않다. 그는 기계의 경제관을 중심으로 하여 논술하였고, 그것과 관련하여 원가계산에 언급한데 지나지 않는다.

반고재료 (返庫材料)

[의의] 다소 여유있는 출고한 재료가 작업이 끝난 뒤에 남거나 또는 작업의 변경이나 중지로 인하여 잔재가 있는 경우에는 출고재료 중의

(Materials Returned on Stockroom)	잔재를 신속히 창고에 반환하여야 한다. 이러한 반고재료는 재료반고표와 더불어 반납한다. [설명] 재료소비액의 계산은 출고전표에 의하지만, 이것은 회계처리상의 편이에 의한 것이다. 반고재료가 있으면 이미 되어진 재료소비에 관한 기장을 수정해야 하는데, 그 수정처리는 다음과 같다. ① 반고재료는 출고된 때의 단가로 기장한다. 이때에 마치 신규구입처럼 당해재료의 수입란에 기입하는 방법과 출고란에 주기(朱記)하는 방법이 있다. 또 이동평균법에 의하는 경우의 잔액란에 관하여는, 재료를 기장한 때마다 신평균단가를 산출하는 방법과 반고분(返庫分)을 잠정적으로 별도기입하고 신규구입분에 포함시켜서 신단가를 산출하는 방법이 있다. 후자에 의하면, 신단가산출 이전의 출고는 반고분으로부터 이루어진다. ② 반고재료의 기장은 실무상의 편이 때문에 반환시의 잔액란에 기장하기도 한다. 이 경우에 출고시의 원가와 반환시의 원가와의 차액은 재료(가격)조정계정에 대체된다. 이 계정의 잔액은 제조간접비로서 처리된다. 현장에다 부외자산을 두는 것은 여러 가지 폐해가 있으므로 출고관리를 엄격히 할 것이 요청된다.
반 고 표 (返 庫 表) (Return Note)	[의의] 출고표에 의하여 창고에 있는 재료가 사용하기 위하여 인출된다. 이 경우에 인출청구액에 응할 만큼 재료를 분할할 설비가 없거나 처음부터 필요량을 정확하게 결정하기 어려운 경우에는 요구액 이상의 재료가 인도된다. 그리고 사용하고 남은 재료는 다른 용도에 전용하지 않고 반고표 또는 재료반환표와 더불어 일단 창고에 반환된다. 창고계는 이 서식의 기재사항과 반환재료의 현물과를 대조한 다음에 출고하고 재료원장 수입란에 기입하기 위하여 회계계에 이 전표를 회부한다. 반고표의 내용항목으로서 제조명령서 번호 또는 반고부문을 명기하여야 된다. 원가계산계는 이것에 의하여 재료가 어느 부품 또는 부문에서 반품되었는지를 알 수 있어서, 당해제품 또는 부문의 재료소비량이 측정되는 것이다. 그리고 반고표에는 반고이유가 기입되어야 한다. 이것에 의하여 재료의 품질, 종류, 수량, 조업도의 현상분석이 되어지며, 사후의 계획설정에 이용하게 된다. 반고표의 작성은 그 금액 수자는 회계계에게 담당시키고 반고이유나 물량적 수치는 직장에게 그 기입을 담당시키는 것이 좋을 것이다.
반 입 품 (搬 入 品) (Sales Returns)	[의의] 반입품이란 매입상품이나 매입자료 가운데, 품목착오나 품질불량등의 이유로서 매입처에서 반품한 것을 말한다. [설명] 반입품은 매입계정과 재료계정의 대변에 기입하여도 좋으나, 반입품이 많이 나는 경우에는 별도로 반입품계정을 마련하여 그 대변

	에 기입하는 것이 바람직하다. 　　반입품계정은 매입계정 등의 평가계정이며, 기말에 매입계정등에 대채된다.
반 제 품 **(半 製 品)** (Half-Finished Product, Half-Finished Goods)	[의의] 몇 개인가의 공정을 지나서 제조가 행하여지고 중간의 공정을 끝낸 단계에서 외부에 판매되는 것과 다음의 투입되는 것이 있는 경우에 완성품은 아니지만, 상당의 부분이 그대로 판매된다는 점에서 재공품과도 구분되므로 이것을 반제품이라고 한다. [설명] 제공품이나, 매입부품(이것은 원재료이다)과의 구분은 실무적으로는 　① 공정을 끝내고 있어도 창고입 절차가 끝나고 있지 않은 것은 제공품으로서 처리한다. 　② 따라서 연속공정으로 즉시 다음 공정으로 이관되는 것은 제공품이다. 　③ 예컨대 철강회사에서 강괴제조공장과 강재제조공장이 나뉘어져 있는 경우에는 강괴공장에서는 최종공정까지 행하여도 반제품이다. 　경영분석의 입장에서는 반제품은 제공품과 동일로 처리하여도 대과가 없다. 왜냐하면 대부분의 경우, 반제품인채로 판매되는 부분은 비교적 적고 대부분은 재고품과 동일의 기능을 갖고 있기 때문이다. 반제품에 대한 회계처리는 다음과 같다. 　① 반제품이 제1공정으로부터 창고에 입고되었을 때 　　(차) 반제품　×××　　(대) 제조　××× 　　　　　　　　　　　　　　　(제1공정비) 　② 반제품을 제2공정으로 출고하였을 때 　　(차) 제조　×××　　(대) 반제품　××× 　　　　(제2공정비) 　③ 반제품을 매각하였을 때 　　(차) 반제품매출원가　×××　　(대) 반제품　×××
반제품원장 **(半製品元帳)** (Half-Finished Product Ledger)	[의의] 반제품원장이란 반제품계정의 내역을 표시하는 보조원장을 말한다. 반제품의 수입·불출의 명세가 기록된다. <div align="center">반제품원장</div>

일자	적요	수 입			불 출			잔 액		
		수량	단가	금액	수량	단가	금액	수량	단가	금액

반 출 품 **(搬 出 品)** (Purchases Returns)	[의의] 반출품이란 매입상품이나 매입재료 중에서 물품착오나 품질불량 등의 이유로 매입처에 반품한 것을 말한다.

반 품 률 **(返 品 率)** (Return Rate)	설명 반출품은 매입계정이나 재료계정의 대변에 기입하여도 좋으나, 반출품이 많이 나는 경우는, 별도 반출품계정을 마련하여 그 대변에 기입하는 것이 바람직하다. 　반출품계정은 매입계정 등의 평가계정이며, 기말에 매입계정 등에 대체한다. 의의 반품에는 매입처에 대해 매입한 상품의 일부를 되돌리는 경우와 판매처로부터 판매한 상품의 일부가 되돌아 오는 경우가 있다. 따라서 반품률에는 다음의 2개의 계산방법이 있다. 산식 $$\text{매입액대반품률} = \frac{\text{반품액(반루액)}}{\text{매입액}} \times 100$$ $$\text{매출액대반품률} = \frac{\text{반품액(반입액)}}{\text{매출액}} \times 100$$ 설명 경영상 주로 문제되는 것은 매출액반품률의 편이다. 　반품의 이유로는 ① 판매한 상품이 파손 또는 오손하여 있기 때문에 ② 실수로 다른 상품을 배달하였기 때문에 등 자사측에 책임이 있는 경우 외에 동업타사와의 판매경쟁상 또는 판매처와의 역관계 등에서 할 수 없이 반품을 용인하는 경우가 있다. 따라서 반품에 대하여는 그 원인별로 분석하여 대책을 검토하고, 반품의 저하를 도모하는 것이 필요하다.
반 품 재 료 **(返 品 材 料)** (Material Returned to Stockroom)	의의 다소 여유있게 출고한 재료가 작업이 끝난 뒤에 남거나 또는 작업의 변경이나 중지로 인하여 잔재가 있는 경우에는 출고재료 중의 잔재를 신속히 창고에 반환하여야 한다. 이러한 반품재료는 재료반품표와 더불어 반납된다. 재료소비량의 계산은 출고전표에 의하지만, 이것은 회계처리상의 편이에 의한 것이다. 설명 반품재료가 있으면 이미 되어진 재료소비에 관한 기장을 수정해야 한다. 그 수정처리는 다음과 같다. ① 반품재료는 출고된 때의 단가로 기장한다. 이 때에 마치 신규구입처럼 당해재료의 수입란에 기입하는 방법과 출고란에 주기(朱記)하는 방법이 있다. 또 이동평균법에 의하는 경우의 잔액란에 관하여는, 재료를 기장할 때마다 신평균원가를 산출하는 방법과 반품분을 잠정적으로 별도기입하고, 신규구입분에 포함시켜서 신단가를 산출하는 방법이 있다. 후자에 의하면 신단가 산출 이전의 출고는 반품분으로부터 이루어진다. ② 반품재료의 기장은 실무상의 편이 때문에 반환시의 잔액란에 기장하기도 한다. 이 경우에 출고시의 원가와 반환시의 원가와의 차액은

반품조정충당금 **(返品調整充當金)** (Reserve for Returned Goods Unsold)	재료(가격)조정계정에 대체된다. 이 계정의 잔액은 제조간접비로서 처리된다. 　현장에다 부외자산을 두는 것은 여러 가지 피해가 있으므로 출고관리를 엄격히 할 것이 요청된다. 　**의의** 반품제도가 자유롭게 인정되는 판매형태의 기업이 있다. 예를 들면 출판업, 의약품업, 기성복, 농약 등의 제조업 또는 도매업과 같이 특약점 등에 일방적으로 상품 등을 발송하고, 만일 상품 등이 팔리지 아니한 경우에는 매잔품은 당초의 판매가액에 의하여 무조건 환매한다는 계약의 판매형태이다. 　**설명** 이것은 보통의 판매형태와는 달리 실질적으로는 위탁판매에 가까운 판매형태라 할 수 있다. 그러나 이 경우 발송한 위탁품의 판매상황, 즉 위탁품의 재고액을 정확하게 파악한다는 것이 매우 어려운 일이기 때문에 위탁판매의 계상기준을 채용할 수도 없다. 아무튼 당초부터 상당액이상 다액의 반품이 예상되기 때문에 인도기준에 의하여 매출수익을 계상하더라도 반품예상액에 상당하는 매출액은 기업회계상 실현이익이라고 인정할 수 없다. 　① 매출환입을 어느 시점에 수익에서 차감할 것인가에 관하여는 매입자의 반품의사표시일, 반송일, 반품도착일 등을 생각할 수 있으나, 환입거래의 상관습 등으로 미루어 보아 매입자가 반품의 의사를 표시한 날이 속하는 사업연도의 총매출액에서 차감하여야 한다. 　② 그러나 반품에 대하여는 특약에 따라 매입자가 반품의 의사표시를 하고, 다시 판매자가 이를 승인함으로써 환입거래가 성립되는 경우에는 판매자의 승인일을 기준으로 하여 매출환입액을 계상하여야 한다. 　③ 환입거래의 성립에 따라 반품되어 온 상품이 손상된 경우에는 그 보상에 대한 특약이 없는 한, 원가로 기장하여야 하며, 이것은 기말결산시 재고자산을 평가할 때에 일괄하여 평가처리하여야 할 것이다.
반 품 표 **(返 品 表)** (Return Note)	**의의** 출고표에 의하여 창고에 있는 재료가 사용되기 위하여 인출된다. 이 경우에 인출청구액에 응할 만큼 재료를 분할할 설비가 없거나 처음부터 필요량을 정확하게 결정하기 어려운 경우에는 요구액 이상의 재료가 인도된다. 그리고 사용하고 남은 재료는 다른 용도에 전용하지 않고, 반품표 또는 재료반환표와 더불어 일단 창고에 반환된다. 창고계는 이 서식의 기재사항과 반환재료의 현물과를 대조한 다음에 입고하고 재료원장 수입란에 기입하기 위하여 회계계에 이 전표를 회부한다. 　**설명** 반품표의 내용항목으로서 제조지령서 번호 또는 반품부문을 명

기하여야 된다. 원가계산계는 이것에 의하여 재료가 어느 부품 또는 부문에서 반품되었는가를 알 수 있어서 당해제품 또는 부문의 재료소비량이 측정되는 것이다. 그리고 반품표에는 반품이유가 기입되어야 한다. 이것에 의하여 재료의 품질·종류·수량·조업도의 현상분석이 되어지며, 사후의 계획설정에 이용하게 된다. 반품표의 작성은 그 금액 수자는 회계계에서 담당시키고 반품이유나 물량적 수치는 직장에게 그 기입을 담당시키는 것이 좋을 것이다.

발 생 경 비
(發 生 經 費)
(Accrued Expenses)

[의의] 지급이 따르지 않고, 내부거래에 의해서 발생하는 경비를 말하고 실제발생액으로써 1원가계산기의 소비액으로 한다.

발생경비의 전형적인 것은 실사감모비(재고차손비)이다.

발생경비는 실제발생액을 직접파악하여 그 원가계산기간의 소비액으로 한다. 단, 기업에 따라서는 매월실지재고조사를 하지 않고 결산기에 한번만 실지재고조사를 하는 곳도 있다. 이 경우는 매월의 발생액을 파악할 수 없으니까 1영업기간에 있어서의 발생액을 과거의 실적에 따라서 예정하고 이것을 월당경비로 하는 일이 있다. 그리고 재고감모비의 발생액이 정상액을 상회할 경우에는, 이것을 원가외항목으로 한다.

[설명] 실사감모비는 재료·반제품·부분품 등을 보관 또는 운반하는 사이에 생기는 파손·부패·변질·증발·분실·도난 등에 의한 감모비이다. 실사감모량은 계속기록법에 의한 장부조사액과 실제조사액과의 차이로서 계산되며, 이것과 작업상의 소비량과는 명확히 구분되어야 할 것이다. 매월 확실히 실제조사를 하여 정확하게 그 발생액을 알 수 있는 경우에는 매월의 발생액중에서 정상액만이 원가로서 계상되고, 이상부분에 대하여는 원가성이 부정되며, 원가외항목으로 처리된다. 그러나 실제로는 매월실제조사를 하는 것이 기술적으로 곤란하여, 결산기까지 한번만 조사하는 경우가 많다. 이와 같은 경우에는 매월의 발생액을 알 수 없으므로 결산기말의 발생액(정상액)을 예정하고, 이것을 월할계산법에 의하여 매월의 감모비를 산정하여(차변) 실사감모비 ×××(대변) 실사감모충당금 ×××의 방법으로 처리하고, 기말에 연도 중의 실제감모액이 확정되면 실사감모충당금을 처리한다.

예컨대 있어야 할 수량과 있는 수량과의 차이인 재고감모손이나 재료의 가공중의 증발이나 파손 등으로 인한 공손비·반품차손비·감가상각비 등이 그 1예이다. 그러나 동일한 발생경비라도 그것이 기간적으로 파악될 때에는 이를 발생경비에서 제외하여 월할경비로 분류한다.

따라서 감가상각비는 통상 1회계기간분을 일괄계상하는 것이 일반적이므로 현실적으로 지급의 사실이 없으므로, 그 본질은 발생경비에 속하나, 특히 월별로 할당할 필요성 때문에 월할경비로 분류한다.

	예컨대 전력료가 20,000원이었다면 다음과 같이 회계처리한다. 　　　(차) 제조간접비 20,000　　(대) 전력료 20,000 측정경비에 대한 경비계정차변에 지급액이 기입될 경우, 그 계정대변의 소비액과의 차액은 선급액(차변잔액) 또는 미지급액(대변잔액)을 나타낸다. 그러나 다음과 같이 회계처리할 수도 있다. 　　　(차) 전력료 ×××　　　　(대) 미지급전력료 ××× 다음달에 지급하였을 때에는 다음과 같이 회계처리한다. 　　　(차) 미지급전력비 ×××　(대) 현금 및 현금등가물
발 송 운 임 **(發 送 運 賃)** (Freight and Cartage Outward)	[의의] 발송운임이란 일반적으로 판매를 위하여 항공기·선박·자동차·철도 등의 외부수송기관을 이용하여 상품·제품 등을 적송(積送)하는 경우에 발생하는 운송비를 말하며, 판매비에 속한다.
방 법 연 구 **(方 法 研 究)** (Method Study)	[의의] 방법연구란 현재의 작업방법 또는 장래의 작업방법에 대하여 계통적으로 기록·분석·검토를 하여 그 결과 더 용이하고 효과적인 방법을 발견적용하는 것이다. [설명] 방법연구에 의하여 해결하려는 문제를 검토하는데는 다음과 같이 일정한 순서에 따라 분석·종합하여야 한다. 　① 문제를 탐구하여 선택하고 연구할 문제가 무엇인가를 명확히 결정한다. 　② 조사의 계획을 세우고 분석을 한다. 　③ 분석결과를 검토하고 개선안을 발견한다. 　④ 가능한 개선안 중에서 유효하게 실시할 수 있는 것을 결정한다. 　⑤ 채택하기로 결정한 방법을 실시한다.
문제탐구와선택	1. 문제의 탐구와 선택 문제가 명확하게 되면 그것을 해결하기 위한 수단방법이 생각될 수 있다. 문제가 어디에 있고 그것이 무엇인가를 알지 못하면 작업방법의 개선은 어렵게 될 것이다.
계획분석	2. 계획과 분석 연구대상이 되는 작업이 선택되면 분석방법의 계획을 세우게 된다. 분석연구를 하는데는 비용과 시간이 소요되므로 성과의 예상을 감안하여 적합한 분석수단이 채택되어야 한다.
개선안발견	3. 개선안의 발견 분석을 한 다음에는 각 세목에 대하여 신중한 검토를 한다. 그러기 위하여는 일정한 순서로 자문자답하는 것이 현상비판에 도움이 된다. 즉, 대상(What), 목적(Why), 장소(Where), 순서(When), 작업원(Who), 수단(How)을 검토하여 개선안을 구상하도록 한다.
개선안실시	4. 개선안의 실시 어떠한 작업에 대하여 방법연구를 함으로써 새로운 방법이 발견되

면 현재의 방법과 신방법을 대비한 보고서를 최고경영자에게 제출하여야 되고, 그것이 결정되면 실시하게 된다.

원 가 절 감 보 고

직장명:	년 월 일
작업명:	제안자명
분석목적: 피로경감 및 시간단축	보고작성자명

비 교

<현재방법>	<개선방법>
기 계:	기 계:
공 구:	공 구:
작업방법:	작업방법:
<원　　가>	<원　　가>
인건비　4.8MHr	인건비　1.5MHr
100/Hr　480	100/Hr　150
재료비:	재료비:
기 타:	기 타:
합 계　480	합 계　150

배 급 비
(配 給 費)
(Distribution Expenses, Distribution Costs)

|의의| 배급비는 원가계산을 하는 입장에서는 판매비 및 관리비에 관련된 항목이라고 할 것이다. 기업회계기준에서는 이러한 항목은 사용되지 않고 있다.

미국 상무성의 정의에 의하면, "배급비란 완성품이 공장의 출하장상면에서 소비자의 손으로 가기 까지에 발생한 모든 비용을 포함한다"고 하였다. 또 랭 교수 편의 "원가회계사 핸드북"에 의하면 "상품의 유통에 관련하여 발생하는 비용은 배급비 또는 판매비(Selling Costs)라고 한다.

|설명| 회계용어로서는 판매원의 급료·구전·경비·광고선전비·견본배부비 등과 같은 판매활동에 따라 발생하는 모든 비용을 포함하게 된다.

배급비가 회계용어로서 통일적으로 이해되지 않기 때문에, 여러 가지 내용의 것으로 해석되고 있으며, 최근의 마아케팅 코스트(Marketing Cost)의 개념과의 관련에서 더욱 혼란이 생기고 있다.

배급·판매·유통·마아케팅 등의 용어에 대한 의미 내용과 관련되는 것이므로, 단순히 회계상의 문제라고만 할 수 없는 것이다.

최근 배급이라고 하면 상품 또는 용역이 생산자로부터 소비자 또는

	사용자에게까지 유통되어 가는 과정을 국민경제적인 입장에서 거시적으로 관찰한 내용의 것이고 판매라면 동일한 과정을 미시적인 경영의 입장에서 보는 것이라는 의견이 지배적이다. 그리고 마아케이팅 또는 유통은 2가지 관점을 종합한 개념으로 사용하고 국민경제적 마아케팅(Marketing Economy)과 경영적 마아케팅(Marketing Management)이 있다고 보기도 한다. 그러므로 배급비는 상품 또는 용역이 생산자로부터 소비자 또는 사용자에게까지 유통되어 가는 과정에서 발생하는 모든 비용을 국민경제적인 거시관에 입각하여 파악하는 것이라고 할 것이다. 예를 들면 백미나 청과물의 배급비가 사회문제로 되는 것은 배급에서 발생하는 비용을 사회경제적으로 보았기 때문일 것이다. 개별기업의 견지에서 원가를 계산하는 경우에는 배급비라는 용어는 사용하지 않고 판매비라는 용어를 사용하게 된다. 그리고 보급비의 계산을 하기 위하여는 당연히 개별 기업의 원가계산을 기초로 하게 되며 별도로 국민경제적인 배급비의 계산방법이 있는 것은 아니다.
배급원가계산 **(配給原價計算)** (Distribution Cost Accounting)	의의 배급원가계산이란 제조원가계산과는 달리 배급과정에서 생기는 원가를 계산하는 것이다. 설명 배급원가란 헥커트(J.B.Heckert)와 마이너(R.B.Miner)에 의하면 "상품의 소유권을 효과적으로 이전시키는데 또는 그 상품의 물리적배급을 하는데 필요한 모든 경영활동에 따라 발생하는 원가이다"라고 하였다.(Distribution Cost, 1953, 93) 종래에 이러한 배급기능에 관한 비용은 제조원가처럼 자산을 구성하는 것이 아니므로 영업비용으로서, 그것이 발생할 때마다 기간적으로 손익계산에서 처리되었다. 그러나 단가개념이 "제품을 제조하기 위한 소비가치"라는 것으로부터 "가치창조를 위하여 소비된 가치희생"이라는 것으로 확대 해석되는 동시에 배급조직의 중요성과 총원가 중에서 차지하는 배급원가의 비중이 커지고, 그것의 합리화가 중시되기에 이르러 배급비용도 경영활동의 효과적인 수행에 필요한 원가라고 보게 되었다. 그 근본원인은 시장구조의 변화(생산자 시장으로부터 소비자시장에로)와 기술혁신에 따른 제품의 다양화와 배급경로의 복잡화, 그리고 판매촉진에 관련된 구매자 심리의 사회학적 연구의 진전 등에 의한 것이다. 배급원가는 상품의 배급목적을 수행하는 데서 생기는 원가이므로, 그 발생양태는 제조원가의 경우와 같이 자원의 가공을 하는데서 발생하는 원가가 아니고 주로 시간적 장소적으로 소비자에 대하여 상품이나 서비스의 효용가치를 창조하는 과정에서 발생하는 원가이다. 그러므로 배급원가는 언제나 효과와 비교되며, 직접 손익에 결부되는 점에 특색이 있다.

배급원가를 국민경제적으로 보아 생산과 소비와의 균형에 의한 시장가격의 합리화문제로서 다룰 수도 있고, 기업경영상의 생산성, 경영능률의 향상에 의한 이익의 증대문제로 다룰 수도 있을 것이다. 국민경제의 입장에서 보면 상품의 유통과정은 그 배급을 담당하는 어떠한 기업에 의하여 분담되고 있다. 따라서 기업경영의 입장에서 보면 배급원가는 롱맨・쉬프(D.R.Longman & M.Schiff)에 따라 다음과 같이 분류할 수 있다.

배급원가 ─┬─ 마케팅・코스트(Marketing Costs)
    └─ 일반관리자(Administration Costs)

여기에서 마케팅이란 미국마케팅협회(American Marketing Association)의 1935년의 정의에 따르면 "생산자로부터 소비자 또는 사용자에 이르는 재화의 흐름을 방향지우는 경영활동의 수행(Perfomance)이다"라고 되어 있다. 여기에는 마케팅의 개념속에 상품계획이나 디자인 및 판매촉진의 문제가 포함되고 있는 것이다. 그리고 수요를 창조함으로써 최대의 기업이윤을 얻기 위한 경영전략으로서 종합적으로 생각하려고 한다. 따라서 마케팅・코스트도 마케팅 활동에 따라 발생하는 원가이고, 그 특징은 다음과 같이 요약될 수 있다.

① 마케팅 코스트는 전적으로 소비자(고객)와의 관련에서 발생하는 원가이다. 그러므로 수급관계가 변동 될 수 있을뿐만 아니라 경영전략적으로도 탄력적이다. 그리고 그것은 소비자의 욕구(Needs)를 충족시키는데 중점을 두는 것이므로 심리적인 요소에 의하여 영향되는 바 크다.

② 제조원가계산의 경우에는 특정의 계산범위(공장)내에서 발생하는 원가를 계산하는 것이고, 그 계산목적물이 제품이나 부품이지만 그 계산과정에서 재료나 기계 또는 작업등에 관련하여 발생하는 원가도 물량적 기술적으로 계산될 수 있다. 그러나 마케팅・코스트의 경우에는 그 계산범위가 Market이므로 마케트가 확대되면 계산범위도 확대된다. 또 유동과정에서 제배급활동은 물량적으로 측정될 수 있는 것도 있고 판매노력이나 유행의 변화처럼 계수화가 곤란한 것도 있다. 따라서 원가의 발생과 그 효과를 명확히 측정하기 어려운 경우가 많다.

③ 마케팅에 있어서 반복작업은 제조원가관리의 경우에서와 같이 표준원가에 의한 관리가 가능하다. 예를 들면 포장작업에 관한 표준원가나 배송경로에 관한 배송표준원가 또는 상품보관, 사후활동 등에 관한 표준원가의 설정 등의 경우에 이것을 볼 수 있다. 그러나 마케팅의 중심이 되는 판매촉진활동에 관하여는 표준원가설정이 어렵고 예산에 의한 관리를 하는 방법 이외에 적당한 방법이 없다.

④ 마케팅・코스트는 직접적으로 손익에 관련된다. 따라서 푸로듀르・믹스에 의한 상품계획 또는 마케팅・믹스에 의한 판매촉진계획, 세일스・릭스에 의한 이익계획등의 기법이 연구되어야 한다. 여기서

상품계획(Merchandising)이란 소비자의 수요에 적합한 상품의 생산 및 판매계획이다. 또 푸로덕트·믹스란 가장 유리한 제품의 배합이고, 생산기업의 경우에는 한정된 생산자원으로부터 제조될 가장 유리한 제품의 배합을 결정하는 것이며, 유통기업의 경우에는 가장 유리한 상품의 선택과 그 배합을 결정하는 것이다. 또 마케팅·믹스란 가장 유리한 판매촉진방법의 배합을 의미하며, 세일스·믹스란 취급상품의 가장 유리한 이익률배합(Optimal Profit Mix)을 뜻한다.

이와 같은 배합문제의 계산기법으로서는, O.R. 특히 L.P.가 이용되고 있다. 그러나 세일스·믹스의 경우에는 직접원가계산법에 의한 상품군의 평균한계이익법이 이용되고 있다. 마케팅·코스트에 의한 원가관리의 문제점을 요약하여 보면 다음과 같다.

① 수익성이나 판매촉진의 효과 등에 따른, 취급상품의 선택
② 판매정책이나 고객층, 판매지역, 판매시기, 판매상품의 성질에 따른 가격의 결정
③ 거래처·고객에 따른 판매방법의 선정
④ 판매경로에 따른 대리점의 선정
⑤ 시장조사에 따른 판매지역과 그 범위의 결정
⑥ 최유리구매롯트(Lot)의 결정과 최유리수주롯트 또는 판매롯트의 결정
⑦ 취급상품종류의 채산계산제도의 확립
⑧ 거래에 대한 신용기간의 결정
⑨ 판매확장시기와 그 범위의 결정
⑩ 재고상품의 관리와 최적재고량의 결정
⑪ 사업부제, 기타 수익책임제도의 확립이 필요하다.

이와 같은 문제들은 투입산출의 경제성계산을 기초로 한 의사결정원가(Decision Making Cost)에 의하여 해결 될 수 있는 것이다.

배급원가의 구성비목으로서는 다음과 같은 것이 포함된다.
① 상품구입원가 및 구입제비용
② 직접판매비 및 점포나 사무소비
③ 판매광고비 및 판매촉진비
④ 포장비 및 배달비
⑤ 상품보관비 및 관리비
⑥ 외상매출금의 수금에 관한 비용
⑦ 할인료, 자본이자 기타의 재무비용
⑧ 시장조사 및 개발에 관한 비용
⑨ 계열기업에 관한 비용

이상에서 배급원가계산중 마케팅·코스트를 중심으로 하여 설명하였으나, 관리비는 제조원가계산을 하는 경우에 채택하는 방법에 의하면 될 것이다.

배 부 (配 賦) (Distribution, Application, Apportionment, Allocation)	의의 배부란 부과에 대응하는 개념이다. 일반적으로 제조간접비의 각 제품에의 배분귀속을 위한 계산절차를 말한다. 설명 그 방법은 보통 제조간접비를 우선 비목별(費目別)로 계산하며, 다음에 부문별계산을 하고, 최후에 제품별로 계산한다고 하는 3단계에 따라서 행하여진다. 즉, 비목별로 분류된 원가요소를 부문별로 집계하는 경우에, 부문공통비는 일정한 배부기준에 의하여 각 제조부문과 보조부문에 배부되며, 다음에 보조부문비가 제조부문에 배부되어서, 그 위에 제조부문비가 각 제품에 배분된다.
배부과부족액 (配賦過不足額) (Over and Under Absorbed Overhead)	의의 표준원가계산을 실시하게 되면 제조간접비표준액을 제조지령서에 배부할 때 표준배부율로 배부하면, 그 표준액과 실제발생액의 사이에 차액이 생기게 된다. 이것이 원가차액이다. 이 경우에 실제발생액이 표준액을 초과한 금액을 배부부족액이라 하고, 표준액이 실제발생액을 초과한 금액을 배부초과액이라고 하며, 양자를 총칭하여 배부과부족이라고 한다. 설명 표준원가계산에서는 매월 발생하는 배부차액은 이것을 이월하고 회계기말에 회계처리한다. 그리고 표준배부율도 1회계기간은 변경하지 않는 것이 보통이다. 일반적으로 제조간접비는 직접비의 경우와 달리 그 발생이 생산량과 밀접한 변동관계가 없으므로 원가관리를 위한 제조간접비의 표준으로서는 부문별로 산정하게 된다. 부문별 제조간접비의 표준이란 일정기간에 각 부문별로 발생될 제조간접비의 예정액을 말한다. 그리고 보통 부문관리자의 책임범위를 표시하는 목표로서의 제조간접비표준은 예산을 표준화한 부문별 제조간접비의 예산을 사용하게 된다. 제조간접비표준액(예산액)을 표준배부율로 제조지령서에 배부한 액과 제조간접비 실제발생액과의 차액(배부과부족액)은 원가차이로서 분석을 하고 차이가 발생한 장소, 그 책임자, 발생원인을 명확히 하여 분석의 결과를 각계층의 경영관리자에게 보고한다. 그 보고에 의하여 원가관리와 경영방침의 결정을 하게 된다.
배 부 기 준 (配 賦 基 準) (Distribution)	의의 배부기준은 제조간접비를 제품에 일괄하여 배부계산하는 경우 또는 부문공통비·보조부문비·제조부문비를 배부계산하는 경우, 그 계산의 기준이 되어야 한다는 것을 말한다. 설명 배부기준은 배부되는 비목(費目)에 의하여 적절한 방법을 써야 하고, 예를 들면 건물감가상각비는 각 부문에 점하는 면적에 따르면, 동력부문비는 각 부문의 동력소비량에 의하여 각 부문에 배부되는 것이다. 다시 말하면 제조부문비를 각 제품에 배부하는 경우에는 각종의 배부율이 정하여지는 것이다. ☞ 제조간접비배부율 (Burden Rates)]

배 부 원 가 (配賦原價) (Adsorbed Cost)	의의 배부원가란 특정제품이나 단위에 배부된 간접비를 말한다. 설명 배부원가계산에서는 제조간접비를 제품의 제조가 완성된때에 지시서에 지시된 특정제품별로 배부한다. 제품이 복수이어서 간접비가 개별적으로 얼마인가를 파악할 수 없는 경우에는 간접비는 공통발생한 원가이므로 일정한 배부기준에 따라 안분계산하여 제품에 배부한다. 제조간접비계산을 대별하면 다음과 같다. ① 제조간접비의(기말합계의) 집계계산 ② 제조간접비의(특정제품에 대한) 배부계산 이 가운데 제조간접비를 특정제품에(지령서별로) 배부하는 계산절차를 살려보면, 제조간접비의 배부계산절차는 다음과 같은 순서에 따라서 이루어진다. 다만, 여기서 기술하는 제조간접비는 단순계산이며 부문별계산은 아니다. ① 그 기간에 발생한 제조간접비를 요소별로 파악하고 기말에 그 합계액(실제 또는 예정)을 산출한다. ② 다음에 제조간접비에 대한 그 기간의 배부기준수치의 합계(실제 또는 예정)를 계산한다. ③ 그 배부기준수치의 합계로 그 기간의 제조간접비 기말합계액을 나누어 제조간접비의 배부율(실제 또는 예정)을 계산한다. ④ 각 제조지령서에 의한 제품을 제조하는 데에 소요된 실제배부기준의 수치를 계산한다. ⑤ 이 제조지령서별 실제 배부기준수치에 배부율을 곱하여 지시서별 제조간접비배부액을 계산한다.
뱃치원가계산 (뱃치原價計算) (Batch Costing)	의의 뱃치생산방식은 연속생산(Continuous Process Production)의 방식과 대비되는 것으로서, 특정 수량의 원재료 또는 반제품을 일정기간에 가공처리하여, 이것이 다른 산출롯트와 명확히 구분되는 것이다. 석유공업·화학공업·고무공업 등에서 볼 수 있는 것처럼 뱃치별 원가를 집계하는 원가계산방법을 뱃치원가계산이라고 한다. 설명 원가는 정제(精製) 또는 기타의 공정에 투입됨에 따라 일정량의 다른 원재료가 첨가되어진다. 그러므로 원재료 자체의 원가외에 처리기간 중의 비용이 원가에 포함되어진다. 그리고 원가의 합계액으로부터 부산물의 시가를 차감한 금액을 중량·용역 또는 시가를 기준으로 하여 주제품에 안분하여야 한다.
변 동 비 (變動費) (Variable Costs)	의의 변동비란 조업도(생산량)의 증감에 따라 발생액이 변화하는 원가를 말하고 가변비(可變費)라고도 한다. 설명 조업도(操業度)란 것은 일정의 생산설비의 이용인 것이다. 원가요소는 조업도의 증감에 대한 원가발생의 양태에 따라서 고정비와 변동비로 분류된다. 변동비의 주요한 것에는 주요재료비·부분

비례비	품비·생산액불입금·외주가공비·포장비 등이 있다. 변동비에는 다시 다음의 3종류로 나누어진다. 1. 비례비(Proportional Cost) 　비례비는 생산액의 증감과 같은 비율로 변동하는 원가로서 직접재료비·직접임금 등 주로 직접비가 여기에 속한다. 　비례비는 생산량의 증감에 정비례하여 발생하는 것이므로 제품단위당 비례비 부담액을 생산량의 증감에 불구하고 균일하다. 　　　　조업연도증감율=원가증감율 　　　　(주요재료비, 생산액불입금)
체감비	2. 체감비(Degressive Cost) 　체감비는 생산량의 증감에 따라 변동하나 그 증감의 비율이 생산량의 증감비율 이하로 되는 원가이다. 　연료비·동력비·전력비·가스사용료·수도료·수선비 기타 경비 등이 여기에 속한다. 　　　　조업연도증감율>원가증감율 　　　　(연료비·동력비)
체증비	3. 체증비(Progressive Cost) 　체증비는 체감비와 반대로 생산량의 증감비율 이상의 비율로 증감하는 원가이다. 　이것은 통상의 조업도에서는 발생하지 않는다. 　잔업에 대한 초과임금과 초과조업으로 인한 특별감가상각비등이 여기에 속한다. 　체증비는 제조수량의 증감비율 이상으로 그 발생액이 증감하는 원가이므로 체증비의 부담액은 수량이 증가하면 점차 부담이 커지게 된다. 　그러므로 지나친 초과조업은 경영상 결코 좋은 결과를 가져오지 않는다. 　　　　조업연도증감율<원가증감율 　　　　(초과근무의 할증임금) 　변동비를 검토하는데는 조업도측정에 관하여 다음의 제사항에 유의하여야 한다. 　① 조업도의 측정기준으로서, 어느 비목에는 직접노동시간 또는 기계운전시간율, 또 어느 비목에는 생산수량을, 그리고 다른 비목에는 원재료의 소비량을 기준으로 하여야 된다. 　② 조업도는 부문별로 측정되어야 하며, 예를 들면 도장부문의 도장작업에 대하여는 피도장물의 표면적을, 그 건조작업에 대하여는 전력소비량 또는 시간을 조업도의 측정기준으로 한다. 　③ 동일 원가요소라도 그것을 사용하는 부문에 따라, 그것이 변동비

또는 고정비가 되는 것이다. 예를 들면 페인트를 각 제품에 도포하는 작업이라도 정기적으로 사용기계에 도포하는 부문과 수선하는 수선부문이 있는 경우에 당해 원가요소는 전자에서는 고정비, 후자에서는 변동비로서 다루어져야 한다.

④ 어느 원가요소가 변동비인가의 여부는 기간에 따라 다르고, 그 기간은 자료의 이용목적에 따라 결정된다. 예를 들면, 어느 공장에서 기계수선비가 단기적으로는 고정적이기 때문에 원가 관리상 고정비로서 취급되지만, 그것을 장기적으로 보면 변동적인 경우가 많고, 장기이익계획을 수립할 때 그러한 비용은 변동비로서 취급되어야 한다.

미국에서는 변동비를 협의로 해석하여 비례비와 동일하게 보기도 하며, 일본의 원가계산기준도 같은 입장에 서고 있다. 그러나 독일에서는 변동비를 광의로 해석하여, 비례비·체감비·체증비를 포괄하여 가변원가(Veranderliche Kosten)의 의미로 사용되는 경우가 있다.

변 동 예 산
(變動豫算)
(Variable Budget)

[의의] 변동예산은 탄력성예산이라고도 하며, 조업상태에 따라 각 비목의 예산허용액을 쉽게 견적할 수 있도록 마련된 예산이다. 이와 같은 변동예산이 설정되어 있으면 어떠한 조업도에 대하여도 각 비목의 예산허용액을 그것에 의하여 즉시로 견적할 수 있게 되고, 이것에 의하여 계획예산(고정예산)의 편성이 용이하게 되며, 실제비용과 실제조업도에 대한 예산허용액을 비교하여 부문의 업적을 유효하게 관리할 수 있게 된다.

[설명] 변동예산은 유효한 예산제도확립을 위하여 그 설정이 필요한 것이다. 이와 같이 각종의 조업도에 대한 예산허용액을 견적할 수 있도록 설정되고 있는 변동예산에 대하여 하나의 예정된 조업도에 대한 예산허용액이 견적되는 것을 계획예산이라고도 한다. 계획예산 또는 고정예산은 예산으로서의 고유한 역할을 하고 있으며, 변동예산은 이 계획예산 또는 고정예산의 편성을 위한 자료를 제공하고, 그 통제기능을 강화하는 것이다. 변동예산은 작성할 때 예산허용액을 조업도별로 표시하거나 고정비액 및 변동비율로 표시한다. 전자를 실사법변동예산 또는 다형식변동예산(Variable Budget Columnar form-table Method), 후자를 공식법변동예산(Variable Budget-formula Method)이라고 한다.

변동예산은 그것이 제조간접비에 대하여 적용되면 가장 효과가 있다. 변동예산은 준변동비에 대하여 특히 그 존재의의가 있었지만 제조간접비에는, 이 준 변동비가 많고 또 제조간접비는 다른 판매관계비용, 관리비 등에 비하여 영업량 측정기준, 즉 조업도측정단위에 관련시켜서 그 변동양태를 쉽게 알 수 있기 때문이었다. 그러므로 종래에 변동예산은 주로 제조간접비를 대상으로 하였고, 제조간접비 변동예산을 문제로 하였지만, 변동예산은 판매비 및 관리비 같은 다른 비용들에도 적용될 수 있는 것이다. 변동예산의 작성과정은 대체로 다음과 같다.

　① 변동예산을 작성하려는 원가부문을 설정한다. 이 경우의 원가부문 설정은 관리자의 책임과 권한의 범위에 따라 되어진다. 즉, 한 관리자의 책임과 권한의 범위를 원가부문으로 하고, 그 부문단위에 대하여 변동예산이 작성된다.

　② 설정된 원가부문에서 발생한 개별적인 비용을 명확히 하고, 그것들의 고정비, 준고정비, 변동비, 준변동비를 식별하며, 그 허용액을 조업도의 변동에 따라 적용할 수 있도록 한다. 조업도의 측정기준 즉, 영업량측정기준으로서 제조부문에서는 생산수량, 직접작업시간, 직접기계운전시간이 이용되며, 보조부문에서는 부문의 조업상태를 잘 표시할 수 있는 단위가 이용된다. 또 비용변동양태의 파악방법으로서는 계정과목정사법, 고저점법, 최소자승법 등이 이용된다.

　③ 이와 같이 하여 분문이 설정되고 비용허용액이 조업도별 또는 고정비, 변동비율로 명확히 하여 표시한 것이 변동예산이다.

　이러한 방법으로 설정되는 변동예산은 예산제도 및 표준원가계산제도에서 다음과 같은 역할을 한다.

　① 제부분의 비용들에 관한 계획예산을 편성하는데 유효한 자료가 된다.

　② 제품에 대한 표준간접비배부율을 구하기 위한 제조간접비예산의 산정에 도움이 된다.

　③ 실제조업도에 대한 예산허용액의 산출을 용이하게 하고, 이것과 실적과의 비교에 의한 부문의 업적관리에 도움이 된다.

변동원가계산 (變動原價計算) (Variable Costing)

[설명] 미국에서 직접원가계산을 변동원가계산 또는 부분원가계산이라고도 한다. 변동원가계산에서는 한계원가계산과는 달리 최초의 고정비와 비례비로 분류되는 데에 그 특징이 있다. 이 경우에 체감원가는 될 수 있는 데로 비례비부분과 고정비부분으로 분해하고, 체감적 경향이 약한 원가는 비례비로 하고 강한 원가는 고정비로 한다. 체감원가는 특별히 처리할 필요가 없고, 보통 비례비에 귀속시킨다.

생산량	총원가	고정비	변동비	단위원가	부분율	조업상태
1,500	23,000	9,500	13,500	15.3	9.0	부족조업
1,700	25,500	9,500	16,000	15.0	9.4	최적조업
1,900	31,000	9,500	21,500	16.3	11.3	초과조업
2,000	36,000	9,500	26,500	18.0	13.2	초과조업

　부분율=변동비÷생산량

　이와 같이 변동원가계산에서는 고정비부분이 모두 제외되고 변동비만으로 계산된다. 위에서 예시한 표는 부분율의 계산일부를 표시한 것이다. 초과조업의 경우에는 부분원가(부분율)는 점차로 평균원가(단위

	원가)보다 적어지며, 가격을 인상하고 생산을 감소시키는 단서가 되지 못하므로, 이 방법은 인정되지 못한다. 그러나 부족조업도의 경우에는 변동원가계산은 부족조업을 극복하는데 대한 보조수단이 될 것이다. 그러므로 변동원가계산은 생산량의 증대를 도모하기 위하여 고정비의 보상을 단념할 것인지에 대한 준비를 갖추는데 필요하다. 부분율로서 제품을 계산하면 비례비만이 보상되는 것이다. 그러므로 부분율을 초과해서 수익이 발생하는 경우에는 그 수익은 고정비의 단념부분의 손실을 감소시키게 되므로 부분율은 상대적 이익을 표시하는 기준이 된다.
보관료계정 **(保管料計定)** (storage Cost Account)	의의 제조경비를 형태별분류에 따라 세분한 경우의 1과목이며, 재료·저장품·차량운반구·일시운전휴지 중의 기계 등의 보관료를 처리하는 계정이다. 다만, 재료에 대한 보관료로 금액이 상대적으로 큰 경우에는 이를 재료부비계정을 통하여 재료비에 부과하는 것이 요망된다. 설명 1. 임차료계정과의 차이 제조경비 중의 임차료는 임대차계약에 의하여 창고 등을 일정기간 임차하여 이를 계속적으로 사용하는 경우의 비용을 처리하는 계정이지만, 보관료는 창고료와 같이 필요에 따라 그때마다 보관을 위탁하는 경우의 비용을 처리하는 계정이다. 보관이란 경영기능에서 보면 언젠가는 이것을 보관비라는 과목으로 처리할 것이지만, 비용발생의 형태에서 보면, 양자에는 전술한 바와 같은 차이가 있으므로 형태별분류에 의한 계정처리의 단계에서는 계정처리가 구별되는 것이다. 2. 인접관련계정과의 관계 형태별분류과목인 보관료계정에 차변기입된 보관료는, 간접경비인 보관료(또는 복합비로서의 보관비)계정에 대체된다. ☞ 경비계정
보관비관리 **(保管費管理)** (Storage Cost Management)	설명 보관비란 제품을 공장에서 인수한 후에 발송 및 배달준비를 완료할 때까지에 발생한 비용으로서 창고비(Warebousing Cost)라고도 한다. 이것을 구성하는 비용은 다음과 같다. ① 관리 및 감독비 - 관리자급여, 사무소비 및 사무원비, 통신비·세금과공과 ② 창고사무비 - 급료·사무소모품비 ③ 직접노무비 - 하역비·포장담당자나 출하담당자의 임금 및 사회보험료 ④ 포장 및 하조용소모품비 - 손상 및 파손비 ⑤ 건물점유비 - 임차료·제세·보험·수선비·감가상각비·난

방비·조명비
⑥ 설비비 - 제세·보험료·유지비·감가상각비 등

보관비는 보관하는 창고의 종류를 기준으로 하여 자가창고보관비와 영업창고보관비로 구분할 수 있다. 전자는 회사자체가 창고설비를 운영하는데 필요한 비용이고, 후자는 사외의 창고업자에게 지급하는 보관료 또는 창고료를 뜻한다. 양자는 대상으로 하는 원가내용도 다르고, 적용되는 원가관리기술도 다르다. 즉, 자가창고보관비는 창고를 운영하는데 필요한 노무비나 창고비 기타 시설비까지도 통제하여야 되며, 그것들의 표준원가나 예산을 설정하고 실적과 비교하여 차이분석을 하여야 한다. 한편 영업창고보관비는 유리한 조건으로 창고업자와 보관료의 협정을 맺고 약정대로 지급되고 있는지를 검토하면 된다. 자가창고로 할 것인지 또는 영업창고로 할 것인지는 보관비분석(Storage Cost Analysis)을 하여 양자에 필요한 제품단위당의 원가를 비교하면 된다. 영업창고보관비는 지급보관료로서 그 산정이 쉽지만 자가창고보관비는 산정이 어렵다. 자가창고보관비를 측정하려면, 감가상각비·보험료·수선비·재산세·지대·임차료·인건비·설비비 중에서 창고의 유지·운영에 필요한 것을 모두 집계하고 보관제품단위에 할당하여 단위당 보관비를 계산하게 된다. 원가계산의 관점에서는 양자의 원가를 비교하여 원가가 낮은 보관방법이 선정되는 것이지만 다음과 같은 제원가요소도 함께 고려하지 않으면 최종적인 결론을 내릴 수 없다.

(1) 영업창고의 이점
① 보관의 강력성이 확보될 수 있다.
② 창고관리가 필요없다.
③ 수해나 화재시에도 보증을 받을 수 있다.
④ 창고를 수시로 변경할 수 있다.
⑤ 전문적인 창고설비를 사용할 수 있다.

(2) 자가창고의 이점
① 고객에게 충분한 서비스를 할 수 있다.
② 특수한 창고설비를 할 수 있다.
③ 포장이나 재포장을 할 수 있다.
④ 재고관리를 쉽게 할 수 있다.

이상과 같은 점을 참작하여 자가창고보관이 결정되면, 자가창고보관비에 대한 표준원가를 설정한다.

(1) 직접창고재료비의 표준
창고에서 가공을 하는 경우에는 사용하는 재료의 종류마다 이론적 소비수량에다 감모율을 감안하여 실제적소비수량을 산정하고, 이것에다 예정단가 또는 정상단가를 곱하여 계산한다.

(2) 직접창고노무비의 표준

먼저 작업연구를 한다. 예를 들면 창고작업을 발송준비, 제품단위의 수납, 직접, 포장, 출하를 위한 이동, 출하에의 인도, 포장의 기록 기입, 인도의 기록 기입으로 분해한다. 이것들이 표준시간을 측정하고 임률을 곱하여 이것을 노무비로 환산한다.

(3) 간접창고비의 표준

직접재료비와 직접노무비 이외의 간접비는 급료·소모품비·잡비·고정비(감가상각비·보험료·임차료 등)등에 의하여 구성되고 있다. 이것들은 본사비의 배부액마다 실사법에 의한 변동예산으로 하여 편성한다. 예산과 실적과의 차이는 다음과 같이 분석한다.

① 직접창고재료비차이의 분석

　수량차이=표준소비가격×(표준소비수량-실제소비수량)

　가격차이=실제소비수량×(표준소비가격-실제소비가격)

② 직접창고노무비차이의 분석

　시간차이=표준임률×(표준시간-실제시간)

　임률차이=실제시간×(표준임률-실제임률)

③ 간접창고비차이의 분석

실사법에 의한 변동예산을 사용하는 경우에는 실제조업도에 상부한 예산액과 실적을 비교하여 그 차이를 분석하게 된다.

보조경영부문 (補助經營部門) (Auxiliary Management Department)

[의의] 원가계산에서는 원가부문을 설정하고 원가를 부문별로 집계하여 간접비의 직접비화를 도모함으로써 정확한 제품원가를 산정하는 동시에 발생한 원가를 부문별로 파악함으로써 원가관리에도 이용되도록 한다. 보통 부문은 제조부문과 보조부문으로 크게 나누어진다. 제조부문은 직접제품의 제작가공을 하는데 반하여, 보조부문은 제조부문 및 다른 보조부문에 특정의 서비스를 제공하는 보조적인 역할을 하는 부문이다. 보조부문은 다시 보조경영부문과 공장관리부문으로 구분된다. 그리고 보조경영부문은 직접 제품의 생산에는 관여하지 않지만, 자기부문은 제품 또는 서비스를 제조부문 및 다른 보조부문에 제공하는 보조적작업부문을 말하는 것이다.

[설명] 보조경영부문의 일반적인 예로는 동력부·증기부·용수부·운반부·수선부·검사부·공구제작부 등이 있다. 그리고 보조경영부문 중에서도 동력부·수선부·공구제작부 등이 그 규모가 커지고, 그 제품 또는 용역을 외부에 판매하는 경우도 생긴다. 거기에서 발생하는 원가요소의 종별로 복잡하고, 금액도 많으면 제조부문에 준하여 제품·재공품의 원가를 계산하는 것이 필요하다.

보조경영부문도 원가부문이므로 제조부문처럼 원가의 발생을 기능별, 책임구분별로 관리하고 제품원가를 정확히 계산하기 위하여 필요하면 더 세분된다. 기능별 분류가 책임구분과 일치되는 것은 아니지만 관리책임자의 합리적인 배치에 의하여 일치될 수 있는 것이다.

		보조경영부문비는 제품이 통과하지 않으므로 직접 배부하기 어렵기 때문에 그 배부방법으로서 직접배부법, 계제식배부법, 상호배부법이 이용된다. 경우에 따라서는 보조경영부문비를 복합경비로 하여 부문비 계산을 간소화하기도 한다. 이런 경우에는 동력비·운반비·수선비·검사비 등의 개별적인 계산을 하게 된다.

보조	보조경영부문	동력부·수선부·운반부·검사부·공구제작부
부문	공장관리부문	재료부·노무부·기획설계부·시험연구부·공장사무부·복리후생부

보 조 부 문
(補助部門)
(Service Department)

의의 제조부문이 제품제조를 직접담당하는 부문인데 대해 보조부문은 제조부문에 대해서 보조적 관계에 있는 부문을 말한다.

설명 보조부문은, 제조에는 직접관계하지 않는다.

그러나 제조부문 또는 타의 보조부문에 대해서 특정의 용역을 제공한다. 보조부문은 그 목적에 따라 보조경영부문과 공장관리부문으로 나뉜다. 보조경영부문이란 것은 자기의 제품 또는 용역을 제조부문에 제공하는 부문이고, 공장관리부문이란 것은 공장의 관리업무전반을 관장하는 부문이다. 보조부문비는 직접배부법, 계제식배부법, 상호배부법 등에 쫓아서, 적당한 배부기준에 의해서, 각 제조부문에 배부되고, 제조부문비로 된다. 단, 일부를 제품에 직접 배부하는 일도 있다.

보조	보조경영부문	동력부, 수선부, 운반부, 검사부
부문	공장관리부문	기획설계부, 시험연구부, 공장사무부

보조부문비
(補助部門費)
(Service Department Expenses)

의의 보조부문이란 제조부문에 대하여 보조적인 관계에 있는 부문을 말하며, 이 보조부문의 부담에 속하는 원가가 보조부문비이다.

설명 보조부문은 이것을 보조부문과 공장관리부문으로 구분한다. 제품원가계산을 위해서는 모든 보조부문비 또는 일부의 보조부문비를 제조부문에 배부한다. 이러한 경우에 채택되는 배부방법에는 직접배부법, 상호배부법, 계제식배부법 등이 있다. 보조부문비계산의 목적은 제품별계산의 수단이 되는 이것에는 보조부문활동의 관리에도 이바지한다.

보조부문비계정
(補助部門費計定)
(Service Department Cost Account, Auxiliary Department Cost Account)

의의 보조부문은 제조부문에 대하여 보조적 관계에 놓여 있는 원가부문을 말한다.

설명 보조부문은 그 보조적 관계의 상위에 따라 보조경영부문과 공장관리부문으로 구별된다.

① 보조경영부문

보조경영부문은 그 사업이 목적으로 하는 제품의 생산에 직접 관련하지 않고, 자기의 제품 또는 생산적 용역을 제조부문에 제공하는 제

	부문을 말한다. ② 공장관리부문 　공장관리부문은 재료 또는 노무의 관리·기획·설계·기타 공장의 관리사무를 관장하는 제부문을 말한다. 　제조부문계정은 일단 제보조부문을 집계하는데 필요한 계정이고, 보조부문비 관계의 제계정에 대한 통괄계정으로서 원장에 설정되는 것이다.
보조부문비배부 (補助部門費配賦) (Service Department Allocated Cost)	의의 부문비계산은 먼저 제조원가요소를 각 제조부문 및 각 보조부문에 집계한다. 다음에는 집계된 보조부문비의 전부 또는 일부를 각 제조부문에 배부하여 제조원가를 제조계정에 집계한다. 그리고 제조원가는 그 제조부문을 통과하는 각 제조계정에 배부되거나 부과된다. 제조원가요소로부터 각 원가부문에의 집계배부(Allocation, Proration)를 제1차배부, 보조부문비로부터 제조부에의 집계배부(Distribution)를 제2차배부라고 한다. 설명 각 부문에 배부된 제조간접비는 각 부문안에서 각각 특정제품에 대하여 배부계산이 행해지는 것인데, 이 경우에 보조부문에서는 직접제조작업을 하는 것이 아니므로 부문비를 그대로 각 특정제품에 부담시키는 계산은 곤란하다. 그러므로 각 보조부문비를 각 제조부문에 배부하고 최종적으로는 제조간접비를 각 제조부문에 집계한 다음 그기를 경유하는 각 특정제품에 배부하는 것이다. 이러한 보조부문비를 다른 보조부문 또는 제조부문에 배부하는 데에는 첫째로 보조부문비는 그 부문으로부터 용역을 받은 다른 모든 부문에 배부해야 한다. 둘째로 각 부문이 받은 용역의 정도에 비례하여 배부하여야 한다. 그러기 위해서는 다음과 같은 합리적인 배부기준을 결정하여야 한다. 　(1) 동력부비 … 동력소비량 또는 각 제조부문에 있어서 기계의 마력수×운전시간수 　(2) 용수부비 … 각 제조부문의 용수소비량 등 　(3) 수선부비 … 각 제조부문의 수선액 등 　(4) 운반부비 … 운반물품의 중량 운반거리, 운전회수 등 　(5) 검사부비 … 검사공의 작업시간 등 　(6) 재료부비 … 각 제조부문에 대한 출고·재료의 가격·개수·중량 등 　(7) 노무부비 또는 복리부비 … 각 제조부문의 임금, 종업원수 등 　(8) 시험연구부비·기획설계부비·공장사무부비 … 각 제조부문의 직접노동시간수 　이러한 보조부문비를 제조부문에 배부하는 방법에는 제조배부법과 상호배부법 등이 있다. 　보조부문비를 제조부문에 배부하는데는 다음의 3가지 문제가 검토

되어야 한다.
① 제조부문에 배부될 보조부문비의 범위
② 배부방법
③ 배부기준이 고려되어야 한다.

제조부문에 배부될 보조부문비의 범위에 관하여는 보조부문비의 전부를 제조부문에 배부하는 경우와 보조부문의 일부를 제조부문에 배부하는 경우가 있다. 배부방법에 있어서는 보조부문비를 다른 보조부문에도 배부하는지의 여부에 따라 직접배부법, 계제식배부법, 상호배부법으로 구분된다.

배부의 기준은 보조부문의 성격에 따라 다르지만 원칙적으로 각 제조부문 및 보조부문이 받은 용역의 정도에 따른 적당한 안분기준이라야 되는 것이다. 즉, 부문공통비의 배부기준에서와 같이 비용과 상관관계에 있고, 각 부문에 공통된 척도라야 되는 것이다.

배부대상이 되는 보조부문비액은 실적액, 예정액, 시가액 중 어느 것에 의하여 될 것인지도 문제가 된다. 예정액에 의하여도 보조경영부문비처럼 용역의 제공단가를 예정한 시가(판매가)배부방식과 공장관리부문비처럼 총액을 예정하고 각 제조부문에 할당하는 할당배부방식으로 구분된다. 보조부문이 계산상 독립되고 급부단가가 명확한 경우에는 시가배부법에 의하여, 그 부문의 독립채산제를 가능하게 할 수도 있다. 그러나 급부단위가 명확하지 않으면, 할당배부방식에 의하여 예정배부를 하는 것이 계산절차나 관리면에서도 제조부문과 병행하여 계산할 수 있어서 계산이 쉽고 빠르다. 그러므로 실무적으로는 시가법에 의한 계산가격 또는 견적배부율 등을 사용하는 경우가 많다.
☞ 단일기준배부법
　복수기준배부법

보조부문비배부차이
(補助部門費配賦差異)
(Service Department Allocated Cost Variance)

의의 제조간접비나 가공비를 각 제품에 배부할 때 예정배부의 방법으로 하는 것처럼 보조부문비를 관계 각 부문에 배부할 때도 예정배부의 방법에 의하기도 한다. 그러기 위해서 보조부문비예정배부율이 계산되며, 그것은 일정기간의 보조부문비예정액을 동기간의 당해 보조부문의 예정배부기준수치로 나누어 산정한다. 보조부문비예정배부율을 일정기간의 실제배부기준 수치에 곱하면 보조부문비의 예정배부액이 산정된다.

설명 이 경우의 예정배부기준 수치인 예정조업도는 제조부문의 예정조업도에 의하여 규제된다. 보조부문이 독자적인 예정조업도를 정하는 경우에도 제조부문의 것이 기초가 되는 것이다. 보조부문비 예정배부율을 일정기간의 실제배부기준 수치에 곱하면 보조부문비의 예정배부액이 산정된다. 그리고 예정배부액과 실제로 발생한 보조부문비와의 차이가 보조부문비 배부차이다. 보조부문비를 관계 각 부문에 배부하는 대신에 동력부비처럼 각 부문의 동력소비량에 동력단위당의 가격을 곱하여 각 부문에 직접 부과하는 경우도 있다. 이 경우에도 단위가격으로서 일정기간의 동력부비예정액을 동 기간의 예정동력공급량으로 나눔으로써 얻은 예정가격을 사용하면, 이것과 실제동력부비와의 사이에 차이가 생긴다. 이 차이도 보조부문비 배부차이이다.

보조부문비 배부차이를 관리목적에 이용하려면 변동예산을 기준으로 하여 조업차이와 예산차이로 분석할 것이 필요하다. 만일, 동력부비를 고정비와 변동비로 구분하고, 고정비는 관계 각 부문의 동력소비능력을 기준으로 하여 전부를 각부문에 배부하여, 변동비는 관계 각 부문의 실제동력소비량에다 변동비만으로 된 동력단위당 예정가격을 곱하여 각부문에 직접 배부하는 방법에 의하여 보조부문인 동력부에서는 예산차이만을 알 수 있게 된다.

보조부문비 배부차이는 회계연도말에 원가차이 처리의 일반원칙에 따라 회계처리된다. 보조부문비의 실제액에는 이상한 것이 포함되지 않고 있으므로, 그 차이는 모두 제품원가성을 지니고 있다고 할 것이다. 그러므로 지령서별 또는 과목별로 당연도의 매출원가와 기말의 재고자산(제품·재공품)에 추가배부될 것이고 다만, 보조부문비 배부차이가 근소하면 중요성의 원칙에 따라 그것을 당연도의 매출원가에 일괄하여 부과하여도 될 것이다.

보 조 원 장 (補 助 元 帳) (Subsidiary Ledger)	의의 특정의 계정과목에 대하여서의 내역·명세를 기록하는 장부이다. 설명 어느 계정과목에 기입할 내용이 팽대화하여지면, 그 내용·명세를 파악하고 또한 기장의 분업을 용이하게 하기 위해서, 그 계정과목에 대하여 원장의 내용을 분할하여 몇 책(冊)인가의 보조원장을 개설하는 것이 편리하다. 이 경우 총계정원장에는 이들 보조원장의 합계액이 기입되어 통괄계정으로 된다. 매입처원장, 거래처원장, 상품재고장, 고정자산대장, 판매비원장, 원가원장, 공장경비원장 등의 많은 보조원장이 사용되고 있다.
보조재료비 (補助材料費) (Indirect Supplementary, Indirect Material Cost)	의의 보조재료비란 제품을 생산하는데 보조적으로 소비되는 물품의 가치를 말한다. 주요재료비는 제품생산에 직접소비되고 보통제품의 기본적 실체가 되어 재현하는 물품의 가치인데 반하여 주요재료비로서 취급되지 않는 물품의 소비가치가 보조재료비이다. 또 주요재료비는 보통 직접재료비이지만 보조재료비는 간접재료비이다. 대개 소모품이나 저장품이라는 것의 소비는 보조재료비가 된다. 설명 제품의 기본적 실체를 형성하는가의 여부는 주관적 판단에 의하여, 그것이 물질적·계산적으로 물품에 직접 관련시킬 수 있는가에 대하여는 문제가 있다. 즉, 그것이 직접 제품에 화체(化体)되는 것은

	아니지만, 제품의 제작에 없어서는 안될 것이고, 금액적으로 많은 것이며, 물품에 관련시켜서 직접 알 수 있는 경우에는 주요재료비로 할 것이라는 견해도 있다. 　보조재료비의 계산은 주요재료비처럼 각종의 재료에 대하여 출입기록을 하고 원가계산기간의 실제소비량에다 그 소비단위가격을 곱하여 계산한다. 여러 가지 사정으로 인하여 출입기록을 할 수 없는 경우에는(계속기록법을 채택할 수 없으면) 재고조사법, 역산법 등에 의하여 소비량을 산정한다.
보 충 률 **(補 充 率)** (Supplementary Rate)	의의 실제원가계산을 하는 경우에도 제조간접비의 배부는 보통 예정률에 의한다. 그러므로 제조간접비의 실제발생액과 예정배부액과의 차액인 제조간접비 배부과부족액이 생긴다. 원가계산 또는 재무회계에서 계정계산이 실제원가에 의하여야 된다고 하면, 이 제조간접비차액을 각 제조지령서 또는 제품·재공품 등의 재고자산과 매출원가에 재배분해야 한다. 이 재배분의 방법으로서 보충법이 있다. 　설명 보충법은 1901년 처어치(A.H.Church, The Proper Distribution of Expense Vurde, The Engineering Magazine, July December. 1901)에 의하여 제창된 것이다. 그는 간접비의 배부율·정상률·보충률을 구분하였다. 정상이란 완전조업을 하는 이상적인 상태를 뜻한다. 완전조업의 경우에 발생하는 액을 먼저 배부한다. 그러나 실제로는 설비의 유휴가 생길 수 있으므로 간접비 미배분액을 보충률로서 다시 추가 배부하여야 된다. 　보충률은 유휴로 인한 간접비미수액을 표시하는 것이므로, 이것은 공장의 작업상태를 가장 잘 반영하는 원가능률의 척도라고 한다. 그의 설명에 의하여 소공장에서 기계장치가 1개밖에 없는 경우에는 그 기계의 유휴로 인한 미흡수 간접비는 그 기계에 의하여 이루어진 전작업에 추가배부하여야 된다. 그러나 많은 원가중심점으로 되어 있는 대공장에서는 다음과 같은 2가지 다른 상태를 고려하여야 될 것이다. 　① 당해 기계에 의한 공정이 필요하지만 그것을 사용하는 일이 드문 경우 　② 당해 기계가 남아서 불필요한 경우 　전자의 경우에 그 기계를 통과하는 작업이 미흡수간접비를 부담하여야 되지만, 후자의 경우에는 우연히 그 기계를 통과한 작업에 부담시키는 것은 적당하지 않다. 이 경우에는 공장전체에 대한 보충률로서 취급되어야 한다. 그러므로 제조간접비차액을 처리하는 방법으로서 "처어치"의 보충률을 사용하여 원가수정을 하는 방법에는 다음과 같은 2가지 방법이 있다. 　① 제조지령서별로 원가계산표의 원가를 수정하는 동시에 총계정원장의 기말재고자산(제품·재공품)과 매출원가를 수정한다.

② 총계정원장의 기말재고자산(제품·재공품)과 매출원가의 계정만 수정하고 원가계산표의 원가수정은 생략한다.

제1법은 원가가산계약(Cost Plus Contract)에서 판매가격 결정이 되어지는 관청조달품·조선 기타 장기도급공사에 의한 생산품에 적용되고, 단기생산의 다수 개별제품 또는 일반 상품에는 적합하지 않고, 실천적인 것이 아니다. 제2법은 보통 원가수정을 하는 경우에 이용되는 간편한 방법이다. 세법에서 원가요소의 계산에 차이가 생기면 연도말에 일괄하여 계정에 의한 원가수정을 하는 방법을 인정하고 있으며, 수정방법 자체는 보충률에 의하는 것이 아니지만 제2법에 속하는 방법이라고 할 것이다. 보충률은 간접비차액을 간접비배분기준으로 한 수치의 기간총합계로 나눈 것이다.

$$보충률 = \frac{간접비배부차액}{수량 \cdot 금액 \ 또는 \ 시간}$$

예를 들어 보충률에 의한 계정수정의 처리법을 보기로 한다.

구 분	직접원가	제조간접비배부액	합 계	직접노동시간
재 공 품	125,000	25,000	150,000	500
재고제품	550,000	180,000	730,000	3,600
매출원가	2,550,000	957,500	3,607,500	19,150
	3,225,000	1,162,500	4,487,500	23,250

제조간접비 예정배부율은 직접노동시간에 대하여 @50원이고 제조간접비의 실제액은 1,209,000원이었다. 그러므로 간접비배부차이는 46,500원(1,209,000원-1,162,500원)이다. 보충률은 다음과 같다.

$$\frac{46,500원(간접비차액)}{23,250원(직접노동시간)} = 2원 \cdots\cdots 보충률$$

따라서 원가수정액은 다음과 같이 계산된다.

    재공품원가보충액   2원× 500 = 1,000원
    제품원가보충액   2원× 3,600= 7,200원
    매출원가보충액   2원×19,150=38,300원
    보 충 액 합 계   (간접비차액) 46,500원

이 계산에 따라 총계정원장의 각 과목별원가수정의 분개는 다음과 같다.

    (차) 재 공 품 1,000   (대) 간접비차액 46,500
        제   품 7,200
        매출원가 38,300

보험료계정
(保險料計定)
(Insurance

의의 제조경비를 형태별분류에 따라 세분한 경우의 1과목이며, 기업이 불시의 손해에 대비하여 소요되는 손해보험료로 제조에 관계하는 것을 당 계정으로 처리한다. 손해보험의 특징은 보험사고가 없는 한

Expenses Account)	버리게 된다는 것이다. 즉, 만기가 되어 보험금을 받을 수 있는 것은 비용과목인 당계정으로 처리하여서는 안된다.
손해보험종류	[설명] 1. 손해보험의 종류 　보험료계정으로 처리되는 것은 다음과 같은 것이 있다. 　① 화재보험 … 공장(기계장치 등 공장내 물건을 포함), 창고, 주택 등 기타 기구·비품·창고품 등이 보험의 대상이 된다. 　② 해상보험 … 항해 중의 사고에 대비하는 보험으로 선박보험·적하보험 기타 화물이 목적지에 무사히 도착한 경우에 얻어지는 이익에 대한 보험도 있다. 　③ 운송보험 … 육상운송 중 화재나 기타 재해에 대비하여 적하에 소요되는 보험이다. 　④ 기타보험 … 화재보험·해상보험·운송보험 이외의 손해보험을 말하며, 다음과 같은 것들이 있다. 　　㉮ 자동차보험 : (충돌·도난·타인에게 손해를 준 경우에 대비한 것) 　　㉯ 상해보험 : (사고로 상해를 입은 경우에 대비하는 것. 산재보험과 같이 법으로 강제되는 것이 아니다) 　　㉰ 도난보험 : (물품이 도난된 경우의 손실에 대비하는 것) 　　㉱ 항공보험 : (사고에 의하여 적하가 손해를 입은 경우에 대비하는 것. 여행자의 인명·상해에 대한 것은 여비계정에 포함하는 것이 좋다) 　　㉲ 이익보험 : (화재·풍수해 등에 의한 불가동기간의 손실에 대비한 것)
발생주의에 의한경리	2. 발생주의에 의한 경리 　보험료는 일정한 보험기간을 선급으로 하는 것이 많다. 따라서 금액적으로 중요한 것은 이를 선급비용으로 하여 처리하고, 발생주의회계를 준수하여야 한다.
인접관련 계정과의관계	3. 인접관련계정과의 관계 　형태별분류과목인 보험료계정에 차변기입된 보험료는, 간접경비인 보험료계정에 대체된다. ☞ **경비계정** (Expense Account)
복 리 비 **(福 利 費)** (Welfare Expenses)	[의의] 복리비는 종업원의 복리후생을 위하여 소요되는 비용을 말한다. 광의로는 지급경비의 1종으로서 복합비의 성격을 지니고 있으며, 법정복리비·복리시설부담액·후생비·퇴직금·현물급여의 제항목으로 되어 있다. [설명] 법정복리비란 근로기준법, 노동자재해보상보험법, 국민건강보험법, 연금보험법 등에 의한 사업주 부담액이다. 종업원 부담액은 임금 또는 급료지급시에 이것을 공제하여 일시적으로 예치하였다가 사업주

	부담액과 함께 정기적으로 납부되는 것이므로 납부될 때까지는 회사의 일시적 예수금이고 원가나 비용은 되지 않는다. 　따라서 원가요소가 될 수 있는 것은 사업주부담액뿐이다. 이 부담액을 일괄하여 정리할 때에는 법정복리비로 하지만, 법의 종류에 따라 구분하여 정리하기도 한다.
복리시설부담액 **(福利施設負擔額)** (Contribution to Welfare Facilities)	의의 복리시설부담액이란 학교・병원・식당・탁아소・기숙사 등 복리시설을 독립회계로 한 경우의 회사가 부담하여야 할 금액을 말한다. 설명 독립회계의 독립정도에는 여러 가지가 있으나 보통 수입지출을 따로 계산하고 차감부족액을 보조하는 경우를 가르킨다. 예로서 병원의 경우라면 진찰료나 약대의 수입으로 제지출이나 제비용에 충당하고도 부족한 경우, 그 부족액을 보조한다. 또 학교의 경우라면 수업료의 수입으로 제지출 및 제비용에 충당하고 차감부족액을 보조하는 경우가 많다. 이와 같은 경우의 보조액이 복리시설부담이다. 　공장의 부담액은 제조간접비 또는 보조부문비로서 제조원가를 구성한다. 이 경우에 복리시설부담액은 병원수지, 학교수지, 식당수지, 사택수지 등을 회계과가 기록하고, 그 수지차액의 보고를 받아 원가계산계가 부문배부를 한 다음 부문별간접비집계표에다 배부액을 기입함으로써 파악된다. 　이 복리시설부담액은 단수경비로서 경비의 1항목으로 하거나 또는 노무부비로서 노무비의 1항목으로 하지만, 원가계산준칙은 간접경비에 포함시키고 있다. 그리고 판매부문 및 관리부문의 부담액은 판매비 및 관리비로서 처리하는 것으로 된다.
복리시설부담액계정 **(福利施設負擔額計定)** (Contribution to Welfare Facilities Account)	의의 제조경비를 형태별분류에 따라 세분한 경우의 1과목이며, 종업원의 복리시설(의료, 스포츠, 교양, 오락 등의 시설)이 독립회계로 되어 있는 경우의 이들 시설에 소요되는 비용을 처리하는 계정이다. 설명 1. 복합비로서의 복리시설부담액 　제조경비는 재무회계의 입장에서 우선, 형태별의 과목으로 보촉되지만, 종업원의 복리후생에 관한 비용은 복리후생비 또는 복리비라는 복합비의 과목으로 처리 되는 일이 있다. 　그러나 이와 같은 복합비는 가령, 복리시설의 감가상각비, 수선비, 조세공과, 손해보험료, 수도광열비, 관리인의 급여 등을 망라하지 않고, 기능별분류 또는 목적분류과목으로서의 목적을 수행하지 않은 경우가 많다. 　따라서 독립회계제도가 없는 복리시설의 이들의 비용은 각각에 속하는 형태별과목에 의하여 처리하는 것이 오히려 계정조직의 혼란을 피하는데 좋을 것이다.

복수기준배부법 **(複數基準配賦法)** (Double Standard Distribution Method)	이에 대하여 복리시설이 독립회계로 된 경우는, 월차에 복리시설의 비용이 묶여서 포착되기 때문에, 마치 외부에 대한 지급경비와 같은 형태별과목에 준한 계정처리가 가능하게 된다. 2. 인접관련계정과의 관계 　형태별분류과목인 복리시설부담액계정 차변에 기입된 복리시설부담액은, 간접경비인 복리시설부담액계정에 대체된다. ☞ **경비계정** (Expense Account) [의의] 보조부문비를 고정비와 유동비로 나누고, 고정비는 관계부문이 그 보조부문의 용역을 소비하는 능력의 비례에 따라 관계부문에 배부하고 변동비는 관계부문이 그 보조부문의 용역을 실제로 소비한 비율에 따라 관계부문에 배부하는 방법이다. [설명] 고정비는 용역의 공급능력을 유지하기 위해서 발생하기 때문에 각 관계부문의 용역소비능력에 따라 배분하여야 하고, 유동비는 실제의 용역을 제공하기 위해서 발생하는 것이므로 각 관계부문의 실제용역소비액에 따라 배분하여야 한다. 즉, 이 방법은 고정비를 투자(능력)의 관수로 파악하고, 변동비를 활동의 관수로 파악하고, 이를 기준으로 하여 배부계산을 하는 방법이다. 따라서 이 방법은 합리적이고 계산도 정확하지만 보조부문비를 공정비와 유동비로 나누어 파악하여야 하므로, 그 구성상의 문제가 있고 계산이 조금 복잡하다. 　복수기준배부법에 의한 보조부문비배부는 단일기준배부법에 의한 경우보다 합리적으로 배부할 수 있는 장점이 있으나 그 계산이 번잡하다는 단점이 있다. [사례] 복수기준배부법 단일기준배부법에서 사용한 자료를 가지고 계산하면 다음과 같다. ① 각 부문의 동력소비능력비율 　　제1제조부문　　10,000　kw/h　50% 　　제2제조부문　　 8,000　kw/h　40% 　　수 선 부 문　　 2,000　kw/h　10% 　　합　　　계　　20,000　kw/h　100% ② 당월의 각부문 실제동력소비량 비율 　　제1제조부문　　 4,000　kw/h　40% 　　제2제조부문　　 5,000　kw/h　50% 　　수 선 부 문　　 1,000　kw/h　10% 　　합　　　계　　10,000　kw/h　100% ③ 동력부문고정비의 각부문배부액 　　제1제조부문 배부액 …… 100,000×0.5=50,000원 　　제2제조부문 배부액 …… 100,000×0.4=40,000원 　　수 선 부 문 배부액 …… 100,000×0.1=10,000원

④ 동력부문변동비의 각부문 배부액
   제1제조부문 배부액 …… 120,000×0.4=48,000원
   제2제조부문 배부액 …… 120,000×0.5=60,000원
   수 선 부 문 배부액 …… 120,000×0.1=12,000원
⑤ 각부문의 동력부문비 배부액 합계

	제1제조부문	제2제조부문	수선부문	합 계
동력부고정비	50,000	40,000	10,000	100,000
동력부변동비	48,000	60,000	12,000	120,000
합 계	98,000	100,000	22,000	220,000

복 합 경 비
(複 合 經 費)
(Compound Expenses)

[의의] 특정목적을 위해서 지출되는 몇갠가의 원가요소를 일괄하여 경비항목으로서 집계하는 경우, 그것을 복합경비라고 부른다. 원가계산준칙에서는 「간접경비는 원칙으로서 형태별로 분류하는데, 필요에 따라서 수선비, 운반비 등의 복합비를 설정할 수 가 있다.」라고 기록하고 있다. 복합경비의 예로서는 이밖에 용수비, 동력비, 재료보관비, 검사비, 훈련비・모집비・시험연구비 등을 들 것이다. 복합경비의 설정은 보조부문계산의 대용적 의의를 갖는다. 복합경비가운데, 동력비와 수선비를 예로 들고, 다음의 표와 같이 각각의 복합내용을 참고로 표시한다.

명 칭	복합내용
동력비	동력연료비, 동력계원의 급료, 임금 매입동력비
수선비	수선용재료비, 수선계원의 급료・임금, 지급수선료

[설명] 재료비・노무비 및 경비도 소비목적은 동일하므로 그것들을 복합하여 하나의 비목으로 처리하는 것이다. 즉, 복합경비(복합비)는 특정목적을 위하여 재료요소・노무요소・경비요소 중의 2 또는 3을 복합하여 경비의 1항목으로 계산하는 것이다. 그리고 복합비는 원칙적으로 소규모경영에서 부문비계산을 하기가 극히 번잡한 때에 간편한 방법으로 용이하게 계산될 원가요소에 관해서만 설정될 것이다.

복합비는 제1차적 복합비와 제2차적 복합비가 있다. 제1차적 복합비는, 예를 들면 수선목적의 재료소비・노동력소비 또는 외부용역소비를 당초부터 수선비로서 파악하는 때에 발생한다. 그리고 제2차복합비는 수선목적의 재료소비・노동력소비 또는 외부용역소비를 일단 각기 재료비・노무비 및 지급경비로 계상하고, 그 다음에 이것을 일괄하여 수선비로 하는 것이다.

복합비를 계상할 때 당해 목적을 위하여 발생한 원가요소를 전적으로 복합하는 것이 아니고 목적비로서 용이하게 포착될 수 있는 경비를 복합하는데 지나지 않는다. 이것을 정밀하게 복합하려면 수선부에

보조부문을 설정하고 수선을 하기 위한 재료비・노무비・제경비 및 타부문으로 부터의 배부비를 집계하지 않으면 안된다. 이 부문비 계산을 하지 않고, 일정한 목적비를 대체적으로 파악하려고 하면 복잡한 계산을 하여야 된다. 복합비를 계상하면, 재료비분개장에서 직접재료비・간접재료비와 더불어 수선비라는 복합비목으로 처리해야 되고 노무비배분표에도 직접노무비・간접노무비 이외에 수선비라는 복합비목으로 처리할 필요가 생긴다. 그리고 복합비목의 계상에 의하여 불필요한 비목도 생긴다. 예를 들면, 수선비를 설정한 때 지급수선비가 불필요하게 되고 전력비 또는 동력비를 설정하면 전력료가 불필요하게 되며, 용수비를 설정하면 수도료가 불필요하게 되는 경우가 있다. 그리고 재료비・노무비의 일부가 복합비에 포함되면 그 부분만 재료비・노무비로부터 제외한다.

다음에 제2차복합비를 계상하려면 일단 재료비・노무비・경비로 계상한 요소를 다음 단계에서 목적비용으로 복합시키지 않으면 안된다. 이 경우에도 어느 목적을 위하여 발생한 비용을 총괄적으로 또는 제1차 원가요소별로 파악하게 되는 것은 말할 나위도 없다.

이와 같이 복합비는 어느 목적을 달성하기 위하여 발생한 비용을 개괄적으로 파악하게 되는데, 그 존재이유가 있다. 예를 들면, 공장에 따라 보조부문비의 계산을 하지 않는데서는 동력발생, 용수, 운반, 재료구입 및 보관, 수선, 검사, 종업원모집, 복리시설, 시험연구 등에 관한 특별비용으로 하여금 용이하게 포착할 수 있는 원가요소를 복합하여 동력비・운반비・재료보관비・수선비・검사비・종업원 훈련비・시험연구비・복리비・종업원 모집비 등의 복합비를 설정하여 다른 경비요소와 아울러 경비의 분류 중에 가입시킬 수 있다.

다시 구체적으로 말하면, 동력비는 동력용 연료, 동력계원의 임금, 매입동력비 등을 복합하여 설정하고, 수선비는 수선재료비, 수선작업직원의 급료 및 임금, 지급수선비 등을 복합하여 설정한다. 그리고 종업원모집비는 모집원의 급료, 모집여비, 수수료 등을 복합하여 설정할 수 있다. 그리고 복합비에 복합되는 금액은 재료비, 노무비 및 경비의 각계정으로부터 제거해야 된다.

| **본부비・공통비배부** (本部費・共通費配賦) | 의의 이익책임을 지는 사업부의 업적을 측정하려면, 각 사업부에서 관리되는 원가 및 수익을 기업내의 다른 장소에서 관리되는 원가 및 수익과 분리하여 검토할 필요가 있다. 물론 각 사업부에 소속되는 설비가 명백하게 구분되고 독자의 공장이나 판매조직을 갖추고 있으면 쉽게 구분될 수 있을 것이다. 그러나 제사업부가 공용생산설비를 이용하고 있으면 이익책임은 애매하게 된다. 더욱이 각 사업부에 대하여 공통의 보조부문비나 본부비가 자의적으로 배부되면 바른 업적평가를 하기 어렵다. 그러므로 사업부의 업적을 명확히 하려면 본부비・공통 |

비 등의 배부가 적정하게 되어져야 된다.

[설명] 기업내부에 있는 수개의 사업부에 대하여 용역을 제공하기 위하여 설치된 설비부문이 있을 수 있다. 이러한 공용 설비부문의 원가 및 투하자본은 이 부문에서 용역의 제공을 받는 각 사업부에 대하여 용역제공량에 비례한 비용의 배부를 할 수 있지만, 책임을 명확히 하기 위하여 다음 중의 어느 하나를 채택하는 것이 유효한 것이다.

① 당해 공용설비자산을 가장 많이 이용하는 사업부의 소속으로 한다. 이 경우에 다른 사업부에 제공되는 용역에 대하여는 내부대체가격이 적용된다.

② 그 용역설비부문을 독립채산부문으로 설정한다. 이 경우에 이 부문의 장(長)은 다른 사업부장과 같은 지위에 서고 당해 부문의 업적에 대한 책임을 진다.

사업부에서 관리되는 원가와 기업내의 다른 장소에서 관리되는 원가는 구분된다. 후자는 공통의 보조부문비나 본부비를 공통비로 보고 일정한 기준에 따라 용역을 받은 사업부에 배부한다.

공통비를 각 사업부에 배부하려면, 일괄배부법 · 비용군별배부법 · 비목별배부법 등이 있고, 배부기준에는 다음과 같은 각종의 것이 있다.

① 용역이용기준 : 예를 들면, 동력부비는 각 사업부의 동력소비량을 기준으로 하여 배부하고, 본부의 구매부비는 각 사업부의 주문건수를 기준으로 하여 배부하는 것이다.

② 규모기준 : 예를 들면, 각 사업부의 투하자본액이나 고정적 종업원수를 배부기준으로 하여 배부하는 것이다.

③ 활동기준 : 각 사업부의 매출액이나 생산액을 기준으로 하여 배부하는 것이다.

④ 부담능력기준 : 각 사업부의 공통비배부전의 이익액을 기준으로 하여 공통비를 배부하는 것으로서, 이것은 편이적인 방법이며 이론적인 것은 아니다.

⑤ 복합기준 : 규모기준과 활동기준의 양자를 교려하여 결정한 때, 그 속에는 노무비나 감가상각비도 포함되므로 복합기준의 성격을 지니게 된다.

배부방법에 있어서 일괄배부법에 의하면 복합기준이 적합하고, 비목별배부법이나 비목군별 배부법에 의하면 각 비목 또는 비목군마다 각기 적합한 배부기준이 선정되어야 한다. 만일, 배부기준을 잘못 설정하면 불합리한 결과가 되기 쉽다. 예를 들면, 규모기준이 적합한 데도 불구하고 활동기준에 의하여 공통비를 배부한 경우에 소수의 인원 또는 소액의 투하자본으로 다액의 매출액이나 생산액을 올렸는 데도 그 노력에는 관계없이 다액의 공통비를 부담하게 되어 사기가 저할 될 것이다.

배부계산에 있어서 본부비·공통비의 배부에는 ㉮ 실제발생액 또는 실제배부율 ㉯ 예정배부액 또는 예정배부율의 양자 중 어느 것으로 하느냐의 문제가 생긴다.

그러나 오늘날 배부계산은 될 수 있는 대로 예정배부율 또는 예정배부액으로 할 것이 요망되고 있다. 왜냐하면, 실제배부액 또는 실제배부율에 의하면 본부나 공통부문의 실제원가가 배부되고, 그 실제원가의 다과에 따라 사업부에 대한 배부액이 다르게 되며, 그 배부금액은 사업부의 관리책임에 전적으로 귀속시킬것이 아니기 때문이다.

사업부는 매월 재무제표 및 부속명세서를 작성하여야 된다. 사업부의 월차손익계산서에는 원칙적으로 각 사업부 고유의 수익 및 비용이 다르므로 배부된 수익 및 비용과 구분하여 표시되어야 한다.

부 가 가 치
(附 加 價 値)
(Added Value,
Value Added)

[의의] 부가가치란 생산(판매)를 통해서 새로이 산출된 가치를 말한다. 기업의 총생산액(매출액)에서 그 생산을 위해서 타의 기업으로부터 매입하여 소비한 원재료비 등을 차감한 것이다. 부가가치를 구체적으로 계산하는 경우 광의·협의의 각종의 포촉방법이 있지만 일반적으로는 당기순이익·인건비·금융비용·임차료·조세공과·감가상각비 등의 합계액으로서 붙잡는다. 계산방법으로서 생산면에서 부가가치를 붙잡는 공제법과 분배면에서 붙잡는 가산법이 있다. 공제법에 의하면 총생산가치로서의 매출액에서 원가재료, 외주비 등의 타기업으로부터 매입하여 소비한 비용액을 차감하여 그 잔액을 부가가치액이라고 한다. 가산법에 의하면, 먼저 부가가치구성요소를 정하고, 이들의 제요소 금액의 합계를 부가가치액으로 한다.

[설명] 부가가치는 기업자체가 창조한 가치이므로 그 대부분은 기업의 이해관계자에게 분배된다. 기업의 순이익 중에서 기업내에 유보된 적립금이나 주주에 대한 배당금, 임원에 대한 임원상여금 등은 기업의 부가가치 중에서 분배된 것이다. 그밖에 종업원에 대한 임금·수당·토지에 대한 지대, 채권자에 대한 이자, 국가에 대한 세금 등은 모두 부가가치에서 분배되는 것이다. 토지나 자본의 가치는 그것을 이용하여도 가치가 감모하는 것이 아니다. 원가치(元價値)를 유지하면서 지대나 이자가 제공된 용역의 대가로서 지급되는 것이다. 그러므로 기업이 창조한 부가가치 중에서 분배되는 것이다. 노동력의 가치는 인간이 창조하는 가치이고 부가가치의 중요한 원천이 된다.

이론적으로 부가가치는 기업의 순이익, 종업원에 대한 상여, 감가되지 않는 토지나 자본용역에 대한 지대·이자 및 세금으로 되어 있다. 이와 같은 부가가치를 순부가가치라고 하며, 이것이 순이론적인 부가가치인 것이다. 각 기업의 순부가가치를 합계하면 국민경제에서의 총소득이 되는 것이다. 이와 같은 국민총소득은 그 나라의 경제성장의 지표가 되는 것이다. 또 부가가치의 구성내용을 분석할 때 부가가치가 어떻게 기업의 이해관계자에게 분배되고 있는가를 알 수 있고, 기업자체의 성장 발전이나 안전성을 판단하는 자료가 된다. 그러나 기업회계의 면에서 보면 기업들은 감가상각을 과대 또는 과소하게 하는 경우가 있다. 그리고 세법의 규정에 의하여 어느 기간에는 특히 많은 감가상각을 할 것이 인정되기도 한다. 그러므로 순이익이 산정이 달라진다. 그러므로 임의로 산출한 순부가가치액으로서 기업간의 비교를 하는 것은 불합리한 일이다. 그러므로 1기간에 기업이 창조한 순부가가치액에다. 그 기간에 기업이 계상한 감가상각비 등의 액을 가산한 것을 광의의 부가가치로 하는 방법이 이용된다. 그러나 감가상각비를 부가가치에다 가산하게 되면 타인의 고정자산에 대한 임차료를 어떻게 할 것인가의 문제가 생긴다. 그리고 임차료 중에는 대여자가 부담하는 지급보험료나 수선비도 포함되는 것이므로 자기소유의 자산에 대한 보험료나 수선비도 부가가치에 산입되어야 하는 것이다. 이와 같은 이유에서 기업간의 비교나 사회경제적 통계분석을 하는 경우에는 순부가가치에다 감가상각비·임차료·보험료 등을 가산한 조부가가치를 사용한다. 부가가치를 생산가치의 의미로도 사용한다. 그러나 생산가치와 부가가치는 구별하여야 한다. 부가가치는 사회적 공헌도를 표시하는 것이고, 국민경제의 세표로서 기업이 창조한 가치인 것이다. 그러나 생산가치는 생산물을 중심으로 생각하는 것이다. 그것은 생산물의 판매가에서 그 생산을 위하여 소비된 기존가치인 재료비·부분품비·소모품비 등을 차감한 것이다. 즉, 생산비를 구성하는 요소 중에서 재료비·구입물품비 등 타기업에서 구입한 기존가치의 소비분이고, 생산비를 구성하는 것을 제외하면 남은 것은 생산가치가 된다.

  그리고 판매비와 관리비는 생산비를 구성하는 것이 아니며, 그것들은 생산물의 판매가 중에서 회수되는 것이고, 생산가치를 구성하는 것으로 보는 것이다. 즉, 판매비 및 관리비는 광의의 생산가치에 산입되는 것이다. 그러므로 생산가치 중에는 기업의 순이익, 임금 및 수당·지대·이자·조세 등 순부가가치의 구성요소는 물론이고 감가상각비·임차료·보험료와 같은 조부가가치구성요소가 그것에 가산되고 다시 판매비와 관리비가 그것에 가산되는 것이다. 이와 같이 생산가치 중에는 조부가가치의 구성요소 외에 판매비 및 관리비를 구성하는 사무용품비·운임·보관료·통신비·여비·접대비 등이 포함된다. 이것들은 생산활동에 의하여 창조된 가치 중에서 지급되는 것이기 때문이다. 기업의 입장에서는 기존가치의 소비분으로 보이는 것이 일부를 부가가치에 산입하는 점에 모순이 있는 듯하다. 그러나 락커·플랜에서 생산가치란 이러한 내용의 것이고, 사회경제적인 면에서 다수 기업의 비교분석이나 통계적 처리에는 이러한 개념이 부가가치를 많이 이용하고 있다.

부가가치구성요소 **(附加價値構成要素)** (Value Added Price Composition Factor)	[의의] 부가가치를 가산법에 의해서 계산하는 경우, 어떠한 항목을 포함시키는가, 그 항목을 부가가치구성요소라고 한다. [설명] 부가가치구성요소로서 다음의 6개를 포함시키고 있다. ① 당기순이익(세공제전) ② 인건비 … 임원급료·수당·사무원급료·수당·노무비(복리후생비·퇴직급여충당금 및 이월액 등을 포함) ③ 금융비용 … 지급이자할인료·사채발행차금상각·사채이자 ④ 임차료 … 지대·집세·동산·부동산임차료 ⑤ 세금과공과 … 법인세·주민세·간접세를 제한 조세공과(인지세, 등록세, 면허세, 관세 등) ⑥ 감가상각비 　상기 가운데 임차료와 감가상각비에 대하여는 이론적으로 보아서 이들을 부가가치구성요소에 포함시키는 것은 문제이고 오히려 외국매입가치라고 보아야 할 것이다. 그러나 감가상각비는 장기간에 걸쳐서 사용되는 설비의 감모액으로, 사업연도마다의 정확한 감모액을 구하기는 곤란하고 또 실무상도 세무상의 특별상각이나 이익을 낳기 위해서의 상각부족 등이 있어서 그들에 의해서 부가 가액이 크게 변화하는 것도 바람직하지 않으므로 부가가치구성요소에 가하는 편이 편의적이라고 하고 있다. 　감가상각비를 부가가치구성요소에 포함시키는 경우에는 설비를 가지고 있는 경우, 임차하고 있는 경우와 부가가치의 계산이 같은 베이스로 하도록, 임차료(그 내용은 대부분이 감가상각비·조세공과·금융비용)도 부가가치구성요소에 포함시켜야 할 것이다.
부가가치노동생산성 **(附加價値勞動生産性)** (Value Added Price Labor Productivity)	[의의] 부가가치는 기업의 경영활동에 의해서 산출된 가치이고, 매출액 또는 생산액에서 타로부터 매입하여 소비한 원재료 등의 외부매입가치(전급부원가라고도 한다)를 차감한 것이다. 그 부가가치액을 산출한 노동력(통상종업원수 또는 인건비)으로 나눈 것을 부가가치노동생산성이라고 한다. [설명] 이익이 개별기업의 사경제적 성과를 가리키는 것인데 대하여, 부가가치는 국민경제적 관점에 서서, 개별기업이 국민경제의 생산에 어느만큼 공헌하는가를 파악하여 이것을 기업의 성과라고 생각하는 것이고, 개별기업의 수익성 분석에도 이 부가가치에 대하여 분석이 중요시 되어 가고 있다. 　부가가치는 기업의 생산성을 화폐액으로 표시하는 것의 일종인 까닭으로, 그것을 산출한 요인으로 된 생산요소와의 관계에서 붙잡는 것이 성과의 양부를 판정하기 위해서는 필요하고(생산성분석), 분모의 종업원수 또는 인건비를 사용한 노동생산성이 가장 많이 사용된다. 　특히 최근과 같이 인건비의 상승이 현저하게 되면, 인건비의 상승을

부가가치분배율 **(附加價値分配率)** (Value Added Price Sharing Ratio)	커버할 만큼의 노동생산성이 없으면, 노동분배율의 상승을 가져오고, 수익의 악화에 연결되므로, 중요한 지표이다. [산식] $$노동생산성 = \frac{부가가치액}{종업원수}$$ $$노동분배율 = \frac{인건비}{부가가치액} \times 100$$ [의의] 기업이 새로이 산출한 가치인 부가가치는 매출액 또는 생산액에서 외부매입가치를 차감하는 것에 의해서도 계산하지만(공제법) 세공제이익+인건비+금융비용조세공과(법인세 등을 포함)=부가가치라는 계산도 가능하다.(가산법-상기의 외에 임차료 감가상각비를 가하는수도 있는데, 이것은 부가가치라고 부른다) 이 경우, 부가가치를 구성하는 세공제이익, 인건비, 금융비용, 조세공과, 임차료, 감가상각비의 각각에 부가가치가 어떻게 분배되었는가를 퍼센테지로 가리킨 것이 부가가치분배율이다. 이 부가가치분배율은 기업의 부가가치에 대한 이익관계자의 각각의 배당이라는 의미가 있고, 특히 최근은 인건비의 상승에서 노동분배율이 중시되고 있다. [산식] $$노동분배율 = \frac{인건비}{부가가치} \times 100$$ [설명] 럭커(Rucker)는 1914년부터 1947년까지 34년간 미국의 제조업체 약 24만개를 조사하여 보니 각 기업의 부가가치 중 임금이 차지하는 비율은 39.395%로서 거의 안정되고 있었다고 한다. 락커·플랜(Rucker Plan)은 이와 같은 비율에 따라 임금결정방식을 적용해야 한다고 주장하였다. 　일반적으로 부가가치 노동분배율의 높이는 경영규모, 업종, 업태에 따라 차이가 있으나 업종별로 보면 경기변동에 관계없이 조부가가치 중에서 임금으로의 분배분은 거의 불변이라 한다. 그러므로 각 기업에서 부가가치에 대한 노동분배율이 어떻게 되어 있는가는 그 기업을 판정하는 하나의 지표가 된다고 한다. 부가가치는 노동에 분배되는 것, 사내에 유보되는 것, 세금으로 징수되는 것, 주주에게 배당되는 것, 이자로 지급되는 것 등 각종의 이해관계자에게 배분된다. 매기 계속적으로 부가가치분석을 하면, 그와 같은 분배율의 변동상태를 알 수 있게 된다. 　부가가치배분표에 의하면, 인건비로서 배분되는 가치, 자본보수로서 배분되는 가치, 감가상각비로서 회수되는 가치등의 상호관계를 알 수 있다. 자본이익률·이익유보율·노동장비율 등과 종합하여 고찰해야 하고, 그것들의 상호관계를 분석적으로 검토하여야 한다.

(1) $\dfrac{\text{지급임금액}}{\text{노동자수}} = \dfrac{\text{지급임금액}}{\text{부가가치}} \times \dfrac{\text{부가가치}}{\text{경영자산}} \times \dfrac{\text{경영자산}}{\text{노동자수}}$

이러한 부가가치분석을 하면 다음의 사실을 알 수 있다. 즉, 노동자 1인당 임금지급액의 대소, 노동분배율의 대소, 경영자산이용률(경영자산부가가치생산력)의 대소, 노동장비율의 대소가 판명된다. 이 경우에 노동분배율이 일정하다면 노동자 1인당 임금지급액=노동의 분배율×경영자산이익률×노동장비율 이라는 관계가 되며, 따라서 경영자산의 증가(노동장비율의 증가)와 경영자산의 이용효율을 동시에 높여야 된다는 것을 알게 된다. 기업의 노동분배율을 일정하다고 하면, 1인당 임금소득을 높이기 위하여 경영자산의 이용률을 높여야 할 것이다.

(2) $\dfrac{\text{배당금}}{\text{자본금}} = \dfrac{\text{배당금}}{\text{부가가치}} \times \dfrac{\text{부가가치}}{\text{매출액}} \times \dfrac{\text{매출액}}{\text{경영자본}} \times \dfrac{\text{경영자본}}{\text{자본금}}$

이러한 부가가치분석은, 자본금에 대한 배당률의 대소는 부가가치배당률의 대소와 자본부가가치율의 대소에 비례한다는 것을 표시한다.

　　배당률=부가가치배당률×자본금회전율(자본금투자효율)×부가가치율×경자본대자본금비율

만일, 부가가치배당률(자본주에 대한 분배율)을 일정하다고 하면, 자본금배당률을 높이기 위하여 경영자본의 투자효율을 높이고, 부가가치율을 높이며, 경영자본의 총액 중에서 차지하는 자본금의 금액을 축소시켜야 한다.

(3) $\dfrac{\text{유보이익}}{\text{자본}} = \dfrac{\text{유보이익}}{\text{부가가치}} \times \dfrac{\text{부가가치}}{\text{매출액}} \times \dfrac{\text{매출액}}{\text{자본}}$

자본대유보이익률(자본유보율)은, 기업의 안전성측정의 척도가 되는 것이다. 이 비율을 분석하여 보면, 기업의 안전성을 재투자비율의 대소와 부가가치율의 대소 및 자본회전율의 대소에 의하여 영향을 받음을 알 수 있다.

　　자본유보율=재투자비율×부가가치율×자본회전율

만일, 재투자율이 일정하다면 기업의 안전성을 높이기 위하여 부가가치율을 높이거나 자본의 투자효율을 높여야 한다.

(4) $\dfrac{\text{부가가치}}{\text{매출액}} = \dfrac{\text{지급임금}}{\text{매출액}} \times \dfrac{\text{경영자산}}{\text{지급임금}} \times \dfrac{\text{부가가치}}{\text{경영자산}}$

위의 분석에서 부가가치율은, 지급임금 대 매출액비율을 일정하다고 하면, 경영자산의 이용효율을 높이는 동시에 노동장비율을 높여야 함을 알 수 있다.

(5) $\dfrac{\text{유형자산}}{\text{임금지급액}} = \dfrac{\text{매출액}}{\text{임금지급액}} \times \dfrac{\text{부가가치}}{\text{매출액}} \times \dfrac{\text{유형자산}}{\text{부가가치}}$

이 분석에서, 자본의 유기적 구성도가 높을수록 임금의 회수율을 높이거나 또는 부가가치율을 높여야 함을 알 수 있다. 만일 그렇지 못하면 유형자산의 투자회수기간이 연장될 수 밖에 없다.

	자본의 유기적구성률=부가가치율×임금회수율×유형자산회수기간
이상에서 보는 바와 같이, 부가가치분석율은 기업경영에 여러 가지로 영향을 주게 된다. 즉, 부가가치는 배당·임금·이자·조세 등으로서 기업의 출자자·종업원·채권자·임대권자·국가 등의 이해관계자에게 영향을 주게 된다. 또 기업의 생산성향상, 노동의 기계화 등도 이해관계자들의 분배율에 영향을 준다. 남은 문제는 기업에 대한 이해관계자집단의 하나인 소비자의 분배분을 어떻게 측정할 것인가이다. 이 경우의 분배는 기업이 제공하는 생산물의 판매가를 인하함으로써 소극적으로나마 이루어지는 것이다. 따라서 부가가치로서 계상되는 것에서 분배되는 것은 아니다. 소비자에 대한 분배분은 기업의 부가가치를 산정하기 이전에 분배되는 셈이고, 그것을 부가가치의 분배로서 계산하기란 어렵다. 그러나 소비자에 대한 분배분(가격인하)이 많을수록 기업이 제공하는 생산물의 수요가 증대하며, 그만큼 자본회전율이 높아져서 자본이익률을 높이게 될 것이다. 그러므로 자본부가가치율의 크기는 어느 정도 소비자에 대한 공헌도를 제시하는 것이라고 할 것이다.
부가가치분석 (附加價値分析) (Added Value Analysis)	의의 부가가치를 써서 성장성·생산성·수익성 등을 분석하고, 기업활동의 내용을 판단하는 재료로 하는 분석이다. 설명 부가가치란 것은, 기업이 그 활동에 의해 새로이 산출한 가치이고 구체적으로는 「기업의 총생산액-원재료비·동력비·감가상각비 등의 타의 기업에서 만들어낸 가치」로 구하게 된다. 이 부가가치로써서 기업의 활동상황을 분석하고, 판단자료를 경영자에게 제공하고자 하는 것이 부가가치분석이다. 여기에는 기업의 성장도를 보는 부가가치 성장분석, 기업의 경쟁력을 보는 부가가치 생산성분석 등이 있다. 또 부가가치는 물적생산성과 인적생산성으로 분해하여 분석하는 것도 일반적으로 행하여지고 있다.
부가가치율 (附加價値率) (Added Value Ratio)	의의 매출액에 차지하는 부가가치의 비율을 가리키는 것으로, 기업의 가공도의 대소를 검토하는 지표이다. 부가가치율이 높으면, 원재료에 대한 가공활동이 활발하다고 할 것이다. 산식 $\text{부가가치율} = \dfrac{\text{부가가치액}}{\text{순매출액}} \times 100$ 설명 업종의 특성에 따라서 이 지표는 다르고, 자사산업인가 외주의존인가에 따라서도 다르다. 이들의 조건이 일정하면, 이 비율이 상승도, 원재료의 절약을 가져온 결과라고 할 수가 있다.
부가가치조정액 (附加價値調整額)	의의 부가가치의 계산방법에, 가산법과 공제법이 있다. 이 2개의 계산방법에 의하면, 부가가치액이 등가액으로 되지 않으므로, 양자를 일

(Value Added Price Adjustment)	치시키기 위해서는 조정계산이 필요하다. 이 조정계산에 의해서 수정된 금액이 부가가치조정액이다. [설명] 공제법에 의한 부가가치액과 가산법에 의한 부가가치액을 일치시키기 위해서는 ① 공제법에 대하여 감가상각비·인건비·임차료·타인자본이자·조세공과 이익액과 같은 가산법을 먼저로 부가가치로 되는 것 이외의 일체의 비용급부 비용으로 하지 않으면 안된다. ② 가산법에 대하여는 분배된 부가가치합계액에서 영업외수익과 특별이익을 제하지 않으면 아니된다.
부가생산성 (附加生産性) (Value Added Prodectivity)	[의의] 부가가치총액을 종업원수로 제한 것. 즉, 종업원 1인당부가가치를 말한다. 일반적으로 「노동생산성」이라고 부른다. [산식] 부가가치생산성 = $\dfrac{부가가치}{종업원수}$ [설명] 생산성을 나타내는 방법으로써 생산의 2대요소를 사용한 노동생산성과 자본생산성이 있다. 노동생산성을 붙잡는 방식에 인원, 자금, 노동시간을 매출액, 순이익, 부가가치와 대비한 각종의 방법이다. 부가가치와 인원을 대비한 것이 대표적인 노동생산성으로, 이것을 부가가치생산성이라고도 부른다. 근년 생산성의 향상에 따라서 성과배분문제의 중요성이 높아짐에 따라 부가가치생산은 커다란 의의를 갖게끔 되었다.
부 가 원 가 (附 加 原 價) (Imputed Cost)	[의의] 원가계산상의 원가로 보게되지만, 손익계산에 있어서의 비용으로는 되지 않는 것을 말한다. 부가원가의 구체적인 예로서 자기자본이자 개인기업의 기업자보수, 자기소요설비의 임대료, 무상으로 취득한 설비의 감가상각비, 수증재료의 소비가치 등을 말하는 것이다. 부가원가는 재무회계상의 기록에는 나타나지 않고 따라서 제조원가 보고서나 손익계산서에는 계상되지 않는 원가이다. 그러나 경영정책상의 의사결정을 행함에 즈음하여서는 지출원가에 이 부가원가를 부가하여 고려하지 않으면 의사결정을 행할 수 없을 것이다. 예컨대, 설비의 신설에 임하여, 자기자금에 의한 매입이나 리스이용이냐를 선택할 때 그 자기자금을 타에 투자하는 경우에 얻을 수 있을 것인 이자액을 고려하지 않으면 어느 것이 유리한가의 판단은 할 수 없다. [설명] 이 부가원가는 독일계산제도에 특유한 개념이다. 독일의 실질이원론적계산론에서는 손익계산과 원가계산은 상이한 관점에서 상이한 원칙에 따르고 있다. 그러므로 비용과 원가는 완전히 일치되지 않

는다. 일치되는 부분은 손익계산상 이것을 목적비용, 원가계산측에서 기초원가이다. 그리고 불일치된 부분은 비용이면서 원가가 되지 않는 중성비용과 원가이면서 비용이 되지 않는 부가원가로 구분된다.

코지올(Kosiol)의 계산상 원가(Kalkultorische Kosten)는 부가원가에 해당된다. 부가원가는 여러 가지가 있으나 원천별로 구분하면 다음의 3가지가 있다.

① 본질적이고 급부적인 부가원가는 비용으로부터 원가를 분리계산할 때 지급기초가 없으므로 다른 방법에 의하지 않으면 계산할 수 없는 원가이다. 그러므로 별도원가(Anderskosten)라고도 한다. 이것에 속하는 것은 기업자임금, 자기자본이자, 개인기업에서의 가족임금 등이다.

② 단기간적·수량적 부가원가인 단기간적 비용도 급부에 투입된 것이라면 원가계산에서는 적절한 소비량을 파악하여야 한다. 예를 들면 위험준비비, 계산상의 감가상각, 자기자본에 대한 계산이자 등이다.

③ 가치적 부가원가는 원가계산에서 비용지출액보다도 높은 평가액이 가치소모에 주어지는 경우를 가르키는 것이고, 반대로 그것보다 낮은 평가를 하는 경우는 중성비용이 된다.

제조재료를 저렴하게 구입하거나 손익계산에서 정책적으로 과소감가상각하는 경우에 발생하는 것이다. 이러한 부가원가는 형식일원론에서 손익계산에 통합되는 경우에는 콘덴라벤에 제2군의 조절계정(28~29) 또는 제3군의 경영비용계정으로 파악되며 원가를 그만큼 높이 계산하고 월차손익계산에서 제9군의 월차손익계정 대변에 부가수익(Zusatzertrag)으로서 추가된다. 그리고 대응개념으로서 손익계산상의 수익은 되지 않지만 원가계산상에 급부가 되는 것을 부가급부(Zusatzleistung)라고 한다. 이것은 원가계산에서 비교목적을 위하여 급부에 대하여 얻어진 가격(시장가격)보다도 높은 가격(정상가격)이 계산될때 생기는 것이지만 실제로는 드문 일이다.

미국에서 부가원가라는 개념이 있다. 이것은 어느 경우에도 실제의 현금지출을 수반하지 않고, 따라서 재무회계에 나타나지 않는 것이지만 원가계산의 입장에서 그 가치희생을 계산할 수 있는 원가라고 한다. 이것은 경영정책상의 의사결정을 하기 위하여 이용되는 것이다. 이것은 독일의 부가원가와 유사하지만 본질적으로 다른 원리에서 생긴 것이며, 독일의 것처럼 체계적인 것도 아니다.

미국회계학회의 원가개념 및 기준위원회(AAA, Report of ccommittee on Cost Concepts and Standards, Accounting Review, April 1952)에 따르면, 부가원가란 실제의 현금지출이 없고 재무회계상의 기록에 나타나지 않지만, 그 원가를 계산하는 사람의 입장에서 보면, 그 가치희생을 계산할 수 있는 원가이다. 예를 들면 타인자본에 대한 지급이자는 재무회계상 자본코스트(Capial Cost)를 계상하지만, 자기자본에 대한 자본코스트는 계상하지 않는다. 그러나 개별계획설정을 위하여 투하자본의 대체용도를 결정하려면 투하자본총액의 이자계산이 필요하게 된다. 즉, 자기자본이라는 현금지출이 따르지 않지만 원가로서 계산할 필요가 있다. 이것도 부가원가이다. 이와 같이 자기소유건물의 계산상의 임차료, 자기자본에 대한 계산상의 이자, 기업가임금, 상각이 끝난 시설의 감가상각비해당액 등은 부가원가로서 이익산정시에는 지출원가에 부가되는 원가이다.

부가원가는 본질적으로 특정유형의 기회원가라고 할 수 있다. 예를 들면, 자기 자본을 투자하려는 경우에, 다른 용도에 이용하여 대여를 하면, 얻어질 기회원가로서의 수입이자를 고려해야 할 것이다. 그러므로 다음의 계산식으로 표시되는 2가지 사항이 검토되어야 한다.

① R(그 사업의 수익)-{(C(지출원가)+I(수입이자)}=+P(이익)
② R(그 사업의 수익)-{(C(지출원가)+I(수입이자)}=-P(손실)

[사례] A, B, C 3인은 2003년까지 서울시내 명소에서 판매점을 조합조직으로 경영해 오다가 2004년부터는 회사조직으로 변경하였다. 이들 3인은 각기 회사임원으로서 2004년부터는 연간 각각 12,000,000원의 봉급을 받게 되었다. 2003년에는 봉급지급이 없었다. 조합조직과 회사조직 경영을 비교할 때 업적은 어느 때가 좋은가.

	2003년(조합조직시)	2004년(회사조직시)
임원보수 계산전 이익	30,000,000원	58,000,000원
임원의 연간보수	-	36,000,000원
보수차감 후 이익	30,000,000원	22,000,000원

<해답> 2003년의 이익이 많아 유리한 것 같으나, 회사의 경우는 임원의 보수인 36,000,000원을 공제한 후의 이익이다. 따라서 조합조직 때도 봉급을 부가원가로 가산해서 비교해야 한다. 만일 조합조직 때 36,000,000원의 봉급을 지급하였다면 적자로 나타날 것이며, 회사조직 후가 업적이 향상되었음을 알 수 있다.

[사례] F화학회사는 최근 고능률의 새로운 기계 출현으로 구계를 그대로 사용하느냐, 아니면 신기계와 교체할 것인가를 검토하게 되었다. 자료가 다음과 같을 때 어느 것이 유리한가를 판단하라.

① 신기계의 구입가격 10,000,000원
② 구기계의 구입가격 5,000,000원
③ 신·구기계 다 같이 잔존가격 10%, 내용연수 10년, 정액법 계산이다. 구기계는 5년간 사용했고 잔존내용연수는 5년이다.
④ 구기계의 매각처분 가능액은 1,500,000원이다.
⑤ 동사 시설자금 이자율은 연 10%로 계산하고 있다.
⑥ 신·구기계로서 연간 10,000개 생산을 위한 제조원가는 다음과 같다.

비 목	신기계	구기계
재 료 비	2,000,000	2,000,000
노 무 비	500,000	1,500,000
감가상각비	900,000	450,000
기 타 경 비	300,000	500,000
	3,700,000	4,450,000

㉠ 신기계 대체가 유리하냐, 구기계를 그대로 사용하느냐를 판단하되 구기계 미상각잔액인 매몰원가에 대해서는 구기계의 잔존내용연수 부담시와, 신기계의 내용연수 부담시로 각각 판단한다면 다음과 같다. 부가원가 개념 적용시는 일반적으로 구기계 미상각잔액인 매몰원가를 잔존내용연수 부담으로 적용하나, 신기계 내용연수로 매몰원가를 부담시키는 방법도 있기 때문이다.

<매몰원가 산출공식>

(1법 공식)

{구기계의 취득가격-(연간구기계감가상각비×구기계사용연수)-구기계매각처분 가능가격}÷구기계 잔존내용연수=연간미상각잔액의 매몰부담액(즉 매몰원가)

(2법 공식)

{구기계의 취득가격-(연간구기계감가상각비×구기계사용연수)-구기계매각처분 가능가격}÷신기계 내용연수=연간미상각잔액의 매몰부담액(즉 매몰원가)

<부가원가 산출공식>

(신기계의 취득가격-구기계 처분가능가격)×자금이자율=부가원가

<해답>

	1법		2법	
	신기계	구기계	신기계	구기계
① 제조원가	3,700,000	4,450,000	3,700,000	4,450,000
② 구기계미상각잔액(매몰원가)	250,000	-	125,000	-
③ 부가원가	850,000	-	850,000	-
계	4,800,000	4,450,000	4,675,000	4,450,000
차 액		350,000		225,000

매몰원가계산
5,000,000-(450,000×5)-1,500,000÷5년
=250,000원
부가원가계산
(10,000,000-1,500,000)×0.1=850,000

매몰원가계산
5,000,000-(450,000×5)
-1,500,000÷10년
=125,000원
부가원가계산
(10,000,000-1,500,000)
×0.1=850,000

판정 : 구기계 사용이 유리

부 동 비 (不 動 費) (Idle Cost)	**의의** 부동비는 광의로는 일정한 조업능력이 있는 기업에서 어떠한 원인 때문에 그 능력 이하의 조업을 함으로써 생기는 유휴비를 뜻한다. **설명** 이것을 구분하여 보면 기계 기타의 설비에 관한 부동조업차이 (Idle Time Cost or Idle Variance)와 노동작업에 관한 부동노동시간비(Idle Time Cost or Idle Labor Cost)로 되어 있다. 협의로는 부동노동비만이 부동비로 해석되고 있다. 이러한 의미의 부동비는 간접노무비에 관하여 특히 문제가 있다. 기계의 고장·재료부족·공구대기·제조예정의 지연·작업순서의 착각 등의 제원인에 의하여 예정작업이 불가능하게 된 부동시간에 대하여 지급되는 노무비가 부동비이다.
부동산임차료 (不動産賃借料) (Rental Expense for real Property)	**의의** 부동산임차료라 함은 차용하는 토지·건물 등의 부동산에 대한 임차료를 말한다. 부동산이란 토지와 그 정착물을 말하는데 부동산임차료계정에서 처리하는 것은 토지·건물 등의 임차료이다. 부동산임차료는 매월 지급하는 것이 보통이나 매년 1회 또는 수회로 지급하는 경우가 있다. 따라서 기말에는 선급비용 또는 미지급비용에 계상하여야 함은 물론이지만 월차손익을 정확히 계산하기 위해서는 매월 발생주의에 의하여 부동산임차료를 계상하여야 한다. **설명** 회계상 월할경비의 일종이고 경비월할표에 의하여 월 소비액이 계산되며 고정비에 속한다. 토지·건물 등이 공장에 소속되는 경우에 그 임차료는 제조간접비 또는 부문비로서 제조원가를 구성한다. 관리나 판매용으로 사용되는 경우에는 관리비 또는 판매비로 처리된다. 양자의 구분 및 부문배부는 주로 토지의 면적, 건물의 평수 등을 기준으로 한다.
부 동 시 간 (不 動 時 間) (Idle Time)	☞ 유휴시간 (Idle Time)
부문가공비 (部門加工費) (Department Conversion)	**의의** 개별원가계산 또는 조별종합원가계산에서 일반적으로 직접비는 특정제조지령서에 직접 부과되고, 제조간접비는 일단 그것이 발생한 원가부문에 집계되고, 이것은 특정기준에 의하여 배부된다. 이 같은 부문비는 부문간접비의 성격을 지니고 있다. 그러나 이 부문간접비에다 직접노무비도 부문에 함께 부과하여 부문가공비로서 집계하기도 한다. 이 경우에 지령서에의 배부는 가공비 배부라고 할 것이다. **설명** 부문가공비 배부가 되어지는 경우를 보면 다음과 같다. ① 부문에 있어서 노동작업과 기계작업이 완전히 일체화 되고, 노동작업은 기계작업에 따라서만 이루어지는 경우이다. 생산은 기계의 운

전에 비례되고 노동자는 보조적인 역할을 하는데 불과하므로 직접노무비를 특히 부문간접비로부터 분별하여 배부하여도 특별한 의미가 없는 것이다. 이 경우에 부문가공비의 배부는 기계운전시간을 그 기준으로 하여야 한다.

② 직접노무비와 간접비를 따로 지령서에 배부하는 수고를 생략하는 의미에서 부문비계산은 노무비의 전부, 간접재료비 및 간접경비의 전부를 포함시켜서 하게 된다. 이 경우에 집계되는 부문가공비는 직접노동시간을 기준으로 하여 지령서에 배부하여야 할 것이다. 그리고 직접경비는 부문계산에서 제외되고 있으므로 부문가공비는 가공비의 전부를 포함하고 있는 것은 아니다. 원가부문의 가공비만을 집계하는 계산제도는 가공비 공정별원가계산이다.

가공비공정별종합원가계산에서는 주요(직접)재료비는 완성품에 대하여 직접 파악하고, 가공비의 전부는 원가요소별로 공정에 분류집계한다. 따라서 공정(원가부문)에 집계되는 것은 가공비만이다. 이 공정가공비는 제품원가를 산정할 때 공정별로 누가하는 방법과 누가하지 않고 제품에 대하여 각 공정별로 공정가공비를 산정하는 방법이 있다. 일반적으로 비누가법이 이용되며, 이것이 더 적절한 계산방법이라고 한다.

부문개별비
(部門個別費)
(Direct Departmental Cost,
Direct Departmental Charge,
Direct Departmental Expense)

[의의] 부문별원가계산을 행하는 경우에는, 원가요소는 각부문별로 집계되지만, 특정부문에서 개별적으로 발생하고, 당해부문에 직접 부과되는 비용을 부문개별비라고 한다. 부문개별비로 부문직접비라고도 부른다. 여기에 대응하는 용어는 부문공통비(부문간접비)이다.

[설명] 특정 원가요소가 어느 범주에 속하는가는 설정된 원가부문의 성격에 따라 다르지만 보통 설정된 원가부문에 대하여 직접 파악되어 부과되는 것을 부문개별비라고 한다. 개별원가계산에서 제품의 원가산정을 위하여 원가의 부문별계산을 하는 경우에는 그 부문에서 발생한 소비재료비, 그 부문에서 보유하는 기계장치의 감가상각비, 부문관리자의 급료 등이 이에 해당된다. 그러나 한정적 예시는 언제나 타당한 것은 아니다.

원가의 부문별계산에서는 비목별계산에 의하여 파악된 원가요소가 원가부문별로 집계되지만, 이러한 부문비는 당해 부문에 대한 귀속가능성에 따라 부문개별비와 부문공통비로 구분된다.

특정 원가요소가 어느 범주에 속하는가는 설정된 원가부문의 성격에 따라 다르지만 보통 설정된 원가부문에 대하여 직접 파악되어 부과되는 것을 부문개별비라고 한다.

개별원가계산에서 제품의 원가산정을 위하여 원가의 부문별계산을 하는 경우에는 그 부문에서 발생한 소모재료비, 그 부문에서 보유하는 기계설비의 감가상각비, 부문관리자의 급료 등이 이에 해당된다. 그러나 한정적 예시는 언제나 타당한 것은 아니다.

　원가의 부문별계산은 당초에는 개별원가계산의 제품원가산정 목적을 중심으로 간접비를 주된 대상으로 하였지만 오늘날에는 원가관리의 목적에서 될 수 있는대로 많은 원가요소가 부문직접비로서 인식될 것이 요청되고 있는 것이다.

　이 경우에는 어떠한 원가요소도 당해부문에서 발생한 것이라고 직접적으로 인식되면 그 부문의 부문개별비로 집계된다.

　그리고 부문개별비는 일반적으로 부문공통비에 비하여 그 부문관리자의 원가책임에 보다 강하게 결부되는 특색을 지니고 있다.

　이와 같은 요청에 따르면, 원가부문의 설정을 할 때 미리 원가산정의 목적과 원가관리의 목적이 적당하게 배려되어야 한다.

　그리고 보조부문의 부문개별비는 보조부문에 대하여는 직접적이지만, 그것이 다시 제조부문에 배부되므로 부분공통비의 성격도 갖추고 있는 것이다.

부문공통비
(部門共通費)
(Indirect Department Cost)

|의의| 부문공통비(Indirect Department Cost)는 부문개별비와 대비되는 개념으로서 특정부문에 귀속되는 것이 직접 인식되지 못하고 보통 수개부문에 공통적으로 발생하는 원가이다.

|설명| 어떠한 원가요소가 부문공통비에 속하는가는 부문설정의 형태에 의존되고 원가부문이 세분될수록 부문공통비로 인식되는 것이 많게 된다. 따라서 수개의 부문이 공통적으로 사용하는 공장의 감가상각비 같은 것은 명확하게 부문공통비인 것이다. 제품원가산정을 하려면, 부문공통비는 원칙적으로 각부문에 배부되어야 한다. 배부방법에는 전체적으로 배부하는 방법과 원가요소별로 배부하는 방법이 있으며, 보통 후자의 방법에 의하고 있다. 각원가요소의 성격에 따라 기계시간수, 작업시간수, 부문면적, 고정자산액, 생산수량 등의 배부기준이 이용된다. 각 원가요소마다 각 부문이 향수하는 용역에 비례하여 부문공통비가 각부문에 배부되는 것이다. 부문공통비의 성격상 완전한 정확성은 기대하기 어려운 것이다. 그러므로 특히 고정적인 부문공통비는 배부하지 않고 이를 일괄하여 당해 원가계산기간의 기간원가에 부담시키기도 한다. 공장전체에 관하여 발생한 부문공통비로서 적정한 배부기준을 선정하기 어려운 것은 이를 일반비로 하여 보조부문비로 처리하기도 한다.

　부문공통비를 회계처리할 때에는 부문공통비계정이 이용된다. 이는 제조간접비의 부문별계산을 할 때 부문공통비를 처리하는 계정이다. 이 계정이 설정되면 동시에 제조부문비계정 및 보조부문비계정이 설정되는 것이다. 이 계정의 차변에는 부문공통비의 당기발생액이 기입되고 그 명세는 부문비원장에 기록된다. 그리고 대변에는 각부문에의 배부액이 기입된다. 부문공통비의 제조부문 및 보조부문에의 배부액은

부문비배부표에서 계산되지만 이에 의하여 다음의 분개를 하고, 이 계정의 대변에 기입한다.

(차) 제조부문비　×××　　　(대) 부문공통비　×××
　　　보조부문비　×××

부문공통비배부
(部門共通費配賦)
(Distribution of Indirect Departmental Cost)

[의의] 제조간접비에는 부문개별비·부문공통비가 있다. 부문개별비는 원가가 발생한 부문에 서비스 상황과 맞추어 완전하고 정확하게 부문공통비를 부문별로 배부할 수 없기 때문에 납득할 수 있는 정도의 배부기준이 있어야 한다.

[설명] 부문공통비와 그 배부기준을 예시한다면 다음과 같다.

부문공통비	배 부 기 준
건물감가상각비	각 부문의 면적비
건물보험료·세금	각 부문의 면적비
전력비	각 부문의 마력수비
복리후생비	각 부문의 직접인원비
수도료	각 부문의 소비량비
운 임	중량×운반거리비 또는 운반회수비
간접재료비	각 부문의 직접재료비
간접노무비	각 부문의 직접인원 또는 직접작업시간비 등

[사례] A공장 당월 제조간접비는 다음과 같다. 이때 각 부문비를 계산하라.

- 부문개별비　　(A제조부문)　(B제조부문)　(C제조부문)
  간접재료비　　110,000　　　70,000　　　20,000
  간접노무비　　190,000　　　170,000　　　180,000
- 부문공통비
  복리후생비 ──────→ (50,000)
  감가상각비 ──────→ (120,000)
- 배부기준
  직접인원　　　5인　　　　3인　　　　3인
  점유면적　　　5평　　　　4평　　　　3평

<해답>

제조간접비부문배부표

비 목	합 계	A제조부문	B제조부문	C제조부문
부문개별비				
간접재료비	200,000	110,000	70,000	20,000
간접노무비	540,000	190,000	170,000	180,000
부문공통비				
복리후생비	50,000	① 20,000	15,000	15,000
감가상각비	120,000	② 50,000	40,000	30,000
부 문 비	910,000	370,000	295,000	245,000

※ ① $50,000 \times \dfrac{4인}{10인} = 20,000$

② $120,000 \times \dfrac{5평}{12평} = 50,000$

부문배부비 (部門配賦費) (Departmental Allocation Cost)

원가의 부문별계산에서는 비목별로 파악된 원가요소를 제조부문 및 보조부문에 집계하고, 다시 보조부문비는 제조부문에 집계한다. 이 경우에 모든 원가요소가 원가부문에 집계된다고는 할 수 없다. 보통 단순종합원가계산에서는 모든 원가요소가 원가부문에 집계되지만, 가공비공정별종합원가계산에서는 가공비만이 원가부문에 집계된다.

한편 개별원가계산에서는 제조간접비만이 부문비계산의 대상이 된다.

원가의 부문별계산의 대상이 되는 각종의 원가요소에는 각부문에서 직접적으로 파악되는 부문개별비와 각부문에 공통적으로 발생되기 때문에 또는 계량기 등이 없어서 직접적으로 알수 없기 때문에 부문공통비로 되는 것이 있다. 일단 보조부문의 원가가 계산된 다음에 2차적으로 제조부문 및 보조부문에 집계되어 보조부문비가 되는 것이 있다. 따라서 부문배부비란 각부문에 공통적으로 발생하는 비용과 일단 보조부문에 집계된 원가를 어떠한 배부기준에 의하여 배부된 비용을 말한다.

부문별원가계산표에 있어서는 집계할 때 부문에 직접 부과를 하는지 또는 배부계산을 하는지의 여부에 따른 원가의 계산기술적 관점에서 분류되는 것이다. 그러므로 보통 부문배부비는 부문공통비와 보조부문비가 이에 해당되지만 엄밀하게 말하면 일부의 보조부문비는 보조부문 용역을 받아드리는 부문에서 용역소비량을 계량기 등에 의하여 직접 측정할 수 있으므로 이는 부문배부비에서 제외하여야 한다.

부문별개별원가계산 (部門別個別原價計算)

[의의] 경영규모가 확대되고 경영활동이 여러 부문활동을 통하여 수행되는 경우에는 제조간접비의 제품별배부를 보다 정확히 하기 위하여

(Departmental Job Order Cost Accounting)	부문별로 집계하고 각 제조부문마다 제품별(지령서별)의 배부액을 결정하는 방법이 이용된다. 이것이 부문별개별원가계산이다. 이 계산형태에 있어서는 단순개별원가계산과는 달리 요소별계산, 부문별계산 및 제품별계산이 갖추어 진다. 설명 1. 부문별개별원가계산의 절차 　부문별개별원가계산의 절차는 다음과 같다. 　① 직접재료비의 지령서별 부과 　② 제품간접비의 부문별집계(부문비 계산) 　③ 보조경영부문비 및 공장관리부문비를 제조부문에 배부 　④ 제조부문에 집계된 원가는 각 제조부문을 통과한 제품(지령서)에 배부된다. 　부문별계산을 제조간접비만으로 하지 않고 직접비까지도 집계하는 경우가 있다. 이와 같은 부문별계산을 하면 원가관리를 하는데 더욱 유효하다.
부문별계산의원가요소 **(部門別計算의原價要素)** (Cost Element of Departmental Accounting)	의의 부문별계산을 할 때의 원가요소는 원가의 기능을 분류기준으로 한 원가요소를 부문의 계산에서 인계받아서 각 부문의 재료비·노무비·경비의 요소로 분류계산하기도 한다. 그리고 요소별계산에서는 그렇게 하여도 좋지만 계산상 각종 경비계산을 따로 하지 않고 "동력비"처럼 동력부에서 소비한 원가요소인 재료비·노무비 기타의 경비를 총괄하여 계산하고 원가요소의 내용을 명시하지 않는 경우도 있다. 　그러나 부문계산은 제품별계산을 위한 전단계적인 역할을 하는 것이므로 부문개별비와 부문공통비의 요소로 구성된 것이라고 볼 수 있고, 또 제조부문만의 입장에서는 어느 부문에서 발생한 원가인가에 따라 제조부문부과비나 배부비 또는 보조배부비 등 순수한 계산기술적인 요소로 구성되어 있다고 볼 수도 있다.
부문별예정배부율 **(部門別豫定配賦率)** (Departmental Predetermined Distribution Rate of Burden)	의의 1. 기초예비절차의 조치 　기초에 있어서의 예비절차로서 다음과 같은 조치가 필요하다. 　① 제조예산을 작성하고 직접작업시간·기계작업시간 등에 의하여 각 부문별로 조업도를 추정한다. 　② 제조간접비예산을 작성하고 당해 예산기간에 있어서의 제조간접비를 비목별로 견적한다.(제1차로 제조간접비를 지령서예산란에 기입) 　③ 비목별로 작성한 견적제조간접비를 제조부문과 보조부문에 집계한다.(제2차로 제조간접비를 지령서예산란에 기입) 　④ 견적제조간접비를 제조부문에 배부하고 견적제조부문비 즉, 제조부문예산액을 산정한다.(배부는 제2차 제조간접비지령서의 표에서 한다) 　⑤ 각 부문별로 적절한 배부기준을 선정하여 제조부문예산액을 이

	것으로 나누므로서 부품별예정배부율을 결정한다.
기중의조치	2. 기중의 조치
	기중에 있어서도 다음과 같은 조치가 필요하다.
	① 매일 각 부문별에 있어서 제품이 완성되었을 때마다 예정배부율로 당해 제조지령서에 각 제조부문비를 배부한다.
	② 각종의 증빙서류에 의하여 실제제조간접비의 발생액을 파악하고, 그 명세를 제1차 제조간접비지령서(Primary Standing Order)의 실제란에 기입하고, 그 합계를 제조간접비통괄계정의 차변에 기입한다.
월말정리	3. 월말정리
	월말에 있어서는 다음과 같이 정리한다.
	① 실제제조간접비를 제조부문과 보조부문에 집계한다. 그 때에 그 명세를 제1차 제조간접비지령서로부터 제2차 제조간접비지령서(Secondary Standing Order)의 실제란에 기입하는 동시에 합계액을 제조간접비통괄계정으로부터 제조부문과 보조부문의 각 계정에 전기한다.
	② 실제보조부문비를 관계제조부문에 배부한다. 그리고 그 명세는 제2차 제조간접비지령서에 기입한다.
	③ 제조부문별로 기중의 각 제조지령서에 배부한 제조간접비와 실제제조간접비를 비교하여 부문별차이를 산정한다.
	④ 부문별의 제조간접비차이를 분석하여 처리한다.
	⑤ 이것에 의하여 예산기간의 잔여기간에 대한 예산 및 제조간접비 부문별배부율을 개정한다.
부문별원가계산 **(部門別原價計算)** (Departmental Cost Accounting)	의의 원가의 부문별계산은 원가장소계산이라고도 한다. 그 계산절차는 비목별계산에 의하여 파악된 원가요소를 원가부문별로 분류집계하는 것이다.
	연혁적으로 부문별계산은 제조활동의 분업화가 진전됨에 따라 제조간접비의 배부계산을 통한 정확한 제조원가의 산정을 하기 위하여 제조간접비의 부문별파악, 부문비인 제조간접비를 제품에 배부하는 것이 문제가 되었다.
	그러나 오늘날 부문별원가계산의 결과는 각 부문에 발생한 원가에 관하여 비교분석할 때 원가효율이나 생산효율의 판정 및 책임소재를 명확히 하는데 이용되고 있다.
	그리고 경영정책에도 이용되고 있다. 즉 관리목적이 중시되었으며, 원가부문은 이러한 계산목적에서 원가요소를 분류집계하는 계산조직상의 구분인 것이다.
	이 구분방법은 원가발생장소의 구분과도 일치되는 경우가 많다. 보통 원가부문은 제조부문과 보조부문으로 구분된다.
	제조부문은 직접 제조작업이 이루어지는 부문을 말하며 제품의 종

류별, 제품생성의 단계, 제조활동의 종류 등에 따라 각종의 부문, 공정으로 구분된다.

보조부문은 제조부문에 서비스를 제공하는 보조경영부문(동력부, 수선부, 공구제작부 등)과 관리기능을 담당하는 공장관리부문(재료부, 공장사무부 등)으로 구분된다.

원가관리를 더 치밀하게 하려면 이러한 원가부문을 다시 세분하여 기계종류별, 장치별, 작업공정별, 작업단위별로 관리중심점을 설정하고 이 중심점을 원가계산단위로 하는 것이 고려되고 있다.

이러한 중심점을 원가중심점(Cost Center) 또는 생산중심점(Production Center)이라고 하며, 이에 의한 원가능률의 판정을 함으로써 원가관리를 실효있게 한다. 각 원가부문에서 개별적으로 발생하는 것이 인정되는 것을 부문개별비라 하고 발생장소가 두 부문이상에 걸친 것을 부문공통비라고 한다. 그러므로 부문공통비는 관계제부문이 받은 용역의 정도에 따라 부담시켜야 할 것이다.

부문공통비를 각부문에 부담시키는 배부계산은 각원가요소별로 배부기준이 결정되며, 될 수 있는대로 물리적 객관적 기준에 따라 할당되어야 한다.

예로 들면, 동력비는 각부문의 기계마력수와 운전시간(작업시간)의 적수를 배부기준으로 한다.

또 부문개별비와 부문공통비의 구별은 원가 고유의 성질에 따른 절대적인 것은 아니다.

원가부문의 설정방법, 원가의 계산방법에 따라 다르게 된다. 예를 들면, 동력부라는 보조부문을 설정하였을 경우에 동력에 관한 제비용은 동력부의 개별비가 되지만 그렇지 않으면 공통비가 된다.

또 동력부를 따로 설정하지 않고 각부문별에다 계량기를 비치하여 사용량을 측정하게 되면 각부문의 소비동력비는 당해부문의 개별비가 되는 경우 등이다.

이와 같이 부문개별비의 부과계산과 부문공통비의 배부계산은 부문계산의 제1단계이다. 종합원가계산에 있어서는 모든 원가요소 또는 가공비를 제조부문에 집계하는 부문별계산이 되어지고, 개별원가계산에서는 제조간접비 외에 노무비도 제조부문에 집계하게 된다.

그리고 각부문에 집계된 원가는 필요하면 변동비와 고정비, 관리가능비와 관리불능비로 구분하여 원가관리에 유효하도록 한다. 부문별계산은 그 제2단계로서 보조부문비를 제조부문에 재배분한다.

보조부문은 제조부문에 대하여 보조적활동을 하고 있으므로 제조부문은 보조부문으로부터 받은 용역에 비례하여 보조부문비를 부담하여야 한다.

그 배부기준으로서는 운반부비를 예로서 보더라도 각 제조부문에서 운반물품의 중량, 운반거리, 운반회수 등이 이용된다.

각종의 배부기준에 의하여 보조부문비를 할당하는 방법은 (1) 보조부문간의 용역수수를 무시하고 직접 제조부문에 배부하는 직접배부법, (2) 용역수수를 고려하여 배부하는 상호배부법, (3) 양자의 절충적방법인 계제식배부법의 세가지가 있다.

부문별 개별원가계산의 경우에는 부문비대체표를 작성하여 이를 실시한다.

단순종합원가계산을 하는 기업도 그 규모가 커지고 조직의 부문화가 진전되면 관리목적을 위하여 마치 개별원가계산상 제조간접비의 배부계산에서 처럼 부문별계산을 하게 된다.

이 경우에 부문비 배분표와 부문비대체표를 합체한 부문비계산표를 사용하는 것이 통례이다. 또 별법이기는 하지만 일부의 보조부문비(공장관리부문비)는 부문비대체계산을 생략하고 직접 제조원가에 배분하기도 한다.

이렇게 하여 집계된 원가요소는 관리를 위하여 다시 그 부문에 설정된 소공수(小工綏) 또는 작업단위마다 재집계하기도 한다.

세밀한 관리자료에 주안을 두면 관리가능한 원가요소는 직접노무비만을 집계하고 그밖의 비목(관리불능비, 타부문으로부터의 배부액)은 당해제조부문의 원가로 계산하는데 그친다.

부문별계산에서는 노무비와 제재료비(물건비)를 엄중하게 구별하는 것이 필요하다.

부문별계산은 당초에 제조간접비를 제품에 공정하게 할당하는데 그 사명이 있었다. 그러나 오늘날에는 그러한 사명에다 원가관리 또는 경영능률을 위한 수법으로서 각광을 받게 되었다.

그러므로 직접비도 부문별계산을 적용하여 직접비를 부문별로 파악한 다음에 제조지령서에 부과하는 방법의 처리를 함으로써 각 원가부문에서의 원가관리를 하는 데 이용되고 있다.

부문별계산은 제조원가의 정확한 산정과 원가관리목적을 다같이 고려하는 견지에서 여러 가지 계산기법이 전개되고 있다.

부문에 집계되는 원가요소의 범위는 제조원가의 정확한 산정과 원가관리에 필요한 정도에 따라 결정될 것이지만, 정확한 제조원가의 산정목적이 있는 한 요소별계산과 제품별계산과의 사이에 원가성의 인식이 결여될 수 없으며 이 문제는 부문별계산의 기술에서 해결되어야 할 것이다.

부문별계산을 할 때의 원가요소는 원가의 기능을 분류기준으로 한 원가요소를 부문의 계산에서 인계받아 각 부문의 재료비·노무비·경비의 요소로 분류계산하기도 한다.

그리고 요소별계산에서는 그렇게 하여도 좋지만 계산상 각종 경비계산을 따로 하지 않고 동력비처럼 동력부에서 소비한 원가요소인 재료비·노무비·기타의 경비를 총괄하여 계산하고 원가요소의 내용을

부문별원가계산목적 **(部門別原價計算目的)** (Departmental Cost Accounting)	명시하지 않는 경우도 있다. 　그러나 부문별계산은 제품별계산을 위한 전단계적인 역할을 하는 것이므로 부문개별비와 부문공통비의 요소로 구성된 것이라고 볼 수 있고, 또 제조부문만의 입장에서는 어느부문에서 발생한 원가인가에 따라 제조부문부과비나 배부비 또는 보조부문배부비 등 순수한 계산기술적인 요소로 구성되어 있다고 볼 수도 있다. 　[설명] 부문별원가계산의 목적은 제1은, 제품에 대하여 될 수 있는대로 정확한 원가를 집계하고, 제2는 원가의 발생을 부문별, 따라서 책임별로 파악하여 원가를 관리함에 있다. 　제1의 목적은 개별원가계산에 있어서 제조간접비를 고려하면 용이하게 이해될 것이다. 즉, 직접재료비와 직접노무비의 처리를 할 때, 어느 제조지령서(따라서 제품)에 얼마나 소비되었는가는 재료출고전표와 작업시간표에 기재한 제조지령서번호에 의하여 즉시 판명된다. 그러나 제조간접비(공장의 전기료, 감독자의 급료 등)일때에 각 제품에 얼마나 소비되었는가는 직접 이와 같은 원가와 제품을 결부시킬 방법이 없기 때문에 정확히 파악할 수 없다. 그러므로 제조간접비와 제품간의 연결을 맺어 주기 위하여 원가부문을 설정하고 제조간접비는 그 발생한 부문에 일단 집계하고 원가부문을 거쳐서 재공품에 대하여 부문별로 집계한 제조간접비를 이 부문으로부터 받은 급부의 정도에 따라 부담시키게 된다. 다시말하면 직접 제품과 관련이 없는 제조간접비는 원가부문에 집계하여 두면 이를 제품에 배부하는 적정한 배부척도를 얻기 쉽다. 　따라서 그만큼 제품과 관계가 생기므로 일층 원가가 정확히 파악될 수 있다. 「원가부문은 간접비화하는 수단이다」라고 말한 것은 이와 같은 의미이다. 　제2의 목적은 원가관리를 하기 위한 것이다. 　이 목적에서는 원가를 관리책임자별로 집계하고 산출된 수치를 분석, 비교, 검토한다. 이렇게 하여 각 책임자별로 그 관리자에 대하여 관리가능비와 관리불능비를 구분하고 각부문의 관리자가 기업전체의 이익을 올리는 데 얼마나 공헌을 하였는가 또는 기업의 피해와 손실에 대하여 어느 관리자가 얼마나 책임을 부담하여야 하는가를 분명히 한다. 제1의 목적과 관련하여 다음 사항들을 유의해야 할 것이다. 원가의 합리적 산정만을 목적으로 한 부문별원가계산은 특수한 경우를 제외하고 그것이 바로 원가관리에 사용될 수는 없다. 전자의 목적에서 본다면 작업의 동종성에 착안하여 원가부문을 설정하고 이와 같은 원가관리의 책임자별로 원가부문을 설정하여 원가를 집계하지 않으면 안되기 때문이다. 따라서 원가부문에 집계한 원가수치는 부문별원가계산의 목적에 따라 달라진다. 종전에는 제품원가의 합리적인 산정만을

부문별원가계산의 목적이라고 생각하는 것이 지배적이었다. 이와 같은 사고방식에 의하여 부문별원가계산은 요소별원가계산 → 부문별원가계산 → 제품별원가계산의 3단계를 거쳐서 처리되는 제품별계산의 중간단계라고 할 수 있다.

그러나 원가계산이 경영관리를 하기 위하여 유효하고 극히 긴요한 용구라는 것을 알게 된다.

① 합리적인 원가의 산정목적과 원가관리목적을 동일한 계산제도중에서 유기적으로 종합한 부문별원가계산을 하든가,

② 또는 제품별원가계산의 중간단계로 하는 것이 아니고 제품별원가계산과는 독립된 그 자체의 특성을 갖는 부문별원가계산을 할 수 있어야 하는 것이다.

또 제품에 직접 결부시킬 수 있는 직접재료비와 직접노무비를 부문별로 집계하여야 될 때도 있다.

만일 개별원가계산에서 합리적인 제품별원가계산만을 목적으로 하면 제조간접비만을 부문별로 집계하고 제품과 직접 결부시키는 직접재료비와 직접노무비는 부문별로 집계할 필요가 없다. 그러나 원가관리의 요청에서 볼 때 하급관리자로서는 제조간접비보다도 직접비들에 관리가능비가 많이 포함되고 있다. 따라서 재료소비능률과 작업능률을 작업자별로 파악하기 위해서는 직접비도 부문별로 집계할 필요가 생길 것이다.

부문별원가분석
(部門別原價分析)
(Departmental Cost Analysis)

[의의] 부문별원가분석(Departmental Cost Analysis)은 독일에서 부문별원가비교라고 한다. 이는 원가부문별로 집계된 1기간의 원가요소를 기간비교, 상호비교하는 것이다. 그러므로 동일부문이라면 기간비교를 하고 타기업 또는 동종원가부문이라면 상호비교를 하게 된다. 또 동일 기업이나 동일공장에 속하는 동종원가부문에서도 상호비교를 할 수 있다. 원가계산에서 부문별계산 또는 부문비계산을 하는 것은 제품 또는 용역의 원가계산을 정확히 하고 경영관리를 유효하게 하기 위한 것이다. 그러므로 이 목적을 달성할 수 있도록 원가부문이 설정되어야 한다. 원가분석을 하는데는 설정된 원가부문을 제대로 하여 부문별비교가 되므로 원가부문의 설정에 관하여는 논외로 한다.

[설명] 요소별원가분석에서는 그 기간의 발생원가 중에서 어느 원가요소에 증감 또는 우열이 생기고 잇는가를 확인하는 데 불과하므로 원가능률의 판정이나 원가관리에는 유효한 것이 아니다. 그러나 부문별원가분석에서는 원가의 발생장소별로 원가를 집계하여 비교 분석하는 것이므로 요소별원가분석의 결점이 보충된다. 분석되는 부문비의 범위는 어떠한 원가계산형태를 채택하는가에 따라 다르다.

개별원가계산의 경우에 제조원가가 직접비와 제조간접비로 구분되고, 직접비는 지령서별로 직접 집계되고 제조간접비만이 부문별로 집

계되는 방법을 종래에는 사용하여 왔다. 이는 계산기술적인 요청에서 생긴 것이고 관리적 요청에서는 직접재료비나 직접노무비도 부문별로 집계될 것이 필요하다. 단순히 제품원가를 정확히 계산하는 것이 목적이라면 직접비를 부문별로 집계할 필요는 없을 것이다. 부문별원가분석도 목적이 다르면 다른 범위의 분석을 하게 되는 것이다. 종합원가계산에서는 보통 일정기간의 원가가 부문별로 집계되지만 이것도 원가계산의 방법에 따라 부문의 범위가 다르게 된다. 단순종합원가계산에서는 일부문에서 발생된 원가가 원가요소별로 집계된다. 이 원가의 비교분석은 원가요소별분석이 동시에 원가부문별분성이기도 하다. 공정별종합원가계산의 부문비는 총액법과 가공비법에 의하여 계산된다.

전자는 제조원가의 전부가 공정별로 계산되기 때문에 부문원가가 비교되면, 원가전부의 관리비가 가능하게 된다. 그러나 가공비법에서는 가공비만이 부문별로 계산되기 때문에 부문가공비만이 비교되는데 불과하므로 이러한 범위에서 원가능률의 측정이 가능할 뿐이다.

부문의 직접재료비분석이 관리상 필요할 때에는 직접재료비도 부문별분석을 할 필요가 있다. 이 경우에는 부문별로 수율계산이 되어야 하므로 그와 같은 분석을 하여야 한다.

수율에는 대원료수율과 이론적 수율의 구별이 있다. 전자는 부문완성품수량 대 부문가공수량비율과 부문생산물제조량 대 주요재료소비량비율의 두가지가 있다. 부문완성수량 대 부문가공수량비율은 주요재료를 가공하여 제품을 생산하는 물리적공정에 사용되고 제품완성율이라고도 한다. 부문생산물제조량 대 주요재료소비량비율은 분해공정인 화학적공정에서 사용된다. 이론적수율은 화학방정식 기타에 의하여 계산한 대수율(對收率)에 대한 실제의 대원료수율(對原料收率)의 비율이고 실제수율의 표준수율에 대한 능률의 양부가 표시되는 것이다.

대수율은 가공작업에서는 완성수량과 가공수량과의 비율로 표시되지만 가공수량과 완성수량과의 차액은 공손품이다. 따라서 공손품의 대소는 수율의 대소를 결정하는 것이다. 공손의 원인별로 공손율을 비교함으로써 합리화를 위한 유효한 자료를 얻을 수도 있다. 공손의 주요한 원인을 구별하여 어느 부문의 책임에 속하는가를 검토하여야 된다.

공정별종합원가계산에서 가공비법과 총액법이 있지만 어느 방법에 의하든지 계산방법으로서 누가법과 비누가법이 적용된다. 누가법은 부문비관리에 이용될 수 없지만 비누가법은 부문비가 자공정비(自工程費)만으로 되어 있으므로 관리상의 장해는 없다. 조별종합원가계산이 채택되는 경우에 원가분석도 원리적으로는 개별원가계산 및 종합원가계산에서의 경우와 다를 것이 없다. 방법으로는 요소별원가분석에 사용되는 방법이 이용된다.

부 문 비
(部 門 費)
(Departmental Cost)

의의 부문비는 부문을 단위로 하여 집계한 원가이다. 기업조직이 복잡하고 대규모화됨에 따라 단순히 원가요소계산으로부터 제품별계산을 하는 것은 정확한 원가를 파악하기 어렵다. 그러므로 요소별로 계산된 원가를 관련되는 각부문마다 정리집계하고 제품별계산을 쉽게 하는 부문비계산을 하게 된다.

부문비계산의 목적은 재무회계에서의 기간손익계산에 필요한 원가의 산출, 원가관리 기타 관리목적에 유효한 원가자료의 제공에 있다. 이 양자의 목적 중의 어느 것에 중점을 두는가에 따라 부문비계산의 성격도 다르게 된다. 경영관리조직의 부문을 그대로 부문비의 집계단위로 하여 원가부문을 설정하는 경우는 적고 기간손익 산정이나 관리목적을 위하여 원가부문이 설정되는 것이다.

일반적으로 원가부문은 제조부문, 보조부문, 판매부문으로 대별되며, 제조부문은 다시 제1제조부문, 제2제조부문으로 나누어 진다.

원가부문의 분할은 구체적으로는, (1) 부문에 사용되는 기계 등의 설비형, (2) 부문에서 수행되는 작업양식, (3) 부문의 업적에 대한 책임귀속 등을 고려하여 이루어진다. 원가관리, 예산통제를 위하여는 특히 부문비를 책임귀속의 관계에서 알 수 있어야 하므로 복수의 관리책임자에 걸치는 원가부문의 설정은 합리적인 것이 아니다.

이러한 관점에서 원가부문을 세분화하여 원가중심점원가 또는 작업장원가가 파악되어야 한다. 보조부문, 판매부문에도 같은 사고방식이 해당된다. 부문비는 부문개별비와 부문공통비로 구분되지만 관리책임과의 관계에서는 될 수 있는대로 부문개별비로 파악될것이 요망되며, 다시 변동비와 고정비의 요소로 분할하고 고정적 간접비를 따로 계산하는 것이 원가관리를 위하여는 유효하다.

또 보조부문 기타로부터의 부문배부계산도 관리책임과의 관계에서 주의를 요한다. 그러나 단순히 재무회계의 목적에서는 개별원가계산의 경우에 간접비만을 부문비계산으로 한다.

부문비종류

설명 1. 부문비의 종류

일반공기업(工企業)에 있어서는 원가부문을 제조부와 관리 및 판매부로 나누고, 제조부는 다시 제조부문과 보조부문으로 구분하는 것이 일반적이다.

(1) 제조부문

제조부문(Producing Department)이란 주요부문이라고도 부르며, 제품의 제조활동이 행해지는 부문이다. 기계공업에 있어서의 주조부·단조부·선반부·조립부 등을 말하며, 공장별로 제1공장·제2공장·제3공장 등으로 분류할 수도 있다.

(2) 보조부문

보조부문(Auxiliary Department)이란 제품의 제조에 직접 관계하지 않으나 제조부문에 있어서의 제조활동을 보조하기 위하여 여러 가지

용역을 제조부문에 제공하고 있는 부문이다.
　이것은 다시 작업성질에 따라 보조경영부문과 공장관리부문으로 구분된다.
　보조경영부문이란 자기가 생산한 제품 또는 용역을 제공함으로써 제조부문의 제조활동을 원조하는 부문이며, 예를 들면 동력부・수선부・운반부・용수부・검사부・공구제작부・중기부 등으로 구분할 수 있다.
　공장관리부문은 재료・노무의 관리 또는 기획설계부・시험연구부・복리부・노무부・공장사무부 등 부문으로 구분할 수 있다. 그러나 공장관리부문비에 대한 관리목적이 중요시되는 경우에는 필요하면 더욱 세분된다.
　반드시최선의 방법이라고 할 수 없지만, 다음과 같은 방법을 제시한다.
　㈎ 제조부문의 재분류
　① 예비조사로서 다음과 같은 일을 준비하는 것이다. 즉, 제품이 생산되는 과정을 도해해서 생산공정이 명확하게 구분될 수 있는지 없는지를 체크한다. 공장에 따라서는 서로 다른 생산공정이 혼재하여 구분할 수 없는 경우가 존재할런지도 모른다. 이러한 경우에는 본질적으로 다른 공정이라 할지라도 같은 부문으로 보지 않을 수 없는 경우가 발생한다. 이러한 경우에는 즉, 본질적으로 다른 공정은 각각 별개의 부문으로 하지 않으면 안된다고 생각한다.
　② 서로 다른 공정이 각각 장소적으로 독립하고 있는지 여부를 체크하여야 한다. 본질적으로 다른 2가지 이상의 공정이 같은 장소에 위치하고 있는 경우에는 실무적으로 이러한 공정을 1개의 부문으로 보지 않을 수 없는 경우가 발생한다.
　③ 체크하여야 할 일은 관리수준의 문제이다. 본질적으로 다른 공정이 각각 독립된 공간에 위치하고 있다고 하더라도 1인의 관리자가 2가지 이상의 공정 또는 2가지 이상의 공간을 관리하지 않으면 안될 경우에는 2가지 이상의 공정 또는 2가지 이상의 공간을 묶어 1개의 부문으로 취급하지 않으면 안된다.
　요컨대 제조부문을 재분류하는 경우의 이상형은 다른 공정이 다른 공간에 위치하여 다른 관리자에 의해서 관리되고 있는 경우를 1개의 부문으로 보는데 있다. 그러나 실무적으로는 이러한 이상형만으로 되어가지 않을 경우가 많다.
　본질적으로 다른 공정이 혼재하거나 여러 가지 공정이 하나의 공정에 혼재하거나 여러 공정, 여러 공간이 1인의 관리자에 의해서 통제되는 경우가 많은 것이다. 따라서 제조부문을 재분류하는 경우에는 결국은 원가계산 담당자의 경험과 능력에 의존할 수 밖에 없는 것이다.
　㈏ 보조경영부문

보조경영부문은 일반적으로 다른 서비스를 제공하고 있는 단위는 공간적으로나 관리적으로나 독립적으로 1테두리 안에 있으므로, 그 1테두리를 1개의 부문으로 보면 된다. 예를 들면 동력을 제공하고 있는 단위는 동력부문으로, 운반을 제공하고 있는 단위는 운반부문으로 하는 것이다.

(다) 공장관리부문의 재분류

공장관리부문은 원칙적으로는 큰 조직단위를 1개의 부문으로 보면 될 것이다. 예를 들면 설계를 담당하고 있는 조직단위는 설계부문, 공장관리를 담당하고 있는 조직단위는 관리부문, 재료의 수불, 보관 및 그 기록을 담당하고 있는 조직단위는 창고부문으로 하면 된다.

이상과 같은 설명으로 알 수 있듯이 제조부문의 재분류가 실무상 가장 어려우며, 따라서 제조부문의 재분류가 가장 잘 되어 있는지의 여부가 원가계산의 수준을 결정하게 되는 것이다.

|사례| 주물공정의 부문분류와 밸브공장의 부문분류

(1) 주물공장

　제조부문 …… ① 용해부문 ② 조형부문 ③ 내부부문 ④ 모래처리부문 ⑤ 열처리부문 ⑥ 가감부문

　보조경영부문 …… ① 운반부문 ② 동력부문 ③ 후생부문

　공장관리부문 …… ① 관리부문 ② 창고부문

(2) 밸브제조공장

　제조부문 …… ① 기계부문 ② 조립부문 ③ 수압테스트부문

　보조경영부문 …… ① 운반부문 ② 동력부문 ③ 후생부문

　공장관리부문 …… ① 설계부문 ② 관리부문 ③ 창고부문

2. 부문비계산

(1) 원가요소의 부문별 배부

원가요소를 각 부문에 배부하기 위해서는 먼저 부문개별비와 부문공통비로 구분한다. 부문개별비는 특정부문에 관해서만 개별적으로 발생한 것이므로 당해부문에 직접배부하고, 부문공통비는 2개이상 부문의 작업을 위하여 공통적으로 발생한 것이므로 인위적인 배부기준에 따라 각 부문에 배부한다. 이 계산을 위하여 부문비배부표를 작성한다.

(2) 보조부문비의 제조부문에의 배부

부문비배분표에 의하여 각 부문에 집계된 원가요소 중에서 보조부문비는 각 보조부문이 각 제조부문에 제공한 용역의 크기에 따라, 이를 각 제조부문에 대체하여야 한다. 보조부문비를 제조부문에 배부하는 방법에는 직접배부법・상호배부법 및 계제식배부법 등이 있다. 직접배부법이란 보조부문 상호간의 용역 수수를 무시하고, 보조부문비를 직접제조부문에만 배부하는 방법이다. 직접배부법은 보조부문비 전액을 제조부문에 배부하는 전부원가법과 공장관리부분비는 제품에 직접

배부하고 보조경영부문비만을 제조부문에 배부하는 일부배부법이 있다.

상호배부법은 보조부문 상호간의 용역수수를 고려하여 대체계산하는 것으로서 1차 배부시에는 보조부문 상호간의 용역수수에 대하여도 배부계산하고, 2차배부시에는 직접배부법과 같이 제조부문에만 배부하는 방법이다. 계제식배부법은 보조부문 상호간에 접수하는 용역이 가장 여러 부문에 미치는 부문을 제1순위로 최우측에 기입하고, 순차적으로 그 용역을 타부문에 제공하는 순위에 따라 보조부문을 우측에서 좌측으로 배열하고 제1순위의 보조부문비부터 제2순위 이하의 각 부문에 배부하고, 제2순위의 보조부문비를 제3순위이하의 각 부문에 배부하는 방법에 의하여 단계적으로 제조부문에 배부하는 방법이다.

(3) 제조부문비의 각 제품에의 배부

원가요소가 각 제조부문별로 집계되면, 이를 그 부문을 통과한 제품에 배부한다. 각 제품에 부담시키는 방법은 제조간접비의 배부방법과 같이 가액법·시간법·수량법 등에 의하여 배부하면 된다.

《사례》 부문비대체표의 작성

다음 자료에 의하여 직접배부법에 의한 부문비대체표를 작성한다.

(1) 부문비대체표합계액 …… 160,000원
(2) 배부액
    A제조부 58,000원   수선부 34,000원
    B제조부 42,000원   동력부 22,000원
                           공장사무실 4,000원

(3) 배부기준

부문비	수 선 부	기계마력수	작업시간
A 제 조 부	18,000원	6,000	42,000시간
B 제 조 부	10,000원	4,000	28,000시간
수 선 부	0원	1,400	6,000시간
동 력 부	5,000원	0	1,800시간
공장사무부	1,000원	200	0시간

<해답>

부문비대체표

부문비	합계	제조부문		보조부문		
		A	B	수선부	동력부	공장관리부
………	×××	××	××	××	××	××
………	×××	××	××	××	××	××
부문고유비	160,000	58,000	42,000	34,000	22,000	4,000
수선부비		21,760	12,240			
동력부비		15,714	6,286			
공장관리부비		2,400	1,600			
합 계	160,000	97,874	62,126			

[사례] 다음 자료에 의하여 분개를 표시한 뒤 전기하여 마감하라.
(1) 제조간접비계정으로부터 각 부문에 배분하는 분개
(2) 보조부문비를 제조부문에 대체하는 분개
(3) 각 제조부문비를 예정배부하는 분개
(4) 각 제조부문비계정을 마감하는데 필요한 분개

부문비대체표

부문비	합계	제조부문		보조부문		
		제1부	제2부	동력부	수선부	사무부
부문비배분액계	2,680,000	300,000	1,100,000	430,000	550,000	300,000
동력부문		150,000	280,000			
수선부문		230,000	320,000			
사무부문	2,680,000	100,000	200,000			
	2,680,000	780,000	1,900,000			

부문비예정배부

부문	작업시간수	예정배부율
제 1 부	4,000시간	시간당 200원
제 2 부	5,200시간	시간당 350원

<해답>
<분개>
(1) 제조간접비계정으로부터 각 부문에 배분하는 분개
 (차) 제1제조부문비　300,000　(대) 제조간접비　2,680,000
　　　제2제조부문비　1,100,000
　　　동력부문비　　　430,000
　　　수선부문비　　　550,000
　　　사무부문비　　　300,000
(2) 보조부문비를 제조부문에 대체하는 분개
 (차) 제1제조부문비　480,000　(대) 동력부문비　430,000
　　　　　　　　　　　　　　　　　　수선부문비　550,000
　　　제2제조부문비　800,000　　　사무부문비　300,000

(3) 각 제조부문비를 예정배부하는 분개

(차) 제 조 2,620,000   (대) 제1제조부문비 800,000
                                  제2제조부문비 1,820,000
(차) 제1제조부문비 200,000   (대) 제조부문비배부차이 20,000
     제조부문비배부차이 80,000   제2제조부문비 80,000

(4) 각 제조부문비계정을 마감하는 분개(전기)

제 1 제 조 부 문

제 조 간 접 비	300,000	제 조	800,000
제 좌	480,000		
부문비배부차이	20,000		
	800,000		800,000

제 2 제 조 부 문 비

제조간접비	1,100,000	제 조	1,820,000
제 좌	800,000	부문비배부차이	80,000
	1,900,000		1,900,000

제조부문비배부차이

제2제조부문비	80,000	제1제조부문비	20,000

사례 2004년 8월 중의 제조간접비 총액은 250,000원이며, 그 명세는 다음과 같다. 부문비배분표를 작성한 뒤 총계정원장에 전기하되 필요한 분개를 표시하라.

(1) 부문개별비

비 목	합계액	제 조 부 문		보 조 부 문			
		A부문	B부문	동력부	수선부	운항부	공장사무부
간접재료비	20,000	7,000	5,000	2,000	3,000	3,000	0
간접임금	45,000	15,000	17,000	5,000	6,000	1,000	1,000

(2) 부문공통비(각부문의 수차는 배부율임)

비 목	합계액	제 조 부 문		보 조 부 문			
		A부문	B부문	동력부	수선부	운항부	공장사무부
간접재료비	20,000	40%	35%	10%	15%	0%	0%
간접임금	55,000	36%	34%	15%	5%	6%	4%
지대집세	15,000	25%	25%	20%	15%	10%	5%
소모품비	30,000	30%	25%	10%	15%	5%	15%
보 험 료	5,000	40%	30%	20%	0%	5%	5%
세금공과	12,000	20%	20%	15%	10%	15%	20%
운 임	23,000	35%	30%	15%	20%	0%	0%
감가상각비	25,000	20%	25%	10%	18%	12%	15%

<해답>

부 문 비 배 분 표

비목	합계액	배부기준	제 조 부 문		보 조 부 문			
			A부문	B부문	동력부	수선부	운항부	공장사무부
(부문개별비)								
간접재료비	20,000		7,000	5,000	2,000	3,000	3,000	0
간접임금	45,000		15,000	17,000	5,000	6,000	1,000	1,000
개별비합계	65,000		22,000	22,000	7,000	9,000	4,000	1,000
(부문공통비)								
간접재료비	20,000		8,000	7,000	2,000	3,000	0	0
간접임금	55,000		19,800	18,700	8,250	2,750	3,300	2,200
지대집세	15,000		3,750	3,750	3,000	2,250	1,500	750
소모품비	30,000		9,000	7,500	3,000	4,500	1,500	4,500
보험료	5,000		2,000	1,500	1,000	0	250	250
세금공과	12,000		2,400	2,400	1,800	1,200	1,800	2,400
운임	23,000		8,050	6,900	3,450	4,600	0	0
감가상각비	25,000		5,000	6,250	2,500	4,500	3,000	3,750
공통비합계	185,000		58,000	54,000	25,000	22,800	11,350	13,850
부문비합계	250,000		80,000	76,000	32,000	31,800	15,350	14,850

<분개>

(차) 제조간접비 250,000 (대) 재료비 40,000
                              노무비 100,000
                              경 비 110,000

(차) A제조부문비 80,000 (대) 제조간접비 250,000
    B제조부문비 76,000
    동력부문비 32,000
    수선부문비 31,800
    운항부문비 15,350
    공장사무부문비 14,850

※ 주 : 제조부문비 계정을 거치지 않고 각 원가요소계정으로부터 직접 각 부문비 계정에 대체할 수도 있다. 이 경우의 분개는 다음과 같다.

(차) A제조부문비 80,000 (대) 각 원가요소계정 250,000
    B제조부문비 76,000
    동력부문비 32,000
    수선부문비 31,800
    운항부문비 15,350
    공장사무부문비 14,850

사례 위의 문제 부문비배분표의 금액으로 직접비에 의한 부문비대체표를 작성하고, 보조부문비를 제조부문에 대체하기 위한 분개를 표시하라. 단, 보조부문비의 각 제조부문에 대한 배부율은 다음과 같다.

부문비	배부기준	배부율 A부문	배부율 B부문
동력부문비	마력×시간	60%	40%
수선부문비	수선비	55%	45%
운항부문비	운항회수	50%	50%
공장사무부문비	직접노동시간	40%	60%

<해답>

부문비대체표
2004년 8월분

비목	합계액	배부기준	제조부문 A부문	제조부문 B부문	보조부문 동력비	보조부문 수선비	보조부문 운항부	보조부문 공장사무부
부문비배부액계	250,000		80,000	76,000				
동력부문비		마력×시간	19,200	12,800				
수선부문비		수선비	17,490	14,310				
운항부문비		운항회수	7,675	7,675				
공장사무부문비		직접노동시간	5,940	8,910				
	250,000		130,305	119,695	32,000	31,800	15,350	14,850

<분개>

(차) A제조부문비 50,305   (대) 동력부문비 32,000
     B제조부문비 43,695   수선부문비 31,800
                                운항부문비 15,350
                                공장사무부문비 14,850

사례 다음 배부기준에 의하여 부문비대체표를 작성하고 배부시 분개를 표시하라.

부문별	1차배부율 동력부문비	1차배부율 수선부문비	2차배부율 동력부문비	2차배부율 수선부문비
제1제조부문비	50%	60%	50%	60%
제2제조부문비	30%	20%	50%	40%
동력부문비	-	20%	-	-
수선부문비	20%	-	-	-

부 문 비 대 체 표   (상호배부법)

적 요	금액	제1제조부문비	제2제조부문비	동력부문비	수선부문비
부분비합계	200,000	90,000	60,000	30,000	20,000
동력부문비				-	6,000
수선부문비					-
1 차 배 부					
동력부분비					
수선부문비					
2 차 배 부					
합 계					

〈해답〉

(1) 부문비대체표 작성

부 문 비 대 체 표   (상호배부법)

적 요	금액	제1제조부문비	제2제조부문비	동력부문비	수선부문비
부분비합계	200,000	90,000	60,000	30,000	20,000
동력부문비	30,000	15,000	9,000	-	6,000
수선부문비	20,000	12,000	4,000	4,000	-
1 차 배 부	50,000	27,000	13,000	4,000	6,000
동력부분비	4,000	2,000	2,000		
수선부문비	6,000	3,600	2,400		
2 차 배 부	10,000	5,600	4,400		
합 계	200,000	122,600	77,400		

(2) 배부분개

구 분	차 변		대 변	
① 제조간접비를 각부문에 배부	제1제조부문	90,000	제조간접비	200,000
	제2제조부문	60,000		
	동 력 부 문	30,000		
	수 선 부 문	20,000		
② 제 1 차 배부	제1제조부문	27,000	동 력 부 문	30,000
	제2제조부문	13,000	수 선 부 문	20,000
	동 력 부 문	4,000		
	수 선 부 문	6,000		
③ 제 2 차 배부	제1제조부문	5,600	동 력 부 문	4,000
	제2제조부문	4,400	수 선 부 문	6,000

부문비계산표
(部門費計算表)
(Departmental Expense Distribution)

의의 부문비계산표는 부문비배부표라고도 한다. 제조간접비의 부문비계산은 제조비요소를 각 제조부문 및 각 보조부문별로 분류 집계하는 제1차 배부와 분류집계된 보조부문비를 제조부문에 배부하는 제2차 배부라는 2가지 절차로 되어 있으며, 그 제1차 배부, 제2차 배부

Sheet)	를 하기 위한 것이 부문비계산표이다. [설명] 부문비계산의 목적은 제조원가의 계산을 정확하게 하는 동시에 원가의 발생을 책임구분별로 관리하는데 있다. 따라서 원가부문은 이 목적을 충족시키도록 설정되어야 한다. 　실제 원가계산제도를 채택하는가 또는 표준원가계산제도를 채택하는가, 부문비원가관리를 어디까지 실시하는가, 회사의 규모가 어느 정도인가에 따라 원가부문의 설정방법이 다르게 된다. 보통 기본적 구분 기준으로서 제조부문과 보조부문으로 구분하고, 보조부문은 다시 보조경영부문과 공장관리부문으로 구분한다. 　부문비계산의 제1단계는 제조간접비를 부문별로 집계하는 것이다. 비용은 부문에 직접 집계되는 것과 그렇지 못하기 때문에 인위적인 배부기준을 모개로 하여 배분하여야 될 것이 있다. 전자를 부문개별비, 후자를 부문공통비라고 한다. 　부문개별비는 직접 당해 부문에 집계하지만, 부문공통비는 각 관계부문에 공통적으로 발생되는 비용이고, 각 기준의 공통성·비례성을 검토하여 그 비용의 성질에 적합한 배부기준에 의하여 관계 각부문에 배분한다. 　각 부문비가 집계되면 제2단계에서 보조부문비를 제조부문에 배부한다. 이것은 보조부문비를 제품에 부담시키기 위하여서이며, 제품이 통과하는 제조부문에 그 용역을 받은 정도에 따라 제조부문비를 부담시키는 것이다. 　부문간의 용역의 흐름은 복잡하여 용역의 흐름에 따른 배부를 하는 것은 매우 어려운 일이다. 그러므로 편이적인 계산방법에 의하여 배부를 한다. 그 방법으로서는 직접배부법·계제식배부법·상호배부법의 제방법이 있다. 　그리고 부문비계산에서 제조원가요소의 어느 범위가 대상이 되는가는 원가계산을 어느 정도로 정확하게 하는가 또는 원가관리를 어느 정도로 실시하는가에 따라 다르게 된다. 　보통 제조간접비가 그 대상이 되지만 필요에 따라서는 모든 제조원가요소를 부문에 집계하기도 한다. 부문비계산표에 의하여 부문별로 예정수치 또는 기준수치 및 실제수치가 파악된다. 그리고 제조부문에서는 회수율에 의한 회수액이 파악된다. 이와 같이 하여 얻어진 자료에 의하여 부문별원가관리에 필요한 차이분석이 되어지고 제조간접비 관리를 할 수 있게 된다.
부문비배분표 **(部門費配分表)** (Overhead Distribution Sheet)	[의의] 원가를 그 발생 또는 소비와의 관련에서 각 원가부문별로 구분한 경우에, 이것을 부문비라고 한다. 부문비는 제조간접비만에 국한되지 않고 직접비도 포함된다. 이러한 부문비의 집계와 배분의 내용을 보조부나 관계제장표로부터 전기하여 표로 종합표시한 것이 부문비배

부표이다.

설명 이것에 의하면 각 원가요소의 부문별의 발생실적이나 부문비대체비용 및 배부의 관련성 등을 통람하는데 편리하고 실무상 대단히 유용하나, 그 내용이나 양식은 각 기업의 원가계산이나 원가관리의 실태에 따라 다르고 상당히 큰 종이가 필요하므로 경우에 따라서는 각 원가부문별로 별표의 것을 작성하기도 한다.

일반적으로 원가요소별 구분, 직접비와 간접비의 구분, 원가부문별 구분으로 표시하고, 아래 란에는 각 부문별의 가동시간 · 직접작업시간 · 종업원수 · 직접공원수 · 예정원가 · 원가차이액 · 직접작업시간 당의 제조간접비 또는 가공비율 · 직접공임률 등이 기재된다.

부문비원장
(部門費元帳)
(Ledger of Department Expenses)

의의 부문비원장은 원가계산에서 부문별계산을 하는 경우에 부문비계정의 명세를 기록하기 위하여 설정된 명세원장이다.

설명 부문보조비 및 제조부문에 대하여 각기 보조부문비원장 · 제조부문비원장을 설정할 수 있다. 부문비원장에는 각 부문마다 계정좌가 마련되고 각 부문별로 제조원가요소가 계산 · 집계된다. 즉, 부문비원장의 각 부문계정좌 차변에서는 그 부문에 부담시킬 모든 제조원가요소가 표시되고 재료비는 재료분개장, 노무비는 노무비분개장, 경비는 경비분개장을 통하여 총계정원장의 제조부문비계정 및 보조부문비계정에 전기되는 동시에 부문비원장 각계정좌에 기입된다. 이 경우에 부문개별비에 속하는 것은 각부문에서 발생할 때마다 부과되지만, 부문공통비에 속하는 것은 부문비배부표에 의하여 부문비배부를 한 다음에 각계정좌에 기입된다. 부문비원장의 각계정좌의 대변기입은 부문비를 타부문 또는 제품에 배부한 때에 하고, 보조부문비는 보조부문비배부분개장 또는 보조부문비배부표에 의하여 제조부문비계정의 차변에 대체되는 동시에 제조부문비원장의 각계정좌에 기입된다. 공정별원가계산에서는 제조부문은 각 공정으로 되어 있으므로 제조공정부문비원장이 설정되고 각 제조공정의 명세가 기입된다.

제1공정의 원가가 제2공정 이하에 부담되고, 최종공정부문비가 제품에 부담되어진다.

개별원가계산, 조별원가계산에서는 제조간접비만 부문비계산을 하므로 제조간접비원장의 각계정좌는 제조부문비배부분개장에 의하여 제조계정에 대체된다. 보조부문비원장에는 보통 동력부문비, 수선부문비, 운반부문비, 검사부문비, 공구제작부문비, 재료부문비, 노무부문비, 복리부문비, 시험연구부문비, 공장수무부문비 등의 계정좌가 설정되고, 제조부문비원장에는 주조부문비, 기계부문비, 조립부문비 등의 계정좌가 설정되며, 공정별원가계산에서는 주조부문비, 기계부문비, 조립부문비 등의 계정좌가 설정되며, 공정별원가계산에서는 제1제조공정부문비, 제2제조부문비 등의 계정좌가 설정된다.

부문시간율법 (部門時間率法) (Departmental Hour Method)	[의의] 부문시간율법이란 제조간접비의 배부기준의 하나로 부문비계산의 경우만 적용가능한 배부기준으로서 부문시간율에 의한 방법을 말한다. [산식] $\dfrac{\text{당해부문직접임금총액}+\text{부문비총액}}{\text{당해부문직접노동시간합계}}$ [설명] 부문시간율법은 직접임금을 지령서별로 집계하는 수고를 들어주는 특징이 있으며, 당해 부문의 작업원 임률(賃率)에 상위한 것이 적을 경우에는 이용가치가 있다.
부 문 예 산 (部 門 豫 算) (Departmental Budget)	[의의] 판매·제조·재무 등 경영의 각 기능부문별로 편성되는 예산으로서 기능별예산(Functional Budget)이라고도 한다. 예산통제는 경영계산의 일환으로서의 회계제도이고 기능적부문조직의 확립이 전제가 되는 것이다. 판매·제조·구매·재무·노무·후생 등의 각 기능부문에 있어서는 직접적인 집행활동이 필요하므로, 이러한 부문에 대하여 예산이 편성되고 예산을 통하여 각 부문의 집행활동이 통제되는 것이다. [설명] 일반적으로 부문예산으로는 구매예산·판매예산·광고비예산·제조예산·재료예산·노무비예산·후생비예산·제조간접비예산·연구예산·설비예산·일반경비예산·재무예산 등이 열거한다. 판매예산안은 판매부문이 작성하고, 이것이 부문예산안 편성의 제1보가 된다. 경영활동의 목적은 보다 많은 이윤획득을 하는데 있고 그 실현은 판매과정에서 종결된다. 판매부문의 활동은 다른 부문의 활동에 중요한 영향을 주는 것이므로 기간중의 매출액을 예산안으로서 판매부문이 작성하고 전회사적으로 조정된 예산에 도달되기 위하여 타부문예산안과 대조 검토하며 수정된다. 판매예산안을 편성하려면 타부문의 계획이나 가능성을 감안하여야 되므로 각 기능부문의 협력적인 노력의 결정인 것이다. 판매비에는 판매사무비·판매직원 급료·경비·포장비·송달비 등이 있으며, 각기 그 책임에 의하여 예산안이 작성되고 광고비예산안은 판매계획의 일부이므로 판매계획이나 전반적인 계획방침을 감안하여 작성되며, 그것들이 판매부장에게 제출된다. 제조예산안은 판매가능성과 제조능력과의 조정결과인 것이다. 판매예산안에서 소요수량은 제조부문이 생산할 수 있는 가능성과 경제적인 원가로 그 수량을 제조할 수 있는지에 따라 판매예산안은 수정을 받게 된다. 제조예산의 실행에는 재료·노무 및 제조간접비의 소비를 하여야 하며, 제조부문은 제조예산안에 의하여 생산에 필요한 재료를 견적할 수 있고, 이것은 구매부문에 회부되며, 구매예산이 세워지고 또 제조

예산안에 의하여 제조에 필요한 노무예산이 세워진다. 이것은 인사부문에 회부된다.

제조간접비는 그 비목의 과거기록을 가지는 원가계산과가 그 기록에 의하여 제조예산안을 감안하여 고정비와 변동비로 구분하여 견적하고, 그 구매나 지급에 관계있는 구매·인사·재무의 각 부문에 회부된다.

설비예산은 장기계획과 단기계획이 있고, 전자는 최고경영자의 발안과 방침에 따라 예산계가 작성하며, 후자는 연차예산으로 제조부장이 주임기사나 공무과·수선과의 도움을 받아 작성하게 된다. 판매비·광고비·후생비·제조간접비 이외의 일반경비예산안은 발생하는 당해부문에서 작성한다.

재무예산안은 재무부문이 작성하지만, 재무부문만의 예산이 아니고 부문예산에 편성된 경영활동 전체에 필요한 자금을 표시하는 것이므로, 각부문의 예산을 결합한 것이 된다. 이 예산을 바르게 해석하려면, 기말의 재정상태를 표시하는 견적대차대조표가 필요하며, 경영활동의 목적이 이윤추구에 있으므로 예상이익을 표시하는 견적손익계산서가 필요하다.

재무예산안·견적대차대조표 및 견적손익계산서는 부문예산안에 편성된 경영의 집행활동의 목표를 표시하는 것이다.

견적재무제표를 검토하고 기초의 재무제표와 비교하여 실시계획의 적부를 판단할 수 있다. 예산안에 의한 경영활동의 집행이 제대로 안 되면 부문예산안의 수정이 필요하며, 수정을 한 뒤 이것에 따라 견적재무제표도 수정된다. 각 부문예산안은 예산위원회에서 심의된 뒤에 부문예산이 결정된다.

부 분 원 가
(部 分 原 價)
(Partial Cost)

의의 원가요소의 일부분 만을 집계한 원가로서 전부원가에 대비되는 개념이다. 그러나 일정한 급부에 대하여 어떠한 원가요소를 계상하고, 어떠한 원가요소를 제외하는지는 주로 원가계산의 목적에 따라 다르다. 즉, 부분원가는 계산목적에 따라 각종의 것이 있으며, 그 주요한 것은 직접원가계산에서의 직접원가, 한계원가계산에서의 한계원가이다.

설명 직접원가계산에서는 원가를 조업도와의 관계에서 변동원가와 고정원가로 구분하고, 변동원가인 직접재료비·직접노무비 및 변동제조간접비 만으로 제품원가를 계산하고, 고정원가는 이것을 기간원가(Period Cost)로 하는 계산방법이다. 그리고 변동원가는 부분원가인 것이다.

한계원가는 생산량의 증가에 따라 증대되는 원가이고, 이것은 신제품을 새로 제조판매하거나 제조판매의 방법을 변경하는 경우에 생기는 총원가의 증가 또는 감소분이므로 부분원가의 일종이다. 그러나 과

대조업의 경우에는 한계원가는 전부원가 이상이 되고 부분원가라고도 할 수 없다.

부분원가는 전부원가와 더불어 원가보상의 계산목적에 관련하여 생긴 개념이다. 즉, 전부원가를 보상할 수 없는 시장상황에서는 최저가격 또는 가격최저한의 결정을 할 때에 부분원가는 문제가 되는 것이다.

본래 전부원가로서는 당연히 포함될 감가상각비, 생산설비의 접대비, 감독자의 급료·보험료·조세공과 등 사업을 하는데는 반드시 필요한 절대적인 고정비는 원가에 산입하여 가격에서 보상하는 것을 단념하고 잔여의 원가만이 계상되므로, 이 경우에 단념한 잔여원가는 부분원가가 된다.

그러나 이 부분원가에는 여러 가지가 있다. 예를 들면, 순전한 고정비만을 제외한 부분원가도 있고 보조부문이나 제조부문의 간접비를 제외하기도 하며, 나아가서 판매비와 관리비 중에서 고정비부분을 제외한 부분원가도 있다.

어떠한 범위의 원가요소를 제외하거나 산입하여 부분원가로 하는지는 그 사업의 성격이나 특수성에 따라 다르다. 부분원가의 계산은 주로 이익계획이나 가격정책 및 조업도정책을 목적으로 하여 이루어지며, 현재의 단계에서는 아직 재무제표를 작성하기 위한 것은 되지 못하고 있다.

부분원가계산
(部分原價計算)
(Partial Costing,
Full Costing)

[의의] 부분원가계산은 모든 원가요소를 산입하는 전체원가계산에 대응하여, 어떤 종류의 원가요소를 제외한 원가계산을 말한다.

[설명] 부분원가계산은 그것이 행하여지는 목적에 다라서 부분원가의 내용이 상위하다.

예를 들면 가격의 최저한을 결정하기 위하여 행하여지는 경우에는 절대적 고정비 및 이에 유사한 고정비를 제외한 것으로서 부분원가계산이 행하여진다.

또 경영관리를 목적으로 하는 한계원가계산에 있어서는 생산의 증가에 의한 원가증가분에서 한계원가를 계산하며, 경영가치계산에 이용한다.

직접원가계산도 전체원가중 고정비는 기간원가로 하고, 변동원가만을 제품원가로 하는 점에서 부분원가계산이며, 이익계산이나 이익관리 및 원가관리 또는 가격계산에도 이용된다.

일반적으로 부분원가계산이 흔히 원가계산제도로서가 아니라 특수원가 조사 내지 임시원가계산으로서 행하여지는 것이다.

즉, 원가계산이란 제조활동에 따라 생기는 원가의 일부분만으로 제품원가의 계산을 하는 원가계산방식이고, 전부원가계산에 대비되는 것이다. 부분원가계산에도 각종의 것이 있지만, 독일의 비례원가계산,

영구의 한계원가계산, 미국의 직접원가계산이 그 대표적인 것들이다.

이것들은 서로 상위점이 있지만 전부원가계산과 대조적인 부분원가계산에서의 일반적 성격을 직접원가계산에서 엿볼 수 있다.

첫째로, 부분원가계산에서는 원가분류를 원가의 형태에 따라 분류할 뿐만 아니라 조업도와의 관련에서 고정 및 변동의 분류를 병용한다. 그리고 제품원가를 계산하려면 모든 제품원가가 아니고, 그 일부분(변동비부분)만으로 제품원가를 계산하고 다른 원가부분을 기간비용으로서 처리하게 된다.

직접원가계산에서는 변동비인 직접제조원가 중 조업도의 변동에 따라 영향을 받지 않는 고정비부분인 고정제조비는 기간비용으로서 처리된다.

제품원가는 이것을 재료비·직접노무비 및 변동간접비로서 산정한다. 이와 같이 원가의 분류 및 제품원가의 구성요소가 전부원가계산과 다르기 때문에 원가와 수익과의 대응순서인 손익계산의 방식도 독자의 형태를 갖추게 된다.

직접원가계산에서는 매출액에서 변동제조원가로 된 매출원가를 차감하여 제조차익을 구하고, 이것에서 변동영업비를 차감하여 한계이익을 산정한다. 한계이익에서 고정비부분인 기간비용(고정제조간접비·고정판매비 및 관리비)를 공제한 것이 영업이익이다. 여기에서 영업이익은 전부원가계산에서와 같은 것이 되지만 한계이익(Marginal Income)은 고정비와 이익과의 합계로 되어 있고, 매출총이익과는 전혀 성격이 다르다.

이와 같이 손익계산의 과정중에서 원가·매출액 및 이익의 관계가 명확하게 되므로 기간손익의 산정은 물론이고, 이익계획, 원가관리, 가격결정 등 경영관리상 이 원가계산방식은 유효한 용구가 된다.

한계원가계산은 이것과 거의 같은 것이고 비례원가계산도 기본적인 사고방식은 다르지만 그 기능에 있어서는 다를 것이 없다.

☞ 전체원가계산

특수원가계산 (Special Cost Counting)

부 산 물
(副 産 物)
(By Prodects)

회계처리

[의의] 동일 원료를 사용하여 동일 공정으로부터 생산되는 제품 중 금액상 중요성이 큰 것은 주산물(Main Prodects)이라 하고, 그 이외의 것은 부산물이라 한다. 이 부산물은 주산물의 제조과정에서 필연적으로 파생하는 물품을 말하고, 예컨대 콜크 공장에서는 석탄을 원료로 하는데, 생산된 물품 중 콜크는 주산물이 되고, 그 이외의 유산암모니아, 콜탈, 벤졸 등은 부산물이 된다. 또 비누공장의 비누는 주산물이지만 글리세린은 부산물이다.

[설명] 1. 부산물의 회계처리

부산물의 원가계산은 그것이 발생한 공정의 제조원가로부터 공제한다. 예를 들면 공정별원가계산을 하는 공장의 제1공정에서 발생한 부

평가원칙	산물의 평가액을 300,000원이라 하면 다음의 분개에 의하여 제1공정의 제조원가로부터 차감한다. 　(차) 부산물　300,000　　　(대) 제1공정　300,000 　부산물의 원가를 주산물과 분리하여 산출할 수 있을 때에는 문제는 없지만 주산물과 부산물의 원가를 따로 계산한다는 것은 실제상 곤란하며, 또 부산물이라 하더라도 수량이 없는 것은 아니지만 금액이 문제로 되지 않으면 안된다. 　이러한 이유 때문에 부산물은 각각의 경우에 따라 평가한다. 이 경우에는 원칙적으로 부산물이 발생한 공정의 제조원가에서 당해 부산물의 평가액을 공제하여야 한다. 　2. 부산물의 평가원칙 　부산물의 평가는 종합원가계산에서 문제가 된다. 　부산물의 평가액은 원칙적으로 다음과 같은 방법에 의하여 산정된다. 　① 부산물 그대로 외부에 매각할 수 있는 것은 매각예상액에서 보관비·판매비 및 통상의 이익의 추산액을 공제한 가액으로 평가한다. 　② 부산물을 가공한 후 매각할 수 있는 것은 부산물의 매가예상액에서 가공비·판매비 및 통상이익의 추산액을 공제한 액으로 평가한다. 　③ 부산물 그대로 자가소비할 수 있는 것은 이로 인하여 절약되는 물품의 구입예상가액을 그대로 부산물의 평가액으로 한다. 　④ 부산물을 가공한 후 자가소비할 수 있는 것은 이로 인하여 절약되는 물품의 구입예상가격에서 가공비추산액을 공제한 액으로 평가한다. 　한편 부산물의 가격이 작은 경우의 평가에 있어서는 이의 평가를 영(零)으로 가정하여 취급하고, 이 부산물을 외부에 매각하여 수입을 얻은 경우에는 영업외수익으로 처리한다. 　부산물에 대한 부산물원장을 작성비치하여 이에 수불(受拂)을 기입하고 부산물을 외부에 매각한 경우에는 다음과 같은 분개를 한다. 　(차) 현금및현금등가물　×××　(대) 부산물　　　××× 　　　　　　　　　　　　　　　　　　부산물매출익　××× 　부산물의 매출액이 상대적으로 큰 경우에는 이를 손익계산서상의 매출액에 기입하고, 동시에 부산물매출원가도 계상한다. 그러나 부산물의 매출금액이 작은 경우에는 매출익(賣出益)을 손익계산서의 영업외수익에 계상하여도 중요성의 원칙에 의하여 용인된다. 　또 부산물이 발생한 경우에는 필요에 따라 부산물보고서(By Products Report)을 작성비치한다. 　이상의 방법에 의하여 평가된 부산물의 가액은 이를 주산물의 종합원가에서 차감하는 회계처리를 하는 것이 일반적이다.

그러나 이와 같은 평가방법에 의하지 않고 부산물 분리후의 개별비에 의한 평가방법 또는 부산물가격을 영(零)으로 보는 방법도 경미한 부산물인 경우에는 허용된다.

종합원가를 원재료비와 가공비로 분리하여 계산할 때에 부산물의 가격은 원재료비와 가공비로 분류하여 평가하지 않으면 안되지만 부산물은 성질상 추정 또는 가정에 의할 수밖에 없다. 이를 피하기 위하여 원재료비에서만 부산물가격을 공제하는 방법을 취하기도 한다.

사례 A 제조공장에서는 단순종합원가계산을 하고 있다. 9월에 산출된 부산물의 추산액은 다음과 같다. 이 경우의 분개를 표시하라.
(1) 부산물의 매각추산액 ································ 30,000원
(2) 부산물의 보관비·판매비의 추산액 ············ 7,000원
(3) 부산물의 이익추산액 ································ 5,000원
<해답>
　매출액=(보관비+판매비+이익의 추산액)
　　　　=30,000원-(7,000원+5,000원)=18,000원
　(차) 부산물　18,000　　　(대) 재공품　18,000

사례 Y제조공장은 공정별종합원가계산을 하고 있다. 제2공정에서 발생한 부산물은 제3공정에서 사용된다. 2004년 9월의 제2공정에서의 부산물의 평가액은 50,000원이며, 이 부산물을 익월인 10월에 제3공정에서 사용하였다. 이 경우의 분개를 표시하라.
<해답>
9월의 제2공정에서 생긴 부산물에 대하여는 다음의 분개를 한다.
　(차) 부산물　50,000　　　(대) 제2공정　50,000
10월에 이 부산물을 제3공정에서 사용하였다면 제3공정에서는 재료비가 되므로 다음과 같은 분개를 한다.
　(차) 제3공정　50,000　　　(대) 부산물　50,000

부수비용 (附隨費用) (Additional Expenses)

의의 부수비용은 직접·간접의 부수비용으로 나누어지며, 전자에는 인수운임·하역비·운송보험료 등이 있으며, 후자에는 검수·정리·선별·손질 등의 비용의 구매부서의 비용이 있다.

부품 (部品) (Parts)

의의 부품이란 부분품이라고도 하며, 그대로 제품에 장치되어 제품의 구성부문이 되는 재료를 말한다.
설명 부품은 주요재료비 및 직접재료비로서의 성질을 갖는다. 이에는 구입부분품과 자제부분품(自制部分品)이 있다. 구입부분품은 대차대조표상은 재료에 포함하는 것이 인정되며 자제부분품은 반제품에 포함하여도 좋다. 「원가계산준칙」에서는 전자의 소비액을 매입부분품으로 하고, 재료비의 형태별분류상 1항목으로 하고 있다.

부 품 비 (部 品 費) (Part Expenses)	☞ 매입부분품비 (Purchased Parts Cost) 　재고관리 (Material Control) [의의] 제품 또는 반제품에 그대로의 상태로 장치하고, 그 구성부분으로 되는 것을 부품이라 하고, 이 부품의 소비액을 부품비라고 말한다. [설명] 부품을 구분하면 ① 매입부품, ② 재료지급의 외주부품, ③ 자제부품으로 갈라진다.(광의의 부품) 　상품의 주요한 것은 ①의 매입부품이다.(매입부품의 항참조) 　②의 경우는 예컨대 다음과 같은 계정처리가 행하여지다. ③의 자제품은 반제품으로서 처리해야할 것이고 ①②와는 명확히 구분하여 처리한다. 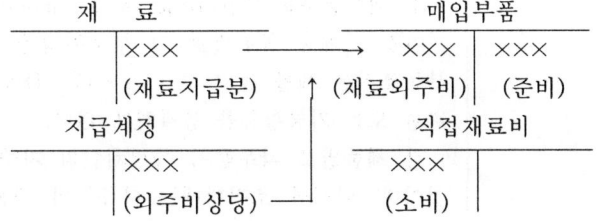
부품제조지령서 (部品製造指令書) (Parts Production Order)	[의의] 부품제조지령서란 부분품의 제작을 명하는 지령서로서 주로 조립형 제조에 관련하여 발행되는 경우가 많다. 부품제조지령서는 부분품의 제조를 위하여 발행되는 것이지만, 그것은 충당부품의 제조를 위한 경우도 있고, 재고부품의 제조를 위한 경우도 있다.
부하가격결정 (負荷價格決定) (Load-Factor Pricing)	[의의] 생산설비를 최대한으로 이용하기 위하여 기간별로 상이한 가격결정을 하는 것이다. 　계절적·시간적인 수요감퇴를 극복하고, 때로는 저소득계층의 고객을 인도하기 위하여 적용된다. 　전자의 경우에는 고정비를 매출액에다 널리 배부하는 것이 가격을 인하시키고 계절과 관계없이 불시의 소비자를 유인하는데 도움이 된다. 　당기원가를 고정비의 일부와 더불어 회수하는 점까지 가격을 인하하는 것은 실행가능하다고 보는 것이다.
분권화조직 (分權化組織) (Decentralized Oranization)	[의의] 부문관리조직의 편성은 기업의 규모·업종 또는 전통에 따라 여러 가지 형태의 것이 있다. 이것을 분권화조직으로 하느냐 집권화조직으로 하느냐는 매우 중요한 문제이다. 보통 소규모 기업에서는 집권화조직이 채택되고, 대규모 기업에서는 지리적 분산, 다각경영 등에 따른 분권적조직이 채택되는 경향이 있다. 　조직의 집단화는 본질적으로 각 조직계층에 대하여 의사결정을 어

느 정도로 위임하는지에 따라 결정되는 것이다. 결정권이 최고경영자에게 집중되는 경우에는 이것이 집권 또는 관리제도(Centralized Management Organization)이라고 한다.

일반적으로 기능별 부문조직은 집권화 또는 집중화 조직이라 하고, 이것에 대하여 사업부문조직은 분권화조직이라고 한다.

[설명] 기능부문별조직의 편성에서도 판매부문 및 제조부문을 내부대체가격의 채택에 의하여 각기 독자의 시장 및 제품을 다루는 독립채산제로 하는 이익관리단위(Profit Center)가 되면, 이것을 연방적 분권제(Federal Deccntralization)라고 한다. 이것을 사업부문조직(Divisional Organization)이라고도 하며, 이것은 기초적으로 다음의 3가지로 구분된다.

(1) 제품별부문조직(Products Departmental Organization)

이것은 제품 종류별로 그 부문편성을 한 관리조직의 형태이다. 이 부문조직은 예를 들면, A·B·C·D의 각 제품부장이 당해 제품에 관한 모든 기능활동을 통괄하게 된다.

각 제품별로 각부문이 독립채산의 자주적 관리를 할 수 있도록 한 것이다. 이러한 조직형태는 다종류의 제품을 제조하고, 그 시장도 다른 기업에서는 매우 유효한 것이다.

(2) 지역별부문조직(Regional Departmental Organization)

이 부문관리조직은 기업활동이 지리적으로 분산되고 있는 경우에, 이것을 각 지역마다 구분하고 그 구분에 따라 편성된다. 예를 들면, 공장·지점이 각 지역에 산재하는 경우에는 그 지역마다 기능활동을 각기 부장에게 통괄시키는 것이다. 이 경우에도 각 지역별 부문을 독립채산의 관리단위로 할 수 있게 된다.

(3) 고객별부문조직(Consumer's Departmental)

이것은 고객의 종류에 따라 부문별편성을 한 조직형태이다.

예를 들면, 대량소비를 하는 관청, 큰 거래처, 기타로 나누어 각 부문편성을 한 경우이다. 이 조직에서도 각 부문마다 독립채산의 관리단위로 하여 자주적인 분권관리를 하기 쉽게 된다.

| 분 배 율
(分 配 率)
(Distribution Ratio) | [의의] 기업이 산출한 부가가치액이 각 생산요소에 대하여 어떻게 분배되었는가. 즉, 부가가치 총액에 대한 순이익, 인건비, 금융비, 임차료, 조세공과 및 감가상각비의 비율을 말한다. 부가가치분배율이라고도 한다.
[산식] 각 분배율의 산식은 다음과 같다.
· 이익분배율(자기자본분배율) = $\dfrac{순이익}{부가가치} \times 100$ |

- 금융비용분배율 = $\dfrac{\text{금융비용}}{\text{부가가치}} \times 100$

- 임차료분배율 = $\dfrac{\text{임차율}}{\text{부가가치}} \times 100$

- 조세공과분배율(공공분배율) = $\dfrac{\text{조세공과}}{\text{부가가치}} \times 100$

- 감가상각비분배율 = $\dfrac{\text{감가상각비}}{\text{부가가치}} \times 100$

[설명] 생산요소는 자본과 노동이므로 이윤분배율과 노동분배율은 특히 중요한 의미를 갖는다. 일반적으로 기계화수준이 낮은 노동집약적인 생산형태에서는 노동분배율이 높고, 자본집약화되어서 노동장비율, 기계장비율이 높으면 노동분배율이 저하하는 경향이 있다. 동일 업종이면 노동생산성이 높은 기업은 이윤분배율이 높고, 노동분배율이 낮게 되는 관계를 가진다.

불 량 률
(不 良 率)
(Fraction Defective)

[의의] 불량품수의 전체수에 대한 비율을 말한다. 백분율로 표시된 불량률을 불량백분율(Percent Defective)이라고 한다. 보통 제품은 여러 가지 품질특성이 있고 각기 품질규격이 정하여지고 있다. 그 중에서 검사의 대상이 되는 특성을 검사항목이라고 한다. 그리고 흠으로서 가격으로 좋지 않다고 정한 데를 결점(Defect)이라고 한다. 이 결점수나 길이·무게 등이 규격한계를 넘는 물품을 불량품이라고 한다.

품질의 평가방법

[설명] (1) 품질의 평가방법 : 물품에 따라서는 확실히 정의를 내릴 수 없고 수량화 할 수 없는 것도 있다. 오관에 의하여 맛·냄새·소리 등에 대하여 관능검사를 하는 경우에는 수량화 하기 어렵다. 수량화되지 못하면 규격한계를 정하기 어렵고 결점이나 불량품을 판정하기 어렵게 된다. 최근에는 물리화학적측정방법의 진보나 통계적 해석방법의 진척에 따라 점차로 수량화 되어 가고 있다.

규격한계

(2) 규격한계 : 수량화 되어도 규격한계치를 어떻게 정하고, 결정된 값이 실천되고 있는지에 문제가 있다. 설계·제조검사에서 규격한계가 일치되지 않거나 결점의 정의가 일치되지 않는 경우가 있다.

품질특성의 중요도

(3) 품질특성의 중요도 : 제품에는 많은 품질특성이 있다. 그리고 중요도는 제품의 용도에 따라 다르게 된다. 만일 시계가 움직이지 않으면 그것은 중대한 결점이 된다. 품질관리에서 품질특성의 중요도를 다음과 같이 구분하고 있다.

① 치명적 결점 - 이 특성이 좋지않으면 인명에 관계가 있는 항목을 뜻한다. 즉, 비행기의 푸로펠라가 부러지면 추락할 것이고, 그러한 결점은 치명적인 결점이다.

② 중결점 - 이 특성이 불량하면 그 제품의 성능은 전혀 발휘될 수 없는 결점이다.

③ 경결점 – 이 특성이 불량하면 제품의 성능에 영향을 주는 것으로서 전기기기의 메타 고장같은 것이다.

④ 경미한 결점 – 성능에는 영향을 주지 않는 결점이다. 이러한 결점이 있어도 보통 불량품이 아니지만 치명적 결점이나 중결점의 하나만 있으면 그 제품은 불량품이 된다.

(4) 잠재불량의 현재화 : 본래는 불량한데도 아직 불량이라고 하지 않은 것을 잠재불량이라고 한다. 회계전표중에 오기된 것이 상당히 많은 데도 불구하고 알지 못하고 있으면 잠재불량이다. 규격치가 애매하여 본래는 불량품인 것이 양품으로 행세하기도 한다. 보수가능품은 검사당시에는 불량품이지만, 이것이 불량률에 계상되지 않은 경우가 많다. 이와 같은 것은 현재화 함으로써 보수작업을 감소하도록 하여야 한다.

비 누 가 법
(非 累 加 法)
(Non-Cumulative Method)

[의의] 비누가법은 각 공정의 완성품원가를 차공정에 순차로 대체하지 않고 각 공정마다 완성품원가를 직접계산하여 이를 합계함으로써 최종제품의 제조원가를 계산하는 방법이다.

공정별로 원가를 집계하는 목적은 각 공정에서의 재공품·반제품·완성품의 원가를 정확히 계산하고, 최종제품의 정확한 원가를 산정함을 목적으로 함과 동시에 각 공정에 있어서의 Cost Control에 유용한 자료를 얻는데 있다.

[설명] 비누가법에 의한 계산절차의 요점은 재공품원가의 결정에 있다. 제2공정, 제3공정의 기말재공품원가는 각기 자공정외에 전공정비의 일부분을 부담하여야 되고, 기말재공품량에다 전공정완성품의 단위원가를 곱하여, 이것을 산정한다. 이 경우에 제3공정 재공품은 제1공정비 및 제2공정비의 양자를 부담한다.

감손의 손실을 제품만에 부담시키는 경우에는 이러한 계산으로도 좋으나 재공품에도 부담시키는 경우에는 각 공정의 기말재공품 수량을 각 공정의 수율(감손율의 역수)로 나누어서 전공정(前工程)의 완성품량으로 환산한 다음에 전공정비 부담분을 계산하여야 되는 것이다. 즉, 제3공정 재공품의 제1공정비 부담분은 그 재공품량을 제3공정 수율로 나누고 다시 이것을 제2공정 수율로 나누어 얻은 환산량에다 제1공정 완성품 단위원가를 곱하여 산출하는 것이다.

이것은 각 공정비에서 차공정 이하의 재공품의 부담분만큼이 공제되고, 그 결과로서 그 공정비 중 제품원가가 되는 부분이 산정되는 것을 뜻하는 것이다. 제2공정 이하의 기초재공품에 포함되는 전공정비의 취급은 기말재공품평가의 별항설명을 유추하면 쉽게 이해될 수 있을 것이다. 제2공정 재공품이 포함하고 있는 제1공정비, 제3공정 재공품이 포함하고 있는 제1공정비 및 제2공정비는 각 공정비에 가산되고, 각 공정의 기초재공품원가는 자공정비의 부담분만으로 되는 것이다.

비 례 계 산
(比 例 計 算)
(Proportional Accounting)

[의의] 가격정책에 대한 목적계산을 위한 적극적 역할로서의 조업도인상, 특히 경제불황, 소비감퇴, 나아가서는 실비이하로 가격이 하락한 경우에 수동적으로 취할 가격정책의 기초를 실비계산에 의하지 않고 제공하는 방법의 하나이다.

[설명] 비례계산은 비례율을 계산기초로 한다. 비례율은 추가비용증가를 추가생산량(또는 거래량)으로 나눔으로서 얻게 된다.

예로서 생산 100이고 총비용 5,000인 경우 생산이 증가하여 200, 그때의 총비용 7,500이라고 하면, 비례율은 2,500÷100=25가 된다.

이 비례율을 가격계산의 기초로 하면, 외계의 변동에 대할 수 있는 탄력성을 얻게 된다.

조업이 부족조업(최적조업도 이하)이면, 비례율은 평균비보다 낮아지고, 가격은 이것을 기초로 하여 극히 낮아지게 할 수 있다. 보통 비례율은 가격한정(Preisuntergrenz)이라고 생각된다. 소극적으로는 이와 같이 비례율은 가격정책에 이바지하나 비용정책적으로, 이 대책은 수요를 환기하고 경영정책을 높이고자 한다. 또 과도조업일 때에는 비례율이 가격최고한이 되기 때문에 수요를 감퇴시켜 최적조업도로 인하한다.

비 례 비
(比 例 費)
(Proportional Cost)

[의의] 비용을 매출액 또는 생산액과의 관련에 있어서 분류하면, 고정비와 변동비(또는 반고정비를 넣어 3구분)로 분류된다.

변동비란 것은 매출액 또는 생산액이 변동한 경우에 발생액이 변동하는 비용이다.

즉, 일정한 생산설비에 의하여 생산활동을 하는 경우에 활동의 변화에 따라 비례적으로 변동하는 원가요소를 비례비 또는 비례원가라고 한다. 그것은 체증적 및 체감적으로 변화하는 변동비와 더불어 고정비와 대비하는 의미 내용의 것이다.

그 변동의 방식에는 여러 가지의 형태가 생각되게 되는데, 매출액 또는 생산액에 정비례하여 증감하는 비용을 비례비라 한다.

전형적인 비례비는 주요재료비이다.

그러나 손익분기점분석 등에 있어서는 엄밀하게 정비례하는가 어떤지를 불문하고, 고정비와 비례비의 어느것인지로 분류하여 버리는 일이 많다.

[설명] 직접재료비, 성과급제임금처럼 생산량에 따라 변동하는 것이 비례비이지만, 생산활동의 기간을 어떻게 구분하는지에 따라 달라진다. 예를 들면, 1일을 단위로 하면 일급은 고정비이지만, 1개월을 단위로 하면 비례비가 된다.

비례비는 생산활동에 따라 비례적으로 변동하는 원가요소뿐만 아니라 약간 비례적인 것도 비례비로 간주하고 비용을 고정비와 비례비로 구분하고 간단하게 조업도와의 관계를 설명하기도 한다. 그리고 비례비를 생산활동에 국한시키지 않고 판매 기타 사무활동에까지 확장하여 생각하기도 한다. 예를 들면, 운임처럼 중량 용적에 비례하는 것, 수수료처럼 거래건수 또는 가액에 비례하는 것, 창고료처럼 용적과 보관기간에 비례하는 것들은 비례비의 성격을 띠고 있기 때문이다.

원가요소로서의 비례비가 아니라 총원가의 입장에서 생산량의 증가에 따라 증가한 총원가액을 비례비라고 보기도 한다.

이 비례비에는 원가요소로서의 각종의 변동비와 고정비가 포함되고 있다. 또 그와 같은 비례비에서 생산증가분에 대한 단위원가를 산정하여 한계원가 또는 비례율(Proportionale Satz)로 하고, 이것에 의하여 경영가치계산을 하는 슈발렌바하의 생각도 있다. 또 총원가의 입장을 확장하여 총원가중에 원가요소로서의 고정비가 비교적으로 적은 경영이 있으며, 예를 들면, 거간제(居間制)가내공업경영, 수공(手工)사업경영 등의 총원가의 움직임을 보아 이것을 비례비 경영이라고 하는 경우도 있다. 이와 같은 경영은 불황기에도 경쟁력에 있어서 고정비경영보다 강하다고 한다.

비례성지대
(比例性地帶)
(Comparion Regeon)

[의의] 경영비용론에 대한 전통적 견해에 의하면 총비용은 조업도의 증가와 더불어 당초는 체감적으로 변동하지만 일정한 단계에 도달하면 전체 생산량에 대하여 비례적으로 된다. 이 단계를 비례성지대 또는 비례성영역이라고 한다.

[설명] 거기에서는 비용의 체감현상이 정지되고, 평균비는 최소가 된다. S자형 총비용 곡선의 경우에는 이 단계에서 한계비와 평균비가 일치된다. 이상형의 경우를 전제로 하여 연속적으로 그리면 평균비는 이 한계비의 교점을 지난 후에는 상승된다. 즉, 이 단계는 총비용곡선의 비용전향점(Kostenwendepunkt)에 해당되고 그 점을 중심으로 하여 총비용곡선은 체감으로부터 체증으로 전향한다. 그러므로 비례성단계는 지대범위(Zone)를 형성하는 것이 아니고 하나의 점을 표시하는데 지나지 않는다. 이론적인 설명으로는 비례지대를 점으로서 이해되고 있다.

비례성지대에서는 평균치가 최소가 된다. 이것은 경영에 투하된 각종 생산요소가 전체로서 최적으로 결합된 상태에 있는 것이다. 그러므로 비례성지대는 최적성지대(Optimalitatszone)라고도 한다. 이것은 유동적 생산요소와 고정적 생산요소가 전체로서 잘 조화되고 있는 상태이기도 하다. 또 그것은 비용적으로 단위당 변동비의 증가분과 단위당 고정비의 감소분이 균형되는 점이다. 이 점을 지나면 단위변동비의 증가분이 단위당 고정비의 감소분을 상회하여 평균비는 증가하게 된다.

	이와 같은 평균비가 최소로 되는 비례성지대는 비용의 전체적인 투입량에 대하여 물량적인 산출량이 극대가 되는 점이다. 이러한 의미에서 기술적 경제성의 목표가 되는 것이다. 이 점에서의 조업도는 최적조업도가 되는 것이다. 이것은 이익극대화가 되는 최유리조업도와는 다르다. 　경영능력의 이용면에서 보면 최적조업도는 그것이 가장 잘 이용되는 지대이고, 그 전후는 부족조업, 과도조업의 단계라고 한다. 그리고 전통적비용이론에서 전개된 조업정책은 이 최적조업도 또는 비례성지대에서 조업하는 것을 하나의 목표로 하고 있다. 그러나 전통적 견해에 대립되는 구텐베르크(E. Gutenberg)의 비용이론은 비례성지대란 존재할 수 없다고 한다.
비례원가계산 (比例原價計算) (Proportionalkal Kulation)	의의 비례원가계산은 "슈마렌바하"에 의하여 제기된 부분원가계산이며, 한계원가계산이라고도 한다. 　생산량의 증가에 따른 총원가의 증가부분을 비례비라고 생각하고, 이 비례비에서 생산증가분에 관한 단위원가를 산정하는 방법을 말한다. 　경영의 판단을 하는 자료와 가격정책의 기초자료를 얻기 위하여 특수원가조사로 행하여져, 원가계산제도로서 행하여지는 것은 아니다. 　☞ 특수원가조사 (Special Cost Studies) 　　　한계원가계산 (Marginal Costing)
비　례　율 (比　例　率) (Proportional Rate)	의의 현대적인 한계비의 전단계적인 개념이며, "슈말렌바하"에 의하여 제기된 것이다. 그는 총비용을 구성하는 요소적비용으로서 고정비와 비례비의 2종만을 인정하고(표현상으로는 다른 요소도 인정하고 있다) 총비용의 모든 변동의 모습은 결국 이들 2종의 비용요소의 결합의 방편에 의하는 것으로 하면서 한편에서는 조업변동에 따른 총비용의 증가분이 파악된다면 이것은 응당 비례비부분이라고 한다. 이러한 전제에 입각하여 비례율이라는 것이 결정된다. 즉, 임의의 2가지의 상이한 조업도를 파악하고 각자에 대한 총비용의 차액을 구하여, 이것을 그 생산량의 차액으로 나누어 얻은 것이 비례비이다. 설명 이 비례율은 "슈말렌바하"의 상술의 전제에서는 단위비례비가 된다. 그러므로 각 조업도를 표시하는 생산수량을 곱함으로써 총비용중에 차지하는 총비례비가 산출된다 하면, 이것을 총비용에서 차감한 것이 고정비라고 한다. 이것을 수학적 비용분해법 이라고 한다. 　"슈말랜바하"는 비례율의 의의를 주로 이 비용분해의 기능위에 있다고 보는바, 이 분해법의 이론적 및 실제상의 모순은 이미 많은 논자에 의하여 지적되는 바다. 　또 비례율을 비용보상가격 특히 가격저한의 결정의 기준이 될 수

비목별원가계산 **(費目別原價計算)** (De-classified Calculation)	있다고 하는 견해도 있는바, 비례율에는 일반적인 피보상비용으로서의 실질이 결여되고 있다. 　이것은 차별가격의 결정에만 이바지할 수 있는 것이다. 그러나 비례율에 잠재하는 것보다 중요한 것은 한계적사고(Grenzidee)이며, 이것은 성층비(成層費)로서의 한계비개념을 마련하기 위한 전단계를 이루는 것이라고 할 것이다. 　[의의] 원가계산에 있어서 제1차의 계산단계를 말하며, 후계의 부문계산·제품별계산에 나란히 늘어서게 된다. 　이것은 일정기간에 있어서 원가요소를 비목별로 분류측정하는 절차를 말하고, 동시에 재무회계에 있어서 비용계산도 된다. 　이것은 직접비와 간접비로 대별하며 또한 필요에 따라 기능적 분류가 가미된다. 　이 용어는 종래의 요소별 원가계산에 대하여 「원가계산준칙」에 있어서 쓰이고 있다. 　[설명] 비목별원가계산의 절차는 원가요소를 형태별로 구분하고, 이를 기초로 직접비·간접비로 구분한 후 필요시 다시 각 부문의 기능에 따라 구분 계산한다. 아래 도표의 윗부분에서 알 수 있는 바와 같이 행과 열의 조합에 의하여 6종의 원가요소로 나누어 계산한다. 통상적으로는 간접재료비·직접경비를 제조간접비로서 종합하고 있다. 따라서 직접재료비·직접노무비·직접경비·제조간접비 4종류인데, 각 원가를 계산하는 것이 비목별 계산이다. 　직접비·간접비의 구분은 원가의 발생과 제품과의 관련에서 구분된다. 직접비는 제품과 직접적 또는 비례적으로 발생하는 것을 파악할 수 있고, 실제로 직접적 또는 비례적으로 계산하고 있는 원가이다. 예를 들어 책상의 재료가 되는 목제는 직접비이다. 　간접비는 제품과 직접적 또는 비례적으로 발생하고 있는 것을 알더라도 중요하지 않기 때문에 직접 집계하지 않는 원가와 직접 파악하기 어려운 원가 2가지 모두 포함된다. 비 목 별 계 산 | 제품과의 관련에 따라 형태별로	직 접 비	간접비	
---	---	---	---
재　료　비	직접재료비	간접재료비	제 조 간 접 비
노　무　비	직접노무비	간접노무비	
경　　　비	직접경비	간접경비		

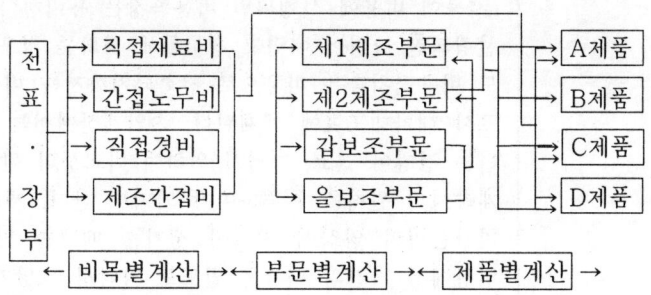

비 용
(費 用)
(Expense, Cost, Carge)

[의의] 기업활동에 있어서 이익을 얻기 위해서 희생이 된 가치, 즉 재화 또는 용역의 소비를 말한다.

비용이라는 개념은, 수익과 함께 그로스(총액)의 개념이다.

여기에 대해서 「수익」(비용을 통해서 획득하게된 성과인 재산의 증가)에서 거기에 관련한 「비용」을 공제한 네트(차액)의 개념이 이익(또는 손실)이다.

비용은 매매원가, 판매비와 관리비 등 각종의 것으로 구분된다.

여기에 따라서 네트개념으로서의 이익(또는 손실)에는 손익(구체적으로는 매출액이라고 한다)에서 공제하는 이들 비용의 범위를 어디까지로 하는가에 따라서 각종의 것이 있다. 예컨대 매출액에서 매출원가를 공제한 매출총이익, 다시 판매비와 관리비를 공제한 영업이익 등이다.

그리고 재화가 아무런 반대납부도 없이 소멸한 사실 예컨데, 화재에 의한 물건 등의 소실, 금전·물품의 도난 등은 손실 또는 소비라고 하고 비용과 구분된다. 단, 이들의 개념 내지 용어법은 오늘날 반드시 구별하여 사용하고 있지 않다.

[설명] 비용은 여러 가지 의미로 해석되고 있지만, 회계학에서는 대략 3가지로 사용되고 있다. 광의의 수익은 기업이 가치활동에 관련하여 국민경제로부터 받아드린 가치를 뜻한다. 이것에 대하여 나가는 가치를 비용이라고 한다. 이 경우에 그것을 파악하려면 화폐의 지급인 지출을 기준으로 한다. 이러한 의미의 비용은 비용적지출을 뜻하고 수입적지출에 대립한다.

이 비용은 취득원가라고 할 것이다. 좀 더 넓은 의미로서는 일정기간의 판매과정, 즉 수익실현을 위하여 소요된 일체의 가치희생을 뜻한다. 목적비용·비목적비용·기간비용·기간외비용을 막론하고 모든 것을 포함한다. 이 밖에는 기업에서 생기는 가치희생은 없다. 이것은 포괄주의 손익계산에서의 비용이다. 먼저 말한 비용적지출이 수익을 위하여 소비되고 대응됨으로써 비용으로 전화된다.

따라서 그것은 지출에 의하여 측정되며, 지출과의 관계에서 비용측정을 하기 어려운 것도 있고, 손익계산의 확정성에 영향을 주기도 한다.

지출이 비용에 선행되면 비용측정은 용이하다. 그러나 비용이 지출에 선행되면 그것이 어렵고 경험률에 의하는 경우가 많다. 전자의 경우에도 비용적지출은 비용으로 전화되기까지는 비용 미지출이라는 항목으로서 대차대조표에 게재된다. 손익계산에서는 1기간에 완전히 파악하려는 경향이 있고, 그러기 위하여 비교성의 원칙을 희생으로 하고라도 계속성의 원칙을 존중하여야 되기도 한다. 계속성을 존중하기 때문에 기간손익의 양상에 지장이 생기는 때에는 당기업적주의 손익계산의 입장에서 기간외 비용을 별도로 파악하고 당기손익계산에서 제외하도록 한다. 예를 들면 고정자산매각손, 과연도매출에 대한 대손, 임시손실 등의 단기간적비용은 이익잉여금계산서에서 처리된다. 이러한 경우에는 기간이익의 회계와 전체이익은 일치되지 않는다. 협의의 비용은 당기업적주의에 의한 손익계산의 비용을 말한다. 보통 비용이라고 할 때는 이것을 가르킨다. 이것은 기업의 주된 경제활동에서 생기는 제조비용, 영업비용(판매비 및 관리비)과 금융상의 활동에서 생기는 경상적인 영업되비용을 포함하고 있다.

그리고 독일에서는 원가계산과의 관계에서 비용을 구분하여 목적비용, 중성비용으로 한다. 목적비용은 원가와 일치되는 부분이고, 중성비용은 손익계산상의 비용이 될 수도 있지만 원가계산상의 원가는 아니다.

비용법칙
(費用法則)
(Expense)

[의의] 비용 또는 원가가 조업도와의 관련에서 어떻게 되는지의 인과분석의 결과를 비용법칙이라고 한다. 이것에 의하여 조업도의 변화에 따른 비용의 움직임을 통일적으로 설명하는 동시에 비용의 발생형태나 일정한 운동법칙에서 생기는 경영상의 중요한 명제를 해결하려고 하였다. 비용이 조업도만에 의하여 변화 되는 것은 아니다. 비용의 크기에 영향을 주는 요인에는 그 밖에도 생산요소의 가격, 요소의 질, 경영규모, 생산계획 등이 있다. 그러므로 순수하게 조업도와의 관련에서 비용법칙을 유도하는 경우에는 다른 요인의 영향이 없는 것으로 가정하게 된다.

[설명] 비용법칙은 총비용의 운동을 중심으로 하여 설명된다. 그것은 일정한 경영능력하에서 생각되는 기간생산량과 총비용과의 관계이다.

경비는 조업도의 변화에 따라 증감되지만, 슈말렌바하(E.Schmalenbach), 슈탁켈바르크(H.Stackelbarg), 멜레로비쯔(K.Mellerowicz)등의 전통적 비용이론을 주장하는 사람들은 다음과 같이 말하고 있다.

총비용은 조업도의 상승에 따라 증가되지만 당초에는 생산량의 증가분보다 적고, 단위비용은 감소되지만 점차로 생산량에 대하여 비례적인 것이 되고, 이 비례 단계를 지나서 생산이 더 증가되면 총비용은 생산량이상의 비율로 증가되고 단위비용은 증가된다. 즉, 총비용곡선은 체감지대로부터 비례성지대를 거쳐 체증지대에 이르게 되며, S자형의 경과를 표시하게 된다. 이것을 한계비곡선에서 보면 U자형의 경과를 보이게 되며, 한계비가 평균비와 일치되기까지는 총비용이 체감적으로 되며, 한계비가 평균비 보다 높아지면 총비용은 체증적으로 상승된다.

조업이 감퇴되는 경우에는 이론적으로는 반대의 방면으로 총비용이 변화될 것도 상정되지만 대개는 비용의 잔류 또는 원가잔류(Kosteuremanenz)가 생기기 때문에 조업증가의 경우보다도 높은 비용수준으로 총비용이 환유(還流)된다.

구텐베르그(E.Gutengerg)는 비용법칙에 대하여 비판하면서, 총비용곡선은 광범하게 직선적으로 된다고 주장하였다. 그의 공헌은 단순히 총비용곡선의 직선성을 주장하였다는 것보다도 총비용곡선의 경과에 대한 분석에서 볼 수 있다.

특히 생산과정의 기술적 조건, 부분능력의 구성상황의 상위가 총비용곡선의 움직임을 어떻게 반영하는지를 분석하고, 그것과 결부되는 처리적 관점에서 총비용경과를 「량적적응」「시간적 적응」「강도에 의한 적응」의 개념을 몇 개의 유형으로 분석하였다. 그리고 총비용의 운동법칙은 일정한 곡선상에서 설명되는 것이 아니고, 생산과정과 개별적인 조건 및 경영자의 처리적 결정에 따라 다원적으로 설명될 것이라고 한다. 이것은 비용법칙을 현실화한 것이라고 한다.

비용운동의 기초에는 어느 의미에서 생산함수가 고려되고 있다. 전통적 논자들은 그것을 수익법칙(Ertragsgesetz)의 개념속에서 추구하고 있다. 그들의 수익법칙이란 투르고(Turgo)의 수확체감의 법칙에 유래되는 것이며, 요소 투입량의 증가에 대하여 생산물은 최초에는 체증하고 그후에 일정한 점을 거쳐서 체감한다는 것이다. 이 수익함수가 반전되면 S자형의 총비용곡선을 얻을 수 있으므로 수익법칙은 비용법칙과 일체가 되고 있는 것이다.

이것에 대하여 구텐베르그(E.Gutengerg)는 이 수익법칙 중에서 생각되는 생산요소의 기술적 결합가능성을 비판적으로 분석하고, 현실의 비용경과를 규정하는 생산함수를 새로 정의하고 있다.

이 생산함수는 B형 생산함수라고 하지만 다시 그것을 비용함수로 유도하였다. 그것은 개별적인 생산과정에서 생산의 급부도(단위시간 내의 생산량의 크기)와 요소소비량의 일반적인 기술적 의존관계를 표시하는 것이고, 그것을 통하여 생산과정의 기술적 조건이 총비용곡선상에 반영되는 것이다. 그리고 비용법칙은 전통적논자들에 의하여 일단 확립되었지만, 그 뒤에 "구텐베르그"의 분석을 통하여 많이 변해지고 있다.

이 점은 비용법칙상에서 전개되는 가격정책이나 조업도정책에까지 영향을 주었고, 여러 가지 문제가 재검토되어야 할 것이다.

비 용 분 석 **(費用分析)** (Analysis of Expenses)	[의의] 비용분석이란 원가분석, 원가분할이라고도 한다. 일정기간의 총원가 또는 총비용을 조업도의 변동과 관련하여 몇 개인가의 종류 예를 들면 고정비・변동비로 분할하는 것을 말한다. 　분해법으로는 수학적 분해법, 기장기술적 분해법, 통계적 분해법 등이 있다. ☞ **원가분석. 조업도. 고정비. 변동비** ☞ **원가분할. 통계적비용분해법・수학적비용분해법**
비 용 분 해 **(費用分解)** (Kostenauflosung)	[의의] 영업관리상 총비용을 고정비와 변동비로 분해하여 생각하는 일이 있다. 일반적으로는 손익분기점을 구하기 위해서는 고정비와 변동비로 하는 것을 비용의 분해라고 한다. [설명] 비용의 분해에는 몇갠가의 방법이 있는 데, 대표적인 것으로서, 개별비용법(계정과목분해법)・총액법(개산법이라든가 수학법이라고도 한다)・스켓터 그래프에 의한 방법・최소자승법이 있다. 　실천적으로 가장 많이 이용되고 있는 것이 개별비용법이다. 총비용을 계정마다로, 고정비와 변동비로 선별하고, 각각 그들의 총액을 구하는 방법이다. 이 경우 고정비와 변동비의 양요소를 말하는 계정과목, 소위 준고정비나 준변동비는, 요소의 강약에 따라서 고정비・변동비의 어느 것인가에 산입하는 방법과 각 과목의 내용을 분석하여 고정비와 변동비로 안분하는 방법이 사용된다.
비용수익대응 **(費用收益對應)** (Matching Costs with Revenues)	[의의] 수익과 비용은 달성된 성과(Accomplishments)와 그것을 달성하기 위한 노력(Efforts)의 관계 즉, 결과와 원인의 관계로서 이해될 수 있다. 이와 같은 인과관계에서 수익과 비용을 파악하고 양자의 차액으로서 손익계산을 하는 것을 비용수익대응이라고 한다. [설명] 기간손익계산에 있어서도 기간비용과 기간수익은 그와 같은 대응관계에서 파악되어야 한다. 그러기 위하여 먼저 기간수익을 파악하고, 그것과 대응관계에서 기간비용을 한정하는 방법에 의한다. 즉, 일정한 기준에 의하여 파악한 기간수익이다. 　비용을 대응시킴으로써 기간비용을 결정하게 된다. 그러나 비용중에는 수익과의 대응관계가 명확한 것과 그렇지 않은 것이 있다. 따라서 기간손익계산에서 비용수익의 대응에는 여러 가지 형태의 것이 생기게 된다. 　수익과의 대응관계가 가장 명확하게 인식될 수 있는 비용은 매출원가이다. 제품판매에 의하여 얻어지는 수익과 판매된 제품의 제조비용과의 사이에는 제품을 모개로 하여 명료하게 그 인과관계를 인식할 수 있다. 　그리고 그와 같은 관계에서 매출원가의 계산이 이루어진다. 이 경우에 먼저 비용요소를 제품에 관련시켜서 산정하여야 된다. 그리고 이러

한 역할을 담당하는 것이 원가계산이다.

　물품을 모개로 하여 비용·수익을 대응시키는 형태를 개별적 대응, 직접적 대응 또는 원가계산적 대응이라고 한다. 관리비·판매비·영업외비용 등의 제조비용 이외의 비용은 제품을 모개로 하여 대응시키기 곤란하다.

　그것들은 당기중의 기업과 존립 또는 영업활동 전체를 보증하기 위한 비용이며, 전체적 제품을 모개로 하는 대응관계에서가 아니라 전액을 당기의 수익에 의하여 보전하여야 된다는 견해와 이것도 제품을 모개로 한 대응관계에서 파악되어야 하지만 파악하기 위한 합리적인 기준이 없으므로 하지 않는다는 견해가 있다. 그 처리방법으로서 기간을 모개로 하여 대응시키는 것이므로 기간적 대응 또는 재무회계적 대응이라고 한다.

　이 경우에 당해기간의 비용액을 수익과의 인과적 대응관계에 의하여 한정되지 않고, 수익과는 관계없는 독립된 기준에 의하여 결정되는 것이다.

　직접원가계산을 기간손익계산에 도입하려는 주장을 하는 사람은 제품을 모개로 하여 수익과 대응관계에 놓여지는 것은 변동비뿐이라고 한다.

　고정비는 제품의 생산량과 관계없고, 경영을 생산가능한 상태로 유지하기 위한 비용이므로 제품을 모개로 하여 특정의 수익과 인과관계를 생각하는 것이 불합리한 생각이고, 일정한 기준으로 인식된 고정비의 전체가 그 기간의 전체수익과 대응관계에 있다고 한다. 따라서 고정비는 비용수익의 대응이라는 면에서 관리비와 같이 인식되고 처리되어 진다.

비용측정 (費用測定) (Expense Measurement)

의의 수익의 인식은 실현주의에 비용의 인식은 발생주의에 의해서 인식되는 것이 타당하다.

　그러면 이 발생주의에 의하여 인식된 비용은 얼마로 할 것인가. 즉, 비용의 크기는 어떻게 정할 것인가 하는 것이 비용의 측정이다. 다시 말하면 발생된 비용을 어느 시점의 가격으로 할 것인가 하는 것이다.

　비용을 현금지급을 기준으로 측정하면 역사적 흐름에 의한 화폐가치의 변동을 보완할 수 없다. 또 이를 현재의 시장가격으로 하면 취득원가의 비용측정을 어렵게 한다. 이 비용의 측정기준에는 역사적 원가에 의한 측정방법, 현재의 시장가격에 의한 측정방법, 역사적 원가를 현재시장가격으로 수정한 측정방법 등의 3가지가 있다.

설명 1. 역사적 원가에 의한 측정방법

　이는 취득원가를 가지고 비용의 측정을 하는 방법을 말하는데, 취득원가에 의하면 원가는 확정적으로 되기 때문에 검사가능성을 가지고 있다는 것과 취득당시의 교환가치를 나타낸다는 특징이 있다.

그러나 지급된 비용이 비용화되는 시점의 가격보다 낮으면 당해 비용은 현재의 수입에 대한 비용보다 낮게 계상되어 기업이익의 증가로 나타나고, 반대로 당해 지급된 비용이 비용화되는 시점의 가격보다 높으면 당해 수입에 대응되는 비용은 기업순이익의 감소로 나타난다.

이런 문제에 의해 역사적 원가는 당해 지출에 의해 비용화 되는 것을 제외하고는 수정되는 것이 적당하다.

2. 시장가격에 의한 측정방법

기지출된 비용이 소비될 당시의 시장가격을 비용으로 측정하는 방법이다. 이는 수익이 현재의 가격으로 실현된다면, 이에 대응할 비용도 현재가격으로 측정하여야 하고 또한 화폐가치의 변동이나 고정자산의 기간경과에 따른 진부화·품질저하 및 기타의 원인에 의하여 취득당시의 가격에 변동이 생기므로 인하여 자산은 사용이전에 이득 및 손실이 생기게 되는 것이다.

이를 보완하는 것이 현재 시장가격에 의한 비용의 측정방법인 것이다. 그러나 이 현재가격에 의한 측정방법에도 문제가 있다. 현재가격을 이 비용의 청산가격으로 할 것인가 또는 대체가격으로 할 것인가 하는 것과 현재가격을 어떻게 정확히 산출할 것인가 하는 것이다.

청산가격이란 이 자산을 사용하지 않고 매각하려고 할 때의 그 매각대금을 말하며, 대체가격이라 하면 당해자산을 현재에 취득하려고 할 때의 가격을 말한다.

이와 같을 때, 그 청산가격이나 대체가격에는 창의성이 개재할 수가 있고 또한 과거에 취득한 동일종류의 자산에 적용가능한 현재가격이 존재하지 않기 때문에, 이를 추정해야 하므로 검증가능성이 없어진다는 점이다.

3. 시장가격으로 수정한 역사적 원가에 의한 측정방법

현재시장가격으로 수정한 역사적 원가는 취득시점의 가치로 취득한 역사적 가치를 물가지수를 이용하여 소비·사용시점의 가치로 수정평가하여 나타내는 것을 말한다. 이 방법에 의거하여 비용을 측정하기 위해서는 물가수준에 관한 통계자료가 믿을 수 있어야 하고, 손익계산에는 화폐자체의 가치변동에 따른 수정부분을 제외하고 자산의 보유에 따른 발생손익은 포함시켜야 한다.

비용평가 (費用評價)
(Expenses Valuation)

[의의] 비용평가란 비용원가의 평가를 말한다.

그에는 수익에서 공제해야 할 비용에 관한 손익계산을 위한 것과, 제조원가에 산입해야 할 비용 때문의 것등 2개가 있다.

자산평가에 대하는 것으로서 손익계산 및 원가계산에 대하는 중요성이 높아지고 있는 현재, 비용평가가 자산평가로 바꾸어져서 주목되고 있다.

비원가부기 (非原價簿記) (Non-Cost Book-Keeping)	[의의] 비원가부기란 원가계산을 실시하지 않는 공업부기를 말한다. 공업부기는 원래 원가계산과 밀접한 관계를 가지며 원가자료 없이는 정확한 제조활동을 파악할 수 없고 불완전한 것이다. 즉, 비원가부기는 원재료가 출고되어 제조과정에서 소비된다 하더라도 이를 일일이 기록하지 않고 기말에 실지 재고조사에 의하여 그 결과만을 기록하는 것이다.
	[산식] • 당기재료소비액=기초재료재고액+당기재료매입액-기말재료재고액
	• 당기제품제조원가=기초재공품재고액+당기재료소비액+당기직접임금+당기제조간접비-기말재공품재고액
	• 당기제품매출원가=기초제품재고액+당기제품제조원가-기말제품재고액
	[설명] 이 방법에서는 자산, 부채의 증감변화를 총괄적으로 기록할 뿐이며 내부제조활동을 기록하지 않으므로 많은 종류의 제품을 대량으로 생산하고 있는 기업이나 규모가 크고 복잡한 대기업에서는 적용할 수 없다.
	  따라서 주로 간단한 제품 또는 단일제품을 제조하고 있는 소규모의 단순한 제조업에서 채택되는데 불과하다.
	  비원가부기의 특징은 연도말에 재고조사법에 의하여 간접적으로 소비액, 완성액 등을 계산하는데 불과하여 이에 따른 단점을 다음과 같이 찾아 볼 수 있다.
	  ① 다수의 자산을 보유하고 있는 대규모 경영에서는 각 자산의 재고조사비용이 많이 들고 복잡하다.
	  ② 기말재고액의 평가에는 자의성이 개입하기 쉽다.
	  ③ 제품의 원가결정이 지연된다.
	  ④ 재고의 감손액이 있을 경우 이 감모손실액은 소비액으로 간주되므로 원가계산이 부정확하게 된다.
	  ⑤ 원가요소의 소비 및 제조에 대한 장부기록이 없으므로 원가관리 및 경영관리의 자료를 얻을 수 없다.
	  비원가부기는 내부제조활동을 기록하지 않으므로 계정체계는 거의 상업부기의 경우와 같지만 내부제조활동의 결과를 기록정리하기 위하여 제조활동관계의 계정이 몇 개 더 설정된다. 제조관계계정 중 중요한 것을 들면 다음과 같다.
	  ① 재료계정
	  이것은 재료의 증감을 처리하는 계정으로서, 차변에는 반품재료액과 당기매입액을 기입하고, 대변에는 반품재료액 및 기말재고액을 기입한다.
	  이 계정의 차변잔액은 재료소비액으로 간주되어 결산시 일괄하여 제조계정에 대체한다.

② 임금계정

　생산관계작업에 종사하는 노무자에게 지급되는 보수를 처리하는 계정으로서 노무자에게 임금을 지급한 때 차변에 기입하고, 결산시 전체 소비액이 판명되면, 그 금액을 대변에 기입하고 제조계정에 대체한다.

　이 경우 임금계정대변잔액이 있는 경우에는 당기미지급임금을 의미한다.

③ 제조경비계정

　이 계정은 제품을 제조하기 위하여 소비된 재료·임금 이외의 모든 제조관계경비를 집계하기 위한 계정으로서, 전력비·수선비·감가상각비·여비교통비 등의 제계정에서 당기의 소비액이 대체되어 온다.

　제조경비계정의 차변에 대체된 제경비의 집계액은 총괄적으로 제조계정차변에 대체한다.

④ 제조계정

　이 계정은 한 사업연도 중에 제품의 제조활동을 위하여 소비된 모든 원가를 집계하기 위한 집합계정으로서, 이 계정의 차변에는 재공품의 전기이월액 및 각원가요소계정에서 대체되어온 금액이 기입된다. 그리고 기말재공품가액을 파악하여 대변에 기입하고 차변잔액을 구한다. 이 차변잔액을 당기완성제품에 대한 원가로서 제품계정에 대체한다.

⑤ 제품계정

　이 계정은 제조과정을 거쳐 판매할 수 있는 상태에 이른 생산물 즉, 제품의 증감을 처리하는 계정이다. 이 계정의 차변에는 전기이월제품액과 제조계정으로부터 대체되어 온 당기완성품원가를 기입한다.

　그리고 대변에는 기말제품재고액을 기입한다. 차변합계에서 기말제품재고액을 차감한 것은 당기 중에 매출된 제품의 원가로서 매출계정 또는 손익계정에 대체한다.

비원가항목
(非原價項目)
(Non-Cost Items)

　의의 원가외항목이라고도 하고, 원가계산제도에 있어서 원가에 산입되지 않는 항목에 대한 것을 말한다. 원가를 정확히 파악하려면 원가가 될 수 없는 것은 원가계산에서 제외하도록 하여야 된다. 특히 원가계산은 손익계산 기타의 계산체계이므로 원가와 유사한 항목간의 구별을 하여 둘 필요가 있다. 원가계산상의 원가는 경영목적을 달성하기 위하여 소모된 경제가치를 말하며, 원가계산 자체는 계산원리로서 비교성을 존중하고, 이상한 요소의 배제를 요청하므로 원가개념상 가치감소도 정상적인 상태에 있어서의 경영상태를 전제로 하여야 된다. 기업경영에 있어서는 급부생산이라는 목적에 직접·간접으로 관계없는 가치감소가 생기는 경우도 있고, 이상한 원인에 의하여 가치소모가 생기는 경우도 있다. 또 실제로 가치소모라고는 할 수 없어도, 착각이 생기거나 원가계산 이외의 계산체계에서 소극요소로서 계산되기도 한다. 이러한 것들은 모두 원가가 되지 않는다.

[설명] 비원가항목은 이상과 같이 여러 가지가 있으나, 그것들은 대체로 다음의 3가지로 구분할 수 있을 것이다.

1. 경영활동 이외의 활동에 따라 생기는 가치감소
  (1) 다음 제자산에 대한 감가상각비, 관리비, 조세 등의 비용
    ① 투자자산인 부동산·유가증권·장기대여금 등
    ② 미가동의 고정자산
    ③ 장기간 휴지하고 있는 설비
    ④ 기타 경영목적에 관련이 없는 자산
  (2) 기부금 등으로서 경영목적에 관련이 없는 지출
  (3) 지급이자할인료, 사채발행할인료, 주식발행비상각, 개업비상각, 지급보증료 등의 재무비용
  (4) 유가증권의 평가손 및 매각손

본래의 경영활동은 급부생산 및 판매이고 그것 이외의 활동 중 주요한 것은 재무활동이다.

여기에 속하는 것은 주로 재무적 비용이다. 그 밖에 휴지설비비도 끼어 있다. 이것들은 손익계산상의 영업외비용이다.

2. 이상한 상태하에서 발생하는 가치감소
  ① 이상한 공손·감손·실사감모손 등
  ② 화재·풍수해·도난·쟁의 등의 우발적 사고에 의한 손실
  ③ 예기할 수 없는 진부화 등에 의하여 고정자산에 현저한 감가가 생긴 경우의 임시상각비
  ④ 연체보상금·위약금·벌과금·손해배상금
  ⑤ 우발채무손실
  ⑥ 소송비
  ⑦ 임시다액의 퇴직수당
  ⑧ 고정자산매각손 및 제각손
  ⑨ 이상한 대손

여기에서는 임시비용이며 우발적 사고에 의한 손실, 경영능률이 일정수준 이하이기 때문에 생긴 손실 및 기간외비용을 포함하고 있다.

3. 이익잉여금에 부담시킬 항목
  ① 법인세·소득세
  ② 배당금
  ③ 이익처분에 의한 임원상여금
  ④ 건설이자상각

이것은 세무회계나 이익잉여금계산 또는 수지계산에서 계산되는 요소이고, 원가계산상의 원가는 되지 못한다. 비원가항목은 독일의 중성비용과 유사하지만 그것 보다는 약간 범위가 넓은 듯하다. 거기에서는 원가와의 비교대상을 비용안에 국한하지 않고, 유사하고 혼동하기 쉬

비 축 생 산 **(備 蓄 生 産)** (Production of Emergency Stocks)	운 항목까지도 고려하고 있으며 중성비용이 개념적으로 명료체계적이라고 할 수 있다. [의의] 장래에 대비하여 미리 생산하고 저축하여 두는 것을 말한다. [설명] 생산은 적정재고량을 유지할 수 있도록 행하여지는 것이 보통인데, 제품의 발매기를 일정시기로 하고 있는 경우, 그때까지에 상당의 제품을 저축하여 두지 않으면 판매계획의 수행이 곤란하게 된다. 또 설비의 이전·개조 등의 경우에는 장래감산이 예정되어 있는 점에서, 미리 제품을 만들어 모으는 경우가 많고, 이와 같은 경우에 비축생산이 행하여진다. 다시 원유와 같이 국제상품은 국가적으로 비축생산이 요구되는 경우도 있다. 비축생산을 행하기 위해서는 제품재고의 증가에 따라서, 재고자금의 일종으로서 일반적으로 비축자금이 필요하게 된다. 이 비축자금은 재고의 판매에 따라서 점차 해소되어 가는 것으로 된다.

사

사내금리제도
(社內金利制度)
(Internal Money Rate of Interest System)

[의의] 사업부제에서는 본부에서 관리비나 지급이자등을 사업부에 배부할 것인지의 문제가 있다. 물론 이러한 본부비와 사업부와는 관계가 있지만, 사업부로서는 그러한 비용의 대부분이 관리불능비이며, 적당한 배부기준도 없다. 그렇다고 이것을 무시하면 사업부의 원가의식을 저하시키는 것이 된다. 이러한 이유에서 고안된 것이 사내금리제도이다.

[설명] 자본에는 자본원가가 있기 마련이고, 사내금리의 배부기준은 사업부에 투하된 자본이라고 보는 것이다. 사내금리를 어느 정도로 하느냐에 대하여는 다음의 요인들을 고안하여 결정한다.
① 본부비를 보상할 정도
② 은행차입금에 대하여 지급하는 실질금리
③ 전회사적인 최저배당률

사 멸 원 가
(死 滅 原 價)
(Expired Cost)

[의의] 사멸원가는 생존원가의 일부 또는 전부가 시간의 경과 또는 그 사용이나 부분 등으로 인하여 그 효용이 소진(Ex;ired)된 가액을 말한다. 즉, 당기의 수익에다 손비로서 부담시키는 원가가 사멸원가이다.

[설명] 사멸원가와 생존원가의 구분은 당기의 수익에 부담시키느냐의 여부에 있으며, 영업비 중 특히 배급비에 대하여는 문제가 있다.

반스(L.L.Vance)에 의하면 영업비도 유용한 용역에 대한 투자라고 할 수 있으며, 용역이 이루어지고 또 원가로서 인식되기가 바쁘게 사용되는 성질의 것이므로 원가로서 기록되는 동시에 비용이 된다. 즉, 사멸원가가 된다.

사멸원가라고 인식되는 경우의 요인으로서는 호은그렌(C.T.Horngren)에 의하면 그것은 원가가 장래의 편익을 나타내지 않거나, 그 편익의 측정이 무시되리만치 불확실하여 차기에 정당하게 이월할 수 없는 경우에 사후원가가 된다. 또 반스에 따르면, 사멸원가, (Revenue Charge), 비용은 일반적으로 거의 같은 뜻으로 쓰인다고 한다.

이와 같이 사멸원가는 비용과 같으며, 문제가 되는 것은 비용이 아닌 손실을 포함하느냐이다.

호은그렌은 사멸원가란 비용 또는 손실로서 당기에 유출되는 가액이라고 한다.

그러므로 사멸원가는 당기의 수익실현에 직접 관계가 있는 비용과 당기의 수익실현과 관계없이 이익을 감소시키는 손실과의 양자를 포함하는 것이 된다. 예를 들면, 생존원가인 재고자산은 매출원가가 되는 경우 비용으로서의 사멸원가가 되지만, 이상한 사고등에 의한 감소는 손실로서의 사멸원가가 된다.

이와 같이 사멸원가는 기간손익결정을 위한 손비로서 손익계산서에 표시된다.

사업부이익
(事業部利益)
(Division Profit)

[설명] 사업부이익은 계산상 다음과 같은 단계로 구분된다.

```
매 출 액              ××××
차감 : 장려액           ×××
매 출 차 익
차감 : 관리가능고정비   ×××
관리가능이익
차감 : 당해사업부
       소속기타고정비
사업부이익              ××
(공헌이익)              ××
차감 : 사업부외비용     ××
순 이 익                ×
```

매출차익은 직접원가계산에 의한 한계이익(Marginal Income)이므로, 이 이익을 고려하여 두고 경영전략을 세우게 된다.

다음에는 관리가능이익은 단기이익업적의 평정기준이 되는 것이며, 사업부이익은 일종의 공헌이익(Contribution Profit)이다. 이것에서 모든 사업부비용을 차감한 것이 사업부비가 전회사적으로 공헌한 정도를 표시하는 것이다. 그러므로 관리목적에 따라 사업부이익을 구분하여 보는 것이 필요하다.

사전원가계산
(事前原價計算)
(Predetermined Cost System)

[의의] 사전원가계산이란 계산의 대상이 되는 제품 또는 공사의 완성 이전에 각 원가요소의 소비액을 견적에 의하여 행하는 원가계산을 말한다.

[설명] 사전원가계산은 사후원가계산과 대비하여 쓰여진다. 견적을 어떠한 방법으로 하느냐에 의하여 견적원가계산과 표준원가계산으로 나누어진다. 이것은 미래원가의 계산이고, 사후의 실제원가계산과는 다르다. 예산·이익계획 등도 일종의 사전계산이다. 이러한 계산은 주문을 받을 것인가의 여부를 판단하기 위하여 또는 매가산정의 기초자료로 하거나, 경제활동의 선택 결정을 위하여 이용된다. 보통 사후원가계산의 자료를 참고로 하여 사전원가를 산정하지만 한계원가처럼 사전계산만으로 그 목적에 이용되는 것도 있다. 표준원가계산제도에서 표준원가는 사전적이기는 하지만 이것도 실제원가와 비교하여 차이를 계산하는 원가계산제도이므로 사전사후의 원가계산이 밀접히 관련되

는 계산제도이다. 또 견적원가계산제도 또는 정상원가계산제도에서도 사전에 견적원가·정상원가를 계산하고 사후의 실제원가와 관련시키는 점에서 사전·사후의 계산이 밀접하게 관련되고 있는 것이다.

사 회 원 가
(社會原價)
(Social Costs)
사회적비용
사회회계

[의의] 사회원가는 최근의 공해문제와 관련하여 주목되는 원가개념이다. 광의로 해석하면, 사회원가란 재화 및 용역을 생산하기 위하여 전사회의 구성원이 부담하는 가치희생을 종합한 것이다.

[설명] 이러한 사회원가는 기업이 부담하는 기업원가를 포함하는 고차(高次)의 원가개념이다. 그러므로 사회원가는 기업원가 보다 많은 가치량의 것이며, 그 차액은 기업이 생산활동을 할 때 대기오염이나 오수로 인하여 사회의 다른 성원에게 가치희생을 강요한 부분이고, 이것에 대한 지급이 없으므로 원가로서 인식되지 못한 부분이다.

협의로 해석하면 사회원가란 기업원가를 초과하는 부분이 사회원가인 것이다.

이러한 의미에서 사회원가는 공해와 직접 결부된 개념이므로 중화학공업의 발전에 따라 증대되며, 이 공해에 대한 배상이나 방지를 위한 설비투자를 하면 사회원가는 감소되는 반면에 기업원가는 증대되는 상호관계에 놓여 있다.

사 후 계 산
(事後計算)
(After Account)

[의의] 사후계산은 사후원가계산이라고도 하며, 생산착수후 그 생산정도의 진행과 더불어 병행되고, 실제로 발생한 원가를 계산하는 방법이다. 따라서 미국에서는 이것을 실제원가계산이라고도 한다.

[설명] 사전계산은 원가관리 등의 요청으로 이루어지며, 실제로 발생한 원가를 기저로 하는 사후계산은 계산적으로도 확실성을 지니고 있으며, 아직 원가계산상의 중심적지위를 상실한 것은 아니다.

☞ **사후원가계산** (Post Calculating)
　실제원가계산 (Actual Costing)

사 후 비 용
(事後費用)
(After Cost)

[의의] 현재의 손익계산은 기간적인 비용과 수익의 대응을 원칙으로 하나, 그 대응의 시간은 기본적으로는 수익계상시라고 한다.

즉, 판매상품의 인도와 그 대가의 수령(수익의 실현)을 한 때 판매수익과 그것에 소요된 모든 비용이 계상된다. 그러나 실제로는 수익의 실현은 현금의 수입을 의미하지 않으므로 대금의 회수비용이나 차환 등의 비용이 그 후에 발생할 가능성이 남겨지며, 이들 비용을 사후비용 또는 후비용이라고 한다.

[설명] 이 사후비용이 수익계상의 기간이후에서 발생하는 경우 비용수익대응의 원칙은 파괴되나 소액인 경우에는 매기 경상적으로 발생하여도 상관없다고도 한다. 그러나 다액인 경우에는 수익을 현금회수시에 계상할 것이 요청되고, 이로써 비용수익의 기간적대응을 가능케 하

사후원가계산 **(事後原價計算)** (After Cost Accounting)	려고 한다. [의의] 사후원가계산은 제조에 착수한 뒤에 제조과정의 진행에 따라 실제로 발생한 원가를 계산하는 방법이다. 그러므로 사후원가계산은 실제원가계산이라고도 한다. [설명] 실제원가계산은 대부분의 제조업에서 실시하는 것으로서 제도적인 재무회계와 유기적으로 결합되고 있다. 그리고 원가요소의 단가를 예정가격으로 산정하는 경우가 있어도 소비량을 실제로 계산하는 것이라면 사후원가계산이라고 보고 있다. 관리목적에도 이용될 원가계산은 신속할 것이 필요하고, 재료의 소비가격, 작업원의 임률, 제조간접비의 배부율 등을 「예정가격×실제소비량」으로 계산하여야 된다. 그러므로 예정가격을 사용한 실제원가계산이 일반화되고 있다. ☞ **실제원가계산** (Actual Costing)
상 비 재 료 **(常備材料)** (Material Purchased for Stock)	[의의] 상비재료란 구입되어 제품의 소재 또는 일부분으로서 직접 충당되지 않고 재고품으로서 보유되고 공장의 청구에 따라 인도될 재료를 말한다. 회계 또는 원가계산에서 재료란 상비재료를 뜻하는 것이다. [설명] 재료의 관리와 회계절차는 조직과 이에 필요한 서류에 의하여 이루어진다. 그러기 위한 조직상의 직무와 회계절차의 기초가 되는 서류는 다음과 같은 것들이다. 재료관리에 필요한 직무는 다음과 같은 것이다. ① 생산의 계획과 관리 ② 재료의 구입 ③ 구입재료의 수입과 검수 ④ 매입원료 및 부품의 종류구분과 출고 ⑤ 제품의 발송 ⑥ 재료와 제품에 관한 경리 그리고 이러한 직무수행상 작성되는 서류 중에서 회계절차에 필요한 서류로서는 구입청구서・구입지령서・납입자송장・수입보고서・사용재료청구서・생산보고서・발송지령서 및 보고서 등이 있다.
상품・제품회전율 **(商品・製品回轉率)** (Finished Goods and Merchandise Turnover Rate)	[의의] 제품(상품)의 현품량 즉, 재고량이 적정한 것인가 어떤가를 검토하는 것으로 높을수록 양호한 것이다. 단, 너무 높으면 재고량이 적은 것을 의미하고 판매할 상품이 없게 된다. [산식] 제품(상품)회전율 = $\dfrac{\text{매출원가(또는 순매출액)}}{\text{기초・기말평균제품(또는 상품)}}$ [설명] 산식중, 분모의 제품은 제조업의 경우이고, 판매업・상사회사

의 경우는 상품이 된다. 그리고 상기 산식에서 산출한 회전율로 12개월로 나누면 회전기간(월수)이 산출되고 기업내에서 재고로서 몇 개월 간 자본이 자고 있는가를 가리킨다.

$$제품상품회전기간 = \frac{기초 \cdot 기말평균제품(상품)}{당기매출원가(매출액) \div 12}$$

상호배부법
(相互配賦法)
(Reciprocal Distribution Method)

[의의] 상호배부법은 제조간접비 배부법의 하나로서 보조부문 상호간에 용역의 수수관계와 그 정도에 따라서 보조부문 상호간에서 제조간접비의 배부를 하는 방법을 말한다.

[설명] 부문별원가계산의 절차로서는 먼저 원가요소를 각 제조부문 및 보조부문에 집계하고, 다음에는 집계된 보조부문에 대하여 전부 또는 일부를 각 제조부문에 집계한다.

제조원가는 그 제조부문을 통과하는 각 제조계정에 배부 또는 부과되는 것이다. 이러한 절차 중에서 보조부문비를 제조부문에 배부하는 방법의 하나가 상호배부법이다.

상호배부법은 보조부문비를 제조부문에 배부하기 위한 하나의 방법이다. 이 방법에 의하면 보조부문 상호간에 수수되는 용역을 측정하고, 먼저 각 보조부문비를 그 용역을 받은 타보조부문 및 제조부문에 용역향수의 정도에 따라 배부하고, 다음에는 각 보조부문으로부터 배부된 액을 제조부문에 직접배부하는 방법이다.

상호배부법은 계산이 복잡하지만 계산방법으로서는 가장 합리적이다. 상호배부법은 이론적으로는 여러번 상호배부를 하여야 하지만, 이 경우에 완전한 실적배부를 하기란 어렵다. 즉, 2이상의 보조부문이 상호간에 용역을 수수하는 경우에, 예를 들면, 동력부문은 수선부문에 전력·증기 등을 공급하고, 이것에 대하여 동력부문은 수선부문으로부터 수선용역을 받은 때, 계산상은 악순환이 된다. 그러므로 엄밀한 의미의 상호배부는 할 수 없다.

이 모순을 방지하는 방법으로서 직접법·시행착오법·계속배부법·수학법 등이 있다.

(1) 직접법 : 가장 일반적으로 채택되는 방법이며, 보조부문 상호간의 대체배부는 1회만 한다. 다음에는 각 보조부문에 대한 배부액을 제조부문에 직접 배부하는 방법이다.

(2) 시행착오법 : 보조부문상호간에 배부된 배부액을 다시 재배부한다. 이러한 시행배부를 배부액이 그 전회의 배부액과의 차이가 없어질 때까지 반복하는 방법이다.

(3) 계속배부법 : 배부차이를 재배부하고, 그 재배부차액의 재배부를 반복함으로써 각 보조부분에 대한 배부액은 감소된다. 이렇게 하여 배부액이 소액으로 된 때 각 제조부문에 직접배부하는 방법이다.

(4) 수행법 : 연립방정식에 의하여 각 부문비를 산정하는 방식이다.

산정된 부문비액을 관계부문에 배부한다.

[사례] 설례로 표시하면 다음과 같다.

	동력부문비	운반부문비	제조부문
동력부문비(B)	1,000,000원	20%	80%
운반부문비(P)	70%	500,000원	30%

방정식 ① B=1,000,000원+70% P
② P= 500,000원+20% B
P= 500,000원+20%(1,000,000원+70% P)
P= 500,000원+200,000원+14% P
84% P= 700,000원
P= 813,950원
B=1,000,000원+70%=813,950원
B=<u>1,539,760원</u>

 상호배부법은 보조부문간의 용역수수가 큰 경우, 각 보조부문에 따라 제조부문에의 배부기준의 다른 경우 등에 있어서는 이 방법이 합리적이다.

 이와 같이 상호배부법은 부문별계산에서 보조부문비를 제조부문에 배부하는 하나의 계산방법으로서 이용되지만, 영업비의 기능별계산에서도 채택된다. 영업비를 기능별로 분류한 경우, 기능별영업비를 정확하게 산정하려면, 영업기능을 직접영업기능과 간접영업기능으로 구분하고, 간접기능은 다시 보조영업기능과 관리기능으로 구분된다. 이 경우에 간접영업기능비를 직접영업기능에 배부하는 하나의 방법으로서 상호배부법이 이용된다.

[사례] A공장의 당월제조간접비가 다음과 같을 때 상호배부법에 따라 보조부문비를 제조부문에 배부하라.(단, 보조부문비의 배부기준은 수선부비에 대해서는 수선시간, 공장사무부비에 대해서는 사원수로 한다)

제조간접비 부문배부표

비 목	합 계	제조부문		보조부문	
		제1	제2	수선부	공장사무부
………	××	××	××	××	××
	××	××	××	××	××
부 문 비	9,200	4,400	3,500	400	900
사 원 수		60	30	5	5
수선시간		500	300	-	100

<해답>

비 목	합 계	제조부문		보조부문	
		제1	제2	수선부	공장사무부
………	××	××	××	××	××
………	××	××	××	××	××
부문비	9,200원	4,400	3,500	400	900
제1차배부					
수 선 부 비		222	133	0	45
공장사무부비		568	284	48	0
제2차배부				48	45
수 선 부 비		30	18		
공장사무부비		30	15		
제조부문비	9,200	5,250	3,950		

배부액의 계산은 다음과 같다.

제1차배부

수선부비 400원
- 제1제조부문 $400 \times \dfrac{500}{500+300+100} = 222$
- 제2제조부문 $400 \times \dfrac{300}{500+300+100} = 133$
- 공장사무부 $400 \times \dfrac{60}{500+300+100} = 45$

공장사무부비 900원
- 제1제조부문 $900 \times \dfrac{60}{60+30+5} = 568$
- 제2제조부문 $900 \times \dfrac{30}{60+30+5} = 284$
- 수선부 $900 \times \dfrac{5}{60+30+5} = 48$

제2차배부

수선부비 48원
- 제1제조부문에 $48 \times \dfrac{500}{500+300} = 30$
- 제2제조부문에 $48 \times \dfrac{300}{500+300} = 30$

공장사무부비 45원
- 제1제조부문 $45 \times \dfrac{60}{60+30} = 30$
- 제2제조부문 $48 \times \dfrac{30}{60+30} = 15$

생 산 (生 産) (Production)	의의 인간은 사회생활상의 제목적을 달성하기 위해 각종의 재산을 필요로 하고, 그 때문에 자연에 공작하여 재화를 획득한다. 이 행위를 생산이라고 한다. 생산은 투입과 산출이라는 생산과정으로서 나타나는데, 생산과정은 사용가치를 낳는 과정으로서 붙잡는다. 설명 생산의 종류로서는 흔히 원시생산·가공생산·유통생산을 들고 있는데 엄밀하게는 제1차산업(농업·어업·광업등), 제2차 산업(가공을 행하는 가장 일반적인 제조업) 및 제3차산업(서비스, 상업 등)으로 분류하는 것이 일반적이다.
생 산 가 치 (生 産 價 値) (Value Produced)	의의 1회계기간에 있어서의 기업의 활동에 의해서 새로 부가된 가치 즉, 부가가치를 말한다. 매출액에서 원재료비, 동력비 등을 공제하여 생산가치를 구하고, 이 생산가치에 차지하는 임금의 비율을 "임금상수(賃金常數)"라 부르고, 생산가치에 임금정수를 곱하여 매기의 임금지급액을 산정한다.
생 산 계 획 (生 産 計 劃) (Planning of Operation, Production Schaedule)	의의 생산계획은 기업의 경영활동을 과정적으로 파악하는 시스템(재무·조달·생산·판매)중의 가장 직접적활동을 기간적으로 계획한다는 중요한 기능을 가지고, 기업의 연간·반년간·월간 등 일정기간에 있어서의 제품종류별생산량을 효율적으로 달성하기 위해 조직적인 생산활동의 계획을 만든다는 사고활동이다. 설명 생산계획은 목표생산량의 생산을 생산제요소의 효율적인 활용에 의해, 경제적 또는 합리적으로 달성하기 위한 기초사고이고, 그 계획은, ① 기본계획, ② 실행계획, ③ 실시계획의 3단계로 본다. 이 가운데 특히 중요한 것은 기본계획이고, 기초계획의 타당성이 생산계획의 성부(成否)를 크게 좌우한다. 기본계획은 실행계획·실시계획을 대국적인 관점에서 명령규제하는 것으로 그 내용은 ① 판매계획 ② 재고계획과의 관계에 의한 규제, ③ 제품계획(제품·품종·품질·가격의 결정) ④ 설비계획(기계설비의 능력·가격·배치의 결정) ⑤ 외주계획 등이 주체로 된다.
생 산 관 리 (生 産 管 理) (Production Control)	의의 생산관리란 것은, 기업의 생산활동 가운데서 광범한 의의를 갖는 용어인데, 그 목적으로 하는 바는, 생산설비기계·자재·노동력 등 생산활동과 관련을 갖는 모든 생산활동요소를 효과적으로 활용하여 목적으로 하는 소정량과 품질을 갖는 제품을 소요시기까지 효율적으로 생산하는 것이다. 설명 생산관리는 직제인 관리책임자가 각각의 분야에 있어서, 미리 설정된 생산목표를 가장 효율적인 방법에 의해, 그 달성을 도모하기 위해 원재료·기계설비등의 물적 재화 및 노동자를 계획적으로 배치 통제하고 상호간의 조정을 도모하면서 종합관리하여 가는 것이다.

	생산관리의 구체적인 대상분야는 다음과 같다. ① 원재료의 조달공급, ② 가공방법과 제조공정의 결정, ③ 기계설비 및 공구의 선택과 보전, ④ 순서계획, ⑤ 공정작업시간의 견적과 작업측정, ⑥ 부하계획과 일정계획, ⑦ 작업배분 ⑧ 진도관리, ⑨ 제품검사, ⑩ 평가 이것을 준비계획, 실행계획 통제의 3가지 스텝에 의해 실시하고 있다.
생산기준 (生産基準) (Production Basis, Production Method of Revenue Rewgnition)	의의 수익의 인식기준을 생산의 과정에 결부하여 파악하고자 하는 견해이다. 기간손익계산에 있어서, 비용, 수익의 인식과 발행주의가 원칙으로서 파악되고 있는 점에서 수익의 발생은 생산과정에 있어서 파악되지 않으면 아니된다는 생각이다. 즉, 생산과정에 주산물의 가치를 높인다고 하는 인식에 선다. 설명 이 기준은 판매보다도 생산과정을 수익획득의 「결정적 단계」로 보기 때문에 확실한 판매가격이 예측되고, 판매에 대하여 특별한 노력을 필요로 하지 않는 제품의 생산 예컨대, 주문생산의 경우 등에 타당한 것으로 된다. 오늘날 공사진행기준이라는 형태로 장기부급공사계약에 이용되고 있다. 그러나 이 기준은 미판매제품의 매출이익을 예상계상하게 되고, 실제판매에 의한 실액수익과의 차가 생겨서 손익계산을 불확실 하게 하고 신뢰성을 잃게 되고 있는 것이다. 1. 생산기준 가산방식 부가가치를 산출하는 하나의 방식으로 조출된 부가가치를 각각 가산하는 것으로 기업이 생산하는 부가가치의 총액을 산출하는 방식이다. ① 부가가치=당기순이익+인건비+금융비용+임차료+조세공과+감가상각비 ② 부가가치=영업손익+인건비·노동비+동산·부동산임차료+조세공과 2. 생산기준공식방식 부가가치를 산출하는 방식의 하나로 기업이 생산한 가치에서 기업의 외부로부터 조달하는 「기업이 소비한」 가치를 공제하고, 즉 생산액에서 부가가치항목의 금액을 공제하는 것으로 하여 산출하는 방식이다.

	※ 부가가치(가공액)=(순매출액-당기제품매입원가)-(직접재료비+ 매입부품비+ 외주공임+ 보조재료비)
	3. 생산기준 부가가치
	생산액을 기준으로 하여 산출한 부가가치로 매출액을 기준으로 하는 매출기준 부가가치에 대응하는 개념이다. 부가가치의 사회경제적 견지 즉, 외부로부터 보는 것으로, 기업이 생산하는 가치이고, 기업이 사회에 대한 공헌의 정도를 나타내는 것이고, 동시에 사회가 기업활동에 대하는 평가이고, 그 보수이기도 하다.
생 산 능 력 **(生 産 能 力)** (Productive Capacity)	[의의] 생산설비의 능력에는 공칭능력·이론능력·설계능력이라고 하는 것과 원재료·연료·동력·노동력 등의 제조건을 생각한 실제의 가동능력이 있다. 보통 생산능력의 검토에 있어서는 실가동능력을 파악하는 것이 목적이지만 외부로부터 정확하게 파악한다는 것은 대단히 어렵다. 업종에 따라서 파악의 방법, 표시의 방법이 상위하므로 기업의 하나 하나로 실가동능력과 그 산정기초를 기재한 자료의 제출을 구하여 검토를 가한다. [설명] 생산능력의 지표로서 많이 사용되고 있는 것은 가동률·종업원 1인당의 생산량 또는 가공량 등이 있다. 　※ ① 가동률(조업도) = $\dfrac{생산량}{생산능력} \times 100$ 　② 종업원 1인당 생산(가공)량 = 　$\dfrac{생산량}{종업원수} = \dfrac{생산량-(원재료비+외주비)}{종업원수}$
생 산 방 식 **(生 産 方 式)** (Production Procedure)	[설명] 물건을 만들어 내는 경우, 그 제품의 종류·상태·크기·품질·성능·생산량 등에 의해, 각각 다른 순서나 만드는 법을 궁리하지 않으면 좋고도 값싼 상품은 나오지 않는다. 　이 제품을 만드는 방법·형식을 통상 3개의 기본적인 생산방식으로 구분할 수가 있다. 　① 개별생산방식(통칭「일품요리 또는 다종소량생산」이라고도 일컫는다) 　② 대량생산방식(보통「매스프로」라고 부르고, 통상「흐르는 생산양식」의 형태를 취하는 수가 많다) 　③ 프로세스생산양식(원료로부터 제품)에 이르는 생산공정이 연속적으로 행하여 진다. 　생산방식의 선택문제는 협의의 경우에 한정하면 단기적인 관점에서의 결정문제가 된다. 일정한 시기에 일정한 시장조건하에서 생산주문량 또는 재료조달조건 등을 여건으로 하여 생산과정의 조직적 기술적

생산부문분석 **(生産部門分析)** (Production Division Analysis)	인 흐름을 가장 합리적으로 형성하고, 어떠한 제품을 어떠한 작업수단을 이용하여 얼마나 생산할 것인지를 결정하여야 된다. 이것을 결정하려면 기회원가나 작업시간당의 한계이익율 등을 고려하고 그 차액분석을 함으로써 이루어진다. 또 어떠한 생산방식이 유리한지를 결정하려면 어느 방식이 다른 방식에 비하여 유리한 분기량(Kritische Menge) 즉, 생산량으로 표시되는 활동수준의 크기를 검토하여야 한다. [설명] 생산활동이 합리적으로 수행되려면, 단시간에 좋은 품질의 것을 최소의 비용으로 제조하여야 한다. 그러므로 생산부문의 성과를 판단하기 위하여는 다음과 같은 사항들을 분석검토하여야 한다. 　작업능률의 판단 = 노무자 1인당의 생산액(년·월·일·시 기준) 　　　　　　　　　　노무자 1인당의 생산력(　　〃　　　　) 　　　　　　　　　　기　계 1대당의 생산액(　　〃　　　　) 　　　　　　　　　　기　계 1대당의 생산량(　　〃　　　　) 　　　　　　　　　　공　장 1평당의 생산액(　　〃　　　　) 　　　　　　　　　　공　장 1평당의 생산량(　　〃　　　　) 　작업진척상황의 판단 = 부동시간율(Idle Time Ratio) 　　　　　　　　　　　 기계운전시간율 　　　　　　　　　　　 운반설비가동률 　제품관리 = 제품의 검사적격성(검사불합격품 대 완성품비율) 　　　　　　 제품관리능률의 적부 : 제품실사감모율·제품회전율 　　　　　　 제품재고액의 판단(제품재고액 대 유동자산비율) 　생산수단의 관리:생산설비 이용률의 판단:설비자산회전율 　　　　　　　　　　　　　　　　　　　　설비자산감가상각율 　　　　　　　　　　　　　　　　　　　　설비가동율 　　　　　　　　　　　　　　　　　　　　감가상각비 대 인건비비율 　　　　　　　작업기계화에 대한 판단 [기계화에 의한 원가의 절감액(차입금이자+ 감가상각비) 대 노무비절감액] 　　　　　　　　　공장의 설비상황의 판단:공구실사감모율 　　　　　　　　　　　　　　　　　　　　공구회전율 　　　　　　　　　　　　　　　　　　　　공구감가상각률 　원가에 의한 생산능률의 판단=관리가능비와 관리불가능비의 구분 　　　　　　　　　　　　　　　 고정비와 변동비의 분석 　　　　　　　　　　　　　　　 각종 원재료비 대 제조원가 비율 　　　　　　　　　　　　　　　 각종 노무비 대 제조원가 비율 　　　　　　　　　　　　　　　 각종 제조경비 대 제조원가 비율 　　　　　　　　　　　　　　　 각종 제조부문비 대 제조원가 비율 　　　　　　　　　　　　　　　 제조원가의 구성

	작업능률을 판단하기 위하여 종업원 대 각공액비율은 다음의 산식이 이용된다. $$\left(\frac{(매출액-당기제품매입액)-(직접재료비+부분품비+외주가공비+보조재료비)}{사무원+판매원+공원}\right)$$ 이것은 생산액 중 종업원 1인당의 가공액을 측정함으로써 생산효율을 알 수 있고, 이 가공액비율과 종업원 1인당의 급여액과 비교함으로써 채산상태를 판단할 수 있다. 그리고 노동생산성과 더불어 생산능률을 판단하기 위하여 원재료회전율에 의하여 생산기간·재고기간·자본의 회전속도 등을 판단하는 자료로 한다. $$※ 원재료회전율 = \frac{순매출액}{원재료(2기의 평균)}$$
생산설비능력 (生産設備能力) (Capacity)	<u>의의</u> 생산설비능력이란 생산설비를 주축으로 하는 경영의 생산능력을 말하는 것이다. <u>설명</u> 생산설비능력에 관해서는 다음과 같은 것들이 문제가 된다. ① 생산설비 및 생산설비능력의 의미 ② 생산설비능력의 측정척도 ③ 생산설비능력의 부문별 측정과 익로부문에 대한 측정 ④ 생산설비능력의 종류 ⑤ 생산설비능력의 이용 생산설비라고 하면, 그것은 토지·건물·기계·기구라는 고정적 설비에 간부직원, 회소한도의 요원이라는 고정적 인적요인이 가담한 경우에 고정적 생산요소라는 개념이 생긴다. 한편, 이러한 고정적 생산요소에다 원재료·노동력이라는 변동적 생산요소가 결합되면 생산활동이 이루어지며, 이 경우에 생산설비능력의 문제가 생긴다. 즉, 일정기간에 일정한 고정적 생산요소와 결합되는 경우에 생기는 생산활동량이 당해 생산설비의 생산능력을 나타내게 된다. 그러나 일정한 생산기간 및 생산설비가 주어진 경우에 항상 일정한 생산능력이 있는 것은 아니다. 왜냐하면 생산능력이란 그 개념(예를 들면, Theoretical Capacity or Practical Capecity 등)에 차이가 있고 또 생산능력은 그 생산설비와 결합되는 변동적 생산요소의 조건(작업자의 작업능률 등) 등에 좌우되기 때문이다. 그리고 생산설비능력은 고정적 생산요소와 변동적 생산요소와의 결합에 의하여 일정기간에 이루어지는 생산활동량으로서 표시되므로, 그 생산활동량을 일정한 척도에 의하여 구체적으로 측정할 수 있어야 한다. 이와 같은 측정척도로서는 여러 가지가 있으나, 그 가운데 작업량과 작업시간이 가장 많이 이용된다. 동일한 작업시간을 척도로 하는 경우에도 작업내용이 기계를 중심으로 하는 경우에는 기계운전시간이 이용되고 수작업을 중심으로 하면,

노동시간이 이용된다.

생산량을 척도로하는 경우에는 개수·중량·용역 등이 이용된다. 또 동일경영체의 부문별 생산능력을 측정하는 경우에는, 각 부문의 작업내용에 따라 각기 다른 측정척도가 이용된다. 경영체의 각부문의 생산설비능력은 모두 조화되고 있어야 한다.

각 부문의 생산설비능력에 과부족이 있어서 불균형을 이루는 경우에는, 전체로서의 생산설비능력은 애로부문의 생산설비능력에 의하여 측정되어야 한다. 그리고 애로부문을 확장하거나 타부문을 축소하거나 하여 균형을 이루도록 하여야 한다.

설비계획에서 의식적으로 설비여력을 예정하기도 하며, 이것은 장기적으로 설비이용을 유효하게 하기 위한 것이다. 물론 설비계획에는 신뢰할 수 있는 판매예측과 생산계획을 기초로하며, 생산설비능력의 불충분한 이용은 설비보유에 따르는 고정비의 부담을 상대적으로 증대시키는 점에 유의하여야 한다.

☞ 조업도 (Operating Rate)

생 산 성 (生 産 性) (Productivity)

[의의] 기업에 있어서의 생산성이란 것은 생산에 요하는 자원의 투입량(Output)의 상대적 대소를 말한다.

$$생산성 = \frac{산출량}{투입량}$$

[설명] 생산성은 기업에 있어서 생산을 위해 투입하는 제생산자원의 량에 대한 생산물의 산출량의 비율을 말하는 것이므로, 말하자면 생산의 효율이라고 할 것이므로, 생산에 소요하는 자원(즉, 산식의 분모)에는 인적요소(종업원수, 노동시간, 임금 등), 원재료(원재료소비량, 원재료소비금액), 기타 생산관련자원(전력소비량, 동금액, 수도가스소비량, 외주비, 감가상각비 등)이 있었다. 그리고 Input와 Output와를 물질의 량으로 가리키는 경우, 이것을 물적생산성이라고 부르고, 양자에 각각 단가를 겸하여 화폐가치로 가리키는 경우, 이것을 가치적 생산성이라고 부르고 있다. 일반적으로 생산성이라 하는 경우는 연간생산량 또는 생산액, 부가가치생산액을 종업원수로 나눈 수치 즉, 노동생산성을 가리키고 있는 경우가 많다.

생산성분석 (生産性分析) (Productivity Analysis)

[의의] 기업의 생산성에 대하여 이것을 물적생산성, 가치적생산성의 양면에서 분석하고 기업의 종합수익성의 관련에 있어서 고찰을 가하고 또한 동업타사와의 비교 및 자사에 있어서의 시계열적비교에 의해 생산성의 고율·저율 및 상승·하락의 요인분석을 행하는 것을 생산성분석이라고 한다.

[설명] 기업의 생산성은 노동생산성과 자본생산성의 양면에서 고찰하는데 특히 종합성을 갖는 노동생산성을 기본으로 하여서 생산성분석

이 많이 행하여지고, 이 방법은 생산성 산출식의 전개(분해)에 의한 고찰방법, 요인분석이 많이 취하여지고 있다.

$$생산성 = \frac{산출}{투입} = \frac{생산량}{종업원수}(노동생산성) = \frac{생산량}{생산능력} = \frac{생산능력}{설비투자액} \times \frac{설비투자액}{종업원수}$$

(① 조업도) (② 설비투하자본 1단위당 생산능력) (③ 노동장비율)

즉, 상기 분해 3요소가 생산성의 대소, 상승 저하를 결정하는 요인으로 되는 것인 까닭에, 이 분해의 고찰에의 ①~③의 어느것의 변동에 의하여 생산성이 변동하였는가의 요인분석이 가능하게 된다.

생산성측정 (生産性測定) (Measurement of Productivity)

[의의] 생산성측정은 먼저 생산성의 개념을 확실하게 규정하고, 이 생산성개념의 규정을 받고서, 생산성을 어떻게 측정하는지의 수법을 정하고, 최종적으로는 개별기업의 생산성 대소 및 생산성의 시계열적인 비교를 행하는 일련의 작업을 포함하고 있다.

[설명] 생산성측정은 구체적으로는 ① 생선성측정의 분야(노동생산성을 측정하는가, 자본생산을 측정하는가, 종합생산성을 측정하는가)를 정하고, ② 그 목적에 따른 생산성측정수법을 취하여 구체적 생산성수치를 산출한다. 2개의 측정방법은 다음과 같다.

(1) 노동생산성·부가가치노동성의 측정

① $\dfrac{생산량\ 또는\ 생산액}{종업원수}$

② $\dfrac{부가가치생산액}{종업원수}$

(2) 자본생산성의 측정

① $\dfrac{생산량\ 또는\ 생산액\ 또는\ 부가가치생산액}{유형자산}$

② $\dfrac{생산량 \cdot 생산액\ 또는\ 부가가치생산액}{원재료소비액}$

③ $\dfrac{생산량 \cdot 생산액\ 또는\ 부가가치생산액}{소비전력량\ 또는\ 그\ 매입액}$

☞ 생산성·자본생산성 (Productivity of Capital)

생산성회계 (生産性會計) (Productivity Accounting)

[의의] 일반적으로 생산성은 일정기간의 산출과 투입과의 비율이라고 한다. 생산성회계에서는 특히 이 생산성의 계산과 산출의 배분계산이 중요하다.

[설명] 산출에서는 총생산에 해당하는 생산액과 순생산에 해당하는 부가가치가 있으므로 생산성에도 생산액의 생산성과 부가가치의 생산성이 고려된다. 그리고 오늘날에는 특히 부가가치 생산성이 많이 이용되고 있다. 또 생산요소에는 노동과 자본이 있으므로 다음의 3가지 생산성의 계산을 하게 된다.

$$\text{노동생산성} = \frac{\text{총생산 또는 부가가치}}{\text{노동}}$$

$$\text{자본생산성} = \frac{\text{총생산 또는 부가가치}}{\text{자본}}$$

$$\text{종합생산성} = \frac{\text{총생산 또는 부가가치}}{\text{노동(인건비)}+\text{자본(자본이자)}}$$

기업이 창출한 부가가치는 그 산출에 기여한 생산요소에 적정히 분배되어야 한다. 부가가치의 배분은 다음과 같은 산식으로 계산한다.

$$\text{노동분배율} = \frac{\text{인건비}}{\text{부가가치}}$$

$$\text{자본분배율} = \frac{\text{순이익(제차감)}+\text{지급이자할인료}}{\text{부가가치}}$$

$$\text{공공분배율} = \frac{\text{조세공과}}{\text{부가가치}}$$

생산자본 (生產資本) (Production Capital)

[의의] 생산자본의 순환과정에 있어서 화폐자본 및 상품자본과 함께 기능하는 자본을 가리킨다. 그 순환과정은 다음의 공식으로 표시된다.

$$P \cdots\cdots W'\text{-}G'\text{-}W < \begin{array}{c} A \\ Rm \end{array} \cdots\cdots P'$$

[설명] 일반적으로 산업자본이 존립하는 궁극적인 기초는 생산과정에서의 가치증식행위=잉여가치의 형성에 있지만, 이 공식에 있어서는 생산의 갱신과 확대가 자본운동의 목적으로 나타나고 있다. 한편 여기서는 유통과정(W'-C'-W)이 2개의 생산과정 사이에 게재하는 것으로 나타나고 있는데, 이는 화폐자본의 순환공식과 정반대이다.

생산중심점 (生產中心點) (Production Center)

[의의] 원재료를 제품으로 완성하려면 공정을 거쳐야 하며, 공정내 또는 직장에서 가공하는 유사한 작업군 또는 단위작업이 있다. 생산중심점이란 기계를 동 종류 또는 동일조건별로 구분한 기술단위이며, 보통 공정을 세분한 작업단위를 생산중심점 이라고 한다.

[설명] 이것에다 원가중심점을 합치시키면 세밀한 원가관리를 할 수 있다. 각 공정의 종점은 제조량 측정을 위한 대조점이 된다.

공정을 세분하는 정도는 작업의 감독이나 기술적 유사성의 관점에서 일률적으로 정할 수 없으며, 1공정이 단일종류가 아닌 생산중심점이 되기도 하고, 여러 작업을 1단으로 하여 생산중심점으로 하는 경우도 있다.

생산중심점은 생산기술상의 구분이지만 작업관리의 범위를 형성하

	는 동시에 원가중심점의 기초가 된다. 　생산중심점은 선반·시이링·그라인딩의 기준별로 구분하거나 1직 공장의 지배하에 있는 작업단위별로 설정하게 된다.
생산진행기준 **(生産進行基準)** (Percentage of Production Method)	의의 회계상 매출 수익실현의 인식기준의 하나로 생산 또는 공사의 중도에 있어서 수익을 정확하게 견적하여 인식하는 기준에 대한 것이다. 설명 일반적으로 수익의 실현은 상품·제품의 인도에 의한 판매사실에 의해 또 생산물의 완료에 의해 인식되는데, 생산종류 또는 공사완료까지 2사업연도 이상에 걸쳐서 장기간 요하는 경우, 그 중도의 기간에 있어서의 수익이 과소로 되지 않도록 결산기말에 생산 또는 공사진행정도를 견적하고, 적정한 수익률에 의해서 수익의 일부를 당기의 손익계산에 계상하는 것이다. 　이 방법을 채택하는 것으로 의해 경상적으로 지출되는 비용(생산원가 또는 공사원가)에 대응하는 수익을 계상하게 되는 것이다. 　일반적으로 공사진행기준·수취기준·공사완성기준의 전부를 포함하는 포괄적인 기준이다.
생 산 함 수 **(生 産 函 數)** (Production Function)	의의 생산함수란 생산요소의 투입량과 그 결과로서 생기는 산출량의 관계를 표시하는 함수를 말한다. 설명 각종의 요소투입량을 $r_1, r_2 \cdots r_n$으로 표시하면, $X=f(r_1, \cdots r_n)$으로 표시될 수 있다. 생산함수는 생산과정의 기술적 조건에 의하여 규정되며, 그 기술적조건하에서 요소투입량이 변화되면 산출량이 어떻게 변화하는지를 명확히 한다. 그것은 생산과정에 대한 모든 분석의 기초가 되는 것이지만, 경영비용론에서는 특히 비용 경과를 기초지우는 기본적인 분석수단으로서 이용되고 있다. 이것은 비용함수가 일정한 요소가격하에서 생산함수로서 표시되는 점에서 당연한 것이지만 "구텐베르크"(E.Gutenberg)는 공업경영에 있어서의 생산요소 결합의 기술적조건을 일정한 성격을 가진 생산함수로 나타내고, 그것으로부터 비용함수를 엄밀히 유도하려고 하였다. 이 분석은 A형생산함수와 B형 생산함수 또는 소비함수에서 엿보이고 있다.
생 산 활 동 **(生 産 活 動)** (Production Activity)	의의 투입과 산출이라는 과정을 통하여 나타나는 생산은 사용가치를 낳는 과정으로서도 붙잡게 된다. 가치형성과정의 측면에서 보아서 중요한 의미를 갖는 것은 생산수단의 소유형태를 기초로 하는 생산관계이다. 자본가 노동력을 구입하고 노동력의 가치를 재생산하는데 필요하게 되는 시간을 초과하여 노동자를 취업케하고 가치만이 아니고, 잉여가치도 생산하고자 한다. 이리하여 생산과정에서 가치형성과정으

	로부터 가치증식과정에로 전화하는 것을 생산활동이라고 한다. [설명] 기업의 생산활동이라고 하면 생산과 소비가 대치될 때에는 기업활동 그것이 생산활동이라고 하는 해석도 있지만, 통상은 제조기업(메이커)이 자동차나 비누 등 각 업종에 따라서 취급하는 제품을 만들 것, 원료채취기업의 경우에는 원료를 채취할 것, 가공기업의 경우에는 원료·제품 등에 가공을 할 것. 서비스업의 기업에서는 서비스를 준비할 것을 생산활동이라고 말하고 있다.
생 존 원 가 (生存原價) (Unexpired Cost)	[의의] 생존설비는 장래의 수익에 대하여 유익한 용역제공이 가능한 원가를 말한다. 생존원가는 기업회계상 기간이익결정에 사용되는 원가개념이며, 보통 사멸원가(Expire Cost)에 대비되는 원가개념이다. [설명] 사멸원가처럼 많이 쓰이는 것이 아니며, 생존원가 대신에 이연원가(Deferred Cost) 또는 잔유원가(The Remaining Cost)라는 용어가 사용되기도 한다. 원래 원가는 장래의 수익실현에 유용한 제품·재화·용역 등의 획득을 위한 지출이며, 기간속익결정의 관련에서 당기의 수익에 부담시키는 사멸원가와 장래의 수익에 부담시키는 생존원가로 구분된다. 이 관계를 표시하여 보면 다음과 같다. 지출=원가 ┌ 생존원가(대차대조표상의 자산으로서 계상) 　　　　　└ 사멸원가(손익계산서상의 손비로서 계상) 생존원가는 언제나 동일한 형태의 분류항목으로서 있는 것이 아니며, 그 형태변화를 통하여 타분류항목 또는 사멸원가로 변한다. 즉, 기계는 감가상각비의 형태로 재공품·제품 등의 원가가 된다. 또 기말의 재고제품은 판매되면, 사멸원가인 매출원가로 변화된다. 반스(L.L.Vance)에 의하면, 생존원가는 자본적지출(Capital Charge)의 용어와 거의 같고, 자산을 뜻한다. 즉, 생존원가는 대차대조표상의 자산을 뜻한다. 호은그렌(C.T.Horngren)도 자산으로서 차기에 이월되는 것이라고 한다. 여기에서 문제가 되는 것은, 생존원가는 제품원가와 같이 제품 등의 재고자산이 한정되는가이다. 일반적으로 생존원가는 재고자산·선급비용·고정자산 등 전자산에 관련되는 것으로 해석되고 있다.
선입선출법 (先入先出法) (Firgt-in, First-out Method Fifo=FIFO)	[의의] 선입선출법은 매입액법이라고도 하며, 미국에서는 Fifo라고 한다. 이 방법은 가장 먼저 취득된 것으로부터 순차로 불출되며, 기말재고품은 최근에 취득한 것으로 보고 재고자산원가의 배분을 하는 것이다. [설명] 예를 들면, 기초의 매입이 다음의 4가지 구분으로 되어 있다고 본다.

```
제1회매입   100단위 @ 100원   10,000원
제2회매입   200단위 @ 120원   24,000원
제3회매입   100단위 @ 125원   12,500원
제4회매입   200단위 @ 130원   26,000원
   계        600단위              72,500원
```

단기의 불출량 500단위, 기말잔존량 100단위라고 하면 당해 자산의 합계액 72,500원은 다음과 같이 배분된다.

(1) 재고조사법에 의하여 원가배분을 하면, 기말재고품 100단위는 제4회 매입분의 200단위중의 100단위라고 보므로 다음과 같이 평가된다.

130원×100=13,000원

따라서 당기불출품 원가는 다음과 같다.

72,500원-13,000원=59,500원

(2) 계속기록법에 의하여 불출품원가를 결정하면, 불출품원가는 제1회분, 제2회분, 제3회분, 제4회분 중 100단위 회계 500단위의 원가합계 59,500원이 된다.

불출품원가의 결정이라는 관점에서 보면, 선입선출법은 현존 재고품 중 가장 오래된 것의 원가를 불출품에 부담시키고, 그 롯트(lot)가 소진된 뒤에 다음의 것의 단가를 불출단위로 하는 것이다. 그러므로 선입선출법을 소진법이라고도 한다.

그리고 선입선출법에 의하면, 원가배분의 결과가 같게 되는 특색이 있다. 이 특색은 후입선출법 · 가중평균법에서는 볼 수 없는 것이다. 선입선출법에서는 기말재고품의 원가로서 최근수입분의 원가를 적용하므로 기말재고자산의 평가액을 다른 방법에 비하여 최종매입원가에 가깝게 된다.

그러므로 최근매입법(Recent Purchase Method)이라고도 한다. 일반적으로는 재고자산이 그 취득순서에 따라 불출된다. 그러므로 실제의 이동에 따라 원가배분을 하는 점에서 많은 지지를 받고 있다.

선입선출법은 불출품원가의 결정방법인 동시에 기말재고품 원가를 결정하는 방법이기도 하다. 후자에 착안하면 선입선출법이라는 명칭보다는 후입재고법(Last in on Hand)이라는 것이 더 적합할 것이다.

설비자본생산성 (設備資本生産性)
(Productivity for Equipmint Capital)

의의 자본생산성의 측정의 1분야로 기업의 생산관련투하자본 가운데 생산설비투하자본 1인당(1천원, 100만원 등)의 일정기간의 생산량 · 생산액 또는 부가가치생산액으로 나타내는 것이다.

산식
$$설비자본생산성 = \frac{일정기간생산물생산량 \cdot 생산액(부가가치생산액)}{유형고정자산(생산기계설지자본투입액)}$$

설명 설비생산성이라고도 부르고, 자본생산성의 고찰측정 가운데 특

히 설비기계에 투입된 자본의 투하 효율, 생산효율의 대소를 측정하는 데 사용되는 지표이다. 구체적으로는 다음과 같다.

(1) 설비투입자본을 물량으로 가리키는 경우

① $\dfrac{\text{산출량}}{\text{기계대수}}$

② $\dfrac{\text{산출량}}{\text{기계운전시간}}$

③ $\dfrac{\text{산출량}}{\text{기계마력수}}$

(2) 설비투입자본을 화폐가치로 가리키는 경우

① $\dfrac{\text{산출량}}{\text{기계설비장부가액}}$

② $\dfrac{\text{산출량}}{\text{기계설비시가액}}$

③ $\dfrac{\text{부가가치생산성}}{\text{기계설비장부가액 또는 시가액}}$

☞ 생산성 (Productivity)

설비지령서 (設備指令書) (Plant Order)

[의의] 설비지령서란 고정자산의 대체·개선·확장·신설 등에 관하여 견적되는 것이 설비계획이며, 이 계획하에 내려진 명령서를 설비지령서라 한다.

[설명] 이 지령서에 기재될 사항은 설비(Plant)의 종류에 따라 다르지만, 일반적으로 지령서번호·설비명칭·설비예산·공사의 착수 및 준공연월일·공사요령 등을 기재한다.

그리고 공사가 복잡하고 대규모의 시공공사를 하는 경우에는, 이 지령서에다 상세한 공사요령서가 첨부된다. 이 지령서에 의하여 설비비를 정리하려면 설비원장이 설정되어 모든 비용이 기록되고 설비가 준공된 뒤에 예산과 대비·검토된다.

설 비 투 자 (設 備 投 資) (Investment for Facilities and Equipments)

[의의] 기업이 그 생산설비, 영업용건조물 등의 건설에 자금을 투입하는 것으로서 경영적으로는 기업의 구조를 결정하는 것을 뜻한다.

[설명] 설비투자는 그 경제적효과로서 생산력 효과와 소득효과(수요효과)의 이중효과를 발휘 하는데(도마아의 법칙), 한편으로는 생산능력을 높이면서 기계의 발주 등 수요를 증대시키는 효과가 있으므로, 국민경제의 수요요인으로서 경제동향에 큰 영향을 미친다. 설비투자는 다음과 같은 특징을 지니고 있다.

(1) 「1회한의 투자」이므로 큰 위험 rist을 수반한다.
(2) 1건당 투자금액이 크다.

	(3) 기업의 기본적 방향 및 장기적 목적과 직결된다. (4) 자본의 회수기간이 길다. 　설비투자는 그 목적에 따라 다음과 같은 여러 가지 유형으로 구분된다. 　(1) 생산능력의 증대를 위한 투자 : 생산능력을 증대하여 시장점유율을 유지 또는 확대함으로써 이익의 증대를 이룩하기 위한 것이다. 　(2) 기술혁신적투자 : 기술혁신에 따른 제품과 생산공정의 변동에 대응하는 투자이다. 　(3) 근대화 및 대체를 위한 투자 : 설비의 수준을 높이기 위한 것으로서 주로 진부화 및 노후화된 설비의 경신을 위한 투자이다. 　(4) 전략적투자 : 이는 다음과 같이 세분된다. 　　첫째는 방위적투자인데 이는 다른 기업과 경쟁하기 위하여 즉, 품질의 향상, 가치의 저하에 대항하기 위하여 투자하는 것이다. 　　둘째, 기술개발의 촉진을 위한 연구개발투자이다. 　　셋째, 위험을 제거하기 위한 투자인데 이는 기업의 안정적 성장을 위하여 원료의 확보, 기업의 계열화, 제품개량 등에 투자하는 것이다.
성　과 **(成　果)** (Fruit)	의의 경영의 생산적 활동의 성과에 따라 얻어지는 총수익으로부터 비용을 차감한 잔액 또는 투입가치량과 산출가치량의 차액을 말한다. 설명 기업의 손익과 동일한 의미로 사용되는 경우도 있다.(월브, Walb.E의 성과계산론) 즉, 경영의 생산적활동의 결과에 입각한 총수익에서 외부로 부터의 조달에 대한 지급분으로서의 비용을 차감한 나머지를 의미한다. (닉커리쉬, Nicklisch.E의 경영경제학) 그리고 이것을 투입가치량과 산출가치량과의 차액으로서 볼 수도 있다. 즉, 산출가치량-투입가치량=성과로서 표시할 수도 있다. 이러한 경우에는 소위 기업이윤은 물론 임금·지대·이자 등을 포함하게 된다. 따라서 사회경제상 소위 소득의 분배분은 모두 성과로 보게 된다. 　경영의 성과는 이것을 투하자본 단위당 몇원이라든지, 투하자본의 총액에 대하여 몇%라고 하듯이 계산할 수 있다. 이러한 계산은 자본중심의 성과계산이므로, 이것을 자본성과계산이라고 한다. 자본성과계산에 있어서는 투하자본에 대한 이자는 성과이나 지대나 임금은 이것을 비용으로 취급하는 경우가 많다. 그리고 경영의 성과는 이것을 투하노동량 1단위당 몇원이라고 계산하는 경우가 있다. 예를 들면 1노동일에 대하여 성과 몇원이라고 하는 계산이다. 이러한 계산은 이것을 노동을 중심으로 하는 성과의 전도로서 간주되나 이자는 이것을 비용으로서 취급하는 경우가 많다.
성 과 급 **(成 果 給)**	의의 성과급이란 임금지급의 형태에 관한 1종으로서 임금파악의 기준을 작업량에서 찾아 제조보고서·성과보고서·검증 등에 의하여

(Piece Rate or Work Wages)	개인별의 성과를 산정하여 이에 개수당(個數當)의 임금을 곱하여 임금을 산출하는 급여를 말한다. 그리고 개수급임금·능률제임금이라고도 불리운다. 성과급은 단순성과급·복수성과급·가중성가급·보증부성과급의 4종류로 구분된다.
성과급제도 (成果給制度) (Piece Rate System)	[의의] 성과급제도는 노동자의 작업능률과 그 임금소득률을 대비시키는 임금제도이다. 즉, 작업의 성과 또는 마련된 개수에 따라 지급되는 임금제도이다. [설명] 성과급제도에는 다음과 같은 여러 가지 방식이 있다. ① 단위임률에 성과를 곱하여 임금을 산출하는 것이며, 단가도급제도 또는 단순성과급(Simple Piece Rate System)이라고도 한다. ② 1작업단위의 표준작업시간을 정하고 노동자가 마련한 작업단위수를 표준작업시간에 환산하여, 이것에다 정해진 시간임률을 곱하여 산출하는 것이며, 시간도급제도라고 한다. ③ 복률성과급제도(複率成果給制度, Cultiple Piece Rate System)이며, 데일러(F.W-Taylor)가 제창한 차별적성과급제도(Differential Piece Rate System)가 그 대표적인 것이다. 이것은 노무자의 과업을 설정하고 과업 이상의 능률을 발휘한 자에게는 고율의 임금을 산출하고, 과업미만의 자에게는 저율로 임금을 산출한다. 그리고 작업의 과업 이상의 경우, 단가도급이 아니라 시간도급의 방법에 의하는 "스탠다아드·아뮈·프랜"이라는 것도 있고, 일급보증부성과급제도라고 하는 성과급제에 저율의 일급을 주는 것도 있다.
성과배분 (成果配分) (Share-the Production Plan)	[의의] 경영활동의 성과를 자본과 노동의 사이에서 배분하는 것을 말한다. [설명] 경영성과를 무엇으로서 가늠하는가는 최근에는 이윤이 아니고, 부가가치를 지표로 할것이라는 견해가 중심을 이루고 있다. 성과배분의 견해는 그 배경에 경영성과는 자본과 노동의 협력에 의해서 산출되고, 부가가치는 기업의 생산활동의 결과 산출하게 된 것이고, 처분과 노동의 공헌이 미분화라는 생각에 의거하고 있다. 따라서 성과배분제도는 노동의 협력에 의해 생산성을 향상시키고자 하는 목표를 가지고 성과의 공정한 배분을 통하여 생산성향상에 자격과 기업에의 협력을 환기하고자 하는 것이다. 이 생산성향상의 성과를 임금결정과 결부시킨 것으로서는 래커부란방식, 스카론방식 등이 있다.
성층비 (成層費)	[의의] 생산원가라고도 한다. 생산층의 증가에 따라 새로이 증가하는 단위비용을 말하며, 이 산출을 위하여서는 생산증가전의 총비용과 증가 후의 총비용에서 증가비용총액을 알고, 이 생산증가량과의 관계에서 미분단위비용을 구한다. 따라서 각 생산층에 성청비는 있으나, 특

히 최종생산층의 비용을 한계성층비라고 하며, 기타의 생산층의 성층비를 차액비용이라고 한다.

[설명] 이러한 성층비는 경영가치계산의 일환으로서 문제가 되나 특히 추가주문을 받는가의 여부와 그 결과의 양부를 판단하고 기타 경영활동의 거취의 결정과 현실의 활동의 업적을 알고 때로는 가격최저한을 아는 수단으로도 이용된다.

그러나 이 성층비에는 유사한 견해가 있다. 그 하나는 각 비용요소에 대한 그 이용의 한도를 생각하여 그대로의 요소로 이용하고, 한도에 이르지 않는 것, 한도에 이르러 다른 비용요소를 필요로 하는 것으로 나누고, 후자의 경우를 비례적, 체증적, 체감적 이용한도가 있는 비용요소로 하고, 여기에서 이용능력층 즉, 비용재층(費用財層)을 고려하여, 이들에서 총비용의 변동을 살피는 견해이다.

또 하나는 가격통제의 필요에서 단위비용의 구성을 고려하고 전대로 보상하여야 할 비목사정에 따라 보상하는 비목, 이윤과의 한계가 명확치 않은 비목, 계산취급상 곤란한 비목 등으로 나누고 여기에서 보상이 긴급한 것에 따라 먼저 나누운 비목을 순차로 층별로 배열하고, 이것에 의하여 통제가격을 경정한 것이라는 설이 있다.

이것을 비용의 층별화라고 하는데, 이 2가지의 유사한 견해는 생산증가에 따른 비용의 증가를 취급하고 있지 않은 점에서 성층비와 다르다.

세그멘트·마진
(Segment Margin)

[의의] 현대적인 기업의 경영활동은 다수의 부분활동으로 구분되어 수행되고 있다. 이러한 제경영활동을 사업의 성질에 따라 구분한 경우에, 구분된 하나 하나를 세그멘트(Segment)라고 한다.

큰 세그멘트로서는 사업부제르 fcoxor하는 경우의 각 사업부이고, 적은 세그멘트로서는 고객별구분·판매지역별구분·제품종류별구분 등을 생각할 수 있다. 세그멘트는 사업구분(Segment of the Business)이라는 뜻이다. 세그멘트가 설정된 경우에는 당해 기업의 경영활동성과는 먼저 세그멘트별로 계산보고된다. 이 세그멘트별의 이익을 세그멘트·마진이라고 한다.

[설명] 세그멘트·마진은 각 세그멘트별로, 그 매출액에서 변동비 및 세그멘트에 직접 부과가능한 고정비를 차감함으로써 산출된다. 기업이 세그멘트를 설정하여 구분경리하는 주된 목적은 다음과 같다.

① 각 세그멘트 책임자의 업적측정
② 각 세그멘트 관리자들의 활동을 자극하고, 그들이 적절한 의사결정을 할 수 있도록 정보를 얻는 것
③ 세그멘트별의 수익성측정과 기업전체로서의 경영활동의 조정에 필요한 정보를 얻는 것

세그멘트는 원가부문과 다르다. 왜냐하면 세그멘트는 이익관리상의

구분인데 반하여 원가부분은 원가관리상의 구분이기 때문이다. 따라서 양자는 설정의 목적이나 설정방법이 다르다.

손 익 계 산 서

구 분	갑사업부전체	제품 A	제품 B	제품 C
순 매 출 액	1,500	400	300	800
변동제조매출원가	800	170	200	410
변 동 제 조 차 익	700	230	80	390
변 동 영 업 비	260	80	20	160
한 계 이 익	440	150	60	230
계 획 고 정 비	110	24	9	17
퍼포만스·마진	330	126	51	153
기타직접고정비	90	18	20	52
세그멘트·마진	240	108	31	101
공 통 고 정 비	130			
순 이 익	110			

※ 각 제품별 책임자의 업적은 퍼포만스·마진에 의하여 측정된다. 사업부장의 업적은 단기적으로는 퍼포만스·마진에 의하고, 장기적으로는 세그멘트·마진에 의하여 측정된다. 이것과 동일한 양식에 의하여 각 사업부를 총괄한 손익계산서를 작성할 수 있다.

세일즈·믹스
(Sales Mix)

의의 기업이 판매활동에서 그 성과를 높이기 위하여는 취급상품종류의 구성, 판매지역의 선정, 판매방법, 판매조건의 선정 등의 제배합을 어떻게 할 것인가를 생각하여야 한다. 특히 자기 조건이 다른 경우에는 구성이나 배합방법에 따라 판매활동의 성과가 다르게 된다. 예를 들면, A와 B의 2종 상품 중 A상품은 성장기가 지나, 그 수요는 하강경향에 있으며, B상품은 시장개척이 끝나 성장기에 있는 때 A, B의 어느 것에 판매중점을 두고, 그 구성을 어떻게 할 것인지는 중대한 문제가 아닐 수 없다.

이와 같이 기업에서 취급하는 상품종류를 어떻게 구성하느냐가 세일즈·믹스의 사고방식이다. 그러므로 판매분석이나 판매계획설정에서도 세일즈·믹스의 검토를 하고, 과거의 세일즈·믹스로 인한 기업이익에의 공헌도를 검토하여 앞으로 어떠한 세일즈·믹스가 목표달성에 유리한지를 고려하여야 한다. 그러므로 세일즈·믹스의 결정에서 최종적으로는 그 구성구분(예를 들면, 상품종류의 구분에 의한)별의 수익성에 기초를 두어야 하며, 그러기 위하여 다시 구성구분별의 원가분석도 하여야 한다.

이와 같은 이유에서 세일즈·믹스 결정에 대한 판매분석, 영업비분석을 하게 된다. 이러한 결정을 위하여는 단순히 계수적인 배합에 의하여 최유리한 구성을 하여도, 수요변동·상품명수(商品命數)가 있고,

또 기업의 상품정책이 있기 때문에 계획대로 되지 않을 것이므로, 신중한 고려를 하여야 한다.

[설명] 과거의 세일즈・믹스를 검토하려면, 상품종류별・판매지역별・판매방법별 등의 구분에 따라 각기 매출액 및 비용을 분석한다. 비용의 분석은 상황에 따라 다음과 같은 방법이 이용된다.

① 매출액의 구분에 따라 각기 매출원가를 분석하고 매출총이익을 검토하는 방법

② 매출액구분에 따라 각기 매출원가와 더불어 변동비를 분석하고, 한계이익을 분석하는 방법

③ 매출구분에 따라 각기 매출원가와 더불어 변동비 및 고정비도 감안하여 영업이익을 검토하는 방법 등이 있다.

실제로 고정비는 기초적 공통적인데다가 배부문제도 있으므로 위 ② 또는 ①의 방법이 많이 이용된다.

예를 들면, 어느 기업이 A, B, C의 상품을 판매하고 있으며, 각기 매출액이 5,000,000원, 2,000,000원, 1,000,000원이며, 매출원가가 4,000,000원, 1,500,000원, 700,000원이었다고 가정한다. 이러한 세일즈・믹스의 매출총이익은 다음과 같이 표시될 수 있다.

구 분	A상품	B상품	C상품
매 출 액	5,000,000원	2,000,000원	1,000,000원
매출원가율	80%	75%	70%
매 출 원 가	4,000,000원	1,500,000원	700,000원
매출총이익	1,000,000원	500,000원	300,000원
매출총이익률	20%	25%	30%

앞의 분석에 의하여, 이 세일즈・믹스의 매출총이익에 대한 공헌도는 C상품이 가장 크며, C상품이 매출액에서 차지하는 비율을 높일 것이 바람직하다.

그러나 상품의 시장성(Marketability) 또는 판매활동에 필요한 판매비도 종합하여 검토되지 않으면 안될 것이다. 만일, A가 성장상품이고, C상품이 쇠퇴기에 있으면, 각 상품의 변동비가 각기 250,000원, 300,000원, 250,000원이라면, 한계이익은 다음과 같이 된다.

구 분	A상품	B상품	C상품
매 출 액	5,000,000원	2,000,000원	1,000,000원
매출총이익	1,000,000원	500,000원	300,000원
변 동 비	250,000원	300,000원	250,000원
한 계 이 익	750,000원	200,000원	50,000원
한계이익률	15%	10%	5%

※ 고정비를 970,000원이라고 하면, 영업이익은 1,000,000원

소 가 (素 價) (Prime Cost)	-970,000원=30,000원이 된다. 의의 제품의 단위에 대하여 직접적으로 확인할 수 있는 재료비와 노무비를 소가라고 한다. 설명 초기적인 원가계산에서 소가는 직접비와 동일시되고, 직접경비라는 것을 인식하지 못하였다. 18세기 초엽까지의 거간제가내공업(居間制家內工業)에서는, 원가의 계산대상이 재료비와 노무비였다. 왜냐하면 하청에 따른 재료의 수도기록(受渡記錄)과 납품감사를 하는데 불과하고, 한편 가공임의 지급 또는 전대금의 경위를 명확히 할 필요가 있었다. 그러므로 당기의 상적(商的)공업부기에서는 원가계산의 관심은 전적으로 재료비와 노무비였다. 상업자본가인 거간(居間)은 생산면에서 발생한 경비 등도 유통면의 경비와 동일시 하거나 또는 공비(空費 : Loss)라고 생각하였던 것이다. 　18세기 중엽이 되어 영국에서 산업혁명이 시작되었고, 생산면의 감사를 강화하는 필요에서 재료비·가공임(노무비)의 기록을 더욱 상세히 보조부에 기입하게 되었다. 그러나 여전히 원가계산의 대상은 소가(직접재료비와 직접노무비)의 범위를 탈피하지 못하였다. 　그 기록에는 재료장에서 재료의 매입수량과 소비수량을 기입하고, 별도로 작업장(원가원장, Book of Work, Cost Ledger)을 설정하고, 직인(職人)에게 인도한 재료수량과 가공후의 대가 등의 기입난을 마련하여 기입하였으며, 또 공임장(Book of Wages)을 설정하여 고용인의 성명·작업종류·작업일·일급·작업량 등을 기입하였다. 이러한 원장에는 인명계정·재료비계정·공임계정이 마련되고 그 집계를 위하여 제조계정 같은 것도 있었던 것이다. 　이 때에 이르러서 생산면의 원가추적은 강력하게 되었으나 아직도 경비에 관한 보조부가 없고, 기계유지비·지대·조세·잡비 등이라는 과목으로 직접 원장에 기록하는데 불과하였다. ☞ 직접비 (Direct Cost)
소모공구기구비품비 (消耗工具器具備品費)	의의 소모공구기구비품비란 공구, 기구, 비품으로서 내용연수가 1년 미만이거나 또는 가액이 상당액미만인 것을 말한다. 설명 내용연수 1년 이상의 것이거나 또는 상당액 이상의 공구, 기구, 비품은 원재료로서 처리되지 않고, 고정자산으로서 취급된다. 소모공구, 기구, 비품은 다른 원재료와는 달리 1회의 사용에 의하여 멸실되는 것은 아니며, 일정기간의 사용에 견딜 수 있는 내용재(耐用材)이다. 　이와 같은 성질의 재화를 원재료로서 처리하는 것은 중요성의 원칙에 따른 회계관행에 의하는 것이다. 즉, 이와 같은 것들은 내용연수가 1년미만이거나 또는 그 가액이 근소하므로, 그것이 창고에서 불출될

때 원재료비의 발생으로 하여 계상하고, 감가상각계산은 하지 않는다.

그러나 소모공구, 기구, 비품을 일시에 일괄하여 대량구입을 한 경우에는 월할계산에 의하여 각원가계산기간의 부담에 속하는 소비액으로 하여야 된다. 또 소모공구, 기구, 비품을 관리하려면 그 보관책임부서를 정하고, 이것을 사용할 때에는 출고표 또는 사용서를 발행하도록 하여 사용이 끝나는 대로 반환시킨다.

이와 같은 절차는 보통 현물의 관리를 하기 위해서이고, 원가계산상은 구입시에 즉시 비용이 발생한 것으로서 처리된다.

(1) 성질과 범위

재료비를 형태별분류에 따라 세분한 경우의 1과목이며, 내용연수 1년미만 또는 상당가액이하(세법에서는 거래단위당 100만원 미만의 것)의 공구(주로 수작업에 의한 가공, 조립을 행하는 경우에 사용하는 도구 또는 수리하기 위하여 사용되는 도구류) 또는 기구 비품의 소비에 의하여 생기는 원가를 처리하는 계정이다.

(2) 인접관련계정과의 관계

소모공구기구비품이 소비될 때마다 자산계정인 저장품-소모공구기구비품계정에서 간접재료비인 소모공구기구비품계정에 대체된다.

소모공구기구비품은 제조용으로 공여하기 위하여 불출된 시간을 가지고 원가의 발생을 인식하는 것이므로, 그 불출할 때마다 소모공구기구비품비계정에서의 차변기입된다.

☞ **재료비** (Material Cost)

소모품비계정
(消耗品費計定)
(Supplies Expense Account)

|의의| 사무용품·연료 또는 내용연수가 1년 이하의 기재(器材)를 매입한 때, 그것이 소액(대체로 1회계연도 내에 사용될 정도 : 세무상은 100만원 이하)인 것이면 편이상 소모품계정으로 처리한다. 그러나 다액(수년간의 사용분)이면, 소모품계정 또는 저장품계정을 설정하고, 그 계정의 차변에 기입하여 두고, 각 기말에 실제로 소모액을 계산하여 소모품비계정에 대체한다. 그리고 미소모액은 자산계정(소모품계정 또는 저장품계정) 잔액으로서 차기이후에 이월한다.

|설명| 소모품의 처리법에는 다음의 2가지 방법이 있다.

① 매입한 경우에 금액을 소모품비로서 비용으로 기입하고, 기말에 미사용액을 차기에 자산으로서 이월하여 가는 방법이다. 그리고 차기 최초의 일자로 재수정분개를 하여둔다.

② 소모품을 매입한 때 자산계정을 설정하여 차변에 기입하여 두었다가 기말에 사용액만 비용으로서 소모품비계정의 차변에 기입하는 방법이다.

<①의 방법> 매입시 : 소모품비 ××× 현금및현금등가물 ×××
             결산시 : 소 모 품 ××× 소 모 품 비 ×××
<②의 방법> 매입시 : 소 모 품 ××× 현금및현금등가물 ×××

결산시 : 소모품비 ××× 소 모 품 비 ×××

 재료는 각 재료계정(주요재료·보조재료·부분품 등)의 대변에 기입하고, 상대계정은 직접재료비로 사용될 때는 제조계정, 간접재료비로 사용될 때는 제조간접비계정, 또 매출제품의 포장을 제품을 판매하기 위한 비용으로서 소비된 때는 판매비로서 기장한다.

 그리고 재료계정의 대변기입금액은 그 재료소비액을 원가로 계산한 경우는 문제가 없으나 그 소비액을 원가 이외의 예정가격, 표준가격, 시가 등으로 계산한 때는 실제원가와의 원가차이가 생기게 된다.

 재료계정의 차변에는 재료매입원가로 기입하고 대변에는 원가외가격인 예정가격 등으로 기입한다면 차변·대변 기입가격은 서로 다른 성질의 것이 혼합되어서 재료계정은 혼합계정이 되고, 재료비계정의 대차차액은 의미가 없다. 대·차변을 모두 원가로 기입하는 때는 대차차액은 재료잔액, 즉 미소비잔액을 표시하게 된다. 따라서 재료소비액을 예정가격 등 원가가 가격으로 계산하는 때는 재료계정이 혼합계정이 되므로, 이것을 통제하기 위하여 새로 소비재료에 관한 소비재료계정(또는 재료비계정)을 설정하여 소비재료액을 그 차변에 대체하고 재료계정은 순수한 자산계정으로 독립시키는 동시에 소비재료계정을 분할하여 신설함으로써 재료계정은 2계정으로 분할된다.

 이 때 재료가 출고되어 소비되는 때는 먼저 원가로 다음과 같이 분개를 한다. 그 원가가 10,000원이라면,

  (차) 소비재료 10,000 (대) 재 료 10,000

 다음에 원가외가격으로 소비된 것을 분개한다. (예정가격 9,500원으로 계산한다)

  (차) 제 조 9,500 (대) 소비재료 9,500

 이와 같이 분개하는 재료소비액이 원가외가격이므로 소비재료계정은 대차차감이 생긴다. 즉, 차변잔액은 원가외손실이고 대변잔액은 원가외이익이다. 이것은 기말에 직접 손익계정에 대체하면 되지만 이것은 따로 재료비차이계정을 신설하여 소비재료계정으로부터 원가계산 기말에 대체하여 두었다가 결산기에 재료비차이계정의 대변(이익), 차변(손실)잔액을 손익계정에 대체하는 방법이 이용된다.

재 료		소비재료	
매입원가	매입원가 (소비재료)	매입원가 (재료) (차 액)	시가·예정·표준 (제조·제조간접비) (차 액)

재료비차액

소비임금계산
(消費賃金計算)
(Consumption Wage Account)
소비임금계산 방법

|의의| 지급임금계산은 종업원 각자에게 지급할 임금을 계산하는 것인데 대하여 소비임금계산은 원가로서의 소비임금액을 산정하는 일이다.
|설명| 1. 소비임금의 계산 방법
(1) 시간급의 경우
　소비임금계산은 다음의 방법에 의한다.
　소비임금액=각종특정제품을 위한 총작업시간수×소비임률(작업1시간당 평균임률)
　먼저 각종 특정제품의 제조를 위하여 종업원이 총 몇시간을 작업하였는지를 조사하여야 한다. 이를 확인하기 위해서는 작업시간보고서가 활용되며 작업시간보고서에는 각 종업원마다 어떤 종류의 제품의 제조를 위하여 몇시간 작업에 종사하였는지를 기입한다. 보고서의 제조지령서번호 또는 작업종류란에는 각 종업원이 특정제품의 제조에 종사한 경우라면 그 제품을 대표하는 번호를 기입하고 또 특정제품과 관계없이 몇 종류의 제품의 제조를 위하여 일반적인 노동에 종사한 경우에는 그 작업의 종류 또는 작업장소 등을 기입한다. 따라서 특정제품의 제조번호가 기입되어 있는 작업시간은 그것이 직접작업시간임을 표시하는 것이며 그 시간에 대한 것은 직접임금이 되는 것이다. 또 그 란에 작업의 종류가 기입되어 있으면 그 작업시간은 간접작업시간을 말하는 것으로서 간접임금이 된다. 기입을 끝낸 작업시간보고서는 임금계산담당부서에 회부되어 거기서 임률과 임금액이 기입되는데 이 소비임률은 지급임금계산에서의 지급임률과는 동일하지 않다. 그 이유는 다음과 같다.
　① 지급임률은 각 종업원의 취업시간 또는 실제작업시간에 곱해져서 지급액이 산정되는데 소비임률은 각 종업원이 직접 제조작업에 종사한 실제작업시간에 곱해져서 임금총액이 산출된다.
　② 지급임률은 기본임금액을 계산하기 위한 임률로써 지급임금계산에만 이용되는데 대하여 소비임금은 기본임금에 가급금 및 제수당을 포함하여 원가계산에만 이용되며 따라서 소비임률은 지급임률보다 고율인 것이 보통이다.
　③ 지급임률은 각 종업원의 근속연수·연령·성별·학력 등에 의하여 각각 다르거니와 만일 특정 제품의 제조에 종사한 종업원에 따라 그 때마다 당해 제품의 원가가 달라지면 불합리하므로 역시 소비임금계산에 있어서는 전체를 평균한 임률을 사용하는 것이 타당하다.
　④ 지급임률에 있어서는 정시작업과 잔업과의 구별에 따라 그 율이 다르며 일반적으로 잔업의 임률이 높다.
　따라서 잔업시에 제조되는 제품은 동일 제품이라도 정시작업에 의한 제품에 비해 원가가 비싸게 계산되어 제품의 원가부담이 불균등하게 된다. 따라서 소비임금으로 이를 평균한 것을 사용해야 한다. 이와 같은 이유로 소비임금은 지급임금과 다르며 또 이 소비임금은 종업원별로 사용되는 것이 아니라 각 부문 또는 작업종류마다 산정하는 것이다. 예를 들면 각 부문마다 소비임률을 산정하려면 다음 산식에 의한다.

$$\frac{각부문종업원\ 1개월의\ 임금총액}{동부문종업원의\ 1개월의\ 총작업시간} = 소비임률(평균임률)$$

그런데 이 평균임률은 위의 산식에서 알 수 있는 바와 같이 1개월의 임금총액이나 1개월의 총작업시간은 월말에야 비로소 알 수 있으므로 제품별 원가계산은 월말에 가서 할수 있다는 결점이 있다. 이러한 결점을 없애기 위하여 과거의 경험과 실적을 기초로 하여 월초에 미리 예정임률을 책정하고 이것으로 원가계산상의 임금으로 삼는 방식이 활용되고 있다.

(2) 개수급의 경우

생산량보고서를 분류 정리하여 각종제품마다 총완성량을 계산하고 이에 실제임률을 곱하여 계산한다.

소비임금액=각종특정제품의 총완성량×실제임률(제품1개당임률)

이 경우 실제임률은 종업원 각자에게 정하여진 임률을 말한다. 지급임금과 소비임금의 계산기간이 동일한 종합원가계산에 있어서는 지급임금액과 소비임금액은 같은 것이므로 이 계산은 필요없다.

2. 소비임금액의 기장 및 회계처리

각 제품의 작업시간수가 판명되면 이에 평균임률 또는 예정임률을 곱하여 소비임금액을 산정한다. 즉 원가계산담당부서는 작업시간보고서를 접한 대로 이에 의해서 각종 특정제품마다의 작업시간수를 기록하는 동시에 평균임률 또는 예정임률에 의하여 소비임금액을 계산한다. 이 소비임금액의 산출이 끝나면 작업시간보고서는 계산담당부서로 회부되어 임금분개장(Labor Record) 또는 임금기장의 기입자료로 쓰인다. 임금분개장은 월말에 마감되어 각란의 합계액이 다음과 같은 분개를 통하여 총계정원장에 전기된다. 이 합계분개를 보통분개장에 기입하였다가 원장에 전기하는 수도 있다.

 (차) 제 조 ××× (대) 임 금 ×××
   제조간접비 ×××   (소비임금)
   관리판매비 ×××

개별임률이나 실제평균임률에 의하여 소비임금을 계산하는 경우에는 실제작업시간에 실제임률을 곱하여 계산한 금액을 임금계정 대변에 기입하고, 제조계정 및 제조간접비계정 차변에 기입한다. 그러나 예정평균임률에 의하여 소비임금을 계산할 경우에는 소비액을 그대로 임금계정 대변에 기입하면 임금계정은 혼합계정이 되기 때문에 별도로 소비임금계정을 설정하여 예정임률에 의한 임금소비액을 소비임금계정 대변에 기입하고 제조 및 제조간접비계정 차변에 기입한다.

따라서 소비임금계정의 차변에는 실제임금소비액이 기입되고, 대변에는 예정임률에 의한 소비액이 기입되므로 소비임금계정의 대차간에는 차액이 생기는 것이 보통이다. 이 차액은 임금차액계정에 대체하였다가 결산기말에 손익계정에 대체한다.

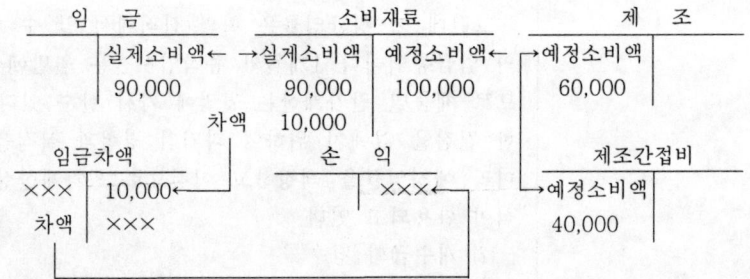

예정임률에 의한 소비임금의 기장관계

소비재료기장법
(消費材料記帳法)
(Consumption Material Method)

재료의 소비액은 재료분개장에서 각종 재료계정의 대변에 기입(합계전기)되는 한편 소비액 중의 직접비는 제조계정의 차변에, 간접비는 제조간접비계정의 차변에 각각 기입되는 것이다.

이 경우에 각종 재료계정의 차변에 기입되는 재료소비액이 원가에 의한 소비액이라면 문제는 없지만 시가예정가격과 같이 원가외의 가격으로 계산하는 경우에는 새로운 문제가 발생한다.

이와같이 재료계정의 차변에는 원가가 기입되고 대변에는 시가 또는 예정가격으로 기입하는 경우에는 동계정이 혼합계정이 되므로 역시 그 대변에도 원가에 의한 소비액을 기입하고, 원가소비액과 시가 또는 예정가격에 의한 소비액과의 차액을 조정하는 계정으로써 소비재료계정을 따로 설정하는 것이다.

즉 재료분개장의 각란의 시가 또는 예정가격에 의한 소비액을 기입하고 이를 월말에 마감하여 각란의 합계약을 산출한 다음 이를 다음과 같은 분개에 의하여 총계정원장에 전기한다.

　(차) 제　　조　×××　(대) 소비재료(시가 또는 예정가격) ×××
　　　제조간접비　×××

위의 분개에서 대변은 각 재료계정이 아니라 소비재료계정을 의미한다. 그리고 재료원장 각종 재료계좌의 인도란의 합계금액(원가소비액)을 다음과 같이 분개한다.

　(차) 소비(재료)원가 ×××　(대) 주요재료(원가) ×××
　　　　　　　　　　　　　　　　보조재료(원가) ×××
　　　　　　　　　　　　　　　　부　분　품(원가) ×××
　　　　　　　　　　　　　　　　소　모　품(원가) ×××

이상 2개의 분개를 소비재료계정에 전기하면 동계정에는 차변은 원가, 대변에는 시가 또는 예정가격에 의한 소비액이 기입되므로, 이 소비재료계정에서 양자의 차액을 산출하여 그 차액을 별도의 재료비차액계정에 대체한다. 이 차액은 원가외손익으로 처리한다.

그리고 재료소비액이 시가로 계산되는 경우에는 재료비차액계정 대신에 재료평가손익계정 또는 소비재료가격 변동계정을 설정하여 처리하는 수도 있다.

재료계정의 입출고를 원가로 기입하는 경우에 있어서도 재료계정의 차변잔액이 실제의 재고액과 일치한다는 보장은 없는 것이다. 이와 같은 차이가 발생하는 이유로는 재료보관중의 파손·감손·도난 또는 담당직원의 부정, 기장계산의 오류 등에 의한 것과 관리상 불가피한 것도 있다.

이 차액은 기말에 우선 재료재고차손(또는 차익)계정으로 처리하여 두었다가 그 차액이 매기 경상적으로 발생하는 정상액의 범위내이면 재료재고감모비계정에 대체하여 제조간접비로 제품원가에 산입한다.

그러나 도난·화재 등으로 거액의 차액이 발생하였을 때에는 이를 제품원가로 계상하지 않고 손익계정에 대체하여 원가외의 손실로 처리한다.

재료의 재고조사를 매월실시한다는 것은 쉬운 일이 아니므로 실제에 있어서는 연간의 재료감모비를 총액으로 견적하여 산정하고, 이를 매월 할당하여 처리하는 것이 일반적이다.

[사례] A회사의 원가계산기간의 재료소비량은 원가에 의하면 100,000원이며 예정가격에 의하면 104,000원이다. 제품의 부담은 예정가격으로 처리하기로 하였다.

그리고 104,000원 중 88,000원은 직접비, 잔액은 간접비이다.

예정가격에 의한 소비재료의 기장관계

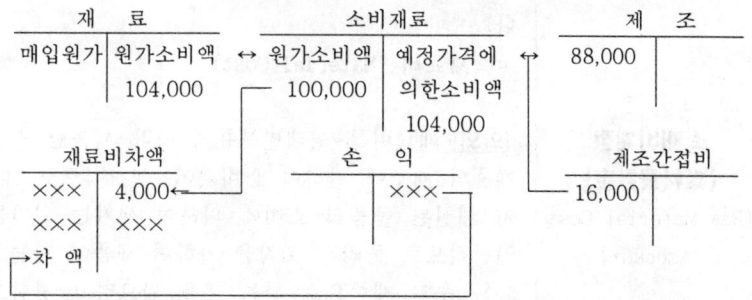

소 재 비
(素 材 費)
(Raw Material Cost,
Raw Material Used Cost)

[의의] 소재비란 물품의 사용으로 인하여 생기는 원가중, 제품의 기본적 실체가 되어 재현되는 물품에 관련된 부분을 말한다.

[설명] 소재비를 주요재료비와 동일한 뜻으로 사용되기도 하지만, 주요재료비와 보조재료비의 구분은 기능적인 분류이고, 형태별분류는 아니므로 적절한 용법이 아니다. 그리고 소재비를 원료비라고 하는 경우가 있다. 원래 물리적 변형에 의하여 제품이 되는 것을 재료라 하고, 화학적 변화에 의하여 제품이 되는 것을 원료라고 하였다. 예를 들면,

가구제조의 경우에 목재 등을 재료라 하고, ??등을 원료라고 한다. 그러나 어떠한 성질의 것이라도 원가계산상 구별할 필요는 없다. 따라서 무엇이나 제품의 기본적 실체가 되어 재현되는 것은 요소비라고 할수 있다. 재료비는 제품의 기본적 실체가 되어 재현되는 물품의 원가라고 하지만, 전력이나 ??처럼 보이지 않는 것이라도, 그것이 제품에 대하여 주된 역할을 하는 경우에는 전력료, ?? 발생을 위한 석탄·중유 등의 비용은 원가계산상의 소재비라고 할 것이다. 예를 들면 비료공업에서 전력료, 화력발전에서 석탄·중유사용 등은 이에 해당된다.

(1) 소재비의 성질과 범위

재료비를 형태별분류에 따라 세분한 경우의 1과목이며, 제품의 제조에 관하여 소비되어, 원칙적으로 제품의 기본적 실체가 되어 재현된 물품의 소비에 의하여 생기는 원가를 처리하는 계정이다.

일반적으로 물리적 조작을 가하여 제품이 되는 것을 소재, 화학적 변화를 주어, 제품으로 하는 것을 원료라 칭함으로써, 계정의 본질에는 변함이 없으나 명칭상에서 소재비계정과 원료비계정으로 분류한다.

(2) 인접관련계정과의 관계

소재에 일부가공이 실시된 것을 구입하고, 이것을 제품의 조성부품으로 하여 제작에 사용되는 경우는, 매입부품비계정으로 처리하고, 소재비계정과 구별한다.

소재가 소비될 때마다 자산계정인 소재계정(대차대조표과목, 원재료계정의 세목별 계정)에서 원가계산을 위한 제1차 분류과목인 직접재료비의 주요재료비계정 및 간접재료비의 보조재료비계정의 내역과목인 소재비계정에 대체된다. (소재에는 간접재료로서 사용되는 것도 잇다)

☞ **재료비** (Material Cost)

소재비계정 (**素材費計定**) (Raw Material Cost Account)	의의 재료비를 형태별분류에 따라 세분한 경우의 하나의 과목이며, 제품의 제조에 관하여 소비되어, 원칙적으로 제품의 기본적실체가 되어 재현된 물품의 소비에 의하여 생기는 원가를 처리하는 계정이다. 일반적으로 물리적 조작을 가하여 제품이 되는 것을 소재, 화학적 변화를 주어 제품으로 하는 것을 원료라고 칭함으로, 계정의 본질에는 변함이 없으나, 명칭상에서 소재비계정과 원료비계정으로 분류한다. 설명 소재에 일부 가공이 실시된 것을 구입하고, 이것을 제품의 조성부품으로 하여 제작에 사용되는 경우는, 매입부품비계정으로 처리하고 소재비계정과 구별한다. 소재가 소비될 때마다 자산계정인 소재계정(대차대조표과목 원재료계정의 세목별계정)에서 원가계산을 위한 제1차적 분류과목인 직접재료비의 주요재료비계정 및 간접재료비의 보조재료비계정의 내역과목인 소재비계정에 대체된다.(소재에는 간접재료로서 사용되는 것도 있다)

손익분기분석
(損益分岐分析)
(Break-even Analysis)

[설명] CVP분석은 보통 손익분기분석의 기법을 통하여 이루어지기 때문에 CVP분석과 손익분기분석은 종종 동의어로 사용된다. 그리고 매출액과 총비용(고정비+변동비)이 일치되는 점을 손익분기점(Breake-ven point)이라 한다. 이것은 금액이나 판매량으로 표시된다.

손익분기점을 구하는 방법은 공식법과 도표법의 2가지가 있다. 여기서는 공식법을 설명하기로 한다. 손익분기점 공식을 구하기 위하여 다음이 간단한 예를 보기로 한다.

[사례] A상사회사에서 갑상품을 개당 12원에 매입하여, 이것을 20원에 판매하고 있고, 매달 40,000원의 집세를 고정적으로 지급하는 이외에는 다른 비용이 소요되지 않는다고 하면, 이것을 단서로 하여 다음과 같은 시행착오표를 만들 수 있다.

판매단위	변동비금액	고정비	제경비	매출액	순(손)익
2,000	24,000	40,000	64,000	40,000	(24,000)
4,000	48,000	40,000	88,000	80,000	(8,000)
5,000	60,000	40,000	100,000	100,000	-
6,000	72,000	40,000	112,000	120,000	8,000
8,000	96,000	40,000	136,000	160,000	24,000
10,000	120,000	40,000	160,000	200,000	40,000

위의 시행착오에 의한 계산방법에서 알 수 있는 바와 같이 매출액이 100,000원 그리고 5,000개를 판매하였을 때 매출액과 총비용이 일치되어 손익분기점에 도달하는 것을 알 수 있다.

손익분기점에서의 매출액과 판매단위는 위와 같은 시행착오표에 의하지 않아도 다음의 공식을 유도하여 계산함으로써 손익분기점을 구할 수 있다. 손익분기점에서의 매출액은 고정비 및 변동비의 합계액과 일치되므로 다음의 관계식이 성립된다.

매출액=고정비+변동비

손익분기점분석에는 단위당 판매가격과 변동비는 일정하고 매출액에 대한 변동비의 비율(변동비율)역시 일정하다고 가정하고 있으므로 위의 공식은 다음과 같이 표시할 수 있다.

매출액=고정비+(매출액×변동비율)

매출액(1-변동비율)=고정비

$$매출액 = \frac{고정비}{1-변동비율}$$

손익분기점분석을 위한 공식을 다각화하기 위하여 한계이익 및 한계이익률을 공식으로 표시하여 보면 다음과 같이 된다.

매출액-변동비=한계이익

한계이익=고정비+이익

$$한계이익률 = \frac{한계이익}{매출액} \times 100\%$$

1-변동비율=한계이익률

위의 여러관계에서 다음의 여러 공식을 구할 수 있다.

S=매출액, f=고정비, u=변동비, p=판매가격, m=판매익,

v/s=변동비율, v/m=제품1단위당의 변동비액

(1) 손익분기점을 산출하는 공식 : 손익분기점상의 매출액을 S라고 하고 손익분기점상의 판매량을 Q라고 하면

$$S = \frac{고정비}{1-변동비율} = \frac{f}{1-\frac{v}{s}} = \frac{고정비}{한계이익률} \quad \cdots\cdots\cdots ①$$

$$Q = \frac{고정비}{판매가격-제품단위당변동비} = \frac{f}{p-\frac{v}{m}}$$

$$= \frac{고정비}{제품단위당 한계이익} \quad \cdots\cdots\cdots ①'$$

앞에서 표시한 자료에 따라 손익분기점을 산출하여 보면 다음과 같다.

$$S = \frac{40,000}{1-\frac{60,000}{100,000}} = \frac{40,000}{1-0.6} = \frac{40,000}{0.4} = 100,000(원)$$

$$Q = \frac{40,000}{20-12} = \frac{40,000}{8} = 5,000(단위)$$

(2) 일정액의 이익(g)을 얻기 위하여 필요한 매출액(x)과 판매량(x')을 구하는 공식

$$x = \frac{f-g}{1-v/s} \quad \cdots\cdots\cdots ②$$

$$x' = \frac{f+g}{1-v/m} \quad \cdots\cdots\cdots ②'$$

앞에서 표시된 바와 같이 순이익 24,000원을 얻기 위하여는 판매단위 8,000원, 매출액 160,000원 실현하여야 하는지를, 이 공식에 의하여 확인하여 보기로 한다.

$$x = \frac{40,000+24,000}{1-0.6} = \frac{64,000}{0.4} = 160,000(원)$$

$$x' = \frac{40,000+24,000}{20-12} = \frac{64,000}{8} = 8,000(단위)$$

(3) 일정한 매출액(S) 또는 판매량(Q)이 주어진 경우, 손익 x를 구하는 공식

$$x = S \times (1 - \frac{v}{s}) - f \quad \cdots\cdots\cdots\cdots\cdots\cdots\cdots\cdots\cdots\cdots\cdots \text{③}$$

$$x' = Q \times (p - \frac{v}{m}) - f \quad \cdots\cdots\cdots\cdots\cdots\cdots\cdots\cdots\cdots\cdots \text{③}'$$

매출액이 120,000원, 판매량이 4,000단위일 때 손익은 각각 얼마인지를 위의 공식으로 구하여 본다.

$x = 120,000 \times (1 - 0.6) - 40,000 = 8,000$(이익)

$x' = 4,000 \times (20 - 12) - 40,000 = \triangle 8,000$(손실)

(4) 일정한 매출액(S) 또는 판매량(Q)이 주어진 경우에 생기는 적자를 없애기 위하여 필요한 비용의 절감액 x를 구하는 공식

$$x = f - s \times 1(1 - \frac{v}{s}) \quad \cdots\cdots\cdots\cdots\cdots\cdots\cdots\cdots\cdots\cdots\cdots \text{④}$$

$$x' = f - (p - \frac{v}{m}) \times Q \quad \cdots\cdots\cdots\cdots\cdots\cdots\cdots\cdots\cdots\cdots \text{④}'$$

매출액이 40,000원이고 판매량이 4,000단위일 때 각각 얼마의 비용을 절약하여야 손익분기점에 도달하는지 구하여 본다.

$x = 40,000 - 40,000 \times (1 - 0.6) = 24,000$

$x' = 40,000(20 - 12) \times 4,000 = 8,000$

(5) 일정한 매출액(S)과 판매량(Q)이 주어진 경우, 목표이익(g)을 달성하기 위해 필요한 비용 절감액 x를 산출하는 공식

$$x = (f + g) - s(1 - \frac{v}{s}) \quad \cdots\cdots\cdots\cdots\cdots\cdots\cdots\cdots\cdots\cdots \text{⑤}$$

$$x' = (f + g) - (p - \frac{v}{m}) \times Q \quad \cdots\cdots\cdots\cdots\cdots\cdots\cdots\cdots \text{⑤}'$$

매출액이 100,000원 또는 판매량이 5,000원 단위밖에 실현되지 못할 것이라고 예상될 경우에 목표이익 24,000원을 얻기 위하여 필요한 경비절감액은 다음과 같다.

$x = (40,000 + 24,000) - 100,000(1 - 0.6) = 24,000$

$x' = (40,000 + 24,000) - (20 - 12) \times 5,000 = 24,000$

손익분기점 (損益分岐點) (Break-even Point)	의의 손익분기점이란 총수익과 총비용이 같아지는 조업도를 말한다. 즉, 매출이 그 이하가 되면 손실이 생기고, 그 이상이 되면 이익이 생기는 손실과 이익의 분기가 되는 매출액(금액 또는 수량)을 손익분기점이라고 한다. 산식 X=매출액, Y=총비용, a=고정비, b=변동비율이라고 하면, (총비용) Y=a+bX ················· ① (손익분기) Y=X ················· ② 위 ①, ②식을 연립방정식으로 풀이하면 X=a+bX ················· ③ X=(1-b)=a ················· ④

$$\therefore X = a \div (1-b)$$

즉, 손익분개점의 매출액 = 고정비 $\div (1 - \dfrac{변동비}{매출액})$

손익분기점 분석
(損益分岐點分析)
(Break-even Point Analysis)
	[의의] 손익분기점의 분석은 공헌이익법(Contrivution Margintechnique)에 의하여 도출할 수도 있다. 공헌이익이란 변동비를 초과하는 매출액을 말한다. 즉, 고정비를 보상하고 순이익을 가져오도록 하는데, 공헌하는 이익을 말하며, 특히 제품단위당 판매가격에서 제품단위당 변동비를 공제한 금액을 단위당 공헌이익이라고 한다.
	[설명] 손익분기점의 분석을 특별히 수량으로 파악하고자 할 때에는 다음과 같은 산식에 의하여 구별할 수 있다.
	    손익분기점의 매출수량 = 고정비 ÷ 단위당 공헌이익
	또한 변동비와 공헌이익은 서로 상반관계에 있다는 것을 알 수 있다. 즉, 매축액 = 변동비 + 공헌이익이므로 변동비가 커지면 공헌이익은 상대적으로 적어질 것이고, 변동비가 적어지면 공헌이익은 커질것이다. 따라서 공헌이익률은 변동비율이 여수(餘數) 즉, 1-변동비율인 것을 알 수 있다. 따라서 손익분기점의 매출액 = 고정비 ÷ (1-변동비율)의 산식을 다음과 같이 할 수 있는 것이다.
	    손익분기점의 매출액 = 고정비 ÷ 공헌이익률

손 익 예 산
(損 益 豫 算)
(Income Budget, Profit and Loss Budget)
	[의의] 손익예산은 견적손익예산서의 형식으로 나타나는 예산의 총칙이다.
	[설명] 손익예산의 내용을 구성하는 것은 수익예산과 비용예산이고, 수익예산은 매출액예산과 영업외수익예산으로 구분되며, 비용예산은 매출원가예산, 관리비예산 및 영업외비용예산으로 되어 있다.
	이것들을 배합하여 다음과 같은 손익예산의 체계로 한다.
	      매출액예산
	   -) <u>매출원가예산</u>
	      매출총이익예산
	   -) <u>판매비예산</u>
	      매출순이익예산
	   -) <u>관리비예산</u>
	      영업이익예산
	   -) <u>영업외수익예산</u>
	      총이익예산
	   -) <u>영업외비용예산</u>
	      <u>순이익예산</u>
	결국 손익예산은 기본적으로 견적손익계산서의 형식에 의하는 것이며, 자금예산이나 설비예산과는 따로 작성되는 것이다. 즉 매출액 예

산은 판매예산으로부터 그 숫자를 받아 드려야 하고, 매출원가계산은 제조원가예산과 재고예산으로부터 주어지며, 판매비 및 관리비예산은 각기 영업비예산에 근거를 두는 것이다. 이것은 각부문예산 또는 그 부예산을 손익의 관점에서 총괄한 것이다. 손익예산을 기간에 따라 구분하면 월차손익예산과 연차손익예산으로 구분할 수 있다.

수 량 차 이 (數量差異) (Quantity Variance, Physical Variance)

[의의] 직접재료비(재료비중의 주요재료비매입부품비 등) 관리의 경우, 재료의 표준소비량 또는 예정소비량과 실제소비량의 차이를 말한다.

[설명] 직접재료비관리는 표준재료소비량(예정소비량)의 파악과 이 표준재료가격의 설정에 의해, 표준원가와 실제원가의 차이분석을 통하여 실시된다. 이 경우 재료비는 소비수량과 그 가격의 적(積)에 의해 구하여지기 때문에 수량과 가격의 양면에서 표준원가(예정소비량)와 실제원가와의 차이를 검토할 필요가 있고, 전자를 수량차이라고 한다. 직접재료비의 차이분석은 다음의 식에 의거하여 행하고 각각의 차이원인을 추구하여 필요한 조치가 취하여 진다.

수량차이=표준가격×(표준소비량-실제소비량)
가격차이=실제소비량×(표준가격-실제가격)

수량차이의 원인에는 제조방법의 변경, 실작(失作)의 발생, 재료, 제품의 분실·도난 등이 생각되는데, 차이가 실제소비량의 초과로서 나오는 경우, 소비상의 비능률을 나타내고, 관리가능차이로서 현장관리자등이 직접관리대상으로 되는 항목으로서 처리된다.

수선료계정 (修繕料計定) (Repair Charges Accounting)

[의의] 제조경비를 형태별분류에 따라 세분한 경우의 1과목이며, 제조에 관련하는 유형자산의 유지관리를 위하여 외부에 지급되는 수선료를 처리하는 계정이다.

수선료에 대하여 수선비의 명칭을 붙인 과목이 사용되는 일이 있으나, 이 계정은 외부에 대하여 발생하는 수선료외, 재료의 수선용재료에의 대체나 노무비의 수리용역에의 대체 등도 포함됨으로써, 형태별분류과목이 아니고 복합비가 된다는데 주의할 필요가 있다.

[설명] 1. 대수선과 소수선

수선에는 수년에 한번만 하는 대수선과 항상적으로 하는 소수선이 있다. 전자에 대해서는 수선료의 발생에 앞서 수선충당금을 설정할 필요가 있다.

수선비비율 (修繕費比率) (Ratio of Repairs to Fixed Assets)

[의의] 수선비란 토지를 제외한 고정자산시재에 대한 비율이며, 이것은 고정자산을 능률 좋은 상태로 유지하는 관리방책의 하나이다. 이 비율을 기간비교를 하고 동일업종을 타기업과 비교하면 특히 유용하다.

이 비율이 수기간에 걸쳐 저하하고 동시에 순이익이 거의 변함이 없다고 하면, 수선이 이연되고 비용의 과소계상 이익의 과대표시가 되고 있다고 볼 수 있다. 만약 이러한 방법이 계속되면 자산은 당초 견적된 것 보다도 훨씬 이전에 폐기되지 않으면 안될 것이다.

이 비율은 수선비·순매출액비율과 더불어 검토되어야 한다. 많은 기업에서 수선비는 일부(매출량에 관하여) 변동적이다.

수선지령서 **(修繕指令書)** (Repairing Order)	[의의] 건물·구축물·기계 및 장치·공구류 등의 수신을 목적으로 작성·발행되는 지령서이다. [설명] 수선지령서도 다른 지령서와 마찬가지로 1건마다 하나의 독립지령서의 작성을 필요로 하나, 하나의 수선이되 작업의 성질에 따라 분할하여 시공되는 경우에는 그 분할에마다 구분수선지령서(Item Repairing Order)가 작성·발행된다. 또 수선비는 모두 구분지령서 밑에 원가원장이 마련되어 기록·계산된다. 수선공사가 준공된 경우에는 구분지령서 밑에 있는 원가는 주지령서 밑에 집계되어 목적으로 하는 물건의 수선비가 된다. 그러나 모든 수선이 경영외부의 업자에 의뢰하여 시공되는 경우는 업자의 도급가격이 수선비가 되므로 원가원장을 마련할 필요는 없다. 이러한 경우의 수선지령서는 경영외부에 수선의뢰의 기초가 되는데 불과하다. 이 지령서의 양식은 제조지령서와 대동소이하다.
수선충당금 **(修繕充當金)** (Allowance for Repairs)	[의의] 수선충당금이란 정기적으로 행하여지는 수선으로 인하여 당기에 속하는 비용을 계상하기 위해 설정하는 충당금을 말한다. 수선충당금은 장래의 수선원인이 이미 당기에 발생하였을 경우, 수선비를 당기에 예상하여 이를 계상할 때 설정되는 계정이다. [설명] 장래 건물, 기계장치, 선박 등의 대수선을 하여야 할 기업에 있어, 그 부담의 균형을 도모하기 위하여 매연도에 수선비를 분담시키고, 장래의 거액의 지급에 대한 준비를 할 때에 설정되는 충당금이다. 이 충당금도 그 종류에 따라 건물수선충당금, 기계수선충당금, 선박수선충당금 등으로 구분된다.
수정원가주의 **(修正原價主義)** (Aduusted Cost Basis)	[의의] 수정원가주의란 취득원가에 의한 평가액을, 화폐구매력을 고려하여 재평가하는 방법이다. [설명] 근대회계는 화폐가치안정의 공준 위에 성립되고 있다. 이러한 전제조건 하에서는 취득원가에 의한 회계기록은 모든 거래를 동질적으로 표현할 수 있는 것이 된다. 그러나 현실의 경제사회에 있어서는 화폐가치의 변동이 있다. 그 변동이 경미하면 그것을 무시할 수도 있지만, 그 변동이 격심하면 취득원가를 기초로 하여 모든 거래의 동질적인 측정을 할 수 없고, 그 취득원가의 수정이 필요하게 되는 것이다.

수정원가주의에는 변동한 화폐가치의 크기는 일반물가지수(특히 도매물가지수)에 의하여 측정된다.

일반적 물가지수는 화폐의 일반구매력의 변동을 반영하는 것이고, 국민경제에서 전반적인 물가수준의 변동을 측정할 수 있는 척도인 것이다.

그러므로 일반물가지수에 의한 취득원가의 수정은 구매력에 부합한 현재화폐가치로 측정하는 것이 된다.

수 주 생 산 (受注生産) (Order Made, Order Production)

[의의] 수주생산이란 것은 특정의 기업 또는 기업군으로부터 특정의 제품·부분품의 생산 또는 일부가공을 수주하여, 그 수주내용에 따라서 생산·가공하는 생산방식을 말하고 주문생산이라고도 부르고 있다.

[설명] 수주처 기업으로부터 주문을 받고, 그 지정도면에 의해 원재료를 가공·조립·마무리하는 생산방식으로, 시장생산·예상생산 등에 대하는 용어이다. 수주생산은, 하청가공이라는 형태로 중소규모기업에서 많이 채택하고 있는데, 대형기계, 플랜트(공장설비)등에 대하여는 대기업에 있어서도 채택하는 생산방식이다. 수주생산은 시장생산에 비해 판매면의 위험이 적은 반면, 단가결정면에서의 유리·불리, 수주로트가 채산로트인가 아닌가, 수주의 안정도의 대소에서 하는 조업도의 고저 등 많은 문제점을 내포하고 있다. 자동차부품·전기부품 등은 대표적 수주생산업종인데, 메기공업·프레스가공·주단조업은 본래적으로 수주생산의 성격을 가지고 있다.

순수종합원가계산 (純粹綜合原價計算) (Net Process Costing)

[의의] 단위종류의 제품을 반복 계속하여 대량으로 생산하는 공장에서 이용하는 원가계산방법이다. 같은 종합원가계산이라도 조별제품의 원가를 계산하는 조별종합원가계산과는 구별된다.

순수종합원가계산은 원가를 단위과정에 대하여 계산하는가 또는 복수의 공정으로 구분하여 계산하는지에 따라 단순종합원가계산과 공정별종합원가계산은 다시 가공비만을 공정별계산을 하는 가공비공정종합원가계산이 독립된 하나의 형태를 이루고 있다.

순 환 재 료 (循環材料) (Circulation Material)

[의의] 순환재료란 제품의 주체적 물질의 일부를 구성하는 것은 아니지만, 생산공정 중에 주재료와 더불어 투입되어 주재료의 제품화를 조성하며, 다시 투입전의 물질로 회수됨으로써 그 사명이 끝나는 것이다.

[설명] 순환재료를 광의로 해석하면 판매유통과정에서 반복 사용되는 용기도 포함될 수 있다. 이러한 순환재료에 공통되는 특징은 반복사용되고, 그 순환과정에서 수량적으로 감모되고, 질적으로 열화되는 점이다.

최근에는 생산능률 및 원재료수율향상조치로서 순환재료의 범위와 종류가 증가되었고, 그 회계처리도 대단히 복잡하게 되었다. 원칙적으로 순환재료로서 미사용의 상태로 있는 자산은 당연히 재고자산으로서 처리되고, 사용중의 자산은 유동적인지 또는 고정적인지에 따라 재고자산, 고정자산 또는 이연비용 등의 회계처리를 하게 된다.

이 경우에는 무엇보다도 각종 순환재료의 내용·성능에 따라 적절한 회계처리를 하여야 한다. 대체로 그 회계처리방법은 다음과 같이 생각할 수 있다.

(1) 질적으로 열화(劣化)되기 때문에 하나의 설비에 사용되고 있는 수량을 전부 일시에 대체하는 것은 다음과 같이 한다.

① 최초에 투입한 금액을 자산에 계상하고 다음의 대체시까지의 기간에 투입액으로부터 잔존가액 예상액을 공제한 금액을 각기간 균분으로 하거나 또는 생산액비례법 등으로 상각한다.

② 대체시에 미상각액이 있는 경우에는 대체시의 손실로 하고, 신규대체를 위한 설비투입액을 신규자산에 계상한다.

(2) 질적으로 열화되기 때문에 하나의 설비에 사용되고 있는 수량을 부분적으로 대체하는 것은, 질적으로 열화되고 있는 부분의 대체보충에 소요된 지출을 모두 손실로 한다.

(3) 전량 및 부분적인 대체도 없고, 감모분을 수시로 보충하는 것은 고정자산적 취급을 하는 것이며, 그 자산의 감모분 보충을 위한 금액은 지출시마다 손실로 한다.

그리고 당초투입한 금액의 50%가 될 때까지 매년 연간감모예상률을 투입량에 곱하여 구한 금액의 상각을 한다. 감모분 보충을 위한 금액은 자산에 계상하고, 그 보충분에 대응하는 장부가액은 손실로 한다.

습숙곡선 (習熟曲線) (Learaing Curve)

의의 동일기능을 수행하기 위한 행위의 반복이 효과적인 경우에, 이것을 습숙이 있다고 한다. 인간의 작업을 될 수 있는대로 전문화·단순화 한 다음, 이것을 반복시키면 누구나 쉽게 그 작업에 습숙될 수 있다. 사람에 따라서 또는 작업에 따라서 습숙되기까지의 시간에 지속은 있지만, 잡다한 작업을 혼합하여 계속적으로 하는 것보다는 습숙에 소요되는 시간이 단축될 수 있다. 이것은 공수(工數 : Man Hour)의 면에서 생각하면, 제품 1개당의 제작공수가 작업이 연속적임에 따라 습숙에 의한 일정체감률로 저하되어 간다. 이것을 공수체감이라고 한다.

습숙의원인 습숙의 원인에 관하여 제종류의 심리학적 연구가 이루어지고 있으며, 생산면에서의 구체적 원인을 열거하면

① 작업자나 그 관리자가 작업착수 전에 작업내용을 분석하여 작업순서를 연구하는 시간이 감소되어 가고

② 작업자의 동작 중 낭비나 무리가 점차로 배제되어 가며

③ 사용하는 기계에 대한 준비나 사용방법이 점차로 개량되고

④ 도구나 공구가 여러 가지로 개량되며
⑤ 불량품이나 공손이 감소하고
⑥ 작업순서가 표준화되어 작업인원이 감소되어 전체로서의 공수가 감소된다.
⑦ 기계·설비의 성능이 향상되고, 이로 인하여 공수가 감소된다.
⑧ 공정이 합리화되어 가며
⑨ 각 직장에서 합리적인 공작방법이 발견된다는 등이다.

이러한 사항을 총괄하여 보면, 기계·설비·도구·기구·설계·제작기술·관리기술 등의 개량·개선·불량품 발생의 감소·임금제도의 자극성·작업자의 습숙 등의 호전에 의한 공수체감현상이라고 볼 수 있다. 이와 같이 공수의 체감은 작업자의 습숙을 그 기초로 하기는 하지만, 습숙의 내용은 관행에 의한 작업기술, 관리기술, 설계개량 등의 진보 향상을 종합한 것이다.

이러한 공수체감현상은 합리적인 생산관리를 하는데도 많은 이용가치가 있다. 이용면에서 주요한 것은 다음과 같다.
① 신제품 생산개시시의 표준시간설정·정원계획·출하계획·원가예측
② 새로운 작업자의 교육훈련계획
③ 작업 롯트(Lot)에 따른 표준시간의 보정
④ 장려급설정의 기초
⑤ 부분품이나 제품의 적정구입가격의 견적 등이다.

습숙곡선

공수체감의 일반적인 모습은 초기에 제종류의 원인이 작용하여 급격히 체감되지만, 점차로 그 체감은 원만하게 되고, 완전히 습숙이 진행되면 거의 일정하게 된다. 또 체감의 형태도 전체로서 그다지 체감되지 않는 경우, 비상하게 체감하는 경우, 그 중간의 경우 등 각종의 것이 있다. 일반적으로 습숙이라는 주 원인에 의하여 공수가 체감되는 상태를 곡선으로 표시한 것을 습숙곡선이라고 한다. 그리고 변화정도를 비율로 표시한 것이 습숙률(Rate of Learning)이다. 습숙률은 공업의 종류에 따라 다르다. 그 범위는 상한이 100%이고 하한이 50%이다.

습숙곡선을 수식으로 표시하면 다음과 같다.

$$H = H_s + (H_i - H_s)e^{-a \cdot N} \quad \cdots \cdots (1)$$

H ; 생산수·N호 종목의 소요공수
Hs ; 체감된 최종의 표준공수
Hi ; 생산초기(1호 근방)의 1개공수
N ; 제품의 일관번호
a ; 체감지수

이 식을 대수로 표시하면

$$\text{Log}(H - H_s) = \text{Log}(H_i - H_s) - a \cdot N \quad \cdots \cdots (2)$$

체감부분만을 추출하여 고찰하기 위하여 Hs=0로 하면,

$$\text{Log}H = c/a \cdot N \quad \cdots\cdots\cdots\cdots\cdots\cdots\cdots\cdots (3)$$

$$\text{Log}H = c - \frac{1}{to} + T \quad \cdots\cdots\cdots\cdots\cdots\cdots (4)$$

여기에서 T : 생산진행시간
to : 시간정수

시 가 법
(時 價 法)
(Market Price Method)

[의의] 시가를 기준으로 하여 재료의 소비가격을 경쟁하는 것은 매출시에 가장 근사한 가격을 원가로 하는 것이므로 경영면에서는 가장 적당한 방법이라 할 수 있다. 그러나 경제계의 격동기에는 물가의 변동이 그치지 않고, 따라서 순간적으로 변동하여 가는 시가를 파악하는 것은 극히 어려운 일이다.

그리고 시가결정의 시점을 재료가 사용된 시기로 하느냐, 제품판매의 시기로 하느냐에 따라 많은 차이가 생기게 된다. 또 재고재료의 가격을 평가할 경우에도 회계처리상의 번잡을 초래케 하고, 세무상 재료비차액의 문제가 생기는 등 실무상 여러 가지 곤란한 문제가 생기게 된다.

[설명] 이것을 구체적으로 설명하면, 재료의 출고계산가격은 그 소비시에 있어서 시가에 따르는 구입원가로 재료출고가격계산을 한 때, 어느 재료는 구입된 뒤 시일이 경과하여 구입가격은 벌써 과거의 가격이 된다. 즉, 역사적 가격(Historieal Price) 또는 회액적가격(Retrospective Price)으로서 단지 과거의 현실적 지출을 표시하는데 지나지 않는다.

그러므로 이 가격에 의하여 원가계산을 하여 판매가결정의 기초로 하는 것은 불합리하다. 그럼에도 불구하고 판매가결정의 기초가 되는 판매원가는 그때그때의 시장가격과 관련을 시킨다는 견지에서 이 방법을 고려하게 되는 것이다.

그러나 시장가격이라고 일반적으로 말하는 그 개념은 극히 추상적이고 특정의 재료에 대한 시가는 항상 수요와 공급과의 관계에 의하여 시시각각으로 변화하고 변동되므로 그 확인은 용이하지 않다. 또 그것을 확인하였다 하더라도 시장가격기준에 의할 때에는, 재료를 출고할 때마다 시장가격을 조사하지 않으면 안되는 번거로움이 있다.

그러므로 이 방법은 출고계산가격을 구입가격이라는 역사적 가격에서 해방하여 제품의 판매시에 있어서의 재조도달가격에 준거하여야 된다는 유력한 주장에 의하는 것이지만, 이것을 원가계산의 입장에서 볼 때에는 부적당하고 실천상 여러 가지 불편이 수반되는 것이다.

예를 들면, 시장가격을 표준으로 하는 출고계산가격으로 할 때에는, 어느 날의 시장가격에 의하느냐가 문제가 되고, 그 결정에도 매우 곤란한 점이 있다. 즉, 재료의 출고 및 그 소비와 제품의 판매에는 항상

	약간의 기간적 불일치가 생기므로, 어느날의 시장가격을 택하느냐도 문제인 것이다. 즉, ① 재료출고일의 시장가격에 의할 것인가. ② 제품의 제조착수 또는 완성된 날의 시장가격에 의할 것인가. ③ 원가계산을 하는 날의 시장가격에 의할 것인가. ④ 제품판매시의 시장가격에 의한 것인가. 　이와 같은 문제에 대하여 충분히 고려하지 않으면 안된다. 또 이 방법에 의할때에는 당연한 결과로서 재료가격의 변동에 의한 손익이 발생하고, 이것은 제조과정 외의 손익이면서 판매원가에 포함되는 것으로 되기 때문에 진정한 제조로 의한 손익을 불명료하게 할 우려가 있다. 　그리고 시장가격을 재료의 출고계산가격으로 하는 것은 재료의 소비시에 있어서 재료가 지니는 가치(Value)로 계산하는 것이고, 제품의 판매정책상 유리하며, 시장가격으로 제품의 재료비를 계산하는 것은 타당성이 있다고 볼 수 있으니, 이것을 실천하는 데는 여러 가지 난점이 있다.
시간급제도 (時間給制度) (Time Rate Plan)	의의 시간급제도는 노동자의 근로시간수에 특정한 시간임률을 곱하여 임금을 산출하는 임금형태를 말한다. 시간급이란 시간 즉, 1시간·1일·1주간·1월·1년 등을 단위로 하여 지급되어지는 임금·급료를 말한다. 설명 시간급제도는 노동시간의 장단에 따라 지급하는 것인바, 일급제도의 경우도 시간임률을 산출하여 1일의 임금계산을 하고, 지각 조퇴 등의 시간을 차감계산하는 것이므로, 이와 동종의 것이라고 할 수 있다. 또 시간급제도는 「정액급제도」「상용급제도」라고도 한다. 　이 제도의 특색은 생산의 기계화가 진전하고 개인의 생산량이 간단히 계산할 수 없는 경우에는 성과급제도에 비하여 명확히 이루어지는 것이다. 그러나 이것은 노동자의 작업능률과 관계없이 임금이 산출되므로 능률향상에 대한 자극을 결여하는 수가 있다. 　그러므로 시간급산출의 기초인 시간임률에 각 단계를 두어 능률을 자극하는 것을 감안한 임금제도가 있다. 그것이 복률시간급제도(Multiple Time Rate Plan)나 능률시간급제도(Day Work With Production Standards)라는 것이다. 　이것은 일정기간에 올린 작업능률에 따라 그 능률등급에 부합된 시간임률로서 임금의 산정되는 것이다. 또 이러한 제도에 대하여 전자의 임금제도를 단순시간급제도(Single Time Rate Plan)라고 하여 구별한다.
시 간 기 록	의의 시간기록은 작업현장에서 언제, 어떠한 작업이 얼마만큼 되었

(時間記錄) (Time Record)	는지의 결과를 기록하는 것이다. 그러므로 원가계산의 기초자료를 제공하는 것이다. [설명] 시간기록은 생산공정의 전체적, 부분적 기록이며, 각 직장(職場) 및 작업자의 작업시간기록을 그 내용으로 한다. 　할당된 작업이 언제 시작되어, 언제 종료되었는지의 기록이고, 반복작업인 경우는 1일의 작업시간에 완성량이 얼마나 되었는지의 기록보고가 된다. 　이 시간기록에 의하여 노무비계산을 하고, 기계설비의 상각비배분을 알 수 있게 된다. 또 시간적 생산계획인 일정계획과 결과와의 비교분석을 할 수 있게 하며, 원가절감을 위한 노무비분석의 자료를 얻을 수 있게 한다.
시 간 연 구 **(時 間 硏 究)** (Time Study)	[의의] 시간연구는 각 작업공정·내지 작업단위를 그 연구대상으로 하고, 그 구성요소를 이루는 부문작업을 분석의 단위로서 연구하는 것이며, 각 노동자의 과업을 결정하기 위한 전제로서 그 담당하는 작업공정의 수행에 대하여 필요하게 되는 표준시간을 결정하는 것을 업무로 한다. 즉, 그것은 시간측정을 중심으로 하는 연구이다. [설명] 표준시간을 결정하기 위하여는 시간측정에 앞서 작업의 조건 및 방법을 표준화 하지 않으면 안된다. 　시간연구에 있어서의 작업의 표준화에는 다음의 2가지 방법이 고려된다. 　① 작업의 표준화 그 자체를 직접적인 과제로 하는 연구에서 우선 발족하고, 이어 표준화 된 작업에 대한 시간측정을 하는 것이다. 　② 작업측정 그 자체에서 작업의 표준화 문제를 취급한다. 　위 ①의 방법은 시간연구속에 동작연구를 하여 시간측정에 중심을 두는 동작연구를 하는 것으로서 「테일러」나 「길브레스」(E.B.Gilbreth)등이 전개한 동작연구의 폐단에 떨어지기 쉽다. 따라서 시간연구에 있어서는 작업의 표준화는 위 ②의 방법으로 표준을 평균적 노동자의 정상의 작업조건과 작업속도에 있어서의 작업 또는 평균노동자의 정상작업에 구하지 않으면 안된다. 　이리하여 작업의 표준화가 이루어지면 다음에 시간관측이 이루어지게 되는 바, 작업시간의 구조는 작업명령과의 관계에서 다음의 표와 같이 고려된다. 　　　　　　　　　　　　　　　　　┌ 주요시간 　　　　　　　┌ 본체시간 ┬ 본체순시간 ┴ 부차시간 　총시간 ┤　　　　　 └ 본체여유시간 　　　　　　　└ 준비시간 ┬ 준비순시간 　　　　　　　　　　　　　└ 준비여유시간 　작업시간연구는 위의 표와 같이 여러 가지의 작업시간에 대한 표준

을 정하는 것을 임무로 하나, 가장 중요시 되는 것은 순시간이며, 여유시간의 결정은 오히려 실동시간연구 내지 성과연구의 고유의 영역을 이루는 것으로 해석되고 있다. 따라서 이 의미에서 작업시간연구는 정확히는 오히려 순시간의 결정에 대한 연구라고 해석 되어야 할 것이다.

순시간의 측정은 일반적으로 「스톱·윗치」로 하는 바, 그 밖에 부분작업이 종료할 때마다 소정의 단추를 누름으로서 시간이 자동적으로 종이(紙·페이프)에 기록되는 시간자동기록기에 의한 방법도 있다. 「스톱·윗치」법에 의한 순시간의 측정에는 다음과 같은 여러 가지 방법이 있고, 사용되는 방법에는 초단위·분단위+진법 및 시간단위+진법의 「스톱·윗치」가 있으며, 계산의 편의상 보통+진법 「스톱·윗치」가 채택되는 경우가 많다.

<스톱·윗치 법>
① 계속법(Contimuous Mehod)
② 복귀법(Snap-back Method)
③ 반복법(Repetitive Method)
④ 다적법(Discontinous Method)
⑤ 순환법(Cycle Method)

「스톱·윗치」에 의한 순시간의 측정에는 부분작업에의 분해가 필요하다. 부분작업에의 부할기준은
① 정확한 시간측정이 가능한 범위에서 가능한 한 섬세하게
② 구획이 명백한 곳에서 분해할 것이다.

그리고 끝으로 동일한 작업단위에 의하여 10~30회에 걸쳐 시간측정이 이루어지면, 이들의 대표치를 결정하고, 이것에 의하여 표준시간이 결정된다.

이러한 경우 결정되는 대표치 즉, 표준시간은 정상적 작업조건하에서의 정상적 작업속도에 의한 작업에 소요되는 순시간이어야 한다. 따라서 이 대표치의 결정방법 여하는 법대로 작업의 시간계측 그 자체에 대하여 중대한 작용을 미치는 것이며, 그 시간연구에 있어서의 대표치 결정법은 여러 가지가 고안되었다. 그 주요한 것은 다음과 같은 법이 있다.
① 산술평균법(Straight-average)
② 병수법(Mode)
③ 중위수법(Median)
④ 비율선택법(Percentage-selection)
⑤ 비율곡선법(Performance-curve)
⑥ 편차법(Varriation or Deviation)
⑦ 평준화법(Leveling)

씨·부이·피관계 (씨·부이·피關係) (C.V.P Pelationship)	[의의] 이것은 Cost-Volume-Profit Relationship의 약어이며, 원가(Cost)·영업량(Volume)·이익(Profit)의 상호관계를 조사·분석하는 기법을 말한다. 이 요인중의 어느 하나가 변화하면 다른 요인이 어떠한 영향을 받는지를 분석하는 기법의 총칭인 것이다. [설명] 여기에서 영업량이란 생산설비능력, 경영조직 등의 경영구조가 일정한 경우의 생산·판매 등의 영업활동량을 뜻한다. 이것을 조업도라고 하며, 보통 생산량·판매량 등으로 표시된다. 　원가는 영업량의 변화에 따라 어떠한 동향(Cost Vehavior)을 나타내는지에 따라 고정비와 변동비로 구분된다. 고정비는 영업량의 증감에 관계없이, 그 총액이 변화하지 않는 원가요소이다. 예를 들면, 공장설비의 감가상각비 및 재산세, 화재보험료, 이자, 지대, 공장장이나 기사들의 급료 등이다. 변동비는 영업량의 증감에 따라 그 총액이 비례적으로 증감되는 것이다. 예를 들면, 직접재료비·직접임금 등이다. 변동비의 영업량에 대한 비율을 변동비율이라고 한다. 　고정비와 변동비의 중간적인 성질을 지닌 것으로서 준변동비와 준고정비가 있다. 예를 들면, 보조재료비·연료비·간접임금·수도료 등이다. 이것들은 CVP관계 분석에서는 고정비적인 것과 변동비적인 것으로 분해하여, 결국 모든 원가는 고정비와 변동비로 구분된다. 　업무량의 변화에 따라 원가(고정비·변동비) 및 이익이 어떻게 변화하는지, 목표이익을 실현하려면 얼마의 영업량이 달성되어야 하는지, 또 이 경우에 허용될 수 있는 원가는 얼마나 되는지를 분석하는 것이 CVP관계분석인 것이다. 이와 같은 분석은 손익분기점분석의 중요한 내용이 되고 있는 것이다. 　보통 CVP관계의 분석은 손익분기점분석을 통하여 이루어지고 있지만 직접원가계산을 전제로 하고, 그것에 의한 손익계산서는 유용한 자료가 된다. 　직접원가계산에 의한 손익계산서에서는 매출액에서 변동비를 차감하여 한계이익을 표시하고, 이것에서 고정비를 차감하여 순이익을 산정하는 양식으로 되어 있다. 이 한계이익의 매출액에 대한 비율이 한계이익률이다. 한계이익 및 한계이익률은 수익성의 대소, 이익구조의 양부등을 판단할 수 있고 이익계획을 세우는데 큰 도움이 된다. 그러므로 CVP관계의 분석에서 이것이 많이 이용되어야 할 것이다. 　CVP관계의 분석은 다음과 같은 경우에 이용된다. ① 경영계획. 특히 이익계획의 설정·예산편성 ② 설비투자계획. 제품배합이나 신구제품의 조절·자가제조나 외주가공의 선택, 개별계획의 설정 ③ 기업의 종합업적, 업무구분의 업적평가 등
씨이·부이·피 분석	[의의] 원가관리나 단기이익계획의 수립을 위해서 경영조직내에서 발

(씨이·부이·피 分析) (CVP Analysis) 손익분기점	생하는 원가(Cost)·조업도(Volume)·이익(Profit)의 행태를 분석하는 기술을 C.V.P관계분석이라고 한다. [설명] (1) 손익분기점 　총수익과 총비용이 같아지는 조업도를 손익분기점(Break-even point)이라 한다. 즉 매출이 그 이하가 되면 손실이 생기고 그 이상이 되면 이익이 생기는 손실과 이익의 분기가 되는 매출액(금액 또는 수량)을 손익분기점이라고 한다. 　　X=매출액, Y=총비용, a=고정비, b=변동비율이라고 하면, 　　총비용은　Y=a+bX ………… ① 　　손익분기는 Y=X ……………… ②로 표시할 수 있다. 　위 ①, ② 식의 연립방정식을 풀이하면, 　　　X=a+bX ……………………… ③ 　　　X(1-b)=a ………………… ④ 　　∴ X=a÷(1-b) 　즉, 손익분기점의 매출액=고정비÷(1-변동비율) 　또는 손익분기점의 매출액=고정비÷$(1-\frac{변동비}{매출액})$의 산식으로 도출된다. 　손익분기점의 분석은 공헌이익법(Contribution margintechnique)에 의하여 도출할 수도 있다. 공헌이익이란 변동비를 초과하는 매출액을 말한다. 즉, 고정비를 보상하고 순이익을 가죠오도록 하는데 공헌하는 이익을 말하며, 특히 제품단위당판매가격에서 제품단위당변동비를 공제한 금액을 단위당공헌이익이라고 한다. 손익분기점의 분석을 특별히 수량으로 파악하고자 할 때에는 다음과 같은 산식에 의하여 구할 수 있다. 　　손익분기점의 매출수량=고정비÷단위당공헌이익 　또한 변동비와 공헌이익은 서로 상반관계에 있다는 것을 알 수 있다. 즉 매출액=변동비+공헌이익이므로 변동비가 커지면 공헌이익은 상대적으로 적어질 것이고 변동비가 적어지면 공헌이익은 커질 것이다. 따라서 공헌이익률은 변동비율의 여수(餘數) 즉, 1-변동비율인 것을 알 수 있다. 　따라서 손익분기점의 매출액=고정비÷(1-변동비율)의 산식을 다음과 같이 도출할 수 있는 것이다. 　　손익분기점의 매출액=고정비+공헌이익률
고정비·변동비 분해방법	(2) 고정비와 변동비의 분해방법 　손익분기점의 분석(Break-even analysis)을 위하여는 비용을 고정비와 변동비로 분해해야 한다는 전제가 필요하다. 　고정비란 일반적으로 조업도에 영향을 받지 않고 일정하게 발생하는 비용(감가상각비·능률급임금·판매수수료 등)을 말한다.

또한 비용중에는 고정비와 변동비의 중간형태인 준고정비(준변동비)도 있는데 손익분기점분석에 있어서는 이들 준고정비도 각각 고정비와 변동비로 나누어야 한다.

그러나 기업의 비용을 고정비와 변동비로 정확하게 분리한다는 것은 현실적으로 불가능하므로 적절한 방법을 선택하여 상대적 정확성을 지닌 고정비와 변동비로 분해한다.

비용의 고정비와 변동비의 분해에는 여러 가지 방법이 동원될 수 있지만, 통상 다음과 같은 방법들이 이용되고 있다.

① 계정과목법

이 방법은 계정과목의 내용을 여러 가지 측면에서 조사·검토하여 고정비 또는 변동비로 확실시되는 과목을 가려내고 나머지의 준고정비(준변동비)의 과목은 다음에서 설명될 제방법 즉, 수학적 분해법이나 최소자승법 등을 이용하여 고정비와 변동비를 분해하는 방법이다.

② 수학적 분해법(차액법)

이 방법은 두 조업도상의 총비용의 차액을 구하여 조업도의 차로 이 차액을 공제한 것을 단위당 변동비로 하고 총비용에서 이 변동비를 차감한 잔액을 고정비로 하는 방법이다.

③ 최소자승법

이 방법은 조업도를 표시하는 수기간 즉, 복수의 기준수치와 이에 대한 비용액을 기초로 비용을 고정비부분과 변동비비분으로 분해하는 방법으로서 각사의 조업도에 대응하는 비용의 변동경향을 평균하여 직선으로 하려는 방법이다.

총비용(Y)=고정비(a)+ 매출액×변동비율(bX)

직선방정식

$Y = a + bX$ ·· ①

양변에 X를 곱한다.

$XY = aX + bX^2$ ·· ②

①의 합계공식

$\sum Y = na + b\sum X$ ·· ③

②의 합계공식

$\sum XY = a\sum X + b\sum X^2$ ·· ④

③×∑X

$\sum X \cdot \sum Y = na\sum X + b\sum X \cdot \sum X$ ·· ⑤

④×n

$n\sum XY = na\sum X + nb\sum X^2$ ·· ⑥

⑤-⑥

$\sum X \cdot \sum Y - n\sum XY = b(\sum X \cdot \sum Y - n\sum X^2)$ ·· ⑦

시 작 비 **(試作費)** (Experimental Manufacturing Cost)	$$\therefore b = \frac{\Sigma X \cdot \Sigma Y - n\Sigma XY}{(\Sigma X)^2 - {}^n\Sigma X^2} \text{ 또는 } b = \frac{n\Sigma XY - \Sigma X \Sigma Y}{n\Sigma X^2 - (\Sigma X)^2}$$ ③에서 $a = \frac{\Sigma Y - b\Sigma X}{n}$ 의의 신제품의 시작(試作)에 관하여 발생하는 비용을 말한다. 설명 시작(試作)에 대하여는 통상 시작지령서가 발행되어, 원가의 집계는 그 지령서에 대해서 계산된다. 시작비계정에는 시작에 요한 일재의 재료비, 노무비 경비가 포함된다. 따라서 시작비는 복합경비로 된다. 시작비는 그 제품에 판매되는 전기간에 걸쳐서 그 수익에 대응한 비용인 까닭에서, 이론적으로는 무형자산으로 차례로 미루는 것이 필요하다. 그러나 보수주의의 견지에서는, 이와 같이 이연경리를 하지 않고 기간비용으로서 처리하는 것이 실무에서는 많다. 무형자산으로서 계상하는 경우에는 상법의 규정에 의해 개발비로서 처리하고 그 지출 후 5년내에 매기 결산기에 있어서 균등액 이상의 상각을 하지 않으면 아니된다.
시험연구비 **(試驗研究費)** (Experimental and Research Costs)	의의 제품의 시작(試作)이나 제법(製法)의 연구등을 위하여 특정히 지출한 비용을 말한다. 여기에서 특정히 지출한다는 것은 경상적으로 시험연구비를 지출하는 것이 아니고, 상당히 많은 그액을 지출하였기 때문에 이것을 무형자산으로서 처리되는 경우를 말하는 것이다. 만일, 경상비로서 시험연구비를 지출한 경우는 비용으로서 처리되는 것이다. 물론 시험연구가 성공된 경우에는 그 시험연구비가 무형자산인 특허권 등의 과목으로 대체될 것이지만, 그 기대가 확실하지 않을 경우에는 그 전부가 비용화 될 것이며, 거액의 시험연구비는 이것을 이연처리하고 상당기간내에 균등상각을 하게 된다. 설명 시험연구는 복합비의 일종이고 경비에 속한다. 보통 경상적인 시험연구에 관한 제비용을 종합한 것이고, 시험연구용 시설의 기동유지에 필요한 소모품비, 시험연구분의 원재료비, 시험연구계원의 급료·임금·기타의 경비로 구성된다. 시험연구비는 제조간접비로서 처리된다. 그러나 신기술 채택을 위하여 지출된 시험연구비는 무형자산에 속한다. 또 부문비계산을 하는 경우에는 이 비용은 소멸되고 실질적으로는 시험연구비로서 계산된다. 세무에서는 기업의 업무수행에 필요한 시험연구비는 그 성과와는 관계없이 손금에 산입한다. 이 시험연구비에는 기초연구·응용연구 및 공장화연구 등에 소비된 비용도 포함되며, 그 중에서 기초연구에

실 동 시 간 **(實動時間)** (Actual Labor Hour)	소요된 비용은 제조원가에 산입하지 않아도 되지만, 공업화연구비는 제조원가에 산입하여야 한다. 　특정의 발견 및 발명, 신규제품의 제조, 신규제조방법의 채택을 위한 지출비용은 이것을 자산에 계상하고 익년부터 5년간에 균등상각된다. 그것을 자산에 계상한 경우에 그 시험연구가 성공되지 못하면, 잔존장부가액을 그때의 손금으로서 처리하고, 성공되어 특허권 기타의 권리를 취득하면 잔존가액을 특허권 취득원가의 일부로서 산입하고, 당해 권리의 내용연수에 따라 상각한다. 　[의의] 실동시간이란 취업시간(작업자시간)을 뜻하기도 하지만, 취업시간 중 부동시간을 제외한 시간 즉, 가공시간과 준비시간의 양자를 말한다. 　[설명] 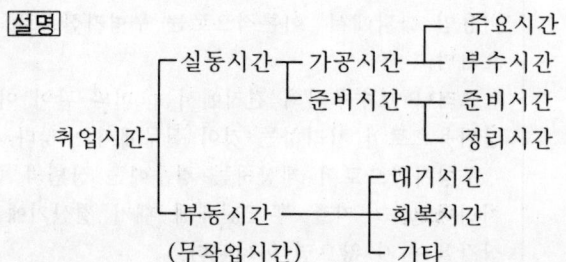 　주요시간이란 순가공시간을 말하고, 부수시간이란 재료나 가공품을 기계에 접착시키거나 작업을 하는데 소요되는 시간 및 검측시간을 말한다. 실동시간은 작업·작업·설비 및 공구를 어떻게 결정하느냐에 따라 또 작업자의 능률계수에 따라 그 장단이 좌우된다. 그러나 설비와 재료만으로 이루어지는 자동작업의 감시나 타작업자 또는 설비와의 공동작업에서 가공품의 보전처럼 정적작업에서는 타작업의 시간에 좌우되는 것도 있다. 가공시간은 작업대상의 개별적인 단위의 가공착수로부터 종료까지의 시간을 말한다. 　여기에서 가공이란 재료 또는 작업대상의 상태, 위치를 변화시키는 것이다. 가공시간 tb는 변동가공시간 tbb와 불변가공시간 tub로 구분(tb=tbb+tub)된다. 또 1단위의 가공이 종료된 뒤에 다음 단위의 가공이 개시되기 까지의 시간을 중간시간 tx라고 한다. 중간시간도 변동중간시간 tbz와 불변중간시간 tux로 구분 (tz=tbz+tuz)로 된다. 변동시간은 실동시간이지만, 불변시간은 실동시기간이기도 하고, 때로는 준비시간이기도 하다. 　실동시간은 이 밖에도 협의로 해석하여 작업지시대로 작업을 하기 위하여 직접작업자의 활동에 대하여 허용된 시간 즉, 순시간에 포함되는 실동시간을 뜻하기도 한다. 이러한 의미의 실제시간은 표준을 설정하는 경우에 중요한 뜻을 지닌다.

실사감모비 (實査減耗費) (Shortage and Shrinkage)	의의 선량한 관리자의 주의와 정상적인 관리방법하에 있어서 원재료·반제품·부분품 등의 보관 또는 운반중에 생기는 파손·부패·증발·변질·변색 등에 따른 감모손실을 말하고 소위 공차(公差)라고 인정할 정상적인 것에 대해서만 경비로 하고 정상적이 아닌 감모손실 특히 우발사고나 중대과실에 입각한 거액의 임시적 손실이나 경제계의 변동에 따른 가격저락은 이것을 원가계산외 손비로 한다.
실사계산법 (實査計算法) (Physical Inventory Method)	의의 원가계산기말 기타 정기로 실지실사를 하고, 재료의 종류마다 실재액을 조사하고 기말실사액을 전기이월액 및 당기구입액의 합계에서 차감하여 그 기간의 소비액을 총괄적 및 추정계산하는 방법이다. 설명 실사계산법은 계속기록법과 같이 재료의 수불의 과정이 기록계산표시 되지 않고, 따라서 재료의 감손·감모량도 당해 기간의 실제소비량 속에 혼입하게 되므로 정확한 계산법이라고는 할 수 없다. 따라서 재료로서 그 소비량을 계속기록법으로 정밀하게 계산하는 것이 불가능한 경우, 또는 곤란한 경우 및 가능하더라도 그 필요가 없는 경우에만 채택되며, 주로 보조재료(및 사무용소모품)의 소비량계산에 적용된다.
실 제 원 가 (實際原價) (Actual Cost)	의의 실제원가란 별도로 취득가액 또는 단순히 원가라고도 불리우며, 표준원가·견적원가 등에 대하여 쓰여지는 용어로서, 실제에 발생한 원가요소의 총계로서의 원가를 말한다. 객관성이 있는 원가이므로 회계상 가장 중요한 기준이 되는 원가이다. 상법·세법상에서도 실제원가가 기초로 계산되는 것이 원칙이다. 이 때 실제원가는 실제제조원가·실제판매비 및 관리비·실제총원가를 나타낸다. 그러나 실제원가의 개념은 명확하지 않으므로 전문가사이에는 이른바 실제원가라고 부르는 경우가 많다. 왜냐하면, 이 원가의 개념은 역사적으로 볼 때 변천되어 왔기 때문이다. 설명 원가계산의 초기에는 실제원가는 역사적원가(Historical Costs)이였다. 즉, 원가는 일반적으로 말해서 가격에 소비량을 곱하여 계산하는데, 역사적 원가는 이 가격요소도 소비량요소도 모두 엄밀히 말해서 실제로 계산하는 것이다. 이는 실제로 요한 원가를 계산한다는 점에서 너무나 당연한 것이나 역사적원가는 실제의 것이므로 진실한 원가(True Costs)라고 한다. 그렇지만 이상파손·이상재고손실·화재·풍수해·도난·노사분쟁과 같은 이상(異常) 또는 우발적 원인에 따라 발생한 이상한 소비량은 가령 실제로 소비된 것이라고 할지라도, 이를 실제소비량에 포함시켜 역사적원가를 계산하게 되면, 이때 얻어진 역사적원가는 여러 가지 원가계산목적에 효과가 없게 된다. 그래서 실제소비량은 경영의 정상상태를 전제로 하여 발생한 실제소비량에 한하여야 한다.

한편 실제가격에 대해서도 예정 내지 정상가격에 대신하여 사용하게 되었다. 예를 들어 원가의 실적자료를 빨리 입수하기 위해서 실제재료비를 계산할 때 재료의 예정가격을 사용하거나 실제노무비를 계산할 때 예정평균임률을 사용할 경우가 있다.

그리고 제조간접비를 계산할 때에는 조업도의 변동에 따른 제품의 실제단위원가의 변동을 제거하기 위해서 실제배부율이 아니고 정상배부율을 일반적으로 많이 사용한다. 따라서 현재에는 원가를 예정가격으로 계산하여도 소비량을 실제로 계산하는 한, 이는 실제원가의 계산으로 보는 것이, 원가계산준칙의 입장이다. 이러한 현상은 역사적원가에 포함된 우연성·이상성을 제거하기 위해서 생긴현상이므로 원가의 정상화라고 할 수 있다.

그러므로 현재에는 실제원가라고 할 때 역사적원가가 아니고, 실제정상원가를 가리킨다. 여기에 실제정상원가란 이것이 객관적이고 검증가능한 증빙으로 뒷받침되는 동시에 생산판매에 따라 인과관계의 어느 정상액으로 계산되기 때문에 경영활동의 수익력을 나타내는 이익을 계산하는 기간손익계산에 대해서는 적절한 원가라고 할 수 있다.

이상과 같이 실제원가계산제도는 실제원가를 계산하는데, 그 목적이 있을 뿐만 아니라, 이를 재무회계에 편입하여 유기적으로 결합된 원가계산제도라고 규정하고 있다.

실제원가계산 (實際原價計算)
(Actual Costing, Actual Cost Method, Historical Cost Method)

[의의] 실제원가계산은 제품단위당의 제조원가 또는 총원가를 실제로 발생한 원가로 계산하는 것이다.

그러므로 사후계산에 의한 실제원가가 되며, 그 소비량은 실제소비량에 의하고, 그 단가도 취득원가로 계산된다. 이 원가는 기간속익계산의 보조가 되며, 재고자산 평가액의 기초가 되므로 재무회계와 밀접한 관계가 있으며, 그 일부분에 견적액 또는 정상액을 사용한 경우에는 실제액으로 수정하기도 한다. 그러나 원가관리, 기타의 목적을 위하여는 능률측정의 기준이 되는 원가가 계산되어야 하므로 실제원가만으로는 불충분하고 표준원가계산, 직접원가계산, 특수원가조사 등이 함께 이용되어야 한다.

[설명] 일반적으로 원가계산제도라고 하는 경우에는, 이 실제원가계산을 의미한다. 실제원가계산을 실제원가를 사후에 집계하는 점에서 사후원가계산이라고도 한다. 또 견적원가계산이나 표준원가계산에 대응하는 계산방법이다.

실제원가계산의 기본적 산식은 다음의 ① 또는 ②와 같다.
① 실제소비량×실제소비가격=실제원가
② 실제소비량×예정소비가격=실제원가

소비량을 실제에 의해 계산하는 한, 예정가격이 사용되어도 실제원가계산이다.

	여기에 대해서 견적원가 또는 표준원가계산의 기본적 산식은 다음과 같다. ① 예정소비량×예정소비가격=견적원가 ② 표준소비량×표준소비가격=표준원가(능률의 척도로 된다) 　실제원가계산의 절차는, 제조원가는 원칙적으로서 그 실제발생액을, 먼저 비목별로 계산하고, 다음으로 원가부문별로 계산하고, 최후로 제조별로 집계한다. 　실제원가계산은 원가계산을 실시하는 이상은 절대로 결(缺)할 수 없는 것으로 표준원가계산 등을 행하는 경우에도 실제원가계산은 필요한다.
구입가격차이	1. 실제원가계산상 구입가격 차이 　실제원가계산제도하에서의 구입가격차이(Purchase Price Variance)는 재고자산의 구입가격을 예정가격으로 계산함으로써 생기는 원가차이를 말하며, 예정구입금액과 실제구입금액과의 차액이 된다. 　즉, 표준원가계산제도하에서는 재고자산의 구입가격을 표준가격으로 계산하므로 실제구입가격과의 차액이 생기고 이 원가차이는 표준구입가격과 실제구입가격과의 차이에다 실제구입수량을 곱하여 산정한다. 　이 경우에 표준구입수량을 곱하여 산정하는 편이 정확하지만, 실제구입수량과 표준구입수량과의 차이인 부수차이는 가격차이에 포함시킨다. 　가격차이가 생기는 경우에는 그 차이를 분석해야 한다. 왜냐하면 적정한 제품원가와 손익을 확정하고 원가관리를 하기 위하여 필요하기 때문이다. 　이 차이를 계산하는 시점은 재고자산의 구입시나 소비시 또는 제품완성시의 세 가지 방법이 있다. 원가관리를 위하여는 가격차이를 조기에 발견하는 것이 필요하므로 구입시에 분석되는 것이 바람직하다. 　다만 이 방법에 의하면 미소비분의 재고자산도 예정가격 또는 표준가격으로 산정되므로 기말의 재고자산을 평가할 때 미소비분에 대한 가격차이를 조정해야 한다.
구입가격회계처리	구입가격차이의 회계처리는 다음과 같은 제방법에 의한다. 　(1) 매출원가에 가감한다. 　(2) 영업외손익으로 계상한다. 　(3) 매출원가와 기말재공품에 배분한다. 　(4) 이연계정으로 처리한다. 　(1)과 (2)는 표준원가만이 진정한 원가라는 사고방식에 상통되는 방법이고, (3)의 방법은 실제원가가 진정한 원가라는 사고방식에 통하는 것이다. 미국에서는 (1)의 방법이 많이 채택되고 있다. 우리나라와 일본에서는 (2)와 (3)의 방법이 이용되고 있다.

| 실제원가계산제도
(實際原價計算制度)
(Actual Cost System) | [의의] 실제원가계산제도는 실제원가를 계산하는 원가계산제도이다. 즉, 실제원가계산제는 실제원가계산에 대하여 제품의 실제원가를 계산하고, 이것을 재무회계에 편입하여 유기적으로 결합된 원가계산제도로 본다.

[설명] 실제원가계산은 실제원가로 제품원가를 계산하여, 이를 재무회계의 주요장부에 기록하도록 편입되어야 한다. 이는 실제원가를 가지고, 재무회계와 원가계산이 유기적으로 결합한데 특징이 있다. 따라서 재무제표 즉, 대차대조표 및 손익계산서와 원가계산의 기록과의 관계를 예시하면 다음과 같다.
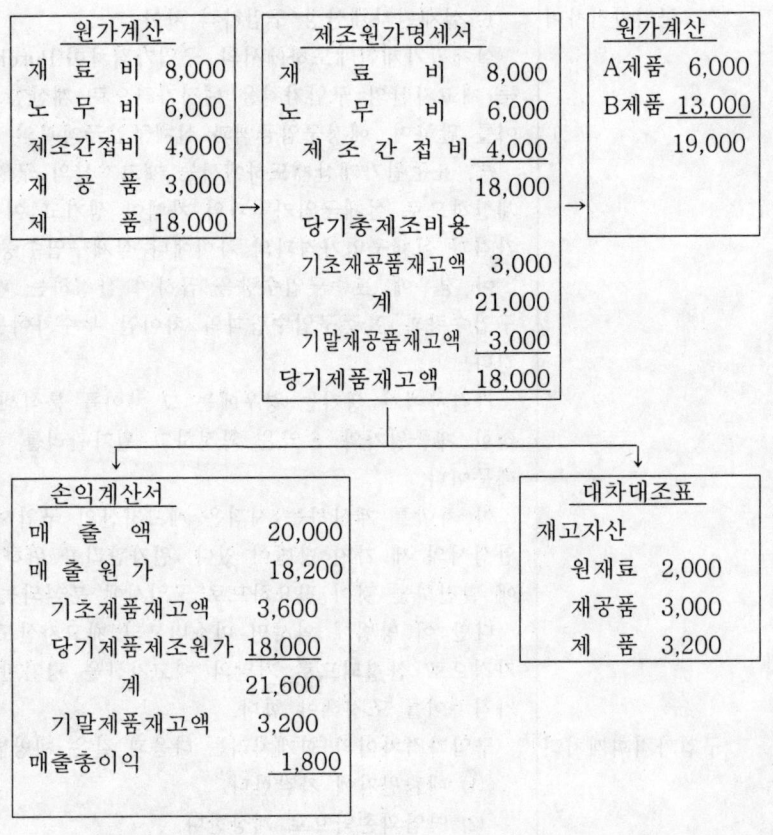
그러나 실제원가계산이라고 해서 모든 비목을 실제액으로만 계산하는 것이 아니며, 그 일부를 예정액으로 계산하는 경우도 있다. 특히 원가관리상 필요한 경우에는 원가의 표준액을 계정조직 외에 설정하고 표준액과 실제액과의 차이를 분석하여 그 결과를 판정하는 경우도 있을 수 있다.
실제원가계산에 대하여 표준원가계산은 표준원가를 제품원가를 계산하여, 이를 재무회계의 주요장부의 기록에 편입시켜 표준원가를 가지 |

	고 재무회계와 원가계산을 유기적으로 결합하는 계산제도이다. 이 같은 표준원가계산제도하에서는 1기간에 발생한 실제의 원가발생액과 표준원가액 사이에는 원가차이가 발생하기 마련이다. 이 원가차이도 회계장부에 기록하는 동시에 그 차이를 분석하여 생산성을 판정하는 자료를 작성하고 보고하여야 한다.
	
	원가차이를 재무회계상 어떻게 처리할 것이냐 하는 문제가 있는데, 다음과 같이 손익계산서상의 매출원가로 조정하는 것이 원칙이다.
	
	 손 익 계 산 서
	매 출 액 ×××
	매출원가
	    기초제품재고액(표준액) ×××
	    당기제품제조원가(표준액) ×××
	    계
	    기말제품재고액(표준액) ×××
	    표준매출원가 ×××
	    원 가 차 이 ×××
	        실제매출원가 ×××
	매출총이익 ×××
	
	이상과 같이 원가차이는 그 발생원인별로 분석하여 표준원가에 의한 매출원가에 가감하여 실제원가에 의한 매출원가를 추정한다.
	
	    매출원가 ± 원가차이 = 실제원가
	
	원가차이를 매출원가에서 조정할 뿐만 아니라 기말제품재고액이나 기말재공품과 같은 재고자산에도 배분하여야 한다는 주장도 있다. 원가차이가 거액이 발생한 경우나 표준액을 정확히 설정하지 못한 경우에는 그 주장대로 재고자산의 평가액을 수정할 필요가 있을 것이다.

실제원가분석 **(實際原價分析)** (Actual Cost Analysis)	의의 실제원가분석이란 실제원가계산을 한 결과에서 얻어진 원가수치를 기간비교하는 것을 의미한다. 이 경우에 원가분석은 원가계산을 하는 각 단계에 따른 원가수치에 의하는 것이므로 원가분석의 대상에 따라 실제요소비교·원가부문비교·제품별원가비교로 구분할 수 있다. 설명 원가계산은 일정한 목적을 달성하기 위하여 소비되는 경제가치를 집계하는 것이지만 집계하는 순서는 원가의 종류별로 요소별 계산을 하고, 다음에는 집계된 원가요소를 그것이 발생한 장소별로 집계하는 부문별계산을 한다. 그리고 최후에는 원가를 부담할 제품에 배분한다. 이것이 제품별계산이다.
원가요소비교	(1) 원가요소비교 : 원가요소비교는 일정한 기업 또는 공장에서 발생한 비목별 기간원가를 기간비교 또는 상호비교하는 것이다. 원가요소는 그 발생형태에 따라 재료비·노무비 및 경비로 구분되므로 원가요

	소비교는 일정한 기간에 발생한 원가를 요소별로 비교하게 된다.
	비교하는 방법은 각 원가요소와 제조원가와의 비율·총원가 또는 매출액에 대한 각 원가요소의 비율을 산출하여 기간비교 또는 상호비교를 하게 된다. 이 방법에 의하여 원가의 구성비율에 대한 변동을 알 수 있다. 그러나 그 변동을 명확히 표시하기 위하여는 각 비목의 지수에 의하는 것이 유효하다. 즉, 기준월의 원가에 대한 지수로 표시하는 것이다.
원가부문비교	(2) 원가부문비교 : 원가부문비교는 원가계산을 하기 위하여 설정된 타부문별로 집계한 1기간의 원가요소를 동일부문에 대하여 기간비교를 하거나, 타경영의 동종원가부문간에 상호비교를 하는 것이다.
	그 방법으로서는 원가부문의 원가요소를 개별적으로 비교하는 경우와 부문비합계를 비율에 의하여 비교하는 경우가 있다. 또 부문비총액을 그 부문의 직접노동시간, 제조원가 등으로 나누어서 산출한 비율을 비교하기도 한다.
	각 원가부문에 직접 집계되는 원가요소(부문개별비)와 각 원가부문에 배부된 공통비(부문공통비), 보조부문비에서 배부된 배부액으로 되어 있다. 그러나 부문관리를 위한 비교를 하는 데는 부문공통비나 보조부문배부액 등이 제외되고, 그 부문에 직접 집계된 부문개별비만을 비교한다.
제품원가비율	(3) 제품원가비율 : 제품원가비교는 제품의 1단위당의 원가를 원가요소별로 기간비교나 상호비교를 하는 것이다. 원가요소비교 및 원가부문비교는 기간원가를 비교하는데 대하여 제품단위당의 원가구성을 비교하는 것이다.
	제품의 단위원가는 개별원가계산의 경우에는 요소별·부문별로 계산되지만 종합원가계산에서는 재공품·부산물 등이 있기 때문에 요소별계산을 하기 어렵다. 그러므로 월초재공품의 완성품환산량을 완성품량에서 제외하고 월말재공품의 완성품환산량을 완성품에 가산한 수량으로 당해월에 발생한 각 원가요소를 나누면 요소별로 단위원가를 산출할 수 있다.
	부산물이 있으면, 이것을 차감하여야 되며, 이것도 요소별로 차감한다. 제품단위원가를 비교하는 경우에는 조업도의 차이가 단위원가에 미치는 영향을 고려하여야 된다. 다른 조건이 같으면 조업도가 높을수록 단위원가가 저하되므로 단위원가가 저하된 것은 작업능률이 향상되었다고 속단할 수 없다.
실 제 임 률 **(實際賃率)** (Actual Labor Rate, Wage Rate Paid)	의의 실제임률은 노동자별 노동급부량 단위당 지급임금액을 말한다. 설명 노동급부량은 시간급제에서는 노동시간이고 도급제에서는 생산수량(단위도급의 경우), 획득표준 생산시간(시간도급제의 경우)으로서 측정된다. 직무급에서는 직무평가에 의하여 각 직무의 등급이 정하여

	지고, 그것을 기준직무와 비교함으로써 지급임률이 정하여진다. 기준직무의 임률은 단체협약에 의하거나 또는 동업종이나 당해지역의 임금수준에 따라 산정된다.
실제정상원가계산 **(實際正常原價計算)** (Actual Normal Cost Accounting)	〔의의〕 실제정상원가계산이란 정상적인 경제활동에서 발생한 재화의 소비액만을 실제원가로서 계산하는 방법을 말한다. 통상적으로 실제원가계산이라고 할 때는 이 의미로 사용된다.
실지재고조사 **(實地在庫調査)** (Physical Inventory)	〔의의〕 현품을 실지로 점검 계량함으로써 재고액을 확인하는 것을 말한다. 계속기록법에 의한 장부실사제도를 채택하지 않거나, 채택하여도 불완전한 경우에는 실지재고조사를 하여야 한다. 왜냐하면 당기의 불출품원가는 재고조사에 의하여 계산될 수 밖에 없기 때문이다. 〔설명〕 적당한 장부조사를 하는 경우에는 실지재고조사를 생략할 수는 없는 것이다. 장부잔액은 그렇게 될 것이라는 잔액을 표시하는 것이고, 실제의 재고액을 나타내는 것은 아니다. 장부잔액과 실제재고액과의 차이는 다음에 의하는 것이다. ① 입출고시의 계량차이 ② 기록계산상의 오류 ③ 보관중의 분실·도난·감모 등 그러므로 실지재고조사를 하여 장부잔액과 대조하여 양자간에 차이가 있으면 장부를 수정하는 동시에 차이의 원인을 조사하고 차이발생의 기회를 감소시키도록 하여야 한다. 그러므로 실지재고조사는 자주 할 것이 요망되며, 그렇게 함으로써 장부잔액은 신뢰성이 높아진다. 그 회수는 기업의 규모·종류·그 자산의 중요도·관리상황에 따라 다르다. 대규모의 기업에서는 전담직원을 배치하고 품목별·장소별로 실시하며, 기간중에 계속적으로 실시되는 실지재고조사를 계속실지재고조사(Contunuos Physical Inventory)라고 한다. 이 방법에 의하면 소수인원으로 정상적인 생산작업의 흐름을 유지하면서 이루어질 수 있다. 실지재고조사는 적어도 그 사업연도의 기말결산시에 1회는 하여야 된다. 이와 같은 연차재고조사(Annual Inventory)는 재무제표를 작성하는데 필요한 기말재고액의 확정이 필요하기 때문이다. 연차재고조사를 정확·신속히 하기 위하여 사전에 충분한 계획준비가 필요하며 "실지재고조사규정"이 작성된다. 담당계원은 당해기업의 실정을 잘 알고 있으며 물품취급에 익숙한 사람이어야 된다. 실지점검·지금임률이 정하여 진다. 기준직무의 임률은 단체협약에 의하거나 또는 동업종이나 당해지역의 임금수준에 따라 산정한다.

실질노동생산성 (實質勞動生産性) (Actual Labor Productability)	[의의] 각기(各期)의 노동생산성을 적당한 디스플레이터(예컨대 도매물가지수)로 나누어 구한다. [설명] 노동생산성은 일반적으로 종업원 1인당 부가가치액으로서 계산된다. 부가가치액을 화폐액으로 표시하면 노동생산성도 화폐액으로 나타낸다. 장기적으로 「물가수준의 상승=화폐가치의 저하경향」이 계속한다고 하면, 각기(各期) 다함께 동일의 노동생산성을 가리키고 있는 것이라고 하여도, 실질적으로는 화폐가치저하분만큼 노동생산성은 수년저하하고 있는 것이라고 생각하지 않으면 안된다. 그리고 노동생산성이 상승하고 있다 하여도 그것은 참다운 의미의 상승부분과 화폐가치저하의 영향부분으로 구분하여 분석할 필요가 있다. 이와 같은 관점에서 화폐표시의 노동생산성을 물가지수 등으로 나누어 지수화(指數化)하고, 시계열(時系列)적 분석에 견디도록 한다. 주로 국민경제적 분석에 이용되는 방법이다.
실질부가가치생산성 (實質附加價値生産性) (Productivity for Real Value Added, Added Value)	[의의] 생산성은 그 측정을 물가단위로 행하느냐, 화폐단위로 행하느냐에 따라 물적생산성과 가치생산성으로 나뉘고, 후자 가운데 특히 투입노동량에 대한 실질부가가치의 관계를 실질부가가치 생산성이라고 부르고 있다. [산식] 실질부가가치생산성 = $\dfrac{\text{실질부가가치}}{\text{가중평균종업원수}}$ [설명] 생산성은 경영의 능률이나 합리화의 정도 등 생산활동의 효율을 종합적으로 가리키는 것이므로, 생산면 이외의 요인에 영향되지 않는 것이 필요하다. 가치생산성은 그것이 화폐가치로 표시되기 때문에 매출가격이나 원재료 가격의 고저에 좌우되고 생산성의 지표로서는 한계가 있다. 그래서 물가변동의 영향을 제거한 실질액에 의해 가치생산성을 붙잡는 것이 필요한데, 실무상 어떠한 물가지수를 선택하는가에 문제가 많고 완전한 수정은 바랄 수 없다. 따라서 생산활동의 효율을 검토하기 위해서는 오히려 물적생산성의 편이 뛰어나고 있다. 예컨대 물적생산성이 상승하고 있지 않는(또는 하강하고 있다)데, 제품가격의 상승에 의해 가치생산성이 상승하는 경우를 생각하게 되는데, 이것이 반드시 안정적이 아니다. 가치생산성은 될 수록 물적생산성과 관련시켜서 검토하는 것이 바람직하다. ※ 물적생산성 = $\dfrac{\text{산출량(개수, kg, 통 등)}}{\text{투입량(종업원수, 임금급료, 기계대수 등)}}$ 생산성 = $\dfrac{\text{산출량}}{\text{수입량}}$
실질부가가치	[의의] 실질부가가치설비생산성은 유형자산에 투자된 자본이, 실질부

설비생산성 (**實質附加價値** **設備生産性**) (Productivity for Real Value Added)	가가치의 산출이 어떻게 유효하게 사용되었는가를 가리키는 척도이고, 설비투자효율이라고도 부르고 있다. [산식] 실질부가가치설비생산성= $\dfrac{실질부가가치}{기초\cdot기말평균(유형자산-건설중인자산)}$ [설명] 이 비율은 당연히 높은 편이 바람직하지만 노동장비율과 밀접한 관계가 있고, 이것이 낮으면 그만큼 효과는 감쇄된다. 설비의 이용율도 높고 경영합리화에 노력하고 있음에도 불구하고 투하자본량이 작은 중소기업의 생산성이 대기업에 비해 낮은 것은, 이점에 원인이 있다. 투자의 타이밍을 그르치든가, 불요불급부문에의 투자나 과대투자가 행하여지면, 실질부가가치설비 생산성의 저하를 가져온다. 따라서 노동장비율이 상승하고 있는 경우에는 이 지표에 의해 투자효과를 측정할 필요가 있다. 여기에 사용하는 기초(期初), 기말평균(유형고정자산-건설중인자산)은 당연히 건설공사비지수 등으로 디플레이트한 것이다. ※ 노동장비율 = $\dfrac{기초\cdot기말평균(유형고정자산-건설중인자산)}{기중평균종업원수}$
실현가능가액 (**實現可能價額**) (Realizable Value)	[의의] 실현가능가액은 시가의 일종으로서 재화가 판매된 경우에 얻어지는 예상금액으로서 그 평가기초를 삼는 것이다. 이것은 처분가능액 또는 매각시가라고도 한다. 그러나 이와 같은 실현가능가액은 사업해산을 전제로 한 처분가액이 아니고 계속기업을 전제로 하고 통상적인 상태의 매각처분가액이다. [설명] 기업이 재화의 판매에 의하여 얻어지는 예상금액으로부터 그 원가를 차감함으로써 기업의 예상이익을 산정하는 것은 불적합한 일이다. 그 실현가능가액으로 부터 통상적인 영업과정에서 발생할 것이 예상되는 판매비 및 관리비의 견적액을 차감함으로써 순실현가능가액 산정하고, 이것으로부터 그 원가를 차감하여 기업의 장래에 얻을 수 있는 예상이익을 견적하는 것이 합리적이다. 순실현가능가액은 재고자산의 경우에는 저가기준을 적용할 때의 시가라면 타당한 것으로 보는 것이다. 자산이 반제품, 재공품의 경우에는 그것이 완성품이된 때의 예상판매가액으로부터 그 완성하기까지의 견적원가를 차감함으로써 실현가능가액을 산정하게 된다.
싱글·프랜 (Single Plan)	[의의] 싱글·프랜이란 표준원가계산의 회계기구 중, 원가재를 사용하기 위하여 생산과정에 투입한 시점에서 표준원가를 복식부기기구에 도입하는 형태의 것을 말한다. [설명] 싱글·프랜의 방법에 의하면 재공품계정의 차변과 대변은 표

	준원가로 기입하고, 모든 원가차이는 재공품계정에 기입되기 이전에 분리시킨다. 그러므로 제품계정이나, 매출원가계정은 표준원가로 기입된다.	

아 웃 풋 법
(Output Method)

[의의] 아웃풋은 산출(産出) 또는 산출량을 뜻하고 인풋(Input)에 대한 뜻으로 사용된다. 예를 들면, CUP분석에서 조업기준을 아웃풋으로 한다는 것은 제품의 생산량·생산액·판매액등을 조업도의 측정도로 한다는 뜻이다. 이것은 인풋(직접작업시간, 기계운전시간, 원재료소비량, 원가발생액등)을 조업도의 측정척도로 하는 것에 대응된다.

[설명] 표준원가계산에서는 원가차이를 파악하는 방법과 관련시켜서 아웃풋법을 이용한다. 즉, 표준원가계산을 할 때 실제원가가 계산과정의 도중에 표준원가로 바꾸어지면서 표준원가부분과 원가차이부분으로 분해되는데, 아웃풋법은 이 분해를 생산과정이 완료되고 제품이 산출(産出)되는 단계에서 하게 된다.

이 방법은 지령서에 의하여 지정된 생산량이 보장되지 못하여도 지장이 없는 경우에 채택될 수 있다. 이러한 경우에 원가의 표준발생액은 그 제품의 생산이 완료되어 생산량이 확정된 때 또는 원가계산기간이 끝나 "생산량 × 원가표준"에 의한 계산을 함으로써 판명된다. 그러므로 이것을 원가의 실제발생액과 비교하여 실제원가가 표준원가를 이탈한 부분인 원가차이를 산출한다. 이러한 계산절차는 다음과 같다.

① 원가계산기간중 실제원가의 발생액을 재공품계정의 차변에 기입한다.

② 원가계산기간중의 제품완성량에 따라 그 제품에 대하여 이미 설정한 원가표준을 곱하여 제품의 표준원가를 계산하고, 이것을 재공품계정의 대변에 기입한다.

원가계산기말에 재공품의 재고조사를 하여 완성품환산량을 구한다. 그리고 이것에다 원가표준을 곱하여 재공품표준원가를 계산하고, 이것을 재공품계정의 대변에 기입한다.

③ 재공품계정의 차변과 대변을 비교하여 그 차이를 산출한다. 이것이 표준실제의 원가차이이다. 이 차이를 몇가지 차이항목으로 분해하고 그 발생원인을 찾아본다.

이와같이 아웃풋법에서는 제품산출의 단계에서 표준원가가 계산되고, 동시에 원가차이가 분리된다. 이 방법은 원가계산 사무를 간단하게 하지만 차이산출이 늦어져서 차이발생원인을 빨리 찾아내기 어렵게 하는 결점이 있다.

아이들 · 코스트 (Idle Cost)	[의의] 아이들 · 코스트는 일정한 조업능력이 있는 기업에서 어떠한 이유가 생겨서 그 능력보다 낮은 조업을 하기 때문에 발생하는 유휴비를 뜻한다. [설명] 이것을 분석하여 보면 기계나 설비에 관한 부동조업차이(Idle Capacity Variance)와 노동작업에 관한 부동노동시간비(Idle Time or Idle Labor Cost)로 구분할 수 있다. 보통 부동노동시간비를 아이들 · 코스트라고 한다. 그러므로 이것은 간접노무비와 특히 밀접한 관계가 있는 것이다. 　기계의 고장 · 자재부족 · 공구대기 · 제조예정의 지연 · 작업순서의 착오와 같은 여러 가지 원인에 의하여 예정대로 작업을 할 수 없게된 부동시간에 대하여 지급되는 노무비가 아이들 · 코스트인 것이다. 그 원인은 직접작업을 담당하는 자에게 책임을 지울것이거나 또는 부문관리자나 상급관리자에게 책임을 지울 것으로 되어 있다. 　아이들 · 코스트를 관리 또는 회계처리하기 위하여는 그 발생원인과 책임의 귀속을 명확히 하여야 된다. 아이들 · 코스트의 회계처리방법에는 여러 가지가 있다. 일반실무에서는 특별히 아이들 ·코스트를 구분하지 않고 직접노무비속에 포함시켜서 회계처리하고 있다. 그러나 원가관리를 제대로 하려면 아이들 ·코스트는 직접노무비와 구별하여야 된다. 　아이들 · 코스트는 부동시간에다 평균임률을 곱하여 산출하고, 초과시간할증임금(Overtime Premium Wage)처럼 공장간접경비의 1항목으로서 처리하는 것이 톱설로서 지지를 받는 방법이다. 그러나 아이들 · 코스트를 제조원가에 산입하지 않고 그것을 기간비용 또는 손실로서 처리하는 것이 이론적이고 건전한 방법이라는 주장도 있다.
여비교통비계정 (旅費交通費計定) (Travelling Expense and Car Fare Account)	[의의] 제조경비를 형태별분류에 따라 세분한 경우의 1과목이며, 공장종업원의 국내 · 해외의 출장여비를 처리하는 계정이며, 후자를 해외여비계정으로 하여 구별하는 예도 많다. 다만, 기계설비 등을 수입하기 위한 조사 · 협의 등에 해외도항하는 경우의 여비는, 기계설비의 구입부대비로 하여 그 취득원가에 포함하여야 한다. [설명] 1. 여비교통비의 구체적 내용 　여비교통비의 내용은 승차 · 승선요금, 항공요금, 숙박료, 일당, 출장처의 제잡비등이며, 해외여행의 경우에는 기타의 준비금이나 도항입출국절차 등에 소요한 비용도 포함된다. 　이것은 실비정산에 의한 것과, 숙박 일당을 일괄하여 일정금액을 정하는 그 범위에서의 승차 · 승선요금이나 항공운임 이외의 비용을 변상하는 것이 있으며, 여비규정에 의하여 이를 정하게 된다. 　2. 인접관련계정과의 관계 　형태별분류과목인 여비교통비계정에 차변기입된 여비교통비는, 간접

	경비인 여비교통비계정에 대체된다. ☞ **경비계정**
연구원가계산항목 **(研究原價計算項目)** (Account of Research and Development Cost) 직접연구비	설명 연구원가요소는 원칙적이고 일반적인 형태별 분류를 기초로 하고 기능별 분류도 가미하여 다음과 같이 구분 설정한다. (1) 직접연구비 ① 직접인건비 ② 직접재료비 ③ 직접경비 직접연구비 중에서 가장 중요한 것은 직접인건비이다. 제조기업과 달리 연구를 직접 담당하고 있는 인원의 두뇌가 결정적인 역할을 하게 되므로 인원의 효율적인 활용은 연구소 운영의 키포인트가 되는 것이다. 직접인건비는 직접연구에 종사하는 인원의 급료를 해당 연구 종사시간으로 나누어 계산되며, 원가항목중 차지하는 비중도 가장 크다. 따라서 모든 원가배부기준도 직접인건비가 중심이 된다. 직접재료비는 연구에 직접소비된 재료비로서 원가계산기간 중 실제소비량과 소비가격을 곱하여 계산된다. 직접경비는 직접연구비 중에서 직접재료비와 직접인건비가 아닌 비용으로서 여비·기계임차료·사용료 등이 이에 해당된다.
간접연구비	(2) 간접연구비 ① 간접인건비 ② 간접재료비 ③ 간접경비 간접연구비는 연구에 간접적으로 소비된 연구비로서 ㉮ 간접인건비는 연구에 간접적으로 종사한 인건비와 직접 종사하였더라도 실제로 명확하게 구분하여 부과할 수 없는 인건비이다. ㉯ 간접재료비는 주로 보조재료비로서 역시 소량으로 사용되거나 명확하게 구분하여 부과할 수 없는 재료비가 집계된다. ㉰ 간접경비는 간접적으로 발생되는 경비로서 대부분의 경비는 복합경비로서 발생된다. 이와 같이 원가항목을 대략 구분하여 보았는데, 원가항목으로서 명료성의 원칙과 중요성의 원칙을 살려서 다음과 같이 설정하게 된다. ① 직접인건비 ② 기술 서비스 경비 ③ 재료비 ④ 경비 ⑤ 기타경비 ⑥ 연구실 경비 배부액 이러한 원가항목의 분류의 장점은 원가발생의 장소와 원인을 명확하고 쉽게 파악할 수 있다는 점과 보고서 독자로 하여금 이해가 빠르게 한다는 점이다.
연구원가보고서 **(研究原價報告書)** (Research and Development Cost Report)	의의 연구원가보고서는 손익계산서에 기재되는 연구원가의 명세를 표시한 것이며, 제조기업에 있어서 제조원가보고서와 같이 이용되고 재무제표부속명세서의 일종으로 생각되어야 할 것이다. 의의 연구원가보고서의 내용에는 각 원가요소마다 발생액을 표시하고 그 총액을 계산하여 단기연구원가를 파악한 후 전기의 연구원가를

연구원가계산 목적	가산하여 총연구원가가 나타나게 된다. 이것을 해당 연구비예산과 비교하여 봄으로써 만약 그 연구가 종료하였다면 연구손익이 계산되고, 연구가 진행중이라면 연구자금이 연구진도에 비하여 초과집행되고 있는지 미달집행되고 있는지 알 수 있게 된다. (1) 연구원가계산의 목적 ① 연구·작업 또는 부문별로 원가를 확정하고 ② 연구수행에 있어서 관련되는 비용지출을 통제할 수 있게 하며 ③ 연구원가의 계산으로 적정한 용역가격을 계산할 수 있게 하고 ④ 연구정책을 세우는데 있어서 정보를 제공하는 역할을 원가보고서가 담당하게 된다. 그러므로 이러한 다목적인 원가보고서를 작성하기 위하여 원가항목은 신중히 고려하여 설정되어야 한다.
연구보고서 종류	(2) 연구보고서의 종류 연구보고서의 종류는, 사후적이고 원가를 집계하는 월간원가보고서와 연구완료원가보고서의 2종과 연구착수 이전에 작성되는 견적원가계산서가 있다. 월간원가보고서는 총계정원장과 연구용역의 월간결과보고서로 사용되며, 1개월마다 작성된다. 연구완료 원가보고서는 연구가 완전히 종료된 후에 작성되는 보고서로서 연구업무 평가자료로 쓰이게 된다. 견적원가계산서는 연구착수 이전에 연구에 소요될 원가를 견적한 원가계산서로서 예산승인 이전에 작성되어 예산승인완료보고서가 나오게 되면 서로 대비하여 예산과 실적 중에서도 가장 중요한 것은 월간원가보고서이다.
연기가능원가 **(延期可能原價)** (Postponable Cost)	의의 연기가능원가라 함은 기업의 생산능률을 기본적으로 저하시키지 않고 원가발생을 장래에 연기할 수 있는 원가를 말한다. 설명 자동차를 신차로 대체한다던가, 본사를 개축한다던가 또는 공장의 담장을 개수한다던가 하는 데에서 발생하는 원가는 경영상 형편에 따라서는 일시연기하여 장래에 연장할 수 있다. 이 원가도 회피가능원가와 같은 이유에서 특수원가개념으로 중요한 의미를 가진다. ☞ 특수원가 (Special Cost)
연기불능원가 **(延期不能原價)** (Unpostponable Cost)	의의 연기가능원가의 반대개념으로서 원가발생을 장래로 연기할 수 없는 원가이다. 과거의 의사결정결과, 현재 필요적인 지출을 하여야 하는 보험료지급, 기계 고장수리와 같은 것이 그 예이다.
연 료 비 **(燃 料 費)** (Fuel Expense)	의의 연료비란 중유·석탄·코크스·목탄 등, 대개는 동력원의 연료로서 쓰이는 물품의 소비액을 말한다. 일반적으로 재료비에 속하며, 간접재료비 또는 보조재료비로서 처리된다. "원가계산처리준칙"의 입장에서 경비로서 취급되는 일도 있다.

연료비계정 (燃料費計定) (Fuel Expense Account)	의의 재료비를 형태별분류에 따라 세분한 경우의 1과목이며, 제품의 원료적 성질이 있는 석탄·중유 등의 열원의 연료로서의 소비에 의하여 발생하는 원가를 처리하는 계정이다. 다만, 저장가능으로 하여 수불관리를 할 수 있는 연료에 한하며, 이것이 곤란한 전력료 등은 경비계정으로 처리한다. 설명 인접관련계정과의 관계 연료가 소비될 때마다 자산계정인 저장품 - 연료계정(대차대조표과목, 동계정참조)에서, 간접재료비인 보조재료비계정의 내역과목인 연료비계정에 대체된다.
연 산 품 (連 産 品) (Joint Product)	의의 동일공정에 있어서 동일한 원재료를 사용하여 주(主)·부(副)를 명확히 구별할 수 없는 2종 이상의 다른 제품이 생산되는 경우에 이들 제품을 연산품이라 한다. 설명 등급품의 경우에는 동일종류의 제품이면서 품질·규격 등이 다른 것으로 구분되는데 대하여 연산품은 종류가 전연 다른 것이 특색이다. 버터(Butter)제조업에 있어서의 버터·탈지유, 금속제련소에서의 금·은·동이 그 예이다. 따라서 연산품은 등급제품과 비슷하지만 등급제품이 동일원료에서 만들어진 동종제품(품질, 화학적조직이 동일)이고, 개별적으로 생산할 수 있는데 대하여 연산품의 경우에는 이종제품(화학적으로도 또 물리적형태도 다르다)이고 또 거의 대부분의 경우 A품을 산출하기 위해서는 B품도 C품도 소정의 비율로 산출없는 점이 다르다. 또한 조별제품은 서로 다른 원재료와 때에 따라서는 아주 다른 작업을 거쳐서 산출되는 점이 연산품과 다르다. 연산품은 분리점에 있어서 각 제품의 원가를 분리하지 않으면 안된다. 분리점까지의 결합원가를 각 제품별로 개별원가를 파악할 수 없으므로 등급별원가계산의 원가분해법처럼 각 제품별의 발생비용과 유기적 관계가 있는 등가계수를 발견할 수 없다. 그러므로 연산품원가계산에 있어서는 결합원가를 총괄적으로는 파악할 수 있지만, 그것을 원가분해하는 것을 원가계산방법으로는 불가능하다. 그러나 연산품은 중요도에 있어서 주·부를 명확하게 구별할 수 없는 2종 이상의 제품이므로 결합원가를 제품별로 분리하지 않으면 안된다.
연산품원가계산 (連産品原價計算) (Joint Product Costing)	의의 연산품원가계산은 동일한 공정에서 기본적 원재료로부터 필연적으로 2종 이상의 주·부를 구별하기 어려운 품종(연산품)이 생산되는 생산형태에 적용되는 원가계산방법이다. 그러므로 각 종류에 대하여 분리점까지의 원가요소를 구별하여 파악하는 것이 계산기술상 불가능한 점에서 등급별원가계산과 상이하다. 분리점까지의 원가를 결합원가라고 한다. 결합원가를 각 연산품에 안분하는 기준을 어떻게

구하느냐가 연산품원가계산의 문제점이다. 결합원가를 분리후의 종류별로 구별하지 못하므로 결합원가전부가 연산품의 공통비이고 연산품의 개별비를 파악할 수 없으므로 완전히 합리적인 결합원가분해법이라는 것은 발견하기 어렵다.

 이상 설명한 바와 같이 등급별원가계산과 연산품원가계산은 기본적으로 생산물의 생산형태의 상위에 따라 명확히 구별되나 계산기술적으로는 어떤 기준에 의하여 결합생산물원가를 분해하지 않으면 안되는 점에 있어서 유사하다. 물론 계산기술적으로 유사할 따름이고 원가분해법의 합리성에 대하여는 전연 다르다. 등급별원가계산은 원가분해법의 합리성에 있다는 것을 전제로 하고 있지만 연산품원가계산은 따로 원가추적을 할 수 없으므로 불가불 어떠한 원가안분방법을 발견하지 않으면 안된다. 연산품(Joint Product)은 분리점에 있어서 각 제품의 원가를 분리하지 않으면 안된다. 분리점까지의 결합원가를 각 제품별 개별원가를 파악할 수 없으므로 등급별원가계산의 원가분해법처럼 각 제품별 발생비용과 유기적 관계가 있는 등가계수를 발견할 수 없다.

 설명 그러므로 연산품원가계산에 있어서는 결합원가를 총괄적으로는 파악할 수 있지만 그것을 원가분해하는 것은 원가계산방법으로는 불가능하다. 그러나 연산품은 중요도에 있어서 주·부를 명확하게 구별할 수 없는 2종이상의 제품이므로 결합원가를 제품별로 분리하지 않으면 안된다. 여기서 중요도란 기업에 있어서 이익지향의 중요도를 말하므로 편법으로 매가에 의하여 안분할 것을 생각하게 된다. 각 제품은 판매를 하는 것이 필연적이므로 원가계산적인 방법으로 합리적 안분을 할 수 없으면 매가에 의하여 각 제품을 분배하고 각 제품의 매출이익율을 균등화하려는 생각에서이다. 이 방법은 손익계산의 입장에서 재고자산을 평가하는 것이고 원가계산의 후퇴라 할 수 있지만 별 도리가 없다.

 연산품은 분리점에 있어서 즉시 제품이 된다고 할 수 없다. 분리후의 각제품의 발생비용은 개별적으로 파악할 수 있다. 이를 분리후의 개별비라고 한다. 연산품의 각 제품원가는 결합원가를 할당한 배분원가에 분리후의 개별비를 합계한 것이다. 따라서 결합원가를 매가에 의하여 안분하려면 매가로부터 분리후의 개별비를 공제한 금액에 의하여 결합원가를 분해하는 것이다. 정상매가 및 정상적인 분리후의 개별비와의 분해점에 있어서는 각 제품수량에 대한 정상적인 등가계수를 산정하고 이를 고정적으로 사용하는 것이 좋은 것이다.

 결합원가는 한 개의 순수종합원가계산방법에 의하여 기말재공품원가를 평가한다. 분리후의 개별비는 그것이 1제품뿐이라면 순수종합원가계산방법에 의하여 개별비의 기말재공품원가를 평가할 수 있다. 각 제품이 분리후에 개별비가 소요되는 때에는 분리후의 개별비를 하나

	의 조로 생각하고 조별종합원가계산의 방법에 준하게 된다. 매가기준법(정상시가기준법 : Market Value Method)외에 수량기준법(생산량법 : Quantitative Unit Method) 및 주·부분해법(부산물공제법)등도 편법으로 채택된다. 　수량기준법이란 연산품의 공통적 계측단위, 즉 중량, 용량, 열량 등의 비율에 의하여 결합원가를 각 연산품으로 분해하는 방법으로서 경제적 중요성에 대하여 고려하지 않는 방법이다. 　주·부분해법은 연산품의 일종 또는 수종의 가액을 부산물에 준하여 계산하고 이를 공제하여 타연산품의 가액을 산정하는 방법이다. 구체적으로 설명하면 원가계산상의 연산품은 결합생산물중 각 생산물의 중요성 및 가치에 있어서 대개 동일하고 어떤 것이 주산물이고 부산물인지 구별하기 어려운 때를 말하는 것이다. 즉 결합생산물은 동일한 원재료를 모태로 하는 2이상의 생산물이 동일한 작업으로 결합되어 생산되므로 주·부가 구별될 때에는 결합생산물은 그 한편이 부산물이고 다른편이 주산물 또는 주제품이다. 각 생산물의 상대적가치가 대개 균형되어 있고 어떤 것을 부산물로 정하기 곤란한 때에 그 결합생산물은 연산품인 것이다. 가령 A, B, C, D 및 E의 5종의 생산물이 결합적으로 생산되고 그중 A, B 및 C는 가치적으로 대차없이 D와 E는 A, B 및 C에 비하여 상대적가치가 적을 때에는 D와 E는 부산물, A, B 및 C는 연산품으로 취급된다. 　연산품으로 처리할 것인지 아니면 부산물로 처리할 것인지의 결정은 주로 각 종합생산물의 상대적가치에 관련된다. 예를 들어 D의 가치가 어느 정도 C의 가치에 접근한 때에 부산물로 취급하지 않고 연산품으로 처리하여야 할 것인지에 대하여 획일적으로 기준을 세우기는 곤란한 것이다. 　위에서 설명한 바와 같이 각 제품의 결합원가의 할당은 기간손익계산의 목적에서 필요하다. 그러나 결합원가를 계산하는데 절대적으로 정당한 할당방법은 없다. 일반적으로 원가계산에 있어서 당해제품을 제조하기 위하여 필요한 원가를 파악집계하지만 결합생산물일 때의 원가는 결합원가로서 발생하고 각 결합생산물의 개별적원가는 계산하기 어렵다. 그러므로 그 발생한 원가의 관념에 구애되지 않는 입장에서 결합원가를 할당하지 않으면 안된다. 결합원가할당에 있어서 어떤 방법을 사용하느냐에 따라 기간손익의 금액도 다르게 된다. 결합원가할당에 있어서 어떤 방법을 사용하느냐에 따라 기간손익의 금액도 다르게 된다. 그러나 그 방법이 일반적으로 합리적방법으로 인정되는 이상 그 방법을 매기 계속적으로 채택하는 것을 조건으로 그 적용이 인정된다. 방법의 상위는 재고자산과 비용의 귀속시기에 관하여 약간의 차이가 발생하는데 불과하다.
연산품원가의	(1) 연산품원가의 분할방법

분할방법	일반적으로 인정된 연산품원가의 분할방법은 다음과 같다. ① 시가기준법 이 방법에 의하면 각 연산품의 견적판매가격의 비율에 의하여 결합원가를 할당하게 된다. 예컨대 A, B, C 및 D의 생산량 및 견적판매가격이 다음과 같다고 가정하고 원가할당을 하여 본다.

연산품	생산량	단위시가	견적판매가격
A	200개	50원	6,000원
B	150개	400원	36,000원
C	100개	400원	24,000원
D	150개	600원	54,000원
계	600개		120,000원

가령 결합원가의 총액이 120,000원이라 하면 결합원가는 다음과 같은 계산에 의하여 각 연산품에 할당된다.

⟨120,000원 ÷ 200,000원 = 0.6⟩

연산품	견적판매가격	비율	원가할당액
A	10,000원	0.6	6,000원
B	60,000원	0.6	36,000원
C	40,000원	0.6	24,000원
D	90,000원	0.6	54,000원
계	200,000원		120,000원

또 각 연산품의 견적판매가격의 합계액에 대한 비율을 산정하고, 이 비율에 의하여 결합원가를 할당할 수 있다. 위의 예시에서 D의 견적판매액에 대한 비율과 원가할당은 다음과 같다.

90,000원 ÷ 200,000원 = 0.45
120,000원 × 0.45 = 54,000원

이 방법은 각 연산품의 견적판매가격에 대하여 이익률이 균등하다고 예상한 것이다. 그러나 견적판매가격산정의 기초가 되는 단가가 실제판매가격과 상이할 때에는 이익률은 균등하지 않다.

② 수량기준법

이 방법에 의하면 결합원가는 각 결합생산물의 산출수량의 비율에 의하여 할당된다. 따라서 각결합생산물의 단위는 타 결합생산물과 구별하지 않고 동액의 원가를 할당한다. 그 가장 간단한 예를 들면(시가기준법에서 든 예시를 그대로 적용) 다음과 같다.

$$\frac{결합원가총액}{총생산량} = \frac{12,000원}{600개} = 200(원)$$

따라서 각 결합생산물에 대한 원가할당액은 다음과 같다.

연산품	생산량	단위시가	견적판매가격
A	200개	200원	40,000원
B	150개	200원	30,000원

C	100개	200원	20,000원
D	150개		30,000원
계	600개		120,000원

이 방법은 평균단위원가법(Average Unit Cost Method)이라고도 한다. 그리고 이 방법은 각종 결합생산물이 공통의 계측단위(중량, 용적, 열량 등)로 표현되고 있든가 또는 공통의 계측단위로 고쳐서 고려할 때 외에는 적용할 수 없다.

또한 이 방법은 각 결합생산물에 대하여 1단위당 균등액의 원가를 부담시키는 것이다. 그리고 이를 합리적이고 타당하게 하려면 결합원재료에 대하여 각 결합생산물의 1단위는 균등하게 당해 원재료의 성분 등을 흡수하는 것으로 보는 저제가 성립되어야 한다.

그렇지 않을 때에는 만족할 만한 결과를 얻지 못한다. 단지 각 결합생산물의 생산량의 합계로 평균원가를 구하지 않고 각 생산물 1단위와 형의 대소등에 의하여 평량된 산출량의 합계를 기초로 결합원가를 배분할 수도 있다.

예를 들면, 앞에서 설명한 결합생산물에 대하여 계측한 평량치가 A는 10, B는 8, C는 5, D는 2로 한다면 결합원가는 다음과 같이 배분된다.

연산품	생산량	평량치	견적판매가격
A	200개	10	2,000원
B	150개	8	1,200원
C	100개	5	500원
D	150개	2	300원
계	600개		4,000원

$$\frac{12,000원}{4,000원} = 30원$$

A 2,000개 × 30원 = 60,000원
B 1,200개 × 30원 = 36,000원
C   500개 × 30원 = 15,000원
D   300개 × 30원 = 9,000원
계   12,000원

이 방법은 앞에서 설명한 평균단위원가법에 대하여 가중평균(Weighted Average Method)이라고도 한다.

사례 연산품원가계산

다음 자료에 의하여 연산품원가계산표를 작성하라.

〈자료〉

(1) 당월완성품제조원가 12,400,000원
(2) 당월생산량 및 갤론당 시간

제품명	생산량	갤론당시가
갑제품	30,000갤론	150원
을제품	25,000갤론	200원
병제품	20,000갤론	300원

(3) 당월의 작업폐물은 500kg이고, 이의 처분비추산액을 공제한 예상매출 가액은 1kg당 40원이다.
(4) 등가계수는 시가에 의한다.

〈해답〉

연산품원가계산표

품명	생산량	등가개수	적수	결합원가	단위원가
갑제품	30,000갤론	150	4,500,000	3,600,000원	120원
을제품	25,000갤론	200	5,000,000	4,000,000원	160원
병제품	20,000갤론	300	6,000,000	4,800,000원	240원
합계	−	−	15,500,000	12,400,000원	−

작업폐물평가액 20,000원(5kg × @40)을 제조가에서 차감한 12,400,000원을 결합원가로 한다.

$$갑제품\ \ 12,400,000원 \times \frac{4,500,000}{15,500,000} = 3,600,000원$$

$$을제품\ \ 12,400,000원 \times \frac{5,000,000}{15,500,000} = 4,000,000원$$

$$병제품\ \ 12,400,000원 \times \frac{6,000,000}{15,500,000} = 4,800,000원$$

[사례] 연산품의 제조원가계산

다음 자료에 의하여 연산품의 제조원가를 계산하라.

〈자료〉
(1) A, B, C는 연산품이다.
(2) 5월중의 생산량은 A가 2,000개, B가 3,000개, C가 1,000개이고 각각의 정상시가는 A를 200원, B를 180원, C 120원이다.
(3) 단, 이 경우의 총제조원가는 159,000원이다.

〈해답〉
(1) 등급별계산의 경우와 동일한 방법으로 계산하면 된다.
(2) 등가계수는 A를 1로 할 때 B, C는 각각 0.9, 0.6이 된다.
(3) 이것으로 각 생산량을 곱한 수로 총제조원가(즉 결합원가)를 안분하면 된다.

시가	등가계수	생산량	적수 (등가계수 × 생산량)
A 200원	1	2,000개	2,000
B 180원	0.9	3,000개	2,700
C 120원	0.6	1,000개	600
			5,300

	(4) 따라서 A, B, C의 원가는 다음과 같다. $A = 159{,}000원 \times \dfrac{2{,}000}{5{,}300} = 60{,}000원$ $B = 159{,}000원 \times \dfrac{2{,}700}{5{,}300} = 81{,}000원$ $C = 159{,}000원 \times \dfrac{600}{5{,}300} = \underline{18{,}000원}$ $\underline{159{,}000원}$ ※ 주 : 원반올림 함
연산품종합원가계산 (連産品綜合原價計算) (Joint Product Process Costing)	[의의] 연산품종합원가계산이란 동일공정 또는 동일재료에서 2가지 이상의 제품이 생산되어 주·부의 구별이 명확하지 않은 제품 즉, 연산품을 연속적으로 생산할 때에는 등급별원가계산에 의하여 종합원가를 각 연산품에 분할계산한다. 이와 같은 원가계산의 방법을 말한다. [설명] 등급품의 경우에는 품종이 같고, 품위·등급이 다른데 대하여 연산품의 경우에는 품종이 전혀 다른 것이 특징이다. 이것은 석유정제공장, 목탄건유공장, 기타의 화학공장에서 흔히 채택하는 방법이며, 이 계산에는 등급품계산과 마찬가지로 등가비율을 이용한다. 다만, 등급품과 달라 등가비율산출의 기초에 시장가격 이외의 것을 발견하기 곤란한 점이 있다. 그러므로 가공을 필요로 하는 제품은 판매가격에서 가공비견적액을 차감한 것을 시장가격으로 한다.
영 업 비 (營 業 費) (Office Expenses)	[의의] 영업비란 기업의 주된 영업활동으로부터 발생하는 비용으로서 매출원가 이외의 일반영업상의 비용을 말한다. [설명] 영업비의 내용은 크게 나누어 관리비와 판매비로 구분된다. 전자는 영업전체의 관리에 대하여 발생하는 비용이고, 후자는 상품의 판매에 대하여 발생하는 비용이다. 경영관리상의 자료를 얻기 위하여서는 이 양자를 엄격히 구별하여야 하지만 실무에 있어서는 양자를 일괄하여 관리비 및 판매비로서 취급하고 있다. 그것은 판매사무와 관리사무가 동일장소에서 행하여 지는 경우가 많으며 그 판별이 곤란하기 때문이다. 관리비의 예로는 임원의 보수, 관리부 직원의 급료, 여비, 접대비, 관리부 사무원의 지대집세, 감가상각비, 보험료, 조세공과 기타 사무비 등이 있고, 판매비의 예로는 판매비 직원의 급료, 여비, 광고선전비, 보관료, 판매수수료, 운송비 등이 있다. 이들의 비용을 지급한 때에는 각각에 해당하는 계정의 차변에 기입하고, 어떤 특정사유로 말미암아 환급된 때에는 대변에 기입한다.
영업비계산	[의의] 기업에 있어서 중추적기능은 제조와 판매를 구분하는 것이다.

(營業費計算) (Operating Accounting) 영업비계산 목적 원가관리목적 매가결정목적 경영정책목적 영업비계산 방법 직접판매비 영업비계산과 부문별계산 영업비의	그런데 종래에는 생산지향(Production Orientation)에 중점을 두어 회계에 있어서도 제조활동에 관한 방법만을 연구하여 왔다. 그 후 마아케팅(Marketing)활동이 중시하면서 판매활동에 관한 회계의 연구가 행하여지고 있다. [설명] 1. 영업비계산의 목적 　실제의 기업회계에 있어서 영업비에 관한 배려가 종래에 비하여 증가하고 있다. 영업비계산의 목적은 다음의 3가지를 들 수가 있다. 　(1) 원가관리 목적 : 오늘날 판매경쟁의 격화로 판매비가 점고되는 경향이 있으며 또 경영합리화의 일환으로서의 관리조직의 증대는 이러한 견지에서 볼 때 원가관리의 대상은 제조원가뿐만이 아니라 영업비까지 확장되어야 한다. 그리고 원가관리를 위한 영업비계산에서는 영업비를 여러 가지 관점에서 분석하여 비능률이 생기기 쉬운 원가요소에 대해서는 특별히 구별하여 관리할 필요가 있다. 　(2) 매가결정목적 : 이를 위하여 영업비는 매출제품별로 파악하여야 한다. 매출제품에 따라서는 판매가격은 이미 시장가격으로 존재하므로 매가결정을 위한 원가계산이 무의미할 수도 있으나, 판매가격이 제조원가 뿐만 아니라 여타의 모든 원가까지도 카버하지 못한다면, 기업은 존립할 수 없다는 견지에서 또 토목·건축업 등과 같은 주문생산경영에서는 수주가격을 주문자에게 제시하기 위하여 총원가 계산을 하여야 한다는 근거에서 영업비계산이 필요하게 된다. 　(3) 경영정책목적 : 판매업무는 생산업무와는 달리 정책적인 면이 상당히 중요하다. 이를 위하여는 영업비를 제품종류별·판매지역별·거래처별·판매경로별 등으로 구분해서 매출액·총원가(특히판매량) 및 이익을 추산하고 각각의 경우의 수익성을 상호비교검토 하여야 한다. 　2. 영업비계산의 구체적 방법 　영업비 계산의 구체적방법을 살펴본다. 　(1) 판매직접비·관리비 및 판매간접비 : 관리비는 각 제품에 공통적으로 발생한다. 그리고 판매비에는 공통적으로 발생하는 것과 개별적으로 발생하는 것의 2종류가 있다. 전자는 판매간접비, 후자는 판매직접비라고 구분되어 진다. 판매직접비를 제외한 판매간접비와 관리비는 전체의 매출제품에 분할 배부하고, 판매직접비는 각 매출제품에 직접배부한다. 　(2) 영업비계산과 부문별계산 : 영업비의 부문별계산은 관리비 및 판매비를 분석하고, 능률을 측정하여, 이들 제부문을 관리하기 위하여 필요한 것이다. 이 경우에는 부문개별비를 발생부문에 직접 배부하고 부문공통비는 적당한 기준에 의하여 각각의 부문에 배부하는 것이다. 그리고 각 부문에 부과 또는 배부된 부문비는 다시 각 매출제품마다 할당된다. 　(3) 영업비의 배부기준 : 이것에는 다음의 5가지 방법이 있다.

배부기준	① 매출제품의 제조원가를 기준으로 하여 매출제품에 배부하는 방법 ② 제품의 제조원가를 기준으로하여 당해기간에 완성된 제품에 배부하는 방법 ③ 제품·반제품 및 재공품의 제조원가를 기준으로 하여 당해기간에 완성된 제품, 반제품 및 재공품에 각각 배부하는 방법 ④ 제품·반제품 등의 가공비를 기준으로 하여 배부하는 방법 ⑤ 제조원가 및 가공비 대신에 제품의 중량·용적 등을 기준으로 하여 배부하는 방법 　관리 및 판매간접비는 제품의 판매에 관하여 발생하는 비용이므로 이론적으로는 제1의 방법과 같이 매출제품을 대상으로 하여, 이것에 배부하는 것이 가장 합리적이라 하겠다. 그러나 제품의 매출이 원가계산기간마다 고르지 못한 경우에는 제2의 방법을 채택하는 수가 있다. 왜냐하면 이들 비용은 일반적으로 고정적이므로 원가계산기간마다 매출액이 크게 변동하는 경우에는, 매출제품의 원가부담이 불공평하게 되기 때문이다. 또 제품의 완성이 장기간에 걸친 때에는 제3의 방법을 채택하는 것이 합리적이다. 또 제품의 제조 및 수리작업, 하청 가공과 같이 원가내용을 달리하는 작업을 행하는 공장에서는 제조원가를 기준으로 하는 것이 불합리하므로 제4의 방법이 채택되는 것이 통례이다. 제5의 방법은 포장비용과 운반비에 대해서 적당하다고 하겠다. 또 배부계산의 신속을 도모하고 또한 동종제품의 영업비 부담액을 균일화시키기 위하여 예정배부가 행하여지는데, 그 결과 실제발생액과의 차이가 생기게 된다. 예정배부액이 실제액보다 낮은 경우에는 소위 "배부부족액"이 되고, 그 반대의 경우에는 "배부초과액"이 나온다.	
영업비계정 **(營業費計定)** (General Expenses Account)	의의 기업을 경영함에 있어 발생되는 제비용지출을 영업비라 한다. 즉, 제조업에 있어서는 제품을 제조하여 그것을 판매하여 그 대금을 회수할 때까지에 발생하는 모든 비용이나 판매업에 있어서 상품을 매입하고 그 매입한 상품을 판매하여 그 대금을 회수하기까지에 발생하는 모든 비용을 말한다. 설명 이것은 다시 일반관리비와 판매비 그리고 영업외 비용으로 구분한다. 즉, 일반관리비는 기업전체를 관리하는데서 발생하는 제비용이며, 판매비는 상품 또는 제품의 판매에서 발생되는 제비용을 말하며 영업외 비용이라 당해기업의 주된 영업활동 이외의 원인에 따라 일어나는 손비를 말하는 것으로 영업외 수익에 있어서와 같이 상공업에 있어서는 재무금융활동에 따른 비용이 주가 된다. 영업비는 구체적으로 다음과 같이 분류하게 된다.	

그러나 일반적인 분류방법은 형태별 분류라 하겠다.
1. 형태별분류
 (1) 일반관리업무 및 판매업무에 따라 발생하는
  ① 판매수수료 ② 하역비 ③ 운반비 ④ 광고선전비 ⑤ 견본비 ⑥ 보관비 ⑦ 시험비 등
 (2) 일반관리업무 및 판매업무에 종사하는
  ① 임원급여 ② 종업원급여 ③ 임금 ④ 수당 ⑤ 상여 ⑥ 퇴직금 ⑦ 복리후생비 ⑧ 교육훈련비 등
 (3) 일반관리 및 판매업무에 종사하는
  ① 접대비 ② 여비, 교통비 ③ 통신비 ④ 수도광열비 ⑤ 소모품비 ⑥ 세금과 공과 ⑦ 감가상각비 ⑧ 수선비 ⑨ 보험료 ⑩ 부동산임대료 ⑪ 기부금 등
 (4) 대손금
 (5) 전반적인 기술연구비
2. 기능별 분류
 ① 광고선전비 ② 출하운송비 ③ 창고비 ④ 집금비 ⑤ 판매조사비 ⑥ 판매사무비 ⑦ 기획비 ⑧ 기술연구비 ⑨ 경리비 ⑩ 중역실비 등
3. 직접비와 간접비
판매품종의 구분에 관련하여 이것을 ① 직접비 ② 간접비로 분류하는 것이다.
4. 고정비와 변동비
판매품종의 구분에 관련하여 이것을 ① 직접비 ② 변동비로 분류한다.
5. 관리가능비와 관리불가능비
콘트롤하느냐의 여부에 따라 이것을 ① 관리가능비 ② 관리불가능비로 분류한다.
기업회계기준상 영업외 비용은 ① 지급이자와 할인료 ② 사채이자 ③ 사채발행차금상각 ④ 매출할인 ⑤ 사채발행상각 ⑥ 창업비상각 ⑦ 개업비상각 ⑧ 유가증권매출손실 등으로 분류하고 있다.
영업비에 대한 범위에 있어서는 대체적으로 기업회계적인 면에 있어서 기업회계기준상 규정하고 있는 과목이 그대로 세무회계적인 면에 있어서 기업회계기준상 규정하고 있는 과목이 그대로 세무회계적인 면에 있어서 영업비의 범위에 속한다고 보겠으나 다만 여기서 검토할 것은 영업비의 그 금액이 세법상 손금으로 인정받을 수 있느냐 하는 문제이다.
그러면 여기서 세법상 용인될 수 있는 영업비의 범위에 대하여 기술하면 다음과 같다.
① 임원급료 ② 급료 ③ 임금 ④ 종업원상여수당 ⑤ 종업원퇴직금 ⑥ 복리후생비 ⑦ 여비, 교통비 ⑧ 통신비 ⑨ 소모품비 ⑩ 사무소모품비

⑪ 세금과 공과 ⑫ 지대 집세 ⑬ 감가상각비 ⑭ 수선비 ⑮ 보험료 ⑯ 교제비 ⑰ 광고선전비 ⑱ 보관비 ⑲ 견본비 ⑳ 포장비 ㉑ 운반비 ㉒ 납입시험비 ㉓ 기밀비 ㉔ 접대비 ㉕ 기부금 ㉖ 지급이자 ㉗ 할인료 ㉘ 지급수수료 ㉙ 외주가공비 ㉚ 동력비 ㉛ 수도료 ㉜ 광열비 ㉝ 창고료 ㉞ 자산의 매각손 ㉟ 자산의 평가손 ㊱ 이연자산의 상각비 ㊲ 잡비

예산원가계산 (豫算原價計算) (Budgeted Cost Accounting, Standard Cost Accounting)

[의의] 기업예산을 작성하기 위하여 이루어지는 사전원가계산이다.

[설명] 예산통제는 주로 미국에서 발달한 것임에도 불구하고 예산원가계산의 명칭은 미국에는 없고, 오히려 독일에서 사용되고 있다. 특히 제2차대전 후의 독일에서의 계획원가계산의 연구에 관련하여 문제가 되고 있다.

여기에서는 예산원가계산은 장소별원가의 계산인 동시에 기간단위(예를들면 1개월)당의 「솔코스트」(Sollkosten)의 계산이라고 한다. 특히 이 원가 예정이 책임의 구분에 중점을 두어 강조된다.

예산 그 자체는 확실히 기간계산이나 예산설정을 위한 원가계산도 기간계산이라고 생각할 필요는 없다. 예산원가계산도 원가계산인한 급부단위계산으로서의 의미를 지니고 있다. 오히려 문제가 되는 표준원가계산과의 규범으로서의 질적차이와 이것 때문에 생기는 계산방법의 상이이다. 따라서 예산원가계산은 그 명칭의 문제를 별도로 하면 독일의 고유한 계산제도는 아니다. 예산과의 관계를 떠나 독립의 원가계산으로 보면 미국에서의 견적원가계산과 그 실질에 있어서는 공통되는 바가 많다.

예산차이분석 (豫算差異分析) (Analysis of Budget Variance)

[의의] 예산과 실적을 비교하여 그 차이를 발견하고, 그와 같은 차이가 발생한 장소, 원인 및 책임의 소재를 분명히 하여 적절한 통제를 하기 위하여 이루어지는 활동을 말한다.

[설명] 예산통제는 각부문활동 및 기업전체의 활동에 관한 예산을 편성하고, 이것을 목표로 하여 각집행부문에 전달하게 되면, 예산은 활동을 통제하는 역할을 하게 되는데, 통제기능은 예산실적차이를 분석함으로써 완전한 효과를 얻게 된다.

예산차이분석의 목적은 사무집행활동의 실적에 대한 예산목표의 달성 정도를 예측함으로써, 생산관리능률, 판매 또는 관리능률을 측정하고 예산의 수정, 차기의 경영계획, 예산편성에 대한 기초자료를 제공하는데 있다.

예산과 실적이 차이가 생기는 이유는 예산편성시에 예상하지 못하였던 조건의 변화나 또는 예산집행 과정에서 기대하였던 정도의 능률을 발휘할 수 없었기 때문이다. 이를 다시 구분하여 보면 내부적 영향, 즉 업무활동 그자체에 내재하고 있는 변동가능성을 말하며, 수량적 소비와 수량적급부의 측면에서 수량적 변동으로 나타난다. 그리고 외

	부적 영향은 시황 및 일반경제사정의 변동에 의하여 나타나는 것으로 예산과 실적과의 가격차이, 조업도차이로 나타난다. 　예산차이분석은 예산체계에 있어서와 같이 종합예산과 부문예산의 차이분석으로 구분한다. 대체로 종합예산차이분석은 예정손익계산서 분석 및 예정대차대조표차이분석이 중심이 된다. 또 부문예산의 차이분석을 하는 경우에는 판매예산의 차이분석, 제조예산의 차이분석, 관리예산의 차이분석, 설비예산의 차이분석, 재무예산의 차이분석 등으로 이루어진다. 　종합예산차이분석은 전회사적 내지 종합적 이익관리의 관점에서 분석하는 것으로서 이익차이 분석이 해당된다. 부문예산차이분석은 부문예산과 실적의 차이분석을 통하여 차이가 생기게 된 원인을 명확히 하려는 것으로서 종합예산상 차이의 원인을 보다 상세하게 밝혀주게 된다. 예를들면 판매예산은 판매수량차이, 판매가격차이 및 판매관리비차이 등이고, 제조예산상으로는 제조수량차이 및 제조원가차이로 나누어지는데, 후자는 다시 재료비차이, 노무비차이 및 제조간접비차이로 나누어진다. 재료비차이는 다시 재료사용량차이 및 재료가격차이로 나누어지고 노무비차이는 작업시간차이 및 임률차이로 구분된다. 　제조간접비차이는 예산차이, 조업도차이, 능률차이로 다시 구분된다. 재무예산상으로는 현금 및 현금등가물 등의 자금의 과부족 상황을 분석함과 아울러 수입 및 지출의 예산차이도 분석하여야 된다. 이러한 예산차이에 대한 분석이 이루어짐에 따라 개선조치가 가능해지고 비로소 경영관리상의 효과가 나타나게 된다. 　예산실적차이분석의 결과는 예산담당계나 과(課)로부터 경영자 및 각 부문의 관리자에게 적당한 양식으로 제시되어야 한다. 이 보고서를 제시받은 경영자 및 부문관리자는 해당집행활동에 대하여 적절한 개선조치를 강구하여야 하고, 이 예산실적차이보고서는 차기예산편성의 기초자료가 된다.
예 정 가 격 **(豫定價格)** (Estimated Price)	[의의] 원가의 크기를 결정하는 요인은 일반적으로 제품의 수량과 가격인데, 예정가격이란 가격의 산정기준으로서 예정을 사용하는 것이며, 이는 실제의 취득가격에 대비되는 개념이다. 여기에서 예정이란 장래에 실제를 예상하는 의미이며, 예정가격은 장래의 일정기간에 있어서 실제의 취득가격을 예상하여 정해진 가격이다. 따라서 그 예정은 연관된 실제와 가능하면 일치하도록 기대하는 성질을 가지고 있다.
예정가격법 **(豫定價格法)**	[의의] 예정가격법은 과거의 기록에 장래의 경제동향을 가미하여 일정가격의 예정가격을 결정하는 방법이다.

(Predetermined Cost Method)	[설명] 예정가격을 적용하는 목적으로 다음 3가지를 지적하고 있다. ① 예정가격은 일종의 계산가격이므로, 이것을 사용하면 기중의 재료의 계산가격은 동일기준으로 측정되어 능률측정과 경영관리를 할 수 있다. ② 구입가격과 소비시의 시가가 현저하게 차이가 있을 때 원가주의를 적용하게 되면 원가는 현재시가와 유리될 우려성이 있다. ③ 구입원가의 변동이 심할 경우에 재료를 출고할 때마다 원가에 의하여 계산해야 하는 절차를 생략하기 위하여 예정가격을 적용한다. 그리고 예정가격은 일종의 견적가격이며 장래에 있어야 할 원가로써의 표준원가와는 다르다.
예정배부액 (豫定配賦額)	[의의] 제조간접비배부액은 6개월 내지 1년을 단위로 하여 동일한 예정배부율을 적용하여 배부한다. 따라서 가령 계절적인 조업도의 변동으로 제품단위당 간접비부담액이 그와 같이 변화하는 사태를 피할 수 있고 원가는 관리상의 자료로서 보다 유효하게 이용할 수 있다. 제조간접비의 예정배부율을 결정함에 있어서는 과거의 실적을 기초로 하여야 한다. 과거의 평균치로 산정하고, 다시 가능하다면 현재의 현황을 참작하여 배부율을 설정한다. 그리고 제조간접비의 예정액을 산정함에 있어서는 가능하면 고정비와 변동비로 구분하고, 그 기초위에 예정액을 정하는 것이 바람직하다. 그와 같이 고정비와 변동비를 구분하여 배부하는 방법이 배부를 더 정확히 할 수 있다. 왜냐하면 고정비는 조업도의 증감에 불구하고 일정하고 변동비는 조업도의 변화에 따라 비례하여 변화하기 때문이다. 따라서 가능하면 고정간접비예정배부율과 변동간접비예정배부율로 구분하여 예정배부율을 정한다.
예정배부율 (豫定配賦率) (Predetermined Distribution Rate of Burden)	[의의] 제조간접비의 배부를 하는데 있어서 추정수자를 기초로하여 산출한 예정률을 말한다. [설명] 원가계산에 있어서 예정배부율을 사용하는 이유는 다음과 같다. ① 예정배부율은 제품의 제조원가를 신속히 산출하기 위한 것이다. 제조간접비는 기간비용으로서 그 원가계산기간을 기초로 하여 계상되므로 그 실제의 소비액은 원가계산기말에 이르지 않으면 판명되지 않는다. 따라서 원가계산기중에 완성한 제품에 대해서도 원가계산기말까지 기다려야 한다. 그러나 경영상 각 제품의 원가를 제조완료 후 즉시 또는 단기간 내에 알 필요가 있으며, 이를 위해 실제율 대신에 예정률로서 배부계산을 행하게 되는 것이다. ② 일정기간내에 생산되는 동종 제품의 간접비 부담액을 균등하게 하기 위해서 필요하다. 매일의 간접비발생액은 각 원가계산기간의 조업도와 시황의 변동에 따라 심하게 변화되므로 간접비를 실제율로 배

부하면 동일제품일지라도 그것이 생산기간이 다름에 따라서 그 간접비부담액에 차이가 생기어 매가(賣價)나 경영정책결정의 기초자료로서 이용할 수가 없다. 따라서 원활한 경영의 운행을 위하여 기간적 또는 계절적 변동에 의한 영향을 제거할 필요가 있다.

③ 간접적 통제의 필요에서 사용되는 수가 있다. 경영이 다수의 부문으로 분할되어 있는 경우에, 이들 각 부문에 발생하는 간접비를 관리하기 위하여 각개 제품의 간접비배부를 일종의 예정률로서 행하는 것이다. 이 경우의 예정률은 표준조업도를 기초로 하고 과학적 연구를 거쳐서 산출된 것이므로 특히 표준배부율(Standard Distribution Rate)이라 한다.

예정배부율을 산출하는 방법은 정밀한 통계자료와 과거의 실적을 기초로 하고, 이것에 장래의 예측, 예를 들면 시가의 변동과 조업도의 변동 등을 고려하여 간접비예정총액과 배부기준의 예정수자를 결정하고 전자를 후자로 나누면 어떤 부문에 있어서 일정기간적용할 부문별 예정배부율이 산출되므로, 이것을 당해부문의 각 지령서의 실제의 관계수치에 곱하면 당해 지령서가 부담할 간접비배부액을 산출할 수 있다. 이것을 산식으로 표시하면 다음과 같다.

$$예정배부율 = \frac{일정기간의\ 제조간접비\ 총액}{동기간의\ 배부기준의\ 예정총액}$$

각제조지령서의 실제소비액 × 예정률 = 제조간접비부담액

☞ 제조간접비의 예정배부

예 정 원 가 (豫 定 原 價) (Predetermined Cost)

의의 실제원가에 대한 개념으로, 재화의 소비량, 소비가액을 미리 정한 예정액으로 계산하는 원가이다. 실제원가계산에도 제조간접비의 배부등은 예정가액으로 행하는 것이 보통이다. 그래서 예정원가의 정의는 소비량도 예정량을 사용하는 원가라는 것으로 된다. 또 예정원가에는 광협(廣狹) 2개의 의미가 있고, 광의로는 표준원가를 포함하지만 협의로는 표준원가와 같이 엄밀한 예정소비량, 예정소비가액에 의하지 않고, 단순한 견적에 의하는 것을 특히 예정원가라고 한다.

설명 예정원가·견적원가 또는 예산원가는 장래의 재화의 예정소비량과 예정가격을 가지고 계산한 원가를 말하는데 실제원가와 대비되는 원가개념이다.

예정원가는 추정원가와 표준원가로 종류가 나누어지는데, 추정원가(견정원가)는 과거의 경험과 자료를 기초로 하여 장래 일정기간에서의 실제원가를 예측한 원가이며, 표준원가는 과학적이고 통계적인 조사를 거쳐 실제원가가 얼마로 되어야 하는가를 예정하는 원가이다. 이는 경영활동을 합리적이고 계획·통제하기 위하여 이용되는 것으로서 기업이 표준적인 작업활동을 행하는 경우에 발생하리라고 생각되는 원가이다.

예정원가계산 (豫定原價計算) (Predetermined Costing)	예정원가는 본래 원가관리목적으로 계산되어 이익계획에 이용되면서 예산원가계산에도 이용된다. 예산통제는 책임회계사고를 기초로 하기 때문에 예정원가의 산정은 원가책임구분을 하기 위하여 반드시 필요하고 주문인수시나 도급계약을 체결하기 위해서도 필요하다. ☞ **견적원가** (Estimated Cost) [의의] 예정원가계산이란 견적원가계산과 표준원가계산의 양자를 포함하는 원가계산을 말한다. 예정원가가 장부에 결부되어 있으면, 그것과 실제원가와의 차액이 장부를 통하여 산출되도록 구성되어 있는 경우가 많다. 그러나 때로는 예정가격은 제품의 제조전에 실제원가에 될 수 있는 한 가까운 원가를 구하는 것을 목표로 하여 견적된 원가를 말하는 경우가 많으며, 표준원가계산과 구별된다. [설명] 토목·건축·조선 등의 개별원가계산을 하는 기업에 있어서는 주문 또는 계약에 의거하여 생산에 착수하는 것이 보통이므로, 이와 같은 경영에 있어서 입찰가격 또는 도급가격을 결정하기 위해서 예정원가계산이 절대로 필요하게 되며, 대량생산을 하는 기업에서는 사후계산이 동시에 사전계산의 기능을 하는 것이므로 새로운 생산방식과 새로운 설비를 채용하는 경우외에는 양제도를 구별해서 설정할 필요가 없다. 이와 같이 예정원가계산은 특수한 기업 또는 특정의 경우에 한하여 필요하다 하겠으나 원가계산이 계획계산, 예정원가계산으로 발전하여 예산통제와 연결하게 됨에 따라 경영관리 목적을 강조하게 되었고 이익계획에서도 사용하게 되었다. 　공정별종합원가계산에서 예정원가(또는 표준원가)를 이용하는 이유는 그 적용의 방식에 따라 조금씩 다르지만 첫째 계산의 신속성에 있으며, 둘째 계산의 간략화를 기할 수 있고, 셋째 공정별계산의 여하에 따라서 앞공정의 능률에 따라 다음 공정의 공정비가 영향을 받는 것을 피한다는 원가관리상의 이유가 있다. 즉, 누적법을 실제원가보다 엄밀히 행하면 앞공정의 계산이 끝나지 않으면 다음공정 이후의 계산이 개시될 수 없게 되어 계산이 늦어지는 결점이 있다. 따라서 공정간에 이체되는 공정제품의 계산은 예정원가 또는 정상원가로 할 수 있도록 한 것이다. 　공정별 종합원가계산에 있어서 실제원가가 아니고 예정원가를 이용하는 방법에는 다음의 2가지가 있다. 　① 공정완성품의 이체원가를 예정원가로 계산하는 방법 　② 각 공정의 기말재공품원가를 예정원가로 계산하는 방법 　위 ①의 방법에 의하면 각 공정의 원가계산이 앞공정의 계산결과를 기다리지 않고 독자적으로 계산한다. 그렇게 계산하면 원가계산사무가 분업화하여 간속하게 계산할 수 있다. 그러나 최종공정의 완성품원가는 실제원가로 계산하는 것이 보통이다. 만약 이 완성품원가도

예정원가로 계산하여 제품계정에 대체하는 경우에는, 이는 실제원가 계산이 아니고 오히려 예정원가계산이라고 한다. 또 위②의 방법에 의하면 기말재공품원가를 빨리 계산할 수 있으므로, 그만큼 완성품원가도 빨리 계산할 수 있다. 이 경우는 위①의 경우보다 많이 실제원가계산의 성질을 띠고 있다. 그러나 그 반면에 이 방법에 의하면 제2공정이하의 공정에서는 어디까지나 앞공정의 완성품원가의 계산을 기다리지 않으면 안되므로 위①의 경우와 같이 전공정의 원가계산을 동시에 행할 수는 없다.

공정완성원가의 예정원가계산 방법

제1공정		제2공정		제3공정
기초재공품 (실)60	완성품원가 (예)170	기초재공품 (실)100	완성품원가 (예)410	→
당기재조비용 (실)140		자공정비 (실)230		
	기말재공품 (실)30	전공정비 (실)170	기말재공품 (실)90	

위의 도표에서 보는바와 같이, 어느 경우나 예정원가와 실제원가는 차이가 나게 마련인데, 완성품 또는 기말재공품 중 어느 것을 예정원가로 계산하고 원가의 실제발생액 총액에서, 이 예정액을 차감한 잔액을 기말재공품 또는 완성품의 실제원가로 간주하여 처리하면, 이것이 표면상으로는 나타나지 않는다. 왜냐하면 예정원가와 실제원가의 차이에 상당하는 부분이 실제원가에 포함되기 때문이다.

예정원가를 완성품과 기말재공품 쌍방에 적용하면 원가차이가 공정별로 나타난다. 이렇게 되면, 이는 실제원가계산이 아니고 예정원가계산에 지나지 않는다.

[사례] 공정별종합원가계산과 예정원가

A회사는 제2공정에서 주요제품을 생산하고 있는데, 제1공정에서 제2공정에 대체되는 공정제품은 예정원가에 의하여 계산하고 있다. 다음의 자료에 의하여 제조원가와 대체차이를 계산하라.

〈자료〉

① 기초재공품

구 분	제1공정	제2공정
재공품수량	20,000개(2/5)	30,000개(2/3)
재공품원가		
직접재료비	2,080,000원	
앞공정비	–	5,040,000원
가 공 비	482,000원	880,000원

                            2,562,000원   5,920,000원

② 당기투입재료 및 가공비
  직접재료비는 80,000개이고, 그 원가는 8,480,000원이며, 직접재료는 모두 제1공정 시점에서 투입된다. 가공비는 제1공정은 5,394,0000원이고, 제2공정은 3,990,000원이다.
③ 기말재공품·대체품·완성품수량

구 분	제1공정	제2공정
기말재공품	10,000개(1/2)	20,000개(3/4)
대 체 품	90,000개	—
완 성 품	—	100,000개

④ 대체품의 예정가격
 1개장 ⓐ 170원으로 한다.
⑤ 기말재공품의 평가방법은 선입선출법에 의하여 평가한다.
<해설>
① 제1공정 기말재공품원가의 평가

$$직접재료비 = 8,480,000원 \times \frac{10,000원}{80,000원} = 1,060,000원$$

$$가공비 = 5,394,000원 \times \frac{10,000원 \times 1/2}{90,000원 + 10,000원 \times 1/2 - 20,000원 \times 215} = 310,000원$$

   계 : 1,370,000원
제1공정실제원가 = 2,562,000원 + 13,874,000원 - 1,370,000원 = 15,066,000원
대체차이 = 15,300,000원(90,000×170) - 15,066,000원 = <u>234,000원</u>

② 제2공정 기말재공품의 평가

$$앞공정비 = 15,300,000원 \times \frac{20,000}{90,000} = 3,400,000원$$

$$가공비 = 3,390,000원 \times \frac{20,000 \times 3/4}{100,000 + 20,000 \times 3/4 - 30,000 \times 2/3} = 630,000원$$

   계 : 4,030,000원
완성품원가 = 5,920,000 + 19,290,000(15,300,000 + 3,990,000)
     - 4,030,000 = 21,180,000원

☞ **견적원가계산** (Estimated Cost Accounting)
☞ **표준원가계산** (Standard Cost Accounting)

예 정 임 률
(豫 定 賃 率)
(Predetermined
Wage Rate,

의의 예정임률이란 원가계산상 계산의 신속화를 도모하기 위하여 소비임금액 즉, 노무비액의 산정에 사용되는 임률을 말한다.
  보통부문 또는 작업구분에서의 전계산기간의 평균임률을 기초로 "베스"의 개정의 가능성을 고려하여 산정되지만, 그것을 실제임률에 될

Estimated Labor Rate)	수 있는 한 가까운 것이 필요하다. 예산계산에 의한 경우, 원가계산기말에 생기는 임금의 실제액과 예정액의 차이는 원칙으로서 매출원가에 부과된다. 설명 노무비를 부과 또는 배부함에 있어서 소비임금의 계정방법에는 다음과 같은 것이 있다. (1) 실제임률법 　노무비를 각 제품 또는 작업에 할당할 때 작업번호별 또는 작업구분 번호별의 출근표, 작업시간보고서 등에 의하여 그 시간수를 노무비분개장에 전기하고, 노무비의 계산은 노무자의 실제임률을 적용하는 방법을 뜻한다. (2) 평균임률법 　작업번호별 또는 작업구분번호별의 작업에 종사하는 노무자의 임금의 차등을 고려할 필요없이 일부문 또는 1조의 노무자의 임금의 차등은 어떻든간에 전부 1작업시간당의 평균임금을 작업1시간당의 노무비로 한다. (3) 예정임률법 　과거의 실제지급임금을 기초로 하고, 여기에다 예정생산기간의 경제사정을 참작하여 산출한 임률이다. 원가의 사전계산을 하기 위하여 사용된다. 이것을 제조간접비차로 나타낼 수 있으며, 실제원가가 표준원가를 초과하여 나타나는 차이를 불리한 차이(Unfavorable Variance), 실제원가가 표준원가를 미달하여 나타나는 차이를 유리한 차이(Favorable Variance)라고 한다. 임률차이는 노무비차이의 1종이며, 표준임률과 실제임률의 차이에서 나타나는 노무비차이로서 재료비차이의 가격차이와 성질이 비슷하다. 　　　임률차이=(실제작업시간×실제임률)-(실제작업시간×표준임률) 　위(1)의 방법이 특정의 작업에 실제 종사한 노무자에게 지급하는 임금과 그 작업의 노무비는 항상 일치됨으로, 부문 또는 직종별로 일정기간의 임금총액을 동일기간의 작업으로 한하여 산정되는 (2)의 방법보다 우수하다. 그러나 실제상으로는 다수의 노무자를 사용하고, 많은 구분작업을 하는 공장에 있어서는 그 절차가 대단히 복잡하고, 완전히 실시하는 것은 비경제적이기 때문에 (2)의 방법이 많이 이용되고 있다.
예정조업도 (豫定操業度) (Predetermined Operating Rate)	의의 예정배부율계산의 기초가 되는 예정조업도는 원칙적으로 1년 또는 1회계기간의 정상조업도이어야 한다. 예정조업도를 어떻게 결정할 것인지는 제조간접비를 예정률로 배부할 경우에 대단히 중요하다. 왜냐하면 예정조업도와 실제조업도와의 차이가 벌어지게 되면, 제조간접비의 배부차익이 너무 커지기 때문이다. 그래서 이 경우 예정조업도를 어느 수준으로 할 것인지가 문제인데, 일반적으로 1년 또는 1

회계기간의 정상조업도이어야 하므로, 여기에서 정상조업도란 기술적으로 달성가능한 최대조업도가 아니고, 그 기간에 있어서 생산 및 판매실정을 고려하여 정한 조업도를 말한다. 그러므로 말하자면 단기의 예정조업도를 적용하는 것이라고 하겠다.

[설명] 예정배부율을 설정하기 위해서는 일정기간의 제조간접비예정액을 제조지령서 또는 제품별로 배부하기 위한 배부기준수치를 사전에 예정하여야 한다.

먼저 예정기간(일반적으로 1년 또는 6개월)의 제조간접비를 비목별로 견적계산한다. 다음에 비목별로 작성한 견적제조간접비의 부문비를 계산하여 견적제조부문비(제조부문비예정액)을 산정한다. 또 직접작업시간법에 의한 배부율을 적용할 경우에는 직접작업시간의 견적합계액을, 기계운전시간법에 의하는 경우에는 기계운전시간의 견적합계액을 적용한다.

이와 같이 예정배부율을 설정할 때 주의를 요하는 것은 직접작업시간 또는 기계운전시간 등의 이른바 조업도의 수준을 결정해야 한다. 왜냐하면 조업도수준 여하에 따라서 제조간접비의 예정액이 달라지고, 이에 따라 예정률도 달라지기 때문이다.

이 조업도의 수준을 결정할 때 일반적으로 생각되는 조업도에는 다음의 4가지가 있다.

① 이론적최대조업도(Theoretical Capacity)
② 달성가능최대조업도(Practical Capacity)
③ 정상조업도(Nomal Capacity)
④ 기대실제조업도(Expected Actual Capacity)

① 이론적최대조업도(Theoretical Capacity)

이론상의 성능이 최고능률로 발휘되는 상태의 완전조업시의 조업도를 말한다. 여기서는 기계고장·휴업·결근과 같은 것이 전혀 없고, 이론상의 능력이 실현되는 것이므로, 일반적인 관리기준으로 이를 사용할 수는 없는 것이다.

② 달성가능최대조업도(Practical Capacity)

이론적 최대조업도에서 불가피한 장해를 공제하여 계산한 조업도를 말한다. 여기에서 불가피한 장해란 가령 기계수선을 위한 시간손실, 기계고장, 비능률, 실패, 노동력부족과 기업내부의 요인이고, 기업외부의 요인 가령, 주문부진도 있다.

③ 정상조업도(Nomal Capacity)

장기(1년이상)에 걸쳐서 유지되어야 할 평균적인 조업도를 말한다. 그러므로 계절변동이나 경기순환변동의 굴곡을 평준화시킨 장기간에 걸쳐서 실제로 유지되어 온 과거의 조업도를 가리킨다. 이는 공장의 물적능력과 판매가능성 양면에서 장기적으로 결정된 조업도이다. 이와 같은 조업도를 결정한다는 것은 용이한 일이 아닌데, 정상적인 조업상태를 배경으로 한 제조간접비를 배부할 수 있으므로 기간비교나 원가분석과 같은 원가관리에도 매우 효과적이라고 하겠다. 그러나 결점이라면 경기순환변동의 존속기간과 크기가 불확실하여, 그 사이에 조업능력이 변화하면 정상조업도를 결정하기 어렵다는 점이다.

④ 기대실제조업도(Expected Actual Capacity)

차기의 목적달성이 되는 조업도로 계절변화도 경기순환변동도 평준화되지 않은 단기적인 조업도를 말한다. 이와 같이 정상조업도에 유사하고, 그 방법도 거의 비슷한데, 정상조업도가 장기간의 과거실적에 따라 설정된 데 대하여 기대실제조업도는 과거의 실적에 차기의 예상을 가미한 예상조업도란 점이 다르다. 따라서 기업내부의 제조능력과 기업외부의 영향을 받는 판매능력·양면을 가미하여 설정한 것이므로 기간비용의 관리기준으로서 유효한 조업도이다.

이상 4가지 조업도개념(조업도수준)을 보았는데, 앞의 2가지는 제조능력을 기초로 한 개념이고, 뒤의 2가지는 제조능력과 판매능력을 기초로 한 개념이라는 것을 알 수 있다. 이 같은 점에서 제조간접비의 배부기준으로서 생각할 수 있는 것은 정상조업도 및 기대실제조업도이다. 이 2가지 조업도 중 어느것이 더 우수한가는 한마디로 결론 내릴 수 없다. 왜냐하면 각각 그 목적에 따라 유효하기 때문이다. 그렇지만 제조간접비의 관리목적이나 단기적인 정책결정을 위해서는 기대실제조업도를 채택하는 것이 처리가 용이하다.

우리 나라 원가계산준칙은 이 정상조업도를 전제로 하고 있다고 본다. 그리고 예정배부율은 직접작업시간·기계운전시간·생산수량 등 간접비의 발생과 개발이 있는 적당한 기준으로서 각 부문으로 구분하여 표시한다.

원가계산준칙은 부문별제조간접비의 제품별배부액은 각제조부문별, 소공정별 또는 각 작업단위별로 예정배부율 또는 실제배부기준에 의하여 계산배부한다.

이와 같이 부문별제조간접비는 예정배부율 또는 실제배부율에 의하여 제품별로 배부할 때는 각 제조부문별, 소공정별 또는 작업단위별로 배부할 수 있다.

보조부문비는 이를 그 성격에 따라 제조부문에 배부하지 않고, 제품에 직접 배부할 수 있다. 보조부분비는 본래 제조부문에 배부하는 것이 원칙이나 그 성격에 따라 제조부문에 배부하지 않고 제품에 직접 배부할 수 있다는 것이다. 개별원가계산에서는 보조부문비라 하더라도 제품과 직접 관련이 있는 부문비가 있을 수 있다.

오리지널·코스트
(Original Cost)

의의 오리지널·코스트란 취득원가를 말한다. 자산을 취득한 경우에 그에 부(附)하는 가액을 말한다. 원칙으로서 구입의 경우에는 실제의 구입대가에 직접의 부수비용 즉, 구입수수료·인수운임·하역비·운송보험료·관세 등의 인수비용이 가산된다. 또 제조·건설의 경우에는 제조원가·건설원가에 직접의 부수비용을 가산하여 취득가액으로 한다.

☞ **취득원가**

완성가공액대 인건비비율 (完成加工額對 人件費比率) (Finished Goods VS. Labor Cost Ratio)	의의 완성가공액과 인건비의 비율이다. 산식 완성가공액대인건비비율 = $\dfrac{\text{인건비}}{\text{완성가공액}} \times 100$ 인건비 = 종업원급여수당 + 퇴직금 + 법정복리비 　　　 + 노무관리비 + 복리후생비 + 현장종업원수당 설명 완성가공액은 완성공사액으로부터 재료비·노무비·외주비를 뺀 것으로, 직접경비 + 완성공사총이익을 의미하고, 건설회사의 대충 순부가가치액(엄밀하게는 경비를 빼지 않으면 아니된다)을 나타내는 것이라고 본다.
완성공사원가 (完成工事原價) (Cost Applicable to Construction Revenue)	의의 완성공사원가란 매출액에 계상된 완성공사의 원가를 말한다. 공사진행기준을 채용하고 있을 경우에는 그 견적은 귀찮으나, 완성기준의 경우에는 비교적 계산이 용이하다. 설명 건설업회계처리준칙 제2조에 의하면 "완성기준"을 공사가 완성된 때 총도급금액을 공사수익으로 인식하고, 동 공사수익에 대응하여 발생한 총공사비를 공사원가로 계상하는 방법을 말한다고 규정하고 있다. ☞ **공사원가** (Completion Cost)
완성공사액대 영업이익률 (完成工事額對 營業利益率) (Completed Construction VS. Operating profit Rate)	의의 건설회사의 수익력을 가리키는 지표의 하나이다. 산식 완성공사액대영업이익률 = $\dfrac{\text{영업이익}}{\text{완성공사액}} \times 100$ 설명 건설업의 원가계산은 통상 1건마다 공사의 개별원가계산을 겹쳐서 행하지만, 외주비와 노무비의 구분, 현장직접경비와 간접비의 구분등은, 실제로 그 현장소장의 재량에 맡기는 수가 많고, 같은 회사 가운데서도 공사현장마다 상당히 흐트러지고, 항차 기업을 달리하면 완성공사원가의 내용이 크게 달라지는 것은 보통이다. 따라서 건설회사의 수익력수준을 동업타사와 비교할 경우에는, 완성공사대완성공사총이익률을 보는 것보다도, 이 완성공사액대영업이익률을 보는 편이 실태를 파악하기 쉽다.
완 성 품 (完 成 品) (Finished Product,	의의 완성품이란 제품 또는 최종제품이라고도 한다. 소정의 제조작업을 전부완료하여, 판매 또는 저장가능의 상태에 있는 자산이다. 유동자산중 재고자산에 속하지만, 대차대조표상에는 제품으로서 표시된다.

Finished Stock)	☞ 재고자산 (Inventory Asset) 제품 (Finished Goods) 반제품 (Half-Finished Product)
완성품원가계산 **(完成品原價計算)** (Cost Accounting of Finished Product)	설명 단순종합원가계산에서는 계산대상이 되는 제품이 1종류이고, 더욱이 부문비계산을 생략한다면 원가요소의 집계절차는 매우 간단하게 된다. 종합원가계산에서는 일반적으로 완성품원가는 직접재료비(또는 원료비)와 가공비로 나누어 계산한다. 따라서 원가계산도 직접재료비와 가공비로 나누어 집계한다. 직접재료비를 계산할 때는 재료의 출고는 재료출고청구서가 사용되지만, 개별원가계산과는 달라서 재료출고청구서의 기재사항을 상세하게 기재할 필요가 없다. 왜냐하면 재료는 제조지령서별로 집계하는 것이 아니고 일괄하여 제조공정에 투입되기 때문이다. 원가계산서는 재료출고전표에 의해서 재료의 품목별소비수량 및 소비금액을 정기적으로 계산하여, 이를 소비재료집계표에 집계하고, 그 숫자를 월별로 마감하여 원가계산표에 기재한다. 가공비는 직접노무비와 제조간접비로 나누어 지는데, 직접노무비를 원가집계할 때는 상세한 작업시간보고서는 필요없고 타임·카드를 구분·집계함으로써 소비임금을 집계하여 그 숫자를 원가계산표에 기재한다. 그리고 제조간접비를 원가집계할 때에는 개별원가계산의 절차와 약간 다르다. 개별원가계산에서는 이른바 "예정배부율"이 전제가 되지만 종합원가계산에서는 매기의 생산량이 일정하고, 고정간접비가 제조원가에 미치는 영향이 비교적 적은 경우에는 실제배부율이 사용된다. 이상과 같은 생산조건에서는 제조간접비는 실제발생액에 의해서 원가를 계산해도 단순종합원가계산에서는 개별원가계산과 같은 배부계산을 하지 않으므로 원가에 미치는 영향이 적기 때문이다. 이상과 같은 생산조건에서는 제조간접비는 실제발생액에 의해서 원가를 계산해도 단순종합원가계산에서는 개별원가계산과 같은 배부계산을 하지 않으므로 원가에 미치는 영향이 적기 때문이다. 제조간접비 중 간접재료비에 대해서는 계속기록법 또는 재고계산법에 의해서 집계한 월간소비액을 원가계산표에 기재한다. 간접공의 임금은 임금지급장에서 계산된 지급액이 그대로 소비액이 되는 경우가 많으며, 급료의 경우도 마찬가지이다. 종업원상여는 월할액이 그 달의 간접노무비로 계상된다. 경비에 대해서는 경비지급표·경비측정표·경비월할표·경비발생표의 숫자를 가지고 경비집계표를 작성하여 이를 원가계산표에 집계한다. ☞ **단위당원가** (Unit Cost)

완성품환산수량 **(完成品換算數量)** (Equivalent Performance)	[의의] 완성품환산수량이란 반제품을 완성품으로 환산한 때에 얼마가 되느냐를 알리는 수량을 말한다. 즉, 공정 또는 각 부문에 반제품이 존재할 때, 그 원가를 견적에 의하여 완성품으로 고쳐서 평가하는 것이 보통이다. 이것은 기초(期初) 및 기말(期末)의 반제품에 대하여 하여지는 경우가 많다.
외부구입가치 **(外部購入價値)** (External Purchase Value)	[의의] 어느 기업의 매출액은 그 기업의 부가가치와 외부구입가치의 2가지의 부분에서 이루어진다. 즉, 외부구입가치란 것은 그 기업의 외부에서 구입한 원재료, 소모품, 전기수도료 및 감가상각비에 상당하는 부분 등으로, 이 같은 가치부분은 외부에서 구입된 가치가 모두 그대로 매출액에 이전하는데 당해 기업에서 새로이 만들어 낸 가치는 아니다. [설명] 어느 기업의 매출액(생산액과 매출액이 일치하는 것이라고 한다)에서 외부구입가치를 차인하면, 그 기업의 부가가치가 산출되는 것으로 된다.(이것을 공제법에 의한 부가가치산출법이라고 한다) 외부구입가치는 원재료, 소모품과 같은 인간노동의 대상으로 되는 것과 노동수단인 기계, 설비, 기구 등의 가치이전부분인 감가상각으로부터 이루어진다. 그리고 감가상각비를, 그 기업의 부가가치로 하는 것을 문제로 하는 사람도 있다.
외부원가계산 **(外部原價計算)** (External Cost Counting) 구매원가계산	[의의] 외부원가계산은 그 기업의 외부활동에서 발생하는 원가에 대한 계산으로서, 이는 상품매매업에 있어서의 원가계산과 같으므로 상사원가계산(商事原價計算)이라고도 한다. [설명] 상사활동(商事活動)은 구매과정과 판매과정의 둘로 구분되므로 외부원가계산도 그에 따라 구매원가계산과 판매원가계산의 두 가지로 구분된다. (1) 구매원가계산 　구매원가계산은 제품제조에 소요되는 재료의 구입대가와 재료구입에 관련하여 발생하는 운임·수수료·창고료·보험료·관세 등의 구매원가를 확정하는 원가계산으로서 특히 수입재료를 가공하는 기업에 있어서는 중요한 계산이 된다. 　여기에서 구입제비용은 재료의 구입대가에 직접 가산하는 것이 기술상 어려운 경우라든지, 그 금액이 소액인 경우에는 사무적 노무비를 덜기 위하여 재료의 구입대가에 직접 부담시키지 않고 일종의 제조간접비로 취급하는 수도 있다. 　그러나 사실상 불가능한 경우라든지 또는 그 계산에 많은 사무적 노무비를 필요로 하는 경우 이외에는 재료는 원가구성상 직접비로서 중요한 지위를 차지하는 것이며 또 정확한 재료비를 산정하기 위해서는 구입제비용을 구입원가로서 계산하여야 타당하다.

판매원가계산	(2) 판매원가계산
	판매원가계산은 제품의 제조원가에 매출품의 발송운임·판매수수료·포장비·광고선전비 등 판매에 관련하여 발생하는 직접·간접의 제비용을 가산하여 제품의 판매원가를 확정하는 계산이며, 특히 제품을 수출하는 경우 등에는 중요한 계산이 된다.
	판매활동을 통제하고 판매비를 관리하기 위하여 각종 제품별·판매부분별 또는 판매원별로 판매원가를 계산하는 것이 보통이다.
외 주 **(外 注)** (Outside Order)	[의의] 기계·조선·전기기기·자동차 등의 광의의 기계공업에 있어서는 그 제품의 사용부품수 또는 가공공정수가 많기 때문에 많은 관계기업으로부터 그 필요로 하는 재료·부품을 조달하고 또는 가공·조립을 발주하고 있는데, 그 조달·발주 가운데 단순한 자재구입 이외의 발주를 외주라고한다. 그리고 외주라 하는 용어는 외부에 대한 발주행위를 지칭하는 외에 외부발주처(외주처)를 생략하여 호칭하는 경우에도 쓰여지는 경우가 있다. [설명] 기업이 외주제도를 이용하는 목적은 다음과 같은 경우라 할 것이다. ① 자사의 생산능력에 탄력성을 가지게 하기 위해 ② 자사의 생산능력의 부족을 보전하기 위해 ③ 자사의 설비투하자본의 부족을 커버하기 위해 ④ 자사의 전문 이외의 기술을 보전하기 위해 ⑤ 불채산부문의 외주발주에 의해 생산원가의 인하를 위해 ⑥ 전업메이커의 양산에 의한 낮은 원가부품의 매입을 위해 외주의 형태는 단공정외주·부품일관외주·조립일관외주·완성품외주(완전외주)·사내외주 등으로 분류된다.
외주가공비 **(外注加工費)** (Amount Paid to Subcontractors)	[의의] 외주가공비란 하청공장 등의 외부의 생산자에 재료나 반제품을 공급하여 가공을 의뢰하는 것을 말하고, 가공을 위해 지급하는 공임이 외주가공비이다. 외주가공임이라고도 한다. [설명] 외주가공의 형태에는 다음의 2가지가 있다. ① 재료의 무상지급의 경우 ② 유상지급의 경우 위 ①의 경우에는 일반적으로 가공을 끝낸 반제품이나 부품을 인수할 때에 가공임이 지급되고, 그 금액이 외주가공비계정으로 처리된다. 외주가공비는 일반적으로 가공대상이 특정하여 있으므로 직접경비로서 취급된다. ②의 경우는 일반적으로 가공을 의뢰한 때 재료를 매각하고 가공을 끝낸 반제품이나 부품을 인수할 때에 부품 또는 재료를 매입하는 형태를 취한다. 따라서 인수를 할 때에는 매입가격으로 매입부품이나 재료의 수납의 기장처리를 행한다. 이것을 소비한 때에는

	매입부품비계정 또는 주요재료비계정으로 대체, 비용화한다. 　외주가공비의 내용은 외주가공 그 자체의 내용과 성질에 따라 다르다. 외주가공비의 처리방법에는 대체로 다음의 3가지 방법이 있다. 　① 외주가공비를 공급재료에 가산하여 매입부로 하는 방법 　② 외주가공비라는 별도비목을 설정하고, 이것을 직접재료비 또는 직접노무비 및 직접경비와 더불어 표시하는 방법 　③ 외주가공비를 제조경비로 하고, 이를 간접비로 처리하는 방법. 이 방법은 제조간접비집계표에 다른 제조간접비와 병기한 배부율을 적용하여, 각제품에 배부하게 된다. 　이상의 어느 방법에 의하더라도 재료를 무상지급하였을 때에 잔재와 작업폐물의 처리방법에 관하여 일반적으로 다음과 같이 처리한다. 　① 잔재와 작업폐물을 하청공장으로부터 반납시키는 방법 　② 하청공장에 매각처분의 형식을 취할 때가 있다. 그리고 이 경우에는 미리 설정된 잔재 또는 작업폐물의 발생기준에 의하여, 그 발생량을 정확히 계산하여야 할 것이다. 　③ 외주가공품의 공손이 발생하였을 때에는, 그것이 하청공장의 책임에 귀속될 것이므로 재가공을 위한 지급재료는 별도로 매도하는 형식에 의하든지 또는 지급을 하지 아니하고 하청공장에 변상시키는 방법이 있다.
외주가공비계정 **(外注加工費)** (Amount Paid to Subcontractors Account)	의의 제조경비를 형태별분류에 따라 세분한 경우의 1과목이며, 제조공정의 일부를 다른 가공업자에 의뢰한 경우에 생기는 가공원가를 처리하는 계정이다. 설명 (1) 성질과 범위 　외주가공은 소재 또는 반가공품을 무상으로 외주처에 지급하고, 그 가공임을 지급하는 것이지만, 지급하는 물품의 분실, 손상 등에 대하여 책임의 귀속을 보다 단순명확하게 하기 위하여, 유상지급의 형식으로 하는 경우가 적지않다. 즉, 가공의뢰품을 외주처에 매각하고, 가공완료품을 외주처로부터 구입하는 형식으로 하는 것이다. 어느것으로나 본래의 목적은 외주가공에 있는 것이므로 외주가공비계정으로 처리하는 것은 변함이 없다. (2) 외주가공비의 계정처리 　외주가공비계정에는 그 발생액을 차변기입하고, 직접경비인 외주가공비 계정에 대체한다. 다만, 외주가공비를 직접경비로 하여 부과하기가 곤란한 사정이 있는 때는 간접경비로 하여 처리한다. 　그리고 외주가공이 완료한 것을 즉시 이후의 제조공정에 투입하지 않고 스독하는 경우는 외주가공비를 가공대상으로 된 소재 등의 원가에 가산한 것을 재료 또는 구입부품으로 하여 수입처리하는 것이 편리하다.

외주가공비원장 (外注加工費元帳) (Amount paid to Subcontractors Ledger)	☞ **경비계정** (Expenses Account) [의의] 재료등을 외부에 지급하여 가공시키고, 다시 반제품·부분품으로 들여오는 경우에 생기는 거래에 의해 발생한 비용을 외주가공비라 한다. 　이와 같은 외주가공비의 개별적인 명세를 기록한 보조부가 외주가공비원장이다. [설명] 외주가공비는 지급외주가공노임이 주된 요소로서 통상적으로는 제조경비로서 처리하나 외주가공품의 거래운임, 보험료 등의 거래직접비를 가산하는 경우가 있다. 　그러나 외주가공품의 성질, 외주조건에 따라 외주가공노임과 지급재료비를 합산하여 주요재료비 또는 부분품비로 하는 경우도 있다. 　그리고 외주가공품을 수취하였을 때는 반제품·부분품 또는 저장품으로 처리하고, 그것의 소비불출이 이루어졌을 때에 외주가공비로 하는 경우가 있다. 　지급재료의 지급수량과 외주가공품의 납입수량의 대조, 납품된 것의 품질 및 시기의 검사, 불합격품, 잔재의 처치 등의 외주관리상의 여러가지 문제가 고려되지 않으면 안된다. 　외주가공비의 회계처리와 동시에 외주관리면의 견지에서 사실이 명확히 파악되기 위해서는 외주가공비원장이 설치되지 않으면 안된다. 　이와 같은 보조부로서의 외주가공비원장은 외주번호, 외주자, 외주내용별로 개개의 구좌를 설치하여 기입한다. 　기입항목은 발주년월일, 외주자, 발주번호, 사내요구부문, 품명 및 내용, 수량, 지급재료의 수량, 납입기일, 납입장소 등이다.
외주가공임 (外注加工賃) (Amount Paid To Wage) **외 주 관 리** (外 注 管 理) (Management of Outside Order)	☞ **외주가공비** (Amount Paid to Subcontractors) [의의] 자사의 생산활동을 원활히 진행하고 또한 고정밀도 고품질의 제품의 생산을 가능케 하기 위해 자사의 하청기업을 중심으로 하는 외주처에 대하여, 생산지도·기술지도도 포함한 강력한 지도관리체제를 취하는 것을 말한다. [설명] 외주관리는 대량생산·효율생산을 목적으로 하는 현재의 생산체제하에서는 불가결의 생산기법의 하나이고 그 관리는 ① 외주처의 생산기술수순이 낮음으로 인하여서, 여기에 대한 사내작업의 연장으로서의 생산관리적인 측면(품질관리·공정관리·생산기술지도등)과 ② 외주처기업과의 거래면에서 하는 구매관리적인 측면(발주단가절충결정·지급조건절충·납기관리등)의 이원적인 성격을 갖고 있다.

외주의존도 **(外注依存度)** (Outside Order Dependence)	외주관리에 있어서 ①②의 어느것이 강조되고 중점 지향되는가는 외주내용, 이용목적, 외주처기업의 기술수준·생산능력에 의해 케이스에 의하여 결정되지만, 경제환경의 변동하에서는 관리기술향상이 요구되고 있다. 의의 자사제품의 생산공정 중에 외주처에 발주하여 가공 또는 부품을 조달하는 무게를 말한다. 산식 $$외주의존도 = \frac{기간외주가공비(구입부품포함)}{기간제품제조원가액(기간제품제조총비용)}$$ 설명 원래 외주는 특정제품의 일부공정의 가공위탁뿐이었는데, 최근은 각기계공업 메이커의 제품의 다양화, 공정의 복잡화에 따라서 발주의 범위도 확대하고 외주의존도 증대의 경향이 있다. 그리고 외주의존도의 계산에 있어서 재료지급 방식이 ① 무상지급 ② 유상지급 ③ 자급(외주기업유)의 어느 것인가에 의하여 어느 정도의 차이가 생기지만 최근은 발주기업측의 관리의 용이화의 견지에서 유상지급·지급방식이 증가의 경향에 있고, 이같은 면에서도 외주의존도의 수치는 증대의 방향에 있다. 또 업종이나 규모에 따라서 외주의존도에 커다란 차이가 생긴다.

요소별원가계산
(要素別原價計算)
(Object Cost Accounting)
 	
요소별계산을 위한
원가요소
	의의 요소별 계산이라고도 한다. 비목별계산에 대하는 것으로, 일정기간에 있어서 원가요소를 비목별로 분류하여 집계하는 절차를 말한다.
	설명 재무회계에 있어서의 비용계산임과 동시에 원가계산에 있어서의 제1차단계의 원가파악 계산이다.
	  제조원가보고서는 원가를 이 요소별원가계산으로 붙잡은 과목에 의해서 가리킨다. 제조원가보고서가 내용적으로 신뢰할 수 있는 것인가 어떤가는, 이 요소별원가계산이 올바르게 행하여지고 있는가 어떤가에 의하는 바가 크다. 요소별계산에 있어서는, 원가요소를 원칙으로서 형태별 분류를 기초로 하고, 이것을 직접비와 간접비로 대별하고 다시 필요에 따라서 기능별 분류를 가미하여 분류한다.
	  원가계산의 제1단계는 요소별계산이지만 근대적인 원가계산은 재무회계와 유기적이고 종합적인 관련을 가지는 기업회계제도의 일환이므로 요소별계산은 재무회계에서는 외부에서 취득한 자료를 회계처리한 것(재료비·노무비·보험료·여비 등)이 원가요소가 될 것이다.
	  이것을 유통과정의 원가계산까지 확장하여도 별로 다를 것은 없을 것이다. 이와 같은 요소를 형태적으로 분류한 것을 원가의 3요소라고 한다.
	  그러나 원가는 이미 희생된 경제가치이므로, 이것을 소비하는 주체(부문, 제품 등)가 있어야 비로소 원가가 되고 또 원가요소로서의 의

미가 있게 된다. 그럼에도 불구하고, 형태적인 분류에 의한 원가요소는 다만, 생산 또는 유통과정에 투입하는 입장에서 본 것이고, 무엇이 그것을 소비하게 하였는가가 명백하지 않다.

　이와 같은 이유에서 형태적인 원가요소의 분류는 원가계산 영역외의 것이라고 생각하기도 한다.

　동일한 재료도 소비처에 따라 주요재료비·수선재료비·시험연구재료비 등의 요소가 되고, 동일한 노무비도 직접노무지·간접노무비·제조부문노무비·보조부문노무비 같은 것이 될 수 있으며, 경비라고 하여도 직접 경비·간접경비 등으로 원가요소를 분류할 수 있다. 이와 같은 분류는 형태적으로 분류한 요소가 그것을 소비한 주체와 결부되어서, 그 요소의 기능을 발휘시킨 셈이 되는 까닭에 이것을 기능적으로 분류한 원가요소라고 한다.

용 수 비 (用 水 費) (Water Expenses)

[의의] 용수비는 양조·청량음료·제철·화학 등 각종 제조업에 있어서 원료스팀, 세정(洗淨)등 각종 용도로 다량의 물이 사용되게 될 때, 이를 획득 소비하기 위한 제비용을 말한다.

[설명] 용수는 염수, 해수, 냉수 등으로 종류가 다름에 따라, 품위의 차에 따라 용수비도 달라지게 된다. 용수비는 복합경비로서 용수설비의 감가상각비, 소모품비, 인건비, 지급수도료 및 이에 관련된 경비이다.

　원가계산시 부문별계산을 할 때 용수부문의 계산이 행하여지는 경우에는 용수비라는 복합경비는 설정되지 않는다. 용수부문은 제조활동에 필요한 보조적 생산용역을 조달하고, 각제조부문에 제공하는 부문을 말한다.

용　　역 (用　　役) (Service)

[의의] 용역이라 함은 노동력·자본·재화 등의 이용에서 생기는 무형의 급부를 말한다. 노동력에 대해서는 임금이, 자본의 용역에 대해서는 이자가, 재화의 용역에 대해서는 임차료 등이 지급된다.

[설명] 기업은 원재료나 기계 설비 기타 여러 가지의 물적자원 및 노동력을 획득 이용하여 경영활동을 영위하기 때문에 이러한 물적자원이나 노동력과 같은 경영수단을 조달 사용하는 것이 경영활동수행의 기본적 조건이다.

　이러한 경영수단의 조달사용은 기업회계 특히 손익계산의 국면에서 보면 경제가치의 획득 소비라고 하는 개념으로 파악할 수 있으며 또 이러한 경제가치의 획득소비란 기업활동수행을 위한 용역의 회득소비라고도 할 수 있다.

　용역이라는 것의 의미는 이와 같이 광의에 있어서는 경영활동의 수행상, 획득되고 소비되는 경제가치를 말한다. 협의에 있어서는 제공되는 노동력이나 또는 운송비나, 창고업에서 볼 수 있는 소위 역무를 말하는 경우도 있다.

운 반 관 리 **(運 搬 管 理)** (Transportation Controller)	|의의| 운반관리에 있어 아직도 운반관리에 중요성은 인식되고 있지 못하며, 따라서 그다지 보급되고 있는 것은 아니다. 그러나 운반의 합리화를 한 경영에 있어서는 비용의 저감, 작업의 안전, 우량품의 생산, 고능률화 등의 성과를 올리고 있다. 　비용의 절감은 운반을 주로 하는 철광업, 광산업, 조선업 등에서 그 성과가 크며, 작업의 안전은 종업원 뿐만 아니라 취급하는 물품, 관련하는 설비 등에 모두 효과가 있고, 따라서 취급물품이 안전하게 이행되기 때문에 생산되는 물품은 우량한 품질이 되고 공정관리가 용이하기 때문에 능률이 높아진다. 　이 운반관리의 합리화를 위한 체계를 소개하면 다음과 같다. 　(1) 준비관리 　　① 장악 … 사고(思考)를 통일한다. 진척방법을 제정한다. 운반관리의 중요성을 평가한다. 　　② 준비 … 착안점을 확립한다. 운반비를 파악하고 그것을 검토한다. 　(2) 현상조사 　　① 예비조사 … 경영방침을 조사한다. 생산의 상황을 조사한다. 일반적 경영상태를 조사한다. 　　② 본조사 … 공장의 설비 배치, 운반에 관한 모든 사항을 조사한다. 생산 관계와의 관련 　　③ 부대조사 … 관계자의 협력성 관계규정에 대한 조사. 타관리의 실시정도 　　④ 재선점의 장악 … 개선점을 발견한다. 개선점을 정리한다. 　　⑤ 타개방책의 입안 … 타개방책의 방침을 입안한다.
운 반 부 비 **(運 搬 部 費)** (Expenses of Transportation Department)	|의의| 보조경영부문 중 운반부에서 발생한 원가가 운반부비이다. |설명| 주로 재고자산 또는 공구 등을 내외에 운반하는 경우에 운반부가 설치되기도 한다. 만일 각부문마다 필요한 운반구를 갖추고, 이것에 의하여 각부문이 운반을 하게 되면, 특히 원가부문으로서의 운반부를 설립할 필요가 없다. 운반에 관계있는 각 원가요소는 부문개별비와 부문공통비로 구분되고, 개별비는 운반비에 부과되고, 공통비는 적당한 배부기준에 의하여 각부문에 배부되어 운반부비가 되는 것이다. 　다음에는 이 운반부비는 운반용역을 향수한 정도에 따라 적당한 배부기준(예를 들면, 운반물품의 중량·운반거리·운반회수 등을 감안하여 작성된 기준)에 따라 각 부문에 배부되는 것이다. 특히 보조경영부문비의 계산과 같은 부문비계산은 자가용의 운반구를 소유하거나 또는 특정의 운반업자와 계약을 하거나 운반에 관한 경영정책수립상 필요한 참고자료가 되는 것이다.

운 반 비 **(運 搬 費)** (Transportation Charges)	이것은 운반부비의 정확한 계산에도 중요하지만, 운반사무관리도 사업을 경영하는데 더욱 필요하기 때문이다. **의의** 경비에 속하는 복합비의 일종이다. 제조집업에 관련된 운반에 따른 제비용을 통합하여 파악하는 것이며, 공장내의 차량·운반구의 가동·유지에 필요한 소모품비·연료비·운반계원의 급료·임금·지급운임·기타의 경비에 의하여 편성된다. 　운반비는 제조간접비에 속하며, 개별원가계산·조별종합원가계산에서는 운반 급부의 소비량에 관련이 있는 적당한 배부기준을 선정하여 제조지령서별로 배부하게 된다. 그리고 부문비계산을 하는 경우에는 이 비용은 나타나지 않고 실질적으로는 운반부문비로서 계산된다. **설명** 좀 더 구체적으로 그 비목을 분류하여 보면 다음과 같다. 　① 관리 및 감독비로서 책임자 급여, 사무비, 사무장소비 등 　② 운반사무비로서 급료·사무용소모품비·사무원의 사회보험료 및 제세공과 　③ 타회사 운반비로서 철도·자동차·선박 및 항공기·화물자동차·우체국에 지급하는 운임 　④ 배달 및 운반설비의 운영 및 유지비 　⑤ 적재와 하역의 노무비 　⑥ 시간비로서 설비의 감가상각비·보험료·제세·차량임차료·운전기사임금·투자이자 등 　⑦ 주행비로서 연료유류비·타이어비·수선비 등 　⑧ 간접비로서 소공구비·직업장 감가상각비 등 　운반비의 예산통제를 하기 위하여 운반비예산을 편성하려면, 운반부가 실시하는 기능을 식별하고, 각 기능수행에 따른 비용을 측정할 수 있는 작업단위가 될 변동요소를 선정하여 각 기능별 계정일람표를 만든다. 예를 들면 다음과 같이 한다. 　기능별 운반비　　　　　　　　　　　　　　　　　　　(변동요소) 　① 변동운반비 　　트럭하역비 ··· 하역1시간 　　트럭운전기사급료 ·· 운전1시간 　　트럭용휘발유대 ·· 운전1km 　　트럭수리비 ··· 운전1km 　② 고정운반비 감독비, 차량임차료, 그 밖의 고정비 　이와 같은 방식으로 기능별 운반비목의 실적을 정리하고, 장래의 예측을 감안하여 예산을 설정한다. 그리고 예산기간의 실적과 대비하여 차이분석을 하고, 그 원인을 찾아 대책을 강구하면 된다.
운　　임	**의의** 상품의 운반에 대하여 운송업자에게 지급하는 요금, 기타 운반

(運　　賃) (Freight and Cartage, Transportation Expenses)	에 관한 비용을 말한다. [설명] 운송업자에의 지급은 물론이고, 자기 소유의 차량 및 운반구에 요하는 비용도 포함된다. 단 상품의 거래를 위해 지급하는 운임 등은 상품의 매입원가에 가산할 것이다. 또 상품의 발송운임에도, 거래처에서 부담하는 경우에는, 외상매입금에 가산하여 청구한다. 그리고 발송시에 생기는 짐꾸리기 비용도 포함하여, 짐꾸리기 운임의 계정과목을 사용하는 경우도 있다.
운 임 계 정 (運賃計定) (Freight and Cartage Account)	[의의] 운임은 원재료·제품 기타의 물품을 운송함에 따라 운송업자에게 지급하는 보수로서, 지급운임이라고도 불리운다. [설명] 운임에는 원료·재료 기타 제자산을 매입하는 경우 지급하는 거래운임과 반제품·제품 기타의 물품을 동일기업내의 타부문이나 타 공장 또는 매출처에 운송하는 경우 지급하는 발송운임이 있다. 원료·재료의 거래운임으로 당해 기업이 부담하는 것은 원가계산에서는 외부부비로 하여 원료·재료의 구입대가에 가산시키고, 원재료의 구입원가의 일부를 구성하며, 특별히 운임이라는 항목을 설정하지 않는다. 운임이라는 항목이 설정되는 경우는 반제품을 동일기업내의 공장간에 이동하는 경우와 기계·공구 기타의 물품을 운반하는 경우로서 제조경비에 속한다. 그리고 제품을 매출처에 수송하는 경우에 발생한 운임을 당방이 부담하는 경우는 판매비에 속하게 된다. 이 가운데 운임은 지급을 해야 하는 것이므로 지급경비의 1항목으로 하여 분류한다. 공장내의 운반용차량 및 기타 운반설비를 포함하여 제조작업에 운반용역을 제공하고 있는 경우에는 운반부를 설정하여 부문별 계산을하고, 공장내의 차량, 운반구의 운전·유지에 필요한 소모품·연료비·운반관계 직원의 급료·임금·지급운임 기타 운반에 관련하여 발생하는 제경비를 경비의 1항목으로 일괄하여 처리할 때에는 복합경비계정인 운반비(Transportation Charges)라는 항목을 설정하는 방법도 있다.
원　　가 (原　　價) (Cost)	[의의] 제조기업이 목적으로 하는 경제활동 즉, 제품의 제조를 위하여 소비된 경제가치를 원가라 한다. 다시 말하면 원가란, 기업의 경영목적인 제품의 생산 및 판매를 위하여 소비된 경제가치이다. 그러나 경제가치가 소비되었더라도 그것이 제품의 제조를 위하여 소비된 것이 아니면 원가라고 할 수 없다. 예를 들어 화재·도난·풍수해 등의 원인에 의하여 경제가치가 감소된 경우, 이러한 소비는 제품의 제조활동과는 하등의 관계가 없으므로 원가라고 할 수 없는 것이다. 또 원가는 반드시 현금의 지출이 따라야 하는 것은 아니며, 현금의 지출이 있었다고 해서 반드시 원가가 되는 것도 아니다. 즉, 타인으로

원가본질 부터 증여 받은 재화가 제품생산을 위하여 소비된다면 원가가 되며, 구입한 토지가 공장용 부지로 사용된다고 하더라도 그 가치가 소비되는 것이 아니므로 원가가 되지는 않는다.

　이와 같이 원가는 경제가치의 소비여부에 따라 결정되는 것이지 화폐적 지출을 요건으로 하는 것은 아니다.

[설명] (1) 원가의 본질

　원가란 경영에 있어서의 일정한 경영급부를 산출하기 위하여 소요된 재산 또는 용역을 화폐액으로 표현한 것으로서 그 본질에 있어서는 다음과 같은 특징을 가지고 있다.

　① 원가는 경제가치의 소비이다.

　원가란 일정한 용역의 제공이나 재화를 생산·판매하기 위하여 투입된 경제가치이다. 따라서 일정한 급부와 관련없는 경제가치의 소비는 원가가 되지 않으며, 현금의 지출은 없더라도 경영급부를 산출하기 위하여 경제가치를 투입한 사실만 있으면 이는 원가가 되는 것이다.

　② 원가는 화폐가치액으로 표시된다.

　경제가치란 이용성과 희소성이 있는 재화 또는 용역을 의미하는 것이나, 원가계산상의 원가는 주관적인 경제가치를 의미하는 것이 아니고, 그것을 금액으로 표시한 화폐적원가(Money Cost)를 뜻한다. 즉, 경제가치가 있다하더라도 화폐적 가치를 가지고 있지 않거나 또는 화폐액으로 표현하기가 곤란한 경우에는 원가가 될 수 없는 것이다.

　③ 원가는 경영급부에 대응되는 가치이다.

　경영급부란 경영가치를 이용함으로써 경영활동과정에서 산출되는 재화 및 용역을 말한다.

　경영에 이용되는 경제가치를 일정기간을 기준으로 하여 총괄적으로 계산하면 손익계산서상의 비용이 되며, 기간에 관계없이 일정한 급부에 관련시켜서 계산한 것이 원가이다. 즉, 원가는 경영이 창출해낸 일정한 급부에 관련시켜 파악된 것이며, 그것은 경영이 만들어 내는 최종제품뿐만 아니라 중간제품을 포함한 것이다.

　④ 원가는 경영목적에 관련된 것이다.

　경영목적을 달성하기 위하여는 유효한 재화를 제조하여 판매하거나 용역을 제공하여야 되는데 이와 같은 경영활동의 과정에서 이용되는 경제가치를 원가라고 한다.

　원가는 경영목적인 재화의 생산·판매 또는 용역의 공급에 관련하여 소비되는 경제가치이다. 따라서 자본의 조달·반환·도난 등에 의한 경제가치의 상실은 원가로서 취급하지 않는다.

　⑤ 원가는 정상적인 것이다.

　원가는 정상적인 상태하에서 이루어지는 경영활동을 전제로 하며, 천재·지변 등의 비정상적인 사태로 인한 가치의 감소는 원가로서 취급하지 않는다.

원가분류	왜냐하면 특정의 생산과 경제가치소비와의 사이에 인과관계가 없기 때문이다. (2) 원가의 분류 원가계산기준에 의한 원가의 분류는 다음과 같다. ① 실제원가 · 예정원가와 표준원가 ② 제품원가와 기간원가 ③ 전부원가와 부분원가 ④ 외부원가와 내부원가 ⑤ 개별원가와 종합원가
원가항목	(3) 원가의 항목 원가는 제품의 생산 및 판매라는 기업의 경영목적에 관련있는 경제가치의 소비를 본질하고 있으므로, 이 경영목적의 달성과 직접관련이 없는 가치의 감소항목 및 이익처분항목 등은 원가외의 항목으로서 손익계산상의 손비로서 처리한다. 일반적으로 비원가항목으로서 처리되는 것을 열거하면 다음과 같다. ① 화재 · 도난 · 풍수해 등 우발적 사고에 의한 손실 ② 우발채무손실 · 우발적 사정에 의한 고정자산의 특별상각 ③ 정상액을 초과하는 감손비 · 공손비 · 대손상각 ④ 공로금 · 임시퇴직수당 · 건설이자의 상각 · 법인세 · 소득세 · 배당금 등의 이익처분 항목 ⑤ 지급이자 · 지급이자할인료 · 사채발행차금상각 · 창업비상각등의 재무비용 ⑥ 기부금 · 소송비 · 위약금 · 벌금 등 ⑦ 투자자산 및 확장용 자산에 관한 비용 ⑧ 미경과보험료 · 선급지대 기타 비용의 선급분 ☞ 재료비 · 노무비 · 경비 · 직접비 · 간접비 · 고정비 · 변동비 · 실제원가 · 예정원가 · 표준원가
원가가산계약 **(原價加算契約)** (Cost Plus Contract)	의의 원가가산계약이란 실제원가에 있는 이윤액을 가한 것을 매가(賣價)로 하는 매매계약을 말한다. 원가보상 및 이윤보상계약이다. 장기도급공사 · 신규제품의 수주등에 적용된다. (원가) + (일정금액)의 이익액 방식과 (원가) + (원가일정율)의 이익액 방식이 있다.
원 가 감 사 **(原 價 監 査)** (Cost Audit)	의의 원가감사에는 광의 · 협의의 2가지 의의가 있다. 협의에 있어서는 제품 및 판매품의 원가결정에 관한 기록과 원가계산절차에 대한 감사이며, 광의에 있어서는 이외에 원가계산제도가 적절하게 설정되어, 그것이 유효하게 적용되어 있는지의 여부의 의미이다. 원가의 정부검증(正否檢證)과 원가계산제도의 정부검증을 취급하는 것이다. 설명 원가감사는 주로 제조원가에 관한 감사인데, 내부감사의 1분야

가된다. 제조원가감사는 원가계산자체의 적부에 관한 감사와 원가계산자료를 분석하여 제조활동의 능률을 판정하는 원가능률감사가 있다. 그리고 제조나 판매에 관하여 각종의 개별계획의 적부를 판정하기 위한 특수원가조사의 감사도 포함된다.

원가계산의 감사는 원가계산제도가 경리규정에 따라 적절히 운영되고 있는지를 검토하고, 또 정하여진 계산절차에 준거하여 요소별계산, 부문별계산 및 제품별 계산을 정확하게 계산·기록하였는지를 검증하게 된다. 요소별계산등에 재료비에 관한 것은 재료의 구입, 불출, 재고가격 기록의 정부, 직접재료비와 간접재료비의 적절한 구분, 사용후 잔여재료의 반납처리의 검토가 있다.

노무비는 지급임금과 소비임금을 구별하고 전자는 출근표·작업시간보고서·임금계산표 등의 작성에 관한 업무분담·작업감독상황의 적부, 재적종업원 명부와 임금지급표를 대조하고, 후자는 직접임금과 간접임금의 적절한 구분, 평균임률산정의 적부와 작업시간에 곱하여 계산하는 노무비계산의 정부를 검토하여야 한다.

경비에 관해서, 지급경비는 지급전표 기타 월할경비는 고정자산대장 기타 측정경비는 평균소비량과의 비교, 소비량에 영향을 받는 조업변동이나 계절적 요인을 조사하고, 그 적부를 검토한다. 부문별계산은 원가부문 설정의 적부, 부문비의 집계·계산·배부기준 및 배부계산의 정부를 부문비계산표와 비교·검토한다.

제품별계산은 배부계산, 배부기준, 예정배부율의 정부, 종합원가계산에 있어서 재공품평가의 적부, 등급별원가계산에 있어서의 등가비율의 적부, 부산물 및 작업폐물의 처리적부 등을 검토한다.

원가업적은 예산과 표준을 설정한 경우, 원가계산계가 행한 원가관리를 검토하는데, 내부감사의 경우에는 조업도차이, 작업공수, 재료의 소비, 재공품의 발생상황, 제설비 기계의 가동상태 등을 검토한다.

특수원가조사를 감사하려면 설비투자에 대하여 장기적인 계별계획과 신제품의 제조의 가부, 부품의 자가제조 또는 외주여부, 반제품을 매각 또는 가공하는 경우에 가격결정등에 대하여 단기적인 개별계획과 조사내용 및 원가자료의 적부를 검토한다.

원 가 개 념
(原價槪念)
(Cost Concepts)

의의 원가개념은 원가의 일반적 개념·원가계산제도상의 원가개념·특수원가·요소별 원가 등으로 분류된다.

설명 1. 원가의 일반개념
① 원가는 화폐가치로 표현된다.
② 원가는 경제가치의 소비이다.
③ 원가는 경영급부에 관련시켜서 파악된 것이다.
④ 원가는 일정한 목적활동에 관계한 것이다.
⑤ 원가는 발생이 정상적인 것이다.

2. 원가계산제도상의 원가개념

원가에 대한 개념은 원가계산제도의 원가의 본질 등 기타 여러 가지 목적에 규정되어서 다음과 같은 분류방법이 발생한다.

① 실제원가와 표준원가(원가산정기준에 의하여)
② 제품원가와 기간원가(수익과의 대응에서)
③ 전부원가와 부분원가 (원가집계의 범위에서)

원가계산제도에는 여러 가지 목적이 있다. 따라서 원가계산제도에 있어서는, 그 계산 대상으로서 여러 가지의 원가개념이 구성된다. 그러나 이러한 제개념에 공통된 일반적 규정을 추출한다면 원가계산제도에 있어서의 일반적 개념을 유도할 수 있을 것이다.

이러한 것으로서의 원가는 경영을 위하여 소비된 재화 또는 용역의 경제가치이며, 새로이 마련된 급부에 관련하여 파악된 것이라고 규정할 수 있을 것이다. 따라서

① 원가는 가치의 소비를 의미한다. 즉, 단순한 지출한 아직 원가가 아니다.

② 원가는 경제가치의 소비를 의미한다. 원가는 보통 가치의 공통적 척도로서의 화폐단위로 표현되나, 그러나 반드시 화폐로 표현함을 필요로 하지 않는다. 원가관리를 위해서는 원가를 물량으로 표현하는 것도 필요하다. 물량적으로 표현된 원가를 특히 물량원가라고 한다.

③ 원가는 새로이 마련된 급부에 관련하여 파악된 가치의 소비이다. 새로이 마련된 급부를 원가부담자로서 인식하는 경우, 여기에 원가라는 개념이 생긴다. 물론 이것은 다만, 급부에 집계된 원가만이 원가라는 것은 아니며, 이것을 구성하는 요소도 또한 원가임은 물론이다.

④ 원가는 경영활동에 관련하여 발생한 가치의 소비이다. 그러므로 경제활동이란 구매·제조·판매의 기능을 말하고 자본의 조달·반환 처분이라는 재무활동과 구별된다. 따라서 경영목적에 관련이 없는 가치의 소비, 예를 들면 기부금·자본이자 등은 원가를 구성하지 않는다.

⑤ 경영의 계속성을 전제로 하고, 이 정상적인 경영에서 발생하는 가치의 소비만이 원가를 구성한다.

| **원 가 계 산**
(原 價 計 算)
(Cost Accounting) | 의의 원가계산이란 제품을 제조하는데 소비된 원가를 계산하는 절차이다.

즉, 원가를 구성하는 요소를 종류별로 또 원가가 발생하는 장소별로 나아가 제품 단위마다 그 원가를 계산하는 것이 곧 원가계산이다. 초기에는 제품단위의 제조비용의 계산만을 원가계산의 대상으로 하였으나 점차로 원가계산의 영역이 확대되어 판매비나 관리비와 같은 영업비까지도 원가계산의 대상으로 삼게 되었다. 근대적인 원가계산은 원가 관리기능을 강조하게 되어 부문별 내지 발생장소별 원가수치가 가 |

원가계산목적	장 유효한 관리수단으로 쓰이게 되었다. 이와 같은 사실은 곧 원가부문계산의 과정적 의의와 독자적 중요성을 강조하게 된 것이다. **설명** 1. 원가계산의 목적 　원가계산을 실시하는 목적에는 여러 가지가 있으나 그 중에서 특히 주요한 것은 다음 2가지이다. 　(1) 경영능률을 측정하는데 필요한 자료를 얻는데 있다. 　제품의 판매가격은 기업의 희망에 따라 임의로 결정되는 것이 아니라 시장가격에 의해서 결정된다. 따라서 기업이 이익을 증가시키려면 제품의 제조원가를 최저한도로 인하시켜서 판매가격과의 차액을 크게 하여야 한다. 제조원가를 인하시키기 위해서는 재료나 경비의 낭비를 없애고 작업상태의 비능률을 지양하도록 해야 한다. 이와 같은 경영개선을 위해서 필요한 자료를 제공하는 것이 곧 원가계산이다. 원가계산은 제품제조를 위하여 소비된 원가를 상세히 파악 표시하는 것이므로 어떤 부문에 있어서 재료 소비의 낭비나 노무자의 근무상태의 불량 등은 즉각적으로 원가계산의 결과에 나타나게 되므로 원가의 발생장소별 또는 월별로 비교 분석함으로써 그 원인을 쉽게 파악할 수 있는 것이다. 이와 같이 원가계산은 경영자에게 작업현장에 있어서의 작업능률을 정리된 수치로서 정확히 보고하는 것이다. 　(2) 제품의 판매가격결정의 기초자료를 제공한다. 　제품을 주문생산에 의할 때에는 간혹 시장가격이 없는 경우가 있다. 이러한 경우에는 주문자와 주문을 받은자와의 계약으로 판매가격을 결정하게 되는데, 이 경우의 판매가격 결정의 기초로서 그 제품의 제조원가 또는 총원가가 필요하며 이를 위하여 원가계산이 요구된다. 　이상의 2가지 주요한 목적외에 부차적인 목적으로서 다음과 같은 것이 있다. 　① 손익계산을 정확히 하기 위하여 필요한 자료를 얻는다. 　② 대차대조표에 기재하는 제품·반제품·재공품 등의 재고자산의 가액을 결정한다. 　③ 기업의 예산편성에 필요한 원가자료를 제공한다. 　④ 새로운 제품을 제조할 경우에 채산이 맞는지의 여부를 판정하는데 있어서 경영자의 의사결정에 필요한 자료를 제공한다.

<table>
<tr><th colspan="3">원가계산의 목적</th></tr>
<tr><th>종류</th><th>목적</th><th>필요한 원가계산방법</th></tr>
<tr><td>1. 원가관리</td><td>경영관리자에 대하여 필요한 원가 보고를 한다.</td><td>실제원가계산제도에 표준원가를 도입</td></tr>
<tr><td>2. 가격결정</td><td>제품의 가격을 결정하기 위하여 그 제품원가를 산정한다.</td><td>실제원가계산제도· 특수원가조사</td></tr>
<tr><td>3. 재무제표 작성</td><td>손익계산서상 매출품 원가를 산정하고 대차대조표상 재고품의 원가자료를 제공한다.</td><td>실제원가계산제도</td></tr>
<tr><td>4. 예산편성</td><td>예산계획을 편성하는 경우 이에 필요한 원가자료를 제공한다.</td><td>실제원가계산을 기초로하는 견적원가 계산</td></tr>
<tr><td>5. 개별원가계산</td><td>신제품의 판매, 새로운 설비의 도입 등 이에 필요한 분석, 자료를 제공한다.</td><td>특수원가조사</td></tr>
</table>

원가계산종류

2. 원가계산의 종류

　원가계산은 관점의 상이에 따라서 여러 가지로 분류할 수 있는데, 계산대상의 상이에 따라 외부원가계산과 내부원가계산으로 나눈다. 또 계산시점을 기준으로 하여 사전원가계산과 사후원가계산으로 나누거나 또는 계산방법의 상이에 따라서 개별원가계산과 종합원가계산으로 나누며, 다시 계산범위에 따라서 전부원가계산과 부분원가계산으로 나눌 수가 있다.

　(1) 외부원가계산과 내부원가계산

　외부원가계산과 내부원가계산은 공기업(工企業)의 활동을 외부활동과 내부활동으로 나누어, 이들 각각을 대상으로 하는 원가계산 구분이다.

　① 외부원가계산은 제품 또는 용역을 판매 또는 구매하는데 관련되는 외부활동에 관한 계산이다. 일명 상사원가계산이라고도 하며, 구매원가계산과 판매원가계산으로 구분된다.

　② 내부원가계산은 판매할 제품 또는 용역을 생산하는 과정인 내부활동에 관한 계산으로서 제조원가계산이라고도 한다.

　(2) 사전원가계산과 사후원가계산

　사전원가계산과 사후원가계산은 경영활동이 수행되기 이전에 계산하느냐 또는 가치소비 이후에 하느냐에 따른 구분이다.

　① 사전원가계산은 제조착수 전 또는 주문을 받기 전에 미리 원가를 견적하여 계산하는 방법으로서 예정원가계산 또는 견적원가계산이라고도 한다.

　② 사후원가계산은 제조착수 후 제조과정의 진행에 따라 실제로 발생한 원가를 계산하는 것으로 실제원가계산이라고도 한다. 보통의 경우는 이를 말하며 제도적인 재무회계와 유기적으로 결합되어 있다.

　(3) 개별원가계산과 종합원가계산

① 개별원가계산은 특정제품에 대하여 개별적으로 직접계산하는 것으로 종류·규격이 다른 다종제품을 생산하는 개별 생산경영에서 채택되는 방법이다. 계산절차가 복잡한 반면 원가변동을 상세히 분석·추구할 수 있다.

② 종합원가계산은 일정기간에 생산되는 동종제품의 전체에 대하여 총원가를 계산하고, 이를 총생산량으로 나누어 제품 단위원가를 계산하는 것으로 분할원가계산이라고도 한다. 계산절차가 간단하고 노무비가 절약되는 반면 개별원가계산보다 신뢰성이 적다.

이에는 단순종합원가계산과 공정별종합원가계산·가공비공정별종합원가계산·조별종합원가계산·등급별종합원가계산·연산품종합원가계산이 있다.

(4) 전부원가계산과부분원가계산

전부원가계산과 부분원가계산은 계산과정에서 산입되는 원가요소의 포함정도에 따른 구별이다.

① 전부원가계산은 제품의 완성을 위하여 발생한 일체의 원가요소를 포함하는 계산으로 총원가계산이라고도 한다.

② 부분원가계산은 특별한 목적에서 일부의 원가요소만을 계산대상으로 하는 것으로서 여러 가지 종류가 있다. 대표적인 것으로는 비례원가계산이 있으며, 이는 조업도의 변동에 따른 영향에 따라 비례비와 고정비로 구분하고, 고정비는 손익계산에 부담시키고 비례비만 원가계산에 산입하는 방법이다.

(5) 기타의 제분류

① 계통적 원가계산과 보조적 원가계산은 원가계산이 조직적으로 행해지느냐 또는 편이적으로 행해지느냐에 따른 분류이다. 계통적원가계산은 모두 원가원소를 완전한 조직에 의해서 계속적으로 기록·분류·계산하는 방법이고, 보조적 원가계산은 기록의 조직도 없이 편이적으로 행해지는 계산이다.

② 수량적 원가계산과 가치적 원가계산은 계산의 대상이 수량인지 아니면 가치인지의 여부에 따른 분류이다. 수량적 원가계산은 수량에 의한 계산으로서 주로 경영관리나 가치계산의 보조수단으로 실시된다. 가치적 원가계산은 화폐가치로 표시한 것으로서 보통의 원가계산은 모두 이 가치계산을 주로 하고 있다.

③ 주관원가계산과 객관원가계산은 계산관점의 상이에 따른 분류로서, 주관원가계산은 각 기업이 각자의 개인적입장에서 실시하는 것으로 보통의 원가계산이 이에 속한다. 객관적 원가계산은 동업자들이 각자의 특수한 사정과 특별한 조건의 차이를 배제하고 동업기업에 공통된 원가요소와 정상적인 가격으로 계산하는 것이다.

3. 원가계산기간(Cost Period)

원가계산을 하는 시간적 단위를 원가계산기간이라 한다. 기업은 1년 내지 6개월을 회계단위로 기업의 재산상태를 명확히 하는 동시에 당해기간의 손익성과를 확정하기 위하여 결산을 하게 된다. 이에 대하여 원가계산은 제품의 단위원가를 계산하는 것을 목적으로 하는 것이므로 별로 고려를 필요로 하지 않는 것처럼 생각한다. 그러나 직접비는 기간과 관계없으나 간접비는 일정기간의 발생액을 일괄해서 각 제품에 배분하는 것이므로 필연적으로 기간을 전제로 한다.

종합원가계산에 있어서도 일정기간에 발생한 원가를 제품수량으로 나누어서 단위원가가 산출되므로 역시 기간을 무시할 수는 없다.

원가계산에 있어서 단위계산의 기간은 보통 1개월을 기준으로 하고 있다. 원가계산 기간이 이와 같이 짧은 이유는 원가계산의 결과를 가급적 속히 계산하여야 하는 점과 계산내용의 결과를 가능한 한 신속히 파악하여 생산능률 측정의 자료로 삼기 위함이다. 그러나 장기공사로서 대형선박이나 교량공사의 경우와 같이 그 건설에 장기간을 필요로 하는 경우에는 그 성질상 그 건설기간을 1원가계산기간으로 할 필요가 있으나, 이러한 경우에도 원가요소의 집계기록은 매일 해야 한다. 원가관리적인 측면에서 본다면 1개월 단위보다 더 빠른 기간단위로 원가정보가 입수되도록 하여 관리자에 대한 원가보고를 일보·주보 등으로 시간의 간격을 좁혀 전달함으로써 원가관리에 신속히 대처하도록 하는 것이 바람직하다. 그러나 기간계산을 단축하면 계산에 요하는 노력과 비용이, 이로 인하여 얻어지는 득을 상계하고도 남은 경우가 있으므로, 경험적으로 가장 적당하다고 인정되는 선을 1개월로 보아 이를 원가계산기간으로 관행화한 것이다.

원가계산과 손익계산

4. 원가계산과 손익계산

손익계산의 방법은 기업회계제도 가운데 원가계산이 포함되느냐에 따라 전연 상위하다. 원가계산을 하지 않는 기업회계제도에 있어서는 재료의 출고, 제품의 입고 등의 내부거래에 관한 계속적기록이 없기 때문에 실지재고조사에 의하여 장부기록의 미비를 보완하여야만 손익계산을 할 수 있다. 따라서 실지재고조사에 의하여 하는 손익계산은 소규모인 상사기업을 제외하고는 만족할만한 결과를 얻을 수 없다.

단순한 상업의 경우에는 실지재고조사법에 의하여 기초, 기말상품재고액을 결정하여 기초상품재고액 + 당기상품매입액 - 기말상품재고액 = 당기매출액원가의 산식에 의하여 비교적 용이하게 매출원가를 산정할 수가 있다.

그러나 재고자산의 종류, 수량이 많고 그 구성이 복잡하면 재고액을 결정할 때 실지재고조사법을 전면적으로 의존한다는 것은 거의 실행 불가능하다.

예를들면 제조기업에 있어서 매출원가를 실지재고조사법에 의하여 계산하려면 재료·재공품·제품에 대하여 실지재고조사를 하고 다음의 3단계에 걸친 계산에 따라 매출원가를 산출하지 않으면 안된다.

	(1) 재료비의 확정 기초재료재고액+당기재료매입액-기말재료재고액=당기재료비 (2) 제품원가의 확정 기초재공품원가+당기재료비+당기노무비+당기경비-기말재공품원가=당기제품제조원가 (3) 매출원가의 확정 기초제품재고액+당기제품제조원가-기말제품재고액=당기매출원가 　이상의 계산에 있어서는 재공품원가와 제품재고액이 정확해야 하는데 실지재고조사법에 의하여 재공품 및 제품의 수량을 구할 수 있거나, 단가를 정확히 계산한다는 것은 사실적으로 바랄 수 없다. 재공품·제품재고액이 부정확하면 정확한 매출원가를 산출할 수 없다는 것은 당연하다.
원가계산과 **(原價計算課)** (Cost Accounting Department)	의의　원가계산과는 스탭부문으로서 원가정보의 제공과 원가회계에 관한 조언 및 권고, 지시를 하게 된다. 설명　원가계산과가 경영조직내에 소속하는 방법은 다음의 2가지가 있다. (1) 경리부 소속의 경우는 원가계산의 정확을 기하기 위해서는 회계와 유기적으로 결부하여야 한다. 또한 원가계산에 이용되는 방법 및 원리는 경리부에 책임이 있기 때문이다. (2) 제조부 소속의 경우는 계산자료의 수집이 신속하며, 경영활동의 통제상 편리하다. 　그러나 일반회계와의 관계상 경리부에 소속시키는 것이 합리적이나, 공장이 멀리 떨어져 있는 경우에는 제조부장이 공장관리의 편이상 원가계산과를 제조부에 직속시키기도 한다. 　최근에는 콘트롤러부를 설치하여, 여기에 소속시키는 경우가 많아지고 있다. 원가계산과의 직능은 다음과 같다. 　① 원가의 기록 : 급부생산을 위하여 소비한 재화 및 용역을 경제가치로 기록하고 수자를 분류 집계하여 그 기록을 편성한다. 　② 원가의 분석과 보고 : 예산과 실제원가와의 차이를 원인분석하고 제조활동이 비경제적·비능률적으로 행해지는 원인 등을 추구하고 정확한 원가보고서를 작성하여 경영에 필요한 자료를 제공한다. 　③ 절차의 입안과 결정 : 원가의 기록·분석·보고의 절차를 입안하여 결정하는 것 　④ 매출가격의 결정 및 추정 　⑤ 원가표준의 설정 및 개정 등이다.
원가계산과공업부기 **(原價計算課工業簿記)**	의의　공업부기와 원가계산은 상호 밀접한 관계를 지니고 있지만 양자는 본래 그 목적과 계산형태 등에 있어서 전혀 다른 별개의 계산제

(Cost Accounting and Industrial Bookkeeping)	도이다. 　즉, 공업부기는 수익과 비용을 기간적으로 계산하고 그 차액인 순손익을 계산하는 것을 목적으로 하는데 대하여 원가계산은 기간과는 직접 관계없이 각 제품단위를 계산대상으로 하고 있다. 　전자를 기간계산, 후자를 대상계산이라고 불리어지는 것은 이 때문이다. 　또 계산형식에 있어서 공업부기는 반드시 계정이라는 형식을 가지는데 대하여 원가계산에서는 그 계산 형식이 매우 자유로우며 공업부기와 같은 일정한 원리·원칙의 지배도 받지 않는다. 　공업부기와 원가계산은 이상과 같은 상이점을 가진 별개의 계산제도이기는 하지만 양자가 온전히 그 사명을 다하기 위해서는 상호간에 긴밀한 연합을 견지하여야 한다. 　즉 공업부기로 하여금 공기업의 경영성적을 명확히 기록 계산하게 하기 위해서는 무엇보다도 제조활동의 정확한 파악을 필요로 하는데 이는 원가계산으로부터 원가자료의 제공을 받아야만 비로소 이루어진다. 　한편 원가계산은 본래 자유로운 형식으로 제조원가의 계산을 하기 때문에 그 계산결과의 정확 여부는 이를 확인할 길이 없다. 그런데 그 수단을 제공해 주는 것이 바로 공업부기의 계정형식에 의한 계산이다. 　설명 　원가계산과 공업부기와의 차이점을 요약하면 다음과 같다. 　① 공업부기는 일정기간의 경제사항을 통괄적으로 기록계산하고 기간적으로 파악하는 제도인데 대하여, 원가계산은 특정한 대상인 급부에 대하여 개별적 또는 총괄적으로 기록계산한다. 이 점에서 전자를 기간계산이라 하며, 후자를 대상계산이라고 한다. 　② 공업부기는 그 기록계산이 반드시 계정이라는 특수한 조직하에서 이루어지는데 대하여 원가계산은 반드시 일정한 형식을 요하는 것이 아니다. 　③ 공업부기는 이미 발생된 거래를 기록하는 과거계산인데 대하여 원가계산은 과거 및 미래에 걸친 2가지 계산이 모두 가능하다. 　④ 공업부기와 원가계산은 각각 별개의 계산제도이므로 동일한 계산체에 대하여 각각 다른 평가를 할 수 있다. 　⑤ 공업부기는 계정체계하에서 이루어지므로 자동검증기능이 있으나 원가계산은 자동검증기능이 없다. 　이상과 같이 공업부기와 원가계산과는 여러 가지 상위점을 갖는 별개의 계산제도이지만, 원가계산은 기간손익계산과 밀접한 관계에 있으므로 재무회계와 유기적으로 결합할 필요가 있다. 　원가계산은 급부단위당으로 소비된 가치 즉, 비용을 계산하는 것이

므로 부기적으로는 차변측만을 계산하는 결과가 된다. 이것만으로는 가지검증의 기능이 없으므로 원가계산이 정당하게 이루어졌는지의 여부를 계산기구적인 측면에서 확인하기 위해서는 계정조직을 갖는 부기와 합류되어야 한다.

또한 기간손익계산을 하는 부기는 그 기능을 다하기 위해서는 원가계산에 의한 제품의 제조원가와 매출원가의 결정이 절대로 필요하다.

이와 같이 공업부기와 원가계산은 상호보완관계라는 불가분성 때문에 양자가 회계기구라는 테두리안에서 결합되지 않으면 안된다.

제도로서의 원가계산은 부기기구와 결합되어 운용되지만, 원가계산이 원가관리 또는 특별이익계획 등의 목적으로 이용될 때에는 그 계산방법이 다르게 된다. 즉, 특수원가조사를 위한 원가계산은 실제원가계산 이외의 방법으로 계산되기 때문에 이러한 경우의 원가계산은 기간손익계산과 결합시킬 수 없게 된다.

따라서 특수원가조사에 이용되는 원가계산은 회계기구의 테두리 밖에서 이루어지게 되는 것이다.

원가계산과재무회계 (原價計算과財務會計) (Cost Accounting and Financial Accounting)

[의의] 원가계산은 경영내부 활동에서의 비용의 흐름을 장소별 또는 급부단위당으로 포착·집계하는 계산제도이다. 이와 같이 원가계산은 일정한 대상에 관련하여 비용을 계산하고 있으므로 이를 대상계산이라 하며 대상계산은 곧 원가계산의 특징인 것이다. 이에 대하여 재무회계는 일정기간의 수익과 이에 대응하는 비용을 관련시켜 일정기간의 경영성과를 산출하는 이른바 기간적 계산이라는 데에 재무회계의 특징이 있다.

[설명] 이와 같이 원가계산과 재무회계는 각각 그 특질을 달리하고 있지만 실제로 계산할 때는 경영활동에 있어서 외부거래에 관한 것을 기록한 원가수치가 내부거래에 인계되고, 장소별·급부단위별로 인식·분류된 원가수치가 다시금 외부거래 기록으로 인계된다.

즉, 재무회계상의 수치가 원가계산에 인계되고 원가계산상의 수치는 다시 재무회계에 인계되는 것이다.

이와 같이 원가계산과 재무회계는 내부거래와 외부거래의 차이는 있어도 계산상으로는 유기적 관련성을 가지고 있으며, 상호간에 계산의 정확성을 기하기 위해서는 원가계산과 재무회계는 유기적으로 결합되어야 하며, 각각 분리독립되어 존재하기 어려운 것이다.

원가계산의 주목적이 정확한 재무제표를 작성하는데 필요한 자료(원가수치)를 제공하는데 있다고 보면 원가계산과 재무회계는 서로 보완관계를 갖게 되며.

이 양자를 계정체계를 중심으로 결합시킴으로써 적정한 손익계산을 기대할 수 있는 것이다.

또한 원가관리적인 측면에서 보더라도 정확한 원가계산을 기대하기

원가계산기간 (原價計算期間) (Cost Accounting Period, Cost Period)	위해서는 재무회계와 원가계산은 계정체계를 중심으로 결합되는 것이 바람직한 것이다. 이렇듯 원가계산과 재무회계는 계정체계를 매개로 하여 유기적으로 결합되고 서로 계산의 확실성이 검증될 수 있도록 되어 있다. 원가계산제도는 재무제표의 작성, 원가관리, 예산통제 등의 상이한 목적이 동시에 달성될 수 있는 일정한 계산질서이므로 재무회계기구와 유기적으로 결합되어 상시 계속적으로 실시되는 계산체계인 것이다. 의의 원가계산기간이란 원가계산을 하는 시간적 단위를 말한다. 일반적으로 1개월을 가지고 원가계산기간으로 하는 경우가 많다. 설명 기업은 1년 내지 6개월을 회계단위로 기업의 재산상태를 명확히 하는 동시에 당해 기간의 손익성과를 확정하기 위하여 결산을 하게 된다. 이에 대하여 원가계산은 제품의 단위원가를 계산하는 것을 목적으로 하는 것이므로 별로 기간적 고려를 필요로 하지 않는 것처럼 생각한다. 그러나 직접비는 기간과 관계없으나 간접비는 일정기간의 발생액을 일괄해서 각 제품에 배분하는 것이므로 필연적으로 기간을 전제로 한다. 종합원가계산에 있어서도 일정기간에 발생한 원가를 제품수량으로 나누어 단위원가가 산출되므로 역시 기간을 무시할 수는 없다. 단위계산의 기간은 보통 1개월을 기준으로 하고 있다. 원가계산기간이 이와같이 짧은 이유는 원가계산의 결과를 가급적 속히 계산하여야 하는 점과 계산내용의 결과를 가능한 한 신속히 파악하여 생산능률측정의 자료로 삼기 위함이다. 원가계산기간은 반드시 회계연도와 일치할 필요는 없다. 보통은 월초에서 월말까지 1개월의 "월별"이 가장 편리하므로 가장 많이 사용되고 있다. 이것보다 단축하는 것도 가능하다. 가령 1주간을 1기간으로 할 수도 있지만, 그렇게 되면 계산자료의 입수와 처리가 번잡하게 되거나 예정계산하여야 할 원가항목이 늘어나 원가계산의 정확성이 저하하는 문제가 나온다. 이와는 반대로 1년을 1기간으로 할 수도 있다. 이렇게 되면 원가정보를 빨리 처리하여 일상의 경영관리에 이용할 수 없다는 단점이 있다. 이로 보아 관리효과 면에서 1개월이 관습으로서 편리하고 재무회계와의 관련에 있어서 월차결산자료를 제공할 수 있으므로, 일반적으로 많이 이용하고 있다. 이처럼 원가계산의 기간은 1개월이 가장 편리한데, 이 때 1개월은 반드시 달력의 1개월 즉, 1일에 시작하여야 하는 것은 아니다. 가령, 임금지출계산 원가계산일로 할 수도 있다. 예를 들어 원가계산기간은 25일에서 다음 달 24일까지로 한다는 것이다. 그렇지만 원가계산기간을 이렇게 정한다면 회계연도말에 재무회계의 결산일과 원가계산일이 달라, 결산을 위해서 특별한 원가계산을 해야 할 필요가 생긴다. 이

절차를 밟기 위해서 결산일을 원가계산일에 일치시키는 것도 문제가 있다.

이상과 같이 원가계산기간을 1개월로 할 때 력월은 그 일수가 다 다르다. 보통달은 30일이고, 긴 달은 31일인데, 2월은 28일이나 어떤 때는 29일일 때가 있다. 그래서 최근 미국에서는 1개월의 실노동일수가 다르기 때문에 주간단위의 관리를 하므로서 4주간을 1기로 하고, 1년을 13기로 계산하는 13개월 달력제를 채택하고 있는 기업도 있다고 한다. 그렇지만 경영활동을 관리하기 위해서는 매월보고를 비교하는데 적합하여야 하므로 매월 작업일수가 다르면, 이 차이를 고려할 필요가 있기 때문에 불편한 점이 많다고 하겠다.

일반적으로 원가계산기간은 1개월로 월보로 하는 것이 보통이나 주보 또는 일보도 가능하다. 반면 계절기업인 제빙업이나 농수산가공업과 같은 기업에서는 이를 1계절로 연장하지 않으면 믿을 수 있는 원가를 산정할 수 없으므로 원가계산기간을 1개월 분기별로 이상 연장하지 않을 수 없는 것이다.

앞에서 말한대로 원가계산의 기간은 통상 1개월로 하되, 단위제품생산이 개별적으로 이루어지는 제품의 원가계산에 대해서는 1개월로 할 수 없다. 따라서 단위제품생산이 개별적으로 이루어지는 제품은 생산개시일부터 제품완성일 또는 회계연도 종료일까지를 계산기간으로 할 수 있다.

원가계산의 기간은 통상 1개월로 하는데, 예를 들어 비료공업에서 같은 규격의 유안(硫安)을 반복해서 생산하고 있는 경우를 생각할 때 원가계산은 간단하다. 그 기간 중에 발생한 제조비용을 그 기간의 생산량으로 나누면 원가가 나오기 때문이다. 따라서 이와 같은 경우에는 제조비용의 발생액을 기간적으로 파악하기 위해서는 실제에는 회계연도의 제약을 받는다. 즉, 회계연도가 1년이면 12개월로 나누어 1개월을 원가계산기간으로 하는 것이 보통이다.

그러나 원가계산기간은 반드시 회계연도와 일치할 수 없다. 예를 들어 조선공업과 같이 주문생산의 경우를 보면, 제조비용을 집계하기 위해서 재무자료가 필요하므로 결국 1개월이라는 계산기간을 무시할 수 없다. 그렇지만 이는 기본적인 원가계산기간이 1개월이 된다는 것이 아니라, 그 계산과정에서 원가수치를 정리하기 위해서 기간으로서 1개월이라는 기간을 사용할 뿐이다.

원가계산기간을 급부단위원가를 확정하기 위한 계산기간만이 아니고 원가자료를 정리하고 집계하기 위해서 이용하는 기간도 포함하여 규정한 것이라면, 이 경우 1개월이라는 기간도 원가계산이라고 할 수 있다. 또 개개의 주문품의 제조기간이 통상 1개월보다 짧은 기업에서는 원가계산기간은 1개월이라고 해도 된다.

원가계산기장법 (原價計算記帳法) (Cost Accounting Record-Keeping Method)	[의의] 원가계산제도를 도입한 하나의 공업부기법을 뜻한다. 공업부기는 보통의 기장법에 의하여 이것을 기장할 수도 있으나, 그렇게 하면 원가계산을 자동적으로 검증하는 수단이 결핍되고 또 기장기록도 완전하지 않고 각 원가를 계산할 수 없다. 그러므로 외부거래만이 아니라 내부제조활동에 관한 여러거래도 부기상 명확하게 하기 위하여 원가계산기장법이 사용된다. 이 방법으로 재화나 노력등이 사업내에 투입되어 제조과정을 거쳐 제품이 되고 판매될 때까지의 과정이 명시되어 사업의 관리통제에 필요한 자료가 제공되게 된다. 따라서 이 법은 또한 완전공업부기라고도 한다.
원가계산단위 (原價計算單位) (Costing Unit)	[의의] 원가계산단위는 원가단위(Cost Unit), 원가계산비(Costing Point) 등으로 부르는데, 이것은 원가계산을 실시하기 위하여 선택한 일정한 급부단위로서의 재료단위를 의미한다. [설명] 원가계산단위는 항상 그 기업의 경영실정에 적응한 것이어야 하며 종류에 따라 각각 적절하게 선택될 수 있는 것이다. 원가단위에 의하여 표시하는 원가는 정상적으로는 원가능률의 측정과, 매가산정을 하는데 역할을 한다. (1) 최종급부의 경우 이것은 주로 매가산정에 역할을 한다. 보통 거래단위가 원가계산단위이다. (2) 연속공정작업의 경우 재공품·반제품도 원가계산단위로서 동일한 계산단위가 사용된다. 예를 들면 제지공업에 있어서는 수공정을 경유하며 용지가 생산되나, 이 경우에는 처음부터 1파운드를 계산단위로 계산한다. 이는 원가능률측정 매가산정의 역할을 한다. (3) 조립형 공업의 경우 조립작업 자체가 원가계산단위로 사용되며, 제당공업 등에 있어서는 원료를 원가계산단위로 사용하고 있다. (4) 제조부문, 보조부분의 경우 각 부문에 있어서 작업량, 용역량이 원가계산단위로 된다.
원가계산의발전 (原價計算의發展) (Evolve of Cost Accounting)	[의의] 원가계산은 원가산정의 기술로서 일종의 경영관리용구로 이용되고 있는데, 19세기 후반에 가격결정을 위한 원가계산으로부터 시작되었다. 공장생산의 초기에 있어서 수주생산을 행하는데, 견적원가계산(Estimated Costing)을 필요로 하게 되었고, 제품의 역사적 원가를 정확하게 추정하지 않으면 안되게 되었다. 원가계산을 정확하게 하기 위해서 복식부기기구의 검증을 필요로 하게 되었고, 상업부기적 공업회계의 절차를 일부 수정하여 견적원가계산을 행하게 되었다. 한편으로는 제품의 역사적원가와 추정원가를 비

교하게 되었다.

공장제수공업시대에는 제조간접비를 크게 인식하지 않고 단지, 역사적원가계산(Historical Prime Costing - 제품의 직접재료비와 직접노무비를 제품원가로 하는 계산)에 그쳤으나, 근대적 공장제도가 확립됨에 따라 제조간접비가 급증하여, 이의 제품원가성을 인식하게 되어, 제품에 배부하게 되었으며, 10세기말의 원가계산담당자의 중요한 과제가 되었다.

역사적원가(원가재의 실제가격에 실제소비량을 곱하여 계산한 원가)는 제품의 제조상 실제로 필요한 원가로서 진정한 원가(True Cost)라고 이해가 되었으나, 제조간접비를 실제배부하는데 따라 나타나는 제결핍과 원가정보를 적절한 시기에 알맞게 입수할 수 없었고, 조업도의 변화에 따라 역사적원가는 대폭적으로 변동하게 되므로 가격결정 및 기간손익계산에 알맞은 원가정보가 될 수 없었다.

제조간접비를 정상배부하는 이론(Theory of Normal Burden)은 진정한 원가를 계산한다는 이유에서 발생하였다.

한편 20세기초에 행해진 기업합동을 배경으로 하여, 종래 복식부기와는 무관계하게 행해지는 원가계산의 신뢰성을 높이기 위하여 일반회계와 결합시키려는 의견이 외부감사인으로부터 주장되었다.

다음으로 원가관리를 위한 원가계산이 등장되었는데, 이것을 기업간의 경쟁이 격화됨에 따라 경영자는 원가관리에 필요한 정보를 요구하게 되었으며, 이로부터 예정원가계산이 행하여지게 되었고, 각 기업은 역사적 원가를 기간적으로 비교하여 이의 증감을 분석하게 되었다.

원가관리는 원가의 달성목표를 정하고 실적과 비교하여 차이를 분석하는 효과적인 원가계산제도를 고안하였는데, 이것이 표준원가계산이다.

1910년경 연구가 시작되어 제1차세계대전 후부터 보급되기 시작한 표준원가제도는 종래의 역사적원가의 결점을 보완하고 관리가능비와 관리불능비의 개념을 원가개념에 도입시켰다. 이후 기업규모의 확대, 경기변동, 전쟁 등 기업내외의 제조건의 변화는 각 기업의 단기이익계획 및 각종 회계정보를 필요로 하게 되었다.

손익분기점분석이나 제2차대전후 급속히 보급한 직접원가계산은 기간적 이익관리를 위한 원가계산으로 발전되었다. 원가·조업도·이익의 관계(Cost-Volume-Profit Relationship)를 분석하기 위해 원가를 고정비와 변동비로 분해할 필요가 생기게 되었고, 매출액으로부터 변동비를 차감계산하여 한계이익의 개념과 차액원가개념이 연구되게 되었다.

이에 따라 원가계산은 초기에 역사적원가를 계산하는 것이 중심이었는데 비하여 원가계산목적에 따라 각기 다른 원가(Different Cost for Different Purpose)로 발전하게 되었다.

원가계산의분류 (原價計算의分類) (Classification of Cost Accounting) 사전계산 사후계산 개별원가계산	최근에는 전자계산기를 이용한 정보처리기술의 발전과 경영제과학의 발전에 따라 원가계산은 경영정보 시스템의 중심적인 위치를 차지하여 하나의 서브시스템(Subsystem)으로 발전하고 있다. 의의 (1) 사전계산과 사후계산 　원가계산은 그 계산하는 시기에 따라 사전계산과 사후계산으로 구분한다. 　사전계산이란 생산에 착수하기 전에 그 생산에 대한 원가를 견적하여 계산함을 말하며, 미래계산 또는 견적원각계산이라고도 한다. 근대 현저히 발달되고 있는 표준원가는 사전계산의 일부로서 과학적 경영통제에 공헌하고 있다. 실제상 이러한 계산은 건축·가교·토목·조선·조기 등의 제공업에 있어 생산이 주문될 때나, 그 주문을 담당하기 위한 입찰을 하거나 도급가격을 주문자에게 제시하는 경우 또는 경제적 작업을 하기 위하여 사용된다. 이 계산은 과거의 기술보고서를 기초로 하고, 그간 발생한 또는 장차 발생할 것이 예상되는 원료비나 노무비의 시가변동 및 조업정도의 변동관계를 고려하여 계산된다. 　이것에 대하여 사후계산이란 생산착수 이후 원가요소의 실제소비를 기초로 하여 실제원가를 계산하는 것이 그 특색이다. 원가계산은 일정한 급부의 원가를 계산하는 것이며, 따라서 급부단위계산이라고도 하는 바, 경영규모의 비약적인 발전은 사후계산만으로는 충분하지 못하게 되었다. 　경영합리화라는 목표 밑에 제2차세계대전을 전후로 사전계산의 경이적인 발달은 새로운 하나의 독자적인 전개를 하는 경향이 있다. 소위 관리회계라는 명칭하에 표준원가와 예산통제의 과제가 연구되고 있음은 이를 말한다. (2) 개별원가계산과 종합원가계산 　오늘날 원가계산의 방법으로서 대표적인 것에 개별원가계산과 종합원가계산이 있다. 　개별원가계산이란 각개의 상품을 직접 계산의 대상으로 하며, 제품의 제조에 관하여 개별적인 원가계산을 하는 방법이다. 이것에 대하여 종합원가계산이란 일정기간의 제품전부의 총생산비를 종합산정하고, 그것을 당해 기간의 생산량으로 나누어 제품단위의 원가로 하는 방법이다. 　이 양자에 대하여 좀더 구체적으로 살펴보면 다음과 같다. 　① 개별원가계산 …… 비표준적 제품 또는 다른 종류의 제품을 생산하는 경우에 적용된다. 이 밖에도 자가소비의 공구제작이나 수선공사에도 적용되는 바, 이 계산의 특징은 제품의 주요단위별 "오더"(Order)를 발행하는데 있다.

	이 제조지령서(Order)에 입각하여 제품을 생산하는 경우에는 반드시 원가요소를 직접비와 간접비로 구분하여야 한다. 직접비란 원재료·임금 등 비용의 성질상 일정한 제품이 부담할 명백한 금액을 말한다. 이것에 대하여 간접비란 다수제품에 공통적으로 발생하는 것으로 각 기제품에 직접 부담시키는 것이 곤란하거나 또는 불가능한 경우 간접적으로 부담시키는 원가요소를 말한다. 여기에 유일할 점은 간접비가 제품상에 공평하게 배부되었는지 하는 문제이다. 이 간접비 배부의 문제는 아직도 학자간에 논의가 많으며, 동력비, 용수비, 보험료 등의 공통적인 경비가 제품에 어떻게 배부되는가 하는, 이 복잡한 계산은 원가계산의 발달에 박차를 가하였다고 할 수 있다. 따라서 이 원가계산의 연구가 각국에 있어 성행됨에 따라 필연적으로 개별원가계산 등의 연구도 발전된 것이다. 미국에 있어서는 작업별원가계산법(Job Cost Method), 영국에서는 지령서별원가계산법(Order Cost Method), 독일에서는 개별원가계산(Einzelkalkulation)등이라고 지정된다.
종합원가계산	② 종합원가계산 …… 표준화 및 통일화된 제품이 대량적으로 생산되는 공업에서 이용된다. 미국에 있어서는 공정별원가계산법(Process Cost Method), 영국에 있어서는 생산액원가계산법(Product Output Cost Method)이라 지칭되며, 이 계산의 가장 간단한 형태는 석탄·광석 등의 채굴업과 같은 생산과정에서 볼 수 있다. 즉, 일정기간의 채굴에 소요된 총비용을 동기간에 채굴된 석탄 또는 광석의 총수량으로 나누면 단위원가가 결정되는 것이다. 또 이 종합원가계산은 전기한 개별원가계산과 같은 원가요소의 구분을 하지 않는다. 따라서 간접비의 합리적배부 여부의 문제는 생기지 않는 것을 원칙으로 하고 있기 때문에 그 계산의 방법은 극히 간단하다.
원가계산절차 **(原價計算節次)** (Procedures of Cost Accounting)	설명 원가계산은 보통 다음과 같이 3단계의 절차를 거치게 된다. 제1단계는 요소별원가계산이고, 제2단계는 부문별원가계산이며, 제3단계는 제품별원가계산이다. ① 요소별원가계산 요소별원가계산은 재무회계로부터 얻은 원가자료를 각종의 기준에 따라 원가요소별로 분류하고 집계하는 단계이다. 제도적인 원가계산은 재무회계와 유기적으로 결합되어야 하는데, 요소별 원가계산은 재무회계와 가장 밀접하게 결합되고 있다. 그리고 부문별 원가계산과 제품별원가계산의 기초적인 준비단계가 된다. ② 부문별원가계산 제1단계의 계산에서 파악된 원가요소를 여러 원가부문으로 구분하여 집계함으로써 부문비를 계산하는 단계가 부문별원가계산이다. 원가요소는 경영내부의 작업 또는 업무의 결과로서 생긴 것이므로, 작업 또

	는 업무의 단위가 되는 장소(부문)별로 분류하여 부문별의 원가를 집계하게 된다. ③ 제품별원가계산 　부문별로 정리된 원가를 최후로 부담할 경영급부, 즉 제품의 종류마다 단위당의 원가계산을 하게 된다. 원가계산은 최종적으로 급부단위당의 원가를 계산하려는 것이며, 제3단계의 원가계산은 제품·반제품 등의 원가부담자별로 원가를 집계하는 단계이다. 　원가계산절차는 요소별원가계산, 부문별원가계산을 거쳐 제품별원가계산으로 끝난다. 제품별원가계산은 생산형태에 따라 개별원가계산과 종합원가계산으로 대별된다. 　개별원가계산은 종류가 상이한 제품을 개별적으로 생산되는 생산형태에 적용되며, 종합원가계산은 동종제품을 연속적이고 반복적으로 생산하는 생산형태에 적용된다.
원가계산제도 **(原價計算制度)** (Cost Accounting System)	의의　원가계산제도란 원가계산이라고 하는 계산기술이 회계제도의 일환으로서 상비(常備)의 계산기구에서 경상적으로 적용되는 체제를 뜻한다. 기회원가나 증분(增分)원가와 같은 특수원가와 제조원가 및 영업비의 계산은 모두 급부단위에 관한 원가를 계산하는 것이므로 원가계산이라고 한다. 그러나 그와 같은 모든 원가계산을 경상적으로 실시하고 있는 것은 아니다. 특수원가계산은 경영관리에 필요한 원가자료를 얻기 위하여 수시로 실시하는 것이며 특수원가계산을 하기 위한 기록, 계산, 보고의 기구가 상비되어 있는 것은 아니다. 설명　보통 원가계산이라고 하면 제조원가계산처럼 경상적으로 실시되고 관행화된 원가계산의 체계를 뜻한다. 원가계산이 하나의 제도로서 구체적으로 운용되려면 기록, 계산, 보고에 관한 상설의 기구가 정비되어야 한다. 즉, 계산담당부문을 중심으로 하여 장부조직이나 전표제도 기타의 서식에 의한 사무연락의 기구가 정비되어야 한다. 　그리고 다른 계산제도에 대하여도 어떠한 조직상의 관련이 있어야 한다. 특히 재무회계와는 계산자료의 제공과 계산통제의 필요에서 상호보완의 유기적 관계가 있어야 된다. 그리고 재무회계와 밀접한 관련이 있는 원가계산이 전형적인 원가계산제도인 것이다. 　제도는 역사적인 산물이라고 한다. 회계제도의 발달도 기업의 발전단계에 따르고 있다. 원가계산도 오늘날의 제도로 발전하기까지에는 기업의 규모와 생산양식에 따른 단계적인 발전을 하여 왔다. 대규모의 공장제규모의 단계에 이르러서 비로소 간접비계산이 중요하게 되었고, 요소별계산, 부문별계산, 제품별계산의 종합적인 계산체계가 확립되었다. 그뿐만 아니라 제조원가계산 체계중에 미래원가, 특히 표준원가를 도입함으로써 관리적 기능을 수행하는 표준원가계산제도를 발전시켰다.

따라서 오늘날의 원가계산제도는 단순히 재무회계에 대하여 계산자료를 제공한다는 보조적 사명에 머무르지 않고, 경영관리에 유효한 수단이 되는 이중의 사명이 있는 것이다. 우리 나라 원가계산준칙 역시 이와 같은 원가계산제도를 설명하고 있는데 특수원가조사는 원가계산제도의 범위에 포함시키지 않고 있다.

원가계산제도의 목적은 다음의 여러 가지 점에 있는 것이다.

① 재무제표의 작성을 위해서 필요한 수치(예를 들면 제품·미완성품·원재료 등의 자산수치, 매출원가 등의 수치)를 제공할 것

② 경영능률의 증진과 장래의 영업활동을 합리적으로 하는 기초를 줄 것

③ 제품의 판매가격을 정하는데 쓸모 있을 것

④ 예산제도·원가관리 등에 쓸모 있을 것

우리나라의 원가계산준칙은 제도로서의 원가계산에 한정하여 규정하고 있다. 이에 대하여 제도외의 원가계산이란 특수한 목적을 위해서 행하는 원가계산인데, 채산성·유리성의 계산이나 생산효율의 계산을 비롯한 계획단계에서 사용되는 것이 대부분이다.

이와 같이 제도외의 원가계산은 여건설정의 원가계산이므로, 여기서 계산되는 원가요소도 제도로서의 원가계산과는 근본적으로는 다르다는 점에 주의하여야 한다.

제도외의 원가계산의 대표적인 것은 견적원가계산이나 채산이며, 우리 나라의 원가계산준칙에서 말하는 가격계산의 목적과 경영계획의 목적이 이에 해당한다.

제도로서의 원가계산의 특징을 통해서 행하는 재무회계에 직결되어 있다.

① 복식부기의 기구내에서 분개를 통해서 행하는 재무회계에 직결되어 있다.

② 일상업무로서 정기적으로 행한다.

③ 사후평가를 위해서 행하는 통제 또는 평가의 원가계산이다.

④ 역사적원가(과거원가)의 계산이다.

⑤ 1급부 단위당 원가를 계산한다.

⑥ 최종적으로는 전부원가의 계산이다.

제도외의 원가계산의 특징을 열거하면 다음과 같다.

① 회계기구와 관계없이 재무회계와 독립된 원가계산이다.

② 임시적으로 필요한 때 수시로 행한다.

③ 사전계산하고 계획의 원가계산이다.

④ 미래원가를 중심으로 한 계산이다.

⑤ 계획마다 계산한다.

	원가계산제도의 범위 원가계산 ─┬─ 제도로서의 원가계산 ─┬─ 원가계산제도 　　　　　│　　　　　　　　　　　　└─ 비원가계산제도 　　　　　└─ 제도외의 원가계산 　　　　　　　(특수원가제도) 　　　　　　　(견적원가계산) ⑥ 부분별계산이고 목적별계산이다. 　미국에서도 양자의 차이를 명확히 하는 용어를 사용하고 있다. 즉, Cost Accounting과 Costing이다. 　　광의의 원가계산　　원가계산(Costing) … 제도외(의사결정)의 원가계산 　　　(Costing)　　　원가계산(Cost Accounting) … 제도로서의 원가계산
원가계산준칙 **(原價計算準則)** (Standards of Cost Accounting)	[의의] 증권관리위원회가 1994년 12월 23일에 제정공표한 "원가계산준칙"을 말한다. 이 원가계산준칙은, 기업에 있어서 원가계산의 관행 중에서 일반으로 공정타당하다고 인정되는 것을 요약한 것이고, 원가계산을 제도화하기 위한 실천규범이기도 하다. 그것은 원가계산의 기본적인 테두리를 명확히 한 것으로, 각 기업의 실정에 의해 탄력적으로 운용해야 할 것이다. 각 기업은 이 원가계산준칙을 존중하여야 한다. [설명] 원가계산준칙은 기업의 회계기준의 일환을 이루고, 그 중 원가에 관하여 규정한 것이다. 그것은 다음의 4장으로 성립되고 있다. 　제1장 총칙 : 목적, 적용범위, 원가계산제도의 확립 등, 제조원가의 범위 원가계산기간, 원가계산의 일반원칙, 제조원가요소의 분류 　제2장 실제원가계산제도 : 원가계산의 절차, 재료비의 계산, 노무비의 계산, 경비의 계산, 외주가공비의 계산, 예정가격 등의 적용특례, 원가부문별계산, 부문비계산의 절차, 부문개별비와 부문공통비, 원가의 제품별계산방법, 개별원가계산, 종합원가계산, 공정별원가계산, 조별원가계산, 등급별원가계산, 연산품원가계산, 부산물과 작업폐물의 평가, 공손비의 계산 　제3장 표준원가계산제도 : 표준원가계산의 적용, 표준원가의 산정, 표준직접재료비, 표준직접노무비, 제조간접비의 표준, 표준원가의 수정, 원가차이의 산정, 원가차이의 회계처리 　제4장 보칙 : 준용규정 　부　칙 1. 원가계산준칙의 구성 　원가계산준칙이란 기업에서 실시하고 있는 원가계산실무의 관습 중

일반적으로 공정타당하다고 인정되는 것을 귀납적으로 요약한 실천규범을 말한다. 이는 어디까지나 원가계산의 기본적인 테두리를 명확히 한 것이므로, 각 기업은 실정에 따라 탄력적으로 운용해야 할 것이다. 따라서 모든 기업은 원가계산준칙을 존중하여야 한다.

원가계산준칙은 기업의 현대적 요청에 따라 모든 목적을 조정하고, 우리 나라에서 적정한 원가계산제도의 정비개선을 기함으로써 기업회계기준 중 원가에 관한 일반적기준으로서 설정된 것이다. 따라서 기업이 원가를 계산함에 있어서 자주적으로 준거하여야 할 계산기준이므로 위반하였다고 해서 일정한 벌칙을 가지고 처벌하는 법령과 같은 법적강제력을 갖는 것은 아니다. 그러나 단순히 교육적이고 개몽적인 것이 아니고, 일반적으로 공정타당하다고 인정되는 것을 요약한 실천규범으로서 설정된 것이므로 사회적인 구속력을 갖는다. 사실 원가계산준칙은 업계의 실무관습에 기초를 두고 또 관계제법령 특히 세법과의 조화를 도모하면서 설정된 것이므로 단순한 학설이나 이론의 집대성은 결코 아니라고 본다. 또 원가계산준칙은 원가계산의 실천을 위한 기본적인 범위를 분명하게 하는데 불과함으로 기업의 그 원가계산절차를 규정할 때, 이 기준의 범위 속에서 그 실정에 따라 탄력적으로 적용할 수 있는 것이며, 기업으로 하여금 원가계산절차를 획일적으로 규정하려는 의도는 아니라고 본다.

2. 원가계산준칙과 제법령

원가계산준칙은 법령이나 명령과 같은 법규범은 아니나 일반적으로 공정타당하다고 인정되는 것을 요약한 것인데, 사회적 구속력을 갖는 실천규범으로서 탄생된 것이므로, 이들 실천주체인 기업이 지키지 않으면 안됨은 물론 기업의 원가계산에 관련되는 사항에 대하여 세법 기타 모든 법령을 제정할 때도 사회적 규범으로서의 원가계산준칙이 존중되어야 할 것이다.

(1) 기업회계기준과의 관계

원가계산준칙과 기업회계기준과의 밀접한 관계가 있다. 특히 기업회계기준 제88조 제조원가에 관계된다. 여기에서는 제조업의 매출원가를 계산하는데, 기초자료가 되는 제조원가를 표시한 제조원가명세서의 기재방법에 관하여 규정하고 있다. 이 재조원가명세서에 기재되는 제조원가의 과목과 내용은 모두 원가계산준칙에 의존하고 있다.

원가계산준칙과 기업회계기준은 원칙적으로 그 규정의 범위가 다르므로 원가계산준칙이 기업회계기준에서는 원가차액이 원가성이 없다고 인정되는 것은 일률적으로 영업외수익 또는 영업외비용으로 기재하되 원가성이 있다고 인정되는 것은 일반적으로 공정타당하다고 인정되는 원가계산준칙에 의하여 처리하도록 규정하고 있다.

(2) 회계감사기준과의 관계

공인회계사가 기업의 재무제표를 감사함에 있어서 원가계산을 감사할 경우에는, 이 원가계산준칙에 따라 감사하여야 한다고 본다. 이와 같이 직업감사인이 기업의 원가계산을 감사할 때는 원가계산준칙에 준거하고 있는지를 감사한다. 다시 말해서 기업이 적용하고 있는 원가계산을 행하고 잇는지를 확인하여야 한다.

이와 같이 원가계산준칙은 모든 기업이 지켜야 할 실천규범이므로 회계감사기준은 물론이고 직업감사인이 감사를 할 때는 당연히 이를 존중하여야 하는 것이다.

(3) 세법과의 관계

원가계산준칙은 우리 나라 현재의 기업에 있어서 원가계산실무의 관행 중 일반적으로 공정타당하다고 인정되는 것을 귀납적으로 요약하여 설정한 실천규범이므로 세법이 재고자산의 평가, 원가차액의 처리를 비롯한 원가계산에 관계되는 사항에 관하여, 그 규제를 제정하거나 개정할 때는 이 준칙을 존중할 것이 요청된다.

따라서 세법과의 관계로 보아 구체적으로 문제가 되는 비원가항목, 구입재료의 부대비용·원가차액에 대하여 현행 세법에서 이 준칙에서 정한 범위를 넘어서 규제하고 있는 경우에는, 이 준칙의 규정을 무의미한 것으로 볼 수 없기 때문에 세법 자체를 개정하여야 한다고 본다. 그러나 세법 그 자체의 독자적인 요청에서 이 준칙의 범위내에서 세목을 규제하는 것은 세법의 독특한 성격으로 보아 용인된다고 본다.

(4) 상법과의 관계

상법은 유동자산 중 주로 재고자산의 평가에 대하여 취득가액 또는 제작가액을 부칠 것을 요구한다고 규정하고 있으므로, 원칙적으로는 원가주의를 강제하고 있다. 그러나 시가가 취득가액 또는 제작가액보다 낮는 경우에는 시가로 한다고 규정함으로서 예외적으로는 소위 저가주의의 선택을 인정하고 있다.

이 경우 취득가액 또는 제작가액이란 구체적으로 어떠한 가액을 말하는가에 대하여서는 상법에는 아무런 규정이 없다. 따라서 이에 대해서는 해석상 의문이 생기게 마련이나 상법에 명문규정이 없는 사항에 대해서는 "건전한 회계관행"이나 적정한 기업회계의 기준에 따를 수 밖에 없으므로, 이를 운영함에 있어서는 그 가액의 내용과 범위를 해석할 때, 이 원가계산준칙을 적정한 기업회계의 기준으로서 존중하여야 할 것이다.

원가계산표 **(原價計算表)** (Cost Sheet)	의의 원가계산표는 원가원장·원가계산기록이라고도 하며, 원가계산원장·재공품원장·제조계정원장과도 대체로 동일하며, 재료비·노무비·경비의 각 제조원가요소를 집계하여 각 제품(제품·반제품·부분품·재공품), 각 작업, 각 공정, 각 물품(자가생산기계기구 등), 각 용역(자기수선작업 등)의 원가를 계산하기 위하여 작성되는 서식

이다.
 또 이를 원가계산법의 차이에서 볼 때 개별원가계산일 때는 제조지령서별의 원가를 산출하고, 종합원가계산일 때는 원가계산기간에 있어서의 종합원가를 계산하기 위해 설정되는 것이다. 즉, 원가계산표는 각 원가요소의 집계에 관한 명세서이며, 각 제조원가의 내용을 명시하는 종합표이다. 그러므로 원가계산표는 원가계산기술의 중심이 되며, 원가계산관계서식 중에서도 가장 중요한 비중을 가진다.
 설명 (1) 기입법
 원가담당자는 제조지령서를 접수함과 동시에 원가원장에 지령서와 동일한 번호의 원가집계계좌를 개설하고, 그 지령서의 내용을 전기한다.
 이 원가계산표는 원가를 집계하기 위한 서식이므로 재료비·노무비·경비를 비롯하여 제조간접비의 란이 있어야 한다.
 그러나 경비의 대부분은 간접비이므로 특별히 란을 설정하지 않고 집계란에 직접경비란을 표시하여도 된다. 또 제조의 종류·제조과정의 상이 및 기입사항에 의하여 다소 변경될 수 있다.
 ① 직접재료비란 :
 출고전표를 지령서별로 분류한 다음에 출고전표의 매수가 많을 때에는 전표마다 기입하는 것이 번잡하므로 직접재료비부과표를 이용하여 이 표에서 정기적으로 일괄기입하여도 좋을 것이다.
 출고전표에 지령서 번호가 기재되어 있지 않은 것은 간접비이므로 이 란에는 기입하지 않는다.
 ② 직접노무비란 :
 작업전표 또는 생산액전표를 지령서별로 분류하여 기입하는 것은 재료비와 마찬가지이다. 이 때에도 전표매수가 많은 때에는 임금부과표를 이용하여 정기적으로 기입하는 것이 좋다.
 ③ 직접경비란 :
 직접경비의 발생이 번잡할 때에는 직접경비란을 설정하여 외주가공비·특허권사용료와 같은 것을 기입한다.
 ④ 제조간접비란 :
 지령서번호가 없는 출고전표·작업시간보고서 또는 경비의 대부분은 간접비이므로, 이를 각각 지령서별로 배부한 금액을 기입한다.
 부문비계산이 적용될 때에는 작업이 실시된 부문에서 지령서별로 배부된다. 그러나 간접비의 실제액을 배부하는 경우와 예정률에 의한 배부는 기입방법이 다르다.
 실제액을 배부할 때는 기말에 그 기의 실제배부율을 계산하여 간접비배부액을 일괄하여 계산 기입한다.
 (2) 원가계산표에 기입할 사항
 원가계산표에 기입할 사항은 기업마다 다를 수 있고 또 생산방식,

| | 제품의 종류에 따라 조금씩 다를 수 있으나 일반적으로 공통적으로 사용되는 사항으로 다음과 같은 것이 있다.
① 제조지령서번호 ② 제품의 명칭 또는 부호 ③ 제조수량 ④ 제조요구일·착수일·완성일 ⑤ 직접재료비 : 원료의 명칭·출고청구서번호·사용수량 소비가액 ⑥ 직접노무비 : 작업시간·임률·소비임금액 ⑦ 제조간접비 : 배부율·금액 ⑧ 적요 : 원가합계·단가
　(3) 제조원장과 제조계정의 관계 개별원가계산에 있어서의 제조계정의 차변에는 기초재공품의 원가에 당기의 직접재료비·직접노무비·직접경비 등의 소비액이 기입되고, 여기에 다시 예정률에 의한 간접비의 배부액이 가산된다. 이 제조계정의 차변합계액의 명세를 표시하는 것이 지령서별로 설정된 원가계산표이다.
　원가계산표를 철한 장부를 제조원장 또는 원가원장이라 한다. |
|---|---|
| 원가계산표의
작성 | [사례] 원가계산표의 작성
　제조지령서 #23에 의한 갑 제작품 5개 제조에 요하는 원가자료는 (A)·(B)와 같다. 보수작업부문의 자료는 제작품 5개 중 3개가 제3제조부문에서 공손되어 이를 보수한 결과를 이 제조지령서에 집계한 것이다.
　(1) 보수비를 직접비로 하여 제조원가에 산입하는 경우의 원가계산표를 작성하라.
　(2) 보수부문에서 발생한 보수용 재료비와 보수작업비의 실제액을 보수부문에 간접비로 처리하는 경우에 제조지령서 #23의 보수비견적액을 33,840원(직접재료비 24,000원, 보수작업시간수 12시간)으로 한다면 #23의 제조원가의 합계액은 얼마가 되는가. 그리고 이 견적에서 보수작업부문에 얼마의 간접비 차이가 발생하는가.
　(3) 원가자료 (A)제조지령서 #23의 부문별 자료
　　① 제1제조부문 : 직접재료비 200,000원, 직접작업시간수 52시간
　　② 제2제조부문 : 직접작업시간 80시간
　　③ 제3제조부문 : 직접작업시간 55시간
　　④ 보수작업부문 : 직접재료비 22,000원, 직접작업시간수 10시간
　(B) 임률 및 간접비 배부율
　　① 제1제조부문 : 1시간당 임률 200원, 1시간당 제조간접비 배부율 800원
　　② 제2제조부문 : 1시간당 임률 150원, 1시간당 제조간접비 배부율 1,000원
　　③ 제3제조부문 : 1시간당 임률 180원, 1시간당 제조간접비 배부율 500원
　　④ 보수작업부문 : 1시간당 임률 220원, 1시간당 제조간접비 배부율 600원
　　〈해답〉 |

① 원가계산표

비 목	제1제조부문	제2제조부문	제3제조부문	보수부문	합 계
직접재료비	200,000	-	-	22,000	22,200
직접노무비	10,400	12,000	9,900	2,200	34,500
제조간접비	41,600	80,000	27,500	6,000	155,100
완성품제조원가	252,000	92,000	37,400	30,200	411,600
완성 수량					5개
단위 원가					@82,320

② #23의 제조원가합계

  제1제조부문   252,000   #23 보수부문의 간접비 차이
  제2제조부문   92,000   　견적액(33,840)-실제액(30,200)
  제3제조부문   37,400   　　　　　　　　　=3,640
  보 수 부 문   33,840
  　 계   　415,240

원가계산형태 (原價計算形態) (Class of Cost Accounting)

[의의] 원가계산의 형태는 우선 원가를 급부단위에 부담시키는 방법에 따라 구분되나, 이것은 본질적으로 경영의 생산양식여하에 따라 결정되는 것이라 하겠다. 이러한 경우에는 개별원가계산과 종합원가계산이 대조되고, 조별원가계산의 위치가 문제가 되나, 결국 이것은 종합원가계산의 발전형태로서 이해되는 것이다.

[설명] 생산양식과의 관계에 있어서의 원가계산형태는 다음과 같이 체계화하여 표시할 수 있다.

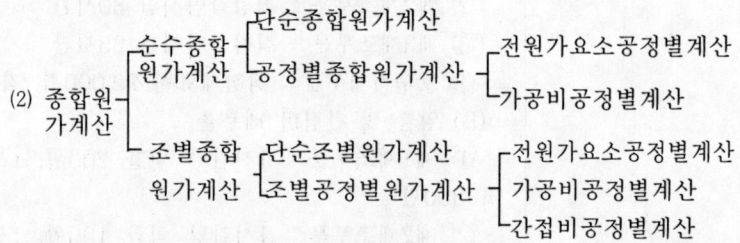

또 원가계산형태를 사후원가계산과 사전원가계산으로 또는 전부원가계산과 부분원가계산으로도 나누어진다.

원 가 계 정 (原 價 計 定) (Cost Account)

[의의] 원가계정이라 함은 경영급부를 생산하는데 필요한 원가를 산출하기 위하여 원가를 구성하는 요소별로 또는 원자재가 소비되는 장소별로 원가의 이동상황을 기록·계산하는 계정을 말한다.

부기로서의 원가계정	**설명** 제조활동을 정확히 파악하기 위해서는 필요한 원가계정과목을 신중히 선택하고, 이들 계정을 적절히 정리·분류해서 전체적으로 통일성 있는 계정조직을 설정하여야 한다. 원가계정의 성질은 일반계정이 가지는 성질을 모두 다 가지고 있다. 다만, 취급대상이 원가계산을 위한다는 것만이 다를 뿐이다. 따라서 원가계정은 계제식계산(階梯式計算)에서는 잘 알 수 없는 잔액을 곧 알 수 있다. 그러나 수입금액과 지출금액을 비교하고 그 수지의 상태를 관찰하기가 곤란하다. 또한 거래를 차변과 대변의 양면에 기록하기 때문에(거래의 이중성), 항상 차변의 합계와 대변의 합계는 일치한다.(대차평균의 원리) 원가계산을 하는 경우 공업부기에서 사용되는 계정은 상업부기에서 일반적으로 설정하는 계정외에 내부제조활동을 기록하기 위하여 특히 다음과 같은 계정을 따로 설정한다.
원가요소계정 재료비 관계계정	1. 원가요소계정 (1) 재료비관계계정 재료비관계계정에는 주요재료·보조재료·부분품·소모공구기구비품의 4가지계정이 있다. 이 계정은 자산인 동시에 재료의 소비액을 표시하는 원가요소계정이기도 하다. 이 계정의 기입법은 모두 같으므로 여기서는 주요재료를 예로 하여 설명한다. 차변에는 전월로부터의 이월액과 당월 매입액 및 매입제비용을 기입하고, 대변에는 당월의 소비액을 기입한다.

주 요 재 료

전월이월액	×××	당월소비액	×××
당월매입액	×××	※ 직접비는 제조계정에, 간접비는	
매입제비용	×××	제조간접비에	
		차월이월액	×××
		(월말재고액)	

이 경우 소비액을 기입하는 시기는 재료가 창고에서 출고되어 작업 현장에 인도하는 때이다. 그러므로 주요재료계정의 차변잔액은 재료의 재고액을 표시하는데, 이월재고액은 다음의 방법에 의하여 산출된다.

월초재료재고액＋당월재료매입액－당월재료소비액＝월말재료재고액

〈예〉① 재료 50,000원을 외상으로 매입하다.
    (차) 재료 50,000원   (대) 매입채무 50,000
② 위의 재료의 매입비용 1,000원을 현금으로 지급한다.
    (차) 재료 1,000   (대) 현금및현금등가물 1,000

대변에 기입된 재료소비액이 어느 계정에 대체되어야 할 것인가는 그 재료의 소비가 직접비이냐에 따라 다르다. 제조직접비(직접재료비) 즉, 특정제품의 제조를 위하여 소비 된 것인 경우에는 제조계정의 차변에 대체하여야 하고 또 반대로 제조간접비(간접재료비)즉, 다수종류

의 제품을 위하여 공통적으로 소비된 것은 제조간접비계정의 차변에 대체하여야 한다.

〈예〉③ A제품 제조를 위하여 재료 40,000원을 출고해서 소비한다.
　　　　(차) 제 조 40,000　　　(대) 재 료 40,000
　　④ 다수종류의 제조를 위하여 재료 3,000원을 출고해서 소비한다.
　　　　(차) 제조간접비 3,000　　(대) 재 료 3,000

위의 분개를 재료계정에 표시하면 다음과 같다. 그리고 재료의 전월이월액은 15,000원이다.

재　　　　료

전월이월액	15,000	③ 직접소비액	40,000
① 매입액(매입채무)	50,000	④간접소비액(제조간접비)	3,000
② 매입제비용	1,000	차기이월액	23,000
	66,000		66,000

재료비 관계의 계정은 원가계산기간에 맞추어 매월말에 마감한다. 그리고 매월말에는 장부잔액을 그대로 이월하여 두고 결산기에는 재료의 실지재고조사를 한 결과로 판명된 실제잔액으로 이월절차를 취한다.

이 경우에 실제잔액과 장부잔액과는 일치하지 않는 것이 보통이다. 왜냐하면 재료의 보관 중에 부패·용해·파손·도난·부정 등의 이유로 말미암은 소모나, 기장상 또는 재료취급상의 과오에 의하여 차액이 발생하기 때문이다. 이와 같은 재고차액은 재료재고감모손이라는 계정에 대체하여 처리한다.

이 감모손에 대해서는 그것이 정상적인 것이라면 제조간접비에 산입하고, 이상적인 것 또는 지나치게 거액을 차지하는 것은, 이를 원가외인 영업외비용으로 처리한다.

〈예〉① 보관중인 재료 2,000원이 모자란다.
　　　　(차) 재료재고감모손 2,000　　(대) 재 료 2,000
　　② 위의 감모손은 정상적인 것이므로 경비로서 원가에 산입하다.
　　　　(차) 제조간접비 2,000　　(대) 재료재고감모손 2,000
　　③ 위의 감모손을 원가외비용으로 처리하다.
　　　　(차) 손　　익 2,000　　(대) 재료재고감모손 2,000

재료계정외에 재료비계정을 설정하여 재료의 소비사항을 파악할 수도 있는데, 이것은 도리어 복잡하므로 재료계정만으로 처리하는 것이 일반적이다.

재료비계정을 설정하는 경우의 기장예를 다음에 참고로 들어 설명한다.

〈예〉① 재료 30,000원을 출고하여 작업현장에 인도하였다.
　　　　(차) 재 료 비 30,000　　(대) 재 료 30,000

② 재료비 20,000원을 직접재료로, 재료 10,000원을 간접재료로 소비한다.
　　(차) 제　　료 20,000　　(대) 재 료 비 30,000
　　　　제조간접비 10,000

|노무비
관계계정| (2) 노무비관계계정
이 계정은 임금·급료·잡급의 3계정이다. 이 계정은 그 지급액과 소비액을 처리하는 계정으로 기입법은 모두 같으므로 여기서는 임금계정에 대한 기입법을 설명한다. 차변에는 당월의 임금지급액을 기입하고 대변에는 전월분의 미지급액이 이월기입되며 또 소비액이 기입된다. |

　　　　　　　　　　　임　　　금
　　　────────────────────────
　　　당월지급액　　×××　│　전월미지급액　　×××
　　　　　　　　　　　　　│　당월소비액　　　×××
　　　　　　　　　　　　　│　※ 직접비는 제조계정에 기입하고
　　　　　　　　　　　　　│　　 간접비는 제조간접비에 기입한다.

　이 소비액을 기입하는 경우의 상대계정은 그 임금의 소비가 직접비이면 제조계정, 간접비이면 제조간접비 계정이다. 월말에 있어서 임금계정은 보통 대변잔액이다. 이 대변잔액은 당월분의 임금 미지급액을 뜻한다.
　매월말에 있어서 왜 임금의 미지급액이 발생하는가 하면 이것은 임금의 지급계산기간과 소비계산기간(원가계산기간)이 서로 일치하지 않기 때문이다.
　예를 들면 12월 1일부터 12월 31일까지를 1원가계산기간으로 하였을 때 임금의 지급액은 11월 26일부터 12월 25일까지의 기간(1개월)에 대하여 계산할 때가 많다.(실제의 지급은 그보다 늦다)
　그러므로 12월 31일에는 12월 26일부터 12월 31일까지의 기간의 임금이 미지급이 되는 것이다. 즉, 지급임금계산의 마감일과 소비임금계산의 마감일이 일치하지 않아 매월말에 미지급임금이 생기게 되는 것이다. 이 임금의 미지급액은 부채로서 다음달에 이월된다.
　〈예〉① 당월분임금 200,000원을 수표를 발행하여 지급하다.
　　　　(차) 임　금 20,000　　(대) 현금및현금등가물 200,000
　　　② 당월중의 직접임금소비액은 120,000원이다.
　　　　(차) 제　　조 120,000　　(대) 임　　금 120,000
　　　③ 당월중의 간접임금 소비액은 90,000원이다.
　　　　(차) 제조간접비 90,000 (대) 임　　금 90,000
　이상의 분개를 임금계정에 정리하면 다음과 같다. 그리고 임금의 전월분 미지급액(전월이월액)은 30,000원이다.

|경비관계계정|

<table>
<tr><td colspan="2" align="center">임　　　금</td></tr>
<tr><td>1) 당기지급액　200,000
　차기이월　　　40,000

　　　　　　　240,000</td><td>전월이월　　　　　　　　30,000
2) 직접소비액(제조계정에) 120,000
3) 간접소비액(제조간접비계정에)
　　　　　　　　　　　　90,000
　　　　　　　　　　　 240,000</td></tr>
<tr><td></td><td>전　월　이　월　　　　　40,000</td></tr>
</table>

그리고 급료 및 잡급은 그 달에 지급액이 그대로 그 달의 소비액이 되므로 미지급의 문제는 없다.

(3) 경비관계계정

경비는 여러종류마다 독립된 계정을 설정하여 처리한다. 예를 들면 전력비, 가스수도료, 운임, 감가상각비, 세금공과, 수선비, 지대·집세, 보험료, 여비교통비, 통신비, 잡비 등 경비에 속하는 계정은 차변에 지급액 또는 발생액을 기입하고 대변에는 소비액을 기입한다. 소비액을 대변에 기입하는 경우의 상대계정은 직접경비인 경우는 제조계정, 간접경비인 경우는 제조간접비계정이다. 경비는 대부분이 간접경비로 처리되며 특허권사용료, 외주가공비 등은 잡비가 된다. 그런데 직접법으로 처리하면 경비중에는 그 소비액을 대체하고서 차변잔액이면 선급액이 되고 대변잔액이면 미지급액이 되는 것이다.

〈예〉① 당월분 제조경비 170,000원을 현금지급하다.
　　　(차) 경　　　비 170,000　(대) 현금및현금등가물 170,000
② 당월중의 직접경비 소비액은 20,000원이다.
　　　(차) 제　　　조　20,000　(대) 경　　　비　20,000
③ 당월중의 간접경비 소비액은 160,000원이다.
　　　(차) 제조간접비 160,000　(대) 경　　　비 160,000
그리고 당월분의 선급액(전기이월액)이 30,000원이다.
이상을 경비계정에 기입하면 다음과 같다.

<table>
<tr><td colspan="2" align="center">경　　　비</td></tr>
<tr><td>전기이월(전월선급액) 30,000
(1)당기지급액(발생액) 170,000

　　　　　　　　　 200,000</td><td>2) 직접소비액(제조계정에) 20,000
3) 간접소비액(제조간접비계정에)
　　　　　　　　　　　 160,000
　차기이월(이월선급비) 20,000
　　　　　　　　　　　 200,000</td></tr>
<tr><td>전기이월　　　　　　 20,000</td><td></td></tr>
</table>

매월말에 미지급액이 있는 경비계정의 기입법은 앞의 임금계정과 같다. 그런데 경비에 속하는 계정에 주의할 것은 감가상각비계정이다. 감가상각비는 부기계산에 있어서는 결산기말에야 그 기분이 계산된다. 가령 6개월이 1회계기간이라고 하면 6개월마다 감가상각비를 계산하여 처리하지만 원가계산은 매월하게 되므로 감가상각비의 1개월

분을 구분하여 이를 원가에 산입하여야 한다.

그러므로 기초에 6개월분(1회기간)의 감가상각비를 추산하여 그것을 6분의1로 계산한 1개월분을 매월의 감가상각비로 계상하여 감가상각비계정에서 제조간접비계정에 대체한다.

감가상각비는 결산기말에 감가상각비계정차변에 감가상각액을 기입하고 매 원가계산기말에 그 달분의 감가상각비 소비액을 대변에 기입한다.

〈예〉① 당월분의 감가상각비 소비액은 10,000원이다.
  (차) 제조간접비 10,000 (대) 감가상각비 10,000
② 결산기말에 감가상각비 발생액은 60,000원이다.
  (차) 감가상각비 60,000 (대) 감가상각누계액 60,000

감 가 상 각 비

② 감가상각누계액 60,000	① 제조간접비 10,000

원가집계계정
제조간접비계정

2. 원가집계계정

(1) 제조간접비계정

이 계정은 여러 종류의 제품을 개별적으로 제조하고 있는 경우에 2종류 이상의 제품의 제조를 위해서 공통적으로 소비된 원가를 집계하기 위한 계정이다. 이와 같은 제조간접비는 1개월간에 발생한 금액을 이 계정에다 집계하고 원가계산기말에 그 합계액을 일정한 배부기준에 따라 제품에다 배부하는 것이다. 이 계정의 차변에는 재료비·노무비·경비의 원가요소계정에서 제조에 소비된 간접비가 대체기입된다. 대변에는 제품에의 배부액이 기입된다.

제 조 간 접 비

간접재료비(재료계정에서) ×××	특정제품에의배부액(제조계정에)
간접노무비(임금계정에서) ×××	×××
간접경비(각종경비계정에서) ×××	

〈예〉기말에 제조간접비총액(배부액) 100,000원을 제조계정에 대체하다.
  (차) 제조 100,000 (대) 제조간접비 100,000

제조계정

(2) 제조계정

이 계정은 각 제품원가를 집계하기 위하여 설정한 계정으로 공업부기에서는 가장 중요한 계정이다. 이 계정의 차변에는 재공품의 전기이월액과 재료비·노무비·경비의 여러계정에서 제조직접비로서 또 제조간접비계정에서 제품에의 배부액이 각각 대체 기입된다.

대변에는 당월중의 완성한 제품의 제조원가를 기입한다. 그 결과 차변잔액은 재공품의 기말재고액이 표시된다.

제　　　　조	
전기이월액(월초재공품재고액) ×××	당월완성제조원가(제조계정에)
직접재료비(각종재료계정에서) ×××	×××
직접노무비(임금계정에서)　　×××	차기이월액(월말재공품재고액)
직접경비(각종경비계정에서)　×××	×××
제조간접비(제조간접비계정에서) ×××	

　그리고 제조계정의 월말재공품 재고액은 다음과 같은 방식에 의하여 산정된다.

　월말재공품재고액=월초재공품재고액+당기발생제조원가-당월완성품제조원가

3. 제품관계계정

　제품관계계정에는 제품·반제품·부산물 등의 계정이 있다. 제품이란 모든 제조공정을 통과한 완성품으로서 판매할 수 있는 상태에 있는 것을 말하며, 반제품이란 모든 제조공정을 마치고 공장에서 창고에 인도되어 다음의 최종공정에 들어가기를 기다리고 있는 상태의 것을 말한다. 그러나 반제품은 그 상태대로 판매할 수 있는 특색을 가지고 있다. 부산물이란 주된 제품의 제조과정에서 파생적으로 생기는 물품이다.

제　　　　품	
전기이월액(월초재고액) ×××	당월매출품제조원가(매출원가계정에)
당월완성액(제조계정에서) ×××	×××
	차기이월액(월말재고액)　×××

　반제품계정이나 부산물계정 모두 그 기입방법은 제품계정과 같으므로 여기서는 제품계정에 대하여 설명하기로 한다. 제품계정은 차변에 전기이월액이 기입되며 또 제조계정에서 당월완성한 제품의 제조원가가 대체기입된다. 대변에는 당월에 매출한 제품의 제조원가가 기입되며, 그 결과 이 계정의 차변잔액은 제품의 월말재고액을 표시하므로 이를 다음달에 이월한다. 대변에 매출제품 제조원가를 기입하는 경우에 상대계정은 매출원가계정이다.

　〈예〉① 당월에 완성한 제품의 제조원가는 1,200,000원이다.
　　　　(차) 제　　품 1,200,000　　(대) 제　　조 1,200,000
　　　② 당월매출제품의 제조원가는 1,180,000원이다.
　　　　(차) 매출원가 1,180,000　　(대) 제　　품 1,180,000
　그리고 제품의 전기이월액은 60,000원, 월말재고액은 80,000원이다.

	제　　　품	
전기이월액(이월제품) 60,000	② 매출제조원가(매출원가계정에)	
① 제품제조원가(제조계정에서)		1,180,000
1,200,00	차기이월(월말재고)	80,000
1,2600,000		1,260,000
전기이월　　　80,000		

그리고 실지재고액과 장부잔액과는 차액이 생기는 경우가 있는데 이 재고잔액은 제품재고감모손계정으로 처리되며 이 감모손이 정상액이면 다음에 설명하는 관리판매비에 산입하고 이상적이거나 거액이면 영업외비용 또는 기간외 비용으로 처리한다.

기타계정　4. 기타계정

(1) 이 계정은 경영의 관리비 및 제품의 판매에 발생하는 원가요소를 처리하는 계정으로 각각 엄밀하게 구별하면 관리비와 판매비 (Administration and Selling Expense)라고 하는 성질이 서로 다른 2가지 항목으로 결합되고 있는 계정이다.

관리비라 함은 임원급여·사무원급여·보험료·감가상각비 등과 같이 경영전체의 관리를 담당하고 있는 부서인 관리부에서 발생하는 비용을 말하며, 판매비란 판매원의 급여·여비·광고선전비 등과 같이 제품의 판매를 담당하고 있는 판매부에서 발생하는 비용을 말한다. 관리판매비는 영업부에서 발생하는 비용이므로 공장에서 발생하는 원가와는 구별된다. 이들의 원가요소는 우선 비목계정(원가요소계정)으로 처리하여 두었다가 원가 계산기말에 그 1개월분의 총액을 적정한 기준으로 공장부담부분과 영업부부담부분으로 구분하고 제조원가에 속하는 금액은 제조간접비계정의 차변에 옮기고 관리판매비에 속하는 금액은 관리판매비 계정에 대체하는 것이다.

그리하여 관리판매비계정의 차변에는 각 원가요소계정(재료소비액중에는 관리판매비가 포함되는 경우는 거의 없다)으로부터 관리판매비가 집계되는 것이다.

이 관리판매비의 합계액은 기말에 매출원가계정에 대체되는 제품의 원가를 구성한다.

관　리　판　매　비

임금, 급료 및 제경비	매출품으로의배부액(매출원가계정에)
중 영업부 부담의 금액 ×××	×××

〈예〉① 기말에 임금소비액 50,000원을 계상하다. 그 내용은 직접임금이 30,000원 간접임금이 12,500원, 관리판매임금이 7,500원이다.

　　　(차) 제　　조　　30,000　　(대) 임　금　50,000
　　　　　 제조간접비　12,500

　　　　　　　　관리판매비　　　7,500
② 기말에 보험료 소비액 60,000원을 계상한다. 그 내용은 제조부에 연관된 것이 40,000원, 판매부가 12,000원, 관리부가 8,000원이다.
　　　　(차)　　제조간접비 40,000　　(대) 보 험 료 60,000
　　　　　　　관리판매비 20,000
③ 기말에 광고선전소비액 24,000원을 계상하다.
　　　　(차) 관리판매비 24,000　　(대) 광고선전비 24,000
④ 기말에 관리판매비총액 51,500원을 매출원가계정에 대체한다.
　　　　(차) 매출원가　 51,500　　(대) 관리판매비 51,500
　관리판매관계의 제원가요소계정은 그 성질상 대부분이 간접비로 처리된다. 그러나 직접비가 있는 경우에는 관리판매비계정 대신에 관리판매간접비계정을 설정하여 직접비는 원가요소계정으로부터 매출원가계정의 차변에, 그리고 간접비는 관리판매간접비계정의 차변에 대체한다.

매출원가계정

(2) 매출원가계정

　매출원가계정(Cost of Goods Sold a/c)은 일정기간 중에 판매된 상품·제품 등에 할당된 취득원가 또는 제조원가가 매출원가이다. 매출원가는 원칙적으로 계속기록법에 의하여 측정되어야만 하지만, 편의상 실제조사법에 의하여 간접적으로 산정되는 경우가 많다. 상품계정을 매입계정과 매출계정으로 2분할 하거나 이월상품계정·매입계정·매출계정으로 3분할하면, 매출원가는 매입계정에서 산출하거나 집합손익계정에서 간접적으로 산정될 수도 있다. 결산시에 중간적 집합계정인 매출원가계정을 설정하는 방법에 의하면, 이 계정은 매출원가산출의 명세를 표시하는 역할을 한다. 즉, 전기이월액과 당기순매입액을 차변에 대체하고, 기말재고액을 차변에 기입하면, 차변잔액은 매출원가를 표시한다. 매입계정 또는 매출원가계정에서 산출한 매출원가는 손익계정 차변에 대체된다. 공업부기에서는 매출원가계정의 차변에 제품계정으로부터 당월매출제품원가를 대체한다.
　그리고 매출원가계정의 차변합계를 월차손익계정의 차변에 대체기입한다. 상업에서는 기초상품재고액에다 당기매입액을 가산하고, 기말상품재고액을 공제하는 형식으로 매출원가를 표시하고, 제조업에서는 기초제품재고액에다 당기제품제조원가를 가산하고, 기말제품재고액을 공제하는 형식으로 제조(매출)원가를 표시한다.
〈예〉① 당월 매출제품의 제조원가는 1,180,000원이다.
　　　　(차) 매출원가 1,180,000　　(대) 제　품 1,180,000
② 당월의 관리직접비가 40,000원이다.
　　　　(차) 매출원가　 40,000　　(대) 직접관리판매비 40,000
③ 당월관리판매 간접비의 매출제품에의 배부액이 200,000원이다.

	(차) 매출원가 200,000 (대) 간접관리판매비 200,000
	④ 당월의 매출제품 총원가는 1,420,000원이다.
	(차) 월차손익 1,420,000 (대) 매출원가 1,420,000
	이상의 분개를 매출원가계정에 기입 표시하면 다음과 같다.

매 출 원 가

① 매출제품제조원가(제품계정에서)	④ 매출제품총원가
1,180,000	(월차손익계정에) 1,420,000
② 직접관리판매비	
(관리비판매비계정에서) 40,000	
③ 간접관리판매비	
(관리판매간접비계정에서) 200,000	
1,420,000	1,420,000

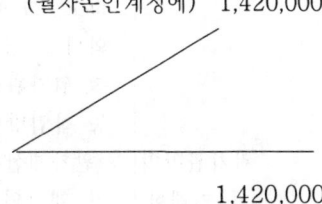

월차손익계정	(3) 월차손익계정
	월차손익계정(Monthly Profit and Loss Account)이란 일반적으로 원가계산을 하고 있는 제조업에서 설정하는 계정과목이다. 원가계산은 1개월 마다 제품의 제조원가가 계산되어, 재공품(또는 제조)계정에서 제품계정으로 대체한다. 한편 제품이 판매되면 그 즉시 또는 1일, 10일마다 그 제품원가를 제품계정에서 매출원가계정에 대체한다. 이와 같은 계정기록을 1개월마다 집계하여, 매출액을 월차손익계정의 대변에 그리고 매출원가·판매비·관리비는 월차손익계정의 차변에 대체한다. 그러므로 월차손익계정에는 매월의 영업손익이 누적된다. 영업외수익 및 비용은 기말에 결산손익(또는 손익)계정에 집계하게 된다. 이 계정은 결산기말에 대변차액을 계산하여 년차손익계정에 대체한다. 이 년차손익계정은 상업부기에 있어서의 손익계정과 같다.
	〈예〉 ① 당월의 매출제품 총원가가 1,420,000원이다.
	(차) 월차손익 1,420,000 (대) 매출원가 1,420,000
	② 당월의 순매출액이 1,750,000원이다.
	(차) 매출 1,750,000 (대) 월차손익 1,750,000
원가공제감가 **(原價控除減價)** (Full Cost Loss Depreciation)	의의 원가공제감가란 자산평가기준으로서의 원가주의란 취득원가에서 그 기초를 두는 것으로서 고정자산의 평가에 대해서 취득원가에서 일정한 감가상각비를 공제한 가격으로 평가하는 것을 말한다. 전부원가계산에 의하면 판매량이 가장 적은 제2기에 매출이익이 최대가 되고 반대로 판매량이 가장 많은 제3기에 매출이익이 최소가 된다.
원 가 관 리 **(原價管理)** (Cost Control)	의의 원가관리에는 광의의 원가관리와 협의의 원가관리의 2개가 있고, 일반적으로는 후자 즉, 협의의 원가관리가 사용되고 있다. 후자에 의하면 직제상의 원가관리책임자가 원가계산에 의해 얻어진 원가정보에 의거하여 단기적 관점 및 장기적 관점에서 그 직제의 범위내에 있

	어서 목표원가의 유지 및 각종원가의 절감을 조직적으로 수행하여 가는 관리활동을 가리키는 것으로 되어 있다. 설명 원가관리의 목표로 하는 바는 원가의 절하에 있고, 그것을 위해 먼저 표준원가를 원가계산으로부터 들어서, 이것을 목표로하여 실제의 원가의 절하를 진행하여 가는 것이 원가관리의 의도하는 것이다. 단기적 관점에서 하는 원가관리는 표준원가의 유지를 제1의 목표로 하고, 그 때문에 일반으로는 표준작업시간의 설정·표준원가와 실제와의 차이측정·차이분석·차이원인배제의 스텝이 취하여지고 장기적 원가관리는 상술의 원가절감을 위해 설계 사양변경·생산방식변경 등 작업방법의 변경의 분야까지 활동범위가 넓혀진다.
원가관리의 기계화	원가계산이 종류에 구별이 없이 수작업에서 EDP제도를 이행하는 것이 계산의 신속성과 정확성이 배가된다는 점에 기계화의 장점이 있다. 원가관리를 하는데 있어서 가장 필요한 것은 과거의 자료를 신속하게 정리, 계산하며, 비능률의 요소를 분석하고, 이를 개선하는데 있다. 그런데 종래의 수작업 원가계산은 복잡한 원가계산제도 때문에 상당한 시간이 걸려야 과거원가를 알 수 있었다. 그러나 EDPS는 계산시간의 구애를 거의 받지 않으므로 효과적인 원가회계 프로그램만 있다면 최단시간내에 과거원가자료를 계산, 정리할 수 있게 되었다. 뿐만 아니라 동일한 종류로 경영 각 분야에 연결시켜 관리가능하게 되는데, 예를 들면 원가계산과 생산관리를 결합시킬 경우, 양쪽에서 다 이용할 수 있는 자료를 만들도록 관리체계를 세우는 것이 보통이다. 재료비의 계산은 재료에 관계되는 입출고계산자료를 이용하고, 작업표를 급여계산에서 직접 이용하고, 한편으로 공장 각 공정의 부하를 계산하게 되므로, 한 종류의 카드만을 인풋(Input)시켜서 각종 관리자료를 매출(Output)해 내므로, 따로 원가관리용 전표를 발행할 필요가 없게 된다. EDPS에 집결된 자료로부터 재료의 표준단가, 작업의 표준시간을 수정계산하고, 공장에 대한 각종 관리의 기본자료로도 이용한다. 뿐만 아니라 표준원가나 매가(賣價)를 비교 분석하여 경영자에게 합리적인 의사결정을 가능하게 하고, 계산된 이익률에 따라 제품판매력을 집중하여 이익을 최대한으로 올릴 수 있게 한다. 또한 원가절감에 기여하기 위한 원가차이·수량차이·임률차이·시간차이·예정차이·조업도차이·능률차이 등을 계산·분석하여 경영자에게 제공하게 된다. 이와 같이 과거의 수작업계산에서는 계산노무비 때문에 할 수 없었던 각종 의사결정기법을 마음대로 사용하여 경영자의 합리적인 의사결정을 가능하게 한다.
원가관리조직	의의 원가관리조직은 경영조직에 있어서 계산조직 이외에 경영관리

(原價管理組織) (Cost Management Organization)	조직을 과학적이고 합리적으로 확립함으로써 결정된다. 원가관리조직에는 장표양식 또는 계산절차를 고안하고, 계산방식을 정비하여 원가관리를 실시하게 되는데, 이러한 조직을 설정하기 위한 전제는 경영활동 자체가 조직적으로 운영되어야 하고, 책임과 권한관계가 체계화되어 있어야 한다. 설명 원가관리조직을 설정하기 위해서는 다음과 같은 점을 고려하여야 한다. ① 생산계획 및 생산관리와 결합하여, 공장사정에 알맞게 설정되어야 한다. ② 원가책임을 명확하게 하기 위해, 공장직제가 이에 적당하게 구성되어야 한다. ③ 원가항목은 관리목적에 따라 편성되어, 관리가능비와 관리불능비로 구분되어 있어야 한다. ④ 작업을 관리하는데 있어서 작업능률을 측정할 수 있도록 표준 또는 예정원가를 설정하고, 이를 작업원이 명확히 인식하고 있어야 한다. ⑤ 표준과 실제원가와의 차이(비능률원인)를 분석하고, 각 관리담당자에게 보고하여 이의 대책을 고안, 실행하게 하여야 한다. ⑥ 작업성적에 관한 보상제를 설정한다. 원가관리조직은 스탶부문에 속하고 있기는 하나, 라인조직과 밀접한 관련이 있다. 원가관리의 실제 실천은 라인담당자가 하고 원가절감의 책임도 라인부문에 있기는 하지만, 이를 지도하는 것이 원가관리조직이어서, 라인담당자가 관리담당자와 호흡이 맞아야 한다. 그러기 위해서는 라인 담당자의 협력을 적극 구하고, 라인담당자로 하여금 창의력과 책임감을 앙양하겠금 원가관리 담당자들이 노력하여야 한다. 이것은 원가관리에 의한 원가절감은 전조직의 공동목표이면서 공동책임이기 때문이다. 원가관리조직은 광의로 해석하게 되면, 이렇게 전경영조직이 대상이 되지만, 협의로 해석하게 되면 원가관리위원회와 원가관리과 또는 콘트롤 등만을 지칭할 때가 있다. 원가관리위원회는 각 부문의 부장급으로(소규모인 경우는 과장급)구성이 되어 공장장 내지는 생산담당부사장이 위원장이 되어 원가관리에 대한 의사결정을 하게 된다. 이 위원회에서 원가차이분석보고서나 기타 원가관계자료를 종합검토하여, 그 대책을 강구하고 이를 주지시키게 되는데 구성원이 각부문 책임자이므로 기술, 회계 등의 각 분야가 융화되어 합리적인 의사결정과 각 부문의 고정처리가 가능하게 된다. 이 위원회의 실제 사무집행은 원가관리과(또는 계)가 담당하여 위원회의 안건, 결정사항의 집행 등을 담당하게 된다.

원가구성 (原價構成)
(Cost Composition)

[설명] 원가는 재료비·노무비·경비의 3요소로 구성되지만 각 원가요소는 다음과 같은 단계를 거쳐 판매가격으로까지 구성된다.

(1) 직접원가(Direct Cost)

직접원가란 특정제품의 제조를 위하여 직접 소비된 경제가치 즉 직접비인 직접재료비·직접노무비·직접경비 등 원가요소만을 집계한 것이며 간접비가 아직 전가 가산되지 않은 이전의 원가구분이다.

원가구성의 기초적부분을 형성하는데서 기초원가·원시원가 또는 제1원가라고도 한다.

단순 소규모의 경영에 있어서는 제조원가는 흔히 이 직접원가로 구성되고 있는데, 여기서 주의해야 할 것은 부분원가계산의 일종인 직접원가계산에 있어서의 직접원가는 그 명칭은 같지만 그 성질이 다르다는 점에 유념하여야 한다.

(2) 제조원가(Manufacturing Cost)

제품의 제조를 위해 직접·간접으로 소비한 일체의 경제가치의 합계액을 제조원가라고 한다.

일반적으로 원가라고 표현할 때는, 이 제조원가를 가리키는 일이 많다. 제조원가는 재료비·노무비·경비로 구분하고, 이를 다시 직접비와 간접비로 구분한다.

```
                ┌ 직접재료비
         ┌ 직접비 ─ 직접노무비
         │      └ 직접경비
제조원가 ─┤
         │      ┌ 간접재료비
         └ 간접비 ─ 간접노무비
                └ 간접경비
```

(3) 총원가(Total Cost)

총원가라 함은 제품의 제조원가에 판매비와 관리비를 더한 원가를 말한다. 이 원가는 제품의 제조에서부터 판매에 이르기까지에 발생한 모든 원가요소를 포함하며 판매가격을 결정하는 기초가 되므로 판매원가라고도 한다.

주문생산·도급작업의 경우에 총원가계산이 중요시되지만 보통의 원가계산은 제조원가계산으로 일단 끝이고, 총원가의 계산을 처리된다.

(4) 판매가격(Selling Price)

상품·제품 등이 매각되는 가격으로 매가라고도 한다. 원가에 이폭(利幅)을 가산한 것이다.

판매가격의 결정에 즈음하여 일반기업에 있어서 많이 도입되고 있는 것은 원가에 공정한 이폭을 가산한 원가가산방식으로, 이 구성은 아래와 같이 나타난다.

① 직접원가 = 직접재료비 + 직접노무비 + 직접경비
② 제조원가 = 직접원가 + 제조간접비

③ 총원가 = 제조원가 + 판매경비 + 관리비
④ 판매가격 = 총원가 + 이익

그러나 자본주의 경제하에 있어서는, 이와 같은 원가를 기준으로 하는 판매가격만이 아니고, 수급상황이나 예측 등을 고려에 넣은 판매가격도 존재한다. 또 상품은 1생애를 통하여 몇 개의 단계를 거쳐서 성숙해 가는 것이며, 신제품도 있는가 하면 쇠퇴한 제품도 있고, 이와 같은 성숙단계에 따른 가격결정도 필요하다.

이 밖에 일반경제정세의 변화나 구매자에게 주는 심리적 효과도 고려에 넣어서 판매가격을 결정하는 수도 있다.

[원가구성도해]

직접 재료비	제조간접비	판매비·관리비	이 익	
직접 노무비	직접원가	제조원가	총 원 가	판매가격
직접 경비				

원가구성비율
(原價構成比率)
(Cost Composition Ratio)

의의 제조원가에 차지하는 재료비·노무비·외주비·경비 등의 원가요소의 구성비율(백분율)을 말한다.

설명 이것은 초보적인 원가분석 방법으로서 사용된다. 즉, 어느 기업의 원가구성비율을 시계열로 쫓아서 본다. 또는 동업 평균 따위와 비교하여 보는 것에 의해 원가변동의 원가추구 또는 원가의 수준의 적부판정에 도움이 되게 하는 것이다. 단, 이 분석만으로는 재료·가격·임률·조업도 등에 변화가 있었던가의 여부가 불명하고, 참다운 원인추구 또는 정확한 판정을 위해서는 더욱 더 파헤친 원가분석이 필요하게 된다.

원 가 기 사
(原價技士)
(Cost Engineer)

의의 원가기사는 엔지니어와 원가계산의 쌍방의 소양을 갖추도록 특별한 훈련을 받은 전문가로서 미국의 경우는 하나의 독립된 전문가이다.

설명 원가기사는 스탶기능을 담당하나 회사조직에 따라 타인부문에 배치되기도 한다. 일반적으로 기술부문에 속하면서, 현장에 위치하며 일한다. 또 현장직장과 연결을 긴밀하게 하고, 제조작업을 연구하며 능률적이고 경제적인 작업방법을 고안, 연구한다.

작업표준과 원가표준을 설정하고, 최선의 조건으로 작업을 할 수 있도록 원가기사는 현장작업을 분석·조사하고, 자신도 해당작업에 익숙하여져야 한다. 원가기사는 현장담당기사와 협조하여 작업성적을 분석 추정하여 원가관리의 실질적 효과를 거두어야 한다.

원 가 기 준 **(原 價 基 準)** (Cost Basis)	[의의] 자산의 원가평가액(Initial Valuation)은 취득원가, 제작원가, 건설원가에 의하는 것을 원칙으로 한다. 이것을 역사적원가(Historical Cost)또는 투자원가(Invested Cost)라고 한다. [설명] 원가기준이 채택되는 근거 (1) 역사적원가와 취득원가는 취득시에 거래가격(The Bargained Price)이고, 객관성과 확실성을 지니고 회계의 기록과 보고는 이와같은 재무적 사실(Financial Facts)을 기초로 하게 되는데 있다. (2) 기간손익계산에서 자산(원가성의 것)은 지출액의 차기이월항목(Items-carried Forward)이고, 장래에 이용되기 위한 비용의 선급분이며, 원가 이외의 것이 고려될 여지가 없다는 것이다. (3) 취득원가기준은 채권자보호사상의 극한인 객관주의와 기간손익계산상의 주관주의와의 타협점이 된다. 그리고 대차대조표의 이중목적인 재산표시와 손익계산과의 상반된 요청에 대한 타협점이 된다. 그러나 취득원가기준에 대하여는 다음과 같은 반대설도 있다. 이것을 요약하여 보면 다음과 같다. ① 결산대차대조표는 제손익계정을 마감한 뒤에 차기로 이월되는 계정의 잔액표라고 볼 수 있다. ② 대차대조표를 자본조달과 자본투하와의 양측면에서 관찰하면, 그 자체가 화폐성을 지니는 자산이외의 제자산은 화폐자본(G)의 1시점에서의 전화형태(W)에 지나지 않는다. 화폐자본의 증식을 목적으로 하여 W에 전형한 자본이 회수화폐자본(G)으로 변화하지 못하면, 이익(G'-G=g)은 실현되지 못한다. 아직 실현되지 못한 가액의 견적은 다만, 가능성이나 의견에 불과하다. ③ 이와 같은 관점에서 계속기업의 결산대차대조표상의 평가론을 전면적으로 거부하고 있다.
원 가 능 률 **(原 價 能 率)** (Cost Effielency)	[의의] 원가절감 또는 절하를 하려면 원가를 금액상에서 일방적으로 내리는 것이 아니라 원가의 이용능률을 높여 생산액당 원가부담을 절감시켜 원가능률 즉, 경제성을 높여야 하는 것이다. 원가능률 또는 원가효율은 소비원가와 산출액과의 비로서 산출액은 일반적으로 생산액, 매출액, 부가가치, 이익 등으로 대신 될 수도 있다. [설명] 원가능률을 측정하기 위해서는 일정기간의 총원가와 생산액을 대비하는데, 원가부문, 원가요소 또는 프로젝트별 원가를 생산액과 대비시킨다. 케퍼시티 코스트나 팔리시 코스트(Policy Cost)등과 같이 투자의 성질이 강한 원가능률은 1기간의 원가와 생산액을 대비하고, 프로젝트별로 총원가와 총산출액을 각기 통산시켜 대비하게 된다. 원가능률을 높이기 위해서는 2가지 방향이 있는데, 첫째는 산출액을 일정하게 하고 소요원가를 절감하는 방향과 둘째, 소요원가를 일정하

게 하고 산출액을 증가시키는 방향이 있다.

요즘에 와서는 두 번째 방향이 첫 번째 방향보다 더욱 중요시되고 있는데, 두 번째 방향에서는 산출액을 파악하여 원가효율을 측정하는 것이 중요한 요건이 된다.

원 가 배 부
(原 價 配 賦)
(Cost Application)

의의 부문별 원가계산을 하는데 있어서 제조간접비를 부문개별비와 부문공통비로 구분한 후 부문공통비를 제조부문과 보조부문의 각 관계부문에 제조부문에 배부하여야 하는데, 전자의 경우를 제1차배부, 후자의 경우를 제2차배부라고 한다.

원가를 배부하는데 사용되는 기준은 배부할 제부문에 공통된 기준과 부부기준의 비례성을 구비하여야 한다. 예를 들면 부문공통비의 경우, 건물보험료·임차료·감가상각비는 각 부문의 점유면적, 비율 또는 건물가액, 기계감가상각비는 각 부문의 기계가액, 동력비는 각 부문의 기계마력수, 전력은 각 부문의 소비량 등이다. 면적·소비량 등과 같은 배부기준은 수량적 기준이라 하고, 보험료의 경우 보험목적물의 보험가액을 사용하였을 때에는 가치적기준이라고 한다.

보조부문의 배부

설명 보조부문의 배부는 직접, 사다리식(階梯式), 상호의 방법이다.

(1) 직접배부법

원가계산에서 부문비 계산을 하려면 우선 제조원가를 각 제조부문 및 보조부문에 집계한다. 그리고 이 제조원가는 그 제조부문을 통과하는 각 제조계정에 배부 또는 부과된다.

이와 같이 보조부문비를 제조부문에 배부하는 방법 중의 하나가 직접배부법이다.

직접배부법은 각 보조부문 상호간의 용역수수를 무시하고 전부 또는 일부의 보조부문비를 제조부문에다 제공한 용역의 정도에 따라 직접 배부하는 방법이다. 이 경우에 보조부문비의 전부를 제조부문에 배부하느냐의 여부에 따라 다음과 같은 두가지 방법이 있다.

제1법 : 보조부문비의 전부를 제조부문에 배부하는 방법은 그 계산이 간단하기 때문에 널리 이용되고 있다. 그러나 일부의 외주에 의존하고 있는 경우에는 이 방법에 의하면 외주제품에 부담시켜야 할 비용도 사내 제작제품에 배부하는 불합리한 결과가 된다. 따라서 제품이 모두 사내 제작되는 경우에는 타당한 방법이다.

제2법 : 직접배부의 별법으로서 보조부문비 중 보조경영부문비만을 제조부문에 배부하고, 공정관리부문비는 직접 각종 제품에 배부한다. 그 이유는 공장관리부문비가 각 제조부문보다도 오히려 제품종류별로 부담액이 달라야 할 경우가 많고 또 제조부문에 배부하려고 해도 적당한 배부기준을 발견하기 어렵기 때문이라고 한다.

그러나 보조부문수가 많고 보조부문 상호간의 용역수수의 정도를 측정하기 곤란하거나 또는 소액인 경우에는 편의상 직접배부법을 이용하기도 한다.

또 직접배부법은 부문별계산 뿐만 아니라 영업비의 기능별 원가계산에서 간접영업기능비를 직접영업기능에 배부하는 방법으로서 이용된다.

(2) 사다리식(階梯式)방법

사다리식배부법은 보조부문을 가장 다수의 부문에 그 용역을 제공하고, 타부문으로부터 용역을 가장 적게 수수하는 순위에 따라 사다리(계제)식으로 배열하고 이 순위에 따라 먼저 제1순위에 있는 보조부문의 부문비를 그 용역을 수수한 다른 보조부문 및 제조부문에 배부하고, 제2순위 보조부문비를 제3순위이하의 보조부문 및 제조부문에 그 수수한 용역의 정도에 따라 배부한다. 이와 같이 사다리식으로 배부가 완료되기 때문에 이러한 명칭이 붙게 되었다.

(3) 상호배부법

상호배부법은 보조부문상호간에 수수하는 용역을 측정하고 먼저 각 보조부문비를 그 용역을 수수한 타보조부문 및 제조부문의 용역수수정도에 따라 배부한다.

다음에 각보조부문으로부터 배부된 금액을 제조부문에 직접 배부한다. 이러한 상호배부법의 특성을 그대로 살려 각보조부문비가 영(零)이 될 때까지 배부를 반복하는 방법을 연속배부법이라 한다.

(4) 기타의 배부법

이 밖에도 시행착오법, 연립방정식법 등이 있고, 보조부문비를 단일기준을 사용하여 배부하지 않고 변동비와 고정비로 나누어 각각 배부기준을 달리하는 복수기준을 사용할 경우를 복수기준배부법이라 한다.

원 가 배 분
(原價配分)
(Cost Allocation)

|의의| 원가배분이란 원가를 회계기간의 소비액과 미소비액으로 나누는 것을 말한다. 원가계산에 있어서는 당기에 실현한 수익액에서 비용액 및 손실액을 공제하여 순손익이 계산된다.

|설명| 이 경우, 예를 들면 고정자산 또는 재고자산이라 하더라도 모든 자산의 취득원가는 수익을 확보하기 위하여 소비되며 또는 수익에 공헌하는 경우가 없이 상실된다. 전자가 일반적으로 비용이라 불리우고, 후자는 손실로 이름붙여지고 있다. 이러한 비용 및 손실(소비원가)을 수익에 대응시키기 위하여 이들을 원가에서 구별할 필요가 있다. 다시 말해서 원가를 소비부분과 그 효과가 역시 차기 이후에 지속하는 미소비부분으로 분할한다. 기간이익의 계산 때문에 하여지는 이러한 원가의 분할이 일반적으로 원가배분 내지는 원가 기간적 배분이라고 불리어진다. 이 원가배분의 기준이 되는 것이 소위 "발생주의"의 원칙이다.

☞ 발생주의 (Accrual Basis)

원가배분의원칙 (原價配分의原則) (Principle of Cost Allocation, Allocation of Cost)	**의의** 원가배분의 원칙은 비용배분의 원칙이라고도 하는데, 자산의 취득원가를 일정한 방법에 따라 각 회계연도에 배부하여야 한다는 원칙이다. 이 원칙은 기간손익을 정확히 계산하기 위한 기본원칙으로서 기간 소익계산상의 대차대조표에 의하여 그 본질을 잘 표현한 것이라고 하겠다. **설명** AIA가 1936년에 발표한 「회사보고에 관한 시안(A Tentative Statement of Accounting Principles Affection Corporate Reports 1936)」에서 「회계는 자산의 평가를 목적으로 하는 것이 아니고 발생한 과거의 원가(Historical Cost)와 수익(Revenue)을 당기와 차기 이후에 배분(Allocate)하는 것이다」라고 설명하고 원가배분을 강조하고 있다. ☞ **비용배분 · 원가배분** (Cost Allocation)
원 가 법 (原 價 法) (Cost Method)	**의의** 원가법이라 함은 재고자산의 한 평가방법으로서 재고자산의 취득가액을 그 자산의 평가액으로 하는 방법을 말한다. **설명** 원가법은 재고자산의 평가기준을 취득원가에 두는 것으로써, 여기서 취득원가라 함은 그 자산의 취득가액에 취득에 요한 제비용을 가한 실제구입원가를 의미하며, 당해자산을 제작한 경우에 있어서는 제조원가, 제작가격 등을 의미하는 것이다. 이러한 원가주의의 이론적 근거는 재고자산을 아직 실현되지 아니한 장래의 수익에 대응시킬 비용의 선급으로 보는데 있으며, 따라서 기말재고자산은 기중에 발생된 비용인 재고자산의 총매입액에서 기중에 실현된 매출수익에 대응된 비용을 공제하여 계산하는 것이므로 시가법 또는 저가법에 의하여 평가함으로써 발생하는 미실현손금의 계상을 배제하는 것이다. 원가주의는 계산의 확실성과 평가인의 창의적인 견해에 의하여 좌우되지 않으며, 손익계산에서 미실현의 손익을 계상치 않고, 계산기준이 명확하므로 기장계산이 용이한 것이다. 그러나 원가주의는 물가의 변동등이 있을 경우, 원가는 다만 과거의 조달액을 표시할 뿐으로서 당해 자산의 현재가치와는 무관한 즉, 자산의 현재가치를 나타내지 않는다는 단점을 가지고 있다. 우리나라 세법은 원가법에 의하였을 경우 실제원가를 기준으로 하여 그 취득원가로 하고 있으며, 이와 같은 실제원가는 자산을 취득하는 그 취득원가가 서로 상위하게 되므로, 이에 대한 원가를 결정하는 방법으로서 개별법, 선입선출법, 후입선출법, 단순평균법, 총평균법, 이동평균법, 최종매입원가법, 매가환원법 등이 있다. ① 장점 취득가액으로 계산하므로 실제계산에 유용하다. ② 단점

	불필요한 경비와 수고가 많아 실행이 곤란하다. ☞ **선입선출법** (First-in First-out Method) 　**후입선출법** (Last-in First-out Method) 　**단순평균법** (Simple Average Method) 　**총평균법** 　(Periodic Average Method) 　**이동평균법** (Moving Average Method) 　**최종매입원가법** (Last Purchased Price Method) 　**매가환원법** (Gross Profit Method)
원 가 보 고 **(原 價 報 告)** (Cost Report)	[의의] 원가보고란 원가계산의 담당자가 관리담당자에게 경영관리에 필요한 수자를 보고하는 것을 말한다. [설명] 원가계산을 활용하여 공장관리를 쓸모 있게 하기 위해서는, 그 결과를 경영활동에 반영시키는 것이 필요하다. 경영활동을 담당하는 사람들은 그 숫자에 의하여 자기가 한 경영활동을 비판하며, 더욱 장래의 활동에 대하여 여하히 할 것인가를 판단할 수 있기 때문이다. 이 경우 사용되는 보고서를 원가보고서라 한다.
원가보고서 **(原價報告書)** (Cost Report)	[의의] 제품 내지는 업무의 원가에 관한 자료·정보를 기업의 관계자에 대하여 세목적(細目的)으로 종합적으로 보고하는 원가보고서를 말한다. 　원가보고서에는 주주, 채권자, 금융기관 등 기업외부의 이해관계자에 대하여 보고하는 제조원가보고서 등의 외부보고서와 기업내부의 경영관리자에 대하여 그 경영관리에 소용되게 하기 위해 보고하는 내부보고서가 있다. 　기업의 경영관리에 있어서 중요한 것은 내부보고서로 그 필요로 하는 일반적인 목적은 다음과 같은 데 있다. ① 제품종류별 부문별 등의 손익의 측정과 여기에 의거한 종합관리 ② 원가통제 ③ 이익목표의 설정과 업무집행계획 및 예산통제 ④ 경영의 급부 목적인 제품, 경영입지, 생산설비 등 경영구조에 관한 기본적 사항에 대해서의 장기적인 시야에선 경영의사결정 등에 있다.
원가보고서의 필요성	[설명] 1. 원가보고의 목적과 구분 　원가계산에 있어 그 원가수치를 일정한 목적에 따라 경영외부 및 경영내부에 보고하는 것을 원가보고라 하며, 그 보고서를 원가보고서라 한다. 이 보고서는 다음과 같은 보고서등에 따라 구분된다. 　① 재무제표작성에 관련하여 매출품원가계산표 및 관리판매비계산표 등의 경영외부에 대한 원가보고서 　② 경영관리자의 각 계층에 대한 원가관리를 위한 원가보고서 　③ 경영자에 대한 경영상의 의사결정, 경영정책의 수립에 필요한

원가자료로서의 보고서

　원가보고의 주된 목적은 경영내부활동의 실태를 상세히 보고하여 경영자가 경영활동의 상태를 파악하고 경영비능률의 제거, 낭비원천의 구명, 원가관리의 적정한 척도를 설정하기 위한 기초적 원가자료를 제공하는데 있다. 이러한 목적을 위한 원가보고서는 이해하기 쉽고 충분한 내용으로 적절한 시기에 제공되지 않으면 안된다.

　여기서 충분한 내용이란 원가정보는 회계기록의 중심이 되므로 금액수치가 중심이 되나, 현장감독자 계층에게는 물량수치로 표시된 원가정보가 오히려 중요하다.

2. 원가보고의 작성요건

　경영관리에 필요한 원가보고는 다음과 같은 작성요건을 갖추어야 한다.

　(1) 시간요건 … ① 신속성 ② 적시성 ③ 정기적보고(일보·주보·월보 등)

　(2) 내용적요건 … ① 정확성 ② 중요성(예외원리의 적용) ③ 보고수령자의 책임구분과 보고내용·범위의 적합성 ④ 제보고내용의 상호연관성과 계통성 ⑤ 보고내용의 시간적 계속성(과거자료와의 비교가능성)

　(3) 형식적요건 … ① 간명성 ② 용어·표시단위 등이 보고수령자에게 이해 될 수 있을 것 ③ 표준예정·평균 등 비교기준과 실적과를 비교표시하고, 이상치를 용이하게 판단할 수 있는 비교·표시·형식으로 할 것 ④ 보고서식의 일관성 등이다.

3. 원가보고서의 필요성

　① 원가보고서는 재무제표를 작성하는데 정확한 제품과 재공품 기타의 재고자산과 매월원가 등의 계산을 한다.

　② 원가관리를 위한 자료를 얻는다.

　③ 경영상의 문제. 예를 들면 신제품을 제조하는 것이 좋은가. 제조하지 않은 것이 좋은가. 기계설비를 대체할 것인지의 여부이다. 추가의 주문을 인식할 것인지의 여부 및 기타의 결정을 위한 기초자료를 얻는 것을 목적으로 한다.

　이러한 3가지의 목적 중 ①을 위해서는 개별원가계산이 행하여지지만 ②와 ③의 목적을 위하여 작성되는 서류를 원가보고서라 부른다. 여기에서 ②와 ③의 목적을 실행에 옮기는 자는 원가계산담당자는 아니고, 제조현장의 직장(職長)과 계장 제조부문 또는 판매와 구매부문 등의 과장·부장·공장장등의 경영관리자들이다. 따라서 이러한 경영관리자는 원가계산담당자가 작성하여 제출한 원가보고서를 기초적인 자료로 활용하여 원가관리의 효과를 얻으며, 경영상의 모든 문제를 해결하는 수단으로 삼는다.

　이와 같이 원가보고서는 경영관리상 기초적인 자료를 제공하는 주요

	한 자료로서 반드시 원가계산담당자가 작성하지만, 미국에서는 "컨트롤러"가 작성하는 경우가 많다. 즉, 원가보고서는 경영관리의 도구로서, 이 도구의 제작자는 원가계산담당자이고 도구의 사용자는 위에서 말한 경영관리자들이다. 또 공장규모가 큰 경우에는 합리적인 경영관리가 불가결하므로 원가보고서의 의의는 더욱 크다.
원가보고서의 종류	4. 원가보고서의 종류 (1) 원가보고서의 분류 　원가보고서는 여러 입장으로부터 분류되는 것이지만, 예를 들면 다음과 같이 분류된다. 　① 원가보고서의 수령자가 어떤 경영관리자의 층에 속하는가에 따라 분류할 수 있다. 　　㉮ 하급관리자용 원가보고서 … 주로 직장(職長)들에게 제출되는 보고서를 말한다. 　　㉯ 부문관리자용 원가보고서 … 주로 과장·부장 등에게 제출되는 보고서를 말한다. 　　㉰ 총괄관리자용 원가보고서 … 주로 공장장들에게 제출되는 보고서를 말한다. 　② 원가요소별로 분류 　　㉮ 재료비보고서 　　㉯ 노무비보고서 　　㉰ 제조간접비보고서 　③ 원가보고서의 작성시기 또는 작성횟수에 의해 분류 　　㉮ 월차보고서 … 1개월 즉, 원가계산기간마다 작성되는 것 　　㉯ 중간보고서 … 일보·주보·순보 등 　　㉰ 임시보고서 … 필요에 응하여 작성되는 것 　이것은 원가보고서의 양식에 의하여 통계숫자에 의한 것(즉, 보통의 원가보고서), "그래프"도표에 의한 것 등으로 분류된다. (2) 원가보고서의 종류와 그 실례 　원가보고서의 분류는 앞에서 설명한 바 있지만, 여기에서는 분류기준에 의하여 대표적인 것을 표시하기도 한다. 물론 이 때에는 주로 각 기업의 업종·경영규모 등에 의하여 적절한 것을 작성하여야 한다. 　① 월보·주보 　　㉮ 제조보고서 … 제품의 생산량에 대하여 공원별로 파손량·파손율 등을 포함하여 보고한다. 　　㉯ 작업능률보고서 … 작업능률을 공원별로 실제임금의 표준임금과 비교한다. 또한 실제작업시간과 표준작업시간과 비교하여 표시한다. 　　㉰ 기계이용보고서 … 기계의 이용상태에 관한 보고서

㉣ 재고품재고보고서 … 재고품에 대하여 계속적으로 품목을 구
분하여 재고조사를 행하는 경우의 보고서
㉤ 작업원수보고서 … 주요한 작업에 대한 작업원수에 관한 보고
서
㉥ 기타
② 주보(週報), 월보(月報)
㉮ 제조원가명세서 … 제조원가계산표를 상세하게 표준원가와 비
교하여 기입한 것
㉯ 완성품 · 제공품보고서 … 제조원가계산표를 상세하게 표준원
가와 비교하여 기입한 것
㉰ 부문별 노무비 총괄표 … 작업부문별로 그 내용에 따라 노무
비의 실제 발생액과 표준원가를 비교한 것
㉱ 관리가능간접비보고서 … 간접비 중 관리가능비에 대하여 작
성한 것
㉲ 수선보고서 … 수선비를 작업별로 조사한 것
㉳ 기타
③ 월보(月報) · 계보(季報) · 연보(年報)
㉮ 실제예산총괄보고서 … 실제와 예산과의 비교를 나타낸 것
㉯ 유휴시간총괄보고서 … 유휴시간에 대한 보고서
㉰ 판매손익도표 … 매출액, 원가, 이익에 대하여 도표로 나타낸
것
㉱ 제조 · 판매원가보고서 … 제조원가 및 매출품원가에 대한 보
고서
㉲ 기타

이상에서 구분한 원가보고서에 대하여 실례를 다음에 표시하여 설명하기로 한다. 물론 여기에서 표시하는 것은 1개의 예이고 각 기업에서는 각각 실정에 맞추어 적절한 양식으로 작성하게 된다.

④ 제조보고서

여기에서 표시하는 것은 주보(週報)로서 공원별로 제조량을 표시하는 것이다. 파손에 대하여는 량· 발생률 · 파손재료비 등이 기입된다. 또 1인당 평균생산량을 앞 주(週)와 비교하는 것이 좋다. 비고란에는 생산량이 낮은 경우와 파손율이 높은 경우 등에 그 이유를 기입한다.

사례 다음자료에 의하여 제조원가명세서를 작성하여 보면 다음과 같다.(단, 재료비와 가공비는 제조진행에 따라 투입되는 것으로 한다)

<자료>

(1) 재 료
    월초재고액 : 120,000원
    당기매입액 : 682,000원
    당월재고액 : 126,000원

(2) 임 금
    전월미지급액 : 24,000원
    당월 지급액 : 600,000원
    당월미지급액 : 18,000원

(3) 당월경비
전 력 비 : 18,000원
감가상각비 : 70,000원
보 험 료 : 8,000원
수 선 비 : 14,000원

(4) 재공품재고액
월초재고액 : 150,000원
월말재고액 : (원)
당월완성품 수량 900개
월말재공품 수량 200개
완 성 도 :   50%

<해답>

제 조 원 가 명 세 서

적 요	금	액
Ⅰ. 재 료 비		
기초재료 재고액	120,000	
당 기 매 입 액	682,000	676,000
계	802,000	
기 말 재 고 액	126,000	
Ⅱ. 노 무 비		594,000
1. 기 본 급	594,000	
2. 제 수 당		
Ⅲ. 경 비		
1. 전 력 비	18,000	
2. 감 가 상 각 비	70,000	
3. 보 험 비	8,000	
4. 수 선 비	14,000	110,000
Ⅳ. 당기 총제조 비용		1,380,000
Ⅴ. 기초재공품재고액		150,000
Ⅵ. 합　　　계		1,530,000
Ⅶ. 기말재공품재고액		153,000
Ⅷ. 당기제품제조원가		1,377,000

※ 주 : 기말재공품평가액 : $1,530,000 \times \dfrac{100}{900+100} = 153,000$

원가보상방식
(原價補償方式)
(Cost Plus Contract)

의의 장기간공사의 도급이나 신규제품의 주문을 받는 경우, 수주자가 이의 원가를 사전에 견적(추정)하여 계약하는 것은 계약당사자에게 있어서 상당히 위험한 결과를 초래할 염려가 있다.
　따라서 이를 피하고 계약당사자 쌍방에게 합리적인 방법으로서 채택되는 것이 원가보상방식이다.
설명 원가보상방식은 실제원가에 적정이윤액을 가산하여 가격을 결정하는 방법으로 원가가산계약이라고 한다. 이 방법은 다음의 3종류가 있다.

	① 원가에 일정 이익액을 가산하는 방식(Cost Plus-a Tixed Fee) ② 원가에 일정률의 이익액을 가산하는 방식(Cost Plus-a Percentage of Cost Fee) ③ 원가에 장려적 이익액을 가산하는 방식(Cost Plus Incentive Fee) 　첫째 방법은 수주품의 실제원가에 당사자간에 일정한 이익액을 가산하여 매매가격을 결정하는 것이고, 두 번째 방식은 수주품의 실제원가에 일정률(1할 또는 2할)을 가산하는 방법이고, 세 번째 방식은 실제원가에 일정이익액을 일정한 계산공식으로 수정하여 가산한 금액을 판매가격으로 결정하는 방법이다. 　여기에 단시일 내에 수주품을 완성하는 경우에는 보다 높은 율의 이익액을 가산하게 된다. 　이러한 방식은 예정된 목표원가보다 실제원가를 절약하여 이익액이 크게 되게 끔 공식을 결정하게 된다. 두 번째 방식은 제1차대전 중과 그 이후에 미국정부와 기업과의 계약방식으로 이용되었는데, 1940년 이후 폐지되었으며, 제3방식이 합리적인 조달가격을 결정가능하게 한다하여 채택되게 됨에 따라 나머지 방법은 사용되지 않게 되었다.
원 가 부 기 **(原價簿記)** (Cost Bookkeeping)	의의 원가부기라 함은 원가계산을 실시하고 있는 경우의 공업부기법을 말하며, 제조과정의 원가기록을 하므로 완전공업부기라고도 한다. 원래 공업부기는 공기업에 있어서 여러 활동 가운데에서도 제조활동을 기록하는 것을 최대의 사명으로 한다. 즉, 제조활동을 세밀하게 상실하게 기록하는데에는 여러 가지의 가치변동에 따라서 제품의 제조원가와 밀접한 관계를 가져야 한다. 그러므로 원가계산과 밀접한 관계를 가져야 한다. 　공업부기에는 원가계산에서 원가자료의 제증을 받고 또 공업부기의 계정조직으로 원가계산을 관리하면서, 이 2가지는 일체가 되어 복잡한 제조활동을 명확하게 기록계산한다. 설명 그리고 원가부기법은 비원가부기와 비교하여 볼 때에 여러 가지 특징을 찾아 볼 수 있는데, 중요한 것을 열거하면 다음과 같다. 　① 비원가부기법에서 산출되는 제조원가는 1기간에 완성된 제품에 대하여 총괄적으로 표시하며, 원가부기법에 의하면 원가계산을 실시하고 있으므로 1기간 전체에 걸친 총원가 뿐만 아니라 각 제품에 대한 개별적인 원가를 알 수 있다는 것이다. 　② 비원가부기법에서는 재료소비액이나 완성품액 또는 매출제품원가를 산출하기 위하여 반드시 실지재고조사를 필요로 하는데, 원가부기법에서는 그들이 장부기록을 통하여 쉽게 파악되므로 많은 노력을 요하는 재고조사를 생략할 수가 있다. 　③ 비원가부기법에서는 제품의 제조원가를 결산기라야 알 수 있다. 즉, 제품의 제조원가계산은 각 자산의 실제재고조사가 필요하다. 그러

므로 재고조사를 하는 것은 보통 결산때 하게 되므로 제품의 제조원가는 기말에 가서야 알 수 있다. 이에 대하여 원가부기법에서는 언제든지 필요한 때에 원가기록을 입수할 수 있으므로 기말까지 기다릴 필요가 없다.

④ 여러 종류의 제품을 제조하는 경영에는 비원가부기법은 적당하지 못하다. 비원가부기법에서는 원가계산을 아니하므로 계산된 제품의 제조원가는 일정한 기간에 완성한 제품전체에 대하여 총괄된 것으로 개별제품의 종류마다 원가는 계산할 수가 없다.

⑤ 비원가부기법은 경영활동을 관리하는데 필요한 원가요소에 관한 기록을 하지 않는데 대하여 원가부기법에서는 원가기록의 결과를 빌어 불경제와 낭비를 방지하고 원가의 절감을 도모하는 등 적극적인 경영관리를 행할 수가 있다.

그리하여 오늘날의 공기업에 있어서는 합리적인 경영을 하자면 대규모 경영은 말할 것도 없고, 규모가 적은 기업이라 할지라도 반드시 원가계산제도를 포함한 원가부기법에 의하여야 한다.

원 가 부 문
(原價部門)
(Cost Department)

[의의] 원가부문이란 원가장소라고도 하며 모든 원가요소를 그 발생하는 장소별로 집계하기 위하여 설정한 원가계산상의 구분을 말한다. 이는 개별원가계산 내지 부문비계산을 위하여 필요한 것이며, 이러한 부문비계산에서 원가부문을 설정하는 목적은 원가산정 및 관리에 있다. 생산부문을 제조부문과 보조부문으로 하고 다시 이를 세분하여 각 계산구분으로 한다면 그 하나하나가 한 개의 원가부문이 되는 것이다. 부문비집계의 최소구분을 원가중심점(Cost Center)이라 하며 1대 또는 수대의 동일한 종류의 기계 또는 동일한 종류의 작업을 단위로 한다. 원가중심점의 단위가 되는 기계 또는 작업의 집단을 생산중심점(Production Center)이라고 한다.

원가부문의 기능

[설명] 1. 원가부문의 기능
이 원가부문은 다음과 같은 점에 이바지 한다고 할 수 있다.
① 각 원가부문별의 기간원가의 비교로 각 부문활동 및 관리자의 능률을 안다.
② 예산통제나 실제원가 계산제도를 채택하는 경우 그 예산이나 표준과 실제와의 비교가 부문별로 이루어질 수 있다.
③ 특수원가조사에 이바지한다.
④ 간접비의 배부계산을 정밀화하고 정확한 제품별 실제원가의 계산에 이바지한다.

원가부문의 설정

2. 원가부문의 설정
원가부문은 관리상의 책임구분과 기술적인 작업의 성질에 따라서 설정되어야 한다. 책임의 구분은 원가발생에 대한 직접책임자를 명확히 하는 직제상의 구분을 기초로 하여 원가관리목적으로 설정되는 부문

원가부문의 종류	이다. 작업의 성질을 기준으로 하는 부문설정은 제품, 반제품, 부산물 등의 이동상황과 작업의 동일성에 적응되어야 한다. 원가부문의 구분에 있어서 유의할 점을 들면 다음과 같다. ① 원가부문은 부문별원가계산 그 자체가 정확히 행하여 이루어질 수 있도록 구분하여야 한다. ② 원가부문은 가능한 한 생산기술상 또는 직제상의 구분과 일치시켜야 한다. ③ 원가부문은 구체적인 장소적 구분에 반드시 따라야 한다는 규제는 없다. ④ 원가부문을 구분함에 있어서는 계산경제성을 충분히 고려해야 한다. 3. 원가부문의 종류 부문별 계산에서 부문의 종류는 일반적으로 제조부문(Production Department)과 보조부문(Service or Auxiliary Department)으로 구분된다. 제조부문이란 해당사업의 목적인 주된 제품, 반제품, 부분품의 생산을 위한 제조작업이 실제로 직접 이루어지는 모든 부문을 말한다. 원가분석이나 원가관리상 제조부문을 주경영부문(Hauptbetrieb)과 부경영부문(Nebenbetrieb)으로 구분하기도 한다. 사업의 목적인 제조생산에 직접 관여하지 않고서 그 부문에서 제작한 제품 또는 생산된 용역을 제조부문에 제공하여 주된 제조활동을 지원해 주는 부문이다. 보고부문을 다시 보조경영부문과 공장관리부문으로 나눈다. 이상과 같은 원가부문의 종류를 일람표로 예시하면 다음과 같다. 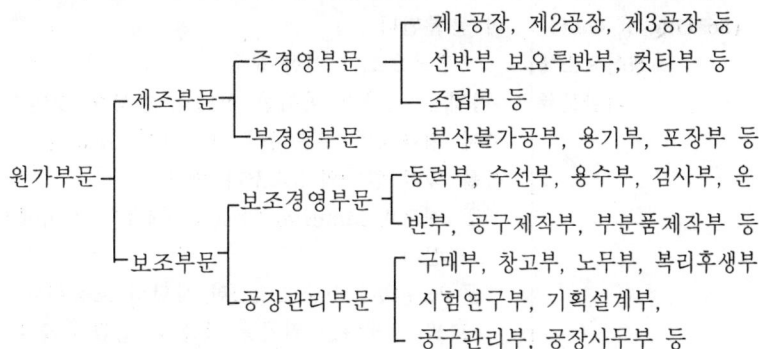 (1) 제조부문 원가계산준칙은 제조부문에 대하여 직접제조작업을 수행하는 부문으로 정의하고, 제조활동 등에 따라 세분할 수 있도록 하고 있다. 제조부문이란 직접적으로 제품의 제조작업을 행하는 부문으로, 경우에 따라서는 여러 개의 공장이 있는 경우에 공장 하나 하나가 제조부문이 될 수 있는가 하면, 연속대량생산을 행하는 경우에는 각 공정이 제조부문이 된다. 따라서 제조부문은 실무상 제1제조부문, 제2제조부문으로 나타날 수도 있고, 제1공장·제2공장으로 나타날 수도 있으

며, 제1공정 · 제2공정으로 나타날 수도 있고 구체적으로는 주물부 · 단야부 · 선반부 · 기계가공부 · 기계조립부 등으로 나타날 수도 있다. 제조부문은 다시 사업의 주문적인 주제품의 생산을 직접하는 부문인가, 아니면 부차적인 제품을 생산하는 부문인가에 따라 다시 주요경영부문과 부경영부문으로 나누어진다.

(2) 보조부문

원가계산준칙은 보조부문에 대하여 직접 생산활동을 수행하지 아니하고, 제조부문을 지원 · 보조하는 부문으로 정의하고, 그 수행하는 내용에 따라 세분할 수 있도록 하고 있다.

제품제조에 직접 관여하지 않고 제조부문의 효율적인 운용을 위하여, 이에 필요한 기술용역 등의 서비스용역을 주로 제공하는 부문이나, 경우에 따라서는 보조적인 재화(용수 · 전력 등)를 직접 공급하는 경우도 있다. 따라서 이러한 보조부문은 제조부문과는 달리 거기를 통과하는 제품이 없기 때문에 그 부문에서 발생한 원가는 이것을 직접 제품에 부담(부과 또는 배부)시킬 수는 없고, 그가 용역이나 재화를 제공한 제조부문이나 다른 보조부문에 부담시키지 않으면 안되며, 이렇게 하여 보조부문에서 발생한 모든 보조부문비는 궁극적으로는 일정한 배부방법에 따라 제품이 직접 통과하는 제조부문에 배부하지 않으면 안된다.

원가분류 (原價分類) (Sorting of Cost)

생산요소에 의한분류

설명 원가를 구성하는 각종의 경제가치를 원가구성요소(Elements of Cost)라하며, 원가를 구성하는 요소는 여러 가지 관점에서 아래와 같이 분류된다.

(1) 생산요소의 의한 분류

이것은 원가가 어떠한 형태로 발생한 것인가에 따라 분류한 방법으로서 형태상의 구분이라고도 하며, 재료비 · 노무비 · 경비로 나눈다. 이를 특히 원가의 3요소라 한다.

① 재료비(Material Cost)란 재료의 소비에서 발생하는 원가를 가리킨다.

② 노무비(Labor Cost)란 사람의 노동력에 대한 대가를 지급함으로써 발생하는 원가를 말하여, 임금 · 급료 등이 이에 해당된다.

③ 경비(Expense Overhead Cost)란 원가중 재료비 · 노무비를 제외한 일체의 것을 말하며 예컨대 감가상각비, 전력비 · 보험료 · 여비교통비 등이 이에 속한다.

생산활동과 관련한 분류

(2) 생산활동과 관련한 분류

생산활동과 관련하여 특정제품에 직접적으로 발생한 원가와 간접적으로 발생한 원가로 분류하는 방법이다.

이 방법에 의하면 원가계산을 함에 있어서 발생한 원가를 특정제품에 직접 부담시킬 수 있는 직접비(Direct Cost)와 직접 부담시킬 수 없는 간접비(Indirect Cost)로 구분된다.
  ① 직접비
  직접비는 1원가 계산기간 동안에 제조되는 여러 제품 가운데서 특정한 제품의 제조를 위해서만 소비되어 직접 그 제품에 부과할 수 있는 원가요소이다.
  ② 간접비
  간접비는 그 원가계산기간 동안에 제조되는 여러 가지 제품에 공통적으로 소비되기 때문에 개별적으로 특정한 제품에 직접 부과할 수 없는 것이다.
  따라서 간접비는 1개월분의 총액을 월말에 집계하고 그 총액을 적당한 배부기준에 의해서 각 특정제품에 배부하게 되는 것이다.
  이 직접비와 간접비의 구별은 원가요소의 종류에 따라 처음부터 정해지는 것이 아니고 그것이 발생한 때의 상태에 따라 직접비로 되는 것이 있고 간접비로 되는 것이 있다.
  그 관계를 표시하면 다음과 같다.

직접비 ─┬─ 직접재료비   간접비 ─┬─ 간접재료비
        ├─ 직접노무비   ├─ 간접노무비
        └─ 직접경비   └─ 간접경비

조업도와의 관련에 의한 분류

(3) 조업도와의 관련에 의한 분류

이것은 조업도(Rate of Activity)와 관련하여 원가가 변화하는 양태를 기준으로 분류하는 방법이다.

조업도란 경영의 생산능력이용도를 의미하며, 조업률이라고도 한다. 이러한 조업도는 보통 제품의 생산량 또는 직접 노동시간·기계운전시간 등으로 측정된다.

원가는 조업도의 변화에 따라 영향을 받고 있으며, 조업도의 변화에 따라 원가가 변화하는 양태를 기준으로 분류하면 고정비와 변동비로 나누어진다.

고정비

① 고정비(Fixed Cost)

고정비란 조업도의 변동에 관계없이 발생하는 원가로서 불변비라고도 한다. 고정자산의 감가상각비·보험료·지대집세·세금·사무원의 급료 등은 고정비에 속한다.

고정비는 생산량의 다소에 관계없이 항상 일정액이 발생하는 원가이므로 생산량이 2배 3배로 증가되면 고정비는 2분의1·3분의1로 감소하는 관계를 갖게 된다.

현대 경영이 원가절감을 위해 대량생산을 하는 이유는 바로 여기에 있다. 다음에 고정비와 조업도와의 관계를 예시한다.

생 산 량	100개	200개	300개
고정비발생액	100,000원	100,000원	100,000원
제품단위당고정비부담액	1,000원	500원	333원

변동비	② 변동비(Variable Cost)

변동비는 조업도의 변동에 따라 원가발생액도 증감 변동한다. 이는 다음의 3종류로 나누어진다.

㉮ 비례비(Proportional Cost)

비례비는 생산액의 증감과 같은 비율로 변동하는 원가로서 직접재료비·직접임금 등 주로 직접비가 이에 속한다. 비례비는 생산력의 증감에 정비례하여 발생하는 것이므로 제품 단위당 비례비 부담액은 생산량의 증감에 불구하고 균일하다. 다음에 비례비와 조업도와의 관계를 예시한다.

생 산 량	100개	200개	300개
비례비발생액	100,000원	200,000원	300,000원
제품단위당비례비부담액	1,000원	1,000원	1,000원

㉯ 체감비(Degressive Cost)

체감비는 생산량의 증감에 따라 변동하나 그 증감의 비율이 생산량의 증감비율 이하로 되는 원가이다. 연료비·전력비·가스사용료·수도료·수선료·수선비·기타 경비 등이 이에 속한다. 다음에 체감비와 조업도와의 관계를 예시한다.

생 산 량	100개	200개	300개
체감비발생액	100,000원	180,000원	255,000원
제품단위당체감비부담액	1,000원	900원	850원

㉰ 체증비(Progressive Cost)

체증비는 체감비와 반대로 생산량의 증감비율이상의 비율로 증감하는 원가이다. 이는 통상의 조업도에서는 발생하지 않는다. 잔업에 대한 초과임금과 초과조업으로 인한 특별감가상각비 등이 이에 속한다.

체증비는 제조수량의 증감비율 이상으로 그 발생액이 증감하는 원가이므로 체증비의 부담액은 수량이 증가하면 점차 부담이 커지게 된다. 그러므로 지나친 초과조업은 경영상 결코 좋은 결과를 가져오지 않는다. 다음에 체증비와 조업도와의 관계를 예시한다.

생 산 량	100개	200개	300개
체증비발생액	100,000원	210,000원	336,000원
제품단위당체증비부담액	1,000원	1,050원	1,120원

관리가능여부에 의한 분류	(4) 관리가능 여부에 의한 분류

원가는 관리가능성 여부의 측면에서 관리가능비와 관리불능비로 구분할 수 있다.

관리가능비	① 관리가능비(Controllable Cost)

원가관리를 하려면 그 원가가 관리가능한 것이라야 한다. 관리가능한 원가란 어느 수준의 관리층에서 변화시킬 수 있는 원가라는 것을 뜻한다.

장기적으로는 재산세·감가상각비 등도 경영자의 의사결정에 따라 관리가 가능하다. 그러므로 기간과 책임자를 국한하지 않으면 어떠한

관리불능비	원가를 관리할 수 있는 것인지를 식별할 수 없다. 보통 단기적으로는(1개월 이내) 특정한 책임자가 절감할 수 있는 원가를 관리가능비라고 한다. 예를 들면 수선비·연료비·광고선전비 등 그 일부 또는 전부를 경영상 현재 지출해야 할 것인지의 여부 등 경영의사결정에 따라 관리할 수 있는 비용을 말한다. ② 관리불능비(Uncontrollable Cost) 관리의 가능성은 관리층의 상하에 따라 다르다. 예를 들면 임차료는 계약체결권이 있는 수뇌부가 관리할 수 있지만 부문이하의 책임자는 관리 할 수 없다. 대부분의 고정비는 단기적으로는 불변의 것이므로 관리불능비이다. 고정비에는 E.E(Engineering Economy)로 발생액을 정할 수 있는 엔지니어드·코스트(Engineered costs), 경영자의 의사결정에 의하여 프로젝트(Project)를 실시한 결과 발생하는 원가, 경영자의 의사결정에 따라 당기의 발생액을 다소간 자유로이 변경할 수 있는 원가가 있다.
원가계산기준에 의한원가의분류	(5) 원가계산기준에 의한 원가의 분류 한국공인회계사회가 마련한 원가계산기준에 의한 원가를 보면(동 기준 제4호) 다음과 같이 분류하고 있다.
실제원가와 표준원가	① 실제원가와 표준원가 실제원가라 함은 재화의 실제소비량을 실제취득가격 또는 예정가격에 의하여 계산한 원가의 실제발생액이고, 표준원가람 함은 재화의 소비량을 과학적 통계적 조사에 의하여 능률의 척도가 되도록 예정하고 이를 예정가격 또는 표준가격으로 계산한 원가이다.
제품원가와 기간원가	② 제품원가와 기간원가 제품원가라 함은 1단위의 제품에 집계된 원가이고 기간원가라 함은 일정기간의 원가발생액을 당기의 수익에 직접 대응시켜 파악한 원가이다.
전부원가와 부분원가	③ 전부원가와 부분원가 전부원가라 함은 일정한 급부에 대하여 발생한 제조원가 또는 이에 판매비 및 관리비를 가산한 총원가를 말하고, 부분원가라 함은 그 발생원가 중 일부만을 계산한 것으로서, 변동비만을 집계한 직접원가이다.
원 가 분 석 **(原價分析)** (Cost Analysis)	의의 원가분석이란 것은, 기업의 기왕의 수기간에 걸쳐 발생한 원가의 실액을 원가요소별로 분류하고, 이것은 시계열적으로 비교 또는 미리 설정하고 있는 표준원가 또는 동업타사의 평균치 등과 대비하여, 그 차이 발생정도 및 차이발생원인분석을 행하고 경영분석의 1방법에 대한 것을 말한다.

[설명] 경영분석에 있어서 그 하나의 방법으로서 원가분석을 행하는 목적은 그 경영분석을 행하는 입장에 따라 다르지만, 경영자의 입장에서는 원가관리 및 이익계획책정을 위한 기초자료를 얻는 점에 있고, 외부자로서 그 기업에 대한 여신판정의 입장에서는 대상기업의 수익성을 양부제정(良否制定)의 데이터로 하는 점이 있다. 원가분석은 주로 제품원가보고서(서비스업에 있어서는 서비스 원가보고서) 및 관리비 및 판매비 명세서 계산상 숫자를 대상으로 하여 원가요소의 성격분류를 제1착점으로 하고 분석고찰에 들어간다.

원가분석은 분석자의 입장에서 보아 경영자적 입장에서의 내부원가분석과 여러 외부단체에서 하는 외부원가분석으로 나누어진다. 원가분석은 원가계산에 의하여 얻어진 원가수치를 분석하는 것으로 비교분석이 주가 되고 지수법 및 상관계수도 이용이 된다. 이들 방법을 사용하는 원가분석은 원가계산의 기본적 절차인 요소별 원가계산, 부문별 원가계산, 제품별 원가계산에 따라 체계적으로 행해진다. 내부원가분석에서의 상호비교는 동일업종에 속하는 다른 기업의 원가를 자사의 그것과 비교하는 것이 본래의 의미이나 실제로 원가계산 절차나 원가자료가 공통적인 기반에 입각하여 비교할 수 없으므로 실제효과는 적은 편이다. 제조원가에서는 고정비와 변동비를 구분하고, 직접원가계산에 입각해서 제조원가를 분석하는 것이 원가관리면에서도 유리하다고 할 수 있다. 이러한 원가분석을 통하여 유효한 판단을 하기 위해서는 첫째로 비교되는 원가수치가 정확하고, 둘째로는, 비교할 수 있는 조건을 갖추어야 한다. 그러나 위에서 설명한 바와 같이 원가자료가 공통적인 기반에 있지 않을 뿐 아니라 여러 가지 영향요소가 있는데, 이것은 경영구조의 상위, 가격변동, 조업도의 차이 등으로 이들의 제요소를 제거함으로써 비로소 정확한 원가분석이 가능하게 된다. 원가분석의 체계를 파악하기 위해서는 경영분석에 있어서 전체적이고 통일적인 경제성의 측정과 부분경제성의 분석으로 구분하고 살펴보아야 한다. 원가분석은 경영분석 전체계에 있어서는 재무분석인 자본이익률분석과 병행하면서 부분적으로는 원가능률을 측정하고 자본회전율과 재무활동성을 측정해야 한다. 이것을 체계적으로 분석도시하면, 다음과 같다.

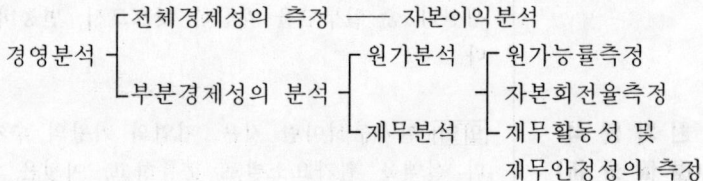

즉, 원가분석은 경영분석 전체계중에서 전체적 분석인 자본이익률분석에 대해 제2차적 부분분석인 지위를 갖는다. 그리고 원가분석체계는 원가관리를 위한 원가분석과 경영정책결정을 위한 원가분석으로

대별할 수 있다.

첫째 : 원가관리를 위한 원가분석은 일반적으로 원가요소 비교·원가부문 비교·제조원가 비교 등 원가계산의 3단계로 구분할 수 있다. 원가요소를 경영상호간에서 비교할 경우에는 갖가지 경영상의 원가요소의 분류, 통일성 및 계속성이 필요하다. 또한 비교기준이 같아야 한다. 원가부문분석은 원가부문별로 집계한 일정기간의 원가요소를 동일경영의 과거의 그것과 비교하고 경영의 동종부문과 비교하는 것이 원가부문분석 또는 원가장소 비교이다. 이를 위한 제1필요조건은 경영간에 있어서 원가부문의 통일이다. 그 다음은 조업도의 변동에 수반하여 생기는 원가요소의 변화도 조정하여야 한다. 제품원가분석은 제품단위당 계산한 원가요소를 자기비교를 하고 또는 상호비교해서 제품원가경제성의 검토와 원가관리에 도움을 주는 방법이다.

둘째, 경영의사결정을 위한 원가분석은 손익분기점분석·최대이익점 또는 최적조업도의 결정, 가격최저한의 결정, 설비의 규모, 형태의 선택, 설비의 확장이나 대체의 결정, 신제품의 개발, 제품종류나 판매지역의 선택, 수공업에서 기계공업에로의 전환 등에 대한 손익분기점법, 방법비교 등의 여러 방법을 이용하여 판정기준을 제공하는 것이다. 원가분석을 하는 방법을 살펴보면, 원가분석의 자료를 경영내부에서 얻을 것인지 또는 경영외부 즉, 다른 기업과의 비교에서 구할 것인지에 따라 자기원가비교와 상호원가비교로 대별된다. 즉,

$$\text{원가분석} \begin{cases} \text{자기원가비교} \begin{cases} \text{기간비교} \\ \text{표준실제비교} \end{cases} \\ \text{상호원가비교} \begin{cases} \text{구체적경영의 비교} \\ \text{지표비교} \end{cases} \end{cases}$$

로 표시할 수 있다. 원가의 기간비교는 일정기간의 원가요소·부문비·제품원가같은데 대하여 활용된다. 즉, 원가요소기간비교·원가부문기간비교·제품원가기간비교의 3가지가 있다. 또 기간비교에 의한 원가분석에는 장기비교와 단기비교가 있다. 전자는 수기간의 원가를 비교해서 그 추세를 관찰하는 방법이고 후자는 당월의 원가를 전월 또는 그 이전의 원가 또는 수기간의 평균원가와 비교하여 그 변동을 관찰하는 것이다. 그 중에서 중요한 것은 단기원가비교이다. 이 경우에 주의해야 할 것은 조업도의 차이이다. 조업도가 다른 기간의 원가를 그대로 비교하면 정확한 결과를 얻기 어렵다. 표준실제비교는 표준원가와 실제원가를 경영적인 면에서 비교하고 그 차이를 발생한 부문별 및 원인을 명백히하고, 그것으로서 과거의 경영능률을 판정하고 경영업적관리에 도움을 주는 것이다.

구체적 경영의 상호비교는 두 개 또는 그 이상의 구체적 경영간의 원가를 비교하고, 그 차이를 검토하는 것이다. 즉, 다른 기업의 동기의 원가수치와 비교하는 것이며 또 연결된 몇 기간의 원가추세를 상

호비교하여 그 원인을 검토하는 것이다. 지표비교는 다수의 동종경영의 원가를 평균하여 얻은 원가지표와 특정경영의 원가와의 비교이다. 원가지표는 표준원가와 다르며 평균수치인 것이므로 이것과의 비교에 의해 당경영이 일반적으로 어떤 위치에 있는지를 알 수 있다. 여기에도 원가요소비교·원가장소비교·제품원가 비교와 같은 여러 가지 방법이 있다.

원 가 비 교
(原價比較)
(Cost Comparison)

[의의] 원가계산으로 얻어진 수치를 비교분석함으로써 부분적인 경영능력을 비교하는 것이 원기비교이다. 보통 원가계산은 원가요소계산에서 시작되고 원가부문계산을 거쳐 제품원가계산으로 이행하나 원가비교를 이「프로세스」에 따라 분류하면 원가종류비교·원가장소비교 및 제품원가비교로 나누어진다.

[설명] 원가종류비교에는 재료비·노무비·경비의 비교, 고정비·변동비의 비교, 관리가능비·관리불능비의 비교가 있고, 각자에 대하여 실수비교와 비율비교가 있다. 원가장소비교에는 실수비교로서 부문비비교나 부문개별비비교가 있고 비교비율로서 부문별제품원가비교의 원가비교와 증감제품의 원가비교 등이 있다.

그리고 비교되는 원가는 실질적으로나 형식적으로나 통일적 기준에 입각한 비교가 가능한 것이라야 한다. 그렇지 않으면 원가비교에서 적정한 판단을 내릴 수 없다.

또 표준원가계산이 이루어지고 있는 경우에는 원가비교의 일종으로서 표준원가비교가 가능하다. 이 비교는 원가차이의 추구에서 비능률의 경영구조·조업도·가격변동 등 그 어느 것에 있는지를 정확히 측정하기 위하여 이용된다.

원가비교법
(原價比較法)
(Cost Comparison Method)

[의의] 설비투자계획의 경제성계산의 방식으로서 크게 투자이익률법·원가비교법·자본회수기간법·현재가치법으로 분류되고 있다. 이 가운데, 원가비교법은 일반적으로 새로운 설비자금에 의해 생산되는 전 생산량으로 총원가를 나누고, 현재의 설비평균원가와 비교하든가 또는 생산하는 양이 동등하다고 하고서 새로운 설비투자를 하는 경우에 현재설비대로 가는 경우와 비교하여 어느 만큼의 원가차액이 있는가를 구하는 방법이다.

[설명] 투자액·비용의 현재치법은 투자액과 비용과의 현재치 합계를 구하고, 그 최소가 되는 투자를 선택한다. 이 방법은 동일목적을 위한 대체안을 선택하는데 이용된다.

투자액 = In(최소의 투자설비), I_1 (1년후의 추가투자) I_2 (2년후의 추가투자) $C_1 \cdot C_2 \cdot C_3 \cdots\cdots C_n$ = 비용(숫자는 연차를 표시하고, 연차에 발생하는 것으로 함). 비용에는 감가상각비 및 자금코스트를 포함하지 않는다.

k = 자금코스트 또는 목표이익률 S = 운전자본 및 설비의 잔존가액

n = 내용연수

$$\text{총지출의 현재치} = I_o + \frac{I_1}{I+K} + \frac{I_2}{(I+K)^2} + \cdots + \frac{S}{(I+K)^n}$$

$$+ \frac{C_1}{I+K} + \frac{C_2}{(I=K)^2} + \frac{C_3}{(I+K)^3} + \cdots + \frac{C_n}{(I+K)^n}$$

$$= \sum_{t=0}^{n} \frac{It}{(I+k)} - \frac{S}{(I+k)} + \sum_{t=1}^{n} \frac{C_1}{(I+k)t}$$

자금코스트로 할인하는 것은, 현재의 자금이 이익을 발생시키며, 반대로 장래의 자금의 현재치는 자금코스트로 할인한 만큼 적게 되기 때문이다. 비용에 감가상각비를 포함시키지 않는 것은 투자액이 따로 합계되기 때문이다. 만일 감가상각비를 비용에 가산하면, 설비투자액은 2중으로 계상되는 셈이 된다. 또 자금코스트를 비용에 산입하지 않는 것은 할인할 때 고려되고 있기 때문이다. 내용연수가 상이한 설비를 비교할 때에는 연수를 맞추도록 하여야 한다. 그렇지 않으면 연수가 긴 설비가 불리하게 된다. 그러므로 총지출의 현제치를 내용연수로 나누는 대신에 자본회수계수를 곱한다.

총지출의 현재치의 1년간의 가치 = 총지출의 현재치 × 자본회수계수

$$\text{자본회수계수} = \frac{K(I \times K)^n}{(I+K)^n - I} = \frac{I}{I - e^{-kn}}$$

단, e = 2.7182 … 자연계수의 저

자본회수계수란 연금현가계수의 역수이고, 예를 들면, 퇴직일시금과 연금과를 선택하는 경우에, 퇴직일시금에다 자금회수계수를 곱하면, 그것과 등가의 연금이 산출되며, 반대로 연금에다 연금현가계수를 곱하면 그것과 등가의 퇴직일시금이 산출된다.

$$\text{연금현가} = \frac{R}{I+K} + \frac{R}{(I+K)^2} + \cdots + \frac{K}{(I+K)^n}$$

$$= R \times \frac{(I+K)^n - 1}{K(I+K)^n} = R \times \text{연금현가계수}$$

이와 같이 연금현가계수란, 매년 일정액의 연금 R를 n연간 수령한 것으로 보고, 그 R를 자금코스트로 할인한 현재치로 환산하여 합계치를 구하는 산식이다. 예를 들면, 매년 10만원을 5년간 받을 수 있고, 이자율을 10%라고 하면, 연금현가계수는 3.791이므로 다음과 같이 된다.

5년간의 10만원 연금의 현재치 합계 = 10만원 × 3.791 = 37.91만원

일시금과 등가의 연금을 구하려면, 연금현가계수의 자금회수계수를 일시금에다 곱하면 된다.

원 가 상 각

[의의] 시간의 경과 및 사용에 의해 물리적으로 가치가 감소하는 고정

(原價償却) (Cost Depreciation)	자산 및 불적응화·진부화에 의해 기능적으로 감가하는 고정자산을 내용연수에 따라서 감가상각비라는 비용으로 대체하는 절차를 말한다. **설명** 기계장치·건물·기구비품 등은 시간의 경과에 따라 자연적 감손 및 사용에 의한 마멸에 의해 물리적으로 감가함과 동시에 진부화(신기술의 출현에 의해 물리적으로 사용가능하여도 경제적으로 불리로 되는 것)나, 부적응(수용의 변화, 기업규모의 확대, 축소 등에 의한다) 때문에 기능적으로 감가한다. 기업회계에서는 이 감가를 비용으로서 인식하고, 사용으로부터 폐기까지의 내용연수를 견적하여, 그간에 도래하는 각 회계기간에 그 비용을 할당하는 것이 합리적이라고 하고 있다. 감가상각을 행하기 위해서는 취득가액·내용연수·잔존가액의 3요소를 정하지 않으면 아니 되는데, 이 가운데 내용연수와 잔존가액은 어디까지나 견적에 의하지 않으면 아니되고, 절대정확을 기하는 것은 불가능하다. 또한 내용연수의 결정에는 물리적인 내용연수 외에 기능적인 내용연수도 고려한다. 이 3요소를 결정한 다음으로 상각률을 정하는데, 이 정하는 방식에 정률법, 정액법, 생산량비례법 등이 있다. 상각은 규칙적으로 행하는 것이 필요하고, 매결산기에 상당한 상각을 행하는 것을 강요하고 있다. 이익이 많은 결산기만 다액의 상각을 행하는 것은 비합리적이다. 감가상각비는 자금의 유출을 수반하지 않는 비용이다. 그 의미로서는 내부유보비용이라고 할 것이다. ☞ **감가** (Depreciation)
원가와비용 **(原價와費用)** (Cost and Expenses)	**의의** 원가와 비용은 혼돈되기 쉬우나 양자는 명확한 차이점이 있다. 원가는 제품의 제조를 위해서 발생하는 경제가치의 소비액이며 원가계산상의 개념이다. 그러나 비용은 재무회계상의 개념으로서 일정한 기간내에 기업의 경제활동을 위하여 발생한 경제가치의 소비액이다. **설명** 따라서 원가는 제품의 제조라는 특정목적을 위하여 발생한 가치의 소비액이며 각종 제품별로 집계된다. 이에 대하여 비용은 일정한 기간내에 기업의 경제활동이라는 전반적인 목적을 위하여 발생하는 가치의 소비이므로 그 집계는 일정기간을 대상으로 하고 있다. 제조활동과는 관련이 없는 기부금이나 화재·도난 등에 의한 재화의 손실은 생산과는 아무 관계가 없으므로 원가가 될 수 없지만 전체적인 기업활동을 위하여 발생된 경제가치의 소비이기 때문에 이들은 비용으로 취급되는 것이다. 원가와 비용과의 관계를 아래와 같이 나타낼 수 있다.

	비 용 (손익계산)		
	중성비용	목적비용	
		기초원가	부가원가

원가 (원가계산)

원가와지출
(原價와支出)
(Cost and Expenditure)

　위의 도표에서 보는 바와 같이 비용인 동시에 원가로 되는 것을 기초원가라 하는데 대부분의 비용과 원가는 목적비용 또는 기초원가로 된다. 이러한 점에서 볼 때 비용과 원가는 동일한 개념을 갖는다고 할 수 있다. 그러나 비용이지만 원가가 될 수 없는 부분이 있는데 이것을 중성비용이라 한다. 예컨대 생산과는 관련이 없는 기부금을 지출하거나 화재, 수재, 도난 등에 의한 재화의 손실은 직접적으로 생산과는 아무 관계가 없으므로 원가가 될 수 없는 것이다.

　한편 원가이지만 비용이 될 수 없는 부분을 부가원가라 한다. 예컨대 증여로 받은 재료를 사용하여 제품을 생산하였을 때 그것이 원가는 되지만 비용으로는 되지 않는다.

　또한 장부상 완전히 상각이 끝난 건물·기계 등을 계속해서 제조활동에 사용하는 경우 그것은 비용으로 계산되지 않지만 원가는 발생한 것으로 인정되는 것이다.

　[설명] 원가는 특정의 생산목적을 위하여 경제가치를 소비함으로써 발생하는 것이며, 화폐적 지출과 일치하게 발생하는 것이 아니다.

　이 원가의 발생은 화폐의 지출을 수반하는 경우도 있고 그렇지 않은 경우도 있다.

　따라서 화폐적지출 없이 취득한 경제가치일지라도 급부생산을 위하여 소비한다면 원가가 된다.

　예를 들어 기증된 물품 또는 자가생산의 재화를 급부생산을 위하여 소비한 경우라든가 또는 개인기업의 경우에 기업주의 임금은 지급을 하지 않아도 원가에 산입된다.

　이와는 달리 화폐적지출에 의하여 획득한 경제가치일지라도 그것이 급부생산을 위하여 소비되지 않는 경우에는 원가로 되지 않는다.

　예를 들면 배당금 또는 정치자금 등의 지출, 채무반제의 지출, 공장용부지에 대한 지출액 등은 원가로 취급되지 않는다. 여기서 문제가 되는 것은 화폐지출이 없는 원가가 발생하는 경우의 당해 원가구성요소에 대한 평가이다. 예컨대 증여 받은 재산의 평가에 관하여는 그 재산이 적정한 시장가격으로 평가될 것이 필요하고, 자기공장에서 생산된 것은 실제원가로 평가될 것이 필요하다.

원가란 →	경영급부를 →	산출하기 위하여 소비된 →	재화 및 용역의 경제가치이다.
원가계산상의 개념과 재무회계상의 개념과 다르다.	경영급부란 경영에 의하여 산출된 재화 또는 용역이다.	그 급부를 위하여 희생된 또는 제품 제조에 요한 것 등을 말한다.	재화란 제조업의 경우 사용에 제공된 재화 및 화폐, 용역은 서비스적 인력이다.

원가외항목
(原價外項目)

[의의] 원가외항목(중성항목)은 비원가항목이라고도 하며, 원가계산제도에 있어서 원가에 산입하지 않는 항목을 말한다.

[설명] 일반적으로 비원가항목으로 처리되는 것은 다음과 같다.

(1) 현재 영업에 공여되어 있지 않은 자산에 관련하여 발생하는 비용
   ① 유휴미가동자산에 대한 감가상각비·세금과공과·관리비 등
   ② 투자자산에 대한 제비용
   ③ 기타경영목적과 무관한 자산에 대한 제비용 등

(2) 기업회계기준에서 규정하고 있는 영업외비용
   ① 이자비용   ② 유가증권처분손실
   ③ 유가증권평가손실   ④ 재고자산 평가손실
   ⑤ 외환차손   ⑥ 외화환산손실
   ⑦ 기부금   ⑧ 지분법평가손실
   ⑨ 투자유가증권감액손실 ⑩ 투자자산처분손실
   ⑪ 유형자산처분손실   ⑫ 투자자산처분손실
   ⑬ 법인세추가납부액

(3) 이상상태를 원인으로 하는 가치의 감소
   ① 화재·도난·풍수해 등 우발적 사고에 의한 손실
   ② 우발채무손실·우발적 사정에 의한 고정자산의 특별상각
   ③ 정상액을 초과하는 감손비·파손비·대손상각 등

(4) 세법상 특히 인정된 손금산입항목
   ① 중소기업투자준비금 전입액
   ② 기술개발준비금 전입액
   ③ 투융자손실준비금 전입액
   ④ 사회간접자본투자준비금 전입액
   ⑤ 에너지절약 시설투자준비금 전입액
   ⑥ 공장지방이전준비금 전입액
   ⑦ 법인본사지방이전준비금 전입액
   ⑧ 유통개선지원준비금 전입액

(5) 기타 이익잉여금에 부과되는 항목
   ① 배당금   ② 임원상여금
   ③ 임의적립금 전입액   ④ 배당건설이자의 상각 등

| 원 가 요 소
(原 價 要 素)
(Cost Element) | 의의 원가는 여러 가지 요소로부터 구성되어 있다. 이 원가를 구성하는 요소에 대한 것을 말한다.
 원가는 여러 가지 요소로 구성되어 있다. 따라서 원가란 구성형태면에서 본다면 제원가요소의 대상이 되는 원가의 구성요소를 말한다. 일반적으로 원가요소란 넓은 의미에서 원가개념에 속하는 것이나, 우리나라의 원가계산준칙에서는 이를 소위 원가개념과 구별하고 있다.
 원가계산준칙에서는 원가요소의 개념을 분류된 원가로 보지 않고 추상적으로 사용하고 있다고 본다. 즉, 원가요소를 원가의 용어와 거의 동일어로 추상적으로 사용하고 있다. 그러므로 원가계산준칙에서는 원가요소라는 말을 원가로 바꾸어 사용하여도 그 내용은 전연 달라지지 않는다. 요컨대 원가계산준칙에서 말하는 원가요소의 개념은 아직 분류안된 상태의 원가를 말하는 것이며, 그와 같은 일반적은 개념으로 사용하고 있는 것이라고 본다.
 원가요소는 원칙적으로 경제학에서 말하는 생산요소의 개념에 대응되는 것이다. 즉, 경영에 있어서 급부생산의 과정을 구성하는 생산을 위한 각종의 투입요소를 생산요소라고 하는데, 이 생산요소를 원가계산상의 원가로 파악할 때, 이를 원가요소라고 부른다. 따라서 원가요소란 결국 급부생산과 관련된 재화와 용역의 경제가치의 소비인 원가를 분류하여 원가의 구성요소로 나타낸다.
설명 원가계산준칙은 원가요소를 제조원가요소 및 판매비와 관리비로 대별한다.
 원가요소 = 제조원가요소 + 판매비와 관리비요소
 원가요소를 이와 같이 대별하는 이유는 제조원가와 판매비와 관리비의 취급방법이 다르기 때문이다. 다시 말해서 원가란 수익을 획득하기 위한 가치희생인데, 수익(매출)과 대응관계가 분명한 것과 분명하지 않는 것이 있다.
 제품을 생산하는데 요한 가치희생은 매출과 분명히 대응되지만 판매나 관리활동을 위한 원가는 반드시 분명하지 않다. 그러므로 제조원가는 재고자산과 매출원가로 구분하여 제품원가만을 매출에 직접 대응시키고 판매비와 관리비는 기간원가로서 발생총액을 당기의 매출전체와 대응시킨다.
 원가요소는 다음과 같은 분류기준에 의해 여러 가지 각도에서 분류된다.
 (1) 형태별분류 … 재무회계상의 원가발생의 형태에 의거한 분류로 재무회계상의 비용 분류는 이 구분에 의한다. 여기에 의하면, 원가 요소는 재료비 · 노무비 · 경비의 3항목으로 대별되고 그것들은 각각 더욱 더 각 비목으로 세분된다.
 (2) 기능별분류 … 원가가 경영상의 어떠한 기능을 위해 발생하였는가를 가리키기 위한 분류로 원가관리의 관점에서 중시한다. 여기에 |

	따르면 원가요소는 다음과 같이 분류된다. ① 재료비 → 주요재료비·수선재료비·시험연구재료비 등의 보조재료비·공장소모품비 등 ② 임금 → 작업종류별 직접임금·간접작업임금·대기임금 등 ③ 경비 → 각 부문의 기능별경비 (3) 제품과의 관련에 있어서의 분류 ··· 원가의 발생이 일정단위의 제품의 생성에 관하여 직접적으로 인식되었는가의 여부에 의한 분류로, 여기에 의하면 원가요소는 직접비(다시 직접재료비, 직접노무비, 직접경비로 세분)와 간접비(다시 간접재료비, 간접노무비, 간접경비로 세분)로 분류된다. (4) 조업도와의 관련에 있어서의 분류 ··· 조업도의 변화에 대한 원가의 발생양태(원가의 변화)에 착목한 분류로, 고정비와 변동비로 분류된다. (5) 원가의 관리가능성에 의거한 분류 ··· 원가의 발생이 일정의 관리자층에 의해 관리할 수 있는지의 여부에 의한 분류로, 관리가능비와 관리불능비로 분류된다. ☞ **제조원가요소**(Element of Manufacturing) 　　**판매비와 관리비요소**(Element of Selling and Administrstive Expenses)
원가요소분석법 (原價要素分析法) (Cost Element Analysis Method) 평가법 선입선출법	의의 원가요소분석법은 재공품 중에 포함되어 있는 원가요소를 주요재료비와 가공비로 구분하고, 이것을 각각 별도로 산정하는 방법이다. 가공비는 직접재료비(주요재료비) 이외의 보조재료비·노무비·경비 등을 일괄하여 평가한다. 설명 1. 평가법 기초재공품주요재료비 = (기초재공품주요재료비 + 당기주요재료비) $\times \dfrac{\text{기말재공품환산량}}{\text{완성품량 + 기말재공품환산량}}$ 기말재공품가공비 = (기말재공품가공비 + 당기가공비) $\times \dfrac{\text{기말재공품환산량}}{\text{완성품량 + 기말재공품환산량}}$ 2. 선입선출법 기말재공품주요재료비 = 당기주요재료비 $\times \dfrac{\text{기말재공품환산량}}{\text{완성품량 - 기초재공품환산량 + 기말재공품환산량}}$ 기말재공품가공비 = 당기가공비 $\times \dfrac{\text{기말재공품환산량}}{\text{완성품량 - 기초재공품환산량 + 기말재공품환산량}}$ 기말재공품원가 = 기말재공품주요재료비 + 기말재공품가공비

후입선출법	3. 후입선출법
	① 기초재공품환산량 = 기말재공품환산량인 경우
	   기초재공품원가 = 기말재공품원가
	② 기초재공품환산량 > 기말재공품환산량인 경우
	   기말재공품주요재료비 = 당기주요재료비 × $\dfrac{\text{기말재공품환산량}}{\text{기초재공품환산량}}$
	   기말재공품가공비 = 당기가공비 × $\dfrac{\text{기말재공품환산량}}{\text{기초재공품환산량}}$
	   기말재공품원가 = 기말재공품주요재료비 기말재공품가공비
	③ 기초재공품환산량 < 기말재공품환산량인 경우
	  ・기말재공품주요재료비 = (기초재공품주요재료비 + 당기주요재료비)
	    × $\dfrac{\text{기말재공품환산량 - 기초재공품환산량}}{\text{완성품량 - 기초재공품환산량 + 기말재공품환산량}}$
	   기말재공품가공비 = (기초재공품가공비 + 당기가공비)
	    × $\dfrac{\text{기말재공품환산량 - 기초재공품환산량}}{\text{완성품량 - 기초재공품환산량 + 기말재공품환산량}}$
	  ・기말재고품원가 = 기말재공품주요재료비 + 기말재공품가공비
	※ ① 위의 산식은 모두 주요재료가 제조진행에 따라 소비되는 경우임
	② 주요재료가 제조착수와 동시에 전량이 투하되는 경우에는 완성품1단위와 재공품 1단위가 차지하는 비율은 동일하므로, 이 경우에는 기말재공품의 완성도환산은 필요없다.
	③ 주요재료비 진척도와 가공비 진척도가 동일한 경우에는 기말재공품 주요재료비와 기말재공품 가공비를 나누어 계산할 필요는 없다.

원 가 원 장 (原價元帳) (Cost Ledger)	[의의] 원가원장이란 원가계산표를 철합한 장부를 말한다. 개별원가계산에 있어서는, 원가계산담당자가 원가원장에 각 제조지령서마다 제조원가를 집계하기 위한 계좌를 마련하는 것이 일반적이다. 원가원장은 별도로 제조원장이라고도 부른다. 제조원가의 상세한 기록을 하는 것이 보조부이다. 이 원가원장은 카드식 또는 루스리후식의 것이 쓰여져, 원가카드라고도 칭한다. ☞ 원가계산표 (Cost Sheet)
원 가 의 식 (原價意識) (Cost Consciousness)	[의의] 원가의식이란 것은 종업원이 원가에 대하여 갖는 관심과 그 이해에의 정도를 말하고, 그 결과 종업원이 자발적으로 원가를 절감하는 노력을 하는 것을 원가의식을 갖는다라는 말을 하고 있다. [설명] 원가관리는 직제상의 원가관리책임자가 표준원가의 설정에 의해 단기적·장기적 관점에 의거하여 원가절감 노력을 행하는 것인데,

종업원의 협력은 불가결로, 또 동시에 종업원의 원가의식을 고양하는 것도 필요하다. 종업원 및 관계자의 원가의식의 고양은 원가관리의 촉진에 직결하는 데, 그를 위해서는
① 원가계산제도·방식의 개혁책임 원가추구제도의 설정
② 원가계산담당 부문의 개선, 특히 원가부문의 독립·신속성 담당자가 기술적 요소를 갖일 것. 가치계산 뿐만 아니고 물량계산의 채택
③ 종업원의 원가계산의 이해를 위한 교육과 원가의식에 관한 훈련
④ 공장규율의 확립
⑤ 현장책임자의 지도력 등의 제문제의 해결이 불가결이다.

원 가 절 감 (原價節減) (Cost Reduction)

[의의] 원가절감이라 함은 품질을 손상함이 없이 제품을 제조하거나 판매하는 경우의 단위원가를 영속적으로 절감하는 것을 말한다.

[설명] 특히 원가를 절감 또는 가격을 인하한다는 것은 품질을 저하시키는 것을 의미하게 되는데, 이것은 진정한 의미에서 원가절감이 되지 못한다. 종래에는 원가를 절감한다는 것이 제조원가에 한정되는 경우가 많았으나, 최근에는 영업비, 연구개발비와 같은 사회적 유통비까지 포함하여 절감하는 것으로 되었다. 그런데 총원가는 조업도에 비례하여 증감하기 때문에 원가를 절감한다는 것은 단위원가를 절감하는 것을 의미한다. 또한 원가절감 목표는 일시적인 불황대책으로서 설정된 것이 아니라, 영속적인 기업의 기본방침으로서 계속적으로 실시되어야 한다. 앞으로 원가절감의 방향은 총합적인 원가절감(Integrated cost Reduction)단계로 이행하고 있다.

원가종류별원가계산 (原價種類別原價計算) (Cost Individual Cost Accounting)

[의의] 원가계산은 제조원가계산과 영업비계산으로 구분되고, 제조원가계산은 ① 비목별(또는 요소별)계산 ② 부문별계산 ③ 제품별계산의 3과정을 거쳐야 하고, 비목을 기능별로 분류하게 된다.
원가종류별원가계산은 비목을 기능별로 분류하게 된다. 원가종류별 원가계산은 요소별 원가계산과 영업비계산에 있어서 비목별 계산으로 편성된다.

원 가 주 의 (原價主義) (Cost Basis)

[의의] 재산평가의 기준을 취득원가에 두는 것을 요구하는 평가상의 주의를 말한다.

[설명] 오늘의 기업회계에서는, 자산의 가액은 이것을 취득원가 취득가액에 취득에 요하는 제비용을 가한 것을 기준으로 하여 평가하고, 대차대조표에 기재하는 것이 원칙으로 되어 있다.
그것은, 기업회계기준 및 상법에 명확히 규정되어 있다.
이와 같이 원가주의를 취하는 것은 대차대조표가 재산의 현상을 시가에 의해 표시하는 것이 아니고, 기업의 재산상태를 기업자금의 조

달원천(부채 및 자본)과 운용형태(자산)와의 비교 대조에 의해, 표시하는 것을 목적으로 하기 때문이다.

또 손익계산의 측에서 보면, 원가주의를 원칙으로 하지 않으면 정확한 손익계산이 될 수 없기 때문이다.

원가주의는 고정자산에 대하여도 적용되고, 그 감가상각은 고정자산의 취득원가를 기초로 행하게 된다.

원가주의는 시가가 원가보다도 저락하고 또는 상승한 때에 그 폭이 큰 경우에 문제가 생긴다.

전자의 경우는 자산의 과대평가에 연결되므로, 이것을 방지하기 위해서는 저가주의에 의한 평가가 생각된다.

또 후자의 경우는 자산의 과소평가에 연결되고 화폐가치가 극도로 저락한 때에는 손익계산, 더욱 더 실질자본유지의 관점에서 문제로 된다.

[산식] 매입시 = 실제구입가액(매입원가 + 매입제비용)
　　　　제조시 = 제조원가 + 사용제비용

(1) 장점

장점　① 계산의 확실성 - 이것은 실제구입원가 또는 제작가격을 기초로 하므로 추측이나 예측 등 불확실한 요소의 개입여지가 없으므로 계산이 확실하다.

② 미실현이익을 배제 - 정확한 기간손익의 계산을 할 수 있다. 즉, 취득원가에 의하여 평가하기 때문에 평가이익이 발생할 염려가 없다.

③ 기장계산의 용이 - 이는 장부가액으로 평가하므로 평가가 가장 정확하며, 기장도 간단하고 용이하다.

④ 평가기준이 매결산기에 변동하지 않기 때문에 경영비교가 용이하다.

단점　(2) 원가주의의 단점

① 재산의 현재가치를 표시함이 불가하다. - 물가의 변동이 심하고 자산의 취득원가와 그 시가가 현저하게 다를 경우에는 원가란 단순한 과거의 조달액을 표시하는데 불가하다.

② 「인플레이션」시 재산의 과소평가(비밀적립금) - 물가가 폭등하는 경우에 원가주의는 시가의 상승을 무시하므로 일종의 비밀적립금이 생긴다.

③ 「디플레이션」시 재산의 과대평가(가공이익) - 물가가 현저히 하락한 경우 당해자산의 시가가 원가이하로 하락하여도 원가주의에 의하면 이를 계상하지 않으므로 자산의 과대평가 즉, 가공이익이 계상된다.

원가중심점　[의의] 원가중심점이란 원가의 집계장소를 말한다. 원가계산에 있어서

| (原價中心點) (Cost Center) | 나 원가관리상에서 발생원가를 정확히 계산·파악하는 것이 중요하다.
넓게 보면 공장전체는 원가중심점이라 할 수 있으나, 보통은 공장을 각 제조부문·보조부문으로 나누고, 다시 이를 정밀하게 각 기계, 기타의 설비에 대한 원가중심점을 설정하게 된다. 원가중심점은 특히 제조간접비계산에 있어서 중요하다. 원가중심점별로 제조간접비를 집계하는 것은 간접비를 직접비화 하는 것을 의미하며, 이 배부를 통하여 제품의 원가를 적정하게 집계하여 원가관리에도 이바지 할 수 있다.
[설명] 원가중심점의 설정기준은 대체로 다음과 같다.
첫째 : 재료를 제품으로 가공함에 있어서 1개의 작업 또는 동종의 작업이 이루어지는 곳으로 설정된다. 이를 작업구분(Cost Operation)이라한다.
둘째 : 1개 또는 2개이상의 동일 또는 동종의 기계나 작업대별로 설정한다. 이 경우 기계를 기준으로 원가중심점을 설정하는 것을 기계중심점(Machine Center)이라 하고, 작업대를 기준으로 하는 것은 작업대중심점(Bench Center)이라 한다.
셋째 : 재료검사·원가계산·시간연구 등과 같이 공장전체에 기여하는 곳으로 설정한다. 위와 같이 원가중심점은 원가발생을 인식집계할 수 있는 최소단위의 원가부담장소 또는 작업구분으로 나뉘어 설정되지만 원가계산보다도 원가관리를 중요시하는 표준원가 제도하에서는 그 원가를 발생시킨 책임자별로 원가를 집계한다.
이러한 경우에는 생산활동에 독립적 책임을 지는 관리자별로 원가중심점이 설정되며, 그 범위는 감독자의 관리범위 내지 최종말단의 관리단위로 설정된다. 이와 같이 원가책임별로 원가중심점을 설정하는 것을 책임중심점(Responsibility Center)이라 한다.
원가중심점은 한 개 또는 여러개가 집계되어 하나의 부문을 형성하지만 광의로는 원가 중심점도 원가부문의 일종이다. 원가중심점을 설정하는 이유는 이로 인하여 보다 효율적인 관리를 할 수 있기 때문이다. 즉, 비능률이 발생하는 장소와 원인을 정확하고 용이하게 발견하기 위해서는 광범위한 기능을 가진 원가부문보다는 개개의 기계나 개개의 작업단위 또는 원가책임자를 단위로 하는 원가중심점별로 원가를 집계하는 것이 유리하기 때문이다.
원가중심점은 원래 제조간접비의 배부계산을 정확히 하기 위하여 발전한 것이므로, 때로는 제조간접비 중심점이라고 말하기도 한다.
그러나 개별생산기업에 있어서의 표준원가계산은 작업구분계산을 전제로 할 때 비로소 유효하다는 사실을 인식하게 되어, 원가중심점은 제조간접비만의 집계단위라고 해석하는 관념을 뒤집은 것이다.
그러나 원가계산보다도 원가관리를 중요시하는 표준원가계산에 있어 |

서는 원가를 조직의 특정계층에서 본 관리가능원가와 관리불능원가로 구분하고, 그중 관리가능원가에 한하여 그것을 발생시킨 책임자에게 책임을 추궁함으로써 원가의식을 높이고 원가절감 내지 표준원가의 달성을 기하려고 한다.

제품원가를 단위별로 집계하는 것 보다는 그 원가를 발생시킨 책임자별로 원가를 집계하는 것을 더 중요시하게 되었고, 여기서 원가중심점 이외에 책임중심점이란 새로운 개념이 생기게 된 것이다.

그러므로 때로는 책임중심점이 원가중심점과 일치할 경우도 있고, 때로는 2개 이상의 원가중심점이 하나인 책임중심점이 될 수도 있는 것이다.

이와 반대로 1개의 원가중심점이 수개의 책임중심점으로 나누어지는 경우도 있을 수 있다.

결국 원가중심점은 순전히 제품원가를 집계하기 위한 개념이고 책임중심점은 원가관리를 위한 개념이다.

만일 제품의 원가계산 목적과 관리목적을 동시에 달성하려는 원가계산은 원가의 집계를 원가중심점별로 하되, 원가관리는 책임중심점별로, 그리고 관리가능비에 한하여 행하도록 하지 않으면 안된다.

원 가 차 액 (原 價 差 額) (Cost Difference)

[의의] 실제원가계산제도하에서 예정가격을 사용하여 계산한 원가(예정가격×실제소비량)와 실제원가와의 차액 및 표준원가계산제도에 있어서의 표준원가와 실제원가와의 차액을 말한다.

[설명] 원가차액이 발생한 경우에는 그 발생원인을 분석하여 원가관리에 도움이 된다. 재무회계상 이상한 원인에 의해 발생한 원가차액은 비원가항목으로 한다. 기타의 원가차액은 원칙으로서 매출원가와 재고자산에 배부된다. 매출원가에 배부한 금액에 대하여는 기업회계기준에서는 손익계산서상 매출원가의 내역과목으로서 표시하는 것이 요청되고 있다.

원 가 차 이 (原 價 差 異) (Cost Variance)

[의의] 원가차이란 실제원가계산제도에 있어서 원가의 일부를 예정가격으로 계산한 경우의 원가와 실제발생액과의 차액 그리고 표준원가계산제도에 있어서의 표준원가와 실제발생액과의 차액을 말하는데 이를 표준원가차이라 한다.

[설명] 원가차이가 발생할 경우에는 이를 기록하고 분석하는데, 그 목적은 원가차이를 재무회계상 적정히 처리하여 제품원가 및 손익을 확정함과 아울러 그 분석결과를 각계층에 제공함으로써 원가관리에 활용하려는 데에 있는 것이다.

원가차이의 종류

1. 원가차이의 종류

우리 나라 원가계산기준은 원가차이를 실제원가계산제도와 표준원가계산제도로 구분하고 있는데 실제원가계산제도에 있어서의 원가차이의 종류를 살펴보면 다음과 같다.

① 재료부비배부차이 : 재료부비배부차이란, 재료부비의 일부 또는 전부를 예정배부율로서 재료에 배부함으로써 발생하는 원가차이를 말하며 일정기간에 있어서 그 재료부비의 배부액과 실제액과의 차액으로서 산정한다.

② 재료수입가격차이 : 재료수입가격차이란 재료의 수입가격을 예정가격으로 계산하기 때문에 발생하는 원가차이를 말하며, 일정기간에 있어서 그 재료부비의 배부액과 실제수입금액과의 차액으로서 산정한다.

③ 재료소비가격차이 : 재료소비가격차이란 재료의 소비가격을 예정가격을 예정가격으로 계산함으로써 발생하는 원가차이를 말하며, 일정기간에 있어서 예정가격으로 계산된 재료비액과 실제발생액과의 차액으로 산정한다.

④ 임률차이 : 임률차이란 노무비를 예정임률에 의하여 계산된 노무비액과 실제발생액과의 차액으로 산정한다.

⑤ 제조간접비 배부차이 : 제조간접비 배부차이란 제조간접비를 예정배부율로 제품에 배부함으로써 발생하는 원가차이를 말하며, 일정기간에 있어서 예정배부율에 의한 제조간접비 배부액과 실제발생액과의 차액으로서 산정한다.

⑥ 가공비 배부차이 : 가공비 배부차이란 가공비를 예정배부율로 제품에 배부함으로써 발생하는 원가차이를 말하며, 일정기간에 있어서 그 가공비 예정배부율로 계산한 배부액과 실제발생액과의 차액으로서 산정한다.

⑦ 보조부문비배부차이 : 보조부문비배부차이란 보조부문비를 예정배부율로 제품부문에 배부함으로써 발생하는 원가차이를 말하며, 일정기간에 있어서 그 예정배부율로 제품부문에 배부함으로써 발생하는 원가차이를 말하며, 일정기간에 있어서 그 예정배부율로 계산되는 보조부문비의 배부액과 실제발생액과의 차액으로서 산정한다.

⑧ 대체차이 : 대체차이란 공정간에 대체되는 공정제품의 가액을 예정가액으로 계산함으로써 발생하는 원가차이를 말하며, 일정기간에 있어서 예정가격으로 계산된 공정제품의 대체가액과 실제발생액과의 차액으로 산정한다.

원가차이의 분석방법

2. 원가차이의 분석방법

원가차이는 미래원가와 실제원가와의 차이로서 그 관계를 보면 다음과 같다. 원가차이는 표준원가와 실제원가와의 차이, 또는 양자의 비교차를 의미한다. 원가차이를 발생원인별로 분석하여 차이발생의 책임, 또는 공적의 소재를 명확히 하는 것을 원가 차이분석(Analysis of Cost Variances)이라고 한다. 표준원가와 실제원가와의 차이는 수량상 및 금액상으로 분석되어야 하며 그 방법으로는 ① 제품별분석 ②

부문별분석 ③ 요소별 분석으로 3구분된다.

$$\text{표준제품} = \text{표준가격} \begin{array}{c} \boxed{\text{표준재료비}} \\ \text{표준수량} \end{array} + \text{표준임률} \begin{array}{c} \boxed{\text{표준노무비}} \\ \text{표준시간} \end{array} + \boxed{\text{표준경비}}$$

$$\text{실제제품} = \text{실제가격} \begin{array}{c} \boxed{\text{실제재료비}} \\ \text{실제수량} \end{array} + \text{실제임률} \begin{array}{c} \boxed{\text{실제노무비}} \\ \text{실제시간} \end{array} + \boxed{\text{실제경비}}$$

원가차이 = 재료비차이 + 노무비차이 + 경비차이

(1) 제품별 분석

제품별분석은 원가차이를 제품계정에서 분석하는 방법으로서 제품원가를 다수의 공정 또는 부문을 경유하여 제품계정에 집계된 숫자이므로 제품계정에서 원가차이를 분석하면 원가차이의 원인을 명확하게 밝히는 수단으로는 극히 불충분한 것이다.

(2) 부문별분석

부문별분석은 제품별분석으로는 원인분석이 불충분한데 대하여 원가의 발생장소별로 차이분석을 하는 것이다. 따라서 원가관리상 유효한 원가자료(Cost Data)가 될 수 있다. 그러나 부문별분석이 유효하게 되려면 직제상의 책임과 권한이 명확히 되어야 하고 적절한 경영관리조직이 확립되고 그것이 원가계산조직과 직접 결부될 것이 전제가 된다.

(3) 요소별 분석

요소별 분석은 원가차이를 원가요소별로 분석하는 것이다. 어느 부문에 어떠한 차이가 얼마나 발생하였는지를 명확히 하려면 원가차이를 계산요소별로 분석하여 차이발생의 원인을 각 요소의 성격에 대응하여 상세히 파악할 필요가 있다. 요소별분석은 재료비차이분석, 노무비차이분석, 제조간접비표준차이분석으로 구분된다.

① 재료비차이분석 : 이것은 표준재료비와 실재재료비와의 차이분석이다. 그리고 표준의 설정이 수량표준과 가격표준의 결정에서 출발한 것이므로 차이분석도 소비량차이와 가격차이의 분석이 된다. 가격차이는 재료를 구입한 때에 표준과 실제를 비교하여 파악하거나 또는 재료를 소비할 때에 그 차이를 파악하는 2방법이 있다.

소비시에 산출하는 경우에는 다음과 같이 산출된다. 만일 재료구입시에 가격차이를 산정하려면 다음 산식에서 소비량을 구입량을 대체하면 된다.

가격차이 = 실제소비량 × 실제가격 - 실제소비량 × 표준가격

그리고 소비량차이는 재료소비시에 다음과 같이 산출한다.

소비량차이 = 실제소비량 × 표준가격 - 표준소비량 × 표준가격

이상과 같이 분석된 가격차이와 소비량 차이는 그 차이발생원인을

상세히 조사하여 발생책임의 소재를 명확히 하여야 한다.
 일반적으로 가격차이는 구매부문에, 소비량 차이는 제조부문에 책임이 있다. 그러나 차이발생원인에 따라서는 반드시 그렇지도 않다.
  ㉮ 가격차이 발생원인 : 가격차이 발생원인은 시장가격의 변화, 구입정책의 변경, 구입수량 × 품질 × 규격의 오류, 운임의 변화 또는 운송도중의 감손 등에 기인한다.
  ㉯ 소비량차이 발생원인 : 이에는 제품의 설계변경, 기계 또는 공구의 변경, 작업파손이나 낭비의 과대발생, 대용품이나 조악품의 사용 등에 의한다.
  ② 노무비 차이분석 : 노무비차이란 노무비에서의 표준원가와 실제원가와의 차이액을 말한다. 원가관리에 기여하기 위해서는 이 차이분석은 부문이나 원가중심점 등의 책임단위에 대하여 작업종류별로 시행할 필요가 있다. 일반적으로 노무비차이는 작업시간차이와 임률차이로 분석된다. 이 분석방법에는 원가차액법 내지 분해법과 원가비율법의 2가지가 있다. 이 공식을 기호로 표시하면 다음과 같다.
〈원가차액법 내지 분해법〉
실제임률 = R_a 실제작업시간 = H_a
표준임률 = R_s 표준작업시간 = H_s
노무비 차이 = 실제노무비 - 표준노무비 = $H_a \cdot R_a - H_s \cdot R_s$
       = $H_a(R_a - R_s) + R_s(H_a - H_s)$ = 임률차이 + 작업시간차이
〈원가비율법〉

$$\text{노무비비율} = \frac{\text{실제노무비}}{\text{표준노무비}} = \frac{H_a \cdot R_a}{H_s \cdot R_s} = \frac{H_a}{H_s} \times \frac{R_a}{R_s}$$

   = 작업시간비율 × 임률비율

이 분석에서 다시 실제작업액에 대한 표준시간을 산정하고, 이를 공식속에 삽입하면 더욱 분석이 세밀하게 된다. 공식으로 표시하면 다음과 같다.
실제작업액에 대한 표준시간 = H_s'
작업시간차이 = $R_s(H_a - H_s) = R_aH_a - R_sH_s = R_sH_s - R_sH_s' + R_sH_s' - R_sH_s$
       = $R_s(H_s - H_s') + R_s(H_s' - H_s)$
         = 작업속도차이 + 작업우량도차이
또는

$$\frac{H_a}{H_s} = \frac{\text{실제작업액에 대한 } H_a}{\text{실제작업액에 대한 } H_s'} \times \frac{\text{실제작업액에 대한 } H_s'}{\text{표준작업액에 대한 } H_s}$$

   = 작업속도차이 + 작업우량도 차이
임률차이는 동일작업에 대한 임률 그 자체가 변화한 경우 및 하나의 집단작업에서 작업자의 구성이 변화한 경우에 생긴다. 대규모 경영에서는 임률 그 자체의 변경은 그리 자주 생기지 않으나 작업자 구성의 변화는 1작업자의 결근을 임률이 다른 작업자로 보충하는 경우에도

생긴다.

③ 제조간접비 표준차이 분석

이에는 관리가능차이 (Controllable Variance)와 조업도차이(Volume Variance)로 구분하는 2분법과 예산차이·조업도차이·능률차이로 구분하는 3분법이 있다.

예산차이에 관하여는 제조간접비의 관리방법인 고정예산에 의한 방법과 변동예산(Variable Budget)에 의한 방법의 구분에 따라서 고정예산차이와 변동예산차이로 분류되지만 여기서는 변동예산에 의한 3분법을 주로 설명하기로 한다.

㉮ 고정예산에 의한 방법 : 표준제조간접비는 표준조업도에다 표준배부율을 곱하여 산출된다. 표준조업도는 과거의 일정기간의 조업도를 기초로 하여 정상표준조업도를 산정한다.

표준배부율은 1예산기간의 표준조업도인 경우의 표준간접비액을 그 기간의 표준조업도로 나누어 산출한다. 표준간접비의 산출에 관하여는 과거의 자료에 의하여 제조간접비를 변동비·고전비로 2분하거나 준고정비로 3분하여 파악하고, 이에 의하여 제조간접비액을 추정한다.

이와 같은 관계를 산식으로 표시하면 다음과 같다.

$$표준배부율 = \frac{1예산기간의(정상조업도하의) 변동비 + 고정비}{1예산기간의 정상조업도}$$

㉯ 변동예산에 의한 방법 : 고정예산의 경우의 조업도는 반드시 실현될 조업도는 아니다. 그러므로 조업도가 변화하면 이에 따라서 간접비액이 변화되어 조업도 100%의 경우가 표준배부율이 된다. 따라서 변동예산은 탄력성예산(Flexible Budget)이라고도 한다.

(1) 2분법은 제조간접비차이를 관리가능차이와 조업도차이로 분석하는 방법이다.

관리가능차이는 표준시간의 예산액과 실제간접비와의 차액이고 조업도차이는 표준시간에다 표준배부율을 곱한 금액과 표준시간의 예산액과의 차액이다. 관리가능차이는 능률차이 또는 수량차이라고도 한다. 이는 표준작업시간과 실제작업시간과의 차이를 표준배부율로 환산하여 표시한 것이다.

관리가능차이 = (표준작업시간 - 실제작업시간) × 표준배부율

조업도 차이는 부동시간차이(Idle Time Variance)라고도 하며, 그 차이는 실제조업이 정상조업에 미달한 동안은 부동시간을 표시하는 것이다.

조업도차이 = (실제작업시간 - 예정작업시간) × 표준배부율

이 차이의 원인은 대부분 계절적 유행, 기타의 이유에 의한 수요감퇴 또는 설비능력의 과잉 등 일반적으로 관리불가능한 것이다.

(2) 3분법은 관리가능차이를 예산차이·능률차이로 분석하고, 이와 조업도차이로 3분하는 방법이다.

	예산차이는 소비차이라고도 한다. 이는 실제작업시간에 대한 허용예산액과 실재발생액과의 비교차이다. 　실제작업시간에 대한 허용예산액 - 제조간접비실제발생액 = 예산차이이고, 고정예산에 의한 분석에서는 실제조업과 정상조업을 비교하므로 별로 의미가 없으나, 실제조업에서 예산액과 발생액을 비교하는 까닭에 그 차이의 발생원인을 구명하는 것은 유효한 소비관리의 수단이 된다.
원가차이배부 **(原價差異配賦)** (Circulation of Costs Variance)	의의 원가차이배부란 재료부비등의 일부 또는 전부를 예정배부율로서 재료등에 배부함으로써 발생하는 원가차이를 말하며, 일정기간에 있어서 그 재료부비등의 배부액과 실제액과의 차액으로서 산정된다. ☞ **원가차이** (Cost Variance)
원가차이분석 **(原價差異分析)** (Analysis of Cost Variance)	의의 원가차이란 예정원가·표준원가와 실제원가의 차액을 말하는 것으로 재료비·노무비·경비의 제에누리에 대하여 생긴다. 이러한 원가차이를 발생원인별로 분석하여 차이발생의 책임 또는 공적의 소재를 명백히 하는 것을 원가차이분석이라 한다. 설명 재료비·노무비·제조간접비의 제각기에 대하여 생기는 원차이, 예를들면 재료비에 대하여는 재료가격차이, 재료소비량차이, 노무비에 대하여는 임율차이·시간차이가 생긴다. 이들의 원가차이를 상세히 분석하여, 그 차이의 원인을 조사하여 경영의 비능률에 따른 것이라면 그 개선을 배려하지 않으면 안된다. ☞ **원가차이** (Cost Variance)
원가차이분석방법 **(原價差異分析方法)** (Analysis of Cost Variance)	의의 원가차이는 미래원가와 실제원가와의 차이로서 그 관계를 보면 다음과 같다. 표준제품 = 표준가격 표준재료비 + 표준임률 표준노무비 + 표준경비 　　　　　　　　표준수량　　　　　　　　표준시간 실제제품 = 실제가격 실제재료비 + 실제임률 실제노무비 + 실제경비 ――――――――――――――――――――――――――――――― 원가차이 = 재료비차이　　　+ 노무비차이　　　+ 경비차이 　원가차이(Cost Variances)는 표준원가와 실제원가와의 차이 또는 양자의 비율차를 의미한다. 원가차이를 발생원인별로 분석하여 차이발생의 책임 또는 공적의 소재를 명확히 하는 것을 원가차이분석이라고 한다. 설명 표준원가와 실제원가의 차이는 수량상 및 금액상으로 분석되어야 하며, 그 방법으로는 제품별 분석·부문별분석·요소별분석으로 3구분된다. (1) 제품별분석 : 원가차이를 제품계정에서 분석하는 방법으로서 제품원가는 다수의 공정 또는 부문을 경유하여 제품계정에 집계된 숫자

이므로 제품계정에서 원가차이를 분석하면 원가차이의 원인을 명확히 하는 수단으로는 극히 불충분한 것이다.

(2) 부문별분석 : 제품별분석으로는 원인분석이 불충분한데 대하여 원가의 발생장소별로 차이분석을 하는 것이다. 따라서 원가관리상 유효한 원가자료(Cost Data)가 될 수 있다. 그러나 부문별분석이 유효하게 되려면 직제상의 책임과 권한이 명확히 되어야 하고, 적절한 경영관리조직이 확립되고, 그것이 원가계산조직과 직접 결부될 것이 전제가 된다.

(3) 요소별분석 : 원가차이를 원가요소별로 분석하는 것이다. 어느 부문에 어떠한 차이가 얼마나 발생하였는지를 명확히 하려면 원가차이를 계산요소별로 분석하여 차이발생의 원인을 각 요소의 성격에 대응하여 상세히 파악할 필요가 있다. 요소별분석은 재료비차이분석·노무비차이분석·제조간접차이분석으로 구분된다.

원가차이회계처리 (原價差異會計處理) (Accounting Procedures of Cost Variance)

[설명] 원가계산에 있어서 예정원가나 표준원가를 사용하고 있는 경우, 예정원가 또는 표준원가와 실제원가와의 차액이 발생하는 경우, 이의 회계처리방법에는 다음과 같은 내용들이 있다.

1. 매출원가에 가감하는 방법

원가차이를 그 제품의 원가에 그대로 가감하는 방법이다.

이 방법에서는 원가차이를 제품원가(Product Cost)로 생각하지 않고 그것을 기간원가(Period Cost)로 생각하는 입장을 취한다. 또한 이 방법은 비교적 간단하므로 널리 사용되고 있다.

2. 영업외 손익으로 하는 방법

이 방법은 표준원가야말로 참된 원가(Ture Cost, Real Cost)이며 따라서 원가차이는 비원가(Non-Cost)라고 해서 영업외손익으로 계산하는 방법이다.

즉, 표준원가는 능률적인 조업상태에서 발생할 것으로 예측되는 원가를 계산 설정하는 것이므로 이것이 원가로서 정당한 가치를 표시하고 있으며 이를 초과해서 발생한 가치의 소비는 비능률에 의한 낭비로 보며 원가성의 것으로 인식하지 않는 것을 말한다.

만약 가격변동의 영향이 있는 경우에는 평균화해서 원가의 정당성을 지킨다고 본다.

이의 유리한 점은 조기에 재무제표를 작성할 수 있고 판매이익의 기간적비교가 유효하며, 손익계산서에 게제되어 있는 영업외항목을 보고 그 재발생을 방지하기 위한 대책을 강구할 수 있다.

3. 재고자산과 매출가격에 배분하는 방법

이 방법을 채택하면 재무제표에는 재고자산 및 매출가격과 더불어 실제원가로서 표시된다. 즉 일종의 평가계정으로 되는 것이다.

이 경우 제조간접비차이를 양계정에 배분하기 위해서는 보충률

(Supplementary Rate)이라는 배분비율이 쓰인다.

이 방법의 론거로는 표준원가는 경영관리를 위한 편이수단에 불과하며 실제원가는 사실의 표시로서 재무제표에 기재되어야 하는 것이다. 또한 원가차이는 손실이 아니고 원가이므로 재고자산에도 반영되어야 한다.

4. 원가차이를 이월비용 또는 이월대변항목으로 설정한 계정에 대체하는 방법

특히 조업의 계절적 변화가 심한 경영에서는 조업도차이를 계절적으로 주기에 걸쳐서 이월하고 조업의 변화에 불구하고 원가의 평균화를 기하는 것이 합리적이고 또 이 방법이 널리 채택되는 이유이다. 그러나 이월된 차이가 기말에 상계되지 않는 경우에는 이 방법의 채택이 어렵게 된다.

우리 나라 원가계산기준은 원가차이설명에서와 마찬가지로 실제원가계산제도와 표준원가계산제도로 구분하여 설명하고 있는데 실제원가계산제도상의 원가차이의 처리를 설명하면 다음과 같다.

(1) 원가차이는 재료수입가격차이를 제외하고는 원칙적으로 당해연의 매출원가에 부과한다.

(2) 재료수입가격차이는 해당연도의 불출액과 기말재고액에 배부한다. 이 경우 재료의 기말재고액에 대하여는 재료를 적정한 종류별로 분류하여 배부한다.

(3) 예정가격이 부적정하기 때문에 비교적 다수의 원가차이가 발생하는 경우, 직접재료비, 직접노무비, 직접경비 및 제조간접비에 관한 원가차이의 처리는 다음 방법에 의한다.

① 개별원가계산의 경우는 당연도의 매출원가와 기말재고자산에 제조명령서별로 배부하거나 또는 당연도의 매출원가와 기말재고자산에 과목별로 배부한다.

② 종합원가계산의 경우는 당연도의 매출원가와 기말재고자산에 과목별로 배부한다. 표준원가계산제도에 있어서의 원가차이의 처리는 수량차이, 작업시간차이, 능률차이 등의 원가차이가 이상상태에 기인하여 발생한 경우에는 이를 비원가항목으로 처리하고, 위①의 경우를 제외하고는 모두 실제원가계산제도에 있어서의 원가차이처리방법에 준한다.

원가 총액
(原價總額)
(Complete
Cycle Costs,
Life Cycle Costs)

의의 원가총액이란 어느 프로젝트의 전기간에 걸쳐 발생하는 공정비·변동비의 총액을 말한다.

총원가라 함은 제품의 제조원가에 판매비와 관리비를 더한 원가를 말한다. 이 원가는 제품의 제조에서부터 판매에 이르기까지에 발생한 모든 원가요소를 포함하며, 판매가격을 결정하는 기초가 되므로 판매원가라고도 한다.

원 가 통 제 **(原價統制)** (Cost Control)	의의 원가통제는 예산통제와 밀접한 관계가 있다. 원가통제란 원가를 통제한다는 것만이 아니라 적정한 원가를 결정하는 것도 포함된다. 그리고 원가를 결정하는데는 3가지의 기초적 방법이 있으나, 어떠한 방법이 가장 좋고 더욱 능률적, 경제적인지를 결정하기 위하여는 우선 회사의 각 기능을 충분히 분석 검토하여야 한다. 따라서 원가통제는 생산작업만이 아니라 재료비 및 경비에도 적용된다. 설명 예정원가(Expect Cost)는 회사의 모든 면에 깊은 관심꺼리가 되어야 하는 것이며, 회사의 업적을 살피는 하나의 방편이다. 예산은 언제나 예정원가에 대응하도록 작성하여야 한다. 만약, 예정원가가 다만 과거의 실적에만 의존되어 결정되거나 또는 각계층의 경영자·관리자나 각 부문이 비용의 절감에 노력하지 않는 경우에는 아무리 예산을 작성하더라도 작업의 개선에 의하여 원가를 희망대로 통제하기 어려울 것이다. 최대한의 노력으로 목표에 도달하도록 하지 않으면 그곳에 진보도 개량도 없다. 따라서 원가통제라는 것은 모든 사업부문에 적용되는 것이다.
원 가 회 계 **(原價會計)** (Cost Accounting)	의의 일반적으로 원가회계란 회계의 일분야로서 원가를 결정하는 기술이며 원가계산을 재무회계에 결부시킨 것으로서, 협의의 개념과 광의의 개념으로 구분된다. 협의로는 경영관리를 위해서 원가를 결정하는 과정이며, 여기에서의 원가는 역사적인 원가이며 부문별, 원가중심점별, 제품별로 집계된다. 광의로는, 역사적원가뿐만 아니라 미래원가까지도 포함된다. 여기에는 원가에 관한 계획과 통제도 전부 포함된다. 설명 이상에서와 같이 원가회계란 현재 및 미래의 원가를 분류, 기록, 할당, 집계, 보고, 보관하는 것으로 회계의 일분야라고 할 수 있다. (1) 손익결정의 목적 　원가회계의 실시는 기업의 정확한 경영실적을 파악하기 위한 손익결정을 목적으로 한다. (2) 경영계획의 목적 　과거나 현재의 정확한 원가회계를 실시함으로써 미래의 경영활동계획인 예산편성에 기여한다. (3) 생산효율의 향상 　부문별, 원가중심점별, 제품별 원가회계를 실시함으로써 생산효율의 향상에 기여한다. 　① 원가를 기록·분류하는 활동(Cost Bookkeeping) 　② 현재의 발생 원가의 효율성을 검토함으로써 통제하는 활동 (Cost Control) 　③ 원가를 원인별, 책임별로 분석하는 활동(Cost Analysis)

	④ 타기업과의 제품별 비교, 방법별 비교, 부문별 비교를 실시하는 활동(Cost Comparison) ⑤ 원가제도 과정을 계획하는 활동(Cost Planning)등의 기능이 있다. ☞ 원가계산제도 (Cost Accounting System)
원가회수법 (原價回收法) (Cost Recovery Method)	[의의] 원가회수법은 할부매출대금회수액이 매출원가를 초과할 때까지에는 그 매출총이익을 인식하지 않게 된다. 　이 방법은 미국의 회계실무에 있어서 그 대금회수의 불확실성이 상당히 높은 경우에 적용하도록 하고 잇다.
원단위 (原單位) (Basic Unit)	[의의] 원단위란 것은, 제조업(가공업을 포함)에 있어서, 제품단위를 생산·가공하는데 필요로 하는 원재료·노동량·전력·가스등의 재화 또는 용역의 물량적인 소비량(t·kg·人·日·KWH·m³ 등의 단위로 되는)을 말하고, 원단위분석의 기초로 되는 것이다. [설명] 구체적으로는, 예컨대 보통 동1톤 생산에 요하는 철광석 ○○톤, 코우크스 ○○kg, 석회석 ○○t, 전력 ○○KWH, 종업원 노동 시간 연 ○○ 人時間 과 같은 형상으로 나타낸다. 이들 원단위측정은 기업측에 있어서는, ① 생산작업현장에 원가통제상 필요한 물량적 원가자료의 제공 ② 표준원가설정에 의한 원가예산편성의 기초자료의 제공 ③ 제조원료조달예산을 위한 자료제공 등의 효용을 갖고, 금융기관에 있어서의 여신판정면에서 ① 이익분식의 유무의 검출 ② 1제품판매량과 원단위를 파악하는 것에 의해 매출액·원가의 산출 ③ 금후의 이익의 예측 ④ 신규자금투하효율측정 등에 유익한 것이다.
원　료 (原　料) (Raw Materials)	[의의] 원료란 재고자산의 하나이며, 주로 화학적 작용을가하여 제품이 만들어질 경우의 소재를 말한다. 그 형태를 시키는 것만이 아니라, 물질적 변화를 하여 일반적으로 상이한 물질이 되는 제품에 재현된다. 석유공업의 원유, 양조업에 있어서의 쌀, 제지업에 있어서 목재, 펄프 등이다. ☞ 원재료 (Materials)
원 시 원 가 (原 始 原 價) (Original Cost)	[의의] 원시원가는 공익기업용 설비자산의 가액을 결정하는 원칙으로 평가기준이 된다. 미국 공익기업의 통일계정제도(Uniform System of Accounts)규정에서 채택한 방법으로 개인·법인 기타 단체를 불문하

	고, 누구든지 재산을 최초로 공공에게 이용할 수 있도록 제공하였을 때의 원가를 원시원가라고 한다. 이 경우 해당 재산의 재생산원가(Reproduction Cost)와 시가를 대비하거나 또는 기업의 취득원가와 비교하여 보면 서로 차이가 있는데, 통일계정제도규정에서는 이 양자의 차액을 설비취득액조정계정(Plant Acquisition Adjustment a/c)에서 처리하게 하고 있다. 　원시원가는 어떤 공익기업이 다른 공익기업을 매수합병하는 경우에 피합병기업의 설비재산원가는 부당한 회계처리를 하지 않은 경우에 한하여 이를 승계한다는 이론에서 고려되고 있는 것으로, 해당설비재산의 원시원가로부터 설비의 감가상각누계액과 공장부담금 부분을 공제한 가액을 매수기업의 상각대상금액으로 계상한다는 의미로 해석된다. 　원시원가와 실제거래가액과의 차액을 별도로 계상하는 경우에, 이 차액을 보는 관점에 따라 매수기업의 장래잉여이익을 미리 소각(消却)시키는 데에 지나지 않는다. 　공익기업에 있어서 특이한 경리조치를 할 때에 요금설정의 계산요인으로서 재산액과 감가상각비를 공정하게 계상하여야 하는데, 이는 소비자에게 부당하게 과중한 부담을 주지 않기 위해서이다. 　이미 공기업에 사용되는 재산의 투자액이 회수완료되었으나, 아직 사용가치가 있을 때, 이를 증가 수정하게 되는데, 이는 소비자의 부담을 증가시키는 결과를 초래하므로 고려되어야 할 점이다.
원 재 료 **(原 材 料)** (Raw Materials)	의의 제조업의 제품생산을 위해 소비된 것으로, 주로 제품의 구성요소의 주요부분을 차지하는 물품이다. 　실무적으로는 간단히 원재료라고 하는 경우가 많다. 　원료와 재료는 엄밀히 나누어서 사용하면 원료는 화학공업과 같이 제조과정에 물의 형태가 변화하여 버리는 것을 말하고, 재료는 기계공업의 강재(鋼材)와 같이 물로서는 변화하지 않고 가공하게 되는데 불과한 것을 말한다. 설명 주요재료와 보조재료, 직접재료와 간접재료라는 구분을 하는 경우가 있다. 　보조재료라는 것은, 기계유, 웨스(기름썩인 걸레), 연료, 약품등 제조에 관련하여 보조적으로 사용되는 것이며, 저장품계정으로 처리되기도 한다. 　간접재료란 것은 제품의 제조공정에 대한 관련성이 불명료하기 때문에, 어느 제품의 제조를 위해 소비되는가 불명한 재료이다. 　대체적으로 보조재료와 같은 내용인데 개념규정의 방식이 다르므로 주요 원재료이면서 간접원재료로 되는 것이 있다. 　원재료의 수불은 원칙으로서 장부(수불부 등)에 기록된다. (이것을

	계속기록법이라 한다.) 　이 결과 기말의 재고는 장부상에서 알 수가 있지만, 실지재고조사에 의해 현물을 파악하여 재고를 확인한다. 　실지재고조사의 결과가 장부재고보다 적으면 그 차액이 재고감모손이다. 　사외에 영업창고 등에 기탁하고 있는 경우에는 사내재고에 이것을 가산하지 않으면 아니되고, 반대로 사용시 검수기준을 잡고 있는 경우에는 사내의 재고는 매입처로부터의 보관품에 불과한 것으로 된다.
원재료저장품회전기간 (原材料貯藏品回轉期間) (Turnover Period of Material Stocks)	의의 원재료 및 저장품의 평균소지기간을 말한다. 산식 원재료저장품회전기간 $$= \frac{당기평균원재료 \cdot 저장품}{당기월평균원재료비} \text{ 또는}$$ $$= \frac{당기평균원재료 \cdot 저장품 \text{ 또는 기말재고}}{월평균매출원가 \text{ 또는 월평균매출액}}$$ 설명 원재료저장품회전기간을 시계역비교하고 또는 동업종 평균등과 비교하는 것에 의해 원재료·저장품재고의 변동을 파악하고 또는 재고수준의 적부를 판정하기 위한 방법으로서 사용하고 있다.
원재료회전율 (原材料回轉率) (Turnover Rate for Materials)	의의 당기의 원재료비(소비액)을 기말원재료재고에 제하여 구하게 되는 비율을 말한다. 　제조업의 경우에 사용되고 1년간의 원재료가 몇 회전하고 있는가를 산출하여 원재료재고가 정상인가 어떤가, 더욱 더 기업의 생산능률의 가부를 보기 위해 사용된다. 산식 　원재료의 회전율 $= \dfrac{순매출액}{원재료}$ 설명 일반적으로는 생산활동에 지장이 없는 한 회전율이 높은 편이 좋은 것이고, 자금운용상 또는 재고관리상 유리하지만 반대로 회전율이 현저히 낮은 경우 내지는 저하의 경향을 보이고 있는 경우에는, 원재료재고에의 과대투자를 가리키는 것과 동시에 생산활동의 정체불량재고의 존재, 결산상의 과대계상 등의 우려가 있다. 　하지만 기준으로 되는 표준비율은 없고, 기업의 매입정책이나 업종에 따라서는 원재료의 시황(市況), 수급전망, 생산활동의 계절적 변동 등에 의해 좌우되므로, 동업타사와의 비교추세 또는 제품·가공품재고와의 벨런스 등을 고려하여 그 적부를 판단할 필요가 있다. 　더욱이 원재료 회전율의 역수는 원재료회전기간이라고 하고 원재료재고의 현품일수(現品日數)를 가리킨다.
월 할 경 비	의의 보험료·동산·부동산임차료·감가상각비·세금과 공과등과

(月 割 經 費) (Expense Quote by Month)	같이 그 발생액이 비교적 장기에 걸쳐 총괄적으로 계산되는 경비로서, 이것을 월별로 분할하여 각 원가계산기간에 부담시키는 경비를 원할경비라고 한다. 즉, 그 액이 1년 또는 수개월단위로 정하여져 있기 때문에, 그 월수로 나누어 1개월분의 경비액을 구할 것을 말한다. 설명 이러한 경비는 거의 전부가 생산량의 다과를 불구하고 발생하는 것이며, 그 금액도 생산량에 비례하여 변화하지 않고 절대적 또는 상대적 고정성을 가지고 있다. 이러한 경비는 그 지급 또는 계산이 1개년, 1사업연도를 단위로 행하고 있으므로, 이것을 원가에 계산하기 위하여서는 경비분할표를 작성하고, 비목별로 지급확정액 또는 당기예산액을 기입하여 이것을 원할액으로 계산기록하여 둔다. 그리고 경비는 재료비, 노무비와는 달라서 공장관계의 것만을 처음부터 구별하여 계산할 수 없고, 영업부의 것도 일괄하여 계산하는 경우도 많으므로 경비분개장에는 관리부문·판매부문의 난을 설정하여 그 할당액도 명백하게 하지 않으면 안된다. 이들의 경비는 원가계산상 먼저 일정기간의 계상예정액이나 지불예정액을 일괄 계산하고 경비월할표에 의해서 월할액을 산출한다. 이 월할액이 매월의 소비액으로 된다. 그리고 월할경비의 계산은 원가계산뿐만 아니고 일반의 월차손익계산을 행하는 경우에도 사용한다. 사례 당해 원가계산기간(6개월)에 대한 감가상각비의 총액을 120,000원이라고 보고 단순월할법에 의하여 월차부담액을 산정한다면 간접상각법에 의하여 다음과 같이 회계처리 할 수 있다. 　　(차) 감가상각비　20,000　　(대) 감가상각누계액　20,000 　　(차) 제조간접비　20,000　　(대) 감 가 상 각 비　20,000 또는 감가상각비의 총액(당해회계기간분) 120,000원에 대하여 기초 또는 기말에 일괄하여 회계처리를 한다면 다음과 같이 된다. 　　(차) 감가상각비　120,000　　(대) 감가상각누계액　120,000 　　(차) 제조간접비　20,000　　(대) 감 가 상 각 비　20,000 사례 당해 회계기간(6개월)에 있어서의 재고감모손을 3,000원으로 추정하였다면 다음과 같이 회계처리한다. 　　(차) 재모감모손　3,000　　(대) 재모감모충당금　3,000 　　(차) 제조간접비　500　　(대) 재 고 감 모 손　500 사례 기말(회계연도)에 실지조사에 의하여 실제발생액이 3,300원임이 밝혀졌다면 다음과 같이 회계처리한다. 　　(차) 재고감모충당금 3,00　(대) 재　　료　3,300
위탁가공비 **(委託加工費)** (Expenses for Processing of	의의 생산에 있어서 자사 이외의 생산능력에 의존하는 경우가 있는 바 이를 외주라고도 한다. 즉, 자사의 설계·견적에 따라서 제품·부분품 혹은 가공작업의 일부를 다른 공장에 위촉하는 것을 위탁가공이라 하고 수탁자에게 지급하는 가공의 보상을 위탁가공비라 한다. 위

Broght in Materials)	탁가공비는 그 위탁품의 원가구성 요소가 된다. ☞ **가공비** (Conversion Cost)
위탁매입 (委託買入) (Consignment Purchase)	의의 자기의 계산에 있어서 타업자에게 상품의 매입을 위탁하는 것을 말한다. 매입액에 대하여는 일정의 매입 수수료를 지급한다. 설명 위탁매입의 거래상의 계산은 전부 위탁자에게 귀속하는 것으로 되고 매입에 관한 매입가격, 매입수수료등은 매입가액에 가산된다. 　그러나 위탁조건에 의해서는 위탁과 동시에 대금의 일부를 선급하는 것도 있고 또 매입대금을 지급하기까지의 일정기간내에는 위탁자는 수탁자에 대해서 채무를 진다. 　이와 같은 수탁자와의 사이에서 생기는 채권, 채무는 위탁매입계정에 의하여 처리한다.
유휴능력 (遊休能力) (Idle Capacity, Idle Property)	의의 유휴능역이란 정상조업도에 달하지 아니하는 경우에 생기는 이용되지 않는 생산능력을 말하며, 주로 유휴자산에 있어서 조업도의 저하에 의하여 생긴다. 이에 따라 유휴설비비가 생기면 부동시간(Idle Time)과 같이, 부동비(Idle Cost)의 주요원인이 된다. 이것은 부적절한 생산계획이나 각부문 상호의 불조정 등에서 발생한다.
유휴시간·부동시간 (遊休時間·不動時間) (Idle Time)	의의 유휴시간이란 회사가 공장의 지연이나 기계의 고장 등 공원의 책임 이외의 원인에 의한 무작업시간을 말한다. 설명 유휴시간의 내용은 다음과 같이 분류될 수 있다. 1. 관리에 기인되는 유휴시간 　관리에 기인되는 유휴시간은 표준작업을 바르게 설정하여 사람·설비·재료를 바르게 사용함으로써 그 대부분을 제거할 수 있다. 그리고 그 원인은 작업으로 인한 대기시간과 장해로 인한 대기시간으로 분석된다. 2. 인간에 기인되는 유휴시간 　사람에 의한 유휴시간은 다음과 같은 내용으로 되어 있다. 　① 회복시간 : 이것은 작업자의 피로회복에 필요한 시간이며, 작업으로 인한 대기시간을 이것에 전용하는 경우도 많다. 그러나 오전과 오후에 특별히 회복시간을 설정하는 것이 보통이다. 　② 기타의 유휴시간 : 이것은 작업착수가 지연되거나 이유없이 작업장에서 이탈하거나 또는 작업의 종료가 너무 빠르거나 하는 경우에 생기며, 대부분은 작업자가 피할 수 있는 것이다. 　유휴시간의 임금은 정상적인 이유에 의한 것은 간접노무비로 하고, 이상한 원인에 의한 것은 원가외로 한다.
유휴능력	의의 유휴능력이란 정상조업도에 달하지 아니하는 경우에 생기는 이

(遊休能力) (Idle Capacity)	용되지 않는 생산능력을 말하며, 주로 유휴자산에 있어서 조업도의 재화에 의하여 생긴다. 이에 따라 유휴설비가 생기면 아이들 타임(부동시간)과 같이, 이이들코스트(부동비)의 주요원이이 된다. 이것은 부적절한 생산계획이나 각부문 상호의 불조정 등에서 발생한다.
유 휴 자 산 **(遊休資産)** (Idle Property, Idle Asset)	의의 한번 조업에 참가하였지만, 생산축소기타의 이유에 의해 기업활동에 참가하고 있지 않는 자산을 말한다. 설명 건설, 기타의 이유로 한번도 경영에 참가한 일이 없는 자산이 미가동자산인데 유휴자산과 미가동자산의 사이에 엄밀한 용어상의 구별은 없다고 생각한다. 　고정자산은 기술적 진부화에 의해서 생산활동에서 이탈하고 유휴상태에 들어가기도 한다. 　기계장치등의 부가(簿價)를 생산종업원의 인수(人數)로 나누어 노동장비율을 산출하는 경우, 유휴자산을 제거하지 않으면 아니되는데 외부에서 분석을 행하는 경우, 유휴자산의 부가가 얼마쯤인가를 알기란 불가능하다. 　미가동자산은 통상의 경우 건설중인자산에 포함시키고 있지만, 유휴자산은 생산에 참가하고 있었던 당시의 과목에 포함시키고 있는 일이 많다. 　유휴자산 중에는 토지와 같이 처분가액이 높은 것도 포함되지만 처분가액이 거의 제로에 가까운 것도 있다. 　유휴자산에는 재차사업의 용에 이용하게 할 가능성이 있는 것과 전혀 없는 것의 2종류가 있다. 　전자에 대하여는, 어제든지 사용되도록 하는 상태로 유지보수를 하고 있는 것을 조건으로 감가상각을 인정하지만, 후자에 대하여는 감가상각을 인정하지 않는다. 　거액의 유휴자산을 소유하는 경우에는 별과목 또도는 주석으로, 그 금액을 명시하는 것이 바람직하다.
이 동 작 업 **(移動作業)** (Movement Work)	의의 이동작업이란 작업대상이 전진하고, 이동하고 있는 사이에 그 움직이고 있는 작업대상에 대해서 실시되는 작업을 의미한다. 설명 유동작업방식의 하나로 작업대상에 대한 가공작업이 작업대상의 진행중에 행하여지는 것이다. 　여기에 대하는 것으로서 정지작업이 있다. 　이것은 가공작업이 작업대상의 정지상태의 때에 이룩하는 것이다. 　그리고 유동작업의 특징으로서는 ① 생산직구가 유동하는 작업선의 형체로 만들어지고 ② 각 유동작업선은 1제품 또는 수종의 제품을 교호(交互)로 제조한다. ③ 작업이 시간적으로 동시성을 갖고 ④ 작업이 횡으로 맺어지고 있고 ⑤ 노동대상을 이동하는 데에 특수의 운반수단

	이 이용되는 것 등을 말하게 된다. 이러한 이동작업이 실시되는 유동작업조직(콤베어시스템)에 있어서는 일정한 속도로 끊임없이 계속적으로 이동하는 콤베어의 측면에 따라서 작업대상의 간격과 같은 간격을 가지고 배치된 공정식장의 노동자가 콤베어상의 전진중의 작업대상에 대해서 반복적으로 동일의 가공작업을 실시하게 되는 것이다. 미국의 자동차왕 헨리·포드가 승용차를 대량생산하기 위해 채용한 것이 시초로 되어 있다.
이동평균법 (移動平均法) (Moving Average Method)	의의 재고자산평가방법에 있어서 원가법중의 하나로 자산을 취득할 때마다 장부시재금액을 장부시재수량으로 나누어 평균단가를 산출하고 그 평균단가에 의하여 산출한 취득가액을 그 자산의 평가액으로 하는 방법이다. (法人令 37의 4) 설명 다시 말하면 이동평균법은 동일한 종류의 재고자산을 취득할때마다 단가가 다르면 그 취득원가(구입권가)와 그 직전의 재고품가격과의 합계액을 합계수량으로 나누어 평균단가를 산출하고, 이것을 출고품과 재고품의 계산가액(평가가액)으로 하는 방법인 것이다. 이에 대하여 산식으로 표시하면 다음과 같다. $$\frac{재고량의\ 금액 + 매입분의\ 금액}{재고량 + 매입량} = 평균단가(출고단가)$$ 그러므로 이 방법은 계속기록법을 적용해야 할 성질의 재고자산에 대하여 채용한다면 효과적이라 하겠다. 이동평균법을 적용하게 되면 출고 및 재고품의 가격이 비교적 평균화하기 때문에 제조원가 또는 매가와 원가가 취득원가에 의하여 받는 영향이 비교적 적으며, 1회출고에는 언제나 동일한 단가가 적용될 수 있으며, 최근의 구입품의 비중을 두고 재고품의 가격을 계산하기 때문에 장부상의 재고잔액과 현물시세액과는 그다지 유리되지 않는다 하겠다. 그리고 입고, 출고가 빈번할 때에는 단가를 계산함에 있어 노력이 많이 들며, 평균단가를 산출함에 있어 단수가 생기게 되어 후일에 단수처리에 법잡한 절차가 필요하게 되는 것이다.
이 상 원 가 (異 常 原 價) (Abnormal Costs)	의의 이상원가란 파손·품질저하·도난등에서 생기는 원가를 말한다. ☞ **이상표준원가** (Ideal Standard Cost)
이상표준원가 (理想標準原價) (Ideal Standard	의의 표준원가는 비교적 장기에 걸쳐서 고정된 원가인 기준표준원가(Basic Standard Cost)와 단기간 동안 사용되며, 현재의 제조건에 입각하여 설정하는 당좌표준원가(Current Standard Cost)로 분류되며,

| Cost) | 당좌표준원가는 다시 이상표준원가·정상표준원가(Normal Standard Cost)·달성가능표준원가(Attainable Standard Cost)의 3가지로 구별된다.

설명 이상표준원가는 19세기초에 지배적이었던 것으로 이상적 업적표준·이상적 가격수준 실현가능 최대조업도수준에 의해 결정되는 표준원가이다. 이 가운데 이상적 가격수준은 기획기간에 있어서 모든 상태가 이상적으로 달성될 수 있는 최저의 재료·노동력 등의 원가재의 가격수준을 말한다. 이상표준원가는 원가관리에 사용되는 것이지만 이상적 상태에서의 표준원가이므로 감독자나 종업원에게 달성의 욕을 갖도록 큰 자극을 주지 못하고 진실한 원가로서의 재고자산가액의 기준으로도 인정되지 못한다. |

이 익 계 획
(利 益 計 劃)
(Profit Planning)

의의 기업의 목표이익(또는 목표이익율)을 설정하고, 이것의 실현을 계획하는 것을 이익계획이라고 한다. 이익계획에는 장기이익계획과 1년의 기간을 대상으로 하는 단기이익계획이 있는데, 일반으로 이익계획이라는 경우는 단기이익계획을 말한다.

설명 기업의 유지·발전에는 이익을 확보하는 것이 필요하고, 엄한 환경하에서는 계획없이 계속적으로 이익을 올리기는 곤란하다. 이 같은 면에서 목표이익의 설정이 기업의 경영계획의 중심으로 되는 것인데, 장기이익계획에 있어서는, 장기간에 걸쳐서 안정한 이익률을 유지하는 것이 주안으로 되는 데 대해서, 단기이익계획에서는 장기목표를 전제로 하면서 목전의 제제적을 고려하면서 되도록 높은 이익률을 확보하는 것이 목표로 된다. 단기이익계획에 있어서는, 고정비의 대부분은, 이것을 내릴 여지가 적은 까닭에, 매출수량의 증가와 한계이익율의 향상에 중점을 두게 된다. 그리고 이익도표와 자본도표를 사용하면서 실현가능한 보다 높은 자본이익률을 가져올 필요매출액, 이익액 소요자본을 구하고, 이 경우의 자본이익률을 목표이익률이라고 하고, 이익액을 목표이익액이라고 한다. 이와 같이 하여 결정된 이익계획은 예산편성방침에 집어 넣어서, 예산편성에 구체적인 기초를 두게 되는 것이다.

이익계획 ┬ 협의의 이익(채산성)계획 … 수익·비용·이익의 상호관계
　　　　　│　(매출총이익률이 기초가 됨)
　　　　　└ 자금계획 … 수익·재무구조의 상호관계
　　　　　　 (자본회전율이 기초가 됨)

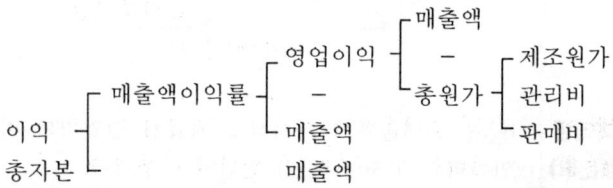

	(투자) 자본회전율 ┌ ÷ ┌ 유동자산 - 원재료·재공품·
	                                        └ 총자본 ┤ + 제품·수취계정·
	                                                                  현금 및 현금등가물
	                                                            └ 고정자산 - 토지·건물·
	                                                                      기계장치·특허권

이익구조분석 **(利益構造分析)** (Analysis of Profit Structure)	[의의] 이익구조분석이란 기업의 이익구조를 분석하는 수단으로서 이익도표가 많이 이용되는데, 수익변화선과 그에 대응하여 증감하는 비용변화선에 의하여 기업의 손익변화의 모습을 표시하려는 것을 말한다. ☞ **이익도표**(Profit Graph)
이 익 도 표 **(利 益 圖 表)** (Profit Graph, Profit Chart)	[의의] 이익도표는 손익분기도표(breakeven chart)라고도 하고, 매출액의 변화에 대하여 총비용(고정비·변동비로 구분한다)이 어떻게 발생하고, 그 차액으로서의 손익이 어떻게 되는가를 그래프로 나타낸 것이다. [설명] 이익도표를 작성함에는, 비용을 매출액의 대소에 관계없이 일정액을 가리키는 고정비(인건비의 대부분, 감가상각비, 화재보험료, 재산세 등)와, 매출액의 변화에 대응하여 증감하는 변동비(재료비등)로 구분하여, 도표와 같이 매출액을 횡축으로 비용손익을 종축으로 그어서 매출액선(0점에서의 대각선)과 총비용선을 그린다. 이 경우 총비용선은 고정비의 위에 변동비를 얹는 형태로 나타내는 것이 일반적이다. 매출액선과 총비용선과의 교점의 매출액이 손익분기점이다. 이 도표에 의해서, 목표이익을 얻는데는 얼마의 매출액을 필요로 하는가가 용이하게 예측할 수 있는 점에서, 단기의 이익계획의 유효한 자료로서 활용된다. [이익도표] 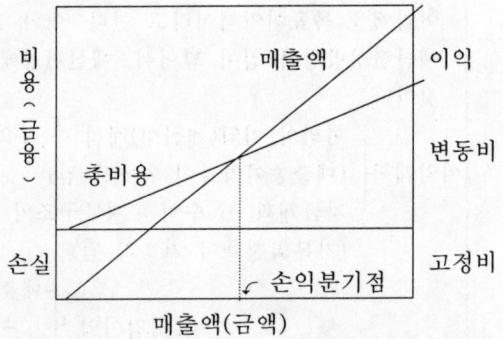
인건비대매출액비율 **(人件費對賣出額比率)**	[의의] 순매출액에 차지하는 지급된 인건비의 비율을 가리키는 비율로 인건비의 고저(高低)의 판단에 사용한다.

(Labor Cost VS. Sales Ratio)	그리고 인건비는 급료, 상여, 복리후생비를 가한 것이다. **산식** $$\text{인건비대매출액비율} = \frac{\text{인건비}}{\text{순매출액}} \times 100$$ **설명** 이 비율은 인건비의 매출액에 대한 비율을 가리킬 따름이니까 단독으로 이용하여도 의미가 없다. 수익성분석에 있어서의 매출액영업이익율·매출액순이익율·총자본수익율 등의 보완비율로서 이용하는 것이 바람직하다.
인건비대부가가치비율 (人件費對附加價値比率) (Labor Cost VS. Value Added Ratio)	**의의** 인건비대부가가치비율은 노동분배율이라고도 하고 순부가가치란 것은 공공에의 배분 즉, 세금등을 포함한 부가가치 전체를 말한다. 또 인건비에는 임원보수·임금급료·수당·상여와 그 준비금, 퇴직금과 그 준비금, 법정복리후생비, 복리후생비외에 구인비·교육훈련비 등을 포함한다. **설명** 기업이 산출한 순부가가치를 노동과 자본(경영)과 공공에 어떻게 배분할까는 기업경영의 중심과제의 하나이고 그 어느 것에도 치우치지 않는 공정한 배분을 행하는 기업의 사회적 책임의 하나라고 할 것이다. 이 비율은 기간비교 및 동업타사와의 비교에 의해 그 당부를 검토하는데 인건비 수준, 부가가치생산성 및 부가가치율 등을 합하여 비교검토할 필요가 있다. 기업이 자본의 유기적 구성을 높이는 단계에서는 이 비율은 저하경향을 가리키지만 자본의 유기적 구성이 한계에 달하면 이 비율은 안정하고 오히려 상승으로 치닫는다. 이와 같이 일반으로는 이 비율은 연상승하는 경향이 있으므로 성력화나 고부가가치제품의 개발 등에 의해 1인당 부가가치를 높이는 것이 더욱 더 필요하게 된다.
인건비대세공제 부가가치율 (人件費對稅控除 附加價値率) (Labor Cost VS. Tazdeduction Value Added Ratio)	**의의** 순부가가치에서 공공에의 배분 즉, 세금(법인세·주민세 등)을 공제한 세공제전부가가치중의, 광의의 인건비로서 종업원에 배분되는 금액의 비율, 소위 노동분배율의 일종이다. **설명** 이 비율은 기업의 공공에의 배분을 나눈 부가가치의 기업내부에 있어서의 자주적 배분상황의 적부, 즉 자본(경영)과 노동과의 양자에 어떠한 비율로 배분되어 있는가, 그 경향은 어떠한가를 검토하기 위한 지표이다.
인건비부담률 (人件費負擔率) (Labor Cost Burden Rate)	**의의** 기업이 부담하는 인건비의 중요도를 말한다. 각종의 산식이 생각되지만, 인건비의 매출액에 대한 비율(매출액인건비율) 등이 이용된다. **산식** $$\text{인건비부담율} = \frac{\text{인건비}}{\text{매출액}}$$

	설명 인건비의 부담은 업종에 의해 또 기업규모에 따라서 다르다. 제3차산업일수록 그 부담은 높고 또 기업규모가 크게 될 수록 부담이 감소하는 경향이 있다. 매출액인건비율외에 노동분배율, 가공액대인건비율, 순수입액대인건비율 등의 비율이 사용된다. ※ 노동분배율 = $\dfrac{인건비}{부가가치}$ 가공액대인건비율 = $\dfrac{인건비}{가공액}$ 순수입액대인건비율 = $\dfrac{인건비}{순매출액직접재료비}$
일 정 (日 程) (Schedul)	의의 일정은 개개의 공정의 기간적 표현이며, 각 공정에 소요되는 시간의 순서도 마련한 것이다. 따라서 일정의 결정에는 우선 공정의 순서에 맞추어 그중 어떠한 하나의 공정을 언제 하는지를 결정함으로써 전체의 일정을 결정한다. 이러한 경우 각 공정에 소요되는 시간은 그 공정을 거치는 데 필요한 작업량과 그것을 하는 속도와 "로오드"(Loed) 및 능력(Capacity)으로 결정된다. 일정의 내용을 이루는 것은 하나의 작업대상의 이동에서 다른 작업대상의 이동까지의 사이를 하나의 주기로 하는 공정기간의 반복이다. 공정기간은 가공, 검사, 운반, 정체의 4가지의 공정시간으로 성립된다.
일정계획 (日程計劃) Scheduling	의의 공정관리 중 절차계획에 따라 이루어지는 것이 일정계획이며, 절차표(Route Sheet)의 기록을 기초로 하여 이루어진다. 설명 일정계획은 제조에 관한 각 작업이 발현할 상대적인 시간을 결정하는 것이며, 필요한 재료를 조달하기 위하여 요구되는 시간에서 최종조립까지에 요구되는 시간에 이르기까지의 모든 시간의 결정을 포함한다. 일정계획이란 현실적으로 각직장·각재료·각작업에 시간을 할당하여 일정을 결정하는 것이다. 그러므로 일정은 달력일시에 합치하는 상대적인 시간이며, 일정계획은 제품완료 예정일 내지 납기에서 역산하여 입안된다.
임 금 (賃 金) 성질·범위	의의 공원 등에 대하여 지급되는 노동의 대가를 말한다. 임금은 일반적으로 노무비의 대부분을 차지한다. 공장현장의 노무원 즉, 공원·직공 등에 대하여 주로 육체노동의 대가로서 지급하는 것이다. 기본임금외에 가급 등도 포함된다. 설명 1. 성질과 범위

임금계산기간 원가계산기간	임금은 노무비의 형태별분류에 따라 세분한 경우의 하나이며, 공원 기타의 노무를 제공한 노동력에 대하여 지급되는 급여를 처리하는 것이다. 임금은 통상 일급이며, 기본급여외 시간외작업, 특수작업 등에 대하여 기본급에 부가하여 지급되는 할증급도 포함된다. 또 임금에는 금전에 의한 지급분 이외에 원칙적으로 현물급여도 포함된다. 2. 임금계산기간과 원가계산기간 　원가계산을 하기 위하여, 임금계산기간과 원가계산기간을 일치시켜야 하지만, 실제로는 양자가 차이가 생기는 일이 많다. 　재무회계의 월차시산표에 결부하기 위하여 원가계산기간은 역월로 하는 것이 원칙이지만, 임금지급일을 대개 월의 25일에서 월말 사이로 하기 때문에 임금계산기간은 21일에서 20일까지 또는 16일에서 15일까지로 하는 경향이 많다. 　따라서 원가계산기간에 발생한 임금을 바르게 임금계정에 차변기입하고, 직접임금계정 등에 대체하기 위하여는, 지급하기 위한 임금계산 이외에 하나의 원가계산을 위한 임금계산이 필요하다. 그러나 이것은 팽대된 것이며, 기업 규모의 확대화에 수반하여 중복된 임금계산을 담당하지 못하여 일단은 원가계산을 위한 임금계산을 생략하고, 미지급임금의 계상을 무시하여 지급임금 즉 발생임금으로 하여 처리하지 않을 수 없게 된다. 　임금계산기간을 원가계산기간에 일치시키기 위한 최대의 네크는, 임금이 급료와 다르게 일급이며, 또한 그 지급일을 급료에 준한 월말로 하는 일반적 관습이 있다. 지급일을 익월초로 하면 이 점은 해소되지만, 이것은 종업원의 저항이 크고 실현불가능할 것이다. 따라서 보다 온당한 방법으로서 월말개산불의 익월초 정산의 형으로 함으로써 양자의 일치를 도모하여야 할 것이다. 　계산기간의 어느 것을 무시하고 지급임금 즉, 발생임금으로 하는 것은 원가계산의 골자가 빠져버려, 다른 절차를 면밀하고 합리적으로 하여도 원가계산은 총체적으로 정도의 밸런스를 잃게 된다.
준비시간의 임금	(1) 준비시간의 임금 　직접공이 일하는 작업시간을 보통 직접작업시간으로 인식하지만 이는 가공시간(Operation Time)과 준비시간(Set-up Time)으로 구분된다. 　준비시간이란 새로운 작업으로 옮기기 위하여 필요한 준비작업시간 즉, 기계의 속도변경이나 조정·공구의 교환·재료의 집합 등 생산준비작업에 소요되는 시간을 말한다. 준비시간의 임금은 개별생산 및 조별생산의 경우에는 당해 지령서의 생산과 밀접하게 관련하여 발생하고 지령서별로 파악하기가 가능하기 때문에 직접 노무비로 처리하는 것이 원칙이다. 　이에 대하여 단종량산(單種量産)에 있어서는 준비시간의 임금은 일

반적으로 급부량과는 무관한 고정적인 비용이며, 부문조업도에 의존하여 단위당 부담액이 변화하므로 직접비로 처리하는 것은 합리성이 없으므로 제조간접비로 처리한다.

잔업임금

(2) 잔업임금

잔업임금이란 정시작업시간 이상으로 근로자를 사용한 경우, 정시작업시간 이상의 작업시간에 대하여 지급되는 할증금(Premium)을 말한다. 이 할증금은 정시외 작업이 모든 제품의 제조를 위하여 공통적으로 발생한 경우에는 간접노무비로 처리하고, 정시외 작업이 특정제품의 제조를 위하여 특히 발생한 경우에는 당해 제조지령서가 부담하는 직접임금으로 처리한다.

부동임금

(3) 부동시간에 대하여 지급한 임금

부동시간이란 작업지시의 지연·기계의 고장·정전 등으로 인한 대기시간이나 작업자의 피로회복을 위한 휴식 등의 회복시간을 말한다. 이러한 부동시간에 지급되는 임금을 부동임금이라 한다. 부동임금은 부동시간의 원인이 임시적·우발적 원인에 기인한 경우에는 비원가항목으로 처리되고, 그것이 경영관리의 방법이 나빠서 생긴것이라면 간접노무비로 처리한다.

3. 인접관련계정과의 관계

임금계정에는 원가계산기간에 있어서 그 발생액이 차변기입되어, 원가계산의 제1차분류를 위하여 직접노무비계정인 직접임금계정 또는 간접노무비계정인 간접작업임금, 간접공임금, 휴업임금계정 등에 대체된다.

☞ **노무비계정 (Labor Cost Account)**

임금계산
(賃金計算)
(Wage Accounting)

[설명] 임금은 노동용역의 제공에 대하여 지급되는 대가 중에서 정규적으로 고용되어 있는 노무자의 노동용역 제공의 대가에 대하여 지급하는 것이지만, 해당 노무용역의 소비에 의해 발생하는 원가로 볼 수도 있다. 전자는 임금을 지급임금으로 보는 것이고, 후자는 임금을 소비임금으로 보는 것이다.

지급임금으로서의 임금은 공장노무자가 제공하는 주로 육체적노동에 대한 대가로서 지급되는 것이며, 급료·잡급은 받는 자의 자격에 따라 구별되고, 노동의 질 및 량에 관계되는 것인 종업원수당과는 다르다.

지급임금의 계산은 임금의 기초적부분인 기본임금(기본급)에 부가되는 할증임금(가급금)을 가산하여 총지급임금을 산출하여, 소득세와 주민세, 의료보험료, 국민연금, 조합비 등의 제공제부분을 차감하여 순지급액을 산출한다. 임금은 지급형태에서 보면, 시간급임금제도에는 노동시간수·일수·주수 등에 해당 단위시간당 지급임률을 곱하여 지급임금을 계산한다. 능률급(성과급) 임금제도에는 생산수량(성과액)

에다 단위생산당지급임금을 곱하여 계산한다.

그 밖에 임금제도에서는 예를 들면, 테일러·간트·할시·로완·에머손 등에서 볼 수 있는 바와 같이 자극적, 포상적성격을 갖는 여러 가지의 자극적임금제도를 볼 수 있다.

소비임금은 공장노무자가 제공하는 노동용역의 비용이 제품의 생성과 관련된 원가로 보는 것으로 직접노무비에 속하는 것과 간접노무비에 속하는 것으로 대별되며, 직접노무비는 직접임금에 관한 제조지령서별 또는 작업종류별, 직종별로 세분되고, 간접노무비는 직접공간접작업임금·간접공임금으로 구분된다. 소비임금은 직접공에 대하여는 일반적으로 작업시간 또는 작업량에다 소비임률을 곱해서 계산하고, 간접공에 대해서 이러한 측정이 곤란하거나 필요가 인정되지 않을 경우에는 해당원가계산기간의 부담에 속하는 임금의 요지급액을 그대로 소비임금액으로 계산한다.

임 금 대 장
(賃金臺帳)
(Payroll Book)

|의의| 임금대장이란 근로기준법의 규정에 의하여 작성되는 노무비의 명세를 표시하는 장부를 말한다. 즉, 성명·성별·생연월일·종사하는 업무·임금계산시간·노동일수·노동시간표·초과근무시간표·휴일노동시간수·심야노동시간수·기본급 등을 표시한다.

임금분개장
(賃金分介帳)
(Payroll Distribution Journal)

|의의| 임금분개장이란 노무비분개장이라고도 하는데, 노무비관계의 제 계정에서 각 제조계정 또는 각 부문비계정에의 대체를 하기 위하여 쓰이는 분개장이다.

|설명| 원가요소별계정으로의 대체에는 제조계정과 함께 제조간접비계정에 대한 이러한 절차이며, 다시 말하면 부문비계산을 수반하지 않는 원가계산에 있어서 행하여지는 절차이다. 이것에 대해, 원가부문별계정에의 대체는 개개의 제조부문·보조부문에 대한 절차이다. 즉, 부문비계산을 수반하는 원가계산에 있어서 행해지는 절차이다. 그리고 임금분개장의 차변의 금액란은 제조란·제조간접비란으로 된 것과 (아래의 도표 참조), 제1제조부문, 제2제조부문, ……, ×××(보조)부문, 그리고 제1공정, 제2공정, …… ××(보조)부문, ……등의 란으로 된 것이 있다. (아래 2번째 도표 참조) 그리고 대변의 금액란은 둘 다 임금(소비임금)란으로 되어 있다. 일반적으로 임금분개장은 직장(職長)이 작업자에 의해 작성되어 제출된 작업시간표나 노동시간보고서를 기초로하여 기록한다. 이 기록절차는 대강 다음과 같다.

제출된 작업시간기입필의 작업시간표에 의해 임률과 작업시간수의 곱을 구해 노무비로서 기입한다. 이에 전후하여 원시증빙은 직접노무비와 간접노무비로 나누거나 또는 부문별로 분류한다. 요컨대 증빙에 기재되는 직접노무비는 임금분개장의 제조간접비란에 기입하거나 임금분개장의 부문란에 기입한다. 임금분개장은 소비임금의 집접노무비

· 간접노무비별 발생추이를 또는 부문별 발생추이를 개관할 수 있는 편리한 장부이다. 그리고 이러한 기능이 작용하는 범위내에 있어서는 원가관리에도 도움을 줄 수 있게 된다.

일자	작업시간표 매 수	적 요	차 변		대변
			제 조	제조간접비	임금

일자	작업시간 보고서	대변	차 변						
		임금	제1공정	제2공정	제3공정	수선부	창고부	공장사무과	원가계산과

임금원장
(賃金元帳)
(Wages Ledger)

|의의| 임금계산은 지급임금과 소비임금(노무비)의 계산 등 2면성을 가지고 있다. 이 계산용의 주요한 장부에는 임금계산장(표) 또는 임금지급장(표)이 있다. 원가계산기간과 지급임금 계산기간이 일치하게 되면, 이 중 하나가 다른 것의 기능까지도 겸할 수 있다. 우리 나라에서는 임금이 고정비적 성격을 가지고 있으므로, 일단 지급을 하면 원가계산기간에의 소비임금액(노무비액)으로 간주하는 경우가 많다. 이 경우, 임금지급장(표)이 지급임금계정의 내역장으로서의 임금원장과 노무비원장을 겸하는 것이다. 지급임금계산과 소비임금계산을 개별적으로 하는 경우에는, 후자를 위한 임금계산표는 노무비원장으로서 노무비계정의 내역장부가 된다. 임금지급장(표)이 소비임금계산을 겸하는 경우에는 부문별로 직접작업자와 간접작업자를 구분하여 기입을 하는 것이 바람직하다.

이 장부에는 최소한 임금계산의 기본적 자료인 노동소비량(시간급제에서는 근무시간·취업시간 또는 작업시간, 일급제에서는 근무일수 등)과 지급임률 및 그 상승적인 임금액, 이에 할증임금계산을 위한 시간외노동·휴일노동·심야노동 등의 시간 및 그 지급액이 기재된다.

기입된 근무일수·근무시간은 출근표에서, 작업시간은 작업시간표를 분류·집계해서, 그리고 초과근무시간 등에 대한 가급금은 출근부의 초과근무시간과 작업시간과 작업현장의 주관자가 발행하는 초과근무승인서 등을 대조하여 산정기입한다.

그리고 일급제의 경우에도 지각·조퇴 등으로 감봉의 요인이 있는 경우에는 이러한 시간수를 출근부 등에 기록한다.

우리 나라에서는 소비노동량에 대한 지급액에 부가하여 주택수당·통근수당 등 소비노동량과 직접적인 관련이 없는 현금급여가 있다.

총지급액의 계산에는 이러한 제수당액도 기재할 필요가 있다. 이러한 제수당은 임금대장 등에 기재되는 자료에 의해 산정된다. (임금대장은 근로기준법으로 준비하도록 요구하고 있는 장부이며, 종업원별로 매월의 제공근로량·총임금액·공제액·순지급액 등이 계속적으로 기입된다)

공제액은 지각·조퇴 등에 대한 감봉액, 소득세법에 의한 근로소득세, 기타 법령에 의한 예금, 노동조합과의 협정에 의한 노동조합비, 사택의 집세에 관한 차감액 등이 있다.

임금계산장(표)을 임금지급장(표)과 별개로 설정하는 경우에는 전자에 총지급액의 명세를 표시하고, 후자에는 순지급액에 대한 계산기록을 하는 것도 가능하다.

임금계산장(표)을 임금지급장(표)과 별개로 설정하는 경우에는 전자에 총지급액의 명세를 표시하고, 후자에 순지급액에 대한 계산기록을 하는 것도 가능하다.

임금계산장(표)은 임금대장을 가지고 대치할 수도 있다. 즉, 임금계산장을 임금지급장과 따로 설정하고, 전자에 원가계산기간에 관한 지급임금액을 기록하는 경우, 이 금액과 후자의 임금지급장에 대한 지급임금액과의 차이(지급마감일 이후의 임금발생액)는, 원가계산기간의 소비임금 중 미지급임금액을 나타낸다.

임금계산장을 노무비원장으로 하는 경우에는 직접노무비로 계산하는 부분과 간접노무비로 계산하는 부분을 별기하지 않으면 안된다.

그리고 부문별로 노무비를 명백하게 할 때는, 종업원의 일시적인 부문간의 이동이 있는 경우 그 대체노무비를 표시하지 않으면 안된다.

임금지급장 (賃金支給帳) (Payroll Register)

[의의] 임금지급장이란 공원(工員)의 임금지급액을 총괄적으로 표시하기 위하여 사용하는 장부로 그 숫자는 임금계산표 또는 임금대장에서 얻어진다.

자. 년 월 일   지. 년 월 일   (시간급)

| NO. | 성명 | 시간 | | 임율 | | 가산액 | 합계 | 공제액 | | | | | 지급액 | 영수인 |
| | | 정시 | 정외 | 정시 | 정외 | | | 원천 | 보험 | 퇴직 | 조합 | 대여 소액 | | |

임 률 (賃 率)

[의의] 협의의 임률은 시간 또는 작업단위와 이에 대응하는 임금의 비율로서 일반적으로 임률이라고 하면, 이 협의의 임률을 말한다.

(Labor Cost Rate) 그리고 광의로는 동 단위당 임금 및 노무부비를 포함한 노무비의 비율로서 원가계산상으로는 광의를 취한다.

[설명] 여기에는 지급임률과 소비임률이 있는데 양자의 다른 점을 지적하면 다음과 같다.

① 지급임률은 주로 기본임금액을 산출하는데 이용되는 임률이며, 실제로 종업원에 지급되는 임금은 기본임금액에 제수당과 가급금을 가산한 것이다. 그런데 소비임률은 지급임금총액을 종업원의 연작업시간총수로 나눈 것이다.

② 지급임률은 각 종업원의 작업시간수에 이를 곱하여 지급액을 산정하고 소비임률은 각 종업원이 직접제조작업에 종사한 실지 활동시간에 이를 곱하여 임금총액을 산출한다.

③ 지급임률은 정상업무와 잔업의 경우 그 임률이 다르며, 일반적으로 잔업의 임률이 높다.

④ 지급임률은 각 종업원의 근속연수·연령·성별 등에 의하여 다른데, 소비임금의 계산에 있어서는 한 제품의 제조에 종사한 종업원에 따라 그때 그때 그 제품의 원가가 다르면 불합리하므로 역시 전체를 평균한 임률을 사용한다.

결산방법의 예로 다음과 같은 것을 들 수 있다.

㉮ 지급임금 중 일급제

$$임률 = \frac{월\ 전체의\ 생산량(액)}{30일}$$

㉯ 소비임금 중 부문별임금

$$임률(평균임률) = \frac{각\ 부문종업원의\ 1개월의\ 임금총액}{동\ 부문종업원의\ 1개월의\ 총작업시간수}$$

⑤ 다음으로 노무비의 부과 또는 배부에 있어서의 산정방법을 살펴보면 다음과 같다.

㉮ 실제임률법

노무비를 각 제품 또는 작업에 할당할 때 작업번호별 또는 구분번호별의 출근표·작업시간보고서 등에 의하여 그 시간수를 노무비 분개장에 전기하고, 노무비의 계산은 노무자의 실제임률을 적용하는 방법을 말한다.

㉯ 실제평균임률법

작업번호별 또는 작업구분번호별의 작업에 종사하는 노무자의 임금의 등차를 고려할 필요없이 일부문 또는 일조의 노무자의 임금의 등차는 어떻든 간에 전부 1작업시간당의 평균임금을 작업 1시간당의 노무비로 한다.

이론적으로는 ㉮의 방법이 특정작업에 실제 종사한 노무자에게 지급하는 임금과 그 작업의 노무비는 항상 일치되므로 부문 또는 직종별로 일정기간의 임금총액을 동일기간의 임금총액을 동일기간의 작업으로 나누어 산정되는 ㉯의 방법보다 우월하다.

그러나 실제상으로는 다수의 노무자를 사용하고 많은 구분작업을 하는 공장에 있어서는 그 절차가 매우 복잡하여 완전히 실시하는 것은 비경제적이기 때문에 오히려 ㉯의 방법이 많이 이용되고 있다.

㉰ 예정임률법

과거의 실제지급임금을 기초로 하고 여기에다 예정생산기간의 경제사정을 참작하여 산출한 임률이다.

원가의 사전계산을 하기 위하여 사용된다. 이를 제조간접비차이로 나타낼 수 있으며 실제 원가가 표준원가를 초과하여 나타나는 차이를 불리한 차이(Unfavorable Varance), 실제원가가 표준원가에 미달하게 나타나는 차이를 유리한 차이(Favorable Variance)라고 한다.

임률의계산 (賃率의計算) (Accounting of Wage Rate)

[설명] 노무비를 계산할 경우의 임률은 재료비 계산의 소비가격에 해당하는 것이다. 임률이란 1시간당의 노무비를 말한다. 원가계산에서 임률이 필요한 것은 개별생산공업뿐이다.

직접노무비 = 직접작업시간 × 임률

간접노무비 = 소비노무비 − 직접노무비

※ 임률

구 분	실 제	예 상
개 인 임 률	실제개인임률	예정개인임률
평 균 임 률	실제평균임률	예정평균임률

장기공업의 경우는 각각 생산직장의 인원에 지급된 임금이 노무비가 되기 때문에 특별히 임률은 필요하지 않다. 또한 개별생산공업에 있어서도 일반적으로 감독자와 간접공에 대해서는 임률을 계산하지 않고 직접공에 대해서만 계산한다.

임률에는 개인임률·평균임률이 있다. 개인임률은 개인마다의 임률로서, 이를 채택하는 경우는 드문데, 그 이유는 동일작업의 직접노무비가 담당 현장작업자의 임률에 따라 다름으로서 계산이 번거롭기 때문이다. 일반적으로 평균임률을 이용하고 있다.

$$평균임률 = \frac{각 \ 부문 \ 직접노무비 \ 합계}{각 \ 부문 \ 직접공취업시간 \ 합계}$$
(또는 직접작업시간 합계)

평균임률에는 직종별평균임률·1공장평균임률이 있으며, 위의 산식에 의하여 구한다. 다시 말하여 임률을 구하려면 일정기간의 각 부문 직접노무비 합계를 각 부문 취업시간 즉, 직접작업시간 합계로 나누어 구한다. 이때 분자에는 직접공의 임금·수당·상여 등 일체를 포함한다. 임률은 실제임률·예정임률로 나눌 수 있다. 실제임률은 월말이 지나지 않으면 구할 수 없기 때문에 계산의 신속성에 난점이 있다. 일반적으로는 부문 즉, 공정별이나 제품별 예정평균임률이 이용된다. 그러나 이 경우에는 실제와 차이가 있음으로서, 그 처리가 필요해진다. 예정과 실제의 차이는 회계기말에 매출원가 · 재공품 · 제품에 가감처리한다.

예를 들어 직접 작업시간 800, 직접공의 간접작업시간 200시간이라면 다음과 같이 임률을 구할 수 있다.

직접노무비 = 800시간 × 1,000원 = 800,000원
직접공의 간접노무비분 = 200시간 × 1,000원 = 200,000원

임률차이 (賃率差異) (Labor Rate Variance)

[의의] 임률차이란 예정임률을 기준으로 하여 계산하는 경우의 노무비와의 실제노무비와의 차이를 말한다.

[산식] 임률차이=(예정임률×실제작업시간)-(실제임률×실제작업시간)

[설명] 임률은 통상 부문별의 기준임금 · 기준외임금 · 노동의 질량에 관련을 가진 제수당에 상여를 가산하여 집계된 임금총액을 해당 부문의 취업시간수로 나누어 1시간당 부문별 평균임률을 산정한다.

우리나라 기업의 임금제도는 대부분 연공서열적 · 고정급적 · 속인적 임금제도를 채택하고 있으며, 이것은 반드시 노동의 대가를 올바르게 표시하는 것이라고는 할 수 없다. 그러므로 이러한 임금제도의 임률은, 그 임률차이를 분석하여 차이의 발생원인을 구명하고, 개선조치로서 작업원의 적정배치 조정 등을 행하고, 작업능률의 향상에 의한 원가인하를 도모하는 것이 곤란하다.

오히려 임금의 고정상 때문에 조업도의 변동에 대응하여 변화하는 임률의 변동이 제품원가에 미치는 영향을 무시하고, 계산의 신속성을 의도하여 예정임률을 채택할 수가 있다. 그렇기는 하지만 임률차이에 따라서는 극력 그 발생원인을 분석하여 그 조치를 강구하여야 한다.

임률차이의 발생원인으로서는 임률구성요소군의 변동, 조업도의 변동, 임금제급방법의 변동 등이 있다.

임차료계정 (賃借料計定) (Refunding Expense Account)

[의의] 제조경비를 형태별분류에 따라 세분한 경우의 1과목이며, 공장건물 · 창고 · 기계장치 등을 타인으로부터 임차한 경우의 임차료를 처리하는 계정이다. 또 선박이나 차량의 임차료에 대하여는 용선료 · 용차료 등의 계정명을 사용하는 일이 많다.

[설명] 1. 발생주의에 의한 처리

임차료는 매월 지급한 것, 매년 1회 또는 수회불 하는 것이 있다. 따라서 결산기말에는 선급비용 또는 미지급비용을 계상할 필요가 있는 것은 물론이지만, 월차계산을 정확하게 하기 위하여 월차에 있어서도 발생주의에 의한 임차료의 계상이 필요하다. 다만, 그 금액이 소액의 경우에는 결산시의 정리로 족하다.

2. 인접관련과의 관계

형태별분류과목인 임차료계정에 차변기입된 임차료는, 간접경비인

임차료계정에 대체된다.

☞ **경비계정** (Expense Account)

자

**자가제조 · 구입
선택계획
(自家製造 · 購入
選擇計劃)**
(Self-Manufacturing)

[의의] 자가제조 · 구입선택계획은 단기개별계획으로서 집행 계획 또는 업무계획에 영향을 주며, 그 적용대상은 원재료 · 부분품 · 제품등이다. 특히 부분품의 외부구입이 많은 기업에서는 그 부분품을 자가제조하느냐 또는 외부구입을 계속하느냐를 선택 · 결정할 것도 필요하다. 이러한 계획에서는 다음 사항이 고려되어야 한다.
　① 새로이 자가제조 · 구입의 선택 결정을 하는 경우
　② 현재 자가제조하고 있는 것을 외부구입할 것인지를 선택 결정하는 경우
　　㉮ 이제까지의 설비를 전용할 수 있는 경우
　　㉯ 이제까지의 설비를 전용하지 않거나 또는 못하는 경우
　③ 현재 외부구입하고 있는 것을 자가제조할 것인지를 선택 결정하는 경우

[설명] 이 자가제조 · 구입의 선택에는 그것에 영향을 주는 요인이 있다. 확스(W.M.Fox, The Management Process 1963, pp.134~135)에 의하면 다음과 같은 요인을 들고 있다.
　① 자가제조의 경우
　　㉮ 어느 공정이나 제품이 비밀의 요소가 있고, 그것을 사외에 알리고져 하지 않을 때
　　㉯ 특히 높은 품질유지가 요청되는 때
　　㉰ 낮은 원가로 제작이 가능한 때
　　㉱ 구입처의 납기가 안정되지 못하여 생산일정의 확보가 의심스러운 때
　② 구입의 경우
　　㉮ 외부의 전문업자에게 제작시키면 좋은 제품이 되고, 동시에 원가도 낮은 때
　　㉯ 외부의 전문업자에게 의뢰하면 쉽게 제작되는 때
　　㉰ 그 부문이나 서비스에 대한 요구가 불정적일 때
　　㉱ 납입에 대한 경쟁이 격열한 때

이상과 같이 자가제조 · 구입 선택계획에는 제조방법 · 능력 · 자금 코스트 · 구입품목의 경쟁상태 등 항상 변동하는 요인을 참작하여야 한다. 자가제조 · 구입 선택계획의 선택 결정을 할 때의 특수원가조사에서는, 그 계산대상이 되는 계산항목을 전체원가로 하는 총액법에 의하느냐 또는 관련원가만으로 하는 차액법에 의하느냐의 문제가 있다.

어느 방법에 의하여도 그 기초가 되는 원가를 고정비와 변동비로 구분하고, 손익계산방식에 의하여 비교한다.

켈러(I.W.Keller, Management Accounting for Profit Control, 1957, p.352)는 자가제조냐 구입이냐에 따라 자본투자액도 다르게 되므로, 투자이익율(Return on Investment)에 의한 계산을 하여야 한다고 주장하고 있다.

[사례] 자가제조·구입선택계획의 구체적인 적용에 대하여 검토해 보기로 한다.

(1) 자가제조 부분품의 외부구입 선택계획

현재 W, X, Y, Z의 4종의 부분품을 자가제조하여 사용하고 있다. 이것들을 외부에서 구입하는 것이 유리한가를 검토하기로 한다.

<자료>

① 자기제조에 의한 제조원가는 다음과 같다.

구 분	W	X	Y	Z	계
직 접 비	280	540	970	1,310	3,100
고 정 비 (기계설비의 감가 상각비 및 유지비)					550
계					3,650

② 외부구입가격은 다음과 같다.

구 분	W	X	Y	Z	계
구입가격	300	500	1,000	1,200	3,000

이것들의 부분품 제조에 사용되고 있는 기계설비는 특수하여 다른 부분품의 제조를 위하여 전용할 수 없다.

이 경우의 고정비 550원은 매몰원가가 된다. 즉, 이 부분품 제조를 위한 기계설비는 다른 용도에 전용할 수 없기 때문에, 이 기계설비의 감가상각비 및 유지비로 된 고정비는 다른 급부에는 공헌할 수 없다. 따라서 원가의 비교계산에서는 무관련원가로서 제외된다. 만일, 다른 용도에 전용될 수 있으면 비교계산의 원가에 산입되어야 한다. 직접비는 이들의 부분품 제작을 위하여 발생되는 원가이다. 이것은 외부구입을 하면 발행하지 않는 원가이다. 그러므로 직접비와 구입원가와를 비료계산하면 된다.

① 전부분품을 자가제조하는 경우의 직접비 3,100원
② 전부분품을 외부구입하는 경우의 가격 3,000원

이 비교계산에서 전부분품을 외부구입하는 것은 유리함을 알 수 있다. 그러나 W, Y의 부분품을 자가제조하고, X, Z를 외부구입하면 어떻게 될 것인지를 검토하여 본다.

W	X	Y	Z	계
280원	500원	970원	1,200원	2,950원

이 비교계산에서는 W, Y를 자자제조하고, X, Y를 외부구입하는 것이 원가면에서 더 유리하다.

(2) 외부구입부문품의 자가제조선택계획

현재까지 갑부분품을 매월 50,000개를 외주하여 왔지만, 최근 자가공장의 A기계가 유휴화되었기 때문에 이 기계를 갑부분품의 제조에 전용할 것을 검토중이다.

<자료>

① A부분품 1개당의 제조원가는 다음과 같이 된다.
    재료비   150원
    변동가공비   100원
    A기계의 감가상각비(개량전) 35원
    A기계의 제세 등   20원
    계   305원

② 전용하기 위하여는 A기계의 개량비가 필요하다. 그리고 부분품 1개당의 부담액은 20원으로 추정된다.

③ 갑부분품의 외주에 의한 구입가격은 300원이다.

④ 자가제조의 경우와 외주한 경우의 사용 자본액은 다음과 같다.

	사 용 자 본 액	
	자 가 제 조	구 입
현금 및 현금등가물	10,000,000	10,000,000
수 취 계 정	30,000,000	20,000,000
재 고 자 산	40,000,000	20,000,000
설 비	-	-
계	80,000,000	50,000,000

⑤ 목표자본이익률은 15%이다.

이 경우의 자가제조에 대한 전부원가는 다음과 같이 계산된다.

    305원 +   20원   =   325원
   (제조원가) (개량비부담액) (자가제조의 원가)

전부원가로 비교하여 보면 다음과 같다.

    자가제조의 원가   325원
    외주가격   300원
    차 액   25원

따라서 자가제조를 하면 1개당 25원의 원가가 높다. 그러나 종전대로 외주를 하면, A기계는 유휴화되고 다른 용도에 전용할 수 없으므로 감가상각비·제세 등의 고정비는 감소되지 않는다. 이것은 매몰원가이다. 그러므로 외주와 자가제조의 비교계산에서는 고정비를 제외한 원가 즉, 차액원가와 구입가격을 다음과 같이 비교하여야 한다.

    외주의 경우   300원
    자가제조한 경우의 차액원가   270원
            (증분원가)
    자가제조에 의한 원가절약액   30원

이와 같이 자가제조한 경우에는 1개당 30원의 원가절약이 되며, 증분이익이 생기는 것을 알 수 있다. 이러한 계산과 더불어 자가제조와 외주는 투자액이 다르므로 투자이익률을 계산하여 다음과 같이 검토하여야 한다.

<자가제조의 경우>
  재 료 비(1개당)   150원 × 50,000개 = 7,500,000원
  변 동 가공비(1개당)   100원 × 50,000개 = 5,000,000원
  개량비부담액(1개당)   20원 × 50,000개 = 1,000,000원
      (1개당)   270원 × 50,000개 = 13,500,000원

<외주의 경우>
  구입가격(1개당)   300원 × 50,000원 = 15,000,000원

<투자이익률>

$$\frac{[15,000,000원 - 13,500,000원] \times 12개월}{80,000,000원 - 50,000,000원} \times 100\% = 60\%$$

(외주의 경우) (자가제조의 경우)
(자가제조의 경우의 사용자본액) (외주의 경우의 사용자본액)

자가제조한 경우의 차액투자액이 60%의 차액투자이익률을 얻게 하며, 이것은 목표자본이익률 보다도 높다. 따라서 자가제조가 유리하다는 것을 알 수 있다.

자가제조재료 **(自家製造材料)** (Self-Supply Material)	의의 자가제조재료란 자사에서 생산하는 제품의 재료 가운데 외부에서 구입하지 않고 자사 내에서 직접 제조하는 재료를 뜻한다.
자산성분석 **(資産性分析)** (Productivity Analysis)	의의 자산성분석이란 투입된 생산요소가 얼마만큼의 생산물을 산출하였는가를 측정함으로써 기업의 생산능력을 정확하게 파악하고 능률향상을 위한 정보를 제공하는 것을 목적으로 하는 경영분석의 한방법이다.
작 업 구 분 **(作 業 區 分)** (Operation)	의의 작업구분이란 표준의 설정, 원가관리, 원가의 견적, 제품원가와 공정원가의 규정을 정밀하게 하기 위하여 하나의 공정을 여러개로 세분하는 소구분을 말하는 것이다.

Segmentation)	설명 작업구분은 생산중심점 · 기계중심점 · 원가중심점 등을 말한다. 작업구분은 공정을 세분한 소위 소공정이지만, 특히 이것을 작업구분이라고 부르는 것은 공정이 관리자의 책임범위별 구분임에 대하여 작업구분은 1관리자의 책임범위내에서 세분된 것이라는 차이에서다. 작업구분은 동일공정 내에 있어서 기계와 작업의 종별에 따라 설정된다.	
	구체적으로는 1대의 기계 내지 동종기계군, 하나의 수공작업대나 동종 작업대가 작업구분으로 된다. 각 작업구분마다 집계된 원가를 오페레이션 코스트(Operation Cost)라고 하며, 이러한 원가계산을 작업구분별원가계산(Operation Cost System)이라고 한다. 각 작업구분에 집계되는 원가요소의 범위는 임의로 정할 수가 있겠지만, 그 계산절차는 공정별종합원가계산의 그것에 준한다. 작업구분마다 원가를 파악하는 방법은 개별원가계산으로도 행해진다. 그러나 작업구분 원가계산이란 호칭은, 종합원가계산에는 이것을 기계중심점계산, 직장별계산등이라고 부르는 관습이 있다.	
	☞ **원가중심점** (Cost Center) 　　**생산중심점** (Production Center)	
작업구분원가계산 **(作業區分原價計算)** (Operation Cost Accounting)	의의 작업구분원가계산이란 보통 공정별 총합원가계산의 한 공정(工程)을 구성부분에 의하여 몇 개의 작업구분으로 세분하여, 각 작업구분마다의 원가의 숫자 및 급부량을 파악하는 총합원가계산의 한방법을 말한다.	
	설명 작업구분원가계산은 제조과정의 구분을 공정별 원가계산보다 자세하게 한 것으로서 공정별 원가계산을 정밀화한 것이다.	
	따라서 그 계산기술은 원가숫자의 세분을 행하는 이외에 공정별 원가계산과 다른 점은 없다. 공정별 원가계산에서는 한 관리책임자의 책임 범위에 따른 장소를 한 공정으로 하는데, 한 공정에 취득원가, Size, 동력소비 등을 달리 하는 기계가 있거나 숙련 · 능률 · 임금률 등이 다른 작업원 들이 존재하는 경우에는 한 공정을 일괄하여 원가를 파악하게 되며, 관리자는 그의 책임하에 작업능률에 관한 적절한 자료를 얻을 필요가 있게 된다. 여기에 그 결점을 제거하기 위하여 한 공정을 세분하여 원가를 파악하는 작업구분계산이 필요하게 되는 것이다. 작업구분은 생산중심점(기계가 중심인 경우에는 기계중심점)이라고도 한다. 한 작업구분을, 1대의 기계, 작업량(bench), 1개의 로, 하나의 Assembly Line, 동종의 1군의 기계(어떤 때는 1군의 작업대 또는 로) 등으로 이루어진다. 작업구분 원가계산에는 각 작업구분에 소요되는 재료비 · 가공비를 파악하는 형식과 가공비의 몫만을 작업구분에 따라 파악하는 형식이 있다. 또한 누가법 · 비누가법의 구별이 있다. (작업구분 원가계산은 비누가법이 좋은 경우가 많다고들 한다) 그리고 간접비는 작업구분별로가 아니고 공정별로 계산하는 경우도	

있다. 이러한 작업구분원가계산은 표준원가를 산정하기 위한 토대가 된다. 또한 공정의 도중에 있는 재공품에 부담시키는 원가의 보다 정확한 산정에 쓰인다. 이것은 작업구분의 단위가공비가 생산품의 정확한 원가견적에 반드시 필요하기 때문이다. 작업원가계산에 관한 학설 및 그 방법을 소개하면 다음과 같다.

(1) 각종 제품 및 그 부품의 단위당 재료비와 단위당 작업구분별 노무비를 Test-run에서 파악하고, 간접비는 과거의 Data에서 작업구분별 노무비의 몇%라 정함으로써 부품 및 조립제품의 단위원가를 구하는 방법을 작업구분원가계산이라 하는 설이다.(Specthrie) 이때 실제로 발생한 1회계기간의 원가액과 Test-run에 의한 단위원가에서 계산한 1회계기간의 원가액과의 차이를 원가차이라고 한다.

(2) 제품 단위당 직접재료비는 역계산법(제품단위당시방서, 배분표에 의한 재료비 산정법)에 의하여 계산하고, 직접노무비는 제품단위당 작업구분별 예정작업시간수에 임금을 곱한 것을 합계하는 방법에 의해 계산하여, 제조간접비는 작업구분별 예정배부율을 제품단위당 작업구분별 배부기준수치에 곱한 것을 합계하는 방법으로 계산하는 것을 작업구분원가계산이라 하는 설이다. 또한 이것을 시방서원가계산이라고도 한다(March). 이 방법으로 제품의 역사적원가(실제원가)를 계산해 가는 수도 있으며, 대체로 이 방법은 표준원가계산에 적용하게 된다. 그렇지만, 작업구분원가계산은 표준원가계산의 그 계산절차상의 특색에 의해서 명명되었다고 할 수도 있는 것이다. 한편 작업구분(원가중심점)에서 간접비와 가공비를 파악하는 방법은 개별원가계산에서도 이용된다. 그러나 그러한 개별원가계산을 작업구분원가계산이라고는 하지 않는다. 작업구분원가계산은 대량생산품을 대상으로 하는 종합원가계산의 한 형태인 것이다.

작업단위별원가계산 (作業單位別原價計算) (Operation Cost System)

[의의] 작업단위(구분)별 원가계산은 종합원가계산에서 공정별 계산 대신에 작업단위를 원가의 집계단위로서 제품원가를 계산하는 방법을 말한다.

작 업 량 (作 業 量) (Performance)

[의의] 작업량이란 일반적으로 생산량이라고도 하며, 작업시간과 함께 지급임금계산에 있어서 노동용역제공량의 측정단위임과 동시에, 소비임금계산에 있어서 노동용역소비량의 측정단위이기도 하다.

[설명] 작업시간이 시간급 임금제도에 있어서 노동용역의 측정단위로서 이용됨에 반해서, 작업량은 성과급임금제도에 있어서 노동용역의 측정단위로서 사용된다. 다시 말하면 성과급임금제도의 경우에는 지급임금계산에 있어서 작업량에 생산단위당 지급임률을 곱하여 지급임금액이 계산되고, 소비임금인 직접임금액이 산정된다. 작업량인 생산수

작 업 시 간 **(作業時間)** (Operation Report)	량은 생산수량검사를 통하여 확정되고, 생산수량보고서에 의하여 제조지령서별 및 작업종류별로 분류파악하는 것이 일반적이지만, 작업량 혹은 당해작업량을 달성하기 위해 당연히 소비하여야 할 표준작업시간으로 즉, 가득시간이나 가득시간의 형태로 이것을 간접적으로 나타낼 수 있다. 그리고 작업량을 측정하는 경우에도 작업시간을 함께 기록하는 것이 보통이다. 그 이유는 작업시간기록이 제조간접비의 배부 · 표준작업시간내에 있어 작업의 완료에 대한 장려금의 지급, 노무자의 책임에 속하지 않는 불가득시간에 대한 보상액의 계산 및 작업시간의 관리 등에 대한 기초자료를 제공하기 때문이다. [의의] 작업시간이란 작업시간보고서 · 출근표 등에 의하여 기록측정되며, 직접작업시간 · 간접작업시간 · 실가동시간 · 대기시간 · 현장시간 · 현장외시간 · 취업시간 · 구속시간 등으로 구분된다. [설명] 1. 직접작업시간 　직접작업시간은 제품의 생산을 위하여 직접가공작업을 행한 순작업시간이며, 제조지령서별 및 작업종류별 또는 직종별로 구분 측정된다. 　2. 간접작업시간 　간접작업시간에는 수선 · 운반 · 검사 · 청소 · 잡작업 등의 간접작업에 종사하는 작업시간이다. 　3. 실가동시간 　위의 직접작업시간과 간접작업시간을 합한 것이 실가동시간이다. 　4. 대기시간 　대기시간은 재료대기 · 공구대기 · 기계대기 · 동력대기 · 검사대기 · 지령대기 등 현장작업자의 책임외의 원인에 의하여 생기는 무작업시간이다. 　5. 현장시간 　위의 실가동시간 및 대기시간을 합하면 현장시간이 된다. 따라서 현장시간에는 입장시각에서 퇴장시각까지의 임금지급의 대상이 되는 작업 및 무작업시간이다. 　6. 현장외시간 　현장외시간은 노동조합의 회합 · 쟁의 · 진찰 · 면회 · 사용외출 · 지각 · 조퇴 등 종업원의 개인적 이유, 회사와 관련없는 이유에 의한 직장이탈작업시간이다. 　7. 취업시간 　취업시간은 현장시간과 현장외시간이 합하여 구성된다. 　8. 구속시간 　정시휴계시간을 뺀 근무하여야 할 순시간이며, 정시간에다 조출근 · 잔업 · 철야 등의 초과근로시간을 더한 것이다.

작업시간보고서 **(作業時間報告書)** (Time Ticket or Card, Time Card)	의의 작업시간보고서란 개별원가계산에서의 직접임금(직접공의 임금)등에 대하여는 실동시간으로 소비임금을 결정하지 않으면 안된다. 그러므로 각 종업원이 어떠한 종류의 작업에 몇 시간 종사하고, 어느 정도의 작업을 실제로 수행하였는지의 사실을 표시하는 기록계산이 필요하게 되며, 이것을 위하여 작성되는 서식이다. 설명 작업시간보고서는 작업결과표 또는 작업카드라고도 하며, 각 노무자 별로 매일 그 소속부문에 종사하는 작업의 종류, 그것에 소요된 작업시간, 임률, 임금액 등을 기입한다. 　이것을 각 노무자 자신으로 하여금 작성하게 하는 방법도 있으나, 정확을 기하는 관점에서 각 현장의 주임 또는 전문의 기록공에 작성시켜야 한다. 　그러므로 출근부 기타 기록에 의한 총계시간과 작업시간보고서 등의 기록에 의한 실동시간과의 차가 부동시간이 될 것이며, 양자의 비교에 의하여 공장에서 허비된 시간을 알 수 있고, 이것은 노무관리에 유용한 기초자료가 된다.
작업시간비례법 **(作業時間比例法)** (Depreciation by Service Unit of Working Hours)	의의 작업시간비례법은 내용연수 대신에 작업시간 또는 기계운전시간을 기준으로 하여 계산하는 비례적 감가상각이다. 설명 이에 대한 계산방법은 매년 또는 매기의 총작업시간을 예정(추정하고 이것을 감가총액으로 나누어 1시간당의 감가상각률을 구하여 이것을 매년 또는 실제작업시간에 곱하여 감가상각액을 산출하는 것이다. 　작업시간비례법에 의한 계산산식은 다음과 같다. 산식 $$상각액 = 실제작업시간 \times \frac{(취득원가 - 잔존가액)}{예정총작업시간}$$ 　이 방법의 이론적 근거는 감가의 작업시간에 비례하는 것이므로 작업시간이 클 때는 거기에 비례하여 다액의 상각을 하고, 작업시간이 적을 때는 적게 상각을 하여야 한다는 것이다. 　이와 같이 작업시간을 기준으로 하여 감가상각액을 계산하는 작업시간비례법은 작업도와 소모도가 대체로 비례적 관계에 있는 경우에 적합한 방법이라 할 수 있으며, 예정작업시간의 추정이 실제로 매우 곤란하며 또한 작업과 관계없는 단순한 시간의 경과로 인한 감가의 발생을 무시하는데 작업시간비례법의 단점이 있는 것이다.
작업시간연구 **(作業時間研究)** (Time Study)	의의 작업시간연구란 시간관측에 의하여 얻어진 작업시간을 평가한다는 것과 거기에 여유를 가함으로써 어떤 표준작업을 결정하는 일련의 방법을 말한다. 설명 작업시간을 결정하는 절차는 다음과 같다.

	① 관측된 시간을 작업평가계수에 따라서 보통작업자가 수행할 수 있는 순작업시간 또는 정상시간을 결정한다. ② 정상시간에 여유를 가함으로써 보통작업자가 계속하여 수행할 수 있는 표준시간을 결정한다. 　작업시간에 대한 연구는 1881년 F. W. Taylor에 의하여 미드벨제강회사의 기계공장에서 개시되었다. Shop Management라는 저서에서 Taylor는 작업을 여러 요소로 분해하여 공평한 하루의 작업량을 결정한다는 과학적 방법의 적용을 강조하였다. 　작업시간 연구내용을 보면 다음과 같은 것을 살펴 볼 수 있다. ① 불필요한 동작을 적출하여 제거한다. ② 어떤 직무를 수행하는 적업자의 작업을 단순한 요소동작으로 분석한다. ③ 요소별로 Stop Watch를 사용하여 측정한다. ④ 각 요소별 시간치를 요소별로 확인하고 기술하여 기록한다. ⑤ 여유시간을 실제작업시간에 가산하기 위하여 그 비용을 연구하고 기록한다. 　그런데 이러한 작업시간에 대한 연구가 실효를 거두기 위해서는 고도의 통합적인 작업, 공구나 조건의 표준화 및 우수한 방법이나 기계의 발명이 전제조건이 된다.
작업시간차이 **(作業時間差異)** (Labour Time Variance, Time Variances)	[의의] 작업시간차이는 노무비차이에 포함되며 표준작업시간과 실제작업시간의 차이를 말한다. [산식] 작업시간차이의 산식은 다음과 같다. 　작업시간차이=(표준작업시간×표준임률)-(실제작업시간×표준임률) 　　　　　　=(표준작업시간-실제작업시간)×표준임률 [설명] 원가차이의 계산요소별분석에서 노무비차이는 임률변경에서 나타나는 임률차이와 작업시간변동에서 나타나는 시간차이로 구성된다. 　작업시간차이는 능률차이라고 불리울 때도 있으며 그 산식은 다음과 같다. 　표준임률×(표준작업시간-실제작업시간)=능률차이 　이 산식에서 실제작업시간과 대비되는 표준작업시간을 얻기 위해서는 제품단위당의 표준시간이 결정되고 있는 것이므로, 여기에 제품의 완성단위를 곱하면 좋다. 　이 작업시간차이는 다음과 같은 원인에 의해서 발생한다. ① 작업요령의 습득준비 ② 생산방법이나 사용기계의 변경 ③ 재료와 기계・공구 등의 불완전 ④ 노무자 1인당 운전기계 대수의 변화 ⑤ 공동작업을 하는 노무자의 조구성변화 ⑥ 임시추가작업

시간차이가 이 여러 가지 원인 중 어느 것에 귀속될 것인지가 결정되면, 거기에 의해서 노무과·인사과 또는 제조부문의 특정현장 책임자가 그의 공과 죄를 판단하게 된다. 또 임시추가작업이 원인으로 되었을 경우와 같은 때는 그 차이를 대체로 특정된 제품에 귀속시킬 수가 있는 것이므로, 부문별분석만이 아니라 제품별분석도 가능하게 된다.

원가차이계정을 회계기말에 어떻게 처리할 것인지에 대하여, 학계나 실무계에서 아직 의견의 일치를 보지 못하고 있으나, Blocker는 시간차이의 차변잔액은 생산적 사용의 비능률을 뜻하므로, 직접 손익계정에 대체하여야 하고, 대변잔액은 능률의 향상으로 인한 이익이므로, 당기에 판매된 경우에는 손익계정에 대체하고, 재고상품인 경우에는 이월수익이 되므로 차기로 넘겨야 된다고 주장하고 있다.

☞ **노무비차이** (Labor Budget Variances)

작업일보
(作業日報)
(Daily Jobtime Report, BA)

|의의| 작업일보란 작업시간보고서와 작업생산량보고서를 말한다.
작업시간보고서(Time Card)란 노무비 가운데 임금을 계산할 때에 필요한 자료가 되며, 작업생산량보고서는 일정기간에서의 기업, 사업부 부문 제품의 생산량 및 원가를 구성하는 요소를 요약한 보고서이다.

작업지도표
(作業指導票)
(Instruction Card)

|의의| 작업지도표는 작업연구로 작업의 표준화와 과업의 최적화가 이루어지는 경우에 작업방법이나 소요시간, 생산수량 등을 상세히 기록한 것이며, 「데일러」는 과학적관리의 하나의 수단으로서 지도표제도를 제안하였다.

|설명| 작업지도표는 작업의 수행을 교수하기 위한 지도서류이며, 1요소작업의 수행상 필요한 여러사항인 담당자, 작업명, 원재료, 도공구, 도면번호 외에 작업방법, 기계조작이나 표준시간 등이 기재되고 또 보통임률이나 가중임률(加增賃率)이 기재되는 경우도 있다.

지도표는 작업의 성질이나 지도의 내용에 따라 간단한 메모로부터 특히 상세한 것에 이르는 여러 가지가 있다. 그리고 현장작업에 관한 작업지도표 이외에 사무작업에 관한 사무지도표도 있다.

작업지도표에는 표준적인 작업방법·생산수량과 작업시간 등이 상세히 규정되고 있으므로 노동자에 대하여 과업의 완전한 수행을 철저하게 교시하는데 이바지하는 노동자에 대하여 과업의 완전한 수행을 철저하게 교시하는데 이바지하는 동시에 관리자에게는 작업의 일정이나 절차를 명확히 기도하고 완전히 통제하기 위한 공정관리에 있어 대단히 중요하다.

이것은 과업의 구체적인 내용이 명기되고 있기 때문에 임금계산상의 기준이 된다.

작업진척도표 **(作業進陟圖表)** (Progress Chart)	[의의] 작업진척도표는 작업량과 시간에 대하여 예정과 실제를 비교하고 작업의 실제상의 진도를 표시하는 것을 목적으로 하는 "간트·차트"이다. [설명] 작업진척도표는 노무기록도표나 기계기록도표와 마찬가지로 능률도표인바, 노무자나 기계의 작업능률이 아니라 제품·부분품 또는 반제품을 중심으로 하고 제조지령별 내지 품종별로 작업의 진도를 표시하여 일정계획의 집행을 통제하는 것이다. 작업개시예정일은 "표, 종료예정일은" 표로 표시되고, 이 두개의 표 사이를 "표의 하단에서 작업의 실제진행에 따라 굵은 선으로 긋는다. 그러므로 작업진행도중에 있는 진척도표에 있어서의 기호를 표시하면 다음과 같다. 　　　1 2 3 4 5 6 7 S 　「━━━━━━━━━━」 이 도표에 있어 횡선상의 숫자는 개별생산에서 제조지령의 완수를 위하여 수종의 부분품생산을 필요로 하는 경우에 특정부분품의 생산이 언제 개시되는지를 표시하는 것이며, 개시될 일자에 그 부분품을 숫자로 표시하고 있다. 이 도표에 있어 굵은 선의 행에 따라 작업의 수행상태 즉, 예정대로 진행되고 있는지 또는 지연되고 있는지 또는 예정보다 선행되고 있는지를 알 수 있다. 또 표상의 S(Shipment)는 이 날에 발송될 것을 명백히 하고 있다.
작업진행률 **(作業進行率)** (Operation Progress Ratio)	[의의] 작업진행률이라 함은 기업이 건설 또는 제조에 관하여 1사업연도 이상에 응하는 장기도급계약을 체결하였을 경우에 그 총공사예정비 분의 당해 사업연도 중에 소요된 총공사비를 말한다. [설명] 장기도급계약을 체결한 기업은 그 목적물의 건설 또는 제조에 착수한 날이 속하는 날이 속하는 사업연도로부터 건설 또는 제조를 완료하여 그것을 도급자에게 인도한 날이 속하는 사업연도까지의 각 사업연도의 손익은 그 건설 또는 제조를 완료한 정도를 기준으로 하여 계산한 수익과 비용을 당해 사업연도의 익금과 손금에 각각 산입하도록 정하고 있다. 여기에서 건설 또는 제조를 완료한 정도의 기준은 도급금(견적금액)에 다음의 작업진행률을 곱하여 계산되는 것이다. $$작업진행률 = \frac{당해사업연도중\ 소요된\ 총공사비}{총\ 공\ 사\ 예\ 정\ 비}$$ ※ "총공사예정비"라 함은 도급금액에 정부가 정하는 표준소득률을 곱한 금액을 도급금액에서 공제한 금액을 말한다. ※ "총공사비"라 함은 당해 공사의 공사원가를 말한다.
작 업 폐 물	[의의] 제조작업중에 발생하는 사용원재료의 잔설(殘屑)을 말하고, 그

(作業廢物) (Scrap)	원재료와 동질의 것 또는 원재료에서 분해된 것으로 형성된다. 스크랩이라고도 한다. 작업폐물은 주로 주요재료에서 생긴다. 그 발생량이 근소한 경우는 매각가액을 잡수입으로 처리하여도 무방하지만, 그것이 상당히 다액인 경우에는 그 매각가액 또는 이용가치를 어림하고 당해 제조원가에서 공제할 필요가 있다. [설명] 1. 작업폐물의 가액이 큰 경우 　작업폐물은 사용재료의 폐물이므로 그 폐물이 생긴 당해 제품의 직접재료비 또는 제조원가에서 차감하거나 또는 그 폐물이 어떤 부문에서 계속적으로 생기는 경우에는 그 부문비에서 차감한다. 이 경우에 작업폐물의 평가는 다음과 같다. 　① 매각가능한 것은 그 견적매각가액에서 매각에 소요하는 제비용 등의 견적액을 공제한 액 　② 가공한 다음 매각된 것은 견적매각가액에서 그 견적가공비 등을 공제한 액 　③ 자가소비하는 것은 그 사용에 의해 절약된 재료의 견적매입가액 　④ 가공한 다음 자가소비되는 것은 그 사용에 의해 절약된 재료의 견적매입가액에서 가공비의 견적액을 공제한 액 　2. 작업폐물의 가액이 적은 경우 　작업폐물의 발생액이 극히 소액인 경우에는 위의 절차에 의하지 않고, 이를 매각하여 얻은 수입을 원가계산외의 수익(잡수입)으로 할 수가 있다. 개별원가계산의 경우의 처리에 대하여는 동 기준에서는 작업폐물은 이를 종합원가계산의 경우에 준하여 평가하고 그 발생부문의 부문비에서 공제한다. 다만, 필요가 있을 경우에는 이를 당해 제조지령서의 직접비 또는 제조원가에서 공제할 수가 있는 것이다. 〈작업폐물의 회계처리〉 　회계실무상 제품제조원가로부터 작업폐물을 공제하는 방법은 다음과 같은 것들이 있다. 　(1) 개별원가계산의 경우 　① 작업폐물 발생의 제조지령서가 명백한 때 　원가원장의 당해 제조명세서 계좌의 직접재료비란에 주기함으로써 직접재료비에서 공제하거나 원가원장의 당해 제조명세서계좌의 특별비란에 주기함으로써 제조원가의 전체에서 공제한다. 　　(차) 작업폐물　×××　　(대) 제　조　××× 　② 작업폐물 발생의 제조지령서가 불명한 때 　이 경우에는 작업폐물이 발생한 부분의 부문비에서 공제한다. 　(2) 종합원가계산의 경우 　작업폐물이 발생한 공정의 직접재료비에서 공제하고 작업폐물의 발생이 매우 경미한 경우에도 부산물의 경우에 의하여 처리한다.

| 작업폐물계정
(作業廢物計定)
(Scrap Account) | <u>의의</u> 작업폐물계정이란 제품의 제조와 더불어 발생하는 재료폐물로서 유가식물을 처리하는 통괄계정이고, 그 내역명세는 작업폐물원장에 기입된다.
<u>설명</u> 작업폐물은 그것이 발생한 순서가 분명한 때에는 그것을 순서에 따라 당해 직접재료비 또는 제조원가에서 공제하여서 작업폐물계정으로 대체하지만, 그것이 발생한 순서가 분명하지 않은 경우에는 작업폐물의 발생부문의 부문비에서 공제하여 작업폐물계정으로 대체한다.
　작업폐물의 평가는 보통 당해 작업폐물의 판매가격에서 판매에 필요한 판매비 및 관리비와 더불어 통상의 이익을 공제한 것으로 평가하지만, 비철금속 등의 작업폐물에 대해서는 시가의 변동이 심하기 때문에 보통 일정기간에 걸쳐서 계산가격을 정하여, 그것에 의해서 수불하는 일이 있다.
　작업폐물계정에의 수입은 작업폐물 수입전표가 이용되는데, 이 전표의 양식은 입고전표의 양식에 준한다.
　작업폐물이란 제조작업 중에 발생하는 사용재료의 잔재로서, 그 재료와 동질의 것을 말한다. 기계공장에 있어서의 철설, 동다라이분, 청동설, 황동설 등은 작업폐물의 한 예이다.
　작업폐물은 이론상으로는 그것을 발생시킨 각 제조지령서의 당해 재료비 또는 재료비의 총체에서 그것이 가지고 있는 가치만을 공제하여야 한다. 그렇지 못하다면 적어도 당해 제품지령서의 원가의 총체에서 그 가치를 공제하지 않으면 안된다.
　그러나 작업폐물의 평가액이 아주 근소해서 제품원가에서 영향이 거의 문제가 되지 않을 경우에는 그것을 무시하고, 정기적으로 또는 필요에 따라 그것을 처분하였을 때에 그의 매각액을 영업외의 수익으로서 처리하는 것이 허용된다.
　작업폐물의 평가액을 제조지령서별 원가에서 공제하는 경우에는 원가원장의 당해 제조지령서 원가계산표의 직접재료비란에 공제액을 주기(朱記) 하던가, 당해 원가계산표의 특별비란에 주기한다.
　작업폐물의 평가는 전술한 바 있지만 좀더 자세히 말하면 그것이 원가가치를 지니고 있을 때에는 견적매각가격에서 매각에 필요한 제비용의 견적액을 공제한 가격에 의하고, 자기공장에서 사용하는 경우에는 그 이용에 의하여 절약되는 재료의 구입시가를 가지고 행하여진다.
　그리고 작업폐물이 가공된 후에 매각되던지 사용된다면 그 견적가공비를 견적매가 또는 견적구입시가에서 공제하여 평가하여야 한다.
　작업폐물은 주로 개별원가계산에 있어서 문제가 되는데, 종합원가계산에 있어서도 그 성질은 바뀌지 않는다. 또 표준원가계산에 있어서의 재료비표준의 설정에 대해서는 작업폐물의 표준발생률이 감손이나 불 |

량품의 발생률과 더불어 표준수율산정의 기초로서 고려된다.

이상에서 작업폐물에 대해서 알아본 바와 같이, 이 계정은 모든 원가계산에 있어서 중요한 것이다.

[사례] 다음의 자료는 A공장에 있어서 부산물 및 작업폐물에 관한 것이다. 부산물의 매각에 따라 평가액을 당월 제조원가에서 차감하여 완성품원가를 구하고, 작업폐물은 평가하지 않고 실제 매각할 때 잡수입으로 계상한다.

t당	판매가/t	분리후가공비/t	판매비·관리비	정상이익	(판매가의 10%)
부산물	6,000	1,000원	1,000원		600원
작업폐물	2,000	1,000원	-		

당월투입량비용　　2,000kg　　　　　　5,000,000원
당월주산품완성량　　1,800kg
당월부산품발생량　　100kg
당월작업폐물발생량　100kg
부산품평가액/t=6,000원-(1,000원+1,000원+600원)=3,400원
주산품제조원가=5,000,000원-3,400원×100kg=4,660,000원

여기에서 작업폐물에 대해서는 주산물의 원가계산에는 어떠한 영향을 미치지 않지만 실제원가 2,100/t, 실제가공비가 1,300/t이라면, 다음과 같이 회계처리하면 된다.

(차) 현금및현금등가물　21,000　　(대) 잡 수 입　　　　210,000
　　　　　　　　　　　　　　　　　　　　(작업폐물)
　　가　공　비　　130,000　　　　현금 및 현금등가물　130,000

이 같은 작업폐물의 잡수입액이 1년간에 걸친 금액이라면 계산기말에 주제품의 매출원가에서 차감하고, 보다 더 큰 금액이라면 기말재공품원가 및 당기완성품원가에서 안분공제한다.

잡　　급
(雜　　給)
(Miscelleneous Salaty)

[의의] 잡급이란 공장에 노무자적을 갖지 않은 임시공(臨時工)과 일용노무자에 대하여 지급되는 보수로서, 상용의 경우에는 주로 일급제에 의하여 지급하고, 도급의 경우에는 도급급으로서 지급된다.

[설명] 잡급을 지급하는 대상인 일용자는 주로 전문적인 지식이나 기술을 소유하고 있지 못한 경우가 대부분이다. 이들은 기업의 입장에서 보면, 판매량의 변동에 따라 생산량을 변화시킬 때 고정적인 노무비를 절약할 수 있으므로 비교적 환영할 만한 것이라고 볼 수 있다.

비록 노무자의 수를 확정적으로 보유하지 못함으로써 오는 폐단 즉, 호경기시에 있어서의 종업원 부족으로 인한 생산의 제한등이 있으나, 불경기시에는 퇴직금이나 퇴직수당의 지출이 필요없이 해고시킬 수 있다. 그러나 사회전체의 입장에서 보면 일용자수의 증가는 바람직하지 못하다. 그 이유는 잡급노무자는 고용의 불안정에서 오는 최저생활

의 유지라는 문제의 미해결뿐만 아니라 퇴직후의 생활보장문제도 해결이 불가능하여진다. 따라서 정부로서는 필요이상의 과다한 사회안정기금이 필요하게 되어 그 부담이 커지게 된다.

(1) 성질과 범위

노무비를 형태별분류에 따라 세분한 경우의 1과목이며, 공장에 적을 두지 않은 사외인부, 임시인 잡역부 기타의 임시용원의 노동력에 대한 급여를 처리하는 계정이다. (소위 임시공에 대한 급여는 임금계정으로 처리한다)

(2) 인접관련계정과의 관련

형태별분류과목인 잡급계정에 차변기입된 잡급은 간접노무비인 간접공임금계정에 대체된다.

☞ 노무비 (Labor Cost)

잡 비 계 정 (雜 費 計 定) (Miscellaneous Expenses Account)

의의 제조경비를 형태별분류에 따라 세분한 경우의 1과목이며, 발생의 빈도나 금액의 크기에서 독립된 과목으로 처리할 값어치가 없는 것도 모아서 처리하는 계정이다.

설명 1. 형태별분류과목으로서의 잡비

비용을 그 발생형태에 따라 계정처리하려면, 어떠한 명칭을 붙인 과목이 발생하게 되지만 이론적으로는 잡비와 같은 그 발생형태를 명시하지 않은 과목의 존재는 허용하지 않는다.

그러나 모든 비용을 그 발생형태에 따라 계정처리하려면, 잔액의 극히 적은 과목이 무수히 생겨, 오히려 계정조직상에 혼란을 일으킬 우려가 있다. 가령, 경미한 교통사고에 관한 변상금이나 드물게 발생하는 유형의 외주비와 같은 류의 것은 새삼스럽게 손해배상금, 외주유형료 등의 계정을 설정하여 과목수를 증가하여도 합리적인 계정조직에 아무런 공헌을 하지 않을 것이다. 즉, 이와 같이 드물게 발생하는 비용으로 더욱이 금액이 적은 것에 대하여는 잡비계정으로 처리하는 것이 오히려 실제적이라 할 수 있다. 다만, 경비에 관한 계정조직이 총체적으로 불비하고, 해당과목이 없는 발생비용을 모두 잡비계정에 계상하고, 그 결과 잡비계정 잔액이 다른 과목에 비하여 현저하게 다액으로 되는 일은 엄중히 경계하여야 한다.

2. 인접관련계정과의 관계

형태별분류과목인 잡비계정에 차변기입된 제잡비는, 간접경비인 잡비계정에 대체된다.

☞ 경비계정 (Expense Account)

잡 수 입 (雜 收 入) (Miscellaneous

의의 주로 영업수입 이외의 것으로서 각각 독립의 명칭을 사용하기에는 금액이 너무 소액인 수입을 일괄한 것의 총칭이다. 잡익이라고도 한다.

Receipt)	설명 예컨대 소액의 실패품이나 작업폐물의 매각대금, 현금과잉액 등을 그 내용으로 하고, 손익계산서의 영업외수익항목으로서 계상한다. 금액이 큰 것까지 여기에 포함하여 처리하는 것은 재무제표의 명료표시의 입장에서 바람직하지 못하다. 재무제표를 보는 측에서는 잡수입의 금액이 큰 경우에는 그 내용을 검토하여야 할 것이다.
장 기 계 획 **(長 期 計 劃)** (Long-range Ranning)	의의 일반적으로 5년 이상의 계획을 수립하는 것을 장기계획이라 한다. 경영의 본래의 사태를 가능한 한 정확하게 예측하여 현재의 경영을 미래의 사태에 대비하고 적용하여 나가야 하며, 가능한 한 먼 미래에 대한 계획을 수립하여, 이 행동목표에 따라 경영할 것이 요망된다. 여기에 장기계획의 필요성이 생기는 바, 그 성질이 장기의 것이므로 생산구조 · 판매구조 · 재무구조를 비롯한 전체 경영구조에 대한 계획 즉, 구조계획의 내용을 띠게 된다. 설명 오늘날과 같이 기술혁신이 급격하게 이루어지고 경쟁을 비롯한 외적환경이 급진적으로 변하여 가는 마당에 오히려 경영활동의 장기적 방향과 목표를 확립하여 놓고, 이것에 따라 경영의 단기적활동을 평가하고 자기태세를 바로잡아 나갈 것이 요구되며, 장기계획은 그러한 의미에서 더욱 절실히 요청되는 것이다. 그러나 장기계획이란 말은 사람에 따라 이해하는 바가 다르며 적어도 다음의 4가지 견해를 찾아볼 수 있다. ① 장기계획은 현재 결정한 바의 장기적 결과를 고찰하는 뜻을 지닌다. 이것은 오늘의 결정이 내일의 결과가 된다고 이해하고, 오늘의 활동의 정당성 여부를 확인하는 뜻에서 장기계획이 요구된다고 보는 것이다. 예를 들어 공장시설의 배가계획은 5년후 여하한 사태를 갖어다 주는가를 예견하여 현재의 행동에 대한 장래가치를 평가하여 결정하는 경우가 있다. ② 장기예측을 작성하여 현재를 이것에 적용시키는 것이며, 장기예측의 선행으로 장기계획을 작성하는 것이라 보는 것이다. 예측을 전제로 하여 경영을 유리하게 전개할 것을 고려하여 새로운 기회의 포착이 강조된다. 예를 들면 현광등의 등장은 전구제조업의 장기계획에 영향을 주며 장래의 수요변화에 따라 경영이 취할 계획을 말한다. ③ 경영이 어느 목표점에 도달되어야 한다는 의식을 확립하기 위한 것으로 경영의 장기적 장래의 구상을 장기계획이라고 보는 것이다. 즉, 경영이 5년, 10년후 어느 위치, 어떠한 상태에 있어야 하겠는가 하는 구상을 하는 것이라고 생각된다. 이는 경영자들의 개별적가치에 영향을 받으며, 개인적 포부와도 비슷하다. 그러나 이것은 당면목표를 설정하는데 도움을 주며, 나날의 결정을 측정하는데 기준으로 이용할 수도 있는 것이다. ④ 경영전체의 장기적 실행계획을 작성하는, 예를 들어 5개년계획을

장기비용·단기비용 **(長期費用·短期費用)** (Long-run· Short-run Costs)	편성하는 것을 장기계획이라 보기도 한다. 어떤 목표를 달성하기 위하여는 실행계획을 작성하는 것과 마찬가지로 장기계획도 구체적 실행계획을 작성하는 것이다. 이것을 위하여는 목표를 구체적인 것으로 또 시간 원가완성을 지니도록 양적표현을 하고, 이것에 필요한 조치를 경영 각 부문별로 종합하는 것이다. 그리하여 계획은 장기에 걸쳐 균형있고 조화된 실행계획을 종합시키는 작용을 한다. [의의] 생산에 투입되는 생산요소를 2부류로 구분하면, 하나는 원료·노동력·경영력과 같이 비교적 생산량의 변화에 따라 그 투입량을 임의조절 할 수 있는 것과 또 하나는 공장건물·고정시설·대형기기 등 임의로 조절하기 어려운 것들이 있다. 따라서 경제이론에서 생산량의 변화에 따른 비용의 동태를 구명할 때 제1부류에 속하는 임의조절이 가능한 생산요소들은 변화하고, 제2부류에 속하는 조절이 용이치 않은 생산요소들은 고정된다는 견해를 취한다면 그것은 단기적인 시각에서 논하는 것이 되므로 (제2부류의 조절에는 장기간을 요한다) 단기비용에 관한 구명이 되는 것이다. 반면에 제2부류의 생산요소를 포함한 모든 생산요소를 필요에 따라 임의조절 할 수 있다고 보면, 이때 발생하는 비용은 장기비용이 되는 것이다. 이론적으로는 적어도 하나의 생산요소가 조절이 될 수 없다면 단기비용이 되고 일체의 생산요소가 변화될 수 있다면 장기비용이라고 한다. 　단기비용의 경우는 적어도 하나의 생산요소가 광범하게 사용되고, 그 생산요소의 한계생산성은 저하하며, 같은 이유로 한계비용은 많아진다. 그러므로 일반적으로 같은 생산량에서 단기비용은 장기비용보다 크다. 　이것을 설명하기 위하여 도표를 보면 Smc, Sac는 각각 단기한계, 평균비용이고 Lmc, Lac는 각각 장기한계, 평균비용이라 하고 어떠한 생산량 x_1에서 모든 비용곡선이 서로 교차하고 있다고 하면 생산량이 x_0에서 x_o으로 증가할 때 단기한계비용은 Smc를 타고 이동하고 장기한계비용은 Lmc를 타고 이동하므로 각각 a점과 b점으로 표현된다. 따라서 단기한계비용 Cis는 장기한계비용 Cit보다 많게 된다.

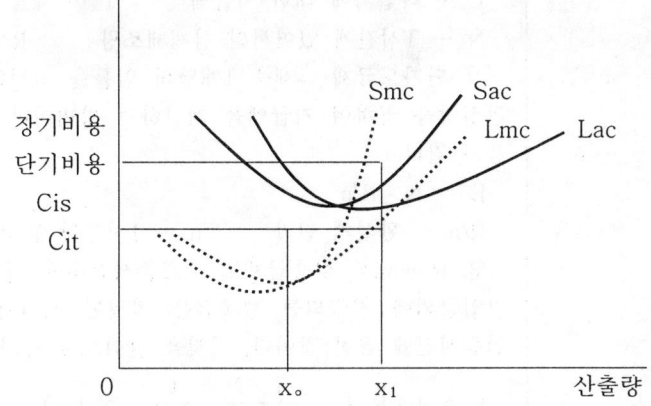

실제에 있어서 기업체의 모든 비용은 단기비용이라고 할 수 있다. 그것은 모든 경우에 적어도 하나의 생산요소는 고정되어 있는 것이 예사이기 때문이다. 그러나 생산량이 설계용량에 접근하고 있어 생산시설의 확장이 논의되면 장기비용의 개념은 의사결정에 참고자료를 제시한다.

이상과 같이 4가지 다른 견해가 있으나, 이들은 반드시 택일적인 것이 아니고 오히려 이 4가지가 보완적이다. 따라서 이 4가지 사고를 종합하여 통일적으로 이해하는 것이 장기계획의 성공적 작전을 위하여 필요한 일이 된다. 참으로 장기계획은 "드릭커(Drucker. R. F)의 말과 같이 어느 장래의 한 시기의 일을 계획한다기 보다는 장래의 구상을 실현하기 위하여 오늘 무엇을 하는 것이 필요한가 (위③의 견해가 가까운 것)를 생각게 하며, 장래와 현재를 연결하는 교량의 역할을 하는 것으로 이해되어야 한다. 오늘의 행위가 장래의 결과에 영향을 준다는 것은 너무나도 명백한 사실이며, 이것이 장기적 전진태세를 전제로 하여 이루어질 때 경영은 성장할 기틀을 잡게 되는 것이다. 이같은 점에서 장기계획은 비단 계획이란 테두리에서 생각하기보다 최고경영자의 불가결한 직능으로 보아야 할 것이다.

장 려 급
(奬 勵 給)
(Incentive Wage)

[의의] 장려급이라 함은 노무자가 완성한 업무량을 기준으로 하여 지급하는 임금형태이다. 즉, 완성량의 함수로서 표시되는 금액을 급여로서 지급하는 방법이다.

[설명] 장려급에도 여러 가지 형태가 있지만 그것을 분류해 보면 다음과 같다.

① 시간도급제 : 사전에 제품 단위당의 표준작업시간을 설정하여 두고, 그것에 실제제조량을 곱하여 표준치를 기준으로 한 실제제조시간을 산출하고 1시간당의 임률을 곱하여 계산한 급여이다. 이것을 산식으로 표시하면 다음과 같다.

$E = T \cdot N \cdot R$

E … 작업자에 대한 지급액   T … 제품 1개당의 표준작업시간
N … T시간에 있어서의 실제제조량   R … 1시간당의 임금

② 단가도급제 : 제품 1개당의 임률을 결정하여 두고, 그것에 실제 완성량을 곱하여 지급액을 계산하는 방법이다. 산식으로 표시하면 다음과 같다.

E = N · R/n

R/n … 완성액 단가   n … 1시간당 표준제조량

③ Rowan식 할증급제도 : 표준시간내에 작업을 완료한 경우에 시간임금외에 지급되는 할증금은 절약된 시간과 표준시간과의 비율을 실동시간에 곱한 것이다. 이것을 산식으로 표시하면 다음과 같다.

$$E = t \cdot R + \frac{T \cdot N - t}{T \cdot N} \times t \cdot R$$

t … 작업에 실제로 소요된 시간

④ Halsey식 할증급제도 : 표준시간 이내에 작업을 완료한 경우에 절약된 시간에 대하여 임금의 일정부분(절약시간의 1/2 또는 1/3에 상당한)을 할증금으로 지급하는 방법이며, 산식으로 표시하면 다음과 같다.

E = t · R + 1/2(또는 1/3) (T · N − 1)

⑤ 이율성과급제 : 과업(task)을 중심으로 하여 2종류의 임률을 정하여 두고 일정한 과업 이상의 성과를 거둔 때에는 높은 임률로 지급하고 또 일정한 과업 이하의 경우에는 낮은 임률로 임금계산을 하는 방식이다.

⑥ 단체장려급제 : 이것은 개인에게 성과급제를 적용할 수 없는 경우에 이용된다. 특히 직장의 공정균형이 중요한 문제가 되고 있는 작업장에서 전체적으로 능률을 높이는데 효과적이고 각 개인에 대한 배분은 균등배분 또는 임률에 따라 배분하는 등의 여러 가지 방법이 있다.

장부재고조사
(帳簿在庫調査)
(Book Inventory)

의의 장부재고조사법은 계속기록법, 항구재고조사법이라고도 하는데, 재고품의 수불시마다 기록계산하는 방법이다. 언제나 재고량이 명시되어 있고, 재고품원가를 정확하게 계산할 수 있으며, 재고품의 관리통제를 위하여 가장 진보된 방법이다.

설명 장부재고조사법은 내부통제조직과 장부조직이 충실한 기업에서 채택되고 있는 방법이다. 내부통제조직과 장부조직이 신뢰할 수 있는 기업인 경우, 특히 중요하지 않은 원료나 보조원료의 재고파악은 이 법에 의하는 것이 좋을 것이다.

장 비 비
(裝 備 費)

의의 장비비란 일정작업에 필요한 공구의 준비 · 조립 · 사용수준 등에 요하는 비용을 말한다.

(Tooling Costs)	
장 치 공 업 (裝置工業) (Apparatus Industry)	**의의** 장치공업은, 제조업을 경영하는 기업을 그 생산의 수단방법(가공방법)에 따라서 업종분류하는 경우의 하나로, 광의의 기계공업에 대하는 것이다. 　장치공업이란 것은 취급제품별의 특정의 장치(용기)중에서 가공이 연속적으로 행하여지는 제조업으로 석유정제업·화학공업등으로 대표된다. 　장치공업에 있어서의 생산의 특색은 다음과 같은 점이다. 　① 가공의 내용은 주로 원재료 자재의 질적변화·내부적변화이고, 기계공업의 가공방법이 소재의 외형적 변화인 것에 대한다. 　② 인적노동력의 생산에 미치는 영향을 간접적으로 생산설비의 보수관리, 계기조작이 주체이고, 기계공업의 인적노력이 영향이 직접적인 것과 대조적이다. 　③ 가공의 방식은 일괄처리(배치처리)이며, 기계공업의 개별처리와 크게 다르다. 　④ 가공품은 액체·기체·분장·입장 등 불정형(不定形)을 이루고 있고, 기계공업의 고체·정형체와 크게 상이하다. **설명** 이것은 공장제도의 새로운 분야이며, 공장제도 가운데 기계공업제도와 더불어 2대분야를 이루는 것이다. 기계공장과는 그 설비, 생산방식 등에 있어 특이한 점이 있다. 　① 기계가 작업대상에 능동적으로 작용하는데 반하여, 장치는 원료 또는 중간제품에 대하여 오히려 수동적 관계에 선다. 장치에 있어서는 원료 등이 스스로 물리적, 화학적 변화를 하며, 장치는 단지 작업수단으로서 원료 등에 장소를 제공하는데 지나지 않는다. 　② 장치공업의 작업체제는 장치의 기술적 특성에 따르게 되며, 고도의 전문적 성격을 갖는다. 예를 들면 용광로 등은 작업중단이 장치의 붕괴를 의미한다. 　③ 장치공업은 본래 소품종대량생산의 특색을 가지며, 각 종류에 따라 최소가동력 이상 수준으로 계속 작업한 것이 중요시되어 생산량의 신축성의 제약을 받는다. 　④ 기계공업의 공정보다 장치공업의 것이 연결적인 체계를 갖추고 있으므로, 고도의 합리화 및 노동력의 배제가 가능하며, 이것을 특히 과정공업(Process Industry)이라 부르기도 하는 이유가 여기에 있다. 더욱이 오토메이션의 진전에 따른 혜택을 가장 많이 받을 수 있어 노동력 배제의 경향이 농후한 것이다. 　장치공업은 전기의 등장에 따른 동력혁명이 낳은 산물로서 화학적 기계장치에서 이룩되는 화학공업의 등장을 계기로 하여 고도의 발전을 보는 것이다.

	오늘날 이것은 분해장치공업과 합성장치공업으로 나눌 수 있는 바, 전자는 1종 또는 소종의 원료를 분해 가공하여 원칙적으로 수종의 제품을 제조하는 것으로 석유공업, 금, 동, 철광석의 제련제철공업 등이 이것에 속한다. 후자는 수종의 원료를 배합하여 한 종류 또는 수종의 제품을 생산하는 것으로 시멘트·화학비료·유리·양조공업 등이 이것에 속한다.
재고감모비계정 **(在庫減耗費計定)** (Inventory Shortage Account)	의의 제조경비를 형태별분류에 따라 세분한 경우의 1과목이며, 소재원료·부품·반제품등의 보관운반 중에 생기는 파손·부패·증발·변질 등의 원인에서 생기는 감모손이란, 그 기업의 재고자산의 관리수준에 있어서 일반적으로 발생하는 감모손을 말하며, 임시우발적인 다액의 감모손을 원가성이 없는 것으로 하여, 영업외손실 또는 특별손실로 처리하여야 한다. 의의 1. 감모비의 포착 　재고감모비는 장부재고액과 실지재고액과의 차이로 하여 포착되지만, 실지재고는 업종·업태·규모·관리 방침 등에 의하여 그 방법은 반드시 같은 것이 아니다. 　일반적으로 기말일에 일제실지재고를 하는 일이 많으나, 기중에 순환재고를 하여, 이에 대신하는 것도 있다. 또 매월말 또는 격월, 3개월별 등으로, 이를 행하는 예도 적지 않다. 　따라서 재고감모손은 전기와 같은 실지재고제도에 따라, 재고할 때마다 이것이 계상된다. 　2. 인접관련계정과의 관계 　형태별분류과목인 재고감모비계정에 차변기입된 재고감모손은, 간접경비인 재고감모계정에 대체된다. 　☞ **경비계정** (Expense Account)
재고감모손 **(在庫減耗損)** (Loss From Inventory Shrinkages)	의의 재고감모손은 재고감모비라고도 하며, 보관중 또는 운반중의 손실, 파손, 도난, 증발등에 의한 감모손실을 말한다. 재고자산의 재고를 입출고때마다 계속하여 기록하여 가면, 그 장부상의 잔액은 원리적으로는 실지재고액과 일치한다. 그러나 실제에는 실시재고액의 쪽이 적은 경우가 종종 있다. 재고감모의 발생하는 원인으로서, 기록계산상의 오류등의 외에 재고감모의 발생이 있다. 손익계산상서상은, 통상 발생하는 정도의 재고감모손에 대하여는 매상원가 또는 제조원가에 산입하고, 이상사태를 원인으로 하여 발생하는 것에 대하여는 영업외비용 또는 특별손실로서 표시하는 것이 일반적이다. 그리고 계속기록을 행하고 있지 않는 경우에는 재고감모손을 인식할 수는 없다. 설명 재고자산에 대한 감모액으로서 그 원인별로 보면 다음과 같은 금액을 재고감모손이라 한다.

① 창고입고 중 또는 운반도중의 분실·파손·도난·증발 등에 의한 수량의 감모액
② 사무계산상의 오류에 의한 감모액
③ 품질저하·진부화에 의한 소모액

재고감모손은 계속기록법을 채택하고 있을 때는 월말이나 기말의 실지재고액과 장부재고액과의 차액으로서 파악된다. 그리고 역산법에 의해 재고자산의 소비액을 추정계산할 때는 그 추정재고액과 실지재고액과의 차액으로서 감모액을 계산한다. 그러나 실지조사법만에 의하여 기중의 소비액을 계산할 때는, 기초재고액에 기중매입액을 가산하고, 기중재고액을 차감하여 당기소비액을 구하게 되지만, 이 경우의 감모비는 특별히 표시되지 않고 매출원가 또는 제조원가에 자동적으로 산입된 것이 된다.

원재료·재공품·반제품 등의 재고감모비에 관한 정상분은 제조간접비에 계상하고, 이상적 다액의 부분은 원가외의 영업외비용에 계상하는 것이 일반적 방법이다. 정상적 감모손은 원가성을 지니므로 매월 제조간접비에 산입된다. 만약 매월말에 실지재고조사를 하지 않을 때는 과거의 경험에서 당해 회계연도의 감모분을 견적하여, 월할액을 매월 제조간접비(부문마다)에 계상하고, 대변과목으로서 재고감모손충당금을 설정하여 기말에 차액조정처리를 하는 것이 합리적인 방법이다.

☞ **계속기록법** (Perpetual Inventory Method)

재고계산법 **(在庫計算法)** (실지재고조사법) (재고법) (Inventory Method)	[의의] 재고계산법이란 계속기록법에 대하여 쓰이는 용어로서, 기초재고량 + 당기수입량 = 기중불출량의 계산식에 의하여 재고자산의 기말재고의 확정을 하여 기중불출품의 원가를 결정하는 방법을 말한다. [설명] 보통 정기적으로 실지재고조사를 하여 재고자산의 재고자산의 재고수량 및 금액을 확정하여, 이것을 기초재고액 + 당기수입액에서 공제하면 불출자산의 수량 및 금액이 계산된다. 이 방법은 기록·계산의 절차가 간편하지만, 보관중의 분실·감모등을 명확히 할 수 없는 결점이 있다. 소비량을 계속기록법으로 계산하기 힘드는 것 또는 그리 필요없는 것에 이용된다. 재고자산의 수량을 확보하기 위한 계산법이며, 이것을 기초로 하여 원가·시가에 의한 평가가 행하여져, 재고가액·불출가액이 구하여진다.
재고비용 **(在庫費用)** (Inventory Expense, Inventory Ezpenditure)	[의의] 상품·원재료등의 재고자산을 재고로 하는 것으로 인해 발생하는 비용을 재고비용이라고 부르고 있고, 그 대표적인 것은 창고료·보관료·보험료 등인데, 광의로는 재고자산의 재고중에 생기는 오손·충해 등에 의한 손모·재고금리 등도 재고비용 가운데 포함된다. [설명] 기업회계에 있어서 재고비용이라는 계정과목은 아니고, 기업의 재무내용의 고찰상 재고보관으로부터 발생하는 비용을 포괄하여 재고

비용이라고 호칭하고 있는 것인데, 기업의 재고자산 보관방법 등에 의해 기업마다 재고비용에 포괄되는 비용계정의 내용은 다르다. 각 기업은 재고관리에 신중을 기하여 재고수량을 필요최소한으로 그치고 또 적정재고량의 보지(保持)에 힘써서 자금부담의 경감을 도모함과 동시에 재고비용의 압축에 노력하고 있다. 재고비용의 총매출액 또는 경비에 차지하는 비중의 표준치 또는 허용상한치적인 목표로 되는 숫자는 없으나, 최대한대매출(最大限大賣出)의 1.5 ~ 2%에 그치게 할 것이다.

☞ **재고자산** (Inventory Asset)
　재고관리 (Inventory Management)
　적정재고량 (Correction Inventory Quantity)

재고자산 (在庫資産) (Inventory Asset)

[의의] 재고자산(재물자산)은 유동자산의 일종으로서, 화폐형태에의 복귀에 판매과정을 필요로 하는 것이며, 기말에는 이른 바 제품의 실시재고조사를 특히 필요로 하는 것이다.

[설명] 상업의 경우엔 상품, 제조업은 원재료·반제품·제공품·제품이 이에 해당된다. 재고자산은 물자적 형태 내지 형질에 기준을 둔 것이 아니면, 원래 판매목적을 위하여 보유하는 자산인 점에 그 특징이 있다. 재고자산의 최종적인 매출액에 대한 원가가 되므로 이 재고자산의 소비액의 여하에 따라 매출총이익 및 영업이익의 크기가 결정되는 것이다. 즉, 매출총이익은 순매출액에서 매출원가를 공제한 가격이 되는 것이다. 그런데 매출원가는 다음과 같이 되므로 제품, 상품의 기말재고액의 산정 즉, 재고자산의 평가는 기업 및 세무회계에 있어서 중요한 의미를 갖고 있는 것이다.

① 제조공업의 경우
　[기초제품재고액 + 기중제품제조원가] − 기말제품재고액
② 상업의 경우
　[기초상품재고액 + 기중상품매입액] − 기말상품재고액

☞ **상품** (Merchandise)
　제품 (Finishd Good)
　반제품 (Half - Finished Product)
　재공품 (Goods - in - Process)
　원재료 (Materials)
　저장품 (Supplies)

재고자산관리 (在庫資産管理) (Inventory Asset Managenment,

[의의] 원재료·재공품·제품 등 기업의 생산과정에 있어서, 재고되는 재고자산에 대하여, 이것을 생산의 원활한 지속·추진을 위해 경제적으로 최적한 량과 질을 보지할 수 있도록 계획·통제하는 관리활동을 말한다.

Inventory Control)	설명 재고관리는 다만, 원재료나 매입부품 뿐만 아니고, 재공품·반제품·제품에까지 미치고, 동시에 원재료의 매입에서 생산·판매에 이르는 기업활동 전반과의 관련에 있어서 계획·관리해야 할 성격의 것으로, 그 점에 있어서 단순한 창고관리와는 기본적인 차이가 있다. 재고관리의 목적은 궁극적으로 기업의 생산과정에 있어 수익을 올릴 수 있는 재고량을 결정하고, 그 원활한 운용을 확보하는 점에 있다. 그 때문에 최근 기업에 있어서는 경제매입량의 설정(경제적 매입루트의 설정), 가계예측, 표준저장량, 적정재고량의 설정, 재고관리비용의 분석등 계수적 관리·기술의 연구가 도입되어 가고 있다.
재고자산대장 (在庫資産臺帳) (Inventory Ledger)	의의 재고자산의 총괄적 기록은 총계정원장의 재료계정, 저장품계정 등의 통괄계정으로 기록된다. 그런데 보다 내용을 명확하게 할 목적으로 재료원장 등의 보조원장을 작성하는 경우가 많다. 그러나 재료원장에는 재고의 최고량·최저량·보관장소에 관한 상세한 내용을 알기 어렵다. 그래서 상세한 내용을 알기 위하여 재고자산대장을 작성한다. 설명 재고자산대장은 재고자산품목별로 작성되는데, 이의 형식은 주문서번호·취득일시·주문처·구입가격·구입수량·보관장소·창고지령서번호·출고일·출고수량·출고처·출고가격계산법·반품 등 재고자산에 관한 정보를 명확하게 기재하지 않으면 안된다.
재고자산비율 (在庫資産比率) (Inventory Asset Ratio)	의의 재고의 적정성을 판단하는 비율로서 이용된다. 산식 재고자산(제품·상품·착수품)기말잔액재고율＝순매출액 ÷ 6 $$[단, 재고율(원재료)] = \frac{원재료기말잔액}{재료비 ÷ 6}$$ 설명 재고자산은 수익의 원칙으로 되는 것이므로, 많은 것이 더 좋은 일은 없지만, 재고과대투자로 되어 있으면, 자금이 그 만큼 고정화하고, 여기에 투하된 금리도 경시할 수 없다. 재고율은 이 수준의 적부를 판단하는 지표의 하나이다.
재고자산손익 (在庫資産損益) (Inventory Profit or Loss)	의의 재고자산손익의 의미에 대해서는, 이것을 스톡(Stock : 재고)의 면에서 설명하는 설과 풀로우(Flow : 유출)의 면에서 설명하는 설의 2가지가 있다. 전자의 접근법은 2시점(일반적으로 초기와 기말)에 있어서 보유하는 물질적인 동량의 재고자산 평가액의 변화를 재고자산손익으로 보는 것이다. 이러한 접근법은 기초와 기말의 재고가 동량이 아니므로, 그 측정이 곤란하다. 이러한 결점을 보강하기 위한 것이 후자의 접근법이며, 이것은 재고자산비용으로서 부과한 진실한 원가가 "역사적 원가보다 높을 때, 그 차액을 재고자산이익, 그 반대의 경우는 재고자산 손실로서 간주하는 것이다. 설명 재고자산손익은 재고자산의 가격변동에 따른 것으로서 실지의

	손익이 아니므로 기간손익에서 제외하여야 한다는 주장은 보통 다음과 같은 근거를 가지고 있다. 즉, 첫째는 재고자산손익을 제거함에 따라 비용수익의 동일가격 수준적 대응과 실물자본유지가 가능하여지며, 가격상승기에 과대이익을 계상하여야 자금을 과대하게 사외로 유출(배당·과세 등)하는 것을 방지할 수 있다는 것이고, 둘째는 영리이익에서 재고자산의 가격변동으로 인하여 영향받은 부분을 제거하게 되므로, 경영자의 바로미터로서의 기능을 향상시키는 것이 가능하다는 것 등이다. 재고자산손익을 배제하는 방법에는 우선 후입선출법이 있지만, 기초와 기말의 재고가 일치하지 않는 경우가 많으므로, 완전한 배제는 곤란하다. 다음으로 기준재고법이 있지만 이론적기준량의 결정에 문제가 있고, 기준재고에 대한 증감부분의 계산에 난점이 있다. 그 다음으로 달라가치법은 그것이 가진 결점을 물가지수의 사용으로 해결하려 하지만, 이것은 지수에 의한 측정의 객관성에 문제가 있다. 그 외에 대체원가법과 보충원가법도 완전한 배제에 쓸모가 있지만, 앞의 3가지 방법과는 다르고, 이것들은 원가주의로 부터의 이탈을 의미한다.
재고자산원가 **(在庫資産原價)** (Inventory Cost)	의의 재고자산원가는 구입에 의할 경우에는 그 재고자산의 가액에다 구입에 부수되는 제비용을 합산한 것을 원가로 하고 제조에 의할 경우에는 제조원가를 말한다. 설명 재고자산원가의 평가방법에는 구입에 의할 경우와 제조에 의할 경우로 구분하여 생각할 수 있다.
구입에의할경우	1. 구입에 의할 경우 동종 재고자산의 구입가격이 상이한 경우에는 기말재고품의 원가는 개별법·선입선출법·후입선출법·평균법에 의하여 결정된다. (1) 원가주의 ① 개별법 … 동종의 상품 또는 재료로서 구입원가를 달리하는 경우, 이들을 실제로 구별하여 보관하고 출고할 경우에 그것이 어떠한 것에서 인도된 것인지를 실제로 조사한 다음에 해당되는 것의 구입원가를 출고품 또는 소비재료의 계산가격으로 하는 방법으로서 실비계산이라는 점에서 극히 합목적적이나 실제로 헛된 노고를 필요로 하고, 그것을 보충할 만한 실효가 없으므로 많이 이용되는 방법은 아니다. ② 선입선출법 … 이는 현실적으로 어떠한 구입원가로 되어 있는 상품이나 재료가 어떠한 순서로 출고인도되는지를 불문하고, 최초로 구입·입고된 것으로부터 순차로 출고인도되는 것으로 간주하고 특정일에 구입한 상품 또는 재료가 없어질 때까지 그 구입원가를 계산가격으로 하는 방법이다. 이는 부자연스러운 평균계산을 하지 않고 디플레이션기에는 이익이 과대표시 되지 않는 점이 있는 반면, 인플레이션

	기에는 가상이익을 계상하는 것이 된다. ③ 후입선출법 … 선입선출법과는 반대로 최근 구입한 것으로부터 순차로 소비된 것으로 간주하여 출고상품 또는 재료의 수량과 가격을 계산하는 방법이다. 이 법은 가격상승이 상당히 클 가능성이 있는 것을 언제나 상당량을 실제로 재고로 할 필요성이 있는 경우에 가장 적합한 방법이다. ④ 총평균법 … 그 사업연도의 개시일에 가지고 있었던 재고자산의 합계액과 그 사업연도에서 취득한 재고자산의 취득가격과의 합계액을 총수량으로 나누어 얻은 가격을 그 1단위당 소비가격 또는 취득가격으로 삼는 방법이다. ⑤ 이동평균법 … 원가가 상이한 재고자산을 구입할 때마다 장부시재금액을 장부시재수량으로 나누어 평균단가를 산출하고, 그 평균단가에 의하여 산출한 구입가액을 재고품 또는 소비재료의 계산가격으로 채택하는 방법이다. ⑥ 매출가격환원법 … 재고자산을 품종별로 당해 사업연도 종료일에 있어서 판매될 예정가격에서 판매예정차익금을 공제하여 산출한 구입가액을 그 자산의 평가액으로 하는 방법이다. (2) 저가주의 이 주의는 평가의 기준을 원가와 시가 중 적은 쪽에 둔 것으로 이론보다는 실무에 중점을 두었으므로 비논리적이라고 비난받고 있으나, 원가주의에 의한 과대평가를 방지하고, 시가주의에 의한 미실현이익의 계상도 저지할 수 있는 재정의 안전이라는 실제적 견지에서 채택된 가장 타당한 방법으로서 실무가의 지지를 받고 있다.
제조에의한경우	2. 제조에 의한 경우 제조에 의한 경우에는 재공품과 제품의 원가를 평균법·선입선출법·후입선출법에 의하여 결정한다. 이 항목은 재공품의 평가를 참조하기 바란다. ☞ 재공품의 평가 (Valuation of Work in Process)
재고자산회계 (在庫資産會計) (Inventory Accounting)	의의 재고자산회계란 재고자산에 대한 자산형태와 그 증감변화를 명확히 표시하여 올바른 정보를 이용자에게 제공할 목적으로 작성하는 것이다. 설명 각종 재고자산에 관한 회계처리방법에는 다음과 같은 것이 있다. (1) 재료 … 공업회계에 있어 재료의 소비액은 제조계정에 대체되고, 재료계정의 차변에는 전기이월액과 당기매입액이 기입되고, 대변에는 당기소비액과 차기이월액이 기입된다. 매입시 재료 ××× 현 금 ××× 　　　　　　　　　　　 매입채무 ×××

　　　　제조시　　제조　×××　　　재　료　×××

```
        재      료              제      조
 전기이월액 │ 소비액      
 매입액    │ 차기이월액   →  재료비
```

 (2) 재공품 … 재공품의 회계처리방법에는 첫째, 제조계정을 이용하는 방법이 있고, 둘째, 재공품계정과 제조계정을 이용하는 방법이 있다.

　　제조완료시　　제품　×××　　　제조　××××

〈1법〉
```
        제      조              제      품
 전기이월(재공품)│
 재료비    │ 완성품평가    전기이월  │
 노무비    │ 차기이월     →제조원가  │
 경 비     │
```

〈2법〉
```
    제 공 품            제    조           제   품
 기초재공품─┐    →기초재공품 │완성품원가   기초이월 │
 기말재공품─┘      기말재공품 │            제조원가 │
```

 (3) 제품 … 제품계정의 차변에는 전기이월액, 제조원가가 기입되고, 대변에는 매출제품원가와 차기이월액이 기입된다. 그리고 매출제품원가는 매출원가계정의 차변에 대체된다.

　　제품완성시　　매출원가　×××　　　제 품　×××

```
        제      품              매출원가
 전기이월액 │ 매출제품원가   매출제품원가 │
 제조 원가 │ 차기 이월액
```

 (4) 저장품 … 소모품의 처리법에는 2가지 방법이 있다. 첫째, 매입한 경우에 그 금액을 소모품비라는 비용으로 기입하고, 기말에 미사용액을 차기에 자산으로서 이월하여 가는 방법이다. 둘째, 소모품을 매입한 경우에 자산계정을 설정하여 차변에 기입하여 두었다가 기말에 사용액만을 소모품비계정의 차변에 기입하는 방법이 있다.
　　〈제1법〉매입시　　소모품비　×××　　현　금　×××
　　　　　　결산시　　소 모 품　×××　　소모품비　×××
　　〈제2법〉매입시　　소 모 품　×××　　현　금　×××
　　　　　　결산시　　소모품비　×××　　소 모 품　×××
 (5) 상품 … 상품의 회계처리는 매입계정(비용), 매출계정(수익), 이월상품계정(자산)으로 나누는 것이 보통이다. 첫째, 총액법의 경우에

는 매입계정과 매출계정에서 각각 매출원가와 순매출액을 손익계정에 대체하여 상품매매손익을 구하게 된다. 둘째, 순액법의 경우에는 매입계정의 매출원가를 직접 매출계정에 대체하여 상품매매손익을 구하여 손익계정에 대체한다.

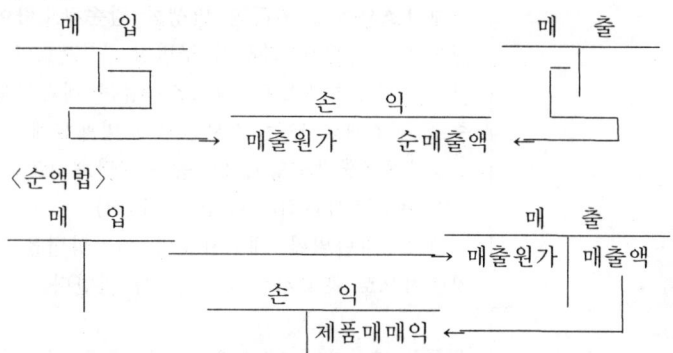

매입시 : 이월상품 ×××   매   입 ×××
매출시 : 매   출 ×××   이월상품 ×××

(6) 미착상품 … 미착상품계정은 운송중의 소유권이 있는 자기의 상품을 표시하는 자산계정이므로 차변은 증가, 대변은 감사를 나타내며 전매한 때에는 이 계정의 대변에 원가를 기입하고 매가(賣價)와의 차액은 미착상품 매매손익계정에 기입한다.

화물상환증도착시 : 미착상품 ×××   매 입 채 무 ×××
매   매   시 : 매출채권 ×××   선 착 상 품 ×××
                (외상매출금)   미착상품매매익 ×××

(7) 적송품 … 적송품계정은 원가로 기입되므로 매입계정에 이기(移記)되며, 적송하는데 소요된 제경비는 적송품의 원가에 가산한다. 적송품이 판매되어서 매출계산서가 도착되면 원가로 적송품계정의 대변에 기입하고 회수될 금액과의 차액은 적송품매매손익계정에 기입한다.

적 송 시 : 적송품 ×××   매   입 ×××
                              현금및현금등가물 ×××
                                 (적송비용)
매출계산서입수 : 매출채권 ×××   적 송 품 ×××
                                 적송품매매익 ×××

재 고 조 사 (在 庫 調 査) (Inventory)	의의 재고조사란 일반적으로 재고자산의 재고량을 조사하는 것을 말한다. 때로는 재고자산만이 아니라 고정자산이나 현금·예금·매출금·유가증권 등을 실제로 조사하는 것에도 쓰인다. 재고조사방법에 의하여 장부재고조사와 실지재고조사로 나누어지며, 실시시기로 보아 지중재고조사와 기말재고조사로 분류되고 정기재고조사·임시재고조사

・순환재고조사등의 구분도 하여진다.

[설명] 1. 재고조사법(Physical Inventory Method)

재고조사법은 계속기록법과 같이 재고품 수급의 과정이 기록계산되지 아니하고, 결산기말 또는 정기로 실지재고조사를 하여 재고품에 대한 그 종류별로 실지재고를 파악하는 방법이다.

재고조사법에 의하면 발생한 감손감모량이 당기간의 소비량에 포함되므로 이들을 명확하게 구별할 수 없으며 또한 재고수불과정을 알기가 어렵다. 그러므로 재고조사법은 계속기록법을 적용할 필요가 없는 주로 보조재료 또는 소모품의 소비계산에 가끔 적용되고 있다.

(전기이월량＋당기매입량)－기말재고조사량＝당기소비량

2. 재고조사단위(Inventory Unit)

재고조사단위란 재고자산의 평가방법을 적용하는 경우의 단위로서 일반적으로 재고자산의 1계좌를 말한다.

재고조사표
(在庫調査表)
(Inventory Sheet)

[의의] 재고조사표는 재고자산 등의 실지조사에 의한 재고를 명확히 하는 표를 말한다. 원장제계정의 장부잔액을 그 실제재고와 일치하게 하도록, 이것이 수정기입 또는 정기기입에 필요한 결산을 하기전에 시산표를 작성하고, 원장의 기록이 정확한지를 확인한다. 그리고 재산계산 및 손익계산의 모든 항목이 전부 원장의 각계정계좌에 집합되어 있으므로 그것들을 종합하여 대차대조표와 손익계산서에 표시되면 될 것이다. 그러나 계정계좌에 있는 기록상의 금액이 실제와 부합되지 않은 것도 생기게 된다.

[설명] 예를 들면 상품계정의 잔액은 영업기말의 상품재고액을 표시하는 것이지만, 실제로 조사하여 보면, 도난・부패 등으로 부족액이 생길 수 있으므로 실제액과 일치되지 않을 경우도 생긴다. 또 영업용 건물・기계・비용 등도 사용하여 가자면 마손・노후화 같은 감가의 원인으로 매입한 때 보다는 가치가 감소되어 간다.

따라서 영업기말의 건물・기계・비품 등의 계정계좌잔액은 당시의 실제가액보다 높은 가액으로 표시되고 있는 셈이다. 이와 같이 장부가액과 실제액이 상이하면 장부가액을 실제액과 일치시켜서 결산하여야 정확한 결산의 결과를 얻을 수 있는 것이다.

원장의 각계정계좌의 금액을 수정하기 위하여 실제로 상품・비품・건물 등의 가치・수량 등을 조사하는 것을 재고조사 또는 실사(Inventory)라고 한다. 그리고 조사한 것의 수량 및 가액을 기재한 서류는 재고조사법 또는 실사표(Inventory Sheet)라고 한다. 실사표를 예시하면 다음과 같다.

적　　　　요	금　　액
상 품	
A품 10개 ⓐ 3,100원	31,000

B품 25개 @ 3,000원		75,000	
C품 10개 @ 2,900원		29,000	135,000
건 물			
2층와가1동 견적가액			195,000
비 품			
금 고 1개 견적가액		20,000	
전 화 1대 견적가액		20,000	
자전차 2대 견적가액		6,000	
책상·의자 견적가액		10,000	56,000
			386,000

※ 예시에서 재고조사는 간단한 것 같으나 실제로는 번잡한 일이다. 이와 같이 조사한 것이 실제액이고 원장의 각 계정계좌의 잔액과 비교하여 장부의 잔액을 실제액과 일치시키기 위한 수정을 한 다음에 결산을 하게 된다.

재 고 증 감
(在 庫 增 減)
(Inventory Appreciation and Depreciation)

[의의] 실지재고조사의 결과에 의하여 생기는 장부재고액과 실지재고액과의 차를 재고증감이라고 한다. 이것은 광의와 협의의 의미를 가지는데, 광의로는 평가증감도 포함하고, 협의로는 수량만의 증감을 말한다. 통상은 후자의 협의의 의미로 해석된다.

[설명] 재고증감이 생기는 원인은 다양하다. 우선 비교적 사례가 드문 재고증가가 발생하는 경우를 보면, 원재료의 납입시의 계산착오에 의한 과소기장, 출고시의 중량측정상의 잘못으로 인한 과소출고, 전표면보다 과소한 출고, 출고전표의 오기 또는 이중기장 등에 의하여 생긴다.

따라서 이러한 원인에 의한 재고증가액은 장부잔액을 진실한 재고수량에 합치하도록 수정기장을 하여야 한다.

다음으로 비교적 사례가 많은 재고부족의 원인을 보면, 재고품의 분실, 파손, 도난, 증발, 사무상의 오기 등이 그 원인이다. 그리고 수량의 부족 이외에도 품질저하, 진부화에 의한 감손도 그 원인이 된다.

전자인 수량상의 감모는 보통, 재고감손(비)이 되지만 후자의 진부화 등에 의한 감손은 일반적으로 재고평가손이라 한다. 이 재고평가손의 경우는 보편적인 재고증감의 내용으로서 물량면 외의 평가손 즉, 외부요인으로서의 시가의 저하손실도 포함하게 된다. 그러나 정확한 회계처리를 하기 위해서는 수량상의 증감과 시가변동에 의한 평가증감을 엄밀히 구별하는 것이 좋다.

☞ **재고감모손** (Loss From Inventory Shrinkages)
재고평가손 (Loss of Inventory Valuation)

재고평가손 (在庫評價損) (Loss of Inventory Valuation)	**의의** 재고자산평가손은 광의로는 자산의 결산평가손과 동의어이지만, 협의로는 주로 재고자산에 관한 것을 정기결산에 즈음하여, 실제로 그의 전부 또는 그것을 대표하는 일부를 조사하여 평가하는 경우에 발견되거나 또는 확인되어 계상되는 손실이다. **설명** 실지재고조사의 결과 현재의 재고액이 올바로 평가되어 그것이 대차대조표에 기재되어도, 자산의 계속기록법에 의하면 "원래의 재고액"을 알 수 없으므로, 평가손은 그것으로서 인식되지 않고, 손익계산서에도 계상되지 않는다. 　재고평가손을 문제로 할 때는 계속기록법에 의한 재고액의 물적 및 가액적(즉, 필요한 원가적)계수가 얻어지지 않으면 안된다. 　재고평가손은 2가지 경우가 있다. 재고자산의 물재(物財)로서의 상태가 취득 후 열화(劣化)되어 가치의 감소가 생기는 경우와 물적상태의 변화는 없지만 경영에 대해서 외계(外界)가 되는 시장의 상황에 따른 가치의 저하를 초래하는 경우이다. 　전자는 재고감모손의 일부(기타의 부분은 취득과 재고사이에 생기는 수량적 감소의 손실)이다. 그리고 후자는 말하자면 본래의 재고평가손이며, 실무상으로는 저가주의적 처리에 따른 것이다. 이 손실을 인식하는 것에 대한 이론은 학설에 따라 다르고, 실무에 있어서 행해져서는 안된다고 하기도 하고, 행하여지고 있는 저가주의를 이론적으로는 부정하는 론자도 있으며, 손익계산서상 이것을 명시하는 방법도 확립되어 있지 않다.
재 공 품 (在 工 品) (Good-in Process, Good in Progress, Producting Progress, Stock in Process, Work in Process, Product in Progress)	**의의** 일정시점에 있어서 제품의 제조를 위해 가공 중 또는 제조중의 것을 말한다. **설명** 재공품은 제조업을 영위하는 기업에는 반드시 발생하는 것이다. 반제품도 넓게 잡으면 재공품에 포함되는 경우가 있지만, 일반적으로는 제품이나 반제품과는 구별되어서 대차대조표의 자산의 부에 표시된다. 　재공품은 다음과 같이 2가지 방법에 의하여 회계처리를 할 수 있다. 즉, 재공품계정은 유동자산인 재공품만의 순수한 자산계정인 경우와 상품계정에서 볼 수 있는 바와 같이 혼합계정인 경우가 있다. 　자산계정인 경우에는 아래의 회계처리에서와 같이 기초재공품재고액이 그대로 제조계정의 차변에 대체되고, 기말에는 기말재공품재고액이 그대로 제조계정의 차변에 대체되고, 기말에는 기말재공품재고액이 제조계정으로부터 재공품계정의 차변에 대체된다. 그러나 혼합계정(재공품계정으로서 제조계정을 겸하는 경우)인 경우에는 기초재공품재고액 뿐만 아니라, 당기에 투입된 원재료비·가공비 등의 제조원가가 이 계정에 차변에 기입되고, 기말에 완성제품의 제조원가가 대변기입되므로 그 차액이 기말재공품의 재고액으로서 파악된다. 따라서 이 계

재공품의평가 **(在工品의評價)** (Valuation of Work in Process)	정의 차변잔액이 그대로 재공품의 기말재고액을 표시하게 된다. 자산계정으로서만 사용할 때에는 다음과 같이 회계처리 된다. ① 기초의 회계처리 　(차)　제　　조　×××　　(대)　재 공 품　××× 　　　　(전기이월액)　　　　　　　(전기이월액) ② 기말의 회계처리 　(차)　재 공 품　×××　　(대)　제　　조　××× 　　　　(차기이월액)　　　　　　　(차기이월액) 따라서 재공품은 제품이나 반제품을 제조하는 제조과정에 있고, 아직 제품이나 반제품이 되지 않은 상태에 있는 생산물이라고 하겠다. 이와 같이 제품이나 반제품과 구별하여 재공품을 분류하는 것은 대차대조표에 기재하는 항목으로서 의미가 있다. [의의] 재공품원가계산에 있어서 가장 중요한 것은 재공품의 진척도의 결정이다. 재공품의 진척도는 원가요소별로 분석하여 재공품의 진척도를 결정하지 않으면 안된다. 재공품원가계산을 하기 위한 재공품 진척도는 완성품에 대한 재공품의 원가부담기준이므로 작업기술적 진척도와 제조비의 발생과의 관계를 분석하여 결정하지 않으면 안된다. 원재료가 공정의 시점에서 투입되면 재공품원재료비의 진척도는 100%이다. 공정의 중도에서 투입된 때에는 투입점과 재공품과의 관계를 보아 합리적으로 진척도를 결정한다. 가공비는 공정을 통하여 평균적으로 발생하는가의 여부에 주의하여 진척도를 결정하여야 된다. 진척도가 결정되면 재공품의 완성품환산량이 산출되고, 이것에 의하여 재공품원가가 계산된다. [산식] 재공품의 완성품환산량 = 재공품수량 × 재공품진척도 $$재조비 \times \frac{재공품의\ 완성품\ 환산량}{재조비용에\ 대응하는\ 완성품\ 환산량} = 재공품원가$$ [설명] 제조공정중에 있어 아직 완성되지 않은 것을 재공품이라 한다. 개별원가계산에 있어서는 제조지령서별로 원가를 집계한다. 제조가 완료된 지령서의 원가는 각 제조계정에 대체하고, 제조가 미완료된 지령서의 원가는 재공품으로 재공품계정(또는 제조계정)의 잔액으로 익월로 이월된다. 따라서 개별원가계산에서는 재공품의 평가가 원칙적으로는 문제되지 않는다. 종합원가계산에서는 지령서별로 제품원가의 집계를 하지 않는 관계로 이 상태에서는 월말의 재공품원가를 알 수 없을 뿐 아니라 완성품의 원가도 알 수 없다. 따라서 종합원가계산에서는 재고품의 원가를 월말에 평가하지 않으면 안된다.
완성도환산법	(1) 완성도환산법

완성도평가법이라고도 하며 월말재공품의 금액을 주요재료비와 기타의 비용(보조재료비·노무비·경비 등의 합계를 총칭하여 가공비라 부른다)으로 구분하여 주요재료비는 재고로 결정하고, 가공비는 재공품의 제품에 대한 완성정도를 추정하여 이를 제품에 환산 평가하는 방법이다.

이 방법은 비교적 정밀한 방법이지만 재공품의 완성도를 정확히 추정하는 것이 무엇보다 중요하다.

월말재고품환산량에 당월 완성량을 합한 총량으로 가공비를 나누고, 이에 월말재공품환산량을 곱하면 월말재공품원가의 일부인 가공비부담액이 산출된다. 따라서 재료비에 이 가공비를 합산하면 월말재공품의 원가가 계산된다.

예를 들면 가공비가 180,000원, 월말재공품 환산량이 100개, 당월 완성량이 500개인 경우의 월말재공품원가 중의 가공비 부담액의 계산은 다음과 같다.

$$180{,}000원 \times \frac{100}{100 + 500} = 30{,}000원$$

즉, 30,000원이 월말재공품의 가공비가 된다.

원가요소분석법

(2) 원가요소분석법

재공품 중에 포함되어 있는 원가요소를 주요재료비와 가공비로 구분하고, 이를 각각 별도로 산정하는 방법으로서 가공비는 직접재료비(주요재료비) 이외의 보조재료비·노무부·경비 등을 일괄하여 평가한다.

① 평균법
  ㉮ 기말재공품주요재료비
  $$= (기초재공품주요재료비 + 당기주요재료비) \times \frac{기말재공품환산량}{완성품량 + 기말재공품환산량}$$
  ㉯ 기말재공품가공비
  $$= (기말재공품가공비 + 당기가공비) \times \frac{기말재공품환산량}{완성품량 + 기말재공품환산량}$$
  ∴ 기말재공품원가 = 기말재공품주요재료비 + 기말재공품가공비

② 선입선출법
  ㉮ 기말재공품주요재료비 = 당기주요재료비
  $$\times \frac{기말재공품환산량}{완성품량 - 기초재공품환산량 + 기말재공품환산량}$$
  ㉯ 기말재공품가공비
  $$당기가공비 \times \frac{기말재공품환산량}{완성품량 - 기초재공품환산량 + 기말재공품환산량}$$

③ 후입선출법

㉮ 원재료비의 계산
1) 기초재공품환산량 〈 기말재공품환산량인 경우

$$\text{기말재공품주요재료비} = \text{기초재공품주요재료비} + \text{당기주요재료비}$$
$$\times \frac{\text{기말재공품환산량} - \text{기초재공품환산량}}{\text{당기투입량}}$$

2) 기초재공품환산량 〉 기말재공품환산량인 경우

$$\text{기말재공품주요재료비} = \text{기초재공품재료비} \times \frac{\text{기말재공품환산량}}{\text{기초재공품환산량}}$$

㉯ 가공비의 계산
1) 기초재공품가공비환산량 〈 기말재공품가공비환산량인 때

$$\text{기말재공품가공비} = (\text{기초재공품가공비} + \text{당기가공비})$$
$$\times \frac{\text{기말재공품환산량} - \text{기초재공품환산량}}{\text{완성품량} - \text{기초재공품환산량} + \text{기말재공품환산량}}$$

2) 기초재공품가공비환산량 〉 기말재공품가공비환산량인 때

$$\text{기말재공품가공비} = \frac{\text{기말재공품가공량}}{\text{기초재공품환산량}}$$

∴ 기말재공품원가 = 기말재공품주요재료비 + 기말재공품가공비

※ 주 1) 위의 산식은 모두 주요재료가 제조진행에 따라 소비되는 경우이다.
2) 주요재료가 제조착수와 동시에 전량이 투하되는 경우에는 완성품 1단위와 재공품 1단위가 차지하는 비율은 동일하므로, 이 경우에는 기말재공품의 완성도환산은 필요없다.
3) 주요재료비 진척도와 가공비진척도가 동일한 경우에는 기말재공품 주요재료비와 기말재공품가공비를 나누어 계산할 필요는 없다.

주원가평가법	(3) 주원가평가법(主原價評價法) 이 방법은 원가요소 중 주요한 위치를 점하는 것을 재고(在庫)로 추정하여 평가하고, 이를 재공품의 원가로 하는 것이다. 원가요소 중 주요재료비는 재공품의 평가에 있어서 그 재고를 정확히 산출할 수 있으므로 주요 재료비가 대부분을 점하는 경우에는 이 방법이 많이 이용된다. 이와 같이 주요재료비에 의하는 경우를 주요재료비법이라고 부른다. 이 방법은 1개의 원가요소로 재공품을 평가하는 것이므로 재공품의 평가를 과소하게 하며, 또한 정확한 원가계산방법이라 볼 수 없다. 다만, 전월로부터의 이월재공품과 차월이월재공품이 동량(同量)인 경우에는 원가계산의 결과에 영향을 미치지 않는다.
무평가법	(4) 무평가법(無評價法) 이 방법은 기말재공품을 평가함에 있어서 계산상 재공품을 제외하는 방법이다. 즉, 제조원가는 당월소비재료비・노무비・경비의 합계

	액으로 하는 편의적인 방법이다.
재공품이 월초 월말에 걸쳐 일정한 경우에는 이를 무시하더라도 제품원가의 계산에 큰 영향을 미치지 않는다.
[사례] 월말재공품원가산율
당월 발생가공비 180,000원, 월말재공품 중 재료비 250,000원, 월말재공품수량 200개, 완성정도 50%, 완성품수량 500개, 월초재공품은 없다. 이상의 자료로 월말재공품 원가를 산출한다.
<해설>
월말재공품의 완성정도는 제품에 대하여 50%이므로 재공품 수량 200개에 대하여 50%를 곱하면 재공품의 환산량이 산출된다.
월말재공품환산량 …… 200개 × 50% = 100개
그리고 당월가공비 180,000원을 월말재공품과 당월 완성량에 안분한다.
월말재공품환산량에 당월 완성량 500개를 합한 600개로 가공비를 나누고, 이에 월말재공품환산량을 곱하면 월말재공품원가의 가공비부담액이 산출된다. 이를 계산하면 다음과 같다.
$$180{,}000원 \times \frac{100}{100+500} = 30{,}000원$$
즉, 30,000원이 월말재공품의 가공비가 된다. 그리고 재료비에 가공비를 합산하면 월말재공품의 원가가 된다.
[사례] 월말재공품원가와 제품제조원가계산
월초재공품의 주요재료비 35,000원, 가공비 20,000원, 당월소비원가의 주요재료비 150,000원, 가공비 80,000원, 월말재공품의 주요재료비 60,000원, 수량 1,000개, 완성정도는 40%이다. 단, 완성품수량은 600개이다. 이상의 자료로 월말재공품원가와 제품제조원가를 계산한다.
<해설>
재공품환산량 : 1,000개 × 40% = 400개
총가공비 : 월초재공품가공비＋당월가공량×$\frac{월말재공품환산량}{월말재공품환산량＋완성품량}$
$$= 100{,}000원 \times \frac{400}{600+400} = 40{,}000원$$
월말 재공품 : 60,000원＋40,000원＝100,000원
제품제조원가 : 55,000원＋230,000원－100,000원＝185,000원
제품단위원가 : 185,000원÷600개＝308.33원
재공품직접
노무비평가법
(在工品直接	[의의] 기말재공품을 직접노무비만으로 평가하는 방법이다.
[설명] 따라서 재료비 등 직접노무비 이외의 원가요소는 완성품에 전액부담시킨다. 이 방법은 원가관리상 채택되어도 재무회계상 그 영향

勞務費評價法) (Valuation Method of Direct Labor)	이 큰 경우는 세무회계상 용인되지 아니하는 방법이 될 것이다. 　법인이 채택하고 있는 방법과 세무회계상 예상되고 있는 실제원가와의 차액에 대해서는 원가차액의 조정계산을 필요로 하게 될 것이다.
재공품회전율 **(在工品回轉率)** (Goods-in Process Turnover)	[의의] 재공품 제조에 요한 소비액(통상원재료비와 총제조원가의 산출 평균이 사용되지만 단지매출원가 또는 매출액이 사용되는 경우도 있다)을 기말재공품재고로 나누어 구하여지는 비율을 말한다. 연간에 착수품이 몇 회전하고 있는가를 산출하여 제조공정의 능률 및 자본효율의 양부(良否)를 판단하기 위해 사용된다. [산식] $$재공품회전율 = \frac{총매출액}{재공품}$$ [설명] 회전율이 높으면 재공기간이 짧고, 원재료비나 제조비용이 효과적으로 투하되어 있는 것으로 된다. 반대로 회전율이 낮은 경우는 제품의 재공기간이 길고, 제조공정에서의 효율이 나쁘고, 불량착수품 또는 재공품재고의 겉늘리기 등의 우려가 있다. 그리고 재공품회전율의 역수는 재공품회전기간이라고 하고 제품의 제작기간을 가리키는 지표로서 이용된다.
재　　　료 **(材　　料)** (Material) 분류 도입절차	[의의] 공기업이 제품의 생산에 소비할 목적으로 외부로부터 구입한 물품을 재료 또는 원료라고 한다. 이를 문자적으로 해석하면 재료란 물리적인 가공에 의하여 제품이 되는 것을 말하며, 원료란 화학적인 가공에 의하여 제품으로 되는 것을 말한다. [설명] 재료는 계정성질상 자산이며, 이러한 의미에서 재료비와는 구별이 된다. 　그리고 동일한 물품이라 하더라도 기업에 따라서 원재료가 되는 것이, 타기업에서는 제품이 되기도 하고, 반제품이 되기도 하므로, 이러한 항목 자체는 그 기업에서의 용도에 따라 구별이 되는 것이다. 　1. 재료의 분류 　재료를 분류하면 생산에 참가하는 상태를 기준으로 하여 주요재료 또는 주재료와 보조재료, 매입부분품 등으로 나누어 진다. 　2. 재료의 도입절차 　재료가 기업에 도입되는 절차는 제품설계에 의하여 필요한 재료의 품명·규격·수량·납기 등이 확정이 되면 재료구입청구서가 발행된다. 구입계는 이를 받아 가장 유리한 매입처를 선정하고 유리한 계약방법을 택하여 주문계약을 하게 된다. 재료가 납품되면 주문내용과 동일한지 여부를 검수(Inspection)하고, 이에 합격이 되면 창고에 입고되어 비로소 도입이 완료되는 것이다. ☞ **재료비계정** (Material Cost Account)

	재료부비 (Materials Related Cost)
	재료구입청구서 (Requisition of Material Purchase)
	재료분개장 (Materials Journal)
재료가격차이 **(材料價格差異)** (Material Price Variance)	의의 재료비차이의 일종이며, 재료의 소비가격에 대하여 표준가격과 실제가격이 다르므로 생긴 원가차이이다. 단, 이것은 주로 재료의 구매과정에서 생기게 되는 것이므로 제조부문의 책임에는 귀속되지 못한다. ☞ 재료비차이 (Material Variance) 　 원가차이 (Cost Variance)
재료감모손 **(材料減耗損)** (Loss From Materials)	의의 재료계정을 순수한 자산계정으로 설정하여 입출고를 원가로 기장하는 경우에도 재료계정의 차변잔액이 실지재고액과 일치하는 경우가 드문데 그 원인은 보통 보관 중의 파손·감손·도난 또는 담당자의 부정·기장계산의 오류 등에 기인되고 있다. 설명 이러한 재고감모가 매기에 정상적으로 발생하는 정상범위내의 것이면 제조간접비로서 제조원가에 산입하고, 정상액을 초과할 때에는 그 초과하는 부분은 원가외비용으로 처리한다. 　재료의 재고조사를 매월실시한다는 것은 쉬운 일이 아니므로 실제에 있어서는 매년의 재료감모비를 총액으로 견적하여 산정하고, 이를 매월 할당하여 처리하는 것이 일반적이다. 　이러한 경우의 처리방법을 예시하면 다음과 같다. 〈예시〉 (1) 연간재료감모손을 120,000원으로 견적하다. 　이 경우 매원가계산기의 재료감모손의 처리분개는 다음과 같다. 〈분개〉 　(차) 재고감모비　10,000　　(대) 재고감모충당금　10,000 　　　(재고간접비) 　※ 주 : 120,000÷12=10,000(매월감모충당전입액) (2) 기말결산시 실지 재료재고조사를 한바, 재고감모가 124,000원이었다. 〈분개〉 　재고감모충당금　120,000　　(대) 재 료 비　124,000 　재고감모손실　　　4,000 　(원가와비용)
재 료 관 리 **(材 料 管 理)** (Material	의의 재료관리는 자재관리라고도 하며, 광의로는 재료구매 창고, 운반 등에 미친다. 경영에 있어서의 재료란 제품을 제조하기 위하여 구입하고, 재료창고에 들어온 물품, 구체적으로는 제조에 사용되는 주요

Management)	재료·보조재료·부분품·중간제품·반제품 등의 총칭이며, 이러한 재료의 관리가 재료관리 또는 자재관리이다. [설명] 재료관리는 제조에 필요로 하는 재료의 계획·예산·조달·수취(검수)·보관·출고(소비) 및 정리(기록계산·실사 등)에 만전을 기하고, 이로써 공장의 생산성의 향상을 도모하는 것이다. 　오늘날 재료관리는 창고부나 자재부에서 담당하고 있는 것이 일반적이다. 자재관리의 요점을 간추려 보면 다음과 같다. 　① 제품의 생산계획에 따른 당해 예산기간에 있어서의 소비량에 대한 현재의 재료소지시재를 고려하고 구입할 재료에 대하여 품종별로 그 예산을 세운다. 이 예산은 공장의 생산조건에 따른 수량·품질·납기 및 적정가로 조달하도록 하여야 한다. 　② 조달된 재료는 즉시 검수계의 손으로 검수되고, 검수의 결과는 재료수취보고서 또는 입고표(Report of Material Received)에 기재하고, 입고표는 구매부, 경리부, 원가계산부, 현장부문 등의 관계부문에 회부된다. 검수의 결과 불합격품이 나온 경우에는 구매부를 통하여 구입처에 통지된다. 이러한 재료는 보통 반환재료라고 한다. 검수의 결과 합격한 재료는 즉시 입고절차를 취한다. 　③ 입고절차를 마친 재료는 보관계의 손으로 안전하고 좋은 방법으로 보관되어야 한다. 　④ 보관 중의 재료는 현장에서 요구가 있는대로 지체없이 소요수량을 정확히 인도하도록 하여야 한다. 　⑤ 이것을 위하여 보관중의 재료는 수지(Receipts and Issues)를 엄밀히 기록하고 수시로 실사를 하여 그 소지시재(On Hand)를 명백히 하여야 한다.
재료구매예산 (材料購買豫算) (Material Purchase Budget)	[의의] 재료구매예산은 구매할 각종 원재료의 수량·구매의 시기, 원재료 구매의 견적원가를 표시하여 구매활동의 지침이 되고 또한 자금부로 하여금 적정한 자금계획과 지출시기를 예정할 수 있게 하는 목적이 있다. [설명] 그런데 재료구매예산은 구매의 주문, 또는 계약에 관련되는 것보다 오히려 원재료의 실제의 수령에 관계되는 것이다. 즉, 재료의 구매계약이 성립되어도 재료의 수령은 이보다 더 늦게 되는 경우가 흔히 있다. 그러므로 재료의 재고관리 및 구매와 제조와의 조정의 문제는 구매계약성립에 관한 계획보다도 재료수령에 관한 문제이다. 인도량이 구매예산소요량에 일치하도록 충분한 시간적 여유를 가지고 재료를 구매할 수 있게 하여야 할 것이다. 재료구매예정량은 원칙적으로 다음의 산식에 의하여 계산된다. 　재료구매예정량 = 예정재료소비량 + 기말재료재고예정요구량 　　　　　　　　－ 기초재료재고량

	이 계산의 결과를 그대로 구매예정량으로 결정하는 것은 불충분한 것이며, 다음의 제사항이 아울러 충분히 고려되어서 예정되어야 한다. ① 구매기간 - 재료의 주문일로부터 수령일까지의 기일 ② 경제적 발주량(Economic Quantity to Purchase) - 가격, 지급조건, 인도 등에 관하여 가장 유리하게 구매할 수 있는 수량 ③ 재무능력 ④ 수령지연에 대한 안전의 한계 - 발주량의 품절, 수송의 불원활 등에 의한 수령지연의 고려 ⑤ 계절적 변동 ⑥ 저장보관시설능력 ⑦ 원재료의 입수란 - 수입품의 경우에는 입수란이 있을 수 있다. ⑧ 시장의 변동과 구매정책 - 원재료의 구매계획은 결국 구매할 각종 원재료의 수량결정과 구매한 각종 원재료의 단위 가격의 견적이란 2가지의 문제를 가지고 있다.
재료구입예정표 (材料購入豫定表) (Predetermined for Material Purchased)	[의의] 공기업은 언제나 판매예산을 세우고, 그것에 따른 제조계획을 세우는 바, 재료는 보통 제품의 과반을 차지하고, 그 저장액도 그 기업의 재산부분을 구성하는 것이므로 경영재무상 중요한 지위를 차지한다. 재료를 구입하기 위한 자금은 적지 않은 것이며, 재료의 구입과 자금의 수배는 잘 조정할 필요가 있다. 따라서 재료의 구입예정표를 각 월초에 작성하여 자금관리의 수단으로 하지 않으면 안된다. 이 표는 재무에 관계있는 것이며, 제조와 밀접한 관계가 있는 것은 재료조달예정표이며, 구입한 재료가 언제 도착하는가를 표시하는 것이다. 재료구입예정표의 형식에는 여러 가지가 있다.
재료구입원가계산 (材料購入原價計算) (Cost Accounting for Material Purchased)	[의의] 재료의 구입원가계산은 공기업(工企業)이 인도장소에서 구입재료를 자기공장의 재료창고까지 필요한 인수비를 포함한 제비용을 계산하는 것이다. 공기업이 재료를 조달할 때 재료대가 외에 제비용이 얼마나 소요되는가를 계산하고, 이를 재료구입대가에 부가하는 계산을 함으로써 정당한 재료구입총원가를 산출할 수 있게 된다. [설명] 이 계산에 있어서 알 수 있는 것은 동종의 재료로서 구입대가는 동액이라 하더라도 그 인도장소의 원근에 따라 운임기타 제비용의 부담액이 달라지므로, 이를 개별적으로 보면 재료단위의 재료원가는 아무래도 다르게 된다는 사실이다. 재료에 관한 제비용은 비용발생과정을 기준으로 분류하면 경영외부재료와 경영내주재료비로 구분할 수 있다. 경영외부재료비는 구입대가 및 구입품을 인수한 때까지의 제비용이 포함되는 것이고, 경영내부재료비는 경영내부에서 재료의 수입, 불출 및 보관에 관한 비용이 계산된다.

특히 경영외부재료비에 대하여 주의할 점은 재료의 인수비가 구매계약에 의하여 재료의 인도장소를 매입주의 공장구내로 하는 구매가격이 성립될 경우에는 그 재료의 제비용은 매출주의 부담이 되어 구매대가에 포함되어 있으므로 실질상 경영외무재료비는 구매대가가 된다.

이와 달리 재료의 인도장소를 매출주의 지정장소로 정하는 구매가격이 성립될 경우, 발송지계약을 하였을 때의 매입주공장창고구내까지의 모든 인수비용을 산출하는 것을 이른바 재료구매원가계산이라고 한다. 그리고 재료비부분의 가격계산은 실제가격을 원칙으로 하므로 구매원가를 기초로 한다. 이 구매원가는 구매대가에 직접 인수비용을 포함시킨 것이고 재료구매의 사무 및 그에 부대되는 비용은 원칙적으로 재료구매원가에 산입하지 않고 이를 경비로 취급한다. 또 재료구입원가를 엄밀히 계산하려면 재료를 구입할 때 일반상관습에 따라 가격의감액(discount)등을 받을때에는 이를 그 원가에서 공제하지 않으면 안된다. 또 그 재료를 소비한 뒤라도 이것이 판명된 때에는 이를 동종재료의 구입원가나 재료의 보관비에서 공제하여야 한다.

그러나 그 대상이 되는 구입재료가 판명되지 않을 때에는 이를 그 공장사무비용 또는 재료보관비에서 공제함이 타당할 것이다. 이 계산법을 구체적으로 설명하면 장부(송장에의한)가격법과 재료부비부가가격법으로 분류하고 재료부비부가가격법은 이를 다시 직접부비부가가격법과 총부비부가가격법으로 분류한다.

장부가격법은 가격의 감액 등을 받았을 때에 그 가격을 송장면의 가격에서 공제한 것을 재료비의 구매가격으로 하고, 재료의 인수 및 보관에 필요한 재료부비는 이를 제조간접비로 하는 방법이다.

재료부비가격법은 가격의 감액 등을 받았을 때에는 그 가격을 송장면의 가격에서 공제하는 것은 장부가격법과 다를 것이 없으나, 직접부비부가가격법에 있어서는 구입수수료, 인수운임, 보험료 등을 재료의 구입원가로 하고 구매부문비, 창고부문비 등 그 밖의 재료부비는 제조간접비로 처리한다.

총부비부가가격법은 재료의 구입에서부터 이를 소비할 때까지의 소요된 총재료부비를 송장가격에 가산하여 이를 당해재료의 구입원가로 하는 방법이다.

재료의 구입원가를 엄밀히 계산하려면 이 방법에 의하지 않으면 안되지만 계산기술상 곤란한 점이 없지 않다. 일례로서 창고비를 생각하여 보면 창고는 반드시 재료만 보관하는 것이 아니고 재료 이외에 제품, 반제품의 보관도 혼합보관하므로 이론적으로는 창고료를 제품에도 부담시키지 않으면 안된다. 그리고 이 처리가 불가능한 것은 아니나 실제처리에 있어서는 번거로운 일이다. 여하간에 이 방법에 있어서도 직접부비와 그밖의 부비는 별개로 취급하지 않으면 안된다.

그리고 다른 종류의 재료가 일시에 일건단위로 구입되었을 때에는 재료부비를 적정한 기준에 의하여 각 재료에 배부하지 않으면 안된다. 이 방법으로는 수량적 기준 또는 가격적 기준에 의하여 각각 해당재료에 배부한다. 또 직접부비 이외의 부비를 각재료에 배부하는 방법에는 이를 매종류마다 별도의 배부기준에 의하여 개별적으로 배부하는 방법과 부비전액을 단일배부율로 배부하는 방법이 있다. 전자의 경우는 구매부비를 구매주문건당에 대하여 배부하는 방법이다.

일괄배부하는 방법에도 예정액을 배부하는 방법과 실제액을 배부하는 방법이 있지만 단일부비배부율을 계산하는 점에서는 다를 것이 없다. 즉, 예정액에 의하여 부비배부율을 계산하고 이를 송장가격에 곱하여 부비의 배부액을 계산한다.

이상의 방법에 의하여 산출한 재료부비의 배부액을 각 재료의 송장가격에 가산하고 이것을 각 재료수량으로 나누면 각 재료의 단위당 구입원가를 산출할 수 있다.

재료구입절차 (材料購入節次) (Purchase Procedures)

설명 (1) 재료구입의 절차와 기장

재료의 구입절차는 재료의 구입요구 · 재료의 주문 · 재료의 검수순으로 이루어진다. 그리고 재료구입에 관한 거래를 특수분개장인 재료매입장과 보조원장에 각각 기입한다.

이를 구체적으로 설명하면 다음과 같다.

① 재료구입청구

생산활동을 원활히 하기 위하여 재료의 구입은 매우 중요한 의의를 가지고 있다.

창고담당은 각 상비재료에 대하여 최고보유량과 최저보유량을 미리 책정하고 그 범위 내에서 적절히 재고재료의 보유수량을 조절하여야 한다.

만일 재료재고액이 최저보유량의 숫자에 가까워지면 이를 보충하기 위하여 재료의 구입을 구매담당에 청구하게 된다.

이 경우는 회사 소정의 재료구입청구서(Purchase Requisition)를 발행하는데, 그 원본은 구매담당자에게 보내고 복사한 부분은 창고담당자가 보관한다.

② 재료의 주문

창고담당자로부터 재료구입의 청구를 받은 구매담당자는 매입처에 주문을 한다. 이때 주문서(Purchase Order)를 발행하는데, 이 주문서는 3매를 작성하여 원본은 매입처에 송부하고 부본 중 1매는 창고담당자에게 나머지 1매는 증빙서류로서 구매담당자가 보관한다.

③ 재료의 검수

주문한 재료가 도착하면 구매담당자는 현품이 주문조건에 합치하는지의 여부를 확인한 뒤 창고담당자에게 인도한다.

만일 불합격품이 있으면 반품표(Debit Note)를 첨부하여 매입처에 반송한다. 검사에 합격한 재료는 창고담당자에 인도하고 구매담당자는 재료수입보고서(Receiving Report)를 3매 작성하여 원본은 경리담당자에게, 부본 1매는 창고담당자에게 각각 돌리고 나머지 1매는 구매담당자가 보관한다.

한편 재료가 도착하면 동시에 매입처로부터 송품장이 구매담당자(또는 경리담당자) 앞으로 송달되어 오는데 이 송품장에는 납품한 재료의 품명·종류·규격·수량·단가·금액 등이 기재되어 있다.

이를 자료로 하여 각종 장부에 기장하게 된다.

④ 재료매입장과 재료원장의 기장

재료매입장(Material Purchase Book)은 재료의 매입을 기입하는 특수분개장인데, 구매담당자로부터 회부되어 온 송품장에 의하여 계산담당자가 이를 장부에 기장한다.

재료매입장에 송품장 1장마다 기입하기도 하고 또는 송품장을 모아두었다가 매 정기에 일괄해서 기입하기도 한다. 기입방법은 매입한 재료의 종류마다 세목란에 기입하고 그 지급방법이 외상매입인 경우에는 특정란인 외상매입금란에, 그 이외에는 당해 계좌란에 기입하는 것이다.

그리고 외상매입금란에 기입한 금액은 매입처원장의 당해인명계정란에 개별전기한다. 또 당해 계좌란에 기입된 금액은 현금·당좌예금·지급어음 등의 금액으로, 이에 대해서는 별도로 현금출납장·당좌예금출납장·지급어음기입장을 특수분개장으로 사용하고 있는 경우에는 재료매입장에서는 전기할 필요가 없다.

재료매입장은 매월말에 마감하고 각 란의 합계금액을 각각 총계정원장의 당해계정에 합계전기한다. 이 경우 다음과 같이 먼저 보통분개장에 합계분개를 한 뒤에 이를 다시 총계정원장에 전기하면 틀림이 없다.

  (차) 주 요 재 료 ××× (대) 매입채무(외상매입금) ×××
     보 조 재 료 ×××   또는
     부   분   품 ×××   현금및현금등가물 ×××
     소모기구·공구·비품 ×××

재료원장(Stores Ledger)은 재료대장이라고도 하며 재료창고의 각종 재료별로 계좌를 설정하여 재료의 입고와 출고를 상세히 기록하는 동시에 잔액을 명백히 표시하기 위하여 사용하는 장부이며 이 장부는 재료에 관한 보조원장이다.

재료원장에는 재료를 매입한 때에 수입(입고)란에 또 창고에서 출고하여 소비한 때에는 불출(출고)란에 각각 그 숫자를 기입한다. 그리고 잔액란에는 그때 그때의 재고액이 표신된다.

재료의보관

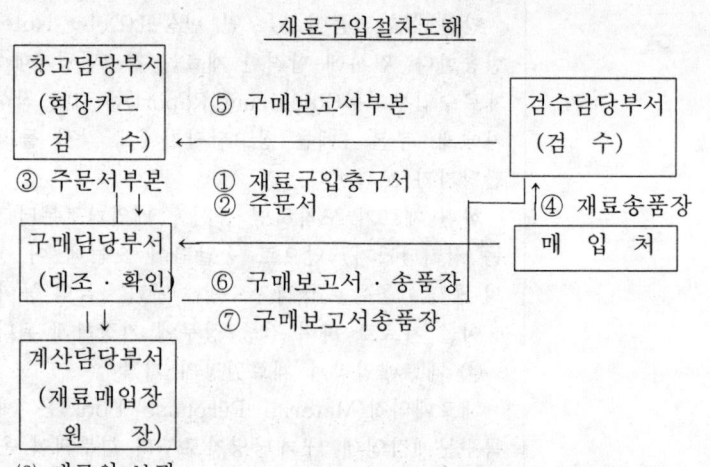

(2) 재료의 보관

재료를 보관할 때에는 출고와 입고에 편리하도록 하여야 하며 파손·감모·도난 등 피해가 없도록 배치 정돈 할 것이며 항상 장부에 의하여 재료의 증감과 시재액을 파악할 수 있도록 해야 한다. 또 재고량의 실지조사를 하지 않더라도 장부상의 기록만으로 각 종류의 재고량을 확인할 수 있도록 재료의 보관장소에 현장카드(Bin Card)를 비치하여 두고 재료를 출납할 때마다 그 수량과 재고량을 기입하여 둔다.

이 현장카드를 보면 재료의 현재수량을 언제든지 파악할 수 있다. 그러나 이 현장카드의 재고량이 재료의 실지재고량과 반드시 일치한다고는 볼수 없다.

왜냐하면 보관중에 누손·변질·도난 등의 사고가 발생하기 때문이다. 그러므로 이러한 경우에는 실지재고조사를 기초로 현장카드의 재고량을 수정하고 계산담당부서에 연락하여 재료원장의 기록도 정정하게 하여야 한다.

이와 같은 차액은 경상적인 경우에는 제조경비에 산입하고 화재·도난 등 이상적인 것은 원가외 손익계정으로 처리하여야 한다.

재료의 실지 재고조사는 그 종류나 수량이 많은 때에는 자주 이의 조사를 하기가 곤란하므로 재료의 재고량이 최소로 된 때에 엄밀한 실지재고조사를 실시하여 확실한 숫자를 파악한 뒤 그 뒤로부터는 장부기록을 그대로 믿고 월말현재의 재고량을 산출한다.

재료의 실지재고조사를 하는 경우에는 재고조사표(Inventory ticket)를 현품(재료)마다 첨부하여 재고수량을 기록한 다음 전체적인 재고조사표를 작성한다.

이러한 방법에 의하면 재고의 조정 누락이나 이중조사를 방지할 수가 있다.

재료구입청구서

의의 창고계는 각 상비재료에 대하여 재고량이 최소한도에 달하였거

(材料購入請求書) (Requisition of Material Purchase)	나 그에 접근하였을 경우 또는 필요한 재료구입을 위한 재료구입청구서를 작성하여 자재과 구매계에 제출하여 재료를 보충해 주도록 요구한다. 　일반적으로 3통 작성하여 원본은 구매계에 회부하고 부본은 발행자가 보관하며, 1부는 회계과 또는 기획과에 송부하여 예산통제를 받는다. 　　　　　　　재 료 구 입 청 구 서 　　　　　　　　　　　　　　　　　　NO._____ 　　　　　　　　　　년　월　일 아래 재료를 구입하여 주시기를 바랍니다. | 품 명 | 적요(규격품질) | 수 량 | 단 가 | 금 액 | 비 고 | |---|---|---|---|---|---| | | | | | | | 　　인도요구일　　　　　월　　　일 　　청 구 자 　　주문서번호
재 료 대 장 **(材 料 臺 帳)** (Material Ledger)	[의의] 재료대장은 재료 또는 원료대장이라고도 하며, 재료(원료) 수불부라고도 한다. 재료대장은 창고에 체류하는 재료의 종류별로 설정되고 있는 재료계좌로부터 이루어진다. 그러므로 이것은 보조원장이다. 그리고 재료분개장과 함께 계속기록법에 있어서 사용되는 장부이다. [설명] 장부라도 실제에는 재료품목이 여러 개이므로 카드식장부의 체제를 취하는 경우가 많다. 그것은 총체적으로 말하면 재료(원료)수불관계의 골자적인 자료(수입량·인도량·보유량, 전3자의 단가·수입액·인도액 보유액 등)를 기재하는 장부를 말한다. 　재료가 수입되고, 그 재료종류가 정리된 계좌에 전기의 수입관계자료가 사용된다. 재료는 현장에 불출되고, 해당 재료계좌에 관계자료가 기입되는 것이다. 　이상과 같은 장부이므로 재료대장은 재료(원료)재고관리상 필요한 것이다. 이러한 목적에 부합하기 위해서는 장부의 형태를 약간 개량하지 않으면 안된다.
재료매입장 **(材料買入帳)** (Material Purchases Book)	[의의] 재료매입장은 재료의 매입을 기입하는 특수분개장인데, 매입계로부터 회수되어 온 송품장에 의하여 계산계가 이 장부의 기장을 담당한다. 　재료매입장은 단순한 보조부(보조기입장)로서 사용되는 것도 있지만 주요부로서, 다시 말하면 특수분개장으로서 사용되는 것도 있다. 어떤

기능의 장부로서 사용되더라도, 기장의 기초가 되는 서류는 재료의 수입시에 작성되는 재료수입보고서이다.

[설명] 재료분개장이 전기모개부(傳記媒介簿)로서 활용되는 경우는, 이 장부에서 재료(원가)계정의 차변에 합계전기된다. 또는 재료관계 제계정, 예를 들면 주요재료계정, 보조재료계정, 매입부분품계정, 소모공기구비품계정의 각 차변에 합계전기된다. 동시에 예를 들면 당좌예금계정, 매입채무계정 등의 대변에 합계전기된다.

구입된 재료가 어떤 사정으로 매입처에 반환하는 경우가 있다. 이때에는 즉시 반환표를 기초로 하여 이 장부의 재료(원료)란 내지는 해당 재료종류를 나타내는 란과 지급수단란에 반대기입을 행한다. 그리고 월말에 있어서, 이러한 특별란에서 해당 제계정에 일괄전기 되는 것이다. 그리고 이 장부가 재료매입장이 되기도 한다.

재료매입장의 기장방법은 매입한 재료의 종류를 세목란에 기입하고 그 지급방법이 외상매입인 경우에는 특정란인 외상매입금란에, 그 이외에는 계좌란에 기입하는 것이다. 그리고 외상매입금란에 기입한 금액은 매입처원장의 당해 계정란에 개별전기 한다. 또 계좌란에 기입된 금액은 현금·당좌예금·지급어음 등의 금액으로, 이들에 대해서는 별도로 현금출납장·당좌예금출납장·어음지급기입장을 특수분개장으로서 사용하고 있는 한 재료매입장에서는 전기할 필요가 없다. 재료매입장은 매월말에 마감하고 각 란의 합계금액을 각각 총계정원장의 당해 계정에 합계전기 한다. 이때 다음과 같이 먼저 보통분개장에 합계분개를 한 뒤에 이것을 다시 총계정원장에 전기하면 틀림이 없다.

   (차) 주요재료   ×××   (대) 외상매입금   ×××
         보조재료   ×××   계   좌   ×××
         부 분 품   ×××
         소모기구공구비품   ×××

재료명세표
(材料明細表)
(List of Materials)

[의의] 재료명세표란 제품의 일정단위의 생산에 필요한 직접재료의 종류·품질 및 그 표준소비수량 등을 지정하는 것이다.

[설명] 제조지령서의 발행에 있어서는 제조에 관한 정보(Information)를 기입한 문서를 도면등과 함께 첨부하는 것이 좋다. 이러한 문서를 사양서라고 한다. 이것은 사용재료의 명세를 기입하는 재료(원료)명세표와 작업절차를 기입하는 작업절차로 되어 있다.

재료명세표는 공무부(工務部)등이 관련부문의 의견을 참조하여 작성한다. 1제품의 제조에 필요로 하는 재료의 규격과 수량은 정상적인 파손 및 기타의 감손의 여유를 고려하여 결정한다.

재료명세표에 기재되는 재료의 종류·규격·수량은 기준적인 것이므로, 이 표를 Standard Material List라고 칭하기도 한다. 재료명세표는 적당히 정리·보존하여 물량관리의 용구로서 사용된다. 그리고

재료보관기장 **(材料保管記帳)** (Material Custody Record-keeping)	조립작업형태의 공장에는 재료명세표를 부문별·부조립품별·본조립품별로 작성할 필요가 있다. [의의] 재료를 보관할 때는 출고·입고에 편리하도록 하여야 하며, 파손·멸실·도난 등 피해가 없도록 배치 정돈할 것이고, 항상 장부에 의하여 재료의 증감과 시재액을 파악할 수 있도록 하여야 한다. 또 재고량을 실지조사하지 않더라도 장부상의 기록만으로 각 종류의 재고량을 확인할 수 있도록 재료보관장소에 현장카드(Bin Card)를 비치하여 두고, 재료를 출납할 때마다 그 수량과 재고량을 기입한다. [설명] 현장카드를 보면 재료의 현재수량을 언제든지 파악할 수 있다. 그러나 현장카드의 재고량이 재료의 실지재고량과 반드시 일치된다고는 볼 수 없다. 왜냐하면 보관 중에 누손·변질·도난 등의 사고가 발생할 수 있기 때문이다. 그러므로 이러한 경우에는 실지재고조사를 기초로 현장카드의 재고량을 수정하고 계산담당부서에 연락하여 재료원장의 기록도 정정하도록 한다. 이와 같은 차액은 경상적 경우에는 제조경비에 산입하고 화재·도난 등 이상적인 원가외 손익계정으로 처리하여야 한다. 재료의 실지재고조사는 그 종류나 수량이 많을 때는 자주 하기가 곤란하므로 재료의 재고량이 최소로 된 때에 엄밀한 실지재고조사를 실시하여 확실한 수치를 파악하고, 그 이후에는 장부기록을 그대로 믿고 월말 현재의 재고량을 산출한다. 재료의 실지재고조사를 할 때는 위와 같은 재고조사표를 현품(재료)마다 첨부하여 재고수량을 기록한 다음 복판에서 떼어낸 쪽지를 모두 회수하여 전체적인 재고조사표를 작성한다. 이러한 방법에 의하면, 재고의 조정 누락이나 2중조사를 방지할 수 있다. ☞ **재고조사표 (Inventory Sheet)** 재고조사표 NO. _____ 조사일자 200×년 ××월 ××일 품　　명 _____ 수　　량 _____ 형　　태 _____ 현장카드번호 _____　재료원장번호 _____ 　　　　　　　　　　　　검사　　　㊞ 재고조사표 NO. _____ 조사일자 200×년 ××월 ××일 품　　명 _____

재 료 부 비 **(材 料 副 費)** (Material Related Cost)	수　량 ＿＿＿＿＿＿＿＿＿＿ 형　태 ＿＿＿＿＿＿＿＿＿＿ 현장카드번호 ＿＿＿＿＿＿　　재료원장번호 ＿＿＿＿ 　　　　　　　　　　　　　　　　검사　　㉑

　　　　　재료부비란 재료의 구입가격 이외의 부대비용을 말한다. 이는 외부부비와 내부부비로 나누어진다. 외부부비는 외부적인 구매과정에 따르는 것이며, 재료가 창고에 도착할 때까지의 부비이며, 수취운임·운반비·하역비·보관료와 같이 주로 구입수량에 관계를 가지고 있는 기준에 의하여 결정되는 것이 이에 속한다. 이에 대하여 내부부비란 소요된 비용인 바, 이들을 부문별로 정리하여 구입부비·창고부비로서 취급되는 수도 있다.

　이러한 부비중에 직접적으로 파악할 수 없는 것은 예정배부를 하여야 하므로 실제 부비와의 차이가 나타나게 된다. 이러한 배부차이를 재료부비배부차이라 한다.

설명 (1) 성질과 범위

　소재·매입부품·연료·공장소모품·소모공구기구비품(이하 연료라 한다)의 구입원가는 이들의 구입대가 이외에 ① 매입수수료·거래운임·하역비·보험료·관세 등 재료의 매입에 소요한 거래비용과 ② 구입사무·검수·정리·선별·보관 등에 소요한 비용을 가산한 것이며, 이 구입 제비용을 재료부비라 한다.

　재료부비는 상품구입원가의 매입제비용과 같이 원칙적으로 재료구입원가에 포함하여야 하지만, 재료가 많은 종류이고 더욱이 구입빈도가 심한 경우에는 수입할 때마다 이를 종류별, 계좌별로 가산하는 일이 곤란한 경우가 많고, 특히 위의 ②에 대하여 그 경향이 강하다.

　따라서 재료부비의 일부 또는 전부를 예정률에 의하여 재료의 종류별, 계좌별로 배부하는 방법이 실제로는 많이 채택되어, 원가계산준칙에 있어서는 이를 인정하고 있다. 이 경우 재료부비계정이 사용된다.

　(2) 재료부비를 실제액으로 배부하는 경우

　기중의 재료부비의 발생액을 당계정에 차변기입하고, 기말에 이것을 재료불출액과 재고액에 배분하는 방법이며, 계정처리의 관련을 도시하여 보면 다음과 같다.

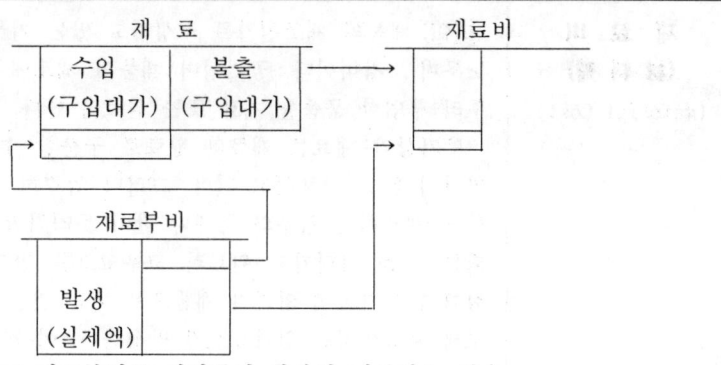

(3) 재료부비를 예정률에 의하여 배분하는 경우

기중의 재료부비의 발생액을 당계정에 차변기입하고, 재료의 불출때마다 예정률로서 재료부비를 재료비계정에 차변기입하는 동시에 이것을 재료부비계정에 대변기입하는 방법이다.

이 경우, 기말(또는 원가계산 기말)에는 재료부비의 배부액과 실제액과의 차액이 생겨, 이것을 재료부비차이계정으로 처리한다. 재료부비차이계정은 원가차액계정의 하나이다.

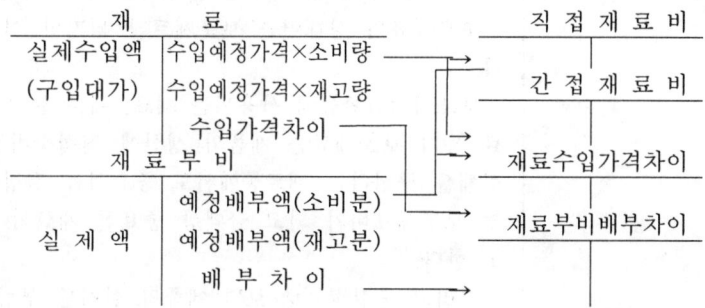

※ 재료부비계정의 잔액은 재료계정잔액에 부가되어 대차대조표에 계상된다.

| 재료분개장
(材料分介帳)
(Materials Journal) | 의의 제조계정(또는 직접재료비계정)과 더불어 제조간접비계정(간접재료의 소비액을 기재한다)에 재(원)료계정 내지 재료관계계정을 전기하기 위한 전기모개부(傳記媒介簿)이며, 재료인도장이라고도 한다.
설명 제조계정, 제조간접비계정의 부류는 차변이, 그리고 재료관계계정은 대변이 직접적 전기가 되는 곳이라는 것은 말할 필요도 없다. 종종 재료출고거래 내용의 개략을 표시하는 장부이기도 하다. 즉, 언제, 어떤 작업을 위해, 어떤 종류의 재(원)료가 직접재료·간접재료의 어느 쪽 재료로서 출고되었는가를 나타내는 것이다. 더욱이 부문비계산을 수반하는 원가계산제도하에서는, 구체적인 출고처인 원가장소를 나타내는 재(원)료 분개장이 사용된다. |

재 료 비 **(材 料 費)** (material Cost)	**의의** 제품의 제조원가를 구성하고 있는 기본적 원가요소는 재료비 · 노무비 · 경비이다. 공기업이 제품의 제조에 소비할 목적으로 외부로부터 구입한 물품을 재료 또는 원료라 한다. 　부기상의 재료는 재료와 원료로 구분할 수 있으나 양자는 보통 구별하지 않고 사용하고 있다. 그러나 엄격히 따지면 재료란 예컨대 책상을 제조하는 경우의 목재와 같이 물리적인 가공에 의하여 제품으로 되는 것을 가리키고 원료란 코우코스를 만드는 경우의 석탄과 같이 화학적인 가공에 의하여 제품으로 되는 것을 말한다. 재료를 소비함으로써 재료비라는 원가요소가 발생한다. 이 경우에 재료는 자산인데 대하여 재료비는 원가요소인 비용이므로 양자가 서로 다름에 주의하여야 한다. **설명** 이러한 재료비는 다음과 같이 구분된다.
형태별분류	(1) 형태별 구분 재료비는 다음과 같은 형태로 분류하고 있다. ① 주요재료비(Main Material Cost) 　제품의 기본적 실체를 구성하는 물품을 주요재료라 하고, 주요재료의 소비를 주요재료비라고 한다. 　주요재료의 상대어는 보조재료가 되지만 이 구별은 상대적인 것이다. 　보조적생산활동에 사용되는 재료, 예를 들면 수선용재료와 전력용재료 등의 보조재료는 제품의 생산에 직접소비된 것이 아니다. 제품의 실체를 구성하는 재료중에서도 중요성을 결핍하고 있는 재료의 소비는 보조재료비가 되고 금액상 중요한 재료의 소비만을 주요재료비라고 한다. 　그리고 물질적으로 보면 제품의 실체를 구성하지 않는 연료의 소비 등도 제품생산을 위하여 직접 소비되는 중요한 물품의 소비인 때에는 주요재료비로 계산한다. 　그러므로 원가계산상 주요재료비는 제품을 생산하기 위해 직접 소비되고 금액적으로 주요한 재료의 소비를 점유하며, 그 대부분은 제품의 기본적 실체를 구성하는 것이다. 　주요재료비는 이와 같이 금액적으로 중요한 재료비이므로 계속기록법에 의하여 소비액을 계산하는 방법으로 직접재료비를 파악하게 된다. 　이를 바꾸어 말하면, 직접재료비로서 파악되는 재료비가 주요재료비이다. 제품의 부분을 구성하는 못과 나사 등은 직접재료이지만, 중요성이 없으므로 간접적인 보조재료비가 된다. ② 보조재료비(Indirect Material Cost) 　보조재료비란 제품을 생산하는데 보조적으로 소비되는 물품의 가치를 말한다. 주요재료비는 제품생산에 직접 소비되고 보통 제품의 기본

	적 실체가 되어 재현하는 물품의 가치인데 반하여 주요재료비로서 취급되지 않는 물품의 소비가치가 보조재료비이다. 　또 주요재료비는 보통 직접재료비이지만 보조재료비는 간접재료비이다. 대개 소모품이나 저장품의 소비는 보조재료비가 된다. 　물품의 기본적 실체를 형성하는지의 여부는 주관적 판단에 의지하지만, 그것이 물질적·계산적으로 제품에 직접 관련시킬 수 있는가에 대하여는 문제가 있다. 즉, 그것이 직접제품의 기본적 실체가 되는 것은 아니지만 제품의 제조에 없어서는 안되고 금액적으로 다액이고 또한 제품에 관련시켜서 직접 알 수 있는 경우에는 주요재료비로 취급해야 한다는 견해도 있다. 　보조재료비는 주요재료비처럼 각종의 재료에 대하여 수불기록을 하고 원가계산기간의 실제소비량에다 그 소비단위가격을 곱하여 계산한다. 　여러 가지 사정으로 인하여 수불기록을 할 수 없는 경우에는, 계속기록법을 채택할 수 없으면 재고조사법이나 역산법 등에 의하여 소비량을 산정하는 것이 일반적이다. 　③ 부분품비 　제품을 구성하는 부분품을 외부에서 매입한 가치를 말한다. 예컨대, 라디오의 진공관·자동차제조업에 있어서의 타이어와 같이 그대로 다른 제품에 부착되어서 그 구성요소의 일부분을 이루는 즉, 부분품의 소비에 의하여 발생하는 원가요소이다. 　여기서 유의하여야 할 것은 부분품과 반제품에 대한 구별이다. 부분품은 앞에서 설명한 바와 같이 기업이 외부로부터 구입한 것을 말하며 기업의 내부에서 자가생산한 것은 반제품으로 취급한다는 점이다. 　④ 소모공구·기구·비품비(Consummabe Tools and Instruments Expenses) 　이 비용은 내용연수가 1년미만이고 금액도 작은 공구·기구·비품의 소비에 의하여 발생하는 원가요소이다. 　공구·기구·비품은 본래 고정자산이므로 그 소비는 감가상각에 의하여 계상되는 것이 원칙이지만 위와 같이 내용연수가 1년미만이고 금액도 작은 것은 감가상각계산에 의하기 보다는 재고계산법에 의하여 계산하는 편이 절차가 간단하고 유리한 까닭에 이를 고정자산의 범위에서 제외하고 재료비의 일종으로 간주하여 처리하는 것이다.
원가계산기술상의 구분	(2) 원가계산기술상의 구분 　① 직접재료비 　특정제품단위에 직접소비된 재료비를 직접재료비라 한다. 주요재료비는 일반적으로 직접재료비이며 보조재료·부분품도 그것이 직접 특정제품의 제조를 위해서 소비된 경우에는 직접재료비가 된다. 　② 간접재료비

재료매입원가	여러 종류의 제품을 제조하기 위하여 공통적으로 소비된 재료비이며, 직접재료비에 해당하지 않는 모든 재료비가 이에 속한다. 일반적으로 보조재료비와 소모공구·기구·비품비 등이 이에 해당한다. (3) 재료매입원가 　재료구입에 있어서 매입대가 외에 구입에 따른 부대비용이 별도로 발생하지 않으면 매입대가를 구입재료의 평가액으로 기장하면 되지만, 대개는 구입재료에 수반하여 여러 가지 비용이 발생하게 된다. 이를 재료부비라 한다. 　재료주비는 매입대가 자체를 의미하고, 재료부비는 매입에 부수하여 발생하는 매입수수료·하역비·인수운임·관세·지급창고료 등을 말한다. 　재료주비는 원칙적으로 재료의 매입원가에 가산하는 것인데, 이것은 그 비용이 어떤 재료의 매입에 있어서 개별적으로 발생한 것이어야 한다. 　그러므로 동시에 많은 재료를 구입하였을 경우에 공평하게 할당하는 것이 곤란한 경우에는 재료주비로 기입되지 않는다. 　또 개별적으로 발생한 것이라 하더라도 금액이 소액인 경우에는 편의상 재료원가에 기입하지 않고 경비로 처리한다.
재료비계정 **(材料費計定)** (Material Cost Account)	[의의] 재료를 소비함으로써 재료비라는 원가요소가 발생한다. 이 소비된 재료의 소비액은 재료분개장에서 각종 재료계정의 대변에 기입되는 한편 소비액 중의 직접비는 제조계정의 차변에, 간접비는 제조간접비계정에 각각 기입되는 것이다. 이 경우에 각종 재료계정에 기입되는 재료소비액이 원가에 의한 소비액이라면 별문제가 없지만 시가·예정가격 등과 같은 원가외의 평가법에 의하여 계산되고 있는 경우에는 까다로운 문제가 개재되게 된다.
성질과범위	[설명] (1) 성질과 범위 　제조원가요소를 재무회계에 있어서 비용의 발생을 기초하는 분류 즉, 원가발생의 형태에 의한 분류의 기준에 의하여 분류하면, 재료비·노무비 및 경비의 각 비목으로 나누어진다. 그리고 이 경우 재료비란 물품의 소비에 의하여 생기는 원가를 말하며 대개 다음과 같이 세분된다. 　① 소재비(또는 원료비) 　② 매입부품비 　③ 연료비 　④ 공장소모품비 　⑤ 소모공구기구비품비 　형태별 분류에 의한 재료비계정은 재무회계상의 분류과목인 동시에

원가의비목별계산에 있어서재료비의분류	원가계산을 위한 기초적 분류과목이며, 원가계산과 재무회계와의 관련상 중요하다. (2) 원가의 비목별계산에 있어서 재료비의 분류 　원가의 비목별계산이란 일정기간에 있어서 원가요소를 비목별로 분류측정하는 절차를 말하며, 재무회계에 있어서 비용계산인 동시에 원가계산에 있어서 제1차의 계산단계이다. 　이 비목별계산에 있어서는 형태별분류과목인 재료비를 직접재료비와 간접재료비로 대별하고, 다시 필요에 따라 기능별분류를 가미하여, 가령 다음과 같이 분류한다. 　① 직접재료비 : 주요재료비(원료비), 매입부품비 　② 간접재료비 : 보조재료비, 공장소모품비, 소모공구기구비품비
실제원가의계산에 있어서재료비의계산	(3) 실제원가의 계산에 있어서 재료비의 계산 　① 직접재료비, 보조재료비 등으로써 출입기록을 하는 재료에 관한 원가는 각종의 재료에 대하여 원가계산기간에 있어서 실제의 소비량에, 그 소비가격을 곱하여 계산한다. 　② 재료의 실제의 소비량은 원칙으로 계속기록법에 의하여 계산한다. 다만, 재료로서 그 소비량을 계속기록법에 의하여 계산하기가 곤란한 것 또는 그 필요가 없는 것에 대하여는 재고계산법을 적용할 수 있다. 　③ 재료의 소비가격은 원칙적으로 구입원가로 계산한다. 동종재료의 구입원가가 다른 경우, 그 소비가격의 계산은 선입선출법·이동평균법·총평균법·후입선출법·개별법 등의 방법으로 한다. 재료의 소비가격은 필요한 경우에는 예정가격 등으로 계산할 수 있다. 　④ 재료의 구입원가는 원칙적으로 실제의 구입원가로 하고, 다음의 어느 것인가의 금액에 의하여 계산한다. 　㉮ 구입대가에 매입수수료, 거래운임, 하역비, 보험료, 관세 등 재료매입에 소요한 거래비용을 가산한 금액 　㉯ 구입대가에 거래비용 또는 구입사무, 검수, 정리, 선별, 수선, 보관 등에 소요한 비용(거래비용을 합하여 이하 이를 "재료부비"라 한다)을 가산한 금액, 다만, 필요한 경우에는 거래비용 이외의 재료부비의 일부를 구입대가에 가산하지 않을 수 있다. 　구입대가에 가산하는 재료부비의 일부 또는 전부는, 이것을 예정배부율에 의하여 계산할 수가 있다. 예정배부율은 일정기간의 재료부비의 예정총액을, 그 기간에 있어서 재료의 예정구입대가 또는 예정구입수량의 총액으로 나누어 산정한다. 다만, 구입사무비·검수비·정리비·선별비·수선비·보관비 등에 대하여는, 각각 적당한 예정배부율을 설정할 수 있다. 　재료부비의 일부를 재료의 구입원가에 산입하지 않은 경우에는, 이것을 간접경비에 속하는 항목으로 하고 또 재료비에 배부한다.

구입한 재료에 대하여 에누리 또는 할인 등을 받은 때에는, 이것을 재료의 구입원가에서 공제한다. 다만, 에누리 또는 할인 등이 재료소비 후에 판명된 경우에는, 이것을 동종 재료의 구입원가에서 공제하고, 에누리 또는 할인 등을 받은 재료가 판명되지 않은 경우에는, 이것을 당기의 재료부비 등에서 공제하고, 또 기타 적당한 방법으로 처리할 수 있다.

재료의 구입원가는 필요한 경우에는 예정가격 등으로 계산할 수 있다. 타 공장에서 대체제품의 수입가격이 필요한 경우에는 정상시가로 할 수 있다.

⑤ 간접재료로서 공장소모품, 소모공구기구비품 등, 계속기록법 또는 재고계산법에 의한 출입기록을 하지 않은 것의 원가는, 원칙적으로 당해 원가계산기간에 있어서 매입액으로 계산한다.

〈예정가격 등의 적용〉

비목별계산에 있어서 일정기간에 있어서의 재료비의 발생을 예측함에 있어서, 예정가격 등을 적용하는 경우에는, 이것을 그 적용되는 기간에 있어서 실제가격에 될 수록 근접시켜, 가격차이를 될 수록 근소하게 되도록 정한다.

표준원가의계산에 있어서재료비의계산

(4) 표준원가의 계산에 있어서 재료비의 계산

표준원가계산제도를 채택한 경우, 직접재료비에 대하여 표준원가를 산정하지만, 원가계산준칙에 의하면 원칙적으로 물량표준과 가격표준과의 양면을 고려하여 다음과 같이 산정하도록 하고 있다.

① 표준직접재료비는 직접재료의 종류별로, 제품단위당의 표준소비량과 표준가격을 정하여 양자를 곱하여 산정한다.

② 표준소비량에 대하여는, 제품의 생산에 필요한 각종소재, 부품 등의 종류, 품질, 가공의 방법 또는 순서 등을 정하여, 과학적·통계적조사에 의하여 제품단위당의 각종 재료의 표준소비량을 정한다. 표준소비량은 일반적으로 생기는 것으로 인정되는 정도의 감손, 사손 등의 소비여유를 포함한다.

③ 표준가격은 예정가격 또는 정상가격으로 한다.

간접재료비는 다른 간접비와 같이 제조간접비가 되어, 그 표준이 부문단위로 설정된다.(간접비계정 참조)

재료비계정의 회계처리

(5) 재료비계정의 회계처리

재료계정의 차변에는 재료의 구입원가가 기입되어 있는데, 그 대변에 시가 또는 예정가격 등에 의한 소비액을 기입하면 차변은 원가, 대변은 시가 또는 예정가격으로 표시되는 것이므로 양자는 계산의 기초가 달라 그 대차차액은 아무런 의미가 없게 된다. 이와 같이 재료계정의 대변에 시가 또는 예정가격으로 기입해서는 동계정이 혼합계정이 되어 버리므로, 역시 그 대변에도 원가에 의한 소비액을 기입하고, 제조계정 및 제조간접비계정에만 시가 또는 예정가액에 의한 소비액을

	기입한다. 그리고 원가소비액과 시가 또는 예정가격에 의한 소비액과의 차액을 조정하는 계정으로서 소비재료계정을 별도로 설정하는 것이다. 즉, 재료분개장의 각 란에 시가 또는 예정가격에 의한 소비액을 기입하여 두었다가 월말에 마감하여 각 란에 합계액을 산출한 다음 그것을 다음과 같은 분개에 의하여 총계정원장에 전기한다. (차) 제　조　×××　　（대) 소비재료　××× 　　　제조간접비　××× 위의 분개에서 대변은 각종 재료계정이 아니라 소비재료계정이다. 시가 또는 예정가격 계산을 행하지 않은 재료에 대해서는 원가소비액에 의해서 당해 재료계정의 대변에 전기한다. 그리고 다음에 각종 재료계좌의 인도란의 합계금액(원료소비액)을 다음과 같이 분개한다. (차) 소비재료비　×××　　（대) 주 재 료 비　××× 　　　　　　　　　　　　　　　보조재료비　××× 　　　　　　　　　　　　　　　부 분 품　××× 　　　　　　　　　　　　　　　소 모 품　××× 이상 2개의 분개를 소비재료계정에 전기하면 동계정에는 차변에 원가에 의한 소비액이 기입되고, 대변에는 시가 또는 예정가격에 의한 소비액이 기입되므로, 거기서 양자의 차이를 산출하여 그 차이를 재료비차이계정에 대체한다.
재료비단가계산 **(材料費單價計算)** (Material Unit Price Calculation)	의의 재료비는 소비량을 확정하고, 이것을 평가함으로써 결정된다. 재료의 소비량에 의한 평가방법에는 소비시(출고시)에 있어서 시장가격에 의한 시가법, 취득가격에 의한 원가법, 원가 또는 시가 중 어느 편이든 저가에 의한 저가법, 기업이 결정하는 일정가격(예정가격)에 의하는 방법 등이 있다. 이것들을 다시 상세히 분류하면 다음과 같다. (1) 원가법　① 개별법 　　　　　② 선입선출법(FIFO) 　　　　　③ 후입선출법(LIFO) 　　　　　④ 평균법 = 단순산술평균법 　　　　　　　　　　　가중평균법 (총평균법·이동평균법) (2) 시가법 (3) 표준가격법 (4) 예정가격법
재료비예산 **(材料費豫算)** (Materials Cost Budget)	의의 제조비예산이란 제조에 관한 예산을 말하며, 판매예산·재무예산과 같이 기본적인 부문예산에 속한다. 제조예산은 일정기준 중에 완성해야 할 생산수량의 견적액(제조계획)과 제조계획을 수행하는 데, 필요한 비용의 견적액(원가계획)의 2가지로 이루어 진다. 설명 재료비예산(Materisls Cost Budget)은 예산기간의 제조계획을

실행하는데 필요한 원재료(부분품 포함)의 소비에 관한 예산이며 재료예산이라고도 한다. 이 예산에 있어서는 원재료의 소요수량이 보유되고 있는지를 확인하고 또한 실제로 발생할 원재료비를 분명히 하기 위하여 원재료소비예정량이 상세히 결정되고 이에 수반되는 구매예산의 작성이 중요하다.

즉, 재료비예산의 내용은 다음의 주요예산과 관련을 가지면서 구성되고 있다.
① 재료예산 - 제조에 필요한 원재료의 견적수량 및 가격
② 구매예산 - 구매할 원재료의 견적수량 및 가격
③ 재료재고예산 - 원재료 재고수준
④ 견적원재료비 - 창고에서 제조에 불출될 원재료의 수량 및 원가
재료비예산의 주목적은 다음과 같다.
① 재료소비량의 결정 ② 재료의 소비시기의 결정 ③ 소비재료의 원가의 결정 ④ 이월재고의 수량과 가액의 결정 ⑤ 구매재료의 수량과 가액의 결정 ⑥ 재료구매시간의 결정 ⑦ 재료비 및 재료재고량, 그 가액을 통제하기 위한 방법과 결정 등이다.

재료비예산의 계산에서 재료비예산은 ① 종합적인 이익계획을 목적으로 하는 경우와 ② 부문에 있어서의 재료비통제를 목적으로 하는 경우에 따라 그 중점이 다르다.

①의 경우는 제품 1단위당의 재료표준소비량에 제조예정량을 곱하여 총표준소비량을 구하고 이에 불출예정가격을 곱하여 계산한다. 또는 제품 1단위당의 재료표준소비량에 표준가격을 곱하여 표준재료비율을 구하고, 이에 제조예정량을 곱하여 계산한다. ②의 경우는 과학적 조사에 의하여 부문별·공정별 작업종류별로 제품 1단위당 표준소비량과 표준가격을 결정하고, 양자의 상승적(2 이상의 수를 서로 곱하여 얻는 값)에 의하여 표준재료비율을 구하여 둔 후, 실적이 판명되는 데로 이것을 실제제조량에 곱하여 실적과 비교되는 예산을 작성한다.

재료비차이
(材料費差異)
(Materials Variances)

[의의] 재료비차이란 재료비에 관한 가격차이를 말한다. 이는 일반적으로 직접비와 주요재료비에 한정되고 간접비에 해당하는 재료비는 제조간접비차이로 취급한다.

재료비차이는 이를 기말에 어떻게 처리해야 하는가에 관한 것과 차이를 어떻게 분석할 것인가 하는 문제가 대두된다.

전자는 표준차이의 문제이다. 여기서는 후자의 문제만을 설명하기로 한다.

재료비차이는 실제원가계산의 일부에 예정계산을 이용한 경우에도 생기나, 이는 원인분석의 대상이 되지 않는다.

문제가 되는 것은 예정원가 또는 표준원가를 사용하여 재료비의 실제와 비교하는 경우의 차이이다.

차이분석의 목적은, 다만 차이를 원인별로 구분한다는 것이 아니라 그 구분에 따라 차이에 관한 책임의 소재를 명백히 하고 이를 통하여 원가의 인하를 실현하는데에 있다.

차이분석은 제품별 또는 요소별로 이루어지는 것이 보통이며, 원가관리를 위하여는 부문별분석이 중요하며, 때로는 제품별 분석을 간이화하는 수도 있다.

부문별로 분석한다 하더라도 재료비의 경우에는 제품별의 제조량과의 관련없이는 적절한 분석을 할 수 없음은 물론이다.

어떠한 방법을 채택하더라도 재료비 차이는 원칙적으로 그 요소마다 가격차이와 소비량차이로 분석된다.

분석방법은 다음과 같다.

재료비에 대하여는 예산원가와 표준원가의 어느 것을 사용하더라도 분석의 형식은 다르지 않다. 예를 들어 실제가격단위당 단가는 8.50원, 표준가격단위당단가는 8.00원이고, 실제소비량은 120개, 표준소비량은 100개라고 가정할 때의 재료비차액은 다음과 같다.

     실제가격 × 실제소비량 8.50 × 120 = 1,020원
     표준가격 × 표준소비량 8.00 × 100 =   800원
          재료비차액 ·················   220원
     실제가격 × 표준소비량 8.50원 × 100 = 850원
     표준가격 × 표준소비량 8.00원 × 100 = 800원
          가격차이 ···················   50원
     실제가격 × 실제소비량 8.00원 × 120 = 960원
     표준가격 × 표준소비량 8.00원 × 100 = 800원
          소비량차이 ·················   160원
          이 외에 부수편차 ··········   10원

부수편차는 아무 것에도 속하지 않는 것으로서 이대로 두거나 또는 각 차이에 그 금액비로 배분한다.

가격차이 산출공식의 표준소비량을 실제소비량으로 바꿈으로써, 이를 가격차이에 포함시키는 경우도 있다. 또 가격차이는 작업능률의 여하에는 상관이 없는 대시장관계의 문제이며, 구매능률분석의 문제가 되어야 하는 것이므로, 이를 사전에 재료비계산에 개입시키지 않도록 하는 것이 합리적이다. 이는 실제재료비의 계산에서 판매가격을 표준가격으로 하면 된다.

소비량차이가 중요하나 이는 작업공손품·부산물 및 감손의 발생율의 표준과 실제와의 상이에 의하여 분해된다.

(1) 작업공손차이

재료표준가격 × 작업공손 1단위당 재료표준소비량
  × (실제작업공손량 − 표준작업공손량) = 작업공손차이

(2) 부산물차이

	재료표준가격 × 부산물 1단위당 재료표준소비량 × (부산물실제발생액 − 부산물표준발생액) = 부산물차이 (3) 감모차이 재료표준가격 × (감모실제발생액 − 감모표준발생액) = 감모차이 ① 감모실제발생액의 계산 재료소비량 − (완성품 및 작업공손품의 실제발생액에 대한 표준소비량 + 부산물의 실제발생액에 대한 표준소비량 + 작업폐물로 인한 실제소비량) = 감모실제발생액 ② 감모표준발생액의 계산 소비재료 1단위당의 표준감모율 × 실제작업액에 대한 재료비표준소비량 = 감모표준발생액
재료비차이분석 (材料費差異分析) (Material Variance Analysis)	[의의] 재료비차이분석은 표준재료비와 실제재료비와의 차이분석이다. 그리고 표준의 설정이 수량표준과 가격표준의 결정에서 출발한 것이므로 차이분석도 소비량차이(Usage Variances)와 가격차이(Price Variances)의 분석이 된다. 가격차이는 재료를 구입한 때에 표준과 실제를 비교하여 파악하거나 또는 재료를 소비할 때에 그 차이를 파악하는 2방법이 있다. [설명] 소비시에 산출하는 경우에는 다음과 같이 산출된다. 만일 재료구입시에 가격차이를 산정하려면 다음 산식에서 소비량을 구입량을 대체하면 된다. 가격차이 = 실제소비량×실제가격 − 실제소비량×표준가격 그리고 소비량차이는 재료소비시에 다음과 같이 산출한다. 소비량 차이 = 실제소비량×표준가격 − 표준소비량×표준가격 이상과 같이 분석된 가격차이와 소비량차이는 그 차이발생원인을 상세히 조사하여 발생책임의 소재를 명확히 하여야 한다. 일반적으로 가격차이는 구매부문에, 소비량차이는 제조부문에 책임이 있다. 그러나 차이발생원인에 따라서는 반드시 그렇지도 않다. (1) 가격차이발생원인 … 가격차이발생의 원인은 시장가격의 변화, 구입정책의 변경, 구입수량, 품질, 규격의 오류, 운임의 변화 또는 운송도중의 감손등이다. (2) 소비량차이발생원인 … 이것에는 제품의 설계변경, 기계 또는 공구의 변경, 작업파손이나 낭비의 과대발생, 대용품의 사용등에 기인한다.
재료비표준 (材料費標準) (Material Standard Cost)	[의의] 재료비표준은 재료의 가격표준과 사용량(소비량)표준으로 나누어진다. 재료비표준을 설정하는 목적은 첫째로 재료의 수량·소비시기 및 원가의 예정, 둘째로 재고재료의 효과적 관리 셋째로 재료매입예정편성을 위한 자료를 얻기 위한 것이다. 재료비표준을 설정하려면

	우선 직접재료비와 간접재료비를 명확하게 구분하여야 한다. [설명] (1) 재료소비량표준의 결정 　재료에는 제조지령서에 따라 고정된 것도 있고, 제품 단위별로 변동적인 것도 있다. 전자는 제조지령서별로 표준소비량을 설정하고, 후자는 먼저 제품단위별로 표준소비량을 결정하여 이에다 해당 제조지령서가 요구하는 제품개수를 곱하여 제조지령서별 표준소비량을 결정한다. 　이의 결정방법을 설명하면 다음과 같다. 　① 적절한 재료의 종류·품질 및 적정소비량을 기술상 조사하여 결정한다. 　② 동일제품 또는 유사한 제품에서의 재료사용량과 과거의 실적을 정리하여 소비량표준을 정한다. 　③ 시작품을 제작하여 소비량표준을 결정한다. 　④ 과거의 원가계산 자료를 분석하여 재료단위를 분석하고 사용량을 결정한다. 　위에서 ①과 같은 방법을 이상적 표준결정이라고 하는데 여기에 여유율을 가산하게 된다. 　이 여유율이란 불량재료를 제거하는 것과 시간경과시 사용약품의 증발에 대한 여유·작업실시상 피하기 어려운 여유 등을 말한다. (2) 재료소비가격표준의 결정 　재료의 소비가격은 원칙적으로 재생산을 하는 입장에서 고려되어야 한다. 소비가격표준을 결정하는데 있어서 이용되는 가격으로는 과거구매가격의 평균, 최근구매가격, 시장가격, 특정구매처가격 등이 있다. 가격이 안정된 재료에 대해서는 평균가격이나 최근가격도 되지만 가격이 변동되는 것은 시장가격에 의하여야 한다. 　재료의 표준가격은 구입가격의 표준설정만이 아니고 외부부비와 내부부비가 포함된다. 외부부비는 항목마다 표준을 결정하는 방법과 총괄적으로 표준을 결정하는 방법이 있다.
재료소비가격계산법 (材料消費價格計算法) (Material Consumption Accounting Method)	[설명] 소비량 1단위에 대하여 소비단가를 얼마로 할 것인가에 대하여 문제가 된다. 이 방법에 대해서는 다음의 4가지 평가법이 있다. (1) 원가법 　원가법(Origined Cost)은 동일재료를 상이한 가격으로 구입·보관하였다가 그 재료를 출고할 때에는 그 출고단가를 어떻게 결정할 것인가가 문제가 된다. 　즉, 구입단가가 항상 일정하다면 문제가 없으나 구입단가가 다를 경우에는 어느 단가로 출고하느냐를 결정하여야 한다. 이 경우 창고에 입고할 때의 단가를 출고단가계산의 기초로 하는 것을 원가법이라 한다.

① 개별원가법

개별원가법은 매입재료를 개별적으로 각각 그 취득한 가액에 따라 산출한 것을 그 재료의 평가액으로 하는 방법을 말한다.

개별원가법(Lot Cost)은 동일 재료일지라도 그 매입단가가 서로 다른 것은 장부상에서 구별하여 처리함은 물론, 창고의 보관장소도 구별해서 보관하고 재료가 인도되는 경우에는 그것이 어느 부류에서 인도된 것인가를 분별하여 당해 매입원가로 소비단가를 삼는 방법이다.

이 방법은 소비재료가 모두 실제의 매입원가로 계산되는 장점은 있으나 이 방법을 실시하기 위해서는 매입원가를 달리하는 재료는 엄밀히 구별하여 보관 수불하는 번잡을 면치 못하는 것이 난점이다.

② 선입선출법

선입선출법(First-In First-Out Method. FIFO)은 매입순번법이라고도 하며 최초에 매입한 것부터 순차적으로 출고하는 것으로 간주하고 출고전표에는 매입일자가 빠른 것의 단가를 그 재료의 수량이 영이 될 때까지 기입하는 방법이다.

이 방법을 적용하면 인플레시에는 명목이익이 생기게 되고, 디플레시에는 이익은 비교적 적게 계상되어 디플레시 이러한 원가로 시장에 임하면 기업은 일반적으로 불리하게 된다.

③ 후입선출법

후입선출법(Last On First Out Method LIFO)은 최근 구입원가법이라고도 하며 선입선출법과는 정반대의 방법으로서 최근에 구입한 재료부터 먼저 소비한다는 장부상의 처리방법이다.

이 방법은 최근에 구입한 재료를 먼저 소비한다는 견지에서 장부상 처리하고 있으므로 소비재료의 시가에 가장 가까운 금액으로 계산된다. 그러므로 인플레가 격심한 경우에는 선입선출법과 후입선출법과는 커다란 차이가 생기게 된다.

즉, 선입선출법에 의한 때에는 먼저 구입한 단가를 원가로 제품원가를 산정하게 되므로 판매가격에 비하여 원가는 매우 안가하게 되어 이익의 과대계산이라는 현상을 초래하게 된다. 즉, 이른바 가공이익의 대상이 된다는 것이다. 그리고 인플레시에는 재료가격이 이미 등귀되어 있으므로 매출이익에 포함되어 있는 제품원가 부문만으로는 동일 제품을 다시 생산할 수 없게 된다.

그럼에도 불구하고 이러한 가공이익을 이익배당에 충당하게 되면 자본의 잠식을 가져오게 되어 결과적으로는 기업재정의 위험을 면할 수 없게 된다.

이러한 이유에서 인플레시는 선입선출법보다 오히려 원가가 시가에 가까운 후입선출법을 많이 채택하게 된다.

(2) 평균원가법

평균원가법은 그 평균의 산출방법에 따라 다음 3가지로 나누어 진다.
① 산술평균법
산술평균법(Arithmetical Average Method)은 단순평균법이라고도 하며 단순히 매입단가만을 산술평가한 것이다. 이 방법은 매입수량의 과다를 무시한 것이므로 각회의 매입수량의 오차가 많은 경우에는 정확한 평균단가라고 할 수 없다. 따라서 일반적으로 이 방법은 채택되지 않는다.

② 총평균법
총평균법(Total Average Method)은 인도한 재료에 대하여 일일이 그 소비단가를 계산하지 않고 원가계산기말에 다음 산식으로 평균단가를 내어 이를 동기간의 재료의 전체 인도량에 적용하는 것이다.

(전기이월액＋당기매입액)÷(전기이월수량＋당기매입수량)＝총평균단가

이 방법에 의하면 평균단가를 산출할 때에 각회마다의 매입수량이 고려되므로 합리적인 단가가 산출되며 또 1원가계산시간에 있어서의 재료의 전체의 인도량에 대하여 균일한 단가가 적용되므로 동시에 생산되는 제품에 서로 다른 원가를 부담시키는 불합리성은 없어진다. 그러나 평균단가는 기말이 아니면 계산할 수 없으므로 그만큼 원가계산이 지연되는 결점이 있다.

③ 이동평균법
이동평균법(Moving Average Cost Method)은 재료를 구입할 때마다 그 구입가격과 그 직접적인 재료재고가격과의 합계액을 그 합계수량으로 나누어 소비재의 단가를 산출하는 방법이다.

$$\frac{재고량의\ 금액\ +\ 매입분의\ 금액}{재고량\ +\ 매입량} = 평균단가(소비재료단가)$$

이 방법은 총평균법에 비하여 출고시에 소비가격을 알 수 있는 장점이 있다. 그러나 개별법과 같이 그 변동은 크지 않으나 매입할 때마다 단가가 변동하므로 통일가격에 의한 원가계산의 장점은 다소 감소된다.

동시에 매입할 때마다 평균단가를 산출해야 하므로 매입회수가 많을 경우에는 번잡할 뿐만 아니라 단가에 나머지(소수점)가 생기게 된다는 결점이 있다.

따라서 소수점 4~5위까지 계산하여 될 수 있는대로 전체로서의 오차를 적게 해야하며 이 오차는 후일 적당한 시기마다 정정해야 한다.

④ 시가법
시가법(Market Price Method)은 시장가격법이라고도 하며 이것은 시장가격을 출고재료의 가격으로 결정하는 방법이다.

원가법에 의하면 물가가 등귀하는 경향이 있는 때에는 제품이 제조원가가 상대적으로 지나치게 낮아져서 같은 재료를 다시 보충 조달할 수 없게 되며 반대로 물가하락의 경향이 있는 때에는 너무 비싸게 계

상되어 시장에서의 경쟁능력을 감소시키게 되므로 어느 경우나 부적당하다.

대체로 재료비의 금액이 제품원가의 중요한 부분을 차지하고 있는 점에 비추어 재료가격 변동의 기복이 격심한 때에는 이 시가법의 시행이 타당성을 가지게 된다. 그런데 이 경우에는 시가를 정확히 파악할 수 있어야 하는 필요조건이 따른다.

재료의 소비가격으로 시가를 사용하는 때에는 재료출고청구서의 금액란에 원가와 시가의 두가지 가격을 기입하여 재료원장의 인도란에는 원가로 기입하고, 재료분개장 및 제조원장의 각종 특수제품계좌에는 시가에 의한 소비액을 기입한다.

이 경우에 원가로 계상한 소비액과 시가에 의한 소비액과의 차액은 원가외의 손익으로 처리한다.

(3) 예정가격법

예정가격법(Predetermined Cost Method)은 과거의 기록에 장래의 경제동향을 가미하여 일정가격의 예정가격을 결정하는 방법이다. 이 예정가격을 적용하는 목적으로 다음 3가지를 지적하고 있다.

① 예정가격은 일종의 계산가격이므로, 이를 사용하면 기중의 재료의 계산가격은 동일 기준으로 측정되어 능률측정과 경영관리를 할 수 있다.

② 구입가격과 소비시의 시가가 현저하게 차이가 있을 때에 원가주의를 적용하게 되면 원가는 현재시가와 유리될 우려성이 있다.

③ 구입원가의 변동이 심할 경우에 재료를 출고할 때마다 원가에 의하여 계산해야 하는 절차를 생략할 수 있다.

그리고 예정가격은 일종의 견적가격이며, 장래에 있어야 할 원가로서의 표준원가와는 다르다.

(4) 표준가격법

표준가격법(Standard cost method)이란 재료를 출고할 때마다 표준가격으로 소비재료를 평가하는 것을 말한다. 즉, 예정가격과 마찬가지로 미리 표준적 소비가격을 정해두고 이것으로 재료의 소비액을 계산하는 방법이다. 표준가격이 예정가격과 다른점은 상당히 장기간에 걸쳐서 변동이나 수정없이 적용되는데 있다.

표준가격을 채택하는 이유는 재료의 소비액을 이용하여 경영의 작업상태를 판단하기 위함이다. 즉, 매기의 일정수량의 제품제조에 든 재료소비액을 비교하여 재료비에 관한 능률을 측정하기 위해서는 재료소비액계산의 기초가 되는 재료소비량과 소비단가의 둘 가운데 소비단가를 표준적인 것으로 고정시켜 놓고, 이에 따라 재료소비액의 변동은 소비량에만 지배를 받도록 하는 것이 필요하다. 이 표준가격도 예정가격과 같이 과거의 실제원가에 현재 및 장래의 시장가격의 변동 등을 예측 참작해서 결정한다.

사례 재료소비가격의 결정(총평균법)

다음자료에 의한 총평균법에 의하여 재료원장을 정리 기장하라.

<자료>

10월	1일	이월액	800개	@400원	320,000원
	5일	수 입	1,200개	@440원	528,000원
	6일	출 고	1,000개		
	15일	수 입	3,000개	@500원	1,500,000원
	16일	출 고	2,000개		
	20일	출 고	1,000개		

<해답>

재 료 원 장

(총평균법)

일자		수입			출고			잔액	
	수량	단가	금액	수량	단가	금액	수량	단가	금액
	개								
10 1	800	400	320,000				800	469.60	375,680
5	1,200		528,000				2,000	469.60	939,200
6				1,000	469.60	469,600	1,000	469.60	469,600
15	3,000		1,500,000				4,000	469.60	1,878,400
16				2,000	469.60	939,200	2,000	469.60	939,200
20				1,000	469.60	469,600	1,000	469.60	469,600
	5,000		2,348,000	4,000		1,878,400			

※ $$\frac{32,000원 + 528,000원 + 1,500,000원}{800 + 1,200 + 3,000} = 469.60원$$

사례 재료소비가격의 결정(이동평균법)

다음자료에 의한 수불을 이동평균법에 의하여 재료원장을 정리기장하라.

<자료>

10월	1일	이월액	800개	@400원	320,000원
	5일	수 입	1,200개	@440원	528,000원
	6일	출 고	1,000개		
	15일	수 입	3,000개	@500원	1,500,000원
	16일	출 고	2,000개		
	20일	출 고	1,000개		

<해답>

재 료 원 장

(이동평균법)

일자		수입			출고			잔액	
	수량	단가	금액	수량	단가	금액	수량	단가	금액
	개	원	원	개	원	원	개	원	원
10 1	800	400	320,000				800	400	320,000
5	1,200	400	528,000				2,000	424	848,000

6				1,000	424	424,000	1,000	424	424,000
15	3,000	500	1,500,000				4,000	481	1,924,000
16				2,000	481	962,000	2,000	481	962,000
20				1,000	481	481,000	1,000	481	481,000
	5,000		2,348,000	4,000		1.867.000			

재료소비량계산법
(材料消費量計算法)
(Material Usage Accounting Method)

의의 재료비의 파악에 있어서 소비되는 재료의 가격계산 즉, 재료소비가격의 계산을 하는 전제로서 우선 수량계산 즉, 재료소비량의 계산을 할 필요가 있다. 이 재료 소비량의 계산에는 대체로 다음의 3가지 종류가 있으며 각 경우의 사정에 따라 그 어떠한 방법을 선택하고 또 경우에 따라서는 몇 개의 방법을 병용할 필요가 있다.
① 계속기록법 ② 실사계산법 ③ 역계산법

설명 원가로서의 재료소비량 계산은 수량계산과 가치계산으로 성립된다. 그리고 원가를 파악할 때에는 먼저 수량을 파악하고 다음에 이 수량에 단가를 곱하여 소비가격을 계산한다. 즉

$$소비수량 \times 단가 = 소비가격$$

먼저 수량계산을 한다는 것은 첫째로 실제원가계산의 정확성을 기하기 위해서이다. 왜냐하면 재료가 제품으로 전환될 때에 양적으로 얼마만한 수량이 소비되었는지를 파악해야 하기 때문이다.

만약 이 소비량의 계산이 정확하지 못하면 제2차적으로 파악하는 가치계산이 제아무리 정확하더라도 정당한 원가를 산정할 수가 없다.

둘째로는 재료계산이 재료의 능률증진에 이용하는 경우에 이 수량계산은 더욱 중요하다. 그리고 재료소비량을 계산하는 방법에는 다음의 3가지가 있다.

(1) 계속기록법

계속기록법은 재료를 출고할 때마다 출고전표에 의하여 계속적으로 품명과 수량을 부문별 명령서별로 명확하게 기록하는 방법이다.

계속기록법은 그 출고량을 현장카드·재료원장·재료출고장 등에 그 증감량을 기록하여 재료의 시재액을 항상 장부상 확인할 수 있도록 하는 기장방법이므로 이를 상시재고조사법 또는 장부재고조사법이라고도 한다.

이 방법의 장점은 다음과 같이 지적할 수 있다.

① 출고량이 명확하여 재료가 누구로부터 청구되었고 어떠한 작업에 사용하였는지를 알 수 있으므로 재료의 소비와 부정을 방지할 수 있다.

② 원가계산상의 각 제조지령서별로 소비량을 측정할 수 있으므로 정확한 원가계산을 할 수 있다.

③ 재료원장상 재료의 잔액을 출고할 때마다 알 수 있고 재고와의 차액을 즉시 확인할 수 있으므로 그 차액발생의 원인을 추궁할 수 있

다.
이러한 장점이 있는 반면에 이 방법은 출고할 때마다 출고전표를 이용해야 하며 동시에 현장카드·재료원장·재료출고장에 일일이 기장하지 않으면 안되므로 소량의 재료를 빈번히 출고할 때에는 인력과 번잡성을 면할 수 없는 한계점이 있다.

(2) 재고조사법

재고조사법 또는 재고계산법은 일정기간의 소비량을 일괄하여 산정하는 방법으로서 원가계산기말에 재료를 실지로 재고조사하여 시재액을 파악한 후 기중의 소비량을 산정하는 방법이다.

전기이월량 + 당월수입(입고)량 − 기말재고조사량 = 당기소비량

이 방법은 재료의 종류가 잡다하며 적은량을 빈번하게 출고하지 않으면 안 되는 경우에는 출고할 때마다 출고전표를 사용하여 재료원장·재료카드·재료출고장 등에 기입하는 것은 실무상 불가능하다.

그래서 이러한 경우에는 오히려 계산기말에 실제로 재고량을 조사하여 그 소비량을 결정하는 것이 편리하고 합리성을 가지게 된다. 그러므로 이러한 경우에 이 방법을 적용하게 된다.

예를 들면 윤활유·못·기타 잡품 등의 보조재료에 대하여 이 방법을 적용하는 경우가 많다. 그러나 이 방법은 다음과 같은 단점이 있다는 것을 잊어서는 안된다.

① 이 방법으로는 제품별 또는 부문별로 재료소비량을 명확히 파악할 수 없다.

② 이 방법에서는 재고조사감모량을 파악할 수 없어 운반 및 보관에 관한 능률측정을 할 수 없다. 왜냐하면 운반 또는 보관중에 발생하는 파손·부패·변질 등의 감손수량이 소비량에 포함되기 때문이다.

(3) 역계산법

역계산법은 제품의 생산수량에 비례하여 재료의 소비량을 결정하는 방법을 말한다. 즉, 제품의 일정단위에 요하는 재료표준소비량을 미리 정하고 이를 당해 계산기간의 제품생산량에 곱하여 1개월간의 재료소비량을 결정하는 방법이다.

제품단위당표준소비량 × 제품생산량 = 재료소비량

이 방법은 재료의 소비량이 제품의 생산량에 정비례하여 증감하는 성질의 재료가 아니면 적용할 수 없다. 예컨대 라디오 제조업에 있어서의 진공관이나 자동차제조업에 있어서의 타이어와 같은 부분품을 비롯하여 제과업에 있어서의 밀가루와 같은 주요재료 등에 대하여 흔히 이 방법이 채택되고 있다.

☞ **계속기록법** (Perpetual Inventory Method)
　실사계산법 (Physical Inventory Method)
　역계산법 (Regressive Method)

재료소비량차이 **(材料消費量差異)** (Material Usage Varisnce)	[의의] 재료소비량차이란 재료비차이의 일종이며, 재료의 표준소비량과 실제소비량과의 상이에 따른 원가차이이다. 이러한 차이는 생산능률의 측정에 이바지하거나 세목에 걸쳐 분석되고, 이것에 입각하여 부문관리자의 관리책임이 추구된다. 따라서 이것은 원가관리상 중요한 의의를 갖는다.

재료수불월계표
(材料受拂月計表)
(Materials Received and Payable Monthly Trial Balance)
	[의의] 재료수불월계표란 창구부문이 그 보관하는 원재료에 대하여 각종 품목별로 종합적으로 수불의 총액, 시재액 등을 기재한 보고서의 일종이다.
	[설명] 원재료 재고의 문제가 극히 중요한 의의를 갖는 업종 또는 시기에 있어서는 주보 등의 단기보고서도 좋으나 보통은 월보로 충분하다. 이것은 결국 각재료원장의 각계좌의 집계가 그 자료가 된다. 즉, 기초재고액, 당기구입액, 반환액, 당기출고액, 환입액, 기말시재액을 집계 기록한 것이다.
	  이 보고서는 기획부문이나 구매부문, 경리부문등에 송부된다. 기획부문은 재료재고량을 보고, 이것이 차기생산기획의 입안 내지 수정에 이용된다. 또 구매 부문은 그 재료구입의 필요성·시기·수량 등을 검토할 수 있다.
	  끝으로 경리부문, 특히 원가계산과에서는 각재료에 대한 품종별원가의 총액을 파악하는데 필요하다. 소모품이나 보조재료등에 관하여 소위 실사법에 의하여 처리하려는 경우에는 이 보고서에 의하여 비로소 원가계산이 가능하게 된다.

재 료 수 율 **(材 料 收 率)** (Yield Percentage of Material)	[의의] 생산과정에 투입된 재료는 감손·폐물 및 공손 등으로 인하여 전부가 양품(良品)의 실체를 구성하는 것은 아니다. 이 경우에 양품에 함유되는 재료의 투입재료에 대한 비율을 수율이라고 한다. 이것은 다음과 같이 산정된다. $$수율 = \frac{양품에\ 포함된\ 재료}{투입\ 재료} \times 100\%$$
재료수입가격차이 **(材料收入價格差異)** (Material Received Price Variance)	[의의] 재(원)료수입가격차이에는 예정가격 또는 표준가격 등에 의하여 재(원)료수입가격과 실제가격에 따른 그 차이를 말한다. [산식] 재(원)료수입가격차이=(예정가격또는 표준가격×실제구입량) -(실제가격×실제구입량) [설명] 원(재)료수입가격차이는 재(원)료의 수입시점에 있어서 즉시 계산되므로, 거기에 대한 개선조치를 신속히 강구할 수 있으며, 예정가격 등에 의한 재료비계산을 용이하게 행할 수 있고, 재료의 수입이 있으며, 재료원장에 수입수량만을 기입하면 충분하다고 하는 이점을 가지고 있지만, 결산시에 있어서 예정가격 등이 부적당한 이유로 거액의

	수입가격차이가 발생한 경우에, 해당기간의 불출액과 기말재고액을 적당한 방법에 의하여 조정하지 않으면 안되는 계산처리상의 번잡이 있다. 　재(원)료수입가격차이는 단지 그 차이를 계산하는 것에 그치지 않고, 그 발생원인을 분석하여 그것을 개선할 필요가 있다. 　재(원)료수입가격차이의 발생원인으로서는 재(원)료의 시가변동, 구입방법, 구입수량의 부적당, 운송 중의 파손, 납기의 변동 등이 있으며 구매부문의 책임으로 되는 경우가 많다. 그러므로 차이발생원인을 구매부문의 관리가능항목과 관리불능항목으로 구분하여, 관리가능항목에 대하여 원가책임을 부과하는 것이 필요하다.
재료수입보고서 **(材料收入報告書)** (Material Received Report)	의의 주문품이 도착하면, 수위 또는 창고계는 운반인이 소지한 전표에 물품수령인을 찍는다. 그러나 이러한 수취는 주문품에 대한 정식적 수입은 아니다. 수입품은 곧 검수계에 의하여 검사된다. 이러한 절차를 거쳐 작성되는 문서가 재(원)료수입보고서이다. 　설명 수입품의 검사에 장기간을 요하는 경우에는 검사가 다 끝나지 않은 검사미완료인 채 그냥 수입되며, 이 사항을 수입보고서에 주기한다. 　검수결과 그 전부를 반환하도록 결정이 되면 수입은 행하지 않은 것으로 된다. 그러므로 수입보고서의 작성은 필요없고, 다만 반품전표만 작성된다. 　재료수입보고서에는 검수일, 검수장소, 검수자명, 구입처, 주문번호, 재료의 품명·규격·수량·품질과 손상사황이 기입된다. 이 보고서는 3통이 작성되어, 원본은 구매과에 회부되고, 복사된 1통은 현품에 첨부하여 창고계에 넘기고, 나머지 1통은 검수계가 보존한다. 　아래의 수입보고서를 예시한다.

<table>
<tr><td colspan="5">재료수입보고서</td></tr>
<tr><td colspan="5">　　　　　　　　　　　　　　NO. _____</td></tr>
<tr><td colspan="5">주문서번호 _____　　검수일 ____년 월 일 시</td></tr>
<tr><td colspan="5">구 입 처 _____　　검수장소 _____</td></tr>
<tr><td>품 명</td><td>적요(규격등)</td><td>수 량</td><td>상 황</td><td>창 고</td></tr>
<tr><td></td><td></td><td></td><td></td><td></td></tr>
<tr><td rowspan="2" colspan="2">특기(검수방법 등)</td><td>구 매</td><td>자 재</td><td>수입수임</td><td>담당자</td></tr>
<tr><td></td><td></td><td></td><td></td></tr>
</table>

재료수취보고서 **(材料受取報告書)** (Report of Material Received)	**의의** 주문한 재료가 구입처로부터 도착하였을 때에는 창고계, 기타 현품을 보관하는 계나 검사계에서는 그 수량, 품질, 명세를 살펴 불량품이 아닌 것을 확인하고 또 재료주문서의 부본과 대조하여 정당한 주문의 이행인 것을 인정하였을 때에는 원료수취보고서의 정부(正副) 2통을 작성하여 정본을 송장과 더불어 구매계에 회부하고 부본을 수중에 둔다. 　구매계는 이들 서류에 의거하여 재료매입장에 기입하거나 또는 이들을 회계계에 회부하여 기장시킨다. 한편 부본으로 창고의 기장계는 재료원장에 수취의 기장을 한다. 　수취와 동시에 과학적 감정을 하는 경우에는 수취보고서에 시험보고서(Testing Report)가 첨부되는 수가 있다.
재 료 원 장 **(材 料 元 帳)** (Stores Ledger, Stock Card)	**의의** 재료원장은 재료대장이라고도 하며, 재료창고에 있는 재료를 각종 재료별로 계좌를 설정하여 재료의 수입과 출고를 상세하게 기록하는 동시에 잔액을 명백히 표시하기 위하여 사용하는 장부이며, 이 장부는 재료에 관한 보조원장이다. 재료원장에는 재료를 매입할 때에 수입란에 또 창고에서 출고하여 소비한 때에 인도란에 각각 그 숫자를 기입한다. 그리고 잔액란에는 그때 그때의 잔고액이 표시된다. **설명** 재료의 출납·재고에 관한 것을 기록계산하는 보조장으로서, 일반적으로 창고계산계가 입고전표나 출고전표, 반환표 등을 자료로 하여 재료의 종류 및 규격마다 계좌를 설정하여 계속적으로 계산기록한다. 　총계정원장의 재료계정의 내역명세서로서 항시 장부상의 재고를 파악할 수 있으므로, 장부재고와 실재재고의 차이도 파악할 수 있다. 이 재료원장은 회계부문, 재료부문, 생산관리부문, 작업부문 등에 유용한 자료가 되며, 양식에 따라서는 일정기간 불출단가를 고정시켜 놓고, 각 재료의 불출단가를 기재한 일람표가 붙어있는 경우도 있는데, 이 경우에는 가격을 기재하는 수고가 덜어진다. 　보통 재료원장은 열람·기입·계좌증감이 용이하도록 카드식이나 루스리프식으로 작성되어 재료부문, 창고부문, 원가계산부문 등에 보관된다.
재료재고예산 **(材料在庫豫算)** (Material Inventory Budget)	**의의** 재료재고예산은 재료재고량을 합리적으로 통제하려는 목적에서 작성되는 예산이며, 제조예산에서 요청되는 재고정책과 같은 기능을 갖는다. **설명** 재료재고예산은 최저재고량·1회의 주문수량·최고재고량 등을 결정하여야 하고, 이 양 한계는 구매기간·재고수요량·완성의 기한·경제적 구매량 등에 의하여 결정되는데, 현실에 있어서의 재고량을 양 한계 사이에서 유지되도록 한다. 이와 같이 하여 결정되는 재고

	표준은 구매의 적절한 계획 및 이에 따른 구매실시와 재고관리에 있어 중요하다. 이 원재료 재고정책의 결정은 완성품재고에 있어서와 같이 본질적으로 동일한 주요고려사항이 있다. ① 공장에 의한 요구의 시기와 수량 ② 수량할인에 의한 구매상의 절약 ③ 원재료의 유효성 ④ 원재료의 감모성 ⑤ 관련되는 저장시설 ⑥ 재고투자를 위한 자본소요량 ⑦ 보관비 ⑧ 원재료원가의 예기되는 변동 ⑨ 재고부족의 방지 ⑩ 재고에 수반되는 위험
재료주문서 (材料注文書) (Material Purchase Order)	의의 재료주문서란 재료의 주문때 매입처에서 발행하는 품명·수량·납기 등을 명기한 문서를 말한다. 창고계로부터 재료구입의 청구를 받은 매입계는 매입처에 주문을 한다. 설명 공업경영의 경우에 창고에서 발행된 재료구입청구서를 받은 구매계는 그 청구서의 내용을 검토하여 구입을 결정하는 동시에 관계시황을 고찰하여 구입의 시가와 방법을 연구한다. 구입의 약정이 성립되었을 때에는 재료주문서를 구입처에 송부한다. 재료주문서의 서식은 일반적으로 3통 작성하고, 정본은 구입처에 계약서로서 송부하고 부본 중 1통을 창고의 수화계에 교부하며, 다른 1통은 창고계에서 받은 재료구입청구서와 더불어 수중에 둔다. 그 부본의 1통에는 입화될 때 마다 주문이행사항을 기록하기 위한 것으로서 이용한다. 이 정본에 대하여 구입처로부터 계약서를 받는다.
재료주비·재료부비 (材料主費·材料副費) (Material Main Cost·Material Additional Cost)	의의 재료의 매입에 관련하여 매입처에 지급되는 재료가격은 재료매입원가가 주요구성부분을 이룬다는 점에서 재료주비라 하며, 재료의 매입과 보관에 따르는 부수적비용은 재료부비라 한다. 설명 재료부비는 대별하면 외부재료부비와 내부재료부비로 나누어진다. 외부재료부비란 재료의 매입·보관에 따르는 비용 중 외부에 지급되는 것으로서 매입수수료·운임·하역비·보험료·창고료·관세 등이 이에 해당된다. 재료의 구입원가를 결정함에 있어서 재료주비는 문제가 없으나, 재료부비는 어느 부분을 어떠한 기준에 의하여 재료원가에 포함시킬 것인가에 대해서 문제가 있는데, 이 점에 대해서는 다음과 같은 3가지 처리방법이 있다. 〈제1법〉 재료주비만 매입원가로 계상하고, 일체의 재료부비는 경비

로 취급하는 방법이다.

이 방법은 재료의 재고가 존재하는 이상 이론적으로 불합리하다. 왜냐하면 부재료비는 재료를 소비할 수 있는 상태로 두기 위해서는 반드시 필요한 비용이므로 재료원가의 일부를 구성하기 때문이다.

그러나 이 방법은 재료부비가 소액이고 개개의 재료원가에 배부하기 곤란한 경우에는 편의적 방법으로 이용할 수 있으며 실천회계적 측면에서 보면 우수한 방법이다.

〈제2법〉 재료주비에 외부재료부비를 가산한 것을 재료매입원가로 하고, 내부재료부비는 경비로 취급하는 방법이다. 이 방법은 재료부비 중 외부재료부비를 재료원가에 포함하는 점에 있어서 위 제1법보다 우월하며 실제에 있어서 이 방법이 가장 많이 이용되고 있다.

외부재료부비 중 특정재료의 매입과 관련하여 발생한 비용은 직접 당해 재료의 원가에 가산하고, 여러 종류의 재료에 공통적으로 발생한 비용은 중량·용역·가격 등을 기준으로 적절히 배분시킨다.

〈제3법〉 재료주비와 일체의 재료부비를 포함한 것을 재료매입원가로 하는 방법이다.

이 방법은 이론적으로는 가장 타당하거나 실제에 있어서 내부재료비는 각 재료에 배부할 만한 적당한 기준이 없기 때문에 공정한 배부를 하기가 곤란하다.

따라서 이 방법은 이론적으로 가장 우수한 방법이기는 하나 실무상 적용하기 힘든 단점이 있다.

앞에서 살펴본바와 같이 재료주비는 매입대가 자체를 의미하고 재료부비는 매입에 부수하여 발생하는 매입수수료·하역비·인수운임·관세·지급창고료 등을 말한다.

재료부비는 원칙적으로 당해 재료의 매입원가에 가산하여야 하는데 이것은 그 비용이 어떤 재료의 매입에 있어서 개별적으로 발생한 것이 확인되는 경우에만 가능한 것이다.

그러므로 동시에 많은 재료를 구입함으로써 공평하게 안분계산하는 것이 곤란한 경우에는 재료부비로서 기입하지 않는다.

그리고 설혹 개별적으로 발생한 것이 확인되더라도 그 금액이 소액인 경우에는 편의상 재료원가에 기입하지 않고 경비로 처리하는 경우도 있다.

이러한 부비 중에 직접적으로 파악할 수 없는 것은 예정배부를 하여야 하므로 실제부비와의 차이가 나타나게 된다. 이러한 배부차이를 재료부비배부차이라 한다.

내부부비는 이들을 부문별로 정리하여 구입부비·창고부비로 취급되는 수가 있다. 외부부비는 원칙적으로 재료의 취득가격에 가산하여야 하는 것이나, 위의 내부부비의 처리에 대해서도 견해가 나누어진다. 즉, 이를 외부부비와 마찬가지로 취급하느냐 또 제조간접비로 처

	리할 것이냐 하는 것이다.
	부비는 취득원가에 산입한다고 하는 경우에 특정한 재료나 특정한 구입 lot에 부과할 수 있으나, 한편으로 그 관계를 직접적으로 파악할 수 없는 것도 있다.
	따라서 이러한 것은 수량적기준 또는 가치적기준으로 배부하여야 한다. 또 내부부비를 제조간접비로 하는 경우도 많은데, 부문별계산을 하지 않을 때 이는 구매사업비·검수비·보관비·장내운반비 등의 복합비의 형식으로 파악하는 것이 좋다.
	부문별계산이 이루어지는 경우에는 구매부비·재료부비 또는 창고부비로 처리한다.
	표준원가계산제도를 실시하는 경우의 재료부비 원가차이는 월말의 원가계산시에 수정을 하게 된다.
	간접비로 하는 경우에는 재료부비배부차이를 따로 설정하여 처리하기도 한다.

재 료 출 고
(材 料 出 庫)
(Material)
	설명 (1) 재료의 출고
	    재료의 출고는 청구부문의 책임자의 날인이 있는 재료출고청구서(Material Requisitions)에 의하여 청구해야 한다. 주요재료와 같이 출고가 빈번하지 않는 경우에는 청구서 없이 수시로 필요량을 인도하는 수도 있다.
	    창고담당부서에서는 작업현장으로부터 보내온 재료출고청구서에 의하여 청구한 재료를 인도하는데 이때 작업환경 카드의 인도란에 출고의 기록을 한다.
	    그리고 재료출고청구서가 창고담당부서로부터 계산담당부서로 회부되면 거기서 재료원장의 기록을 기초로하여 청구서에 단가와 금액이 기입되고 동시에 재료원장 당해계좌의 인도란에 그 금액이 기록된다.
	    금액이 기입된 청구서는 원가담당부서에 회부되어 여기서 재료분개장 또는 재료인도장에 기장된다. 이 장부는 각종의 소비재료를 기록하기 위한 특수분개장이며 청구서가 돌아올 때마다 즉시 기장하기도 하고 청구서 여러장을 일괄해서 기입을 하기도 한다.
	    차변과목란의 재료의 소비액 중 직접비에 해당하는 것은 제조란에, 간접비에 해당하는 것은 제조간접비란에 각각 기입하고 대변과목란은 출고(소비)된 재료의 종류마다 해당란에 기입하면 된다.
	    재료분개장은 월말에 마감하여 각 란의 합계금액을 산출하여 보통분개장에서 다음과 같은 합계분개를 하여 총계정원장에 전기한다. 그러나 합계분개를 생략하고 재료분개장에서 직접 전기해도 무방하다.
	    (차) 제 조 ××× (대) 주 요 재 료 ×××
	            제조간접비 ××× 보 조 재 료 ×××
	                                  부 분 품 ×××

(2) 재료의 반환

출고한 재료의 제조계획의 변동 또는 견적의 오차로 잔량이 생기는 경우가 있다. 이 때에는 재료반환표와 함께 창고담당부서에 현물을 반환해야 한다.

창고담당부서는 구매의 경우와 같은 입고기입을 하게 되면 이때 매입장에는 기입하지 않고 재료출고장에 주서로 기입한 후 합계액을 계산할 때 공제수치로 한다.

재료출고청구서는 계산담당부서에서 원가계산 담당부서로 회부되어 여기서 제조원장(Cost Hedger)의 당해제품의 제조계좌에 기입한다.

※ 재료기장관계도해

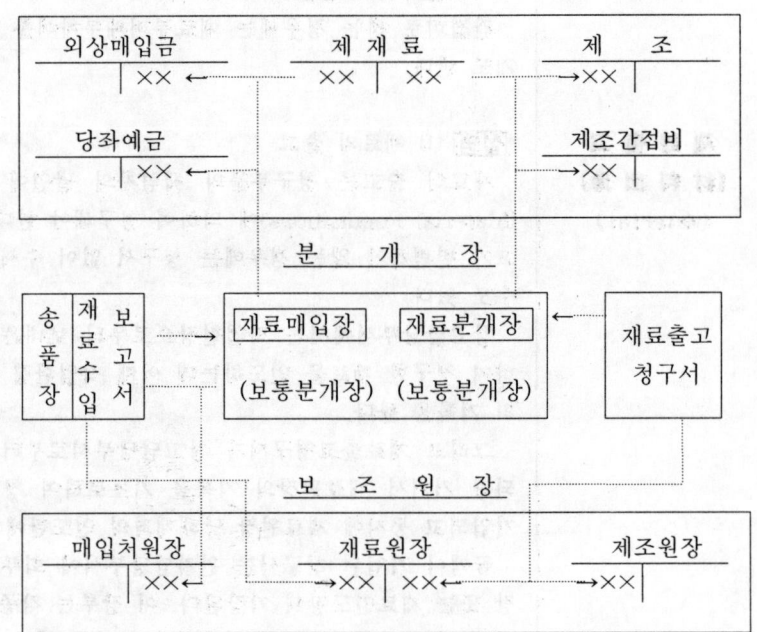

재료출고기장
(材料出庫記帳)
(Materials Delivery Record-Keeping)

설명 1. 재료의 출고

재료의 출고는 청구부문 책임자의 날인이 있는 재료출고청구서에 의하여 청구하여야 한다. 주요재료와 같이 출고가 빈번하지 않은 경우에는 이러한 절차를 밟는 것이 일반적이지만, 보조재료처럼 조금씩 자주 출고되는 것에 대해서는 청구서없이 수시로 필요량을 인도하는 수도 있다.

창고담당부서에서는 작업현장으로부터 온 재료출고청구서에 의하여 청구한 재료를 인도하는데, 이때 작업환경카드의 인도란에 출고기록을 한다. 재료출고청구서가 창고담당부서로부터 계산담당부서로 회부되면 거기서 재료원장의 기록을 기초로 청구서에 단가와 금액이 기입되고, 동시에 재료원장 당해 계좌의 인도란에 그 금액이 기록된다. 금액이 기입된 청구서는 원가담당부서로 회부되어 재료분개장 또는 재료인도장에 기장된다. 이 장부는 각종의 소비재료를 기록하기 위한 특수분개장이며, 청구서가 올 때마다 즉시 기장하던가 여러 장의 청구서를 일괄 기입하기도 한다.

재료분개장은 월말에 마감하여 각 란의 합계금액을 산출하여 보통분개장에서 다음과 같은 합계분개를 하여 총계정원장에 전기한다. 이때 합계분개를 생략하고 재료분개장에서 직접 전기하여도 무방하다.

(차) 제   조   ×××   (대) 주 요 재 료 ×××
     제조간접비 ×××   보 조 재 료 ×××
                                 부 분 품 ×××
                                 소모공구 기구비품 ×××

```
             재료출고청구서
                           NO. _____
  창고번호 _____    차변과목 _____
                     대변과목 _____
  원장기입자 _____  제조지령서 # _____

  | 품 명 | 적 요 | 수 량 | 단 가 | 금 액 | 비 고 |
  |       |       |       |       |       |       |

  수령자 _____         청구자 _____
                         창고주임 _____
```

2. 재료의 반환

출고한 재료의 제조계획의 변동 또는 견적의 오차로 잔량이 생기는 경우가 있다. 이때에는 재료반환표와 함께 창고담당부서에 현물을 반환한다.

창고담당부서는 구매의 경우와 같이 입고를 기입하며, 이때 매입장에는 기입하지 않고 재료출고장에 주서로 기입한 후 합계액을 계산할 때 공제수치로 한다.

재료반환표의 양식은 다음과 같다.

```
             재료수입보고서
                           NO. _____
  품 명 _____         200×년 ××월 ××일
  반환부서 (제조명령서 번호 또는 부문명)

  | 적 요 | 수 량 | 단 가 | 금 액 |
  |       |       |       |       |
```

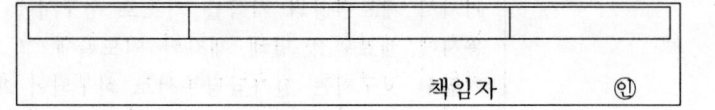

　　　　　　　　　　　　　　　　　　책임자　　　㊞

　　　재료출고청구서는 계산담당부서에서 원가계산 담당부서로 회부되어, 여기서 제조원장의 당해 제품의 제조계좌에 기입한다. 이상 설명한 재료의 기장관계를 그려보면 다음과 같다.

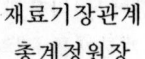

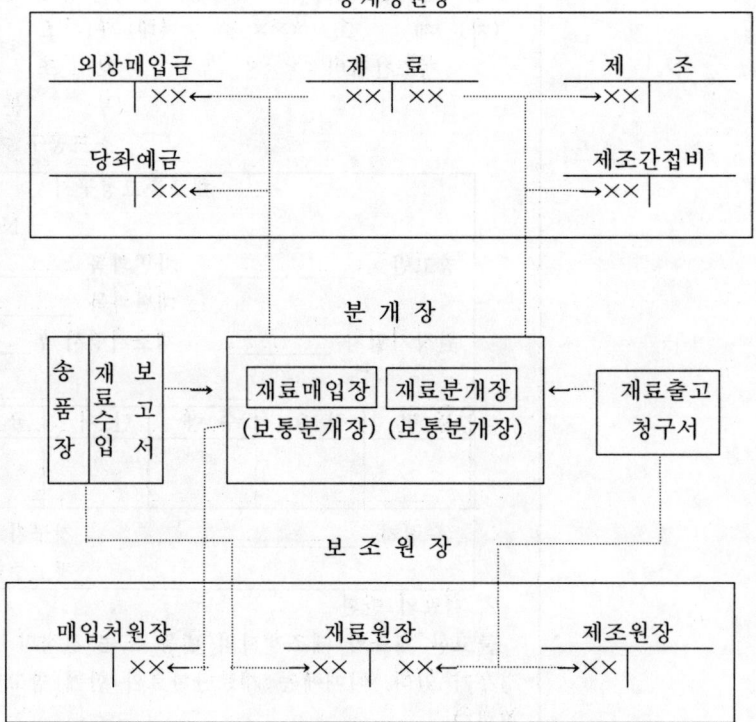

재료출고표
(材料出庫票)
(Material Requisition)

[설명] 재료창고에서 재료를 출고하기 위해서는 소정의 사항을 기재한 재료출고표 또는 재료출고청구서를 작성하여야 한다. 재료출고표의 발행은 정규의 절차를 밟고 또한 부문책임자의 승인을 받아야 한다. 왜냐하면 필요 이상의 재료가 출고 될 수도 있고 또는 잘못 기재된 작업번호에 의하여 원가계산상 재료비의 부과 또는 배부에 혼란이 생길 염려가 있기 때문이다.

　　재료출고표는 이와 교환으로 재료가 인도되는 동시에 재료가격이 기재되어 원가계산부문에 회부된다. 원가계산부문에서는 출고표를 재료의 계산자료로서 취급한다. 재료출고표는 재료원장에 기입한 후 원료계산부문에 회부되며, 각 원가계산표(원가원장)에 기입하여, 당해 제품의 재료비로 한다.
이 표의 양식은 아래와 같다.

```
                        재 료 출 고 표
                                        NO. _____
                      년      월      일
         창고번호 _____        차변과목 _____
         원장기입자 _____       대변과목 _____
                                    제조지령서번호 _____

         ┌─────┬─────────────┬─────┬─────┬─────┬─────┐
         │ 품 명 │ 적요(품질·규격등)│ 수 량│ 단 가│ 금 액│ 비 고│
         ├─────┼─────────────┼─────┼─────┼─────┼─────┤
         │      │             │     │     │     │     │
         └─────┴─────────────┴─────┴─────┴─────┴─────┘

         수령자 _____            청구자 _____
                                    창고주임 _____
```

재료회전율 **(材料回轉率)** (Material Turnover Rate)	의의 재(원)료회전율은 생산을 위하여 보유하는 재(원)료에 투하되는 자본부분이 일정기간내에 제품으로의 가치이전이 몇회 이루어지는지를 나타내는 자본효율지표이다. 설명 따라서 이 재(원)료 회전율은 분자에 연간의 재(원)료소비가 또는 제조원가보고서에 표시되는 재(원)료비를 두고, 분모에 그 기간의 재(원)료 평균재고액(각 월 또는 각 주간의 평균치)을 놓아 산정한다. 그러나 그러한 자료를 얻을 수 없는 외부분석의 경우에는 분자는 연간의 매출원가(반연결산의 경우는 2배한다), 분모는 재(원)료의 전기말잔액과 당기말잔액의 평균치로 하여 산정한다. 그러나 일반적으로는 재(원)료 평균재로액을 분자로 하고, 그 평균소비액(또는 매출원가)을 분모로 하여 유보하고 있는 재료의 회전기간 또는 평균보유기간을 구하여, 이것에 의하여 그 재고액을 통제하는 경우가 많다. 재(원)료 회전율은 대체로 **빠르면 빠를수록** 보관비용 등이 절약되어 수익력향상에 기여하게 된다. 이를 위해서 재료의 구매관리에 매입가치의 인하를 위한 하청(발주)관리와 여러 가지의 수학적인 방법을 사용하여 적정재고량의 산출이 시도되고 있지만, 최근에는 "생산동기화"에 따라 재(원)료의 재고액을 영(0)으로 하려는 경향이 강하다. 그리고 표준원가나 예정원가에 의한 원가차이분석과 더불어 재(원)료의 수량적 회전율 분석이 잘 이용되고 있다.
재 조 업 비 **(再 繰 業 費)**	의의 재조업비는 복업비(復業費)라고도 하며, 조업을 일시 중단하였다가 다시 조업을 개시할 때에 필요로 하는 비용이다. 이것은 작업개

시의 준비비이고 조업중의 준비비와는 달리 작업중단으로 인하여 생기는 특별한 준비비이다. 예를 들면, 용광로를 잠시 휴지하였다가 다시 노에 불을 집히는 때에는 최초의 선철은 품질이 조악하여 사용할 수 없다. 따라서 품질이 정상화 들 때까지의 비용은 재조업비이다. 또 압연공장에서 다시 조업을 개시할 때 새로운 공원 또는 신규편성은 공원들이 작업에 숙달될 때까지 능률이 정상화되지 않기 때문에 비용이 증가된다. 이것도 재조업비이다. 이 밖에도 우수한 기계의 부품교환, 관(管)의 내부청소 등 조업재개를 할 때의 증가비용은 모두 재조업비이다.

이 비용은 휴지기간의 연장에 따라 증가되므로 휴지 후 재조업에 소요되는 비용을 a로 하고, 휴지기간을 1개월 연장할 때마다 a'의 비율로 재조업이 증가된다고 하면, 재조업비 A는 $A = a + a'm$이 된다.

휴지기간이 짧으면 재조업비도 적고, 휴지기간이 영(0)이 되면 재조업도 0이 된다. 반대로 휴지기간이 길면 최초에는 급격히 증가되지만 점차로 증가는 완만하게 된다. 예를 들면 증기 솟의 가열을 중지할 경우 곧 가열하면 특별한 가열비는 거의 증가되지 않지만, 시간경과에 따라 냉각되어 가열비는 증가되며, 완전히 냉각되면 다시 시키는데 소요되는 가열비는 휴지기간과 관계없게 된다.

저 장 품
(貯藏品)
(Stores)

의의 저장품이란 것은 연료, 유(油), 못, 포장재료, 사무용품등의 소모품이나 내용연수가 1년이내 또는 내용연수가 1년 이상이라도 취득가액이나 소액(稅法에서는 100만원)이기 때문에 고정자산으로는 되지 않는 공구, 기구, 비품으로 취득시에 경비 또는 재료비로서 처리되지 않고, 재고자산으로서 계상된 것이다. 또 연료, 기계류와 같은 보조재료도 저장품 계정으로 처리된다.

설명 통상은 금액적으로 다액으로는 되지 않지만, 종류가 잡다하기 때문에 관리가 조잡하게 되기 쉽고, 경제적 효용이 없게 된 저장품이 자산으로 계상되고 있는 일이 종종 있다.

재료비와 동양으로 장부상의 수불기록(계속기록)과 기말의 실지재고조사를 병용하는 것이 바람직하다.

저장품범위

1. 저장품의 범위

기업회계기준에 의하면 이것을 광의로 해석하여 소모품외에 소모공구·기구·비품과 보조재료를 포함하는 것으로 되어 있다. 여기서 소모공구·기구·비품이란 내용연수가 1년 미만 즉, 1년 내에 소비되거나 또는 상당가액 미만의 원가가 비교적 낮은 공구·기구·비품을 말한다. 또한 보조재료란 연료·약품·유류와 같이 주로 제품의 생산에 관하여 보조적으로 소비되고 일반적으로 제품의 실체를 형성하지 아니하는 소모성 물품이다.

일반적으로 저장품에 속하는 것은 1년 내에 소비되거나 또는 상당

	가액 미만의 것에 한한다. 대체로 자산은 유동·고정으로 대별하는 것은 소유목적에서 오는 그 유동성의 강약에 의한 것이고, 그 가액에는 직접 관계가 없는 것이다. 따라서 엄밀히 말하면 아무리 소액의 물품일지라도 장기사용할 수 있고 또한 장기사용을 목적으로 하는 것이라면, 이것을 고정자산으로 처리하지 않으면 안된다. 그러나 실제문제로서는 그러한 소액의 물품까지 일일이 고정자산으로 계상하여 감가상각이란 복잡한 절차를 밟는다는 것은 실효가 적고 합리적이 아니다. 따라서 중대한 변동이 발생하는 것이 아니라면, 어느 정도의 금액을 한정하여 고정자산과 유동자산의 구별을 짓도록 하는 것이 좋을 것이다. 이 일정액이 상당가액이라는 것으로서, 이것은 기업의 규모·업종에 따라 다를 수 있다.
저장품계정 **(貯藏品計定)** (Stores Account)	의의 연료, 유(油), 못, 포장재료 기타 사무용품등의 소모품, 내용연수 1년 미만 또는 내용연수 1년 이상으로 상당가액미만의 기구 및 비품가운데 취득시에 경비 또는 재료비로서 처리되지 않은 것으로 저장중의 것을 말한다. 설명 연료, 유(油), 못, 포장재료, 사무용품 등으로 미사용의 것은 「소모품」이라고 하므로 이것은 동의로 사용되는 수도 있지만 「저장품」에는 소모공구기구비품·보조재료는 물론 예컨대 고정자산을 제각하여 재생하든가 고철로서 매각하기 위하여 일시적으로 저장된 것도 포함되므로 「소모품 계정」보다 범위가 넓다. 저장품은 그것을 취득한 때에 먼저 비용계정으로 계정하고, 기말에 그 미사용액을 조사하여 저장품계정에 계상함과 동시에 차기로 이월시키는 방법과 그것을 취득한 때에 먼저 자산계정인 정장품계정에 계상하고, 기말에 그 소비액을 조사하여 그부분을 비용계정에 계상하는 방법과의 2가지 처리방법이 있다. 저장품 등과 같이 그 실체를 가지는 자산에 대하여는 전자보다는 후자의 방법이 일반적으로 적정하다고 인정하고 있다. 그리고 기업의 규모가 크고 저장품의 품목과 수량이 많은 경우에는 각각의 품목별로, 예를 들면 소모품계정·소모공구기구비품계정·수선용부분품계정 및 기타 저장품계정 등의 독립된 계정과목으로 처리하는 것이 보통이다. (1) 비용처리법의 경우 　① 구입시 　　(차) 간접재료비　×××　　(대) 매 입 채 무　××× 　② 결산시 　　(차) 저 장 품　×××　　(대) 간접재료비　××× (2) 자산처리법인 경우 　① 구입시 : (차) 저 장 품　×××　　(대) 매입채무 ×××

저장품 회계처리	② 출고시 : (차) 간접재료비 ××× (대) 저장품 ××× 　그러므로 기업에 따라서 1년이상 사용가능한 것도 일정액 미만인 경우에는 저장품으로 처리하는 경우가 있다. 　2. 저장품의 회계처리 　저장품에 관한 회계처리를 보면 다음과 같다. 　〈제1법〉 매입한 경우에 저장품이란 자산계정을 설정하여 그 차변에 기입하여 두고 소비액을 정기적으로 계산하여 저장품에서 제조간접비, 영업비 등에 대체한다. 　① 저장품 매입시 : (차) 저장품 ××× (대) 현 금 ××× 　② 실제로 소비했을때 : (차) 제조간접비 ××× (대) 저장품 ××× 　따라서 저장품계정의 차변잔액은 자산으로서 이월된다. 제1법은 다음의 2가지 방법으로 구분된다. 　① 저장품의 보관출납책임자(예 : 용도계)를 두고 매입하며, 공장 등에서의 저장품 청구가 있을 때마다 이를 기록하되 그 출납을 "저장품출납장"에 기장한다. 불출란에는 수량만 기입해두고 정기적으로 합계한 수량에 단가를 곱하여 전 소비액을 산출한다. 이 방법은 상품시재장과 같이 계속기록법에 해당하는 것이고, 수고는 많으나 소비를 억제할 수 있는 효과는 있다. 물론 이 방법에 의하더라도 기말에 실지실사를 해서 기장을 검사해야 한다. 　② 결산일 또는 매월말에 현재액을 실지실사만 하고, 그 실사액을 전기이월액과 그 매입액과의 합계액에서 차감해서 전소비액을 추정하는 방법이다. 즉, 실지조사법에 의하는 방법이며 저장품 수불의 내용은 알 수 없으나 수고는 많이 덜 수 있다. 　〈제2법〉 저장품을 매입하였을 때 직접간접비, 영업비 등에 기입하는 방법이다. 매입량이 소액일 때 이용할 수 있으나 결산시에는 잔액을 추정하여 이것을 이연계정으로 이월하도록 하여야 손익의 정확을 기할 수 있다.
적정재고 **(適正在庫)** (Proper Stock, Appropriate Stock)	의의 상품이나 제품 기타 재고자산에 대하여서 업종·업태·규모에 따라서 언제나 그 적정량을 보유하는 것을 말한다. 　설명 판매업에 있어서는 상품, 제조업에 있어서는 제품을 제조 매입기간이나 판매기간 등에서 보아 적정량으로 보유하기 위하여는 적정한 재고관리가 필요하다. 　통상 재고자산이라는 경우, 다음의 것을 총칭하는데, 이들의 보유에 벨런스를 결한다든가, 과소·과다는 곧 자금융통에 영향을 미친다. 　데드스톡의 발생원인으로 된다든가 타임리한 판매가 되지 않는다든가 하므로 언제나 그 적정량이 유지되어 있지 않으면 아니된다. 　또 재고라고 보이는 재고자산은 　① 통상의 판매를 목적으로 하여 영업활동을 위해서 보유하는 제품

	이나 상품 등
	② 판매할 자산으로 되게 하기 위해서 현재 생산의 과정에 있는 재공품이나 반제품 등
	③ 판매할 자산의 생산을 위해서 소비되는 원재료나 저장품등이고 물자부족시대에 각 기업이 재고인채로 매차(買借)를 하면 물가의 상승에 박차를 가하고 경기나 경제전체의 움직임에도 영향이 미치게 된다.
	원래 재고는 금리·창고료·상품의장의 진부화·품질의 시간적 경과에 따른 변화 또는 부패 등의 이유에서 적게 갖추어야 하는 것이 원칙이다. 그러나 다음과 같은 이유에서 필연적으로 최소한의 재고를 필요로 하게 된다.
	① 판매망의 크기 … 지점·영업소·출장소의 수가 많을 수록, 그만큼 재고는 증가한다. 또 그 분포범위가 넓으면 생산공장에서 판매소까지의 운송중의 기간은 재료로 생각하여야 한다.
	② 운반상황 … 화차나 자동차와 같은 운반방법에 따라서도 재고량은 달라진다.
	③ 판매방법 … 예약제도를 채택하면 재고량은 적어도 되지만, 그렇지 않은 경우에는 재고의 필요성이 생긴다.
	④ 계절제품 … 4계절에 따라 판매수량이 다를 때에는 생산설비나 노동사정에 의하여 제약되므로, 어느 기간은 재고량은 다량을 갖추게 된다.
	⑤ 품질 … 사고품이 많은 상업은 수요자로부터의 고정(苦情)에 대하여 즉시 교환에 응할 수 있도록 어느 정도 재고를 유지할 필요가 있다.
	⑥ 민속서비스 … 장래 발전할 수 있는 상품에 있어서는 매매가 예상이상으로 될 경우에 대비하여 어느 정도의 재고를 갖추는 것이 좋다.
전력료계정 **(電力料計定)** (Electric Power Charges Account)	[의의] 제조경비를 형태별분류에 따라 세분한 경우의 1과목이며, 전력회사에서 공급된 전력의 소비에 수반하여 생긴 원가를 처리하는 계정이다. 전력은 동력·전등·냉난방·연료 등의 목적에 사용되지만, 직접·간접을 불문하고 제조에 관계되는 것은 모두 당 계정으로 처리한다. [설명] 1. 발생주의에 의한 전력료의 계상 　전력료계정에는 원가계산기간의 전력소비량에 따른 요금이 발생원가로 하여 계상되어야 한다. 따라서 원가계산기말에 검침에 의하여 그 원가계산기간의 전력의 소비량을 측정, 계상하여야 한다. 　2. 인접관련계정과의 관계 　형태별분류과목인 전력료계정에 차변기입된 전력료는, 간접경비인 전력료계정에 대체된다.

☞ 경비계정 (Expense Account)

전 력 비 (電 力 費) (Electric Power Charges)	의의 전력은 동력·전등·냉난방·연료 등의 목적에 사용하는 것으로, 지급전력료라고 하며 외부에서 구입한 전력의 대가이다. 설명 원가로 되는 전력비는 기업 스스로의 손으로 측정하여 결정하는 것이므로 측정경비의 일종으로 분류된다. 그러나 검침일과 원가계산 미감일이 일치되는 경우에는 측정경비로 하지 않고 지급경비의 1항목으로 분류한다. 화학비료와 같이 전력이 제품의 제조에 있어 주된 소재가 되는 경우에는 전력비는 원재료로 처리된다. 기업내에서 전력이나 열기 등의 동력을 생산하고 있는 경우에는 전기부문을 설정하여 부문별계산을 하거나 또는 동력비·연료비·동력 관계 담당자의 급료·임금·감가상각비·구입전력비 기타 동력발생 및 공급과 관련되어 발생하는 제경비를 경비의 1항목으로서 일괄처리 하기 위해 복합비인 동력비라는 항목을 설정하여 처리하는 것도 있다.
전 부 원 가 (全 部 原 價) (Full Absorption)	의의 전부원가는 일정한 제품에 대하여 발생한 제조원가 또는 이에 판매비와 관리비를 가산한 총원가를 말한다. 즉, 전부원가로 계산하는 것은 모든 원가요소를 포함하는 원가를 말한다. 설명 일정한 제품에 대하여 발생한 제조원가 전부를 말할 때가 있고 또 이에 판매비와 관리비를 가산한 총원가를 말할 때가 있다. 예를 들어 일반적으로 제조업원가계산에서는 일정한 제품을 생산하는데 들어간 제조원가전부를 원가로 본다. 이에 대하여 건설업의 원가계산에서는 일정한 공사를 하는데 들어간 총원가(공사원가에 판매비와 관리비를 가산한 원가)를 집계하는 이유는 재무제표작성목적뿐만 아니라 전부총원가에 의하여 공사가격(원가)를 산정할 필요가 있기 때문이다. 전력사업이나 교통사업이 요금을 산정하기 위한 원가계산에서도 또한 전부원가를 기초로 한다.
전부원가계산 (全部原價計算) (Full Absorption Costing, Full Costing, Absorption Costing, Total Costing) 전부원가계산과 변동원계산	의의 전부원가계산은 재료비·노무비·경비 등 전부의 원가요소를 제조원가로 하여 계산하는 원가계산을 말한다. 이것은 특별한 목적에서 어떤 일부의 원가요소만을 계산대상으로 하는 부분원가계산(Teilkostenrechnung)에 대비되는 원가계산양식이라는 말이다. 그 중에서도 특히 직접원가계산(변동원가계산)에 대비되는 계산양식, 즉 고정비 및 변동비 전부를 배부시키는 원가계산으로서 흔히 말하여진다. 따라서 여기서도 후자로서의 전부원가계산을 설명하기로 한다. 설명 1. 전부원가계산과 변동원가계산 전부원가계산은 위에서 설명한 바와 같이 고정비 및 변동비 전부를 제품에 배부시키는 원가계산으로서, 변동비만을 제품원가로 파악하며,

	그 고정비는 기간비용으로 일괄처리하는 변동원가계산에 대립하는 계산제도이다. 따라서 변동원가계산에서는 고정비, 변동비의 분류가 중요한 문제가 된다. 그러나 전부원가계산에 있어서는 제조원가와 영업비의 구분을 중요시하고, 제조원가는 직접재료비·직접노무비·제조간접비로 구성되어 매출원가산출의 기초가 되며, 매출원가는 매출액에서 차감됨으로써 매출총익이 산출되고, 이에서 영업비를 차감함으로써 영업이익이 구하여진다. 전부원가계산에서는 정상조업도를 기초로 하여 배부된 고정간접비가 제품원가에 포함되어 해당제품이 판매될 때까지 재고자산으로서 이월되고, 따라서 당기에 발생한 고정비가 조업도의 변화에 따라 당기 및 차기의 매출원가에 영향을 미치므로 매출액과 매출총익과의 비례관계가 성립되지 않는 결점이 있다. 또한 전부원가계산은 고정비의 대부분을 차지하는 간접비를 제품에 배부시키므로 그 계산이 매우 번거롭다. 이에 반하여 변동원가계산에서는 제품의 원가를 변동비 또는 직접비에 한정하고, 제조간접비는 다른 경비와 같이 기간비용으로 수익에 부담시키는 원가계산제도이다. 즉, 전부원가계산은 재고자산의 평가, 기간손익의 계산을 보다 더 중요시하는 것이나, 변동원가계산은 원가관리의 목적을 보다 더 중요시하는 원가계산제도인 것이다.
전부원가계산과 직접원가계산	2. 전부원가계산과 직접원가계산 　직접원가를 계산하는 경우에는 원가를 변동비와 고정비로 구분하고 매출액에서 변동비를 차감하여 한계이익(Marginal Profit)을 산정한 다음에 한계이익으로부터 고정비를 차감함으로써 영업이익을 산출하는 방법을 채택하게 된다. 그러므로 직접원가는 변동제조원가(Variable Product Cost)로서 제조직접비 + 변동제조간접비를 뜻하며, 고정비는 모두 기간원가(Period Cost)로서 취급하게 된다. 전통적인 전부원가계산에 속하는 것이 아니고 부분원가계산이라는 점에서 직접원가는 특수원가에 속한다고 할 것이다. 그러나 직접원가계산의 유용성을 강조한 나머지 그 계산결과를 계정기록을 통하여 재무제표에 게재할 것을 주장하는 의견도 있다. 만일 직접원가를 경상적인 원가계산제도에 결부시키게 된다면, 부분원가이긴 하지만, 잠정적인 것이 아니다. 반대로 직접원가계산은 전부원가계산에 대위될 성질의 것이 아니며, 재무제표에 표시된 재고자산 및 매출원가는 직접원가 뿐만 아니라 고정비도 당연히 포함하여야 한다면, 직접원가는 특수원가중의 하나가 될 것이다. 직접원가계산을 하면, 매기의 영업이익은 생산량과 판매량이 일치되지 못하는 경우에 매출액과 비례하여 변동하지 않는다. 왜냐하면, 만일 생산량이 판매량보다 많을 때 전기보다 매출량이 감소되어도 영업이익이 증가되기도 하고 또 생산량이 판매량보다 적은 때 매출액이 전기에 비하여 증가하여도 영업이익이 감소되기도 한다. 그 원인은 고정제조간접비를 제품원가로 하여 제품에 결부시킨데

서 생긴 것이다. 이와 같은 이유에서 직접원가계산을 하면, 제품단위원가는 조업도(생산량 또는 판매량)의 영향을 받지 않으므로 생산량, 판매량, 이월량의 관계가 어떻게 되어도 일정한 규칙적인 결과를 나타낸다. 그러므로 정확한 경영능률을 측정하기 위해서는 전부원가계산에 의하는 것보다도 직접원가계산에 의하는 것이 더 합리적이다. 구체적인 예시에 의하여 비용·수익·이익의 상호관계(Cost-volume-Profit Elation-ship, CVP Relationship)를 검토하는데 어느 것이 더 유효한가를 설명하기로 한다.

(1) 생산량은 변화하지만 판매량은 일정한 경우

위에서 설명한 바와 같이 전부원가계산에 의하면 판매량이 일정한데도 불구하고 매출이익은 제2기가 최대이며, 제3기가 최소로 되어 있다. 그러나 직접원가계산에 의하면 판매량이 일정한 경우 각기의 생산량은 변화해도 그 매출이익은 변화하지 않는다.

<u>전부원가계산에 의한 기간손익계산</u>

(단위 : 천원)

	제 1 기	제 2 기	제 3 기
매출액(1,000원)	1,000	1,000	1,000
매출원가 :			
기초재고액	-	-	(200개) 147
당기제조비용	(1,000개) 800	(1,200개) 880	(800개) 720
계	800	880	867
기말재고액	-	(200개) 147	-
매출이익	200	267	133
단위원가	0.80	0.73	0.87

<u>직접원가계산에 의한 기간손익계산</u>

(단위 : 천원)

	제 1 기	제 2 기	제 3 기
매출액(1,000원)	1,000	1,000	1,000
매출원가(변동비만):			
기초재고액	-	-	(200개) 80
당기제조비용	(1,000개) 400	(1,200개) 480	800개 320
계	400	480	400
기말재고액	-	(200개) 80	-
	400	400	400
한계이익	600	400	600

고정비	400	600	400
매출이익	200	200	200
단위원가	0.40	0.40	0.40

※ 고정비   4,00,000원
   변동비   400원 (단위당)

(2) 판매량과 생산량이 동시에 변동하는 경우

<u>전부원가계산에 의한 기간손익계산</u>

(단위 : 천원)

	제 1 기	제 2 기	제 3 기
매출액	(1,000)	(800개)	(1,200개)
매출원가	1,000	800	1,200
기초재고액	–	–	(400개) 293
당기제조비용	(1,000개) 800	(1,200개) 880	(800개) 720
계	800	880	1,013
기말재고액	–	(400개) 293	–
	800	587	1,013
매출이익	800	213	187
단위원가	0.80	0.73	0.84

<u>직접원가계산에 의한 기간손익계산</u>

(단위 : 천원)

매출액	(1,000)	(800)	1,200
매출원가(변동비만):	1,000	800	1,200
기초재고액	–	–	(400개) 160
당기제조비용	(1,000개) 400	(1,200개) 480	800개 320
계	400	480	480
기말재고액	–	(400개) 160	
	400	320	480
한계이익	600	480	720
고정비	400	400	400
매출이익	200	80	320
단위원가	0.40	0.40	0.40

※ 고정비 400,000원
   변동비   400원

전부원가계산에 의하면 판매량이 가장 적은 제2기에 매출이익이 최대가되고, 반대로 판매량이 가장 많은 제3기에는 매출이익이 최소가 된다. 판매단가는 각기간을 통하여 단위당 1,000원이며, 원가나 그밖의 조건이 일정한데도 불구하고 매출이익은 불균형을 이루는 것은 전부원가계산의 결함이라고 할 것이다. 그러나 직접원가계산의 경우에는 생산량에 의하여 영향을 받지 않고 판매량에 의하여 매출이익이 결정된다. 그러므로 판매계획이나 경영활동의 능률 등을 분석 평가하는데는 직접원가를 이용하는 것이 더 유효하다.

|사례| 전부원가계산 및 직접원가계산에 의한 손익 계산서 작성

다음 자료는 대성공업(주)의 2004년도 4반기예산 및 각종의 제조량, 판매량의 실적이다. 자료에 의하여 (1) 전부원가계산(예정률법에 의한)과 (2) 직접원가계산에 의한 매기의 손익계산서를 작성해 본다.

<자료>
(1) 4반기예산

항 목	총 액	단 가
매 출 액 (16,000개)	1,600,000원	100원
매 출 원 가		
변 동 제 조 원 가	800,000원	50원
고 정 제 조 원 가	320,000원	20원
매 출 총 이 익	480,000원	30원
판매비와관리비(고정비)	256,000원	16원
영 업 이 익	224,000원	14원

(2) 제조량·판매량의 실적

| 항 목 | 4 반 기 | | | | 2004년도 |
	제1기	제2기	제3기	제4기	
기초재고	-	-	2,800	1,000	-
제 조 량	16,000	17,800	14,600	15,400	63,800
판 매 량	16,000	15,000	16,400	16,400	63,000
기말재고	-	2,800	1,000	-	-

<해설>
(1) 전부원가계산에 의한 손익계산서

항 목	제1기	제2기	제3기	제4기	2004년도
매 출 액	1,600,000	1,500,000	1,640,000	1,640,000	6,380,000
매 출 원 가 (수정)	1,120,000	1,014,000	1,176,000	1,160,000	4,470,000
기 초 재 고 액	-	-	196,000	70,000	-
당기 제품 제조원가	1,120,000	1,246,000	1,022,000	1,078,000	4,466,000
기 말 재 고 액	-	296,000	70,000	-	-
매 출 원 가	1,120,000	1,050,000	1,148,000	1,148,000	4,466,000
고정비배부부족(초과)	-	(36,000)	28,000	12,000	4,000
매 출 총 이 익	480,000	486,000	464,000	480,000	1,910,000

| 판매비와 관리비 | 256,000 | 256,000 | 256,000 | 256,000 | 1,024,000 |
| 영 업 이 익 | 224,000 | 224,000 | 208,000 | 224,000 | 886,000 |

※ 주 : 예정배부율 : $\dfrac{320,000}{16,000}$ = 20%

(2) 직접원가계산에 의한 손익계산서

항 목	제1기	제2기	제3기	제4기	2004년도
매 출 액	1,600,000	1,500,000	1,640,000	1,640,000	6,380,000
기 초 재 고 액	-	-	140,000	50,000	-
당기제품제조원가	800,000	890,000	730,000	770,000	3,190,000
합 계	800,000	890,000	870,000	820,000	
기 말 재 고 액	-	140,000	50,000	-	
매 출 원 가	800,000	750,000	820,000	820,000	3,190,000
한 계 이 익	800,000	750,000	820,000	820,000	3,190,000
고 정 비					
제 조 원 가	320,000	320,000	320,000	320,000	1,280,000
판매비와관리비	256,000	256,000	256,000	256,000	1,024,000
계	576,000	576,000	576,000	576,000	2,304,000
영 업 이 익	224,000	244,000	244,000	244,000	886,000

전원가요소공정별계산
(全原價要素工程別計算)

의의 공정별원가계산에 있어서는 원가요소를 공정별로 집계할 필요가 있다. 원가요소는 직접공정별로 파악되는 공정개별비와 보조부문비 또는 부문공통비로서 각 공정에 배부되는 공정공통비로 분류된다. 이 때문에 원재료는 출고전표, 공정명칭, 보조부문명칭 또는 공정공통비라는 명칭을 기재하여 원재료비의 발생장소를 명확히 하고, 이것에 의하여 원재료비분류표의 각란에 이기한다.

같은 방식으로 노무비에 대해서는 작업량표 또는 작업일보·출근표 등에 의하여 노무비분류표를 작성하고, 경비에 대하여는 지급전표·측정표·월할당표 등에 의하여 경비분류표를 작성한다. 여기에서 공정별로 전원가요소가 파악되고 공정비집계표가 완성된다.

각공정에 있어서 원가계산을 하고 각각 원가계산표를 작성한다. 이것에 의하여 산정된 각 공정완성품을 차공정에 대체하고 최종공정의 완성품을 제품계정에 대체한다. (누가법) 다른 방법으로는 각공정에서 자기공정원가만을 계산하고 각공정에서 제품계정에 대체한다. (비누가법) 원가계산기말의 각 공정잔액은 재고품잔액이 된다.

정상배부율
(正常配賦率)
(Normal Burden Rate)

의의 정상배부율이란 생산조건이 정상적인 경우 제조간접비의 배부율을 말한다.

설명 간접비의 발생과 제품량과는 시기에 따라 상이한 기업이 많다. 이러한 경우에 생기는 단위원가의 변동을 정상배부율을 적용하여 평균화 할 수 있다. 정상배부율은 예정배부율에서 진보된 것으로, 단순히 간접비의 배부 신속화만이 아니라, 간접비의 정상조업도를 기준으로 각 지령서에 배부하여, 조업도의 변화에 따른 간접비배부액의 변동을 제거하면, 안정한 원가의 산정을 가능케 한다. 더욱이 다음의 식으로 정상배부율을 계산한다.

$$정상배부율 = \frac{정상간접비예정액}{배부기준량}$$

이 경우 분모의 배부기준량은 회계기간의 정상조업도를 나타낸다.

정상원가
(正常原價)
(Normal Cost, Normal Standard Cost)

[의의] 정상원가란 기업이 정상의 상태에서 운영되었을 때에 생기는 원가를 말한다. 즉, 계속적으로 원가의 발생을 보는 경우, 기업내부의 방침변경이나 외부적 영향이 없는 한, 같은 조건, 같은 상태에서 제품을 제조하고 있을 때 발생하는 비용은 대체로 변동이 없다. 이 정상상태에 있는 원가가 정상원가이다.

[설명] 정상원가계산이라면 전체 또는 일부의 원가요소를 정상원가를 가지고 계산하는 원가계산이다. 따라서 이 계산은 평균원가에 따른 원가계산이라고 해석하여야 한다. 실제로는 제조간접비만을 제조단위당 정상액으로 계산하는 정상원가계산이 더 많이 행하여진다. 직접재료비, 직접노무비를 계산하는 경우에도 제품단위당 정상재료비, 노무비에 따른다. 위에서 말한 계산방식은 표준(또는 견적)원가계산과 동일하다. 그러나 정상원가계산은 과거에 기초를 둔 정상원가를 사용하고 표준원가계산은 시간연구등의 과학적 작업연구와 장래의 예측에 기초를 둔 표준(또는 견적)원가를 사용한다는 점에서 구별된다. 원가요소의 가격을 정상액만 계상하는 정상원가계산도 있다. 즉, 직접재료·직접노무의 실제소비량에 그 정상가격(또는 정상임률)을 곱하여 직접비를 계산하고 또 간접비의 배부기준은 실제시간수 또는 기타 실수(實數)로 해서, 이것에 정상배부율(과거의 평균배부율)을 곱하여 간접비를 계산한다. 이 방식은 실제원가계산과 비슷하지만 실제원가계산에서는 원가요소의 가격에 실제가격 또는 장래의 예측에 기초를 둔 예정원가를 사용한다.

정상원가계산의 목적은 일정기간을 통하여 전혀 변동하지 않는 원가(변동을 제거한 원가)를 파악하고, 제품원가의 계산을 용이하게 하는 것이다. 예를 들면 수 많은 부품을 자가생산하고 그의 중간조립을 하는 공장에서는 부품과 중간조립에 정상원가를 적용하여 조립품의 원가계산을 용이하게 하는 것이 가능하다. 견적원가계산 또는 표준원가계산이 채택되면, 그것이 이 같은 종류의 정상원가계산의 기능을 내기도 하기 때문에 정상원가계산의 존재 의의가 없어졌다. 다만, 이 정상원가계산은 이것을 제도로서 행하지 않고, 임시적 계산으로서 행하여지는데만 그치는 경우도 있다.

정상원가계산 (正常原價計算) (Normal Costing)	[의의] 정상원가계산이란 모든 또는 일부의 원가요소를 정상원가로서 계산하는 원가계산이다. 정상원가는 과거의 상당기간에 걸친 실제원가의 평균 그 자체 또는 이것을 현재의 가격수준, 조업도 수준을 감안하여 수정한 것이다. 따라서 정상원가계산은 평균원가에 의한 원가계산이라고 해석하여야 한다. [설명] 직접재료비·직접노무비를 계산하는 경우에도 제품 단위당의 정상재료비·정상노무비에 입각한다. 따라서 그 계산방식은 표준(또는 견적) 원가계산과 동일하다. 그러나 한편은 과거에 기초를 둔 정상원가를 사용하고 또 한편은 시간연구, 장래의 예측에 기초를 둔 표준(또는 견적)원가를 사용하는 점에서 구별된다. 　원가요소의 가격만을 정상액으로 하는 정상원가계산도 있다. 즉, 직접재료·직접노동의 실제소비량에 그 정상가격(또는 정상임률)을 곱하여 직접비를 계산하고 또 간접비를 배부기준은 실제시간수 기타 실제수로 하고, 이것에다 정상배부율(과거의 평균배부율)을 곱하여 간접비를 계산하는 것이다. 이 방식은 실제원가계산과 유사한 것인 바, 실제원가계산에서는 원가요소의 가격에 실제가격 또는 장래의 예측에 입각한 예정가격을 사용한다. 정상원가계산의 목적은 일정한 기간을 통하여 가능한 한 변동하지 않는 원가(변동을 제거한 원가)를 파악하는 것과 제품원가의 계산을 용이하게 하는 데 있다. 예를 들면 여러 가지 부품을 자가생산하고 그 중간조립을 하는 공장에서는 부품이나 중간조립에 정상원가를 적용함으로써 조립품의 원가계산을 용이하게 할 수 있다. 견적원가계산 또는 표준원가계산을 채택할 수 있으면 그것이 이러한 정상원가계산의 기능도 겸할 수 있게 되므로 정상원가계산의 존재의의는 없어진다.
정상조업도 (正常操業渡) (Normal Cperation Capacity)	[의의] 정상조업도란 정상적인 조업상태, 다시 말하면 경영능력의 정상적인 상태를 의미한다. 그러나 정상의 개념은 많으므로, 반드시 일률적으로 정할 수 없다. [설명] 예를 들면 이를 경영능력의 이론적인 최적이용에 대비되는 현실적인 실현가능한 이용상태로서 규정하는 것은 일반적인 견해이다. 또는 이를 판매의 가능성을 고려한 능력이용의 정도라고 규정할 수 있다. 정상조업도 측정에는 어떠한 기한이 문제가 되는데, 보통 1년을 그기간으로 한다. 그 근거는 계절적인 변동을 고려하는데는 최소한 1년이 필요하다는데 있다. 정상조업도는 제조간접비의 배부를 위하여 이용되고, 이 면에 있어 독일에서는 정상원가계산의 기초가 된다. 　또한 최근에는 변동예산의 편성이나 표준원가계산에 있어서 널리 이용되고 있다.
정상표준원가	[의의] 정상표준원가란 경영의 이상적인 상태를 배제하고 경영활동에

(正常標準原價) (Normal Standard Cost)	관한 비교적 장기에 걸친 과거의 실제수치를 통계적으로 평준화하고, 여기에 장래의 추세를 가미한 정상능률·정상조업도 및 정상가격에 의하여 결정하는 원가를 말한다. 설명 원가계산에 있어서 원가결정의 방식에서 볼 때 현실표준원가와 정상원가는 그 본질을 달리한다. 그러나 잘 살펴보면 다른 것은 그 표준을 적용하는 기간이 다른데서 생기는 상위에 불과하며, 양자는 과학적·통계적조사에 따라 예정한 정상원가(Normal Costs)란 점에서는 그 본질을 같이 한다. 현실표준원가 속에는 통상 발생할 수 있을 정도의 비능률이 그 기간에 포함되게 마련이다. 과학적·통계적조사에 따라 결정한 필요한 표준소비량을 넘어서 고려한 표준여유를 어느 정도로 잡을 것인가는 상당히 장기간에 걸친 통계적조사에 따르지 않을 수 없다. 정상원가를 예정함에 있어서도 과거의 실제원가를 단순히 평균하여 이를 구하는 것이 아니고, 과거의 이상한 원가를 배제한 다음에 비교적 장기간에 걸친 과거의 실제원가의 통제적평균치를 구하고, 이에 장래의 추세를 가미한 정상능률, 정상조업도 및 정상가격에 따라 결정한다. 그러므로 통상 발생한 것으로 인정되는 불능률의 정도를 넘어선 이상한 불능률에 의한 재화의 소비량은 이상한 소비량으로서 여기에서 제외된다. 그리고 재표준원가의 계산기초가 되는 조업도 및 가격에 대해서도 현실표준원가의 경우에는 예정조업도, 예정가격을 말하며 정상조업도의 경우에는 종국적으로는 각 기간에 있어서 실제조업도의 평균을 의미한다. 따라서 재표준원가가 다른 것은 결국 표준을 결정함에 있어서 고려하여야 할 기간의 장단에 있다. 현실표준원가의 경우 "비교적 단기"라면 정상표준 원가의 경우에는 "비교적 장기"라고 할 수 있다. 가령 현실표준원가는 1년 또는 그 이내의 기에 대하여 예정하는데 반해서 정상표준원가는 그 이상의 장기간에 대하여 예상한다는 것이다. 이와 같은 의미에서 정상표준원가도 원가관리에 사용할 수 있지만, 원가관리에 가장 적합한 것이 실제표준원가이다. 왜냐하면 원가관리에 효과적이기 위해서는 비교적 단기야말로 원가의 실적을 표준과 대조비교할 필요가 있고, 그 표준은 이것이 적용할 기간에 달성해야 할 원가의 목적을 의미하기 때문이다. 그렇지만 정상표준원가는 비교적 장기적에 걸쳐서 계산한 정상적인 원가이므로 경제상태가 안정되지 않는한 이것 보다 더 단기간에는 달성해야 할 원가의 목표로 인정할 수 없다. 오늘날과 같이 경제상태가 급속도로 변화하고 있는 시대에는 일반적으로 원가관리의 도구로서도 정상표준원가가 현실표준원가보다 떨어진다고 하겠다.
제조간접비 **(製造間接費)**	의의 제조간접비란 여러 가지 제품을 개별적으로 생산하고 있는 경영에서 여러 종류의 제품 제조를 위하여 공통적으로 소요되는 원가를

(Manufacturing Expense)	말하며, 제조직접비와 상대적인 개념이다. 　이와 같이 개별원가계산에 있어서 원가는 제조직접비와 제조간접비로 나누어진다. 제조직접비는 직접 그 제품에 계산할 수 있지만 두 종류 이상의 제품제조를 위하여 공통적으로 발생한 제조간접비는 이의 발생한 때에 직접 제품의 원가에 계산할 수 없다. 　그러므로 이 제조간접비는 월말에 이르러 그 원가계산기간의 전체 발생액을 집계하고 이를 적정한 배부기준에 의하여 여러 제품에 배부하는 계산을 하여야 한다. 이와 같은 제조간접비는 원가의 구성요소에 따른 분류로 구분된다.
구성요소에 따른 분류	설명 (1) 구성요소에 따른 분류 　① 간접재료비 : 공장소모품비·보조재료비·소모공구기구비품비·사무용소모품비 등 　② 간접노무비 : 직접공 및 간접공의 간접임금·휴업임금·급료·상여수당·퇴직수당·부동임금(Idle Time Wage)등 　③ 간접경비 : 복리후생비·감가상각비·부동산 및 동산임차료·보험료·공손비·실사감모비 등 　이상의 제조간접비·간접노무비 및 간접경비 등의 제조간접비의 계산은 개별원가계산에 있어서는 원칙적으로 제조간접요소의 파악과 부문비계산 및 제품에 대한 배부계산의 순서로 처리된다.
조업도와의 관계에 의한 분류	(2) 조업도와의 관계에 의한 분류 　① 변동간접비 　② 고정간접비 　③ 준고정비(준변동비) 　이상의 간접재료비, 간접노무비 및 간접경비등의 제조간접비의 계산을 개별원가계산에 있어서는 원칙적으로 제조간접비요소의 파악과 부문비계산 및 제품에 대한 배부계산의 순서로 처리된다. 제조간접비의 파악방법은 간접재료비·간접노무비에 있어서는 원칙적으로 직접재료비, 직접노무비에 준하면 된다. 일반적으로 간접경비는 다음과 같은 방법으로 계산처리 된다. 　① 여러 원가계산기간에 걸쳐 계상되고 지급되는 간접경비는 그 계상액 또는 지급액을 각 원가계산기간에 할당하여 그 소비액을 파악한다. 이 방법으로 파악되는 간접경비에는 감가상각비, 보험료 등이 있다. 이런한 간접비는 일반적으로 월할경비, 예정경비라고도 한다. 　② 전력료, 가스대와 같이 그 소비량을 메터(Meter)로 측정할 수 있는 경비는 원가계산기간말의 소비량을 측정하고, 이것에다 단가를 곱하여 당해 원가계산기간의 소비량을 파악한다. 이 방법으로 파악되는 경비는 일반적으로 측정경비라고 한다. 또 가스대, 전력료가 그 액수에 있어서 그다지 중요하지 않은 공장에서는 그 월의 지급액을 같은 월의 소비액으로 하는 때가 있다. 이것은 특수한 취급례라고 할 것이

다.

③ 실사감모비와 같이 그 발생액을 실지조사에 의하여 확인하고, 이것을 소비액으로 하는 경비가 있다. 그러나 매원가계산 기말에 실사를 못할 경우에는 결산기에 행하는 실사에 의하여 발생액을 파악하고, 이것을 월할계산에 의하여 원가계산기간의 소비액으로 하지 않으면 안 된다.

이상과 같이 파악된 간접재료비, 간접노무비 및 간접경비는 재료비집계표, 노무비집계표, 경비지급표 및 경비월할표로부터 제조간접비집계표에 집계된다.

이상의 관계제표의 양식을 예시하면 다음과 같다.

경비지급표

____년 ____월분 ____월 ____일 NO.____

비목＼월별	지급액	전 월		본 월		차월	본월
		미지급액(-)	선급액(+)	미지급액(-)	선급액(+)	선급액	부담액
지급수선비							
지급 운임							

경비측정표

____년 ____월분 ____월 ____일 NO.____

비 목	전월검침	본월검침	본월소비량	단가	금액	비 고
전력료						
수도료						

경비월할표

비목	전연도 실적액	당연도 예정액	월할 당액	연도내 변경		변경월 할당액		각월할당액						월할당액합계
				시	변경액	월	금액	1	2	3	4	5	6	

경비월할표

____년 ____월 ____일부터
____년 ____월 ____일까지

관계서식	대변계정	원 면	금 액	차 변	
				제 조	제조간접비
경비지급표	지급수선비				
경비측정표	지급전력비				
경비월할표	감가상각비				
경비발생표	실사감모비				

	계			

이상의 관계각표에 기입이 끝나면 증빙서류는 회계부에 회부된다. 회계부에서는 이것을 기초로 하여 경비분개장(경비배부율)에 기입한다. 이것은 경비의 발생액을 각 경비요소계정에서 제조계정 또는 제조간접비(또는 부문비)계정에 대체하기 위한 특수분개장으로서 사용되는 경우가 많다.

정기적으로 경비분개장의 합계액을 다음과 같이 총괄전기한다.

(차)　제 조 계 정　×××　　(대)　설 계 비　×××
　　　　　　　　　　　　　　　　특허권사용료　×××
　　　　　　　　　　　　　　　　…………　×××
(차)　제조간접비계정 ×××　(대)　경비요소계정 ×××
　　또는 A. 부문비　　　　　　　　…………　×××
　　　　 B. 부문비　　　　　　　　…………　×××
　　　　 C. 부문비　　　　　　　　…………　×××

경비에 관한 기장처리를 일괄한 도표를 통하여 보면 다음과 같다.

경비기장관계도표

```
┌─────────┐      ┌──────────┐
│ 경비발생액 │─┐   │  제조원장   │   ┌──────────┐
└─────────┘ │   │   NO.____   │   │  제조원장   │
┌─────────┐ │   │   지령서별   │   │   NO.____   │
│ 경비지급표 │─┤   │  원가계산표  │   │   지령서별   │
└─────────┘ │   ├──────────┤   │              │
┌─────────┐ │   │   직접경비   │   │              │
│ 경비측정표 │─┼──→└──────────┘   │              │
└─────────┘ │                      │              │
┌─────────┐ │         ┌───────┐ │              │
│ 경비월할표 │─┘────→ │ 원가경비 │─┘              │
└─────────┘           └───────┘
```

경 비 분 개 장			
제 조 간접비	제 조 간 접 비	관 리 간 접 비	판 매 간 접 비

분개장

경 비 원 장	총계정원장	원가계산계정
───────	←──────→	제　조 ───────
───────		제조간접비 ───────
───────	←──────→	관 리 비 ───────
───────		판 매 비 ───────

제조간접비에 대하여는 원가회계상 연혁적으로 처리방법의 변천이 있었고, 아직도 해결하여야 할 제문제가 있다. 공장의 생산활동에 있어서의 비용의 정밀한 파악이 필요하다는 것은 1830년의 charles Babbage의 저서 "On the Economy of Machinery and Manufactures"에 의하여 지적된 것인데, 거기서 주목하여야 할 것은 특히 고정설비의 증대에 수반되는 감가상각비를 중심으로 한 간접비의 취급이 공장회계로부터 원가회계를 발생하게 한 직접적 원인이 되었고, 제조간접비의 중요성이 인식되기에 이르렀다.

이 감가상각비를 중심으로 하는 제조간접비론의 기초를 구축한 것이 영국의 Garcke와 J. M Fells의 "공장회계"이다. 그것은 공장간접비의 종래의 배부법인 직접재료비법 내지 직접임금법에 대신하여 직접원가법을 제안한 것 뿐아니라 작업시간율 내지 기계시간율도 주요한 점에서 제조간접비에 관한 총괄적 연구로서의 의의가 있는 것이다. 그러나 제조간접비는 그것이 대부분 고정비이기 때문에 생산량의 변동에 따라 그 배부율은 반대방향으로 전이한다는 것이다. 그것은 저조업도시에 실제원가를 높게 하고 고조업도시에 저하시키는 경향이 있는 것은 당연하다.

이 사실은 실제의 손익의 산정에 있어서나 또는 이것을 가격정책에 이용할 경우에도 모순이라고 하지 않을 수 없다. 거기에서 이 모순에 대한 대책이 2가지 방향으로 전개된다. 하나는 이 실제간접비의 변동을 평균화하려고 하는, 말하자면 평균적 예정계산의 도입이고, 다른 하나는 실제간접비가 저조업일 때 포함하는 많은 유휴시설비용 내지 유휴능력비를 배제하려고 하는 방향이다.

제조간접비 정상화의 사고전개 중에는 이 양자가 혼재되어 주장되고 있는 점을 주목하여야 된다. 제조간접비의 배부에 관하여 치어지는 경비의 적절한 배부에서 유휴시설비용을 배제한 소위 표준적 간접비를 주장하였던 것이다. 그는 생산중심점별의 과학적인 기계시간율에 의한 제조간접비의 배부를 주장하였고, 그것은 완전조업시간을 기초로 한 표준간접비율이라 할 수 있다.

그러나 그의 경우, 이 표준간접비가 그대로 재무회계상의 원가라고는 생각하지 않고 있다. 따라서 부족조업도시의 부족배부액은 월말에 보완율에 의하여 추가배부된다. 그러나 정상간접비율의 적용에 의하여, 그가 기계설비의 능력이용 정도인 기계능률을 문제로 한 것이며, 이것이 그 후의 표준원가의 전개에 큰 자극을 준 것이라고 할 수 있다.

제조간접비배부계정
(製造間接費配賦計定)
(Applied)

의의 제조간접비배부계정은 제조간접비의 실제발생액과 예정 또는 정상배부율에 의한 배부액을 개별계정에 기록함으로써 제조간접비의 발생액을 명시할 목적으로 설정되는 계정으로 일명 배부제조간접비계

Manufacturing Expense Account)	정이라고도 하는 것이다. [설명] 원가계산의 초기에 있어서는 제품의 진실한 원가는 실제원가라고 생각되어 왔기 때문에 제조간접비는 제품에 실제배부되어 왔었다. 예를 들어 배부기준을 직접작업시간으로 하면 공장 내지 부문 전체의 제조간접비 실제발행총액을 실제총직접작업시간으로 나누어 직접작업 단위시간당의 실제제조간접비배부율(Historical Overhead Rate)을 계산하고 각 제조지령서별의 실제직접작업시간을 이것에 곱하여 제품별의 실제제조간접비배부액을 계산하여 왔다. 그러나 이 방법에 의하면 계산이 늦어질 뿐만 아니라 특히 조업도 변동의 영향으로 제품의 단위원가가 크게 변화한다. 그러므로 계산의 지연을 방지하고 실제제품원가에 혼입하는 우연성을 배제하기 위하여 제조간접비는 점점 예정 내지 정상배부되어 왔다. 　이 방법에 의하면 그 기업에 있어서 정상이라고 생각하게 되는 조업도를 예정하여 정상조업도에 있어서 발생하는 제조간접비를 정상조업도로 나눔으로써 제조간접비정상배부율(Normal Overhead Rate)을 계산하여 이것에 각 제조지령서별의 실제직접작업시간을 곱하여 제품별의 정상배부액을 계산한다. 　이 계산방법은 실제정상원가계산(Actual Normal cost Accounting)에 있어서의 배부법이며, 표준원가계산에 있어서는 이 배부율에 표준직접작업시간을 곱한다. 한편 실제배부를 할 때에는 제조간접비계정의 차변에 실제발생액이 기입되고, 대변에 동액의 배부액이 기입되어 대차가 마감된다. 이에 대하여 배부예정 내지 정상배부를 할 때에는 제조간접비계정의 좌변에 실제발생액을 기입하는 한편 그 대변에 배부액을 기입하기도 한다. 그러나 이 방법으로는 제조간접비의 발생액과 배부액이 명시되어 있지 않기 때문에 제조간접비배부계정을 만들어 예정배부액 내지는 정상배부액을 이 계정의 대변에 기입한다. 그리고 원가계산 기말에 배부총액을 제조간접비배부계정의 차변에서 제조간접비계정의 대변으로 이체하여 제조간접비계정에 있어서의 제조간접비의 실제발생액과 예정배부액 내지 정상배부액(표준원가계산시는 표준배부액)을 대비하여 그 대차차액은 제조간접비배부차액계정으로 옮겨가게 된다. ☞ **제조간접비배부방법** (Methods of Factory Overhead Applied)
제조간접비배부기준 **(製造間接費配賦基準)** (Loading Indicators)	[의의] 제조간접비를 여러 가지 제품에 배부하는 경우에 그 배부기준은 여러 제품이 제조간접비로부터 받은 서비스에 따라 비례하여 제조간접비가 부담될 수 있는 기준이어야 한다. 　그러므로 제조하고 있는 제품의 종류·제조방법·제조규모 등에 따라 달라진다. 일반적으로 채택되고 있는 배부기준에는 가액법·시간법·수량법·복합법 등 다음의 4가지 방법이 있다.

가액법	**설명** (1) 가액법
	가액법은 여러 제품이 부담하고 있는 직접원가의 금액을 배부기준으로 사용하는 것으로서 다시 직접재료배부법·직접임금배부법 및 직접원가배부법 등 다음의 3종으로 나누어진다.
	① 직접재료배부법(Direct Material Cost Method)
	이 방법은 여러 제품이 부담하고 있는 직접원가의 금액을 배부기준으로 사용하는 방법이다. 이를 산식으로 표시하면 다음과 같다.
	$$제조간접비배부율 = \frac{1기간의 \ 제조간접비 \ 총액}{동기간의 \ 직접재료비총액}$$
	각 제품의 제조간접비 부담액 = 제조간접비배부율 × 각제품별 직접재료비
	이 방법은 재료비가 제조원가의 대부분을 차지하는 경우에 사용된다.
	② 직접임금배부법(Direct Labor Cost Method)
	이 방법은 직접 임금을 배부기준으로 사용하는 방법이다. 이를 산식으로 나타내면 다음과 같다.
	$$제조간접비배부율 = \frac{1기간의 \ 제조간접비총액}{동기간의 \ 직접임금총액}$$
	각 제품의 제조간접비부담액 = 제조간접비배부율 × 각 제품별 직접임금
	이 방법은 직접임금이 제조원가의 대부분을 차지하는 경우 노무자의 임률이 대체로 균일한 경우에 사용된다.
	③ 직접원가배부법
	이 방법은 직접원가 즉 직접재료비·직접노무비·직접경비의 합계액을 배부기준으로 하는 방법이다. 이를 산식으로 나타내면 다음과 같다.
	$$제조간접비배부율 = \frac{1기간의 \ 제조간접비총액}{동기간의 \ 직접원가총액}$$
	각 제품의 제조간접비부담액 = 제조간접비배부율 × 각 제품별직접원가
	이 방법은 소규모경영에서 많이 이용되고 있는데 직접재료비배부법과 직접임금배부법을 절충한 것이다.
시간법	(2) 시간법
	시간법은 감가상각비, 제세공과, 보험료, 급료 등과 같이 제조간접비의 대부분이 시간과 밀접한 관계를 가지기 때문에 배부기준으로서는 가액보다 더 학리적이라고 할 수 있다. 이와 같은 시간적 기준으로는 일반적으로 다음과 같은 2종이 있다.
	① 직접노동시간법(Direct Labor Hour Method)
	이 방법은 각종 제품의 제조에 소비된 노동시간을 배부기준법으로 하는 방법이다. 이를 산식으로 나타내면 다음과 같다.
	$$제조간접비배부율 = \frac{1기간의 \ 제조간접비총액}{동기간의 \ 직접노동시간총액}$$

각 제품의 제조간접비배부액＝제조간접비배부율×각 제품별노동시간

이 방법은 제조간접비가 노동임금보다도 노동시간에 비례하는 것이라는 이유에서 직접임금배부법보다 우월하다고 볼 수 있으며 생산과정에서 인적요소에다 중점을 두고 있는 수공업적인 중소규모공업의 경우에 적합한 것이라고 할 수 있다.

②기계시간배부법(Machine Hour Method)

이 방법은 각종제품의 제조를 위하여 사용된 기계의 운전시간을 배부기준으로 하는 방법이다. 기계작업을 주로 하고 있는 경영에 적합한 방법으로서, 대규모화된 근대공업에 합리적이라 할 수 있다.

〈기계가 한 종류인 경우〉

이 계산법은 비교적 간단하다. 이를 산식으로 표시하면 다음과 같다.

$$제조간접비배부율 = \frac{1기간의\ 제조간접비총액}{동기간의\ 기계작업시간\ 총액}$$

각 제품의 제조간접비배부액＝제조간접비배부율×각 제품의 기계작업시간

이 방법은 제조에 사용되는 기계가 1대라든가 또는 많더라도 거의 동일한 종류의 것일 경우에는 계산절차가 간단하다는 점에서 적합한 것이다.

〈기계가 여러 가지인 경우〉

종류・성능・가격 등에서 달리하는 여러 종류의 기계가 있는 경우에는 각 기계에 획일적인 배부율을 적용하는 것은 불합리하다. 왜냐하면 각 기계는 그 종류・성능・가격 등에 따라서 다른 제조간접비가 발생하기 때문이다.

따라서 공평하게 제조간접비를 배부하기 위해서는 종류가 다른 기계마다 각각의 배부율을 채택하여야 한다. 이와 같이 여러종류의 기계를 사용하고 있는 경우에는 기계의 종류마다 배부율을 산출하는 합리적인 배부계산을 할 수가 있다.

따라서 공평하게 제조간접비를 배부하기 위해서는 종류가 다른 기계마다 각각의 배부율을 채택하여야 한다. 이와같이 여러종류의 기계를 사용하고 있는 경우에는 기계의 종류마다 배부율을 산출하는 합리적인 배부계산을 할 수가 있다.

따라서 이 경우에는 다음과 같은 계산을 한다.

첫째 : 기계의 종류마다 계산단위를 설정한다.

이를 생산중심점(Production Center)이라 부른다. 즉 동일 종류의 기계들을 모아서 그것을 하나의 단위로 하는 것이다.

둘째 : 일정기간에 발생한 제조간접비를 각 생산중심점에 집계한다.

이 경우 제조간접비를 구성하는 원가요소의 성질에 따라 각각 적당한 기준에 의하여 각 생산중심점에 배부한다. 이 경우 적용되는 배부기준도 각 비목에 따라 다르며 그 주요한 것을 열거하면 다음과 같다.

㉮ 감가상각비·수선비·보험료 등으로 구성되는 건물비는 각 기계가 차지하는 면적
㉯ 기계자체의 감가상각비, 화재보험료는 각 기계의 가격
㉰ 기계의 수선비는 각 기계가 실제로 받은 수선의 원가
㉱ 기계가 소비한 동력비는 각 기계의 마력시간수
㉲ 기계의 소모품비·직공감독비 등은 각 기계의 운전시간수
㉳ 간접공임금은 각 기계에 배치되어 일하고 있는 종업원수

셋째 : 기계의 종류마다 제조간접비의 집계가 끝나면 다음은 각 기계가 부담한 제조간접비의 금액을 각 기계의 동 기간에 있어서의 순 운전 시간으로 나누어 운전시간 1시간당의 제조간접비 부담액을 산출한다.

이를 기계율(Machinerate)이라 하며 다른 방법에서의 제조간접비 배부율에 해당한다.

그런데 각종의 기계마다 어느 제품의 제조를 위하여 얼마만큼의 시간동안 기계를 운전하였는가를 기록한다. 이를 각종 기계마다 집계하면 일정기간내에 각종 제품의 제조를 위하여 운전한 시간수가 판명된다.

넷째 : 각 기계마다 기계율이 산출되면 이를 각 제품의 제조를 위하여 운전된 시간수에 곱하여 각 제품의 제조간접비배부액을 산출한다.

이상과 같이 제조간접비는 각 제품에 배부되는데 기계율 산출까지의 과정을 명백히 하기 위하여 기계비계산월보가 작성된다.

그런데 기계시간배부법은 기계작업을 주로 하고 있는 경우에는 가장 적합한 방법이기는 하나 기계의 작업과 관계가 있는 간접비로서 비교적 정확하게 계산할 수 있는 것만을 기계시간배부법에 의하여 계산하고 다른 간접비는 다른 적당한 방법으로 배부계산을 하는 수도 있다.

수량법　　(3) 수량법

　수량법은 가격과 시간 대신에 각종 제품의 개수·중량·면적·용적 등의 수량을 사용하는 방법이다. 그러나 이와 같은 수량에 비례해서 간접비가 발생하는 것은 드물기 때문에 실제로 거의 채택되지 않고 있다.

복합법　　(4) 복합법

　복합법은 지금까지의 배부법이 1제조부문의 모든 종류의 간접비에 대하여 공통적인 단일기준을 사용하는 것이 특징인데 대하여 1제조부문의 간접비를 구성하는 원가종류를 그 성질에 따라 수회로 분류하고 분류마다 기간의 각 배부법을 병용하는 방법이다.

　간접비의 배부를 합리적으로 하기 위해서는 이 방법을 채택해야 할 것이지만 계산상 비경제적이므로 실제에 있어서는 별로 활용되지 않고 있다.

[사례] 제조간접비의 금액계산 ①
 다음의 자료에 의하여 각종제품이 부담하는 제조간접비의 금액을 계산하라.
 〈자료〉
 ① 1개월간의 제조간접비 총액 ……………………………… 40,000원
 ② 동기간의 직접재료비총액 ………………………………… 80,000원
 ③ 각종 제품의 직접재료비
  A제품 30,000원 · B제품 35,000원 · C제품 15,000원
 〈해답〉

 제조간접비배부율 = $\dfrac{40,000}{80,000}$ = 50%

 A제품 - 제조간접비부담액 … 30,000원×0.5 = 15,000원
 B제품 - 제조간접비부담액 … 35,000원×0.5 = 17,500원
 C제품 - 제조간접비부담액 … 15,000원×0.5 = 7,500원

 A제품 - 제조간접비부담액 … $\dfrac{40,000원 \times 30,000}{80,000}$ = 15,000

 B제품 - 제조간접비부담액 … $\dfrac{40,000원 \times 35,000}{80,000}$ = 17,500

 C제품 - 제조간접비부담액 … $\dfrac{40,000원 \times 15,000}{80,000}$ = 75,000

[사례] 제조간접비의 금액계산 ②
 다음의 자료에 의하여 각종 제품이 부담하는 제조간접비의 금액을 계산하라.
 〈자료〉
 ① 1개월간의 제조간접비 총액 ……………………………… 50,000원
 ② 동기간의 직접임금총액 …………………………………… 250,000원
 ③ 각종 제품의 직접임금
  A제품 90,000원 · B제품 60,000원 · C제품 100,000원
 〈해답〉

 제조간접비배부율 = $\dfrac{50,000}{250,000}$ = 20%

 A제품 - 제조간접비부담액 … 90,000원 × 0.2 = 18,000원
 B제품 - 제조간접비부담액 … 60,000원 × 0.2 = 12,000원
 C제품 - 제조간접비부담액 … 100,000원 × 0.2 = 20,000원
 또는 다음과 같이 계산할 수도 있다.

 A제품 - 제조간접비부담액 … $\dfrac{50,000원 \times 90,000}{250,000}$ = 18,000

 B제품 - 제조간접비부담액 … $\dfrac{50,000원 \times 60,000}{250,000}$ = 12,000

　　　　C제품 - 제조간접비부담액 ⋯ $\dfrac{50,000원 \times 100,000}{250,000}$ = 20,000

사례 제조간접비의 금액계산 ③
다음의 자료에 의하여 각종 제품이 부담하는 제조간접비의 금액을 계산하라.
〈자료〉
① 1개월간의 제조간접비 총액 ⋯⋯⋯⋯⋯⋯⋯⋯⋯⋯⋯100,000원
② 동기간의 직접원가
　직접재료비 230,000원 · 직접임금 170,000원
③ 각종 제품의 직접원가
　A제품 - 직접재료비 ⋯ 100,000원　　직접임금 ⋯ 90,000원
　B제품 - 직접재료비 ⋯ 60,000원　　직접임금 ⋯ 50,000원
　C제품 ⋯ 직접재료비 ⋯100,000원　　직접임금 ⋯ 30,000원
〈해답〉
　　제조간접비배부율 = $\dfrac{100,000}{230,000 + 170,000}$ = 25%

　A제품 - 제조간접비부담액 ⋯ 190,000원 × 0.25 = 47,500원
　B제품 - 제조간접비부담액 ⋯ 110,000원 × 0.25 = 27,500원
　C제품 - 제조간접비부담액 ⋯ 100,000원 × 0.25 = 25,000원

사례 제조간접비의 금액계산 ④
다음의 자료에 의하여 각종 제품이 부담하는 제조간접비의 금액을 계산하라.
〈자료〉
① 1개월간의 제조간접비 총액 ⋯⋯⋯⋯⋯⋯⋯⋯⋯⋯⋯ 50,000원
② 동기간의 직접노동시간총수 ⋯⋯⋯⋯⋯⋯⋯⋯⋯⋯⋯100,000원
③ 각종 제품의 직접노동시간
　A제품 5,000시간 · B제품 ₩3,000시간 · C제품 2,000시간
〈해답〉
　　제조간접비배부율 = $\dfrac{50,000}{10,000}$ = 5원

　A제품 - 제조간접비부담액 ⋯ 5원 × 5,000 = 25,000원
　B제품 - 제조간접비부담액 ⋯ 5원 × 3,000 = 15,000원
　C제품 - 제조간접비부담액 ⋯ 5원 × 2,000 = 10,000원

사례 제조간접비의 금액계산 ⑤
다음의 자료에 의하여 각종 제품이 부담하는 제조간접비의 금액을 계산하라.
〈자료〉
① 1개월간의 제조간접비 총액 ⋯⋯⋯⋯⋯⋯⋯⋯⋯⋯⋯150,000원
② 동기간의 기계작업시간총수 ⋯⋯⋯⋯⋯⋯⋯⋯⋯⋯⋯ 20,000원

③ 각종 제품의 기계작업시간
A제품 8,000시간·B제품 12,000시간
〈해답〉

제조간접비배부율 = $\dfrac{150,000}{20,000}$ = 7.5원

A제품 - 제조간접비부담액 … 7.5원 × 8,000 = 60,000원
B제품 - 제조간접비부담액 … 7.5원 × 12,000 = 90,000원

[사례] 제조간접비의 금액계산 ⑥
제1공정 및 제2공정의 조업도 및 제조간접비 자료는 다음과 같다. 이 자료에 의하여 양공정의 제조간접비배부액 및 배부차이를 계산하고 3분법에 의하여 배부차이의 분석을 하라.

〈자료〉
(1) 기준조업도(표준직접작업시간수) … 제1공정 5,000시간 제2공정 4,000시간
(2) 고정간접비 예산액(기준조업도에서) … 제1공정 5,500,000원 제2공정 2,400,000원
(3) 변동간접비 예산액(기준조업도에서) … 제1공정 3,000,000원 제2공정 1,200,000원
(4) 실제조업도(표준직접작업시간수) … 제1공정 4,000시간 제2공정 3,500시간
(5) 실제조업도(실제직접작업시간수) … 제1공정 4,500시간 제2공정 3,400시간
(6) 고정간접비실제액 …………… 제1공정 5,600,000원 제2공정 2,300,000원
(7) 변동간접비실제액 …………… 제1공정 2,800,000원 제2공정 1,000,000원

〈참고사항〉 기준조업도는 배부율 계산의 기초가 되는 조업도를 뜻하며, 변동간접비는 순수한 변동비(비례비)만으로 구성되었다.

〈해답〉
제조간접비 차이분석
① 총차이 ………… 표준간접비배부액 - 실제간접비 발생액
② 예산차이 ……… 표준간접비 - 실제간접비발생액
③ 조업도차이 …… 표준배부율×(표준작업시간-실제작업시간)
④ 능률차이 ……… 표준배부율×(실제작업시간-실제생산량이 허용된 표준작업시간)

제1공정
① 표준배부율 ………… $\dfrac{5,500,000+3,000,000}{5,000}$ = 1,700
② 총차이 …………… (4,000×1,700)-8,400,000=

$\qquad\qquad\qquad\qquad\quad(\triangle)1,600,000(불리)$
③ 예산차이 ············ $8,500,000 - 8,400,000 = 100,000(유리)$
④ 조업도차이 ············ $1,700 \times (5,000 - 4,500) = (\triangle)850,000(불리)$
⑤ 능률차이 ············ $1,700 \times (4,500 - 4,000) = (\triangle)850,000(불리)$
　제2공정
① 표준배부율 ············ $\dfrac{2,400,000 + 1,200,000}{4,000} = 900$

제조간접비배부법
(製造間接費配賦法)
(Methods of Factory Overhead Applied)

[설명] 제조간접비의 배부법은 대체로 다음 4단계를 거쳐서 발전하여 왔다.
(1) 고정배부율법(Fixed Percentage Method)
　원가계산의 초창기에 있어서는 공장장과 직공장은 평상시의 경험에 의하여 다음 방식으로 계산하였다. 가령 기계를 제작하는데는 1kg당 4만원의 주물이 480kg 소요되며, 선반공의 임금은 1일 5만원으로서 1개월의 시일이 걸린다. 이와 같이 하여 우선 소가(prime cost)를 계산하였다. 그들에게는 이 소가가 최소한도로 필요하다고 생각하였던 것이다.
　제조간접비는 관리비도 포함시켜서 대체로 소가(素價)의 15%정도되는 것으로 계산하였다. 이와 같이 제품소가의 일정률로 해당 제품의 간접비를 배부하는 방법을 고정배부율법이라고 한다. 이 방법은 대단히 간단하지만 극히 부적당하다.
　그 이유는 소가의 증감에 수반하여 배부될 제조간접비도 증감한다는 보증은 없으며 따라서 제조원가중에서 제조간접비가 차지하는 비율이 증대되고 경쟁이 격화하는데 따라 계산상으로는 이익을 올리면서도 파산하는 회사가 속출하게 되자 일층 정확한 제조간접비의 계산방법을 요망하게 되었다.
(2) 총괄배부율법(Blanket Rate Method)
　이 방법은 직접노무비, 직접작업시간 등의 어느 하나를 배부기준으로 선정하고 이것으로 일정기간의 제조간접비총액을 나눔으로써 전제품에 획일적으로 사용하는 배부율을 구하고 이 배부율로 배부하는 계산방법이다. 이 방법은 단일한 배부기준에 의하여 배부하므로 불공평한 결과가 발생한다.
(3) 부문별배부율법(Departmental Burden Rate Method)
　그러므로 작업의 동종성, 기타의 배려를 하여 원가부문을 설정하여 각 부문에 대하여 가장 적절한 배부기준 및 배부기준수치를 책정하고 이에 의하여 배부하는 것이 부문배부율법이다.
(4) 개별배부율법(Elektives Verfahren)
　제조간접비전체를 수개의 그룹(가령 임금관련간접비, 재료관련간접비 등)으로 분류하고, 각 그룹별로 적절한 배부기준을 선택하여 배부하는 방법이 개별배부율법이다. 이 방법은 가장 합리적인 방법이지만 이 방법에 의하여 부문별로 계산하면, 그 계산절차가 대단히 번잡하게 된다.

이 방법은 제조간접비를 총괄하여 획일적인 배부율을 구한 것을 사용하는 총괄배부율(Blanket Rate Method)의 결점을 보충하려는 것이다.

제조간접비는 부문별로 또는 생산중심점이나 원가중심점별로 그리고 원가비목별로, 그 발생조건이 다르다. 그러므로 이 점을 무시한 총괄배부율법에는 결점이 있다.

이 결점을 극복하고 합리적·과학적인 배부방법으로 하려는 것이 개별배부율법이다.

(5) 제조부문비의 제품배부법

이상으로 제조간접비를 부문별로 집계하고 부문별의 배부율에 의하여 각제조지령서에 배부할 필요가 있다는 것을 알게 되었다. 구체적인 방법으로는 단순개별원가계산에 있어서 제조간접비의 지령서별배부에 의한 여러 가지 방법등이 있다. 다만, 단순개별원가계산에서는 배부율을 산출하는데 그 공장전체의 수치에 의하였지만 부문별개별원가계산에서는 다음과 같이 부문별 수치에 의하여 산출된다. 가령 양부문을 모두 직접노동시간법에 의할 때에도 다음과 같이 된다.

구 분	제 1 제조부문	제 2 제조부문
제 조 부 문 비	40,000원	60,000원
부문별직접노동시간	800시간	1,000시간
부 문 별 배 부 율	50원	60원

또, 단순개별원가계산에 없는 배부법도 있다.

그것은 가공비배부법(부문시간배부법이라고도 한다)이고 그 배부율의 계산방식은 다음과 같다.

$$\text{가공비배부율} = \frac{\text{1기간의 부문별직접임금} + \text{부문별제조간접비}}{\text{동기간의 당해부문의 직접시간(또는 기계작업시간)}}$$

그리고 실제배부와 예정배부가 있는 것은 단순개별원가계산의 경우에서와 같다.

제조간접비배부율 (製造間接費配賦率) (Burden Rate, Overhead Rate)	의의 제조간접비배부율이란 제조간접비를 제품 또는 부문에 배부할 때 이용되는 비율을 말한다. 설명 제조간접비의 지령서별(제조별) 배부에 사용되는 배부율은 실제배부율과 예정배부율 및 정상배부율 등이 있다. 어떠한 배부율도 다음과 같은 방법으로 결정된다. $$\text{제조간접비배부율} = \frac{\text{제조간접비총액}}{\text{배부기준총량(액)}}$$

실제배부율	**1. 실제배부율** 　실제배부율은 분모나 분자의 숫자가 실적으로 계산된다. 실제배부율은 원가계산 기말이 되기 전에는 확정되지 못하기 때문에 개별원가계산의 경우에는 기중에 완성한 제품의 원가의 신속한 계산을 할 수 없는 결점이 있다. 주로 이러한 간접비 배부의 신속화를 위하여 예정배부율이 사용된다.
예정배부율	**2. 예정배부율** 　예정배부율은 일정기간의 배부기준의 예정량으로 그 기간의 제조간접비의 예정액을 나눔으로써 얻게 된다.
정상배부율	**3. 정상배부율** 　정상배부율은 예정배부율에서 전화된 것이며, 다만 간접비배부율의 신속화라는데 그치지 않고 오히려 간접비를 정상적인 조업도를 기준으로 하여 각 지령서에 배부하여 그 결과로서 조업도의 변화에 따른 간접비배부액의 변동을 제거하여 안정된 원가의 산정을 가능하게 하는 것이다. 정상배부율은 정상적인 1회계기간(보통1년)의 정상조업도를 예정하여 책정되는 배부기준량이며, 그 조업도에 대한 이 기간의 정상간접비예정액을 나눔으로써 산정된다. 이 정상배부율은 예산 또는 표준원가의 설정에 관련하여 문제가 되는 경우가 많다.
표준배부율	**4. 표준배부율** 　표준배부율은 표준원가계산에서 특히 문제가 되고 있다. 이 경우에는 배부율결정의 기초로서의 조업도가 시장적조건에 영향되지 않는 것으로 생각되는 것이 정상배부율과의 상이점이다. 표준업도라는 것이 그것이며 표준조업도는 경영의 생산능력을 중심으로 하여본 것이다. 그러나 정상조업도의 해석도 일률적이 아니고 반드시 판매능력만을 말하는 것은 아니며 생산능력도 고려하여야 되고 양자의 구별이 분명치 못한 경우도 적지 않다. 또 표준원가계산이 최근과 같이 당좌표준원가계산에 중점을 두게 되면 이 경향은 더욱 뚜렷해진다. 　실제배부율 이외의 것이 사용될 때는 응당 제조간접비의 실제발생액과 배부액과의 사이에는 차액이 생긴다. 배부율 여하에 따라 각 차액의 성질은 다소 다르다. 예정배부율의 경우의 차액은 예정이 실제의 예측이므로 이를 실제에로 부합시키기 위한 조정계산을 할 필요가 있다. 　그 하나의 방법은 보충률(Supplementary Rate)의 이용에 따른 수정계산이다. 또 기말에 차액을 총괄적으로 기말재고액과 당기매출원가에 배분하는 방법이 취해진다. 이에 대하여 다른 배부율을 사용한 경우의 차액은 이를 조정해야할 것인지 아닌지의 문제가 있다. 이 문제는 아직도 해결되지 못하고 있다.
제조간접비배부차이	설명 이론적으로는 제조간접비배부차이는 각기 그 배부차액을 발생

(製造間接費配賦差異) (Variance of Factory Overhead Applied)	시키는 원인별로 처리하여야 한다. ① 계절적 변동에 의하여 발생한 차이가 원인이 되어 발생한 각월의 차액은 회계기간 전체에 있어서 상계되어야 할 것이므로 배부부족(차변차액), 배부초과를 상계하고도 기말에 차이의 잔액이 있을 때에 당해 배부율이 장래의 수년간을 참작한 정상배부율이 산정의 오차로 생각하고 처리한다. ② 예정배부율산정의 오산으로 인한 발생차액은 보충율(Supplementary Rate) 에 의하여 매출원가, 재공품 및 제품에 추가배부하지 않으면 안 된다. 배부부족액의 추가배부에 대한 분개는 다음과 같다. 　(차) 매출원가　×××　　　(대) 제조간접비차이　××× 　　　재 공 품　××× 　　　제　　품　××× ③ 우발적 사고에 의하여 발생한 차액일 경우에는 경영자가 관리할 수 없게 된 기업외부의 경제사정에 의하여 발생한 차액이므로 영업외손익으로 처리한다. 다른 경우에도 실무적으로 배부차액이 근소할 때에는 영업외손익으로 처리하여도 된다.
제조간접비예산표 **(製造間接費豫算表)** (Manufacturing Overhead Budget Sheet)	의의 제조간접비예산표란 제조간접비예산을 비목별로 설정한 비목별 예산표와 이것을 다시 부문별로 설정한 부문별 예산표로 구분한다. 이 예산표는 필요한 경우 비목을 변동비와 고정비 또는 관리가능비와 관리불가능비로 구분표시한다.
제조간접비예정배부 **(製造間接費豫定配賦)** (Predetermined Burden, Predetermined Overhead, Predetermined Distribution of Factory Overhead) 예정배부필요성	설명 (1) 예정배부의 필요성 제조간접비의 예정배부를 하게되는 주요한 이유로 다음의 두 가지를 들 수가 있다. ① 예정배부는 제조원가를 신속히 계산하는데 필요하다. 직접비는 소비와 동시에 곧 계산할 수 있지만 제조간접비의 배부계산은 원가계산기말이 아니면 할 수 없다. 왜냐하면 계산요소인 1개월간의 제조간접비총액이나 또는 1개월간의 직접재료비액이나 직접작업시간수와 같은 각종의 배부기준 수량이 모두 기말에 가서야 비로소 확정되기 때문이다. 그래서 원가계산기의 도중에 완성된 제품의 원가를 기말이 아니면 집계할 수 없는 불편이 생긴다. 그런데 경영은 각 제품의 원가를 제조완료 즉시 또는 제품완성후 되도록 단기간내에 알 필요가 있으며 이를 위해서 실제율 대신에 예정율로써 배부계산을 하게 되는 것이다. ② 다음에 예정배부는 동종 제품의 간접비 부담액을 균등하게 하기

위하여 필요하다. 제조간접비는 기간에 비례해서 발생하는 것이 많고 따라서 그 성질이 고정비에 가깝다. 즉 원가계산기간에 있어서 생산량을 고려해서 제조간접비를 추산하고 그것을 각종제품에 배부하면 균일하게 제조간접비를 배부할 수 있게 된다.

이 때문에 실제에 있어서는 실제율에 의하지 않고 예정율을 사용하여 배부하는 것이다.

예정배부액의 계산

(2) 예정배부액의 계산

제조간접비의 배부를 예정액에 의해서 계산하는 경우의 계산법은 실제액을 사용하는 경우의 계산법과 동일하다. 다만, 예정배부의 경우에는 배부율을 월초에 미리 예정에 산출해 두는 점이 다르다.

즉, 예정배부계산의 특색은 제조간접비배부율을 예정액에 의하여 구하는 점에 있다. 이를 산식으로 표시하면 다음과 같다.

$$\text{예정배부율} = \frac{\text{일정기간의 제조간접비 예정총액}}{\text{동기간의 배부기준의 예정총액}}$$

제조간접비부담액 = 예정배부율 × 각종제품의 실제소비액

예정배부액의 기장관계

(3) 예정배부액의 기장관계

제조간접비를 예정배부율에 의하여 각종 제품에 배부하는 경우에는 언제든지 할 수 있으므로 제품의 완성직전 또는 매월말 정기에 한다.

이 배부계산이 끝나면 제조간접비예정배부표에 각종 제품마다의 배부액을 기입하고 월말에 그 합계액을 산출한다.

그리고 월말에 그 합계액을 다음과 같이 분개를 하고 총계정원장에 전기한다.

(차) 제조　×××　　　　　(대) 제조간접비　×××

이상과 같은 분개로 제조간접비계정의 기입은 다음과 같이 되는데 차변에는 각 특수분개장으로부터 실제발생액이 기입되고 대변에는 간접비예정배부표로부터 예정배부액이 각각 전기된다.

그 결과 제조간접비계정은 대변의 금액이 일치하지 않으며 그 차액은 예정배부율을 산출할 때의 추산의 오차로 말미암아 생기는 것이다. 이 차액을 제조간접비계정에서 제조간접비차액계정으로 대체하고 원가외의 손익 즉 영업외손익으로 처리한다.

<u>제 조 간 접 비</u>

실제발생액	예정액
간접재료비　×××	각 제품에의 배부액　×××
간접노무비　×××	(제조계정비)
간 접 경 비　×××	

	제조간접비배부차액의 처리법
	과소배부의 경우 제조간접비 / 과대배부의 경우 제조간접비
	실제발생액	예정배부액 배부차액	실제발생액 배부차액	예정배부액
	제조 간접비 차액

제조간접비 배부차액처리	**(4) 제조간접비 배부차액의 처리** 이와 같이 예정률을 사용할 경우에 일반적으로 실제발생액과의 사이에 차이가 생기며 이때 실제발생액이 예정배부액을 초과하는 경우 그 차액을 배부부족이라 하고 반대로 예정배부액이 실제배부액을 초과하는 경우 그 차액을 배부초과라 부른다. 위와 같은 경우 그 차액을 어떻게 처리하여야 하는지를 앞에서 도시한 처리법을 참고로 다음 몇 가지 방법을 보기로 한다. ① 매출원가에 가감하는 방법 이것은 제조간접비차액을 그대로 당기의 매출원가에 가감하는 것이다. 즉 배부부족액을 매출원가에 가산하고 배부초과액을 매출원가에서 차감하는 방법이다. 즉, 기간원가로 본다. ② 영업외 손익에 계상하는 방법 이것은 제조간접비차액을 원가외의 손익 즉 영업외의 손익으로 처리하는 것이다. 따라서 배부부족액은 중성비용으로 하고 배부초과액은 중성수익으로 파악되는 것이다. ③ 보충률법 이것은 원가계산이 실제원가에 의거해야 한다는 견지에서 고안된 방법이며 따라서 보충률을 사용하여 매출원가와 제품·재공품 등의 재고품원가를 수정하려는 것이다. 보충률을 사용하여 제품에 배부차액을 가감함으로써 실제간접비계산을 완수한다는 것은 간접비차액을 제품원가로 본다는 것이다. 보충률 산식은 다음과 같다. $$보충률 = \frac{보충차액}{배부기준액 \ 또는 \ 양}$$ $$또는 \ 보충률 = \frac{배부차액}{예정배부액}$$ 추가배부액 = 각 예정배부액 × 보충률 ④ 차기이월법 매월원가가감법은 매월의 제조간접비배부액은 서로 대차가 상계될 것이며, 회계기간말에 잔액이 생기더라도 차후의 회계기간에는 상계될 것으로 보아 배부차액을 그대로 이월시키는 방법이다.

이 방법은 제조간접비 배부차액을 장기간에 걸쳐 평균화시킨다는 취지이지만 이론적으로 불합리하며, 비용·수익대응의 관점에서 볼 때 당기의 차액을 타회계연도에 상계한다는 것은 모순이다.

[사례] 제조간접비 예정배부액계산
다음의 자료에 각종 제품이 부담한 제조간접비의 금액을 계산하라.
〈자료〉
① 1개월 제조간접비 발생예정액 ················· 100,000원
② 동기간에 있어서의 직접임금발생예정총액 ········· 100,000원
③ 각종 제품의 직접임금액(실제소비액)
  A제품 80,000원, B제품 70,000원, C제품 60,000원
〈해답〉

예정배부율 = $\frac{100,000}{200,000}$ = 0.5

· A제품 - 간접부담액 ··· 80,000원 × 0.5 = 40,000원
· B제품 - 간접부담액 ··· 70,000원 × 0.5 = 35,000원
· C제품 - 간접부담액 ··· 60,000원 × 0.5 = 30,000원
                                합계 105,000원

[사례] 제조간접비배부차액계산
전 계산문제에 대하여 1개월의 제조간접비 실제발생액을 107,000원으로 한 경우의 배부차액의 처리법을 표시하라.
〈해답〉
① 각종제품의 예정배부가 행해진 때
  (차) 제조 105,000   (대) 제조간접비 105,000
② 실제발생액이 제조간접비계정에 대체된 때
  (차) 제조간접비 107,000   (대) 각종원가요소계정 107,000원
③ 배부차액을 제조간접비차액계정에 대체한 때
  (차) 제조간접비차액 2,000 (대) 제조간접비 2,000
이상의 분개를 전기하면 다음과 같다.

	제조간접비		제조간접비차액
각종원가요소계정 107,000	제조 150,000 제조간접비차액 2,000	제조간접비 2,000	

제조간접비예정배부율
(製造間接費豫定配賦率)
(Predetermined Burden Rate, Predetermined

[설명] 제조간접비의 배부를 예정액에 의해서 행하는 경우의 계산법은 실제액을 사용하는 경우의 계산법과 동일하다. 다만, 예정배부의 경우에는 배부율을 월초에 미리 예정에 산출해 두는 점이 다르다.
즉, 예정배부계산의 특색은 제조간접비배부율을 예정액에 의하여 구하는 점에 있다.

Overhead Rate)	[산식] 예정배부율 = $\dfrac{\text{일정기간의 제조간접비예정총액}}{\text{동기간의 배부기준의 예정총액}}$ 제조간접비부담액 = 예정배부율 × 각종 제품의 실제소비액
제조간접비예산표 (製造間接費豫算表) (Manufacturing Overhead Budget Sheet)	[의의] 제조간접비예산표란 제조간접비예산을 비목별로 설정한 비목별 예산표와 이것을 다시 부문별로 설정한 부문별 예산표로 구분한다. 　이 예산표는 필요한 경우 비목을 변동비와 고정비 또는 관리가능비와 관리불가능비로 구분표시한다.
제조간접비원장 (製造間接費元帳) (Manufacturing Expense Ledger)	[의의] 제조간접비원장은 제조간접비내역장이라고도 불리우며, 원장에 총괄계정으로 마련되는 제조간접비계정의 내역명세를 기록하기 위한 장부를 말한다. 　차변에 제조간접비의 발생액을 종류별로, 대변에는 배부액을 기입한다.
제조간접비표준 (製造間接費標準) (Standard of Factory Overhead)	[의의] 제조간접비의 표준은 이것을 부문별 또는 작업단위별로 산정한다. 부문별 제조간접비의 표준이란 일정기간에 발생할 제조간접비의 예정액을 말하며, 이것을 부문간접비예산으로서 산정한다. 그 산정방법은 실제원가계산에 있어서의 부문별 계산절차에 준하며, 부문간접비예산은 고정예산 또는 변동예산으로서 산정한다. 　제조간접비예산을 예산기간에 있어서 예상되는 일정한 조업도에 대응하여 산정하는 것을 고정예산이라 한다. 각 부문별 고정예산은 일정한 한도내에서 원가관리에 기여할 뿐만 아니라 제품에 대한 표준간접비배부율의 산정기초가 된다. 　제조간접비를 보다 효율적으로 관리하기 위하여 변동예산을 설정한다. 변동예산이란 제조간접비를 예산기간에 예상되는 여러 조업도에 대응하여 설정한 예산을 말하며, 실제간접비 발생액을 당해 조업도의 예산과 비교하여 부문업적의 관리를 가능하게 한다. 변동예산의 산정은 실사법·공식법 등에 의한다. 실사법에 의하는 경우에는 일정한 기준조업도를 중심으로 예상되는 여러 조업도를 일정한 간격으로 구분하고 각 조업도에 대응하는 복수의 제조간접비예산을 산정한다. 이 경우 제조간접비예산은 간접비의 각 항목에 대하여 각 조업도에 있어서의 금액을 개별적으로 실사하여 산정한다. 공식법에 의하는 경우에는 제조간접비 요소를 고정비·변동비로 구분하고, 고정비는 조업도의 증감에 불구하고 일정한 것으로 하고, 변동비는 조업도의 증감과 관련시켜 그 변동률을 각 요소별로 측정하여 두고, 이것을 관계조업도에 곱하여 산정한다. [설명] 제조간접비표준을 결정하려면 먼저 원가부문별의 표준배부율을 결정해야 한다. 원가부문은 작업구분별 또는 책임구분별로 편성되어야

하고 부문에 대한 표준배부율을 결정해야 하는데 이를 결정하기 위한 기준으로 표준 조업도가 결정되어야 한다.

표준조업도가 결정되면 이 조업도에서 발생하는 표준제조간접비를 예정하게 된다. 표준제조간접비를 예정하려면 부문개별비와 부문공통비로 구별하여 예정하는 방법과 고정비부분과 변동비부분으로 분석하여 예정하는 방법이 있다. 그런데 전자의 분류를 고려하면서 고정비부분과 변동비부분의 분석을 중심으로 제조간접비를 예정하게 된다.

① 부문별제조간접비의 표준

부문별의 제조간접비표준이란 일정기간에 각 부문에서 발생할 제조간접비의 예정을 뜻한다. 이는 표준조업도에 대응하는 제조간접비의 표준액을 뜻하지만 실질적으로는 부문별 제조간접비예산에 있어서의 예정조업도와 이에 따른 부문별예산과 같은것이다.

부문별제조간접비예산은 고정예산 또는 변동예산에 의하며 변동예산을 강력성예산이라고도 한다.

② 표준 배부율의 계산

표준배부율은 다음과 같이 계산한다.

$$\frac{표준제조간접비}{표준조업도에\ 있어서의\ 배부기준수치(표준직접작업시간등)} = 표준배부율$$

부문별의 표준제조간접비를 그 배부기준의 표준액으로 나누어 부문별 표준배부율을 다음과 같이 산정할 수 있다.

원가부문	표준제조간접비	표준직접작업시간	표준배부율
0 - 1	1,000,000원	10,000시간	100원
0 - 2	800,000	20,000	40
0 - 3	100,000	5,000	20
0 - 4	600,000	20,000	30

부문별표준배부율을 사용하여 각 제품단위당 제조간접비표준을 산정한다.

원가부문	표준작업시간	표준배부율	금 액
0 - 1	0.90시간	100원	90원
0 - 2	0.30	40	12
0 - 3	0.25	20	5
0 - 4	0.30	30	9
합 계			116원

제조간접비의 예정액

1. 제조간접비의 예정액

제조간접비의 표준은 이를 부문별 또는 작업단위별로 산정한다. 여기에서 부문별을 좀더 세분한 것이 작업단위별이 된다.

(1) 부문별 또는 작업단위별표준

　부문별 또는 작업단위별 제조간접비의 표준이란 일정기간에 있어서 각 부문에 발생할 제조간접비의 예정액을 마련하며, 이를 제조간접비예산으로서 산정한다.

　직접비는 제품에 대하여 그 발생을 직접적으로 파악할 수 있고, 변동비이기 때문에 단위당 원가표준에 의해서 관리할 수 있으므로 직접비에 대해서는 단위원가표준이 설정된다. 그러므로 직접재료의 종류별로 표준소비수량과 표준소비가격·직접작업의 구분별로 표준직접작업시간과 표준임률이 산정된다. 그렇지만 간접비는 제품에 대하여 그 발생을 간접적으로 파악할 수 없기 때문에 먼저 부문별로 파악한 후에 제품별로 산정하여야 한다. 그래서 간접비에는 고정비가 많고, 그 외에 준고정비·변동비 및 준변동비도 포함되어 있기 때문에 제품단위당 평균간접비는 조업도의 변동에 의해서 변동하기 때문에 간접비는 단위당 원가표준에 의해서 관리할 수 없다. 따라서 간접비의 원가표준은 일정한 기간과 관련시켜서 예정표준으로 설정하게 된다. 그러기 위해서는 먼저 일정기간에 있어서 각 부문의 조업도 표준이 설정되고, 다음에 그 조업도에 따라 부문별로 간접비의 예정표준이 설정된다. 이 양자에 의해서 부문별 간접비배부율의 표준이 산정되며, 이를 이용하여 제품단위당 제조간접비의 표준이 결정된다.

　조업도란 생산설비의 이용도를 말하는데, 엄밀히 말해서 생산설비의 이용강도를 일정하게 놓고 생산설비의 이용시간을 증감하게 한다. 따라서 그 측정의 기준으로서 이정기간의 직접작업시간 또는 기계운전시간 등이 사용된다. 조업도의 표준은 일정한 기간에 있어서 간접비의 예산표준을 설정하기 위한 기준이 되는 일정한 조업도인데 기준조업도라고 한다.

　부문별간접비예산의 산정방법은 실제원가계산에 있어서의 부문별계산절차에 준용한다. 이 때 부문별간접비예산은 고정비예산 또는 유동예산으로 설정하게 되는데, 이 경우 간접비를 고정비와 유동비로 분해하기 위하여 여러 가지 방법을 사용한다. 따라서 부문별로 산정된 표준제조간접비를 제품에 배부하는데는 실제원가계산에 있어서 제조간접비의 예정배부율과 같이 부문별로 산정된 표준제조간접비배부율을 사용한다. 고정예산의 경우 및 유동예산의 경우 또는 기준조업도는 동일한 조업도에 의하므로 각 부문의 기준조업도로서 예정조업도는 동일하고, 그 조업도에 대응하는 부문별간접비예산액도 동액이 된다.

　부문별표준간접비배부율의 산정은 일정한 예산기간의 각 부문별 제조간접비예산액을 동기간에 있어서 그 부문의 예정조업도를 나타내는 기준수치로 나누어 구한다. 이 기준수치는 조업도의 측정기준인 동시에 간접비배부기준이 되기 때문에 각 부문별로 산정된 제품단위당 요하는 작업량을 나타내는 기준수치와 동일종류의 것이어야 한다.

이에 대하여 변동예산에서는 기준조업도 이외의 조업도에 대한 간접비예산허용액은 그 조업도에 대응하는 간접비예정액의 산정에 사용되지만, 표준간접비배부율의 산정에는 관계가 없으므로, 이들 간접비예정율은 실제간접비의 관리에만 사용될 뿐이다.

부문별표준간접비배부율에 부문별로 산정된 제품단위당 표준배부기준수치를 곱하여 각 부문마다 제품단위당 표준제조간접비를 계산하여 합계하면, 제품단위당의 표준제조간접비 총액이 산정된다.

부문간접비예산의 산정방법

2. 부문간접비예산의 산정방법

각 제조부문 및 각 보조부문의 기준조업도가 결정되면 부문별제조간접비의 예산표준은 각 부문의 기준조업도에 대하여 설정하는 방법과 각 부문의 기준조업도를 중심으로 하여, 예기된 범위내의 여러 가지 조업도에 대응시켜 미리 설정하든가 또는 산식에 의하여 용이하게 산정할 수 있는 방법이 있다. 전자는 고정예산법이고, 후자는 유동예산법이다.

기업예산의 유형으로서 고정예산(Fixed Budget)은 장래 일정기간에 걸친 경영행동의 전반적인 계획을 수립하기 위하여 경영관리기능과 조직상의 책임에 관하여 그 기간의 관리상의 방침과 목표를 형식상으로 표시한 업무예산과 재무예산이 된다. 고정예산은 경영계획을 정량적으로 표시한 것이며, 고정된 목표를 나타낸다. 연도 중에 상황의 변동이 있는 경우에는 수정되지만 수정된 목표는 다시 고정된다. 이 같은 의미에서 탄력성을 갖는 것이 고정예산이다.

변동예산(Variable Budget)에서는 여러 가지 조업도에 대응하는 간접비허용액이 미리 산출되는가 또는 산식을 사용하여 용이하게 산정되는데, 제조간접비의 통제와 실적평가의 기준을 제공한다. 변동예산을 설정하는데는 각 비목별로 실적자료에 대하여 원가분할방법에 의하여 고정비·변동비·준변동비로 분류하고 여러 가지 조업도하에서 원가의 변동상태를 파악하여야 한다.

이상의 고정예산·변동예산·기준조업도는 동일한 조업도가 채택된다. 따라서 양자의 경우 기준조업도에 대한 간접비예산액은 이를 산정하는데, 동일한 자료를 사용하는 한 동액이 됨은 더 말할 필요도 없다.

제조간접비의 고정예산

3. 제조간접비의 고정예산

제조간접비의 고정예산이란 예정기간에 있어서, 예기된 일정한 조업도에 따라 산정한 고정적인 예산을 말한다. 따라서 고정예산은 일정한 조업도하의 예산으로서 고정되어 있고, 매월 조업도가 변화해도 예산을 변경하지 않는다. 조업도에 변화가 있다면 제조간접비도 변화하므로 예산과 실적사이에 차액이 생긴다. 조업도의 변동에 의한 차액은 부문관리자의 책임아래 생기는 것은 아니다. 이러한 불합리를 제거하기 위해서 고안된 것이 변동예산(탄력성예산)에 의한 제조간접비예산이다.

　제조간접비예산을 예산기간에 있어서 예상되는 일정한 조업도에 대응하여 산정하는 경우에 이를 고정예산이라고 한다.

　고정예산은 연도예산, 계절예산, 월차예산 등으로 구분하는데, 여기에서 예산기간에 있어서 예상되는 일정한 조업도란, 이들 각각의 예산기간에 있어서 기대실제조업도를 의미하며, 구체적으로는 기대되는 평균조업도이다.

　제조간접비표준의 기준으로서의 간접비예산은 어느 특정한 조업도 또는 생산능력을 전제로 하여 세워진다. 따라서 이 조업도는 기준조업도를 사용하여 표준배부율을 결정하는 것인데, 이 같은 경우에 그와 같은 예상조업도와 실제조업도가 다르게 되면 조업도의 변동에 따라서 필연적으로 변동하는 비목의 소비능률을 혹정하기가 어렵게 된다.

　표준원가를 산정할 때 계산의 기초가 되는 조업도를 표준조업도(Standard Activity Volume)라고 한다. 표준의 수준에 따라 표준조업도에 이상조업도·정상조업도·예정조업도 등으로 구별이 된다.

　이상조업도는 이상표준원가계산시에 기준으로 하는 조업도로서 평균원가가 최소로 되는 조업도이다. 그런데 어떤 1부문 내지 1공정의 평균원가를 최소로 하는 조업도는 전부문 내지 전공정의 평균원가를 최소로 하는 조업도가 반드시 되지 않는다는데 주의해야 한다.

　정상조업도는 정상원가계산을 할 때, 기준이 되는 조업도로서 이상상태를 배제하고 경기변동의 1싸이클을 망라한 비교적 장기적인 과거의 실제조업도를 통계적으로 평준화하고, 여기에 장래의 전망을 가미한 조업도이다. 이 때 생산량과 판매량은 장기적으로는 무시하게 된다.

　예정조업도는 현실적인 표준원가를 산정할 때, 전제가 되는 조업도로서 경영의 판매능력과 제조능력을 고려하여 결정된 현실적인 조업도이다. 이것은 예정원가계산을 할 때에 기초가 되며, 이론적최대가능조업도(각 부문의 이론적최대가능시간수)나 실천가능조업도(각 부문의 이론적최대가능시간수에서 판매면의 제약을 고려하여 가동하지 못한 시간수를 공제한 시간수)를 고려하여야 한다. 이 밖에도 간접비의 원가부담자에게 표준배부율을 산정할 때 기초가 되는 기준조업도가 있다.

　고정예산은 실제조업도가 이 기대실제조업도와 일치하는 경우는 물론 아마도 양자가 일치하지 않는 경우에 원가관리에 효과적이나 양자가 너무 거리가 멀어지면 오히려 원가관리에 효과가 없게 된다.

　우리나라와 같이 외국시장이나 정치에 너무 많이 의존하고 있는 나라에서는 연간 기대실제조업도가 그 실제조업도와는 너무 거리가 멀어지는 것이 통례이다. 이에 반하여 월간 기대조업도에 대해서는 그 염려가 비교적 적다. 그렇기 때문에 연간고정예산은 원가관리에 거의 기여하는 바가 없으나 월간고정예산은 사전원가관리나 일상원가관리에 기여하는 점이 크다고 하겠다.

이러한 각 부문별고정예산은 제품에 대한 제조간접비 배부율의 산정기초가 된다. 그러나 제품에 대한 표준간접비 배부율은 크다란 변동이 발생한 경우는 별도로 하여 매월 변하지 않는 것이 통례이다. 그래서 이것에는 월간고정예산 보다도 반년 또는 연간의 고정예산이 사용되는 경우가 많다.

4. 제조간접비의 유동예산

제조간접비의 변동예산은 제조간접비예산을 예산기간에 예기된 범위내에서 여러 가지 조업도에 대응하여 산정한 예산이다. 변동예산은 실제간접비액을 이에 대응하는 조업도의 예산과 비교함으로써 부문의 업적관리를 가능케 한다.

(1) 변동예산의 설정

제조간접비를 보다 효과적으로 관리하기 위하여 설정한다. 제조간접비는 각 원가부문에 대하여 관리가능비와 관리불능비로 구분한다. 전자에는 각 부문의 간접노무비, 작업용소모품 등 간접재료비, 동력비, 수선비 등이 이에 속하고 표준조업도에 대한 발생액을 기술적으로 검토하여 볼만한 많은 요인이 포함되어 있으며, 후자에는 관리자급료·감가상각비·화재보험료 등이 이에 속하는데 대부분 고정비이다.

변동비예산이란 제조간접비예산을 예산기간에 대응하여 산정한 예산을 말한다. 제조간접비에 대해서는 표준조업도를 중심으로 그 전후 약간의 조업단계에 대하여 간접비를 예산하는 연구가 취해진다. 이를 변동예산 또는 탄력성예산이라고 한다.

변동예산이란 또한 실제간접비발생액을 당해 조업도의 예산과 비교하여 부문업적의 관리를 가능하게하기 위한 것이다. 제조간접비를 효과적으로 관리하기 위하여 변동예산을 설정하는데, 변동예산이란 예정기간에 예상되는 여러조업도에 대응하여 산정한 예산으로서 실제간접비 발생액을 당해 조업도의 예산과 비교하여 부문의 업적을 관리하는 것을 가능하게 한다.

(2) 실사법과 공식법

산정방법에는 일반적으로 실사법과 공식법이 있다.

① 실사법 : 실사법에 의할 경우에는 기준조업도를 중심으로 하여 예상되는 범위내의 여러 가지 조업도를 일정간격으로 설정하고, 각 조업도에 대응하는 복수의 제조간접비예산을 미리 산정한다. 이 경우 각 조업도에 대응하는 복수의 제조간접비예산은 개개의 직접비항목에 대하여 각 조업도에 있어서, 그 금액을 개별적으로 실사하여 산정한다. 이 변동비에 있어서 기준조업도는 고정예산산정의 기초가 되는 조업도이다.

② 공식법 : 공식법에 의하는 경우에는 제조간접비요소를 고정비와

유동비로 나누고, 고정비는 조업도의 증감에 관계없이 일정한 것으로 하고, 유동비는 조업도의 증감과 관련하여 각 유동비요소 또는 변동비요소군의 유동비율을 미리 측정하여 놓고, 이에 그 관련조업도를 곱하여 산정한다.

이상의 어느 방법에 의하든 변동예산 또는 탄력성예산은 제조간접비에 대하여 생산능력을 기준으로 하는 표준과 예산기간의 예산액을 결부시킨 중요한 기능을 하고 있다. 그러나 이 같은 방법을 취하면 변동예산의 산정이 점점 어렵게 된다.

이론적으로는 실사법이 공식법보다 우수한데도 불구하고, 구미에서 공식법도 실용화되지 않는 이유는 절차가 번잡하기 때문이라고 하겠다. 그 때문에 현실적으로는 작업단위별 변동예산에는 커다란 의문이 있다고 본다.

변동예산의 예산방법으로서 실사법은 복수예산 또는 다형법(Columnar Method)이라고 하는데, 기준조업도를 중심으로 수단계의 조업도에 대하여 각 제조간접비항목의 발생액을 견적하는 방법을 말한다.

실사법에서는 기준조업도를 중심으로 예정된 범위내의 여러 가지 조업도를 일정간격으로 설정하고, 각 조업도에 대응하는 복수의 제조간접비예산을 산정한다. 그 때문에 기준조업도보다 더 높은 조업도에 대한 제조간접비예산은 조업도가 상승하는 것으로서 기준조업도보다 더 낮은 조업도에 대한 제조간접비예산은 조업도가 하강하는 것으로서 산정하게 된다. 조업도 상승의 경우에는 기술적조사에 의하여 비교적 신뢰할 수 있는 예산을 세울 수 있으나, 조업도 하강의 경우에는 여러 가지 이유 특히 경영자의 주관적 판단에 지나치게 좌우되는 이유 때문에 원가잔류가 발생한다.

이 원가잔류의 정도를 정확히 예측하기가 어렵기 때문에 기준조업도 이하의 조업도에 대한 간접비예산을 사용하여 제조간접비 차이분석을 할 때는, 이 점을 고려하여야 한다. 즉, 각 조업도에 대한 제조간접비예산을 산정함에 있어서 조업구성변경이 원가에 미치는 영향도 고려하여야 한다.

이는 같은 생산량이라도 제품종류의 구성이 변하면 1단위 생산량의 크기가 달라지는 경우에 원가의 크기도 달라진다.

일반적으로 행하여지고 있듯이 관리책임구분별로 이를 산정하면, 이 영향이 크기 때문에 이 영향을 제거하기 위해서 독일에서는 변동예산을 작업단위별로 산정할 것을 제창하고 있다.

변동예산의 산정방법으로서 공식법은 표식법(Tabular Method)이라고도 하는데, 간접비항목을 변동비와 고정비로 구분하고, 변동비에 대해서는 단위조업도당 유동비율을 구하고 고정비액과 유동비율에 의하여 문제가 되는 조업도의 제조간접비를 예정하는 방법이다.

부문별로 기준조업도를 중심으로 하여 그 조업도를 100%로 하고,

그 상하로 5% 내지 10%의 일정한 단계마다 예기된 범위내의 여러 가지 조업도에 대하여 과거의 실제조업도와 간접비의 실제발생액고가의 구체적인 조사와 경험에 따라 물가의 현상이나 장래의 추세, 생산조건의 변경 등을 감안하고, 또 동일조업도에서도 조업도가 상승한 경우의 조업도와 하강한 경우의 조업도에서는 간접비의 발생액은 다르게, 이러한 현실을 고려하여 간접비의 변동상태를 검토하고 예산허용액을 견적하여 조업도 단계마다 설정된다.

제조간접비표준차이분석 (製造間接費標準差異分析) (Standard of Factory Overhead)

[의의] 제조간접비차이분석에는 관리가능차이(Controllable Vatiance)와 조업도차이(Volume Variance, Capacity Variance)로 구분하는 2분법과 예산차이(Budget Variance), 조업도차이, 능률차이로 구분하는 3분법이 있다. 예산차이에 관하여는 제조간접비의 관리방법인 고정예산(Fixed Budget)에 의한 방법과 변동예산(Variance Budget)에 의한 방법의 구분에 따라서 고정예산차이와 변동예산차이로 분류되지만 여기서는 변동예산에 의한 3분법에 대하여 설명하기로 한다.

[설명] (1) 고정예산에 의한 방법

고정예산에 의한방법

표준제조간접비는 표준조업도에 표준배부율을 곱하여 산출한다. 표준조업도는 과거의 일정기간의 조업도를 기초로 정상표준조업도를 산정한다. 표준배부율을 1예산기간의 표준조업도인 경우의 표준간접비액을 그 기간의 표준조업도로 나누어 산출한다. 표준간접비의 산출에 관하여는 과거의 자료에 의하여 제조간접비를 변동비, 고정비로 2분하거나 준고정비로 3분하여 파악하고 이에 의하여 제조간접비액을 확정한다. 이와 같은 관계를 산식으로 표시하면 다음과 같다.

$$표준배부율 = \frac{1예산기간(정상조업도하)의변동비 + 고정비}{1예산기간의 정상조업도}$$

변동예산에 의한방법

(2) 변동예산에 의한 방법

고정예산의 경우의 조업도는 반드시 실현될 조업도는 아니다. 그러므로 조업도가 변화하면 그에 따라 간접비액이 변화하도록 하여 조업도 100%의 경우가 표준배부율이 된다. 따라서 변동예산은 탄력성예산(Flexible Budget)이라고도 한다.

① 2분법은 제조간접비차이를 관리가능차이와 조업도차이로 분석하는 방법이다. 관리가능차이는 표준시간의 예산액과 실제간접비와의 차액이고 조업도차이는 표준시간에다 표준배부율을 곱한 금액과 표준시간의 예산액과의 차액이다. 관리가능차이는 능률차이 또는 수량차이 (Quantity Variance)라고도 한다. 이는 표준작업시간과 실제작업시간과의 차이를 표준배부율로 환산하여 표시한 것이다.

관리가능차이 = (표준작업시간 - 실제작업시간) × 표준배부율

이는 실제로 생산된 제조단위수를 기초로 완성에 소요된 작업시간의 표준과 실제를 비교한 것이므로 생산능률판정을 할 수 있다. 그 차

이가 노동수단 기타 생산조건 중 어떠한 원인에 의한 것인가를 알게 되면 개혁할 수 있는 관리가능한 차이인 것이다.

조업도차이는 부동시간차이(Idle Time Variance)라고도 하며 그 차이는 실제조업이 정상조업에 미달한 동안은 부동시간을 표시하는 것이다.

조업도차이 = (실제작업시간 - 예정작업시간) × 표준배부율

그 차이의 원인은 대부분 계절적 유행, 기타의 이유에 의한 수요감퇴 또는 설비능력의 과잉 등 일반적으로 관리불가능한 것이다.

② 3분법은 관리가능차이를 예산차이, 능률차이로 분석하고 이것과 조업도차이로 3분하는 방법이다. 예산차이(Budget Variance)는 소비차이(Expense Variance, Wxpenditure Variance, Spending Variance)라고도 한다. 이는 실제작업시간에 대한 허용예산액과 실제발생액과의 비교차이다.

실제작업시간에 대한 허용예산액 - 제조간접비실제발생액 = 예산차이이고 고정예산에 의한 분석에서는 실제조업과 정상조업을 비교하므로 별로 의미가 없으나 실제조업에서 예산액과 발생액을 비교하는 까닭에 그 차이의 발생원인을 구명하는 것은 유효한 소비관리의 수단이 된다.

(3) 차이분석상의 용어

① 관리기능차이 : 미국에서 널리 이용되는 제조간접비의 차이분석은 2분법이며, 그것은 원가의 관리가능성이라는 관점에서 본 1측면의 차이이다.

② 조업도차이 : 제조간접비차이의 일종이며 계산의 기초인 조업도의 상이에 의하는 것이다. 따라서 이러한 차이는 부문관리자의 직접적인 책임을 나타내지 않는다.

③ 예산차이 : 제조간접비차이의 일종이며 표준배부율 결정의 기초인 정상조업도에 있어서의 정상간접비와 실제발생액과의 차이를 말한다.

④ 능률차이 : 제조간접비의 차이분석에서 구해지는 하나의 차이이다. 이 차이는 고정예산에 의한 제조간접비를 관리하는 경우와 변동예산에 의하여 제조간접비를 관리하는 경우로 구분하여 생각할 수 있다.

⑤ 고정예산 : 이것은 정태적 예상 또는 예측예산이라고도 한다. 고정예산은 예산기간 중 가장 실현가능한 특정의 단일조업도를 전제로 하여 편성되는 예산이다.

⑥ 변동예산 : 이것은 탄력성예산이라고도 하며, 조업상태에 따라 각 비목의 예산허용액을 쉽게 견적할 수 있도록 마련한 예산이다.

| 제조경비예산
(製造經費豫算) | 의의 보조간접비예산이라고도 한다. 제조직접비인 재료비·노무비 이외의 제조간접비에 대한 예산이다. 제조간접비는 대별하여 간접재료 |

(Manufacturing Expense Budget)	비·간접노무비·간접경비로 분류되는데, 이들은 여러항목으로 구성되고 그 관계부문이 다방면에 미치고 있다. 또 이들은 고정비와 변동비로 되어 있으므로 재료비 및 경상비인 제조직접비와 다르며, 제조경비 예산의 작성과 관리통제는 극히 어렵다. 따라서 제조간접비에 대하여는 고정예산만이 아니라 비용과 조업도의 관계의 구조적 파악을 함으로써 가능하게 되는 변동예산 또는 탄력성예산이 작성되고 관리통제에 사용할 수 있게 된다. 왜냐하면 제조간접비는 기업활동의 정도인 조업도의 변화에 하등 관계없이 일정액으로 발생하는 고정비와 비례적으로 발생하는 변동비로 구성되고 있으며 또 그 조업도는 기업의 내외의 여러 조건의 변화로 인하여 변화하므로 조업도의 변동에 따라 제조간접비는 복잡한 변화를 표시하기 때문이다. 제조경비예산을 연차·기변·계절별만이 아니라 월차로 세분되고 또 각 제조부문별·각 보조부문별로 작성되어야 한다.
제 조 계 정 (**製 造 計 定**) (Manufacturing Account)	[의의] 제조계정은 공업부기에 있어서 중심을 이루는 계정으로, 그 차변은 원가요소계정 및 간접비계정에서 대체되어, 제품이 완성되면 각 제조계정에 대체된다. 이 계정의 기말잔액은 제조과정중 제품의 원가, 즉 미완성품의 현재액을 나타낸다. [설명] 이 제조계정은 재공품이 여기서 처리되는 관계로 재공품계정(Work-in Process a/c)이라고 부르는 경우도 있다.
차변기입액	1. 차변기입액 제조계정의 차변에는 기초재공품의 재고액 이외에 재료계정에서 당기의 재료소비액, 임금계정에서 당기 임금소비액, 그리고 제조비계정에서 당기의 제경비소비액이 각각 대체기입 되어 여기서 함께 집계된다.
대변기입액	2. 대변기입액 제조계정의 대변에는 당기중에 완성된 제품의 제조원가가 기입되는 것인데, 이것은 제조계정의 차변에 집계된 총제조비용 가운데, 당기중에 제품으로 완성된 것을 제품계정에 대체하는 형식으로 기입되는 것이다. 1 사업연도 중에 완성된 제품의 금액은 기말에 다음 산식에 의하여 계산한다. 당기완성품제조원가 = 기초재공품재공액 + 당기재료비 　　　　＋ 당기노무비 + 당기경비 - 기말재공품재고액 이 완성품은 제조원가의 정확도는 기말재공품의 평가의 정확도에 달려 있다. 이는 비원가부기의 가장 큰 결함 중의 하나이다. 위와 같은 방법외에 재공품계정을 별도로 설정하고 원가의 집계는 제조계정에서 행하되, 재공품의 이월절차는 재공품계정이라는 순수한 자산계정에서 행하는 방법도 있다. 이는 상업부기에서 이월상품계정과

	매입계정과의 관계와 똑같다. 재공품계정에 있어서 전기부터 이월되어 온 재공품은 제조계정의 대변에 기입되어서 전자는 재고액으로서 차기에 이월되며, 후자는 재공품의 원가를 제품의 제조원가에서 공제하는 역할을 한다. 이 결과 제조계정은 당기의 제조원가만 표시하고 재공품계정은 기말에 있어서의 미완성작업의 재고액을 표시하게 된다.
제조노무비 **(製造勞務費)** (Production Labor Cost)	의의 제조노무비란 공업부기에서의 노동력의 소비로서 생긴 원가를 말한다. 재료비를 물적원가요소라고 한다면, 노무비는 인적원가요소라고 할 수 있다. ☞ **노무비** (Labour Cost)
제조부감사 **(製造部監査)** (Audit of Manufacturing Department)	의의 제조기업의 내부감사시에 가장 중요한 것이 제조부감사인데, 주로 "부가가치과정"을 중심으로 한다. 기업자본의 제조분야에 있어서 유효적절하게 이용되고 있는지를 조사·분석·비판하는 것으로 제조부문별로 작업재료의 낭비 여부, 아이들 타임(Idle Time)의 배제를 위한 생산계획, 기타 제경비를 절감하고 있는지를 검토하게 된다. 특히 제조수량의 계획과 실적의 차이, 품질관리 등에 대해서 원인과 결과를 분석한다. 제조기업에서의 제조부감사는 내부감사의 핵심이 되므로, 이 밖에도 여러 가지 경영효율면을 검토하게 된다. 제조부감사는 특히 제조에 관한 컨설팅(Consulting)과 혼동이 되는데, 이것은 대략 다음과 같은 차이가 있다. 내부감사는 재무적인 사항을 대상으로 그 결과에 대해서 종합적인 비판의견을 제시하는데 대하여 컨설팅은 기술적인 문제를 중심으로, 주로 제조방법에 대한 개별적인 지도를 하는 것이라고 할 수 있다. 그러나 제조부 내부감사는 원가절감이 가장 큰 목표이므로 기술적인 면에 대해서도 상당한 정도로 조사분석하게 되므로 컨설팅의 영역을 많이 포괄하게 된다.
제 조 부 문 **(製造部門)** (Production Department)	의의 제조부문이란 기업이 목적으로 하는 제품의 제조작업이 행하여지는 부문을 말한다. 제조작업의 상위(相違), 통과하는 미완성의 상위점등에서, 제조부문을 수개의 계산단위장소로 나누는 것이 보통이다. 원가계산을 할 경우에는 이러한 계산단위장소를 원가부문이라하고, 원가를 부문별로 집계한다. 설명 부문별 원가계산에 있어서 원가부문의 구분에는 우선 제조원가부문과 관리 및 판매원가부문으로 나누고, 제조원가부문을 다시 제조부문과 보조부문으로 나눈다. 제조부문은 주요부문이라고도 하며, 기업의 목적인 제품·반제품·부분품을 직접생산하는 작업부문이다. 여

	기서 원가는 원가부담자인 제품에 직접 부과하므로, 주요원가장소라고도 한다. 제조부문은 작업 또는 제품의 종류에 따라서 각종의 부문으로 구분된다. 예를 들어 기계제조에 있어서 주조부·선조부·선반부·기계부·조립부 등과 같은 것이다. 또 생산의 내용에 따라서 제조부문은 주경영부문과 부경영부문으로 구분된다. 전자는 기업이 목적으로 하는 주된 제품을 생산하는 부문을 가리키고, 후자는 부차적 제품을 생산하는 부문을 가르킨다. 예를 들면 염료공업에 있어서 제조공장, 제관공장 등이 있다. 주경영부문과 부경영부문의 구별은 원가분석이나 원가통제상 필요한 것이나 원가계산절차상으로는 구분할 필요가 없다. 그리고 작업의 내용이 보조적인 경우에는 보조부문으로 처리하는 것이 합리적이다. ☞ **제조부문비** (Producing Department Cost)
제조부문비 (製造部門費) (Production Department Cost)	〔의의〕 제조부문비란 제조부문에 집계된 원가를 말한다. 원가계산에서는 원칙적으로 원가부문을 설정하여 원가를 부문별로 집계한다. 부문별원가계산을 함으로써 원가관리나, 간접비의 배부계산이나 또는 중간제품의 원가산정 등이 정확히 이루어지게 된다. 원가부문은 일반적으로 이것을 제조부문과 보조부문으로 구분한다. 〔설명〕 제조부문이란 그 공장이 목적으로 하는 제품에 대한 제조작업이 이루어지는 부문이며, 작업이나 제품의 종류에 따라 세분된다. 즉, 제조부문의 구분의 일례를 들면 다음과 같다. 　　철강업 … ① 제철부 ② 제강부 ③ 단조부 ④ 압연부 등 　　제과공업 … ① "비스켓"부 ② "드롭프스"부 ③ "캬라멜"부 　　　　　　　 ④ "초코레트"부 공정별원가계산이 이루어지는 경우에는 제조부문은 몇가지 공정으로 형성된다. 제조부문비에도 부문개별비와 부문공통비가 있고 또 제조별계산을 위하여서는 각 보조부문비의 전부 또는 대부분은 결국 제조부문에 배부되어야 한다.
제조부문비계정 (製造部門費計定) (Manufacturing Department Cost Account)	〔의의〕 제조부문에 집계되는 원가를 통괄하는 계정이고, 그 내역명세는 제조부문비원장 또는 부문비원장에 기장된다. 공기업에 있어서의 원가부문은 제조부문과 보조부문으로 구별되나, 제조부문이라는 것은 당해 기업이 목적으로 하는 제품의 제조작업이 행하여지는 부문이고, 그것은 원가관리, 제품원가산정의 견지에서 원가중심점에 세분되는 일이 있으나, 이들의 제조 및 원가중심점에 있어서 발생한 원가의 통괄계정을 제조부문비계정이라 한다. 〔설명〕 제조부문은 업종, 업태, 조직, 생산규모 등에 의해서 다르지만 개별원가계산을 채택하는 경우에는 주로 제조간접비가, 그리고 종합원가계산을 채택하는 경우에는 주로 직접비 및 제조간접비가 제조부문

비계정에 집계되는 일이 많다. 더욱 제조부문은 이것을 주제품의 제조를 행하는 주경영부문과 부차적제품의 제조를 행하는 부경영부문으로 구별하는 일이 있지만, 이러한 분류는 제조업 등에서나 나타난다.

원가계산에서는 원칙적으로 원가부문을 설정해서 원가요소를 부문별로 분류집계한다. 원가부문은 제조부문과 보조부문으로 구별된다. 이 제조부문은 목적생산물인 제품의 직접제조작업을 행하는 부문을 말한다. 제조부문은 제품의 종류별, 제품의 생성의 단계, 제조활동의 종별 등에 의해서 각종의 부문이나, 공정으로 나누어진다. 예를 들어 기계제작공장에서의 주조·단조·기계가공·조립 등의 각 부문이 그것이다.

원가요소는 부문개별비와 부문공통비로 나누어서 집계되기 때문에 제조부문비도 직접적으로 부과된 부문개별비와 배부된 부문공통비로 성립된다.

제조부문비에 집계되는 원가요소의 범위는 개개의 원가계산법에 의해 달라진다. 개별원가계산에서는 제조간접비가, 종합원가계산에서는 전원가요소 또는 가공비 또는 조간접비 중 어느 것이 부문비에 집계되는 원가요소의 범위가 된다. 제조간접비를 부문비계산에 의하여 각 특정제품에 배부함에 있어서는 개개의 원가요소의 금액을 제조부문별로 집계하고 그 제조간접비를 그 부문을 통과하는 제품에 배부한다. 배부방법은 가액법·시간법·수량법 등 여러 가지가 있으므로 각 제조부문마다 적당한 방법을 쓰면 된다. 이러한 배부계산이 끝나는 대로 원가계산에서는 제조간접비배부표를 작성하여 제조원장의 각종제품계좌에 각각의 배부액을 기입하고 계산계에서는 분개를 거쳐 총계정원장에 전기한다.

| 제 조 예 산
(製 造 豫 算)
(Production Budget) | [의의] 제조예산은 협의로는 어떤 제품을 얼마만큼, 언제, 어디에서 제조할 것인지를 계획한 제조액예산(Production Volume Budget)을 의미하며, 제조활동을 예산에 반영하는 최초의 단계이다. 광의로는 제조액예산 이외에 제조에 관련하는 3가지의 주요예산 즉, 재료비예산(원재료 필요량의 견적), 노무비예산(직접노동의 량과 비용). 제조간접비예산(직접재료비 및 직접노무비 이외의 모든 제조비용의 견적)을 포함한다. 이들 제예산은 서로 밀접한 관계에 있어 전부가 종합 통일되어야 비로소 제조계획의 전체가 명백히 된다.

즉, 제조예산에서는 제조수량, 재료예산, 노무예산, 제조경비예산, 설비예산 등이 열거된다. 또 이들은 개개의 것으로서 보다도 서로 밀접하게 관련된 것으로서 열거된다.

판매예산과 제품재고량과의 관계에서 제조할 제품의 수나 종류는 용이하게 결정된다. 이것이 결정되면 다음에는 제조계획이 세워지고 있어 재료비·노무비·경비 등의 제조원가요소에 관한 예산이 작성 |

되며, 이것에 부수되어 구입예산이나 설비예산이 필요하게 된다.

설명 제조액예산은 제조활동의 전체적 목표를 표시하고 재료비, 노무비, 제조간접비의 3가지 제조예산은 제조활동의 전체적 목적을 달성하기 위한 수단이 표시된다. 기업의 사정에 의한 제조관계예산으로서는 제품 및 재료의 재고예산, 구매예산, 설비예산 등으로 분화된다.

제품의 재고량은 제조활동과 판매활동을 조절하는 중대한 역할을 하여 제조량의 견적에 있어 고려를 요하는 사항이다. 그러므로 제조액예산과는 별도로 제품재고예산을 작성한다. 또 재고재료의 관리가 중요한 경우에는 재료재고예산이 작성되고 재공품에 대하여는 재공품예산이 작성된다. 구매예산은 상품경영에 있어서는 매우 중요한 지위를 차지하는 것으로 상업경영에 있어서는 대단히 중요한 지위를 차지하는 것으로 판매예산, 재무예산과 같이 3대기본예산에 포함된다.

제조기업에 있어서의 재료의 구매도 제조활동을 원활하게 하기 위한 것이고, 또한 구매예산을 재료비예산과 재료재고예산을 기초로 하여 작성되기 때문에 제조액예산에 대하여 종속적 관계에 있다.

설비예산은 제조에 관련되어 설비투자계획이 수립된 경우에 작성되며, 이 같은 경우에는 일반적으로 제조관계예산에 소속된다. 그러나 설비예산의 실시는 일반적으로 장기에 걸쳐서 다액의 자금지출을 필요로 하므로 투자예산(자본지출예산)으로서 재무예산에 소속시키기도 한다.

자본계획을 조업도정책의 문제를 고려하는 경우에는 다음과 같은 점을 목표로 하여야 한다.
① 판매계획·판매예산과 제조계획 및 제조예산과의 조절
② 재고품의 적정유지책
③ 자재·노무 및 용역 획득의 난이
④ 생산의 경제성
⑤ 재무능력의 고려
⑥ 제조의 안전성
⑦ 제조품목·수량·시기·장소의 결정 등

제조예산의 작성책임은 제조담당책임자에 있는데, 그는 제조예산에 영향을 미치는 모든 고려사항을 참작하여 판매예산에 적응한 제조예산안을 작성하여야 한다. 이 예산안은 예산위원회에 있어서의 제조부문의 달성목표로 되는 동시에 전반관리자의 종합관리의 용구로 된다.

| 제 조 원 가
(製 造 原 價)
(Manufacturing Cost) | 의의 제품의 제조를 위해 직접·간접으로 소비한 일체의 경제가치의 합계액을 제조원가라고 한다. 제품원가는 제품을 생산하는데 있어서 소비되는 원가로서 직접비뿐만 아니라 제조간접비도 포함된다. 이에 대하여 관리비 및 판매비와 같이 회계기간의 발생액을 파악하는 기간원가개념이 있다. 광의의 기간원가는 제품원가까지를 포함하여 일 |

정기간의 수익에 대응하는 일체의 원가를 의미하나, 협의로는 제품원가 이외의 원가를 의미한다. 그런데 직접원가방식에 있어서는 직접재료비·직접노무비·직접경비와 같은 직접변동비가 제품원가를 구성한다고 생각하여 한계이익을 계산한다. 그러나 관행적인 원가계산에는 제조고정비가 제품원가에 포함되어 제조고정비의 제품배부가 정확하게 시행되어야 한다.

[설명] 일반적으로 원가라고 표현할 때는, 이 제조원가를 가리키는 일이 많다.

제조원가는, 재료비, 노무비, 경비로 구분하고, 이것을 다시 직접비와 간접비로 구분한다.

제조원가	직접비	직접재료비
		직접노무비
		직접경비
	간접비	간접재료비
		간접노무비
		간접경비

제조원가의 계산은, 원칙으로서 요소별 원가계산 → 부문별원가계산 → 제품별원가계산의 순서에 따라 행한다.

원가계산의 핵심은 제조원가의 계산이고, 제조원가는 코스트콘트롤의 주요대상으로 한다.

제조원가감사
(製造原價監査)
(Audit of Production Cost)

[의의] 제조회사의 경우에는 상업에서의 매출원가와는 다른 제조원가가 감사의 대상이 되는데, 이 감사의 목적은 원가계산이 적정하게 이루어 졌으며, 그 결과가 제조원가보고서에 적정하게 표시되었는지를 확인하는 것이다.

[설명] 회사의 제조원가와 관련된 내부통제조직의 운용상황을 조사하고, 회사가 채택하고 있는 원가계산 절차가 원가계산준칙 및 그 회사의 원가계산규정에 준거하고 있는지를 검토한다.

그리고 제조원가를 구성하고 있는 재료비·노무비 및 경비에 관한 계산기록을 증거자료와 대조하여 소정의 절차를 계속적으로 준수하고 있는지의 여부 및 간접비배부의 적합성과 원가부담의 적합성 등을 검증하여야 된다.

이를 다시 요소별로 설명하여 보면 원재료 소비에 대해서는 재료출고전표, 청구전표, 제품원단위계산표 등을 대조 계산하고, 상대편 계정과목인 원재료·보조재료와 비교 검증한다.

원가부담의 적합성을 검토하기 위하여 대상회사의 원가계산실시요령 또는 규칙을 이해하고 원재료배부계산표와 배부기준 및 방법의 적부를 검토한다.

노무비에 대해서는 급료·임금지급대장·미지급계산표·제조공원수표 등을 비교 검토하여 상대편 계정과목인 현금 및 현금등가물·미지급임금과 비교 대조한다. 노무비배부기준과 방법을 대상회사의 원가계산요령과 비교 검토하고, 노무비배부계산의 정확성을 검증한다.

제조경비는 각 과목별로 청구서, 영수증 등의 증빙서를 토대로 원가계산서의 제조경비를 상대편 계정과목인 현금 및 현금 등가물·미지급비용 등과 대조 검증한다. 제조경비의 배부기준 및 방법을 대상회사의 원가계산요령과 비교 검토하고 비용의 기간배분의 적정성을 검토한다.

이 밖에도 원가차액이 발생할 경우 발생사유와 차액의 처리방법 및 처리기준의 계속성 준수여부를 검토한다.

이와 같이 원가감사는 대단히 복잡하며 어렵고, 경우에 따라서는 공학적 지식까지 요청되기 때문에 기술자의 도움을 받을 때도 있다.

제조원가계산 (製造原價計算) (Cost Accounting)

의의 제품의 제조원가를 계산하는 원가계산을 말하는 것으로 공장원가계산이라고도 불리우며, 공장에서 발생하는 원가를 계산하는 것을 말한다. 공장에서 발생하는 원가에는 직접비와 간접비(개개의 제품제조에 직접적인 관련이 없는 발생원가)가 있으며, 이것을 계산하는 것이 제조원가계산이다.

설명 1. 생산성의 원칙

제조원가는 일정한 제품의 생산량과 관련시켜 집계하고 계산한다. 이와 같이 제품의 생산량과 관련된 원가를 집계하여야 한다. 그리 하여만 제품 1단위당 원가를 정확히 계산할 수 있기 때문이다.

원가계산의 집계절차를 보면 다음의 3가지 계산 단계로 나누어진다. 원가는 제1단계로 재료비와 노무비 및 경비를 집계하여 계산하는데, 이를 원가의 비목별계산이라고 한다. 이렇게 비목별로 집계된 원가는 제2단계로 이들 원가가 발생된 장소 즉, 부문으로 집계하는데, 이를 원가의 부문별계산이라고 한다. 이 부문별로 집계된 원가는 다시 제3단계로서 제품별로 집계하여 제품 1단위당 원가가 산정되는데, 이를 원가의 제품별계산이라 한다.

2. 생산성의 원칙

제조원가는 제품의 생산과 관련하여 발생한 원가에 의하여 계산한다. 원가는 이렇게 제품의 생산과 관련하여 발생한 것으로서 원가의 정당성을 요구하고 있다.

원가의 정당성이란 재무회계의 관점에서 원가성의 판단기준으로서 의의를 가지고 있으며, 이는 특히 실제원가계산을 전제로 하여 본 것이다. 경영의 정상적인 활동상태에서 발생한 경제적 자원의 가치소비만이 원가가 될 수 있다. 그러나 정상적인 원가의 범위를 적극적으로 결정하기에는 어려우므로, 이를 정상적인 것의 반대인 가치소비의 이상성을 결정함으로써 간접적으로 결정하는 것이 일반적이다. 따라서 비정상적으로 발생한 경제적 자원의 소비는 원가에 포함시키지 않는다. 이 경우 비정상적으로 발생한 경제적 자원의 소비란 화재·풍수해·도난과 같은 재해나 사고를 생각할 수 있으며, 때에 따라서는 장기의 노사분규까지 확대시킬 수 있다.

3. 신뢰성의 원칙

제조원가는 신뢰할 수 있는 객관적인 자료와 증거에 의하여 계산한다.

객관적인 자료란 원가계산에 관한 자료를 말하며, 증거란 제증빙서를 말한다. 증빙서류를 실제상에 있어서 먼저 생각하여야 하는 것이 물적증거와 문서적증거이다. 물적증거란 가령 현금·상품·제품·비품·건물·토지의 자산으로서 이것을 회계장부와 대조함으로써 증명할 수 있다. 그러나 문서에 의한 증거는 물적증거에 의하는 것이 아닌 예를 들면 각종계약서·영수증의 증거서류·증명서·제장부가 문서적증거가 된다. 그리고 문서적증거를 외부에서 구하는 외부증거, 기업의 내부조직에서 구하는 내부증거로 구분한다. 증빙서류는 내부증거보다 외부증거가 더 신뢰성이 있다. 따라서 외부증거는 기업의 외부로부터의 증거이므로 원시적증거 즉, 영수증·어음·보관증·창고증권이다.

내부증거는 기업내부에서 구하는 회계자료로서 전표·계산표·증거서류·회의록·계약서·신용장·회계장부 등의 내부증거 외에 입고 및 출고지령서·물품청구서·자재출고청구서·제조지시서 등도 있다.

4. 배분성의 원칙

제조원가는 그 발생의 경제적 효익 또는 인과관계에 비례하여 관련제품 또는 원가부문에 직접부과하고, 직접부과가 곤란한 경우에는 합리적인 배부기준을 설정하여 배부하여야 한다.

개별원가계산에 있어서 직접비는 각각의 제조지시서에 직접부과할 수 있으나, 간접비는 우선 원가계산기간을 단위로 하여 파악하고, 다음에 각 제품이 받은 경제적 효익에 비례하겠금 배부기준을 인위적으로 정하여 각 제품에 배부할 수 밖에 없는 것이다.

따라서 이 인위적인 배부기준 산정할 때는 자의성이 개재되기 쉬우므로, 되도록 합리적인 배부기준을 설정하여 배부하여야 한다. 특히 개별원가계산에 있어서는 간접비의 배부기준을 되도록 합리적인 것에 의하므로서 제조원가를 정확히 산정할 수가 있는 것이다. 예를 들어 건물감가상각비는 건물의 점유면적, 동력비는 기계의 마력수가 합리적인 배부기준이 된다.

[사례] 제조원가계산과 제조계정마감

다음 원가계산기말의 자료에 의하여 ① A제품 제조원가를 계산하고 ② 제조계정을 마감하라. (다만, 제조간접비의 배부는 직접재료비에

의한다)

<자료>
① 재료소비액
　제조직접비 : 600,000원,　　제조간접비 : 105,000원
② 임금소비액
　제조직접비 : 600,000원,　　제조간접비 : 185,000원
③ 제조제경비 발생액 : 160,000원
④ A제품
　직접재료비 : 220,000원,　　직접임금 : 248,000원
⑤ B제품제조원가 : 588,500원
⑥ 기초재공품 : 180,000원

<해답>
① A제품제조원가 : 633,000원(제품(제조)원가 1,221,500원 자료상의 B제품 제조원가 588,500원)
② 제조계정의 마감

제 조 계 정

이 월	180,000	제 조	1,221,500
재 료	600,000	이 월	608,500
임 금	600,000		
제조간접비	450,000		
	1,830,000		1,830,000
이 월	608,000		

※ A제품제조간접비배부액　$220,000원 \times \dfrac{450,000원}{600,000원} = 165,000원$

제조원가계산과 총원가계산 (製造原價計算과 總原價計算) (Cost Accounting and Total Cost Accounting)

☞ 종합원가계산 (Process Cost System)
　개별원가계산(Job Order Accounting)

[설명] 공업에 있어서 제조활동이 진행되면 원재료, 노동력, 각종 용역의 이용 또는 소비를 하게 되고, 그것들의 가치가 없어지는 동시에 없어진 가치는 제품에 인계된다. 제조활동에 소비된 가치를 결부단위에 관련시켜서 계산한 것을 제조원가라고 하며, 일반적으로 원가계산이라고 하면 제조원가계산을 뜻한다.

제조원가계산을 하는 경우에는 판매비와 관리비는 급부단위에 대하여 계산하지 않고 그 전부를 비용이 발생한 회계기간의 매출액에 부과하는 회계처리를 하게 된다.

제품의 원가를 제조원가라고 생각하지 않고 제품의 원가를 제조원가 외에 관리비와 판매비까지 포함시킨 것이라고 보면 총원가계산이 된다. 제조원가계산을 할 것인지 또는 총원가계산을 할 것인지는 기업의 종류와 원가계산을 하는 목적에 따라 다를 것이다.

[사례] 전월의 다음자료에 의하여 제품의 원가를 계산하는 경우에 ① 제조원가계산을 한 결과와 ② 총원가계산을 한 결과는 영업이익에 어떠한 차이를 생기게 하는지를 본다.

품 종	생산수량	판매수량	제조원가	판매비	관리비	매출액
A제품	20,000kg	15,000kg	300,000원	23,000원	35,000원	440,000원
B제품	15,000kg	12,000kg	450,000원	110,000원	110,000원	675,000원

단, 기초재고액은 각제품의 모두 없는 것으로 한다.
(1) 제조원가계산의 경우
A제품의 단위원가는, 300,000원 ÷ 20,000kg = 15원
당월의 판매수량은 그 중의 15,000kg이므로, 매출원가는 15원 × 15,000kg = 225,000원이고, 매출이익은 다음과 같다.
　　440,000원 - 225,000원 = 215,000원
동일한 계산방법에 의하면 B제품의 매출이익은 다음과 같다.
$$675,000원 - 450,000원 \times \frac{12,000}{15,000} = 315,000원$$
A제품과 B제품의 매출이익을 합계하고, 이것에서 판매비 및 관리비를 차감하여 영업이익을 산출하여 본다.
　(215,000원 + 315,000원) - (25,000원 + 40,000원 + 53,000원 + 110,000원) = 320,000원 제조원가계산을 하는 경우에는 손익계산을 하는데, 판매비와 관리비를 제품별로 구별할 필요가 있다. 그와 같은 구분계산을 하는 것은 관리적인 목적을 위해서다.
(2) 총원가계산을 하는 경우
총원가를 계산하게 되므로 판매비 및 관리비를 제조원가에다 가산한 것을 생산수량으로 나누어서 단위원가를 산출하고, 이것에다 판매수량을 곱하여 매출원가를 계산하여, 이것을 매출액에서 차감하여 영업이익을 산출한다.
　A제품 : 440,000원 - (300,000원 + 25,000원 + 35,000원)
$$\times \frac{15,000}{20,000} = 170,000원$$
　B제품 : 675,000원 - (450,000원 + 40,000원 + 110,000원)
$$\times \frac{12,000}{15,000} = 195,000원$$
영업이익의 합계는 다음과 같다.
　　170,000원 + 195,000원 = 365,000원

제조원가명세서 (製造原價明細書)

[의의] 제조원가명세서란 손익계산의 제1구분에 기재되는 제조원가의 명세를 표시하는 것으로서 재무제표부속명세서의 일종으로 중요한 명

(Factory Cost Report)

세서이다.

기업회계기중에 의하면 제조공업은 재무제표의 하나로서, 제조원가명세서를 작성하지 않으면 안된다.

이 제조원가명세서는 제조계정의 차변·대변을 상세하게 보고식으로 표시한 것으로서 최후에 당기 제조원가를 산출한다.

즉, 기초원재료재고액과 당기원재료매입액을 가(加)하여, 기말원재료재고액을 공제하는 방식으로 당기원재료비를 계상하고, 이를 명세하게 분류한 노무비를 가하며, 한편 분류한 경비도 가하여 당기총제조비용을 산출한다.

다시말하면 기초재공품재고액을 가하여 합계를 구하고, 이에서 기말재공품재고액을 공제하여 제조원가를 표시계산한다.

[설명] 원가의 내용은 그 목적에 따라 달라진다. 원가계산은 원가의 수치를 실지로 이용하는 실무자의 희망에 부합되지 않는다면 무익한 것이 되고 말 것이다. 제조원가명세서도 이러한 원리에 따라 그 수치를 실지로 이용하는 실무자의 희망에 부합되어야 하며, 원가의 통제나 적정한 판매가격의 설정, 그리고 현가격하에서의 여러종류의 제품의 생산에 있어서의 수익성의 비교 등에 기여할 수 있어야 할 것이다. 제조원가명세서의 내용으로는 해당기간의 재료비, 노무비, 제조경비등을 함께하여 당기제조비용을 계산하고, 여기에 재공품초기이월액을 합하여 재공품기말재고액을 차감하면 당기제조원가가 된다.

제조원가 명세서

(단위 원)

과 목	당 기		전 기	
Ⅰ. 재 료 비				
1. 기초재료재고액				
2. 당기재료재고액				
계				
3. 기말재료재고액				
Ⅱ. 노 무 비				
1. 급 여				
2. 퇴직급여				
Ⅲ. 경 비				
1. 전 력 비				
2. 가스수도비				
3. 운 임				
4. 감가상각비				
5. 수 선 비				
6. 소모품비				
7. 세금과공과				

8. 임 차 료				
9. 보 험 료				
10. 복리후생비				
11. 여비교통비				
12. 통 신 비				
13. 특허권사용료				
14. ……				
Ⅳ. 당기총제조비용				
Ⅴ. 기초재공품원가				
Ⅵ. 합 계				
Ⅶ. 기말재공품원가				
Ⅷ. 유형자산 (또는타계정)대체액				
Ⅹ. 당기제품제조원가				

※ 기재상의 주의
1. 기말원가계산제도를 채용하는 경우에는 당기총제조비용은 이를 직접재료비·직접노무비·제조간접비로 구분하여 기재할 수 있다.
2. 공정별 종합원가계산제도를 채용하는 경우에는 이에 적합한 내용으로 기재한다. 표준원가계산제도를 채용하는 경우에도 또한 같다.

제조원가요소
(製造原價要素)
(Element of Manufacturing Cost)

의의 제조원가요소란 제조과정에서 재료를 가공하여 제품을 완성할 때까지 투입된 원가의 요소를 말한다. 제품을 완성할 때까지 투입된 원가의 요소이므로 완성된 제품원가의 요소는 물론 아직 미완성의 가공중에 있는 재공품이나 반제품에 투입된 것도 제조원가요소가 된다. 또 직접적으로 제품이나 재공품 및 반제품과의 대응이 분명한 재료비나 부품비만이 아니고, 간접적으로 제조에 사용하는 원가도 제조원가요소가 된다. 가령 공장장의 급료는 어느 제품을 제조하는데 사용되었는지는 분명하지 않지만 제조활동을 총괄하는데 요한 원가인 것 만은 틀림이 없으므로 제조원가요소가 된다.

원가요소분류

설명 원가계산준칙 제조원가요소는 재료비·노무비 및 경비로 분류하거나 회사가 채택하고 있는 원가계산방법에 따라 직접재료비·직접노무비 및 제조간접비 등으로 분류할 수 있도록 규정하고 있다.

원가의 본질은 제품을 생산하기 위해서 소비된 경제적자원의 가치를 말한다. 이 원가의 본질은 어떠한 경우에도 변함이 없으나 계산목적 또는 사용목적에 따라서 여러 가지로 분류된다. 예를 들어 이 제품의 원가는 얼마인가 할 경우, 우리는 아마도 먼저 재료비 얼마, 노무비 얼마, 경비 얼마로 나누어 생각할 것이다. 이것도 하나의 원가분류방법인데 그 외에도 여러 가지 분류방법이 있다.

그런데 급부를 만들어내는데 들어간 경제가치의 전소비량을 화폐로 표시할 때 원가라고 부르고, 이 원가를 구성하는 부분을 원가요소라고 부른다. 원가요소는 경영의 직능별로 분류하는데, 제조원가요소와 판매원가요소 및 관리비요소로 분류하고 제조원가요소는 다시 여러 가지 방법으로 분류한다.

원가(제조원가)의 구성요소는 여러 가지 관점에서 분류할 수가 있다. 일반적으로 제조원가요소의 분류기준으로서 원가발생의 형태에 따라 형태별분류, 원가가 경영상 어떠한 기능을 위하여 발생한 것인지에 따라 형태별분류·제품에 대한 원가발생의 상태에 따라 제품기관분류, 조업도와의 관련에 따라 조업도관련분류, 원가의 관리가능성에 따라 원가관리가능성분류의 5가지 기준을 채택하고 있다.

형태별분류

(1) 형태별분류

원가요소는 원가발생의 형태에 따라 재료비·노무비 및 경비로 분류한다.

형태별분류는 원가요소의 분류방법중에서 가장 기본적인 것인데, 이들 3가지 원가요소를 특히 이른바 원가의 3요소라고 한다.

이 형태별분류는 원가요소를 가장 명확히 파악할 수 있는 이점이 있으므로 원가계산준칙은 원가요소분류의 기초가 되는 제1차분류로 규정하고 있다. 그러나 이 분류방법은 원가발생의 형태를 표현하는데 불과하고 목적이나 성격을 나타낸 것이 아니므로 반드시 획일적이고 정형적으로 분류할 필요는 없다. 즉, 원가발생의 목적이나 기능을 나타내지 못한다는 단점이 있다.

이 분류기준에 따르면 재료비와 노무비 및 경비에 속하는 비목으로 분류하는데, 이처럼 원가의 3대요소로 분류하듯이 오래전부터 기본적인 원가요소의 분류방법이였으므로 원가요소계산이라고 할 때도, 이 형태별 분류집계를 말한다.

우리나라 원가계산준칙이 제2장 원가의 비목별계산에서, 이 형태별분류를 기초로 하고 있는 것도 그러한 전통에 따른 것이라고 하겠다.

형태별분류는 재무회계에 있어서 비용발생의 형태에 따른 원가의 분류인데, 원가계산이 재무회계와 유기적관련을 갖는 이상 중요한 의미를 갖는다. 이 분류는 지급형태 또는 거래형태에 따른 분류방법이라고도 한다. 형태별분류에서는 원가요소는 재료비·노무비·경비에 속하는 각 비목으로 분류된다.

우리나라 기업회계기준에서 제조원가를 기업이 채택하는 원가계산방법에 의하여 재료비·노무비·경비의 요소별로 구분하여 기재하도록 규정하고 있는 점을 보아도 제조원가의 분류는 주로 형태별분류임을 알 수 있다. 이 형태별분류를 원칙으로 하면서 필요한 때, 기타 적절한 과목으로 구분하여 기재할 수 있도록 규정하고 있다.

기능별분류

(2) 기능별분류

원가가 경영상 어떠한 기능을 위하여 발생한 것인지에 따라 재료비는 주요재료비·보조재료비와 공장소모품비 등으로, 임금은 작업종류별 개별작업임금·공동작업임금 등으로 하고 경비는 각 부분의 기능에 따라 분류한다.

　기능별분류란 원가가 경영상 어떠한 기능을 위하여 발생한 것인지에 따라 분류하는 방법이다. 이 분류기준에 따라 원가요소를 기능별로 분류한다. 이와 같이 기능별분류에서는 원가요소가 경영상 어떠한 기능을 위하여 발생한 것인지를 기준하여 분류하는 것이므로 기능별분류를 목적별분류라고도 한다.

　형태별분류보다 기능별분류가 모든 면에서 합리적인 결과를 가져오리라고 생각될 것이다. 기능별분류는 여기에 목적의식이 도입되어 있다는 의미에서 형태별분류보다는 우수한 희생과 성과의 대응 계산지향형의 체질을 간직하고 있다. 다시 말해서 소위 평면적으로 인식하는 형태별분류에 대하여 기능별분류는 이미 이것이 입체적인 관계로 파악한다는 의미에서 보다 고도의 분류방법이라고 하겠다.

　그렇다고 해서 형태별분류와 기능별분류는 서로 이해가 상반되는 관계에 있는 것이 아니다. 대부분의 경우 기능별분류는 형태별분류를 기초로 하여 형성된다. 일반적으로 제조원가요소의 분류기준을 보면, 먼저 형태별분류에 따라 재료비와 노무비 및 경비로 대별하고, 이들 과목에 속하는 각 비목별로 분류되는 원가요소는 어떠한 경영상의 기능을 수행하기 위해서 다시 이를 기능별로 분류하게 되는 것이다.

　이와 같이 원가를 인식함에 있어서 보편적으로 사용되고 있는 형태별분류와 기능별분류라고 하는 2가지 커다란 분류방법이 있다. 말할 것도 없이 형태별분류는 원가의 발생형태에 착안하여 원가를 분류하려는 방법이고, 기능별분류는 원가가 어떠한 기능을 수행할 수 있는가 하는 점에 착안하여 원가를 분류하려는 방법인데 항상 형태별분류와 결합되어 나타난다.

제품관련분류　(3) 제품관련 분류

　제품에 대한 원가발생의 형태에 따라 직접비와 간접비와 간접비로 구분한다. 제품에 대한 원가발생의 형태 즉, 원가의 발생이 일정단위 제품의 생산에 관하여 직접적으로 인식하는가, 그 성질상의 구분에 의한 분류인데 이 분류기준에 따라 원가요소는 직접비와 간접비로 분류한다.

　이 분류방법도 원가계산상의 분류로 널리 이용되고 있다. 그렇지만 직접경비는 보통 예외적이 아니면 발생하지 않으므로 원가계산은 주로 직접재료비·직접노무비·간접비를 총칭하는데 간접재료비·간접노무비·간접경비를 말한다.

　일반적으로 제조원가를 직접비와 간접비로 구분하고, 직접비는 직접재료비·직접노무비·직접경비로 분류하고 또 간접비는 간접재료비·간접노무비·간접경비로 분류한다. 그런데 직접비는 제품의 종류별로

	인식이 가능함으로 분리가능원가(Seperable Cost)의 성격을 띠고 있으며, 간접비는 수종류의 제품에 공통적으로 인식되는 공통원가(Common Cost)의 성격을 띠고 있는데, 이를 결합원가(Joint Cost)라고 한다. 　원가의 분류기준으로서 제품과 관련하여 식별하는 직접비와 간접비의 구분도 원가계산서상 매우 중요하다. 직접비란 원가의 발생이 일정단위 제품의 생산에 관하여 직접적으로 인식한 것이고 또 간접비란 그 형태가 간접적으로 밖으로 인식할 수 없는 것이다.
원가관리가능성 분류	(4) 원가관리가능성 분류 　원가요소를 원가를 관리가능성에 따라 관리가능비와 관리불능비로 분류한다. 　☞ 재료비・노무비・경비 　　주요재료비와 보조재료비, 개별작업임금과공통작업임금, 　　제조부문비와보조부문비, 　　직접비・간접비 　　고정비・변동비 　　관리가능비・관리불능비
제조자시장 (製造者市場) (Manufacturer's Market)	의의 제조자시장은 제조자가 생산재를 구매하는 시장이며, 따라서 생산적소비를 위하여 원료품, 가공용부품, 작업용소모품, 비품 등의 생산재를 필요로 하는 제조자에 의하여 구성되는 시장이다. 설명 제조자시장의 일반적 특성은 다음과 같다. 　① 구매자수가 적다. 소비자시장이 소비대중을 포함하는 것과는 달리 제조자 시장은 제조자에 한정된다. 　② 구매총액이 크고 또 구매의 규모가 크다. 　③ 합리적 구매동기가 지배적이다. 　④ 구매책임이 집중되고 있지 않다. 상당히 대규모의 1공장에 있어서도 구매결정의 전권한이 1개인에 집중되지는 않는다. 대체로 구매부문의 매입 또는 구매위원회라는 것이 구매결정을 한다. 　⑤ 일반경기상황에 의존한다. 산업용품 수요는 파생수요이다. 이것은 소비재의 수요로 규정된다. 따라서 경기변동에 의한 일반구매력의 신축이 산업용품수요를 좌우하고 제조자시장에 영향을 미친다. 　이상의 특성이외에 호혜구매가 이루어지고 구매빈도가 낮은 것이 특징이다.
제조지령서 (製造指令書) (Production Order, Job Order,	의의 제조지령서란 제품의 제조 또는 특정의 작업을 제조부에 대하여 명령하기 위한 서식이다. 즉, 특정의 제품을 생산할 때에 어떠한 종류의 제품을 어디서 어떻게 언제까지 얼마만큼 제조하여야 하는가에 대하여 기획부가 제조부에 명시하고 그 제품의 제조를 명령하는

| Manufacture Order) | 서식이다.

설명 제조지령서는 제조명령서 또는 제작전표라고도 불리어지는데, 공장에서는 지령서의 접수에 의하여 비로소 그 제조활동이 개시되고 필요한 재료·노동력 등의 소비에 관한 권능이 부여되는 것이다. 제조지령서의 형식은 기업의 종류에 따라 일정하지 않다. 단순히 제조를 명령하는 간단한 형식으로 충분한 경우도 있으나, 보통은 그 제품의 생산을 규제하는 사항, 예를 들면 생산할 제품의 종류·품명·규격·수량·생산착수일·완료예정일 또는 완성요구일·사용재료명·사용기계의 종류·작업부문명 등을 포함하며 또 규격품이 아닌 특수제품의 경우에는 세밀한 설계도·청사진·기타 도면 등 제조작업에 필요한 서류를 첨부하고 특히 주문생산일 경우에는 주문처의 성명과 주문서일자 및 번호 그밖에 납품기일·인도장소·인도방법 등도 부기(附記)할 필요가 있다. 제조지령서를 발행하는 경우에는 지령서번호를 기입하여야 하는데, 이 번호는 원가계산을 행하는데 필요할 뿐 아니라 공장서류는 모두 이것에 의거하여 작성되며, 생산관리 및 원가관리 등도 또한 모두 지령서별로 행하여지는 것이다.

이 서류에 기재하여야 할 사항은 이것 역시 공기업의 종류나 사정에 따라 일정치 않으나 일반적인 사항은 다음과 같다.

제 조 지 령 서

```
           제 조 지 령 서
 제  호        담당        년  월 일 발행
 주문처 _____
 주문번호 _____
 납입장소 _____
 납기     년   월   일
    하기의 공사요령에 의거하여 착수할 것
```

```
          제 조 지 령 서
 NO. _____
   공작부장 _____
```

주문처		인수번호	
품 명		수 량	
인수연월일	년 월 일	완성예정일	년 월 일
납 기		인도장소	
공사요령		인수가격	단 가	금 액
	년 월 일		발령계	

이 지령서는 공장활동이 시작되는 근원이 되는 것이므로 반드시 공장수뇌부의 검별을 거쳐야 되고, 권한없는 자가 좌우할 바가 아니다. 그리고 제품의 종류 및 규격이 동일한 제품을 생산할 때에 있어서는 지령서에 기재하는 공사요령은 비교적 간단히 기재하면 되지만 복잡한 작업이 필요한 때에는 정규의 지령서 외에 작업을 상세하게 기술한 작업요령서를 별첨한다. 또 1장의 지령서에 의한 생산을 수개의 작업으로 구분하여 제조를 할 때에는 각 구분작업에 대하여 부지령서를 발행하고 제조원가를 부지령서별로 계산하여 다시 이것을 주지령서에 종합할 때도 있다.

공장의 생산활동은 제조지령서의 발행에 의하여 시작되는 것이지만, 이 지령서가 발행되는 주요한 경우는 다음과 같다.

① 사업목적인 제품을 생산할 때
② 당해 공장에 있어서 사용하는 건물·기계장치·공구·비품등의 제작 또는 수선을 할 때
③ 시험연구 또는 시작(試作)할 때
④ 공손품의 보수 또는 공손에 의한 대품(代品)의 제작을 할 때

그리고 개별원가계산에 의한 생산을 하려면 원칙적으로 특정제조지령서를 발행한다. 이 지령서는 2이상의 동종제품을 일괄하여, 이것을 1단위로 하여 발행할 때가 있다. 그러나 그 수량에 대하여는 당해 제품의 1원가계산기간의 생산가능수량을 고려하여 결정하지 않으면 안된다.

종합원가계산을 하는 제품의 생산에 있어서는 계속제조지령서를 발행하는 것을 원칙으로 하지만 생산이 지속되는 동안에 작업의 진척상태를 언제든지 감시할 필요상 계속지령서를 발행할 때에도 일정기간에 대한 생산수량을 표준으로 하여 적당하게 이것을 결정하고, 이 표준수량의 생산을 대상으로 하여 특정제조지령서를 발행할 수도 있다.

당해 공장에서 사용하는 시설(건물·기계 등)의 제작 또는 수선작업을 할 때에는 특정제조지령서를 발행한다. 그러나 수선유지의 정도를 지나지 않는 수선작업에 대하여는 부문별로 발행되는 계속제조지령서 또는 부문별로 일괄 발행되는 특정제조지령서에 의거할 수도 있다. 당해 공장에서 사용하는 동종의 공구·도구 등을 반복 계속하여 제작할 때에는 계속제조지령서에 의거할 수 있다.

공장이 신기술을 채택하기 위하여 지출하는 시험연구 또는 시작(試作)에 관한 비용을 이연시켜서, 이것을 고정자산에 계상하려고 할 때에는, 이것에 대하여 특정제조지령서를 발행한다. 그리고 1장의 제조지령서에 의하여 지령된 작업을 수개의 직업으로 구분하여 제조원가

	를 계산할 때에는 당해 기본지령서(Main Production Order)밑에 부지령서별로 계산되고, 다음에 이것을 주지령서에 총괄함으로써 특정제품 또는 작업의 제조원가가 계산된다.
	이와 같은 지령서를 발행할 때에는 기계공장의 제품의 제작에서만 볼 수 있는 것이고, 예를 들면 일정한 기계의 제작에 목형·주물·선반·조립 등의 각 작업이 필요하면, 이와 같은 작업에 대하여 각각 부지령서를 발행하여 제조원가를 계산한다.
제조지령서의종류 (製造指令書의種類) (Ciasaification Production Order)	[설명] 제조지령서는 공기업의 종류 또는 그 지령하는 목적에 따라 여러 종류가 있다. 이것을 대별하면 다음과 같이 2가지로 구분할 수 있다. 외부로부터 주문에 의한 특정의 제품 또는 작업에 관련되는 제조지령서가 있고, 대내적인 제품 또는 작업에 관련되는 제조지령서가 있다. 이것들은 발행목적이 상이한 것은 물론이지만 어떤 것이나 이것에 의하여 생산활동이 개시되는 것은 동일하다. 그리고 이 지령서는 그 성질에 따라 분류할 때는 다시 다음과 같이 2종으로 구분될 수 있다.
특정제조지령서	(1) 특정제조지령서(Special Production Order) 특정제조지령서는 개개의 제품 또는 작업에 대하여 개별적으로 발행되는 것이고, 외부의 주문에 관련되는 것이나 자가용품이거나를 불문하고, 특정수량의 생산 또는 작업에 대한 제조지령서이다. 그러므로 지령된 제품의 생산이나 작업이 완료되었을 때에는, 이 지령에 의한 제조원가는 개별적으로 계산되므로 주로 개별원가계산을 할 때 사용된다.

계속제조지령서	(2) 계속제조지령서(Standing Production Order)
	 계속제조지령서는 주로 동종물품을 반복 계속하여 생산하는 때 또는 동종작업을 계속적으로 수행할 때에 발행하는 것으로서 일정기간에 걸쳐서 계속 사용되는 지령서를 말한다. 이 지령서는 한번 발행되면 일정기간은 그 효력을 계속하는 것이고, 주로 종합원가계산을 할 때에 사용된다.
	 이상 2종의 제조지령서는 물론 외부의 주문에 의한 제품 또는 작업에 대한 것과 대내적일 생산 또는 작업에 대한 것이고, 그 주요한 종류를 열거하면 다음과 같다.
	 ① 대외적인 제조지령서
	  ㉮ 특정품제조지령서(Special Goods Production Order)
	  ㉯ 특정재공품제조지령서(Special Goods Finishing Order)
	  ㉰ 조립지령서(Assembly Production Order)
	  ㉱ 부분품제작지령서(Parts Production Order)
	 ② 대내적인 제조지령서
	  ㉮ 제작지령서(Fabricating Order) … 자기공장에서 사용되는 물품의 제작을 목적으로 하여 발행되는 제조지령서

㉴ 건설지령서(Building Construction Order) … 공장건설 또는 건축물 등의 건설에 관한 제조지령서

㉵ 개조 및 개량제조지령서(Reconstruction Betterment Order) … 공장건물·구축물의 개조 또는 개량, 기계장치 및 비품 등의 개조 또는 개축에 관한 제조지령서

㉶ 수리지령서(Repairing Order) … 공장건물, 기계장치 등의 수리를 목적으로 하여 발행되는 제조지령서, 이 지령서는 그 수리가 반드시 대내적인 물건에만 한정되는 것이 아니고 또는 대외적인 물건의 파손 등을 수리하는 때에도 사용되므로 양자의 구별은 분명하지 않다. 특히 조선공업에 있어서 직제상의 수리부는 주로 외부의 주문에 의한 선박의 수리를 담당하는 것이므로 오히려 주문품의 제조지령서와 동일한 것이라고 할 수 있다.

이상은 현재 이용되고 있는 제조지령서의 일반적인 종류이지만, 이와 같은 지령서의 종류가 어떻든간에 한번 지령된 각 작업이 어떠한 이유(예를 들면 재료 또는 노동력 등의 부족) 때문에 예정대로 진척되지 않고, 지체되고 있는 것을 발견하였을 때에는 지연작업을 촉진시키는 목적으로서 특정의 지령서를 작성하여 작업현장에 전달할 때가 있다. 이와 같은 때에 작성하는 지령서를 긴급제조지령서(Rush Production Order)라고 한다. 따라서 일부작업의 지연은 전작업에 영향이 미치므로, 이 지령서를 회부받은 작업현장은 즉시 다음에 제시하는 일정한 응급책을 강구하여야 된다.

① 비교적 지급을 요하지 않는 제조지령서에 의한 작업은 후로 미룰 것

② 노무, 기계의 각 배정표, 작업예정진행표 등의 전반에 걸쳐서 갱정된 것

③ 노무자의 조기출근 잔업 기타 적정한 수단방법을 취하여 완급을 적당히 조절할 것

(3) 주제조지령서와 부제조지령서

주제조지령서
부제조지령서

주제조지령서(主製造指令書)는 제품의 제조자체에 관하여 발행되는 지령서로서 그 제품의 종류·수량이 표시된다. 이에 대하여 부제조지령서(副製造指令書)는 주제조지령서에 의한 제품생산을 몇 개의 작업으로 구분하고 각 구분작업 마다 원가를 표시할 때 각 구분작업에 대하여 발행되는 지령서로서 주제조지령서의 내용이 표시되는 것이다.

따라서 제조원가는 먼저 부제조지령서 마다 계산되고, 다시 이것이 주제조지령서에 총괄된다. 이와 같은 지령서는 주로 개별적생산 특히 조립생산(組立生産)에서도 그 공장이 다만 조립만을 하느냐 또는 부분품제작도 겸하여 하느냐에 따라서 지령서의 양식은 다시 다음과 같이 나누어진다.

① 조립지령서(組立指令書)

제조지령서의발행	이것은 구입한 부분품으로 제품을 조립하는 기업에서 발행되는 지령서이다. ② 부조립지령서(副組立指令書) 　이것은 구입한 부분품으로 중간제품을 조립하고, 다시 이 중간제품을 조립함으로써 완제품을 생산하는 경우에 이 중간제품을 제조할 것을 명령할 때에 발행되는 지령서이다. ③ 부분품제조지령서(部分品製造指令書) 　이것은 부분품의 제조를 자기 공장에서 생산하는 경우에 발행되는 지령서이다. (4) 제조지령서의 발행 　공장에서의 생산활동은 제조지령서의 발행에 의하여 비로소 개시되는 것인데, 이 지령서가 발행되는 주요한 경우를 열거하면 다음과 같다. ① 사업의 목적인 제품의 생산을 하는 경우 　개별원가계산을 하기 위해서는 특정제조지령서가 발행되며, 종합원가계산을 하기 위해서는 계속제조지령서가 발행된다. ② 자기공장에서 사용하는 건물·기계·공구 등의 제작 또는 수리를 하는 경우 　이 경우에는 특수제조지령서를 발행하는 것이 원칙이다. 그러나 자본적지출(資本的支出)이 되지 않는 수선작업에 대하여 부문별로 발행되는 계속제조지령서나 또는 부문별로 일괄 발행되는 특정제조지령서 등 2가지 중 어느 것을 택해도 무방하다. 공구(工具)에 대해서도 동종(同種)의 것이 반복 계속해서 제작되는 경우에는 계속지령서를 발행할 수도 있다. ③ 시험연구 또는 시작을 하는 경우 　시험연구 또는 시작(試作)에 관한 비용을 무형자산(無形資産)에 계산하도록 할 경우에는 이에 대하여 특정제조지령서를 발행해야 할 것이다. ④ 파손품의 보수 또는 파손에 의한 대체품(代替品)의 제작을 하는 경우 　이 경우에는 특정제조지령서를 발행한다. 제조지령서의 발행에 있어서는 다음 몇가지 점에 유의할 필요가 있다. ㉮ 한 지령서에 한 종류의 제품에 대한 제작명령이 기재되어야 한다. 다른 종류의 제품에 대하여는 각각 별도의 지령서를 발행함으로써 원가의 집계나 작업의 관리통계(管理統計)의 목적에 응할 수 있기 때문이다. ㉯ 제조지령서는 거기에 기재된 명령에 대한 상세한 사항이 구체적으로 검토·기획된 뒤에 발행되어야 한다. ㉰ 제조지령서는 1원가계산기간의 생산가능수량을 고려하여 발행되

	어야 한다. ㉮ 지령서는 반드시 복사할 것이 요망된다. 지령서는 여러 장 복사해서 원본(原本)은 작업책임자에게 돌리고 복사한 것 중 1장은 원가계산담당부서에 송부하고 다른 1장은 발행자가 보관하여야 한다.
제 품 (製 品) (Finished Goods, Product)	[의의] 제품이란 완성품 또는 최종품이라고 불리우는데, 소정의 작업을 전부완료하여 완전히 판매 또는 저장 가능의 상태에 있는 것을 지적한다. 재무제표는 공업·광업·기타 상업 이외의 사업을 영위하는 회사가 판매의 목적으로 소유하는 제조품, 기타의 생산품으로 그 기업의 영업에 주목적이 되는 것을 말한다. 제품은 제조계정으로 처리한다.
제 품 계 정 (製 品 計 定) (Finished Goods Account)	[의의] 제조공정을 완료한 제품이 판매되기까지의 사이를 처리하는 계정이다. 공장의 통상의 제조공정을 끝마친 것은, 제품계정으로 처리되는데, 더욱더 특수한 가공을 할 경우는 제품계정에서 재차제조계정으로 대체하게 되는 것이다. 가장 일반적인 분개는 제조공정을 끝마친 때에 제조계정(또는 착수품계정)에서 제품계정 차변에 대체되어, 판매한 때에 제품계정에서 매출원가계정으로 대체하게 된다. 제품의 평가는 제조원가로 행하지만, 이 제조원가는 실제원가 외에 합리적으로 계산한 표준원가 또는 예정원가가 사용되는 수가 있다. [설명] 원자재와 동양으로 계속기록법에 의해서 장부상의 수불을 기록하는 외에, 기말에는 실지재고조사에 의해서 실제재고를 확정한다. 　또 기능적·경제적 원인으로 평가감을 할 제품의 존재에 주의하지 않으면 아니된다. 재고자금의 금리부담을 생각하면 빨리 환금하는 편이 유리한 경우가 종종있다.
제품의회계처리	1. 제품의 회계처리 ① 제품의 완성과 입고시 　개별원가계산의 경우에는 제조지령서의 번호별로 원가계산표에 집계된 제조원가, 종합원가계산의 경우에는 종합원가계산표에서 계산된 완성품제조원가로서 다음과 같이 회계처리 한다. 　　(차) 제품　×××　　(대) 제조　××× 　　　　　　　　　　　　　　(재공품) ② 제품의 판매시 　매원가계산기말에는 매출원가월보에 의거하여 다음과 같이 매출제품에 대한 회계처리를 하여야 한다. 　　(차) 매출원가　×××　　(대) 제품　×××
제품계열가격결정 (製品系列價格決定)	[의의] 다각제품을 광의로 해석하면 1기업체내에서 생산되는 모든 제품을 가리키는 것이고, 그들의 상호관계를 말할 때 다각제품계열이라

(Producting Pricing)	고 한다. 다각제품을 협의로 해석하여 본질적으로 동일제품이지만 규격·품질과 같은 내용에 차이가 있는 정도의 제품의 상호관계를 단순히 제품계열이라고 한다. [설명] 제품계열가격결정의 문제는 광의로 해석하면 다각제품계열, 협의로 하면 제품계열이 있을 때, 가격결정을 일정한 체계하에 두려는 것으로 요약된다. 　제품들이 계열을 이루느냐 이루지 못하느냐는 경제이론상 그들에 대한 수요가 서로 상호의존적이냐 독립적이냐 하는 것으로 결정된다. 따라서 제품계열가격결정의 문제는 기업이 총이윤을 최대로 하는 견지에서 각 제품의 수요특성(상호의존성)을 잘 고려하여 전제품의 가격을 체계화 또는 계열화 하는 것으로 되는 것이다. 또 전연 동일제품이라 할지라도 수요층의 분할이 가능할 때 가격차를 유지할 수 있는 경우(예：영화의 조조할인, 학생대 일반요금, 서울대 지방요금 등)도 여기에 포함된다. 　제품계열에 대한 가격계열화(Price Lining)를 하는데에 있어서는 다음 순서로 진행하는 것이 편리하다. 　① 가격정책이 비용에 기초를 두는 것이라면 비용의 격차가 계열화의 근거가 될 수 있다. 　② 각 제품의 상호의존성(Inderedependence)의 본질을 파악한다. 상호의존성에는 대체성, 보완성, 유도성(예：신규구독자 할인요금은 정규구독자를 만들게 한다)등이 있다. 　③ 동일제품에 대하여 가격탄력성이 다른 수요층의 유무를 조사한다. 　④ 각 제품을 개별적으로 볼 때 제품시장의 경쟁상태를 조사한다. 경쟁이 심한 제품은 계열화에서 이탈하는 것이 불가피할 때가 있다. 　⑤ 동일제품에 있어서 제품규모, 품질차를 소비자의 필요상 발생시킨다. 이들에 대한 가격계열은 위 ①에 준하는데, 이때 사용되는 비용은「풀코스트」(Full Cost)이다.(예：신문광고요금) 　⑥ 위 ②에서 ③까지를 참조하여 가격계열을 수립할 때, 어떠한 가격이라도 원가를 하회하지 않도록 한다. 　어떠한 원가를 사용하느냐는 기업체의 상태에 따라 다르다.
제 품 계 획 (製 品 計 劃) (Product Planning)	[의의] 제품계획이란 기본적인 경영계획이다. 기업의 성장성이나 수익성에 중대한 영향을 주며, 특히 신제품의 도입에 의한 설비투자가 따르는 경우에는 설비투자계획으로서 다루게 된다. [설명] 오늘날처럼 기술혁신이 현저한 시대에는 제품계획에서 다음사항을 언제나 배려하여야 한다. 　① 소비자의 욕구 　② 경쟁제품의 동향

③ 신기술의 발전

소비자의 욕구를 충족시킬 수 있는 제품을 보유하지 못하면, 기업은 존립하기 어렵게 되었다. 그리고 소비자의 욕구는 일정불변한 것이 아니며, 구매력에도 한계가 있을 뿐만 아니라, 제품의 생명에도 한계가 있다. 그러므로 기존제품이 부단히 개량되고 신제품이 개발되어야 한다. 하나의 제품개발이 타제품의 판매를 촉진하는 역할을 하기도 하며 매출액의 증가는 영업비비율을 저하시키는 것이기도 하다. 기업의 성장성과 수익성을 유지하려면 소비자의 욕구에 따른 제품개량·신제품의 개발이 부단히 이루어져야 한다. 소비자의 시장개척과 기술적 발전이라는 목표달성을 위하여 신제품을 분류하면 다음과 같은 관계를 알 수 있다.

신제품의 개발(New Product Development), 기존제품의 개량(Product Diversification)을 통하여 신시장의 개척(Development of New Market)이 가능하게 된다.

이러한 관점에서 제품계획의 과제는 다음 사항이 된다.
① 신제품의 추가계획
② 구제품의 폐지계획

이러한 계획은 기업의 기본구조를 변화시키는 계획이므로 장기개별계획의 입장에서 채산성이 검토되어야 한다. 특히 신제품의 도입에 설비투자가 따르는 경우에는 설비투자계획의 일환으로서 다루어진다. 이 경우에도 제품의 라이프·사이클(Product's Life Cycle)의 결정이 중요하다. 페세미어(Edgar Pessemier. New-Product Decisions. 1966, pp. 13~14)에 따르면, 제품의 라이프·싸이클에는 다음의 5단계가 있다.

① 도입기(제품의 재판매업자나 최종구매자에게 도입되는 기한)
② 성장기(제품이 시장에서 보통 발견되며, 수용성이 높아지는 기관
③ 경쟁기(경쟁자의 제품이 출현되고, 시장에서 보통 발견되는 기간)
④ 진부화(제품을 빨리 수정·변경하여야 될 것으로 보이는 기간)
⑤ 종말(제품이나 개량제품이 애호를 받지 못하게 되어 품목(Line)에서 탈락되는 기간)

특히 최근에는 라이프·사이클이 단축되고 있으므로 신제품계획의 선정에서는 많은 신제품의 아이디어 중에는 가장 유망한 것을 평가선정하여야 한다.

이 평가기준에 관하여 졸·딘(Joel Dean. Managerial Economics. 1951, pp. 122~125)은 수익성기준과 신제품도입의 포촉적기준을 들고 있다. 수익성기준에 관하여 신제품에 대한 가장 중요한 문제는 추정수익성이며, 타당한 이익개념은 적당한 기간의 증분수익(增分收益) 즉, 제품이 그 수명기간을 통하여 기업이익에 부가하는 액이다. 추정

이익은 노동, 설비 및 시간의 대체적이용과 비교할 수 있는 형태의 것으로 표현되어야 한다는 것이다.

　제품계획에 속하는 것으로서 제품배합계획, 중간제품으로 되느냐 완성품으로 하여 매매하느냐의 계획 등의 제계획이 있다. 이러한 계획은 단기개별계획으로서 집행계획 또는 업무계획과 중대한 관련이 있다.

　최근에는 량적경영에서 질적경영으로서 전환이 강조되고 있다. 매출액의 증대가 반드시 수익성과 직결되는 것은 아니다. 그러므로 채산성 없는 품종을 폐기하면서 채산성이 높도록 품종을 중요한 의사결정 문제가 된다.

　이러한 제품계획의 선정에서는 특수원가조사가 활용되고, 특수원가 개념으로서는 차액원가(증분원가)나 차액수익(증분수익)개념을 사용하여 비교계산을 한다.

　단기계획인 제품배합계획 등에는 직접원가계산에 의한 자료가 유효하다. 제품계획의 구체적인 수법을 보면 다음과 같다.

[사례] 신제품의 추가계획

　현재 X제품을 제조판매하고 있다. 생산설비에 여력이 있어서 신제품 Y를 추가생산할 것인지를 검토중이다.

　〈자료〉

① 현재의 X제품 연간생산량(조업도 90%) 270,000개이다.
② X제품의 손익계산서는 다음과 같다.

```
  매출액 270,000개  @ 250원   67,500,000원
  제조원가
    직접재료비  @ 80원   21,600,000원
    직접노무비  @ 40원   10,800,000원
    제조간접비  @ 50원   13,500,000원
              @ 170원   45,900,000원
  제조간접비배부부족액         900,000      46,800,000
  매출총이익                              20,700,000
  판매비및관리비                            5,775,000
  순수익                                  14,925,000
```

③ 제조간접비부족액 900,000원의 계산과정은 다음과 같다.

```
  제조간접비배부액        15,000,000원
  예정작업시간           100,000시간
  예정배부율                 150원
  제품 1개의 작업시간       1/3시간
  제품1개의 간접비배부액      50원
  예정작업시간에서의 제조간접비
    고 정 비          9,000,000원
    변 동 비          6,000,000원
```

　　　　　1시간당 변동비　　　　　60원
　　　　　1개당 변동비　　　　　　20원
　　　실제제조간접비(조업도 90%, 작업시간 90,000시간)
　　　　　9,000,000원 + (60원 × 90,000시간) …… 14,400,000원
　　　제조간접비배부액
　　　　　150원 × 90,000시간 …… 13,500,000원
　　　제조간접비배부부족액
　　　　　14,400,000원 − 13,500,000원 = 900,000원
　④ 신제품의 제조판매를 위한 추가운전자본은 3,000,000원이다.
　⑤ 신제품의 예정판매가격은 200원이다.
　⑥ 신제품의 예정생산판매수량은 62,500개이다.
　⑦ 신제품 1개당 직접재료비는 80원이다.
　⑧ 신제품 1개당의 직접노무비는 50원이다.
　⑨ 신제품의 추가생산에 필요한 추가비용은 다음과 같다.
　　　제조간접비 30원(1개당) × 62,500개 = 1,875,000원
　　　관리비 및 판매비　　　　　　　　　　625,000원
　⑩ 고정비의 추가지출은 년간 25,000원이 예상된다.
　이 문제는 생산설비의 여력을 이용하여 신제품을 추가생산할 것인지의 계획을 검토하는 것이다. 자료를 기초로 하여 차액원가에 의한 신제품 Y의 손익계산을 하면 다음과 같이 된다.

　　　매출액　62,500개　ⓐ 200원　　　　　12,500,000원
　　　차액제조원가
　　　　변동비
　　　　　직접재료비　ⓐ 80　5,000,000원
　　　　　직접노무비　ⓐ 50　3,125,000원
　　　　　제조간접비　ⓐ 50　3,125,000원
　　　　고정비　　　　　　　　25,000원　　11,275,000원
　　　　차액매출총이익　　　　　　　　　　 1,225,000원
　　　　차액 관리비·판매비　　　　　　　　　625,000원
　　　　차액순이익　　　　　　　　　　　　　600,000원

　1개당의 제조간접비계산은 다음과 같다.
　　　1개당 변동간접비　　　　20원
　　　1개당 추가간접비　　　　30원
　　　　　　　　　　　　　　　50원

이상에서 신제품 Y를 추가생산하면, 년간 600,000원의 이익이 예상된다. 이러한 판단외에 차액 자본이익률을 검토하여야 한다.

신제품 Y의 제조 판매에 의한 차액자본이익률 = $\dfrac{\text{차액순이익}}{\text{차액자본}}$

= $\dfrac{600,000}{\ }$ × 100% = 20%

2,000,000

이 회사의 목표자본이익률이 15%라면, 이 목표보다 높아서 Y제품의 추가생산은 바람직한 것으로 결정될 것이다.

[사례] 구제품의 폐지계획

현재 X, Y, Z의 3종 제품을 제조 판매하고 있다. 금기의 영업성적을 분석하였는바, 다음과 같이 X제품에서 손실이 생기고 있음을 발견하였다. 이 해결책을 산정하여 본다.

제품별손익비교표

항 목	X제품	Y제품	Z제품	합 계
매 출 액	40,000,000	60,000,000	150,000,000	250,000,000
매 출 원 가				
직접재료비	10,000,000	12,000,000	38,000,000	60,000,000
직접노무비	16,000,000	20,000,000	44,000,000	80,000,000
제조간접비	3,000,000	8,000,000	24,000,000	35,000,000
매출총이익	11,000,000	20,000,000	44,000,000	75,000,000
관리비·판매비	12,000,000	14,000,000	34,000,000	60,000,000
순 이 익	△1,000,000	6,000,000	10,000,000	15,000,000

〈자료〉

(1) 직접재료비·직접노무비는 변동비로서 제품에 바르게 부과되고 있다.

(2) 제조간접비의 구성

  고 정 비 15,000,000원
  변 동 비 <u>20,000,000원</u>
       35,000,000원

(3) 변동제조간접비는 직접노무비의 비율에 의하여, 각기 제품에 배부된다.

  X 제 품 4,000,000원
  Y 제 품 5,000,000원
  Z 제 품 <u>11,000,000원</u>
      20,000,000원

(4) 관리비·판매비의 구성

  고 정 비 20,000,000원
  변 동 비 <u>40,000,000원</u>
      60,000,000원

(5) 변동판매비 및 관리비는 매출액을 기준으로 하여 각기 제품에 배부되고 있다.

  X 제 품 6,400,000원
  Y 제 품 9,600,000원
  Z 제 품 <u>24,000,000원</u>

40,000,000원

(6) X제품을 폐지하여도 고정비총액에는 변화가 없다.

(7) X제품을 폐지한 경우에는 그 판매노력을 Y제품의 경주하면, 매출액이 20% 증가될 것으로 예상된다.

X제품에서 손실이 생기므로 이것의 제조중지를 할 것인지를 판단하기 위하여, 자료에 의하여, 제품별손익비교표를 변동비와 고정비로 분석하여 본다.

항 목	X제품	Y제품	Z제품	합 계
매 출 액	40,000,000	60,000,000	150,000,000	250,000,000
변 동 비				
직접재료비	10,000,000	12,000,000	38,000,000	60,000,000
직접노무비	16,000,000	20,000,000	44,000,000	80,000,000
제조간접비	4,000,000	5,000,000	11,000,000	20,000,000
관리비·판매비	6,400,000	9,600,000	24,000,000	40,000,000
변동비합계	36,400,000	46,600,000	117,000,000	200,000,000
한계이익	3,600,000	13,000,000	33,000,000	50,000,000
고 정 비				
제조간접비				15,000,000
관리비·판매비				20,000,000
고정비합계				35,000,000
순 이 익				15,000,000

위의 표에 의하면 X제품의 변동비는 그 매출수익으로 보상되고 있다. 그리고 고정비의 일부도 회수되고 있다. X제품을 폐지한 경우의 Y제품의 증가매출액은 다음과 같이 계산 될 수 있다.

$$60,000,000원 \times 20\% = 12,000,000원$$
(Y제품매출액) (매출증가예상률) (Y제품매출증가예상액)

Y제품의 매출증가에 따른 변동비(차액원가)는 다음과 같이 계산된다.

$$Y제품의 \ 한계이익률 = \frac{Y제품의 \ 한계이익}{Y제품의 \ 매출액} = \frac{13,400,000원}{60,000,000원} \times 100\%$$
$$= 22.3\%$$

증가변동비(차액원가) = 12,000,000원 × (1 − 0.223) = 9,324,000원

X제품을 폐지한 경우의 손익계산은 다음과 같이 된다.

항 목	Y 제품	Z 제품	합 계
매 출 액	72,000,000	150,000,000	222,000,000
변 동 비	55,924,000	117,000,000	172,924,000
한계이익	16,076,000	33,000,000	49,076,000

고 정 비			25,000,000
순 이 익			14,076,000

X제품의 판매를 계속한 경우의 순이익   15,000,000원
X제품의 판매를 중지한 경우의 순이익   <u>14,000,000원</u>
순 이 익 의 감 소 액   29,000,000원

그러므로 현재 X제품에 의하여 일어나는 한계이익을 유지하려면, 16,143,498원 이상의 매출증가가 필요하게 된다.

$$\frac{\text{X제품의 한계이익액}}{\text{Y제품의 한계이익율}} = \frac{3,6000,000원}{22.3\%} = 16,143,498원$$

따라서 Y제품의 매출액이 매년 16,143,498원 이상 증가할 가망이 없으면 X제품의 제조 판매는 계속되어야 한다.

[사례] 제품배합계획

현재 X,Y의 2종제품을 제조 판매하고 있다. X,Y의 제품배합을 변경하여 현재의 매출액에서 이익의 증가를 도모하고져 자료를 검토하고 있다.

〈자료〉

(1) 현재의 제품배합과 한계이익률(P/V 비율)은 다음과 같다.

항 목	Y 제 품	Z 제 품	합 계
매 출 액	25,000,000	25,000,000	50,000,000
매출비율	50%	50%	100%
변 동 비	10,000,000	20,000,000	30,000,000
한계이익	15,000,000	5,000,000	20,000,000
한계이익률 (P/V 비율)	60%	20%	40%
고 정 비			15,000,000
순 이 익			5,000,000

$$\text{손익분기점} = \frac{\text{고정비}}{\text{한계이익률}} = \frac{15,000,000원}{40\%} = 37,500,000원$$

(2) 연간매출액의 신장은 고정비의 변동이 없으면, X 및 Y가 다같이 5,000,000원이 예상된다.

(3) X제품의 매출을 5,000,000원 증가시킨 경우에는 다음과 같이 된다.

항 목	Y 제 품	Z 제 품	합 계
매 출 액	30,000,000	20,000,000	50,000,000
매출비율	60%	40%	100%
변 동 비	12,000,000	16,000,000	28,000,000
한계이익	18,000,000	4,000,000	22,000,000
한계이익률			

(P/V 비율)	40%	20%	44%
고정비			15,000,000
순이익			7,000,000

$$손익분기점 = \frac{고정비}{한계이익률} = \frac{15,000,000원}{44\%} = 34,090,000원$$

(4) Y제품의 매출을 5,000,000원 증가시킨 경우는 다음과 같다.

항목	Y제품	Z제품	합계
매출액	20,000,000	30,000,000	50,000,000
매출비율	40%	60%	100%
변동비	8,000,000	24,000,000	32,000,000
한계이익	60%	20%	36%
(P/V 비율)			15,000,000
고정비			
순이익			7,000,000

$$손익분기점 = \frac{고정비}{한계이익률} = \frac{15,000,000원}{36\%} = 41,666,667원$$

자료에 의하면 X, Y제품은 각기 5,000,000원을 매출증가액의 한계로 하고 있다. 제품배합을 한 경우의 순이익을 비교 계산하여 본다.

매출액	매출비율 X	매출비율 Y	평균한계이익률	한계이익	고정비	순이익
50,000,000	60%	40%	44%	22,000,000	15,000,000	7,000,000
50,000,000	50%	50%	40%	20,000,000	15,000,000	5,000,000
50,000,000	40%	60%	60%	18,000,000	15,000,000	3,000,000

따라서 매출액에 대하여 X제품 60% Y제품 40%의 비율로 배합하는 편이 유리하다고 편정된다.

제품다양화·단순화
(製品多樣化·單純化)
(Product Diversification and Simplification)

[의의] 종래에 취급되지 않던 새로운 종류의 상품이나 또는 동종품 중 디자인·색채·규격 등 다른 품목을 추가하는 것이 제품다양화이며, 취급상품의 종류나 품목을 축소하는 것을 단순화라 한다.

[설명] 기업은 경쟁에 임하고 이윤을 증가하기 위하여 항상 시장의 요구에 따라 적당한 상품을 추가하는 한편 편리한 상품을 정리하는 것이 필요하다. 그러나 제품다양화는 생산시설의 과잉, 수요의 계절적 변동, 부산물이나 여유자금의 활용 등 생산이나 자원상의 사정 또는 고객의 선택성을 높이고 분화된 수요에 응하기 위하여 취해지는 제품정책의 하나이다.

다양화는 종전에 생산 또는 판매하던 상품보다 고가의 품종을 추가하여 기존품의 명성을 높이고 판매를 증대하려는 트레이드 업(Trade

	Up)정책의 결과 행하여지기도 한다. 　어떤 때에는 이와 반대로 고급품으로 구성된 상품계열 중에 대중적 저가품을 추가하여 기존품에 대한 명성을 토대로 하여 판매를 촉진하려는 트레이드 다운(Trade Down)정책의 결과 다양화를 취하기도 한다. 　다양화를 고려함에 있어 검토 되어야 할 것으로는, 첫째 그 제품의 추가에 의한 기업의 전체적 수익성에 주는 영향, 둘째 기존품의 생산과 판매에의 영향, 셋째 경쟁자의 대책에서 및 영향등을 들 수 있다. 　지나친 다양화는 판매력의 분산을 초래하고, 상품의 판매통제력을 약화시켜 이익잠식을 초래할 염려가 있는 것이다. 　제품의 단순화는 기존제품 중 수익성이 낮은 제품종류를 정리, 축소함으로써 수익성이 높은 잔여품을 경제적으로 대량생산할 수 있도록 하는 것이다. 그렇게하여 생산원가의 절하, 품질의 향상, 재고량의 감소, 판매비용의 절감 등의 효과를 기대할 수 있다. 　단순화에 있어서는 상당기간 동안의 각 제품별 판매실적과 손익상황을 분석하여 수익이 낮고 부적당한 상품을 결정, 배제하도록 하여야 한다. 제품의 축소는 그 결과가 신중히 고려되어야 한다. 　그러나 비록 수익성이 낮다 할지라도 그 제품의 생산시설이 전용될 수 없을 때, 또는 그 제품이 다소나마 고정비를 보상할 수 있을만큼 수익성이 있다거나 또는 타제품의 판매를 촉진할 만한 큰 가치가 있을 경우, 이것의 생산을 지속하는 것이 오히려 유리할 때가 있음도 간과할 수 없는 것이다.
제품별원가계산 **(製品別原價計算)** (Cost Account by Products)	의의 제품별원가계산은 원가요소를 일정한 제품단위에 집계하고 단위제품의 제품원가를 산정하는 절차이다. 원가부담자 계산이라고도 한다. 원가계산은 일반적으로 비목별원가계산(원가종류계산) → 부문별원가계산(원가장소계산) → 제품별원가계산(원가부담자계산)으로 3단계의 계산절차를 거쳐서 제품의 제조원가를 계산한다. 제품별원가계산은 생산형태에 대응하여 기본적으로는 다음과 같이 분류된다. 　① 개별원가계산 　② 단순종합원가계산 　③ 등급별종합원가계산 　④ 조별종합원가계산 　⑤ 공정별종합원가계산 　⑥ 가공비공정별종합원가계산 　제품별원가계산은 생산형태에 따라 개별원가계산과 종합원가계산으로 대별된다. 개별원가계산은 종류가 상이한 제품을 개별적으로 생산하는 생산형태에 적용되며, 종합원가계산은 동종제품을 연속적이고 반복적으로 생산하는 생산형태에 적용된다.

현실적으로는 양종의 생산형태의 중간에 있는 것이 많으며, 따라서 계산방식도 양계산방식의 중간적 계산방법이 이용되는 경우가 많다. 그러나 제품별 원가계산은 개별원가계산에 있어서는 지령서별로 이루어지며, 종합원가계산에 있어서는 원가계산기간의 총원가와 기간의 생산량에서 산정되어 단위원가를 산정한다. 제품별 원가계산은 제조원가명세서로 표시되며, 이는 손익계산서의 당기제조원가에 연결된다.

원가계산은 원칙적으로 제품 단위당의 원가를 산정하는 것이므로 원가요소별 원가계산이나 부문별 원가계산도 제품별 원가계산을 하기 위한 예비절차에 불과하다고 할 수 있다. 다시 말하면 원가계산은 그 계산 절차로 원가요소별계산 및 부문비계산을 거쳐 최종적으로 제품별 원가계산에 도달하는 것이다.

원가계산은 그 계산방법에 따라 개별원가계산과 종합원가계산으로 구분된다. 다시 말하면 전자는 특정의 제품에 대하여 개별적으로 그 원가를 계산하는 방법으로서 제품의 종류 또는 규격 등을 달리하는 제품을 개별적으로 생산하는 공장에서 제조원가를 산출하기 위하여 채택하는 원가계산방법이다. 이에 대하여 후자는 같은 종류의 제품을 반복 계속하여 다량으로 생산하는 공장에서 1기간에 있어서의 제품 전부의 원가를 종합하여 산정한 다음 이를 다시 제품수량으로 나누어서 그 원가를 산출하는 계산방법이다.

한편 개별원가계산에 있어서는 원가요소의 부과 또는 배부의 절차상 제조원가요소를 직접비와 간접비로 구분하여야 한다.

여기서 직접비·간접비의 구별은 제품별계산 즉, 원가부담자 계산에 관련하여 이루어지는 것이며, 개별원가계산에 있어서 그 중요성이 특히 큰 것이다.

이에 대하여 종합원가계산에 있어서는 제품별계산을 하기전에 종합원가가 산정되므로 직접비로 되는 것은 없으며 모든 원가요소는 간접비의 성질을 갖는 것이다.

다만, 종합원가계산에 있어서 원가부과(原價賦課)의 절차상 필요한 경우에는 제조원가 요소를 직접비와 간접비로 구분하여 처리하는 수도 있다.

☞ 개별원가계산 (Joborder Costing)
　종합원가계산 (Process Cost System)

제품별원가계산절차
(製品別原價計算節次)
(Set-up Cost Account by Products)

[의의] 원가요소를 일정한 제품단위에 집계하고 단위제품의 제조원가를 산정하는 절차이다.

[설명] 원가계산 절차는 요소별계산, 부문별계산을 거쳐 제품별계산으로 끝난다. 제품별원가계산은 생산형태에 따라 개별원가계산과 종합원가계산으로 대별된다.

개별원가계산은 종류가 상이한 제품을 개별적으로 생산하는 생산형태에 적용되며, 종합원가계산은 동종 제품을 연속적으로 반복적으로 생산하는 생산형태를 적용한다.

현실적으로는 양종의 생산형태의 중간에 있는 것이 많으며, 따라서 계산방식도 양계산방식의 중간적계산방법이 이용되는 경우가 많다. 그러나 제품별원가계산은 개별원가계산에 있어서는 지령서별로 이루어지며, 종합원가계산에 있어서는 원가계산기간의 총원가와 기간의 생산량에서 산정되어 단위원가를 산정한다. 제품별원가계산은 제조원가보고서로 표시되며, 이것은 손익계산서의 당기제조원가에 연결된다.

제품보증원가
(製品保證原價)
(Products Guarantee and Warranty Cost)

|의의| 제품보증은 그 판매자가 구매자에게 제품의 품질 및 성능의 결함이나 수량의 부족에 대하여 교환·수리·대금반환 등의 보상을 할 것을 사전에 약정하는 것을 말한다.

그러므로 제품보증원가는 미래의 추정추가원가로서 우발적 손실의 예가 된다.

|설명| 제품보증원가에 관한 회계처리방법에는 현금기준법과 발생기준법으로 나눌 수 있다.

(1) 현금기준법(Cash Basis Method)

현금기준법은 제품보증에 관련된 비용을 실제 발생한 기간에 비용화시키는 방법이다. 이는 제품보증원가가 미래에 발생할 확률이 낮거나, 그 금액을 합리적으로 추정할 수 없는 경우에 이용할 수 있으며, 그 보증기간이 단기간이거나 보증금액이 소액인 경우에도 적용가능하다.

(2) 발생기준법(Accrual Method)

발생기준법은 매출발생시에 매출에 관련된 제품보증원가를 추정 계산하거나, 매출액에서 차감시키는 방법이다. 여기에는 비용보증계상법과 매출보증차감법으로 나누어 설명하고 있다.

① 비용보증계상법(Expense Warranty Treatment)

비용보증계상법은 제품을 매출하였을때에 그 제품보증원가를 해당 매출에 대응하여 비용으로 추정·계상하며, 그 보증비용이 실제로 발생하였을 때, 사전에 추정된 보증원가에 대한 우발채무에서 감소시켜 나가게 된다.

② 매출보증차감법(Sales Warranty Treatment)

매출보증차감법은 제품매출시에 그 추정보증비를 선수보증수익(Unearned Warranty Revenue)이라는 우발채무계정에서 처리함과 동시에, 이를 매출액에서 차감시키도록 한다. 다시 말해서 이는 매출실현을 총매출가액에서 추정제품 보증원가를 차감한 가액으로 계상하도록 하고, 제품보증비가 실제 발생하였을때, 이에 대응한 선수보증수익이 실현된 것으로 간주하는 방법이다. 그런데 전통적 실현기준에 의하면 매출은 제품보증비가 실제 발생하였을 때보다도 제품이 인도되

제품보증충당금계정 **(製品保證充當金計定)** (Liability for Quality and Service Guaranties)	었을 때 실현된 것으로 간주하고 있다. [의의] 판매한 제품(상품 또는 인도한 도급공사)이 특정기간내에 고장·파손된다든지, 일정의 성능을 발휘하지 못하게 된 경우, 부품의 대체를 포함한 수선유지를 무상으로 행할(또는 소정의 패널티(Penalty)를 지급할)계약으로 판매(또는 인도)가 행하여지는 경우, 판매(또는 인도) 후 특정기간이 지나서, 이러한 제품보증계약(또는 공사보증)에 따라 보증서비스비가 발생한다. [설명] 이 경우, 한 기간의 제품보증판매(또는 보증공사)에 관한 사후비용이 차기 이후에서 발생되고, 게다가 상당히 다액으로 예상될 때는, 해당보증서비스견적액을 제품보증판매(또는 보증공사)를 한 기간에 후지급비용으로서 각 기간에 분배하기 위하여, 기말에 제조원가(또는 매출원가)에 계상하는 것과 함께 제품보증충당금에 이입하는 처리를 한다. 이 충당금은 판매처에 대한 품질보증의무를 표시하는 부채성충당금이며, 판매보증충당금(또는 보증공사충당금)이라고도 부른다. 그리고 차기에 전기의 품질보증에 의한 보증서비스비가 현실적으로 발생되면, 충당금의 잔액을 거기에 충당하게 된다.
제 품 원 가 **(製 品 原 價)** (Cost of Finished Goods)	[의의] 원가는 재무회계상 수익과의 대응관계에 의거하여, 제품원가와 기간원가로 구분한다. 제품원가는 프로덕트 코스트라고도 부르고, 일정단위의 제품에 집계된 원가이다. 여기에 대해 수익에 직접부담(대응)시키는 원가가 기간원가이다. [설명] 제품원가는 제조물이 판매되기까지는 자산으로서 취급되고, 판매에 의해서 매출원가로 전환하고, 손익계산서상의 비용으로 된다. 따라서 기말재고액에 상당하는 금액은 재고자산으로서 자산에 계상되고, 당기의 비용으로는 되지 않는다. (여기에 대해 기간원가는 전액이 발생기간의 비용으로 된다) 일반적으로는 제조원가는 제품원가로 되고, 판매비 및 관리비는 기간원가로 된다. 그러나 직접원가계산제도에서는 제품원가는 변동제조비용에 한정되고, 고정제조비용은 기간원가로서 취급된다. 따라서 전부원가계산과 직접원가계산과는 제품원가와 기간원가의 내용이 다르다. ☞ 원가계산 (Cost Accounting) 　　전부원가 (Full Cost) 　　직접원가 (Direct Cost) 　　한계이익 (Marginal Income) 　　기간원가 (Time Cost)
제 품 원 장	[의의] 제품원장이란 제품재고장이라고도 불리우며, 제품의 수입·불

| **(製品元帳)**
(Finished Goods Ledger) | 출·잔량을 기록하는 제품계정의 보조원장이다.
　제조가 완료되어 제품 또는 반제품으로서 현품이 현장에서 창고에 납입되면 원가계산부서는 제품 또는 반제품을 장부에 기입한다. 이 장부는 제품별로 기입되며, 입고·출고가 관리된다. 총계정원장에 있어서는 제품계정의 내역명세를 표시한 보조부이다. 그 형식은 재료원장·상품원장과 동일하다.
　[설명] 제품원장의 기능은 재료·원료 원장과 원칙적으로 동일하다. 제품원장의 기입방법은 제품이 창고에 입고되면 입고란에 수량·단가·금액의 순서로 제품완성보고서에 따라 기입하고, 제품은 출고지령서 또는 출고전표에 따라 출고란에 역시 수량·단가·금액의 순서로 기입한다. 그런데 대상회사에서 생산되는 반제품도 판매가 가능한 경우에는 이를 제품계정에서 분리하여 기록하여야 한다. 그리고 다종의 제품을 생산하는 경우에는 항목별로 제품원장을 기록하게 되면, 이 경우에는 일반적으로 카드식이나 루스리이프식 장부가 사용된다. 제조원장의 1례는 다음과 같은데, 이 양식은 생산형태나 원가계산형태, 이용목적에 따라 달라질 수 있다.

제 품 원 장　　　　　　　　　　NO._____
품명_____　기호_____　최고보유량_____
류별_____　계량단위_____　최저보유량_____

\| 일자 \| 입 고 액 \|\|\|\| 출 고 액 \|\|\|\| 잔 액 \|\|\|
\|\|완성표NO\|수량\|단가\|금액\|완성표NO\|수량\|단가\|금액\|수량\|단가\|금액\|

☞ **재고품원장** (Stock Ledger) |
| **제품의 시작연구**
(製品의 試作研究)
(Product Development) | [의의] 제품의 시작연구는 하나의 착상을 구체화한 다음, 그것을 제품으로 만들어 내는 실용화의 제1보이다. 응용연구의 단계에 있어서는 착상을 어디에 응용하는지를 생각하고 있으나, 제조나 사용을 위한 설계는 아직 시작되지 않는다. 그러므로 제품의 시작연구의 최초는 그 착상을 구체화 한 것을 채택하여 실험을 위한 가설계를 하는데서 시작된다. 이 가설계는 경우에 따라서는 실제로 제조하기 위한 최종설계와는 어느 정도의 거리가 있을 수도 있다.
　그 목적은 착상의 응용이 실용적인지의 여부를 가설계의 시작품으로 실험하는 것이다. 이 시작품은 그 착상의 응용이 과연 올바르게 진행되는지를 살피고, 실제로 생산을 시작하기 위한 최종설계에 이바지 |

제품재고감사 **(製品在庫監査)** (Audit of Inventory Assets)	하는 자료를 얻는 2가지의 견지에서 중요하다. 이 시작품의 단계에서 잘못이 시정되고 최종설계를 위하여 불가결한 자료가 수집된다. [의의] 제조가 완료된 제품을 수입한 시간부터 판매를 위하여 출하될 때까지의 재고관리업무의 감사이다. [설명] 제품의 수입, 재고보관에 관한 규정 및 절차가 내부견제를 고려하여 적절한 것이며, 그것이 잘 준수되고 있는지를 검토한다. 소정의 절차에 따라 정기적인 재고조사가 행하여지며, 장부와의 차액의 원인이 분석되어, 적절한 조치가 취해지는지를 검토한다. 사외재고품의 관리가 적절한지, 불량품·부적격품이 포함되어 있지 않은지, 진부화품, 손상품의 처분규정이 작성되어 그것이 준수되고 있는지, 장부외에 재고가 있는 것이 아닌지를 확인한다. 중요한 것은 제조부문과 판매부문이 밀접한 연락을 가지고, 적정재고량을 유지하며, 관리되어 있는지, 과대 또는 과소의 재고에 대하여 원인이 분석되어 적절한 조치가 취해지고 있는지를 검토하는 것이다. 보관에 대하여도 분실, 손상을 방지하는 방법이 취해지고 있는지, 화재보험에 가입되어 있는지를 확인한다.
제품회전율 **(製品回轉率)** (Finished Goods Turnover Rate)	[의의] 제(상)품회전율은 경영분석에 있어서 일정기간내에 제품 또는 상품의 제조를 위하여 투하된 자본부분이 판매에 의한 가치표현(=이윤획득)의 기회를 몇 회 가지게 되는지를 표시하는 자본효율지표의 하나이다. [설명] 일반적으로 이 비율은 연간의 매출원가(반년결산의 경우는 2배한다)를 분자로 하고, 제품의 평균재고액(내부적으로는 각 월(주) 잔액의 평균치를 구하고, 그러한 수치가 얻어지지 않는 외부분석의 경우 등은 그 전기말잔액과 당기말잔액의 평균치로 한다)을 분모로 하여 산정한다. 그 반대로 제품(상품)의 평균재고액을 분자로 하고, 월(또는 주)간 평균매출원가를 분모로 하여 산정하는 수치는 보유제품 또는 상품의 재고액을 판매하는데 필요한 회전기간을 표시한다. 그리고 이 회전기간은 회전율의 역수에 365일을 곱하여 재고회수로서도 표시한다. 제(상)품회전율은 업종형태에 따라, 또는 계절적으로나 경기변동의 국면에 따라 다르지만 일반적으로 이 회전율이 빠르면 자본효율이 높고, 이윤획득의 기회도 많으며, 더구나 유행이나 가치여하에 따른 손실과 보관료 등의 판매비용도 적어지고, 그에 따라 수익력도 한층 높일 수가 있다. 이러한 목적으로 내부적으로는 그 제(상)품의 수요·생산·판매능력에 부응한 목표회전율을 정하여, 이것을 재고통제에도 이용하고 있다.

조 간 접 비 (組 間 接 費) (Joint Indirect Cost)	[의의] 종별종합원가계산을 할 때에 조별제품에 대하여 원가발생을 직접적으로 인식할 수 없는 제조비용은 조간접비라고 한다. [설명] 조간접비는 개별원가계산을 할 때의 제조간접비와 같이 각조에 적당한 배부기준으로 배부계산을 할 필요가 있다. 　조간접비의 배부계산방법은 배부율을 사용하게 되는데, ① 실제배부율을 사용하는 방법 ② 예정률을 적용하는 방법이 있고, 배부를 하는 데 있어서는 ① 일괄적 배부법, ② 부문별 배부법 ③ 원가중심점별 배부법 등이 있다. 배부기준으로는 직접재료비법, 직접임금법, 직접원가법, 직접시간법, 기계시간법 등이 이용된다. 　조간접비를 부문별계산을 통하여 배부하는 경우에는 부문개별비와 부문공통비로 구별하여 각 부문비를 계산하는 점은 개별원가계산의 경우와 같다.
조 립 생 산 (組 立 生 産) (Assembly Production)	[의의] 조립생산은 한 경영(한공장 또는 일부분)에 있어 여러 가지 상이한 원재료의 조립·노동소비 기타로 다른 종류의 제품을 유사한 생산공정에서 조별로 반복·연속하여 대량으로 생산하는 것이며, 일부 시장생산·일부주문생산을 하는 경우도 있다.
조립지령서 (組立指令書) (Assembly Production Order)	[의의] 조립지령서는 조립식의 제품을 제조하는 기업에 있어서, 제품의 제조를 명령하기 위하여 발행하는 서류이다. [설명] 조립지령서는 다음의 3가지로 분류되고 있다. 　① 조립제조지령서(Assembly Production Order) 　　이것은 저장하여 놓은 구성부품을 가지고 제품의 완성조립작업을 행하는 경우에 발행한다. 　② 부조립제조지령서(Sub-assembly Production Order) 　　이것은 구성부품에서 중간제품을 조립하는 경우에 발행하며, 이를 가지고 다시 완성조립을 하게 된다. 　③ 부품제조지령서(Parts Production Orders) 　　이것은 부분품의 제조까지 자기공장에서 행하는 경우 부분품을 조립제조하기 위하여 발행된다.
조립형생산 (組立形生産) (Assembly Type of Production)	[의의] 조립형생산은 다종의 원재료를 사용하여 여러 가지 상이한 별개의 작업공정을 거쳐서 마련된 중간제품인 많은 부분품을 조립종합하여 최종제품(완성품)을 생산하는 것이다. [설명] 생산공정이 연속되지 않고 간격적으로 계속되는 데서 계속적 공정생산 또는 중단적 공정생산이라고도 한다. 예를 들면 조선·자동차·자전차·기계·시계 등과 같은 중공업 및 정밀공업 이것에 속한다.

조별단일공정 종합원가계산 (組別單一工程 綜合原價計算) (Group Single Process Cost System)	

[의의] 조별단일공정종합원가계산은 정확히 말해서 단순조별원가계산이라고 하는데, 조별제품원가를 공정별계산을 하지 않는데서 그러한 명칭으로 호칭되고 있다. 비교적 소규모의 경영에서 많이 적용되는데, 그 계산절차로서는 조별원가를 구분할 때는 단순개별원가계산의 방법을 사용하고 조별로 분리한 제품의 단위원가를 산정할 때는 단순종합원가계산의 방법을 사용한다. 따라서 단순조별종합원가계산이라고 하는 조별단일공정종합원가계산을 한 공장전체를 단일공정으로 보고 단일공정종합원가계산과 비슷하지만 조별제품원가와 단위원가를 결정하는 방식을 취하고 있으므로 다르게 계산한다. 여기서 말하는 공정이란 하나의 관리단위로 볼 때, 경영단위로서의 공정은 수개로 나타나는 것이나 원가집계단위를 가리키는 회계단위로서의 공정은 1개만을 가정한다.

[설명] 조별단일공정종합원가는 그 계산절차는 매월(실제에는 항상 월말후가 되지만)다음의 순서로 계산하는 것이 보통이다.

① 당월의 비목별원가를 조직접비와 조간접비로 구분한다.
② 조직접비는 각각 해당조에 부과하고 조간접비는 각조에 배부한다.
③ 당월의 조별제조비용에 각 해당조의 월초재공품원가를 합산하고, 그 합계인 총제조비용에서 월말재공품원가를 차감한다.
④ 이렇게 가감한 조종합원가를 당월의 조완성품량으로 나누어 조별의 제품단위원가를 구한다.

이상의 수순은 조별단일공정종합원가계산하에서 이른바 원가결정절차를 나타내고 있다고 본다. 그리고 원가계산준칙에서 말하는 조별종합원가계산의 규정자체가 단지 조별단일공정종합원가계산만을 말하는 것이 아님은 확실하다. 그런데 앞에서 단일공정원가 계산과 부분적으로 같으나 다르게 계산하는 것은 실은 위 ①의 계산절차 및 ②의 이른바 조제조비용의 계산절차를 가리키고 있는 것이다.

《사례》다음 자료에 의하여 조제품 A 및 B의 기말재공품원가, 완성품원가 및 단위(완성품)원가를 계산하라.

(1) 생산자료

품목	기초재공품량 (수량)(진척도)	당기완성량	감손량	부산물량	기말재공품량 (수량)(진척도)	당기계운수시간수
A	40kg 50%	1,100kg	40kg	0	50kg 30%	4,800시간
B	60kg 60%	950kg	30kg	100kg	80kg 40%	4,200시간

※ 부산물은 kg당 100원으로 평가한다.

(2) 원가자료

품목	기초재공품		당기조개별비=조직접비		당기조공통비=조간접비
	(직접재료비)	(가공비)	(직접재료비)	(가공비)	
A	48,000원	824,000원	12,144,000원	7,392,000원	16,215,000원
B	1,008,000원	1,088,000원	15,000,000원	6,400,000원	

(3) 계산의 조건

① 직접재료는 작업시점에서 전량 투입된다.

② 조공통비는 품목별기계운전시간수에 의하여 당해 각 품목에 배부한다.

③ 기말재공품원가는 평균법에 의하여 평가한다.

④ 감손은 작업을 통해서 평균적으로 발생하여 그 비용은 제품에만 부담시킨다.

⑤ 부산물의 평가액은 당해 품목의 완성품원가에서 공제한다. 그러나 그 부산물에 투입된 직접재료의 수량은 감손으로 취급하고 (부산물은 작업을 통해서 평균적으로 발생하는 것으로 취급한다) 그 비용은 제품에만 부담시킨다.

⑥ 계산과정에서 생기는 원단위 미만의 단수, 단위원가에 대한 원단위 미만의 단수는 모두 절사한다.

〈해설〉

(1) A조제품 및 B제품의 각 조생산관계수량을 파악한다.(계정형식으로 표시함)

A조제조

기초(40×50%)	20	완성(1.100)	1.100
투입(1.115)	1.115	감손(40 × 1/2)	20
		부산물	0
		기말(50 × 30%)	15
(1.190)	1.135	(1.190)	1.135

※ (1.150) = (1.190) − (40)
   1.150 = 1.135 − 20

조별원가계산
(組別原價計算)
(Lot Cost System
Lot Order
Cost System,
Assembly Cost
System)

의의 단일한 제품에 대하여 원가를 집계 산정하는 일반 개별원가계산과는 달리, 이종(異種)제품의 제조원가를 계산하는 방법을 조별원가계산이라고 한다. 즉, 조별로 제품의 제조비용을 집계하고, 조별로 집계된 제조비용을 가지고 제품의 단위원가를 계산하는 방법이다. 조별로 원가를 집계하는 방법은 개별원가계산의 방법에 의하고, 조별로 집계된 제조비용에 의하여 제품의 단위원가를 계산하는 방법은 종합원가계산의 방법을 적용하는 것이 그 특징이다. 따라서 조별종합원가계산은 개별원가계산과 종합원가계산의 양면성을 가지고 있으나, 제품원가를 결정함에 있어서 일정기간의 원가발생액을 산정하는 것이므로 근본적으로는 종합원가계산에 속하는 것이다. 원가계산준칙 제21조에 의하면 "조별원가계산은 다른 종류의 제품을 조별로 연속하여 생산하는 생산형태에 적용한다"고 명시하고 있다. 이러한 조별원가계산은 제강·전기기기·자동차·광학기계의 제산업외에 각종 화학공업·식품공업을 비롯하여 그 적용범위가 매우 넓으며, 오늘날 가장 많이 이용되고 있는 원가계산이라고 할 수 있다. 따라서 조별원가계산의 방법은 그 적용되는 업종에 따라서 실무상 여러 가지 형태가 있으므로 이를 일률적으로 논하기는 어렵다.

이종제품의
조별연속생산

[설명] 1. 이종제품(異種製品)의 조별연속생산

조별원가계산의 주된 적용기반이 되는 생산형태란 말할 나위 없이 조별생산을 말한다. 조별생산이란 종류가 다른 제품을 각 제품종류마다 생산공정이 다른 라인 부문에서 연속·반복하여 제조하는 생산형태를 말한다. 예를 들어 모제과회사는 생산부장의 직속기관으로서 제조1과에서 4과까지 4라인 부문이 있다고 할 때, 그 제조각과는 각각 종류가 다른 제품을 생산하고 있다고 하자. 제조1과는 한식과자, 제2과는 양과자, 3과는 중국과자, 4과는 빵종류를 만드는 경우인데, 이상을 요약하면 동 회사는 이러한 라인부문생산 = 조별생산을 하고 있는 것이다.

조별생산은 위에서 예시한 동시평행형조별생산 외에 비동시평행형 조별생산이란 반조별생산형태가 있다. 즉, 어느 품종의 어느 일정량의 제조가 완료되면 비로소 품종이 다른 것을 만들기 위한 같은 공정으로 흘러가는 생산형태를 말한다. 예를 들어 어느 화학공업회사는 여러 가지 종류와 용량의 실내용미화제를 생산하고 있는데, 단지1종열의 복합공정(원료배합공정, 제제공정, 충전공정, 마무리공정)이 있다고 할 때, 이 회사는 품목이나 품종별로 제조의 순번을 정하여 놓고, 만약 결정되면 곧 제조에 들어가게 된다. 품목이나 품종군을 생산하게 되면 당연히 원료배합표라고 하는 계속지령서를 발행하게 된다. 이와 같이 조는 제품의 종류별로 설정하는 것이 원칙이다. 예를 들어 전자제품제조업에서 텔레비전·라디오·VTR·전축·냉장고·선풍기·에어콘·청소기와 같은 가전제품을 동시에 대량으로 생산하는 것과 같이 제조부분은 동일계열이지만 제품마다 상이한 가공이 필요한 복수제품의 생산을 유동작업조직(Conveyor System)에 의하여 병행하고 있을 때 "조"라는 원가부문을 설정한다. 이 경우의 조의 설정은 제품의 종류별로 이루어진다.

조별원가계산의
유형

2. 조별원가계산의 유형

조별원가계산은 위에서 설명한 한 바와 같이 2종 이상의 이종제품(異種製品)을 동일설비에서 연속생산하는 부문이나 공정에 사용되는 원가계산형태이다. 동일설비를 가지고 교체하면서 2품종 이상의 제품을 연속생산하는 예로서는 자동차공장(동일라인에서 다른 형·색·엔진의 승용차를 연속생산하는), 통조림(내용물이 다른), 과자·빵·양복·제지공장을 열거할 수 있다. 즉, 동일기계나 동일작업에서 원재료의 종류를 변경함에 따라 다른 종류의 제품을 만들게 된다. 그러므로 이 같은 기계설비는 단일공정의 경우도 있고 또는 다공정(자동차나 전선)의 경우도 있다. 따라서 조별원가계산은 공정별로 원가계산하느냐에 따라 "조별단일공정원가계산"과 "조별공정별원가계산"으로 나눈다. 그 중 조별공정별원가계산에서는 전공정을 조별로 나누지 않고 제1, 제3공정만 조별로 제2공정은 단일제품만 생산하는 경우도 있다. 또 조별이나 공정별계산의 대상이 되는 원가요소의 범위에 따라서 "간접비조별공정별종합원가계산"과 "가공비조별공정별종합원가계산" 및 "전원가요소조별공정별종합원가계산"으로 나눈다.

[사례] 조별원가계산표의 작성 ①

A제품과 B제품을 제조하고 있는 울산공장의 다음자료에 의하여 조별원가계산표를 작성하고 관계계정(A조제조·B조제조·A조제품·B조제품·조간접비)에 기입하라.

(1) 기초재공품

제품명	제조량	주요재료비	가공비	진척도
A제품	300개	249,000원	300,000원	80%
B제품	500개	450,000원	400,000원	60%

(2) 작업보고

제품명	완성량	기말재공품		조직접비		파손품	
		수량	진척도	주요재료비	임금	수량	진척도
A제품	1,400개	400개	40%	1,200,000원	930,000원	100개	30%
B제품	2,000개	600개	60%	1,302,000원	956,000원	20개	50%

(3) 조간접비 700,000원은 다음과 같이 배부한다.
    A제품 60%, B제품 40%
(4) 주요재료는 전부 제조 개시때 투입되어 소비되었다.
(5) A제품제조에서 생긴 파손품은 모두 이상적인 파손이므로, 이에 대하여는 원가외손실로 처리한다.
(6) B제품제조에서 생긴 파손품은 정상적인 파손이므로, 이들의 제조비용은 기말재공품과 완성품의 양쪽에 부담시킨다.
(7) 기말재공품평가에 있어서 A제품은 선입선출법, B제품은 후입선출법에 의하여 계산한다.

〈해답〉

(1) 조간접비의 배부
  A제품 ……… 700,000원 × 60% = 420,000원
  B제품 ……… 700,000원 × 40% = 280,000원

(2) A제품의 기말재공품원가

$$1,200,000원 \times \frac{400}{} = 300,000원 \cdots\cdots 주요재료비$$

$$(930,000원 + 420,000원) \times \frac{400 \times 0.4}{1,400 - 300 \times 0.8 + 100 \times 0.3 + 400 \times 0.4}$$

= 160,000원 …… 가공비

300,000원 + 160,000원 = <u>460,000</u> …… 기말재공품원가

〈파손품원가〉

$$1,200,000원 \times \frac{100}{1,400 - 300 + 100 + 400} = 75,000원 \cdots\cdots 주요재료비$$

$$(930,000원 + 420,000원) \times \frac{100 \times 0.2}{1,400 - 300 \times 0.8 + 100 \times 0.3 + 400 \times 0.4}$$

= 30,000원 …… 가공비

75,000원 + 30,000원 = <u>105,000원</u> …… 파손품원가

(3) B제품의 기말재공품원가

$$450,000원 + 1,302,000 \times \frac{600 - 500}{2,000 - 500 + 600} = 512,000원 \cdots 주요재료비$$

$$400,000원 + 1,236,000원 \times \frac{600 \times 0.6 - 500 \times 0.6}{2,000 - 500 \times 0.6 + 600 \times 0.6}$$

= 436,000원 …… 가공비

512,000원 + 436,000 = <u>948,000원</u> …… 기말재공품 원가

(4) 조별종합원가계산표의 작성

조별원가계산표

원가항목	A 제 품	B 제 품
기초재공품원가		
주 요 재 료 비	249,000	450,000
가 공 비	300,000	400,000
조 직 접 비		
주 요 재 료 비	1,200,000	1,302,000
임 금	930,000	956,000
조 간 접 비	420,000	280,000
합 계	3,099,000	3,388,000
기말재공품원가	△460,000	△948,000
파 손 품 원 가	△105,000	-
완 성 품 원 가	2,534,000	2,440,000
완 성 수 량	1,400개	2,000개
단 위 원 가	@1,810원	@1,220

A 조 제 조

전 기 이 월	549,000	A조제품	2,534,000
주요재료비	1,200,000	파 손 품	105,000
임　　금	930,000	차기이월	460,000
조 간 접 비	420,000		
계	3,099,000	계	3,099,000

B 조 제 조

전 기 이 월	850,000	B조제품	2,440,000
주요재료비	1,302,000	차기이월	948,000
임　　금	930,000		
조 간 접 비	280,000		
계	3,388,000	계	3,388,000

조 간 접 비

조 간 접 비	700,000	A조제조	420,000
		B조제조	280,000
	700,000		700,000

A 조 제 품

A조제조	2,534,000		

B 조 제 품

A조제조	2,440,000		

[사례] 조별원가계산표의 작성 ②

다음 자료로 조별원가계산표를 작성하라. 조간접비는 조직접비를 배부기준으로 한다.

〈자료〉

구　분	A 조	B 조
① 조 직 접 비		
재 료 비	300,000원	23,000원
노 무 비	54,000	39,000
경　　비	15,000	11,000
② 조 간 접 비	20,000	-
③ 기초재공비	87,000	38,000
④ 기말재공품	68,000	41,000
⑤ 완 성 수 량	300개	500개

〈 해답〉

(1) A조 직접비 99,000원 + B조 직접비 73,000원 = 172,000원

(2) 제조간접비 배부액의 계산

A조배부율 : $\dfrac{99,000}{} = 57.55\%$　　B조배부율 : $\dfrac{73,000}{} = 42.45\%$

172,000　　　　　　　　　　　172,000
A조배부액 : 20,000원×57.55%=11,510원
B조배부액 : 20,000원×42.45%= 8,490원
　　　　　　　　　　　　　　20,000원

(3) 조별종합원가계산표의 작성

조별종합원가계산표

구　분	A　조	B　조
조 직 접 비		
재 료 비	300,000원	23,000원
노 무 비	54,000원	39,000원
경　　비	15,000원	11,000원
계	99,000원	73,000원
조 간 접 비	11,510원	8,490원
기초재공품(가)	87,000원	38,000원
기말재공품(감)	68,000원	41,000원
합　　　계	129,510원	78,490원
완 성 량	300개	500개
단 위 원 가	431,70원	156,98원

조별종합원가계산
(組別綜合原價計算)
(Class Cost System,
Lot Cost System)

[의의] 조별종합원가계산은 다른 종류의 제품을 조별로 연속생산할 때에 적용되는 방법이고 조별로 연속지령서(연속지시서)에 의하여 원가계산기간의 각조 제품의 제조비용을 집계하고 각조마다 각각 종합원가계산의 방법에 의하여 제품단위원가를 계산하는 방법이다. 조별로 원가를 집계하는 방법은 개별원가계산의 방법이 적용되고, 조별로 집계된 제조비용에 의하여 제품의 단위원가를 계산하는 방법은 종합원가계산의 방법을 적용한다. 따라서 조별종합원가계산은 개별원가계산과 종합원가계산의 양면에 종합원가계산에 속하는 것이다.

[설명] 조별종합원가계산은 공정수에 따라 단일공정계산과 공정별계산으로 분류된다. 공정별계산은 공정과 원가요소와의 결합에 의하여 전원가요소공정별계산, 가공비공정별계산 및 간접비공정별계산으로 분류된다. 또 각조의 제품종별에 따라 각조의 종합원가계산의 방법이 다르며, 단일제품계산, 등급별계산, 연산품계산 등으로 분류된다.

　조별종합원가계산에 있어서 제조비용의 조별집계는 개별원가계산의 방법에 준하면 된다.

　개별원가계산에 있어서 특정제조지령서에 부과 또는 배부하는 방법을 적용하여 제조비용을 조별로 발행된 계속제조지령서에 집계한다.

　이 경우 조별제조비용을 원가계산기간에 따라 기간적으로 집계하는 점이 개별원가계산과 다르다.

　기간적으로 집계된 조별종합원가는 그 조별제품의 종류에 따라 단

	일제품계산·등급별계산 또는 연산품계산 등의 방법에 의하여 제품단위원가를 계산하게 된다. 따라서 조별원가계산방법은 종합원가계산방법이 되어야 하며, 조별원가계산의 방법을 종류별로 간단히 설명하면 다음과 같다.
조별단일공정 원가계산	(1) 조별단일공정원가계산 　이 계산방법은 공정구분이 없으므로 각 조별로 조제조비(組製造費)를 기간적으로 집계한다. 계산방법은 단순개별원가계산방법과 동일하며, 조직접비와 조간접비로 분류하고, 간접비는 적정한 배부기준에 의하여 각조에 배부한다. 집계된 조별종합원가는 각조의 기중완성품수량으로 나누어 제품단위원가를 계산한다.
조별간접비 공정별계산	(2) 조별간접비공정별 계산 　조직접비는 각조의 제조지령서에 기간적으로 부과한다. 조간접비는 공정별계산을 한다. 조간접비의 공정별계산은 개별원가계산에 있어서 제조간접비의 부문계산과 같고, 조간접비의 합리적 조별배부를 위하여 계산하는 것이며, 조간접비는 공정단위별로 종합계산을 하지 않는다. 　이 공정이라는 용어는 종합원가계산을 전제로 하는 용어로서 어느 의미에 있어서는 공정별계산이라고 하는 것보다는 부문별계산이라고 하는 것이 오히려 타당하다. 　그러나 직접비와 배부된 조간접비와의 합계에 의하여 각조별제조비가 파악된다. 이에 의하여 각조별로 단일공정종합계산의 방법에 의하여 제품원가와 기말재공품원가를 계산한다. 즉, 조별간접비공정별계산은 부문별개별원가계산의 방법과 단일공정종합원가계산의 방법을 결합한 것이다.
조별가공비 공정별계산	(3) 조별가공비공정별계산 　주요원재료비는 직접으로 각조에 부과하는데 그치고 공정별계산을 하지 않는, 주요원재료비를 제외한 원가요소인 가공비는 공정별계산을 하며, 조직접가공비는 조별공정별로 파악하고, 조간접비는 부문별원가계산의 방법을 적용하여 조별·공정별로 배부한다. 이렇게 하여 조별공정별로 파악하고, 조간접비는 부문별원가계산의 방법을 적용하여 조별·공정별로 배부한다. 이렇게 하여 조별공정별로 파악된 가공비에 대하여 각조별로 가공비공정별종합계산의 방법을 적용하여 제품단위원가를 계산한다.
조별전원가요소 공정별계산	(4) 조별전원가요소공정별계산 　조별로 전원가요소를 공정별계산을 하는 경우에 조직접비는 조별공정별로 파악한다. 조간접비는 부문별개별원가계산의 방법에 의하여 조별공정별로 파악한다. 이렇게 하여 조별공정별로 파악된 전원가요소를 각 조별로 전원가요소공정별종합원가계산의 방법을 적용하여 제품단위원가를 계산한다. 　[사례] 조별종합원가계산표의 작성

부산제작소는 조별종합원가계산제도를 채택하고, A,B 2종류의 제품을 제조하고 있다. 다음 자료에 의하여 계산한다.

(1) 각 거래를 총계정원장의 원재료·임금·공장소모품계정에 기입하라.
(2) 조별종합원가계산표를 작성하라.

〈자료〉

① 월초재고액은 다음과 같다.
   원재료   4,000개 @ 392원   1,568,000원
   공장소모품 1,000개 @ 100원   100,000원
   재공품 : 736,100원(B조)

② 재료 소비액의 계산방법은 다음과 같다.
   원재료 …… 이동평균법   공장 소모품 …… 실사법

③ 원재료는 제조 착수 때 투입되며, 가공비는 제조진행에 따라 소비된다.

- 거래 -

2월 6일 원재료 3,000개를 A조 제조를 위하여 소비하다.

10일 마산상점에서 다음 재료를 매입하고 대금은 외상으로 하다.
   원재료   7,000개   @ 400원   2,800,000원
   공장소모품 800개   @ 110원   88,000원

15일 원재료 6,000개를 B조 제조를 위하여 소비하다.

31일 ① 공장소모품의 월말재고액은 63,000원이다. 당월소비액은 조간접비로 하다.
   ② 임금은 다음과 같이 소비하다.
      A조 : 370,000원 B조 : 910,000원 조간접비 : 357,000원
   ③ 경비는 다음과 같이 소비하다.
      조간접비 : 전력료 170,000원   감가상각비 300,000원
               보험료 36,000원   잡 비 52,000원
      조직접비 : 외주가공비 A조 43,000원 B조 187,000원
   ④ 조간접비는 A조 : 30%, B조 : 70%로 배부하다.
   ⑤ 당월의 제조수량은 다음과 같다.

구 분	완 성 품	재 공 품
A 조	1,000개	500(완성도 50%)
B 조	2,500개	1,000(완성도 80%)

〈참고사항〉 1) B조 월초재공품 원가 736,100원 중 원재료비는 476,000원이다.

2) 단가계산은 전미만 나머지 계산은 원미만 반올림하라.

〈해답〉

(1) 분개

2/6	A조제조	1,176,000	원 재 료	1,176,000
2/10	원재료	2,800,000	매입채무	2,888,000
	공장소모품	88,000	(외상매입금)	
2/15	B조제조	2,736,000	원 재 료	2,736,000

2/31 공장소모품 (100,000+88,000-63,000=125,000)

① 조간접비　125,000　　　　공장소모품　125,000

　　A조제조　　370,000　　　　임　　금　1,637,000
　　B조제조　　910,000
　　조간접비　　357,000

②　A조제조　　43,000　　　　외주가공비　230,000
　　B조제조　　187,000

③ 조간접비　558,000　　　　전 력 료　170,000
　　　　　　　　　　　　　　감가상각비　300,000
　　　　　　　　　　　　　　보 험 료　　36,000
　　　　　　　　　　　　　　잡　　비　　52,000

(2) 원재료·임금·공장소모품 계정의 기입

원 재 료

2/1	전월이월	1,568,000	2/6	A조제조	1,176,000
2/10	원 재 료	2,800,000	2/15	B조제조	2,736,000
			2/28	차월이월	456,000
		4,368,000			4,368,000

임　금

2/28	A조제조	370,000
2/28	B조제조	910,000
2/28	조간접비	357,000

공 장 소 모 품

2/1	전월이월	100,000	2/28	조간접비	125,000
2/10	외상매입금	88,000	2/28	차월이월	63,000
		188,000			188,000

(3) 조별종합원가계산표의 작성

조별종합원가계산표

과 목	A 조	B 조	합 계
Ⅰ. 월초재고액			
원 재 료	-	476,000	476,000
가 공 비	-	260,100	260,100

Ⅱ. 당월제조비용			
원 재 료	1,176,000	2,736,000	3,912,000
임 금	370,000	910,000	1,280,000
외주가공비	43,000	187,500	230,500
조간접비	312,000	728,000	1,040,000
계	1,901,000	5,297,600	7,198,600
Ⅲ. 월말재공품			
원 재 료	392,000	820,000	1,212,000
가 공 비	145,000	505,600	650,600
Ⅳ. 완성품원가	1,364,000	3,972,000	5,336,000
Ⅴ. 완성수량	1000개	2,500개	
Ⅵ. 단 가	@ 1,354원	@ 1,589원	

〈월말재공품평가〉

A조　　　　　　　　　　　　　　　　B조

원재료 $1,176,000 \times \dfrac{500}{1,000+500} = 392,000$　원재료$(2,394,000+476,000)$

가공비 $725,000 \times \dfrac{250}{1,000+250} = 145,000$　　$\times \dfrac{1,000}{2,500+1,000} = 820,000$

　　　　　　　　　　　　　　　　　　가공비$(260,100+1,825,500)$

　　　　　　　　　　　　　　　　　　$\times \dfrac{800}{2,500+800} = 505,600$

[사례] 조별종합원가계산표의 작성

다음 자료에 의하여 조별종합원가계산표를 완성해 본다.

〈자료〉

(1) 월초재공품 A반 12,000원, B반 10,000원
(2) 반 간접비 60,000원(직접 노무비를 기준으로 배부한다.)
(3) 완성품 수량 A조 900개, B조 600개
(4) 기말재공품 수량 A조 200개(완성도 50%), B조 500개(완성도 80%)
(5) 주요 재료비와 가공비는 제조진행에 따라 투입된다.

조 별 원 가 계 산 표

과 목	A 조	B 조	합 계
조 직 접 비			
원재료비	50,000	60,000	
노 무 비	40,000	30,000	
경 비	20,000	40,000	
조 간 접 비			

〈해답〉

조별원가계산표

과 목	A 조	B 조	합 계
조직접비			
원재료비	50,000	60,000	110,000
노무비	40,000	30,000	70,000
경 비	20,000	40,000	60,000
조간접비	34,286	25,714	60,000
기초재공품	12,000	10,000	22,000
계	156,286	165,714	322,000
완성품수량	15,629	33,143	48,772
제조원가	140,657	132,714	
완성품수량	900개	1,000개	
단 가	@ 156원	@ 133원	

조세공과계정
(租稅公課計定)
(Tax And Public Dues Account)

[의의] 제조경비를 형태별분류에 따라 세분한 경우의 1과목이며, 공장에 관한 재산세, 자동차세 등의 조세공과를 처리하는 계정이다.

[설명] 제조경비로서 발생하는 조세공과의 세목은 대개 다음과 같다.

1. 재산세등의 계상의 시기

제조경비인 조세공과 중 가장 금액적으로 중요한 것은 일반적으로 재산세이지만 그 부과기일은 매년 월 일이며, 이 시점에서 조세채무가 성립한다. 따라서 납부기일의 도래를 기다리지 않고, 부과기일을 포함한 사업연도에 이를 계상하여야 한다.

그러나 기업의 계속성, 재산세액의 발생의 항상성 등에서 각 납기의 도래시를 가지고, 이를 계상하는 방법이 많이 채택되고 있으며, 일반적으로 시인되고 있다.

기타 자동차세 등과 같이 부과징수세목에 대하여도 같은 사정이 있다.

2. 인접관련계정과의 관계

형태별분류과목인 조세공과계정에 차변기입된 조세공과는, 간접경비인 조세공과계정에 대체된다.

☞ **경비계정** (Expense Account)

조업도
(操業度)
(Operating Rate)

[의의] 조업도란 경영활동의 정도를 말한다. 기업의 설비·인적능력·자재등의 이용정도를 표시하는 것이다. 원가와의 관계에서 문제가 되는 일이 많다. 일정한 생산설비하에서 일정기간의 경영활동을 측정할 때, 그 측정의 척도에는 생산품의 개수·중량·용적과 소비재료의 수량, 소요작업시간수 등이 이용되며, 이것을 이용하여 조업도가 100% 또는 80%라고 한다.

[설명] 조업은 여러 가지 조건에 의존한다. 조업은 B, 경영설비 즉, 생산단위수를 n, 노동시간수를 t, 능률을 e라고 하면 B=n·t·e로서 표시할 수 있다. 이 n·t·e가 조업요소이다. 조업은 고정적일 수는 없고, 여러 가지 요소의 변화에 따라 항상 변화한다. 조업도라 함은 실로 이 변화하는 조업의 강도를 말하는 것이다. 조업이 없는 경영은 생각할 수 없으므로 조업도의 정확한 파악은 경영실태 파악의 중심문제가 된다. 조업도를 측정하기 위해서는 먼저 측정목적을 명확하게 정한 후, 거기에 알맞은 측정척도를 책정하여야 한다. 일반적으로 보면, 경영능력의 기준량을 A, 현실적 조업량을 B라고 하면 B/A가 조업도인 것이다. 그러나 실제에 있어서 이의 측정은 그렇게 용이한 일이 아니고 측정불가능설이 있을 정도로 곤란한 일이다. 그렇지만 곤란하다는 것은 불가능을 의미하는 것이 아니고, 측정이 곤란하다고 하여 그의 중요성이 감하여지지도 않는다. 그리고 이 측정에는 여러 가지 방법이 있을 수 있고 또한 그 측정에는 수학적인 정확성 보다도 실용성에 치중하여야 할 것이다.

조업에는 완전조업·부족조업·과도조업 또는 최대조업·최저조업·최적조업 또는 정상조업 등의 형태가 있다. 또 조업도의 분류에는 다음과 같이 분류한다.

① 절대적 조업도와 상대적 조업도
② 동적 조업도와 정적 조업도
③ 전체적 조업도와 부분적 조업도
④ 전체적 조업도와 대표적 조업도

위 ①은 기준적인 조업도와의 비교이고 ④는 조업요소의 범위에 의한 구별이다. 그리고 ②와 ③은 별로 설명을 요하지 않는다. 또 표준조업도, 예산조업도 혹은 계량조업도의 구별도 있을 수 있고 또 측정방법의 상이에 의하여 여러 가지 종류가 나타난다. 조업도와 원가와의 관계는 다음과 같은 3가지 견해가 있다.

(1) Schmalenbach 및 Mellerowicz의 견해

경영은 분할할 수 없고, 따라서 원가도 분할할 수 없으며 조업의 척도는 단일한 생산량이라고 하는 것이 지론의 기초이다. 조업도의 변동에 따라 총원가가 어떻게 변동하는가에 의하여 비례원가, 고정원가, 체감원가, 체증원가, 역행원가 등으로 분류한다. 조업도의 증가에 따라 원가는 체감, 비례, 체증의 순서로 S선곡선을 나타낸다.

(2) Gutenberg의 견해

원가는 조업도에 의해서 뿐만 아니라 원가요소의 성질 및 가격, 경영규모, 생산계획 및 경영의 순응형태에 의하여도 많은 영향을 받는다. 그러므로 Schmalenbach가 말하는 바와 같이 반드시 S형 곡선을 그리는 것은 아니다.

(3) Henzel 및 Hasenack의 견해

경영은 단일한 조업도를 가지는 것이 아니므로 조업도의 측정은 불가능하다. 비록 측정이 가능하다 하더라도 원가는 경영자의 의사에 의하여 결정되므로, 이 양자의 사이에는 하등의 상관성이 없다.

위와 같은 여러 가지 견해가 있으나, Schmalenbach의 견해는 이익계획·원가계획·손익분기점·경영중심점 등의 책정에 많은 이용가치가 있다.

☞ **조업도계획 (Operating Capacity Planning)**

조업도계획
(操業度計劃)
(Operating Capacity Planning)

[의의] 조업도계획이란 이익을 최대로 하는 조업도를 선택결정하는 것이다. 조업도란 경영활동을 조업의 상태로 표시한 정도를 말한다. 이것은 원가 또는 비용과의 관계에서 문제가 된다. 즉, 조업을 조작하여 원가를 인하함으로써 최대의 이익을 실현하려면 어떻게 할 것인가를 문제로 한다. 평균단위원가가 최저로 되는 조업도를 최적조업도라고 한다. 이것은 반드시 100%의 조업도에서 실현되는 것은 아니다. 최적조업을 초과하는 조업을 과도조업이라 하고 원가는 높아진다.

[설명] 조업도계획에서는 과부족이 없는 최적조업도를 발견하는 것이 중요하다. 그것은 원가와 판매가격 및 판매수량과의 관련에서 과도조업도 지대에 최유리조업도가 있기 때문이다. 조업도계획에서 이용되는 특수원가조사에서 계산대상이 되는 항목은 차액법에 의하고, 손익계산 방식으로 하게 된다. 계산시에 원가는 고정비와 변동비로 분류한다. 그리고 조업도를 증가시킬 여력이 있는 경우에는 한계이익만을 고려하게 된다. 조업도계획에서 특수원가개념의 구체적인 적용례를 보기로 한다.

조업도증가계획

(1) 조업도증가계획

안료와 도료를 제조·판매하고 있는 기업이 도료부문의 조업도를 높여서 원가절감을 할 수 있다고 보고, 다음 자료에 의하여 그 대책을 강구 중이다.

〈자료〉

① 현재의 조업도는 80%이다. 생산량(년간)은 80,000kg이다.
② 현재의 기계설비가 지니는 생산력은 조업도를 100%로 높일수 있다.

  예상매출액 @ 1,700원×30,000개＝51,000,000원
  예정비용
    변동비 @ 1,500원×30,000개＝45,000,000원
    고정비   10,000,000원 55,000,000
    조업한도에 의한 손실   -4,000,000

③ 현재의 조업도 80%인 때의 제조원가는 다음과 같다.
  직접재료비   16,000,000원
  직접노무비   14,000,000원

변동간접비	10,000,000원
고정간접비	40,000,000원
	80,000,000원

④ 조업도 100%(연간생산량 100,000kg)인 때의 추정 제조원가는 다음과 같다.

직접재료비	20,000,000원
직접노무비	17,000,000원
변동간접비	13,000,000원
고정간접비	40,000,000원
	90,000,000원

조업도 80%인 경우와 조업도 100%인 경우의 제조원가를 비교계산하고 차액원가를 산출하여 보면 다음과 같다.

비용항목	조업도 80%	조업도 100%	차액원가
변동비			
직접재료비	16,000,000	20,000,000	4,000,000
직접노무비	14,000,000	17,000,000	3,000,000
변동간접비	10,000,000	13,000,000	3,000,000
계	40,000,000	50,000,000	10,000,000
고정간접비	40,000,000	40,000,000	0
제조원가	80,000,000	90,000,000	10,000,000
생산량	80,000kg	100,000kg	20,000kg
평균단가	1,000	900	
차액단가			500

이 원가비교에 의하여 현재의 조업도를 20% 높이면 제품 1kg당 제조원가는 900원이 되고, 현재의 제조원가를 100원 절감할 수 있다. 또 제품 1kg당의 차액원가는 500원이 된다. 따라서 차액원가보다도 높은 가격으로 판매할 수만 있다면 현재의 조업도 80%를 100%로 높이는 것이 유리하다.

조업중지계획

(2) 조업중지계획

업적부진으로 A제품을 생산하고 있는 B공장을 일시 폐쇄하려고 한다.

〈자료〉

① B공장의 기준조업도(90%)에서의 생산량은 연간 90,000개이다.
② B공장의 조업을 계속하는 경우의 고정비는 연간 10,000,000원이다.
③ B공장의 조업을 중지한 경우의 고정비는 연간 3,500,000원이다.
④ A제품 1개당의 변동비는 1,500원이다.
⑤ 경쟁에 적응하기 위한 A제품의 판매가격은 1개당 1,700원이다.
⑥ 이 가격으로 A제품의 판매를 하면 연간 30,000개가 팔릴 수 있

	을 것으로 보인다. 조업을 계속하는 경우의 손실은 다음과 같이 계산된다. 　　예상매출액　＠ 1,700원×30,000개＝51,000,000원 　　예정비용 　　변 동 비　＠ 1,500원×30,000개＝45,000,000원 　　고 정 비　　　　　　10,000,000　55,000,000원 　　조업계속에 의한 손실　　　　　　－4,000,000원 　조업을 중지하면 다음과 같이 된다. 　　조업계속에 의한 손실　4,000,000원 　　조업중지시의 고정비　　3,500,000원 　　조업중지에 의한 차액이익　500,000원 　따라서 조업중지를 하면 계속하는 것보다는 500,000원의 원가가 절약된다.
조업도정책 (操業度政策) (Operating Rate Policy)	의의 조업도의 여러 가지 원리에 따라 조업(경영생산 또는 거래)을 조작하고 원가의 인하와 유리한 수익성적을 올리고자 하는 방책이다. 설명 여기에서는 우선 완전조업(Fullbeschaftigung)에 이르지 않게 하도록 노력하여야 한다. 그러나 조업을 완전하게 하기 위하여 즉시 원가의 최저를 기하는 것은 아니다. 평균비가 최저가 되는 조업도를 최적조업이라고 하며, 그것은 반드시 100%의 완전조업은 아니고 흔히 80% 조업이라고 한다. 이 최적점을 초과하는 조업을 과도조업이라 하고, 여기에서는 원가는 다시 불리하게 된다. 그러므로 조업도정책의 기본은 부족조업을 인상하고 과도조업을 회피하여 최적조업도를 실현시키는 것이다. 그러나 원가만이 아니라 가격과 판매총량을 고려하였을 때에는 과도조업지대에 오히려 수익의 최대를 초래하는 최유리 조업도가 있는 수도 있고 최적과 최유리의 관계는 정책상 중요과제이다.
조업도차이 (操業度差異) (Capacity Variance)	의의 제조간접비차이의 일종이며 계산의 기초인 조업도의 상이에 입각하는 것이나, 따라서 이러한 차이는 부문관리자의 직접적인 책임을 나타내지 않는다. 조업도변동의 원인을 조사함으로써 책임의 귀속을 명백히 하여야 한다. 또 조업도차이는 분석방법의 여하에 따라 반드시 일정하지도 않다.
조 업 정 책 (操 業 政 策) (Work Policy)	의의 매가정책(賣價政策)의 기저를 이루는 것은 원가이며, 원가를 중심과제로 하여 그 변화를 정확히 인식하고, 이 원가의 변화를 초래하는 생산량 즉, 조업도와의 관계를 고찰하는 것이 조업정책이다. 설명 조업정책을 지지하는 이론은 경영비용론인바, 정책목표로서는 여러 가지가 고려된다. 적정경영·적정입지의 결정에도 기초를 주나

	가장 고유한 조업정책은 가격정책과 표이(表裏)관계에서 생산활동에 지침을 주고, 그 현상을 합리적으로 파악하는 것이다. 이리하여 조업 정책은 내부경영의 량적통제를 중심으로하여 생산활동의 실제적인 변동에 따라, 특히 원가의 조업도에 대한 의존성(Abhängigkeit der Kostenrom Bechäftigungsgirad)을 명백히 하고 거기에서 얻은 각종 관계를 매가정책에로 운용하게 된다. 조업정책과 원가정책은 동일물의 표이관계이며, 이를 양자와 매가정책은 밀접한 관련이 있다.
조직접비 **(組直接費)** (Joint Direct Cost)	[의의] 동일한 생산설비 등을 이용하여, 다른 종류의 상품을 조별로 연속적으로 또는 교체적으로 생산하는 경우에 적용되는 조별종합원가 계산에는 조별원가를 분류집계하는 것이 필요하다. 이를 위하여 1기 간의 제조비용을 조별제품에 대하여 그 원가발생이 직접적으로 인식 되어 추적할 수 있는 (Traceable)원가와 인식하여 추적할 수 없는 원가로 구분하는 것이 중요하다. 전자를 조직접비, 후자를 조간접비라 부른다. 따라서 조직접비는 직접비(Direct Cost)의 개념을 조별제품에 적용한 것이다. [설명] 조직접비는 직접재료비 또는 원재료비, 직접노무비 등 직접경 비로서 다루어지지만, 이러한 조직접비의 조별제품에의 집계절차는 비용에 따라서나, 그리고 조별종합원가계산의 방법에 따라서도 다르게 된다. 직접재료비나 원재료비는 조별로 파악되어 조별제품에 직접부과 되거나 부문별계산을 통하여 공정별로 부과된다. 직접노무비는 조별로 파악되어 직접 부과되거나 공정별로 부과하게 된다. 조별원가계산에서 원재료비와 가공비로 나누어 계산을 행하는 경우에 있어서 직접노무비는 직접가공비와 간접가공비로 나누어 부과 하는 경우가 많다. 직접경비는 조별제품에 대한 직접비가 되는 경비이며, 조별제품 중의 각 제품에 공통되는 것은 간접경비이다. 경비를 특히 독일에서는 직접비와 간접비로 구별하고 직접경비를 조별비라고 부르기도 한다. 직접경비도 조별제품에 직접 부과되거나 공정별로 부과된다. ☞ **조간접비** (Joint Indirect Cost)
종업원1인당매출원가 **(從業員1人當賣出原價)** (Sales Cost Per Employee)	[의의] 매출원가액을 종업원의 1인당으로 환산한 실수효율치이다. [산식] $$\text{종업원 1인당 매출원가} = \frac{\text{매출원가액}}{\text{평균종업원수}}$$ [설명] 매출총이익을 늘리기 위해서는 매출액을 편다든가 매출원가를 누르는 것이 필요하다. 그래서 경영효율 특히 수익성의 분석에 있어서 1인당의 매출액총이

종업원1인당 매출총이익 **(從業員1人當 賣出總利益)** (Sales Gross Profit Per Employee)	익과 아울러서 1인당의 매출원가의 검토가 중요하다. 즉, 실수법이나 지수법에 의한 매출원가의 분석과 아울러서 단위당의 효율치에 의한 기간비교나 타사비교를 행하는 것이다. 의의 매출총이익액을 종업원수로 나눈 실수효율치이다. 산식 $$종업원\ 1인당\ 매출총이익 = \frac{매출원가액}{평균종업원수}$$ 설명 손익계산서의 분석으로 수익성을 검토할 때 종업원 1인당 어느 만큼의 매출총이익을 실현하고 있는가를 보는 것이다. 　매출총이익의 금액을 단순히 비교하는 것만으로는 효율의 양부(良否)를 붙잡기 어려우므로, 종업원수라는 투입생산요소에 대하여 어느 만큼의 성과가 있었다는가를 파악하는 것이다. 　이 효율치는「종업원 1인당매출액, 매출총이익율」에 상당하는 것이고, 이들의 비율과 관련시키든가, 판매비·관리비 × 당기순이익과도 관련시켜서 검토할 필요가 있다. 　1인당 매출총이익의 수준은 기업의 수익성을 기본적으로 좌우하고 또한 노동분배율을 통하여 종업원의 급여수준을 결정하는 것이고, 중요한 효율치라고 할 것이다.
종업원1인당부가가치 **(從業員1人當附加價値)** (Added Value Per Employee)	의의 이 지표는 년환산한 부가가치액을 평균 종업원수로 나눈 것으로 노동생산성 내지는 부가가치생산성이라고도 불리운다. 산식 $$종업원\ 1인당부가가치액 = \frac{부가가치액}{전·당기말종업원수 \div 2}$$ 부가가치액＝당기순이익＋인건비＋금융비용＋임차료＋조세공과 　　　　　＋감가상각비 당기순이익 : 법인세준비전계상이익 인　건　비 : 복리후생비, 퇴직급여충당금 금　융　비용 : 사채발행차금상각을 포함 감 가 상 각 비 : 잉여금계산서상분을 제외 설명 이 제표는 생산성분석이라는 관점에서는 $$\frac{부가가치}{총자본} \times \frac{총자본}{종업원수}$$ 　(총자본투자효과) (자본집약도) 라고 분해할 수 있고, 혹은 $$\frac{부가가치}{유형고정자산} \times \frac{유형고정자산}{종업원수}$$ 　(설비투자효율) (노동장비율) 로 되고, 부가가치는 노동에 의거하여 만들어 내는 것만이 아니고, 자본관계에서 생기는 것도 있으므로, 이런 면에서의 검토도 필요하다.

또 이 종업원 1인당 부가가치액은 부가가치율과 종업원 1인당매출액과의 적(積)에 의해서도 구해지고 노동생산성을 높이는 것은 부가가치율과 1인당매출액도 관계하고 있는 것을 이해하여 둘 필요가 있다.

종업원1인당순매출액
(從業員1人當純賣出額)
(Net Sales Per Employee)

[의의] 이 지표는 순매출액의 년환산액을 평균종업원수로 제한 것으로 종업원 1인당의 매출(생산)효율을 가리키는 것이다.

[산식]
$$\text{종업원 1인당순매출액} = \frac{\text{순매출액}}{\text{전·당기말종업원수} \div 2}$$

[설명] 이 종업원 1인당순매출액을 크게 하기 위해서는

$$\frac{\text{매출액}}{\text{종업원수}} = \frac{\text{유형고정자산}}{\text{종업원수}} \times \frac{\text{매출액}}{\text{유형고정자산}}$$

즉, 1인당의 매출액은 노동장비율과 설비능력(설비이용도)의 적으로 된다.

이것은 노동장비율을 자본집약도 내지는 기계장비율에 설비 능력의 분모를 총자본 내지는 기계·기구로 옮겨 놓아도 좋지만, 어쨌든간에 1인당의 설비자본의 다과와 설비능력이용수준과에 의해 1인당의 매출액은 영향을 받는 것으로 되고, 2개의 요인의 어느 것인가가 현재의 수준보다 크게 되면 이 지표도 크게 된다.

따라서 부가가치율이 일정하다고 하면 1인당의 부가가치액도 크게 된다.

종업원1인당순이익
(從業員1人當純利益)
(Net Income to Sales Ratio)

[의의] 당기순이익의 년환산액을 평균종업원으로 제한 것으로 1인당의 수익력을 가리키는 비율이다.

[산식]
$$\text{종업원 1인당순이익} = \frac{\text{당기순이익}}{\text{전·당기말종업원수} \div 2}$$

[설명] 즉, 매출액순이익율과 종업원 1인당 매출액의 적으로 된다. 따라서 이 지표의 양부(良否)는 2개의 요소를 검토하는 것이 필요하다.

$$※ \quad \frac{\text{순이익}}{\text{종업원수}} = \frac{\text{순이익}}{\text{매출액}} \times \frac{\text{매출액}}{\text{종업원수}}$$

종업원1인당
연간가공액
(從業員1人當年間加工額)
(Annual Processed Revenue Per Employee)

[의의] 1인의 종업원이 1년간 올린 평균가공액을 말하고, 연간가공액을 그 가공액을 올리는데 소요한 종업원 수로 나눈 수치로 가리킨다.

[산식] 종업원1인당연간가공액=
$$\frac{\text{직접재료비} + \text{매입부품비} + \text{외주공임} + \text{간접재료비}}{\text{종 업 원 수}}$$

[설명] 노동생산성을 종업원1인당의 연간가공액으로 붙잡은 것이다. 종업원1인당연간생산액과 기본적으로는 동일하게 되어 있지만, 생산성을 부가가치개념에 중점을 둔 가공액으로 가리키고 있는 점에 특징이 있고, 일반적으로 노동생산성을 측정하는 위에서는, 종업원1인당연

간가공액의 편이 합리적이다. 그리고 종업원1인당의 연간가공액을 높이는 것을 일반적으로 생산성의 향상이라고 한다.

종업원1인당 연간매출액 (從業員1人當 年間賣出額) (Annual Sales Per Employee)	**의의** 순매출액을 점주(店主)와 종업원수를 제한 것으로 1인당 연간 순매출액을 가리킨다. 인적효율측정에 사용된다. **산식** 종업원 1인당연간매출액 = $\dfrac{순매출액}{임원(점주) + 종업원수}$ **설명** 투하된 일꾼이, 어느 정도 유효하게 이용되었는가를 보는 것으로, 매출액노동생산성이라고도 한다. 　면적당의 매출액이 설비효율을 나타내는 것에 대해, 이 비율은 인적 효율을 나타낸다. 　도·소매업, 서비스업의 경영효율의 검토에 유효하다. 　그리고 파아트·타이머(시간제 근로자)를 많이 사용하는 기업에서는 시간환산 등의 방법으로 파아트를 종업원수에 가하지 않으면 정확한 인적효율의 파악이 되지 않으므로, 그 점에 주의하지 않으면 아니된다.
종업원1인당 연간생산액 (從業員1人當 年間生產額) (Annual Production Value Per Employee)	**의의** 1인의 종업원이 1년간에 올린 생산액으로 연간생산액을 그 생산액을 올리는 데, 소요한 종업원수로 나눈 수치로 가리킨다. **산식** 종업원1인당연간생산액 = $\dfrac{순매출액 - 당기제품매입원가}{종업원수}$ **설명** 노동생산성을 종업원1인당의 연간생산액으로 붙잡은 것이다. 　위의 산식을 분해하면 $\dfrac{사용설비}{종업원수} \times \dfrac{연간생산액}{사용설비}$ 로 표시되고, 이것은 노동의 자본장비율과 설비사용도(유형자산회전율)의 적으로 된다. 따라서 1인당 연간생산액의 대소는 노동의 자본장비율을 설비사용도의 고저로서 붙잡을 수가 있다. 이러한 종업원1인당 연간생산액은 클수록 노동생산성이 높다고 할 것이지만 업종에 따라서 자본집약도 등이 상당히 다르니까, 이 업종간의 종업원1인당 연간생산액의 비교는 단순하게는 되지 않는다.
종업원1인당 연간순수입액 (從業員1人當 年間純收入額) (Annual Net Profit Per Employee)	**의의** 순매출액에서 외부매입비인 직접재료(상품)비를 공제하고 종업원수(점주를 포함)로 나눈 금액을 말하고, 부가가치생산성을 나타낸다. **산식** 종업원1인당연간순수입액 = $\dfrac{순매출액 - 직접재료(상품)비}{임원(점주) + 종업원수}$ **설명** 개개의 기업이 생산을 통하여 새로이 산출한 가치를 부가가치

라고 하고, 투입한 생산요소가 어느 만큼 부가가치를 산출하였는가를 가리키는 것이 부가가치생산성이다. 투입한 생산요소는 자본과 노동으로 나뉘인다. 노동은 시간 또는 임금을 요소로 하는 경우가 있는 데, 대부분은 종업원수를 취하고 1인당의 연간순수입액을 산출하고 이 금액이 많을수록 생산성은 높다.

종업원1인당 연간완성가공액 (從業員1人當 年間完成加工額) (Annual Finished Products Value Per Employee)	의의 연간완성가공액에서 재료비·노무비·외주비를 공제한 연간완성가공액을 종업원수로 나눈 것이다. 산식 종업원1인당연간완성가공액 = $$\frac{완성공사액-(재료비+노무비+외주비)}{종\;업\;원\;수}$$ 설명 건설회사의 노동생산성을 나타내는 지표로서는 종업원1인당연간완성공사액(타산업에 있어서의 1인당매출액에 상당하는 것)이 널리 사용되고 있지만, 이것으로는 공사의 대부분을 하청업자에 외주하고 있는 대건설회사의 경우에는 당해회사 자신의 노동생산성을 정확하게 파악할 수 없다. 따라서 보다 정확한 것을 기하기 위해서는 연간완성공사액에서 외주비·노무비·재료비를 공제하여 연간완성공사액을 산출하고, 이것을 종업원수로 나눈 1인당 연간완성가공액의 편이 적절하다 할 것이다. 그리고 건설회사의 순부가가치생산성을 가리키는 지표의 하나로서도 이용되고 있다.
종업원1인당인건비 (從業員1人當人件費) (Employment Cost Per Person) (Labor Cost Per Employee)	의의 이 제표는 당해기업의 임금수준을 검토할 때에 사용되고 생산성분석에 있어서는 1인당부가가치액이 주지표(主指標)로 되는데, 이 지표는 그 보조지표로서도 사용된다. 산식 종업원 1인당 인건비 = $\frac{사무원급료수당 + 노무비}{전·당기말종업원수 \div 2}$ 설명 1인당의 인건비는 즉, 인건비대매출액비율과 1인당매출액으로 분해된다. 이 지표의 검토에는 이들 2개의 요소에의 배려도 필요하다. ※ $\frac{인건비}{종업원수} = \frac{인건비}{매출액} \times \frac{매출액}{종업원수}$
종업원1인당 판매비·관리비 (從業員1人當 販賣費·管理費) (Sales and Management Expenses Per	의의 판매비, 관리비(소위 경비)를 종업원의 단위당으로 환산한 실수효율치이다. 산식 종업원 1인당 판매비·관리비 = $\frac{판매비·관리비}{평균종업원수}$ 설명 말할 것도 없이 적은 편이 좋지만, 매출액, 매출총이익 및 당기순이익과 관련시켜서 검토하지 않으면 아니된다. 일반적으로는 1인당판매비·관리비의 증가는, 1인당 순이익의 감소

Employee)	를 가져온다. 그러나 1인당 판매비·관리비가 감소하든가, 타사와 비하여 낮은 때, 쓸데없는 인원을 거느리고 있는 것이 그 원인인 경우도 있으므로 주의를 요한다. 1인당판매비·관리비가 증가하든가, 타사와 비하여 높아도, 1인당의 매출액, 매출총이익, 당기순이익이 그 이상으로 증가하고 또는 타사보다 높은 수준으로 있으면 바람직한 것이라 할 것이다.
종업원1인당 평균인건비 (從業員1人當 平均人件費) (Average Labor (Employment) Cost Per Employee)	[의의] 인건비총액(연간 또는 월간)을 평균 종업원수를 제하여 산출한 것으로 기업의 인건비 부담의 상황을 검토하는데 사용된다. [산식] 종업원 1인당 평균인건비 = $\dfrac{인건비}{종업원수} \times 100$ [설명] 근년, 인건비의 상승이 두드러지고 이 부담증이 채산을 압박하고 있는 케이스가 적지 않다. 따라서 평균인건비가 동업자나 타산업의 수준에 비해 타당한가 아닌가를 검토하는 것이 중요하다. 이 경우, 다과의 요인으로서는 ① 공원수에 비해 관리부문의 직원수가 너무 많지 않은가 ② 연령구성이 고연령자에게 치우치고 있지 않은가 등의 제점에 주의할 필요가 있다. 그리고 인건비 가운데는 급료·임금 외에 사회보장 관계이 비용을 가산 한다.
종합원가계산 (綜合原價計算) (Process Cost System) 종합생산과 종합원가계산	[의의] 종합원가계산은 동종의 제품을 연속적으로 대량생산하는 경우에 적용되는 원가계산 형태로서, 1원가계산기간내에 발생한 총제조원가를 산정하여 동기간에 완성한 제품의 총수량으로 나누어 제품단위당 원가를 산정하는 방법이다. 종합원가계산에서는 원칙적으로 직접비와 간접비의 구분이 필요없으며, 원가소비액은 직접제조계정에 대체하고 기말재공품을 평가하여 차감하면 기중의 완성품 총원가가 산정된다. [설명] (1) 종합생산과 종합원가계산 공기업(工企業)의 생산형태는 개별생산과 종합생산의 2가지로 대별되는데, 여기서는 종합생산에 따른 종합원가계산에 대하여 설명하기로 한다. 종합생산이란 예를 들면 제지·제분·화학공업 등에 있어서와 같이 시장상대로 동일제품을 대량으로 계속적·반복적으로 생산하는 생산형태이다. 그러므로 종합생산에서는 원칙적으로 개별생산에서와 같이 특정의 제조에 대한 제조지령서를 발행하지 않는다. 이와 같이 종합생산형태

종합원가계산의 종류	에서 하는 원가계산을 종합원가계산이라 한다. 　종합원가계산에서는 원가계산기간의 제조원가요소를 집합하여 제품의 제조원가를 계산하고, 그 기간에 생산된 제품의 총수량으로 제조원가를 나누어 제품 1단위당의 제조원가를 산출한다. 　이를 산식으로 표시하면 다음과 같다. $$\frac{원가계산기간의\ 제조원가}{동상\ 기간의\ 제품총생산량} = 제조단위당\ 제조원가$$ (2) 종합원가계산의 종류 　종합원가계산은 공장의 제조형태와 계산의 방법에 따라 다음과 같이 분류한다. 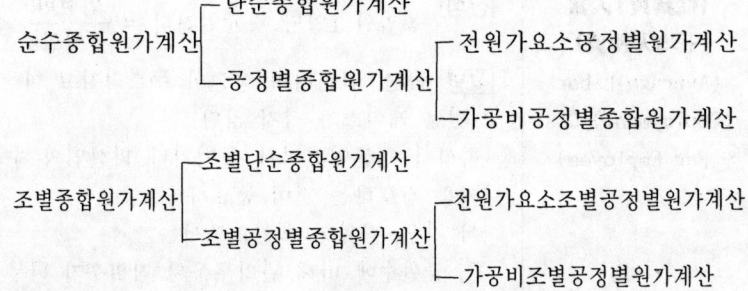
제조공정설정	(3) 제조공정의 설정 　제품을 생산하기까지에는 일반적으로 여러 단계의 제조공정을 거치게 된다. 예를 들면 시멘트공업에 있어서는 원료인 석회석에 다음과 같은 4가지 공정을 경유하여 제품인 시멘트를 생산하게 된다. 　석회석 → 분발공정 → 조정공정 → 소성공정 → 완성공정 → 시멘트 　이와 같이 종합생산에서는 원료를 투입하는 것으로부터 제품을 생산하는데 까지는 여러개의 공정을 경유하게 된다. 물론 제품을 생산하는데 공정이 하나인 경우도 있다. 　앞에서 예시한 석회채석업의 원가계산을 하는 경우에는 이러한 공정별로 집계하는 것이 좋다. 　그 이유는 정확한 제품원가를 산출할 수 있을 뿐만 아니라 공정별로 원가를 집계함으로써 공정별의 작업능률을 측정하여 원가관리를 하는데 역할을 할 수 있기 때문이다. 　원래 공장의 생산공정은 제조기술상의 문제이므로 원가계산상의 공정은 반드시 생산공정과 일치되어야 할 이유는 없다. 원가계산에서 공정을 설정하는 것은 앞에서 설명한 바와 같이 정확한 제조원가의 산정과 원가통제(Cost Controll)를 목적으로 하는 것이므로 ① 반제품·제품이 산출되는 단계 ② 작업의 동일성 등을 기준으로 공정을 설정하여야 한다.
종합원가계산과	(4) 종합원가계산과 원가계산표

원가계산표	개별원가계산에서는 제조지령서별로 제조원가의 집계를 하고 지령서에 의하여 원가계산표를 작성한다. 그러나 종합원가계산은 종합원가를 집계하는 것이므로 재공품계정(제조계정)에 집계된 원가가 제품의 제조원가가 된다. 　재공품(在工品)의 기입은 다음과 같다. 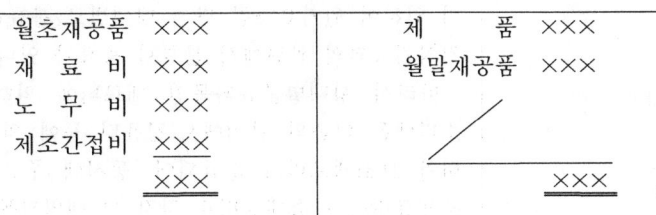 　이 계정의 기입이 표시하는 바에 의하면 차변의 합계액에서 월말재공품의 평가액을 차감하면 그 달의 제품의 제조원가가 산출된다. 그리고 이 재공품계정의 기입에는 재료비·노무비를 각각 직접재료비·직접노무비 및 경비의 3요소로 구분하는 방법이 많이 이용되고 있다. 이 경우 재료비·노무비에는 각각 간접비가 포함되어 있다. 이러한 경우의 재공품계정 기입은 다음과 같다. 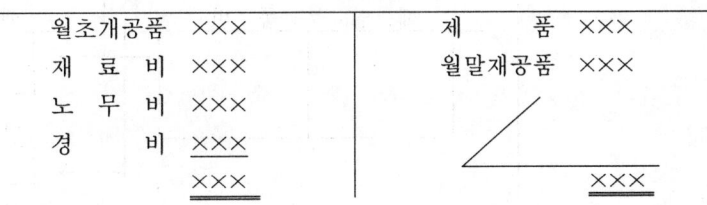 　이와 같이 종합원가계산에서는 재공품이 어느 달에 생산된 제품의 제조원가를 나타내므로 재공품계정의 기입을 그대로 원가계산표에 표시하면 된다. 　☞ **단순종합원가계산** (Single Process Cost System) 　　**재공품평가** (Valuation of Work in Process) 　　**감손** (Shrinkage) 　　**부산물** (By-Product) 　　**공정별종합원가계산** (Process Cost Accounting) 　　**가공비공정별종합원가계산** (Processing Net Cost of Stage of Work) 　　**조별종합원가계산** (Class Cost System)
주요재료비계정 **(主要材料費計定)** (Main Material	의의 원가요소를 기능별로 분류(원가가 경영상의 어떠한 기능으로 발생하였는지에 의한 유형)한 경우, 형태별분류과목에 의하여 제1차적으로 포착된 재료비(또는 원료비)는 제품의 기본적인 실체가 되어 재

Cost Account) 현되는 주요재료비(원재료)와 수선재료비·시험연구재료비 등의 보조재료비로 나누어진다.

주요재료비는 원가요소를 제품과의 관련에서 분류하는 경우는 직접재료비가 되고, 보조재료비는 간접재료비가 된다.

[설명] 1. 기능별 분류의 필요성

원가관리나 예산관리의 수단, 절차에 의하여 원가의 인하를 도모하기 위하여 원가요소를 단지 형태별로 분류하는 것만이 아니고, 이것을 경영기능과의 관련에서 분류할 필요가 있다.

따라서 형태별분류과목인 재료비에 의하여 포착된 요소나 원료의 소비액은 다음의 단계에서(컴퓨터 등에 의한 경우는 동시에)주요재료비와 보조재료비로 분류되어, 동시에 주요재료비는 직접재료비로, 보조재료비는 간접재료비로 각각 그 내역과목이 된다.

2. 인접관련계정과의 관계

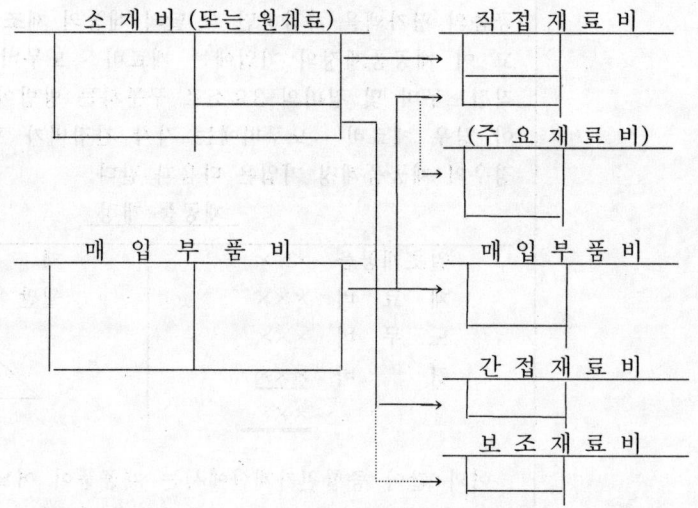

주 문 생 산 (注 文 生 産) (Make to Order)

[의의] 주문생산은 고객의 주문에 의하여 제품을 생산하는 것을 말하며, 고객생산·응수생산이라고도 부른다. 이것에는 자기생산과 시장생산의 중간에 위치하는 것으로서, 이것에 임작업과 대금작업과의 2가지 형식이 있다. 전자는 노동에 대한 보수만을 받으나 후자는 완성품의 가격을 예견하고 있기 때문에 사전에 주문을 예견하여 생산한다. 그리고 시장생산으로 발전하는 오늘날의 자본주의적 공업으로 진출한 것은 이 때문이다.

[설명] 고객이 주문에 의해서 제품의 설계가 행하여지고 제조명령이 발하게 된다. 또 사용하는 기계나 숙련노동자 등의 관계로 생산계획이나 생산체제가 복잡화한다.

수주생산에는 개별생산·연속생산·계속생산의 3개의 생산형태가 있는데, 어느것도 소량생산인 점이 소종대량생산인 기대생산(예상생

주 문 서 **(注文書)** (Order Form)	산)과는 다르다. [의의] 주문서란 상거래에 있어서 청약을 하는 문서를 말하며, 증빙서의 하나가 된다. [설명] 주문서에는 소정의 사항을 완전히 기재할 뿐만 아니라 필요에 따라서는 명세표·도면·설명서 등을 첨부한다. 1. 주문서의 작성시 주의사항 　주문서를 작성할 때에는 다음의 사항을 주의하여야 한다. 　① 품에 상표·품위·규격 등이 규정되어 있을 때에는 이를 기입한다. 　② 수량에는 반드시 단위를 기입한다. 　③ 납기는 년·월·일을 기입한다. 　④ 인도장소와 납입장소가 다른 경우에는 양장소를 모두 기입한다. 　⑤ 지급조건에 대하여는 검수후 지급·완성후 지급 등의 구별을 명기한다. 　⑥ 운임 및 제비용이 주문금액에 포함되지 않는 경우에 그 부담의 구분과 내용을 기입한다. 　⑦ 주문량·수요도에 의하여 분납을 인정할 때에는 그 취지를 기입한다. 　업자와의 구매계약은 주문서를 작성하여 주문처에 통지하여 응낙을 받고 주문응낙서를 받음으로써 체결된다. 주　문　서 　　　　　　　　　　　　　　　　　　NO._____ _____ 귀중　　　　　　　　　　　년 월 일 　　　　　　　　　　　　주식회사 ○○○○ 　　　　　　　　　　　　대표이사 ○○○ 다음과 같이 주문합니다. 　인 도 기 일 ---------　　운송방법 --------- 　인 도 장 소 ---------　　보 낼 곳 --------- 　대금지급장소 ---------　　운임장비 --------- | 금액 | 수량 | 단가 | 금액 | 기타 | |---|---|---|---|---| | | | | | |
주문처리비 **(注文處理費)** (Costs of Filling Orders)	[의의] 영업비를 기능별로 분류하는 경우에, 영업활동을 주문획득활동과 주문이행활동으로 구분하고, 주문이행활동에 있어서 소비되는 비용은 주문처리비 또는 주문이행비라고 한다. [설명] 주문이행활동은 판매활동의 결과처리에 있어서 행하여지는 것이고, 주문처리비를 구성하는 요소로서는 다음과 같은 것을 포함한다. 　① 보관 및 검수비 … 보관 및 검수비는 상품의 검수·보관·출고

	・하치 기타 창고사무 등에 있어서 발생하는 것이다. ② 발송비 … 발송비는 상품의 발송에 관한 활동에서 발생하는 비용이다. ③ 외상판매 및 수금비 … 외상판매 및 수금비는 외상판매업부, 조사 업무, 수금업무 등에 관해서 발생하는 것이다.
주문획득비 (注文獲得費) (Costs of Getting Order)	의의 영업비를 기능별로 분류하는 방법의 하나로서, 영업활동을 주문획득활동과 주문이행활동으로 구분하고, 주문획득활동에 있어서 소비된 비용을 주문획득비라 한다. 설명 주문획득활동은 영업활동에 있어서 매출액을 획득하기 위하여 행하는 활동으로서, 주문획득비를 구성하는 요소로서는 다음과 같은 것이 있다. ① 매출직접비 … 주판매직접비는, 판매활동에 주로 종사하는 판매부문에 있어서 발생하는 것이다. ② 광고 및 판매촉진비 … 광고 및 판매촉진비는 광고선전활동 및 판매촉진활동에 있어서 발생하는 것이다. 이와 같은 주문획득비는 광의로는 판매촉진활동으로서의 인적판매활동, 광고활동, 선전활동, 기타의 판매촉진활동에 있어서 발생하는 비용을 총칭하는 것이다. 그러나 영업비를 주문획득비 및 주문이행비로 구분하는 것은 판매 자체가 반복적 성격을 갖는 것이므로, 반드시 주문획득비가 원인적 활동, 주문이행비가 결과적활동으로 하는 것처럼 단순히 구분되지 않는 경우가 적지 않다.
주요재료비 (主要材料費) (Main Material Cost)	의의 제품의 기본적 실체를 구성하는 물품을 주요재료비라고 하고, 주요재료의 소비를 주요재료비라고 한다. 주요재료의 상대어는 보조재료가 되지만, 이 구별은 상대적인 것이다. 보조적 생산활동에 사용되는 재료, 예를 들면 수선용재료와 전력용재료 등의 보조재료는 제품의 생산에 직접소비된 것도 아니고, 제품의 실체를 구성하는 것도 아니므로 제품의 재료와 명확히 구분되지만, 제품의 실체를 구성하는 재료중에서도 중요성을 결핍하고 있는 재료의 소비는 보조재료비가 되고, 금액상 중요한 재료의 소비만을 주요재료비라고 한다. 그리고 물질적으로 보면, 물품의 실체를 구성하지 않는 연료의 소비 등도 제품생산을 위하여 직접 소비되는 중요한 물품의 소비는 주요재료비로서 계산한다. 그러므로 원가계산상 주요재료비는 제품을 생산하기 위하여 직접 소비되고, 금액적으로 중요한 재료의 소비를 말하며, 그 대부분은 제품의 기본적 실체를 구성하는 것이다. 주요재료비는 이와 같이 금액적으로 중요한 재료비이므로 계속기록법에 의한 소비액을 계산하여 직접 재료비로서 파악하게 된다. 이것을

	역으로 말하면, 직접재료비로서 파악되는 재료비가 주요재료비이다. 제품의 부분을 구성하는 못과 나사 등은 직접재료이지만, 중요성이 없으므로 간접비인 보조재료비가 된다.
	[설명] 주요재료비는 원재료 또는 소재료(素材料)라고도 부른다. 주요재료비를 예시하면, 가구제조업-목재, 선계방적업-면화, 맥주양조업-맥아·향미제·취수, 철동업-선척·충절·강곤·소다공업-원염·석탄석 등이 있다. 보유원료에 대한 제품비율계산에서는 일반으로 이 주요재료비가 기준으로 된다. 주요재료비의 금액은 주(註)와 같이 계산한다.(실제소비량의 계산방법에 대하여는 젝접재료비의 항을 참조)
	  소비가격에는 원칙으로서 실질매입가격이 사용되지만, 필요에 따라서 예정가격이 사용되는 수도 있다. 실질매입가격은 다음의 각방법의 어느 것인가에 의해 계산한다.
	  ① 선입선출법, ② 후입선출법, ③ 이동평균법, ④ 총평균법, ⑤ 개별법, ⑥ 예정가격법
	  상기 가운데 ③ 및 ④가 비교적 많이 사용되고 있다.
	  주) 주요재료비 = 소비가격 × 실제소비수량

주 지 령 서 **(主 指 令 書)** (Main Production Orders)	[의의] 제품의 제조자체에 관하여 발행되는 지령서로서 그 제품의 종류, 수량이 표시된다. 일반적으로 제조지령서라 하면, 이것을 가르키고, 특정제품의 생산을 위한 특정제조지령서와 동종제품의 지속적인 생산을 명령하는 계속제조지령서가 있다.
준 고 정 비 **(準 固 定 費)** (Semi-Fixed Cost, Fixed Cost)	[의의] 어느 범위내의 조업도의 변화에서는 고정적(불변)이고, 그것을 넘으면 급증하여 재차고정화하여 가는 원가요소를 말한다. [설명] 예컨대, 공장의 감독자 급료는 어느 범위의 공원수로 작업하고 있을 때는 1명분으로 능히 그간 불변이지만, 어느 정도 이상의 공원수로 되면 감독자가 2명 필요하게 되고, 감독자 급료는 급증하지만, 그 후 공원수가 늘어도 감독자가 2명으로 족할 동안은 재차불변으로 된다. 이와 같이 준고정비는 원가요소를 무한히 작은 단위로 분할할 수 없는데서부터 생기는 것이다. 준고정비와 준변동비의 구별은 실제적으로는 상당히 난이한 것이며 구분하기 어렵다. 원가계산에 즈음하여서는 이들을 고정비 또는 변동비로 보고 어느 것인가에 귀속시키는가 또는 무엇인가의 합리적 방법에 의해 고정비의 부분과 변동비의 부분으로 분해하여 계상하는 것이 보통이다.
준 변 동 비 **(準 變 動 費)**	[의의] 변동비 중 그 변화가 조업도에 대하여 비례적으로 되지 않는 것이다. 때에 따라 그 변화가 규칙적이 아닌 것을 준변동비라고 설명

(Semiveriable Cost)	하지만, 불규칙적이고 단계적으로 비약하여 일정 조업도구간에 대하여 고정적인 것은 오히려 준고정비로 하여 변동비에서 제외하는 것이 타당하다. 그러나 준변동비와 준고정비의 구별은 종종 곤란이 생긴다. 그리고 그 변화가 조업도에 대하여 비례적이 아닌 것으로는 체감비와 체증비가 있다. 그러나 조업도가 영(0)인 경우에도 일정액이 발생하여 동시에 조업도의 증가에 대응하여 비례적으로 증가하는 원가요소(예를들면 전력량)는 전체생산량의 변화에 대하여 원가총액의 변화비율이 1보다 적게 되는 점에서 체감비로 간주하는데, 이것을 준변동비라고 한다. 이러한 원가요소에 대하여는 그것을 고정비부분과 변동비부분으로 나누는 방법이 이론적으로는 타당하다. 준변동비가 되는 것은 준고정비와 마찬가지로 제조간접비가 많지만, 그것이 조업도변화에 따라서 비례적으로 변화하지 않고, 때로는 불규칙적으로 변하는 것이므로 관리상 문제가 많다. 그러므로 제조간접비의 관리면에서는 각 조업도 단계마다 원가가 큰 것을 측정하여, 그 정확한 변동의 양태를 파악하여 계산기술적으로 직선성을 전제로 하는 원가계산을 보완하는 것이 필요하다.
증 분 원 가 **(增 分 原 價)** (Incremental Costs)	의의 증분원가란 경영활동의 변동에 따라 발생하는 총원가의 증가분 또는 특정원가요소의 증가분을 말한다. 즉, 차액원가 중 원가의 증가분을 뜻하며, 하나의 대안을 선택한 결과, 다른 대안과 비교하여 원가가 증가된 부분을 증분원가라고 한다. 설명 일반적으로 차액원가, 한계원가 등과 혼동하여 사용되고 있다. 증분원가의 예로서는, 어느 제품의 생산량 또는 판매량이 증가된 때 원가의 증가분은 증분원가이다. 만일, 제품의 판매가격을 인하하면, 판매량이 증가되고 다음과 같은 결과가 될 것이다. |	현재의 활동결과	실가인하에 의한 판매량증가결과	증분수익, 원가,이익
---	---	---	---
매 출 액	1,000,000원	1,300,000원	300,000원
변 동 비	600,000	840,000	240,000
한계이익	400,000	460,000	60,000
고 정 비	200,000	200,000	0
순 이 익	200,000	260,000	60,000	 위의 표에서 변동비의 증분 240,000원은 증분원가이다. 한편, 한계원가(Marginal Costs) 또는 추가원가(Additional Costs)란 1단위를 추가하여 생산하는 경우에 소요되는 원가이다. 즉, 일정수량의 제품을 제조하는 데에 필요한 총원가와 1단위를 더 부가한 수량을 제조하는데에 필요한 총원가와의 차액이다.

그러므로 한계원가는 보통 상이한 조업도에서 총원가의 차액을 생산량의 차액으로 나눈 가격이 된다.

생산량	총원가
1,000개	100,000원
1,200개	108,000원

$$한계원가 = \frac{108,000원 - 100,000원}{1,200개 - 1,000개} = 40원$$

증분원가개념을 의사결정과정에서 구체적으로 적용하는 사례를 검토하여 보기로 한다. 유휴시설을 활동하기 위하여 신제품을 추가생산하려는 경우를 생각하여 본다.

〈자료〉
① 신제품 1개월당 예정판매량　　　100,000개
② 신제품 1개당 예정판매가격　　　530원
③ 신제품 1개당 변동제조원가　　　12원
④ 신제품을 위한 추가지출판매비　　400,000원
⑤ 신제품을 위한 추가지출 제조고정비　800,000원

신제품을 추가생산할 것인지는, 신제품을 제조판매하여 증분되는 수익과 증분원가를 비교·검토하여야 결정될 수 있다.

　　매출액　　(30원 × 100,000개)　　3,000,000원
　　증분원가
　　　제품원가
　　　　변 동 비　(12원 × 100,000개) 1,200,000원
　　　　고 정 비　　　　　　　　　　800,000원
　　　　판 매 비　　　　　　　　　　400,000원　2,400,000원
　　　(증분이익)　　　　　　　　　　　　　　　600,000원

이와 같이 신제품을 추가생산하면 600,000원의 증분이익을 얻게 된다.

지 급 경 비
(支 給 經 費)
(Payable Ezpenses, Payable Expenditure)

[의의] 지급경비란 일정한 기간내에 있어서의 실제지급액에 의거하여 소비액을 계산하는 경비를 말한다.

지급경비의 주요한 것에는 운임·보관료·여비교통비·통신비·접대비·후생비·잡비 등이 있다. 이들의 지급경비는 일반으로 지급액을 가지고, 그 기간의 소비액이라고 생각하여도 무방하다. 그러나 지급과 소비가 동일의 기간에 아닌 경우에는 지급액에서 미경과분을 공제하고, 미지급액을 가산한 액을 가지고, 당해 기간의 소비액으로 한다. 그리고 소액인 것에 대하여는 금월지급액=금월소비액으로 되는 경우도 있다.

[설명] 실제로 지급한 금액을 원가로 계상하는 경비로 사실이 발생할 때마다, 그때 그때 지급하는 경비이나, 지급임차료와 같이 기간적으로

지급하는 경비는 동일한 지급경비라도 월할경비에 포함시킨다. 지급경비는 그 성격상 사실의 발생 자체가 산발적이어서 기간적으로 파악할 필요가 없는 것이다. 지급경비의 예로는 여비교통비·통신비(전화료는 측정경비에 속한다)·외주가공비·운임·보관료·복리후생비·잡비 등을 들 수 있다.

지급경비란 그 기간 중에 실제로 현금을 지급하였다는 사실을 뜻하는 것이 아니라 지급할 의무가 발생함으로써, 그 지급하여야 할 금액이 되었다는 것이며, 그 이면에는 그 경비자체가 당해 원가계산기간에 원가로서 발생하였다는 의미가 포함되어 있는 것이다. 따라서 지급경비는 현금의 지급유무와는 관계없이 그 발생액을 파악하여 지급액이 확정되었다는데 큰 의미가 있는 것이다. 이렇게 볼 때 지급경비를 정확히 파악하기 위해서는 현금주의회계와 발생주의회계 간에서 나타난 차이를 조정하여 주어야 할 것이다.

① 매월 선급액이 나타나는 경우
  당월지급액＋전월선급액－당월선급액＝당월발생액
② 매월말지급액이 나타나는 경우
  당월지급액－전월말지급액＋당월미지급액＝당월발생액
③ 매월선급액과 미지급액이 동시에 나타나는 경우
  당월지급액＋전월선급액－전월미지급액－당월선급액＋당월미지급액＝당월발생액

지급전표를 비목별로 분류정리하여 두었다가 지급경비명세표에 매일 또는 1주마다 집계액을 기입하든가, 원가계산기말에 일괄하여 집계액을 기입한다. 이 집계액을 각 경비비목계정의 차변과 현금계정등의 대변과에 기입한다. 이 때 지급경비명세표를 특수분개장으로도 쓸 수 있다. 특수분개장으로 사용하지 않을 때에는 경비비목별로만 명세서를 만들 수 있다. 예컨대 수선료로서 3,000원을 지급하였다면 다음과 같이 회계처리한다.

　　　(차) 수 선 비　3,000　　(대) 현금및현금등가물　3,000

총계정원장에 통괄계정을 마련하고, 경비의 비목기록을 보조부에서 행할 경우에는 보조원장인 경비원장의 각 계정계좌에의 기록을 거래가 발생할 때마다 일일이 행하는 것은 매우 번거로우므로 지급경비명세표로부터 일괄전기하고, 총계정원장에는 그것의 총합계액을 다음과 같이 회계처리하여 전기한다.

　　　(차) 경　　　비　×××　　(대) 현금및현금등가물　×××

미지급액 또는 선급액이 전연 존재하지 않든가, 경비액이 매우 적든가 순소비액의 측정이 어려우므로 지급액을 그대로 소비액으로서 볼 경우, 예컨대 교통비 같은 것은 당월의 지급액으로서 소비액으로 본다면 다음의 회계처리를 할 수 있다.

　　　(차) 제조간접비　×××　　(대) 수 선 비　×××

계정경비의 대변기입을 위한 상대계정은, 개별원가계산에 있어서는 경비는 대부분이 간접비이므로, 주로 제조간접비계정이지만, 직접경비 중에 경비 중에 영업관계의 비용을 포함할 때에는 재공품계정 또는 영업비계정도 상대계정이 될 것이다. 종합원가계산에 있어서는 간접비를 계산하지 않는다면 재공품계정 또는 부문비계정이 상대계정으로 된다.

상당한 금액의 미지급액 또는 선급액이 존재할 때에는, 이것을 당월 지급액에 가감하여 소비액을 산정한다. 이 때에는 지급경비조정표 등이 쓰인다. 예컨대 외주가공비의 월차지급액이 18,000원이었다면 우선 다음과 같이 회계처리한다.

(차) 외주가공비　1,800　　(대) 현금및현금등가물　18,000

그러나 당월부담의 외주가공비가 20원이라면, 2,000원의 미지급분을 합하여 다음과 같이 회계처리한다.

(차) 외주가공비　1,800　　(대) 현금및현금등가물　18,000

지급임금 (支給賃金) (Payroll)

지급임금의 계산은 원래 이것이 원가계산에 속하는 것이라기 보다는 일반회계의 영역에 속하는 것이라고 할 수 있다. 그러나 기업회계로서는 일반회계에 있어서 지급임금의 계산과 원가계산상 소비임금의 계산을 상호관련시키지 않으면 안된다. 원칙적으로 지급임금과 소비임금의 계산은 다음의 도표와 같은 관계가 있다.

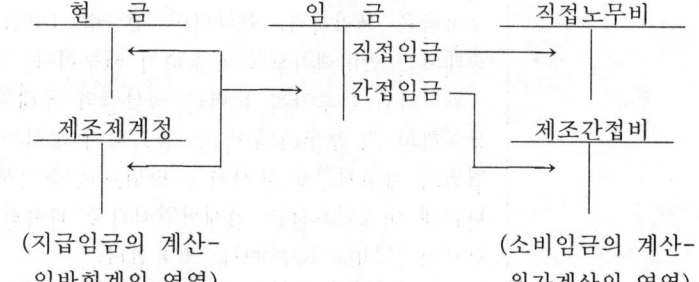

(지급임금의 계산- 일반회계의 영역)　　　　(소비임금의 계산- 원가계산의 영역)

각 종업원에 대한 임금지급액의 계산은 여러 가지 형태가 있지만 일반적으로 다음 산식에 의한다.

각 종업원의 노동량 × 임률

각 종업원의 노동량이란 일급제의 경우에는 작업일수, 시간급제의 경우에는 작업시간수 또는 개수급제의 경우에는 완성개수를 말한다. 또 임률이란 일급의 경우에는 1일당의 지급임금액, 시간급의 경우에는 1시간당의 지급임금액 그리고 개수급의 경우에는 완성품 1개당의 지급임금액을 말한다.

임률은 각 종업원의 연령·성별·학력·기술의 유무·경험 등에 의하여 개별적으로 결정되어 있는 것이므로 문제가 없으나 각 종업원의 노동량은 각각 그 지급형태에 따라 적정한 방법으로 계산하여야

	한다.
유형별지급임금 계산	(1) 유형별 지급임금의 계산 ① 일급의 경우 　미리 책정된 종업원 각자의 임률에 출근부에 의하여 조사한 작업일수를 곱하여 지급임금액을 산출한다. 　　　　　임금지급액 = 종업원 각자의 1개월 작업일수 × 임률 ② 시간급의 경우 　시간급제란 노무자 각자의 작업능률과 작업량에 관계없이 작업시간을 기초로 하여 임금이 계산되는 제도를 말하며 일급제와 월급제가 이에 속한다. 　이 제도에서는 작업시간과 작업일수가 규정되어 있으므로 일정시간 이상의 작업에 대해서는 정규의 시간임률이상의 시간외 가급임금이 지급된다. 　이 제도의 결점은 일정한 수준이상의 생산능력자의 의욕을 자극시킬 수 없으므로 생산 능률의 향상을 기도할 수 없는데에 있다. 　그러나 이 제도에서는 과학적 관리법에 의한 시간연구와 동작연구에 의하여 소정시간의 작업량을 결정하면 어느 정도 시정할 수 있으나 완전히 그 결점을 제거하기는 곤란하다. 　그리고 이 제도에서의 시간급의 임금은 생산량과 관계없이 고정적이므로 생산량을 증가시킬 때에는 경영자의 입장에서는 유리하나 노무자측은 불리하다. 왜냐하면 생산량 1단위당의 노무비가 생산량의 증대와는 반비례적으로 감소하기 때문이다. 　환언하면 근로자의 노력은 생산량의 증대와 비례하여 소모되는데도 불구하고 그 보수(노무비)은 증가되지 못하기 때문이다. 그리고 각 종업원의 작업시간을 조사하는 방법으로 출근부 또는 출근표 등이 사용되는데 이것만으로는 전체작업시간을 파악할 수 없기 때문에 작업시간보고서(Time Report)를 활용한다. 　임금계산담부서는 현장으로부터 출근표 또는 작업시간보고서를 접수하면 곧 각 종업원별로 정리 분류하여 1개월간의 총작업시간(취업시간 또는 실제작업시간)을 산출하고 이에 임률을 곱하여 지급임금액을 계산한다. 　　　　　임금지급액 = 종업원 각자의 1개월작업시간수 × 임률 ③ 개수급의 경우 　종업원 각자의 생산량(완성개수)을 우선 조사한다. 이와같은 것을 하기 위하여 작업량보고서(Job Card)를 작성한다. 임금계산담부서는 작업량보고서가 현장으로부터 보내오면 곧 이를 자료로 종업원 각자의 당기의 제품생산량을 산출한다. 　그리고 종업원 각자의 제품생산량에 임률을 곱하여 임금지급액을 계산한다.

임금지급액 = 조업원 각자의 생산량 × 임률

지급임금의 기장방법	(2) 지급임금의 기장방법 임금지급일의 2,3일전에 출근부·작업시간보고서 및 작업량보고서를 마감하여 각 종업원별로 작업총일수·작업총시간수 또는 제품총완성 수량을 계산하고 이에 임률을 곱하여 지급임금액을 산출한다. 　임금을 각 종업원에게 지급할 때에는 이 임금계산의 과정을 명백히 하기 위하여 임금계산표(임금지급표)를 작성 첨부하여 함께 교부하는 것이 원칙이다. 　임금지급담당부서는 각 종업원별로 지급임금액의 계산이 끝나면 이를 임금지급장에 기입한다. 이 임금지급장은 임금에 관한 지급액을 기입하기 위한 특수분개장인데 각 종업원마다 기본임금액·가급금·수당·각종공제액·순지급액 등이 기입된다. 　임금지급장은 매월말에 지급되어 각란의 합계액이 총계정원장에 합계전기되는데 이때 보통분개장에 합계분개를 하는 경우는 다음과 같다. 　　(차) 임　금　×××　　(대) 현금및현금등가물　××× 　　　　　　　　　　　　　　 소 득 세 예 수 금　××× 　　　　　　　　　　　　　　 보 험 료 예 수 금　××× 　급료는 월급제로서 작업시간과 지급액은 직접 관계가 없으므로 복잡한 계산이 필요없고 다만 지급장에 기입하면 된다. 　노무비의 부과 및 배부를 할 때에는 출근표·작업시간보고서 등을 자료로 하여 노무비분개장(Labor Analysis Sheet)에 분류하여 기입한다. 이것은 재료비배부표와 더불어 원가계산표에 전기를 쉽게할 수 있도록 한다. 　그리고 노무비 분개장에는 공원수(제조작업에 소요된 시간수)와 노무비를 작업번호별 또는 작업구분번호별로 각 제품 또는 작업에 부과 또는 배부해야 한다. 　노무비의 부과 또는 배부에 있어서의 산정방법에는 실무상 실제임금기준(실제임률법)과 평균임금기준(실제평균임률법) 및 예정임금기준(예정임률법)등이 있다. 　① 실제임금기준(실제임률법) 　이 방법은 노무비를 각 제품 또는 직업에 할당할 때 작업번호별 또는 작업구분번호별의 출근표, 작업시간보고서 등에 의하여 그 시간수를 노무비 분개장에 전기하고, 노무비의 계산은 노무자의 실제임률을 적용하는 방법을 뜻한다. 1작업에 3인의 노무자가 각각 1개월씩 종사하였고, 그들 각각의 임금이 200원, 320원, 330원의 3종류로 되었다고 가정하면 그 합계액인 950원을 당해제품 또는 작업의 노무비로 한다. 　② 평균임금기준(실제평균임률법) : 이 방법에 의할 때에는 작업번

호별 또는 작업구분번호별의 작업에 종사하는 노무자의 임금의 차등을 고려할 필요없이 일부문 또는 1조의 노무자의 임금의 차등은 어떻든간에 전부 작업 1시간당(Per Hour)의 평균임금(Average Wages)을 작업 1시간당의 노무비로 한다. 예컨대 어느 일부분의 어느 월 작업시간총수는 9,000시간이고, 여기에 대한 지급임금총계가 256,500원이라고 가정한다면, 256,500원 ÷ 9,000시간 = 28.5원이라는 계산이 되므로 작업 시간당의 평균임금은 28.5원이고, 이 평균임금을 노무비분개장에 표시된 각작업번호별의 작업시간수에 곱함으로써 당해제품 또는 작업의 노무비를 산출한다.

여기에서 이 2방법을 비교하여 보면 실제임금기준은 특정의 작업에 실제로 종사한 노무자에게 지급하는 임금과 당해작업의 노무비는 항상 일치되므로 각 제품에 대한 노무비를 가장 공평하게 부과할 수 있고, 정확한 노무비가 표시되는 것이다. 그러나 이 반면에 일상 다수의 노무자를 사용하고 많은 구분작업을 하는 공장에 있어서는 그 절차가 대단히 번잡하여 완전히 실시하는 것은 용이하지 않으므로 설사 노무비의 계산은 정확하게 계산할 수 있다 하더라도 시간이 오래 소요되고 복잡한 방법은 실천적이 아니다.

이론상으로는 다소 철저하지 못하다 할지라도 간편하고, 용이한 평균임률기준을 채택하는 공장이 많다. 그러므로 노무비의 계산에는 현재 이 평균임금기준이 많이 채택되고 있다. 앞에서도 설명한 바와 같이 소비임금은 원칙적으로 작업시간 또는 작업량에 임률을 곱하여 이것을 계산한다.

평균임률은 부문 또는 직종별로 일정기간의 임금총액을 동일기간의 총작업시간으로 나누어 이것을 산정한다. 그러나 이 평균임금기준에 의한 노무비 계산은 간편하고 또 용이 하다는 장점은 있으나, 노무자의 임금에 현저한 차등이 있는 공장에서 이 방법을 채택하게 되면 노무비의 배부가 공정하게 되지 않고, 잘못하면 어느 제품에 대하여 과중한 노무비를 부과하게 되고, 또 어느 제품은 과소하게 되어서 적당한 제품원가를 산정하는 사명을 무시하는 것이 된다. 평균임률의 계산방법을 표시하면 다음과 같다.

$$\frac{\text{일정기간의 제품별 제조부문 또는 작업별지급임금}}{\text{일정기간의 제품별 제조부문 또는 작업별실동시간수}} = \text{실제평균임률}$$

실제평균임률 × 제품별, 제조부문 또는 작업별실동시간수 = 제품별, 제조부문 또는 작업별 노무비

③ 예정임금기준(예정임률법)은 과거의 실제지급임금을 기초로 하고, 여기에다 예정생산기간의 경제사정을 참작하여 산정한 임률이다. 이 임률에 제품별, 제조부문별 또는 작업별의 실동시간수를 곱하여 제품별의 노무비를 결정한다.

실제의 평균임률을 사용할 때에는 임금지급의 상태와 작업시간의

집계등에 상당한 시일이 소요되고 원가계산이 지연된다. 이와 같은 원가계산에서는 원가계산의 중요한 목적이 되는 관리면에 지장을 초래하는 결과가 된다. 그리고 기계 기구 등의 제조업으로서 개별원가계산을 채택하고 있는 때에는 당해월 중순경 아직 임금의 지급이 없을 때에 제품은 완성되어 주문처에 납품하게 되는 사태가 발생한다.

이와 같은 때에는 사정이 어떻게 되었던 원가의 사전계산을 하지 않으면 안된다. 이와 같은 사정에 대응하기 위해서는 이 예정계산을 하는 것이 필수조건이 되지 않을 수 없다.

(3) 지급임금과 소비임금의 조정

원가계산상의 노무비는 원칙적으로 소비임금을 문제로 하는 것이 중요하지만 원가계산기간은 일반적으로 1개월간을 기준으로 하고 있다. 그러나 지급임금의 기간은 일반적으로 매월 15일 또는 25일 마감으로 하여 지급된다.

지급임금과 소비임금의 기간이 상위되는 관계를 비교하여 보면 다음과 같다. 지급임금은 전월 21일부터 당월 20일까지이며, 소비임금은 당월1일부터 당월말일까지이다. 전월 21일부터 당월 20일까지이며, 소비임금은 당월1일부터 당월말일까지이다. 따라서 지급임금을 그대로 소비임금계산의 기초로 하여 처리할 수는 없게 된다. 그러므로 지급임금과 소비임금을 조정할 필요가 있다. 이것을 계정형식으로 표시하면 다음과 같다.

지 급 임 금	소 비 임 금
당월 지급액 | 전원분미지급액 → ×××	×××
당월미지급액 | ×××	

지급임금과 소비임금의 조정이 필요하지만 때로는 조정을 하지 않을 때도 있다. 즉, 간접노무비의 계산을 할 때에 있어서 지급임금액을 그대로 소비임금으로 처리하는 경우가 있다. 또 지급임금과 소비임금의 조정이 필요한 근본적인 이유는 양자의 계산기간에 상위가 있고, 특히 지급임금계산의 마감일을 월말로 정하지 않은 것은 지급임금 자체의 계산을 하는데, 시일을 요하게 되어서 원가계산의 신속성이 저해되는데 있다.

지급임금과 소비임금의 조정에 관련하여 유의할 것은 노무비계산을 할 때, 예정임률이 사용되는 것이다. 예정임률이 사용될 때 지급임금과 소비임금의 차이는 다음과 같다.

① 지급임금과 실제소비임금의 차액이 생긴다.
② 실제소비임금과 예정임금율에 의하여 계산된 소비임금의 차액이 생긴다.

지급임금계산
(支給賃金計算)

[의의] 지급임금의 계산은 원래 이것이 원가계산에 속하는 것이라기보다는 일반회계의 영역에 속하는 것이라고 할 수 있다. 그러나 기업회

(Payroll Account) 계로서는 일반회계에 있어서 지급임금의 계산화 원가계산상 소비임금의 계산을 상호관련시키지 않으면 안된다.

[설명] 각 종업원에 대한 임금지급액의 계산은 여러 가지 형태이지만 일반적으로 다음 산식에 의한다.

각 종업원의 노동량 × 임률

각 종업원의 노동량이란 일급제의 경우에는 작업일수·시간급제의 경우에는 작업시간수 또 개수급제의 경우에는 완성개수를 말한다. 또 임률이란 일급의 경우에는 1일당의 지급임금액·시간급의 경우에는 1시간당의 지급임금액 그리고 개수급의 경우에는 완성품 1개당의 지급임금액을 가리킨다. 임률은 각 종업원의 연령·성별·학력·기술의 유무경험 등에 의하여 개별적으로 결정되어 있는 것이므로 문제가 없으나 각 종업원의 노동량은 각각 그 지급형태에 따라 적당한 방법으로 계산하여야 한다.

1. 일급의 경우

미리 책정된 종업원 각자의 임률에 출근부에 의하여 조사한 작업일수를 곱하여 지급임금액을 산출한다.

임금지급액 = 종업원 각자의 1개월 작업일수 × 임률

2. 시간급의 경우

시간급제도란 노무자 각자의 작업능률과 작업량에 관계없이 작업시간을 기초로 하여 임금이 계산되는 제도를 말한다. 예를 들면 일급제와 월급제는 이에 속한다. 이 제도에 있어서는 작업시간과 작업일수가 규정되어 있으므로 일정시간이상의 작업에 대해서는 정규의 시간임률시 상의 시간의 가급임금이 지불된다.

이 제도의 결점은 일정한 수준이상의 수준이상의 생산능력자의 의욕을 자극시킬 수 없으므로 생산능률의 향상을 기도할 수 없다는 것이다. 그러나 이 제도에 있어서는 과학적 관리법에 의한 시간연구와 동작연구에 의하여 소정시간의 작업량을 결정하면 어느 정도 시정할 수 있을 것이다. 그러나 완전히 그 결점을 제거하기는 곤란하다. 그리고 이 제도에 있어서는 시간급의 임금은 생산량과 관계없이 고정적이므로 생산량을 증가시킬 때에는 경영자의 입장에서는 유리하나 노무자측은 불리하게 된다. 왜냐하면 생산량 1단위당의 노무비가 생산량의 증대와는 반비례적으로 감소하기 때문이다. 환언하면 근로자의 노력은 생산량의 증대와 비례하여 소모되는 데도 불구하고 그 보수(노무비)는 증가되지 못하기 때문이다. 그리고 각 종업원의 작업시간을 조사하는 방법으로써 출근부 또는 앞에 보인 출근표 등이 사용되는데 이것만으로써는 전체작업시간을 파악할 수 없기 때문에 다음의 작업시간보고(Time Report)를 사용한다.

임금계산담당자는 현장으로부터 출근표 또는 작업시간보고서를 접수하면, 곧 각 종업원별로 정리 분류하여 1개월간의 총작업시간(취업시간 또는 실제작업시간)을 산출하고, 이것에 임률을 곱하여 지급임금액을 계산한다.

    종업원 각자의 작업시간수 × 임률 = 임금지급액
 3. 개수급의 경우

 종업원 각자의 생산량(완성개수)을 우선 조사한다. 이와 같은 것을 하기 위하여 작업량보고서(Jobcard)를 작성한다. 임금계산담당자는 작업량보고서가 현장으로부터 보내오면 곧 이것을 자료로 종업원 각자의 당기의 제품생산량을 산출한다. 그리고 종업원 각자의 임률에 이 제품생산량을 곱하여 임금지급액을 결정한다.

    임금지급액 = 종업원 각자의 생산량 × 임률

지급임금기장 (支給賃金記帳) (Payroll Entry)

[의의] 임금지급일 2,3일 전에 출근부·작업시간보고서 및 작업량보고서를 마감하여 사원별로 작업총일수·작업총시간수 또는 제품총완성수량을 계산하고, 거기에 임률을 곱하여 지급임금을 산출한다. 각 사원에게 임금을 지급할 때는 임금계산의 과정을 명백히 하기 위하여 임금계산표(임금지급표)를 작성 첨부하여 함께 교부하는 것이 원칙이다. 임금지급 담당자는 사원별로 지급임금액의 계산이 끝나면, 이것을 임금지급장에 기입한다. 이것은 임금에 관한 지급액을 기입하기 위한 특수분개장인데, 사원마다 기본임금액·가급금·수당·각종공제액·순소득액 등이 기입된다. 임금지급장은 매월 말에 지급되어 각 난의 합계액이 총계정원장에 합계전기 되는데, 이때 보통분개장에 합계분개하는 경우에는 다음과 같이 된다.

 (차) 임 금 ××× (대) 현금및현금등가물 ×××
             소 득 세 예 수 금 ×××
             보 험 료 예 수 금 ×××

 급료는 월급제로서 작업시간과 지급액과는 직접관계가 없으므로 복잡한 계산이 필요하고 다만, 지급장에 기입하면 된다.

직장별원가계산 (職場別原價計算) (Cost Account by Arbeitsplatz)

[의의] 제조간접비를 직장(職場)에 집계하여, 직장별로 정한 배부기준에 의하여 제품에 배부하는 방법이다.

[설명] 이 방법은 보통 설정되는 원가부문보다 작은 직장인 동종기계, 기계군 또는 동종작업장을 원가부문으로 함으로써 제품의 원가를 보다 정확히 계산하기 위하여 합리적인 제조간접비의 배부기준을 정하는 것을 목적으로 하고 있다.

 다른 제품과 제조간접비를 연결시키는 배부기준은 제조간접비의 발생과 비례하여 증감되며, 다른 제품의 제조에 공통되고 있는 수량금액으로 하지 않으면 안되므로, 제조간접비를 집계하는 단위를 세분하면 할수록 더욱 더 합리적인 배부기준을 정할 수 가 있다. 그 반면에 부문공통비가 증가하므로 제조간접비의 집계 계산의 정확성은 희박하여

진다.

예를 들면 선반, 프레스, 드릴을 갖는 기계가공부를 1개의 원가부문으로 하는 것에 대하여 선반, 프레스, 드릴이라고 하는 직장(동종 기계군)을 각각 원가부문으로 하면, 부문공통비의 증가에 따라 부문비집계의 곤란은 가중되며, 기계운전시간을 배부기준으로 하는 제품에의 배부기준은 더욱 정확해진다.

양자의 균형을 고려하여 적당한 직장단위, 예를 들면 프레스군을 다시 능력별로 세분하는 것이 어떨까를 정함으로써 최종적인 제품원가의 계산이 정확하게 되는 것이다.

직장별원가계산은 직장(職場)을 원가부문으로 하여, 제품원가를 정확히 계산하려는 부분별개별원가계산이며, 직장에 제조간접비와 함께 노무비도 집계할 수 있으며, 직장별 생산방법의 양부(良否)를 측정할 수도 있으며, 원가관리 목적에도 이용할 수 있다.

☞ **생산중심점** (Production Center)

직접경비
(直接經費)
(Direct Expense,
Direct Burden,
Direct Overhead)

|의의| 직접경비란 특정제품의 제조에 직접 소요한 것이 식별되는 경비를 말한다. 특별비라고도 한다.

|설명| 직접경비는 개별원가계산에 있어서 제조지령서별로 조별종합원가계산에 있어서 제조종류별(조별)로 각각 파악한다. 다른 원가계산방법의 경우에는 원칙적으로서 경비는 제조간접비로서 취급된다. 직접경비로 되는 항목에는 외주가공비, 특정제조지령서에 관련한 특허권사용료, 설계비·시작비·검사료 등이 있다. 직접경비의 계산은 원칙으로서 지급전표 기타의 전표에 의해서 당해 지령서에 관한 발생액을 파악한다. 이 전표액에서 직접으로 또는 부과표를 사용하여 간접으로 각 원가계산표에 직접경비액을 전기한다. 동시에 경비분개장을 거쳐서 제조계정의 차변에 전기한다.

|설명| 직접경비는 다른 간접비와 구별되며, 직접재료비와 직접노무비 같이, 이것을 직접비로 처리할 것이다. 그러나 이와 같은 직접경비는 원칙적으로 개별원가계산과 조별원가계산에서만 나타난다. 그리고 예정계산을 할 때에는 종합원가계산에서도 나타난다. 이 직접경비에 속하는 비목은 다음과 같다.

① 특정제조지령서에 관계되는 특수기계 또는 시설의 임차료
② 위에 관련된 출장여비
③ 위에 관련된 건축기사·측량사의 보수
④ 위에 관계된 특수한 설계비
⑤ 위에 관계된 제도비
⑥ 위에 관계된 시작비(試作費)
⑦ 위에 관계된 공손비
⑧ 위를 위하여 구입한 특수재료에 부수되는 거래비용이고, 이 밖에

직접경비분류표 (直接經費分類表) (Classified Statement of Direct Expense)	도 상기 특수제조지령서에 관한 외주가공비 또는 특허권사용료가 이 직접경비에 포함된다. ☞ **경비** (Expenses) [의의] 개별원가계산에서는 제조지령서별로 직접경비를 집계하게 된다. 직접경비를 지령서별로 분류하여 집계하기 위해서는 직접경비청구서 중에서 지령서번호가 기재되어 있는 것을 뽑아서, 이것을 지령서번호별로 된 원가계산표에 전기하면 된다. 그러나 청구서가 많이 발행되는 경우에는 1매마다 원가계산표에 전기하는 번거로움을 피하기 위하여 전기의 중개수단으로서 직접경비분류표를 사용한다. 이 경우에는 청구서에 의해서 우선 직접경비분류표에 기입하고 매 주말 등 정기에 마감하여 합계액을 산출하여, 이를 원가계산표에 전기하는 것이다.
직접노동시간법 (直接勞動時間法) (Direct Labour Hour Method)	[의의] 직접노동시간법이란 제조간접비를 제품에 배부하는 경우, 직접노동시간을 기준으로 하는 방법을 말한다. 즉, 일정기간의 제조간접비액을 동 기간의 직접노동시간수로 나누어 배부율을 구하며, 이것을 각 제품의 직접노동시간수에 곱하여 각 제품의 간접비부담액을 산정한다. 제품의 제조가 수공업으로 제작되는 경우가 많으며, 따라서 직접노무비가 제품원가의 대부분을 점유하고 있을 경우의 적절한 배부방법이라고 할 수 있다.
직접노무비 (直接勞務費) (Direct Labor Cost, Indirect Labor Cost)	[의의] 직접임금이라고도 하고 특정제품의 생산에 관하여 직접 파악되는 노무비(임금) 즉, 작업에 직접 종사하는 공장작업자(직업공)에 대한 노무비를 말한다. 직접노무비의 계산은 원칙으로서 실제작업시간 또는 실제작업량(생산량)에 임율을 곱하여 계산한다. (임율 × 실제작업시간 = 직접임금) 실제작업시간 또는 실제작업량(생산액의 계산은 작업시간보고서나 생산액표를 작업별, 지시별로 정리분류하여 행한다. 임율에는 개별임율과 평균임율이 있다.(평균임율의 항 참조) 직접공의 인수가 적은 경우에는 개별임율이, 그렇지 않은 경우에는 평균임율이 일반으로 사용된다. [설명] 노무비란 제품의 제조를 위하여 매입한 노동력을 소비함으로써 발생하는 원가요소를 말한다. 노무비는 원가계산상 노무주비와 노무부비로 구분된다. 노무주비란 직접 또는 간접으로 제조를 위하여 소비된 노동력에 대한 보수를 말하며, 노무부비란 노동력의 획득·보전·관리에 관련하여 발생하는 제비용을 말한다. 노무주비는 다시 직접노무

	비와 간접노무비로 구분할 수 있다. 직접노무비란 직접제조를 위하여 소비된 노동에 대한 보수로서 특정의 제품에 직접부과시킬 수 있는 노무비를 말한다. 노무비도 재료비의 경우와 같이 직접비인 것이 많고 특히 임금으로 계산되는 노무비는 그 대부분이 직접노무비에 속한다. 그러나 임금중에서도 간접비로 처리하여야 할 것이 있으며, 또 급료라 하더라도 특정제품에 관해서만 발생한 것이라면, 이것을 직접노무비로 처리하여야 한다. 기사나 공장사무원의 급료라도 특정제품의 제조에만 관련된 것일 때에는, 이것을 직접노무비로 처리한다. 간접노무비란 직접으로는 제조활동과 관계없이 공장 전체를 위하여 또는 각부문 공통으로 소비되는 노동에 대하여 지급되는 보수를 말한다.
직접노무비법 **(直接勞務費法)** (Direct Labor Cost Method)	의의 직접노무비법은 직접임금법, 직접임금배부법 또는 노무비율법이라고도 부르는 것으로서, 제조간접비를 직접노무비에 비례하여 배부하는 방법이다. 다시 말하면, 어떤 제조부문의 일정기간이 제조간접비 총액을 동기간의 직접노무비 총액으로 나누어 배부율을 구하고, 여기에 각 제조지령서의 직접노무비를 곱하여 해당 지령서의 제조간접비 부담액으로 하는 것이다. 설명 이법은 제조간접비가 주로 직접노무비와 관련하여 발생한다는 것을 전제로 한다. 이것은 직접노무비가 제조원가의 대부분을 점한다든지, 수공업적 작업이 직접노무비와 밀접한 관련을 갖는다든지, 능률급이 실시된다든지, 종업원에 대한 직접노무비가 거의 균일하다든지 하는 경우는 타당하다. 그런데 직접노무비와 간접비의 발생액 사이에는 아무런 이론적 관련도 없고, 임률의 다른 복수의 종업원이 동일작업을 행하는 경우에 그 간접비 부담액이 다르면 이 방법은 불합리하다. 일반적으로 본법에서는 직접노무비가 분명하여지면 종업원의 노동시간은 반드시 알 필요가 없고, 따라서 계산이 용이하다는 것이 그 장점이다. 이런 이유로 이 방법은 실무상 상당히 광범하게 이용되고 있다. 제조부문비를 제조지령서에 배부하는 경우에 대하여는 그와 같은 방법이 있지만, 일부분의 보조부문비를 제조부문에 배부하지 않고, 지령서에 직접배부하는 경우에 있어서 노무부비와 복리부비에 대하여는 직접노무비를 배부기준으로 하여도 된다.
직접노무비분류표 **(直接勞務費分類表)** (Classified	의의 직접노무비분류표를 직접노무비(임금)배부표라고도 일컫는다. 이는 작업시간보고서나 작업량보고서 등 직접노무비를 계산하기 위한 전표 등을 제조지령서 번호별로 분류하여 기입하는 표이다.

Statement of Direct Labor Cost)	설명 이 분류표는 원가계산을 위해 지령서별 원가계산표를 작성할 때 필요한 것이다. 개별원가계산은 제조지령서의 발행을 기점으로 하는 것이므로 직접비는 각 지령서에 부과하고 간접비는 원가계산기간의 금액을 집계하여, 이것을 각 지령서에 배부한다. 　지령서의 발행과 동시에 원가계산계는 제조지령서번호와 동일한 번호를 붙인 원가계산표를 작성하고 이것에 모든 제조원가를 집계한다. 이 때 작성하는 원가계산표 안에는 직접재료비·직접노무비·직접경비·제조간접비 집계란 등이 있다. 이 원가계산표의 직접노무비란에는 작업시간보고서나 작업량보고서 또는 출근표 등을 지령서별로 분류·정리·기입한다. 그런데 개별원가계산에 있어서 제품 개개에 대한 지령서가 많을뿐더러 다른 특수지령서도 있고 해서, 이를 일일이 원가계산표에 기입하기란 쉬운 일이 아니다. 그 뿐만 아니라 하나의 제조지령서에 따르는 재료출고청구서, 작업시간보고서 등이 수없이 많다. 그래서 이 보고서의 내용을 일일이 원가계산표에 기입하기란 쉬운 일이 아니다. 　이 계산 처리를 좀더 정리하기 위하여 만든 것이 직접재료비분류표, 직접노무비분류표 등이다. 직접노무비분류표에는 현장에서 보고되는 직접노무비 계산보고서를 지령서별로 기입, 정리하였다가 일정시기에 지령서 합계를 원가계산표에 기입한다. 이렇게 함으로써 원가계산을 분담할 수 있고, 따라서 모든 것이 능률적으로 되는 것이다. 직접노무비 분류표에는 지령서 번호와 각 지령서별보고서번호, 그리고 각 보고서별 임금계산액 기입란이 있다.
직접노무비예산 (直接勞務費豫算) (Budget of Direct Labor Cost)	의의 예산에 계상된 제조량을 생산하는데 필요한 직접노무필요량의 견적을 표시한다. 　이것은 직접노무시간 또는 직접노무비로 표시되는데, 임률이 설정됨에 따라 직접노무시간으로 계획되는 것이 보통이다. 　노무비예산에는 보통 직접노무비만 계상되고 간접노무비는 제조경비에 계상된다. 노무비예산에는 최소로 노무비를 절약하여야 하지만 사회적 요소가 내재함을 고려하여야 하며 노무자의 복리후생과 또한 장기적인 노무계획이 고려하여야 한다.
노무비예산설정 의목적	설명 (1) 노무비예산설정의 목적 ① 필요한 노무자의 수·직종·작업시간·노무수요의 시기를 예정하고 ② 제조계획 수행에 필요한 노무비를 산정한다. ③ 노무비의 현금지출과 지급시기를 예정하는 자료를 제공하고 ④ 작업능률의 측정과 노무비 통제에 대한 적정한 자료를 제공한다. ⑤ 견적재무제표작성의 기초가 되는 종합적 이익관계에 기여한다.
노무비예산	(2) 노무비예산 설정방법

설정방법	노무비예산을 설정하기 위해서는 예정총작업시간과 예정임률이 결정되어야 하며, 이들이 결정되면 이를 곱하여 노무비예산으로 한다. 다만, 표준노무비율법으로 제품 1단위당 제조에 소요되는 표준작업시간에 표준임률을 곱하여 표준노무비율을 산출하는 곳에서는 이것을 예산기간의 제조예정량에 곱하여 노무비예산액을 구한다.
노무비예산의 이용목적	(3) 노무비예산의 이용 목적 노무비예산은 이용되는 목적에 따라 다음과 같이한다. ① 종합적 이익관리를 목표로 하는 경우 … 제품별예산을 중시하는 경우를 말한다. 　㉮ 총표준작업시간=제품단위당표준작업시간×예산기간의제조예정량 　　노무비예산액=예정임률×총표준작업시간 　㉯ 표준노무비율=제품단위당표준작업시간×표준임률 　　노무비예산액=제조예정량×표준노무비율 ② 부문관리에 이용하는 경우 … 부문별예산을 중시한다. 과학적 조사에 의하면 부문별·공정별·작업별로 제품단위당 표준작업시간과 표준임률을 구하고, 이로서 표준노무비율을 산출하여 제조량이 판명된 후 이것을 적용하여 실제노무비와 비교할 예산을 작성한다. 노무비예산의 효용은, 보통 제조담당책임자의 책임하에 작성되는데 원가계산 및 표준설정부문의 원조와 인사부문의 의견을 충분히 고려하며, 예산과를 경유하여 예산위원회에서 승인됨으로써 신중히 작성된 예산은 다음의 효용성을 가진다. ① 인사부문에서는 예상되는 충원·훈련·배치 등 활동의 계산자료로 명시되어 인사기능이 유효하게 실천 될 수 있다. ② 재무부문에서는 현금수요의 큰 비중을 차지하는 노무비가 판명되어 재무활동이 유효하게 계획되고 실천될 수 있다. ③ 각 제품의 예정제조원가를 구할 수 있다. 이것은 가격정책, 노조와의 협상등의 정책결정에 커다란 영향을 미치는 요소이다. ④ 직접노무비의 통제와 절감에 도움이 된다.
직접노무비차이 (**直接勞務費差異**) (Direct Labor Variance)	의의 직접노무비차이는 실질적인 노무비와 표준직접노무비와의 차이도 작업시간 차이에서 생기는 차이를 말한다. ☞ **표준원가계산** (Standard Costing)
직접노무비표준 (**直接勞務費標準**) (Standard of Direct	의의 직접노무비표준은 제품단위당 직접작업시간과 표준임률을 각 작업구분마다 결정하고 양자를 결정함으로써 산정된다. 설명 (1) 표준직접작업시간의 결정

Labor Cost) 표준직접작업 시간의결정	표준직접작업시간을 결정하려면 제품생산에 필요한 작업의 종별, 사용기계공원, 작업의 방법이나 순서, 노동의 질 등을 결정하고, 동작연구나 작업연구 등의 과학적 조사에 의하여 각 기본작업의 제품단위당 표준시간을 정한다. 　표준직접작업시간은 작업능률의 표준이 되는 것이므로 그 능률의 수준을 어느 정도로 할 것인지가 문제이다. 대개는 재료소비량표준의 경우처럼 보통의 노력으로 달성될 수 있는 정도의 능률수준을 뜻한다. 그러므로 정상적인 공손(工損)이나 대기시간등의 여유시간이 포함된다. 　(2) 표준임률의 결정 　표준임률은 단체협약에 의하여 결정된 임률 또는 동종 노동에 대한 일반임금 수준 등에 의하여 결정된 임률이며, 실질적으로는 예정임률에 가까운 것이다. 　표준임률을 예산상의 예정임률과 동일하게 설정하는 것은 표준원가를 예산에 도입하는데도 필요하므로 실질적으로 같은 것으로 하는 편이 유효하다.
직접배부법 **(直接配賦法)** (Direct Distribution Method)	의의 직접배부법이란 보조부문비를 제조부문에 배부하는 경우, 보조부문 상호간의 용역수수를 고려하지 않고, 제조부문에만 배부하는 방법을 말한다. 　직접배부법의 절차에는 2가지가 있다. 그 하나는 원칙으로 모든 보조부문비를 제조부문에 직접 배부하는 방법이다. 그 둘은 원칙으로서 보조경영부문비를 직접으로 제조부문에 배부하여, 공장관리부문비를 직접으로 각 지령서 또는 각 조별의 제품에 배부하는 방법이다. 　설명 원가계산에서 부분비계산을 하려면, 우선 제조원가를 각제조부문 및 보조부문에 집계한다. 다음에는 집계된 보조부문비의 전부 또는 일부를 제조부문에 배부하여 제조원가를 제조부문에 집계한다. 그리고 이 제조원가는 그 제조부문을 통과하는 각제조계정에 배부 또는 부과된다. 이와 같이 보조부문비를 제조부문에 배부하는 방법중 하나가 직접배부법이다. 　직접배부법은 각 보조부문 상호간의 용역 수수는 무시하고 전부 또는 일부의 보조부문비를 제조부문에다 제공한 용역의 정도에 따라 직접배부하는 방법이다. 이 경우에 제조부문비의 전부를 제조부문에 배부하느냐의 여부에 따라 다음과 같은 2종의 방법이 있다. 　〈제1법〉… 보조부문비의 전부를 제조부문에 배부하는 방법은 그 계산이 간단하기 때문에 널리 이용되고 있다. 그러나 일부를 외주에 의존하고 있는 경우에는, 이 방법에 의하면, 외주제품에 부담시켜야 할 비용도 사내 제작제품에 배부하는 불합리한 결과가 된다. 따라서 제품이 모두 사내에서 제작되는 경우에는 타당할 방법이라고 할 것이

다.

〈제2법〉… 직접배부법의 별도의 법으로서, 보조부문비 중 보조경영부문비만을 제조부문에 배부하고, 공장관리부문비는 직접 각종 제품에 배부한다. 그 이유로서는 공장관리부문비가 각제조부문보다도 오히려 제품종류별로 부담액이 달라야 할 경우가 많고, 또 제조부문에 배부하려고 하여도 적당한 배부기준을 발견하기 어렵기 때문이라고 한다.

보조부문비를 제조부문에 배부하는 경우에, 보조부문간의 용역수수가 많고, 보조부문에 대한 배부율이 상이하면 정확한 배부계산을 하기가 어렵다. 그러나 보조부문수가 많고, 보조부문 상호간의 용역수수의 정도를 측정하기 곤란하거나 또는 소액인 경우에는 편이상 직접배부법을 이용하기도 한다. 또 직접배부법은 부문별계산 뿐만 아니라 영업비의 기능별원가계산에서 간접영업기능비를 직접영업기능에 배부하는 방법으로서 이용된다. 이 계산절차에서는 부문비계산의 경우에 준하면 된다. 다음 사례는 제1법에 의하여 제조부문비를 모두 제조부문에 배부하는 경우이다.

보조부문비	배 부 액		
	Ⅰ제조부문	Ⅱ제조부문	Ⅲ제조부문
운 반 부 문 비	30%	30%	40%
동 력 부 문 비	20%	40%	40%
수 선 부 문 비	30%	40%	30%
재료관리부문비	30%	35%	35%
공장사무부문비	35%	35%	30%

부 문 비 대 체 표 (단위 : 천원)

부 문 비	금 액	제조부문Ⅰ	제조부분Ⅱ	제조부문Ⅲ
동 력 부 문 비	230	69	69	92
운 반 부 문 비	180	36	72	72
수 선 부 문 비	140	42	56	42
재료관리부문비	200	60	70	70
공장사무부문비	240	84	84	72
배 부 액 합 계	990	291	351	348
제 조 부 문 비	4,100	1,200	1,400	1,500
	5,090	1,491	1,751	1,848

직 접 비
(直 接 費)
(Direct Cost)

의의 제품과의 관련으로 원가를 분류하면 직접비와 간접비로 분류된다. 직접비는 특정제품의 제조 또는 판매를 위해서 직접소비되는 원가이고, 특정제품에 직접 부과하여 부담케 할 수가 있는 것이다.

원가계산을 정확하게 행함에는 직접비를 정말하게 산정하면 할수록 그 정확성이 높아진다. 그 반면 다액의 경비와 번잡한 수고를 요하므로, 이 장단을 감안하지 않으면 안된다. 원가기준법에서는 직접비는 이것을 직접재료비, 직접노무비, 직접경비로 구분하고, 다시 적당하게 세분하는 취지를 기술하고 있다. 직접비와 간접비의 구분은 제품원가의 계산에 적용되는 것만은 아니다. 부문별원가계산에서는 부문개별비(직접비), 부문공통비(간접비)의 구분이 행해진다. 또 판매비에 대해서도 판매직접비, 판매간접비의 구분이 행해지는 수가 있다.

[설명] 원가계산상 계산의 대상이 되는 최초의 요소를 원가요소 또는 원가종류라고 하는데, 이는 종국적으로 원가부담자가 되는 제품에 부과되는 것이지만 직접적으로 각제품에 부과되는 원가요소를 직접비라고 하며, 어느 배부기준에 따라 각제품에 배부되는 원가요소인 간접비와 구별된다. 예를 들면 어느 제품 때문에 소비된 재료비와 직접가공에 종사한 노무자에게 지급하는 임금 등은 직접비에 계상되고 동력비·감가상각비·보험료 등은 일단 총괄적으로 계산되고, 다음에 배부기준에 따라 각제품의 부담액이 계산되므로 간접비가 된다. 소위 원가의 3요소인 재료비·노무비·경비는 각각 직접비와 간접비로 구분할 수 있으며, 계산방법을 달리하는 것이다. 단, 이 구별의 한계는 계산적인 것이며, 원가종류 자체의 성질에 따르는 것이 아니므로 계산기술의 편이상 다소 달리 할 수 있다. 예컨대 직접비의 성질을 갖는 것도 직접비로 계산하기가 매우 어려우며, 원가계산의 목적에 부합되지 못한 것은 간접비로 계산하여 배부기준에 따라 제품에 배부하게 된다. 이와 반대로 원래 간접비의 성질을 띠는 원가요소도 원가부문계산을 실시함으로써 직접비화시킬 수 있다. 직접비는 대체로 비례원가적 성질을 갖게 된다. 확인하면 량에 비례하여 소비가 증가하는 성질을 갖게 된다. 이와 같은 점에 유의하여, 직접비의 관리를 할 수 있다. 또한 개별원가계산에서는 제품의 원가로서 직접 특정제품에 부담시킬 수 있는 것을 직접비라고 다수의 제품에 공통적으로 발생하고, 이를 특정제품의 제조에 부담시키려는 일정한 기준에 따라 안분 또는 할당의 방법을 강구하는 원가를 간접비라고 한다.

다음에 각원가요소의 직접비 부분을 보기로 한다.

① 직접재료비 … 이것은 제품의 제조에 직접 소비되고, 그 소비액을 직접 파악할 수 있는 재료비이다. 따라서 재료비 대부분은 이에 속하며, 제조재료비라고도 부른다.

② 직접노무비 … 이는 직접제조를 위하여 소비된 노동에 대한 보수로서 특정의 제품에 직접 부담시킬 수 있는 노무비이다. 노무비도 재료비의 경우와 같이 직접비인 것이 많고, 특히 임금으로 계산되는 노무비는 그 대부분이 직접노무비에 속한다. 그러나 임금중에서도 간접비로서 처리할 것이 있으며 또 급료라도 특정제품에 관해서만 발생한 것이면, 이것을 직접노무비로서 처리하여야 한다. 예를 들면 기사나 공장사무원의 급료라도 특정제품의 제조에만 관한 것인 때에는 직

	접비로서 처리하여야 하며, 이것을 직접임금 또는 제조임금이라고 한다. ③ 직접경비 … 이것은 특정의 제품에 대해서는 특별히 발생하고 특정제품에 직접 부담시킬 수 있는 것으로서 특별비라고도 부른다. 예를 들면 특정의 주문제품의 제조에 대해서만 사용된 제도·모형 등의 비용과 특정제품의 판매를 위하여 야기된 포장비·운임·보험료·판매수수료·관세 등과 같은 것은 직접경비로서 취급된다. 그러나 경비 중에서 직접경비로 되는 것은 극히 적다. ☞ 직접재료비 (Direct Material Cost) 　직접노무비 (Direct Ezpense) 　직접경비　(Direct Labour Cost)
직 접 원 가 (直 接 原 價) (Direct Cost)	의의 직접원가 원가개념으로 소위 변동비를 집계하는 변동원가(직접원가=변동제조원가+변동판매 및 관리비)인 것이다. 디랙트코스트라고도 한다. 설명 전통적인 원가계산 등에 있어서의 직접비(특정제조지시서에 직접부과되는 원가)의 것을 가리켜서 직접원가라는 경우도 있다. 그러나 직접원가라는 개념은 통상, 직접원가계산의 직접원가(변동비)를 가리켜서 사용하고 있다. 직접원가 계산에서는 변동비를 직접원가라고 하고, 고정비를 기간원가라 하고 있다. 직접원가계산에서는 다음 산식에 의해서 이익을 구한다. 　〈주〉매출액직접원가 = 한계이익 　　　한계이익 － 기간원가 = 이익 　직접원가는 부분원가의 일종이다.
직접원가계산 (直接原價計算) (Direct Costing)	의의 원가계산에 의하여 얻은 원가자료(Cost data)는 여러 가지의 목적에 사용된다. 그러나 일정한 방법으로 산정된 원가자료가 모든 목적에 충분히 동일한 정도로 유용한 것은 아니다. 그러므로 원가계산의 주요한 용도에 가장 적합한 원가계산을 선정하고 주요목적 이외에도 그 원가자료를 이용하려는 방법과 　각 사용목적에 따라 특수원가를 계산하는 방법이 있다. 　직접원가계산은 후자의 부류에 속하는 계산수단의 하나이다. 직접원가계산은 변동비만을 제품에 배분하는 부분제조원가계산으로 내용으로 보아서는 변동원가계산(Variable costing)또는 한계원가계산(Marginal costing)이라고도 할 수 있는 것이다.
원가자료의 용도에 관한 발전관계	설명 1. 원가자료의 용도에 관한 발전단계 　원가자료의 용도에 관한 역사적 발전단계는 3단계로 구분하여 생각할 수 있다. 그리고 각 단계는 전단계로부터 계승된 기초위에다 새로운 것을 부가한 것이라고 생각된다. 일반적으로 발전의 3단계는 ① 원가파악(Cost finding)의 단계 ② 원가관리(Cost control)의 단계, ③

	원가분석 및 계획(Cost analysis and projection)의 단계라고 한다.
	원가계산의 영역은 원가분석 및 계획의 발달에 따라 일층 더 확대되었다. 물론 원가파악의 단계에서도 관리상의 원가자료의 분석은 하였지만 현재와 같은 원가분석 및 계획의 방법은 원가관리분야에 있어서 원가계산담당자가 직무상 체득한 실천적 지식의 필연적인 결과로 발전된 것이다. 그리고 원가에 관한 인식이 깊어져서 원가를 변동부분과 고정부분으로 분류하게 되고 손익분기점에 관한 도표작성이나 분석을 하게 되었다. 이와 같은 관리용구를 사용하여 과거의 원가를 분석하고 경영활동에 영향을 미치는 제요인을 판정하여 장래의 제조원가에 미치는 영향의 결과를 계측하게 되었다. 직접원가계산은 새로이 발생하는 필요한 요청에 적응되도록 회계상의 제지식을 누적하여 발전시킨 회계방법이라고 볼 것이다. 직접원가계산은 주로 이익관리와 관련하여 중요한 역할을 하고 있다. 원가계산제도는 종래의 직접재료비, 직접노무비, 제조간접비로 제품원가를 산정하는 전부원가계산으로 하고 이와 별도로 직접원가는 경영관리상의 요청에 따른 특수원가로 취급하는 것이 아직도 일반적인 견해이다.

직접원가계산
의방법
	2. 직접원가계산의 방법
	   종래의 원가계산에서는 원가요소의 성격을 고려하지 않고 일괄하여 계산하는데 대하여 직접원가계산은 변동비를 제조원가로 하고 고정비를 기간원가로 처리하는 원가계산이다. 즉 직접노무비, 직접재료비 및 제조간접비의 변동적 부분을 제품원가로 처리하고 고정적 제조간접비는 기말에 일괄하여 손익계산서에 계상하는 것이다.
	   직접원가계산이 미국에서 처음으로 발표된 것은 1936년이었다. 그리고 이에 대한 지대한 관심은 미국경제의 실천적 요청에 연유된 것이며 이 계산의 목적은 원가·거래액·이익의 관계에 의하여 거래액(가격 및 매출수량)과 제조원가에서 한계이익을 산정하고 이 이익에 대하여 부문 또는 제품의 기간원가를 대응시켜 그 부문 또는 제품의 이익발생의 동향을 계측케 함으로써 이익관리상의 명료한 자료를 제공하는데 있다.
	   조업도에 비례하여 발생하고 그것이 직접적으로 제조활동과 관련된 비용, 즉 변동비를 제품의 원가로 하고 시간적으로 파악되는 비용, 즉 고정비는 제품원가에 산입하지 않고 기말에 일괄 계상하는 방법이 직접원가계산이다.
	   다시 말하면 원가요소중 직접재료비, 직접노무비, 변동적 간접비(간접노무비, 간접재료비 등)는 제품원가로 하고 그 이외의 고정적 간접비는 제품원가에 산입하지 않는다. 이와 같은 비용의 취급은 직접원가계산의 정의에서 보면 이론적이라고 할 것이다.
	   그리고 직접원가계산의 목표가 이익관리에 있으므로 비용을 변동비와 고정비로 처리하는 것도 합리적이기는 하나 실무적으로 원가요소

| 직접원가계산 | 마다 변동비와 고정비로 분류하려면 여러 가지 곤란한 문제가 생긴다. |
| 장·단점 | |

3. 직접원가계산 장·단점

　직접원가계산에 있어서의 장·단점을 살펴보면 대체로 다음과 같다.

　(1) 장점

　① 직접원가계산에 의하여 작성한 손익계산서는 원가·판매량·이익에 관한 비교기능이 있으므로 경영상황을 파악하는데 유익한 정보를 제공한다.

　② 특히 원가관리·매출가액결정 및 이익관리에 유익한 정보를 제공한다.

　③ 1기간의 이익은 매출액의 변동과 동일하게 움직이므로 합리적이다.

　④ 변동비의 한계이익이 명시되므로 경영자로 하여금 제조원가보고 및 손익계산서의 이해를 용이하게 한다.

　⑤ 1기간의 고정비총액이 손익계산서에 명시되므로 고정비가 이익에 미치는 영향이 강조된다.

　⑥ 고정간접비를 제품원가계산에서 제외하므로 그 결과는 전부원가계산의 경우보다 재고자산의 가액이 저가평가되어 안가하게 계상된다.

　⑦ 고정간접비를 제품원가계산에 도입하지 않으므로 보조부문·제조부문 및 각 제품에 대하여 배부계산이 필요 없으므로 원가계산을 간편·신속화 할 수 있다.

　(2) 단점

　① 직접원가계산의 기초가 되는 고정비와 변동비 구분에 있어서 객관적 기준설정이 곤란하다.

　② 따라서 경영내부에 있어서는 주관적으로 편의적인 설정을 하여 관리회계로 다루는 것은 무관한 일이나 외부에 신고하는 재무회계로는 객관적인 검증력과 계속성 있는 기준 설정을 요하는 것이므로 기업회계기준과 감사기준에 부적당하다.

　③ 재고자산 평가에 있어서 특히 제법에서는 전부원가개념이 취해지고 있으므로 복잡한 세무조사문제가 생긴다.

　④ 직접원가계산은 이익이 매출액에 비례하는 장점이 있는 반면에 생산과정을 경시하는 단점이 있다. 즉 재화의 가치를 생산하는 데는 노동력과 기계는 서로 대체성이 있는 것인데 기계감가상각비(고정비)는 기간원가로 하고 노동력(변동비)은 제품원가로 하기 때문에 재화의 가치구성이론에 합치되지 않는다.

4. 직접원가계산이 이익계획에 사용되는 이유

　직접원가계산을 경영관리에 사용하는 때에는 이에 대한 적용이 거론된다. 직접원가계산이 이익계획이 유용하다는 것은 다으모가 같은 이유에서이다.

① 직접원가계산에 의하면 비용·영업량·이익의 관계가 명확히 표시되기 때문에 특히 단기이익계획에 그 자료가 유용하게 쓰인다.

② 직접원가계산에 의하면 매출액-변동비=한계이익, 고정비이익-고정비=이익이라는 손익계산등식을 표시하기 때문에 한계이익(율)과 비용분해(변동비와 고정비)에 의하여 고정비의 회수관리에 대한 관심이 높아지므로 손익분기점과 같이 이익계획에서도 지극히 유익한 자료가 제공된다.

③ 직접원가계산에 의하면 제품상태·가격·원가 등이 일정하면 이익은 매출액에 비례한다.

직접원가계산에서 얻은 자료에 의하면 경영자는 목표이익(목표자본이익률)의 실현에 필요한 판매수량·목표판매수량에서 기대되는 이익, 그리고 판매제품의 가장 유리한 상태에 대하여 계획을 수립하기 쉽다.

특히 직접원가계산방법은 손익분기점방식과 상통하는데가 있다. 즉, 원가를 변동비와 고정비로 구분하고 이익을 한계이익과 순이익으로 구분표시하면 이익계획을 실시하는 때에 손익분기점 도표를 활용하는 것과 같은 이유로 이익도표가 성립된다. 이상에서 설명한 바와 같이 직접원가계산은 단기이익계획에는 유용하나 장기경영계획에 있어서는 다음과 같은 차이가 있어 그리 유용하지 못하다.

차 이 점	직접원가계산	장기경영계획
① 판단의 입장	·손익계산면에서의 입장	·자본이익률에서의 입장
② 사용원가개념	·제도로서의 원가개념	·특수원가개념
③ 기 간	·단기적	·장기적
④ 한계이익분석	·대단히 유용하다	·그리유용하지 않다

5. 직접원가계산이 원가관리에 사용되는 이유

직접원가계산을 원가관리에 사용하는 이유는 다음과 같다.

① 직접원가계산에 있어 변동비와 고정비로의 원가분류는 원가관리상 관리가능비와 관리불능비를 분류하는데 적합한 방법이다.

② 원가를 조업도에 대응시켜 변동비와 고정비로 구분계산하게 되면 원가관리기능이 증진한다.

③ 고정비를 독립계산함으로써 고정비에 대한 회수관리에 경영자의 관심이 높아진다.

직접원가계산을 사용하면 원가관리에 필요한 원가자료를 제공할 수 있다. 원가관리를 보다 효율적으로 실시하기 위해서는 원가가 어디에서 발생하였는지의 책임이 명확하게 되어 있어야 한다. 원가가 발생하는 책임구분을 명확히 함으로써 관리가능한 단가와 관리불능한 단가가 명확히 구분된다. 종전부터 원가관리의 용구로 사요오딘 표준원가계산에서는 책임체제가 명확하면 그런데로 다음과 같은 효과가 있었다.

· 전부원가 ┌ 직접원가 → 표준원가에 의한 원가관리
　　　　　└ 간접원가 → 예산통제에 의한 원각관리

이를 다시 효과적으로 하기 위해서는 원가를 다음과 같이 분류한다.

· 원가 ┌ 관리가능비
　　　 └ 관리불능비

그리고 직접원가계산에 의한 분류는 다음과 같다.

· 원가 ┌ 변동비
　　　 └ 고정비

이상의 3가지를 비교하면 다음과 같다.

차 이 점	직접원가계산	장기경영계획
· 관리가능비 · 관리불능비 · 원가의 관리책임	· 직접비 · 간접비 · 원가의 제품별집계절차상의 분류에 의한다.	· 변동비 · 고정비 · 조업 · 판매량과의 변화관계에 따라 분류한다.

즉 원가관리의 효과적인 응용에는 원가의 책임체제를 명확히 하고, 원가를 적절히 구분하여야 한다.

원가를 적절히 구분함으로써 원가책임단위별 비용과 범위가 명확해져서 보다 효과적인 원가관리를 실시할 수 있다.

직접비와 간접비로 분류하는 전부원가는 원가의 집계절차로서 이점이 없는 바는 아니나 변동비와 고정비로 구분하는 직접원가가 조업도와 판매량등 경영의 활동량(Behavior)과 결합되기 때문에 관리가능비와 관리불능비로 구분하는 원가관리에 보다 적절히 이용될 수 있다.

이와 같이 직접원가계산은 원가관리에 필요한 관리가능비와 관리불능비라는 구분을 변동비와 고정비라는 구분으로 충족하고, 또 표준원가계산을 이용하여 더욱 효과적으로 할 수 있다.

직접원가계산에서 얻은 변동비와 고정비의 변동은 판매량의 변화에 대응하는 원가의 동태(動態)와 기능을 경영자에게 주목시키고, 원가를 판매량과 대응시켜 관리하는 원가관리의 관심을 제고시키는데 효과가 있다.

또한 제품원가에서는 공제된 고정비가 기간원가로 총액표시되기 때문에 고정비의 회수관리에도 경영자의 주의를 환기시켜 관심을 높이는 효과가 있다.

종래의 전부원가계산에서는 고정비는 재고품 또는 매출원가에 포괄되어 있어서 이를 파악하기 어려운 형태로 되어 있었기 때문에 고정비에 대한 관심이 희박하였던 것이다.

6. 직접원가계산이 가격정책에 적용되는 이유

직접원가계산이 가격정책에 적용되는 이유는 다음과 같은 요점이 있다.

첫째 : 가격정책은 변동하는 영업량과 가격 · 원가 · 이익 관계의 최

적치가 핵심으로 직접원가계산은 이에 유익한 자료를 제공한다.
　둘째 : 가격을 결정하는 때에 최저한도의 가격예상을 가능하게 한다. (단위당 변동비를 사용한다)
　셋째 : 고정비의 기간원가는 일정능력범위내에서는 정액으로 계산되므로, 이러한 자료가 가격결정에 유효하게 제공된다.
　(1) 판매가격의 결정
　직접원가계산은 판매가격결정 등 가격정책에 중요한 자료를 제공한다. 가격정책의 중심과제는 변동하는 영업량과 가격·원가·이익과의 최적관계를 찾아 내는데에 있다. 이 점이 직접원가계산에 있어서는 변동하는 영업량과 기대이익의 관계를 명확히 한다. 즉, 변동원가(제품원가)와 고정원가(기간원가)로 구분표시하기 때문에 가격정책으로서 유리한 수단이 된다.
　최적판매가격은 일반적으로 가격과 영업량(가능매출액)에 의하여 변동원가와 고정원가인 기간원가를 회수하고, 그 나머지는 이익으로 형성되나 이 경우의 이익은 최대로 할 수 있는 가격이어야 한다.
　가격과 영업량은 서로 관계하면서 변동하며, 가격정책은 이러한 변동요소와 원가 및 기대이익의 최적관계를 찾아 내는데에 핵심이있다.
　직접원가계산은 가격의 최저한을 변동원가에서 계산할 수 있으므로 적정한 것이다. 가격을 단계적으로 구분하면 다음과 같다.
　· 최저한도가격 → 변동비
　· 조　정　가　격 → 변동비 + 고정비
　· 최　적　가　격 → 변동비 + 고정비 + 이익(큰 것이 좋다)
　변동원가는 영업량과 함께 변동하므로 기업은 적어도 변동비원가만은 회수하여야 한다. 그렇게 하지 않으면 팔면 팔수록 손해를 보는 형태가 되기 때문이다. 또한 고정비의 기간원가는 일정능력범위내에서 정액(定額)으로 계산되기 때문에 이러한 자료는 가격을 결정할 때에 유효한 기초가 된다.
　즉, 적절한 가격의 산정은 변동비와 고정비의 일부 그리고 이익까지도 포함해서 회수 한계이익을 산출할 수 있는 수준의 계산을 하여야 한다.
　그러나 수출제품가격, 추가제품가격, 사양제품가격 등은 고수준가격으로 결정할 수 없는 정책적인 관점에서 고정비만으로도(한계이익의 일부)회수할 수 있는 수준으로 가격을 결정하여 전부원가액이 보상받을 수 있는(이익회수) 최적가격 수준과 부분원가액이 보상받을 수 있는(변동비 회수) 최저한도의 가격수준으로 적절하게 조정된 가격정책이 필요하다.
　(2) 적극 또는 소극적인 입장에서의 가격결정
　수출제품 또는 후발메이커의 제품이기 때문에 차별가격정책을 채택할 때에는 Price Leader Ship이 없어 변동비의 회수가 전액 가능하다고 말할 수 없다. 따라서 한계이익의 회수목적에서만 직접원가계산에서 고정비를 계산한 자료를 이용하는 것은 유효한 수단이 된다. 따라서 기업이 시장에 적극적으로 가격결정에 참가할 수 있는 Price Leader Ship을 가지고 있는 경우와 소극적으로 가격결정에 참가하는 경우는 가격수준결정에 차이가 나타난다.

① 가격결정에 적극적으로 참가하는 경우

$$\text{제품단위당 변동비} + \frac{\text{기간(고정)비} + \text{목표이익}}{\text{판매가능제품수량}} = \text{가격}$$
$$\parallel$$
$$\text{단위한계이익}$$

즉, 제품단위당 직접(변동)원가, 1기간의 기간(고정)원가, 목표이익이라는 자료에 의하여 위와 같은 산식에 의하여 판매가격이 결정된다.

② 가격결정에 소극적으로 판매가격이 결정된다.

이 경우에는 다음과 같은 사항이 고려된다.

㉮ 시장가격에 대하여 가장 유익한 판매제품이 구성을 고려한다.

㉯ 제품의 종류외에 판매지역별 또는 고객별 구분, 세일즈맨 또는 영업소별 구분으로 수익성의 순위를 고려한다.

이와 같은 경우에는 판매제품의 단위당 한계이익과 한계이익률을 판단척도로 하여, 이의 가액이 많은 순위로 결정하면 된다.

7. 직접원가계산의 조업도 정책

조업도정책은 생산능력(실현가능조업도)과 실제조업도 사이에서 목표이익이 최대가 되도록 결정된다. 직접원가계산에서 산출되는 한계이익은 조업도정책으로는 중요한 요소이다. 생산량(실현가능조업도), 실제조업도, 이익의 관계를 분석하는데에 지극히 유효한 척도가 된다.

전부원가계산을 사용하는 경우에는 생산능력과 실제조업도와의 차이는 고정제조간접비의 제품에 대한 배부부족을 표시하기 때문에 적절한 조업도정책을 설정하여야 한다. 그러나 직접원가계산을 사용할 경우에는 조업도 차이는 기간원가에 포함되어 구별할 수 없는 결점이 있다.

직접원가계산은 변동비와 고정비로 분류되어 한계이익(매출액-변동비)이 산출되므로, 이 결점은 커버된다. 즉, 한계이익의 수치를 기간비교한다든가 또는 기업상호간의 비교를 통하여 조업도의 인상 한도를 알 수 있기 때문이다. 한계이익분석과 조업도정책과의 관계는 다음과 같은 경우에 따라 중점이 달라진다.

(1) 실제조업도가 현재의 생산능력 이하인 경우

이 경우에는 한계이익률이 높은 제품을 중점적으로 제조 판매하여 전체이익을 높일 수 있으므로 많은 이익이 산출되는 제품 즉, 제품단위당 한계이익(또는 율)이 높은 제품의 제조, 판매에 중점을 두게 된다.

(2) 실제조업도가 현재의 생산능력이상인 경우

이 경우는 생산능력을 좌우하는 생산요소. 즉, 생산수단인 기계설비와 노동력인 작업자, 노동대상인 사용재료 등 각 요소당 한계이익이 많은 것에 중점을 두게 된다.

[사례] 직접원가 등의 계산

다음자료에 의하여 물음에 답하라.

〈자료〉

① 직직공의 임금 260,000원 ② 기계수선공의 임금 60,000원 ③ 직접재료비 600,000원 ④ 보조재료비 40,000원 ⑤ 광고선전비 60,000원 ⑥ 직접경비 900,000원 ⑦ 일반사무용품비 30,000원 ⑧ 기계운반공의 임금 50,000원 ⑨ 기계의 감가상각비 20,000원 ⑩ 공장건물의 재산세 10,000원 ⑪ 기계의 화재보험료 6,000원 ⑫ 영업부직원 급료 100,000원

〈해답〉

(1) 직접원가의 계산＝①＋③＋⑥＝950,000원
(2) 제조간접비의 계산＝②＋④＋⑧＋⑨＋⑩＋⑪＝186,000원
(3) 제조원가의 계산＝(1)＋(2)＝1,136,000원
(4) 총원가의 계산＝(3)＋⑤＋⑦＋⑫＝1,326,000원
(5) 매출가액의 계산＝1,326,000원×(1＋0.2)＝1,591,200원

[사례] 직접원가계산

다음 자료에 의하여 직접원가계산에 의한 표준원가계산을 실시하고 있는 Y제조회사의 200×년 9월분, 1개월간의 월차 원가계산에 관련하여 재료비차이 및 노무비차이의 분석과 고정비의 기말조정처리의 계산과 분개 및 각종의 한계이익을 명확히 하는 손익계산서를 작성해 본다.

〈자료〉

① 200×년 9월의 단위당 표준원가는 다음과 같다.

```
재료비(변동비) ┬ A재료   30개      단가 40원
              └ B재료  100개      단가 60원   7,200원
노무비(변동비) ┬ 제1공장 70시간    임률100원
              └ 제2공장 50시간    임률 80원  11,000원
경  비(변동비)         1개당         400원      400원
합    계 ································· 18,600원
```

② 200×년 9월중의 실제수치에 의한 재료비·노무비·제조경비는 다음과 같다.

```
㉮ 재료비 ┬ A재료  소비단가 44원   소비수량  6,300개
          └ B재료  소비단가 64원   소비수량 19,500원
㉯ 노무비 ┬ 제1공장 실제임률 100원  실제작업시간 14,200시간
          └ 제2공장 실제임률  86원  실제작업시간 11,000시간
㉰ 제조경비 ┬ 변동비 ································· 83,000원
```

───── 고정비 ·· 320,000원
③ 판매비와 관리비는 다음과 같다.
㉮ 판매비 ┬─ 변동비   단위당   600원
         └─ 고정비   9월중   240,000원
㉯ 관리비 ┬─ 변동비   단위당(판매) 100원
         └─ 고정비   9월중   210,000원
④ 제품에 관련된 사항
월초재고량 20개 월간생산량 200개
월말재고량 40개 월간판매량 180개(판매단가 28,000원)
⑤ 고정비(제조경비)는 재고량의 변동에 따라서 월말에 조정하는 것으로 한다.

<해답>
① 재료비차이 및 노무비차이의 분석
[재료비차이분석]
㉮ 가격차이 ┬─ A재료…(40원-44원)×6,300원 = △25,200원
           └─ B재료…(60원-64원)×19,500원 = △78,000원
                                        △103,200원…(불리)
㉯ 수량차이 ┬─ A재료…40원×(6,000-6,300) = △12,000원
           └─ B재료…40원×(20,000-19,500) = 30,000원
                                         18,000원…(db리)
∴ △103,200원 + 18,000원 = △85,200원…(재료비차이, 불리)

[노무비차이분석]
㉮ 임률차이 ┬─ 제1공장…차이없음
           └─ 제2공장…(80원-86원)×11,000 = △66,000원…(불리)
㉯ 작업시간차이
   제1공장…100원×(14,000-14,200) = △20,000원
   제2공장… 80원×(10,000-11,000) = △80,000원
                               △100,000원…(불리)
△66,000원 - △100,000원 = △166,000원…(노무비차이, 불리)
※ 변동경비차이…83,000원 - 400원×180 = 11,000원

② 고정비의 기말조정계산 및 분개
32,000원(당월의 고정제조경비)÷200(당월생산량) = 1,600원
1,600원×20(제품재고량의 증가분) = 32,000원…월말재고품이부담
                                              할고정제조경비
  (차) 제 품 32,000   (대) 손 익 32,000

③ 한계이익을 표시하는 손익계산서

㉮ 매 출 액   5,040,000

㈏ 변동매출원가(표준)		3,348,000
제조한계이익(표준)		1,692,000
㈐ 변동판매비	108,000	
㈑ 변동관리비	18,000	126,000
한계이익(표준직접원가계산)		1,566,000
㈒ 고정비		
제조경비	320,000	
판매비	240,000	
관리비	210,000	770,000
영업이익(표준직접원가계산)		796,000
㈓ 원가차이		
재료가격차이	103,200	
재료수량차이	△18,000	
노무비임률차이	66,000	
노무비작업시간차이	100,000	
변동경비차이	11,000	262,000
순이익(실제직접원가계산)		533,800

∴533,800원(실제직접원가순이익)+32,000원(제품재고량의 증가분 20개에 대한 고정비=565,800원……(실제전부원가계산에 의한 순이익)

직접원가배부기준 (直接原價配賦基準) (Prime Cost Method)	☞ 제조간접비배부기준 (Loading Indicators)
직접원가평가법 (直接原價評價法) (Direct Cost Method)	의의 재고자산을 직접원가로 평가하는 방법이다. 여기에서 직접원가란 직접원재료비·직접노무비·제조간접비 중 변동비적부분을 말한다. 직접원가계산에 있어서는 이러한 변동비만이 생산물원가를 구성한다 하고 고정적간접비는 기간비용으로서 처리된다. 설명 재고자산을 직접원가로 평가하는 것의 논거가 되는 점은 다음과 같다. 고정비는 생산량의 변동에 따라 변동하지 않고 생산량의 대소에 불구하고 일정액으로 발생한다. 이들 고정비는 제품의 생산을 위하여 존재하는 것은 아니며, 일정량의 생산을 가능하게 하는 생산설비의 보유의 결과로서 발생하는 것이다. 이것은 생산물을 위한 개별비가 아니라 생산준비를 위한 일반비이다. 이리하여 고정비는 생산물 제조를 위한 비용이 아니라 생산준비를 위한 비용이며 기간비용으로서 취급된다. 직접원가만으로 재고자산을 평가하는데 대해서는 여러 가지 비난이 있다. 가장 본질적인 것은 그것이 명백히 생산을 위하여 필요한 비용

을 생산원가에서 제외하고 있는 점이다. 예를 들면 정액법 또는 정률법으로 기간에 할당된 감가상각비는 직접원가계산에 있어서는 고정비로서 취급되고 생산물원가를 구성하는 것이 되지 않을 것이다.

이리하여 생산물원가는 그 생산을 위하여 절대로 필요하였던 생산요인의 원가의 할당을 받지 않게 되고 재무회계의 견지에서 보아 불완전한 것이라 하겠다.

직접임금
(直接賃金)
(Direct Wages)

|의의| 특정한 제조부문에 있어서의 본래의 제조작업에 직접 종사하는 직접공 기타의 공장현업원(공원 및 공장직원)에 대하여 지급되는 임금·급료를 말한다.

원가요소를 기능별로 분류(원가가 기업경영상 어떠한 활동에서 발생하였는가에 따른 분류)한 경우, 형태별분류에 의하여 제1차적으로 파악된 임금은 직접임금(직접공의 직접작업에 종사한 시간에 대한 임금), 간접작업임금(직접공의 간접작업에 종사한 시간에 대한 임금), 휴업임금(직접공의 교육·위생 기타의 휴업시간에 대한 임금)등으로 나누어진다. 직접임금은 원가대상에 대한 추적가능성에 따라 분류하면 직접노무비가 되고, 기타는 간접노무비가 된다.

|설명| 1. 기능별 분류의 필요성

원가회계는 외부보고목적, 계획의 수립, 성과평가 및 의사결정 등 상이한 목적에 따라 그에 상응하는 원가가 사용되어야 한다. 따라서 원가관리나 예산관리 등의 수단을 확보하고 원가절감을 도모하기 위해서는 원가요소를 단지 형태별로 분류하는 것만이 능사가 아니며, 이를 경영기능과 관련하여 분류할 필요가 있다.

따라서 형태별 분류과목인 임금계정에 의하여 파악된 직접공의 임금은 다시 다음의 단계에서(컴퓨터 등에 의한 경우에는 동시에) 직접임금과 간접작업임금, 휴업임금과 간접작업임금, 휴업임금 등으로 구분되어야 한다.

2. 직접임금법

직접임금법은 직접노무비법, 직접임금배부법 또는 노무비율법이라고도 부르는 것으로서, 제조간접비를 직접임금에 비례하여 배부하는 방법이다. 다시 말하면 나누어 배부율을 구하고, 여기에 각 제조지령서의 직접임금을 곱하여 해당 지령서의 제조간접비부담액으로 하는 것이다.

이 법은 제조간접비가 주로 직접임금과 관련하여 발생한다는 것을 전제로 한다. 이것은 직접임금이 제조원가의 대부분을 점한다든지, 종업원에 대한 직접임금이 거의 균일하다든지 하는 경우는 타당하다. 그런데 직접임금과 간접비의 발생액 사이에는 아무런 이론적 관련도 없고, 임률이 다른 복수의 종업원이 동일작업을 행하는 경우에 그 간접비부담액이 다르면 이 방법은 불합리하다.

	일반적으로 이 법에서는 직접임금이 분명하여지면 종업원의 노동시간은 반드시 알 필요가 없고, 따라서 계산이 용이하다는 것이 장점이다. 이 같은 이유로 이 방법은 실무상 상당히 광범하게 이용되고 있다. ☞ **직접노무비** (Direct Labor)
직접임금법 (直接賃金法) (Direct Labour Cost Method)	의의 직접임금법이란 제조간접비를 제품에 배부하는 경우 일정기간의 제조간접비액을 동 기간의 직접 임금액으로 나누어 배부율을 구하며, 이것을 각 제조지시서의 직접임금에 곱하여 당해 지시서의 간접비 부담액을 산정하는 방법이다. 제품원가중에 직접임금을 점유하는 비율이 많을 때에 쓰인다. $$배부율 = \frac{제조간접비액}{직접임금} \times 100\%$$ 제조간접비배부기준(Loading Indicators)
직접작업시간법 (直接作業時間法) (Direct Operating Hours Method)	의의 직접작업시간법이란 제조간접비를 제조에 소비한 직접 작업의 노동시간에 비례하여 배부하는 방법으로 인적시간법 또는 공수법이라고 한다. 설명 어떤 제조부분의 일정기간의 제조간접비총액을 동기간의 직접노동의 총작업시간으로 나누어 직접작업 1시간당 배당률(인적률 또는 경비율이라고도 한다)을 구하고, 여기에 각 제조지령서의 직접작업시간을 곱하여 당해 지령서의 제조간접비부담액으로 하는 것이다. 그런데 전부 또는 다수의 제품에 대하여 공통적으로 발생하는 감가상각비·보험료·집세·지대·조세 등 간접비의 대부분은 시간에 비례하여 발생하는 것이므로, 이 법은 직접노무비법에 비하면 훨씬 정확하고 합리적이기도 하다. 그리고 계산처리도 비교적 간단하여 그 채용실시도 비교적 용이하다. 일반적으로 직접작업시간법을 채택실시하는데는, 각 제조지령서에 대하여 임금의 기록과 함께 각개제품에 소비된 작업시간을 알 필요가 있으며, 더구나 그 시간수는 지급임금표에 나타난 것과 동일하지 않으면 안되므로, 직접노무비법에 비하여 계산처리는 번잡하다. 그러나 많은 근대적 공업은 인력보다 기계력에 더 의존하고 있는 사실에 비추어 보아, 작업시간의 장단을 기준으로 하여 간접비를 계산하는 것은 역시 타당하지 않다. 그러므로 직접작업시간법은 수공업적인 중소규모공업에 적응되는 방법인 것이다. ☞ **제조부문비 배부기준** (Manufacturing Department Cost Allocation Basis)
직접재료비	의의 직접재료비란 특정제품의 제조에 관하여 직접소비액을 파악할

(直接材料費) (Direct Material Cost)	수 있는 재료비를 말한다. [산식] 소비가액 × 실제소비량 = 직접재료비 [설명] 재료비는 제품에 대한 원가발생의 형태에 의해 직접재료비와 간접재료비로 구분된다. 직접재료비에 속하는 것에는 주요재료비(원료비 또는 소재비), 매입부품비가 있다. 직접재료비의 계산은 다음의 산식이 가리키는대로 재료의 종류마다로 실재소비량을 파악하고, 여기에 소비가액을 곱하여 계산한다. 　실제소비액의 계산방법에는 계속기록법, 재고계산법, 역계산법의 3가지 종류가 있다. 이 가운데 계속기록법은 출고전표(재료출고청구서)를 사용하여 출고수량을 분명히 하고 재료원장에 출고기록을 하는 계산방법으로 가장 바람직한 방법이다. 계속기록법을 채용할 수 없는 경우나 그 필요성이 적은 경우에는 재고조사법이나 역계산법이 사용된다. 　재고조사법은 정기적으로 재료의 실지재고조사를 행하여 다음의 산식에 의해 소비량을 간접으로 추정계산하는 방법이다. 　기초이월수량+당기매입수량-기말실제재고수량-당기추정소비량 　역계산법은 제품의 생산량에서 재료의 소비량을 거꾸로 계산하는 방법이다. 　제품 1단위당 표준소비량×당기제조량=당기추정소비량 　직접재료비를 파악하는데는 재료출고표를 사용하고 있다. 재료출고표에 기재된 재료실제소비수량에 재료수불장계가 소비가액(불출단가)를 기입하여 직접재료비를 계산한다. 소비가격은 비목별계산에서 하는 식으로 계산한다. 그러나 예외로 자가생산재료의 소비가격은 실제원가 또는 예정가격으로서 계산한다. 　이와 같이 직접재료의 수량이나 금액을 제조지시서별로 파악하기 위해서 재료출고표에는 그 제조지시서번호를 명기한다. 따라서 제조지시서번호가 기재되어 있는 재료출고표를 기초자료로 하여 그 제조지시서 번호의 원가계산표에 이를 직접 기입한다. 　제조작업이 개시되면 공정계 또는 진행계는 재료를 수배하여 준비하여야 한다. 재료사 상비품이 아니면 새로 발주를 의뢰하고 저장품으로 보관되어 있는 경우에는 제조현장에서 출고전표를 발행하고, 이 전표와 교환하고 소요재료를 창고에서 수취한다. 　보관재료를 창고계가 출고한 경우에는 재료원장(재료대장이라고도 한다)의 불출란에 출고를 기입하고 출고전표는 원가계산에 회부한다. 이 출고전표에 의해서 재료계정에서 공제하는 동시에 직접재료비계정에 가산하기 위해서 다음과 같이 회계처리한다. 　　　　(차) 직접재료비　×××　　(대) 재　　료　××× 　이 회계처리와 동시에 제조지시서번호에 의해서 연월일·수량·단가·금액을 원가계산표의 직접재료비란에 기입한다. 이 회계처를 하

지 않으면 안되므로 출고표에는 반드시 제조지시서번호를 기입하여야 한다. 이 제조지시서번호가 기입되지 않는 것은 간접재료비로 처리된 것이다.

그런데 일단 출고표를 발행하고 출고한 재료라도 소비천이 생기면 다시 창고에 반환하고 직접재료비란에서 공제하여야 한다. 그 때문에 재료반환표를 발행하고 되는데, 이 재료반환표에도 제조지시서번호를 기입하여, 어느 제조지시서의 직접재료에서 공제할 것인지를 분명히 한다.

☞ **재료비** (Material Cost)

직접재료비예산 (**直接材料費豫算**) (Direct Material Cost Budget)	[의의] 재료비예산은 재료예산이라고도 하며, 예산기간의 제조계획을 실행하는데 필요한 원재료 및 부분품의 소비에 예산으로 원재료의 소요수량이 보유되고 있는지를 확인하고, 실제 발생할 원재료비를 분명히 하기 위하여 원재료소비 예정량을 정확히 결정하고, 이에 따라 구매예산을 작성하는 것을 내용으로 한다. 다만, 간접재료를 재료예산에서 다루는 것이 편리한 경우도 있으나, 일반적으로 이는 제조간접비예산에서 다루고 직접재료비만이 재료예산이 된다.
직접재료비예산 편성의목적	[설명] 1. 직접재료비예산편성의목적 직접재료비예산을 편성하는 목적은 기본적으로 ① Control : 직접 통제되기 위해 부문별, 기간별로 예산이 책정되어야 하고, ② Product Costing : 직접재료원가는 제조원가에 포함되므로 제품별로 즉, 완성품의 원가로 인식되어야 한다. 일반적인 목적으로는 ① 재료소비량의 결정, ② 재료의 소비시기의 결정, ③ 소비재료의 원가결정, ④ 이월재고의 수량과 가액의 결정, ⑤ 구매재료의 수량과 가액의 결정, ⑥ 재료 구매시기의 결정, ⑦ 재료비 및 재료재고량, 그 가액을 통제하기 위한 방법의 결정 등이 있다.
직접재료비 예산의구성 재료예산	2. 직접재료비예산의 구성 직접재료비예산의 구성을 보면 다음과 같다. (1) 재료예산 제조에 필요한 원재료의 수량견적은 공장부문관리자의 책임이다. ① 재료소비량의 결정 : 견적과 과거의 회계자료를 비교결정한다. 방법은 생산형태에 의하여 또는 표준화의 정도에 의하여 달라진다. ㉮ Standard Method … 우선 제품단위당 포함되어 있는 순수량인 이론적 소비량을 가지고, 맨처음 제조공정에 투하된 재료의 얼마가 제품에 포함되었는가 하는 표준유보율로 나누어 제품단위당 재료표준소비량을 구한 다음, 이것을 제품의 제조예정량에 곱하여 재료소비량을 산출한다. 이 방법은 표준화된 제품을 대량으로 생산하는 경영에서 사용한다.

	㉴ Ratio Metuod … 다종류의 재료를 소비하는 경우, 중요한 종류를 제외하고는 다음의 비율에 의하여 재료소비량을 예정한다. 　ⓐ 원재료소비량의 제조예정수량에 대한 비율 　ⓑ 원재료소비량의 직접작업시간 또는 직접기계사용시간에 대한 비율 　ⓒ 재료비의 직접노무비에 대한 비율 　ⓓ 재료비의 직접작업시간, 직접기계사용시간과 같은 생산량의 척도에 대한 비율 　기업의 특수사정에 따라 제품별·기간별·부문별로 세분한다. 또한 완성품제조량에 필요한 원재료소비량의 표시가 재료예산이므로 가공시간의 길이가 길면 공장이 요구하는 수량 및 인도기일을 명시한 표도 작성하여야 한다.
재료재고예산	(2) 재료재고예산 　재고 재고량의 합리적인 통제의 목적으로 작성되며, 그 내용은 최저재고량, 1회의 주문량, 최고 재고량 결정에 의하여 재고표준결정이 되고, 최저재고량과 최고재고량의 양한계는 구매기간·재조수요량·안전의 한계·경제적 구매량 등으로 결정된다. 　재료재고예산작성시 고려할 사항은 다음과 같은 것을 들 수 있다. 　① 공장의 요구수량과 요구에 대한 시기적절성 　② 수량할인에 의한 구매상의 절약 　③ 원재료의 유용성 　④ 원재료의 손모율 　⑤ 관련 저장시설 　⑥ 재고투자를 위한 자본소요량 　⑦ 보관비 　⑧ 원재료원가의 변동에 대한 예측 　⑨ 재고부족의 방지 　⑩ 재료에 따르는 위험 　⑪ 기회비용
재료구매예산	(3) 재료구매예산 　구매할 원재료의 수량·구매시기·이의 견적원가를 표시하여 구매활동의 지침이 되고, 적정한 자금계획과 지출시기를 예정할 수 있게 한다. 　재료구매예산의 작성은 인도량이 구매예산 소요량에 일치하도록 충분한 시간적 여유를 가지고, 재료를 구매할 수 있게 하여야 한다. 그 산식은 다음과 같다. 　　재료구매예정량 = 예정재료소비량 + 기말재료재고예정요구량 　　　　　　　　　 − 기초재료재고량 　재료구매예산작성시 고려사항은 구매기간·경제적인 구매량·자금

재료불출가격의 예정	능력・수령지연에 의한 안전의 한계・계절변동・저장능력・원재료의 수입 난이도・시장의 변동과 구매정책 등이다. (4) 재료불출가격의 예정 　재료비는 송장가격에서 할인료를 공제하고, 운임・인도에 부수되는 처리비를 가산한다. 재료단위가격은 원가계산부문의 실제원가 기록의 실제에 맞추어 결정한다. 　가격의 예정방법은 다음과 같은 여러 가지가 있다. 　① 표준원가법 … 표준가격을 사용하되 비현실적인 점, 너무 엄격한 점을 고려하여 적정한 원가차이액을 가미한다. 　② 예정가격법 … 예산가격을 사용한다. 　③ 계약가격 … 예산기간에 앞서 구매계약이 체결된 경우에 사용된다. 　④ 이 외에 예산기간에 있어 재료의 구매가격을 견적하여 소비가격으로 한다.
재료비예산계산	3. 표준재료비예산의 결정산식 표준재료비예산의 결정산식은 다음과 같다. ① 표준재료비율＝제품 1단위당 소요재료의 표준소비량×표준가격 ② 재료비예산액＝표준재료비율×제조예정량 4. 재료비예산의 계산 재료비예산의 계산은 다음과 같이 한다. ① 종합적인 이익계획을 목적으로 하는 경우 　㉮ 제품1단위당의 재료표준소비량×제조예정량＝총표준소비량 　　 총표준소비량×불출예정가격＝재료비예산 　㉯ 제품1단위당의 재료표준소비량×표준가격＝표준재료비율 　　 표준재료비율×제조예정량＝재료비예산 ② 부분의 재료비통제를 목적으로 하는 경우 　과학적조사에 의하여 부분별, 공정별, 작업종류별로 제품(단위당 표준소비량과 표준가격을 결정하여, 이것의 상승적에 의하여 표준재료비율을 구하고, 이것을 실적에 따라 제조량에 곱하여 실적과 비교되는 예산을 작성한다.
직접재료비차이 **(直接材料費差異)** (Direct Material Cost Variance)	의의 직접재료비차이는 직접재료비표준과 직접재료비 실제발생액과의 차액이며, 여기에는 소비량 차이 및 가격차이의 2가지 종류가 있다. 실제재료비는 실제가격에 실제소비량을 곱한 것이며, 표준재료비는 표준가격에 표준소비량을 곱한 것이다. 설명 위 양자의 차이는 다음 도표와 같이 가격차이와 소비량차이로 분석된다.

```
┌─────────────────────────┬─────────┐
│       가 격 차 이       │ ▨▨▨▨ │
```

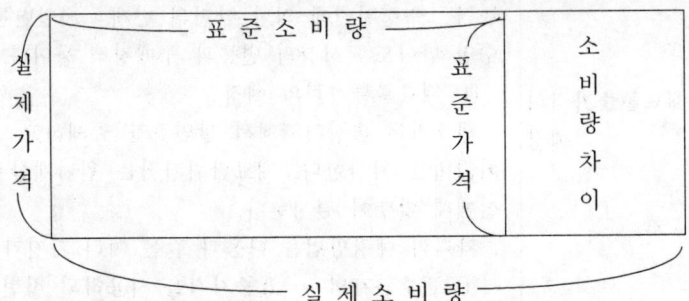

그러나 여기에 사선부분은 실제가격과 실제소비량의 어느 한편만이 표준에 도달하지 않는다는 사정에서는 생기지 않는다.

실제가격, 실제소비량 쌍방이다. 표준에 도달하였을 때, 이 사선부분을 어떻게 처리할 것인지 또는 가격차이와 소비량차이의 어느 것을 기점으로 해서 재료비차이분석을 할 것인지 등이 문제다.

이론적으로는 이 사선부분은 가격차이와 소비량차이의 공동적 소산이므로, 이것을 일정한 기준에 따라 2가지 차이로 분할 귀속 시킬 것인지 또는 별개의 제3의 차이로 처리하던가 하여야 할 것이다.

그러나 실제적으로 보면 이 공동적 차이를 모두 가격차이 속에 포함시켜서 재료비차이의 분석을 이 가격차이의 분석에서 출발하는 방법이 널리 채택되고 있다.

가격차이분석을 기점으로 하는 것은 원가차이 발생의 순서에 따르는 것이라고 하는 이론적 근거에 의한 것이다. 이 경우의 산식은 다음과 같다.

 (표준가격 − 실제가격) × 실제소비량 = 가격차이

 재료비차이 − 가격차이 = 소비량차이

소비량차이를 별개로 분석할 때는 다음의 산식이 된다.

 표준가격 × (표준소비량 − 실제소비량) = 소비량차이

그 계산시점에 관해서는 만일 재료구입이 생산계획과 합리적으로 부합되고 있으면 재료구입의 경우에 계산하는 것이 편리하다. 그렇게 되면 구입재료는 표준가격으로 평가되며, 송장가격과의 차이가 가격차이로 되어 재료가격차이계정에 기입된다.

이 방법의 이점은 재료기록이 원가에 관계없이 표준가격으로 표시되며 기록의 명세는 단순히 수량만을 기록하면 된다. 그러나 구입재료는 가격변동을 받기 쉬우므로 재료가 다량으로 구입될 경우 그 가격차이의 전액을 그 기간의 조업에 부담시키는 것은 영업이익을 낮출 염려가 있다.

이와 같은 경우 구입시의 원가로서 기록해서 출고시의 가격차이를 계산하는 것이나 또는 구입시에 계산한 가격차이를 예정재고기간에 걸쳐 이월하는 방법을 갖추는 것이 일반적이다.

이상의 방법에 의하여 분석된 가격차이 및 소비량차이는 다음에 하

직접재료비표준 (直接材料費標準) (Standard of Direct Material Cost)	나 하나의 차이발생의 원인을 다시금 상세하게 조사해서 차이발생책임의 소재를 명백히 하여야 한다. 그 개요는 가격차이는 판매부문에, 소비량차이는 제조부문에 귀속되는 것이나 반드시 이러한 부분의 책임이라고 할 수 없는 것도 있다. [의의] 원가표준은 직접재료비·직접노무비·제조간접비별로 설정하는 경우도 있고, 직접재료비·가공비별로 설정하는 경우도 있다. 후자의 경우는 노동이 기계작업과 밀접하게 결합되어서, 제품에 부과할 직접노무비와 제조간접비를 분리하기 어려운 경우에 적용하는 방법이다. [설명] 직접재료비표준을 설정하려면 직접재료비와 간접재료비를 명확하게 구분하여야된다. 　① 표준직접재료소비량의 결정 … 직접재료에는 제조지령서별로 고정된 것도 있고, 제품단위수에 따라 증감하는 변동적인 것도 있다. 전자는 제조지령서별로 표준소비량을 설정하고, 후자는 먼저 제품단위별로 표준소비량을 결정하고, 이것에다 당해제조지령서가 포함하는 제품수량을 곱하여 제조지령서별의 표준소비량을 결정한다. [사례] 제조지령서 NO.1 생산수량 100개, 제품 1개당 직접재료비표준 2,900원, 형 대금 10,000원 　㉮ 형 대금　　　　　　　　　　　　　　　 10,000원 　㉯ 변동직접재료비표준 2,900원 × 100　 290,000원 　㉰ 재료표준　　　　　　　　　　　　　　 300,000원 　표준직접재료소비량을 설정하려면, 제품의 생산에 필요한 각종소재, 부분품등의 종류·품질·가공방법 및 가공순서 등을 정하고 과학적·통계적 조정에 의하여 제품단위당의 각종 재료의 표준소비량을 결정한다. 이와 같이 표준소비량은 이공학적 분석이나 시험연구를 반복함으로써 결정되는 것이므로, 주로 기술적인 문제에 속한다. 표준소비량은 정상적으로 발생될 감손 및 공손 등의 소비여유량이 포함되고 있다. 　② 표준재료소비가격의 결정 … 재료의 소비가격은 원칙적으로 재생산을 하는 입장에서 고려되어야 한다. 그 표준을 설정하는데 이용되는 가격으로서는 과거구매가격의 평균·최근구매가격·시장가격·특정구매처가격 등이다. 가격이 안정된 재료에 대하여는 평균가격이나 최근가격도 되지만, 가격이 변동되는 것은 시장가격에 의하여야 된다. 　재료의 표준가격은 구매가격의 표준설정만이 아니고 외부부비와 내부부비가 포함된다. 외부부비는 항목마다 표준을 결정하는 방법과 총괄적으로 표준을 결정하는 방법이 있다. 내부부비는 연도기준으로 예정률을 적용하는 경우가 많다. 　　　　　부비예정률 = $\dfrac{1기간의재료부비예정액}{}$ × 100%

직접표준원가계산 **(直接標準原價計算)** (Direct Standard Costing)	같은 기간의 재료구입예정액 [의의] 직접원가계산을 채택하는 경우에 있어서 제조비용에 표준원가를, 기간비용에 예산액을 이용하는 것을 말하며, 이것을 직접표준원가계산이라고 한다. 　독일에서 말하는 한계계획원가계산도 이러한 부류의 원가계산제도이다. 이 같은 원가계산제도는 직접원가계산과 표준원가계산을 결합한 것이라고 생각할 수 있는데, 논자에 따라서는 표준원가계산이 자기발전한 것이 곧 직접표준원가계산이라고 해석하고 있으며, 일반적으로는 직접원가계산을 기초로 하여, 여기에 종래의 표준원가계산을 기초로 하여, 여기에 종래의 표준원가계산의 사상을 도입한 것이라고 해석하는 수가 많다. 　그런데 여기서 문제가 되는 표준원가 및 예산액은 Product Cost 및 Period Cost에 대한 일종의 평가액을 말하는 것이다. [설명] 직접표준원가계산의 목적에 따라서는, 동일한 표준원가와 예산액을 쓰는 수도 있으나, 일단 그 제목적을 달성하기 위해서는, (예를 들어 이익계획을 목적으로 하는 경우와 원가관리 및 원가계산을 목적으로 하는 경우 또는 기간손익계산을 위한 경우 등에 있어서)제품원가에 사용하는 표준원가의 크기를 달리할 필요가 있다. 이 같은 점은 기간원가에 사용하는 예산액에 대해서는 별문제가 없다. 그러나 직접표준원가계산을 이익계획의 수립에 사용하는 때에는 표준원가와 예산액이 문제이며, 또한 가격계산을 사전에 행하지 않는 때에는 표준원가와 예산액이 문제가 되는데, 원가관리를 위해서 사용하는 데는, 표준원가와 실제원가, 예산액을 계상분석하지 않으면 안된다. 　그리고 경영의 내부적 요청에 의하여 단기손익을 실제액으로 계산하지 않으면 안될 경우에는, 표준원가 이외에 실제원가와의 차이액, 예산액 이외에 실제액과의 차이액이 문제가 된다. 또한 직접표준원가계산을 사용하면서, 만약 결산손익계산을 위하여 전부원가계산을 미리 하지 않으면 안될 경우에 표준원가와 실제원가와의 차이액이 크면, 이것을 그 회계연도중의 매출원가와 기말제품·재공품 등의 가액에 배분하지 않으면 안된다. 이 같은점은 예산차이액에 있어서도 동일하다. ☞ **직접원가계산** (Direct Costing) 　**표준원가계산** (Standard Costing)
진 실 원 가 **(眞 實 原 價)** (True Cost)	[의의] 진실한 원가는 재무제표의 작성을 위한 원가계산을 하는 경우의 원가를 의미한다. 원가계산준칙에서 기업의 출자자, 채권자, 경영자 등을 위하여 과거의 일정기간에 있어서의 손익 및 기말의 재정상태를 재무제표에 표시하는데 필요한 진실한 원가를 집계하여야 된다고 하였다.

[설명] 진실한 원가란 구체적으로는 실제원가를 뜻하는 것이 된다. 왜냐하면 실제원가는 신빙성을 입증할 수 있는 것이기 때문이다. 그러나 실제원가에 있어서도 문제가 있다.

실제원가를 계산하는데 있어서 그 소비량이 정상적인 것이라야 하겠으나, 정상 실제소비량에 따른 것이라면 가격계산은 신속성이나 경제성의 견지에서 예정가격을 사용할 것이 인정되고 있는 것이다.

그러나 예정치는 실제치의 예정이므로 예정치와 실제치의 차이가 생기면, 그것은 실제치로 환원되어야 한다. 그러므로 정상실제소비량과 실제취득가격에 의한 실제원가가 진실한 원가인 것이다. 그러나 원가계산준칙에서 표준원가는 진실한 원가로서 재공품, 제품등의 재고자산가액 및 매출원가의 산정기초가 된다고 하였다.

표준원가는 이상한 비용이나 유휴비용을 포함하지 않고, 적정한 원가표준과 실제생산량에 의한 실제적인 정상원가수치라고 보기 때문이다. 요는 원가의 정상성이 진실한 원가를 규정하는 중요한 요건이 되는 것이다.

따라서 이상표준원가는 그것을 달성하는 경영상태가 일체의 여유율을 포함하지 않는 예외적이고 비현실적인 것이므로 문제외로 한다.

표준원가가 진실한 원가라면 그것은 표준소비량의 견적이 정확하여 정상실제소비량과 일치되는 경우를 말하는 것이다. 그러나 실제원가의 정상실제소비량은 단순히 이상소비를 배제한데 지나지 않으며, 과학적·통계적 조사에 의한 것이 아니므로 그것에는 보통 생길 수 있는 정도 이상의 비능률소비분이 포함될 것이 되고, 실제원가가 진실의 원가라고 보는 것은 이론적인 것이 아니라, 원가계산 관행에서 오는 실천적인 것이라고 할 것이다.

그리고 직접원가계산에 의한 원가는 진실한 원가에 포함되지 않는다. 왜냐하면 전부원가의 원칙에 위배되기 때문이다. 원가계산준칙에 따른 진실한 원가는 표준원가(현실적 표준원가, 정상원가, 예정원가)와 정상 실제원가이다.

차

차 액 원 가
(差 額 原 價)
(Differential Costs)

<u>의의</u> 차액원가란 사업활동의 계획과 집행방법을 변경한 경우에 여러 개의 대체안 상호간에서 발생하는 총원가의 증감분 또는 특정원가요소의 변동분을 말한다. 사업활동의 계획과 방법의 변경은 조업도의 증감·설비의 증감·생산방법의 변경등을 말한다. 차액원가의 개념은 독일 경영경제학의 비용이론에서 비롯된 것이며, 미국과 영국에서 차액원가(Differencial Cost)라고 해서 초기에는 독일의 비용이론의 "디퍼렌셜 코스팅"과 같이 2종의 조업도간 총 원가차액으로 가격정책과 조업도 정책에 사용되었다.

<u>설명</u> 계획을 설정하기 위한 문제로는 조업도뿐 아니라 각종 사항을 파악하고 검토하여야 한다. 그러므로 계획중에서 현상을 변경하여야 할 제안이 채용될 때에 거기서 발생하는 원가를 차액원가라 부르게 되었다. 따라서 전술한 바와 같이 "사업활동의 계획과 방법을 변경한 경우에 여러 가지의 대체안(代替案)상호간에서 발생하는 총원가의 증감분 또는 특수원가요소의 변동분"이라는 정의를 하게 된다. 즉, 여기서는 단순히 조업도의 변동뿐이 아니라 제조와 판매방법의 변경, 설비 대체 등 여러 가지의 대체안을 비교할 경우에 그 제안에 의하여 증감하는 원가의 일체를 차액원가라고 설명하고 있다. 따라서 원가차액은 의사결정을 위하여 대체안을 비교할 경우에 대상으로 되는 관련원가를 지칭하여 의사결정원가라고도 한다.

여러 가지 대체안의 원가를 비교계산하는 것이므로, 그 비교원가가 고정비라 할지라도 그 증감액을 차액원가로 파악하게 된다. 이 경우에 증감분석으로 나타나는 원가를 증분원가(增分原價)라 하고, 감소분으로 나타나는 원가를 감분원가(減分原價)라고 한다. 또 증분이나 감분이 없는 원가는 몰수원가이다. 증분원가중에는 현금지출원가가 포함되며, 감분원가 중에는 회피가능원가가 포함된다. 원가중에는 현금지출원가가 포함되며, 감분원가 중에는 회피가능원가가 포함된다.

현금지출원가는 의사결정에 의하여 현금지출이 따르는 원가이므로 일종의 감분원가이며, 회피가능원가는 의사결정에 의하여 원가발생이 회피되는 것이므로 일종의 감분원가이다. 이러한 원가는 개별계획을 설정하는 때에 계산대상으로 되는 원가항목을 규정하는 중심적인 원가개념으로 특수원가조사에 사용된다. 상술한 바를 분류하면 다음과 같다.

차액원가의특징	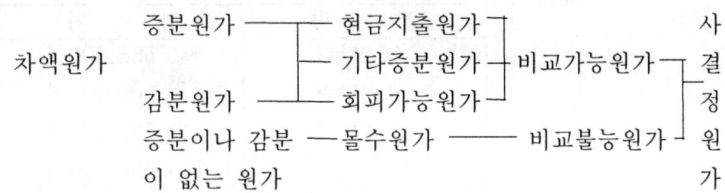

차액원가의 특징을 열거하면 다음과 같다.

1. 차액원가의 특징

① 차액원가는 2개 이상의 대안 중 하나를 선택함으로써 변화되는 항목에 한정된다.

차액원가분석에서는 의사결정의 결과 어떠한 원가가 얼마나 변화되는가를 중시한다. 비교되는 대안 상호간의 동일액인 원가항목은 제외된다. 이렇게 하면 계산의 번잡함을 덜고, 중요한 변화항목에 더욱 강력한 주의를 집중시킬 수 있게 된다.

② 차액원가는 진정한 실질적인 원가의 차액을 표시하는 것이라야 한다.

그것은 형식적인 회계상의 원가차액이 아니고, 실질적인 차액이라야 한다. 예를 들면, A회사가 매각가치는 없지만 장부상에는 미상각잔액이 남아 있는 노후된 설비를 제각함으로써 생기는 손실은 진정하고 실질적인 차액원가가 아니고 매몰원가이며 원가비교에서는 무시되어야 할 것이다. 또 회사 전체의 고정적인 관리비가 매출액에 따라 각 제품 부문에 배부되는 경우에, 판매량의 증감에 따른 각 제품부문의 차액원가 산정에서 그 배부액 차이는 진정한 차이를 표시하는 것이 아니다.

③ 차액원가는 미래에 관한 것이다.

계획의 결정은 장래에 관한 것이고 과거의 것은 아니다. 과거의 실제원가는 미래의 원가예측에 참고가 될 뿐이다.

④ 차액원가의 내용은 문제나 대안의 성질에 따라 다르다. 상이한 원가는 상이한 목적을 위하여 필요한 것이다.

⑤ 차액원가는 장부기록상의 원가분류와 일치되지 않는 경우가 많다. 차액원가는 상이한 조업도간의 총체원가를 비교한 차액이지만, 조업도 단위당의 차액원가로 표시되기도 한다. 또, 각 원가비목·제조원가·판매비·관리비 등에 관한 차액원가를 계산할 수도 있다.

더 나아가서는 신기계의 사용, 신제품의 추가제조, 신시장의 개척, 신판매경로의 선택처럼 종래의 방법을 변경하는 데에 따른 총체적 원가의 증감을 검토하는 경우에도 이용된다.

개별계획설정을 위한 대체안을 선정할 경우의 조사계산에서는 원가총액 또는 특정원가 항목을 증감변화를 비교계산하는 것이 필요하다. 예를 들면, 동일한 설비에서 상이한 조업도인 경우의 원가차이(차액원가)가 다음과 같은 경우를 검토하여 본다. |

생산량	총원가	차액원가
600단위	558,000원	0원
800단위	600,000원	42,000원
1,000단위	720,000원	120,000원
1,200단위	936,000원	216,000원

현재의 생산량을 800단위로 하고, 제품의 판매단가를 950이라고 하면, 이익은 160,000이다. 생산력을 800단위로부터 1,000단위로 증가시키기 위하여, 판매원가를 인하하면서 현재의 이익을 감소시키지 않는 대책을 세우려면, 판매가격을 얼마로 인하할 것인가를 생각하여 본다.

(인하될 1000단위의 매출액)−(800단위의 매출액)＝(차액원가)
　　(x×1,000)　　　　　(ⓐ950×800)　　　　(120,000)

이 x의 가격은, 판매량의 증가에 따른 매출액의 증가분인 차액수익과 차액원가를 일치시켜서 현재이익을 유지하는 판매단가이다. 이에 대하여는 다음 표에서 보는 바와 같다.

생산량 단위	총원가 원	차액원가 원	매 출 원	이 익 원	차액수익 원
600	558,000	−			
800	600,000	42,000	ⓐ 950 760,000	−	160,000
1,000	720,000	120,000	ⓐ 880 880,000	120,000	160,000
1,200	936,000	216,000			

차액원가개념은 이와 같이 차액수익・차액이익의 관점에서 이해된다.

차액우익・차액이익이란 현상의 변경에 따라 대체안 상호간에 생기는 수익 및 이익의 증감분이다.

　　　　차액수익 − 차액원가 ＝ 차액이익

그러므로 이론적으로는, 차액수익이 차액원가와 동등한 때 최대의 이익이 된다. 다음표에서 생산량 9,000단위를 상회할 때 최대이익이 된다. 이는 한계이익과 한계원가가 동등한 경우에 최유리조업도가 되기 때문이다.

생산량	총원가	이 익	차액수익	차액원가	차액원가	차액수익
7,000단위	840,000원	706,000원	134,000원	−원	−원	−원
8,000	960,000	807,000	153,000	120,000	101,000	19,000
9,000	1,108,000	945,000	163,000	148,000	138,000	10,000
10,000	1,257,000	1,096,000	161,000	149,000	151,000	(△)2,000

차액원가개념의 적용례

2. 차액원가개념의 구체적인 적용례

차액원가개념의 구체적인 적용례를 보면 다음과 같다.
㉮ 신제품의 도입문제

A회사는 단일제품 A를 생산하고 있으며, 신제품 B를 부가하는 문제를 검토 중인 것으로 가정한다. B제품은 A제품의 제조설비의 유휴능력을 이용하여 생산할 수 있으므로 B제품의 생산을 위하여 새로운 설비투자는 필요없다. 다만, 50,000,000원의 운전자본의 증가가 필요할 뿐이다. B제품은 매기간 1개당 1,750원의 가격으로 약 40,000를 판매할 것으로 보인다. 그러나 동 기간에 이러한 판매량을 유지하려면, 8,000,000원의 판매비가 추가되어야 한다. 제품 B의 변동제조비용은 제품 1개당 1,100원(직접재료비·직접노무비·변동간접비를 포함)이 추정된다. 그리고 제조고정비는 동일기간에 5,000,000원 증가될 것이다. 이 경우에 제품 B를 생산하면 다음과 같은 차액이익이 생긴다.

따라서 제품 B만의 한계투자이익률은 세금을 포함하여 26%가 된다.

$$\frac{13,000,000원}{50,000,000원} = 26\%$$

㉯ 반제품에 대한 가공의 문제

K회사는 A제품과, A제품을 가공한 B제품을 생산하고 있다. A제품 1개 4,800원, B제품 1개 9,000원으로 판매하고 있다. 경영자는 A제품의 판매를 현재보다도 700개 감소시켜서 가공하는 반면, B제품으로 하여 추가판매를 하고자하며 판매비 및 관리비는 증가시키지 않을 방침이다. B제품을 생산하려면 A제품 이외에 재료추가원가가 B제품 1개당 3,000원이 소요된다. 그리고 추가적인 직접노무비가 B제품 1개당 1,200원이 소요되면, 제조간접비의 증가는 탄력성예산에 따라 발생한다.

총직접노동시간	7,000시간	7,500	8,000	8,500
총제조간접비	900,000원	1,000,000	1,100,000	1,500,000

공장은 현재 7,500시간 직접노동시간으로 조업을 하고 있다. 그리고 700개의 A제품을 가공하여 700개의 B제품을 증산하게 되면, 공장의 총직접노동시간은 합계 8,000시간이 될 것으로 보인다. 이상의 자료에 의하여 차액원가분석을 하면 다음과 같다.

  차액수익 700개×(9,000원−4,800원) ················ 2,940,000원
 차액원가 :
   직업재료비 및 직접노무비 700개×(3,000원+1,200원)··· 2,940,000원
   추가적간접비 (1,100,000원−1,000,000원) ········ 100,000원
  차액손실 ···(△)100,000원

이 경우에는 현재의 제품배합(Product Mix)을 유지하는 편이 더 유리하다. 만일, A제품을 감산하지 않고 오히려 700개를 더 증산하여 B제품으로 가공 판매하는 경우를 생각하여 본다. 이 경우에 추가적인 A제품의 제조원가를 2,100,000원이라 가정하고 차액원가분석을 하여

본다.

  차액수익 9,000원으로 700개의 B제품판매 ………… 6,300,000원
  차액원가 추가적 A제품의 제조원가 ……… 2,100,000원
   B제품의 추가적 제조원가 ……… 3,040,000원 (△)5,140,000원
  차액이익 …………………………………………………… 1,160,000원

이 경우에는 B제품의 추가생산을 하는 편이 유리하다.

 ㈐ 부분품의 자가제조에 대한 문제

P회사는 A부분품을 구입하느냐 또는 자가제조하느냐의 문제를 검토 중이다. A부분품을 제조하려면 기존설비와 유휴능력을 이용할 수 있어서 새로운 설비투자는 필요없다.

A제품의 1개당 제조원가는 다음과 같다.

  재 료 비 ………………………………………………… 1,500원
  변동가공비 ……………………………………………… 1,200원
  기존설비의 제조간접비 배부액 ……………………… 800원
  합   계 …………………………………………… 3,500원

한편, A부분품을 외주에 의하여 구입하는 경우의 가액은 3,000원이다. 이 경우에 A부분품의 자가제조와 외주와를 비교하여 유리한 편을 선택하면 된다. 전부원가를 비교하면, 3,500원 - 3,000원 = 500원 만큼 외주에 의하는 것이 유리한 것으로 보인다. 그러나, 기존설비의 제조간접비는 자가제조를 하거나 외주에 의하거나 발생하는 것이므로 이를 제외하고 비교해야 한다.

  구입원가 ………………………………………………… 3,000원
  자가제조에 의한 차액원가 …………………………… 2,700원
  (재료비 1,500원 + 변동가공비 1,200원)

따라서 자가제조를 하면, A부분품 1개당 300원의 원가절감이 되어 유리하다.

회사는 A부분품을 자가제로하기로 결정하였으나, 기존설비를 1교대제로 사용하면 매월 100개밖에 제조를 할 수 없다. 그러나 매일 A부분품은 170개가 필요하여 2교대제로 가동하면, 설비수선비가 1일 1,000원 추가되고 자극임금(刺戟賃金)도 필요하여 변동가공비는 1개당 1,600원 상승할 것으로 보인다. 2교대제로 매일 170개를 자가제조할 것인가를 검토하여 본다.

  A부분품제조의 차액원가(2교대제)
  재 료 비 1,500원×170(개) ……………………………… 255,000원
  변동가공비 1,600원×170(개) …………………………… 272,000원
  설비수선비 ………………………………………………… 1,000원
  계 ……………………………………………………………… 528,000원
  구입가격 3,000원×170(개) ……………………………… 510,000원
  구입에 의한 절약액 ……………………………………… 18,000원

그러므로 A부분품은 1일의 필요량 170개중 매일 100개는 현재의 1교대제로 자가제조하고 70개는 외주에 의하여 구입하는 것이 유리하다.

㉯ 가격최저한도의 결정문제

K회사는 단일제품을 생산·판매하고 있다. 현재의 생산·판매의 상황은 1개월의 생산수량 7,000개(생산능력 10,000개), 1개당 매가 1,000원, 제품 1개당 변동비 400원, 고정비는 월당 4,000,000원이며, 1개월에 200,000원의 순이익을 얻고 있다. 시장조사의 결과에 따르면 매가를 800원으로 인하한 때에 3,000개를 추가판매할 수 있다고 한다. 월 10,000개를 생산하는 경우에 1개당 변동비는 같지만 고정비는 월 10,000원 정도가 증가한다. 어떠한 판매정책을 세울 것인가 생각하여 본다.

이러한 생각도 없이 10,000개를 생산하면 다음 계산에서 보는 바와 같이 100,000원의 손실이 발생한다.

매출액 : ⓐ 800원×10,000(개) ············· 8,000,000원
원가 : 변동비 ⓐ 400원×10,000(개) ·········· 4,000,000원
고정비 ············· 4,100,000 (△) 8,100,000원
순손실 ························· (△)(100,000원)

3,000개 증산의 차액원가를 구하여 본다.

차액원가 : 변동비 ⓐ 400원×3,000(개) ·········· 1,200,000원
고정비 ························· 100,000원
합 계 ························· 1,300,000원

단위차액원가=1,300,000원÷3,000(개)=434원(매가의 최저한도)

이와 같은 이유에서 7,000개는 종전대로 생산·판매하고, 추가 생산한 것은 다소 디자인을 바꾸어 1개당 800원에 팔도록 하면 좋을 것이다.

체 감 비 (遞減費) (Degressive Cost)	의의 체감비란 체증비·비례비 등과 같이 변동비의 일부이며 고정비에 대립하는 용어이고, 부족비례비라고도 한다. 일종의 생산설비하에서 조업도가 올라가는데 따라서, 그 절대액의 증가가 비례이하로 정지되는 비용을 말한다. 설명 예를 들면 연료비·보조재료비 등이 있다. 또 판매비에 관하여도 확장하여 쓰인다.
체 증 비 (遞增費) (Progrecessive Cost)	의의 체증비란 초과비례비(超過比例費)라고도 한다. 체감비·비례비 등과 더불어 변동비의 일부이며, 고정비와 대립한다. 일정한 생산설비하에서 조업도가 상승하는데 따라서 그 비례 이상의 비율로 증가하는 원가요소를 말한다. 잔업수당 등이 이것이다. 이것을 단위비용에 대하여 보더라도 체증적이다. 체감비와 더불어 비례비라고도 한다.

	[설명] 예를 들면 초과근무수당·초과조세에서 발생하는 감가상각비·수선비 등의 설비에 관한 비용이 있다. 그래프로 표시하면 다음과 같다. 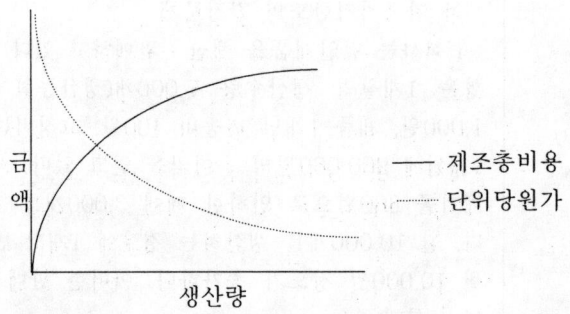
초 과 배 부 (超過配賦) (Overabsorption)	[의의] 초과배부란 예정배부율을 사용한 경우에 간접비 배부액이 실제 배부액을 초과하는 것을 말한다.
초과배부간접비 (超過配賦間接費) (Overabsorbed Overhead)	[의의] 초과배부간접비란, 제조간접비를 실제발생액보다 많이 제품에 배부한 경우의 초과액을 말하는 것이다. [의의] 원가요소별등가계수에 중요도의 비중을 두고 가중평균하여 하나의 등가계수를 구하여, 이에 의하여 원가를 안분하는 방법이다. [설명] 이들 3가지 방법 중 "단일등가계수법"과 "총괄등가계수법"은 원가요소별, 가령 재료비·노무비·경비별로 원가배분을 하는 것이 아니고 제조비용총액을 일괄하여 배분하는 점이 공통된다. 예를 들어 등가비율을 1 : 0.8 : 0.7로 정한 경우, 당기 각 제품의 완성량을 10,000톤, 7,000톤, 3,000톤, 총제조비용을 1,062,000원이라고 하면 각 제품별원가 및 단가는 다음과 같이 산정된다. | 품 명	산가계수	생산량	적 수	배분원가	단 가
---	---	---	---	---	---
A	1	10,000	10,000	600,000	60
B	0.8	7,000	5,600	336,000	48
C	0.7	3,000	2,100	126,000	42
합 계			17,700	1,062,000		 A. $1,062,000원 \times \dfrac{10,000}{17,700} = 600,000원 \cdots 600,000원 \div 10,000t = 60원/t$ B. $1,062,000원 \times \dfrac{5,600}{17,700} = 336,000원 \cdots 336,000원 \div 7,000t = 48원/t$ 2,100

	C. $1,062,000원 \times \dfrac{}{17,700} = 126,000원 \cdots 126,000원 \div 3,000t = 42원/t$
	☞ **등급별원가계산** (Class Cost System)
총괄배부율법 **(總括配賦率法)** (Blanket Rate Method) 고정적 총괄배부율법	[의의] 총괄배부율법은 제조간접비를 제조지령서 내지 제품에 배부하는 1방법이며, 획일적인 배부율을 사용하는 점에 그 특징이 있다. [설명] 이것은 고정적 총괄배부율법과 변동적 총괄배부율법으로 나누어진다. (1) 고정적 총괄배부율법은 과거의 경험에서 체득한 일정비율을 직접원가에 곱하여, 직접원가의 몇%로 하여 간접비를 배부하는 방법이다. 그리고 배부기준과 배부액 사이에는 아무 함수관계도 없다. 이 법은 계산처리가 간단하지만 그 반면에, 때에 따라 상당 다수의 배부차이를 생기게 할 때도 있으며, 그와 같은 배부차이의 분석도 무의미하게 된다. 그리고 이 법에 의한 배부계산의 결과의 정확성은 보증되지 못하지만, 간접비의 비중이 직접원가에 비교하여 소액일 때는 별문제가 안된다. (2) 변동적 총괄배부율법은 일정기간의 제조간접비총액을 직접임금·직접작업시간·직접재료비·직접원가·시가 등의 일정한 배부기준으로 나누어 배부율을 구하고, 이것을 사용하여 간접비를 제품에 배부하는 방법이다. 이 법은 이와 같이 일정한 배부기준에 준거하여 획일적으로 제품에 간접비를 배부하는 것이지만, 제품의 종류가 다르다든가, 동일제품이라도 각각 규격이 다르면, 그 간접비는 같지 않게 된다. 이와 같은 상위를 무시하여, 간접비를 일정한 배부율에 의하여 획일적으로 제품에 배부하는 것은 역시 불합리함은 물론이다. 따라서 이러한 배부율은 원가관리면에 있어서도 간접비의 관리에는 부적당한 방법이다.
총 원 가 **(總 原 價)** (Total Costs)	[의의] 제품 또는 서비스의 1단위당 원가를 산정하는 경우에 그 1단위당 제품원가에 판매비 및 관리비를 가산한 것을 총원가라고 한다. 따라서 총원가는 급부가 제조되어 판매될 때까지 생기는 모든 원가를 포함한 것이다. [설명] 제품 내지 서비스 1단위당 원가의 계산은 역사적으로 제조원가의 계산으로서 발달하였다. 그러나 경쟁의 격화, 상품유통기구의 복잡화, 경영의 대규모화에 수반된 기업조직의 복잡화는 관리비·판매비가 원가 중에 점하는 비중을 크게 증대시켰다. 이 결과 원가계산의 개념도 제품원가뿐만 아니라 관리비·판매비의 계산을 포함하도록 확대되었고, 총원가를 계산하는 오늘날의 원가계산이 성립되기에 이르렀다. 그러나 제품 내지 급부의 1단위당 원가로서의 총원가의 개념은 특히 원가에 일정한 이익을 가산하여 판매가격을 결정하는 원가가산계약(Cost Plus Contract)에 의한 가격결정에 의하

여 촉진된 바가 많다.

총원가의 산정은 판매비·관리비를 판매직접비(Direct Selling Expenses)·판매간접비((Indirect Selling Expenses) 및 관리비(Administrative Expenses)로 분리하고, 판매직접비는 그 매출제품에 직접부과하며, 판매간접비 및 관리비는 매출품의 제조원가 또는 매출액을 기준으로 하여 배부된다.

총원가계산 (總原價計算) (Total Costing)

의의 총원가계산이란 제조 내지 급부(給付)의 1단위당의 총원가를 계산하는 원가계산을 말한다.

설명 시장생산을 하지 않는 주문생산기업이나 도급작업을 하는 기업에서는 주주를 위한 비용이나 관리비를 제조원가에 가산하여 총원가의 계산을 하는 것이 보통이다.

☞ 총이익률 (Gross Profit Ratio)
　매출총이익 (Gross Margin)

총인건비대직접인건비비율 (總人件費對直接人件費比率) (Direct Personnel Expenses Ratio to Total Personnel Expenses)

의의 인건비란 것은 원가요소내의 기업의 목적인 생활활동에 종사하는 사람의 노동력의 대가로서 지급되는 임금 및 급료, 잡급, 종업원상여 수당을 말한다.

산식

$$총인건비대직접인건비율 = \frac{직접인건비}{총인건비} \times 100$$

설명 인건비는 직접인건비와 간접인건비로 나뉘이고, 직접인건비는 제조공업을 예로 들면 직접공과 같이 제품의 제조에 직접종사하고 있는 자의 인건비이다. 간접인건비는 간접공과 같이, 간접작업에 종사하고 있는 것에 대하여서의 인건비다. 간접공이라도 간접작업에 종사하고 있으면, 엄밀하게는 간접인건비이고, 간접공이 직접작업에 종사학고 있으면 직접인건비이다. 제조공업의 판매부문 관리부문은 제조원가를 중심으로 한 경우는 간접인건비라고 할 수 있을는지 모르나, 물품판매업에 있어서는 판매부문의 인건비는 직접인건비이고, 관리부문은 간접인건비이다. 총인건비 가운데 차지하는 직접인건비가 높으면 높을수록 고능률을 가리킨다. 더욱이 인건비를 그 내용으로부터 주비(主費)와 부비(副費)로 분류할 수 있다. 주비는 노동의 대가로 지불되는 것으로 기본급과 제수당, 가급금은 여기에 해당한다.

총평균법 (總平均法) (Total Avarage Method)

의의 총평균법은 구입재료와 동일종류일 때, 그 재료구입 대가에다 인도비를 부가한 총액을 구입재료의 총수량으로 나누어 재료의 단위 구입원가를 산출하는 것이다. 그러나 이 방법은 너무도 단순하여 엄밀한 계산을 할 수 없으므로 실제로 널리 채택되지 못하고 있다.

설명 이 계산방법은 기초재료재고액에다 기간 중 구입액을 가산하

	고, 이것을 기초재고수량과 기간 중의 수입량의 합계로 나누어 평균단가를 산출하는 것이다. 그리고 이것이 1기간중의 불출단가가 된다. 이 방법은 평균단가의 계산이 기말이 아니면 산출 될 수 없으므로 기간 중의 불출 및 잔액의 기록은 수량만 기입하여 둘 수 밖에 없다. 그러므로 이 방법은 종합원가계산에는 사용되지만, 개별원가계산에는 적합한 것이 될 수 없다. 이것을 산식으로 표시하면 다음과 같다. $$\frac{\text{기초재료재고액 + 기중구입원가 + 기중인수비}}{\text{기초재료재고량 + 기중구입량}} = \text{평균단가}$$ 평균단가 × 소비수량 = 재료소비가격
최고·최저재고량 (最高·最低在庫量) (Minimum or Maximum Inventories)	[의의] 재고자산통제에 있어서 최적재고량을 결정하기 위한 1방법으로 가장 광범위하게 사용되고 있는 것이 최고·최저재고량방법이다. 역사적 주문서 및 주문점과 더불어 재고자산 구매에 있어서 번거로운 일을 감소시키는데 많은 기여를 하며, 적정하게만 이용되면 항상 최적의 재고량이 재고되어 있어 생산활동을 원활하게 하여 준다. [설명] 최고·최저재고량의 결정은 대량주문에서 결과되는 원가의 절약과 재고량의 증가됨에 의하여 증가되는 저장비·보험료·이자 등의 비용을 대응시키는데 관계되는 원가분석에 있어서의 문제이다. 여기에는 최고생산능력, 거래에 있을 생산감축의 가능성·예기되는 원료의 부족문제 등 유형·무형의 요인들을 고려하여야 한다. 최고·최저재고량의 존재는 재고품목에 관한 구매예산의 편성에 많은 도움이 된다. 재료비예산의 편성에서 추계된 필요재고량도 역시 이 최고·최저재고량의 결정에 도움이 된다. 최저재고량은 안전재고량으로 저장하기를 요하는 기간에 매일의 최고가능사용량을 곱하여 계산한다. 최고재고량은 주문점의 재고량에 경제적 주문서를 더한 것이다. 때에 따라서는 이와 같이 하여 계산한 수량에서 평균사용량과 최고가능사용량의 량을 주문완성기간에 곱하여 감한 것을 최고재고량으로 한다.
최고통제가격 (最高統制價格) (Ceiling Price)	[의의] 최고통제가격이란 정보 또는 법률이 정하는 상한가격을 말한다.
최유리조업도 (最有利操業度) (Output)	[의의] 최유리조업도는 총액으로서의 이익이 최대가 되는 조업도로서 단위당 비용이 최소가 되어 단위당 이익이 최대가 되는 최적조업도와 대비되는 개념이다. 최적조업도를 지나 생산을 하게 되면 비용도 증대하게 되나 가격이 한계비용보다 높은 경우에는 그 수익은 최적조업도에 있어서 수익에

가산하게 된다. 그리하여 한계비용이 가격 즉, 수익과 일치되는 점에서 추가적 이익은 0이 되며, 한계비용이 가격을 초과하는 조업도가 되면 손실이 발생하게 된다. 이렇게 한계비용과 가격의 일치점을 실현하는 조업도가 최유리조업도이다. 이는 경영전체적인 관점에서 볼 때 최적조업도보다 더 중요한 의의를 가진다.

[설명] 1. 완전경쟁하에서는 다음 도표와 같이 된다.

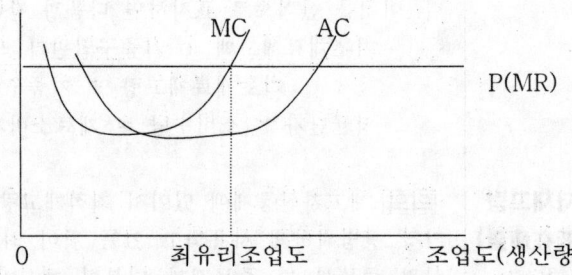

완전경쟁하에서는 판매가격이 기업에 대해 주어져 있으며, 따라서 기업에서는 가격은 불변으로 보고 생산을 조정하게 되는데, 한계이익이 0이 될 때까지 생산은 계속될 것이다. 왜냐하면 한계이익은 한계수입에서 한계생산비를 공제한 것이기 때문에 한계이익이 0이 되지 않는 한 생산은 계속될 것이기 때문이다.

그러므로 기업의 최대 관심사인 최대이익을 창출하는 생산량은 한계수입과 한계생산비의 일치점이 된다. 그런데 완전경쟁하에서는 한계수입 = 가격이므로 가격 = 한계생산비가 되는 점에서 최유리조업도는 결정된다.

2. 불완전경쟁하에서는 다음과 같이 된다.

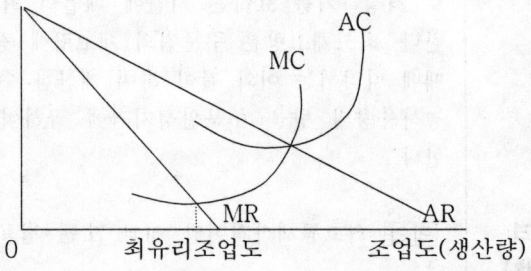

완전경쟁보다 더 현실적인 경우로서 기업의 생산량의 변동은 가격에 영향을 미치므로 가격을 주어진 것으로 생각했던 완전경쟁과 다르다.

최저시재 (最低時在) (Minimum Stock

[의의] 최저시재란 최저한도로서 정하여진 수량을 말하고, 실재보유량이 수량 이하가 되면 생산활동·판매활동에 지장을 초래할 우려가 있다고 하는 재고량을 말한다.

Quantity)	
최저재고량 (最低在庫量) (Minimum Stock)	의의 최저재고량이란 1일의 평균소비량(또는 판매량)은 주문으로부터 입수할 때까지의 평균일수를 곱한 재고량을 말한다.
최 적 규 모 (最 適 規 模) (Optimum Size of Business)	의의 최적경영규모 또는 최적영업규모라고 하는 의미로, 기업의 경영규모에 있어서, 이 규모보다도 너무 크면 고정비의 비중이 과대로 되어 영업활동에 의한 수익을 압박감쇄하고 또 이 규모보다 너무 적으면 대규모경영기업과 시장경합과 대항하기 어렵다. 이 경영규모를 최적규모라고 부르고 있다. 설명 최적규모는 그 기업의 업종, 취급, 상·제품, 생산방식등에 의해 각각 다른 획일적인 기준은 없지만, 통상이 최적규모는 적정조업도의 산정과 동양으로, 비용의 면에서 고찰·판정한다. 즉, 기업경영규모의 대형화에 의한 대량생산에 의해 초래되는 취급상품·제품 단위당의 평균비용저하의 장점과 반대로 생산·판매활동규모의 대형화에 따라서 초래되는 경영관리부문비용의 증대에 의한 단점등을 총합검토한다. 전자가 후자를 상쇄하는 경영규모의 경영을 최적경영규모라고 부르고 있고, 이 경영규모에 있어서 최소평균비용이 실현된다. ☞ 고정비(Constant Cost) 　최적조업도(Optimum Output)
최적발주량 (最適發注量) (Optimal Parchasing Lot Size) [EOQ]	의의 원재료 또는 상품의 발주비와 재고유지비의 합계액이 가장 소액으로 되는 것과 같은 발주량을 최적발주량이라 부르고 있고, 재고관리면에서 흔히 채택되고 있다. 설명 기업에 있어서 취급상품 또는 제조업에 있어서의 원재료의 매입과 그 재고관리는 영업수익의 대소로 직결하는 것이고, 특히 적정재고의 유지는 중요성을 갖는다. 상품·원재료의 매입 및 재고관리에 관하여 발생하는 원가는 발주비와 재고유지비로 양자의 합계액의 상대적 대소가 재고관리의 교졸판정(巧拙判定)의 지표로 된다. 발주비는 발주회수의 증가에 정비례하여 증가하고, 반대로 재고유지비(보관료·보험료·관련운반비·운반과정·감모로스 등)는 발주회수의 증가에 반비례하여 감소한다. 재고관리상은 양비용의 합계액이 최소로 되는 발주회수의 발주량이 가장 바람직하다. 최적발주량에 의한 발주방식에는 정량발주법과 정기발주법의 그 방식이 취해지고, 각각의 이점을 갖는데, 대형소매업 등에서는 대부분이 정기 발주법을 채택하고 있다. ☞ 재고관리(Inventory Control) 　재고비용(Inventory Cost)
최적제조비	의의 로트 생산방식을 밟는 제조기업에 있어서, 제조회수 1회당의

(最適製造費) (Optimum Production Cost)	제조량이 가장 경제적인 량을 시산(試算)하여 이것을 최적제조량 또는 경제적 로트사이즈라고 부르고 있다. 설명 재고관리에 있어서의 최적매입량과 같은 사고에 서는 것으로, 로트생산에 있어서의 일종의 대립적인 비용인 절차비와 재고유지비와의 합계액이 최소수치를 가리키는 시점의 제조량(로트·사이즈)이 최적제조량으로 된다. 로트생산에 있어서는 생산을 위한 원재료반입·예열·공구류조립 및 교환·기계장치운전조정등의 절차비의 제품 1단위당의 액은 로트·사이트의 증대에 반비례하여 감소하고, 제품 및 원재료의 재고유지비의 제품 1단위당의 액은 생산로트의 증대에 의해 증대한다. 그 때문에 제품 1단위당의(절차비+재고유지비)의 합계액이 극소로 되는 시점을 구하면 이 시점의 생산로트·사이즈가 최적제조량으로 된다.
최적조업도 **(最適操業度)** (Optimum Output, Optimum Operation Capacity)	의의 기업에 있어서 가장 설비조업에 적합한 조업정도라는 의미로, 기업의 생산 또는 가공하는 제품·부품 또는 제공하는 서비스(유료용역)의 단위당의 원가로서의 평균비용이 최저로 되는 조업도를 최적조업도라고 한다. 설명 최적조업도는 반드시 최고조업도는 아니고, 경험률적으로는 80~85%라고 말하고 있다. 기업으로서는 조업도는 특정시점만을 붙잡으면 고율일수록 바람직하지만, 조업도가 고율(高率)로 되면 될 수록 설비유지(수선비·관리비·감모비 등) 노무비(특히 잔업수당 및 그 부수비용) 및 간접공장경비가 체증하므로 제조품 단위당의 생산원가 면에서 유리하다고는 할 수 없다. 제품의 평균비용곡선은 고정비와 변동비의 합계액으로 산출되므로, 생산량증대(조업도 상승)에 따라서 최초체감하지만, 특정조업도에 달하면 제증하기 시작하기 시작하고, 이 조업도가 최고조업도라고 불리우고 있다.
최종가격법 **(最終價格法)** (Last Price Method)	의의 최종가격법이란 최종매입가격법이라고도 하며, 기말재고자산액에 대한 계산법의 하나로서 취득일자가 가장 최근인 취득원가를 그 재고자산의 단가로 하는 방법이다.
최종매입원가법 **(最終買入原價法)** (Last Purchased Price Method, Last Cost Method, Method of Last Purchase, Last Invoice	의의 재고자산의 평가방법의 1종으로 재고자산을 사업연도중에 최종으로 매입한 단가에 의하여 산출한 취득가액을 그 자산의 평가액으로 하는 방법을 말한다. 다만, 최종매입단가가 부정한 거래에 의하여 성립된 때에는 취득당시의 시가에 의하여 계산하여야 한다. 설명 즉, 이 방법은 재고자산에 대하여 사업연도가 끝나는 날로부터 가장 가까운 일자에 취득한 매입단가로서 보유재고자산을 평가하는 방법인 것이다. 이러한 최종매입원가법은 그 목적이 기말재고자산에 대한 평가에

Price Method)	있다 하겠으며, 매출 또는 출고자산의 단가를 산출하기 위함은 아니라 하겠다. 그러므로 이러한 최종매입원가법은 하나하나의 매출상품에 대한 원가를 계산할 때는 적용할 수 없다. 따라서 이 방법에 의한 매출원가의 계산은 전기이월액과 당기매입액의 합계액에서 최종매입원가법에 의하여 평가된 기말재고액을 공제한 금액인 것이다. 또한 최종매입원가법은 시가평가법에 가깝다 하겠으며, 자산의 최종의 매입가격이 정상적이며, 그 이전의 매입가격에 비하여 변동이 적으며, 최종매입 이전의 수량이 소량인, 그리고 최종매입가격에 의하여 계산하여도 그 차액이 별로 크지 않을 경우에 한하여 이 방법을 적용할 수 있다 하겠다. 최종매입원가법은 계속기록법을 적용할 경우에 있어서는 입고란에 수량, 단가, 금액만을 기입하고, 출고란과 잔액(잔고)란에는 수량만을 기입하게 되는 편법으로서 사용되고 있으며, 재고조사법을 적용할 경우 이용되고 있는 것이다. 우리나라 법인세법은 최종매입원가법을 적용할 경우 최종매입단가가 부정한 거래에 의하여 성립된 때에는 취득당시의 시가에 의하여 계산하도록 규정하고 있는 것이다.
최종취득원가법 **(最終取得原價法)** (Last Purchase Price Method)	의의 최종취득원가법은 최종매입가격법이라고도 하며, 기말 재고자산액에 대한 계산법의 하나이며, 취득일자가 가장 최근인 취득원가를 그 재고자산의 단가로 하는 방법이다. 설명 선입선출법에 의하면 취득원가의 변동이 심한 경우에는 재고자산을 실제로 출고소비하는 당시에 있어서의 가격과는 상당히 다른 가격이 붙여지기 쉽다. 반면에 시가주의는 실제의 매입원가 또는 취득원가에 기초를 두지 않는 약점이 있다. 따라서 시가이거나, 시가에 가장 가까운 결과를 표시하는 최종의 취득원가를 단위가격으로 하는 최종취득원가법을 주장하게 되었으나 이 법의 채택은 회계상의 문제라고 하기 보다는 오히려 재무정책상의 문제라 하겠다.
추정재고조사법 **(推定在庫調査法)** (Estimated Stock Inventory Method)	의의 추정재고조사법은 역산법이라고도 하는데, 제품 일정단위의 생산에 요하는 재료의 표준소비량을 계산하는 방법이다. 설명 정밀한 계산이 필요없는 경우 혹은 곤란한 경우 재료의 소비량이나 생산량간에 정비례관계가 있는 경우 또는 실지재고조사나 장부재고조사방법의 계산의 타당 여부를 검사하는 방법으로 사용되는데 불과하다. 추정은 다음의 방식에 의한다.

(기초재고+당기매입액)-(당기매출액-당기매출액×매출총이익률)
　 =추정기말재고액

즉, 기초재고액과 당기매입액의 합계액에서 매출원가를 공제하여 기말의 추정재고액으로 하는 방법이다.

출고전표 (出庫傳票) (Material Requisitio, Out of Stock Slip)

[의의] 주요재료와 보조재료 및 기타 저장품을 불출하는 경우, 그것을 사용할 부문책임자가 승인한 청구표에 의하여 출고된다. 이 청구표를 일반적으로 출고전표 또는 출고청구표라고 한다.

[설명] 출고전표 또는 청구표는 해당 물품의 원시기록이며, 그 기입이 명확하지 않으면 회계기록상 특히 원가계산상 불편을 초래한다.

출고전표는 그것이 제조지령서에 의하여 발행되는 것이면 지령서번호를 기입하고, 일반적으로는 사용부문(소비부문)을 명기하지 않으면 안된다.

출고전표는 대개 2부 발행하여 그 중 원본을 창고계에 제출하여 물품의 출고를 청구한다.

기장계는 이것에 원가·금액을 기입하여, 재료·기타 물품의 수불원장의 기입을 위한 자료를 삼는다. 그리고 이것은 원가계산계에 회부되어 원가계산의 자료가 된다.

출고전표를 발행할 때는 보통 1품목마다 1매를 발행하지만, 재료제정서 등에 의하여 수개의 품목을 1매에 기입하여 발행하는 경우도 있다.

출고지령서 (出庫指令書) (Delivery Order)

[의의] 창고업자에 기탁한 사람이 기탁물의 출고를 할 때 화물주에게 제출하는 서류이다. 예치증권의 소지인이 아직 매입증권을 이용하지 않는 전기탁물의 전부 또는 일부를 출고하려고 할 때는 각 증권의 상당란에 소정의 사항을 기재하여 기명날인하고, 이것을 출고계에 제출하지 않으면 안된다. 그때 출고계는 보관료 기타의 비용을 계산하여 그 지급을 명하고 출고계는 지령서를 받고 이것을 현장계에 제시하여 화물을 수취한다.

취득원가 (取得原價) (Original Cost)

[의의] 오리지널·코스트란 취득원가를 마한다. 자산을 취득한 경우에 그에 부가하는 가액을 말한다. 원칙으로서 구입의 경우에는 실제의 구입대가에 직접의 부수비용 즉, 구입수수료·인수운임·하역비·운송보험료·관세등의 인수비용이 가산된다. 또 제조·건설의 경우에는 제조원가·건설원가에 직접의 부수비용을 가산하여 취득가액으로 한다.

[설명] 취득원가에는 시장조달에 의한 자산의 취득원가외에도 경영체 자신이 설비자산을 제작하는데, 소요된 실제제작원가(Actual Manufacturing Cost) 및 무형자산의 취득원가도 포함된다. 대규모 경영에 있

어 자신이 직접 건조한 설비에 관하여 그 자산의 가격을 시장가격에 의할 것인가 또는 제작원가에 의할 것인가 하는 문제가 생기게 된다. 시장가격에 의하게 된다면 시장조사의 익로나 비경제성외에 자의적으로 처리하게 되기 수비다. 그러므로 자신의 제작원가에 의해서 가격을 정하는 방법이 가장 합리적인 방법이라 할 수 있다. 그리고 고정자산의 구입 후 또는 제작 후에 이 고정자산에 대한 지출이 자본적지출이냐 아니면 수익적지출이냐 하는 것을 구별하여야 한다. 자본적지출로 취급하면 그 만큼 자산가격이 증가되고, 수익적지출로 취급하면 그 만큼 비용이 증가하게 된다.

일반적으로 자본적지출과 수익적지출의 구별기준은 자산가치의 증가여부에 둔다. 양자의 한계는 현실문제에 있어서 명확하지 않아 여러 가지 곤란한 문제가 생기지만, 여러 환경과 조건을 참작하여 그 한계를 결정하여야 한다. 예를 들면 어떤 생산기업체가 중고기계를 구입하고 수리하여 하나의 설비로 사용할 때 보통 수선비는 원칙적으로 수익적지출로서 취급되나 사실상 이러한 지출은 다만 능률유지의 비용이 아니라 자산가치를 증가하고 또 능률을 증진시키기 위한 지출이므로 자본적지출로 취급되어야 한다. 그리고 특허권·실용신안권·의장권 등의 무형자산은 유상으로 취급하는 경우나, 특별한 비용 또는 대가를 지급하여 창설하였을 때에 한하여, 이것을 고정자산으로 계상하고 그 원가를 취득원가로 하여 감가상각하여야 한다. 이때의 원가는 유상취득시에는 매입대가에다 취득에 소요된 부대비용을 가산하여야 하며, 특별한 비용을 지출하여 창설 하였을 때에는 이것에 소요된 제 비용을 합계한 것이 된다.

측 정 경 비 (測 定 經 費) (Measurement Expenses)	[의의] 측정경비란 전력비·가스·수도료 등과 같이 계량기에 의하여 소모량을 측정할 수 있는 경비를 말한다. [설명] 측정경비의 계산은 비교적 간단하고 정확하게 계산할 수 있으며, 검침결과 그 소비량에 단위가격을 곱하여 경비액을 산정한다. 그러나 현실적으로는 검침일자와 원가계산일이 다르므로 원가계산상의 검침은 지급요금의 검침일과는 달리 실시할 필요가 있다. 즉, 전자는 월말에 검토하고, 후자는 대개 월중에 검침하고 있는 것이 일반적이다. 측정경비는 경비측정표를 작성하여 각 비목마다 당기 사용량을 기입하고, 여기에 소정단위를 곱하여 경비계상액을 산정기록한 후 원가계산계에 환송한다.

카

커밋티드 · 코스트
(Committed Cost)

[의의] 기업의 경영분석에 있어서 이익패턴 분석을 위한 원가분류의 하나로 직역하면 「의사결정제고정비」로 된다. 코미티드 · 코스트는 고정비의 1분류형태로 기업이 경영상 이미 의사결정을 행한 것에 대하여 발생하고 있는 원가 및 관리비 및 판매비에 속하고 단기적으로는 경영내부의 관계자의 의의만으로 이것을 변경 또는 소멸시킬 수 없는 것을 말한다.

[설명] 코미티드 · 코스트는 매니지드 · 코스트와 짝을 이루는 것으로 단기적으로는 생산수준에 관계없이 고정적인 원가이며 주로 자본투하 설비에 관련하는 원가이다.

구체적으로는 감가상각비 · 손해보험료 · 조세(부동산세 · 도시계획세등) · 부동산임차료 · 리스료 등이 여기에 속한다. 이들 원가는 장기적으로는 감가상각정책의 변경 자산의 추가나 제거 보험료율, 세율의 변화 등으로 증감을 면치 못하지만, 현재설비하에서는 원칙적으로 증감하지 않는 원가이다.

코스트 · 리덕션
(Cost Reduction)

[의의] 코스트 · 레덕션이란 원가의 인하 또는 원가의 저감(低減)이라고도 한다.

영리기업의 목표는 이익의 극대화에 있으며, 이익은 수익과 비용의 차액으로 계산되므로, 비용의 면에 의하면, 원가의 인하 없이는 목적의 달성은 곤란하다.

그 때문에 코스트 · 레덕션이 행하여져 원가관리의 주목표가 된다.

콘텐라멘
(Kontenrahmen)

[의의] 계정도해 또는 계정체계라고 번역되는데, 이것은 계정의 분류, 종합을 기초로 한 기업회계제도의 동적인 조직계획의 방법을 의미한다.

[설명] 이 말은 처음 1927년에 슈말렌바하가 제안하였던 통일공업회계조직의 기본안에서 사용하였다. 그는 콘텐라멘이 계정조직뿐만이 아니라 이것을 통하여 경영부문의 구조에 따른 제조공정에 계산과정이 진행하는 형상을 나타내고 있다.

그는 콘텐라멘을 입안하기 위한 7가지의 지침을 들고 있다.
① 계산제도의 조직적인 설정
② 정확한 원가계산
③ 신뢰할 수 있는 신속한 월차성과 계산

④ 성과원인의 확정
⑤ 고정원가 · 비례원가의 분해
⑥ 각 부문의 분권적 관리
⑦ 경영비교

그는 자신이 전개한 동적대차대조표와 원가계산, 월차손익계산의 원리를 실제로 응용한 계정조직을 설정하여 기업의 계산제도를 구체적으로 구성하려는 의도를 가지고 있다.

이것은 코텐라멘이 가지고 있는 실질 2원형식 1원경영계산이 된다. 다른 특징으로는 계정을 십진분류와 기하학적 도해로서 설명하고 있다는 것이다. 전체의 계정을 10개의 클라스로 구분하여, 이것을 0으로부터 9까지 숫자로서 표시하고, 각 클라스를 10개의 계정 그룹으로 다시 나누어 00으로부터 99까지 2행의 숫자로서 표현하고, 다시 10개의 개별계정을 분류하여 모두 1,000개의 계정을 설정하여 000부터 999까지 3행의 숫자로 나타내고 있다.

한편 각 계정간의 기장관계를 도해하면 계정의 월차결산에 있어서 차변잔액이 생기는 것을 4각형으로, 대변잔액이 생기는 것은 3각형, 대차 부정의 잔액을 갖는 것은 도형으로 표현하였다. 또한 각 도형은 직선(보통의 기장), 굵은 선(주요기장), 점선(결산기장)등으로 결합시켜 계정 상호간의 기장관계를 표현하였다.

또한 각 도형은 직선(보통의 기장) 굵은 선(주요기장), 점선(결산기장)등으로 결합시켜 계정 상호간의 기장관계를 표시하였다. 각각의 계산제도에 필요한 계정은 십진분류에 의해 클라스로 구별하였는데, 제조과정의 분류원칙이 있고, 다음의 계정조직을 구성하고 있다.

클라스 0—정지계정, 클라스 1—재무계정, 클라스 2—중성비용 · 수익계정, 클라스 3—다른클라스에 속하지 않은 비용, 클라스 4—원재료 · 임금, 클라스 5—예비, 클라스 6—보조경영, 클라스 7—주경영, 클라스 8—반제품 · 제품, 클라스 9—매출 · 결산으로 구분하였다.

이것을 도해하는데 있어서는 회계인에게 마치 여행자가 지도를 가지듯이 편리한 지침이 되고 있다. 슈말렌바하의 콘덴라면은 계정의 조직을 통하여 단지, 부기의 조직수단으로서 뿐만 아니라 회계제도와 경영의 근무수단으로서의 역할을 하지 않고 또한 근무수단을 통하여 계산제도의 교육목적에도 유리하게 하고 있다. 이것은 통일성을 가지고 상호간의 경영비교가 가능하게 하고 통제경제에 있어서 기업을 콘트롤 하는 수단으로서의 역할도 한다. 슈말렌바하가 콘덴라멘을 발표한 이후 1937년 독일의 국가통제경제에 있어서의 명령 콘덴라멘을, 기업이 강제로 받아들이게 하였다. 제2차세계대전후 1949년에 공업조합연합회 콘덴라멘이 자유로운 입장을 떠나 명령 콘덴라멘의 대를 이었다. 기타 독일 이외의 유럽 제국에도 콘덴라멘 설정운동이 생겨, 네델란드 · 스웨덴 · 체코슬로바키아 · 덴마크 · 놀웨이 · 오스트리아 · 프랑스 ·

스위스·항가리·폴랜드·유고스라비아 등에도 각자의 독자적인 콘덴라멘을 가지게 되었다.

타

탄력성예산
(彈力性豫算)
(Flezible Budget)

[의의] 탄력성예산은 단일한 조업도에 대해서만 고정예산에 대립되고 어떠한 조업도에 대해서도 그것에서 발생할 예산수치를 즉시 제공하고, 따라서 이러한 예산과 실적과의 합리적인 비교 및 예산차이분석을 가능케 하도록 마련된 예산이다.

[설명] 탄력성예산은 주로 제조간접비예산에 대하여 설정되는 것인바, 이것은 제조간접비예산만이 아니라 제조비예산, 판매비예산, 관리비예산 등에 대해서도 고려될 수 있다.

탄력성예산의 작성의 기초는 비용과 조업도와의 관계의 구조적 파악에 있으며, 우선 비용을 조업도와 관련시켜 고정비와 변동비로 나누고, 이어 기별 또는 월별로 또는 각 부문마다의 고정비액 및 변동비율을 각 비용항목마다 파악하는 것이 필요하다.

비용분석법에는 여러방법이 있다. 이어 예산·실적의 비교 및 차이분석이 이루어지는바, 여기에서는 실제로 달성된 조업도에 관한 탄력성예산과 실제액이 비교되어 예산차이 또는 통제가능차이가 명백하게 된다. 이러한 차이는 당해 부문관리자의 관리책임에 속하므로 합리적인 통제활동을 취할 수 있다.

통 신 비
(Communication Charges)

[의의] 통신비는 전신·전화·각종우편요금 및 사설전화·전화장비 등의 사용료 내지 유지비를 말하며, 지급통신비라고도 한다.

[설명] 통신비는 판매 및 관리업무에 관련하여 발생하는 것과 공장관계에 있어서 발생하는 것으로 나눌 수 있다.

공장관계로 발생한 각종 통신비는 이용회수, 내선회선수 등을 기준으로하여 판매 및 관리관계의 통신비와 구별된다. 공장관계에 있어서 발생한 통신비는 제조경비의 1항목으로서 처리되고, 판매 및 관리관계에 있어서 발생한 통신비는 판매비 및 관리비의 1항목으로서 처리된다.

통신비는 그 지급액을 가지고 비용으로 인식하므로 원가계산상으로는 지급경비의 일종으로서 분류된다. 사설교환대, 사설구내전화, 사설마이크로·웨이브 등 대규모 통신시설을 소유하고 있는 경우에는, 이러한 제시설에 관계하는 종업원의 급료·임금·감가상각비·수선비·지급통신비 기타 통신에 관계된 제경비를 경비의 1항목으로서 일괄처리하기 위하여 복합경비로서 처리할 수 있다.

통신비계정 **(通信費計定)** (Communication Charges Account)	의의 제조경비를 형태별분류에 따라 세분한 경우의 1과목이며, 제조에 관련하는 전신전화요금, 우편료 등 통신에 소요하는 비용을 처리하는 계정이다. 통신비계정은 그 호칭으로 말하면, 목적분류과목이며, 회사에 전용전화·교환대 등이 있고, 교환원이 배치되어 있는 경우에는 당해 설비의 감가상각비나 인건비를 통신비계정에 포함하여야 한다. 　그러나 일반적으로 통신비계정에는 전기의 것을 포함하여, 형태분류과목으로 하여 사용된다. 또 그것이 적절한 방법이다. 　통신비가 다액으로 된 때에는 비용관리상에서 전화료·전신료·우편료 등의 제계정에 분할하는 것이 좋다. 또 봉투나 통신용지가 기타의 사무에 공용되는 통신비와의 것이 좋다. 또 봉투나 통신용지가 기타의 사무에 공용되는 통신비와의 구분이 곤란한 경우는 사무용품비계정에 포함하여도 좋을 것이다. 설명 1. 전신전화료의 계정처리 　전신전화료는 청구시 또는 지출시에 통신비로 하여 계상하는 경향이 많으나, 정당하게는 발생주의에 의하여 계상하여야 하며, 청구서에 의하여 발생월차에 계상하는 것이 좋다. 　2. 우표의 계정처리 　우표를 일상 사용할 때마다 구입하는 경우는 그때마다 통신비계정으로 처리하여도 좋으나, 상당액을 매입하여 두는 경우는 우표계정등으로 자산에 계상하고, 사용할 때마다 통신비계정에 대체하는 방법으로 하여야 한다. 　3. 인접관련계정과의 관계 　형태별 분류과목인 통신비계정에 차변기입된 통신비는, 간접경비인 통신비계정에 대체된다. 　☞ **경비계정** (Expense Account)
통일원가계산제도 **(統一原價計算制度)** **(독일)** (Uniform Cost Accounting System)	의의 독일에 있어서 통일원가계산제도를 제정하기 시작한 것은 20세기 초였다. 이것은 당시에 경영의 대규모화와 기술적인 발전이 급속화하여 기업간의 경쟁이 격화되고, 경영관리를 위한 원가계산제도 확립의 필요성을 인식하게 되었기 때문이다. 　1908년에는 독일기계제작조합(VDMA)에서 "기계공장원가계산"을 공표하였는데, 이것이 독일에서 통일원가계산제도 확립을 위해 노력한 최초의 사례이다. 　이 밖에도 다른 업종의 조합이나 단체에서 자주적인 설정을 위해 노력하다가 제1차대전 전에 구체적인 성과로 발표하게 되었다. 제1차대전 후에는 원가계산의 보급을 위하여 "실시를 위한 통일적 지침"을 설정하였는데, 18년에는 독일 주물공업조합이 조합원에 적용하는 원가계산기준을 인쇄·공표하였다. 1920년 독일합리화국(RKW)에서는

	회계제도를 통일하기 위하여 "경제제조위원회"(AWF)가 설치되었고, 하부조직으로 "제조원가위원회"라는 1920년에 "원가계산기초안"(Grundplan der Selbstkostenrechnung)초판을 발표하고, 21년에는 결정적인 제2판을 공간하였다. 이 "기초안"은 후에 30년대의 통일적원가계산제도의 발전에 지대한 영향을 주었다. 이 위원회와 더불어 독일기계제작조합(VDMA)도 21년에, 독일제철업조합(VDEH)은 24년에 각업종별 원가계산제도의 연구성과를 공간하였다. 1930년까지 원가계산제도의 통일화 노력은 개개의 기업의 원가계산제도를 보급하고, 발전시키기 위해 각 기업이 자유로 적용하게 하였다. 그러나 1933년에 나치 독일이 성립하게 되자 통제적으로 적용을 하게하는 통일원가계산제도가 제정되었다. 독일합리화국의 경영경제위원회(RFB)는 1939년에 "원가계산일반원칙"(Die Allgemeine Grundsätz der Kostenrechnung ; KRG)을, 1942년에는 KRG를 상세히 설명한 주해로서 "원가계산일반원칙"(Die Allgemeine Regelnzur Industriellen Kostenrechnung ; KRR)을 공표하였다. 그리고 개개의 산업부문에 대하여 개별적인 지침을 측정하였다. 42년의 철 및 금속가공업 원가계산준칙(KRRM)이 그 예이다. 제2차대전 후에는 서독에서 다시 자주적인 통일원가계산제도를 설정할 노력을 보여 47년의 경제관리청의 포고로서 과거의 회계규정을 그대로 유효화하게 하고 1949년에는 "주물공업원가계산준칙" 50년에는 "면직물 원가계산준칙"이 발표되었고, 1952년에는 독일공업연합회(BDI)에서 "계산제도원칙"(GFR)이 공표되고, 이에 근거를 둔 "공동체 원가급부계산준칙"(GRK)을 포함한 "계산제도를 위한 공동체준칙"이 공표되었다. 이 BDI의 공동체준칙에 이어 각 산업부문별의 업종별원가계산준칙이 1962년까지 22업종에 관해 작성 또는 개정되었다.
통일원가계산제도 (미국)	미국의 통일원가계산제도는 현재 동업조합을 중심으로 대개 반수 정도가 참여하고 있다. 조합원에 대하여 강제로 실시하고 있지는 않으나 대다수의 기업에서 참고로 하고 있다. 원가통계, 비교, 원가계산절차를 기준으로 하여 활용되고 있는데, 뉴너(Newner)에 의하면 전국의 동업조합의 약 반수는 어떤 형태던간에 통일회계제도를 채택하고 있고, 참가기업체 수는 전체의 약 20%인데, 이들이 차지하는 매출액은 약 80%를 점하고 있다한다. 일반적으로 통일회계제도가 채택되어, 그 효과가 기대되려면 6개월부터 약 2년에 걸치는 기간이 필요한데 동업조합의 경우, 1902년의 주물업, 1907년의 인쇄업 등이 선구적으로 발전시켰다. 원래 미국에 있어서 통일원가계산제도가 발전하는데 기여한 것은 1916년의 연방상공위원회의 조사결과에 따른 의견을 발표한 것이다. 그것은 제조업자나 상업인들 중에서 제조원가나 제품의 판매가격을

	정확히 알고 있는 것은 10%에 불과하고, 40%는 원가를 추정, 예측할 뿐이고, 나머지 50%는 원가를 파악하는 것이 아니라 경쟁자의 판매가격을 기초로 하여 산정하고 있다. 이 같은 식으로 가격경쟁을 하다가는 업계가 파멸될 위기에 있다고 충고하였던 것이다. 미국에 있어서 통일원가계산제도는 이와 같이 자주적 운동도 있었으나 법적인 배경으로는 1933년 산업부흥법(NIRA)에 있어서 기업의 무모한 가격경쟁을 방지하고, 경제질서를 회복하기 위해서, 또한 기업경쟁을 조장하는 의미에서 통일원가계산의 실시를 법규화하였다. 그리고 제1차대전 및 제2차대전시에 군수물자를 조달하기 위하여 Cost Plus Contract 제도를 계약방식으로 채택하였던 것이 통일원가계산실시를 조장하게 하였다. 후에 원가계산의 기준에 관한 이론적 연구는 미국회계학회(AAA)에서 1951년에 이어 1955년까지 위원회견해를 계속 발표한 것이 있다.
통일원가계산제도 (영국)	영국의 통일원가계산제도는 시대에 따라 계속 발전하여 왔는데, 처음은 개몽의 목적으로 1620년에 제빵업자에게 제시한 자료 중 그 gms적이 있다고 하지만 일반적으로는 20세기에 들어와서 널리 전개되었다. 1910년대에는 인쇄업자들이 무모한 가격경쟁을 방지할 목적으로 미국의 예에 따라 자주적인 통일원가계산제도를 제정하였다.(1913년) 또한 활자주조조합도 자주적으로 이 제도를 채택(1913년)하였으나 현재는 이를 채택하고 있지 않다. 제1차대전을 계기로 하여 영국에는 원가계산에 대한 인식이 높아져서, 1920년대에는 제도, 지함, 빵, 고무, 전기기구 등의 7업계가 동업자 상호의 원가비교와 자기의 원가분석을 목적으로 자주적인 통일원가계산제도를 제정하였으나, 현재에는 채택하고 있지 않다. 1930년대에는 점차 국가적 원가계산제도를 추진하였는데, 이것은 영국의 사회화정책의 일환으로 적정가격의 결정이 산업계의 전체이익을 위하여 필요하였기 때문이었다. 이러한 사실로 미루어 보아 영국의 통일원가계산제도의 발전은 미국, 독일보다도 후진적이었다. 이를 위해 회계사협회의 원가계산위원회에서 통일원가계산제도의 필요성을 지적하고, 이의 구체적인 문제점을 지적한 의견서를 공표하였다.(1947년 6월) 그러나 이러한 의견서는 동협회의 성질로 보아 산업계에의 충고정도가 되었다. 이에 이어 원가회계사협회(The Instituts of Cost and Works Accountants)는 통일원가계산에 관한 의견서를 공표하였다.(1947년 9월) 이 의견서의 취지는 미국의 사회화 정책에 따라서 다음의 실시방법을 천명하였다. ① 공사(公私) 제사업에 통일원가계산제도를 제정하고, 이의 실시가 필요하며

	② 특히 산업연합회에는 미국 동업조합본부와 같이, 이 제도를 실시할 지도원과 지도체제를 확립하고 ③ 이를 위하여 원가계산상의 용어, 원가요소의 분류용어, 부문비의 계산법, 감손, 작업폐물의 계산법, 산업연합회에 제출하는 서류의 양식 등에 관하여 계산조건, 계산형식을 통일할 필요가 있다. 이 협회는 그 뒤에도 통일원가계산제도에 관련된 제문제를 다룬 출판물을 공표하고, 협회운동으로 추진하여 현재에 이르고 있다.
통제가능원가 (統制可能原價) (Controllable Cost)	의의 통제가능원가란 경영수뇌자 또는 다른 경영관리자가 직접적으로 통제할 수 있는 원가를 말하며, 통제할 수 없는 것을 통제불능원가(Uncontrollable Costs)라고 한다. 설명 통제가능원가를 특히 원가관리를 위하여 필요한 원가분류이다. 통제가능원가를 관리가능원가라고 하는 것도 이 때문이다. 통제할 수 있다는 것은 그 원가가 경영의 수뇌자·관리자의 권한 및 책임과 결부하여 그 원가에 측정기준이 있거나 능률을 측정할 수 있는 것이라야 한다. 예를들면 재료비·노무비를 통제가능원가라 하나, 이것들을 직장(職長)의 입장에서 보면 재료소비량·직업시간·작업량의 다소에 대하여 직장의 관리상의 권한 및 책임이며 또한 이것들은 소요량·임률의 변동 등에 대하여는 통제가 불가능하다. 따라서 차이분석과 더불어 그 책임의 소속을 명백히 하여야 할 필요가 있다. 그러나 통제의 의미를 별도로 분석하면 임차료는 경영자의 의사대로 임차계약을 할 수 있기 때문에 어떻게도 하지 못한다고 하여 통제가능원가라고 하는 생각도 있다.
특수원가개념 (特殊原價槪念) (Special Cost Concepts)	의의 특수원가란 특수원가조사를 하는 경우에 사용되는 제원가개념을 말한다. 이 원가개념은 원가계산제도의 틀(Frame)밖에서 행하여지는 특수원가조사계산에서 사용되는 특수한 원가개념이므로 상시 계속적으로 실시되는 원가계산제도에서는 원칙적으로 사용되지 않는다. 설명 특수원가개념은 미국회계학회의 원가개념 및 기준위원회보고서에서 제시되고 있는 보고서에서는 22종의 원가개념을 들고 있으며 그 중에서 특수원가에 속하는 8종의 원가개념은 다음과 같다. 대치원가·기회원가·부기원가·매몰원가·회피가능원가·연기가능원가·현금지출원가·차액원가 등이다. 그 후 1956년의 보고서(AAA, Committee on Cost Concepts and Standards, Tentative Statement of Cost Concepts Underlying Reports of Management Purpose, Accounting Review, April 1956)에서는 특수원가개념중 미래원가와 차액원가가 중심이 된다고 지적하였다. 실링로우(Fordon Shillihglaw)는 경영의사결정 — 대체적인 활동코

스간의 선택을 하는 과정 - 에서처럼 원가의 변동에 관한 지식이 중요한 경우는 없다고 하였다.

협의의 의사결정이란 회계제도에 의한 정보를 자주 이용하여, 화폐표시로 비교분석을 함으로써 제대체안 중에서 의식적인 선택을 하는 것이며, 의사결정을 위한 특수원가로서는 다음의 제개념이 있다고 한다. 즉, 증분원가, 매몰원가, 미래원가, 회피가능원가, 기회원가 등이다.

그리고 맥화랜드(Walter B. Mcfafland)는 개별계획설정을 위한 관련제개념으로서 증분원가와 증분수익, 지출원가와 기회원가, 장기원가와 장기수익, 미래원가와 미래수익을 들고 있다.

이러한 의견을 정리하여 보면 특수원가개념으로서는 다음과 같은 것들이 중요한 것이다.

① 미래원가
② 대치원가
③ 기회원가
④ 부가원가
⑤ 매몰원가
⑥ 차액원가
⑦ 증분원가
⑧ 현금지출원가
⑨ 회피가능원가 등

특정의 개별계획을 설정하는 경우에 반드시 하나의 원가개념이 사용되는 것이 아니며, 2개 이상의 개념이 병용된다.

예를 들면 중간제품의 제조·판매를 단념하고, 그것을 완성품으로 하여 판매하려는 경우의 제안내용은 다음과 같이 된다.

```
   제1공정        제2공정           제3공정        제 품
  ┌──┬──┐    ┌──┬──(70%)┐  ┌──┬──┐ (70%)
→ │××│××│ → │××│××(100%)│→ │××│××│→(100%)
  └──┴──┘    └──┴──────┘  └──┴──┘  중간제품
   원가요소                                    (30%)××
  ┌──┬──┐
  │△△│××│
  └──┴──┘
```

(주) ──── 현행
　　 ━━━━ 제안

이와 같이 개별계획의 선정을 위한 특수원가조사에서는 여러 가지 특수원가의 개념이 병용된다. 이의 계산대상이 되고 병용되는 제개념은 다음과 같다.

① 중간제품으로 된 30%분을 판매한 경우에 얻어지는 이익은 전부를 완성품으로 하여 판매하는 경우에 상실되는 이익이며, 이것은 기회원가이다.

② 중간제품으로 된 30%분을 완성품으로 가공하는 경우 제3공정에

서 추가되는 가공비가 생긴다. 이것은 차액원가이다. 그리고 30%분을 완성품으로한 경우에 얻어지는 매출액은 차액수익이다. 이 제안의 양부는 다음 산식에 의하여 판정된다.

$$\text{차액수익} - \text{차액원가} - \text{기회원가} = \pm\text{잔액}$$

즉, 차액수익에서 차액원가와 기회원가를 차감한 잔액이 +가 되느냐 또는 -가 되느냐에 따라 판정된다. 이것은 차액수익이 기회원가를 회수하고도 이익이 있다는 것을 +로 표시한 것이다.

③ 중간제품으로 된 30%분을 완성품으로 한 경우의 추가 가공비인 차액원가를 산정하려면, 얼마나 현금지출이 생기는가를 계산한다. 이것이 현금지출원가이다. 따라서 현금지출원가개념은 차액원가개념의 내용이 되고 있다.

④ 중간제품으로 된 30%분의 판매비는 회피가능원가이다. 30%분을 완성품으로 하면 새로이 판매비가 발생한다. 이것이 증분원가이다. 이 제안의 판단에는 회피가능원가와 증분원가가 비교계산된다.

⑤ 이들의 특수원가개념은 장래에 발생할 것으로 보이는 원가이며, 이것은 미래원가이다. 이와 같이 특수원가개념은, 개별계획설정을 위한 특수원가조사의 내용에 따라 두 개 이상의 개념이 병용된다.

그러므로 특수원가개념의 특질은 다음과 같이 요약될 수 있다.

(1) 특수원가는 특수원가조사에 이용되는 원가개념이고, 상시 계속적으로 이루어지는 원가계산제도하에서는 원칙적으로 사용되지 않는다. 즉, 계산기록상의 계정분류에 대하여 정확히 대비하기 어렵게 되어 있다.

(2) 특수원가는 특수원가조사의 계산목적에 부합한 원가개념이 이용된다. 일정한 목적을 위하여 임시적으로 특수원가조사를 하므로 제기되는 개별계획 및 대체안의 성격에 따라 적용되는 원가개념이 다르게 된다.

(3) 특수원가는 부분원가이다. 부분원가란 계산목적에 따라 일부의 원가를 집계한 것이다. 특수원가는 특수계산목적을 위하여 원가의 일부를 집계한 것이며, 그 범위는 부문원가이다.

(4) 특수원가는 특수원가조사에서 하나의 원가개념만이 이용되는 것은 아니다. 경우에 따라서는 2개 이상의 원가개념이 사용된다. 즉, 개별계획의 내용에 따라 2개 이상의 원가개념이 필요한 경우도 생긴다.

(5) 특수원가개념은 시가로 예측된다. 즉, 특수원가조사는 개별계획설정이라는 의사결정을 위한 선택계산이며, 의사결정은 장래를 지향하는 것이므로 여기에서 사용되는 특수원가제개념은 시가에 의하여 예측된다.

(6) 특수원가개념은 미래원가개념과 차액원가개념이 그 중심을 이루고 있다. 즉, 특수원가조사로서 장래의 개별계획설정의 선정을 위한 계산에 적용되는 것이므로, 미래원가 개념을 형성케 하며, 동시에 차

특수원가의 종류 **(特殊原價의 種類)** (Kind Special Cost)	액원가개념을 내용으로 하게 된다. [의의] 특수원가란 특수원가조사를 하는 경우에 사용되는 제원가개념을 말하는데, 이 원가개념은 원가계산제도의 틀밖에서 이루어지는 특수원가조사계산에서 사용되는 특수한 원가개념이므로 상시 계속적으로 실시되는 원가계산제도에서는 원칙적으로 사용되지 않는다. 이 특수원가 개념으로는 많은 종류의 것이 있으나, 그 중에서 특수원가에 속하는 주요한 종류로는 대체(대치)원가·차액원가·한계원가·매몰원가·기회원가·부가원가·현금지출원가·회피가능원가 및 미래원가 등이 있으며, 이 중 미래원가와 차액원가가 중심이 되는 것으로 지적되고 있다. ☞ 대체원가(Replacement Cost) 　차액원가(Differential Cost) 　한계원가(Marginal Cost) 　매몰원가(Sunk Cost) 　기회원가(Opportunity Cost) 　부가원가(Inputed Cost) 　현금지출원가(Out of Pocket Costs) 　회피가능원가 (Escapable Cost) 　미래원가(Future Cost)
특수원가조사 **(特殊原價調査)** (Special Cost Examination)	[의의] 특수원가조사는 경영정책의 결정을 내리는데 필요한 특별한 원가자료를 제공하기 위해 임시적으로 베풀어지는 이례적인 원가조사를 말한다. [설명] 기업은 경영활동을 수행해 나가는 경우에 경영자의 의사결정을 필요로 하는 여러 가지 문제에 부딪치게 된다. 그런데, 특수한 사정에 따라 나타나는 문제들은 경상적으로 실시되는 원가계산제도로서는 해결하기 곤란한 문제를 내포하고 있다. 따라서 특수한 사정에 따라 비경상적으로 나타내는 경영의사의 결정문제에 대해서는 특별한 목적에 따라 각기 그 원가를 수집·집계·분류·정리하여 원가자료를 분석·검토한 후에 그 기업에 가장 유리한 방법을 선택하여야 한다. 다수의 가능성 중에서 가장 유리한 하나를 선택하기 위해서는 각 방안을 채택함으로써 나타나게 될 수익 및 원가를 계산·집계하고, 그 결과를 비교평량하여야 한다. 이때 사용되는 원가를 특수원가(Slecial Cost)또는 비교원가(Comparative Cost)라고 한다. 일반적 원가계산과의 차이점은 다음과 같다. ① 원가계산제도는 재무회계와 원가관리를 그 목적으로 한다. 특수원가조사는 경영자의 의사결정 및 경영정책의 결정에 기여함을 목적으로 삼는다. ② 원가계산제도는 역사적원가(Historical Cost)즉, 실제원가(Actual

특수원가의개념	Cost)이나 특수원가조사는 미래원가(Future Cost)또는 추정원가(Estimated Cost)가 된다. ③ 원가계산제도는 경상적이고 계속적이지만 특수원가조사는 임시적, 단기적인 것이다. ④ 원가계산제도와 특수원가계산조사는 그 취급하는 원가의 개념을 달리하고 있다. 1. 특수원가의 제개념 　특수원가조사에만 나타나는 종류의 원가에는 미래원가나 대치원가가 있다. 미래원가란 장래에 있어서의 경영활동에 대한 경영의사결정이나 계획수립에 불가결한 것이다. 　대치원가란 역사적 원가를 현재의 화폐구매력으로서 표시한 것이다. 다시 말하면 기업이 과거에 취득해서 현재 소유하고 있는 재화를 현재시점에서 재구입하는 시장가격이다. 대치원가는 화폐가치변동시에 있어서의 판매가격결정에 이용된다. 　특수원가조사에만 나타나는 원가의 개념으로는 다음과 같은 것들이 있다. 　(1) 기회원가(Opportunity Cost) 　기회원가란 원재료·노동·제설비 등 어느 것을 불문하고 자원에 대해서 대체적인 여러 용도 중에서 한가지를 채택하고, 나머지를 버린 결과로서 상실되는 편익을 화폐가치를 가지고 측정한 것이다. 따라서 제자원의 대체적인 제비용중 어떤 것을 채택할 것인가라는 의사결정 문제가 생길 때에는 이 개념을 이용한다. 　(2) 회수불능원가(Inrecoverable Cost)·매몰원가(Sunk Cost) 　회수불능원가란 대체적인 모든 활동에 관한 경영상의 결정과 관련하여 가치가 영(0)이 되는 원가이다. 용도가 아주 한정된 설비자산에 자금을 투하하였으나, 그 투하자금의 일부 또는 전부가 회수불능으로 되는 경우가 있다. 이 경우 그 원가는 회수불능원가가 된다. 　설비자산에 자금을 투입하였을 때, 그것을 회수하는 방법으로는 그 설비에서 생산되는 제품원가에 감가상각비를 포함해서 판매함으로써 회수하거나 또는 그 고정자산을 상당한 가격으로 매각처분하는 방법인데, 그 설비를 이용해서 제조한 제품이 판매되지 못하는 경우, 회수불능원가로 나타난다. 　이와 같은 회수불능원가는 그 설비를 계속해서 사용할 것인가, 새 설비와 대체할 것인가의 결정을 할 때는 무가치한 것이다. 　(3) 현금지출원가(Out-Pocket Cost) 　경영상 일정한 결정을 함에 있어서 현금지출을 발생시키는 원가이다. 예를 들면 경영자가 일정액의 설비투자의 결정을 내릴 경우에는 이 종류의 원가에 대한 계산상의 이자를 고려하여야 한다. 즉, 이 원가는 경영자가 어떤 영업을 하려고 할 때, 필요로 하는 현금지출을 충

분히 회수할 수 있을 만한 수익이 그 영업에서 얻어질 것인지를 결정하고자 할 때 그 의의가 있다.

(4) 차액원가(Differential Cost)

차액원가는 한계원가(Marginal Cost), 증분원가(Incremental Cost)라고도 하며, 조업도의 증분·설비의 증감 또는 생산방법의 변경 등 작업의 형태가 변경된 경우에 생산량의 증감분에 대하여 생긴 원가의 증감분을 말한다.

(5) 관리가능원가(Controllable Cost)

관리가능원가는 어떤 경영감독층 밑에 있어서 직접관리가 되는 원가이다. 부문 및 원가측정의 기술에 대해서 보면 원가는 관리가능한 것과 관리불능한 것으로 분류되는 것이다. 계측기를 비치하고 있지 않은 부문에 있어서는 동력의 사용료는 관리불가능한 것이며, 동력부문에 있어서의 동력비는 전부 또는 부분적으로 관리가능한 것이다.

(6) 회피가능원가(Discretionary Cost)

경영상의 목적완수를 위하여 반드시 필요하지는 않는 원가다. 가령 작업장의 벽에 색칠을 함으로써 제품의 제조량에 어떤 영향을 줄려는지는 모르나 경영상의 목적완수에 반드시 필요한 것은 아니다.

이 결정은 경영자의 자유의사에 의하는 것이다. 따라서 원가의 움직임(Cost Behavior)에 따라 조사하여 예산설정을 할 때에는 중요한 의의를 갖는다.

(7) 연기가능원가(Postponable Cost)

연기가능원가 또 회피가능원가와 동일하게 경영자의 자유의사에 따라 결정되는 것이다. 그러나 회피가능원가와 연기가능원가가 다른 점은, 전자가 원가의 발생을 계속 회피할 수도 있는데, 후자는 그 원가의 발생을 일시적으로는 연기하더라도 장래 언젠가는 반드시 발생할 원가를 말한다. 기계의 분해수리라든가 정밀검사의 원가는 연기가능원가의 좋은 예이다.

(8) 부가원가(Imputed Cost)

부가원가란 현금지출을 수반하지 아니하고, 그로 인해 재무기록에 나타나지 않는 원가인데, 원가계산주체로서의 사람이란 측면에서 보면 가치희생이 되는 원가이다. 예로서는 개인기업에 있어서 기업가임금, 자기소유가옥의 계산임차료, 투자자본에 대한 계산이자 등이다. 부가원가란 실제원가가 아니고 추정된 원가에 지나지 않으나, 경영상 의사결정을 할 때 반드시 이 부가원가를 고려하지 않으면 안된다.

(9) 대치원가(Replacement Cost)

대치원가는 대체원가라고도 하며, 역사적 원가를 현재의 화폐구매력으로 평가한 평가액을 가리킨다. 대치원가는 화폐가치 변동시에 특히 문제가 되며, 이때의 대치원가의 기능에는 다음과 같은 것을 들 수 있다.

특수원가계산의 경영의사결정에의 반영	① 가공이익을 제거하고 실질적인 이익을 알 수 있다.
	② 매출가격결정의 유효자료를 얻을 수 있다.
	③ 재생산을 가능하게 한다.
	2. 특수원가계산의 경영의사결정에의 반영
	특수원가가 이용되어지는 일반적인 경우는 다음과 같은 경우 등이다.
	① 개량의 기회를 발견하기 위한 역사적원가의 분석
	② 신제품의 추가제조
	③ 제품을 판매할 것인가, 다시 가공할 것인가
	④ 원재료의 구입가격을 산정할 때
	⑤ 자가제조할 것인가, 구입할 것인가를 결정할 때
	  ㉮ 현재의 영업이 설비자산의 사용능력 이하로서 이루어질 경우
	  ㉯ 현재의 영업이 표준사용능력 이상으로 이루어질 경우
	⑥ 일정한 가격으로 사업의 매수 또는 거절을 할 경우
	⑦ 설비의 선택이 필요한 경우

특수원가조사기능	3. 특수원가조사기능(Tunctions of Special Cost Study) 장래의 경영의사를 결정하는 경우에, 그것은 크게 2가지 성격의 것으로 구분된다. (1) 기업의 기본적 경영구조를 변혁시키고, 그것을 합리적으로 구성하려는 것이다. 만일 그 결정을 하면, 그 영향은 장기적으로 지속되며, 경영의 기본계획에 관한 것이다. (2) 기본적인 경영구조를 변혁시키는 것은 아니지만, 사업활동방법을 변화시키는 내용의 것이다. 이 결정의 영향은 단기적인 성격의 것이고, 경영의 업무집행계획에 관한 것이다. 특수원가조사는 이와 같이 2가지 경영의사결정기능을 수행하는 것이다. 이러한 경영의사결정은 경영계획으로서 개별계획설정(Project Planning)의 단계에서 구체화된다. 즉, 2가지 성격을 지닌 개별계획의 설정단계의 의사결정에 기능한다. 그러므로 특수원가조사는 첫째로 기본계획으로서의 개별계획설정시의 의사결정에 유효한 기능을 발휘하게 된다. 그리고 둘째로는, 단기이익계획설정과 예산편성시의 개별계획설정을 위한 의사결정에도 기능한다. 특수원가조사는 경상적 원가계산제도의 틀(Frame)속에 포함되지 않은 특수원가를 필요에 따라 다루는 것이다. 그리고 언제나 그것은 기업전체의 손익에 어떠한 영향을 주는지를, 원가와 원가, 수익과 원가와의 비교 또는 이익률이나 할인율과 비교하게 된다. 이러한 특수원가조사는 미국회계학회(AAA)가 1952년에 공표한 원가개념 및 기준위원회의 보고서(AAA, Report of the Committee on Cost Concepts and Standards, Accounting Review, April 1952)에서 구체적 적용항목이 제시되고 있다.

① 원가와 조업도의 관계에 대하여
② 신제품의 추가 또는 구제품폐지의 결정에 대하여
③ 원가와 설비의 확장에 대하여
④ 원가와 설비의 대치에 대하여
⑤ 인력을 기계설비로 대체하는 문제에 대하여
⑥ 연결원가의 문제에 대하여

동 위원회가 1956년에 발표한 보고서 (AAA. Committee on Cost Concepts and Standards, Tentative Statement of Cost Concepts Underlying Reports for Management Purpose, Accounting Review. Alril 1956)에서는 주로 개별계획을 할 것인지의 방법이 구체적으로 제시되고 있다. 그리고 최근에는 개별계획을 프로젝트 계획과 제품별 및 시장별계획으로 구분하여 관리회계상의 기초개념을 전개하는 기도가 이루어지고 있다.(Walter B. Mcfariand, Concepts for Managment Accounting. 1966. pp.12~72)

특수원가조사의 목적

4. 특수원가조사의 목적(Object of Special Cost Study)

경영자는 경영활동을 하는 경우에 해결하여야 할 여러 가지 문제에 당면하게 된다. 예를 들면, 설비의 현상유지·대치 또는 신설의 여부를 결정하는 경우, 현재 제조하고 있는 제품의 가격은 적절하며, 어떠한 제품배합(Products Mix)을 하는 것이 적절한지를 판정하는 경우, 추가주문을 받을 것인지 또는 부품의 외주나 자가제조를 할 것인지를 결정하는 경우에 여러 가지 문제가 생긴다.

이러한 문제들을 해결하려면 바른 경영의사를 결정하여 장래에 대한 계획을 세워야 한다. 장래의 계획을 세우려면, 문제해결을 위한 여러 가지 대체안을 모색하고 제대체안 중에서 기업목적에 최대의 공헌을 할 수 있는 것을 선정하여야 한다.

최적의 대체안을 선정하려면, 제대체안이 채택된 경우에 예상되는 수익과 원가, 또는 투자액에 관한 회계자료에 의하여 그 결과를 비교평가하여야 한다. 여러 방안을 채택한 경우에 예상되는 회계정보는 회계제도에 의한 회계수치를 분석·측정·계산하는 경우와 회계제도 외의 임시적인 특수원가조사에 의하여 측정·계산되는 경우가 있다.

특수원가조사는 경영의사결정에 필요한 특별한 회계정보를 제공하기 위하여 회계제도 외의 임시적·수시적인 특수한 조사계산을 말한다.

이것을 절차적으로 보면, 경영계획을 세우는 경우에 구체적으로 전개된다. 여기에서 경영계획이란, 장래의 기업진로를 선정하는 것이다. 이 경우에는 여러 가지 대체안을 선택결정하는 의사결정을 그 중요한 내용으로 한다. 이 의사결정은 회계수치로 표시할 수 있는 것과 그렇지 못한 것이 있다. 그 중에서 회계수치로 표시할 수 있는 내용의 것은, 특수원가조사에 의하여 측정계산하고, 그 결과를 회계정보로서 제공하게 된다. 회계수치로 표시할 수 없는 것도 있으며, 이러한 것들도 비교평가가 불가능한 것은 아니다.

　예를 들면, 버스보다 지하철은 주차장이 적고 빨리 목적지에 도착할 수 있다. 자가용차에 의하면 혼잡을 피할 수 있고, 정신적인 만족감을 충족시킬 수도 있다. 그러나 주차난이 따른다. 이러한 문제도 상당한 수입이 있는 경우에는 비교평가를 하여 자가용차로 통근할 의사결정을 할 수도 있는 것이다.

특정제조지시서 (**特定製造指示書**) (Special Production Order)	[의의] 특정제조지시서란 개별원가계산에서 쓰이는 제조지시서이다. [설명] 특정제조지시서에는 연속번호·품명·수량·제조착수일·제조완료일·제조부서 등이 기입되는 란을 가지고 있다. 이것이 기초가 되어 원가계산표가 작성되며, 제조원가의 계산이 행하여진다. 종합원가계산의 경우에는 계속제조지시서가 쓰인다. 제품이 복잡할 경우에는 부명령서가 발행되어서, 이것이 집계되어 주된 제조지시서가 되는 일이 일반적이다.
특정지시서 (**特定指示書**) (Specific Job Orders, Specific Production Orders)	[의의] 제조지시서는 생산방식의 상위에 따라 특정지시서와 계속지시서의 2가지로 분류된다. 특정지시서는 개별지시서(Job Orders)라고도 하며, 특정의 제품이나, 작업에 대하여 내려지는 제조명령이다. [설명] 특정지시서는 주로 주문생산의 경우에 사용되는데, 예를 들면 주물공장·기계공장 등에 사용된다. 따라서 특정지시서는 개별원가계산과 밀접하게 관련되어 있다. 　특정지시서는 원칙적으로 1지시서에는 제품 1항목만을 기재하고, 1회에 한하는 성질을 가지고 있으므로, 그 지시서에 특정한 일이 완료되면 소멸하게 된다. 　특정지시서에는 발행연월일·지령서번호·제품명·종류·규격·수량·주문서·작업완료예정일·납입장소·납입예정일 등이 기재된다. 그리고 특정지시서에는 제품에 관한 설계도·시방서·작업예정표 등이 첨부되는 경우가 많다.
특허권사용료 (**特許權使用料**) (Royalty)	[의의] 특허권사용료란 타인이 소유하는 특허권을 사용할 때 지급하는 사용료, 또는 임차료를 말한다. [설명] 제품의 생산액과 판매액에 비례하여, 이것이 지급되는 경우라든가, 이 금액이 몇 개의 원가계산기간을 포함하는 1사업연도 또는 1개년을 단위로 하여 계상 또는 지급되는 경우라든지, 이것이 원가에 산입되는 것은 물론이지만, 이것이 이익에 비례하여 지급될 때에는 의견이 분분하다. 　제조지령서별이나 제품종류별로 파악할 수 있는 특허권사용료는 직접경비이며, 원가계산표의 직접경비란에 기입된다. 이것이 몇 개의 원

가계산기간에 총괄적으로 계산된다든지, 또는 지급되는 경우에는 경비월할표를 사용하는 것이 편리하며, 이 경비가 경비월할표에 월할계산으로 기입된다. 이 경우 이 경비는 월할경비로 되어 일반적으로 간접비로 취급된다.

(1) 성질과 범위

제조경비를 형태별분류에 따라 세분한 경우의 1과목이며, 타인이 소유하는 산업재산권, 특허권, 실용신안권 등의 사용료 또는 임차료를 처리하는 계정이다.

(2) 특허권 등 사용료의 지급조건과 그 처리

제품의 제조에 기여하는 특허권 등의 사용료는, 그 요율이 생산수량 단위당으로 정하는 것 이외에 일정기간정액불로 하는 것, 최저액(미니엄 로얄티)과 생산수량에 비례하는 것의 병용, 이익의 금액을 기준으로 하는 등이 있다. 기간정액불, 최저액 또는 이익기준의 것은 월할경비로 하지만, 그 기간의 생산예상수에 의하여 배분계상한다.

개별원가계산 또는 가공비공정별종합원가계산에 있어서는, 이와 같은 특허권 등 사용료는, 생산수량에 비례하는 것은 직접경비가 되고, 기타는 간접경비가 된다.

세무상, 산업재산권 등의 사용료의 액이 매출액 등에 의한 경우, 또는 생산수량 등을 기초로 하여 정하고 있으며, 또 최저사용료의 정함이 있고, 지급되는 사용료의 액 중, 실제의 생산수량 등에 의하여 계산되는 사용료의 액을 초과하는 부분에 대하여는 제조원가에 산입하지 않을 수 있다.

☞ **경비계정** (Expense Account)

파

파 손 품
(破 損 品)
(Damaged Goods, Broken Goods)

의의 재료의 불량, 설비의 불완전, 지령서의 결함, 공원의 부주의 등 각종의 원인에 의해 발생한 표준규격에 합격하지 못한 제품 또는 재공품을 말한다.

설명 파손품에는 보수에 의해 규격에 달하는 것과 격외품(格外品)으로서 매각하든가 폐품으로 처리되든가 하는 것이 있다.

파손품의 처리와 평가는 부산물에 준한다. (부산물의 항을 참조)파손품은 부산물 또는 원료 또는 재료에 속한다.

(1) 감손 및 파손비의 의의

감손(減損)이란 공정에 투입된 원재료가 완성품이 되기까지에 가공 중 감소된 수량을 말한다.

예를 들면 원재료 100단위를 공정에 투입하여 가공을 하였는데, 재공품과 파손품이 없는데 완성품은 97단위 밖에 생산되지 않았다면 100단위와 97단위의 차이 3단위가 감손에 해당된다.

파손품은 유형물인데 반하여 감손은 눈에 보이지 않는 소모인데에 감손의 특징이 있다.

그리고 감손은 제조기술이 진보하고 공정관리가 철저하더라도 어느 정도는 발생하는 불가피적인 현상이다.

완성품수량에 대한 투입원재료수량의 대비를 제품율이라 하는데 투입원재료에 (1-제품률을)을 곱하면 감손량이 산출된다.(다만, 이 경우는 파손품이 없는 경우를 전제로 한다)

이 관계를 산식으로 표시하면 다음과 같다.

$$제품률 = \frac{완성량}{투입원재료}$$

투입원재료 × 제품률 = 제품
투입원재료 × (1 - 제품률) = 감손량

(2) 감손 및 파손비의 처리

종합원가계산에 있어서 감손 및 파손은 다음과 같은 방법으로 처리한다.

① 파손 및 감손이 정상적인 경우에는
  ㉮ 완성품과 재공품에 부담시킨다.
  ㉯ 완성품에만 부담시킨다.
② 파손 및 감손이 이상적(理想的)인 경우에는 이상부문(異常部門)을 원가외로 한다.

이러한 방법들에 대한 산식을 표시하면 다음과 같다.(산식에서 감손의 경우에는 파손을 감손으로 읽으면 된다)

⟨①의 ㉮인 경우⟩

- (기초재공품＋당기제조비)× $\dfrac{\text{기말재공품환산량}}{\text{당기완성량＋기말재공품환산량}}$

　＝기말재공품원가
- 기초재공품＋당기제조비－기말재공품＝완성품원가

⟨①의 ㉯인 경우⟩

- (기초재공품＋당기제조비)

　× $\dfrac{\text{기말재공품환산량}}{\text{당기완성량＋기말재공품환산량}}$ ＝기말재공품원가
- 기초재공품＋당기제조비－기말재공품＝완성품원가

⟨②의 경우⟩

- (기초재공품＋당기제조비)× $\dfrac{\text{파 손 량}}{\text{당기완성량＋파손량＋기말재공품환산량}}$

　＝파손비
- 기초재공품＋당기제조비－기말재공품－파손비＝완성품원가

파손 및 감손에 있어서 이론적으로는 재료비는 환산된 파손량 및 감손량을, 가공비에 있어서는 각각 완성품에 대한 환산량을 적용하여 파손 및 감손으로 하여야 하지만 계산상으로 번잡하고 실제상의 효과도 적으므로, 이와 같은 파손 및 감손에 있어서는 통상 진척도를 100%로 하여 환산한 파손량 및 감손량을 적용한다.

그리고 위에서 설명한 ②의 파손 및 감손의 이상부분(異常部分)의 회계처리에 있어서는 이상부문을 분류하여 그 달에 파손계정 또는 감손계정에 대체하여 두었다가 회계기말에 그 합계금액을 손익계정에 대체하고 손익계산서에는 영업외비용의 항목에 대체계상한다.

이 관계를 계정기입에서 표시하면 다음과 같다.

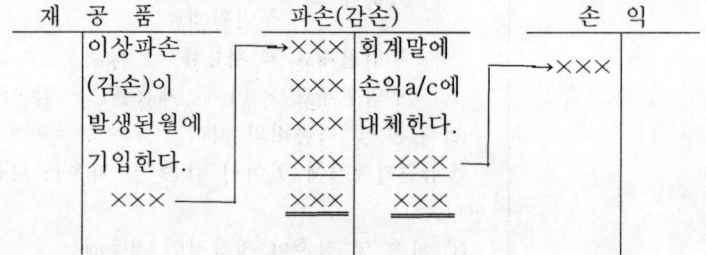

[사례] 재공품원가와 완성품원가의 계산

다음의 자료로 물음에 답하라.

(1) 월말재공품원가와 완성품원가를 계산하고,
(2) 그 경우의 분개를 표시하라.

〈자료〉

당월의 제조비 250,000원, 완성품 500개, 파손품 50개, 월말재공품 200개, 그의 진척도 80%이다. 파손은 정상적인 것이며, 월초재공품은 없다.

〈해답〉

(1) 설문의 경우는 파손은 정상적인 것이므로 파손비를 완성품과 재공품에 부담시키는 방법과 파손비를 완성품에만 부담시키는 방법에 의하여 계산한다.

① 파손비를 완성품과 재공품에 부담시키는 방법

$$(월초재공품 + 당월제조비) \times \frac{월말재공품환산량}{당월완성량 + 월말재공품환산량}$$

= 월말재공품의 산식에 각각 숫자를 대입하여 계산한다.

월말재공품 : $250,000원 \times \frac{200 \times 80\%}{500 + 200 \times 80\%} = 66,000원$

완성품원가 = 월초재공품 + 당월제조비 - 월말재공품
  250,000 - 66,666원 = 183,334원

② 파손비를 완성품에만 부담시키는 방법

$$(당초재공품 + 당월제조비) \times \frac{월말재공품환산량}{당월완성량 + 파손량 + 월말재공품환산량}$$

= 월말재공품원가의 산식에 각각의 숫자를 대입하여 계산한다.

월말재공품 : $250,000원 \times \frac{200 \times 80\%}{500 + 200 \times 80\% + 50} = 56,338원$

완성품원가 = 월초재공품 + 당월제조비 - 월말재공품
  250,000원 - 56,338원 = 193,662원

(2) 완제품원가를 제품계정에 대체한다.

① (차) 제 품 183,334 (대) 재 공 품 183,334
② (차) 제 품 193,662 (대) 재 공 품 193,662

※ 참고로 ①②의 재공품계정의 기입을 표시하면 다음과 같다.

① 재 공 품		② 재 공 품	
재료비 ×××	제품 183,334	재료비 ×××	제품 193,662
노무비 ×××	월말재공품 66,666	노무비 ×××	월말재공품 56,338
제조간접비 ×××		제조간접비 ×××	
250,000	250,000	250,000	250,000

[사례] 파손품의 분개

A공장의 2000년 상반기(4월부터 9월까지)의 이상적인 파손의 발생상태는 자료와 같다. 이 경우의 각월 및 회계기말(9월)의 분개를 표시하라.

〈자료〉
4월 이상적인 파손　　　　없음
5월　　〃　　　　　　　15,000원
6월　　〃　　　　　　　없음
7월　　〃　　　　　　　없음
8월　　〃　　　　　　　없음
9월　　〃　　　　　　　23,000원

〈해답〉
분개를 5월과 9월에만 한다.
5월 (차) 파 손 15,000　　(대) 재공품 15,000
9월 (차) 파 손 23,000　　(대) 재공품 23,000
9월의 결산시에는 다음과 같이 분개한다.
　　(차) 손 익 38,000　　(대) 파 손 28,000

사례 요약원가계산표의 작성

제조지시서 #152에서 A제품 100개를 제작하였으나, 검사에 의하여 그 중 5개는 파손품으로 판별되다. 이 제조지시서에 집계된 원가를 요약하면 다음과 같은데 물음의 경우의 요약원가계산표를 작성하라.

　　직 접 재 료 비　　　　2,000,000원
　　직 접 노 무 비　　　　1,000,000
　　직 접 경 비　　　　　　800,000
　　제조간접비배부액　　　1,200,000
　　　합　　계　　　　　　5,000,000원

(1) 파손비를 합격품에 부담시키는 경우
(2) 파손비를 원가외손실로 처리하는 경우
　또한, 이 원가외 손실을 총계정원장에 기입하기 위하여 필요한 분개를 할 것
(3) 파손품의 제조원가를 합격품에 가산하는 경우
(4) 파손품 5개의 보수를 실시하고 합격품으로 한 경우
　단, 보수비는 보수품 1개당 표준액을 15,000원으로 계산하고 원시원가에 가산할 것
(5) 파손품 5개의 대품제작을 실시한 경우
　단, 대품 1개당 표준당 표준액을 40,000원으로 계산하고 원시원가에 가산할 것
　※ 계산은 원미만 반올림 할 것

〈해답〉
요약원가계산표의 작성

(1) 파손비를 완성품에 부담시키는 경우		(2) 파손비를 원가외손실로 처리하는 경우	
직접재료비	2,000,000	직접재료비	2,000,000
직접노무비	1,000,000	직접노무비	1,000,000

직접경비	800,000	직접경비	800,000
제조간접비	1,200,000	제조간접비	1,200,000
계	5,000,000	계	5,000,000
파 손 비	100,000	파 손 비(-)	250,000
완성품원가	4,900,000	완성품원가	4,750,000
완 성 수 량	95개	완 성 수 량	95개
단 가	@51,579원	단 가	@50,000원

※ $5,000,000 \times \dfrac{5}{100} = 250,000 \rightarrow$ 파손비

분개
연차손익 250,000 / 파손비 250,000

(3) 파손품의 제조원가를 합격품에 가산하는 경우

직 접 재 료 비	2,000,000
직 접 노 무 비	1,000,000
직 접 경 비	800,000
제 조 간 접 비	1,200,000
완성품제조원가	5,000,000
완 성 수 량	95개
단 가	@52,632원

(4) 파손품5개의 보수를 실시하고 합격품으로 한 경우

직접재료비	2,000,000
직접노무비	1,000,000
직 접 경 비	800,000
제 조 간 접 비	1,200,000
보수비(파손비)(+)	75,000
완 성 품 원 가	5,075,000
완 성 수 량	100개
단 가	@50,750원

(5) 파손품5개의 대품제작을 실시한 경우

직접재료비	2,000,000
직접노무비	1,000,000
직 접 경 비	800,000
제조간접비	1,200,000
계	5,000,000
파손품(-)	100,000
파손비(+)	200,000
완성품원가	5,100,000
완 성 수 량	100개
단 가	@51,000원

판 매
(販 賣)
(Sale, Selling Marketing)

의의 판매라 함은 매매계약에 의하여 물품의 소유권이 구입자에게 이전하는 것을 말한다.(무상으로 양도하는 것을 포함한다)

설명 판매의 범위
① 할부·연납등의 조건으로 물품의 소유권이 이전되기전에 그 점유권이 구입자에게 이전하는 경우에는 판매에 해당된다.
② 물품을 임대차의 형식으로 상대방에게 인도한 경우 그 임대차의

	기간·보증서·임대차라 칭하여 수수하는 금액 및 당해 기간 종료시에 있어서의 처리 등으로 보아 당해행위가 실질적으로 그 물품의 판매로 인정되는 경우에는 그 인도한 때를 당해 판매자가 그 물품을 판매한 것으로 한다. ③ 물품을 수리·가공하기 위하여 타장소로 이전하는 경우, 그 사실이 관계장부와 제증빙에 의하여 명백한 때에는 판매에 해당하지 아니한다. ④ 전당포업자가 전당된 물품을 판매하는 경우, 이는 매매계약에 의하여 그 물품의 소유권이 전당포업자로부터 구매자에게 이전하는 것이므로 판매에 해당하나 동물품을 전당물소유권자에게 반환하는 행위는 판매에 해당하지 아니한다. ⑤ 물품을 판매하고 수령한 수표 또는 어음이 위조된 것이라 하더라도 당해 물품의 소유권은 정당한 매매계약에 의하여 이전된 것이므로 판매에 해당한다. ⑥ 금융업자(사금융업자를 포함)등이 환매권이 소멸한 물품, 기타 담보권에 의하여 취득한 물품을 계속·반복하여 판매등의 방법으로 처분하는 경우에는 전당물을 매매계약에 의하여 처분하는 것과 같이 매매에 해당하며, 판매자가 금융업자에게 차입금의 담보물(질권의 설정등)로 제공하는 경우에는 판매에 해당하지 아니한다. ⑦ 시용판매방법(상품을 미리 구입희망자에게 인도하고 일정기간내에 구입 의사표시가 있는 경우 판매가 성립하는 매입방법)에 의하여 판매한 경우 구입자의 구입의사 표시가 있는 것은 판매에 해당한다.
판 매 가 격 **(販賣價格)** (Sale Price)	[의의] 상품·제품 등이 매각되는 가격으로 매가라고도 한다. 원가에 이폭(利幅)을 더한 것이다. [설명] 판매가격의 결정에 즈음하여 일반기업에 있어서 많이 도입되고 있는 것은, 원가에 공정한 이폭을 가한 원가가산방식으로, 이 구성은 주(註)와 같이 나타낸다. 그러나 자본주의 경제하에 있어서는 이와 같은 원가를 기준으로 하는 판매가격만이 아니고, 수급상황이나 예측등을 고려에 넣은 판매가격도 존재한다. 또 상품은 그 일생애를 통하여 몇갠가의 단계를 거쳐서 성숙하여 가는 것이며, 신제품도 있는가 하면 쇠퇴한 제품도 있고, 이와 같은 성숙단계에 따른 가격결정도 필요하다. 이밖에 일반경제정세의 변화나 구매자에게 주는 심리적 효과도 고려에 넣어서 판매가격을 결정하는 수도 있다. ※ ① 직접원가 = 직접재료비 + 직접노무비 + 직접경비 ② 제조원가 = 직접원가 + 제조간접비 ③ 총원가 = 제조원가 + 판매경비 + 관리비

	④ 판매가격 = 총원가 + 이익
판매간접비 **(販賣間接費)** (Indirect Selling Costs)	[의의] 판매직접비에 대응하는 것으로, 각종 상품·제품의 판매에 공통하여 발생하는 판매비용을 말한다. 　판매간접비의 주요한 것에는, 판매부장의 급료, 통신비, 여비교통비, 소모품비등이 있다. 　판매간접비는, 일정의 배부기준에 따라서, 제품종류별, 판매지구별, 거래종류별 등으로 구분되고, 판매직접비와 동양으로 분석된다. 통상, 판매직접비와 판매간접비의 구분은 상대적이다. [설명] 판매간접비를 구성하는 비용요소를 기능별로 분류하여 볼 수 있다. 　① 광고 및 판매촉진비…광고, 판매촉진, 선전, 교육훈련, 시장개척, 기타 판매촉진활동에 관한 비용 　② 포장·발송비…기업에서 출하되는 상품의 포장, 발송 등에 관한 비용 및 각종 운반구의 유지와 운용에 관한 비용·외부에 지급한 운임 등을 포함한다. 　③ 보관비…상품을 보관, 저장하는데 필요한 비용 　④ 수금비…수금업무에 관련된 비용 　⑤ 금융경비…상품 수취계정에 관한 금리포함 　⑥ 일반적인 판매비…영업활동에 관련된 회계, 시장조사, 기타 비용 등 ☞ **판매직접비** (Direct Selling Costs)
판 매 비 **(販 賣 費)** (Selling Expenses, Distribution Cost (Expense))	[의의] 상품·제품등의 판매과정에 있어서 발생하는 비용을 말한다. [설명] 판매비의 내용으로서는, 판매원급료, 운송비, 판매수수료, 광고선전비 등을 들 수 있다. 판매비용에 관한 원가계산은 일반으로 판매원가계산이라고 부르고, 판매활동이 그 중요성을 갖기에 이르러서, 그 계산 연구도 크게 발전을 이루었다. 　그 판매원가계산의 임무로서는 　① 각 판매활동 또는 판매상품의 수익성이 결정된다. 　② 판매활동의 관리에 소용된다. 　③ 판매정책을 세울 경우의 기초자료를 제공하는 등을 들 수 있다. 　판매비는 이것을 판매직접비와 판매간접비로 나눌 수가 있다. 　전자는 어느 특정의 매출제품의 판매에 대하여 직접발생하는 비용이고 그 매출제품에 직접 부담시키는데 대해서, 후자는 판매업무 전반에 관련하여 발생하는 비용이다. 매출제품 전체에 배부하는 것이다.
판 매 예 산 **(販 賣 豫 算)**	[의의] 판매예산이란 예산기간에 달성하여야 할 판매액의 목표를 말한다.

(Sale Budgets)	판매예산은 회사전체의 영업예산의 기초이고, 예산기간에 있어서의 모든 경영활동은 판매계획량의 달성을 중심으로 하여 이루어진다. 판매예산은 사업경영에 있어 다른 제부문예산을 제한하고 속박하는 것인데, 어느 기업에 있어서든지 판매량과 판매수익을 예산에 정확히 반영한다는 것은 기술상 또는 실제상 쉬운일은 아니다. [설명] 기업의 목적은 상품 또는 제품을 판매하여 이익을 획득하는 거이다. 따라서 종합예산의 편성을 위한 첫단계는 대상연도의 판매수량과 매출액을 나타내는 판매예산을 편성하는 것이다. 예산편성에서 모든 다른 요소는 판매예산에 따라 이루어진다. 다른 요소들은 거의가 판매를 위한 것이거나 판매의 결과로 나타나는 것이기 때문이다. 여기서는 판매예측을 구체적으로 설명하지는 않는다. 그러나 예측의 절차는 항상 점검하여 보다 합리적으로 이루어지도록 노력해야 한다. 예측상의 성향 또한 종합예산의 편성을 위한 예측임을 유의하여야 한다. 즉, 경영자의 의욕은 달성가능성이 전제되어야 한다는 것이다. 판매예측에 의한 판매예산이 이루어질 때는 다음과 같이 제품별·월별·분기별로 정리한다. (즉, 실행 예산화 한다) 판 매 예 산 (1/4분기) | A제품	1월	2월	3월
---	---	---	---
판매수량	10,000	12,000	14,000
판매금액(@50원)	500,000원	600,000원	700,000원	 ※ 흔그린에 의하면 일반적인 경쟁기업에서 판매예측은 다음과 같은 사항들을 고려하여 이루어진다 하였다. ① 과거의 실제판매량 ② 일반, 경제 및 산업여건 ③ 국민총생산, 개인소득, 고용, 가격, 생산 등과 같은 경제지표와 판매와의 관계 ④ 제품의 상대적 수익성 ⑤ 시장조사 ⑥ 가격정책 ⑦ 광고 및 기타 판매 촉진책 ⑧ 판매원의 질 ⑨ 경쟁관계 ⑩ 계절적 영향 ⑪ 생산능력 ⑫ 각 제품별 장기적인 판매추세
판매직접비 **(販賣直接費)**	[의의] 판매간접비에 대응하는 것으로, 특정상(特定商)·제품의 판매에 직접 요한 것이 파악되는 판매비용을 말한다.

(Direct Selling Cost, Direct Selling Expense)	[설명] 판매직접비는 특정제품의 판매에 대하여 개별적으로 발생한 것이다. 일반적으로, 제품별의 견본비, 신문·잡지 등에 의한 제품별의 선전비, 특정제품의 운임·창고료, 판매수수료 등은 판매직접비로 된다. 　판매직접비는, 제품종류별, 판매지구별, 거래종류 등으로 분석하고, 각각의 매출액과 대비하여 그 사용상황을 관리한다. 또 판매직접비를 지출하는 부문별로 할당을 하여 분석 관리를 하는 수도 있다. ☞ **판매간접비** (indirect Selling Costs)
평 균 비 (平 均 費) (Average Unit Cost)	[의의] 평균비라 함은 평균원가라고도 하며, 일정한 생산설비를 이용하고, 여기에 원재료·노력 등을 결합하여 생산할 때 그 일정단위에 있어서의 생산수량에서 산출한 평균단위당의 비용을 말한다. 　따라서 비용과 조업도와의 관계에서 볼 수 있으며, 부족조업도에서 점차 조업도가 높아지면 고정배분의 부담이 경감하므로 평균비는 체감적인 경향이 되고 최적조업도(또는 최적조업지대)에서 평균비는 최저가 되며, 다시 조업도를 높이면 평균비는 체증적인 경향이 된다.
평균원가법 (平均原價法) (Average Cost Method)	[의의] 평균원가법은 개별법에 대비되는 개념이며, 종류·품질·형이 동일한 재고자산에 대하여, 그 취득원가를 어떤 방식으로 평균하여 단가를 결정하여 그것을 해당 재고자산의 불출분 및 재고분의 단가로 하는 방법의 총칭이다. [설명] 평균원가법으로는, 단가의 계산에 있어서 가중평균계산을 할 것인지의 여부, 그리고 수입될 때마다 평균계산을 하여, 다음의 불출단가를 결정할 것인지 여부 또는 1개월이나 1회계기간마다 평균계산을 하여 단가를 결정할 것인지의 여부 등에 따라 이동평균법·총평균원가법·단순평균원가법·가중평균원가법 등의 여러 가지 형태가 있다. 　일정기간마다 평균계산을 행하여 단가를 결정하는 평균원가법에는, 그 기간중의 불출원가가 수입단가의 변동에도 불구하고 균일화된다는 특징이 있지만, 불출단가는 그 기간말까지 알 수 없다. 　최근의 수입단가가 어떤 형태로든지 불출단가의 결정에 영향을 미치므로, 시가가 변동하고 있는 시기에는, 선입선출법에 의한 경우보다도 평균원가법에 의한 경우가 기간이익에 미치는 가격변동의 영향은 완화된다.
평 균 임 률 (平 均 賃 率) (Average Wage Rate)	[의의] 직접노무비는 임율 × 실제작업시간으로 구하게 되는데, 이 임율에는 개별임율과 평균임율이 있다. 　평균임율이란 것은, 직장구분이나 작업구분마다로 일정기간의 임금총액을 동기간의 총작업시간으로 나누는 것에 의해 구하게 되는 임율

이다.

[산식] 평균임율 = $\dfrac{\text{정기간의 직장마다의 총지급임금}}{\text{동상}(同上)\text{의 총작업시간}}$

[설명] 평균임율을 사용하면, 동일제품을 만들면서, 작업종사자가 다르면 임금부담액도 변화한다는 불합리가 배제된다. 더욱 노무비계산은 단순화·능율화 된다. 평균임율에는 실제평균임율과 예정평균임율이 있다.

예정평균임율을 사용하면 다음의 결점이 제거된다. 즉,
① 실제평균임율에서는 그 확정이 원가계산기간 종료후로 된다.
② 실제작업시간의 다소(조업도의 고저)에 의해 임율이 변동한다.
원가계산기준에서는 예정평균임율의 이용을 인정하고 있다.

실제평균임율 = $\dfrac{\text{직접공의 실제임금총액}}{\substack{\text{직접공의 예정작업시간}\\(\text{통상 1개월})}}$

예정평균임율 = $\dfrac{\substack{(\text{통상 1개월})\\\text{직접공의 예정임금총액}}}{\substack{\text{직접공의 예정작업시간}\\(\text{통상 6개월})}}$

평균조업도
(平均操業度)
(Average Operating Rate)

[의의] 기업이 보유하고 있는 설비능력이 언제나 100%이용되는 것은 통상의 경우 곤란하고 수주의 상황, 기타 각종 요인에 의해서 설비능력의 이용도는 변화한다. 이 설비능력의 이용정도가 조업도이고 일정기간에 있어서의 설비능력의 이용정도의 평균치가 평균조업도이다.

[설명] 위와 같이 조업도란 것은 설비능력을 100으로 한 경우, 그 몇 %를 이용하였는가라는 것인데, 이것을 파악하기 위해서는 이용정도에 정비례하여 증감하는 것 같은 척도를 구하고 척도에 따라서 표현하는 것이 필요하다. 이 척도로서 일반적으로는, 직접작업시간·기계운전시간·주요원재료·동력 등의 소비량·급부의 생산량 또는 판매량 등이 사용된다. 또 경우에 따라서는 간접비를 나눈 제조비·생산액·판매액과 같은 금액적인 척도가 사용되는 수도 있다.

포 장 비
(包 裝 費)
(Package Cost)

[의의] 포장비란 상품·제품등의 포장과 곤포(梱包)에 요하는 비용을 말하며, 판매비로 처리된다.

[설명] 포장에는 포장재료·인건비와 기타의 경비가 부수적으로 발생한다. 포장재료는 일괄하여 한꺼번에 구입하는 것이 보통이므로 일단 저장품으로서 자산으로 계상하고, 창고에서 출고할 때마다 비용으로 대체하여 가는 것이 정확한 처리방법이지만 구입시에 포장비로서 비용처리해 두었다가 기말에 재고액을 조사하여 잔액을 저장품 등으로 대체하는 방법도 있다. 그러나 이 경우에 남은 재고액이 근소한 때에는 중요성의 원칙에 따라 무시하여도 된다.

	포장비는 그것이 제조경비인가 아니면 판매비와 관리비에 포함시킬 것인가에 대하여 의견이 많으나 하나의 단위로서 판매할 수 있는 최소한의 단위까지는 제조비로 하고, 그 이외의 포장단위는 이를 판매비와 관리비로 함이 타당하다. 예컨대 제품을 생산하여 그 제품의 유지 또는 보존하는 정도 또는 최소한의 포장에 의하지 않으면 판매할 수 없는 정도의 포장은 제조비로 처리된다. 즉, 소다·약품·화장품과 액체적 제품의 포장을 위한 병이나 원시적 기초포장지 및 비닐봉지 등은 제품원가에 산입하여야 할 것이다. 그러나 완성된 제품이나 상품을 판매하기 위하여 출고하는 때에 소요된 포장비는 이를 판매비와 관리비로 구분처리 하여야 할 것이다. 따라서 제조원가에 산입되는 포장비는 그 계정과목을 제조경비중의 포장비로 하는 것보다는 오히려 부재료로 취급하는 것이 옳을 것으로 본다. 이러한 상품의 포장에는 포장재료·인건비·기타 경비가 부대되기 때문에 때에 따라서는 포장비는 제조원가에 산입하는 경우도 있다. 포장비를 기능별로 파악하는 경우에 포함되는 항목으로서는 다음과 같은 것이 있다. ① 관리자·감독자의 급료, 사무원의 급료 ② 전업종업원의 급료 ③ 외장·내장의 포장재료비 ④ 포장에 따른 소모품비 ⑤ 감가상각비 ⑥ 각종 보험료 및 세금 ⑦ 사무용의 소모품비 ⑧ 기타
표준가격법 **(標準價格法)** (Standard Csot Method)	[의의] 표준가격법이란 재료를 출고할 때마다 표준가격으로 소비재료를 평가하는 것을 말한다. 즉, 예정가격과 마찬가지로 미리 표준적 소비가격을 정해두고, 이것으로서 재료의 소비액을 계산하는 방법이다. [설명] 표준가격이 예정가격과 다른 점은 상당히 장기간에 걸쳐서 변동이나 수정없이 적용되는데 있다. 　표준가격을 채택하는 경우는 재료의 소비액을 이용하여 경영의 작업상태를 판단하기 위함이다. 　표준가격을 채택하는 경우는 재료의 소비액을 이용하여 경영의 작업상태를 판단하기 위함이다. 　즉 매기의 일정수량의 제품제조에 소요된 재료소비액을 비교하여 재료비에 관한 능률을 측정하기 위해서는 재료소비액계산의 기초가 되는 재료소비량과 소비단가의 둘 가운데 소비단가를 표준적인 것으로 고정시켜 놓고 그에 따라 재료소비액의 변동은 소비량에만 지배를

	받도록 하는 것이 필요하다. 이 표준 가격도 예정가격과 같이 과거의 실제원가에 현재 및 장래시장가격의 변동 등을 예측 참작해서 결정한다.
표준가공비 (標準加工費) (Standard Conversion Cost, Standard Processing Cost)	[의의] 표준가공비는 표준원가계산에 있어서 생산공정에 발생하는 노무비·제조간접비를 시간당 표준치로서 파악한 것이다. [설명] 표준원가는 항목별로 나누어 직접재료비·직접노무비·직접경비 등으로 구분되지만, 이것도 개별원가계산을 하는가, 부문별 원가계산을 하는가, 종합원가계산을 하는가에 따라 반드시 일치하지는 않는다. 표준가공비는 제품의 가공과정에서 발생하는 것으로서 노무비와 감가상각비·소모품비·동력비·기타 경비의 단위시간당의 표준가공비로서 설정 되는 것이다. 따라서 생산공정의 내용이 다른 제품의 표준원가의 경우는 단위작업 직장마다의 표준가공비를 단위시간당으로 설정할 필요가 있다. 각 작업직장의 표준가공비는 직접노무비 중심의 경우는 표준시간 × 표준임률의 식으로 산출할 수 있다. 그러므로 표준가공비는 표준원가의 관리목적이 수단적 편의에 따라 그 내용을 결정할 필요가 있으며, 형식의 구애될 필요는 없다.
표준노무비 (標準勞務費) (Standard Labor Cost)	[의의] 표준노무비란 제품단위당의 노무비에 대하여 설정된 표준원가를 말하며, 표준임율(標準賃率)에 표준작업시간을 곱하여 계산한다. 원가계산기준에 의하면 표준직접노무비는 직접작업의 구분별로 산정하여 표준직접작업시간을 작업연구·시간연구등 과학적·통계적조사에 의하여 각 구분작업별로 정하고 통상 인정되는 시간적 여유를 포함한다고 하고 있으며, 표준임율 또는 정상임율로 하고 있다. 또한 간접노무비는 표준제조간접비에 포함되어 산정된다. [설명] 이 표준의 결정은 노동의 시간연구(Time Study)를 전제로 하여야 공정한 노무비의 산출을 기할 수 있다. 특히 기성량에 대하여 지급하는 공임제도를 채택하고 있을 경우에는, 이 시간연구는 무시하지 못함 문제이다. 가능한 한 이 표준노동시간은 숙련공이 적당한 기구와 설비로서 규정된 방법에 따라 일정한 활동에 소요되는 시간과 직공이 능률과 건강을 해하지 않고 한없이 장시간 활동을 계속할 수 있는 시간을 기초로 하는 것이 타당하다. 이것 역시 공사준비·우발사고·인적여유 등을 고려할 필요가 있다. 표준노동시간을 산정한 다음에는 표준공임률을 결정함으로써 표준노무비를 예정하여야 한다. 그러나 노무비를 대표하는 공임은 그 임률이 원료가격만큼 동요되지 않고 비교적 안정되어 있으므로 표준으로서 부문 또는 활동에 대한 평균임률을 사용하는 것도 그다지 불리한 것은 아니다. ☞ **표준원가** (Standard Costs)

표준배부율 (標準配賦率) (Standard Distribution Rate)	의의 표준배부율은 정상조업도를 기초로 하여 산정한 예정률 즉, 표준원가계산 제도하에서 채택되는 간접비 배부율이다. ☞ 표준원가계산 (Standard Cost Accounting)
표 준 비 율 (標 準 比 率) (Standard Ratio)	의의 비율분석법에 있어서, 기업의 실제비율을 일정의 기준적 비율과 비교하여, 경영효율의 적부를 검토하는 경우, 일정의 기준적인 비율로서 사용되는 것이 표준비율이다. 설명 표준비율은 통상 공표된 동업종의 다수회사의 재무제표를 분석하고, 그 각종비율을 평균화한 것이다. 　표준비율과 자사의 실제비율을 비교하는 경우에는 시간적인 차이, 입지조건의 차이, 기업규모의 대소, 수록기업의 수등을 충분히 고려하여 판단하는 것이 중요하다.
표준소비가격산정 (標準消費價格算定) (Decision of Standard Consumption Price)	의의 표준소비가격은 원가계산준칙에서는 과거 및 현재의 시장가격과 장래에 예측되는 가격변동이나 거래관습 등 제반 경제적 여건을 고려하여 정하도록 하고 있다. 즉, 예정가격 또는 정상가격으로 산정한다. 　표준가격을 예정가격으로 하는 것은 현실적표준원가이고, 이 예정가격은 비교적 단기에 발생하는 실제취득가격의 평균이다. 이에 대하여 소비가격을 정상가격으로 하는 것은 정상원가이고, 이 정상가격은 비교적 장기에 걸치는 과거의 실제취득가격을 통계적으로 평준화하고, 이에 장래의 변동을 가미하여 예정한 가격이다. 설명 재료의 실제가격과 표준가격의 차이는 구매부문의 능률척도로서 사용되지만 여기에는 문제가 있다. 물론 구매부문에서는 재료를 가능하면 저렴한 가격으로 구입하려고 하지만 실제는 구매부문은 한정된 범위에서 구매가격을 좌우하는데 지나지 않고, 오히려 시황·매매관습·수급관계 및 경제변동에 많이 영향을 받기 쉽다. 　구매부문이 가격인하만을 위해서 취할 수 있는 수단으로서는 발생량 여하에 따라서, 다량으로 재료를 저장하든가 에누리를 예상하고 매입하든가, 대량구입에 따른 에누리를 받든가, 어느 경우나 기업의 전반적인 재무정책과 밀접한 관계가 있다. 그런데 구매가격만을 따지는 것은 반드시 득책이 아니다. 서비스의 불량, 재무능력의 대소, 호혜협정, 입수의 난이나 기술원조의 유무는 가격의 경우와 같이 매입처의 선정에 커다란 영향을 미친다. 따라서 재료의 표준가격은 구매부문의 능률측정기준이라든가, 달성목표로서 사용되기 보다 더 가격의 적정한 견적에 중점을 두어야 할 것이다. 　재료표준가격을 사용하는 목적이 무엇보다 원가관리에 있다면, 재료를 생산과정에 투입하기 전에 재료의 가격변동을 제거하기 위하여 표

표준소비수량산정
(標準消費數量算定)
(Decision of Standard Consumption Volume)

준가격을 말하자면 휠타로 사용하는 것이며, 정상가격 내지 고정가격이 적당하다면 표준원가가 재고자산의 평가나 예산편성에도 이용되고, 따라서 이들 제목적에 중점의 상위는 있어도 이들과 함께 달성되기 위해서는 예정가격의 사용이 합목적이라고 하겠다.

[의의] 표준소비수량을 산정하기 위해서는 먼저 원가계산준칙은 과학적·통계적 조사에 의하여 "제품의 생산에 필요한 각종재료의 종류·품질·가공방법 등을 정한다"고 명시하고 있다. 여기서 "등"이라 함은 예를 들어 통조림공장의 원가계산에서는 용기비를 직접재료비로 처리하는 경우가 있는 것을 의미한다.

[설명] 각종재료량은 표준소비량에 과학적·통계적 조사에 의하여 산정한다. 과학적 조사 또는 통계적 조사 뿐만 아니라 양자를 사용하는 것을 뜻한다. 그런데 표준소비수량 산정방법으로서의 과학적·통계적 조사의 의미에 대해서 원가계산준칙에 대해서는 제시하고 있지 않으나, 이는 자연과학에서 말하는 실험만을 의미한다거나 통계학에서 말하는 대수관찰(大數觀察)에 따른 통계적연구만을 의미하는 것은 아니고, IE연구·시작·공식·과거실적의 통계적조사를 비롯하여 누구나 납득할 수 있고 신뢰할 수 있는 객관적인 방법을 의미하는 것으로 해석하여야 할 것이다. 또 여기서 과거실적의 통계적조사에 의해서 표준소비수량을 산정하는 경우에도 실적을 그대로 평균하여 표준소비수량을 정하는 것이 아니고 실적에 대하여 하나 하나 과학적조사를 하게 된다.

이상한 원인에 기인한 실적을 제외하고 평균을 구하여, 이에 장래의 변화를 고려하여 표준소비수량을 구하는 것이다. 이 경우에 구하여진 표준소비수량 가운데 통상적으로 생길 수 있다고 인정되는 여분이 소비가 포함되어 있다.

그런데 표준소비수량으로서 관리적 소비수량을 취하지 않고, 여기에서 통상 생길 수 있다고 인정되는 여분의 소비수량을 가하는 것은, 이 이론적소비수량을 초과한 소비도 표준이 적용되는 기간에 대해서는 제품의 생산은 필요한 소비라고 생각되기 때문이다. 표준소비량 가운데 포함된 소비여분의 산정법은 현실적 표준원가와 정상가액에 있어서 각각 다르다.

표준소비수량을 결정하기 위해서 먼저 제품의 생산에 요하는 재료의 명세를 알 필요가 있다. 이를 위해서는 보통 기술부문이 작성하는 제품사양서·설계도면에 의해서 재료의 종류·품질·규격 및 공작방법의 수순을 정하고 실적자료법·과학적설정법·시작법(試作法) 중 하나의 방법에 의하여 또는 이들 방법을 병용하여 제품일정단위의 생산에 필요한 각종재료의 표준소비수량을 결정한다.

(1) 실적자료법 : 동일한 또는 유사한 제품의 과거 소비량실적자료의

통계적조사에 의하여 결정하는 방법이다. 이 경우 실적수치를 분석검토하여 이상한 상태나 원인으로 발생한 수치를 빼고 평균치를 구하여 보통 발생할 것으로 인정될 정도의 공손·감손과 같은 소비여유를 포함하여 표준소비량을 결정한다.

(2) 과학적설정법 : 신규제품의 경우라든가, 생산공정이나 공작방법의 변경 때문에 과거의 자료로는 정확을 기할 수 없는 경우에 적용하는 방법이다. 제품사양서나 설계도에 대하여 이공학상 학리에 따라 과학적이고 기술적조사에 의해서 제품 일정단위 중에 포함되어야 할 즉, 순소비수량을 산정한다. 다음에 보통 발생할 것으로 인정될 정도의 공손·감손을 할 즉, 순소비수량을 산정한다. 다음에 보통 발생할 것으로 인정될 정도의 공손·감손을 감안하여 표준수득률 또는 제품획득률을 결정이율로 표준소비수량을 산정한다.

(3) 시작법(試作法) : 제품을 실제로 시작하는 방법이다. 시작은 단 1회에 그치지 않고 몇 회 계속하여 그 결과를 비교하고 면밀한 검토를 요한다. 시작에 종사하는 공원은 시작품의 이상에 주의를 집중하고 재료소비에도 보통 이상으로 주의를 기우리는 경향이 있기 때문에 장래의 작업에 실제로 기대하기 보다는 양호한 결과가 나타나는 경향이 있다. 또 시작에 종사하는 공원의 숙련도나 사용되는 기계장치의 성능의 영향에도 충분히 고려되어야 한다.

　표준소비량을 결정함에 있어서 실제의 작업에 있어서 통상의 주의를 해도 발생하는 불가피한 로스는 여유로서 표준소비수량에 정상적인 공손 및 감손을 포함시켜야 한다. 이 여유표준을 결정하기는 그리 쉬운 일이 아니다. 그러나 이를 함부러 가감하게 되면 과학적인 표준소비수량결정의 기초를 애매하게 할 위험성이 있으므로 주의하여야 한다.

표준시간 (標準時間) (Time Standard)

의의 작업의 표준시간 또는 작업의 시간표준은 순작업시간과 그 여유시간과의 합계이다. 그러므로 순시간은 시간연구로 결정되나, 여유시간은 실노동시간연구 또는 성과연구로 결정되나, 여유시간은 실노동시간연구 또는 성과연구 내지 생산연구로 작업여유율·용도여유율·직장여유율 및 피로여유율이 명백히 되고 다음의 식으로 산정된다.

산식 여유시간 = 순시간 × 여유율

설명 위의 4가지의 여유율을 구하는 것이 실노동시간연구이며, 이것은 성과연구 또는 생산연구라고도 하며, 나아가서 종일시간연구 즉, 제작업의 최종일에 걸친 "스톱·워치"에 의한 연구인 것을 특색으로 한다. 이것은 노동일의 작업시간의 분포상황을 명백히 하는 동시에 그 작업량을 측정하는 연구인데, 실동시간연구의 특색이 있다.

　이러한 경우에는 어느 노동자의 1일 직장에 있어서의 행동의 전체가 관측되고, 그 시간이 측정된다. 따라서 부동시간연구에 있어서는 연구자는 1일의 노동시간의 개시시에서 그 종료시까지의 사이, 피실험자인 작업자와 행동을 같이 하는 것이다.

이와 같은 여러명의 노동자에 대하여 1주일 내지 수주일에 걸친 실동시간이 연구되고, 그 결과가 실동시간연구표에 기입되고 평균되어 여유율이 계상된다.

실동시간연구의 결과 여유율을 파악하면 표준시간은 다음과 같이 계산된다.

본체시간 = 본체순시간 × (I + X + Y + W)

표준시간 = 준비순시간 × (I + X + Y + Z + W)

이러한 경우= X=작업여유율, Y=용달여유율, Z=직장여유율

W=피로여유율이며 이것은 표준시간=본체시간+준비시간

=순시간+여유시간이 된다.

표준실제비교 (標準實際比較) (Standard Actual Comparison)

의의 회계가 경영관리적 기능을 충분히 발휘하기 위해서는 합리적인 기준으로서의 표준을 설정하고, 이것에 대한 실제의 달성도를 측정하고 그 차이를 확정하고, 이것을 분석하여 그 원인을 명백히 함으로써 과거의 경영활동을 비판하는 동시에 미래에의 활동의 지침을 수립하는 방법을 취하고 있어야 한다. 이것이 표준실제비교의 방법이다.

설명 이것은 단순한 실제비교 즉, 실제수치를 기간적 또는 경영상호간에 비교하는 방법에 비하여 진보한 방법이다. 어떠한 경우이든 진보는 비교의 과정에서 비로소 확인되는 것인바, 실제비교에서는 상대적 판단의 영역에서 벗어날 수 없고 표준실제비교에 의하여 비로소 목표~표준치에의 움직임의 정도를 알 수 있다. 또 이 표준실제비교의 방법으로 관리회계는 예산통제·표준원가계산으로서의 근대적 관리회계의 정점에 선 계산제도에 까지 스스로를 높여가는 것이다.

이러한 의미에서 표준실제비교는 그것만이 관리회계의 방법이라고는 생각지 않는다 하더라도 관리회계에 있어서의 불가결의 방법으로 생각하지 않으면 안된다. 그러므로 표준실제비교에서는 표준치의 의의가 우선 중요하다.

이것은 널리 견적수치·평균수치·규범수치 등을 의미하는 경우도 있으나 엄밀히 말하면 어떠한 의미에서의 규범인 것임을 필요로 한다. 그리고 규범이라고 하는 것은 능률의 측정기준이고, 이것에 따르는 능률의 촉진이라는 점에 관련을 가진다. 이 능률의 지표로서의 표준은 어느 정도의 규범으로서 이해되어야 할 것인지가 또한 문제이다.

보통 현재의 조건 밑에서는 최고도로 달성이 가능한 목표로서 선정되는 것으로 해석되고 있다. 따라서 이러한 표준은 상황에 따라 변화할 수 있는 것이며, 극히 현실적이고 상대적인 성질을 가지게 된다. 이러한 표준치는 그 대상인 각 개인 또는 부문에 대한 상세한 조사연구가 이루어지고 불합리한 요소는 제의하여 표준설정의 기초로서의

	현재의 조건을 확정하고, 시장적조건, 재무정책, 구매정책, 공장설비, 생산방법, 노동조건 등을 잘 고려하여 과학적으로 설정되지 않으면 안된다. 　이러한 표준의 종류로서의 전혀 생산기술적인 표준(Technical Standards)과는 별도로 관리적인 표준(Managerial Standards)으로서 재무제표(Financial Standards), 작업표준(Operation Standards), 절차표준(Procedure Standards)이 열거되는 경우가 있다. 이 중 절차표준은 어디까지나 작업표준에 대하여 보조적지위에 있는 것이므로, 다른 2자에 대하여 부차적 성질의 것으로 고려되고, 재무표준은 작업을 보다 잘 관리할 작업표준의 기점을 이루는 것인바, 이것만으로 모든 경영활동을 관리하는 것은 충분치 않으며, 관리적 성격이 보다 강한 중심적인 것으로서는 작업표준을 중요시 하지 않으면 안된다. 　상술한 표준치의 성격에 관하여 고려한 것도, 이 작업표준에 대하여 가장 잘 부합되는 것이며 재무표준, 구체적으로는 여러 가지 재무비율을 비교하는 경우에 소위 표준비율로서 동종 경영집단의 과거의 평균치를 사용하는 경우가 실제로 많다. 　끝으로 경영에서 표준을 설정하고 실제표준비교를 실시할 기관으로서 어떠한 것이 적당한가에 대하여 고려할 점은 많으나 미국에서의 경영관리기구에서 새로운 제도로서 주목되고 있는 "콘트롤라"제도가 도입되고 있을 경우에는 응당 이 부문에 그 권한과 책임이 부여 되어야 할 것이다.
표 준 원 가 **(標 準 原 價)** (Standard Costs)	의의 표준원가는 일정한 조업도를 계획적으로 전제하고 발생될 원가를 예측한 미래수치이다. 그리고 단순한 예측에 의한 것이 아니고 과학적인 사실조사에 의거하여 설정한 것이다. 표준의 설정은 각 원가요소마다 물량과 가액의 양면에 대하여 되어지고 설정된 물량표준과 가격표준의 상승적(相乘積)으로서 표준원가가 설정된다. 특히 물량표준의 설정에는 정밀한 검사에 의한 재료 선택과 작업의 시간 및 동작연구, 기계설비의 공업적연구 등에 의하여 각 원가요소의 표준소비량이 결정된다. 동시에 과학적인 조사나 관측에 의한 가격표준이 상승(相乘)되어서 표준원가가 산출되고, 이 표준원가는 실제원가와 비교되고 작업능률을 판정하는 기준으로 사용된다. 설명 표준원가의 종류로서는 다음과 같은 것들이 있다.
당좌표준원가	1. 당좌표준원가 … 실제원가의 달성목표가 되는 원가이고 실제의 조업을 규제하는 규범적인 원가이다. 또한 노력하면 달성될 수 있는 성격의 것이라야 되며, 원가절감의 목표가 되는 것이다. 이는 일정한 조업상태를 표준으로 하여 발생될 원가를 과학적으로 측정하여 결정한 계획수치이므로, 이 원가의 구체적 성격은 기준이 되는 조업도를 고찰하여야 한다. 조업도는 3단계로 고찰되고 그것에 대응하는 당좌

이상표준원가	표준원가도 다음의 3종으로 구분된다. (1) 이상표준원가 : 이상조업(理想操業)을 기준으로 하여 설정한 표준원가이다. 이상조업 또는 최적조업이란 현재의 생산설비로 급부단위당원가가 최소로 되는 이상적 활동상태로서 실제로는 경영이 이와 같은 상태로 운영될 수 없으나, 경영의 장기계획 또는 경영방침수립에 귀중한 지침이 되고, 구조적인 변동이 없으면 일단 설정된 후 개정할 필요가 없는 안정적인 것이다.
정상표준원가	(2) 정상표준원가 : 정상조업을 기준으로 하여 발생될 표준원가이다. 정상조업이란 현재의 생산설비 또는 판매부문을 포함한 경영 전체가 정상적 활동을 하고 있는 상태이다. 정상표준원가는 계절적 유행이나 자연적 조건으로 인하여 각기(各期)의 원가가 변동하기 쉬운 경영에 적합하다.
실제기대표준원가	(3) 실제기대표준원가 : 예정조업을 기준으로 하여 발생될 표준원가이다. 예정조업이란 실제로 발생이 예상되는 활동상태이므로 기술적인 급부 생산능력면 뿐만 아니라 생산급부의 차기(次期) 판매예상도 가미하여 결정된다.
기준표준원가	2. 기준표준원가 … 시장가격에 영향을 받지 않고 불변적으로 유지되는 고정적인 척도로서 매기간의 실제원가를 이 척도와 비교하여 변화의 추세를 파악하려고 하는 것이다. 이를 채택한 경우에 실제원가와 큰 차이가 생긴, 이 표준원가는 장부외에서 설정되며, 주요장부에는 실제원가로 기장되고, 재무제표에서 재고자산이나 매출품제조원가와 그 구성요소는 모두 실제원가로 계상된다. 　표준원가의 기능은 표준원가를 재고자산의 평가에 사용하면 회계절차를 간소화 할 수 있으며, 또한 가격결정에 이용되고, 표준과 실제의 차이를 분석함으로써 인적・물적인 불비나 결함을 다음 조업계단에서 능률적으로 개선할 수 있으며 예산통제에도 기여한다.
표준원가계산 (標準原價計算) (Standard Cost Accounting)	의의　원가계산을 하는데 있어서 계산가격을 실제로 발생한 원가로 하느냐 아니면 후일에 발생될 것으로 예상되는 원가로 할 것이냐에 따라 실제원가계산과 예정원가계산으로 구분된다. 이 중 예정원가계산에 있어서 사용되는 예정원가는 단순한 추정에 의하는 것이 아니라 과학적인 사실조사를 기초로 하여 설정되고 더욱 계획성 있는 성격의 원가계산으로 발전된 형태의 원가계산을 취하게 되는데 이를 표준원가계산이라 한다.
표준원가계산의 본질	설명　1. 표준원가계산의 본질 　표준원가계산의 본질은 다음과 같이 요약된다. 　(1) 제품원가를 구성하는 재료비, 노무비, 경비의 각 원가요소에 대하여 미리 표준이 될 계산가격을 설정한다. 　(2) 설정된 표준원가를 기준으로 하여 실제로 생긴 원가와 비교해서

양자의 차이를 명확히 한다.

① 표준원가계산은 미리 설정한 원가로 계산을 하므로 그것은 미래계산의 일종이고 예정원가계산의 일형태이다. 그러나 설정된 원가는 단순한 추정적 성격의 것이 아니고 시간연구나 동작연구 같은 과학적 조사에 의하여 당위원가(Sollkosten)를 설정하는 것이다.

② 표준원가는 실제원가의 규범이 되도록 처음부터 과학적으로 계획된 원가이므로 독일에서는 계획원가계산(Plankostenrechnung)이라고도 한다.

표준원가계산은 주로 실제와의 차이에 주의를 집중하는 계산방법이다. 실제원가가 표준원가와 일치하면 목표는 달성된 것이므로 그 이상 주의할 필요는 없을 것이다. 그러나 실제와 표준이 상이하면 필연적으로 차이에 대한 원인이 있을 것이므로 원가차이에 각별한 주의가 요망된다. 따라서 표준원가계산은 경영관리원칙의 하나인 예외원리(Law of exception) 또는 예외관리의 원칙(Principle of management by exception)을 회계에 적용한 것이다. 경영자는 표준화된 정규의 업무에 전념할 필요가 없고 특수한 예외적인 업무에만 관심을 가지면 관리적 직책은 수행되므로 관리능력이 현저히 향상된다.

③ 표준과 실제의 차이에 계산의 중심을 둔 표준원가계산은 예외원리를 회계에서 실천하는 것이며 영미에서는 예외에 의한 회계라고도 한다. 표준과 실제를 비교하여 양자의 차이를 추궁하는 것은 주로 부문비계산의 단계에서이다. 그리고 차이가 발견되면 그 원인을 조사하고 차이를 발생하게 한 책임 또는 공적의 소재를 명확히 하여야 한다. 어느 부문에 그리고 어떠한 원가요소에 얼마의 차이가 생겼는지를 확인하여 부문책임자는 그것이 불리한 차이라면 그에 대하여 대책을 강구해야 하고 이로 인한 개선책에 의하여 경영능률은 한 층 더 증진되고 다른 관리수단보다 고도로 관리성과가 달성된다.

④ 그리고 표준원가계산을 실시하면 실제원가에 의한 제조원가의 산정을 생략하거나 또는 간소화 할 수 있다. 표준원가계산의 발달은 미국에서 1930년대의 불경기에 대비하여 광범하게 채택되었고, 제2차 대전후에는 미국뿐만 아니라 영국이나 독일에서도 보급되어 그 실적을 올리고 있다.

2. 표준원가에 대한 반대이론

표준원가계산의 채택은 원재료와 작업순서뿐만 아니라 제품의 종류나 규격도 표준화된 경영에서 많은 효과를 발휘한다. 따라서 대량생산경영의 종합원가계산에 적절한 것이고 제품의 다양성과 변화가 많은 개별생산경영의 개별원가계산에는 부적당한 계산제도라는 인식이 종래 강하였고 현재도 전무하다고는 할 수 없다. 표준원가에 대한 반대는 회계원칙에서 본 반대와 계산기술면에서 본 반대로 구분된다.

(1) 회계원칙의 견지에서 본 반대논거

회계원칙에서 본 반대 주장은 다음과 같다. 회계원칙은 항상 과거의 실정을 기반으로 그 기능을 수행하는 것이고 이 회계원칙은 회계사상 발전의 기초부터 통설로 인식되고 금후도 변함이 없을 것이다. 따라서 원가계산분야에서도 소위 역사적 원가 즉 실제원가만이 신뢰할 수 있는 원가이고 당위적인 표준원가는 아무리 합리적으로 설정되어도 단순히 인위적으로 설정된 공상적원가이고 신뢰할만한 것이 못된다는 것이다. 이상의 주장은 직업회계사들이 표준원가제도가 대두된 초기에 논의한 것이다. 그리고 회계이론으로는 타당한 이론이다. 그러나 원가계산의 목적을 달성하려면 회계적인 이론만으로 완벽을 기대할 수 없다. 원가계산은 자동적 기구가 없고 회계와의 연계가 필요하며 회계기구중에서 그 숫자의 정부를 확인할 필요가 있다. 그러나 회계상의 목적을 저해하지 않는 범위에서는 원가계산 자체의 목적도 충분히 달성되어야 할 것이다. 원가계산의 목적은 경영의 실태를 계수적으로 파악하여 적정한 원가결정 및 경영능률의 증진을 위하여 공헌함에 있다. 그러나 실제원가계산에서도 경영의 실태를 계수적으로 파악할 수 있는 것은 물론이지만 그 파악은 제품완성후 빨라도 1개월후이기 때문에 파악된 실태도 시간적으로 적정한 가격결정 및 경영능률의 증진이 기초로 이용하여 목적달성을 하기에는 미흡한 점이 있게 된다. 그 뿐만 아니라 파악한 실태가 타당한 것인가를 판단하기 조차 곤란하다. 특히 제품이 복잡하고 변화가 많은 개별생산형태로 개별원가계산을 필요로 하는 비표준품의 제조공장에서는 그 실태의 적부를 판단하는 것이 용이하지 않다. 이것이 불가능하다면 원가계산도 무용지물이 될 것이다. 이 문제를 해결하려면 표준원가를 병용하는 것이 필요하고 그래도 불충분하면 공사착수전에 공사계획표에 의하여 총원가까지 계산하는 기구를 가동함으로써 원가계산의 목적을 완전히 달성할 수 있는 것이다.

(2) 계산기술적 견지에서 본 반대논거

계산기술적 견지에서 반대한 주요한 논거는 각종의 표준설정이 곤란하고 시가의 변동에 따른 표준의 변동이 번잡하며, 원료, 부분품, 제품 등을 표준가격으로써 평가하는 것이 부당하고, 원가분석이 복잡하여 그 진실한 원인에 대한 파악이 용이하지 않으며, 표준원가제도를 각종 기업에 적용할 수 없는 데에 연유하고 있다.

① 각종 원가요소에 대하여 표준을 설정하는 것은 어렵다. 그리고 표준원가의 효과는 이 점에서 좌우되며 만일 표준설정이 부적당하면 표준원가의 설정은 절망적이다. 그러나 근대공업은 산업의 과학화, 표준화와 더불어 계획생산에 의한 합리화를 지향하고 있으며 공사에 착수하기 전에 소요재료의 수량이 산정되고 소요시간이 설정되기 까지 발전되었다. 여기서 표준설정이 가장 곤란하다는 재료의 수량과 작업시간이 산정되면 그 밖의 표준 설정은 그다지 곤란하지 않다. 따라서

	개별생산경영에서도 표준설정은 곤란성은 타개되고 실용상 아무런 불안없이 그 혜택을 받게 되었다. ② 시가변동에 대한 표준의 변경이 번잡한 것도 사실이다. 그러나 실제 문제로 Inflation시대에 3개월마다 개정함으로써 하등 지장이 없었다는 경험이 이 문제를 실증적으로 해결하고 있다. ③ 원료, 부분품, 제품을 표준가격으로 평가하는 방법에는 입고시에 표준가격으로 환산하는 방법과 출고시에 표준화하는 두가지 방법이 있다. 양자에는 장단이 있지만 평가면에서 보면 후자가 무난하다. 입고시의 표준화는 표준단가를 변경할 때마다 재료계정의 변동은 물론이고 재고재료의 가격에 변동이 있게 되어 재고재료의 재평가를 하게 되며 탈법에도 관계가 있어서 부당한 점이 많다. 그러나 출고시의 표준화는 재료계정에 영향이 없고 재고재료는 실제원가로 취급되며 사용된 것만이 표준원가가 되어 재공품계정(또는 제조계정)으로 처리되기 때문에 평가문제는 별로 생기지 않는다. 이와 같이 표준원가의 채택으로 구입시기, 구입처, 시가의 변동 등에 따라 생기는 불균등하고 불합리한 단가도 시정되어서 타당한 원가가 계상되므로 실제원가의 결점이 제거되며 오히려 표준원가로 평가하는 편이 좋은 결과가 된다. ④ 원가분석은 대량생산형태에서는 용이하지만 개별생산형태에서는 상당히 곤란하다. 그러나 실제로는 원가분석중에서 가장 중요하고 곤란한 직접재료비와 직접노무비도 전표제도의 완비에 의하여 용이하게 분석된다. 간접비에 관하여도 종래의 불명확한 예산통제가 일보전진하여 표준통제로 변하고 이의 진보에 따라 원가분석에 대한 곤란성도 제거됨으로써 이 문제도 해결될 것이다. ⑤ 표준원가제도를 전면적으로 각종 기업에 채택할 수 없다는 점도 공정관리, 전표제도의 진보에 따라 개별생산경영에서 개별원가계산을 채택하는 비표준제품에 대하여도 실시할 수 있도록 되었다.
표준원가의 효용	3. 표준원가의 효용 원가계산준칙에서는 다음의 4가지를 표준원가의 효용으로 들고 있다. ① 원가관리를 효과적으로 하기 위한 원가의 표준으로서의 표준원가를 설정한다. ② 표준원가는 정상적인 원가로서 재공품·제품 등의 재고자산 가액 및 매출원가 산정의 기초가 된다. ③ 표준원가는 예산 특히 추정재무제표 작성에 있어서 신뢰성 있는 기초를 제공한다. ④ 표준원가는 이것을 계정조직중에 편입함으로써 기장을 간략화 및 신속화 할 수 있다. 사례 표준원가계산 ①

표준원가계산을 실시하고 있는 A제품회사의 다음 자료로 제조원가보고서와 손익계산서를 작성하고, 원가차이(표준실제차이)분석을 표시하라.

〈자료〉
(1) 제품 1개에 대한 표준원가표
    직접재료비   5kg   @ 80원 ············ 400원
    직접임금   7시간   @100원 ············ 700원
    제조간접비 ······································· 300원
                                                    1,400원
(2) 재료소비량 ············ 5,700kg 출고단가 @ 85원
    직접임금지급액 ········ 8,000시간 임 률 105원
    제조간접비실제발생액 ··················· 310,000원
    당기제조완성량 ············ 900개
    기말재공품수량 ············ 100개
    기말재공품진척도 { 직접재료비 ············ 100%
                      직접임금 ··············· 60%
                      제조간접비 ············· 50%
    기말제품재고량 ······························· 300개
    매 출 액 ································· 1,200,000원
    급   료 ······································ 8,000원
    광 고 선 전 비 ······························· 4,000원
    잡   비 ······································· 2,500원
    이 자 수 익 ···································· 1,500원
    대 손 상 각 ···································· 1,000원

(3) 기초재공품 및 기초제품은 없다.
(4) 원가차이 중 재료가액차이와 임률차이는 재공품·제품·매출원가에 추가배부하고, 재료수량차이·작업시간차이 및 제조간접비차이는 영업외손익으로 처리한다.
  단, 위의 추가배부에 있어서 재료가액차이는 표준재료비를, 임률차이는 표준작업시간을 기준으로 하여 배부한다.

구 분	표준재료비	표준작업시간수
재 공 품	40,000원	420시간
재 고 제 품	120,000원	2,100시간
매 출 원 가	240,000원	4,200시간

〈해답〉
<u>제조원가보고서(표준원가)</u>
Ⅰ. 재 료 비   420,000
Ⅱ. 노 무 비   672,000

Ⅲ. 경　　비　285,000
　　　　당기총제조비용　　　1,357,000
　　　　기 말 재 공 품　　　　97,000
　　　　당기재품제조원가 ……… 1,260,000
　　　　　　　　제 조 원 가 보 고 서
　　Ⅰ. 재료비(표준)　400,000
　　　　추 가 배 부　 28,500　　　　428,500
　　Ⅱ. 노무비(표준)　672,000
　　　　추 가 배 부　 40,000　　　　712,000
　　Ⅲ. 경 비(표준)　　　　　　　　285,000
　　　　당기총재조비용(추가배부액포함)　1,425,000
　　　　기말재공품(표준)　97,000
　　　　기말재공품(추가)　 5,350　　　102,350
　　　　완성품제조원가 …………………… 1,323,150
　　　　　　　　　손 익 계 산 서

과　　목	금　　　액	
(Ⅰ) 매 출 액		1,200.000
(Ⅱ) 매 출 원 가		882,100
1. 완성품제조원가	1,323,150	
2. 재고제품(표준)	420,000	
재고제품(추가)	21,050	441,050
(Ⅲ) 매출총이익		317,900
(Ⅳ) 관리판매비		14,500
1. 급　　료	8,000	
2. 광고선전비	4,000	
3. 잡　　비	2,500	
(Ⅴ) 영업이익		303,400
(Ⅵ) 영업외수익		1,500
1. 이자수익	1,500	
(Ⅶ) 당기총이익		304,900
(Ⅷ) 영업외비용		210,000
1. 대손상각	1,000	
2. 재료수량차이	56,000	
3. 작업시간차이	128,000	
4. 제조간접비차이	25,000	
(Ⅸ) 당기순이익		94,900

(1) 원가차이분석
① 재료가격차이 … (80원－85원)×5,700＝－28,500원
② 재료수량차이 … 80원×(5,000－5,700)＝－56,000원

③ 임률차이 ……… (100원-105원)×8,000원 = -40,000원
④ 작업차이 ……… 100원×(6,720-8,000) = -128,000원
⑤ 제조간접비차이…285,000원-310,000원 = -25,000원

(2) 재료가격차이추가배부

$$28{,}500 \times \frac{40{,}000}{40{,}000+120{,}000+240{,}000} = 2{,}850원 \cdots 재공품에$$

$$28{,}500 \times \frac{120{,}000}{40{,}000+120{,}000+240{,}000} = 8{,}550원 \cdots 재품에$$

$$28{,}500 \times \frac{240{,}000}{40{,}000+120{,}000+240{,}000} = 17{,}100원 \cdots 매출원가에$$

(3) 임률차이추가배부

$$40{,}000원 \times \frac{420}{420+2{,}100+4{,}200} = 2{,}500원 \cdots 재공품에$$

$$40{,}000원 \times \frac{2{,}100}{420+2{,}100+4{,}200} = 12{,}500원 \cdots 제품에$$

$$40{,}000원 \times \frac{4{,}200}{420+2{,}100+4{,}200} = 2{,}500원 \cdots 매출원가에$$

(4) 영업외비용
① 재료수량차이 ……………………………… 56,000원
② 작업시간차이 ……………………………… 128,000원
③ 제조간접비차이 …………………………… 25,000원

[사례] 표준원가계산 ②

H기계제조회사는 표준원가계산을 하고 있다. 다음의 자료에 의하여 ① 원가차이(표준·실제차이)분석을 표시하고, ② 표준제조원가보고서, ③ 손익계산서를 작성하라.

[자료]
(1) 제품 1개당 표준원가표

	(수량)	(단위)	(금액)
직접재료비 ………	6kg	@ 90원	540원
직접임금 …………	8시간	@ 100원	800원
제조간접비 ………………………………………			400원
제품 1개당 표준원가 ………………………………			1,740원

(2) 실제재료소비량 …… 6,000kg 재고단가 @ 95원
　　직접임금지급액 …… 9,000시간 임률 @ 110원
　　제조간접비실제발생량 ……………………………… 800개
　　기말재공품수량 ……………………………………… 100개
　　기말재공품진척도 { 직접재료비 100%
　　　　　　　　　　　 직접임금 60%
　　　　　　　　　　　 제조간접비 50%

기말제품재고량 ················· 250개
　　　① 매 출 액 ················· 1,400,000원
　　　② 급　　료 ················· 9,000원
　　　③ 광고선전비 ················· 6,000원
　　　④ 잡　　비 ················· 3,000원
　　　⑤ 이 자 수 익 ················· 2,500원
　　　⑥ 대손상각 ················· 1,000원
　　　⑦ 기초재공품 및 제품재고는 없다.
　(3) 원가차이 중 재료가격차이와 임률차이는 재공품·제품·매출원가에 추가배부하고, 재료수량차이와 작업시간차이 및 제조간접비차이는 영업외손익으로 한다. 단, 추가배부에서 재료가격차이는 표준재료비를, 임률차이는 표준작업시간을 기준으로 한다.

구　　분	표 준 재 료 비	표 준 작 업 시 간
재 공 품	54,000원	480시간
재 고 제 품	135,000원	2,000시간
매 출 원 가	297,000원	4,400시간

단, 계산에서 원미만은 끊어버린다.
〈해답〉
(1) 원가차이분석
[재료비차이분석]
　　실제재료비 ················ 95원×6,000원=570,000원
　　표준재료비 ················ 90원×5,400원=486,000원
　　　　　　　　　　　　　　　　　　　　84,000원…불리
　　수량차이 ············· 90원×(6,000−5,400)=54,000원…불리
　　가격차이 ············· (95원−90원)×6,000원=30,000원…불리
　　　　　　　　　　　　　　　　　　　　84,000원…불리
[임금차이분석]
　　실제임금 ················110원×9,000=990,000원
　　표준임금 ················100원×6,880=688,000원…불리
　　　　　　　　　　　　　　　　　　　302,000원…불리
　　시간차이 ············ 100원×(9,000−6,880)=212,000원…불리
　　임률차이 ············(110원−100원)×9,000=90,000원…불리
　　　　　　　　　　　　　　　　　　　302,000원…불리
[제조간접비차이분석]
　　실제제조간접비················· 350,000원
　　표준제조간접비················· 340,000원
　　　　　　　　　　　　　　　　　　　10,000원…불리
(2) 표준제조원가보고서의 작성

표준원가계산서

과 목	재료비	노무비	제조간접비
완성품수량	800개	800개	800개
제품단위당소비량	6kg	8시간	-
완성품표준소비량	4,800kg	6,400시간	-
표 준 단 가	90원	100원	400원
완성품표준원가	432,000원	640,000원	320,000원
기말재공품완성환산량	100개	60개	50개
표 준 소 비 량	6kg	8시간	-
기말재공품표준수비량	600kg	480시간	-
표 준 단 가	90원	100원	400원
기말재공품표준원가	54,000원	48,000원	20,000원
기 초 재 공 품	-	-	-
당기표준소비량	5,400kg	6,880시간	-
당 기 표 준 원 가	486,000원	688,000원	340,000원

① 완성품표준원가
432,000원 + 640,000원 + 320,000 = 1,392,000원
② 기말재공품표준원가
54,000원 + 48,000원 + 20,000 = 122,000원
③ 당기표준원가
486,000원 + 688,000원 + 340,000 = 1,514,000원

표준제조원가보고서

Ⅰ. 재 료 비　486,000원
Ⅱ. 노 무 비　688,000원
Ⅲ. 경　　비　340,000원

당기제조비용	1,514,000원
기말재공품	122,000원
완성품제조원가	1,392,000원
완성품수량	800개
완성품1개당제조원가	1,740원

(3) 손익계산서의 작성

손익계산서

과 목	금	액
(Ⅰ) 매 출 액		1,400,000
(Ⅱ) 매 출 원 가		1,032,891
1. 당기완성품제조원가	1,392,000	
2. 기말제품원가	435,000	
3. 재료가격차이추가배부	18,333	
4. 임률차이추가배부	57,558	
(Ⅲ) 매출총이익		367,109

(Ⅳ) 관리판매비		18,000
1. 급　　료	9,000	
2. 광고선전비	6,000	
3. 잡　　비	3,500	
(Ⅴ) 영업이익		349,109
(Ⅵ) 영업외수익		2,500
1. 이자수익	2,500	
(Ⅶ) 당기총이익		351,609
(Ⅷ) 영업외비용		277,000
1. 대손상각	1,000	
2. 재료수량차이	54,000	
3. 작업시간차이	212,000	
4. 제조간접비차이	10,000	74,609
(Ⅸ) 당기순이익		74,609

① 기말제품원가계산

　　1,740원 × 250 = 435,000원 … 기말제품원가

② 재료가격차이 계산

$$30,000원 \times \frac{297,000}{486,000} = 18,333원 \cdots 재료가격차이 매출원가에 추가배부$$

③ 임률차이 계산

$$90,000원 \times \frac{4,400}{6,800} = 57,558원 \cdots 임률차이 매출원가에 추가배부$$

사례 표준원가계산 ③

다음 자료에 의한 물음에 답하라.(문항 (1),(2),(3)은 제조원가상 아무런 원가차이도 없다고 가정하고 답하라.)

(1) 연간손익분기매출액은 얼마인가?

(2) 연간60,000원의 순이익을 얻으려면 몇 개나 판매해야 하는가?

(3) 매출액의 10%에 해당하는 순이익을 얻으려면 몇 개나 판매해야 하는가?

(4) 2004년도의 손익계산을 ① 전총적인 방법과 ② "직접"원가계산 방법에 따라 각각을 작성하라.

〈자료〉

한국공업사의 연간 최대생산능력은 210,000개이다. 정상조업도는 연간 180,000개로 보고 있다. 표준변동제조원가는 개당 11원이다. 고정제조간접비는 연간 360,000원이다. 변동판매비는 판매한 제품의 개당 3원이고 고정판매 및 관리비는 연간 252,000원이다.

개당 판매가격은 20원이다.

2004년도의 영업결과는 다음과 같다.

매출 150,000개, 생산 160,000개, 기초제품재고 10,000개, 그리고

표준제조원가의 순유리한 차이 40,000원, 모든 차이는 표준매출원가에 가감한다.

〈해답〉

(1) 손익분기매출액 = $\dfrac{360,000원 + 252,000원}{1 - \dfrac{11원 + 3원}{20원}}$ = 2,040,000원

(2) 60,000원 이익을 달성할 년간판매량

= $\dfrac{360,000원 + 252,000원 + 60,000원}{20원 - 14원}$ = 112,000원

(3) 매출액의 10%에 해당하는 이익을 얻기 위한 년간 판매량

= $\dfrac{360,000원 + 252,000원 + 0.1x \times 20원}{20원 - 14원}$ = 112,000원

(4) ① 전통적 원가계산법에 의한 손익계산서 :

매출액 (@20원 × 150,000개) ················· 3,000,000원
매출원가 :
  표준매출원가 ················· 1,950,000원
  표준원가차이 :
  (-)표준변동제조원가순유리한차이 (40,000)
  (+)고정제조간접비불리한차이 ················· <u>40,000</u> <u>1,950,000원</u>
매출총이익 ················· 1,050,000원
판매 및 관리비 :
  변동판매비 ················· 450,000원
  고정판매 및 관리비 ················· <u>252,000원</u> <u>702,000원</u>
당기순이익 ················· <u>348,000원</u>

② 직접원가계산법에 의한 손익계산서 :

매출액(@20원×150,000개) ················· 3,000,000원
매출액 :
  표준변동매출원가 ················· 1,650,000원
  (-)표준변동제조원가순유리한차이 ················· <u>40,000</u>
  실제변동매출원가 ················· 1,610,000원
    변동판매비 ·················<u>450,000</u> <u>2,060,000원</u>
공헌(한계)이익 ················· 940,000원
고정비 :
  고정제조간접비 ················· 360,000원
  고정판매 및 관리비 ················· <u>252,000원</u> <u>612,000원</u>
당기순이익 ················· <u>328,000원</u>

표준원가계산능률측정 (標準原價計算能率測定)

|의의| 기업의 경영활동은 구매·제조·판매·재무·인사 등 제기능 활동으로 분화되어 이루어지고 있다. 그러므로 능률측정(Measure

(Measurement of Efficiency of Standard Cost Accounting)	ment of Efficiency)도 기능별로 해야 될 것이다. 그러나 능률측정의 기준이 되는 표준원가계산은 주로 제조활동을 관리하기 위한 수단으로 이용되고 있으므로, 기능측정의 범위도 제조능률 중심으로 생각할 수 있다. **설명** (1) 원가차이분석 　표준원가계산은 표준과 실제와의 비교에 의하여, 표준적 또는 이상적인 입장에서 경영능률의 관리를 하는데 이용되고 있다. 그러므로 능률의 측정은 원가차이분석을 수단으로 하여 행한다. 먼저, 제조원가를 구성하는 재료비·노무비·경비는 다음과 같이 그 차이가 산정된다. 　① 직접재료비 　재료가격차이＝(표준원가×실제소비량)－(실제가격×실제소비량) 　재료수량차이＝(표준가격×표준소비량)－(표준가격×실제소비량) 　② 직접노무비 　임 률 차 이＝(표준임률×실제노동시간)－(실제임률×실제노동시간) 　작업시간차이＝(표준임률×표준노동시간)－(표준임률×실제노동시간) 　③ 제조간접비 제조간접비는 고정비와 변동비로 되어 있으며, 원가요소로서의 경비는 이에 포함된다. 제조간접비의 분석방법에는, 2분법과 3분법이 있다. 　㉮ 2분법 　관리가능차이＝실제조업도에서의 간접비예산－실제간접비 　조업도차이＝표준간접비배부액－실제조업도에서의 간접비예산 　㉯ 3분법 　예산차이＝표준간접비－실제간접비 　조업도차이＝(표준배부율×실제작업시간)－(표준배부율×정상조업도 　　　　　　에서의 표준작업시간) 　능률차이＝(표준배부율×실제조업도에서의 표준작업시간)－(표준배 　　　　　부율×실제작업시간) 　원가요소의 분석은 이상과 같은 수법에 의하지만, 능률측정은 원가요소의 계산, 제품별계산의 단계에서가 아니고, 부문비계산의 단계에서 이루어지는 것이다. 원가책임은 부문비계산의 명확히 되기 때문이다. 　(2) 부문비계산의 목적 　부문비계산의 목적은 두 가지가 있다. 하나는 정확한 제품원가를 계산하기 위하여서이고, 또 하나는 어느 곳에서 누구의 책임하에 얼마의 원가가 발생하였는가를 명확히 하기위하여서이다. 그러므로 부문설정은 관리적인 관점에서 구분해야 한다. 관리적 구분이란 직제상의 구분인 것이다. 원가책임은, 직제상 책임자가 위양을 받은 권한의 범위와 그 장소에서 발생되는 원가의 내용에 의하여 결정될 것이므로, 능률측

정은 원가책임자가 원가활동에 의하여 그 부문의 기능을 충분히 발휘했는지의 여부를 문제로 하게 된다. 생산과정에서 원재료를 구입하고, 그것을 현장에 반입하여 제조를 하게 되는데 원가의 발생과정은 그 동안의 경제가치사용의 과정인 것이다. 제품이 되기까지의 공정별, 기계장치별 또는 작업장소별로 원가가 발생한다. 표준원가계산에서는 이러한 사실을 기초로 하여 부문을 다시 원가중심점(cost center)으로, 그리고 다시 작업구분(operations)으로 세분한다. 원가책임은 부문을 세분한 원가중심점·작업구분별로 명확히 해야 한다. 이와 같이 원가책임을 명확히 하는 것이 능률측정을 하는데 필요하다. 원가부문은 제조부문과 보조부문으로 대별된다. 제조부문은 당해 사업의 목적인 제품이 직접 생산되는 부문의 총칭이고, 보조부문은 제조부문에 용역을 제공하고 있는 봉사부문을 말한다. 제조부문의 능률측정은 원가차이분석의 수법에 의하여 원가부문별로 이루어진다. 그 원가부문은 필요에 따라 다시 원가중심점·작업구분으로 세분될지라도 원가부문이 수행하는 기능을 측정하기 위한 것이다. 한편, 제조활동은 부문적인 것이 아니고, 상호관련되는 것이므로 어느 부문의 기능이 좋아도 그것이 지나쳐서 전체적으로 마이너스가 되기도 한다. 그러므로 능률측정도 부분적인 것으로부터 상호관련되는 것으로 종합되어야 한다.

(3) 능률측정의 주요내용

제조부문에서 측정되는 능률의 주요한 내용은 다음과 같다.

① 재료소비능률

재료의 소비에 관한 수량능률은, 불량재료의 사용·가공불량, 작업방법의 변경, 시방서의 불완전, 작업능률의 저하 등의 제원인에 의하여 영향을 받는다. 그러므로 표준과 실적과의 차이를 이러한 원인으로 분석하여 능률을 측정한다. 그리고 가격능률은 구매능률에 속한다.

② 작업능률

작업능률은 종업원의 숙련도, 배치, 작업조건, 임금제도, 직장사기(morale)등에 영향을 받으므로 이러나 제원인을 분석하여 능률을 측정한다.

③ 제조간접비능률

제조간접비는 예산차이, 조업도차이, 능률차이로 3분하여 생각할 수 있다. 예산차이와 조업도차이는 계절적인 변동, 간접비의 낭비 등에 의하여 변동되므로 이들의 제원인을 분석하고, 능률차이는 작업능률의 제원인에 준하여 분석하면 된다.

보조부문은 보조경영부문과 공장관리부문으로 구분된다. 보조경영부문은 동력·용수·가스 등의 급부(Leistung)를 제조부문에 공급하고, 또 수선·운반 등의 용역을 제공하는 부문이다.

공장관리부문은 재료·노무의 관리·기획·설계 기타의 공장사무를 담당하는 부문이다. 제조부문에 급부를 공급하는 부문의 능률측정은 제조부문에 준하여 이루어진다. 용역제공을 하는 부문은 주로 작업능률의 측정을 하는데 중점을 두어야 한다. 이 경우 원가중심점을 설정하여 기능원가를 파악하고, 여러 가지의 능률측정을 할 수도 있다.

공정관리부문에 대하여도 건물·기계·종업원·재료에 대한 기능적 분류(예를 들면, 난방·보수·운반 등)에 의하여 표준과 실적과의 대비를 함으로써 능률측정을 한다.

표준원가계산목적
(標準原價計算目的)
(Object of Standard Cost Accounting)

[설명] 일반적으로 표준원가계산의 목적은 다음의 4가지로 요약할 수 있다.

(1) 원가관리목적

표준원가계산을 실시하는데는 먼저 사전에 제품의 단위당 표준원가를 설정하여야 한다. 이를 위해서는 사용하는 원재료, 행하는 작업 기타 원가에 미치는 제조건에 대하여 원가가 최저가 되는 상황을 예상하고, 그 상황한에서 "당연히 발생하여야 할 원가"(Should be Cost)를 모든 요소에 대하여 과학적 방법에 의하여 또 객관적기초에 따라 설정하여야 한다. 그 표준원가에는 그 엄격성(Tightness)이란 점에서 일체의 비능률을 허용하지 않는 "이상표준원가"에서 일정한 노력을 하여도 피할 수 없는 비능률을 포함한 "현실표준원가"에 이루기까지 몇 개가 있기 때문에 표준원가계산을 실시하는 목적에 비추어 보아 가장 적당하다고 생각되는 수준의 표준원가를 설정하는 것이 급선무이다.

다음에 표준원가계산에 있어서는 실제의 제품생산량에 대한 기준원가와 실제원가를 계산하여야 양자를 비교하여 원가차이를 계산하여야 하는 것인데, 이렇듯 표준원가계산을 실시하는 중요성 목적의 하나가 원가관리(Cost Control)를 효과적으로 촉진하는데 있다.

(2) 재고자산액 및 매출원가의 산출목적

표준원가는 정상적인 원가로서 재공품·제품 등의 재고자산가액 및 매출원가산정의 기초가 된다. 표준원가계산은 표준원가 그 자체의 내용에 의하지만 현실표준원가나 정상표준원가라면 실제원가로 평가하는 재고자산이나 매출원가의 가격보다 더 합리적이라고 할 수 있다. 그렇지만 재무회계는 기본적으로 기업회계기준에 따라 취득원가주의에 입각하고 있기 때문에 실제원가와 동떨어진 표준원가라면 당연한 것으로서 재고자산이나 매출원가의 평가에는 사용할 수 없다고 본다.

이와 같이 표준원가가 재고자산가액 및 매출원가 산정의 기초가 된다는 것은 원가계산제도에 있어서 재무회계의 주요장부에 편입하여 제품원가의 계산과 재무회계를 유기적으로 결합하는데, 유효한 원가라는 적을 의미한다. 그러나 모든 표준원가가 이러한 목적에 유효한 것은 아니다.

표준원가(광의)는 (협의의)표준원가와 예정원가로 대별하고, 전자는 현실표준원가·정상표준원가·이상표준원가로 3분하는데, 이 목적에 유효한 표준원가는 예정원가, 현실표준원가, 정상표준원가이며, 이상표준원가는 이에 유효하지 않다. 왜냐하면 이상표준원가가 재무제표 작성목적겡 유효하지 않는다는 것은 실제의 경영상태에서 볼 때 이와 같이 최저의 원가를 달성할 수 있는 것은 예외적이다.

따라서 이 표준원가는 정상상태하에서 경영활동을 전제로 하여 파악한 가치의 소비로 보지 않기 때문이다. 진실의 원가는 가치의 소비가 경영목적에 관련하고 있는 동시에 정상적인 것이어야 한다.

(3) 예산편성 목적

표준원가는 예산, 특히 추정재무제표 작성에 있어서 신뢰성 있는 기초를 제공한다. 표준원가는 원가관리와 재무제표작성목적 뿐만 아니라 기업의 예산편성에도 유용한 원가자료를 제공한다. 여기서 말하는 표준원가는 제도로서의 원가계산제도하에서 말하는 제품단위당 표준원가 즉, 원가표준을 실제발생액에 적용하여 구한 표준원가가 아니고, 이 표준원가를 계산하는데 사용한 원가표준을 의미한다는 점에 유의하여야 한다.

본래 표준원가와 예산과는 다같이 과학적 관리의 회계에의 적용이라는 점에서는 전연 관계가 없다. 그러나 양자간에는 몇가지 상위점이 인정된다. 먼저 예산은 기업의 종합적인 이익계획과 통제를 위한 도구이며, 그 대상영역은 원가발생부문에 한정하는 것이 아니다. 또 표준원가는 회계기구에 편입되어, 그 기능을 발휘하지만 예산은 이것이 계정 중에 기록되어 실제수치에 대신하여 이용되는 경우는 거의 없다. 그런데도 불구하고 표준원가계산을 채택하고 있는 많은 기업에서는 표준원가를 가지고 예산을 편성함으로써 예산편성을 효과적이고 능률적으로 행하고 있다. 그러나 이 경우 표준원가에 따라 편성한 예산의 엄격도를 어떻게 구별할 것인가 또 양자간에 차이가 있다면 어떻게 조정할 것인가에 관해서는 문제가 있다고 하겠다.

기업경영에 있어서 예산통제란 막연히 경영관리를 위한 도구라든가, 기업에 있어서 종합적관리의 수단으로 정의하고 있다. 제2차세계대전 후 신시대에 들어가면 예산통제란 용어가 나타나게 된다. 이는 단적으로 말해서 이익관리를 위한 회계시스템이라고 할 수 있다. 이 같이 예산통제가 이익관리를 그 본질적기능으로 하는 것은 오늘날에도 변함이 없다.

예산통제의 기능을 이익관리로 파악할 때, 이는 원가관리와 밀접한 관계가 있다. 예산통제는 원가관리와 함께 책임회계를 구성한다. 여하간 예산통제가 이익관리의 기능을 갖는 것은 기업활동을 일정기간에 있어서 수익과 비용 및 이익의 관계를 관리하는 것을 의미한다. 기업활동의 관리는 분업화된 조직을 구성하는 인원의 활동 즉, 인간의 행위를 회계수치로 보아 예산수치를 통해서 관리하는 것을 말한다. 다시 말해서 기업의 예산을 지표로 하여 조직인원이 행동하는 것이 이익관리라는 설명은 곧 예산의 이익관리기능을 설명하는 것이다.

(4) 기장의 신속화 목적

표준원가는 이것을 계정조직 중에 편입함으로써 기장을 간략화 및 신속화 할 수 있다. 재무제표를 작성함에 있어서 재고자산가액의 산정기초로서 표준원가를 사용한다면 매일 행하는 재료 및 제품의 수불에는 수량만 기록하면 됨으로 기장의 간략화를 기할 수 있고 또 미리 정해놓은 제품단위당 표준제품원가를 예정하여 두면 실제생산량과 실제산출량이 파악되면, 이에 제품단위당 표준제품원가를 곱함으로써 제조원가와 매출원가를 쉽게 계산할 수 있으므로 기장의 신속화를 기할 수 있다.

표준원가계산제도
(標準原價計算制度)
(Standard-cost System)

[의의] 표준원가계산제도는 실제원가와 표준원가를 계산하고, 이 차이를 분석하여 보고하는 계산체계이다.

[설명] 20세기 초두에 표준원가계산은 실제원가계산이 원가관리에 유용하고 적절한 원가정보를 제공 할 수 없는 결함을 극복하기 위하여 미국에서 탄생하였다. 표준원가계산의 선구자 해링톤 에머슨(Harrington Emerson)이 처음으로 미국의 철도회사에서 1904년에 표준원가계산을 적용한 때부터 비롯한다. 그러나 표준원가계산의 필요성을 통감하고, 이를 최초로 연구한 사람은 테일러(F.W. Taylor)의 소위 과학적관리법(Scientific Management)을 봉사한 능률기사들(Efficiency Engineers)이였다. 왜냐하면 그들은 불능률을 제거하기 위하여 달성해야할 작업의 표준을 원자재의 소비량뿐만 아니라 원가에 대해서도 사전에 설정한 것이 표준을 설정하고 방치한다는 의미가 아니라 실적과 대조함으로써 비로서 경영자의 신뢰와 지지를 얻었기 때문이다. 이렇듯 기능기사들이 연구한 표준원가계산은 원가관리형 표준원가계산이었다. 이와 같이 생성 초기에는 표준의 실적을 비교하였지만 그 차이분석은 아직 미개척분야였다. 그리고 이 비교는 복식부기기구밖에서 이루어지고, 이를 장부에 도입하는 방법은 거의 연구되지 않고 있었다.

이와 거의 때를 같이 하여 회계사들도 표준원가를 연구하기 시작하였다. 그러나 그들은 능률기사들과는 전연 다른 각도에서 즉, 정상적인 원가로서 참된 원가(True Cost)를 추구하는 각도에서 출발하였다. 다시 말해서 기능기사들은 역사적원가계산(실제원가계산)의 원가관리상의 결함을 의식한데 대하여 회계사들은 역사적원가계산의 가격계산, 손익계산상의 결함을 의식한 점이 다르다. 역사적원가 중에 포함된 원가의 이상발생액을 제거하기 위하여 실제원가와 정상원가를 비교하는 방법을 연구하였다. 따라서 그 계산방법은 견적원가계산의 색채가 농후하였으며, 그들이 주장하는 표준과 실적의 비교는 복식부기기구 가운데 이루어졌다는 점이 기능기사들과 다른 점이다. 그렇지만 능률기사들과 회계사들의 노력에도 불구하고 생성초기의 표준원가계산은 세인의 주목을 끌지는 못하였다.

제1차대전 후 미국에서는 불황기에 들어가므로서 원가계산담당자의 표준원가계산에 대한 관심이 급속도로 높아졌다. 1919년 미국원가회계사협회(National Association of cost Accountants)가 설립 되었는데 현재는 NAA(National Association of Accountants)라고 부른다. 이 때부터 새로운 원가계산에 관한 연구가 시작되었으며, 표준원가계산은 이 협회에 의해서 착실한 걸음을 내디디게 되었다. 1920년대에 중요한 발전은 표준원가차이분석론의 전개였다. 표준원가차이분석중에서 가장 뒤떨어진 것이 제조간접비의 차이분석이였다. 19세기말부터 20세기 초두에 걸쳐서 많은 기업에서는 제조간접비를 직접임금기준법에따라 배부하고 있었다. 제조간접비를 정상적으로 배부하기 위해서는 제조간접비를 고정비와 유동비로 나누는 것이 중요하다. 그리하여 제조간접비의 차이분석방법이 확립되면 직접재료비차이를 가격차이와 수량차이로, 직접노무비차이를 임률차이로, 제조간접비를 변동예산에 의한 예산차이와 조업도차이로 분해하는 방법이 조단, 하리스(J. P. Jordan, G. L. Harris)에 의해서 제창되었다. 현재의 차이분석법과 변함없이 1925년경까지의 표준원가차이분석의 원형이 나타나게 되었던 것이다. 1930년대에 들어와 중요한 사건의 하나는 1932년 캬맨(E. A. Camman)이 기준표준원가(Basic Standard Cost)를 제창하였던 것이다. 또 1930년대에 중요한 사건의 하나는 표준원가계산을 복식부기 가운데 전입하는 제방법의 체계화를 시도하였다는 것이다. 초기의 표준원가계산은 주로 기술자에 의해서 연구된 것이므로 1920년대까지는 그 계산은 보조적 통계적기록의 범주에 지나지 않는다. 그렇지만 1935년경에는 원가계산 담당자가 그 주도권을 쥐고 표준원가를 복식부기기구 가운데 편입함으로써 계산의 정확성·신뢰성을 높이고, 또 표준원가야말로 실제원가에 대신할 참된 원가라고 주장하기에 이르렀던 것이다.

이상과 같이 미국에서 표준원가계산은 계산기술적으로는 1930년대가 끝날때는 거의 완성되었다. 따라서 1940년 이후 1960년도까지는 그 계산기술의 마무리에 지나지 않았다. 이렇게해서 발전하여 온 표준원가계산은 오늘날 그 고유의 문제영역을 넘어서 표준원가계산 이외의 계산기법이나 관리기법이 어떻게 결합하는가 하는 문제까지 다르게 이르렀다. 요컨대 표준원가계산은 결국 실제원가계산의 결함을 보충하고 극복하기 위하여 고안된 원가계산인데, 그 발생의 기원은 아마 오랜 시대에까지 소급할 수 있을 것이다. 그렇지만 오늘날과 같은 표준원가의 개념의 기초가 이루어진 것은 제1차세계대전 후 불황의 극복을 목적으로 시작된 능률증진운동이였다. 테일러의 과학적관리법, I.

E(Industrial Engineering), Q. C(Quality Control)로 발전하고 실체적이고 기술적인 합리성을 추구하기에 이르렀던 것이다.

표준원가불출법 (標準原價拂出法) (Standard Cost Delivery Method)	의의 표준원가불출법이란 재료·제조 등의 재고자산의 불출가액계산법의 하나이다. 불출가액의 계산은 불출수량에 불출단가를 곱하여 계산되므로, 불출가액은 이 2개의 요소에 의하여 변화한다. 불출수량은 헛된 낭비가 있으면 증가하게 되고, 능률이 오르면 감소한다. 그리고 불출단가는 시장가격(취득원가)의 변동에 좌우된다. 그러므로 단순히 불출가액의 대소에 따라 경영능률을 측정할 수 있는 것은 아니다. 그래서 경영능률의 측정을 주안으로 하여 표준원가가 불출가액의 계산에 사용된다. 설명 표준원가는 표준소비량에 표준가격을 곱하여 산출되므로 원가차이(실제원가와 표준원가의 차이)가 배제된다. 결국 달성되어야 할 원가를 나타낸다. 이 같은 연유로 능률의 척도가 되는 것이다. 표준원가는 요구된 능률수준의 고저에 따라 통상 정상원가, 현실적 표준원가, 이상적 표준원가로 나누어진다. 불출가액의 계산에 표준원가를 사용하는 것은 원가관리·합리화에 효과를 미치는 것에 그치지 않고, 매출원가에도 영향을 미치기 때문에 일정한 재무적 효과도 이루게 되는 것이다.
표준원가산정 (標準原價算定) (Standard Cost Decision) 표준직접재료비 표준직접노무비	의의 원가요소의 산정은 원칙적으로 수량표준과 가격표준의 양면에 대하여 산정하며, 표준원가는 직접재료비·직접노무비 등의 직접비 및 제조간접비에 대하여 계산하고 다시 이를 제품원가에 산정한다. 설명 1. 표준직접재료비 ① 표준직접재료비는 직접재료의 종류별로 제품단위당의 표준소비량과 표준가격을 정하고 이 양자를 곱하여 산정한다. ② 표준소비량에 대하여는 제품생산에 필요한 각종 재료의 종류, 품질, 가공방법 및 순서등을 정하고 과학적, 통계적 조사에 의하여 제품단위당의 각종재료의 표준소비량을 정한다. 표준소비량에는 정상적인 감손, 공손을 포함한다. ③ 표준가격은 예정가격 또는 정상가격으로 한다. 2. 표준직접노무비 ① 표준직접노무비는 직접작업의 구분마다 제품단위당의 표준시간과 표준임률을 정하고 이 양자를 곱하여 산정한다. ② 표준직접작업시간에 대하여는 작업의 종류별, 사용기계공구, 작업방식 및 순서, 노동등급 등을 정하고 이를 과학적, 통계적 조사에 의하여 제품단위당의 각 구분작업의 표준시간을 정한다. 이 표준작업시간에는 통상적 여유시간을 포함한다. ③ 표준임률은 예정임률 또는 정상임률로 한다.

표준제조간접비	**3. 표준제조간접비** 　제조간접비의 표준은 이를 부문별 또는 작업단위별로 산정한다. 부문별 제조간접비의 표준이란 일정기간에 발생할 제조간접비의 예정액을 말하며 이를 부문간접비예산으로서 산정한다. 그 산정방법은 실제원가계산에 있어서의 부문별계산절차에 준하며, 부문간접비예산은 고정예산 또는 변동예산으로 산정한다. 　(1) 고정예산 　제조간접비예산을 예산기간에 있어서 예상되는 일정한 조업도에 대응하여 산정하는 것을 고정예산이라 한다. 각 부문별 고정예산은 일정한 한도내에서 원가관리에 기여할 뿐만 아니라 제품에 대한 표준간접비배부율의 산정기초가 된다. 　(2) 변동예산 　제조간접비를 보다 효율적으로 관리하기 위하여 변동예산을 설정한다. 　변동예산이란 제조간접비를 예산기간에 예상되는 여러 조업도에 대응하여 산정한 예산을 말하며 실제간접비발생액을 당해 조업도의 예산과 비교하여 부문업적의 관리를 가능하게 한다. 변동예산의 산정은 실사법·공식법 등에 의한다. 　① 실사법 　실사법에 의하는 경우에는 일정한 기준조업도를 중심으로 예상되는 여러 조업도를 일정한 간격으로 구분하고 각 조업도에 대응하는 복수의 제조간접비예산을 산정한다. 　이 경우 간접비예산은 간접비의 각 항목에 대하여 각 조업도에 있어서의 금액을 개별적으로 실사하여 산정한다. 　② 공식법 　공식법에 의하는 경우에는 제조간접비요소를 고정비, 변동비로 구분하고 고정비는 조업도의 증감에 불구하고 일정한 것으로 하고, 변동비는 조업도의 증감과 관련시켜 그 변동율을 각 요소별로 측정하여 두고 이를 관련 조업도에 곱하여 산정한다.
표준제품원가	**4. 표준제품원가** 　표준제품원가는 제품의 일정단위에 대하여 표준직접재료비, 표준직접노무비 및 표준간접비 배부율에 따라 산정한 표준간접비 배부액을 합계하여 산정한다. 　표준간접비 배부율은 고정예산 또는 변동예산 산정시의 기준조업도에 있어서의 표준간접비를 기초로 하여 산정한다. 또한 가공비의 배부계산을 하는 경우에는 부문가공비표준을 제조간접비의 표준산정에 준하여 산정한다.
표준원가계산제도	|의의| 표준원가계도에서는 주로 원가관리를 목적으로 표준원가를 계

의 원가차이 (標準原價計算制度 의 原價差異) (Cost Variance of Standard Cost System)	산하는 것이므로, 이 표준원가와 실제원가의 차이를 목적을 위하여 분석한다. 이 원가차이의 처리방법은 설정되는 원가계산제도의 여하에 따라서 다르다. 이 원가차이의 처리방법을 그 종류별로 나누면 산출법(産出法)과 투입법(投入法)으로 대별된다. 전자가 제품의 산출량이 확정될 때까지 기다려 표준원가와 실제원가를 대비하는데 대하여 후자는 원가요소의 투입시점에서 양자를 대비하는 점이 다르다. 이는 기업의 생산형태(대량생산과 주문생산)에 따라서는 어느 정도 좌우되지만 보다 중요한 것은 원가차이를 산출시점에서 파악하느냐, 투입시점에서 파악하느냐에 있다. 　이와 같이 표준원가계산제도에서는 표준원가와 실제원가를 원가요소별로 또는 원가부문별로 집계한 다음에 양자의 차이인 원가차이를 원인발생별로 분류하고 측정한다. 이 원가차이분석의 목적은 재무회계상 원가차이를 적절히 처리하여 제품원가 및 손익을 산정하는 것과 원가관리에 유효한 정보를 제공하는데 있는 것이다.
표준원가종류 (標準原價種類) (Kind of Standard Cost)	[의의] 표준원가(Standard costs)는 일정한 조업도를 계획적으로 전제하고 발생된 원가를 예측한 미래가치이다. 그리고 단순한 예측에 의한 것이 아니고 과학적인 사실조사에 의거하여 설정한 것이다. 표준의 설정은 각 원가요소마다 물량과 가액의 양면에 대하여 하고 설정된 물량표준과 가격표준의 상승적(相乘積)으로 표준원가가 설정된다. 특히 물량표준의 설정에는 정밀한 검사에 의한 재료선택과 작업시간 및 동작연구, 기계설비의 공업적 연구 등에 의하여 각 원가요소의 표준소비량이 결정된다. 동시에 과학적인 조사나 관측에 의한 가격표준이 상승되어 표준원가가 산출되고, 이 표준원가는 실제원가와 비교되고 작업능률을 판정하는 기준으로 사용된다. [설명] 표준원가의 종류에는 다음과 같은 것들이 있다.
당좌표준원가	1. 당좌표준원가(Current Standard cost) 　실제원가의 달성목표가 되는 원가이고 실제의 조업을 규제하는 규범적인 원가이다. 또한 노력하면 달성될 수 있는 성격의 것이라야 하고 원가절감의 목표가 되는 것이다. 이는 일정한 조업상태를 기준으로 하여 발생될 원가를 과학적으로 측정하여 결정한 계획수치이므로 이 원가의 구체적 성격은 기준이 되는 조업도를 고찰하여야 한다. 조업도는 3단계로 고찰되고 이에 대응하는 당좌표준원가도 3종으로 구분된다. 　(1) 이상(理想)표준원가(Ideal Standard cost) 　이상조업을 기준으로 하여 설정한 표준원가이다. 이상조업 또는 최적조업이란 현재의 생산설비로 급부단위당원가가 최소로 되는 이상적 활동상태로서 실제로는 경영이 이와 같은 상태로 운영될 수 없으나 경영의 장기계획 또는 경영방침수립에 귀중한 지침이 되고 구조적인

변동이 없으면 일단 설정된 후 개정할 필요가 없는 안정적인 것이다.
 (2) 정상표준원가(Normal Standard cost)
　정상조업을 기준으로 하여 발생될 표준원가이다. 정상조업이란 현재의 생산설비 또는 판매부문을 포함한 경영 전체가 정상적 활동을 하고 있는 상태이다. 정상표준원가는 계절적 유행이나 자연적 조건으로 인하여 각 원가가 변동하기 쉬운 경영에 적합하다.
 (3) 실제기대표준원가(Actual Expected Standard cost)
　예정조업을 기준으로 하여 발생될 표준원가이다. 예정조업이란 실제로 발생이 예상되는 활동상태이므로 기술적인 급부, 생산능력면 뿐만 아니라 생산급부의 차기 판매예상도 가미하여 결정된다.

기준표준원가

 2. 기준표준원가(Basic Standard cost)
　시장가격에 영향을 받지 않고 불변적으로 유지되는 고정적인 척도로서 단기간의 실제원가를 이 척도와 비교하여 변화의 추세를 파악하려고 하는 것이다. 이를 채택한 경우에 실제원가와 큰 차이가 생기나 이 표준원가는 장부외에서 설정되며 주요장부에는 실제원가로 기장되고 재무제표에서 재고자산이나 매출품제조원가와 그 구성요소는 모두 실제원가로 계상된다. 표준원가의 기능은 표준원가를 재고자산의 평가에 사용하면 회계절차를 간소화 할 수 있으며, 또한 가격결정에 이용되고, 표준과 실제의 차이를 분석함으로써 인적 물적인 불비나 결함을 다음 조업단계에서 능률적으로 개선할 수 있으며 예산통제에도 기여한다.

표준원가지시
(標準原價指示)
(Standard Cost Order)

　[의의] 표준원가는 일정한 문서에 의하여 원가발생에 관하여 책임을 갖는 각부서에 지시되며 이 표준원가를 지시하는 문서에 관하여는 기업의 실정에 따라 적절하게 정할 것이나 대체로 다음과 같이 한다.
 (1) 표준제품원가표
　표준제품원가표란 제조명령서에 지시된 제품의 일정단위당의 표준원가를 구성하는 각종 직접재료비표준, 작업종류별 직접노무비표준 및 제조간접비 배부액의 표준을 수량 및 금액으로 기재지시하는 문서를 말한다.
　이에는 필요에 따라 재료명세표, 표준작업표 및 제조간접비 배부표 등을 부속시킨다.
 (2) 재료명세표
　재료명세표란 제품의 일정단위의 생산에 필요한 직접재료의 종류, 품질 및 그 표준소비수량 등을 지정하는 것이다.
 (3) 표준작업표
　표준작업표란 제품의 일정단위의 생산에 필요한 작업의 종류, 작업부문, 사용기계공구, 작업의 내용, 노동의 등급에 각 구분작업 시간 등을 지정하는 것이다.

	(4) 제조간접비예산표 　　제조간접비예산표란 제조간접비 예산을 비목별로 설정한 비목별예산표와 이를 다시 부문별로 설정한 부문별예산표로 구분한다. 이 예산표는 필요한 경우 비목을 변동비와 고정비 또는 관리가능비와 관리불가능비표로 구분 표시한다.
표준원가차이분석 **(標準原價差異分析)** (Analysis of Standard Cost Variance)	의의 표준원가는 원가요소를 예정가격 및 물량에 따라 산정하고 장차 발생할 실제원가를 통제관리하는데 유용한 자료를 제공한다. 표준원가와 실제원가와의 차이는 필연적인 것이며 이 원가차이는 원가관리를 위한 자료로서 극히 중요한 것이다. 표준원가차이는 표준원가와 실제원가와의 차이를 의미하는데 이 원가차이를 요소별로 구분하면 재료비차이·노무비차이·간접비차이로 나누어 진다. 여기서 재료비차이는 표준직접재료비와 실제직접재료비와의 차이를 뜻하며, 노무비차이는 표준직접노무비와 실제직접노무비와의 차이, 그리고 간접비차이에는 간접재료비차이와 간접노무비차이가 포함되어야 한다. 원가차이는 일반적으로 실제원가가 표준원가를 초과하여 차이가 나타나는 경우가 많으며, 실제원가가 표준원가에 미달하여 차이를 나타내는 예는 그다지 많지 않다. 전자의 경우를 불리한 차이(Unfavorable Variance)라고 하며, 후자의 경우를 유리한 차이(Favorable Variance)라고 한다.
표준원가차이의 종류	설명 1. 표준원가차이의 종류 　표준원가차이의 종류에는 다음과 같은 것이 있다. 　① 재료비차이는 가격차이와 수량차이로 분석된다. 　② 노무비차이는 임률차이와 시간차이로 분석된다. 　③ 제조간접비차이는 예산차이·조업도차이·능률차이로 분석하거나 또는 관리가능차이와 조업도 차이로 분석할 수 있다.
표준원가차이 분석방법	2. 표준원가차이 분석방법 　(1) 재료비차이 　재료비차이는 주로 시장변동에 의한 가격차이와 재료의 소비수량의 변화에서 나타난 수량차이로 나누어 분석한다. 　① 재료의 가격차이 　재료의 가격차이는 재료의 표준가격과 실제가격과의 차액이다. 이의 산식은 다음과 같다. 　　　가격차이=(실제소비량×표준단가)-(실제소비량×실제단가) 　　　　　　=실제소비량×(표준단가-실제단가) 　재료가격차이를 계산하는 데, 재료의 구입시에 표준가격을 적용하는 방법과 출고시에 표준가격을 적용하는 방법이 있으며, 그 발생의 원인에는 시장가격의 변동, 부당한 예정가격의 설정, 불리한 구입량·구입처·구입방법 등이다.

② 수량차이

재료의 수량차이는 재료의 표준소비량과 실제소비량과의 차이이다. 이의 산식은 다음과 같다.

수량차이 = (실제소비량×표준단가) - (표준소비량×표준단가)
= (표준소비량 - 실제소비량)×표준단가

수량차이는 불적정한 표준소비량설정, 최량조건구입처가 아닌 경우, 규격외의 불량재료의 사용, 작업능률의 저하, 제품가격·기계공구·작업방법의 변경 등에 의하여 발생한다.

(2) 노무비 차이

노무비차이는 임률변동에서 나타나는 임률차이와 작업시간 변동으로 인한 시간차이로 나누어 분석한다.

① 임률차이

임률차이는 표준임률과 실제임률과의 차이에서 나타난다. 이의 산식은 다음과 같다.

임률차이 = (실제작업시간×실제임률) - (실제작업시간×표준임률)
= 실제작업시간×(표준임률 - 실제임률)

이것의 발생원인은 임금수준의 변동, 임금지급제도의 변경, 부적당한 표준임률의 적용, 지정 이외의 노동등급의 사용 등이다.

② 시간차이

시간차이는 표준작업시간과 실제작업시간과의 차이에서 나타난다. 이의 산식은 다음과 같다.

시간차이 = (실제작업시간×표준임률) - (표준작업시간×표준임률)
= (표준작업시간 - 실제작업시간)×표준임률

(3) 제조간접비차이

제조간접비차이는 고정예산에 의한 차이분석과 변동예산에 의한 차이분석이 있다.

제조간접비를 원인별로 분석하는 방법에는 2분법과 3분법으로 구분되는데, 2분법은 관리가능차이와 조업도차이로, 3분법은 예산차이·능률차이·조업도차이로 분해된다.

① 고정예산차이분석

고정예산 차이분석은 실제생산이 항상 정상조업도를 유지하고 있을 때 그 효과를 기대할 수 있다. 고정예산의 경우에 제조간접비차이는 예산차이·조업도차이·능률차이 등 3가지로 분석하는 것이 일반적이다.

예산차이 = 간접비실제액 - 간접비예산액
조업도차이 = 표준간접비배부율×(실제작업시간 - 표준작업시간)
능률차이 = 실제표준배부율×(실제조업도에 대하여 허용된 표준작업시간 - 실제작업시간)

② 변동예산차이분석

변동예산에 의한 간접비차이분석은 2분법과 3분법이 있다. 2분법은 간접비차이를 조업도차이와 관리가능차이로 분석하는 방법이다.

여기서 조업도차이는 실제조업도가 표준조업도에 미달하여 나타나는 차이이며, 관리가능차이는 작업능률의 불량이라든가 예산절약의 노력이 실현되지 못하였기 때문에 나타나는 차이이다.

조업도차이＝(실제생산량에 대하여 허용된 표준작업시간에 대응하는 간접비예산)－(표준배부율에 의한 배부필표준간접비)

※ (표준비율×표준시간)＝배부표준간접비

관리가능차이＝(간접비실제액－실제생산량에 허용된 표준작업시간에 대한 간접비예산)

3분법은 간접비차이를 조업도차이와 능률차이 및 예산차이로 분석하는 방법이다. 조업도차이는 2분법의 경우와 같으며, 3분법에서는 2분법에 있어서의 관리가능차이가 능률차이와 예산차이로 세분되는데 불과하다.

조업도차이＝(실제생산량에 대한 표준작업시간에 대응하는 간접비예산－배부필표준간접비)

능률차이＝(실제작업시간에 대응하는 간접비예산－실제생산량에 대하여 허용된 표준작업시간에 대응하는 간접비예산)

예산차이＝(간접비실제액－실제작업시간에 대응하는 간접비예산)

[사례] (1) 가격차이

실제소비량	9,100(단위)	ⓐ0.45(실제)	4,095원
표준소비량	9,100(단위)	0.40(표준)	3,640원
가 격 차 이	9,100(단위)	0.05	455원

455원은 불리한 가격차이이다. (구입가격 〉 표준가격)

(2) 수량차이

실제소비량	9,100(단위)	ⓐ0.40(표준)	3,640원
표준소비량	9,100(단위)	0.40(표준)	3,600원
가 격 차 이	9,100(단위)	0.40	40원

40원은 불리한 가격차이 (실제소비량 〉 표준소비량)

(3) 임률차이

실제작업시간	4,300(시간)	1.22원(임률)	5,246원
〃	4,300	1.20(표준)	5,160원
임 률 차 이	4,300(단위)	0.02	86원

86원은 불리한 임률차이 (실제임률 〉 표준임률)

(4) 시간차이

실제작업시간	4,300(시간)	1.20원	5,160원
표준작업시간	4,250	1.20	5,100원
시 간 차 이	50	1.20	60원

60원은 불리한 시간차이 (실제작업시간 〉 표준작업시간)
(5) 고정예산차이분석
제조간접비실제액 ················· 380,000원
표준작업시간 5,000시간에 대한 간접비예산 ········· 400,000원
실제작업시간 ················· 4,500시간
실제생산량에 대해 허용된 표준작업시간 ··········· 4,250시간

∴ 표준간접비 배부율 = $\frac{400,000}{5,000}$ = 80원

① 예산 차이 : 380,000원 − 400,000 = − 20,000원
② 조업도차이 : 80원×(5,000 − 4,250) = 40,000원
③ 능률 차이 : 80원×(4,500 − 4,250) = 20,000원
　　총차이 : 　　　　　　　　　　　　40,000원

40,000원은 실제간접비와 실제생산량에 대한 허용표준작업시간에 의한 표준간접비와의 차이이다.

(6) 변동예산차이분석
① 2분법 : 고정예산차이 분석의 예에서 조업도 4,250시간의 예산액 377,500원 부가
　조업도차이 : 377,500원 − 80×4,250 = 37,500원
　관리가능차이 : 380,000원 − 377,500 = 2,500원
　총간접비차이 : 40,000원
② 3분법 : 2분법의 예에서 사용한 숫자와 실제작업시간에 대응하는 간접비예산액을 385,000원이라면
　예산차이 : 380,000원 − 385,000원 = − 5,000원
　능률차이 : 385,000원 − 377,500원 = 7,500원
　조업도차이 : 377,500원 − 340,000원 = 37,500원
　간접비차이합계 : 40,000원
　　(2분법, 3분법의 차이는 서로 같다)

표준원료비 **(標準原料費)** (Standard Materials)	의의 표준원료가격 및 표준수량을 결정하여야 하며, 이 양자를 감안한 것이 제품에 관한 표준원료비가 된다.
표준임률 **(標準賃率)** (Standard Labor Rate)	의의 표준임률은 과거 및 현재의 임률과 장래에 예측되는 변동 등 제반여건을 고려하여 정하는 임률이다. 설명 표준임률을 산정할 때 문제가 되는 것은 임률의 구성내용이다. 원래 임률은 일정량의 노동대가를 나타내는 것이기 때문에 이론적으로 볼 때는 우량도・숙련도・피로도・위험도 등을 고려하여 결정된 직계임률(職階賃率)이어야 한다. 그러나 우리나라에서는 순수하게 직계임률제를 쓰는 공장은 적기 때문에 순수하게 노동의 가치를 나타내

는 항목 외에 근무수당·부양가족수당 등의 생활급적항목이나 사회보험료 기업주부담금, 통근수당 등의 후생비적성질이 있는 항목과 같이 개인이 제공하는 노동과 직접 결부시켜 지급하는 항목도 넓은 의미에서 노동의 대가로서 임률에 포함시키는 것은 실무상 어쩔 수 없는 것이다. 이들 생활급적 및 후생비적 항목이 낮은 직계급적 임률을 보상하는 것으로서 존재하는 경우가 많은 우리나라의 실정으로 보아 이론적으로도 일치한다고 본다. 이 경우에는 다음 산식에 의하여 표준임률을 결정하게 된다.

$$표준임률 = \frac{예정직접노무비총액}{예정직접작업시간합계}$$

그러나 임률 가운데에 직계급이외의 항목적이 들어가면 임률차이의 세밀한 분석이 의미가 없게 된다. 작업부문 또는 작업구분마다 설정된 예정임률 또는 정상임률이 사용된다. 임률의 크기에 대하여는 노사(勞使)의 이해는 상반되고, 오늘날에는 노동조합과의 단체교섭이라든가, 동종노동에 관한 일반적 임금수준, 노동력사정이나, 일반경제정세를 비롯한 외부적 제요인으로 인하여 결정되는 것이 보통이므로 관리할 수 있는 여지는 적다. 그래도 임률은 임금총액에 크다란 영향을 미치므로 작업능률의 향상이나 조업시간의 단축을 비롯한 종합적인 개선책이 나오게 된다. 이러한 실정으로 보아 표준임률을 설정하는 것은 실질적으로는 규범적인 임률표준을 결정하기 보다도 적정한 예정 또는 정상의 임률표준을 결정하는데 있다고 하겠다.

① 예정임률 … 비교적 단기의 장래 일정기간에 있어서 지급되리라 예상되는 임률을 적정하게 견적한 임률이다.

② 정상임률 … 장래 일정기간에 있어서 통상의 상황에서 지급될 것으로 예상되는 임률이다.

☞ **표준직접노무비**(Standard Direct Labor Cost)

표준작업시간
(標準作業時間)
(Standard Labor Time,
(cf. Standard Labor Rate)

[의의] 직접작업의 구분별로 제품단위당 표준시간을 작업연구, 시간연구 기타 경영의 실정에 감안한 "과학적·통계적조사"에 의하여 예정하게 되어 있다. 그렇기 때문에 각 경영은 그 실적에 감안한 과학적, 통계적조사법은 어떤 것인지를 더욱 연구하여 적당하다고 생각되는 것을 선발하여야 할 것이다. 제품사양에 따라 당해 제품의 생산에 "사용기계공구, 작업방식"각 작업에 종사하는 노동자의 숙련도·지식·훈련·경험·특수기술 등에 의한 "노동등급"을 정하고, 각 기초적·요소적작업에 대하여 작업결정의 제방법에 의해서 표준시간을 결정한다. 이것을 기초로 하여 제품단위별 표준직접작업시간을 산정하는 것이다.

과학적설정법

[설명] 1. 과학적 설정법

과학적 설정법은 다음의 방법에 의하여 작업구분마다 과학적 조사에 의하여 설정한다.

(1) 시간연구법(Time Study)

시간연구는 과학적 관리법의 제창자 데일러(F. W. Taylor)에 의해서 창시되고, 그 후 다시 전개된 방법이다. 표준작업시간을 산정하는 데는 중요한 기법이다. 관측하려고 하는 구분작업을 요소작업을 분해하고, 각 요소작업단위의 시간을 측정한다. 표준시간의 설정에는 작업의 안정도에도 의하지만 관측을 몇회 할 필요가 있다. 각 요소작업의 총시간관측치에서 이상치를 제거하여 평균치를 산출하고, 이에 작업자의 숙련도·노력·작업속도를 평가하여 산정한 수정수치를 곱하여 표준시간으로 하는 것인데 직접시간관측법이다.

(2) 기정시간법(Predetermined Time Standard System)

「테일러」에 이어서 「길브레스」(F. B. Gilbreth)는 동작연구(Motion Study)를 하고 다시 미세동작연구(Micro Motion Study)를 전개하고, 작업동작을 18개의 동소(Therblig)으로 분해하였다. 이 연구가 PTS법의 기초가 된다. 작업동작을 다시 상세한 동소라는 요소단위로 분해하고, 각 단위마다 작업시간으로 관측하여, 미리 요소표준시간치표를 작성한다면, 그 제품의 생산작업방법이 결정되면, 이 표를 사용하여 그 작업의 표준시간을 작업의 표준시간을 작업의 이전에 각 요소동작의 표준시간을 가산하여 합성시간표준으로서 산정할 수 가 있다.

(3) 표준시간자료법

위의 (1) 또는 (2)로 입수한 자료를 정리하여 수치표, 공식, 계산도표를 작성하여 두면 그 제품의 생산을 위한 작업방법이 결정되면, 그 후 관측을 하지 않아도 표준시간을 산정하는데 사용할 수가 있는 것이다.

실적자료법

2. 실적자료법

동일한 또는 유사한 제품에 대한 과거 작업실적자료의 통계적조사에 의하여 표준시간을 결정하는 방법이다. 작업조건이나 작업방법에 변경이 있다면 합리적인 산정결과를 기대하기는 어렵다.

경험견적법

3. 경험견적법

생산현장의 직장이나 반장·기술자가 가지고 있는 과거의 경험에 따라 표준시간을 견적하는 경우이다. 수주생산에 있어서 작업방법이나 작업내용이 그 후 상위하기 때문에 견적하지 않을 수 없지만, 가능하면 위에서 설명한 시간연구법을 적용할 수 있도록 생산현장의 체계화와 작업의 표준화를 기해야 할 것이다.

재료와 공구를 가지려 가는 시간은 무작업시간인데, 본래는 간접작업시간으로 보아야 할 것이다. 그러나 원가계산준칙에서는 이들을 가지려 가는 시간도, 표준이 적용되는 기간에 통상적 여유시간인 이상 표준작업시간에 포함시킨다. 점심을 먹기 위한, 화장실에 가는 등 신체상의 필요에서 생긴 무작업시간도 가질러 가는 시간과 같이 생각된다. 이들 무작업시간이 통상적이라고 인정되는 한 직접작업시간에 포함시키는 이유는, 이것이 직접작업시간의 증감에 따라 일정비율로 증감하고 제품의 생산에 필요한 소비시간이라고 생각하기 때문이다. 하루의 작업시간이 흘러감에 따라 피로 때문에 제품단위당 생산에 필요한 작업시간이 증가한다. 이 같은 증가시간도 원가계산준칙에서는 이것이 통상적으로 발생하는 것으로 인정되는 한 표준시간에 포함시키게 되어 있다. 그러나 순수하게 생산에 대한 비례적이 아닌 시간을 직접작업시간에 넣고, 이에 따라 직접노무비를 계산한다면 그 표준차이 가운데 생산액차이가 포함된다는 점에 유의하여야 한다. 왜냐하면 그와 같은 시간적여유는 일정한 정상생산량에 따라 예정된 정상률로 산입하게 되기 때문이다. 요컨대 표준작업시간에는 직접가공에 소요하는 작업시간과 정비, 전후의 준비에 소요하는 표준시간이 있고, 이 양자는 작업을 하는데 직접필요한 순시간과 피로나 작업상, 제도상 기타 생리적 사유로부터 생기는 불가피한 여유시간을 어느 정도 포함시킬 것인지 신중히 검토할 필요가 있다.

☞ **표준직접노무비**(Standard Direct Labor Cost)

표준작업표 (標準作業表) (Standard Working)

[의의] 표준작업표란 제품의 일정단위의 생산에 필요한 작업의 종류, 작업부문, 사용기계공구, 작업의 내용, 노동의 등급에 각 구분작업의 시간 등을 지시하는 표이다.

[설명] 미국 공업에서 사용되고 있는 제 표준의 작성에 오래동안 진력하여 온 단계가 다수 있다. 이들 단체들에 의하여 마련된 표준은 충분히 신뢰할 수 있는 것이므로 설계·생산 등에 가능한 한 이용하게 된다.

이 같은 표준을 작성하는 것이 어려운 경우가 적지 않은데, 기계나 공구를 설계하는 경우, 변동 범위의 극한이 명시되고 있지 않은 것의 공표나 반복적으로 사용되는 제조공정이나 제조기술이 극히 복잡하거나 또는 특별한 통제방법이 필요하게 되는 경우 등이다.

이러한 표준은 대체로 공정에 대해서는 Process Specification의 형식을 취하고, 전공정 중의 각종의 작업이나 통제 등을 상세하게 결정하고 있다. 이는 공정중의 반복작업을 확실히 하는 것과 Working Sheet를 작성할 때 미세한 부분을 생략하기 위해서이다.

위와 같은 작업을 오해가 없도록 나타내기 위하여 작업지도표·공정시방서와 같은 형태로 성문화된다. 이것은 생산기술 담당부문이라든가 전문위원회에 의하여 만들어지는데 제품의 품질이나 원가를 결정하는 것이므로 충분한 검토가 필요하며, 상급간부의 승인이 요망된다.

작업표준에는 일반적 계측과 기계조립법과 같은 기초적 표준과 개개의 공정에 대한 특정표준이 있는데, 이것들을 성문화하여 표로 만들어 둔다.

표준작업표에 기재해야 할 필요한 사항은 품명, 공정번호와 공정명, 사용설비와 공구, 작업순서, 작업의 세밀한 조건, 작업상의 주의사항, 사고대책, 품질관리방법과 관리요령, 사용재료 등이다. 표준작업표의 작성방법을 설명하면 다음과 같다. 즉, 작업표준은 신규로 책상 위에서 입안되는 일도 적지는 않으나 대부분은 현재의 작업방법을 기록정리하여 작성하는 것이 원칙으로 되어 있으며, 기록의 제1단계 작업연구담당자에 의하여 이루어지는 것이 대부분이다.

표준재료비
(標準材料費)
(Standard Material Cost)

[의의] 표준재료비란 제품단위당의 재료비에 대하여 설정되는 표준원가를 말하며, 표준소비량을 표준가격에 곱하여 계산된다.

[설명] 원가계산기준에 의하면, 직접재료비는 직접재료의 종류별로 이것을 구하며, 표준소비량은 과학적·통계적조사에 의하여 정하지만 통상 발생되는 소비여유를 포함한다고 하며, 표준가격은 예정가격 또는 정상가격으로 하고 있다. 또 간접비재료는 표준제조간접비에 포함하여 생각하고 있다.

☞ 표준원가(Standard Costs)

표준제조간접비
(標準製造間接費)
(Standard Manufacturing Expense)

[의의] 표준제조간접비라 함은 제조단위당에 배부되는 제조간접비의 표준액을 말한다.

일반적으로 표준간접비의 표준은 부문별로 설정되나, 이것이 배부된 제품단위당의 표준제조간접비를 실제와 비교하여도, 그 차이발생의 원인을 부분별로 명확히 하는 것은 곤란하다.

따라서 원가관리를 위하여서는 제조간접비예산으로서 부문별로 표시되지 않으면 안된다. 이것을 부문간접비예산이라고도 말한다.

원가계산기준에서도 이 방법에 의하지만, 이 경우의 예산은 고정예산 또는 변동예산으로서 설정한다고 하고 있다.

전자는 예산기간에 있어서 기대실제조업도에 있어서 예산을 의미하며, 후자는 기준조업도를 중심으로 하여 예기되는 범위내의 여러 가지의 조업연도에 대한 예산이다.

[설명] 표준제조간접비의 결정은 매우 곤란하고도 복잡하다. 왜냐하면 제조간접비는 그 구성항목이 다원적이며 또 이 제조간접비를 배부하는 기초의 선택이 힘들기 때문이다. 원래 제조간접비는 원료비·노무비와 같은 직접비와 달라 제조관계에 있어서는 간접적인 입장에 놓여 있으며, 설비 기타의 규칙적인 제조계속상의 제비용으로서 공장전체에 이익을 부여하는 비용으로 알려지고 있다.

따라서 그 본질상 개개의 제조에 명확히 전가 시킬 수는 없으며, 가능한 한 어느 합리적인 기초를 구하고, 이것에 따라 제조간접비를 제품에 전가하여야 한다. 이와 같은 이유에서 제조간접비의 전가가 공정히 될 수 있는지, 없는지는 원가의 정확성을 지배하는 가장 중요한 요소로서 알려지고 있다. 이 제조간접비의 제품에의 실제전가는 원료비·노무비 등의 직접비와 같이 단시간에 비교적 장시간을 전가에 필요로 하기 때문에 실제원가는(늦게 지연되어) 명백하게 된다. 이것은 실제원가의 산출을 목적으로 하는 종래의 회고적 원가계산의 큰 결함이다.

따라서 이 실제상의 결함을 제거하고 공사나 공정의 완료와 동시에 단시간에 제조간접비를 전가하여 실제원가를 산출함으로써 경영관리효과의 증진을 도모하기 위해서는 제조간접비와 그 배부율의 예정이 필요하게 된다. 또 제조간접비를 구성하는 항목에는 다수다종의 비용이 있으나, 이것은 대체로 종래의 회고적 원가계산에 있어서와 마찬가지로 고정원가와 비례원가가 있다.

근대산업조직의 특징이란 공장의 설비가 점점 가중되고 제조간접비의 주요부분을 차지하고 있는 것이 고정원가에 의하여 대표되고 있다는 점이다. 이 생산량에 거의 관계가 없는 고정비가 원가주요부분을 차지하게 될 때에는 제조의 번한에 의한 설비의 동·부동에 따라 제품단위의 제조간접비에 큰 차이가 발생하게 된다.

따라서 동일제품에도 생산량의 여하에 따라 원가에 많은 차이가 생기게 된다. 또 설비부동에서 발생하는 손실을 제품에 전가하여, 동일제품에 심한 원가의 동요를 초래시키는 것은 경영상 많은 불편과 불리한 원인이 된다. 여사한 경우에는 설비 부동에서 발생하는 손실을 제거하여야 한다.

이상과 같은 중요한 이유로 제조간접비는 다른 원가요소보다 먼저 예정이 이루어진다. 이것은 일종의 표준으로 제품에 전가(轉嫁)되며, 공사의 완료 또는 제품의 공장통과와 동시에 실제원가가 계산될 수 있는 준비가 된다. 그러나 오늘날의 표준원가의 전신이라고 볼 수 있는 제조간접비의 예정은 과거의 경험에 치중하여 제조간접비를 견적하고 정상적 생산량 밑에 소위 정상적 배부율(Normal Burden Rate)을 한출한 것이다. 또 표준원가에 있어 제조간접비의 예정은 가능한 한 과학적이어야 한다.

제조간접비예정은 제조관계의 경비항목을 용이주도하게 조사하여 신중히, 이것을 견적하는 동시에 표준제조간접비 배부결정에 가장 중요한 생산량도 특히 주의하여야 한다.

오늘날 이 기계를 기초로 한 제조간접비의 배부는 가장 과학적이며, 가장 공정하게 이루어진다고 인정된다.

그러나 이 기계활동을 표시하는 운전시간에는 각기 기계마다 일정기간에 운전할 수 있는 최대가능시간이 있다. 표준은 최고능률을 표시한다는 관점에서는, 이 최대운전가능시간을 목표로 생각할 수도 있으나, 표준의 달성목표라고 하더라도 그것이 현재의 제조노력에 의하여 달성불가능의 것이어서는 안된다. 따라서 표준운전시간을 결정하려면 전능력발휘를 방해하는 원인을 조사한 다음 어느 정도의 여유를 두어야 한다. 이것에 관하여 어느 학자는 전능력 즉, 최대운전가능시간을 100%로 하고, 그중 80%를 표준으로 하여야 한다고도 하고 또는 90%를 적당하다고 하는 학자도 있어 의견이 일치되지 않는 바, 이것은 각 제조기업이 자기의 입장을 충분히 고려하여 결정할 문제이다.
☞ **표준원가**(Standard Costs)

표준제조간접비배부율
(標準製造間接費配賦率)
(Standard Burden Rates of Manufacturing Expenses)

|의의| 제조간접비는 조업도와 비례적 관계가 없기 때문에 그 표준을 설정하는 일은 재료비나 노무비의 표준을 설정하는 것보다 훨씬 어렵다. 이와 같이 제조간접비는 복잡한 구성내용을 가지고 있어서 조업도의 변동을 아울러 고찰하면 간접비 설정이 복잡하게 되므로 조업도의 표준을 결정하여 제조간접비의 고정예산을 쓴다든가, 제조간접비의 탄력성 예산을 사용한다든가 하여 표준간접비를 설정할 필요가 있다.

표준제조간접비를 배부하는데 사용하는 배부율에는 실제배부율·예정배부율·정상배부율·표준배부율 등이 있는데 모두 다 다음의 산식으로 결정된다.

|산식| 제조간접비배부율 = $\dfrac{\text{제조간접비총액}}{\text{배부기준총량}}$

표준제조간접비배부율을 정하는 방법에는 다음과 같은 종류가 있다.
(1) 가치적 표준
  ① 직접재료비법
  제조간접비배부율 = $\dfrac{\text{제조간접비총액}}{\text{직접재료비총액}}$
  ② 직접노무비법
  배부율 = $\dfrac{\text{제조간접비총계}}{\text{직접노무비총계}}$
  ③ 직접비법
  배부율 = $\dfrac{\text{제조간접비총액}}{\text{직접비총액}}$
(2) 시간적기준
  ① 직접노동시간법
  배부율 = $\dfrac{\text{제조간접비총액}}{\text{직접노동시간합계}}$
  ② 기계시간법
  배부율 = $\dfrac{\text{제조간접비총액}}{\text{직접비총액}}$

|설명| 표준배부율은 표준원가계산에 특히 문제가 되는 수가 많다. 그 경우 배부율 결정의 기초로서의 조업도가 시장적 조건에 영향을 받지 않는 것으로 생각하는 것이 정상배부율과의 상이점이다. 표준조업도라

는 것이 그것인데 표준조업도는 경영의 생산능력을 중심으로 본 것이다. 그러나 정상조업도의 해석도 일률적이 아니고 반드시 판매능력만을 말하는 것은 아니며, 생산능력도 고려되는 수가 있으며, 양자의 구별이 분명하지 않을 경우가 많다. 또한 표준 원가계산이 최근과 같이 당좌표준원가계산에 중점을 두게 되면, 이 경향은 더욱 강하게 될 것이다. 표준배부율을 결정하는 방법에는 다음과 같이 고정예산에 의한 방법과 변동예산에 의한 방법이 있다.

(1) 고정예산에 의하는 방법

표준배부율을 결정하기 위하여 부문별로 특정한 조업도를 예정하여, 이에 따라 표준제조간접비 배부율을 예정한다. 이는 다음의 산시갱 의해서 산출할 수 있다.

일정기간에 있어서의 A부문의 제조간접비예정액
동기간의 A부문의 직접 노동시간(또는 기타의 기준)
=직접노동시간당 A부문표준 제조간접비 배부율

위 산식에서 예정조업도는 ① 실제적 최대의 조업도인가 ② 정상적인 조업도인가 ③ 기대되는 실제조업도인가에 따라 결정된다. 또 예정액(또는 표준액)은 ① 수년간 실적의 기록에 따라 간접비의 각 요소를 고정비 및 변동비로 분류하여 파악하고, 변동비는 예정조업도에 따라 산정한다. ② 물가의 현재수준과 장래 변동을 예상하여 예정간접비에 수정을 가한다. ③ 간접경비·재료비·노무비에 대하여 정상적인 소비량에 따라 그 금액을 추산한다.

(2) 변동예산에 의하는 방법

조업도의 표준을 6개월 내지 1개년에 걸쳐 정확히 측정할 수 있는 경우에는 고정예산에 의해서 표준간접비배부율 및 제조부문 별로 단일한 배부율을 산출해도 좋으나, 정확한 예측이 어려운 경우 고정비에 의해서 배부율을 산정하기는 어렵다. 따라서 실제 여러 가지 조업도에 따라 소요 간접비의 추산액을 표시한 변동예산을 편성할 필요가 있다.

이것을 조업도 0%에서 정상조업도 100%를 넘어 부문설비 최고능률인 120~130%에 이르기까지의 각 수준에 따라 고정비와 변동비를 구별하고, 일체의 간접비목에 대하여 예산을 설정한 것이다. 이 때 조업도의 수준은 일반적으로 5%내지 10%의 간격으로 구분하여 설정한다.

표준제품원가
(標準製品原價)
(Standard Cost)

[의의] 표준제품원가는 제품의 일정단위에 표준직접재료비·표준직접노무비 및 표준간접비 배부율에 따라 선정한 표준간접비배부액을 합계하여 산정한다.

표준간접비배부율은 고정예산 또는 변동예산 산정시의 기준조업도에 있어서의 표준간접비를 기초로 하여 산정한다.

또한 가공비의 배부계산을 행하는 경우에는 부문가공비표준을 제조간접비의 표준산정에 준하여 산정한다.

설명 1. 제품단위당 표준원가

　제품의 일정단위에 설정된 각종류별 표준직접재료비·작업구분별 표준직접노무비, 부문별 표준간접비배부율에 의하여 설정된 표준간접비배부액을 집계하여 제품단위당 표준제조원가를 산정한다. 그 명세를 밝히기 위해 표준원가계산을 구성하는 각종의 원가표준을 수량적 및 금액적으로 표시한 표준제품원가표(Standard Cost Card)를 작성하고, 이 문서 외에 재료명세서·표준작업표 및 제조간접비예산표의 부속문서와 함께 원가의 발생에 대한 책임을 부담하는 각부서에 표준원가가 사전에 지시된다.

　표준제품원가표는 표준원가의 회계기구에 있어서 보조기록이 된다. 표준원가의 사전산정에서는 개별원가계산보다도 종합원가계산의 편이수비고 또 회계기구에서도 종합원가계산의 강점은 제품원가는 물론 재공품원가의 계산에 있어서 계산의 간략성과 신속성에 있다.

2. 표준간접비배부율

　표준간접비배부율은 고정예산산정시의 기준조업도에 있어서의 표준간접비를 기초로 하여 산정한다. 앞으로 설명한 바와 같이 제품단위당 표준간접비배부액을 계산하는데는 제일먼저 부문별 표준간접비배부율을 구하는데 그 절차는 다음과 같다.

　① 관리책임구분별부문의 편성, 책임구분별부문은 작업구분별 또는 작업구분 그룹별로 편성하는 것이 바람직하다. 왜냐하면 이로 인하여 원가책임을 명확히 하는 동시에 적당한 배부기준을 얻기 위해서 제조간접비를 정확히 배부할 수 있기 때문이다.

　② 부문별로 적당한 제조간접비배부기준을 선택한다.

　③ 부문별 기준조업도로서 고정예산의 산정기초가 된 조업도 즉, 기대실제조업도를 선택한다. 그러나 이는 현실표준제품원가에 대해서 말한 것인데, 정상제품원가의 경우에는 비교적 장기간에 걸친 정상조업도를 기준조업도로 선택하여야 한다.

　④ 이 부문별기준조업도에 있어서 표준간접비를 산정한다.

　⑤ 부문별기준조업도에 있어서 배부기준수치를 가지고 각각의 부문별표준간접비를 제외하고 부문별 표준제조간접비배부율을 구한다.

　다음에 이 부문별표준간접비배부율을 사용하여 제품단위당 표준간접비배부액을 구하는데 그 절차는 다음과 같다.

　① 각제품이 어떠한 원각부문을 경유하여 완성되는가를 조사한다.

　② 각제품이 완성될 때까지 경과하는 원가부문에서 각 제품 1단위를 위해서 어느 정도의 표준배부기준수치(예를 들어 표준직접작업시간)이 발생하였는가를 산정한다.

　③ 원가부문별로 각 배부기준수치에 아래의 배부기준수를 곱하여 부문별로 각 제품 1단위당 표준직접비배부액을 산정한다.

④ 아래의 부문별 표준간접비배부액을 제품별로 집계하면 제품별로 단위당 표준간접비배부액을 산정할 수가 있다. 이 계산표를 표시하면 다음과 같다.

부 문	표준작업시간	표준배부율	금 액
0-1	0.90시간	100원	90원
0-2	0.30	40	12
0-3	0.25	20	5
0-4	0.30	30	9
합 계			116원

표준원가계산에 있어서 가공비의 배부기준을 하는 경우에 부문가공비표준을 제조간접비의 표준산정에 준하여 산정한다.

부문가공비(Department Conversion Cost)를 배부하는 경우는 개별원가계산이나 조별종합원가계산 또는 가공비공정별종합원가계산을 하는 때에 발생하는 경우가 있다.

여기에서 부문가공비표준을 산정하는 경우, 가공비에는 직접노무비·제조간접비 외에 직접경비도 포함되는데, 이론적으로는 이들로부터 직접경비를 제외시켜야 할 것이다.

개별원가계산 또는 조별종합원가계산에서 보통 직접비는 특정제조지령서에 직접부과되고, 제조간접비는 일단 그것이 발생한 원가부문에 집계되고, 이것은 특정기준에 의하여 배부된다. 이 같은 부문비는 부문간접비의 성격을 띄고 있다. 그러나 이 부문간접비에다 직접노무비도 부문에 함께 부과하여 부문가공비로서 집계하기도 한다. 이 경우에 지령서에의 배부는 가공비배부라고 한다.

부문가공비가 배부되는 경우를 보면, 첫째로 부문에 있어서 노동작업과 기계작업이 완전히 일체화되고 노동작업은 기계작업에 따라서만 이루어지는 경우이다. 생산은 기계의 운전에 비례되고, 노동자의 보조적인 역할을 하는데 불과하므로 직접노무비를 특히 부문간접비로부터 분별하여 배부하여도 특별한 의미가 있는 것이다. 이 경우에 부문가공비의 배부는 기계운전시간을 그 기준으로 해야 한다. 둘째로 직접노무비와 간접비를 따로 지령서에 배부하는 수고를 생략하는 의미에서 부문비계산은 노무비의 전부, 간접재료비 및 간접경비의 전부를 포함시켜서 하게 된다. 이 경우에 집계되는 부문가공비는 직접노동시간을 기준으로 하여 지령서에 배부해야 될 것이다.

그리고 직접경비는 부문계산에서 제외되고 있으므로 부문가공비는 가공비의 전부를 포함하고 있는 것은 아니다. 원가부문의 가공비만을 집계하는 계산제도는 가공비공정별종합원가계산이다. 가공비공정별종합원가계산에서는 주요(직접)재료비는 완성품에 대하여 직접 파악하고, 가공비의 전부는 원가요소별로 공정에 분류집계된다. 따라서 공정(원가부문)에 집계되는 것은 가공비만이다. 이러한 부문가공비표준도 앞에서 말한 제조간접비의 표준산정에 준하여 산정한다는 것이다.

표준제품원가표
(標準製品原價表)
(Standard Cost Sheet)

의의 표준제품원가표란 제조명령서에 지시된 제품의 일정단위당의 표준원가를 구성하는 각종 직접재료비표준, 작업종류별 직접노무비표준 및 제조간접비 배부액의 표준을 수량 및 금액으로 기재 지시하는 문서를 말한다. 이에는 필요에 따라 재료명세서 표준작업표 및 제조간접비배부표 등을 부속시킨다.

설명 이 표준제품원가표에는 필요에 따라 재료명세서, 표준작업표 및 제조간접비배부표 등을 첨부시켜야한다.

표준원가가 직접재료비·직접노무비·직접경비 및 제조간접비에 대해서 설정되기 때문에, 이것에 의해서 이 표준제품원가표는 제품 1단위당을 제조하는데, 필요한 원가의 소비액을 원가요소별·부문별로 표시한 문서이며, 그 내역은 표준재료명세서, 표준작업표, 제조간접비의 고정 또는 변동예산서드의 보조문서에 표시한다.

원가관리를 목적으로 하는 표준원가계산제도에 있어서는 제품을 만들기 위하여 개별작업마다 표준을 설정하고, 작업별로 직접재료비, 직접노무비, 제조간접비의 실제발생액과 비교한다.

이와 같이 원가중심점별로 작업별계산을 하는데, 일반적으로는 표준제품원가표를 작성 비치하고 비교하게 된다.

표준조업도
(標準操業度)
(Standard Activity, Standard Volume)

의의 표준조업도란 원가계산을 산정할 때에 계산의 기초가 되는 조업도를 말한다.

설명 표준의 수준에 따라 표준조업도에는 이상조업도·정상조업도·예정조업도 등으로 구별된다.

① 이상조업도
이상표준원가계산시에 기준으로 하는 조업도로서 평균원가가 최소로 되는 조업도를 말한다.

② 정상조업도
정상원가산정을 할 때 기준이 되는 조업도로서 이상상태를 배제하고 경기변동의 1사이클을 망라한 비교적 장기적인 과거의 실제조업도를 통계적으로 평준화하고, 여기에 장래의 전망을 가미한 조업도이다.

③ 예정조업도
현실적인 표준원가를 산정할 때 전제가 되는 조업도로서 경영의 판매능력과 제조능력을 고려하여 결정된 현실적인 조업도이다.

표준직접노무비
(標準直接勞務費)
(Standard Direct Labor Cost)

의의 표준직접노무비란 생산될 예정의 제품에 직접 부담시키는 노무비를 과학적인 방법에 의하여 집계하고 추정한 것으로서, 노동시간표준·노동임률표준으로 구분한다.

설명 원가계산준칙은 표준직접노무비는 "직접작업의 구분마다 제품단위당 표준작업시간과 표준임률을 설정"하고 양자를 곱하여 산정한다고 명시하고 있다. 따라서 표준직접노무비를 산정하기 위해서는 직접작업의 표준작업시간과 표준임률을 정하는 것이 필요하다.

노무비는 직접노무비와 간접노무비로 나누고, 후자는 제조간접비로 계상하는 것이 일반적이기 때문에 여기서는 전자의 원가표준만을 취급한다.

표준직접노무비를 설정하기 위해서는 각제품 또는 각원가부문마다 각작업의 표준시간과 표준임률을 설정하여야 한다. 즉, 제품 1단위당 생산에 필요한 각 작업구분의 표준작업시간과 각 작업구분별로 적용되는 1시간당 표준임률을 곱하여 산출한다.

표준직접노무비 = 표준작업시간 × 표준임률

표준직접노무비를 선정함에 있어서 직접작업의 구분으로 하는 것은 이 표준원가는 표준직접재료와 달라서 직접작업의 구분별로 하는 것을 의미한다.

여기서 표준직접작업시간의 산정과 관련하여 문제가 되는 것은, 어느 범위의 작업을 직접작업으로 볼 것인가 하는 점과 직접작업을 어떻게 구분할 것인가 하는 점이다. 직접작업시간의 범위를 결정하는 방법에는 여러 가지가 있다.

☞ **표준작업시간** (Standard Labor Time)
　표 준 임 률 (Standard Labor Rate)

표준직접원가계산 (標準直接原價計算) (Standard Direct Costing)

[의의] 표준직접원가계산은 원가관리기능을 하는 표준원가계산과 이익관리기능을 하는 직접원가계산을 결합한 원가계산방법이다.

직접원가계산은 CVP분석에 의한 단기이익계획 등에 유용한 자료를 제공하는 것을 목적으로 하며, 표준원가계산은 원가관리에 주목적을 두었다. 따라서 이 양자의 각 목적을 가능한 범위에서 동시에 달성하고자 한 원가계산방법이 표준직접원가계산이다.

1936년에 하리스(J. N. Harris)가 제창한 직접원가계산 역시 실제직접원가계산이 아니고 표준직접원가계산이었다. 이 같이 직접원가계산은 생성할 당시부터 표준직접원가계산의 형태를 취하였다. 그러나 생성할 당시는 이익관리를 위주로 했으며 원가관리를 위한 것은 아니었다.

목적　[설명] 1. 표준직접원가계산의 목적

표준직접원가계산이 동시에 달성하려 하는 이익관리목적과 원가관리목적을 좀더 설명한다.

(1) 원가관리목적

직접원가인 직접재료비·직접노무비·변동제조간접비 등의 변동비에 대해서는 이들의 소비액을 과학적 통계적인 조사에 의해 물량면과 가격면의 표준으로 제품단위의 표준을 설정하여 이를 채택한다. 그리고 생산실적에 의한 실제원가와 대비하여 차이를 분석하고, 그 결과를 각 계층의 경영관리자에게 보고한다. 즉, 표준원가에 의한 원가관리기능을 직접원가계산에 도입함으로써 원가관리의 자료를 제공한다는 것이다.

(2) 이익관리(계획)목적

직접원가계산에 표준원가에 의한 원가관리기능을 도입함으로써 공헌이익률과 공헌이익을 분석하는 자료가 더욱 보완되어 CVP분석을 각종 이익계획(예컨대 제품종류별 생산비율의 결정. 단기가격 결정 등)에 보다 유용한 자료를 제공한다. 즉, 직접원가계산에 표준원가에 의한 관리기능을 도입하기 때문에 이익관리기능에 필요한 자료의 내용을 보완함으로써 역시 본연의 기능인 이익관리기능을 보다 효과적으로 수행한다.

표준직업원가계산에서 변동비는 이 같이 표준을 설정하여 관리하나, 고정비는 예산에 의한 관리에 의한다.

고정비는 직접비와 같이 현장관리자에게 관리가능한 것이 아니며, 대개 그 이상의 관리자에 의한 예산편성시에 변경되는 원가요소이므로 이들 원가는 예산에 의한 관리가 보다 적절하며 또한 고정비는 공헌이익에서 회수되므로 예산의 편성싱 공헝이익과의 관계에 유의하여 편성할 수 있다는 것이다.

이상과 같이 표준직접원가계산은 직접원가계산 본연의 이익관리기능과 원가관리기능 및 예산통제의 기능까지를 결부시킨다.

사례 다음의 자료로서 차이분석을 표준직접원가계산에 의한 손익계산서를 작성하라. 그리고 전부원가계산시의 영업이익으로 조정하라.

(1) 표준원가자료

① 표준원가표

② 판매비와 관리비
　판매비 : 변동판매비 ⓐ 340원,　고정판매비 : 70,000원
　관리비 : 고정관리비 13,000원

(2) 실제원가자료

① 직 접 재 료 비 : 4,200kg,　ⓐ 150원,　　630,000원
② 직 접 노 무 비 : 650시간,　ⓐ 1,700원,　1,105,000원
③ 변동제조간접비 : 650시간,　ⓐ　464원,　　301,600원
④ 고정제조간접비 : 400,000원(예산과 같음)
⑤ 판　　매　　비 : 병동판매비 62,000원,　고정판매비 70,000원
　　　　　　　　　　　　　　　　　　　　　　(예산과 같음)
⑥ 관 리 비 : 고정관리비 130,000원(예산과 같음)

(3) 생산·판매자료

　　기초제품재고량　　　30개 ※
　　당 기 완 성 량　　　200개
　　　　계　　　　　　　230개
　　기말제품재고량　　　10개
　　당 기 매 출 량　　　220개(판매단가 : 17,000원)

※기초제품의 제조원가 ₩370,000(변동원가 ₩300,000 고정원가 ₩70,000)

[해 답]

(1) 매출액 등의 계산
 ① 매출액＝110개×33,000원＝3,630,000원
 ② 기초제품변동원가＝300,000원
 ③ 당기제품제조변동원가＝200개×10,000원＝2,000,000원
 ④ 기말제품변동원가＝10개×10,000원＝100,000원
 ⑤ 기초제품고정비＝70,000원
 ⑥ 기말제품고정비＝470,000원※ ×10개/230개＝20,435원
　※470,000＝고정제조간접비 400,000원＋기초제품고정제조간접비 70,000원

(2) 차이분석
 ① 가격차이＝(150원－160원)×4,200kg＝(－)42,000원
 ② 수량차이＝(4,200kg－4,400kg※)×160원＝(－)32,000원
　※4,400kg＝당기제조수량 200개×제품 1단위당 표준소비량 22kg
 ③ 임률차이＝(1,700원－1,680원)×650시간＝13,000원
 ④ 시간차이＝(650시간－600시간※)×1,680원＝84,000원
　※600시간＝당기제조수량 200개×제품 1단위당 표준작업시간 3시간
 ⑤ 변동비능률차이＝(650시간－600시간※)×480원＝24,000원
　※600시간＝당기제조수량 200개×제품 1단위당 표준시간 3시간
 (주) 위의 각 경우에 "당기재공품수량"이란 기초와 기말에 재공품이 있으면 "당기완성품수량－기초재공품수량×완성도＋기말재공품수량×완성도"이어야 한다. 그리고 이 때의 완성도는 각 경우의 완성도다.
 ⑥ 변동비예산차이＝301,600원－(650시간×480원)＝(－)10,400원
 (주) 변동제조간접비총차이＝301,600원－(200개×1,440원)＝13,600원
 ⑦ 변동판매비차이＝62,000원－74,800원※₩＝(－)12,800원
　※74,800원＝판매수량220개×표준변동판매비율340원
 (주) 표준직접원가계산에서는 조업도차이가 계산되지 않는다.

(3) 손익계산서 작성

손 익 계 산 서

××××년 ×월 ×일부터 ××××년 ×월 ×일까지

(단위 : 원)

과 목	금	액
Ⅰ. 매출액		3,630,000
Ⅱ. 표준변동매출원가		2,200,000
1. 기초제품변동원가	300,000	
2. 당기제품제조변동원가	2,000,000	
계	2,300,000	
3. 기말제품변동원가	100,000	
Ⅲ. 표준제조공헌이익		1,430,000
Ⅳ. 표준변동판매비		74,800
Ⅴ. 표준공헌이익		1,355,200
Ⅵ. 원가차이		(-)23,800
1. 가격차이	42,000	
2. 수량차이	32,000	
3. 임률차이	(-)13,000	
4. 시간차이	(-)84,000	
5. 능률차이	(-)24,000	
6. 예산차이	10,400	
7. 변동판매비차이	12,800	
Ⅶ. 공헌이익		1,331,400
Ⅷ. 고정비		1,230,000
1. 고정판매비	700,000	
2. 고정관리비	130,000	
3. 고정제조간접비	400,000	
Ⅸ. 영업이익		101,400
고정비조정		(-)49,565
1. 기초제품고정비	(-)70,000	
2. 기말제품고정비	20,435	
영업이익(전부원가)		51,835

표준직접재료비
(標準直接材料費)
(Standard Direct Material Cost)

[의의] 표준직접재료비는 과거의 경험을 토대로하여 생산예정제품에 직접 부과시킬 수 있는 것이라고 기대되는 재료비를 과학적으로 집계 추정한 것으로 재료소비수량표준과 재료구입가격으로 산정된다.

[설명] 표준원가 중 표준직접재료비는 직접재료의 종류마다 제품단위당 표준소비량과 표준가격을 정하고 양자를 곱하여 계산한다. 그러므로 표준직접재료비를 산정하기 위해서는 직접재료의 표준소비와 표준

표준직접재료비의 산정	가격을 정하는 것이 필요하다. 재료비는 직접재료비와 간접재료비로 나누는데 후자는 제조간접비에 계산하는 것이 일반적이므로 여기서는 전자의 원가표준을 취급한다. 　표준직접재료비란 일반적으로 1단위제품의 생산에 있어서 또는 1공장의 일정기간 생산활동에 있어서 소비된 재료비의 표준을 말한다. 이 표준직접재료비를 설정하기 위해서는 재료의 표준가격과 표준소비량을 설정하여야 한다. 즉, 원가계산준칙은 표준직접재료비는 "직접재료의 종류별로 제품단위당 표준소비수량과 표준소비가격을 정하고 이를 곱하여 산정한다"고 명시하고 있다. 　　　　표준직접재료비＝표준소비수량×표준소비가격 　원가계산준칙에 있어서 표준직접재료비의 산정방법을 예시하여 보면 다음과 같다. ｜ ｜제품단위당｜표준소비수량｜표준소비가격｜표준직접재료비｜ ｜---｜---｜---｜---｜---｜ ｜갑제품｜A제품 B제품｜100kg 50개｜1,000원 100원｜100,000원 　5,000원 105,000원｜ 　표준직접재료비를 산정함에 있어서 제일 먼저 하여야 할 일은 직접재료비와 간접재료비의 구분이다. 가령 부품을 조립하여 제품을 생산하는 공장에서는 정확히 계산한다면 부품은 모두 직접재료비에 포함시켜야 한다. 그렇게 하면 경비가 많이 소요된다면 가액이 낮은 일부 부품을 간접재료비에 포함시키는 경우도 있다. 또 통조림공장의 원가계산에서는 용기비를 직접재료비로 취급하는 경우도 있다. 　☞ 표준소비수량 　　　표준소비가격산정
표준차이분석 (標準差異分析) (Standard Variance Analysis)	의의 표준차이분석은 경영의 능률증진을 위하여 표준제도를 설정한 경우에는 반드시 실제활동의 결과와 표준과의 비교 연구를 하여 양자의 차이를 발견하며, 이것을 분석하여 그 원인을 명백히 하는 것으로서 표준원가계산에 있어서의 주요분야이다.
표 준 화 (標 準 化) (Accounting Standard)	의의 표준화란 일반적으로 통일을 의미한다. 그것이 무엇을 통일하느냐에 의하여 각종의 표준화가 이해된다. 　설명 ① 완성품의 표준화는 형의 통일이며, 따라서 정형화(Typing, Typisierung)라고 부르는 동시에 그것은 품종을 감소시키는 것이므로 단순화(Simp Lification)라고도 한다. 　② 부분품의 표준화는 공통화임과 동시에 정도를 통일하여 호환성을 부여할 것을 목적으로 하는 것이며, 따라서 규격화(Normung, Normalisierung)라고 부른다. 　③ 작업수단의 표준화는 그 사용도에 대한 통일이며, 단일목적화 내

지 전용화를 의미하는데서 특수화(Sonderung, Spexialisierung, Specialization)라고도 부른다.

경영의 특수화, 기계공구의 특수화와 같은 것이 그것이다. 또 표준화는 다시 작업대상인 원재료에 있어서도 이루어진다. 그것은 품질을 중심으로 하는 것이며, 일반적으로 품격(Grading)의 방법에 입각한다. 또 작업방법의 표준화는 조업제도확립의 전제가 된다. 이러한 경우에도 그것은 언제든지 먼저 통일을 의미하는 것이다. 표준화는 광의에 있어서의 기계화의 표현이며, 따라서 그 결과는 일반적으로 기계화의 장단을 갖고 있다.

프로덕트·코스트 (Product Cost)

[의의] 생산 또는 경영활동을 하기 위하여 소요되는 일정기간 중의 원가분을 말하고, 전체원가 중 "피리옷드·코스트"를 포함하지 않는 것이다. 흔히 생산물원가, 제품원가, 경영실제원가라고도 하며, 그 크기가 생산, 기타 경영활동에 따라 변동하므로 변동원가라고도 한다.

[설명] 그리고 구체적으로는 종래의 원가에서 말한다면 직접비와 변동간접비가 포함된다고 해석되나 때로는 생산 이외의 판매활동에도 이 원가개념을 확장하는 수도 있다. 그러나 직접재료비와 같은 것은 "프로덕트·코스트"라고 하는데는 문제가 없으나 직접노무비에 최저임금제가 있으면 그 부분은 오히려 "피리옷드·코스트"를 공제한 잔액을 "프로덕트·코스트"라고 하거나, "프로덕트·코스트"로서 명확하게 인식 할 수 있는 것에 한정하고, 기타를 "피리옷드·코스트"로 하는 수도 있으며, 때로는 통계적인 방법으로 양자를 각기 산출하는 경우도 있다.

이 원가의 사고방법은 1930년대의 미국경제사회에 있어 기업의 자본고정화가 진전됨에 따라 이들을 이용할 때, 생산 기타의 경영활동에 연결하여 소요되는 원가를 어떻게 취급하는가에서 발단하였고, 그 후 직접원가계산의 일환으로서 오늘날도 문제가 되고 있다. 원래 이것은 원가·거래액·이익의 관계로서 이익계획 또는 이익관리를 위하여 필요한 원가개념이나, 이것과 관계없이 직접원가계산 독자의 입장에서 원가관리·판매관리 및 월차손익계산의 월차비용과 월차재고품 가격법정의 계수자료를 제공하기 위하여 필요한 원가개념이라고 생각된다. 또 이것을 위하여 "프로덕트·코스트"에는 취득원가 이외에 예산액·표준원가·대체원가 등이 이용된다. 다만, 결산재고품가격을 이 원가만으로 계상할 수 있느냐에 관해서는 시비가 있고, 그 원가성에 대해서는 결론에 이르고 있지 못하나 일반적으로 부정설이 지배적이다.

☞ 변동원가
　제품원가

하

하청공장 **(下請工場)** (Subcontract Factory)	**의의** 대메이커의 생산부문계열화에 있으며 그 모공장의 생산하는 제품·부품의 일부제작·가공을 수주하여 납입하는 기업(공장)을 하청공장이라고 부르고 있다. **설명** 하청공장은 모공장의 산하에 있으며 모공장의 생산의 연장적사업을 행하고 있고, 일반의 외주처에 비해 모공장에 대한 종속성 예속성이 강하다. 　일반의 외주기업에서는 규모적으로 수주처, 기업과 동업 또는 동등 이상의 것도 있는데 대해, 하청공장의 경우는 거의가 모공장보다 소규모이고 또한 1사 전속적 색채를 가지고, 경영내용 자체도 약체(弱體)인 케이스가 대부분이다. 　하청공장에서는 주로 모공장에서 생산하는 제품·부품 가운데 불채산 부문의 제품·부품의 제작·가공을 수주하고, 불황기·호황기에 있어서의 모공장의 생산조업도의 조절적인 역할을 다하는 숙명을 짊어지고 있다. 　특히 불항기에 있어서는 모공장이 외주분을 내제(內制)로 새로 바꾸기 때문에 수주감(受注減)·채산악화의 영향을 계속적으로 입으므로 공경에 처하게 되는 케이스가 많이 보인다.
한계비용 **(限界費用)** (Marginal Cost)	**의의** 한계비용이란 것은 제품의 생산 또는 가공에 있어서 일정조업도의 범위내에서 그 1단위를 증가케 하는데 요하는 원가를 말하고 비례원가 또는 한계원가라고도 부르고 있다. **설명** 한계비용에 대하여서 처음으로 이것을 해명한 것은 슈마렌바하로 당초 이것을 비례비라 부르고 생산증가단위당 판매단가에 대한 비례비의 율은 비례율이라고 부르고 있다. 　한계비용은 일정범위의 조업연도 즉, 고정비에 변동이 없는 범위에 있어서 생산의 증가단위당으로 발생하는 비용을 생산증가액으로 나눈 미분상(△생산원가/△생산액)이라는 것으로 된다. 　경영분석에 있어서는 이 사고는 한계이익, 즉(생산액－한계비용)이라는 형체로 설비투자등의 자본투하효율측정 및 손익분기점의 계산의 방법가운데 사용되고 또 경영관리상도 기업의 최적조업도산출의 경우 평균비용과 함께 그 기초 데이터로서 한계비용이 저율인 것이 바람직하다는 것은 말할 것도 없다. ☞ 비례율 (Proportional Rate) 　고정비 (Constant Cost)

	최적조업도 (Optimum Output)
	한계이익 (Marginal Income)

한 계 원 가
(限 界 原 價)
(Marginal Unit Cost)

[의의] 한계원가라 함은 한계비용이라고도 하며, 생산량 1단위 증가에 의해 변화하는 원가(비용)을 말한다. 즉, 생산수량이 무한히 적게 변동하는데 대한 원가의 변동분을 한계원가라고 하는데, 조업도변화에 대한 원가개념이다. 이것이 문제가 되는 것은 근대공장제 공업에서 자본이 고정화되므로 경영자가 원가의 계수자료를 이용하여 생산계획수립이나 또는 경영상태의 판단을 하여 가격의 최저한도를 추산할 필요가 생겼기 때문이다.

[설명] 경영전체의 원가곡선은 단순한 것 같지만 한계원가곡선을 생각할 수 있고, 평균원가곡선과 한계원가곡선과의 교점은 단위원가가 최소가 되는 조업도를 가르킨다. 이와 같이 한계원가개념은 기업의 행동을 결정하는 기초적인 원가개념이 된다. 그러나 이러한 이론적인 한계개념은 실천상으로는 산정이 어려웁기 때문에, 조업도를 비교적 적은 구간으로 구분하여 각구간의 차를 산정하는 차액원가를 대용개념으로 많이 사용한다. 직접원가계산을 독일에서는 한계원가계산이라고 하는데, 이것은 단위변동비를 한계원가로 사용하기 때문이다.

☞ **한계원가계산** (Marginal Costing)

한계원가계산
(限界原價計算)
(Marginal Costing)

[의의] 한계원가계산이란 생산량의 차이에 의거하여 발생하는 원가차이를 산정하는 원가계산을 말한다.

 한계원가계산의 개념은 영국에서 사용되는 것이며, 내용상으로는 미국의 직접원가계산과 같다. 그런데 독일에서의 한계원가계산은 최근에는 직접원가계산과 동일한 개념으로 사용되고 있으나 과거에는 가격정책에 결부된 특별한 형의 원가계산의 명칭으로 사용되어왔다.

[설명] 따라서 본항에서는 직접원가계산에 관한 내용은 "직접원가계산"항에 돌리고, 독일에서의 한계원가계산개념에 대해서 설명한다. 한계원가계산의 제창자는 슈말렌바하로서, 그는 조업도가 시시각각으로 변화함에 따라 원가는 처음에는 체감적으로 증가한, 그 후에는 비례점을 경과하여 체층적으로 증가하게 되고, 한계원가는 체감영역에서는 평균비보다 적으나, 비례점에서는 일치하고, 체증영역에서는 높아지게 된다고 하였다. 슈말렌바하는 제품가격을 결정하는데 있어서 체감영역에서는 경영능력의 이용부족으로 수요가 증대하고, 반대로 체증영역에서는 능력의 과도이용으로 수요가 감소하여 조업은 자동적으로 비례점에서 최고조업도에 안정된다고 생각하였다. 그러나 그 후 여기에 대해서 많은 비판이 있게 되어, 오늘날에 와서는 인정을 받고 있지 못한다. 왜냐하면 이것은 국민경제적으로 가격의 한계비에 결정된다는 고전적 경제이론에 기초를 두었기 때문에 시장에 있어서 일정한 가격탄

력성을 상정하는 경우에는 타당하지 못하고, 기업이 최적조업도를 실현하는 것을 기본적인 경영목표로 하고 있는 것이 아니기 때문이다. 그리고 경영전체의 원가가 반드시 체감영역에서 비례점을 지나 체증영역에 도달한다고 생각되지 않는다.

구텐베르크(E. Futenberg)는 직선적인 경로를 일반적으로 주장하고 있는데, 이 경우에는 한계원가는 일정하며, 가격정책상 위에서 설명한 관계가 기대될 수 없다는 것이다. 그러나 슈말렌바하의 한계원가계산의 제창은 독일원가이론연구에 중요한 역할을 하고, 이후에 원가문제 및 가격정책에 대한 과학적인 분석에 큰 영향을 미쳤다는데 그 의의가 크다고 하겠다.

한 계 이 익 (限界利益) (Marginal Income)

[의의] 한계이익이란 것은 직접원가계산에 있어서는 「1기간의 매출액으로부터 변동비에 의한 제품판매원가 및 변동비를 공제한 이익」이라고 정의되어 있는데, 경영분석실무상은 오히려 1판매량을 단위증가 케하는 것으로 인해 증가하는 수익(한계수익)에서 그 때문에 증가하는 총비용(한계비용)을 공제한 액을 사용한다.

[산식] 한계이익=상·제품 1단위당 매출액－상·제품 1단위당 비례비
(또는 변동비)

[설명] 상기산식에 있어서 상·제품 단위당비례비 또는 변동비는 매출원가에 포함되는 원재료비, 매입원가 등의 비례비 판매비에 포함되는 포장비·매출비율·판매수수료등의 비례성 영업경비의 합계액으로, 가산요소는 업종·제품·종별에 따라 차이가 있다.

기업고안(企業考案)상 한계이익은 상·제품별 한계이익율의 산출에 의한 수익성의 양부판정의 기초로 되고 매출확대시의 증가이익예측의 기초자료로도 된다.

한계이익도표 (限界利益圖表) (Marginal Income Chart)

[의의] 한계이익에 대한 매출액의 비율을 한계이익률·변동이익률 또는 PV비율(Profit Volume Ratio)이라고 한다. 이것은 변동비에 대한 매출액의 비율을 표시하는 것이며, 한계이익률에 의하여 쉽게 손익분기점을 구할 수 있다. 즉, 고정비를 한계이익률로 나누면 손익분기점의 매출액이 산정될 수 있는 것이다. 그리고 제품단위당의 한계이익액으로 고정비를 나누면 손익분기점의 매출액이 산정된다. 이 밖에도 한계이익률은 제품배합의 결정·가격결정 등의 경영의사결정에서 널리 이용된다.

[설명] 한계이익과 고정비의 상호관련을 도표상에 표시하고, 매출액(또는 판매량), 원가 및 이익의 관계를 나타낸 것이 한계이익도표이다.

할 증 임 금

[의의] 할증임금은 노동의 질·양·능률에 직접 관계되며, 기본급(기

(割增賃金) (Extra Wage)	본임금)에 부가되는 임금할증분으로서 가급금 또는 할증금이라고 한다. [설명] 예를 들면 시간외 가급금(시간외 작업수당, 초과근무수당 등으로도 불리운다)으로서 잔업수당, 휴일출근수당, 심야작업수당 등과 또는 위험·유해·비위생·불결한 작업에 대한 특수작업 등과 또는 자극적이거나 보상적 의미로 부가되는 능률가급금·생산장려금이 있다. 이러한 임금형태는 일반적으로 법적 강제력 때문에 지급되는 경우가 많고, 또 같은 수당이라도 명목을 다르게 하거나 종업원 상여수당의 범주로 분류되는 경우도 있다. 할증임금은 원가계산상 기본임금과 함께 소비임율 중에 산입되어 노동에 대한 대가가 된다. 그리고 급료·잡급에 관해서도 위의 설명과 동일하게 기본급 부분에 대해서 할증가급금이 부가된다.
현금지출원가 **(現金支出原價)** (Out of Pocket Cost, Out of Pocket Expense)	[의의] 현금지출원가란 일정한 의사결정을 하는 경우에 현금의 지출이 생기는 원가를 말한다. 미국회계학회의 원가개념 및 표준위원회보고서에 의하면 현금지출원가란 일정한 경영의사결정과 관련하여 현금지출이 생기는 원가이다. 현금지출이 생기는 원가에는 기동적인 것도 있고 고정비인 것도 있고, 고정비인 것도 있다. [설명] 현금지출원가가 변동비인 경우의 계산예를 살펴보기로 한다. 　A회사가 어느 공정에서 부분품 갑을 생산하고 있으며, 그 단위원가가 다음과 같은 경우를 가정하여 본다. 　　직접재료비(변동비) … 40,000원 　　직접노무비(변동비) … 50,000원 　　기타의 변동비 ……… <u>12,000원</u>　102,000원 　　감가상각비(고정비) …………………… 20,000원 　　단위원가 …………………………… 122,000원 　이 회사는 부분품 갑을 외부의 다른 회사에서 112,400원의 단가로 구입할 수 있어도, 이러한 경우에 고정비만 발생하고 달리 이용할 길이 없으면, 부분품 갑을 자가제작 하는 편이 유리하다. 왜냐하면 변동비 전부를 현금지출원가라고 한다면, 자가제작을 위한 현금지출원가가 외주의 경우보다 적고, 고정비인 20,000원은 자가제작이냐 외주냐에 관계없이 발생되는 원가이기 때문이다. 　그러나 그 부분품을 90,000원의 원가로 구입할 수 있다면, 고정설비를 유휴시설상태로 두어도 외주에 의하는 편이 유리하다. 왜냐하면 그렇게 함으로써 현금지출원가를 12,000원 정도 절감할 수 있기 때문이다. 　현금지출원가가 변동비와 고정비의 양자를 포함하는 경우를 생각하여 본다. 변동비는 일반적으로 그 전부가 현금지출원가이지만 고정비는 그 일부분이 현금지출원가이다. 예를 들면 감독자급료, 재료비사용

료 등은 현금지출이 따르는 고정비이다.
　그러나 감가상각비 등은 현금지출이 따르지 않는 고정비이다. 자금수입과 총현금지출원가와의 차액은 현금이익이며, 현금이익과 회계상의 이익과는 다음의 도표와 같이 반드시 일치되는 것이 아니다.

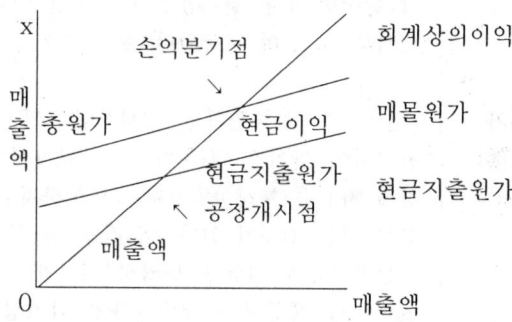

　상이한 조업도하의 현금지출원가와 기타원가의 예측을 표로 나타내 보면 다음과 같다.

매출액	변동현금지출원가	고 정 비		이 익	
		현금지출원가	매몰원가	회계상의이익	현금상의이익
10,000	6,000	4,000	6,000	(6,000)	0
20,000	12,000	4,000	6,000	(2,000)	4,000
24,000	14,400	4,000	6,000	(400)	5,000
28,000	16,800	4,000	6,000	1,200	7,200
32,000	12,200	4,000	6,000	2,800	8,800
36,000	21,600	4,000	6,000	4,400	10,400
40,000	24,000	4,000	6,000	6,000	12,000

　위의 표에서 회계상의 손익분기점은 25,000원의 매출액이지만, 공장폐쇄점은 그 보다도 낮은 10,000원의 매출액이다. 매출액이 10,000원 이하가 되면, 현금지출원가가 현금수익을 초과하게 될 것이다.

현실표준원가
(現實標準原價)
(Actual Standard Cost)

　[의의] 현실표준원가(현실적 원가표준)는 양호한 능률하에서 달성이 기대되는 표준원가를 말한다. 일반적으로 인정되고 있는 정도의 감손·유휴시간 등의 여유율을 포함한 원가로서 비교적 단기의 예정조업도 및 예정가격을 전제로 결정을 하게 된다. 현실적표준원가는 이러한 제조건의 변화에 따라 자주 개정되는 표준원가이다. 그러므로 현실적으로 가장 달성가능한 규범원가로서 원가관리에 가장 적당한 원가이며, 재고자산가액의 결정기초가 되는 것이다.
　[설명] 표준원가는 일반적으로 능률의 척도가 되는 원가의 표준이다. 그와 같은 원가의 표준은 그 기준이 적용될 기간에 달성하여야 할 원가의 목적을 의미한다. 그러므로 표준원가는 그 기간에 가능한 한 합리화된 경영조건을 전제로 하여 예정하여야 한다. 그 기간에 통상 합

리화된 경영조건을 전제로 하여 예정하여야 한다. 그 기간에 통상 합리화 할 수 있는 비능률적인 경영조건을 전제로 하여 표준원가를 예정한다는 것은 이를 달성해야 할 원가의 목표로 할 수 없다. 이로 보아 표준원가가 그와 같이 가능한 한 양호한 경영조건하에서 예정하여야 한다는 점은 실제표준원가 뿐만 아니라 다른 2가지 표준원가에 대해서도 꼭 같이 해당된다.

회수불능원가 (回收不能原價) (Inrecoverable Cost)

[의의] 회수불능원가란 대체적인 모든 활동에 관한 경영상의 결정과 관련하여 가치가 영(0)이 되는 원가이다. 용도가 아주 한정된 설비자산에 자금을 투하하였으나, 그 투하자금이 일부 또는 전부가 회수불능으로 되는 경우가 있다. 이 경우 그 원가는 회수불능원가가 된다.

설비자산에 자금을 투입하였을 때, 그것을 회수하는 방법으로는 그 설비에서 생산되는 제품원가에 감가상각비를 포함해서 판매함으로써 회수하거나 또는 그 고정자산을 상당한 가격으로 매각처분하는 방법인데, 그 설비를 이용해서 제조한 제품이 판매되지 못하는 경우, 회수불능원가로 나타난다.

이와 같은 회수불능원가는 그 설비를 계속해서 사용할 것인가, 새설비와 대체할 것인가의 결정을 할 때는 무가치한 것이다.

회피가능원가 (回避可能原價) (Avoidable Costs, Escapable Cost)

[의의] 회피가능원가란 일정한 활동이나 또는 작업을 그대로 계속하면 발생하지만, 중지하면 전부 또는 그 일부를 회피할 수 있는 원가이다. 즉, 하나의 대안을 채택하지 않은 경우에 특정원가를 절약할 수 있는 것이다. 이것은 경영활동의 축소에 따른 원가의 감소에 관련하여 인식되는 원가개념이다.

[설명] 혼그랜(Charles T. Horngren, Cost Accounting, A Managerial Emphasis, 1962, 9, 390)에 따르면, 회피가능원가란, 어느 대안을 선정하지 않으면, 그 발생을 억제할 수 있을 원가이다.

예를 들면 신제품을 추가하지 않으면, 그 제품의 제조에 소요되는 직접재료비·직접노무비·변동간접비의 발생을 회피할 수 있을 것이다.

이 경우의 판단기준은 그 대안을 선정하지 않으면 어느 원가를 절약할 수 있는가이다. 공장설비나 창고설비의 철거, 특정품종의 제조중지, 특정판매지역의 철수 등의 업무축소에 관한 의사결정에 이용되는 원가개념이다. 원가는 회피불능원가(Unavoidable Costs)라고 하며, 이것은 매몰원가이다.

미국회계학회의 원가개념 및 기준위원회보고서(AAA, Report of Committee on Cost Concepts and Standards, Accounting Review, April 1952)에 의하면 회피가능원가란 경영목적의 달성에 반드시 필요한 것이 아닌 원가이다.(Discretionary Cost, ofren termed escapa of a managerial objective)

　이와 같이 생각하면, 공장의 벽에다 페인팅을 하는 것은 생산능률에 간접적인 영향은 있지만, 경영목적 달성에 반드시 필요한 것은 아니다. 이러한 원가가 회피가능원가이다.

　따라서 경영자의 의사결정에 의하여 회피될 수 있는 자유재량원가인 것이다. 이러한 특수원가개념의 구체적인 적용례를 검토하여 보기로 한다. 사례는 영업을 계속하느냐 또는 휴업하느냐에 관한 것이고, 의사결정의 기초가 되는 자료는 다음과 같다.

〈자료〉

① 차기(반기)추정손익계산서

　　매 출 액　　　　　　　　　　　10,000,000원
　　매 출 원 가　　7,000,000원
　　판매비와관리비　3,500,000원　　10,500,000원
　　특정영업손실　　　　　　　　　　　500,000원

② 관리비 중에는 추정감가상각비 900,000원이 포함되고 있다. 이러한 영업의 계속 또는 중지에 관하여 실링로우(Gordon Shillinglaw, Cost Accounting ; Analysis and Control, 1661, p. 99)는 다음과 같이 설명하고 있다.

　현재보유설비의 감가상각비는 그 설비의 발안에 관한 조사계산에서는 보통, 매몰원가로서 취급된다. 그 설비의 처분에 의하여 매년의 감가상각비가 감소되어도 그것은 진정한 원가의 절감이 되는 것은 아니다. 감가상각비는 과거에 발생한 원가를 상각하는 것이고, 설비를 처분하여 감가상각이 필요없거나 감소되어도, 본래 현재의 자금이 감소되는 것은 아니다. 즉, 현재의 현금지출은 절약되지 않는다. 그러므로 다음과 같은 추정손익계산서를 작성할 수 있다.

　　　매 출 액　　10,000,000원
　　　회피가능원가　9,600,000원
　　　추정차액이익　　400,000원

　이 경우의 회피가능원가의 계산은 다음과 같이 한다.

　감가상각비의 900,000원은 영업을 계속하거나 휴업하여도 발생하는 원가인 회피불능원가이다. 그러므로 회피가능원가는 9,600,000원이 된다.

　　(매 출 액)+(판매비·관리비)-(회피불능원가)=(회피가능원가)
　　70,000,000원　3,500,000원　　　900,000원　　9,600,000원

　이것은 휴업이면 절약할 수 있을 원가이다. 반대로 영업계속안을 채택하지 않으면 회피할 수 있는 원가이다.

　위의 사례에서는 원안과는 달리 차액이익이 400,000원 있을 것이 예견되므로 현금수익 400,000원이 있어 영업계속이 바람직함을 알 수 있다.

후 생 비 **(厚 生 費)** (Welfare Expenses)	수 있다. [의의] 후생비는 제조원가에 관하여 말하면 경비에 속하는 것이다. 원가계산에 있어서의 경비는 감가상각비, 재고감모손 및 복리시설부담액, 임차료, 전력료, 여비·교통비 등의 지급경비 이외에 후생비, 특허료, 가스대, 수도료, 통신료, 보험료, 조세공과, 보관료 등이 있다. 　따라서 후생비는 원가계산면에서 보면 경비이지만, 영업비에 관하여 말하면 노무비에 속한다. 　분류기준에 따라 영업비의 요소는 노무비, 재료비 및 경비에 속하는 요소로 분류된다. 예를 들면 급료, 임금, 종업원상여수당, 퇴직급여충당금전입액, 복리비, 복리시설부담액, 후생비 등은 노무비에 속하는 것이므로 후생비는 노무비로서 처리된다.
후입선출법 **(後入先出法)** (Last-in, First-out) (LIFO)	[의의] 후입선출법은 선입선출법과는 반대로 가장 새로 구입한 재료부터 불출을 하여 사용하는 것으로 보고, 그 불출재료의 단가를 계산하는 방법이다. 이 방법에 의하면 기말잔액은 가장 먼저 구입한 것으로 구성되는 셈이 된다. 또 반환재료에 대하여는 선입선출법과 동일하여 제2차 불출분이 반환된 것으로 된다. [설명] 후입선출법은 물가앙등시에 있어서는 경영정책으로서 환영받는 방법이고, 선입선출법과는 달라서 창고의 입구와 출구가 동일한 경우를 상정하면 최후에 입고한 분을 먼저 출고하고 매입과 반대의 순차로 출고된다고 보는 것이다. 　후입선출법과 유사한 방법으로서 차입선출법(Next in First-out Method. NIFO)이라는 것이 있다. 이 방법은 두가지 뜻으로 쓰인다. 　(1) 불출시의 대치원가(시가)로 불출품원가를 계산하는 방법을 의미하는 경우에는, 가격상승기의 불출품원가가 실제취득원가(후입선출법에 의하여 계산된 불출품원가라도)보다 높아진다. 대부분의 기업은 판매손익을 판매가액과 재고자산의 대치원가의 차액이라고 생각한다. 　그러므로 이 경우 장부상의 원가와 대치원가의 차액은 가격변동에 의한 손익으로 보아 영업손익과 구별한다. 예를 들면, 장부가액 40,000원, 대치원가 15,000원의 것이 60,000원에 판매되면 영업이익은 15,000원이고, 대치원가 45,000원과 장부가액 40,000원의 차액은 가격변동에 의한 이익이다. 이러한 의미의 계산은 장부외의 통계자료로서 이용되는 시가불출법을 뜻한다. 　(2) 불출품에다 대치원가를 적용하는 것이 바른 손익계산방법이라고 보아 차입선출법을 장부상 적용하려는 주장이 있다. 위(1)의 예시에 이 방법을 적용하면 다음과 같이 된다. 　　　(차) 매 출 원 가　45,000원　　(대) 재 고 자 산　　40,000 　　　　　　　　　　　　　　　　　　　　재고자산준비금 5,000

차회의 매입에 의하여 이 재고자산이 보충된다. 그 때에는 다음과 같은 분개를 한다.

(차) 재 고 자 산 40,000원   (대) 현금및현금등가물 45,000
     재고자산준비금 5,000원

이 경우에는 대치원가와 장부가액의 차액은 이익이 되지 않는다. 이러한 의미로 쓰이는 차입선출법은 아직 발생되지 않은 원가를 비용에 산입하는 점에서 비난을 받는다.

그러나 일정한 조건하에서 기별후입선출법은 재고자산의 비용측정상 기간의 도중에서는 차입선출법과 동일한 계산을 하는 것이 된다.

휴 업 비 (休 業 費)

[의의] 휴업비는 생산을 중지하더라도 발생하는 비용과 중지를 위한 비용을 말하고 있다.

[설명] 총수익이 저하하면 생산을 계속하는 것보다도 생산을 중지하는 것이 손실이 적게 되므로 가격의 최저라 할 수 있다. 넓은 의미의 휴업비는 복업비(復業費)도 포함하므로 다음과 같이 된다.

(1) 최저의 설비의 정비비 및 관리비용으로 이것 이하이면 손상이 생길 위험이 있는 것이다. 복업을 생각하여 해고할 수 없는 종업원의 임금, 휴지(休止)하더라도 지급하는 자본이자, 시간의 경과에서 발생하는 상각비, 세금, 수도료, 전등료 기타가 있다.

(2) 휴업에서 생기는 비용인 종업원 해고의 비용, 진부화에서 생기는 설비의 특별상각비 등이 있다.

(3) 복업비인 노(爐)의 가열비, 기계의 재운전을 위한 비용 등이 있다.

이러한 비용은 기간적으로 달라지므로 정확하게 계산하는 것은 곤란하며, 개산으로 하지 않을 수 없다. 그러나 이들의 대부분은 고정비이므로 변동비의 계산에서 추산할 수 있다. 또 휴업으로 필요가 없게 되고, 그것을 매각함으로써 일종의 이익이 생긴다. 그만큼 피할 수 없는 비용을 적게 할 수 있다. 피할 수 있는 비용은 다음과 같이 계산된다.

[산식] 피할수 있는 비용=총비용-(피할수 없는 비용-휴업이익)
              =총비용-(휴업비+복업비-휴업이익)

이와 같이 피할 수 있는 비용의 곡선은 메레르빗쯔(Mellerowict, k)에 의하면 총이익의 "카아브"와 손익분기점과 마찬가지로 비용 "카아브"가 곡선인 한 2점에서 교차한다. 밑쪽의 교점은 최저조업이며, 위쪽의 교점은 최대조업이다. 최저조업 이하에서는 휴업하는 것이 유리하며, 최대조업이상에서는 설비를 확정하지 않는 한 휴업하는 것이 유리하며, 최대조업이상에서는 설비를 확정하지 않는 한 휴업하는 것이 유리하다. 이것은 "슈타켈벨히"(Von Stackelberg, H.)가 평균변동비가 최소가 되는 조업을 최저조업이라고 하고 가격의 최조한계로 한데

휴 업 임 금 **(休 業 賃 金)**	반하여 "메레르빗쯔"가 주장한 설이다. [의의] 휴업임금은 근로기준법에 의하여 지급하는 휴업임금과 휴가 또는 해고예고 등의 이유로 발생되는 임금으로서 간접노무비로 처리된다. [설명] 근로기준법 제38조는 사용자의 귀책사유로 인하여 휴업하는 경우에 사용자는 휴업기간 중 당해 근로자에 대하여 평균임금의 100분의 60 이상의 수당을 지급해야 한다고 규정하고 있다. 또한 동법 제27조의2에는 사용자가 근로자를 해고하고자 할 때에는 적어도 30일전에 그 예고를 하여야 하며, 30일전에 예고를 하지 아니한 때에는 30일분 이상의 통상임금을 지급하여야 한다고 규정하고 있다. 　휴가임금은 동법 제48조에 사용자는 1년간 개근한 근로자에 대해서는 8일, 9할 이상 출근한 자에 대하여는 3일의 유급휴가를 주어야 한다고 하였고, 2년이상 계속 근속한 자에 대하여는 1년을 초과하는 근속근로연수에 대하여 1일을 가산한 유급휴가를 주는데 최대한 20일을 초과할 수 없다고 규정하고 있다. 이러한 3가지 경우에 지급하는 임금을 총괄하여 휴업임금이라고 한다.
히스트리칼 · 코스트 (Historical Cost)	[의의] 실제원가 또는 원시원가와 보통 통일된 뜻으로 되고 역사적원가라고 직역된다. 　지출시에 있어서의 현금 또는 등가물의 실제지급액에 의하여 측정된 원가이며, 이러한 원가의 측정은 발생한 거래의 기록에 따라 또는 확실하게 이루어진 약정에 따라 입증할 수 있다.

부록1

원가계산준칙

제정 1998. 4. 1 증권관리위원회
개정 1999.12. 8 증권관리위원회

제1장 총 칙

제1조【목적】이 준칙은 기업회계기준 제90조의 규정에 의하여 회사가 재무제표를 작성하기 위하여 제품의 원가를 산정함에 있어 준거해야 할 세부사항에 관하여 정함을 목적으로 한다.(1999.12.8 개정)

제2조【적용범위】이 준칙은 회사가 제품의 생산과 관련하여 발생한 원가(이하"제조원가"라 한다)를 산정하는 데 적용한다.

제3조【원가계산제도의 확립 등】① 회사는 제조원가를 계속적으로 수집·측정·배분·보고하기 위한 계산절차로서 실제원가계산제도 또는 표준원가계산제도를 확립하여야 한다.
② 회사가 채택한 원가계산제도는 매기 계속하여 적용하여야 하며, 정당한 이유없이 이를 변경하여서는 아니된다.

제4조【제조원가의 범위】① 제조원가는 제품의 생산과 관련하여 소비된 경제적 자원의 가치만을 포함한다.
② 비정상적으로 발생한 경제적 자원의 소비는 제조원가에 포함하지 아니한다.

제5조【원가계산기간】원가계산기간은 회사의 회계연도와 일치하여야 한다. 다만, 필요한 경우에는 월별 또는 분기별 등으로 세분하여 원가계산을 실시할 수 있다.

제6조【원가계산의 일반원칙】제조원가의 계산은 다음 각호에 따른다.
1. 제조원가는 일정한 제품의 생산량과 관련시켜 집계하고 계산한다.
2. 제조원가는 신뢰할 수 있는 객관적인 자료와 증거에 의하여 계산한다.
3. 제조원가는 제품의 생산과 관련하여 발생한 원가에 의하여 계산한다.
4. 제조원가는 그 발생의 경제적 효익 또는 인과관계에 비례하여 관련제품 또는 원가부문에 직접부과하고, 직접부과가 곤란한 경우에는 합리적인 배부기준을 설정하여 배부한다.

제7조【제조원가요소의 분류】① 제조원가요소는 재료비, 노무비 및 경비로 분류하거나, 회사가 채택하고 있는 원가계산방법에 따라 직접재료비, 직접노무비 및 제조간접비 등으로 분류할 수 있다.

② 제조원가요소와 판매비와 관리비요소는 구분하여 집계한다. 다만, 그 구분이 명확하지 아니한 경우에는 발생원가를 비목별로 집계한 후, 일정한 기준에 따라 제조원가와 판매비와 관리비로 구분하여 배부할 수 있다.

제2장 실제원가계산제도

제8조【실제원가계산의 절차】실제원가계산은 원가요소의 실제발생액을 비목별 계산을 거쳐 원가부문별로 계산한 후 제품별로 제조원가를 집계한다.

제9조【재료비의 계산】① 재료비는 기초재료재고액에 당기재료매입액을 가산하고 기말재료재고액을 차감하여 계산한다.
② 재료의 소비수량은 계속기록법에 의하여 계산하며 필요한 경우에는 실지재고조사법 또는 역산법에 의하여 계산할 수 있고, 2 이상의 방법을 병행하여 적용할 수 있다.
③ 재료의 소비가격은 취득원가에 의하여 계산하며, 동일재료의 취득원가가 다를 경우에는 개별법·선입선출법·후입선출법·이동평균법 등의 방법을 적용하여 계산한다.

제10조【노무비의 계산】① 노무비는 그 지급기준에 기초하여 당해 기간에 실제로 발생한 비용을 집계하여 계산한다.
② 작업시간 또는 작업량에 비례하여 발생하는 노무비는 실제작업시간 또는 실제작업량에 임률을 곱하여 계산한다. 이 경우 임률은 개별임률 또는 평균임률에 의한다.
③ 상여금 또는 특별수당 등과 같이 월별·분기별로 지급금액 또는 지급시기가 일정하지 아니한 노무비는 회계연도 중의 원가계산기간에 안분하여 계산한다.

제11조【경비의 계산】① 경비는 제조원가 중 재료비와 노무비를 제외한 모든 비용을 포함하고 그 내용을 표시하는 적절한 세부과목으로 구분하여 기재한다.
② 경비는 당해 기간에 실제로 발생한 비용을 집계하여 계산한다.
③ 시간 또는 수량에 비례하여 발생하는 경비는 실제시간 또는 실제수량에 단가를 곱하여 계산한다.

제12조【외주가공비의 계산】① 당기제품제조와 관련하여 발생한 외주가공비는 당해 기간에 실제로 발생한 비용을 집계하여 계산한다.
② 외주가공비는 그 성격에 따라 재료비 또는 경비에 포함하여 계상할 수 있으며, 그 금액이 중요한 경우에는 별도의 과목으로 기재할 수 있다.

제13조【예정가격 등의 적용 특례】제8조의 규정에 불구하고 제조원가는 재료의 가격, 임률 및 경비를 예정가격 또는 예정액으로 계산할 수 있으며, 제조간접비는 예정배부율을 적용하여 계산할 수 있다.

제14조 【원가부문별 계산】 ① 원가계산은 원가의 발생을 관리하고 제품원가의 계산을 정확히 하기 위하여 부문별로 계산할 수 있다. 이 경우 원가의 비목별 계산에서 집계된 원가요소는 그 전부 또는 일부를 다시 원가부문별로 집계한 후, 이를 다시 제품별로 배분할 수 있다.
② 원가부문은 원가요소를 분류·집계하는 계산상의 구분으로서 제조부문과 보조부문으로 구분한다.
③ 제조부문은 직접 제조작업을 수행하는 부문을 말하며 제조활동 등에 따라 세분할 수 있다.
④ 보조부문은 직접 생산활동을 수행하지 아니하고 제조부문을 지원·보조하는 부문으로서 그 수행하는 내용에 따라 세분할 수 있다.

제15조 【부문비 계산의 절차】 ① 원가의 부문별 계산은 원가요소를 제조부문과 보조부문에 배부하고, 보조부문비는 직접배부법·단계배부법 또는 상호배부법 등을 적용하여 각 제조부문에 합리적으로 배부한다.
② 제조부문에 집계된 원가요소는 필요에 따라 그 부문의 소공정 또는 작업단위별로 집계할 수 있다.

제16조 【부문개별비와 부문공통비】 ① 원가요소는 발생한 원가의 직접적인 집계가능성 여부에 따라 부문개별비와 부문공통비로 구분한다.
② 부문개별비는 원가발생액을 당해 발생부문에 직접부과하고, 부문공통비는 인과관계 또는 효익관계 등을 감안한 합리적인 배부기준에 의하여 관련부문에 배부한다.

제17조 【원가의 제품별 계산방법】 원가의 제품별 계산은 원가요소를 제품단위에 집계하여 단위제품의 제조원가를 산정하는 절차를 말하며, 이는 생산형태에 따라 개별원가계산방식과 종합원가계산방식 등으로 분류한다.

제18조 【개별원가계산】 ① 개별원가계산은 다른 종류의 제품을 개별적으로 생산하는 생산형태에 적용하며, 각 제조지시서별로 원가를 산정한다.
② 제조간접비의 제품별 배부액은 각 제조부문별·소공정별 또는 작업단위별로 예정배부율 또는 실제배부기준에 의하여 배부한다. 다만, 필요한 경우에는 제조부문에 배부하지 않고 직접 제품에 부과할 수 있다.

제19조 【종합원가계산】 ① 종합원가계산은 동일 종류 또는 다른 종류의 제품을 연속하여 반복적으로 생산하는 생산형태에 적용한다.
② 종합원가계산의 단위당 원가는 발생한 모든 원가요소를 집계한 당기총제조비용에 기초재공품원가를 가산한 후 그 합계액을 완성품과 기말재공품에 안분계산함으로써 완성품총원가를 계산하고, 이를 제품단위에 배분하여 산정한다.
③ 종합원가계산에 있어서 완성품원가와 기말재공품원가는 완성품환산량에 의하여 선입선출법·후입선출법 또는 총평균법 등 기타 합리적인 방법을 적용하여 계산한다.
④ 기말재공품의 완성품환산량은 재료의 투입 정도 또는 가공 정도 등을 고려하여 직접재료비와 가공비로 구분하여 산정할 수 있다.

⑤ 종합원가계산은 생산되는 제품의 형태 및 공정에 따라 공정별 원가계산, 조별 원가계산, 등급별 원가계산 및 연산품원가계산 등으로 분류한다.

제20조【공정별 원가계산】 ① 공정별 원가계산은 제조공정이 2 이상의 연속되는 공정으로 구분되고 각 공정별로 당해 공정제품의 제조원가를 계산할 경우에 적용한다.
② 전공정에서 다음 공정으로 대체되는 제조원가는 전공정대체원가로 하여 다음 공정의 제조원가에 가산한다.
③ 재료가 최초 공정에 전량 투입되고 다음 공정 이후에는 단순히 가공비만이 발생하는 경우 완성품총원가는 각 공정별로 가공비를 집계하고 여기에 재료비를 가산하여 계산할 수 있다.

제21조【조별 원가계산】 ① 조별 원가계산은 다른 종류의 제품을 조별로 연속하여 생산하는 생산형태에 적용한다.
② 조별 원가계산에서는 당해 기간의 제조원가를 조직접비와 조간접비로 구분하여 조직접비는 각 조에 직접부과하고, 조간접비는 일정한 배부기준에 의하여 각 조별로 배부하여 조별 총제조원가를 산출한다.

제22조【등급별 원가계산】 ① 등급별 원가계산은 동일 종류의 제품이 동일공정에서 연속적으로 생산되나 그 제품의 품질 등이 다른 경우에 적용한다.
② 등급품별 단위당 원가는 각 등급품에 대하여 합리적인 배부기준을 정하고, 당해 기간의 완성품총원가를 동 배부기준에 따라 안분하여 계산한다.
③ 등급품별로 직접원가를 구분하는 것이 가능할 경우 직접원가는 당해 제품에 직접부과하고 간접원가는 제2항의 배부기준에 따라 배부할 수 있다.

제23조【연산품원가계산】 ① 연산품원가계산은 동일재료로 동일공정에서 생산되는 다른 종류의 제품으로서 주산물과 부산물을 명확히 구분하기 곤란한 경우에 적용한다.
② 연산품원가계산은 제22조 제2항 및 제3항의 규정을 준용한다.

제24조【부산물과 작업폐물의 평가】 ① 부산물은 제22조의 규정을 준용하여 평가하거나, 다음 각호의 방법에 의하여 그 가액을 산정하여 이를 발생부문의 주산물 총원가에서 안분하여 차감한다.
1. 부산물을 그대로 외부에 매각할 수 있는 경우에는 추정매각가격에서 판매비와 관리비 및 정상이윤을 공제한 가액
2. 부산물로서 추가가공 후 매각하는 경우에는 가공제품의 추정매각가격에서 추가가공비, 판매비와 관리비 및 정상이윤을 공제한 가액
3. 부산물을 그대로 자가소비하는 경우에는 그 추정매입가격
4. 부산물로서 추가가공 후 자가소비하는 것은 그 추정매입가격에서 추가가공비 발생액을 공제한 가액
② 부산물의 추정매각가격 또는 추정매입가격은 최근의 거래가격 또는 권위 있는 물가조사기관의 물가조사표에 의한 시가를 적용한다.

③ 판매비와 관리비 및 정상이윤은 유사제품의 최근 평균매출원가율을 적용하여 계산한다.
④ 작업폐물은 제1항 내지 제3항의 규정을 준용하여 평가하고, 이를 발생부문의 제조원가에서 차감하거나 필요에 따라 당해 제품의 제조원가에서 차감할 수 있다.

제25조【공손비의 계산】 ① 공손비는 다음 각호에 따라 계산하여 당해 제품의 제조원가에 부과하거나 원가발생부문의 간접비용으로 한다. 다만, 비정상적인 공손비는 영업외비용으로 한다.
1. 공손이 보수에 의하여 회복될 경우 공손비는 그 보수비용으로 한다.
2. 공손이 보수로서 회복되지 않고 그 전부를 다시 생산할 경우 공손비는 기발생된 공손품 제조원가에서 공손품의 평가액을 차감한 가액으로 한다.
3. 공손이 보수로서 완전 회복되지 않고 그 일부를 다시 생산할 경우 공손비는 추가적으로 발생하는 제조원가에서 공손품의 평가액을 차감한 가액으로 한다.
② 제1항 제2호 및 제3호의 규정에 의한 공손품의 평가는 제24조의 규정을 준용한다.

제3장 표준원가계산제도

제26조【표준원가계산의 적용】 ① 표준원가계산은 사전에 객관적이고 합리적인 방법에 의하여 산정한 원가(이하"표준원가"라 한다)를 이용하여 제조원가를 계산하는 경우에 적용한다.
② 표준원가는 회사의 제반 사정을 고려하여 현실적으로 달성가능하도록 설정한다.

제27조【표준원가의 산정】 ① 표준원가는 직접재료비, 직접노무비 및 제조간접비에 대하여 산정하고, 다시 제품원가에 대하여 설정한다.
② 원가요소의 표준은 수량과 가격에 대하여 각각 설정한다.

제28조【표준직접재료비】 ① 표준직접재료비는 직접재료의 종류별로 재품단위당 표준소비수량과 표준소비가격을 설정하고, 이 양자를 곱하여 산정한다.
② 표준소비수량은 과학적·통계적 조사에 의하여 제품의 생산에 필요한 각종 재료의 종류, 품질, 가공방법 등을 고려하여 정한다. 이 경우 표준소비수량에는 정상적인 공손 및 감손을 포함한다.
③ 동일한 기능을 수행하는 여러 종류의 재료가 대체적으로 사용되는 경우 표준직접재료가격을 곱하여 산정한다.
④ 표준소비가격은 과거 및 현재의 시장가격과 장래에 예측되는 가격동향이나 거래관습 등 제반 경제적 여건을 고려하여 정한다.

제29조【표준직접노무비】 ① 표준직접노무비는 직접작업의 구분마다 제품단위당 표준작업시간과 표준임률을 설정하고, 이 양자를 곱하여 산정한다.
② 표준작업시간은 과학적·통계적 조사에 의하여 작업의 종류, 사용기계공구, 작업방식, 노동의 등급 등을 고려하여 정한다.
③ 표준임률은 과거 및 현재의 임률과 장래에 예측되는 변동 등 제반 여건을 고려하여 정한다.

제30조【제조간접비의 표준】① 제조간접비의 표준은 부문별 또는 작업단위별로 일정기간에 발생할 제조간접비의 예정액으로 산정한다.
② 부문별 제조간접비 표준의 산정방법은 제14조 내지 제16조의 규정을 준용한다.

제31조【표준원가의 수정】표준원가는 생산의 조건 등에 변화가 있는 경우 이를 적절히 수정한다.

제32조【원가차이의 산정】표준원가와 실제발생원가와의 차액(이하 "원가차이"라 한다)은 원가계산기간별로 산정한다. 이 경우 실제발생원가의 산정은 제8조 내지 제16조의 규정에 의한다.

제33조【원가차이의 회계처리】① 원가차이는 일정한 기준에 따라 회계연도의 매출원가와 기말재고자산에 배부하며, 원가차이의 배부를 보다 정확히 하기 위하여 원가요소별로 다른 배부기준을 적용할 수 있다.
② 비정상적으로 발생한 원가차이는 영업외수익 또는 영업외비용으로 한다.
③ 실제원가계산제도에 있어서 원가의 일부를 예정가격 등으로 계산할 경우 발생한 원가차이는 제1항 및 제2항의 규정을 준용하여 처리한다.

제4장 보 칙

제34조【준용규정】이 준칙은 제조업 이외의 업종을 영위하는 회사가 원가계산을 함에 있어서도 이를 준용할 수 있다.

부 칙(1998. 4. 1)

제1조【시행일】이 준칙은 1998년 4월 1일부터 시행한다.
제2조【종전준칙의 폐지 및 이에 따른 경과조치】① 종전 증권관리위원회의 원가계산준칙(이하 "종전준칙"이라 한다)은 이 준칙 시행일부터 이를 폐지한다.

부록2

원가계산규정

제1장 총 칙

제1조 【성격】 이 규정은 경리규정에 의하여 원가계산의 실시기준에 대하여 정한다.

제2조 【목적】 원가계산은 원가를 실제로 정확하고 신속하게 계산하여 경영방침의 결정, 이익계획, 원가관리, 예산통제 및 가격정책에 공함과 아울러 재무회계에 대하여 기간손익산정의 기초자료를 제공함을 목적으로 한다.

제3조 【원가의 의의】 원가라 함은 제품의 생산(수리 및 가공을 포함한다. 이하 같다) 및 판매를 위하여 소비되는 경제가치를 말한다.

제4조 【원가의 구분】 원가는 이를 제조원가, 판매비 및 관리비로 구분한다.
① 제조원가라 함은 제품의 생산에 관하여 소비되는 가치를 말하고, 판매비 및 관리비라 함은 제품의 판매와 사업전체의 관리에 관하여 소비되는 가치를 말한다.
② 월차계산에 있어서는 원가를 다시 변동원가와 기간원가로 구분한다. 변동원가라 함은 제품의 생산과 판매에 소비되는 원가요소 중 변동비의 소비가치를 말하고 기간원가라 함은 원가요소 중 고정비의 소비가치를 말한다.

제5조 【원가계산의 방법】 원가는 이를 요소별, 부문별 및 제품별로 계산한다.
① 원차계산 ; 월차계산은 직접원가계산의 방법에 의한다. 직접원가계산이라 함은 원가를 변동원가와 기간원가로 나누어 계산하는 방법을 말하고 변동원가로서 제조원가로 한다.
② 연도계산 ; 연도계산은 전부 원가계산의 방법에 의한다. 연도말에 1사업연도의 기간원가를 변동원가에 일괄배부하여 제조원가의 수정을 한다.
제6조 【원가계산의 기간】 원가계산의 기간은 매월 1일부터 말일까지의 1개월로 한다.

제7조 【재무회계와의 관계】 원가계산은 재무회계와 유기적 관련을 유지하여야 한다.

제2장 제조원가계산

제1절 요소별계산

제8조 【원가요소의 분류】 원가요소는 재료비·노무비 및 경비로 분류한다.

① 기능별 분류 ; 기능별분류의 내용 및 의의를 계정과목에 정하는 바에 의한다.
② 생산량에 대한 비용의 발생양태에 의하여 변동비 및 고정비로 분류한다.
㉮ 변동비라 함은 생산량의 증감에 따라 그 합계액이 비례적으로 증감하는 것을 말한다.
㉯ 고정비라 함은 생산량의 증감에 불구하고 그 합계액이 변화하지 아니하는 것을 말한다.
㉰ 변동비 및 고정비의 분류는 따로 정한다.

제9조【재료소비량의 계산】재료소비량의 계산은 원칙적으로 계속기록법에 의한다.

제10조【재료의 구입】① 원가재료의 구입원가는 재료의 구입대가에 매입수수료, 거래운임 등의 구입직접비를 가산한 것으로 한다.
② 재료구입에 있어서 할인·에누리 및 리베이트를 받은 때에는, 이를 공제한 것을 구입원가로 한다. 다만, 소비 후 판명된 경우는 동종재료의 구입원가에서 공제하며 할인·에누리 및 리베이트를 받은 재료가 판명되지 아니한 경우는 원가차액으로 처리한다.

제11조【재료의 소비가격】재료의 소비가격은 다음 방법에 의하여 계산한다.
① 구입재료
㉮ 원재료는 예정가격으로 계산한다. 다만, 매입부품은 실제의 구입원가에 의한다.
㉯ 저장품은 실제의 구입원가로서 계산한다. 다만, 필요한 경우 예정가격에 의할 수 있다.
㉰ 사내타공장에서 공급을 받는 생산재료의 수입가격은 또는 대체가격으로서 계산한다.
② 자가생산재료
㉮ 원재료는 변동원가로서 계산한다.
㉯ 저장품은 저장품생산부문의 고정비로서 계산된 원가에 의하여 계산한다.
③ 재료불출차액의 처리 ; 1사업연도에 있어서의 예정소비가격과 실제소비가격과의 차액은 연도 말에 원가차액으로서 처리한다.

제12조【노무비의 계산】노무비는 당해원가계산기간에 부담할 액에 대하여 계산한다.
① 급료·임금 및 잡급은 당해월분으로서 발생한 실제액으로 한다.
② 종업원 상여·수당은 당해 사업연도내에서 부담할 총액을 월할계산에 의하여 할부한다.

제13조【경비의 계산】경비는 당해 원가계산기간에 부담할 액에 대하여 같이 계산한다.
① 경비는 원칙으로 발생액으로서 계산한다.
② 수개월분 또는 1사업연도분 이상을 일시에 총괄적으로 계산하거나 지급하는 것에 대하여는 월할계산에 의하여 부담액으로 한다. 산재보험료, 부동산임차료, 조세공과, 부과금, 감가상각비 등
③ 발생액으로서 부담액으로 함이 곤란한 것에 대하여는 지급액으로서 계산할 수 있다.

제2절 부문별계산

제14조【원가부문의 설정】원가부문이라 함은 원가의 발생을 기능별, 책임구분별로 관리함과 아울러 제조원가의 계산을 정확하게 하기 위하여 원가요소를 분류, 집계하는 계산조직상의 구분을

말하고 원가제부문의 세분은 공장의 특질에 따른다.
 ① 제조부문 ; 제조부문이라 함은 직접제조작업이 실시되는 부문으로서 제품종별제품의 생산단계 또는 제조활동의 종별에 의하여, 이를 각종의 부문으로 나눈다.
 ② 연구부문 ; 연구부문이라 함은 연구관리규정에 정하는 각종의 연구활동을 하는 부문을 말하고, 연구과제·연구단계 등에 의하여 각 부문으로 나눈다.
 ③ 보조부문 ; 보조부문이라 함은 제조부문 및 연구부문에 대하여 보조적 관계가 있는 부문을 말하고, 이를 보조경영부문과 공장 관리부문으로 나눈다.
  ㉠ 보조경영부문이라 함은 제품의 생산 및 연구에 직접관여하지 아니하며, 자기의 급부를 제조부문 및 연구부문에 제공하는 부문을 말하고, 이를 다시 기능별로 각종의 부문으로 나눈다.
  ㉡ 공장관리부문이라 함은 공장의 관리적 기능을 하는 부문을 말하고, 이를 다시 기능별로 나눈다.

제15조【부문별 계산의 방법】부문별계산이라 함은 원가를 원가부문별로 계산하는 방법을 말하고 다음과 같이 한다.
 ① 원가요소는 이를 제조부문, 연구부문, 보조경영부문 및 공장관리부문으로 집계한다.
 ② 부문개별비와 부문공통비 ; 원가요소는 이를 원가부문으로 집계함에 있어 당해 부문에서 발생한 것이 직접적으로 인정되는가의 여부에 의하여, 이를 부문개별비와 부문공통비로 분류한다. 부문개별비는 원가부문에서 발생액을 직접으로 당해 부문에 부과하고 부문공통비는 각 원가요소에 대하여 각부문이 받는 용역의 정도에 따라 배분한다.
 ③ 각 원가부문에 집계된 고정비는 기간원가로서 제조고정원가계정에 이입하고 월차계산에 있어서의 제조부문에 대한 부문비배부는 하지 아니하고 연도말까지 보유한다.
 ④ 연구부문비의 원가 내 원가 외의 구분 ; 연구부문비는 이를 원가내연구비와 원가외 연구비로 구분하며, 원가내 연구비는 연도말에 제조부문비로 배부하고 원가외연구비는 매월 이연시험연구비에 이입한다. 다만, 타부문에서의 배부액은 연도말에 가산한다.

제3절 제품별계산

제16조【원가단위】제조별계산에 있어서 원가단위는 원칙으로 종류별 또는 치수별의 단위로 한다.

제17조【제품별계산의 방법】월차계산에 있어서 제품별계산은 조별, 공정별, 종합원가계산의 방법에 의한다. 다만, 제조원가는 변동비로서 계산한다.

제18조【재공품원가의 계산방법】재공품원가는 당월변동비와 월초재공품원가를 당월의 완성품과 월말재공품으로 분할하여 계산한다. 계산방법은 다음과 같이 한다.
 ① 재공품원가의 산정에 있어서는 월말재공품의 완성품환산량을 산정한다. 재공품의 완성품환산량은 재공품변동비와 완성품변동비와의 비율을 산정하고, 이를 재공품 현재량을 곱하여 계산한다.
 ② 당월변동비와 월초 재공품원가를 당월완성품과 월말재공품으로 분할한다. 계산은 당월변동비

와 월초재공품원가의 합계액을 당월완성품수량과 월말재고품의 완성품환산량과 비율에 의하여 완성품과 재공품으로 안분하여 당월완성품원가 및 월말재공품원가를 산정한다.

제19조【부산물의 평가와 처리】부산물은 그 가격을 산정하여 주산물의 원가에서 공제한다. 가격의 산정은 원칙으로 다음 방법에 의한다.
① 부산물을 그대로 외부에 매각할 수 있는 것은 판매가예상액에서 매각직접비 통상 및 이익의 견적액을 공제한 액
② 부산물을 가공하여 매각할 수 있는 것은 판매가 예상액에서 원재료 매각직접비 및 통상의 이익견적액을 공제한 액
③ 부산물로서 그대로 자가소비되는 것은, 이에 의하여 절약될 물품의 구입예상가액
④ 부산물을 가공하여 자가소비되는 것은, 이에 의하여 절약될 물품의 구입예상가액에서 원재료비의 견적액을 공제하는 액
⑤ 경미한 부산물은 전호의 절약에 의하지 아니하고, 이를 매각하여 얻은 수입을 원가계산외의 수익으로 할 수 있다.

제3장 판매비와 관리비

제1절 요소별계산

제20조【판매비 및 관리비의 분류】판매비와 관리비의 분류는 계정과목기준의 정하는바에 의한다.
① 판매비는 판매담당부문에서 제품의 판매에 관하여 발생하는 원가를 말하고, 그 발생장소의 구분에 의하여 직접판매담당부문의 비용을 판매비라 하는데, 판배에 관한 기획·관리 기타 보조적업무를 담당하는 부문의 비용을 판매비 및 관리비로 한다.
② 관리비는 본사에 사업전체의 관리에 관하여 발생하는 원가를 말한다.
③ 판매비 및 관리비의 요소는 제품의 판매액 또는 판매수량의 증감에 따라 그 합계액이 비례적으로 증감하는 것을 판매변동비로 하고, 기타의 것은 판매고정비 및 관리비로 한다. 판매변동비 및 판매고정비의 분류는 따로 정한다.

제21조【판매비 및 관리비의 계산】판매비 및 관리비는 당해 원가계산기간에 부담할 액에 대하여 다음과 같이 계산한다.
① 판매비 및 관리비는 원칙으로 발생액으로서 계산한다.
② 수개월분 또는 1사업연도 이상을 일시에 총괄적으로 계산하거나 지급하는 것에 대하여는 월할계산에 의하여 부담액으로 한다. 종업원 상여·수당·산재보험료·퇴직금·부동산임차료·조세공과·감가상각비 등
③ 발생액으로서 부담액으로 함이 곤란한 것에 대하여는 지급액으로서 계산할 수 있다.

제2절 부문별계산

제22조【원가부문의 설정】원가부문이라 함은 원가의 발생을 기능별책임구분별로 관리함과 아울러 원가요소를 분류집계하는 계산조직상의 구분을 말하고 판매부문 및 관리부문으로 구분한다.
① 판매부문 ; 판매부문은 판매담당부문에서 판매업무를 직접담당하는 판매부문과 판매에 관한 기획, 관리 기타 보조적 업무를 담당하는 판매관리부문으로 나눈다.
② 관리부문 ; 관리부문은 본사에서 제품부문별관리를 담당하는 광학관리부문, 화학관리부문 및 개발관리부문과 회사전체의 관리를 담당하는 총괄관리부문으로 나눈다.

제23조【부문계산의 방법】부문별계산이라 함은 원가를 원가부문별로 계산하는 방법을 말하고 다음과 같이 한다.
① 판매변동비, 판매고정비 및 관리비는 판매부문의 각 부문 및 관리부문의 각부문에 집계한다.
② 부문개별비와 부문공통비 ; 판매비 및 관리비는 부문에 대한 집계절차상 이를 부문개별비와 부문공통비로 분류한다. 부문개별비 및 부문공통비의 원가부문에 대한 부과 및 부과방법은 제16조 제1호에 준한다.

제4장 매출원가계산

제24조【매출원가의 계산】월차계산에 있어서 매출원가는 산출수량에 공장도가격을 곱하여 산정한다.

제5장 제조원가 및 매출원가의 연도말 수정계산

제25조【제조원가의 수정계산】변동제조원가는 다음 방법에 의하여 각원가계산기간의 총제조비용으로서 계산된 제조원가로 수정한다.
① 제조고정비의 배부 ; 월차계산에 있어서 제조고정비계정에 유보된 부문별의 기간원가는 연도말에 일괄하여 부문비배부의 절차에 의하여 제조부문에 배부하며 제조원가에 산입한다. 부문비의 배부방법은 단계식배부법으로 한다.
② 재공품원가의 수정재공품원가의 수정은 제조부문에 배부되어 제조고정비와 기초재공품원가에 포함되는 고정비의 합계액을 사업연도의 완성품과 기말재공품으로 분할하여 계산한다. 계산방법은 완성품수와 기말재공품공수와의 비율에 의하여 안분하거나 재공품의 완성정도의 완성품에 대한 비율에 의하여 완성품·가격 및 기말재공품원가를 산정한다.
③ 수정계산의 기간 ; 제조원가의 연도말수정계산은 원칙으로 당해사업연도의 최후달의 변동제조원가산정후에 한다.
④ 제품대체액의 수정 ; 제품원가의 연도말수정에 의하여 제품대체차액을 수정한다.
⑤ 연도초의 수정 ; 연도초에 있어서 월차계산의 절차상 전사업연도에서 이월된 재공품평가액은 고정비를 공제하고 변동원가로 수정한다. 재공품평가액에서 공제한 고정비는 전기이월재공품기간원가로서 재공품계정에 이입하여 연도말의 수정계산까지 보류한다.

제26조【매출원가의 수정계산】연도말에 원가차액의 조정계산을 요하는 경우는 1사업연도의 공장감가격환산매출원가와 제재고자산의 기말재고액을 수정한다.

제6장 비원가항목

제27조【비원가항목】원가에 산입하지 아니하는 항목은 다음과 같이 한다.
① 경영목적에 관련하지 아니하는 가치의 감소
  ㉮ 다음 자산에 관한 감가상각비, 조세 등의 비용
   1) 투자자산인 부동산, 유가증권, 대여금 등
   2) 미가동의 고정
  ㉯ 정치적기여금 등 경영목적에 관련이 없는 지출
  ㉰ 지급이자, 할인료, 사채발행차금상각금, 지급보증료 등의 재무비용
② 이상사태를 원인으로 하는 가치의 감소
  ㉮ 이상있는 공손, 재고감모, 대손 등
  ㉯ 우발당사고에 의한 손실
   1) 화재·풍수해·도난·쟁의 등에 의한 손실
   2) 우발적사정에 의하여 고정자산에 현저한 감가가 생긴 경우의 특별상각
  ㉰ 연체상금 또는 위약금
  ㉱ 고정자산 상각손
  ㉲ 유동자산의 이상있는 매각손
  ㉳ 우발채무손실
  ㉴ 소송비
③ 저가주의의 적용에 의하여 평가손, 유가증권평가손, 유가증권매각손
④ 이익금에 과하는 항목
  ㉮ 법인세, 부가가치세
  ㉯ 배당금
  ㉰ 임원상여
  ㉱ 퇴직수당적립금이입액 등 이익유보의 성질이 있는 것

제7장 원가보고서

제28조【원가보고서】원가보고서에는 그 목적에 의하여 다음과 같이 분류한다.
① 공장에서 작성하여야 할 원가보고서
  ㉮ 공장관리용으로 작성하여야 할 것
   1) 공장의 현장관리자가 자기의 책임에 속하는 원가(공손물, 공수, 원단위 등)를 적시에 포착, 원가절감을 정확하게 하기 위하여 필요로 하는 것
   2) 공장관리자가 각부문의 관리상황, 한계이익등을 정확하게 파악하고 문제점에 대한 대책을 결정하기 위하여 필요로 하는 것

3) 위1) 및 2)의 종류 및 서식에 대하여는 공장에서 정한다.
  ㉯ 본사에서 제출하는 것
   1) 제조원가예산실적대비표 ; (부수)2, (기일)매월20일, (제출처)경리부
   2) 제품별원가예산실적대비표 ; (부수)2, (기일)매월20일, (제출처)경리부
   3) 제조고정비원가예산실적대비표 ; (부수)2, (기일)매월20일, (제출처)경리부
   4) 연도원가보고서 ; (부수)2, (제출처)경리부
 ② 본사에서 작성하여야 할 보고서
  ㉮ 부문별손익예산실적대비표
  ㉯ 제품별손익예산실적대비표
  ㉰ 공비별제조원가예산실적대비표
  ㉱ 제품별제조원가예산실적대비표(기말에 한하여 작성한다)
  ㉲ 제조고정비예산실적대비표(기말에 한하여 작성한다)
  ㉳ 판매비예산실적대비표
  ㉴ 관리비예산실적대비표
  ㉵ 손익분기점예산실적대비표(기말에 한하여 작성한다)
  ㉶ 기타부속표(기말에 한하여 작성한다)

제8장 실시절차, 제정개폐

제29조【사업장의 실시절차】각사업장은 이 규정에 준거하여 사업비내의 세부실시절차를 작성하여야 한다. 다만, 이 경우 본사경리부장과 협의한다.

제30조【제정개폐】이 규정의 제정, 개폐는 사장이 결정한다.

부 칙

  이 규정은 ××년 ×월 ××일 부터 시행

사례3

원가계산사무규정

제1장 총 칙

제1조【성격】본 규정은 제도로서의 원가계산이 아니며, 재무제표와 재고자산평가의 면에서만 관련이 있다. 단, 장래의 제도화의 기초가 되는 것이며, 원가계산의 체계적 규정이 된다.

제2조【목적】재무제표에 관해서는 재고자산의 실제원가로 평가액을 제공하며 제품별예정원가의 산정으로 가격산정의 기초자료와 이익관리의 예산자료를 제공하여 모든 관리에 도움이 된다.

제3조【원가】본규정에서 원가란 제품의 생산과 판매에 소비되는 가치를 말한다.

제4조【원가계산】① 원가요소를 요소별·부문별·제품별로 계산하는 방법을 말하며 예정치(표준원가)와 실제치의 양계산을 한다.
② 예정은 과거의 실적을 기초로 하고 또 장래의 예상 등을 고려하여 실제와의 차액을 근소하게 한다.
③ 예정과 실제와의 차액은 차액조정으로 실적으로 수정하고 제품·재공 등 재고자산의 실제원가를 평가한다.

제5조【원가계산의 기간】① 사후계산으로 실제액의 파악은 경리과의 자료를 주로하고 기간은 21일부터 익월 20일까지 1개월로 한다.
② 차액조정을 월차참고자료를 위해서 월차조정과 대외적자료를 위하여서는 연간통상의 조정의 양자로 한다.

제6조【원가계산책임자의 주임자】각 단위의 계산은 그 사무담당의 과리주임이 이를 하여 관리책임자는 이를 총괄한다.

제7조【원가계산과 계정과의 관계】재품의 제조에 따라 발생하는 원가요소의 집계, 분류는 경리과 자료에 의하여, 그 범위내에서 재무제표와 관련을 갖는다.

제8조【예정원가계산과 표준원가계산】예정원가계산이란 경영의 실태를 예정(표준액)원가로서 계수적으로 파악하여 예산의 편성, 적정한 가격의 결정, 이익관리 등의 기초로 하고 또 실제원가와의 차이를 분석하여 장래경영수행 또는 관리통제에 도움이 되도록 경영성적산정에 유효한 기초자료를 얻는 것이 목적이다.

제9조【직접원가계산】 직접원가계산이란 경영의 실태를 변동원가와 기간원가로 나누어 파악하고, 경영형태의 관리통제·가격정책·기간손익계산에 유효한 기초자료를 얻는 것이 목적이다.

제10조【원가구성】 ① 총원가는 제조원가와 영업비로 되며 영업비는 판매비·관리비·영업비를 총괄한 것이다.
② 제조원가란 제품제조에 소비되는 가치의 제품의 일정단위로 계산되는 가치를 말하며, 제조직접비와 제조고정비로 구분한다.

제11조【원가계산의 방법】 ① 일반으로 원가계산의 방법은 직접비에 있어서는 예정(준표준)계산, 고정비에 있어서는 예정부문비계산에 의한 각 예정액으로 하며, 실제액과의 차액산정·분석·조정한다.
② 예정원가와 실제원가의 산정방법은 대개 공정별종합계산(프로세스 코스트시스템)의 형을 채용한다. 이 경우 공정이란 공장단위를 말한다.(누적법)
③ 장래에 대한 제도명으로는 예정(준표준)원가제도로 한다.

제12조【예정원가설정】 ① 각 제품의 수익력을 정확히 파악하여 각종 경영 방침에 도움이 되도록 또 원가관리에 도움이 되도록 제조직접비·제조고정비에 대하여 예정원가를 산정한다.
② 예정원가의 결정에 있어서는 신뢰할 수 있는 제품단위당 예정원가결정자료에 의한다.

제13조【예정원가의 수정】 예정원가는 이론적으로 그 계산기초로 되어 있는 조건의 변화에 따라 그때마다 이를 수정하는 것을 원칙으로 한다.

제14조【원가차이】 예정원가에 의하여 각 제품별의 실제생산액에 대한 총예정원가와 실제원가를 비교하여 원가차이를 산출한다.

제15조【원가차이의 처리】 원가차액은 직접비·고정비 다같이 매월의 발생액을 산정하고 내부자료로서는 매월 일괄하여 재공품·제품·매출원가에 추가배당한다.

제16조【원가차액의 이용】 원가차액은 필요에 따라 그 내용을 분석하여 보고하고 원가관리에 도움이 되어야 한다.

제17조【고정비예산처리】 제조고정비는 요소별·부문별로, 영업비는 과목별로 예산을 편성하고 이를 실제액과 비교하여 차이를 분석함으로써 관리에 도움이 되도록 한다.

제2장 실제원가의 계산

제1절 총 칙

제18조【목적】실제원가의 집계는 각 원가요소를 집계하여 부문・공정・제품에 대한 원가를 명확하게 하는 것을 목적으로 한다.

제19조【종류】원가부문은 이를 제조부문・보조경영부문・공장관리부문으로 대별한다.

제20조【제조부문】제조부문이란 직접제품의 작업을 하는 부문을 말하며, 다음과 같이 구분한다.
① 금속과 ; 기공계・도장계・조립계(리드관계)
② 제우과 ; 소재계・완제계・도장계・조립계(롯드관계)

제21조【보조경영부문】보조경영부문이란 제조부문에 대하여 보조적으로 생산적용역을 제공하는 부문을 말하며, 다음과 같이 구분한다.
① 제조부 ; 기술과 (제1기술계, 제2기술계, 시설계, 동력계)
   제조부 ; 품질관리과 (제1품질계, 제2품질계)
② 제품개발부 ; 개발제1과, 개발제2과, 시작과(試作課)

제22조【공장관리부문】공장관리부문이란 제조부문에 대하여 생산사무적, 생산관리적 용역을 제공하는 부문을 말하며, 다음과 같이 구분한다.
① 제조부 ; 구매과
   제조부 ; 관리과(관리계・자재계・제품창고계)
② 총무부 ; 총무과의 보안계의 것

제23조【부문개별비와 부문공통비】① 원가요소는 부문개별비와 구분공통비로 구분한다.
② 부문개별비란 각 부문에 개별적, 직접적으로 발생하는 요소이며 그 부문에 부과한다.
③ 부문공통비란 각 부문에 공통적으로 발생하는 요소이며, 적당한 기준에 의하여 각부문에 배당한다.

제24조【제1차부과배당절차와 제2차배당절차】① 제1차절차, 제2차절차 공히 부문비용을 최종 급부단위인 제품에 배분하는 절차이며, 제1차절차(제1차부문비 계산)이란 각 부문 전체에, 전과목에 걸쳐 부문개별비와 부문공통비를 집계하는 절차를 말한다.
② 제2차절차(제2차부문비계산)이란 보조부문(보조경영부문과 공장관리부문의 총칭)의 요소를 제품의 직접작업현장인 제조부문에 그 용역의 형편에 따라 적당한 기준으로 배당하는 절차를 말한다.

제2절 원가 요소

제1관 제조원가의 요소

제25조【제조원가요소의 구분】제조원가요소는 재료비 · 간접재료비 · 노무비 · 경비로 한다.
제26조【재료비의 구분】재료비는 원재료 · 부원재료 · 부품 · 조형료 · 외주가공비 등으로 구분한다.

제27조【간접재료비의 구분】간접재료비는 소모공구, 비품(내용연수 1년미만, 일정액 미만), 보조재료, 소모품, 형치구, 유지비용 등으로 구분한다.

제28조【노무비의 구분】노무비는 당회사의 급여규정에 의하여 다음과 같이 구분한다.
　㉮ 기본급 ; 본급, 근속수당, 가족수당, 기술수당
　㉯ 할증급 ; 조출 · 잔업수당 · 휴일출근수당 · 심야업수당 기타 노무비가 되는 것
　㉰ 상여
　㉱ 법정복리부
　㉲ 퇴직금
　㉳ 잡급

제29조【경비의 구분】① 경비의 구분은 경리규정에 준한다.
② 원가계산상 월할계상하는 항목은 보험료 · 조세공과이다.

제2관 영업비의 요소

제30조【영업비요소의 구분】영업비는 판매비(영업창고) · 관리비, 영업1, 영업2, 영업3의 총괄된 것이다.

제31조【판매비의 구분】① 판매비는 당사의 경우 영업창고에 해당하며, 제품의 보관 · 발송에 관한 일체의 업무를 담당한다.
② 구분은 경리에 준한다.

제32조【관리비의 구분】관리비는 관리사무에 관한 간접비용이며, 구분은 경리에 준한다.

제33조【영업1, 영업2, 영업3비의 구분】영업1은 국내판매관계 영업2는 무역관계, 영업3은 매입상품관계의 업무를 담당하며 비용은 간접비 · 직접비를 포함하며, 구분은 경리에 준한다.

제3절 원가요소의 계산

제1관 제조원가요소의 구분

제34조【재료소비량의 계산】① 재료소비량의 계산은 원칙으로 계속기록법으로 한다.
② 여러 가지 사정으로 전항에 준하기 어려운 경우에는 재고계산법으로 할 수가 있다.

제35조【재료의 구입원가】① 재료의 구입원가는 재료의 구입대가에 구입수수료·인수운임·하역비·보험료 등 구입에 쓰인 인수비용을 가산한다.
② 재료의 구입원가에는 구입사무·보관 등에 쓰인 비용은 산입하지 않는다.

제36조【재료소비가액】재료의 소비가액은 제도화의 경우, 예정가격을 원칙으로 하고 구입가격과의 차는 차액계정으로 집계하여 차액조정한다.

제2관 간접재료비의 계산

제37조【소비량·소비가격의 계산】모두 재료비의 계산에 준한다.

제3관 노무비의 계산

제38조【노무비의 계산】① 노무비의 계산은 원칙으로 원각계산기간의 부담에 속하는 액으로 한다. 단, 필요한 경우에는 예정으로서 계산할 수가 있다.
② 기본급·할증급·제수당은 당회사의 급여규정에 정하는 계산에 의하여, 원칙으로서 당해월의 부담에 속하는 액을 계산한다.
③ 상여와 퇴직급여충당금은 이미 예정액을 월할계상한다. 단, 기중에 발생하는 퇴직금은 지급할 때마다 원가에 계상한다.
④ 법정복리비는 산재보험·건강보험·고용보험 등에 대한 회사부담액을 그 원가부담기간에 따라 계상한다.

제4관 경비의 계상

제39조【경비의 계산】경비는 당해 원가계산기간의 부담에 속하는 금액에 대하여 계상한다. 그 방법은 경비의 종류에 따라 원칙으로 다음의 어느 것에 의한다.
1. 월할로 하는 경비·보험료·조세공과
2. 측정경비 ; 지급전기료·지급가스료는 측정소비량에 의하여 당해 원가계산기간의 부담액으로 한다.
3. 지급경비와 발생경비 ; 감가상각비와 위 1,2를 제외한 기타의 제경비는 지급액을, 발생경비는 발생액으로 당해 원가계산기간의 부담액으로 한다.
4. 감가상각비 ; 당해원가계산기간의 부담에 속하는 금액으로 계상한다.

<영업비요소의 계산>

제1관 관리비의 계산

제40조【관리비의 계산】① 관리비는 당해 원가계산기간의 부담에 속하는 금액으로 계상한다.

② 월별 지급 등의 구분은 제조경비에 준한다.

제2관 관리비의 계산

제41조【판매비의 계산】판매비의 계산은 제20조에 준한다.

제42조【영업1·2·3비의 계산】영업1·2·3비의 계산은 제40조 와 제41조에 준한다.

제4절 제조원가의 계산

제43조【공정별종합원가계산】① 제조원가의 계산은 원가계산기간에 요소별로 집계되며, 부문별로 분류되어 최종적으로 제조부문에 부과·배당된 원가를 제품별로 배분하는 방법을 말한다.
② 이때 공정원가의 관리와 그 공정재공품차액조정의 자료를 제작한다.
③ 제품별계산은 현단계에서 고정비에 대하여 시간차이·임률차이의 분석을 생략한 합계액으로 예정치에 대한 비율 또는 금액으로 표시한다.
④ 원가관리는 공정관리로 한다.

제5절 총원가의 계산

제44조【총원가의 계산】① 총원가란 제품원가에 영업비를 더한 것을 말한다.
② 영업비중 관리비에 대해서도 제품제조의 공정기준에 의하여 제품원가를 배분한다.
③ 기타 판매(영업창고)비와 영업 1, 2, 3비는, 직접비에 대해서는 직과하고 간접비에 대해서는 영업간접비분석자료에 대해서는(매출액, 수량등이 가미된) 제품원가에 배분한다.

제3장 원가에 산입하지 않는 항목

제45조【원가에 산입하지 않는 항목】원가에 산입하지 않는 항목은 원가계산기준에 준한다.

부 칙

① 본 규정은 200×년 ×월 ×일부터 실시한다.
② 본 규정에 대한 사무세칙과 제양식을 별도작성한다.

사례4

원가계산실시요령

제1장 총 칙

제1조【성격】본 실시요령(이하 본 요령이라 한다)은 당회사 경리규정 및 원가계산기준(1985년 11월 공표)에 의거 원가계산의 실시에 관한 요령을 정한다.

제2조【원가계산】원가계산은 원가에 대해 그 실제소비량 및 실제액을 계산한다.

제3조【원가계산기간】경리규정 제49조에 정한 기간으로 한다.

제4조【원가계산방법】당회사에서의 원가계산방법은 각 사업별로 다음 방법에 따른다.
① 갑사업본부 ; 개별원가계산 (기간별 생산법)
② 을사업본부 ; 개별원가계산 (기간별 생산법)
③ 병사업본부 ; 종합원가계산 (가공비 공정별)

제5조【원가의 구분】원가는 이를 제조원가와 판매비 및 관리비로 구분한다.
① 제조원가란, 제품의 생산에 대해서 소비되는 가치를 말한다.
② 판매비 및 관리비란, 사업전체의 관리 및 제품의 판매에 대해서 소비되는 가치를 말한다.

제6조【제품】경리규정 제47조에 정한 생산품은 제품 및 재공품도 포함한다.

제7조【보고양식】① 원가계산에 대한 보고서류는 경리규정 제72조의 규정에 따라 월차보고서 및 결산기말에 있어서의 원가계산제표를 본사 경리부로 보고하지 않으면 안된다.
② 원가계산제표는 경리규정 제46조의 목적에 따라서 작성되지 않으면 안된다.
③ 원가계산제표의 양식은 별표에 정하는 대로 한다.

제2장 요소별 원가계산

제1절 제조원가의 요소

제8조【제조원가】요소별원가계산에 있어서 제조원가는 이를 재료비, 노무비, 경비로 분류한다.
① 재료비란 원칙으로서 제품의 생산에 대해서 소비되는 물품의 가치를 말한다.
② 노무비란 원칙으로서 제품의 생산에 대해서 소비되는 노동급부의 가치를 말한다.
③ 경비란, 제품의 생산에 대해서 소비되는 가치이며, 재료비·노무비 이외의 비용을 말한다.

제1관 재료비

제9조【재료비의 구분】재료비는 재료의 종류에 따라 다음과 같이 분류한다.
① 주요재료비 ; 강재·주물·외주가공비·시판품 등이며, 주로 제품의 생산에 대해서 직접적으로 소비되면 원칙적으로 제품의 기본적 실체로 되어 재현하는 물품의 가치를 말한다.
② 보조재료비 ; 전선·전기부품·전도부품·도료·유류·은로루 목형·소모공구·소모품 등이며, 주로 제품의 생산에 관해서 보조적으로 소비되는 물품의 가치를 말한다.

제10조【재료비의 계산】재료비는 원칙적으로 원가계산기간의 실제소비량에 의거 계산한다.

제11조【재료소비량의 계산】재료소비량의 계산은 원칙으로서 계속기록법에 따른다.

제12조【재료의 구입가액】재료의 구입가격은 실제구입가액으로 한다.

제13조【구입재료의 할인 및 에누리】재료구입시에 할인 또는 에누리를 당했을 때는 이를 공제한 것을 구입가액으로 한다.

제14조【재료소비가액】재료소비가액의 총계방법은 선입선출법에 의한 원가법으로서 실제구입가액으로 한다.

제2관 노무비

제15조【노무비의 구분】노무비는 다음 구분으로 한다.
① 임금 ; 기본급, 능률급, 특근수당, 제수당
② 급료 ; 기본급, 능률급, 특근수당, 제수당
③ 잡급
④ 상여
⑤ 퇴직급여

제16조【소비임금】소비임금은 작업시간과 1시간당의 임률을 곱하여 계산한다.

제17조【작업시간】작업시간은 작업표 및 작업일보에 따라 계산한다.

제18조【임률】임률은 부문별의 실제임률로 한다.

제3장 경비

제19조【경비의 구분】경비는 다음의 비목으로 한다.

① 법정복리비 ② 조세공과 ③ 복리후생비 ④ 전력료 ⑤ 도서비 ⑥ 통신비 ⑦ 수도광열비 ⑧ 수선비 ⑨ 보험료 ⑩ 사무용소모품비 ⑪ 사무용비품비 ⑫ 여비교통비 ⑬ 임차료 ⑭ 접대비 ⑮ 운임 ⑯ 연구비 ⑰ 차량관리비 ⑱ 회의비 ⑲ 수수료 ⑳ 설계비 21) 소모품비 22) 제회비 23) 교육비 24) 기부금 25) 잡비 26) 감가상각비 27) 재고손모비

제20조【경비의 계산】경비는 해당원가계산기간의 부담에 속하는 비용에 대해 계산한다. 그 방법은 원칙으로 다음과 같이 한다.
① 계속적으로 원가계산기간에 걸쳐 총괄적으로 결정되는 경비이며, 그 지급액 또는 지급예정액을 각원가계산기간과 분할부담시킨 것
  ㉮ 감가상각비 ㉯ 보험료 ㉰ 임대료 ㉱ 조세공과 등
② 소비량을 측정할 수 있는 경비에 대해서는 측정한 소비량에 의거하여, 해당원가계산 기간의 부담액으로 한 것
  ㉮ 전력료 ㉯ 수도료 ㉰ 가스료 등
③ 발생액으로서 해당원가계산기간의 부담액으로 하는 것
  재고조사손모비
④ 지급액으로서 해당원가계산기간의 부담액으로 하는 것
  상기 ①~③에 해당하는 이외의 비용

제2절 판매비 및 관리비 원가의 요소

제21조【구분】판매비 및 관리비의 구분은 다음과 같이 한다.
① 임원급여 ② 일반급여 ③ 잡급 ④ 상여 ⑤ 법정복리비 ⑥ 조세공과 ⑦ 복리후생비 ⑧ 도서비 ⑨ 통신비 ⑩ 수도광열비 ⑪ 수선비 ⑫ 보험료 ⑬ 사무용소모품비 ⑭ 사무용소모품비 ⑮ 여비교통비 ⑯ 임차료 ⑰ 접대비 ⑱ 운임 ⑲ 차량관리비 ⑳ 회의비 21) 광고선전비 22) 수수료 23) 판매수수료 24) 소모품비 25) 제회비 26) 교육비 27) 기부금 28) 잡비 29) 감가상각비 30) 퇴직급여충당금전입액

제22조【계산】각 원가계산기간의 부담에 속하는 관리비 및 계산에 대해서는 본 요강 제20조를 준용한다.

제3장 부문별원가계산

제23조【원가부문의 구분】① 원가부문이란 원가의 요소를 그 발생장소에 따라 계산상의 구분을 말한다.
② 원가부문은 이를 제조부문과 보조부문으로 구분한다.

제24조【제조부문】제조부문이란 사업의 목적이 되는 제품의 생산이 행하여지는 부문을 말하며,

이를 다음과 같이 구분한다.
① 대거반 및 프레스기부
  ㉮ 기계부문 ㉯ 판금부문 ㉰ 조립부문 ㉱ 전기부문 ㉲ 도장부문
② 대거인부
  ㉮ 공장부문 ㉯ 열처리부문 ㉰ 포장부문

제25조【보조부문】보조부문이란 제조부문에 대해 보조적관계에 있는 부문을 말하며, 본요령에서는 다음의 구분으로 한다.
① 검사부문
② 기술부문
③ 사무관리부문

제26조【부문별계산】① 개별원가계산에서는 부문별계산은 하지 않으며, 보조부문비는 직접제조명령서에 배당한다.
② 종합원가계산에서는 보조부문비는 직접제조부문으로 배당한다. 종합원가계산에 있어서, 하기의 제조원가요소는 직접작업시간을 기준으로 하여 직접보조부문비를 제조부문으로 배당한다.
㉮ 재료비 ; 본요령 제9조에 정한 보조재료비
㉯ 노무비 ; 보조부문비의 급료, 임금, 잡급, 상여, 퇴직급여충당금전입액
㉰ 경비 ; 본요령 제19조에 정한 경비

제4장 제품별원가계산

제1절 총 설

제27조【제품별원가계산】제품의 원가계산은 이를 개별원가계산과 종합원가계산으로 구분한다.

제28조【개별원가계산】개별원가계산에 있어서는 원가의 부과 및 배당의 절차상 제조원가요소는 이를 직접비와 간접비로 구분한다.
① 직접비
 ㉮ 직접재료비 ; 본 요령 제9조에 정한 주요재료비
 ㉯ 직접노무비 ; 직접임금
 ㉰ 직접경비
② 간접비
 ㉮ 간접재료비 ; 본 요령 제9조에 정한 보조재료비
 ㉯ 간접노무비 ; 본 요령 제15조에 정한 노무비로부터 직접임금을 공제한 노무비
 ㉰ 간접경비 ; 본 요령 제19조에 정한 경비

제29조【종합원가계산】종합원가계산에 있어서는 제조원가요소는 직접비와 간접비로 구분하지

않는다.

제30조【제조지시서】제조지시서는 다음의 종류로 한다.
① 개별제조지시서
② 계속제조지시서
③ 특정제조지시서

제31조【제조지시서 발행】다음의 것은 제조명령서를 발행하지 않으면 안된다.
① 당회사에서 사용하는 고정자산의 제작 또는 수리를 할 경우, 당회사의 사업목적인 제품의 생산을 할 경우
② 당회사에서 사용하는 고정자산의 제작 또는 수리를 할 경우
③ 공손품의 보수 또는 공손에 따른 대품제작을 할 경우
④ 사외수주에 의한 특정의 부분 또는 수리를 할 경우

제2절 개별원가계산

제32조【개별원가계산】개별원가계산은 개별제조명령서(기종별 인수월별) 또는 특정명령서별과 원가계산 제장부를 말들어서 제조원가를 계산한다.

제33조【부과 및 배당】개별원가계산에 있어서 직접비는 원가계산기간에 있어서의 간접비를 배당기준에 따라서 제조명령서별로 배당한다.

제34조【배당기준 공손품】간접비의 배당기준은 직접작업시간수에 따른다.

제35조【공손품】개별원가계산에 있어서, 공손이 발생하였을 경우, 다음의 절차에 따라 공손품을 계산한다.
① 공손이 보수에 의해서 회복될 경우에는 공손보수제조명령서를 발행하여 보수에 요하였던 비용을 공손비로서 처리한다.
② 공손이 보수에 의해서 회복할 수 없고 대품을 제작할 경우는 신제조명령서를 발행, 구제조명령서의 원가를 공손비로서 처리한다.
③ 일부가 공손으로 되었을 경우는 신제조명령서에 집계된 원가를 공손비로서 처리한다.

제36조【작업폐물】작업폐물은 매각가치 또는 이용가치를 견적하여 이를 그 제조명령서의 직접재료비로부터 공제한다.

제37조【제조원가의 구분】제조명령서에 집계되는 제조원가는 다음의 구분에 따른다.
① 직접비 ; 직접재료비 · 직접노무비 · 직접경비
② 간접비 ; 간접재료비 · 간접노무비 · 간접경비
③ 공손비 ; 본 요령 제35조에 의한 공손품

④ 제조원가 ; ① + ② + ③

제3절 종합원가계산

제38조【제조원가】본 요령 제3장에 정한 부문별계산을 위해 계속지시서를 발행하여 부문별로 원가계산 제장부를 만들어 기간제조원가를 계산한다.

제39조【총원가】전조에서 계산된 제조원가에 월초 또는 기초재공품원가를 복산하고, 이로부터 월말 또는 기말재공품원가 및 작업폐물원가를 공제한 것을 총원가로 한다.

제40조【재공품】월말 또는 기말 재공품원가에 포함되는 재료비 및 가공비는 부문별로 산정해서 평가한다.

제41조【단위제품】단위제품의 제조원가는 해당 원가계산기간에 있어서의 부문별의 총원가를 총제품으로서 나누어 산출한다.

제5장 총원가의 계산

제42조【총원가】총원가란 제조원가에 판매비 및 관리비를 가산한 원가를 말한다.

제43조【총원가의 계산】총원가의 계산은 다음과 같으며 본사 경리부에서 한다.
① 배당기준
 ㉮ 판매가액기준
 ㉯ 대체가격기준
 ㉰ 매출품목별기준
 ㉱ 매출대수기준
 ㉲ 인원할기준
② 판매비는 비목별, 성질별로 매출품목기준, 매출대수기준, 인원할기준을 적용한다.
③ 관리비는 인원할기준으로 한다.
④ 매출품목별, 제품단위별총원가의 계산은 판매가액기준에 의해 ② 및 ③의 판매비 및 관리비를 제품제조원가 또는 매입원가에 배당하여 총원가를 산출한다.

제6장 원가에 산입하지 않는 항목

제44조【비원가항목】다음의 것은 원가에 산입않는다.
① 경영목적에 관련하지 않는 가치의 감소
 ㉮ 다음의 자산에 대한 감가상각비, 관리비, 조세비용
  1) 투자자산인 부동산·유가증권·대여금 등

2) 장기에 걸쳐 중단하고 있는 설비
  ㉯ 지급이자·할인료·주식발행비상각·시험연구비상각 등의 재무비용
  ㉰ 유가증권의 평가손 및 매각손
 ② 이상상태를 원인으로 하는 가치의 감소
  ㉮ 이상공손, 감손, 재고감모비 등
  ㉯ 화재, 지진, 풍수해, 도난, 쟁의 등의 우발손실
  ㉰ 고정자산, 매각손 및 제각손
  ㉱ 이상의 대손손실
 ③ 세법상 인정되어 있는 것
  ㉮ 대손충당금전입액
  ㉯ 조세특례제한법에 의한 준비금
  ㉰ 전기손익수정액
 ④ 이익잉여금에 과하는 항목
  ㉮ 법인세·지방세
  ㉯ 배당금, 임의적립금전입액

부 칙

1. 본 요령은 ○○년 ○월 ○일부터 실시한다.
2. 각 회계단위는 본 요령과 준거해서 상세한 실시절차를 작성하고 적정한 원가계산을 하지 않으면 안된다.
3. 본요령의 개폐의 필요가 있을 시는 경리부장의 결재로서 문서에 의하여 행한다.

> 부록5

원가절감지도지침

제정 1989. 5. 31 한국공인회계사회

1. 지도지침제정의 배경과 목적

 우리나라 기업은 그 동안 고도의 경영성장에 힘입어 급격한 규모의 확장을 계속하여 왔다. 그러나 기업확장에 있어서는 건실한 가기자본의 축적없이 과대하게 차관·정부융자 등 타인자본에 의존함으로써 지급이자부담의 과중을 초래하였다.
 또한 각 기업이 국제 원자재가격 등의 상승으로 인하여 생산코스트 면에서 큰 영향을 받기는 하였으나 근본적으로 기업인 스스로가 낭비와 원가고 제거를 위한 자발적인 기반을 구축하지 않고, 오로지 가격인상을 통해서만 성장과 이윤을 추구함으로써 오히려 물가고를 주도하여 온 점이 없지 않다.
 이러한 여건하에서 물가안정을 기하여야 한다는 절대적인 정부방침은 당초대로 실현되지 않아 몇차례의 수정을 가하여 왔으며, 현재에도 경제정책의 역점은 물가안정에 두고 있다.
 따라서 모든 기업체가 원가의식을 고취시키고, 원가절감을 통하여 경영내실과 생산성향상을 기할 수 있게 하기 위하여 적절한 원가절감의 추진절차와 방법을 따라야 그 성과를 기대할 수 있는 바, 공인회계사의 실무상 지도의 효과적인 추진을 기하고자 본 원가절감(Cost Reduction ; CR) 지도지침을 설정한 것이다.

2. 원가절감지도의 절차와 방법

 원가절감지도는 다음의 절차와 방법에 의하여 시행한다.
<제1단계>[경영현황 청취와 수용태세의 정비]
 대상업체의 임직원과 대담을 통하여 회사의 경영상황과 CR지도에 관한 의견교환 실시, CR지도가 결과적으로 동회사의 이익극대화를 가져오는 첩경이라는 신념을 갖게하고 전회사적으로 CR운동에 적극참여하도록 하므로서 CR지도에 대한 수용태세를 정비케 한다.
<제2단계>[원가절감분위기의 조성]
 원가절감추진의 효과를 얻기 위하여는 우선 모든 종업원이 원가의 개념, 원가절감의 필요성 및 원가절감을 하게 되면 기업이나 종업원에게 어떠한 효과가 올 것인가 하는 분위기조성이 선행되어야 한다. 따라서 다음과 같은 방법으로 원가의식을 고취시키는 한편, CR추진을 위한 분위기를 조성케 한다.
 ① 원가절감을 위한 표어 사내공모
 ② 시청각교육
 ③ 원가절감 기법 세미나
<제3단계>[경영실태조사(예비조사)]

과거 경영실태를 파악분석하는 한편, 원가의 요소별 변동요인분석을 통해 CR지도방향설정을 위한 기초자료분석을 행한다. (부속자료1 참조)

<제4단계>[원가절감의 중점방향설정]
① 전회사적 경영력평가(부속자료2 참조)
② 원가절감 중점방향설정
　㉮ 듀퐁식 경영분석을 통한 원가절감방향설정(부속자료3 참조)
　㉯ 원가구조의 ABC분석에 의한 원가절감방향설정(부속자료4 참조)
　㉰ 원가요소별 부문별 문제점의 구체적 검토(부속자료5 참조)
　㉱ 원가절감목표설정과 효과측정(부속자료6 참조)
③ 원가절감목표달성을 위한 절감방안의 설정(부속자료7 참조)

<제5단계>[원가절감운동전개와 지도방법]
원가절감운동을 전회사적 입장에서 계획적이면 조직적으로 기업에 정착케 하기 위하여 CR실천회의와 그 하부기구인 CR실천위원회 및 직장 CR그룹을 편성조직토록 권유지도하고, 이를 통하여 현장지도를 실시한다.(부속자료8 참조)

3. 원가절감지도를 위한 부속자료

<부속자료1> 경영실태조사(예비조사)서식
(1) 기업체의 개요(200×년　월　일)

기업체명				대표자	
소재지	본사			대표전화	
	공장				
기업규모	총자산액		천원	자본금	천원
	총매출액		천원	업종구분	
	종업원수		명, 남　　명, 여　　명		
기업형태			설립연월일		년　월　일
연간연산능력			생산실적		
주요생산품목 및 수출품목					
1.			1.		
2.			2.		
3.			3.		
4.			4.		
5.			5.		
6.			6.		
7.			7.		
8.			8.		
9.			9.		

(2) 조직기구표

(3) 제조공정도

(4) 인원현황표

연도 부서 \ 구분	200×년					200×년					200×년					비고
	임원	관리직		생산직	계	임원	관리직		생산직	계	임원	관리직		생산직	계	
		계장이상	사원				계장이상	사원				계장이상	사원			
부 과																
계																

(5) 제품별생산실적표

제품명	규격	단가	생 산 실 적						비고
			200× 년		200× 년		200× 년		
			수량	금액	수량	금액	수량	금액	
합계									

(6) 제품판매실적표

구분	품명	규격	200× 년		200× 년		200× 년	
			금액	%	금액	%	금액	%
내수								
수요								
합계				100		100		100

(7) 제조설비현황표

주요시설명	규격·형태	성능·용량	보유대수	구입연도	구입가격	내용연수	제작국	비고

(8) 주요재료소비현황표

재료명	규 격	단 위	소비량	금 액	조달구분	비 고

(9) 최근 3개연간의 재무제표
① 대차대조표
② 손익계산서
③ 제조원가명세서 등

(10) 원가관리 및 원가절감점검표

NO.	질 문 내 용	유 (yes)	무 (NO)	수 준	
				우 량	가
1.	제품별 한계이익이 분명히 나와 있습니까?				
2.	채산성이 좋은 제품은 어떤 것인지 알고 있습니까?				
3.	채산성이 좋지못한 제품은 어떤 것인지 알고 있습니까?				
4.	일정기간을 대상으로 한 이익계획을 작성하고 있습니까?				
5.	제조손익, 영업손익을 각각 알고 있습니까?				
6.	손익분기점의 계산을 하고 계십니까?				
7.	원가나 예산에 관련된 어떤 지표를 사용하고 있습니까?				
8.	예산제도가 시행되고 있습니까?				
9.	판매비의 예산통제를 하고 있습니까?				
10.	관리비의 예산통제를 하고 있습니까?				
11.	재료비, 소모품비, 공임 등의 표준이 있습니까?				
12.	표준원가는 있습니까?				
13.	제품코스트의 견적은 합리적으로 행해지고 있습니까?				
14.	자작인가 외주인가를 결정함에 있어 기술적 관점뿐만 아니라 코스트로 고려하고 계십니까?				
15.	당신이 계신곳에 매월 원가자료가 옵니까?				
16.	제품별 실적원가는 알고 있습니까?				
17.	원가의 예산·실적비교를 하고 있습니까?				
18.	제품별 견적원가와 실적원가를 비교하고 있습니까?				
19.	원단위관리를 하고 계십니까?				
20.	재료수율은 알고 계십니까?				
21.	전력사용량은 필요한 분야별로 알고 있습니까?				
22.	각종 소모품의 1개월 사용량을 알고 있습니까?				
23.	1인당 1개월의 생산량 및 생산액을 알고 있습니까?				
24.	제품의 반품률 및 건수를 알고 있습니까?				
25.	크레임에 의해 발생되는 손실액을 알고 있습니까?				
26.	원가에 관련된 기록이나 보고는 신뢰할 수 있습니까?				
27.	원가의 모든 통계가 활용되고 있습니까?				
28.	전월분의 원가보고는 매월 15일 이전에 나옵니까?				
29.	현장에서의 작업표준이 있습니까?				
30.	작업의 책임자는 분명히 정해져 있습니까?				
31.	작업자의 가동률은 몇 %인가 알고 있습니까?				
32.	기계설비의 가동률은 몇 %인가 알고 있습니까?				
33.	기계설비의 1개월간의 고장건수나 고장정지시간을 알고 있습니까?				

34. 제품의 불량률을 알고 계십니까?				
35. 검사기준은 명확히 규정되어 있습니까?				
36. 월차생산목표는 금액으로 표시되어 있습니까?				
37. 생산계획은 잘 지켜지고 있습니까?				
38. 운반(주로 현장)비용이 얼마나 드는가를 알고 있습니까?				
39. 동력의 낭비는 없습니까?				
40. 외주의 문제가 없습니까?				
41. 원가회의는 하고 있습니까?				
42. 원가회의는 유효하다고 평가되고 있습니까?				
43. 원가위원회가 있습니까?				
44. 원가에 관한 전임스태프가 있습니까?				
45. 사업부제 또는 준사업부적계산제도가 있습니까?				
46. 코스트 센터를 만들고 있습니까?				
47. 관리자별로 원가책임이 할당되고 있습니까?				
48. 원가자료(월보 등)는 관리직이상에 알리고 있습니까?				
49. 원가관리에 그래프를 많이 사용하고 있습니까?				
50. 원가관리에 통계적 수법을 사용하고 있습니까?				
51. 원가상 문제가 있는 공정이나 부문을 알고 있습니까?				
52. 원가상의 문제점을 중요도 순으로 파악할 수 있습니까?				
53. 원가절감을 위한 개선은 적극적으로 행해지고 있습니까?				
54. 원가절감을 위한「프로젝트 시스템」을 실시하고 있습니까?				
55. 원가가 높아졌을 때 그 원가를 알겠습니까?				
56. 자기가 담당하고 있는 부문의 원가(예컨대 재료비, 노무비, 경비 등)가 얼마인가 알고 있습니까?				
57. Top Management의 원가의식은 높다고 생각하십니까?				
58. 관리직의 원가의식은 높다고 생각하십니까?				
59. 기술직의 원가의식은 높다고 생각하십니까?				
60. 사무직의 원가의식은 높다고 생각하십니까?				
61. 감독자의 원가의식은 높다고 생각하십니까?				
62. 작업자의 원가의식은 높다고 생각하십니까?				
63. 원가절감성적에 대한 보상제도가 있습니까?				
합 계				

<부속자료 2> 경영력평가자료서식
(1) 경영상태 판정도표

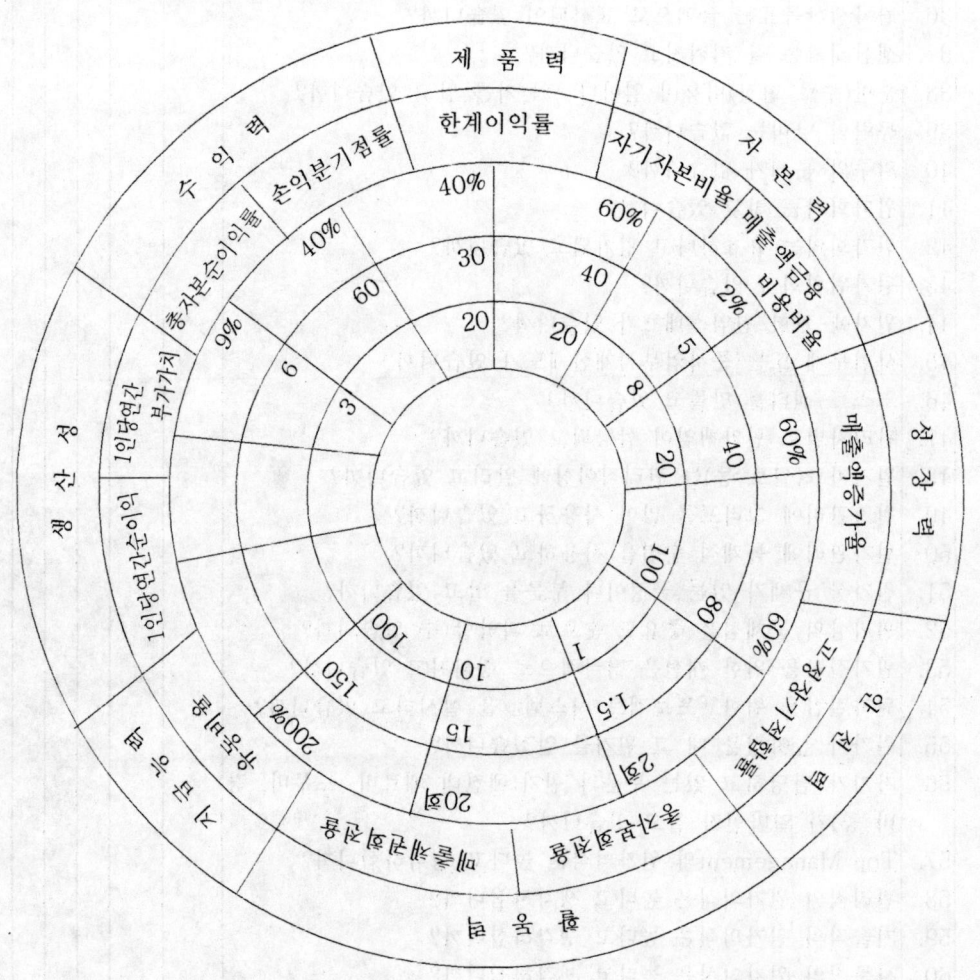

※ 주) 외원 : 양호
　　중원 : 보통
　　내원 : 불량

(2) 경영력종합평가표

구분	측정 비율	공　　　식	일반적판정기준			평점			( )년 동업계 비율	( )년 당사 실적	평가		
			우	량	가	우	량	가			우	량	가
수익력	총자본 순이익률	$\dfrac{당기순이익}{총자본} \times 100$	8%이상	3~8	3이상	15	7	0					
	손익 분기점률	$\dfrac{손익분기점매출액}{매출액} \times 100$	60%이상	60~80	80이상	10	5	0					
제품력	한계이익률	$\dfrac{한계이익}{매출액} \times 100$	30%이상	30~20	20이상	10	5	0					
자본력	자기자본 비율	$\dfrac{자기자본}{총자본} \times 100$	40%이상	40~20	20이상	10	5	0					
	매출액금융 비용비율	$\dfrac{금융비용}{매출액} \times 100$	3%이상	3~8	8이상	5	3	0					
성장력	매출액 증가율	$\dfrac{당기매출액}{전기매출액} \times 100 - 100$	40%이상	40~20	20이상	10	5	0					
안전력	고정장기 적합률	$\dfrac{고정자산+투자와기타자산}{자기자본+고정부채} \times 100$	80%이상	80~100	100이상	5	3	0					
활동력	총자본 회전률	$\dfrac{매출액}{총자본}$	1.5이상	1.5~1	1이상	5	3	0					
	매출채권 회전율	$\dfrac{매출액}{매출채권}$	18이상	18~10	10이상	5	3	0					
지급 능력	유동비율	$\dfrac{유동자산}{유동부채} \times 100$	150%이상	150~100	100이상	5	3	0					
생산력	1인당연간 순이익	$\dfrac{연간순이익}{종업원수}$				10	5	0					
	1인당연간 부가가치	$\dfrac{연간부가가치}{종업원수}$				10	5	0					

※ 생산성의 판정기준은 동업계 또는 경쟁업체수준보다 상위시는 우, 동일수준시는 양, 하위수준시는 가,

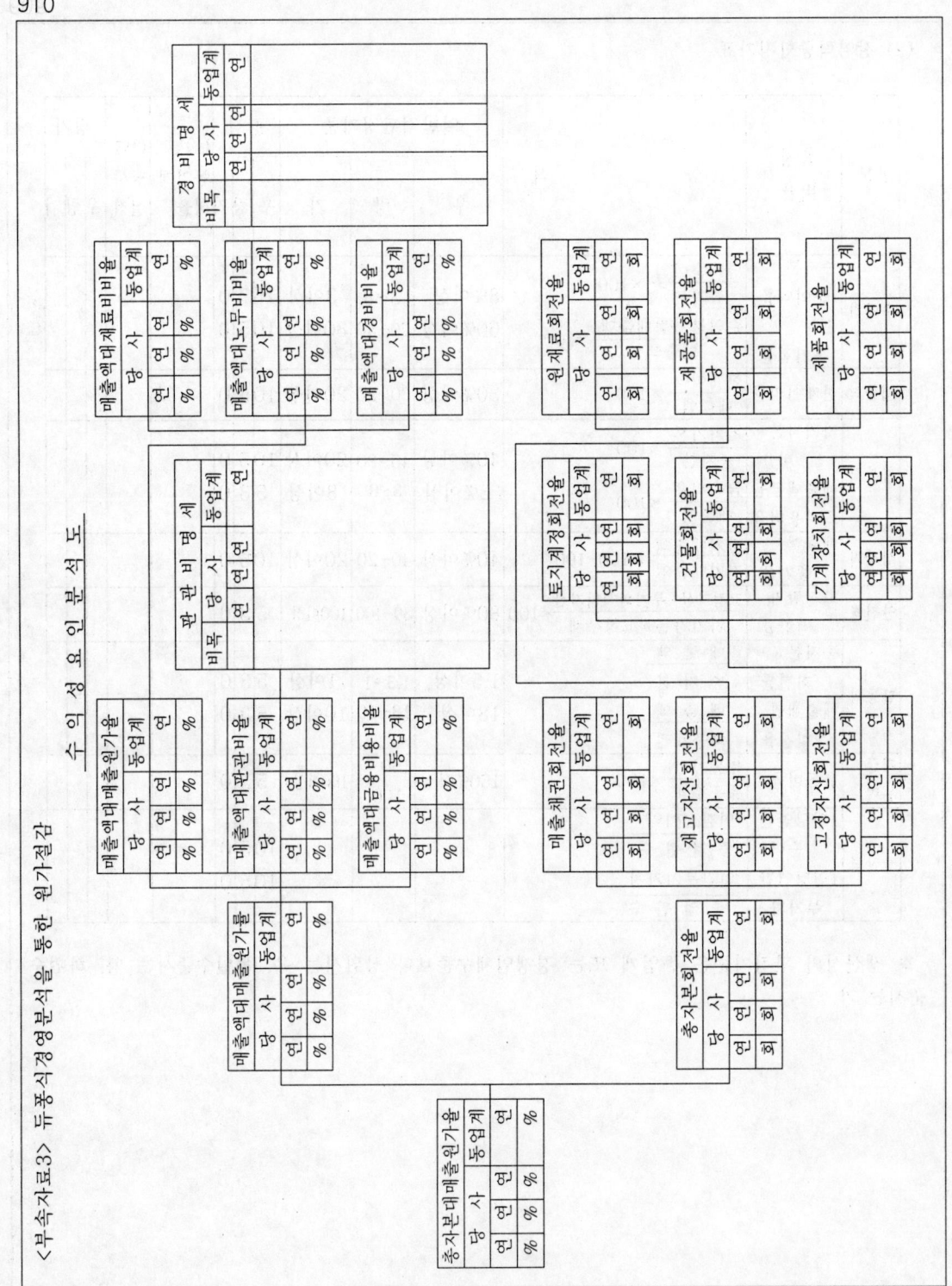

(2) 순이익변동요인분석표

구 분		기준연도	당해연도	증 가		감 소		총 이 익 변동영향도
				금액	비율	금액	비율	
수입 항목	매 출 액							
	영업외수익							
비용 항목	매 출 원 가							
	재 료 비							
	노 무 비							
	경 비							
	판매비와 관리비							
	영 업 외 비 용							
총 이 익								

(3) 수익성저하요인점검표

항 목	해 당 여 부		비 고
	○	×	
<수익항목의 감소>			
1. 매출액의 감소			
2. 영업외수익의 감소			
<비용항목의 증가>			
3. 매출원가의 증가			
(1) 재료비의 증가			
(2) 노무비의 증가			
(3) 경비의 증가			
4. 판매비와 관리비의 증가			
5. 회전율의 저하			
<회전율의 저하>			
6. 고정자산의 과대투자			
7. 재고자산의 과잉재고			
8. 외상매출금의 과소			

<부속자료 4> 원가구조의 ABC분석 서식
(1) 원가구조 A.B.C 분석표

구분	순위	비목	금액	구성비	누계 금액	누계 구성비	10% 20% 30% 40% 50% 60% 70% 80% 90% 100%
	1						
	2						
	3						
	4						
	5						
	6						
	7						
	8						
	9						
	10						
계							

※ 비목은 재료비, 노무비, 경비, 판매비와 관리비, 영업외비용을 금액이 큰 순서로 기입하거나 재료비, 기타비목을 별도로 하여 작성한다.

<부속자료5> 원가요소별 부문별 문제점의 구체적 자료
(1) 원단위변동요인 분류표

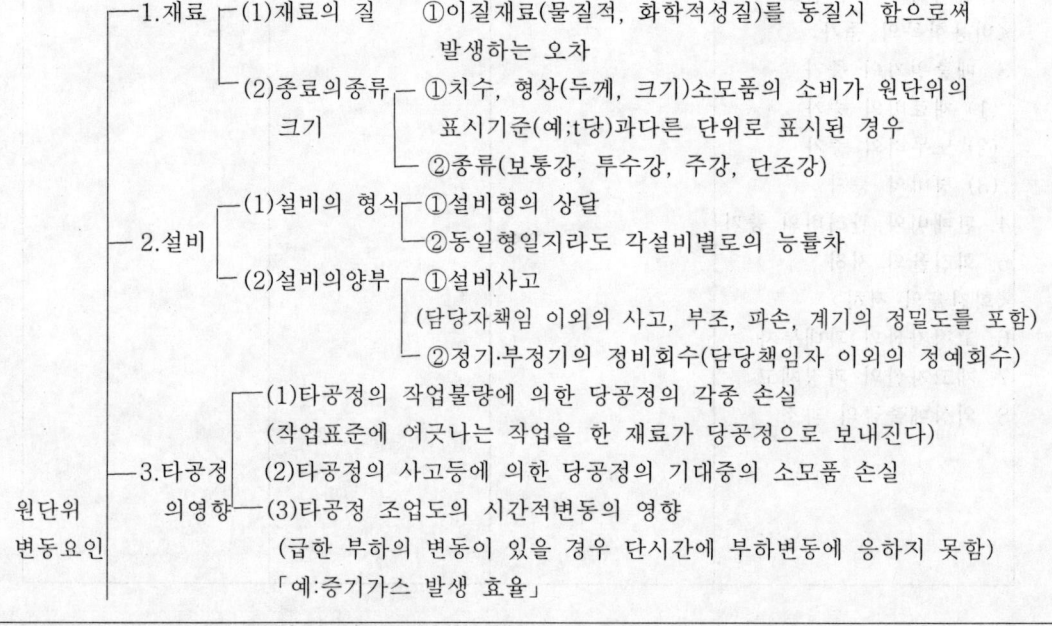

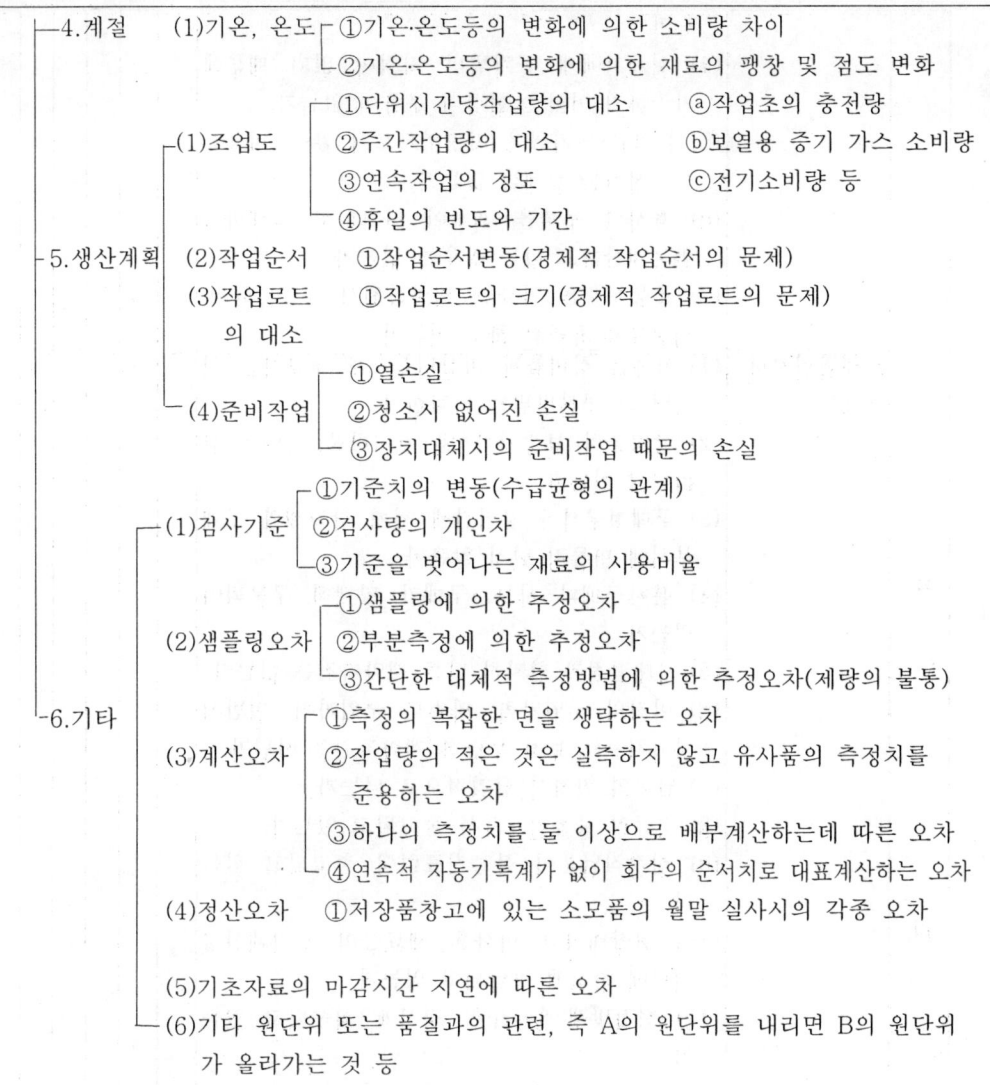

(2) 원가절감중점부문적출설문(조사)표

구분	부문	점 검 사 항	유	무	수준 우 량 가	비고
재	설계상의 문제	(1) 사용목적을 초과하는 성능이나 강도로 설계되고 있지 않는가. (2) 공통부품의 부품도를 자주 변경하기 때문에 제작이나 수리에 혼란과 낭비를 발생시키고 있는 곳은 없는가. (3) 설계하는데 있어 VA적 사고가 적용되고 있				

			는가.				
재 료 비			(4) 설계자에게 공작법의 지식이 없기 때문에 가공하기 어려운 현상의 부품이 없는가.				
			(5) 불필요한 가공을 지정하므로서 공수, 비용을 증가시키는 설계는 없는가.				
			(6) 유사한 부품을 제품이 다르다고 그때마다 반복계산하고 있는 경우는 없는가.				
			(7) 공통부품은 가능한 계열화해서 구조, 규격, 재질등을 표준화 하고 있는가.				
	자재관리상의 문제		(1) 자재를 상비품과 비상비품으로 구분하고 있으며 그 구분방법은 타당한가.				
			(2) 상비품의 보충시간 및 상비량은 적당히 관리되고 있는가.				
			(3) 구매청구서가 장기간에 걸쳐 창고계와 구매부서에 머물러 있지 않은가.				
			(4) 본사구매와 사무소구매가 명백히 구분되어 있는가.				
			(5) 사내견적과 현저히 다른 계약가격은 없는가.				
			(6) 이전의 구입가격, 타소의 구입가격, 일반시장가격으로 보아 부당한 계약조건은 아닌가.				
			(7) 납기의 결정이 합리적으로 되는가.				
			(8) 정규의 불출전표로서 출고되고 있는가.				
			(9) 현장직납품이 불출전표없이 출고되고 있는가.				
			(10) 현장대기의 미사용 재료등이 원가계산상 기말에 창고에 반납되고 있는가.				
			(11) 현장발생 Scrap이 정시에 회수되고 있는가.				
			(12) 창고계의 출고제한시간이 있는가.				
			(13) 자본원단위는 설정되어 있으며 이는 적정한가.				
			(14) 자재원단위관리는 시행되고 있는가.				
	품질관리상의 문제		(1) QC활동은 자율적이며 최고경영층의 이해는 충분한가.				
			(2) QC기능을 담당할 조직은 되어 있는가.				
			(3) QC에 대하여 교육은 시키고 있는가.				
			(4) 검사부문이 독립되어 있는가.				
			(5) 사내표준화와 규격화가 도입설정되어 활용되고 있는가.				

		(6) QC의 데이터가 수집되고 있는가.					
		(7) 검사는 실시되고 있는가.					
		(8) 품질수준은 파악되고 있으며 어느 수준인가.					
		(9) 불량품에 대한 제통계가 있는가.					
		(10) 수율의 종합적 향상책이 마련되어 있는가.					
노무비	공정관리상의 문제	(1) 공정관리를 위한 조직과 제도는 정비되어 있는가.					
		(2) 중점생산품목은 어느 것이고 익로공정은 어떤 공정인가.					
		(3) 로트생산인가 또 그 로트는 적합한가.					
		(4) 재료공급지연으로 유휴시간이 발생되고 있는가.					
		(5) 납기에 쫓기는 특급품은 없는가.					
		(6) 생산이 매월 크게 변동되므로서 기계나 인력의 낭비는 없는가.					
		(7) 이동경로는 단순화되어 있는가.					
		(8) 일정관리의 기법은 적절한가.					
		(9) 공정의 능력공수는 적정한다.					
		(10) 작업자의 공수파악은 되어 있는가.					
		(11) 각공정에 대한 표준작업방법과 시간이 설정되어 활용되고 있는가.					
		(12) 작업방법의 변동은 어떤 절차에 의하는가.					
		(13) 작업방법의 개선을 위한 조치가 있는가.					
		(14) 작업동작의 개선을 위하여 항상 연구검토되고 있는가.					
		(15) 지각률, 결근율은 몇 %나 되며 이들이 파악되고 있는가.					
		(16) 공수원단위는 설정되어 있으며 이는 적정한가.					
		(17) 전기, 스팀이 불필요하게 소비되고 있는 곳은 없는가.					
		(18) 잔업이 있다면 그 발생원인은 무엇이고 발생률은 얼마나 되는가.					
		(19) 생산계획을 수립할 때 잔업의 필요성이 잘 검토되고 있는가.					
	운반관리상의 문제	(1) 운반방법은 적절한가.					
		(2) 운반용기를 쓰지 않고 계속 운반을 할 수 없는가.					
		(3) 운반경로가 겹쳐 있는 것은 없는가.					

		(4) 재료를 두는 곳과 작업장 거리를 좁힐 수는 없는가.				
		(5) 통로는 적절한가.				
		(6) 부품조립라인이 본조직라인에 들어와 있는가.				
		(7) 창고위치는 적당한가.				
		(8) 통로에 물건을 쌓아 둔곳은 없는가.				
		(9) 운반기기는 효과적으로 가동되고 있는가.				
		(10) 고임금의 열연공이 물품을 운반하고 있는 곳은 없는가.				
		(11) 운반기기의 상각기간은 몇 년인가.				
		(12) 운반하는 일을 좀더 줄일 수는 없는가.				
		(13) 생산라인에 따라 재운반을 하고 있는 곳은 없는지.				
		(14) 1회운반으로 가능한 것을 몇 번에 걸쳐 운반하는 일은 없는지.				
		(1) 기계설비의 종류, 능력, 대수는 적당한가.				
		(2) 기계설비의 배치는 공정에 대하여 적당한가.				
		(3) 설비의 보전체제가 설정되어 있으며 잘운영 되고 있는가.				
		(4) 설비의 가동상황이 파악되고 있으며 얼마나 되는가.				
		(5) 작업자는 사용설비에 대한 지식이 잘되어 있는가.				
		(6) 설비는 항상 깨끗이 정비되어 있는가.				
		(7) 설비가 자주 정지되는 일은 없는가.				
		(8) 현재설비는 노후화되지 않았나.				
		(9) 자동설비로 힘이 경제적이 아닌가.				
		(10) 공원는 항상 정돈되고 있는가.				
		(11) 공구는 손실 등에 대하여 어떤 조치를 청구하고 있는가.				
		(12) 공구의 설계는 적당한가.				
		(13) 공구의 사용기간은 정하여져 있는가.				
Utility	원단위	① 기계별 전력용량 및 사용실적이 기록되고 있는가.				
		② 기계별 고장실적을 분석하고 있는가.				
		③ 기계별 노후도를 분석하고 있는가.				
		④ 제품별 전력표준원단위 설정되어 있는가.				
		⑤ 제품별 연료표준원단위가 설정되어 있는가.				

경 비			⑥ 제품별 용수표준원단위가 설정되어 있는가. ⑦ 에너지의 소비가 Check가 되고 있는가. ⑧ 폐열이 이용되고 있는가. ⑨ 폐수가 이용되고 있는가. ⑩ 보온상태를 점검하고 있는가. ⑪ 누수상태를 점검하고 있는가. ⑫ 열효율을 측정하고 있는가.					
		단가	① Peak Time을 고려한 경제성검토와 생산일정 계획을 수립하고 있는가. ② 전력사용기간별 단위분석을 실시하고 있는가. ③ 경제성검토를 통한 연료의 대체가능성이 검토되고 있는가. ④ 구매처리(시장조사, 구매처고과분석)를 통한 최적의 구매단가, 구매시기, 거래처를 결정하고 있는가.					
		수리수선비	① 수선시기와 수선방법(자가, 외주)의 경제성을 검토하고 있는가. ② 예비점검을 실시하고 있는가. ③ 설비개체의 경제적을 검토하고 있는가.					
		세금공과	① 조세의 추가부담(가산세, 가산금, 벌금등)을 검토하고 있는가. ② 불필요한 공과금의 지출을 검토하고 있는가.					
		운 반 비	① 운반수단(자가용차)의 경제성을 검토하고 있는가. ② 자가차량인 경우에 적절한 운반용구의 선정이 되고 있는가. ③ 용차인 경우에 용차조건을 충분히 검토하고 있는가.					
		차량유지비	① 승용차대수는 적정한가. ② 차량운행관리는 실시하고 있는가.					
		인 건 비	① 업무분장을 설정하고 있는가. ② 잔업의 경제성을 검토하고 있는가. ③ 직무분석을 통한 적정인력을 산정하고 있는가. ④ 조직상 인력은 적정한가. ⑤ 작업량에 비하여 사무원의 균형은 맞는가. ⑥ 장표(종류, 서식, 규격등)제도는 표준화되어 있는가.					

판매비와 관리비		⑦ 장표의 기능과 절차에 대한 규정은 설정되어 있는가.					
		⑧ 사무의 자동화는 되어 있는가.					
		⑨ 조직구조와 경영활동은 합치되고 있는가.					
		⑩ 보고사무절차는 성문화되어 있는가.					
		⑪ 보고사무절차는 단순화되어 있는가.					
		⑫ 명령계통과 보고계통은 통일되어 있는가.					
		⑬ 부문비, 동직위간에 상호협조는 잘 되어 있는가.					
		⑭ 각종위원회구성은 적당한가.					
		⑮ 각종위원회의 결정사항은 경영에 반영되고 있는가.					
		⑯ 판매원의 능력에 상응할 할당으로 책임제가 되어 있는가.					
		⑰ 판매력은 생산력을 상회하고 있는가.					
		⑱ 판매목표달성에 대한 자극(세일즈 보너스 등)은 주고 있는가.					
		⑲ 판매원의 교육훈련은 합리적으로 행하여지고 있는가.					
		⑳ 판매망은 확립되어 있고 그 분포는 적당한가.					
	접 대 비	① 판매비지출효과를 파악하고 있는가.					
		② 판촉을 효과적으로 실시하기 위한 자료정비는 되어 있는가.					
	광고선전비	① 광고선전비의 산출기준은 설정되어 있는가.					
		② 광고선전비의 결정을 경기변동의 예측에 따라 하고 있는가.					
		③ 수요기와 광고와의 관계를 고려하고 있는가.					
		④ 광고예산통제를 실시하고 있는가.					
		⑤ 경쟁동업계와 관계없이 자체의 필요성에 따라 실시하는가.					
		⑥ 판매단위당 광고비를 설정하고 있는가.					
		⑦ 광고선전의 효과를 파악하고 있는가.					
		⑧ 현재의 광고모체는 적당한가.					
영	지급이자와 할인료	① 자금계획은 수립되어 있으며 잘 되어 있는가.					
		② 자기자본비율은 적당한가.					
		③ 매출채권회전기간(율)은 적당한가.					
		④ 거래채별 ABC분석은 하고 있는가.					
		⑤ 거래처에 대한 신용상태를 충분히 검토하고 있는가.					

업 외 비 용		⑥ 적정재고설정을 위한 재고자산회전기간(율)은 분석하고 있는가. ⑦ 재고자산의 최저, 최고, 평균을 파악하고 있는가. ⑧ 자금조달에 있어서 조건(차입처, 이율)은 검토하고 있는가. ⑨ 거래처별 받을어음의 내용을 검토하고 있는가. ⑩ 대금결제방법의 경제성은 검토하고 있는가. ⑪ 저장품재고는 적당한가. ⑫ 고정자산의 이력은 잘 정비되어 있는가. ⑬ 신규투자정책은 적정한가. ⑭ 기후설비. 노후진폐화자산, 비능률자산, 고장기계에 대한 일람표는 작성되어 있으며 활용방안은 수립되어 있는가. ⑮ 구매대금지급방법의 경제성 검토되고 있는가.	

(3) 원가절감 증점부문 적출조사

	재료비		노무비 직접노무비		노무비 간접노무비		제조경비 Utility		제조경비 기타제조경비	판매와관리비 인건비의 과다	영업외비용 지급이자의 과다	영업외비용 기타영업외비용의 과다	비고 대상업체 요구자료와 검토	비고 비교분석검토
	원단위의 과다 표준화의 과다	불용량의 과다	임률의 과다	단위가 높다	임률의 과다	단위가 높다	단위가 높다	단가가 높다	과다					
1. 제품별 공정별 가동율 분석													(가동상황표)	
2. 기간별 제품별 제료원위 비교 (표준론 원단위검토)													(제품별 생산실적표)	(재료 원단위 비교검토표)
3. 기간별 공정별 제료 불량율 및 가공불량비교													(공정불량률 사용실적표)	(불량율 비교표)
4. 주요 재료수불 및 재료고실적(당·예)													(주요재료수불 및 재고상황표)	
5. 기대체별 매출액대금결제방법 현황													(기대체별 매출 대금결제방법 현황)	
6. 제품별 공정별 노무인력현황													(제품별 공정별 노무공수실적표)	(노무 원단위 비교표)
7. 부서별 인력현황													(부서별 직급별 인력현황표 (연도별))	
8. 노무비·인건비 지급실적 및 구조분석													(노무비·인건비 지급실적 및 요인분석)	
9. 조과근무시간 실적 및 요인분석													(조과근무시간별 실적 및 요인분석)	
10. 직접대간접노무(인원·예)비용기간비교														(기간직접대간접노무(인원)비용분석표)
11. 각종 간접노무비 비용 기간 비교														(각종 인건비 비용분석표)
12. 제품별 Utility 원단위실적기간비교													(제품별 Utility 원단위산출표(기간))	(Utility 원단위 비교표)
13. Utility 단가결적표													(Utility 단가검토표)	
14. 제조경비 비목별 ABC분석													(제조경비 비목별 ABC분석표)	
15. 제조경비의 관리기능 및 관리붙능 비목구분													(제조경비 관리가능 및 관리붙능 비목구분표)	
16. 기간별 제조경비 발생실적													(기간별 제조경비 발생실적 명세표)	
17. 각종 인건비 비용 분석														(각종 인건비 비용분석)
18. 판매와 관리비의 비목별 ABC분석														(판매·관리비 의 비목별 ABC분석표)
19. 판매관리비의 관리가능 및 관리붙능 비목구분														(판매·관리비의 관리가능 및 관리붙능 비목구분표)
20. 기간별 판매·관리비 발생실적													(기간별 판매관리비 발생실적 명세표)	
21. 기간별 매출액대비 판매·관리비 비용분석														(기간별 각종판매관리비 비용분석표)
22. 차입금 명세표 작성													(차입금 명세표)	
23. 지급은 용분석													(지급은 용분석표)	(지급운용분석표)
24. 각종 지급이자율 분석													(각종지급이자 분석표)	(각종지급이자율분석표)
25. 기대체별 받을어음 내용 검토													(기대체별 받을어음 명세표)	
26. 기타영업외비용 발생실적 명세 검토													(기타영업외비용 발생실적명세표)	

(4) 재고관리평가기준표

재고량 \ $\frac{소비량}{조달량} \times 100$	1 81~120%	2 120%이상	3 0~80%
A (0.41~2.0)	재고관리방침에 맞는 가장 바람직한 상태. 가능한 한 100%에 접근시킨다.	비교적 양호한 상태. 조달과 소비의 일치에 노력하고<A-1>로 이행시킨다.	조달과 소비가 불균형인 상태. 재고가 과대하게 되기 쉽다.
B (2.1~3.0)	요주의. 시장품발생의 가능성이 있으므로 소비/조달률을 120%이상이 되도록 한다.	재고가 많다. 소비량도 적다고 생각됨.	재고가 많다. 조달의 억제와 소비의 적극적
C (0.0~0.4)	품절주의 조달과 소비의 균형은 잡혀 있다.	품절되는 경우가 많다. 조달과 소비의 균형을 잡아야 함.	품절주의.(흔치 않은 상태)조달과 소비의 균형을 잡아야 함.
D (3.1이상)	재고과대, 시장품처분. 적극적인 활용·전용 및 조달의 억제	재고과대. 사장품처분. 전용 및 활용의 적극화 및 조달의 억제	재고과대. 시장품처분. 전용 및 활용의 적극화. 조달의 일시중단

※ 재고율 = $\frac{재고액}{소비액}$ (1. 재고액은 기말잔액
2. 소비액 및 조달액은 기간평균치)

(5) 중점설비사고방식

P에서 볼때	Q에서 볼때	C에서 볼때	D에서 볼때	S.M에서 볼때
·익로설비 ·산출량변동이 큰 설비 ·예비가 없는 생산설비 ·동업타사에 비해 생산성이 낮은 설비 ·고장에 의한 생산량이 적은 설비	·품질에 큰 영향을 미치는 설비 ·품질변동이 큰 설비 ·고장에 의해 품질변동이 생기는 설비	·고가의 원료를 투입하는 설비 ·손이 많이 요하는 설비 ·전력, 열등을 많이 소비하는 설비 ·고장에 의한 원단위손실이 많은 설비	·다종류제품이 통과하는 설비 ·최종공정에 가까운 설비 ·생산타이밍이 문제가 되는 설비 ·고장에 의해 전체생산을 지연시키는 설비	·안전설비 ·공조설비 ·고장의 결과가 환경을 악화하는 설비

주) P : Production, D : Delivery, Q : Quality, S : Safety, C : Cost, M : Morale

(6) 설비보전업적평가척도

	평가항목	단위	전 회 사 산 식	주기	참고평가척도·기타
총합 경영지도적평가	설비이용효율	%	가동율×부하율	2/Y	3,000만원/대이상의 대상 (참)설비가동율
	설비생산성	%	$\dfrac{\text{기중부가가치}}{\text{기평균설비재고(취득베이스)}}$	2/Y	
	설비자산에 대한 보전비비율	%	$\dfrac{\text{기중보전비}}{\text{기평균설비재료(취득베이스)}} \times 100$	2/Y	(참)$\dfrac{\text{기중보전비}+\text{정지손실}}{\text{기중부가가치}} \times 100$
보전부문 고장	④설비정지도수율	%	$\dfrac{\text{정지건수}}{\text{부하시간}} \times 100$	1/M	전회사평균(강도율도같다)
	③설비정지강도율	%	$\dfrac{\text{정지건수}}{\text{부하시간}} \times 100$	1/M	(참)생산저해율⑤ ($\dfrac{\text{생산저해시간}}{\text{예정조업시간}} \times 100$)
보전부문 작업요리	①계획보전률	%	$\dfrac{\text{예방보전(H)}+\text{개량보전(H)}}{\text{보전작업시간}} \times 100$	1/M	
	계획보전수행률	%	$1 - \dfrac{\text{미처리시간}}{\text{총계획보전시간}}$	1/M	
	②정미보전작업율	%	$\dfrac{\text{PM+CM+BM(H)}}{\text{보전원근무시간}} \times 100$	1/M	(참)보전작업시간 $= \dfrac{\text{PM+CM+BM(H)}}{\text{총부과시간}} \times 100$
	1인당의 관리대수			2/Y	전사평균50대/1인을 기준으로 함
코스트	보전비	천원		1/Y	(참)보전방법인별 보전비 (2/Y)
	설비자산에대한 총보전비 비율	천원	$\dfrac{\text{기중보전비}+\text{정지손실}}{\text{기평균설비액(취득베이스)}} \times 100$	2/Y	(참)정지손실액보전액(1/M)
	보수부품회전율	%	$\dfrac{\text{기중출고액}}{\text{기말재고액}} \times 100$	2/Y	코드품에 대해 산출한다.
생산부문 코스트·기술	제조원가저감		$\dfrac{\text{종래방식과 합리적방법의 제조}}{\text{원가화}}$	수시	PM효과에 대하여는 1호기(라인)과 2호기(라인)와의 비
	표준화건수		$\dfrac{\text{DMSI작업개선건수}}{\text{DMSI유건수}}$	2/Y	
	기초유동완수율	%	$\dfrac{\text{기간내완료대수}}{\text{대상설비대수}} \times 100$		(참)설치3개월후의 가동률

※ ① PM = 예방보전, CM = 개량보전, BM = 사후보전
② 부하시간이란, 총시간내의 휴지시간 이외의 시간을 말하며 그 내용은 기계장치을 움직여 직접생산에 종사하는 정미가동시간과 준비시간, 설비고장시간, 가공불량시간, 대기시간 등의 부가동시간을 합친 것이다.
③ I/M = 월1회, 2/Y = 연2회
④ DMSI = 설비의 설계기준

<부속자료6> 원가절감목표설정과 효과측정자료

원가절감목표와 효과율산정표

원가비목	원가구성비(%)	원가구성비	원가요소분석 실적 개선목표	요소별 절감목표율	총원가 절감효과율	원가요소분석공식	공식설명
재료비	제품불량률감소					$\triangle P = \sum_j \triangle P_j \sqrt{(1-P_j^o)}$	$\triangle P_j$: 불량률감소분, P_j^o : 목표불량률
	로스율감소					$\triangle Q = \sum_i W_i \sqrt{\triangle q_{i} \sqrt{(1-q_i^o)}}$	$\triangle q_i$: 로스율감소분, q_i^o : 목표로스율
	단가인하금액					$\triangle C = \sum_i W_i \sqrt{\triangle C_i / C_j^r}$	W_i : 부품별가중치 $\triangle C_i$: 단가감소분, C_j^r : 실적단가 W_i : 재료별가중치
직접노무비	노무원단위감소					$\triangle MC = 1-(1-\triangle P)(1-Q)(1-\triangle C)$	
	임율인하금액					$\triangle T = \sum_j \triangle t_j / \sum_j t_j^r$	t_j^r : 공정별실적노무원단위
						$\triangle B = \triangle b / b^r$	$\triangle b$: M/H당임율인하액, b^r : M/H당 실적임율
간접노무비						$\triangle LC = 1-(1-\triangle T)(1-\triangle B)$ $1-(1-\triangle T)(1-\triangle g/g^r)$	$\triangle g$: 간접노무비감소분, g^r : 실적간접
Utility비	Utility원단위감소					$\triangle U = \triangle U / U^r$	$\triangle U$: Utility원단위감소분, U^r : 실적Utility단가
	단가인하금액					$\triangle Cu = \triangle Cu / Cu^r$	$\triangle Cu$: 단가인하, Cu^r : 실적Utility단가
기타경비						$\triangle OC = 1-(1-\triangle U)(1-\triangle Cu)$ $\triangle OC = 1-(1-\triangle f/f^r)(1-\triangle Sf)$	$\triangle f$: 기타경비감소분, $\triangle Sf$: 고정비절감계수
제조원가계							
판관비	인건비					$\triangle AC = 1-(1-\triangle a/a^r)(1-\triangle Sa)$	$\triangle a$: 인건비감소분, a^r : 실적인건비
	기타판매비관리비					$\triangle DC = 1-(1-\triangle d/d^r)(1-\triangle Sd)$	$\triangle d$: 기타판관비감소분, d^r : 실적기타판관비
영업외지금이자						$\triangle IC = \triangle \ell / \ell^r$	$\triangle \ell$: 지금이자감소분, ℓ^r : 실적지급이자 별도계획치
비용, 할인료 등						$\triangle RC = \triangle m / m^r$	$\triangle m$: 할인료감소분, m^r : 실적할인료 산출
판관비영업외비용소계							
총원가							

<부속자료 7> 원가절감방안설정 기준자료
<업종별특성별 원가절감부문의 중점파악>

1. 업종특성을 통한 원가절감부문의 파악

업종의 특성	원가절감중점부문
1. 저부가가치 · 고생산성	변동비에 대한 중점원가절감방안 강구
2. 고부가가치 · 저생산성	(고정비절감) 조업도향상방안 강구

주) 부가가치 : 한계이익률 검토
    생 산 성 : 손익분기점조업도(손익분기점률) 검토

2. 제조공정특성을 통한 원가절감부문의 파악

업종의 특성	원가절감 중점부문	비 고
제조공정이 기계화되고 저생산율	관 리 생 산 성	금형제품 등
제조공정이 기계화되고 고생산율	설 비 생 산 성	석유, 화학제품 등
제조공정이 노동집약화되고 저생산율	외 주 생 산 성	여성용 FASHION 제품
제조공정이 노동집약화되고 고 생산율	노 동 생 산 성	가정전기, 자동차부품 등

주) 생산율 : 되풀이 생산율

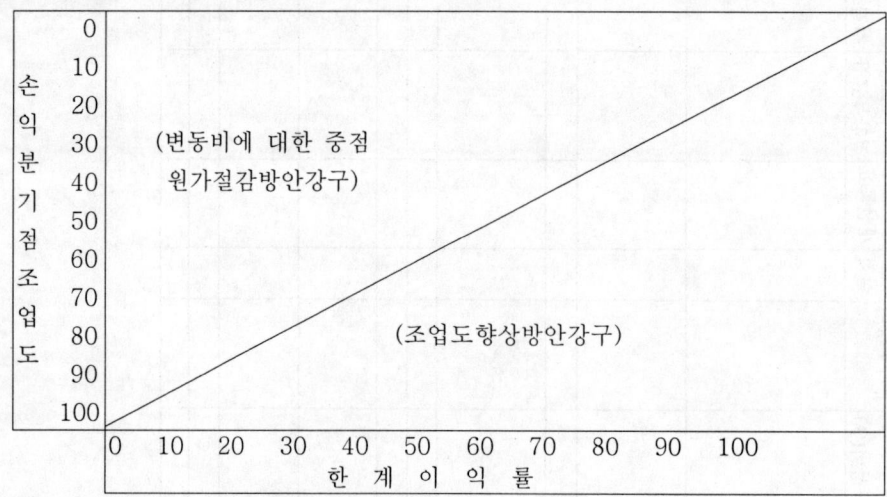

(주) 손익분기점조업도는 손익분기점률임.

<원가절감방안선정기준자료>

구분	문 제 점	문 제 점 적 출 방 법	개 선 방 안
제료비 1) L O S S 원인의 단과위다	① 제품설계상의 문제	① 원료배합 및 규격(치수, 성능 …), 대체재료 검토	① 원자재 표준소요량설정, 사내규격(제품, 부품)제정 및 개정, 표준화, VE, 재료 R&D
	② 작업생산체계의 변동	② 월별제품별 생산체계대비 생산실적, 작업시간 검토	② 월별 공정체계, 생산체계 제도도입, 제품별 공정별 표준시간산정, 기계생산능률측정, 생산체계실적대비분석
	③ 설비고장, 정비의 불량	③ 공정/자체별 고장율, 고장시간, 수리시간, 수리공수 고장에 의한 재료손실 등 분석	③ 고장율분석, 예방보전(P, M)제도도입, 정기보수실시, 설비재경체성분석(E,E)
	④ 작업표준화(작업방법, 동작)의 미만	④ 부품/공정별작업표준설정실시여부(작업방법, 표준시간, 가공설비, 가공구검사)	④ 사내규격 표준화(공정별, 제품별)공정분석, 작업연구(M.T.S), 외로공정(Bottleneck)제거, 치공구개선, 설비반자동화 수진
	⑤ 자체관리 불량 (창고관리)	⑤ 자체분류Code화여부, 보관시설검토	⑤ 자체분류(Code시스템, 가치분석(VE), 자재관리 시스템도입, 보관 및 운반설비 개선
	⑥ 공정/부품별 생산롯트	⑥ 경제적 생산롯트 설정여부	⑥ 경제적 생산롯트(EPQ)도입, 생산체계 일정체계 제도개선, 생산체계 전산시스템도입
	⑦ 공정별자동틀 및 균형	⑦ 공정별 작업일지, 가동유휴시간 분석	⑦ 작업표준화, Line Balancing, Work Sampling
	⑧ 공정배치 및 재공품관리 문제	⑧ 공정배치 적합성, 운반구 검토	⑧ 계수적 공정배치체계, SLP, CRAFT, 운반정로분석, 개선, 작업장안전관리
	① 원재료의 재질, 성능 등 품위저하	① 원재료 품질검사제도(방법, 기준)검토	① 사내규격체계(SQC), 샘플링검사 이론 설계

구분	문제점	문제점 적출방법	개선방안
2) 불량과다	① 불량재고문제(사장품, 완동품, 진부품, 열화품 등)	② 자체수불제도 및 업무 flow검토, 불량상태 분석	② ABC분석, EOQ등 재고관리모형도입, 적정재고보유계획 시행, 적정품관리상태 정기점검검사
	② 작업자기술수준저하 및 조건미비	③ 작업자숙련도 분석, 작업자 및 감독자실무 교육검토(OJT, TWI실시여부)	③ Learning Curve, OJT, TWI실무계획, Performance Rating
	③ 기계설비노후 및 생산성	④ 기계별 공정능력, 실적대비, 기계사용률 수명, 정밀도조사	④ 설비능력측정분석, 설비개체경제성분석
	④ 검사설비불량	⑤ 검사시설 현황조사, 한계게기사용여부	⑤ 검사시설조사, 한계게기(Go-NOGO Gauge) 도입
	⑤ 검사제도(방법, 기준) 미비	⑥ 검사기준, 요원확보, 공정별 중간검사실시여부	⑥ TQC, 사내규모 표준화체도입(KS, JIS, MIL-STD, D-R System등) 검사원 정기교육
	⑥ 포장, 하역, 운송, 보관문제	⑦ 포장설비, 창고시설, 운송설비 검토	⑦ 포장, 보관, 운송관계시스템의 적정화, 설비개체검토, 자동화 경제성분석
	⑦ 외주가공품 품질관리 문제	⑧ 외주가공품 검사기준, 거래처별 불량률 실적분석	⑧ 구매처별 관리체도화
단가대비등의 부적합	① 시장조사의 부적합 문제		① 원자재 시장조사의 제도화(해외/국내), 공급량, 가격변동, 품질, 거래조건등
	② 구매처관리 문제		② 구매처교과분석 및 관리(품질, 납기, 신용도, 대금결제방법, 가격등)
	③ 구매단위의 적정화 문제		③ 구매롯트별 가격변동, 구매, 사용실적 비교검토, 재료보유액, 회전율 및 가격상관분석
	④ 구매시스템의 제도적 문제		④ 생산, 판매, 구매, 자재부서 및 업무추진의 제도적 개선, 직무분석 및 조직개편

<노 무 비>

구분	문 제 점	문 제 점 적 출 방 법	개 선 방 안
노무원단위	① 작업의 표준(방법, 량)의 문제	① 작업표준설정여부검토	① 작업연구(Work Study & Work Measurement),(T.S.M.S.W.S)작업표준의 설정, G. T(Group Technology)
	② 작업조건 및 환경의 문제	② POP(Panoramic Office Planning)기법의 Check List	② 안전관리, Human Factor Eng POP
	③ Layout의 문제	③ Layout검토	③ SLP(Systematic Layout Planning)
	④ 설비의 부적합	④ 노후도, 정확도, 고장률, 설비의 대체여부(경제성)등 검토	④ PM등 생산량극소화용법 (Equal Product-Curve)
	⑤ 운반설비 및 방법의 문제	⑤ 운반설비, 운반방법, 작업안전성 검토	⑤ P-Q분석, 자체흐름분석, M,H,S (Material Handing System)
	⑥ 노무의 숙련도 미비	⑥ 근속연수, 경력(동일작업), 근태분석, 교육훈련 상황, 이직률	⑥ 이직률방지, 교육훈련시설, 작업분장의 설정
	⑦ 기계공장 및 수리의 문제	⑦ 고장률, 수리시간, 수리인원, 수리반편성등 검토	⑦ P.M, 설비평가표를 작성하여 설비등급 설정
	⑧ 생산계획의 변동	⑧ 계획변동회수, 계획변동요인분석, 계획변동영향분석	⑧ 적정생산계획수립(Forecasting,과부서와 유기적 체계)
	⑨ 익로공정(Bottle Neck)의 문제	⑨ Line Balancing	⑨ Line Balancing, MRP(Material, Requiral, Requirement Planning)
	⑩ 가동률저하	⑩ 가동률분석	⑩ 가동률분석
	⑪ 불량률의 증대	⑪ 불량의 실적파악, 원인분석	
노임	⑫ 노무의 적정배치의 문제	⑫ Morale Survey, 조직의 검토, 재용기준의 검토	⑫ 인사고과, 임금제도개선, 교육훈련, 보상제도화립, 적정검사
	⑬ 노무자의 복무성의 문제	⑬ 근무 및 출석률, 지각 및 정계율, 퇴도율검토	
	⑭ 인사이동의 문제	⑭ 인사이동의 발생원인 검토	

구분	문 제 점	문 제 점 적 출 방 법	개 선 방 안
임금	① 임금인상률의 과다	① 각종비율분석(매출액대비분석, 부가가치분석 등) 　· 노동생산성의 관계 　· 일반임금수준, 동업자 근린공장과 비교 　· 임금체계에 있어서 임금요소로서 비중 　· 사내임금격차 　· 회사업태, 규모, 경영내용과 일치성	① 적정임금인상률의 산정
	② 조과근무에 따른 임금의 상승	② 조과근무실적(초과근무요인 및 임금상승 영향)	② 생산계획의 안정화(타부서와 유기적 체계화됨)
	③ 임금체계의 불합리	③ 임금구조분석	③ 인사고과제도확립, 임금제도의 개선
간접인원비	① 사무능률저하	① 사무분석, 인사이동상황, 직무분석	① Office Layout
	② 부서별 인원의 불균형	② 인력의 구조검토, 직무분석, 조직의 검토	② 직무분석,업무량측정, 업무분장제도 정인원의 산정
	③ 조과근무의 과다	③ 조과근무실태분석(요인분석)	③ 적정업무량산정, Work Measurement
	④ 인원의 적성배치, 이동	④ 불적격자의 발견, 인사이동의 발생원인	④ 인사고과
	⑤ Morale과 조직	⑤ Morale Survey, 조직검토	⑤ 조직의 합리화, 인사고과제도의 확립, Wage & Salary System
	⑥ 급료의 인상률	⑥ 각종비율분석(매출액대비분석, 부가가치분석 등)	⑥ 적정급료인상률의 산정
	⑦ 급료체계의 불비	⑦ 급료구조분석	⑦ 인사고과제도확립
노무비	⑧ 노동력의 복무태도상의 문제	⑧ 근무 및 출근율, 태도율의 검토	

구분	문 제 점	문 제 점 적 출 방 법	개 선 방 안
공정단위	① 불량과다(재료,가공)	① 불량률분석, 요인분석, 특성요인도, 재료검사기준Check	① 공정관리, 품질관리, 검사기준표준화
	② 가동률저하	② 가동률분석, 작업방법검토, 의뢰공정검토, 운반정로분석	② 생산일정계획수립, 작업연구, Line Balancing, Layout
	③ 작업자 기술부족	③ 학력, 경력, 근속연수분석, 작업량 숙련도 검토	③ 교육, 작업자재배치
	④ 기계고장 및 설비노후성능의 문제	④ 고장률분석, 효율측정	④ 경제성검토, P.M, 보수유지체제확립
	⑤ 효율저하	⑤ 설비효율측정, 기술면에서의 효율측정	⑤ 경제성분석, 보수, P.M, 전문기사양성, 교육, 유자적자 채용
	⑥ Energy낭비	⑥ 설비별 가동시간분석, 표준원단위설정	⑥ 기계별 소마력전동기 사용, 휴게시간소등, 절약정신앙양
Utility원단위	⑦ 폐열불이용	⑦ 이용여부Check	⑦ 열관리철저
	⑧ 보온의 미비	⑧ 보온상태의 점검	⑧ 열관리철저
	⑨ 누수방지의 미비	⑨ 누수Check	⑨ 방지, 보수
	⑩ 폐수활용의 미비	⑩ 이용여부	⑩ 경제성검토
	⑪ 연료적합성의 문제	⑪ 열효율검토, 대체여부검토	⑪ 대체Energy, 경제성검토
가	① Peak time활용여부	① 평균단가분석	① Peak time을 고려한 생산일정계획의 수립, 노무와의 경제성분석
	② 연료대체의 문제	② 열효율검토, 대체여부검토	② 경제성검토, 대체Energy
	③ 구매단가상의 문제	③ 구매관리(시장조사, 구매처고과분석)의 검토	③ 시장조사, 구매처고과 및 분석
	④ 전력계약용량이 실사용 량보다 과다	④ 계약용량과 실사용량의 검토	④ 계약용량의 조정

구분	문 제 점	문 제 점 적 출 방 법	개 선 방 안
고정비	① 가동률저하	가동률분석, 작업방법검토, 일로공정검토, 운반경로분석	① 생산일정계획 수립, 작업연구, Line Balancing, Layout
	② 유휴설비, 시설의 문제	② 용도분석	② 유휴시설 설비의 처분 및 활용
	③ 비용규모과다	③ 내용분석	③ 예상품목체계 도입, 합리적 절약방안 수립
	④ 설비임차의 불적정	④ 설비특자의 임차의 경제성분석	④ 경제성검토
변동비	① 운반비과다	① 운반방법, 운행일지 분석	① 운반수당(자가·용자)의 경제성검토, 수송합리화수립(OR)
	② 수선비과다	② 고장분석, 설비노후도분석, 수리시간, 수리인원	② 설비개체의 경제성검토, 예비점검, 예방보전(PM)강화, 수리수선방법 경제성검토 (자체, 외주)
	③ 차량유지비과다	③ 차량운행관리검토, 차량대수의 점검	
	④ 세금공과과다	④ 조세의 추가부담분을 검토	
	⑤ 예비교통비의 과다 기타경비	⑤ 예비규정 활용여부 검토	합리적 절약방안 검토

구분	문 제 점	문 제 점 적 출 방 법	개 선 방 안
인건비	① 관리인력의 과다	① 업무량측정, 직무분석, 사무분석	① 직무별적정배치, 적정인력산정, 사무중복의 체계화
	② 업무분장의 불합리	② 직무분석, 사무분석	② 인력고과제 확립, Wage & Salary System화립
	③ 초과근무의 과다	③ 초과근무의 실태분석(요인 및 급료상승에 영향)	③ 관리인원 시간활용연구
	④ Morale과 조직	④ Morale survey	④ 조직의 합리화
	⑤ 판매인력의 과다	⑤ 업무량측정, 직무분석	⑤ 적정판매인력의 산정

구분	⑥ 급여인상률 불합리		⑥ 각종비용분석		⑥ 적정급료인상의 산정	
	문 제 점	문제점적출방법		개 선 방 안		
판매비·관리비	**〈고정비〉**					
	① 판매의 부진	① 판매실태분석(제품별, 거래처별등)을 통한 요인분석	① 판매증대방안 연구(시장조사, 거래처별조사, Market Mix, 가격정책, 경쟁업체소개)			
	② 비용규모의 과다	② 내용분석			② 예산통제제도 도입, 합리적 절약방안수립	
	① 운반비의 과다	① 운반방법, 운행일지분석			① 운반수단(기기·용차)의 경제성검토, 수송체의수립(OR)	
	② 판촉비 및 광고선전비의 과다	② 효과분석(상관분석)			② Media의 선정, 판매방법개선, Idea모집	
	③ 기타 판매관리비의 과다	③ 내용분석			③ 예산통제제도 도입, 합리적 절약방안수립	

〈영업외비용〉

구분	문 제 점	문제점적출방법	개 선 방 안
지급이자		차입처 및 이용의 검토	최유리 자금조달책 수립
1. 지급이자의 과다	① 매출채권의 과다	① 채권회전율(기간)분석, 거래처별 ABC분석, 거래처별 신용한도액	① 거래처별신용한도의 책정
	② 재고자산의 과다	② 재고수준의 검토(재고자산회전율(기간)평균재고액)	② ABC분석, EOQ등 재고관리모형도입, 적정재고보유체계시행, 자재관리조직 및 규정
	③ 비업무용자산의 투자과다	③ 자산활용성 검토	③ 비업무용자산처분
	④ 자금조달정책의 부적합	④ 자금운용분석, 자금매출조건의 검토	④ 최적자금의 활용(최유리자금조달)
	⑤ 과잉시설투자	⑤ 공정별 가동률분석	⑤ 과잉시설의 활용방안 수립
	⑥ 신규투자정책의 부적합	⑥ 신규투자정책의 검토(사업성분석)	⑥ 기업성검토
	⑦ 불용자산의 과다	⑦ 불용자산검토	⑦ 불용자산활용방안 수립
	⑧ 구매대금지급방법의 불합리	⑧ 구매대금지급방법의 검토	⑧ 구매대금 지급방법의 경제성검토
할인료		거래처별 받을어음내역 검토, 대금결제방법의 검토	최유리 대응결제방법의 설정(기간, 낭비)
2. 할인료의 과다			
기타			
3. 기타영업외비용의 과다		비목별 발생자산분석	비목별 비용절감요소적출

<부속자료 8> 원가절감운동전개와 지도요령
CR분임활동운영 System

1. CR실천순서와 기본방향

원가절감의 실천추진은 전회사적 추진원칙에 입각하여 종업원 스스로의 자발적이며 능률적인 활동에 의해서 실현되는 것이 더욱 실효를 거둘 수 있고 지속적으로 회사에 토착화될 수 있으므로 다음과 같은 기본순서에 따라 전회사적으로 전개할 필요가 있다.

제1단계 : 전회사적 원가절감운동추진결의

임원과 간부의 회의에서 CR의 필요성과 그 효과 및 회사이익의 극대화에 대하여 토의하고 이를 종업원에게 전파시켜 종업원 스스로 자발적 운동이 전개되도록 유도할 것을 결의함과 동시에 이에 대한 계획을 추진해 나갈 지도반을 편성한다.

제2단계 : 분위기 조성

전회사적운동의 필요성을 말단 종업원에게까지 철저하게 주입시키고 운동전개를 위한 분위기를 조성하기 위하여

(1) CR이 종업원에게 주는 혜택 및 회사의 이익에 대한 강연 및 시청각 교육실시
(2) 포스터 및 표시의 현상모집과 이의 부착
(3) 팜프렛의 작성과 배포
(4) 웅변대회개최
(5) 외부인사의 초청강연등 실시

제3단계 : 전회사적 실천조직의 편성

이 운동을 계획적으로 수행해 나갈 수 있도록 심의기구로 CR실천회의를 구성하고 실천기구로 실천위원회 및 실천그룹을 편성한다.

제4단계 : 중점목표방향설정

요인별 파레트분석, 특성요인도 등에 의하여 절감중점목표와 방향을 설정한다.

제5단계 ; 추진목표의 설정

중점방향의 설정과 요소별추진순위에 따라서 지도반에서는 자료와 현장실태를 통해 문제점을 확인하고 이에 대한 개선목표를 설정, 추진방향을 제시한다.

추진목표와 방향이 설정되면 구체적인 추진방향을 실천그룹별로 추진책임과 협조부서, 추진방법 및 예상효과등을 결정하여 세부추진계획서를 작성케 한다.

제6단계 : 활동의 개시

확정된 요소별절감목표와 실천기본방향을 실천회의를 통하여 단계별로 실시할 것을 정하고 동 방안을 실천분임그룹별로 실천에 옮기는 활동을 개시한다.

제7단계 : 활동의 평가

각실천분임그룹에 의한 진행상황을 월별로 평가하여 우수한 그룹에 대하여는 사상토록 하고 실행상의 문제점을 분석하여 앞으로의 실천에 보완토록 한다.

2. CR추진조직의 편성

실천기구는 회사의 규모, 업종, 상황에 따라 일정화할 수는 없으나 일반적인 경우를 들면 CR운동의 기본방침설정과 이의 전회사적인 실천을 검토하기 위한 기구로서 CR실천회의 기구를 두고 본사와 공장에 각각 실천위원회를 두어 설정된 방침의 구체화된 실천을 담당토록 하며 공장실천

위원회 산하에 제품별 CR그룹과 공장관리부문 그룹으로 구분조직한다.
 한편 본사에서는 총무, 영업, 경리등으로 분임그룹(6~8명 단위)을 편성하여 실질적인 CR운동이 조직의 하부에서 자주적으로 실현될 수 있도록 유도한다.

CR 추 진 조 직

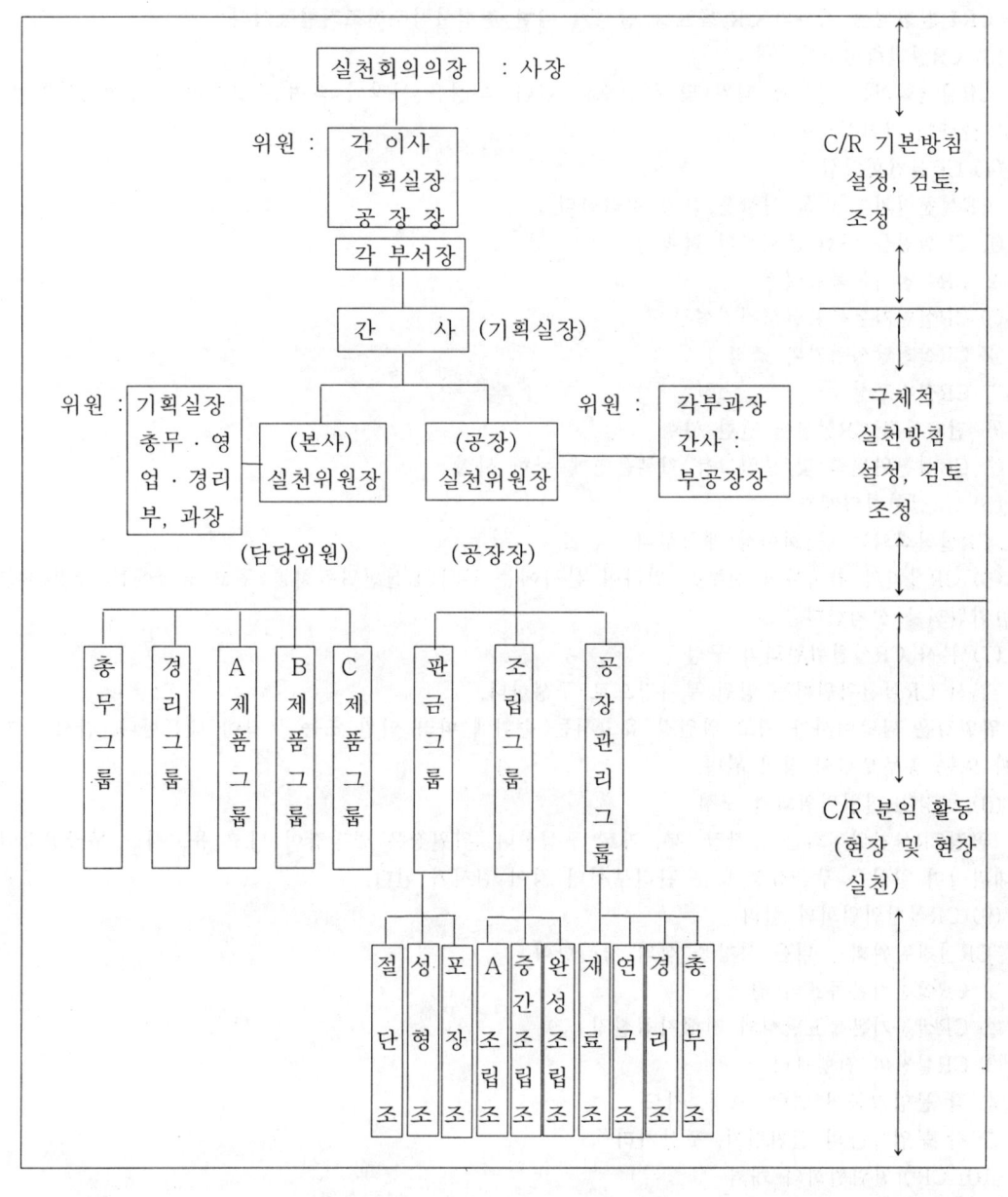

원가절감(CR)실천회의운영기준

(1) 목 적

 본 기준은 이익증대를 위한 원가절감(CR)운동을 전회사적으로 도입활용하는데 있어서 필요한 CR실천회의의 설치운영에 관한 사항을 정하여 CR운동을 조직적으로 추진코져 함에 있다.

(2) CR실천회의성격

 CR실천회의는 회사의 CR 목표를 달성키 위한 전회사적추진조직활동이다.

(3) CR실천회의구성

 CR실천회의는 사장과 임원 및 부장으로 한다. 의장은 사장이 되며 유고시에는 수석이사가 되고 간사는 기획실장이 된다.

(4) CR실천회의심의

 CR실천회의는 다음 사항을 심의 처리한다.

① CR실천을 위한 문제점의 적출
② CR실천기본목표설정
③ CR실천기본목표달성지침설정
④ CR실천달성평가와 조정
⑤ CR실천포상
⑥ 전회사적 CR실천에 관한 사항
⑦ CR실천위원회 및 분임그룹 기본운영에 관한 사항

(5) CR실천회의개최

 CR실천회의는 년1회이상 개최한다.

(6) CR실천의 전회사적 침투를 위하여 본사에는 본사CR실천위원회를 두고 공장에는 공장CR실천위원회를 설치한다.

(7) 본사 CR실천위원회의 구성

 본사 CR실천위원회는 임원 부과장으로 구성한다.

 위원장은 담당이사가 되고 위원장 유고시는 순위에 따라 임원 또는 부장이 대표한다. 간사는 기획 또는 총무부서의 장이 된다.

(8) 공장CR실천위원회의 구성

 공장CR실천위원회는 공장장, 부, 과로 구성한다. 위원장은 공장장이 되고 유고시는 부공장장이 대리이며 일상은 부공장장 또는 관리부서의 장이 간사가 된다.

(9) CR실천위원회의 심의

 CR실천위원회는 다음 사항을 심의 처리한다.

① CR실천기본목표의 결정
② CR실천기본목표달성의 진행지침설정
③ CR실천의 진행관리
④ 각 분임그룹의 연락, 조정, 지도
⑤ 각 분임그룹의 실천평가, 포상처리

(10) CR실천위원회의 개최

 CR실천위원회는 매주 1회이상 개최한다.

(11) CR분임조의 구성

CR의 전원참가 원칙에 따라 6~8명 단위의 CR분임그룹을 편성하여 자발적으로 운영한다.
CR분임그룹원은 계원 또는 반원이 되고 분임장은 계장 또는 직반장이 된다.
(12) CR분임그룹의 활동
CR분임그룹은 다음의 활동을 행한다.
① CR실천위원회에서 설정한 기본목표에 대하여 실천목표와 방안을 설정하고 추진한다.
② CR실천위원회에 대한 결과보고
③ 발견된 주요문제에 대한 보고
④ CR실천에 따른 포상제청
(13) CR분임그룹의 회합
CR분임그룹은 상호활동에 관한 의견을 교환하며 회합을 가지고 자체회합은 매일 조석으로 5~10분 정도의 회합을 가진다.

3. CR분임활동기준 System

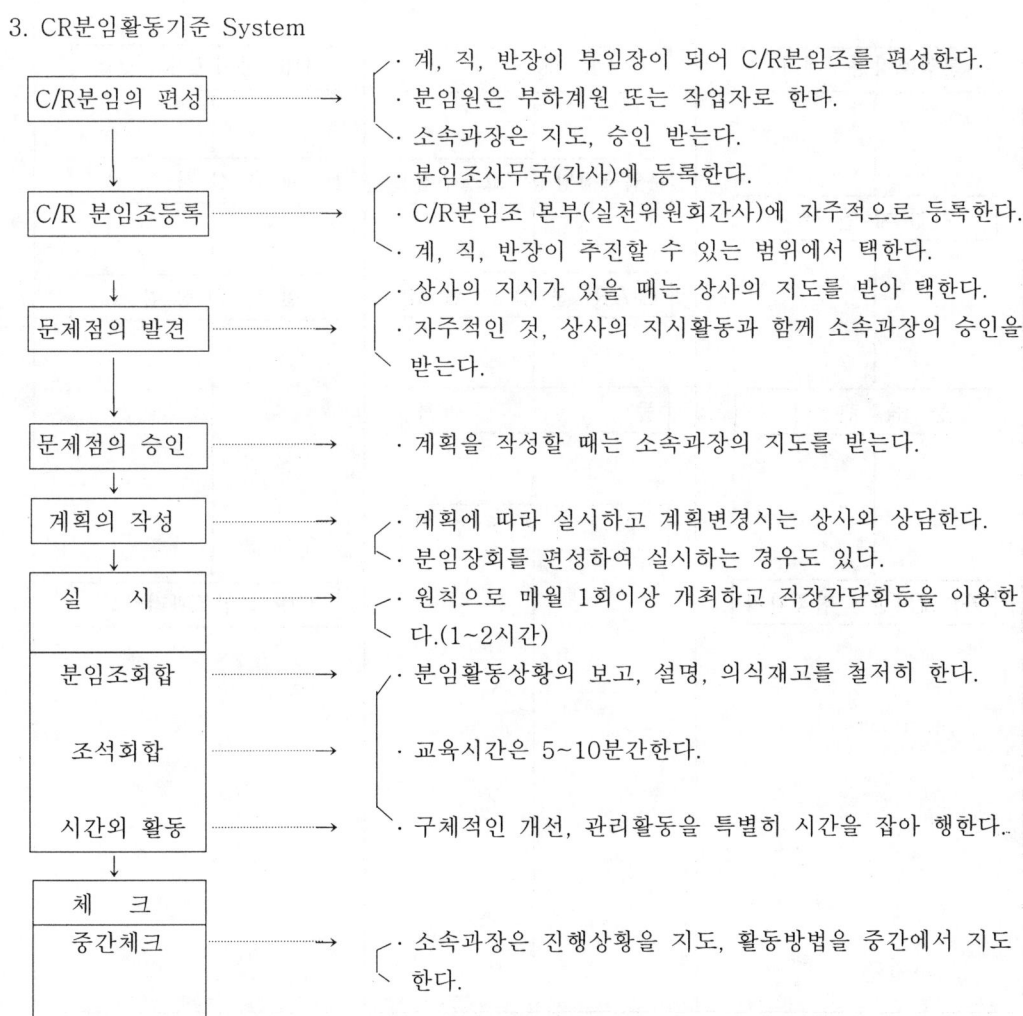

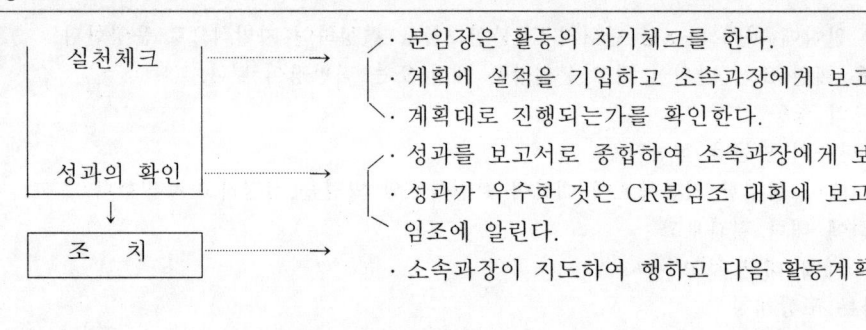
- 분임장은 활동의 자기체크를 한다.
- 계획에 실적을 기입하고 소속과장에게 보고한다.
- 계획대로 진행되는가를 확인한다.
- 성과를 보고서로 종합하여 소속과장에게 보고한다.
- 성과가 우수한 것은 CR분임조 대회에 보고하고 다른 분임조에 알린다.
- 소속과장이 지도하여 행하고 다음 활동계획에 반영한다.

(1) C/R분임조 편성등록 system

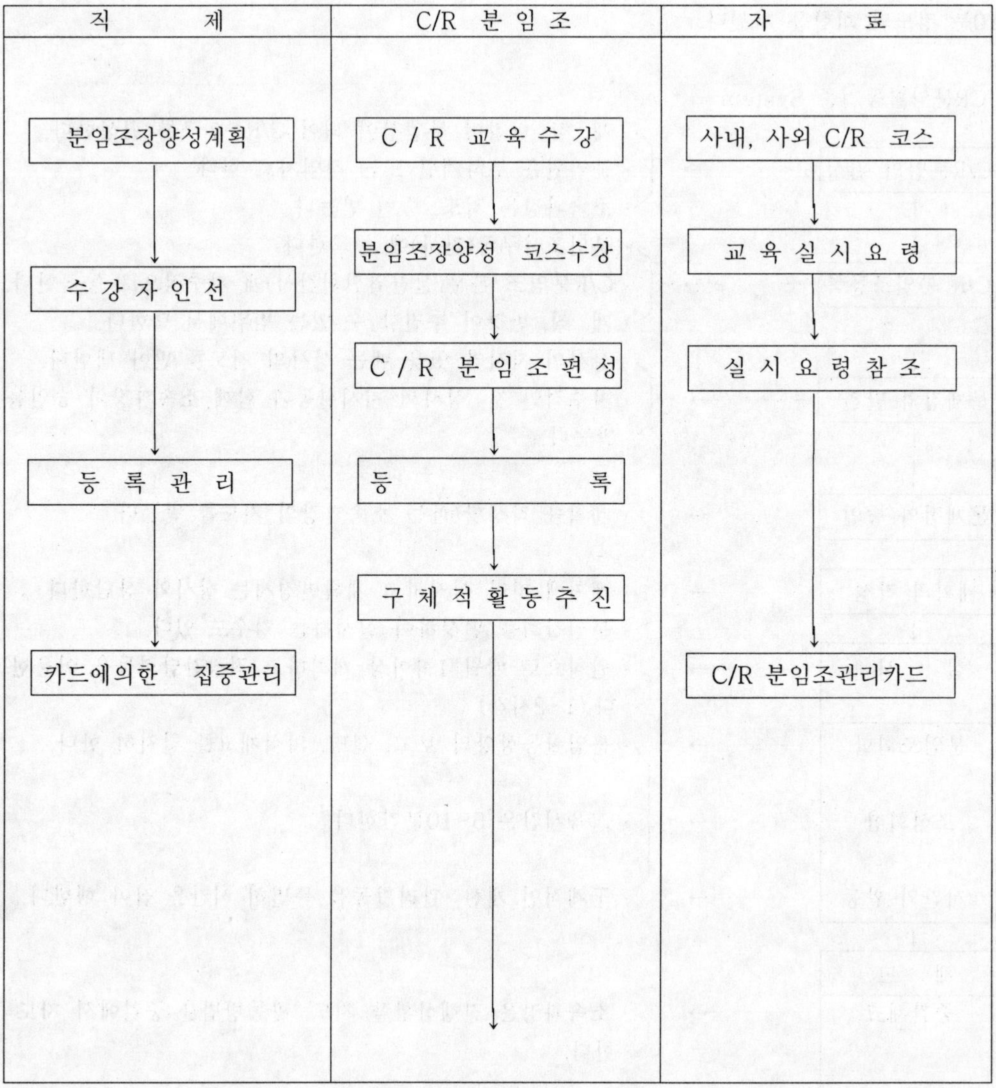

직 제	C/R 분임조	자 료
분임조장양성계획	C / R 교 육 수 강	사내, 사외 C/R 코스
↓	↓	↓
수 강 자 인 선	분임조장양성 코스수강	교 육 실 시 요 령
↓	↓	↓
등 록 관 리	C / R 분 임 조 편 성	실 시 요 령 참 조
↓	↓	↓
카드에의한 집중관리	등 록	C/R 분임조관리카드
	↓	
	구 체 적 활 동 추 진	

(2) C/R분임활동계획실시 system

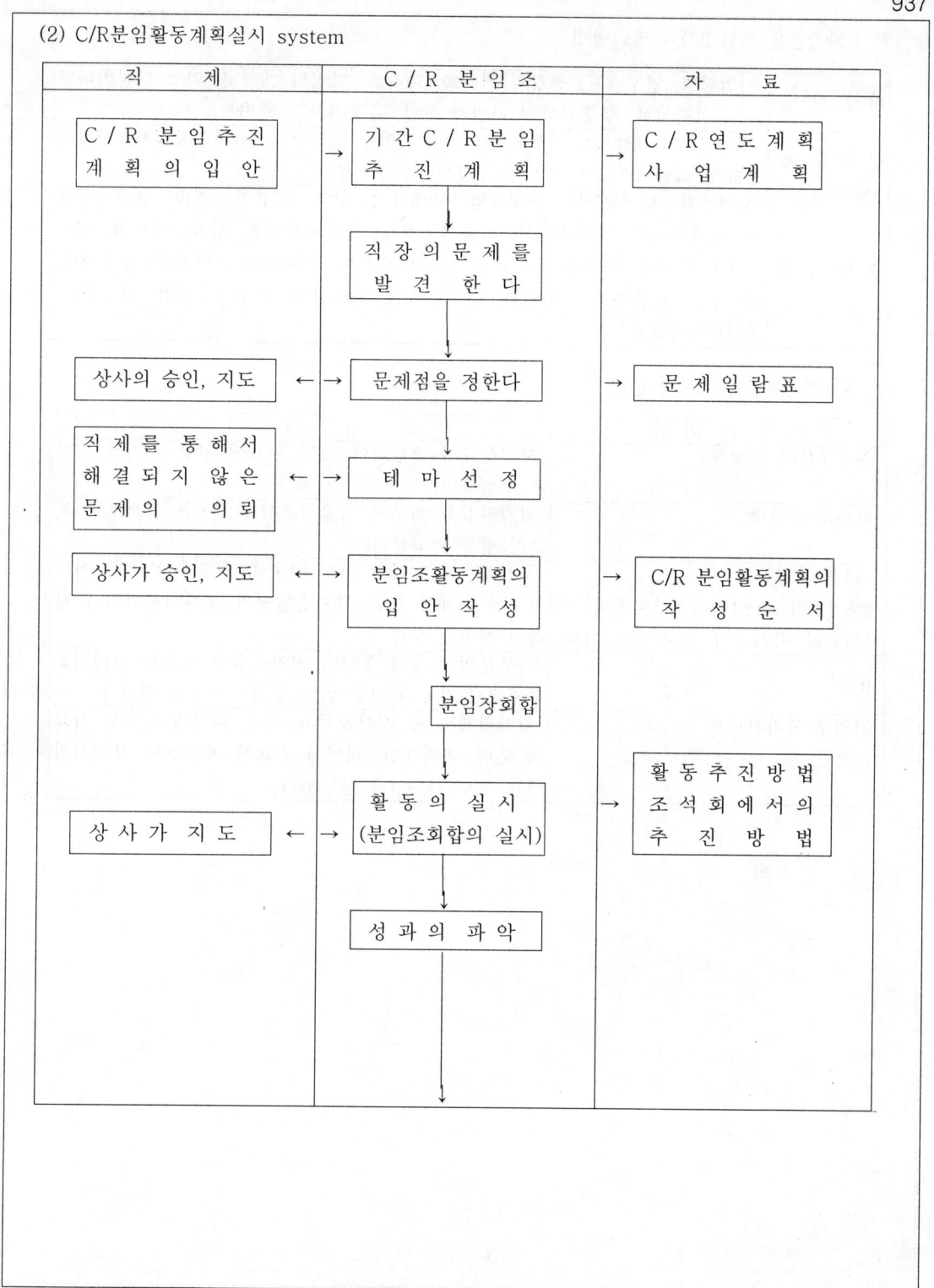

(3) 원가절감을 위한 3가지 접근방법

기업환경	기업합병, 업무제휴, 공장의 전문화, 다각화, 기업의 계열화, 기업의 콤비나트화, 공업단지화, 부품규격의 기업간 통일, 유통기구의 정비등.
경영구조	제품계획(신제품개발, 제품폐기, 연구개발), 조직계획, 설비투자계획, 장기요원계획, 매출액증대에 의한 상대적원가절감대책등.
업무집행	판매계획, 판매로-트, 판매방법, 판매가격, 광고, 제품재고계획, 판매원가계획, 판매비계획, 관리비계획, 기술연구계획, 자재재고계획, 자재구매방법, 제품설계의 합리화, 사내규모의 확립, 원단위계획과 생산통제, 설비갱신, 보건예방, 생산보전, 간접부문의 합리화, 리-스, VA, 자금결정, 외주여부결정, 회수관리, 종업원교육훈련등.

(4) 원가절감활동의 기본적 분담

부문 또는 직위	분 담 사 항
라인부문의 과계장	자기부문의 책임하에 있는 원가에 관한 주체적 역할을 수행한다.
각과 기술담당	원가절감을 위하여 기술적조사·연구를 함으로써 부문의 장을 보좌한다.
제1선 관리부문 (품질관리, 공장관리, 설비관리, 에너지관리, 유류관리, 수율관리, 기타)	주관사항에 관하여 어느 경우엔 주체적 역할을, 어느 경우엔 각계장 또는 각기술담당의 조사연구사업에 관하여 협력을 한다.
IE과	각부문의 요청에 응하여, 원가절감에 필요한 관리기술 측면에서 각종 개선을 위한 조사·연구를 행한다.
관리부 원가관리과	원가면에서 본 개선중점의 제시, 회의에 필요한 자료의 준비, 손익계산, 개선에 필요한 예산조치, 보고서작성등 주로 사무면을 담당한다.

사례 6

원가계산에 의한 예정가격작성준칙

회계예규 2200.04-105-8, 1993. 10. 20

제1장 총 칙

제1조 【목적】 이 준칙은 예산회계법 시행령 제78조 제 1항 제 2호 및 계약사무처리규칙 제 6조의 규정에 의하여 원가계산에 의한 예정가격을 작성함에 있어서 적용하여야 할 기준을 정함에 있다.

제2조 【원가계산의 구분】 원가계산은 제조원가계산과 공사원가계산으로 구분한다.

제3조 【원가계산의 비목】 원가계산은 재료비, 노무비, 경비, 관리비 및 이윤으로 구분 작성한다.

제4조 【비목별가격결정의 원칙】 ① 재료비, 노무비, 경비는 각각 아래에서 정한 산식에 의함을 원칙으로 한다.
  ○ 재료비 = 재료량 × 단위당가격
  ○ 노무비 = 노무량 × 단위당가격
  ○ 경 비 = 소요(소비)량 × 단위당가격
② 재료비, 노무비, 경비의 각세비목별단위당 가격은 계약사무처리규칙 제7조의 규정에 의하여 계산한다.
③ 재료비, 노무비, 경비의 각 세비목 및 그 물량(재료량, 노무량, 소요량)산출은 계약목적물에 대한 규격서, 설계서 등에 의하거나 제34조의 규정에 의한 원가계산자료를 근거로 하여 예정하여야 한다.
④ 제3항의 각 세비목 및 그 물량산출에 있어서는 계약목적물의 내용 및 특성등을 고려하여 그 완성에 적합하다고 인정되는 합리적인 방법이어야 한다.

제4조의 2 【계약담당공무원의 주의사항】 ① 계약담당공무원은 원가계산방법으로 예정가격을 작성함에 있어서는 계약수량, 이행의 전망, 이행기간, 수급상황, 계약조건 기타 제반여건을 참작하여야 한다.
② 계약담당공무원은 원가계산작성시 부당감액하거나 과잉계산되지 않도록 하여야 한다.

제2장 제조원가계산

제5조 【제조원가】 제조원가라 함은 제조과정에서 발생한 재료비, 노무비, 경비의 합계액을 말한다.

제6조【작성방법】제조원가계산을 하고자 할 때에는 별표 1의 제조원가계산서를 작성하고 비목별 산출근거를 명시한 기초계산서를 첨부하여야 한다.

제7조【재료비】재료비는 제조원가를 구성하는 다음 내용의 직접재료비, 간접재료비로 한다.
① 직접재료비는 계약목적물의 실체를 형성하는 물품의 가치로서 다음 각호를 말한다.
 1. 주요재료비
  계약목적물의 기본적 구성형태를 이루는 물품의 가치
 2. 부분품비
  계약목적물에 원형대로 부착되어 그 조성부분이 되는 매입부품·수입부품·외장재료 및 제9조 제3항 제13호 규정에 의한 경비로 계상되는 것을 제외한 외주품의 가치
② 간접재료비는 계약목적물의 실체를 형성하지는 않으나 제조에 보조적으로 소비되는 물품의 가치로서 다음 각호를 말한다.
 1. 소모재료비
  기계오일, 접착제, 용접가스, 장갑, 연마재 등 소모성 물품의 가치
 2. 소모공구·기구·비품비
  내용연수 1년 미만으로서 구입단가가 법인세법(소득세법) 이하인 감가상각대상에서 제외되는 소모성 공구·기구·비품의 가치
 3. 포장재료비
  재료포장에 소요되는 재료의 가치
③ 재료의 구입과정에서 당해 재료에 직접 관련되어 발생하는 운임, 보험료, 보관비등의 부대비용은 재료비로서 계산한다. 다만, 재료구입후 발생되는 부대비용은 경비의 각 비목으로 계산한다.
④ 계약목적물의 제조중에 발생하는 작업설, 부산품, 연산품 등은 그 매각액 또는 이용가치를 추산하여 재료비로부터 공제하여야 한다.

제8조【노무비】노무비는 제조원가를 구성하는 다음 내용의 직접노무비, 간접노무비를 말한다.
① 직접노무비는 제조현장에서 계약목적물을 완성하기 위하여 직접작업에 종사하는 조업원 및 노무자에 의하여 제공되는 노동력의 대가로서 다음 각호의 합계액으로 한다. 다만, 상여금은 연 400%, 제수당, 퇴직급여충당금은 근로기준법상 인정되는 범위를 초과하여 계상할 수 없다.
 1. 기본급(재무부장관이 결정·고시하는 정부노임단가로서 동 단가에는 기본급의 성격을 갖는 정근수당·가족수당·위험수당 등이 포함된다.)
 2. 제수당(기본급의 성격을 가지지 않는 시간외수당·야간수당·휴일수당 등 작업상 통상적으로 지급되는 금액을 말한다.)
 3. 상여금
 4. 퇴직급여충당금
② 간접노무비는 직접 제조작업에 종사하지는 않으나, 작업현장에서 보조작업에 종사하는 노무자, 종업원과 현장감독자 등의 기본급과 제수당, 상여금, 퇴직급여충당금의 합계액으로 한다. 다만, 제1항 각호 및 단서의 규정은 이를 준용한다.
③ 제1항의 직접노무비는 제조공정별로 작업인원, 작업시간, 제조수량을 기준으로 계약목적물의 제조에 소요되는 노무량을 산정하고 노무비 단가를 곱하여 계산한다.

④ 제2항의 간접노무비는 제34조의 규정에 의한 원가계산자료를 활용하여 직접노무비에 대하여 간접노무비율 ($\frac{간접노무비}{직접노무비}$) 을 곱하여 계산한다.

⑤ 제4항의 간접노무비는 제3항의 직접노무비를 초과하여 계상할 수 없다.

제9조【경비】① 경비는 제품의 제조를 위하여 소비된 제조원가 중 재료비, 노무비를 제외한 원가를 말하며 기업의 유지를 위한 관리활동부문에서 발생하는 관리비와 구분된다.

② 경비는 당해 계약목적물 제조기간의 소요(소비)량을 측정하거나 제34조의 규정에 의한 원가계산자료나 계약서, 영수증 등을 근거로 예정하여야 한다.

1. 전력비, 수도광열비는 계약목적물을 제조하는데 직접 소요되는 당해 비용을 말한다.
2. 운반비는 재료비에 포함되지 않는 운반비로서 원재료 또는 완제품의 운송비, 하역비, 상하차비, 조작비 등을 말한다.
3. 감가상각비는 제품생산에 직접사용되는 건물, 기계장치 등 유형자산에 대하여 세법에서 정한 감가상각방식에 따라 계산한다. 다만, 세법에서 정한 내용연수의 적용이 불합리하다고 인정된 때에는 재무부장관과 협의하여 당해 계약목적물에 직접 사용되는 전용기기에 한하여 그 내용연수를 별도로 정하거나 특별상각할 수 있다.
4. 수리수선비는 계약목적물을 제조하는데 직접 사용되거나 제공되고 있는 건물, 기계장치, 구축물, 선박, 차량 등 운반구, 내구성공구, 기구제품의 수리수선비로서 당해 목적물 제조과정에서 그 원인이 발생될 것으로 예견되는 것에 한한다. 다만, 자본적지출에 해당하는 대수리수선비는 제외한다.
5. 특허권사용료는 계약목적물이 특허품이거나 또는 그 제조과정의 일부가 특허의 대상이 되는 때로서 특허권 사용계약에 의하여 제조하고 있는 경우의 사용료로서 그 사용비례에 따라 계산한다.
6. 기술료는 당해 계약목적물을 제조하는데 직접 필요한 노우·하우비(Know-how비) 및 동부대비용으로서 외부에 지급되는 비용을 말하며 세법(법인세법상의 시험연구비)에서 정한 바에 따라 계상하여 사업연도로부터 이연상각하되 그 사용비례를 기준하여 배부계산한다.
7. 연구개발비는 당해 계약목적물을 제조하는데 직접 필요한 기술개발 및 연구비로서 시험 및 시범제작에 소요된 비용 또는 연구기관에 의뢰한 기술개발용역비와 법령에 의한 기술개발촉진비 및 직업훈련비를 말하며 세법(법인세법상의 시험 연구비)에서 정한 바에 따라 이연상각하되 그 생산수량에 비례하여 배분 계산한다. 다만, 연구개발비 중 장래 계속생산으로의 연결이 불확실하여 미래수익의 증가와 관련이 없는 비용은 재무부장관과 협의하여 특별상각할 수 있다.
8. 시험검사비는 당해 계약의 이행을 위한 직접적인 시험검사비로서 외부에 이를 의뢰하는 경우의 비용을 말한다. 다만, 자체시험검사비는 법령이나 계약조건에 의하여 내부검사가 요구되는 경우에 계상할 수 있다.
9. 지급임차료는 계약목적물을 제조하는데 직접 사용되거나 제공되는 토지, 건물, 기술, 기구등의 사용료로서 당해 계약물품의 생산기간에 따라 계산한다.
10. 보험료는 법령 또는 계약조건에 의하여 가입이 요구되는 보험료를 말하며 재료비에 계상되는 것은 제외한다.
11. 복리후생비는 계약목적물의 제조작업에 종사하고 있는 노무자, 종업원 등의 의료위생약품

대, 공상치료비, 지급피복비, 건강진단비, 급식비("중식 및 간식제공을 위한 비용을 말한다"이하 같다)등 작업조건유지에 직접 관련되는 복리후생비를 말한다.

12. 보관비는 계약목적물의 제조에 소요되는 재료, 기자재 등의 창고사용료로서 외부에 지급되는 경우의 비용만을 계상하여야 하며 이 중에서 재료비에 계상되는 것은 제외한다.

13. 외주가공비는 재료를 외부에 가공시키는 실가공비용을 말하며 부분품의 가치로서 재료비에 계상되는 것은 제외한다.

14. 안전관리비는 작업현장에서 산업재해 및 건강장해예방을 위하여 법령에 의거 요구되는 비용을 말한다.

15. 소모품비는 작업현장에서 발생되는 문방구, 장부대 등 소모품을 말하며 보조재료로서 재료비에 계상되는 것은 제외한다.

16. 여비·교통비·통신비는 작업현장에서 직접 소요되는 여비 및 차량유지비와 전신전화사용료, 우편료를 말한다.

17. 세금과 공과는 공장이 당해 제조와 직접 관련되어 부담할 재산세, 차량세 등의 세금 및 공공단체에 납부하는 공과금을 말한다.

18. 폐기물처리비는 계약목적물의 제조와 관련하여 발생되는 오물, 잔재물, 폐유, 폐알카리, 폐고무, 폐합성수지 등 공해유발물질을 법령에 의거 처리하기 위하여 소요되는 비용을 말한다.

19. 도서인쇄비는 계약목적물의 제조를 위한 참고서적 구입비, 각종 인쇄비, 사진제작비(VTR제작비를 포함한다)등을 말한다.

20. 지급수수료는 법률로서 규정되어 있거나 의무지워진 수수료에 한하며, 다른 비목에 계상되지 않는 수수료를 말한다.

21. 기타 법정경비는 위에서 열거한 이외의 것으로서 법령으로 규정되어 있거나 의무지워진 경비를 말한다.

제10조【관리비의 내용】관리비는 기업의 유지를 위한 관리활동부문에서 발생하는 제비용으로서 제조원가에 속하지 아니하는 모든 영업비용 중 판매비등을 제외한 다음의 비용, 즉 임원급료, 사무실직원의 급료, 제수당, 퇴직급여충당금, 복리후생비, 여비, 교통·통신비, 수도광열비, 세금과 공과, 지급임차료, 감가상각비, 운반비, 차량비, 경상시험연구개발비, 보험료 등을 말하며 기업손익계산서를 기준하여 산정한다.

제11조【관리비의 계상방법】제10조의 규정에 의한 관리비는 제조원가에 별표 3에서 정한 관리비율(관리비가 매출원가에서 차지하는 비율)을 초과하여 계상할 수 없다.

제12조【이윤】이윤은 영업이익을 말하며 제조원가 중 노무비, 경비와 관리비의 합계액(이 경우 기술료 및 외주가공비는 제외한다)에 이윤을 25%를 초과하여 계상할 수 없다.

제3장 공사원가계산

제13조【공사원가】공사원가라 함은 공사시공과정에서 발생한 재료비, 노무비, 경비의 합계액을 말한다.

제14조【작성방법】 공사원가계산을 하고자 할 때에는 별표 2의 공사원가계산서를 작성하고 비목별 산출근거를 명시한 기초계산서를 첨부하여야 한다.

제15조【재료비】 재료비는 공사원가를 구성하는 다음 내용의 직접재료비 및 간접재료비로 한다.
① 직접재료비는 공사목적물의 실체를 형성하는 물품의 가치로서 다음 각호를 말한다.
1. 주요재료비
  공사목적물의 기본적 구성형태를 이루는 물품의 가치
2. 부분품비
  공사목적물에 원형대로 부착되어 그 조성부분이 되는 매입부품, 수입부품, 외장재료 및 제17조 제3항 제13호 규정에 의한 경비에 계상되는 것을 제외한 외주품의 가치
② 간접재료비는 공사목적물의 실체를 형성하지는 않으나 공사에 보조적으로 소비되는 물품의 가치로서 다음 각호를 말한다.
1. 소모재료비
  기계오일·접착제·용접가스·장갑 등 소모성물품의 가치
2. 소모공구·기구·비품비
  내용연수 1년미만으로서 구입단가가 법인세법(소득세법)규정에 의한 상당금액 이하인 감가상각대상에서 제외되는 소모성 공구·기구·비품의 가치
3. 가설재료비
  비계, 거푸집, 동바리 등 공사목적물의 실체를 형성하는 것은 아니나 동 시공을 위하여 필요한 가설재의 가치
③ 재료의 구입과정에서 당해 재료에 직접 관련되어 발생하는 운임, 보험료, 보관비 등의 부대비용은 재료비로서 계산한다. 다만, 재료구입후 발생되는 부대비용은 경비의 각 비목으로 계산한다.
④ 계약목적물의 시공중에 발생하는 작업설, 부산물 등은 그 매각액 또는 이용가치를 추산하여 재료비로부터 공제하여야 한다.

제16조【노무비】 노무비의 내용 및 산정방식은 제4조와 제8조의 규정을 준용한다.

제17조【경비】 ① 경비는 공사의 시공을 위하여 소요되는 공사원가중 재료비, 노무비를 제외한 원가를 말하며, 기업의 유지를 위한 관리활동부문에서 발생하는 관리비와 구분된다.
② 경비는 당해 계약목적물 시공기간의 소요(소비)량을 측정하거나 제34조의 규정에 의한 원가계산자료나 계약서, 영수증 등을 근거로 한다.
1. 전력비, 수도광열비는 계약목적물을 시공하는데 직접 소요되는 당해 비용을 말한다.
2. 운반비는 재료비에 포함되지 않은 운반비로서 원재료, 반재료 또는 기계기구의 운송비, 하역비, 상하차비, 조작비 등을 말한다.
3. 기계경비는 정부표준품셈상의 건설기계의 경비산정기준에 의한 비용을 말한다.
4. 특허권사용료는 타인 소유의 특허권을 사용한 경우에 지급되는 사용료로서 그 사용비례에 따라 계산한다.
5. 기술료는 당해 계약목적물을 시공하는데 직접 필요한 노우·하우비(Know-how비) 및 동 부

대비용으로서 외부에 지급되는 비용을 말하며 세법(법인세법상의 시험연구비)에서 정한 바에 따라 감가상각하되 그 사용비례를 기준하여 배분계산한다.

6. 연구개발비는 당해 계약목적물을 시공하는데 직접 필요한 기술개발 및 연구비로서 시험 및 시범제작에 소요된 비용 또는 연구기관에 의뢰한 기술개발용역비와 법령에 의한 기술개발촉진비 및 직업훈련비를 말하며 세법(법인세법상의 시험연구비)에서 정한 바에 따라 감가상각하되 그 사용비례를 기준하여 배분계산한다. 다만, 연구개발비중 장래 계속시공으로의 연결이 불확실하여 미래수익이 증가와 관련이 없는 비용은 재무부장관과 협의하여 특별상각할 수 있다.

7. 품질관리비는 당해 계약목적물의 시공을 위하여 관련법령이나 계약조건에 의하여 품질시험이 요구되는 경우의 비용으로서 실제소요되는 비용을 계상한다.

8. 가설비는 계약목적물의 실체를 형성하는 것은 아니나 현장사무소, 창고, 식당, 숙사, 화장실 등 동시공을 위하여 필요한 가설물의 설치에 소요되는 비용을 발한다.

9. 지급임차료는 계약목적물을 시공하는데 직접 사용되거나 제공되는 토지, 건물, 기계기구(건설기계를 제외한다)의 사용료를 말한다.

10. 보험료는 법령 또는 계약조건에 의하여 가입이 요구되는 보험료를 말하며 재료비에 계상되는 것은 제외한다.

11. 복리후생비는 계약목적물을 시공하는데 종사하는 노무비·종업원·현장사무소직원 등의 의료위생약품대, 공상치료비, 지급피복비, 건강진단비, 급식비 등 작업조건유지에 직접 관련되는 복리후생비를 말한다.

12. 보관비는 계약목적물의 시공에 소요되는 재료, 기자재 등의 창고사용료로서 외부에 지급되는 비용만을 계상하여야 하며 이 중에서 재료비에 계상되는 것을 제외한다.

13. 외주가공비는 재료를 외부에 가공시키는 실가공비용을 말하며 외주가공품의 가치로서 재료비에 계상되는 것은 제외한다.

14. 안전관리비는 작업환경에서 산업재해 및 건강장해예방을 위하여 법령에 의거 요구되는 비용을 말한다.

15. 소모품비는 작업현장에서 발생되는 문방구, 장부대 등 소모용품을 말하며, 보조재료로서 재료비에 계상되는 것을 제외한다.

16. 여비·교통비·통신비는 시공현장에서 직접 소요되는 여비 및 차량유지비와 전신전화사용료, 우편료를 말한다.

17. 세금과 공과는 시공현장에서 당해 공사와 직접 관련하여 부담하여야 할 재산세, 차량세 등의 세금 및 공공단체에 납부하는 공과금을 말한다.

18. 폐기물처리비는 계약목적물의 시공과 관련하여 발생하는 오물, 잔재물, 폐유, 폐알카리, 폐고무, 폐합성수지 등 공해유발물질을 법령에 의거 처리하기 위하여 소요되는 비용을 말한다.

19. 도서인쇄비는 계약목적물의 시공을 위한 참고서적구입비, 각종 인쇄비, 사진 제작비(VTR제작비를 포함한다) 및 공사시공기록책자 제작비 등을 말한다.

20. 지급수수료는 법률로서 규정되어 있거나 의무지워진 수수료에 한하며, 다른 비목에 계상되지 않는 수수료를 말한다.

21. 환경보전비는 계약목적물의 시공을 위한 제반 환경오염방지시설을 위한 것으로서, 관련법령에 의하여 규정되어 있거나 의무지워진 비용을 말한다.

22. 보상비는 당해 공사로 인해 공사현장에 인접한 도로·하천·기타 재산에 훼손을 가하거나

지장물을 철거하게 됨에 따라 발생하는 보상·보수비를 말한다. 다만, 당해 공사를 위한 용지보상비는 제외한다.
 23. 기타 법정경비는 위에서 열거한 이외의 것으로서 법령으로 규정되어 있거나 의무지워진 경비를 말한다.

제18조【관리비】
관리비의 내용은 제10조와 같고 공사원가에 별표 3에서 정한 관리비율을 초과하여 계상할 수 없으며 아래와 같이 공사규모별로 체감적용한다.

시 설 공 사		전문·전기·전기통신공사	
공 사 원 가	관리비율(%)	공 사 원 가	관리비율(%)
5억원미만	6.0	5천만원미만	6.0
5억원~30억원미만	5.5	5천만원~3억원미만	5.5
3억원이상	5.0	3억원이상	5.0

제19조【이윤】이윤은 영업이익을 말하며 공사원가 중 노무비, 경비와 관리비의 합계액(이 경우 기술료 및 외주가공비는 제외한다)에 이윤율 15%를 초과하여 계상할 수 없다.

제4장 용역원가계산

제1절 학술용역원가계산

제20조【용어의 정의】이 절에서 사용하는 용어의 정의는 다음 각호와 같다.
 1. "학술연구용역"이라 함은 학무분야의 기초과학과 응용과학에 관한 연구용역 및 이에 준하는 용역을 말한다.
 2. "책임연구원"이라 함은 당해 용역수행을 지휘·감독하며 결론을 도출하는 역할을 수행하는 자를 말하며, 대학교수 수준의 기능을 보유하고 있어야 한다. 이 경우 책임연구원은 1인을 원칙으로 하되, 당해 용역의 성격상 다수의 책임자가 필요한 경우에는 그러하지 아니하다.
 3. "연구원"이라 함은 책임연구원을 보조하는 자로서 대학 조교수 수준의 기능을 보유하고 있어야 한다.
 4. "연구보조원"이라 함은 통계처리·번역 등의 역할을 수행하는 자로서 당해 연구분야에 대해 조교 정도의 전문지식을 가진자를 말한다.

제21조【원가계산 비목】원가계산은 노무비(이하 "인건비"라 한다). 경비, 관리비 등으로 구분 작성한다.

제22조【작성방법】
학술연구용역에 대한 원가계산을 하고자 할 때에는 별표 5에서 정한 학술연구용역원가계산서를 작성하고 비목별 산출근거를 명시한 기초계산서를 첨부하여야 한다.

제23조【인건비】① 인건비는 당해 계약목적에 직접 종사하는 연구요원의 급료를 말하며, 이 준칙 시행일이 속하는 연도에는 별표 6에서 정한 기준단가에 의하되, 근로기준법에서 규정하고 있는 제수당, 상여금, 퇴직급여충당금의 합계액으로 한다. 다만, 상여금은 연 400%를 초과하여 계상할 수 없다.
② 이 준칙 시행일이 속하는 연도의 다음 연도부터는 매년 전연도 소비자물가상승률만큼 인상한 단가를 기준단가로 한다.

제24조【경비】경비는 계약목적을 달성하기 위하여 필요한 다음 내용의 여비, 유인물비, 전산처리비, 시약 및 연구용 재료비, 회의비, 임차료, 교통통신비를 말한다.
① 여비는 국내여비규정에 의한 국내여비와 국외여비규정에 의한 국외여비로 계상하되 국내여비 지급은 연구상 필요불가피한 경우외에는 월 15일을 초과할 수 없으며, 국외여비는 이를 인정하지 아니하고는 계약목적을 달성하기 곤란한 경우에 한한다. 또한 국내여비는 시외여비만을 계상하되 책임연구원은 여비정액표 제2호등급, 연구원은 동표 제3호등급, 연구보조원은 동표 제4호등급을 기준으로 계상한다.
② 유인물비는 계약목적을 위하여 직접 소요되는 프린트, 인쇄, 문헌복사비(지대포함)을 말한다.
③ 전산처리비는 당해 연구내용과 관련된 자료처리를 위한 컴퓨터 사용료 및 그 부대비용을 말한다.
④ 시약 및 연구용 재료비는 실험실습에 필요한 당해비용을 말한다.
⑤ 회의비는 당해 연구내용과 관련하여 외부인사 초청시의 회의비를 말하며, 당해연도 예산편성기준상 2급공무원이상 수준의 위원회위원 수당을 기준한다.
⑥ 임차료는 연구내용에 따라 특수실험실습기구를 외부로부터 임차하거나 혹은 공청회 등을 위한 회의장사용을 하지 아니하고는 계약목적을 달성할 수 없는 경우에 한하여 계상할 수 있다.
⑦ 교통통신비는 당해 연구내용과 직접 관련된 시내교통비, 전신전화사용료, 우편료를 말한다.
⑧ 감가상각비는 당해 연구내용과 직접 관련된 특수실험실습기구·기계방치에 대하여 제9조 제3항 제3호의 규정을 준용하여 계산한다. 단 임차료에 계상되는 것은 제외한다.

제25조【관리비 등】① 관리비는 계약사무처리규칙 제8조에 규정된 관리비율 5%를 초과하여 계상할 수 없다.
② 이윤은 인건비, 경비 및 관리비의 합계액에 대하여 계약사무처리규칙 제8조에 규정된 이윤을 10%를 초과하여 계상할 수 없다.

제26조【회계직 공무원의 주의의무】① 학술연구용역의뢰시에는 당해 연구에 대한 전문기관 또는 전문가를 엄선하여 연구목적을 달성할 수 있도록 그 주의의무를 다하여야 한다.
② 각 중앙관서의 장은 학술연구용역을 수의계약으로 체결하고자 할 경우에는 당해계약상대자의 최근연도 원가계산자료(급여명세서, 손익계산서 등)를 활용하여 제23조의 상여금, 퇴직금 및 제25조 제1항의 관리비 산정시 과다계상되지 않도록 주의하여야 하며, 제25조 제2항의 이윤은 계약상대자가 영리법인인 경우에 한하여 인정할 수 있다.

제2절 기타용역의 원가계산

제27조【기타용역의 원가계산】① 엔지니어링사업, 측량용역, 소프트웨어 개발용역등 다른 법령에서 그 대가기준(원가계산기준)을 규정하고 있는 경우에는 당해 법령이 정하는 기준에 따라 원가계산을 할 수 있다.
② 원가계산기준이 정해지지 않은 기타의 용역에 대하여는 제1항 및 제20조 내지 제26조에 규정된 원가계산기준에 준하여 원가계산할 수 있다.

제5장 원가계산용역기관

제28조【지정대상기관 및 지정요건】계약사무처리규칙 제 9조 제2항의 규정에 의한 원가계산용역기관(이하 "용역기관"이라 한다)이 될 수 있는 기관은 제1호의 지정대상기관으로서 제2호의 지정요건을 갖추어야 한다.
 1. 지정대상기관
  가. 정부 및 정부투자기관이 기본재산의 100분의 50이상을 출자 또는 출연한 연구기관
  나. 대학(교)의 연구소로서 학교법인의 정관 또는 학칙에 의하여 설치된 연구소
  다. 민법 제32조에 의거 주무관청의 허가를 받아 설립된 사단 또는 재단법인
  라. 주식회사의 외부감사에 관한 법률에 의한 감사인 중 공인회계사 100인 이상의 회계법인 또는 공인회계사 30인 이상의 합동회계사무소
 2. 지정요건
  가. 정관(학칙)목적상 원가계산업무가 등재되어 있을 것.
  나. 원가계산업무에 종사(연구기간포함)한 경력이 3년 이상인 자 2인, 이공계대학학위소지자 또는 국가기술자격법에 의한 2급기사 이상인 자 1인, 상경대학학위소지자 또는 부기자격2급 이상인 자 2인을 포함하여 6인 이상을 상시고용하고 있을 것. 다만, 제1호의 나목의 경우에는 상시고용인원 각 "2인" 중 1인이상은 교수(부교수, 조교수, 전임강사 포함)이외의 자이어야 한다.
  다. 기본재산(자본금 또는 기금)이 1억원(제1호 "나"목 지정대상기관에 있어서는 5천만원이상일 것.
  라. 제1호의 지정대상기관으로서 지사·지부의 경우에도 제2호의 "가" "나" "다"목의 지정요건을 갖추어야 하며, 제1호 "나"목 지정대상기관의 지정요건으로서 제2호 "다"목의 기본재산이란 당해 용역기관의 기본재산을 말한다.

제29조【지정신청 및 고시】① 재무부장관은 제28조의 규정에 의하여 용역기관으로 지정받고자 하는 자에게 매 3년마다 5월말까지 별표 4의 신청서에 다음 각호의 서류를 첨부하여 제출하게 하여야 한다. 다만, 재무부장관은 지정·고시된 용역기관에 대하여는 제30조의 각호에 규정된 서류 및 기타 변경이 있는 경우에 그 변경된 내용만을 제출하게 할 수 있다.
 1. 정관 또는 학칙 1부
 2. 법인등기부등본 1부
 3. 제28조 제1호를 증명할 수 있는 설립허가서 1부
 4. 제28조 제2호 "나"목을 증명할 수 있는 경력·학위·자격증명서, 이력서, 재직증명서 및 갑근세증명서 1부
 5. 제28조 제2호 "다"목을 증명할 수 있는 최근연도 재무제표 등 1부

6. 원가계산실적자료 1부
 7. 원가계산을 위한 시설의 소유 또는 임차증명서 1부
 8. 용역기관으로서 공신력과 책임성있는 업무수행을 확약하는 각서 1부
 9. 기타 재무부장관이 필요하다고 인정하는 서류 및 보고서
② 재무부장관은 제1항의 규정에 의한 신청이 있는 경우에는 다음 각호의 1에 해당하는 경우 그 지정을 아니할 수 있다.
 1. 신청인이 제28조의 각호에 규정된 지정기관 및 지정요건을 갖추지 아니한 경우
 2. 등록신청서 또는 그 첨부서류 중 중요한 사항에 관하여 허위의 기재가 있거나 기재가 누락된 경우
 3. 재무부장관이 원가계산용역의뢰의 규모와 용역기관의 수 등을 고려하여 공신력제고 및 원가계산용역업의 건전한 육성을 위하여 필요하다고 인정하는 경우
③ 재무부장관은 제2항 각호의 1에 해당하여 지정을 아니한 경우를 제외하고는 제1항의 신청서 등을 받은 연도의 6월말까지 공신력있는 용역기관임을 관보에 고시한다.

제30조【기지정·고시된 용역기관】 ① 지정·고지된 용역기관은 이미 제출된 제29조의 각호의 서류중 변경이 있는 경우에는 변경일로부터 30일 이내에 재무부장관에게 그 변경된 내용을 서면으로 제출하여야 하며, 다음 각호의 서류는 변경유무를 불구하고 매년 5월말까지 서면으로 제출하여야 한다.
 1. 제28조 제2호 "나"목을 증명할 수 있는 상시근무자의 갑근세증명서 1부
 2. 제28조 제2호 "다"목을 증명할 수 있는 최근연도 재무제표 등 1부
 3. 원가계산실적자료 및 원가계산실적명세서 1부
 4. 기타 재무부장관이 필요하다고 인정하는 서류 및 보고서
② 기지정·고시된 용역기관은 재무부장관이 정부회계제도와 관련하여 필요하다고 인정하여 지시하는 사항에 관한 통계조사·분석보고서 등의 자료를 정해진 기간내에 제출하여야 한다.

제31조【용역기관에 대한 실태조사·지도 및 지정취소】 ① 재무부장관은 용역기관의 공신력을 제고시키기 위하여 필요할 경우 용역기관에 대한 실태조사나 지도교육 등을 실시할 수 있다.
② 재무부장관은 제1항의 실태조사결과 용역기관이 다음 각호의 1에 해당될 경우에는 용역기관 지정을 취소할수 있다.
 1. 제28조의 지정요건에 미달될 경우. 다만, 동조 제2호의 다목의 경우는 기본재산(자본금 또는 기금)이 누적결손 등으로 인하여 1/2이상 잠식된 경우에 한한다.
 2. 부실원가계산, 입찰자 및 계약상대자와 담합하거나 국고의 손해를 발생케 한 경우
 3. 제30조 제2항의 자료를 제출하지 않거나 부실한 자료를 제출한 경우
 4. 제32조 제2항 제3호에 규정된 사항에 위반한 경우
 5. 지정시 준수사항을 위반할 경우
 6. 기타 제1호 내지 제5호에 준하는 사유의 발생으로 공신력 및 책임성있는 용역기관으로서 부적합하다고 인정될 경우

제32조【원가계산용역의뢰시 주의사항】 ① 계약담당공무원은 용역기관으로 지정되어 관보에 고

시된 기관에 한하여 원가계산내용에 따른 전문성이 있는 기관에 용역의뢰를 하여야 한다.
② 계약담당공무원은 제1항의 경우 당해 용역기관의 장과 다음 각호의 사항을 명백히 한 계약서를 작성하여야 한다. 다만, 예산회계법 시행령 제67조의 규정에 의한 계약서작성을 생략할 경우에도 다음 각호의 사항을 준용하여 각서 등을 징구하여야 한다.
1. 부실원가계산시 그 책임에 관한 사항
2. 계약의 해제 또는 해지에 관한 사항
3. 원가계산내용의 보안유지에 관한 사항
4. 기타 발주관서의 장이 필요하다고 인정되는 사항
③ 계약담당공무원은 최종원가계산서에 당해 용역기관의 장 및 책임연구원이 직접 확인·서명하였음을 확인하여야 한다. 다만, 대학(교)연구소의 경우에는 당해 원가계산전문분야 책임교수(책임연구원) 및 연구소장이 동시에 서명하였음을 확인하여야 한다.
④ 계약담당공무원은 용역기관에서 제출된 최종원가계산서의 내용이 예산회계 관계법령, 본 준칙 및 계약서 등의 용역조건에 부합되는지 여부를 검토하여 당해 원가계산의 적정을 기하여야 한다.
⑤ 계약담당공무원은 회계예규 "학술연구용역계약시 예정가격작성요령"이 정한 바에 따라 적정용역수수료를 산정하여 용역기관과 용역계약을 체결하여야 한다.

제6장 보 칙

제33조【특례설정 등】① 각 중앙관서의 장은 특수한 사유로 인하여 준칙에 의하기 곤란하다고 인정할 때에는 재무부장관과 협의하여 특례를 설정할 수 있다.
② 각 중앙관서의 장은 반복적 또는 계속적으로 발주되는 공사에 있어서는 최근에 발주된 동종의 공사에 대한 원가계산서에 의거 예정가격을 작성할 수 있다.

제34조【원가계산자료의 비치 및 활용】① 계약담당공무원은 원가계산에 의한 예정가격을 작성함에 있어서 계약상대방으로 적당하다고 예상되는 2개업체 이상의 최근연도 원가계산자료에 의거하여 계약목적물에 관계되는 수치를 활용하거나(수의계약대상업체에 대하여는 당해업체의 최근연도 원가계산자료), 동업체의 제조(공정)확인 결과를 활용하여 제5조, 제13조의 비목별 가격결정 및 제10조, 제18조의 관리비 계상을 위한 기초자료로 하여야 한다.
② 계약담당공무원은 공사원가계산을 위하여 정부제정 "표준품셈"에 따라 제13조의 비목별 가격결정의 기초자료로 하며, 동 품셈적용대상공사가 아닌 경우와 동 품셈적용을 할 수 없는 비목계상의 경우에는 제1항을 준용한다.

제35조【세부시행기준】본 준칙을 운용함에 있어 필요한 세부사항에 관하여는 재무부장관이 그 기준을 정할 수 있다.

부 칙

1. 이 회계예규는 1993년 10월 20일부터 시행한다.
2. 이 예규시행과 동시에 회계예규 2200.04-105-7 "원가계산에 의한 예정가격작성준칙"을 회계예규 2200.04-105-8 "원가계산에 의한 예정가격작성준칙"으로 한다.

[별표 1]   제 조 원 가 계 산 서

품명 :   생산량 :
규격 :   단 위 :   제조기간 :

비목		구 분	금 액	구 성 비	비 고
제 조 경 비	재료비	직 접 재 료 비			
		간 접 재 료 비			
		작업설·부산물(△)			
		소 계			
	노무비	직 접 노 무 비			
		간 접 노 무 비			
		소 계			
	경비	전 력 비			
		수 도 광 열 비			
		운 반 비			
		감 가 상 각 비			
		수 리 수 선 비			
		특 허 권 사 용 료			
		기 술 료			
		연 구 개 발 비			
		시 험 검 사 비			
		지 급 임 차 료			
		보 험 료			
		복 리 후 생 비			
		보 관 비			
		외 주 가 공 비			
		안 전 관 리 비			
		소 모 품 비			
		여비·교통비·통신비			
		세 금 과 공 과			
		폐 기 물 처 리 비			
		도 서 인 쇄 비			
		지 급 수 수 료			
		기 타 법 정 경 비			
		소 계			
일 반 관 리 비 ( )%					
이 윤 ( )%					
총 원 가					

[별표 2]

공사원가계산서

품명 :　　　　　　　생산량 :
규격 :　　　　　　　단 위 :　　　　제조기간 :

비목		구 분	금 액	구 성 비	비 고
재료비		직 접 재 료 비			
		간 접 재 료 비			
		작업설·부산물(△)			
		소　계			
노무비		직 접 노 무 비			
		간 접 노 무 비			
		소　계			
제조경비	경비	전　력　비			
		수 도 광 열 비			
		운　반　비			
		감 가 상 각 비			
		수 리 수 선 비			
		특 허 권 사 용 료			
		기　술　료			
		연 구 개 발 비			
		시 험 검 사 비			
		지 급 임 차 료			
		보　험　료			
		복 리 후 생 비			
		보　관　비			
		외 주 가 공 비			
		안 전 관 리 비			
		소 모 품 비			
		여비·교통비·통신비			
		세 금 과 공 과			
		폐 기 물 처 리 비			
		도 서 인 쇄 비			
		지 급 수 수 료			
		기 타 법 정 경 비			
		소　계			
일 반 관 리 비 (　)%					
이　　　윤 (　)%					
총　　원　　가					

[별표 3] 　　　　　　　　　　　일 반 관 리 비 율

업　종	일반관리비율(%)
○ 제조업	
음·식료품의 제조·구매	14
섬유·의복·가죽제품의 제조·구매	8
나무·나무제품의 제조·구매	9
종이·종이제품·인쇄출판물의 제조·구매	14
화학·석유·석탄·고무플라스틱제품의 제조·구매	8
비금속광물제품의 제조·구매	12
제1차금속제품의 제조·구매	6
조립금속제품·기계·장비의 제조·구매	7
기타 물품의 제조·구매	11
○ 시설공사업	6

주1) 업종분류 : 한국표준사업분류에 의한.

[별표 4]　　　　　　　　　　학술연구용역원가계산서

구 분 비 목	금　액	구 성 비	비　고
인　　건　　비 　책 임 연 구 원 　연　　　구　　　원 　연 구 보 조 원 　보　　조　　원			
경　　　　　　비 　여　　　　　　비 　유 인 물　　비 　전 산 처 리 비 　시약 및 연구용역재료비 　회　　의　　비 　임　　차　　료 　교 통 통 신 비 　감 가 상 각 비 　일 반 관 리 비 (　)% 　이　　　윤 (　)% 　총　　원　　가			

[별표 4]   학술연구용역 인건비기준단가

등급 \ 구분	금 액 (원)
책 임 연 구 비	월 1,195,700원
연 구 비	월 760,100원
연 구 보 조 원	월 519,400원
보 조 원	월 337,800원

※ 본 인건비 기준 단가는 직무수당, 가족수당, 자녀 학비보조, 식비를 포함한 것이므로 이를 다시 계상하여서는 안된다.

부록7

제조공업 원가계산 요령

제1장 총 칙

제1조 【원가의 목적】 본 요강에 의한 원가계산은 제조공업에 있어서 제품의 (생산가공 및 수리)와 판매 또는 용역제공을 위하여 소비되는 경제가치의 기록정리 및 분석을 하여 경제활동을 계수적으로 파악함으로써 경영성적의 측정·경영·관리의 활용 및 가격결정에의 자료제공을 그 목적으로 한다.

제2조 【원가의 의의】 원가라 함은 제품 (반제품 및 부분품을 포함한다. 이하 같다)의 생산 및 판매 또는 용역제공을 위하여 직접·간접으로 소비되는 경제가치를 말한다.

제3조 【원가의 범위】 ① 본요강에 있어서 원가의 계산은 원칙적으로 제조의 계산까지를 말한다.
② 제조원가라함은 일반적으로 특정제품의 생산을 위하여 소비되는 경제가치를 말한다.
③ 경우에 따라서는 제조원가에 관리비 및 판매비를 가산하여 총원가를 산정한다.
④ 이상의 원가는 실제 추정 또는 표준계산 등에 의하여 각각 산정할 수 있다.

제4조 【원가계산의 방법】 ① 원가계산은 원칙적으로 원가를 요소별·부문별 및 제품별로 계산한다. 요소별원가계산은 제2장 제1절, 부문별원가계산은 제2장 제2절, 제품별원가계산은 제2장 제3절에서 각각 상세하게 규정한다.
② 원가계산은 원가의 소비량 및 소비가격에 대하여 계산한다. 필요한 경우에는 그 전부 또는 일부를 측정(추정 또는 표준)으로서 계산할 수도 있다. 예정은 과거의 실적을 기초로 하고, 장래의 예상 등을 고려하여 적정하게 산정한다.
③ 예정으로서 계산한 경우, 원가계산기말에 발생한 실제액과 예정액과의 차액은 원칙적으로 원가계산 외의 비용으로서 처리한다.

제5조 【원가계산의 기간】 원가계산의 기간은 종합원가계산에 있어서는 1개월, 개별원가계산에 있어서는 제품제조(작) 착수일부터 제품제조(작) 완료일까지로 한다. 다만, 업종 또는 원가계산의 활용목적에 따라 기간을 연장 또는 단축할 수도 있다.

제6조 【원가계산과 공업회계와의 관계】 원가계산과 공업회계의 계정과는 원칙적으로 유기적인 관련을 가지도록 한다.

제2장 제조원가계산

제1절 요소별원가계산

제7조【요소의 분류】요소별 원가계산에 있어서의 제조원가는 이것을 다음과 같이 분류한다.
① 재료비 : 원칙적으로 제품의 생산에 소비되는 물품의 가치를 말한다.
② 노무비 : 원칙적으로 제품의 생산에 소비되는 노무비의 가치를 말한다.
③ 경 비 : 제품의 생산에 소비되는 가치로서 재료비·노무비를 제외한 것을 말한다.

제1관 재료비

제8조【재료비의 분류】재료비는 대략 다음과 같이 구분한다.
① 주요재료비 : 주로 제품의 생산에 직접소비되며, 원칙적으로 제품의 기본적 실체가 되어 실현되는 물품의 가치를 말한다.
② 부분품비 : 주로 그대로 제품에 부착되어 그 조성부분이 되는 물품의 가치를 말한다.
③ 보조재료비 : 주로 제품의 생산에 보조적으로 소비되는 물품의 가치를 말한다.

제9조【재료의 취급】재료의 입고·보관 및 출고는 적당히 품종별로 기록정리하되, 재료의 소비량 및 소비가격의 계산은 재료출고표에 의한다.

제10조【재료소비량의 계산】① 재료소비량의 계산은 계속기록법에 의한다. 다만, 계속기록법에 의하는 것이 곤란한 것 또는 그 필요성이 없는 것에 대해서는 재물조사법(실사계산법) 또는 역계산법에 의할 수도 있다.
② 전력·수도 등의 재료소비량의 계산은 계량기 등에 의하여 이것을 측정한다.

제11조【재료의 매입원가】① 재료의 매입원가는 매입대금에 매입수수료·반입운임·하역비·보험료·관세·통관수수료 등 매입에 소요된 반입비용을 가산한 것으로 한다. 다만, 반입비용을 특정재료에 가산하기 곤란한 것은, 이것을 노무비 또는 경비로서 처리할 수 있다.
② 재료매입에 있어서 에누리액(할인 감액) 및 환급을 받았을 때는, 이것을 공제하여 재료의 매입원가로 한다. 다만, 당해재료 소비후 판명되었을 때는 이것을 동종재료의 매입원가 또는 사용한 작업번호의 재료비에서 공제하고, 당해재료의 품목이 판명되지 않았을 때는 재료관계의 부문비에서 이것을 공제한다.
③ 재료의 매입사무·검수·정리 및 보관 등의 비용은 재료매입의 원가에 산입하지 않고 경비 또는 노무비로서 처리한다. 다만, 가공 및 선별에 관한 비용은 가공원료로서 처리하여 재료비의 기본적 실체로 처리한다.
④ 자가제조한 재료는 그 제조원가를 매입가격으로 하고, 동일 사업체로부터 이관가격을 매입대금으로 간주한다.

제12조【재료의 소비가격】① 재료의 소비가격은 매입원가로서 계산하되 동종재료를 상이한 가격으로서 매입한 것을 소비하였을 때는 원칙적으로 이동평균법에 의하여 계산한다. 자가제조한 재료가 상이한 가격일 때는 역시 이에 준한다.
② 필요한 경우에는 1원가계산에 적용되는 예정가격 또는 시장가격으로서 계산할 수도 있다.

제2관 노무비

제13조【노무비의 분류】 노무비는 대략 다음과 같이 분류한다.
① 임금 : 작업현장에 종업하는 일반공원에게 지급하는 기본급과 각종 가급금을 말한다.
② 급료 : 현장의 간부 및 사무계 직원에게 지급하는 것을 말한다.
③ 잡급 : 임시고용인부 및 사환 등에게 지급하는 것을 말한다.
④ 종업원 상여수당 : 공장종업원의 상여 및 경상적 제수당을 말한다.

제14조【작업시간 및 작업량의 계산】 작업(취업)시간 및 작업량은 원칙적으로 적당한 직장별로 기록・정리한다. 작업시간은 출근표・작업(취업)일보・작업시간보고서 등에 의하여 계산하며, 작업량은 생산일보・작업보고서에 의하여 계산한다.

제15조【소비자금의 계산】 ① 소비임금은 1원가계산의 부담액에 대하여 계산하는 것으로서 원칙적으로 작업시간 또는 작업량에 임률을 곱하여 이를 계산한다.
② 임률의 계산에 있어서는 평균임률에 의하여 작업량제도에 있어서는 생산단위당의 임률에 의한다.
③ 평균임률은 부문 또는 직종별로 일정기간의 임금총액을 동일기간의 총작업시간으로 나누어 이를 산출한다.
④ 제2항의 절차에 의하여 소비임금을 계산할 필요가 없는 것에 대해서는 해당원가계산내의 부담에 속하는 지급임금액을 그대로 소비임금액으로 할 수 있다.
⑤ 필요한 경우에는 1원가계산기간에 적용되는 예정액 또는 표준액으로서 노무비를 계상할 수 있다.

제3관 경 비

제16조【경비의 분류 및 계산】 경비는 당해원가계산기간의 부담에 속하는 금액에 대하여 계산한다. 그 방법은 경비의 종류에 따라서 다음과 같이 하되, 미경과분은 이것을 공제하고 미지급분은 이것을 가산한다. 다만, 필요에 따라 예정액 또는 표준액으로서 계상할 수 있다.
① 월할계상 : 수원가계산기간에 걸쳐서 총괄적으로 발생하는 것이며, 그 소비액을 계상하여 각 원가계산기간에 균분하게 할당하는 것으로서, 감가상각비, 임차료, 제세금, 공과금, 복리시설부담금 등이다.
② 측정경비 : 당해 원가계산기간의 부담액을 계량기를 사용하여 측정 계산되는 것으로 전력료, 수도료 등이다.
③ 지급경비 : 당해기간의 지급액을 기초로 하여 계산되는 것으로서 법정복리비, 복리후생비; 공장소모품비, 특허권사용료, 지급수선료, 지급운임, 지급보관료, 여비교통비, 통신비, 사무용소모품비, 도서비, 접대비, 외주가공비 등이다.
④ 발생경비 : 발생액을 기초로 하여 소비액을 산출하는 것으로서 실사(재물조사) 감손비, 조작공손비 등이다.

제2절 부문별원가계산

제17조【원가부문】부문별원가계산에 있어서는 원가요소를 그 발생한 장소에 따라 집계하며, 제조원가계산상의 구분으로서 생산부문과 보조부문을 설정하여 부문비계산을 한다.
① 생산부문 : 사업의 목적이 되는 제품의 생산을 하는 부문으로서 사업체의 규모, 직제, 생산양식 등에 따라 적정히 구분한다.
② 보조부문 : 제조부문에 대하여 보조적 관계에 있는 부문으로서 당해 사업체의 규모직제 및 생산양식 등에 따라 이것을 다음과 같은 제부문으로 구분할 수 있다. 관리부·경리부·설계부·내무부·발송부·기술부·서무부·감사부·인사부·운반부·동력부·용수부·재료매입부·연구실험부·수선부·창고부·공장사무부 등이다. 다만, 전항의 제부문을 필요에 따라 종합 또는 세분하여 적정히 구분할 수 있다.

제18조【부문비계산의 절차】부문비계산은 다음과 같은 절차에 의한다.
① 모든 제조원가요소 또는 일부의 제조원가요소를 생산부문 및 보조부문에 속하는 부문별로 분류집계한다. 다만, 작업폐물은 이것을 발생부문의 부문비에서 공제한다.
② 다음에 모든 보조부문비 또는 일부의 보조부문비를 생산부문에 배부하여 생산부문비를 집계한다.

제19조【부문개별비와 부문공통비】① 제조원가요소는 부문에의 집계상 이것을 부문개별비와 부문공통비로 분류한다.
② 부문개별비는 특정부문에 개별적으로 발생한 비용으로서 당해부문에 부과하는 원가요소이며, 부문공통비는 수개의 부문에 공통적으로 발생한 비용으로서 각 부문에 배부하는 원가요소이다.

제20조【각 부문에 공통적으로 발생하는 요소】각 부문에 공통적으로 발생하는 원가요소는 부문비계산상 이것을 부문공통비로서 각각 각부문이 받아들이는 용역에 따라서 부문의 면적, 용적, 종업원수, 작업시간, 생산수량, 자산액, 고정자산액 기타 적당한 배부기준에 따라 관계각부문에 배부한다. 다만, 배부기준은 각 원가요소별로 정한다.

제21조【보조부문비의 배부】보조부문비의 생산부문에의 배부는 원칙적으로 다음의 방법에 의한다.
① 직접배부법 : 직접배부법은 각 보조부문에서 수수한 용역을 전연 무시하여 전보조부문비·또는 일부의 보조부문비를 생산부문에 제공하는 용역의 정도에 따라 직접 배부하는 것이다. 직접배부법의 제1법은 원칙적으로 모든 보조부문비를 생산부문에 직접배부하는 것으로서, 이때의 배부기준은 원칙적으로 다음과 같다.
㉮ 동력부문비 : 계량기 등에 의하여 측정된 각 부문의 동력소비량·또는 각 부문에 장치한 기계의 마력수·마력시간·기타의 적정한 배부기준
㉯ 용수부비 : 계량기 등에 의하여 측정한 각 부문의 소비를 기타 적정한 배부기준
㉰ 수선부비 : 각 부문에 대한 수선비 또는 작업시간 등
㉱ 운반부비 : 각 부문에 대한 운반물품의 중량, 운반거리, 운반회수, 기타

㈤ 검사부비 : 각 부문에 대한 검사품의 수량, 검사인원, 시간 기타 적정한 기준을 선정하여 배부한다.
㈥ 재료매입부 및 창고부비 : 각 부에 대한 재료, 취급수량, 중량 또는 가액 등
㈦ 인사부비, 노무비 또 복리부비 : 각 부문의 노무자수, 노동시간, 자산액 등
㈧ 시험운반비 : 각 부문의 조업도 등
㈨ 발송부비 : 발송제품의 중량 용적, 수량 등 적정한 기준을 선정하여 배부한다.
㈩ 기술부 : 각 부문의 인원수 또는 급여액, 조업도 등
㋕ 설계부비 : 각 부문의 노무자수 또는 급여액, 조업도 등
㋖ 서무부비 : 경리부비, 관리부비, 공장사무비 = 각부문의 노무자수, 조업도 등
② 상호배부법 : 상호배부법은 보조부문상호간의 용역의 수수정도를 측정하여 먼저 각 보조부문비를 그 용역을 받는 정도에 따라 타보조부문 및 생산부문에 배부한 다음에 각 보조부문이 타보조부문으로부터 배부된 것을 생산부문에 직접 배부된 것을 생산부문에 직접배부하는 것이다. 배부기준은 직접배부법에서 정한 배부기준에 준한다.
③ 계제식배부법 : ㉮ 계제식배부법은 보조부문 상호간에 수수되는 용역을 비교하여 적게 받는 용역을 무시하여 가장 다수의 부문에 용역을 제공하는 부문으로부터 순차적으로 적은 순으로 부문비를 타부문에 그 용역의 정도에 따라 배부하는 것이다. 배부기준은 직접배부법에 정한 배부기준에 준한다.
㉯ 보조부문비의 배부방법 및 배부기준은 업종, 경영규모 및 생산양식 등의 실정에 따라 적정하게 이를 정한다.
㉰ 이상의 부문비배부는 부문비계산표를 작성하여 부문비의 집계 및 배부를 명백히 하는 것이다.

제22조 【예정배부】 ① 보조부문비의 생산부문에의 배부는 미리 정한 예정액으로서 행할 수 있다. 다만, 예정액의 결정 및 변경은 과거의 실적, 현재의 사정 및 장래의 사정 등을 고려하여 적정히 결정해야 한다.
② 전기의 경우에 예정액과 실제액과의 차액은 당해 보조부문의 원가차액으로 처리하여 영업외의 손익으로 대체하는 것을 원칙으로 한다.

제3절 제품별원가계산

제1관 총 설

제23조 【계산의 방법】 ① 제품의 제조원가계산은 이를 개별원가계산과 종합원가계산으로 구분한다.
② 개별원가계산은 특정제품의 각 단위에 대하여 개별적으로 그 원가를 계산하는 방법으로 종류 또는 규격이 상이한 제제품을 개별적으로 생산하는 공장은 이 방법에 의하여 제품원가를 산출한다.
③ 종합원가계산은 1기간에 있어서 발생한 총제조비용과 동 기간에 있어서 제조한 제품의 총생

산비를 산정하여 다음에 제조단위당의 제조원가를 계산하는 방법이다. 동종의 제품을 반복 계속하여 대량으로 생산하는 공장은 이 방법에 의하여 제품원가를 산출한다.

제24조【제조원가요소의 부과 또는 배부절차상의 분류】개별원가계산에 있어서는 원가를 부과 또는 배부하는 절차상 제조원가요소를 다음과 같이 분류한다.
① 직접비 : 직접비는 특정제품에 직접 부담시키는 원가요소이며, 직접재료비·직접노무비 및 직접경비로 구분한다.
② 간접비 : 간접비는 다수의 제품에 대하여 공통적으로 발생하여 특정제품에 직접 부담시키기 곤란하여 간접적으로 부담시키는 원가요소이며 간접재료비·간접노무비 및 간접경비로 구분한다.
③ 종합원가계산에 있어서도 제조원가요소를 필요에 따라 전항에 준하여 직접비와 간접비로 구분할 수 있다.

제25조【제품별원가계산의 특징】제품별원가계산은 제조작업활동에 필요한 제조원가를 계산하는 것이다.

제26조【제조명령서의 발행】제품별원가계산에 있어서 제조명령서는 다음 각호의 경우에 발행한다.
① 사업의 목적인 제품을 생산할 때
② 사업의 목적인 도급공사를 할 때
③ 당해 사업체에서 사용할 건물·기계·공구 등의 건설·제작 또는 수선을 할 때, 시험연구 또는 시작(試作)을 할 때
④ 공손(오작·제조실패)품의 보수 또는 공손에 의한 대금의 제작을 할 때
⑤ 원가부문을 설정하여 부문비계산을 할 때

제27조【제조지시서의 종류 및 용도】제조지령서는 특정제조지시서와 계속제조지시서의 2가지로 구분한다.
① 특정제조지시서 : 특정제조지시서는 개개의 생산 또는 작업에 대하여 개별적으로 발행하는 제조지시서로서 개별원가계산에 이용되며, 또 공손품의 보수시설의 제작 및 수선, 시험연구 또는 시작(試作), 원가외비용의 계산 등에 이용된다.
② 계속제조지시서 : 계속제조지시서는 주로 동종 제조품을 반복 계속하여 생산할 때 또는 동종 작업을 계속적으로 수행할 때 발행되는 것으로서 일정기간 계속적으로 사용하는 계속지시서이며, 종합원가계산 및 원가부문을 설정하여 원가비계산을 할 때 이용된다.

제28조【주제조지시서와 부제조지시서】① 제조지시서에 의한 생산을 수개의 작업으로 구분하여 제조원가를 계산할 때는 구분된 각 작업에 대하여 부제조지시서를 발행한다.
② 이때에 제조원가는 먼저 부제조지시서별로 계산하여 다시 이를 주제조지시서에 총괄한다.

제29조【작업착수 및 완성】작업지시서에는 작업착수와 동시에 작업번호를 일련기입하여 작업의 내용을 명백히 구별한다. 작업현장에서 당해 지령서의 작업이 완성되었을 때는 완성전표를 작

성하여 원가계산과 또는 기타 필요한 부과(部課)에 회부하여 원가계산과는 이에 따라 원가를 집계정리한다.

제2관 개별원가계산

제30조 【제조원가의 집계】 ① 개별원가계산에 있어서는 제조지시서별로 원가계산표(원가원장)를 설정하여 제조원가를 계산한다.
② 직접비는 이를 각 지시서에 직접 부과하고, 간접비는 원가계산 기간 중에 있어서의 금액을 집계하여 이를 지시서에 배부한다.
③ 간접비는 원칙적으로 먼저 이를 각 부문에 배부하고, 다음에 모든 보조부문비 또는 일부의 보조부문비를 각 생산부문에 배부하여 최후에 각 생산부문비 또는 생산부문에 배부되지 않는 보조부문비를 각 지령서에 배부한다.

제31조 【직접비의 계산】 ① 직접비 중 직접재료비는 재료출고표를 작업번호별 또는 주문품별로 분류 집계하여 원가계산표에 기입한다.
② 직접노무비는 작업시간보고서를 작업 등 번호별로 분류하여 작업시간 및 금액을 집계하여 원가계산표에 기입한다.
③ 직접경비는 경비표 등을 작업번호별로 분류하여 그 금액을 집계하여 원가계산표에 기입한다.

제32조 【간접비의 계산】
간접비는 이것을 간접재료비, 간접노무비, 간접경비로 분류집계하여 작업별, 제품별로 일정한 배부기준에 따라 배부계산한다.

제33조 【간접비의 배부기준】 간접비의 배부기준은 다음과 같은 제방법이 있다. 그 중 그 어느 것을 이용하는가는 작업의 성질 또는 계산의 번잡성 등에 따라 적정히 택한다.
① 직접재료비배부법 : 제조원가의 주요부분이 재료비로서 구성되어 있을 때는 재료비를 배부기준으로 한다.
② 직접노무비배부법 : 제조원가의 주요부분이 노무비로서 구성되어 있을 때는 노무비를 배부기준으로 한다.
③ 직접원가배부법 : 제조원가의 주요부분이 직접원가로서 구성하여 있을 때는 직접원가를 배부기준으로 한다.
④ 직접노무시간배부법 ; 제조작업이 기계에 의하지 않고 주로 노무자의 육체적노동으로서 수행되고 있을 때는 직접 생산에 소비한 노동시간을 배부기준으로 한다.
⑤ 기계시간배부법 : ㉮ 제조작업이 주로 기계에 의하여 수행되고 있을 때 배부기준은 기계작업시간으로 한다. ㉯ 간접비는 필요에 따라 이것을 일괄하거나 또는 그 비용의 성격에 따라서 수개의 집단으로 분류한 후 각각 적당한 기준에 의하여 이를 지시서에 배부한다.

제34조 【배부기준의 예정】 간접비의 배부기준은 미리 정한 예정액으로 할 수 있다. 다만, 예정액의 결정 및 변경은 과거의 실적, 현재의 실정 및 장래의 실정 등을 고려하여 적정하게 결정하

여야 한다.

제3관 종합원가계산

제35조【종합원가계산의 종류】종합원가계산은 이를 다음과 같이 구분한다.

① 단순종합원가계산 : 동종의 제품을 단일한 공정으로서 주로 단일생산물을 연속적으로 생산하여 중간제품을 생산하지 않는 생산양식에 적용하는 단순한 계산형식으로서 원가계산기간에 있어서 제조원가를 집계하여 그 종합원가를 계산하는 방법이다.

② 공정별종합원가계산 : 동종의 제품이 다수의 공정을 경과하여 순차적 연속적으로 대량생산되는 생산양식에 적용하는 계산형식으로서, 원가계산기간에 있어서의 제조원가를 공정별로 집계하여, 각 공정의 종합원가를 계산하는 방법이다. 공정이라 함은 각종의 생산부문을 말하며, 원칙적으로 제조과정에 있어서 판매 또는 저장이 가능한 반제정이 형성되는 단계별로 정한다. 공정은 원가계산상 필요가 있으면 다시 작업의 단계에 따라서 수개의 공정으로 세분한다.

③ 가공비공정별종합원가계산 : 재료가 각 공정을 통과하드라도 각공정에서는 그 재료의 가공 또는 정련만을 하는 생산양식에 적용하는 것으로서, 제조원가 중 가공비만을 공정별로 집계하여 각 공정의 가공비를 계산하고 주요재료비는 직접 제품에서 계산한다.

④ 조별종합원가계산 : 다른 종류의 제품을 조별로 연속적으로 생산하는 생산양식에 적용하는 것으로서, 원가계산기간에 있어서의 제조원가를 조별로 집계하여 각조의 종합원가를 계산한다.

⑤ 등급별종합원가계산 : 다른 종류의 제품을 등급별로 구별하고 공정 또는 조별의 종합원가를 등급별로 분할하여 각 등급제품의 제조원가를 계산한다. 각 등급의 제품에 대해서는 미리 등가계수를 정하여, 이를 각 등급제품의 생산량에 곱한 적수의 비율로서 제조원가를 안분하여 각 등급제품의 제조원가를 계산한다.

등가계수는 등급이 다른 제품을 계산상 동일한 등급의 제품단위로 환산하기 위하여 사용되는 일정한 기준수치로서 각 등급제품의 중량, 대소, 길이, 면적, 형상, 순분도, 열량, 경도 등 다른 제품에 포함되어 있는 주요재료의 표준소비량 표준주요노동시간 등의 수량적척도 또는 표준조사에 의하여 산정된 제조원가를 기준으로 하여 적정히 결정한다. 다만, 적당한 수량적척도 또는 표준조사에 의하여 산정한 원가를 발견하기가 곤란할 때에는 각 등급제품의 정상시가를 기준으로 하여 등가계수를 결정할 수 있다.

⑥ 연산품종합원가계산 : 동일공정 또는 동일재료에서 2연산품의 제정이 생산되어 주·부의 구별이 명확하지 않는 제정 즉, 연산품을 연속적으로 생산할 때는 등급별 원가계산의 방법에 의하여 종합원가를 각 연산품에 분할계산한다. 연산품의 등가계수는 각 연산품의 정상시가를 기준으로 하여 이를 결정한다. 연산품을 가공한 후 판매할 수 있는 것은 가공제품의 매각예상액으로부터 가공비의 추산액을 공제한 것을 그 연산품의 시가로 할 수 있다.

제36조【종합원가에 산정】① 종합원가계산에 있어서는 종합원가계산표를 작성하여 원가계산기간에 있어서의 종합원가를 계산한다.

② 종합원가계산에 있어서는 원칙적으로 모든 제조원가요소를 각 부문에 부과 또는 배부하고 다음에 보조부문비를 생산부문에 배부하여 생산부문비 또는 총가공비를 계산한다. 다만, 기말에 재공품원가, 부산물가격 등을 공제(이하 간단히 재공품 및 부산물을 감한다고 한다)한 것을 그의

종합원가로 한다.
 ③ 공정별 종합원가계산에 있어서는 각 공정의 총제조비용에 그 공정의 기초이월재공품을 합한 것으로부터 그 공정의 재공품 및 부산물을 감한 것을 당해 공정의 원가로 한다. 제조원가는 순차적으로 각 공정에 누적시켜서 계산하거나 또는 각 공정마다 산정한 원가를 최종적으로 결합하여 계산할 수 있다.
 ④ 가공비공정별종합원가계산에 있어서는 재료비는 직접 제품에 대하여 계산하며, 가공비의 계산은 각 공정의 전기이월제품 중에 포함되어 있는 각 공정의 가공비를 합산한 것으로부터 기말재공품에 포함되어 있는 당해 공저의 가공비를 공제하여 그 공정의 가공비로 한다.
 ⑤ 조별종합원가계산에 있어서는 제조원가요소를 원가의 부과 또는 배부의 절차상 직접비와 간접비로 나누어 직접비는 각조에 직접 부과하고 간접비는 적당한 배부기준에 의하여 각조에 배부한다. 각조의 총제조비용에 그 기초이월재공품원가를 가한 것으로부터 기말재공품 및 부산물을 공제한 것을 각조의 종합원가로 한다.
 ⑥ 등급별종합원가계산 및 연산품종합원가계산 등은 각각 전조 및 전항등에 준하여 종합원가를 산정한다.

 제37조【단위제품 예정가격의 계산】 종합원가계산에 있어서의 제품단위당의 제조원가는 각제조공정의 제품별종합원가를 당해 공정의 제품생산량으로서 나누어 계산한다. 단위제품은 예정가격으로서 계산할 수 있으며, 그 방법은 다음 각호에 의한다.
 ① 단위제품의 제조원가는 전조에 의하여 계산한 1회계연도의 종합원가 및 제품수량을 추정하여 제조원가의 예정가격을 계산한다.
 ② 제품에 등급별이 있을 때는 표준조사에 의하여 산정한 제조원가를 기준으로 하여 적정하게 각 등급제품의 제조원가의 산정가격을 계산한다.

 제38조【재공품의 평가】
 ① 재공품이라 함은 원가계산기말에 있어서 제품생산 도중에 있는 것을 말한다.
 ② 기말재공품의 원가는 재공품에 포함되어 있는 주요재료비 및 가공비를 각각 산정하여 평가한다.
 ③ 주요재료비에 대해서는 기말재공품에 포함되어 있는 주요재료의 수량을 추정 또는 실사하고, 이것에 1단위당의 단가를 곱하여 산정한다.
 ④ 다음에 가공비에 대해서는 먼저 재공품의 완성정도 또는 가공정도의 완성품에 대한 비율을 구하여 이것을 재공품의 현재량에 다시 곱함으로써 재공품의 완성품환산량(생산수량 또는 유효생산량)을 산정한다. 이 완성품환산량을 완성품수량과 완성품환산량으로서 나누어, 이것을 당기의 가공비총액과 기초재공품에 곱하여 재공품에 대한 가공비를 산정한다.
 ⑤ 기말재공품의 원가를 위 ② 내지 ④의 절차에 의하여 평가하기가 곤란할 경우에는 재공품에 포함되어 있는 주요재료비 또는 노무비를 산정하여, 이것을 기준으로 평가할 수 있다.
 ⑥ 재공품의 수량이 각 기말에 대략 동일할 때는 원가계산상의 재공품의 평가를 생략할 수도 있다.

 제39조【부산물의 평가】 ① 부산물이라 함은 주제품의 제조과정에서 필연적으로 발생되는 물품

으로서 그의 평가액은 주제품의 제조비용으로부터 공제한다.
② 부산물의 평가는 원칙적으로 다음의 방법에 의한다. 다만, 금액이 극소액인 것은 원가계산상 평가를 생략할 수 있다.
㉮ 부산물을 재가공하지 않고, 그대로 외부에 판매할 수 있는 것은 매가예상액으로부터 보관비, 판매비 및 통상의 이익추정액을 공제한 액으로서 이를 평가한다.
㉯ 부산물을 재가공하여 판매할 수 있는 것은 가공제품의 매가예상액으로부터 가공비, 판매비 및 통상의 이익추정액을 공제한 액으로서 이를 평가한다.
㉰ 부산물이 그대로 자가소비되는 것은 이로 인하여 절약될 수 있는 물품의 매입예상액으로서 이를 평가한다.
㉱ 부산물이 재가공되어 자가소비되는 것은 이로 인하여 절약될 수 있는 물품의 매입예상액으로부터 가공비의 추산액을 공제한 금액으로서 이를 평가한다.

제40조【공손품의 처리】제품생산에 공손품이 발생하였을 때는 원칙적으로 다음 절차에 의하여 평가계산하며, 원가계산표에 별기한다. 다만, 금액이 근소액인 것은 원가계산상 평가를 생략한다.
① 공손품을 보수하여 회복될 때에는 공손품의 보수에 관한 제조지시서를 발행하여 보수에 소요된 비용을 개별원가계산의 방법에 준하여 집계하고 이것을 공손비로서 처리한다.
② 공손품을 보수하여도 회복되지 않고 대품을 제작할 때는 개별원가계산의 방법에 준하여 실제조지시서를 발행하여 구제조지시서에 집계된 제조원가는 공손비로서 처리한다. 이때 구제조지시서의 전부가 공손되었을 때는 구제조지시서에 집계된 제조원가를 공손비로서 처리하고, 일부가 공손되었을 때는 신제조지시서에 집계된 대품(代品)의 제조원가를 공손비로서 처리한다.
③ 공손품의 보수 또는 제품의 제작을 위하여 별개의 제조지시서를 발행할 수 없을 때는 공손의 보전에 요하는 비용을 추정하여 이를 공손비로서 취급할 수 있다.
④ ㉮ 전 ② 및 ③의 경우에 있어서 공손품이 매각가치 또는 이용가치가 있을 때는 그 추정금액을 공제한 것을 공손비로 한다.
㉯ 공손비는 정상적인 것에 한하여, 이를 부담할 제조지시서 또는 생산부문에 부과하고 비정상적 또는 우발적인 것은 비원가항목으로서 처리한다.

제41조【작업폐물의 처리】작업폐물을 그 매각금액을 추산하여 이를 직접재료비 또는 제조원가에서 공제한다. 다만, 필요에 따라서는 이것을 발생부문의 부문비로부터 공제할 수 있다.

제3장 원가에 산입할 수 없는 항목

제42조【원가에 산입할 수 없는 항목】다음에 열거하는 것은 이를 원가에 산입할 수 없다. 다만, 손익계산서에는 산입된다.
① 화재·풍수해·도난 등에 의한 손실, 우발채무에 의한 손실 및 소송비 기타 우발적 사정에 의한 손실
② 임원상여 및 퇴직위로금, 법인세 또는 소득세·교육세·기부금·증여·건설이자의 소각 등 이익으로 지변할 성질을 가진 항목
③ 투자부동산·장기출자·장기대여금 등의 관리비용 및 이들의 자산에 대한 제세투자자산의

매각손, 기타 사업 본래의 목적이 아닌 것으로서 장기간 소유하는 자산에 대한 비용 또는 손실
　④ 확장용 고정자산의 취득·건설 또는 관리비용, 이들 자산에 대한 제세 및 경영확장을 위하여 예비적으로 소유하는 자산에 관한 비용
　⑤ 미경과 보험료·선급비용료·기타선급비용
　⑥ 자산평가손 또는 위약금(연대보상금 포함)
　⑦ 사채발행차금·시험연구비 등 무형자산의 상각
　⑧ 정상적인 것을 초과하는 대손상각
　⑨ 경상적인 것인 경우에는 시작용연구비
　⑩ 지급이자
　⑪ 원가차액 기타의 영업외비용

제4장 총원가계산

제43조【총원가의 계산】① 총원가는 관리비 및 판매비를 가산한 것을 말한다. 관리비 및 판매비의 원가요소는 판매직접비와 관리 및 판매간접비로 나누어 제품번호 또는 작업별로 부과 또는 배부하여 원가를 계산한다.
　② 판매직접비라 함은 판매비의 원가요소 중 특정매출품의 판매에 요한 것으로서 그 매출품에 직접 부담시키는 것이며, 관리비 및 판매간접비는 관리비 및 판매비 중 판매직접비를 공제한 것을 말한다.
　③ 필요에 따라서는 전항의 규정에 관계없이 판매직접비와 관리비 및 판매간접비를 일괄하여 이를 관리비 및 판매비로 할 수도 있다.
　④ 관리비 및 판매비의 항목은 제2장 제1절 제1관, 경비의 분류에 준한다.

제44조【판매직접비의 계산】판매직접비는 제조지시서별로 분류 집계하여 원가계산표에 판매직접비로서 기입하여 특정매출품에 부과한다.

제45조【관리비 및 판매간접비의 계산】① 관리 및 판매간접비는 집계하여 매출품의 제조원가를 기준으로 매출품에 배부하든지 또는 제품 등의 제조원가 또는 가공비를 기준으로 하여 제품 등에 배부한다.
　② 이 때의 배부는 이미 결정한 예정률에 의하여 행할 수 있다.
　③ 위 ②의 규정은 판매직접비와 관리비 및 판매간접비를 일괄하여, 이를 관리 및 판매비로 하였을 경우에도 동일하다.

제46조【관리 및 판매간접비의 부문별계산】① 관리 및 판매비는 필요에 따라 원가부문을 설정하여 부문비계산을 행한 다음에 매출품 또는 제품에 배부할 수 있다.
　② 부문별계산의 방법은 제2장 제2절 부문별원가계산을 준용한다.

제47조【관리 및 판매비의 제품별계산】관리 및 판매비의 원가요소를 직접비와 간접비로 나누어 직접비는 그 특정매출품에 부과하고, 간접비는 각 판매부문마다 매출액의 비율에 따라 각 매

출제품에 배부한다. 다만, 동일사업체로부터 이관된 제품에 대해서는 간접비의 배부는 하지 않는다.

제48조【제품별·매출품·총원가의 계산】제품별·매출품·총원가는 당해 제품의 당월 매출품 제조원가에 제46조에서 부과 또는 배부된 관리 및 판매비를 가하여 이것을 계산한다.

제49조【매출품·단가의 계산】매출품 단위당의 총원가는 각 제품별 총원가를 매출수량으로서 나누어 계산한다.

제5장 추정원가계산, 표준원가계산 및 직접원가계산

원가계산을 이용하는 제목적에 따라 추정원가계산, 표준원가계산 및 직접원가계산등의 제방법이 있다.

제1절 추정원가계산

제50조【추정원가계산의 목적】추정원가계산은 특정제품의 주문인수 전 또는 제조착수 전에 원가를 견적 추정하는 방법으로서 입찰가격·도급가격·주문인수가격 등을 결정하는 기초가 되며, "원가계산을 단순화 및 신속화하기 위하여 또 예산제도와 결부하여 이익관리 및 원가관리에 이용한다"

제51조【추정원가의 산정】① 추정원가계산에 있어서의 추정원가는 과거의 실제원가수치를 기초로 하며, 장차 원가요소에 영향을 주는 시장변화 및 조업도의 변화 등을 고려하여 산정한다.
② 이 추정원가는 제품단위에 대하여 원가요소별로 계산하는 것이 원칙이며, 부문별계산을 할 수도 있다. 다만, 제품종류가 각각 상이하여 원가가 각각 달리할 때는 세목별로 원가를 추정하여야 하며, 원가요소의 분류, 부문비계산 및 제품별계산은 제2장의 당해 제방법에 의한다.
③ 이 추정원가는 추정원가계산표를 설정하는 것이 원칙이며, 회계기간의 기초 또는 제조착수 전에 산정한다.

제52조【계산의 방법】추정원가계산에 있어서는 제품단위당의 추정원가계산표를 당해 원가계산기간의 제품의 실지생산액·매출액 및 실사액(재물조사액)의 기록과 비교 대조하여 제품원가를 산정한다.

제53조【원가차액의 산정 및 분석】추정원가계산표상의 원가요소와 실지로 발생한 원가요소를 비교하며, 분석을 용이하게 하기 위하여 양제도의 원가요소를 세분하며, 평가법 및 원가분류를 일치시켜야 한다. 다만, 이때의 원가차액의 분석은 세분하는 것을 원칙으로 한다.

제54조【원가차액의 처리】① 추정원가와 실지발생한 원가와의 차액은 영업외의 손익으로 계상

하는 것을 원칙으로 하고 추정원가계산표를 수정할 수 있다. 다만, 원가차액이 소액일 때에는 매출원가에 대체할 수 있다.

② 원가차액이 실제원가의 대용으로서 추정상의 오류에 기인할 때에는 원가차액을 추가배부하여 추정원가를 실제원가로 수정하는 방법을 이용할 수 있다.

③ 원가차액의 초과 또는 부족이 상호 계속적으로 발생할 때는 최종적으로 대차차액이 상쇄될 것이므로, 이때는 원가차액충당금계정을 설정하여 이 계정에 대체할 수도 있다.

제2절 표준원가계산

제55조【표준원가계산의 목적】표준원가계산은 제품의 원가를 표준적인 원가로서 원가관리를 효과적으로 하며, 재물조사자산의 평가 및 매출원가를 산정하며, 경영계획수립에 이용될 자료제공을 목적으로 하며, 또 장부에 편입하여 기장을 신속화 하는데 이용된다.

제56조【표준원가계산의 종류】표준원가계산은 표준원가의 고정성 즉, 수정빈도에 따라 다음과 같이 분류한다.

① 당좌표준원가계산 : 당좌표준원가계산은 비교적 단기간 예기되는 예정가격, 조업도, 기타 경영구조 등의 경영조건하에서 원가가 변동되면 표준원가를 개정할 수 있는 것으로서 당해 기간의 능률측정의 척도가 된다.

② 기준표준원가계산 : 기준표준원가계산은 실제원가의 변동상황을 측정할 것을 목적으로하여 장기간의 조업도, 원가, 능률 등을 전제로 하여 비교적 장기간 제품종류, 생산방법 등의 변동이 없는 한 고정적으로 표준원가를 이용한다.

제57【표준원가의 산정】① 표준원가계산에 있어서의 표준원가는 제품이 현실적 또는 이상적 조건하에서 생산될 때에 발생된 원가로서 과거를 기초로 하고, 현재 장래를 과학적으로 연구조사하여 정상조업도에 있어서의 표준소비량 및 표준소비가격을 기준으로 하여 산출한다.

② 이 표준원가는 제품단위에 대하여 원가요소별로 계산하는 것이 원칙이며 부문별계산을 할 수 있다. 다만, 제품종류가 각각 상이하여 원가가 각기 상이할 때는 세목별로 표준원가를 산정하여야 하며, 원가요소의 분류, 부문비계산 및 제품별계산은 제2장의 당해 제방법에 준한다.

③ 표준원가를 산정하는 방법이 있어 수량은 과거의 경험과 과학적분석으로서 결정하고 가격은 과거의 평균가격에 현재의 시가 및 장래의 시가변동의 예측을 참작하고 다음과 같은 기준에 의하여 결정한다.

㉮ 표준직접재료비 : 표준직접재료비는 각종의 직접재료의 제품단위당의 표준소비량과 표준가격에 따라 설정한다. 표준소비량은 재료의 품질, 가공법 등에 의하여 시작(試作) 또는 과거의 실적을 고려하여 미리 과학적 조사에 따른 표준비율을 적용하여 각종 제품단위당의 표준소비량을 계산한다. 표준가격은 당해 표준계산기간에 있어서 실제로 발생할 가격을 고려하여 결정한다.

㉯ 표준직접노무비 : 표준직접노무비는 각 직종, 작업구분마다 제품단위당의 표준직접작업시간(작업량)과 표준임률에 따라 설정한다. 표준직접작업시간은 제품생산에 필요한 작업의 종류, 사용 기계공구, 작업방법 및 작업에 종사하는 노동 등의 등급을 정하여 시간연구 및 동작연구를 기초로서 작업구분마다 능률적 작업시간을 제품단위당으로 측정하여 결정하는 것을 원칙으로 한다.

표준임률은 각 직종을 적당한 노동의 등급으로 분류하여 직종별, 등급별 등에 대하여 소정의 임률에 따라 결정하는 것을 원칙으로 한다.

㉰ 제조간접비의 표준 : 제조간접비의 표준은 각 부문의 고정예산과 변동예산을 정하여 다음과 같이 계산하는 것을 원칙으로 한다.

1) 제품간접비를 각 원가요소별로 계정과목을 조사하여 고정비, 변동비로 분류한다.
2) 장래의 가격변동을 고려하여 각 원가수치를 수정한다.
3) 고정비에 대해서는 다시 설비·계획 등을 고려하여 고정비를 수정하며, 변동비에 대해서는 당해 기간의 예정조업도를 기초로 하여 결정한다.
4) 이 표준원가는 표준원가계산표를 설정하는 것이 원칙이며, 작업진행에 따라 이 표준원가로서 산정한다.

제58조【계산의 방법】① 표준원가계산은 실제의 제품원가의 산정방법과 같이 제품단위당의 표준직접재료비, 표준직접노무비를 제품마다 집계하고, 이것에 표준간접비배부율에 따라서 산정한 표준간접비액을 가산하여 표준제품원가를 계산한다.
② 이때는 다음과 같은 부속서류를 비치하는 것을 원칙으로 한다.
 ㉮ 표준제품원가표
 ㉯ 재료명세표
 ㉰ 작업표
 ㉱ 부문별제조간접비배부액 등

제59조【원가차액의 산정 및 분석】① 표준원가계산표상의 원가요소와 실지발생한 원가요소를 비교하여 분석을 용이하게 하기 위하여 평가법 및 원가분류를 각각 일치시켜야 한다.
② 이 원가차액은 경영관리목적 및 재무회계상 중요한 것이므로 원가차액의 조정이 필요하며, 직접재료비차액·직접노무비차액 및 제조간접비차액에 대하여 각각 그 원인을 분석하는 것을 원칙으로 한다.

제60조【원가차액의 처리】표준원가와 실지 발생한 원가와의 차액은 비능률에 기인된 것 및 소액의 경우에는 영업외의 손익으로 계상하고 예상부가능한 것에 기인된 것은 기말재물조사자산과 매출원가에 배분하는 것을 원칙으로 한다.

제3절 직접원가계산

제61조【직접원가계산의 목적】직접원가계산은 원가요소를 직접비와 변동비로 구별하여 변동비만으로써 제품원가를 계산하여 제품의 매가와 변동비와의 차액은 한계이익을 계산하며, 한계이익으로서 기간원가인 고정비를 보상하려는 방법으로서 이익계획의 수립 원가관리 가격계산 및 기간손익계산의 보조 등의 목적으로 이용한다.

제62조【직접원가계산의 종류】직접원가계산은 직접원가를 요소별로 계산하는 것이지만 원가관리의 목적으로서는 제품별직접원가계산과 부문별직접원가계산을 하는 것을 원칙으로하며, 가격계

산 및 기간손익계산의 보조 등의 목적으로서는 원가요소별의 직접원가계산을 하는 것을 원칙으로 한다.

 제63조【직접비의 산정】① 직접원가계산에 있어서의 직접원가는 원가요소를 고정비와 변동비로 구분하고 변동비를 제품원가로 하는 직접원가계산표를 설정하여 집계산정한다.
 ② 이때 고정비와 변동비의 해산방법을 조업도의 변동에 따라 증감하는 기준으로서 분류하는 수학적방법 또는 각 원가요소에 대하여 과거의 실적을 검토하여 분류하는 부기적방법을 사용하는 것을 원칙으로 하고 필요에 따라서는 통계적방법을 사용할 수도 있다.
 ③ 직접원가는 실제발생액에 표준원가·추정원가로서 계산할 수 있다.

 제64조【고정비의 처리】① 제품원가에 고정비는 제품원가에 산입하지 않고 기간원가로서 취급하여 기말에 손익계산에 계상하는 것을 원칙으로 한다.
 ② 부문비 계산을 할 때의 고정비는 먼저 보조부문의 고정비를 각 생산부문에 배부하여 각 생산부문 자체의 고정비와 합계한 것을 역시 기간원가로서 취급한다.

제6장 원가통계 및 장부

 제65조【원가통계】각 사업체는 매월 원가계산 종료 후 재료비·노무비·경비 생산부문별 원가 및 제품별 원가 등에 관한 제통계를 정리하여 경영관리의 자료에 적용할 수 있다.

 제66조【장부】원가계산 당부서는 다음의 장부를 비치하는 것을 원칙으로 한다.
 ① 원가계산원장(표) 또는 종합원가계산표
 ② 생산액표 및 관계제표

배홍기

약력
- 고려대학교 경영대학 졸업
- 고려대학교 경영대학원(박사과정)
- 서울대학교 경영대학 최고경영자과정(AMP)수료
- 증권감독원 합병회계준칙개정 소위 위원(전)
- 고려대학교 대외협력처 자문위원(전)
- 한국회계연구원 질의회신위원회 위원(현)
- 한국공인회계사회 회계연구위원회 위원(현)
  (기업회계 및 국제회계담당)
- KPMG 삼정회계법인 전무이사(현)
- 한국공인회계사·미국공인회계사

허세봉

약력
- 서강대학교 경영학과 졸업
- KPMG US-Mountain View office 근무(전)
- KPMG 삼정회계법인 이사(현)
- 한국공인회계사
- 미국공인회계사

원가계산실무사전

www.intax.co.kr

2018. 7.15 발행

편　　저 : 원가계산연구회
감　　수 : 배　홍　기
　　　　　허　세　봉
발 행 인 : 김　현　덕
발 행 처 :
주　　소 : 서울특별시 서대문구 충정로 38-14
전　　화 : (02) 779-7800
등　　록 : 제2-4693호

정가 80,000원

ISBN 89-91303-01-3